KB234815

모든 것이 通하는 황영구 박사의

通 경찰학개론 문제집

모든 것이 通하는 황영구 박사의

通 경찰학개론 문제집

황영구 편저

기본서가 필요없는 충실한 해설 반영!

2012년 시험대비 개정법률 완벽 반영!

2012년 실무문제집 완벽 반영!

KSI 한국학술정보㈜

【머리말】

　　그동안 대학 및 경찰고시학원에서 다년간 학생들을 지도할 때마다 아쉬운 것은 시중에 많은 경찰학개론 교재가 나와 있지만, 짧은 시간에 반복하여 학습효과를 얻을 수 있는 교재가 없다는 것입니다. 특히, 기존 경찰학개론 수험서는 수험생 스스로 중요내용을 파악하고 정리하기에는 너무 어렵게 구성이 되어 있다는 점입니다.

　　따라서 본 저자는 경찰(공개·특별)채용시험, 경찰승진시험에 대비할 수 있도록 기존의 경찰시험기출문제와 경찰실무문제집 등을 면밀히 분석하여 수험생들이 효율적으로 내용을 정리하고 분석할 수 있는 **"경찰학개론 通 시리즈 I 通 경찰학개론 기본서"**에 이어 **"경찰학개론 通 시리즈 II 通 경찰학개론 문제집"**을 출간하게 되었습니다.

通 경찰학개론 문제집의 가장 큰 특징은 다음과 같습니다.

첫째, **通 경찰학개론 문제집**은 순경공채 기출문제(2001~2011.8), 경찰승진 기출문제(1996~2011.1), 그 밖에 경찰간부시험 기출문제, 해양경찰 기출문제, 경찰 실무문제집 등을 분석하여 정리한 문제집입니다.

둘째, **通 경찰학개론 문제집**은 최근에 개정 및 제정된 법규를 철저히 반영하여 기존의 순경 및 승진문제를 수정하여 수험생들의 혼란을 방지하였습니다.

셋째, **通 경찰학개론 문제집**은 기존 경찰학개론 문제집과 달리 모든 문제에 대한 풍부한 해설을 통해 문제 및 이론정리가 가능하도록 하였습니다.

　　끝으로, 본서의 출간을 위하여 수고해 주신 한국학술정보(주) 채종준 대표이사님과 강태우 차장을 비롯하여 출판부 직원 여러분께 진심으로 감사를 드립니다.

2012년 1월

경찰학박사 황영구

목차

총
론

경찰학의 기초이론

제1절 경찰학의 등장

1. 다음 중 경찰학의 성립에 대한 설명 중 틀린 것은?   예상문제

① 17~18세기 중세의 절대군주국가의 통치학인 관방학에서 찾을 수 있다.

② 관방학자인 유스티(J. H. Justi)는 국가목적을 실현하기 위한 국가자원의 확보에 경찰학의 임무가 있다고 하였다.

③ 절대군주국가시대의 경찰학은 내무행정 전체를 대상으로 한 것으로서 국가의 목적을 수행하는 데 필요한 절대주의적 국가권력을 기초 지우는 학문으로 오늘날 경찰학의 적용범위·목적·내용이 같다.

④ 외국에서는 경찰학을 범죄학, 형사사법학, 법학 등의 일부분으로 연구하였다.

정답: ③

해설: 절대군주국가시대의 경찰학은 내무행정 전체를 대상으로 한 것으로서 국가의 목적을 수행하는 데 필요한 절대주의적 국가권력을 기초 지우는 학문으로 **오늘날 경찰학의 적용범위·목적·내용이 다르다.**

2. 아래는 경찰학의 접근방법들의 특징을 설명한 것이다. 그 설명과 경찰학의 접근방법이 바르게 연결된 것은?   11.8 순경

> ㉠ 경찰현상을 비롯한 사회적 현상도 자연과학과 마찬가지로 엄밀한 과학적 연구가 가능하다고 간주한다. 인간의 주관이나 의식을 배제하여야 하며, 인식론적 근거로 논리실증주의를 신봉하고 있다.
>
> ㉡ 각종 경찰제도의 진정한 성격과 그 제도가 형성되어 온 특수한 방법을 인식하는 유일한 수단을 제공해 준다. 사회제도 또는 제도의 개혁과 관련된 정책연구에 유용한 시사점을 제공해 주는 것으로 인정되고 있다.
>
> ㉢ 경찰과정을 바라보는 시각이 편협하고 왜곡되기 쉽다. 또한 기준이나 지침이 명확하지 않은 경우가 많아 정확한 해석이 가능할 것인가에 대한 의문이 있다. 가장 결정적인 단점은 경찰과정의 역동적 측면을 파악할 수 없다는 점이다.

① ㉠ 체제론적 접근방법   ㉡ 법률적 접근방법   ㉢ 제도적 접근방법

② ㉠ 행태론적 접근방법   ㉡ 체제론적 접근방법   ㉢ 제도적 접근방법

③ ㉠ 체제론적 접근방법   ㉡ 제도적 접근방법   ㉢ 역사적 접근방법

④ ㉠ 행태론적 접근방법   ㉡ 역사적 접근방법   ㉢ 법률적 접근방법

정답: ④

※ 해설: ▶ 경찰학의 접근방법

법률적 접근방법	의의	법치주의 원리를 바탕으로 하고 있는 경찰국가에서 가장 중요시되는 접근방법이고 또한 가장 오래된 접근방법이다.
	장점	㉠ 경찰현상을 분석하는 민주이론과 양립되어 조화를 이룬다는 점 ㉡ 시민은 물론 경찰관의 권익을 보장한다. ㉢ 경찰행위와 결정에 대한 긍정적 또는 부정적 법령을 분석
	단점	㉠ **경찰과정을 바라보는 시각이 편협하고, 왜곡되기 쉽다는 점** ㉡ **법적 기준이나 지침이 명확하지 않는 경우가 많아 정확한 해석이 어렵다는 점** ㉢ 경찰과정의 역동적 측면을 파악할 수 없다는 점, 즉 **경찰 내부에서 이루어지고 있는 정책결정이나 가치갈등 같은 동태적 측면들을 파악할 수 없다는 점**
역사적 접근방법	의의	과거의 경찰에서 발생한 사건들을 찾아내고, 그것을 비판적으로 평가·기술하는 동시에 사건들 간의 인과관계를 규명하는 접근방법
	내용	㉠ **각종 경찰제도의 전정한 성격과 그 제도가 형성되어 온 특수한 방법을 인식하는 유일한 수단을 제공해 준다.** ㉡ 과거와 현재의 사건들이 다양한 방식으로 상호 연계되어 있어 과거의 충분한 이해가 현재의 문제를 효과적으로 해결하는 데 도움을 준다. ㉢ 인간행태에 초점을 두는 미시적 연구가 아닌 **사회제도 또는 제도의 개혁과 관련된 정책연구에 유용한 시사점을 제공해 주는 것으로 인정되고 있다.**
제도적 접근방법	의의	경찰제도를 중심으로 서술적인 연구를 수행하는 방법으로 경찰과 관련된 각종 기관이나 직제에 비중을 두고, 그에 대한 구체적 기술에 관심을 갖는 접근방법
	장점	제도나 법규에 관한 자료는 도서관 또는 관련기관으로부터 쉽게 구할 수 있기 때문에 연구에 용이하다는 점
	단점	㉠ 공식적 제도나 법률에 기반하고 있기 때문에 정태적이다. ㉡ 제도 이면의 동태적 측면을 파악하기 어렵다는 점 ㉢ 제도와 실제간의 괴리를 설명하지 못한다는 점
행태론적 접근방법	의의	경찰조직 구성원의 행동양식의 연구에 초점을 두는 접근방법
	특징	㉠ **경찰현상을 비롯한 사회적 현상도 자연과학과 마찬가지로 엄밀한 과학적 연구가 가능하다고 간주한다.** ㉡ 사회현상을 관할 가능한 객관적 대상으로 보고, **인간의 주관이나 의식을 배제해야 하며, 인식론적 근거로 논리실증주의를 신봉하고 있다.**
체제론적 접근방법	의의	연구의 기본적 관점을 체제로 파악하며, 특히 **오늘날 중요시되는 접근방법**
	내용	정체사회와 제도의 관념을 부인하고, 체계적이고 발전적으로 사회가 변동한다는 관점에 입각하고 있다.

제2절   경찰학의 개념

1. 다음 중 대륙법계에 경찰개념으로 틀린 것은?   06.8 순경
① 경찰개념은 라틴어 politia에서 유래하였다.
② 14세기 말 프랑스는 국가목적 또는 국가작용을 의미한다.
③ 16세기 독일 제국경찰법은 교회행정을 포함한 일체의 국가행정을 의미하였다.
④ 18세기 계몽주의 경찰개념은 복지행정분야를 제외한 소극적인 위험방지를 의미하였다.

▪ 정답: ③
※ **해설:** 16세기 독일 제국경찰법은 **교회행정을 제외한** 일체의 국가행정을 의미하였다.

2. 다음 중 대륙법계 경찰개념 형성과정에 대해 바르지 않는 것은?   05.2 경간부
① 경찰용어는 라틴어 politia에서 유래되었다.
② 중세시대에는 교회행정을 제외한 일체의 국가행정을 전담하였다.
③ 경찰국가시대는 외교, 군사, 재정, 사법이 분리되고 사회공공의 복지를 직접 다루는 내무행정전반을 의미한다.
④ 관료는 포괄적 권한에 근거하여 국민의 권리에 관여할 수 없었다.

▪ 정답: ④
※ **해설:** 관료는 국왕의 절대적 권력에 복종, 국민에 대해 **포괄적인 권한에 근거하여 국민의 권리관**
        계에 간섭하고 지배하였다.

3. 경찰국가시대의 경찰개념에 대한 설명으로 보기 어려운 것은?   03.1 승진
① 외교, 군사, 재정이 경찰개념에서 제외되었다.
② 국왕의 통치권이 내무행정 전반에 미치는 시기였다.
③ 경찰권 발동범위가 소극목적에 한정되었다.
④ 관료는 포괄적 권한에 근거하여 국민의 권리관계에 간섭할 수 있었다.

▪ 정답: ③
※ **해설:** 경찰권 발동범위가 소극목적에 한정한 것은 **법치국가시대**이다.

4. 경찰개념 변천사 중 타당하지 않은 것은?   07.3 경간부
① 고대시대 − 경찰개념은 라틴어인 politia에서 유래하였다.
② 중세시대 − 14세기 말 프랑스 경찰개념은 국가의 평온한 질서 있는 상태를 의미하였다.
③ 경찰국가시대 − 외교, 사법, 군사, 재정 등을 포함하여 내무행정만을 의미하게 되었다.
④ 법치국가시대 − 종래 경찰의 업무에 해당하는 협의의 행정경찰사무를 일반행정기관으로 이관하는 작업
      이 있었다.

▪ 정답: ③
※ **해설:** 17세기 경찰국가시대 경찰은 외교, 군사, 재정, 사법을 **제외한** 내무행정 전반을 의미하였다.

5. 경찰개념의 발달과정에 관한 설명 중 맞는 것은?   10.1 승진

① 14세기 말 독일의 경찰개념이 프랑스에 계수되어 양호한 질서를 포함한 국가행정 전반을 포괄하는 의미로 사용되었다.

② 16세기 독일 제국경찰법에서 경찰은 외교, 군사, 재정, 사법을 제외한 내무행정 전반을 의미하였다.

③ 1931년 프로이센 경찰행정법은'공공의 평온, 안녕 및 질서를 유지하고 또한 공중 및 그의 개개 구성원들에 대한 절박한 위험을 방지하기 위하여 필요한 조치를 취하는 것은 경찰의 직무이다.'라고 규정하였다.

④ 1884년 프랑스 지방자치법전은 자치제경찰은 공공의 질서 · 안전 및 위생을 확보함을 목적으로 한다고 규정하였다.

정답: ④

※ 해설:

① 15세기 말 **프랑스의 경찰개념이 독일에 계수되어** 양호한 질서를 포함한 국가행정 전반을 포괄하는 의미로 사용되었다.

② 17세기 경찰국가시대 경찰은 **외교, 군사, 재정, 사법을 제외한 내무행정 전반을 의미**하였다.

③ **1794년 프로이센 일반란트법은** '공공의 평온, 안녕 및 질서를 유지하고 또한 공중 및 그의 개개 구성원들에 대한 절박한 위험을 방지하기 위하여 필요한 조치를 취하는 것은 경찰의 직무이다.'라고 규정하였다.

6. 경찰의 개념 중 틀린 것은?   08.1 경간부

> ㉠ 16세기 독일제국경찰법은 외교 · 군사 · 재정 · 사법을 제외한 재무행정 전반을 의미하였다.
> ㉡ 18세기 계몽철학의 등장으로 법치주의시대가 도래하면서 적극적인 복지경찰 분야가 제외되고, 소극적인 위험방지 분야에 한정되었다.
> ㉢ 절대군주체제가 강화됨에 따라 경찰로서 통치권의 전반을 행사하는 경찰국가시대가 실현되었다.
> ㉣ 경찰국가시대에는 공공복지증진을 위한 강제적 행사도 경찰이라고 하였다.
> ㉤ 경찰이라는 용어의 기원은 고대 라틴어 politia에서 유래되었다.
> ㉥ 대륙법계 국가에서의 경찰개념은 경찰활동이란 무엇인가에 초점을 두고 경찰이 시민을 위해서 수행하는 기능을 중심으로 형성되었다.
> ㉦ 경찰의 개념은 역사성을 띠고 있다.

① 1개   ② 2개   ③ 3개   ④ 4개

정답: ②

※ 해설:

㉠ 16세기 독일제국경찰법은 **교회행정을 제외한 일체 국가작용을 의미**하였다.

㉥ **영미법계 국가에서의 경찰개념은** 경찰활동이란 무엇인가에 초점을 두고 경찰이 시민을 위해서 수행하는 기능을 중심으로 형성되었다.

7. 대륙법계 국가의 경찰개념에 대한 설명 중 틀린 것은?　　　　　09.1 승진

> ㉠ 경찰이라는 용어는 라틴어의 politia에서 유래한다.
> ㉡ 14세기 말의 프랑스에서는 국가목적 또는 국가작용을 의미했다.
> ㉢ 고대에서의 경찰개념은 도시국가의 국가작용 가운데 '정치'를 제외한 일체의 영역을 의미했다.
> ㉣ 17세기에 국가활동의 확대와 복잡화로 국가작용의 분화현상이 나타나 경찰개념이 외교, 군사, 재정,
>   사법을 제외한 내무행정 전반을 의미하였다.
> ㉤ 1795년 죄와형벌법전(경죄처벌법전)에는 '경찰은 소극적 치안유지뿐만 아니라 적극적인 공공복지의
>   증진을 위해서도 강제력을 행사한다.'고 규정하였다.

① 1개　　　　　② 2개　　　　　③ 3개　　　　　④ 4개

❖ 정답: ②

❈ 해설:
㉢ 고대에서의 경찰개념은 **도시국가에 관한 일체의 정치, 헌법을 의미한다.**
㉤ 죄와형벌법전(경죄처벌법전)에는 **적극적인 공공복지의 증진은 제외되었다.**

8. 유럽대륙의 경찰개념은 역사적으로 국정전반을 의미하다가 19세기 말경에 소극적인 위험방지 분야로 축소되었다. 다음 중 이러한 변화과정 가장 거리가 먼 것은?　　　　　03.1 승진

① 프로이센 일반란트법　　　　　　　② 복지경찰개념
③ 계몽주의 사상　　　　　　　　　　④ 권력분립주의적 사고

❖ 정답: ②

❈ 해설: 법치국가시대에는 계몽주의, 권력분립주의 등의 영향으로 경찰분야에서도 **적극적 복지경찰 분야 제외한 소극적 질서유지를 위한 위험방지 분야로 한정**하였다.

9. 다음 중 경찰개념의 발전에 있어 경찰의 직무를 공공의 안녕·질서유지 등 소극목적에 한정한 것과 관련이 없는 것은?　　　　　03.1 승진, 04.3 순경

① 프로이센 일반란트법
② 죄와형벌법전(경죄처벌법전)
③ 크로이츠베르크 판결
④ 에스코베도 판결

❖ 정답: ④

❈ 해설: ▶ 소극적 질서유지와 관련된 법과 판례

① 독일의 프로이센 일반란트법(1794)
② 프랑스의 죄와 형벌법전(=경죄처벌법전)(1795)
③ 독일의 프로이센 경찰행정법(1850)
④ 프랑스의 지방자치법전(1884)
⑤ 크로이쯔베르크(Kreuzberg) 판결(1882)
⑥ 독일의 프로이센 경찰행정법(1931)

10. 다음 중 경찰권의 발동은 소극적인 질서유지에 한정된다고 명한 판결은?　　01.1 승진

① Blanco판결　　　　　　　　　　② Kreuzberg판결
③ Miranda판결　　　　　　　　　　④ Escobedo판결

정답: ②

해설: ▶ 크로이쯔베르크(Kreuzberg) 판결

① 위험방지 분야에 한정: 경찰의 임무는 **위험방지에 한정**된다는 사상이 법해석상 확정되는 계기를 만든 판결
② 일반적 수권조항의 정당화: **소극적인 위험방지** 분야에 대해서는 일반적 수권조항의 존재를 정당화하였으나, 공공복리를 위한 적극적인 경찰권 행사는 특별조항에 근거하여서만 할 수 있다고 하여 수권조항에 근거한 경찰권 발동의 한계를 정하고 있다.

11. 다음 판례 중 연결이 옳지 않은 것은?　　03.11 순경

㉠ Kreuzberg판결 – 경찰의 임무는 위험방지에 한정된다는 사상이 법해석상 확정되는 계기를 만든 판결
㉡ Escobedo판결 – 경찰은 공공의 질서 · 자유 · 재산 및 개인의 안전의 보호에 임해야 한다는 판결
㉢ Blanco판결 – 공무원에 의한 손해는 국가에 배상책임이 있고, 그 관할은 행정재판소라는 원칙이 확립된 계기가 된 판결
㉣ Miranda판결 – 자백의 임의성과 관계없이 채취과정에 위법이 있는 자백을 배제하는 계기가 된 판결
㉤ Brown. V. Borad of Education of Topeka사건 – 'separate but equal'로 보아 흑백인의 공학을 실질적으로 인정한 판결
㉥ 미망인판결(Witwen Urteil) – 신의성실의 원칙을 근거로 원고의 신뢰보호를 최초로 인정한 판결
㉦ 띠톱사건(Bandsageurteil) – 독일에서 최초로 경찰개입을 인정한 사건

① ㉠㉡㉢　　　　　　　　　　② ㉡㉣㉤㉥
③ ㉡㉤　　　　　　　　　　④ ㉡㉣㉥㉦

정답: ③

해설: ▶ 경찰권에 관련된 기타 중요 판례

크로이쯔베르크 (Kreuzberg) 판결(1882)	① 위험방지 분야에 한정: 경찰의 임무는 **위험방지에 한정**된다는 사상이 법해석상 확정되는 계기를 만든 판결 ② 일반적 수권조항의 정당화: **소극적인 위험방지** 분야에 대해서는 일반적 수권조항의 존재를 정당화하였으나, 공공복리를 위한 적극적인 경찰권 행사는 특별조항에 근거하여서만 할 수 있다고 하여 수권조항에 근거한 경찰권 발동의 한계를 정하고 있다.
맵(Mapp)판결 (1961)	불법수색과 불법압수로 수집한 증거는 피고인에게 불리하게 사용될 수 없다는 판결
Escobedo판결	**변호인과의 접견교통권을 침해**하여 획득한 자백의 증거능력을 부정한 판결
Miranda판결	변호인선임권, 접견교통권 및 진술거부권을 고지하지 않은 상태에서 이루어진 **자백의 증거능력을 부정**하여, 자백의 임의성과 관계없이 채취과정에 **위법이 있는 자백을 배제**하게 된 판결

미망인판결 (Witwen Urteil)	**신의성실의 원칙을 근거**로 원고의 신뢰보호를 최초로 인정한 판결
띠톱사건 (Bands geurteil)	독일에서 **최초로 경찰개입청구권을 인정**한 사건
인구조사판결 (1983)	인구조사판결은 국가에 의한 **개인정보수집의 기본권 침해를 인정**한 판결
Blanco판결	공무원에 의한 손해배상책임 있고, 그 관할은 행정재판소라는 원칙이 확립되는 계기가 된 판결

12. 다음 중 비경찰화와 관련이 있는 것은?   03.9 순경

① 국가경찰
② 협의의 행정경찰
③ 사법경찰
④ 자치경찰

❧ **정답:** ②
❈ **해설: 비경찰화과정** – 협의의 행정경찰(영업, 건축, 보건, 위생, 도로, 산림 등)을 다른 행정관청으로 이관

13. 다음 설명에 해당하는 것을 무엇이라고 하는가?   01. 10 순경

> 범죄의 예방과 검거 등 보안경찰 이외의 행정경찰사무, 즉 영업경찰, 건축경찰, 보건경찰, 경제경찰, 산림경찰 등의 경찰사무를 다른 행정관청의 분장사무로 이관하는 일

① 비범죄화   ② 비경찰화
③ 사무분장   ④ 비분권화

❧ **정답:** ②
❈ **해설: 비경찰화과정** – 협의의 행정경찰(영업, 건축, 보건, 위생, 도로, 산림 등)을 다른 행정관청으로 이관

14. 대륙법계 국가의 경찰개념에 대한 설명 중 틀린 것은?   09.3 순경

① 경찰국가시대에는 외정, 군정, 재정, 사법을 제외한 내무행정전반을 의미하였다.
② 18c 법치국가시대에는 적극적인 복지경찰분야가 제외되고 소극적인 위험방지분야에 한정되었다.
③ 2차 세계대전 이후 독일에서는 풍속경찰, 위생경찰 및 건축경찰 등의 경찰사무를 다른 행정관청의 분장 사무로 이관하는 비경찰화 과정이 이루어졌다.
④ 행정경찰과 사법경찰의 구별을 처음으로 법제화한 국가는 프랑스이다.

❧ **정답:** ③
❈ **해설:** 보안경찰에 해당하는 **풍속경찰은 이에 포함되지 않는다.**

15. 다음 중 대륙법계 국가에서의 경찰개념 형성과정에 대한 설명으로 잘못된 것은?   03.11 순경

① 계몽철학이 중요한 의미를 갖는다.

② 경찰의 임무범위를 축소시키는 과정이다.

③ 경찰의 역할을 중심으로 논의되었다.

④ 경찰과 시민을 대립하는 구도로 파악하였다.

정답: ③

해설: ▶ 대륙법계의 경찰개념

	대륙법계(프, 독)	영미법계(영, 미)
입장	전통적 입장	현대적 입장
중심학자	행정법학자 중심	행정학자 중심
경찰권 기초	**통치권적**	**자치권적**
경찰의 개념	**경찰은 무엇인가?** 경찰권의 **발동범위 · 성질을 기준**으로 형성	**경찰활동은 무엇인가?** = **경찰은 무엇을 할 것인가?** 경찰의 **역할 및 기능을 기준**으로 형성
임 무	공공의 안녕 · 질서유지(**국가안전**)	국민의 생명 · 신체 · 재산(**개인안전**)
수 단	**권력적 작용(명령, 강제)**	**비권력적 작용(서비스)**
행정경찰과 사법경찰의 구분	행정, 사법구분(○) 행정경찰만 경찰의 고유한 임무로 봄.	행정, 사법 구분(×) 행정 · 사법(수사)경찰 모두를 경찰의 고유한 임무로 봄.
시민과의 관계	**경찰과 시민은 대립관계** (객체)	**경찰과 시민은 상호 협력 및 동반자 관계** (주체)
관 계	**대립**, 반비례, 수직	동등(동반자), 비례, 수평
역 사	경찰권 발동범위 **축소** 역사	경찰권 활동범위 **확대** 경향

16. 다음 중 각국의 경찰개념 형성과정에 대한 설명으로 바르지 못한 것은?   02.1 승진

① 한국에서 근대적 경찰제도가 도입된 것은 갑오경장 이후이다.

② 독일에서 역사적으로 모든 국가작용을 의미하는 포괄적인 경찰개념이 사용된 바 있다.

③ 독일과 프랑스에서는 18세기 후반에 이미 소극적 목적의 경찰개념을 실정법화 하였다.

④ 프로이센 법원의 크로이쯔베르크 판결은 경찰작용의 목적확대에 결정적 전기가 되었다.

정답: ④

해설: 프로이센 법원의 크로이쯔베르크 판결은 경찰관청이 일반수권규정에 근거하여 법규명령을 발할 수 있는 분야는 위험방지 분야에 한정된다고 판결하여 경찰의 임무를 **적극적 복지경찰** 요소는 배제한 소극적인 위험방지 분야에 한정하였다.

17. 다음 중 경찰의 개념에 대해서 틀린 설명은?   08.10 순경
① 실질적 의미의 경찰은 작용을 중심으로 파악했으며, 서비스활동이 이에 포함된다.
② 행정경찰은 실질적 의미의 경찰이다.
③ 형식적 의미의 경찰은 실증법적 조직법적 기준으로 파악된 개념이다.
④ 정보경찰은 형식적 의미의 경찰이다.

❖ **정답:** ①
❋ **해설:** ▶ **형식적 의미의 경찰과 실질적 의미의 경찰의 구분**

형식적 의미의 경찰(어디서 하느냐?)	실질적 의미의 경찰(무슨 일을 하느냐?)
① 실정법(경찰법 3조, 경찰관직무집행법 2조, 정부조직법 등)상 **보통경찰기관(경찰청, 지방경찰청, 경찰서)에 분배**되어 있는 **비권력적 작용**, 국가별로 차이가 크다. ➡ 치안서비스 활동, 방범지도, 순찰, 지리안내 등 ② **실무상 개념**이며, **조직을 중심**으로 **역사적·제도적인 면**에서 정립된 개념 ③ 소극적 질서유지 + **적극적 서비스** ④ 각국마다 시대와 역사에 따라 다르며, 유동적·상대적 개념이다.	① **일반통치권을 근거**하여 국민에게 **명령·강제하는 권력적 작용** ➡ 특별권력에 의거하여 명령·강제하는 활동(의원경찰, 법정경찰 등)은 제외 ② 경찰개념을 조직이 아닌 **작용·성질을 중심**으로 파악된 개념이며, **이론적·학문적인 면**에서 정립된 개념 ③ **소극적으로** 일반 **사회공공의 현재 및 장래**의 안녕·질서 유지함을 목적으로 하는 **사회목적적 작용** ➡ 공공복리의 증진을 위한 적극적 복리작용은 제외 ➡ 개인 상호 간의 법률관계의 질서유지를 위한 민사작용은 제외 ➡ 과거의 범죄행위에 형벌을 가하는 것을 목적으로 하는 사법(수사)작용은 제외 ➡ 국가 자체의 존립과 안전을 직접목적으로 하는 외교·군사 등의 국가목적적 작용은 제외

18. 다음 중 형식적 의미의 경찰개념에 대한 설명으로 옳은 것은?   05.7 순경
① 경찰의 서비스적 활동은 형식적 의미의 경찰개념이다.
② 형식적 경찰개념은 작용을 중심으로 파악한 것이다.
③ 형식적 경찰개념은 학문상으로 정립된 개념이다.
④ 일반행정기관에 속하는 행정작용 중에는 실질적 경찰작용에 속하는 것만 있다.

❖ **정답:** ①
❋ **해설:**
② 형식적 경찰개념은 **조직을 중심**으로 파악한 것이다.
③ 형식적 경찰개념은 **학문상 개념이 아니라 실무상 개념**이다.
④ 일반행정기관에 속하는 행정작용 중에는 **실질적 작용뿐만 아니라 형식적 작용**도 있다.

19. 형식적 의미의 경찰개념과 실질적 의미의 경찰개념에 대한 설명 중 틀린 것은?   09.2 경간부

> ㉠ 우리의 경찰조직이 하는 모든 경찰활동은 실질적 의미의 경찰이다.
> ㉡ 의원경찰과 법정경찰은 실질적 의미의 경찰이 아니다.
> ㉢ 경찰관직무집행법 제2조(직무의 범위)는 실질적 의미의 경찰을 의미한다.
> ㉣ 실질적 의미의 경찰개념에는 정보경찰, 위생경찰이 포함된다.
> ㉤ 실질적 의미의 경찰은 이론상 적립된 개념이므로 이른바 '일반조항'의 전제로 하여 경찰관청에 대한
>   권한의 포괄적 수권과 법치국가적 요청을 조화시키기 위해 구성된 도구 개념이다.

① 1개   ② 2개   ③ 3개   ④ 4개

❖ **정답:** ③

❋ **해설:**
㉠ 우리의 경찰조직이 하는 모든 경찰활동은 **형식적 의미의 경찰**이다.
㉢ 경찰관직무집행법 제2조(직무의 범위)는 **형식적 의미의 경찰을 의미**한다.
㉣ **정보경찰은 형식적 의미의 경찰, 위생경찰은 실질적 의미의 경찰개념**에 해당된다.

20. 형식적 의미의 경찰개념과 실질적 의미의 경찰개념에 대한 설명 중 틀린 것은?   05.10 순경
① 형식적 의미의 경찰개념은 실정법상 보통경찰기관에 분배되어 있는 임무를 달성하기 위한 경찰활동이다.
② 서비스활동은 형식적 의미의 경찰이다.
③ 실질적 의미의 경찰은 경찰행정조직 내에서의 활동이다.
④ 실질적 의미의 경찰개념은 학문상으로 정립된 개념이다.

❖ **정답:** ③
❋ **해설:** 실질적 의미의 경찰은 **경찰행정조직 및 경찰행정기관에서도 한다.**

21. 다음 중 설명으로 바른 것은?   05.3 순경
① 실질적 의미의 경찰개념에는 정보경찰, 위생경찰이 포함된다.
② 건축허가는 형식적 의미의 경찰개념에 속한다.
③ 실체법상 보통경찰기관의 분배된 임무를 달성하기 위하여 행하여지는 경찰활동은 실질적 의미의 경찰활
   동이다.
④ 실질적 의미의 경찰개념은 실무상 확립된 개념은 아니며 학문상 정립된 개념이다.

❖ **정답:** ④
❋ **해설:**
① **정보경찰은 형식적 의미의 경찰**이다.
② **건축허가는 실질적 의미의 경찰**개념에 속한다.
③ 실체법상 보통경찰기관의 분배된 임무를 달성하기 위하여 행하여지는 경찰활동은 **형식적 의미의
   경찰활동**이다.

22. 형식적 의미의 경찰개념과 실질적 의미의 경찰개념에 대한 설명 중 틀린 것은?　　03.3 순경
① 형식적 의미의 경찰개념은 실정법상 보통경찰기관에 분배되어 있는 임무를 달성하기 위한 경찰활동이다.
② 실질적 의미의 경찰개념은 일반통치권에 근거하여 국민에게 명령·강제하는 권력적 작용이다.
③ 형식적 의미의 경찰개념에 입각한 경찰활동의 범위는 나라마다 차이가 있을 수 있다.
④ 실질적 의미의 경찰개념은 학문상으로 정립된 개념이 아니라 실무상으로 확립된 개념이다.

정답: ④
※ **해설: 실질적 의미의 경찰개념은 학문상으로 정립된 개념**이다.

23. 다음 중 경찰개념 대해서 옳은 것은?　　10.2 경간부
① 우리의 경찰조직이 하는 모든 경찰활동은 실질적 의미의 경찰이라 볼 수 있다.
② 실질적 의미의 경찰개념은 일반통치권에 근거하여 국민에게 명령·강제하고, 서비스활동도 포함하는 권
　력·비권력적 작용이다.
③ 실질적 의미의 경찰은 조직을 중심으로 파악했으며, 작용을 중심으로 파악된 것이 아니다.
④ 형식적 의미의 경찰은 다른 행정작용과 결합하여 사회적 이익의 보호를 목적으로 하는 경찰이 아니다.

정답: ④
※ **해설:**
① 우리의 **경찰조직이 하는 모든 경찰활동은 형식적 의미의 경찰**이라 볼 수 있다.
② 실질적 의미의 경찰개념은 **일반통치권에 근거하여 국민에게 명령·강제하고 권력적 작용**이다.
③ **실질적 의미의 경찰은 작용을 중심**으로 파악했으며, **형식적 의미의 경찰은 조직을 중심**으로 파악된 것이
　아니다.

24. 형식적 의미의 경찰개념과 실질적 의미의 경찰개념에 대한 설명으로 틀린 것은?　　10.3 순경
① 실질적 의미의 경찰은 학문으로 정립된 경찰개념으로 독일행정법학에서 유래한다.
② 실질적 의미의 경찰은 국민에게 명령·강제하는 권력작용과 비권력작용을 모두 포함한다.
③ 형식적 의미의 경찰이란 실정법상 보통경찰기관이 관장하는 행정작용을 말하는 것으로, 경찰의 서비스활
　동도 이에 속한다.
④ 형식적 의미의 경찰개념에 입각한 경찰활동의 범위는 나라마다 차이가 있을 수 있다.

정답: ②
※ **해설: 실질적 의미의 경찰은 국민에게 명령·강제하는 권력작용**이다.

25. 다음 경찰의 분류에 대한 설명 중 가장 적절하지 않은 것은?　　11.2 순경
① 실질적 의미의 경찰이란 경찰의 개념을 작용과 성질을 중심으로 파악한 것으로 일반통치권에 기초한 활
　동으로서 이론적·학문적 개념이다.
② 실질적 의미의 경찰은 형식적 의미의 경찰 개념보다 넓은 의미로 형식적 의미의 경찰을 모두 포괄하는
　상위개념이다.
③ 광의의 행정경찰을 업무의 독자성(타 행정작용에 부수하느냐의 여부)으로 분류하면 보안경찰과 협의의
　행정경찰로 나뉜다.
④ 총포화약류의 취급제한, 정신착란자 보호조치는 예방경찰의 임무에 해당한다.

▪ 정답: ②

▩ 해설: **형식적 의미의 경찰과 실질적 의미의 경찰은 반드시 일치하는 것은 아니다.** 즉, 형식적 의미의 경찰이 언제나 실질적 의미의 경찰이 되는 것은 아니며, 실질적 의미의 경찰이 모두 형식적 의미의 경찰이 되는 것도 아니다.

26. 다음 설명 중 틀린 것은?   10.1 승진

> ㉠ 형식적 의미의 경찰은 실정법상 개념이다.
> ㉡ 일반행정기관도 형식적 의미의 경찰작용을 하는 경우가 있다.
> ㉢ 실질적 의미의 경찰은 사회공공의 안녕, 질서유지와 같은 소극적 목적을 위한 작용이다.
> ㉣ 실질적 의미의 경찰은 학문상으로 정립된 개념이라기보다는 실무상으로 확립된 개념이다.
> ㉤ 실질적 의미의 경찰은 사회공공의 안녕과 질서를 유지하기 위하여 일반통치권에 의거하여 국민에게 명령·강제하는 권력적 작용이다.

① 1개   ② 2개   ③ 3개   ④ 4개

▪ 정답: ②

▩ 해설:
㉡ **일반행정기관도 실질적 의미의 경찰작용을 하는 경우가 있다.**
㉣ **형식적 의미의 경찰**은 학문상으로 정립된 개념이라기보다는 실무상으로 확립된 개념이다.

27. 경찰개념과 관련된 설명 중 옳은 것은?   08.7 순경
① 대륙법계 국가에서는 '경찰활동이 무엇인가?'라는 문제로 경찰개념이 논의되었다.
② 법치국가시대에서는 경찰개념에 적극적인 복지경찰분야가 포함된다.
③ 정보경찰, 사법경찰은 형식적 의미의 경찰에 속한다.
④ 실질적 의미의 경찰개념은 학문상으로 정립된 개념이라기보다는 실무상으로 확립된 개념이다.

▪ 정답: ③

▩ 해설:
① **영미법계 국가**에서는 '경찰활동이 무엇인가'라는 문제로 경찰개념이 논의되었다.
② 법치국가시대에서는 경찰개념에 **소극적인 위험방지분야에 한정**함으로써 내무행정 중에서도 치안행정만을 의미하게 되었다.
④ 실질적 의미의 경찰개념은 **학문상으로 정립된 개념**이다.

28. 다음 중 경찰을 권한과 책임의 소재에 따라 분류한 것으로 맞는 것은?   09.3 순경
① 국가경찰과 자치경찰   ② 진압경찰과 예방경찰
③ 질서경찰과 봉사경찰   ④ 행정경찰과 사법경찰

▪ 정답: ①

▩ 해설: ▶ **권한과 책임소재**

국가경찰	중앙정부, 집권형 → **능률성(↑)**, **민주성(↓)**, 대륙법계의 국가
자치제경찰	지방정부, 분권형 → **능률성(↓)**, **민주성(↑)**, 영미법계의 국가

29. 행정경찰과 사법경찰의 비교에 대한 기술이다. 다음 중 잘못된 것은?   03.1 승진
① 행정경찰은 경찰법규에 의거하여 발동하지만, 사법경찰은 주로 형사소송법에 의한다.
② 행정경찰과 사법경찰의 구별을 처음으로 법제화한 것은 프랑스의 죄와형벌법전(경죄처벌법전)이다.
③ 한국에서는 조직법상으로 행정경찰과 사법경찰이 구분되어 있지 않다.
④ 행정경찰과 사법경찰의 구별이 확립, 발전된 나라는 영·미법계 국가이다.

❖ 정답: ④
❈ 해설: 행정경찰과 사법경찰의 구별이 확립, 발전된 나라는 **프랑스**이다.

30. 다음 중 다른 행정작용을 동반하지 아니하고 오로지 경찰작용만으로 사화공공의 안녕과 질서를 유지하기 위한 경찰작용을 무엇이라 하는가?   02.7 순경
① 보안경찰   ② 위생경찰   ③ 건축경찰   ④ 보건경찰

❖ 정답: ①
❈ 해설: ▶ 업무의 독자성

보안경찰	**다른 행정작용을 동반하지 않음(독자성○)**, 조직상 보통경찰기관이 관장, 형식(○), 실질(○) 예 생활안전, 교통, 경비, 정보, 보안(대공), 외사, 소방, 해양경찰
협의의 행정경찰	**다른 행정작용과 결합(독자성×)**, 조직상 일반행정기관이 담당, 형식(×), 실질(○) 예 건축, 위생(보건), 관세, 산림, 경제, 공물, 철도경찰 등

31. 다른 행정작용과 결합하여 특별한 사회적 이익의 보호를 목적으로 하면서 그 부수작용으로 사회공공의 안녕과 질서를 유지하기 위한 경찰작용을 협의의 행정경찰이라고 하는데, 이와 가장 거리가 먼 것은?   97.1 승진, 99.1 승진
① 풍속경찰   ② 위생경찰   ③ 산림경찰   ④ 경제경찰

❖ 정답: ①
❈ 해설: ▶ 업무의 독자성

보안경찰	**다른 행정작용을 동반하지 않음(독자성○)**, 조직상 보통경찰기관이 관장, 형식(○), 실질(○) 예 생활안전, 교통, 경비, 정보, 보안(대공), 외사, 소방, 해양경찰
협의의 행정경찰	**다른 행정작용과 결합(독자성×)**, 조직상 일반행정기관이 담당, 형식(×), 실질(○) 예 건축, 위생(보건), 관세, 산림, 경제, 공물, 철도경찰 등

32. 다음 중 예방경찰에 해당하는 것은?   02.3 경간부
① 총포·화약류의 취급제한   ② 범죄의 제지
③ 피의자의 체포   ④ 범죄의 수사

❖ 정답: ①

❈ 해설: ▶ 경찰권의 발동시점

예방경찰	사전 범죄예방을 위한 권력적 작용 예 **정신착란자 · 주취자를 경찰이 보호조치 시키는 경우, 총포 · 도검 · 화약류 취급제한**, 가축의 도살처분 등
진압경찰	범죄수사를 위한 권력적 작용 예 범죄제지, 범죄의 진압 및 수사, 피의자의 체포 등

33. 다음 경찰의 분류와 연결이 아닌 것은?   07.10 순경

① 권한과 책임소재 – 국가경찰과 자치경찰
② 업무의 독자성– 보안경찰과 협의의 행정경찰
③ 위해정도 및 담당기관 – 평시경찰과 비상경찰
④ 경찰활동의 질과 내용 – 행정경찰과 사법경찰

❧ 정답: ④
❈ 해설: ▶ 경찰활동의 질과 내용

질서경찰	강세력을 수난으로 사회실서 유시를 위한 법집행, **권력적 작용** 예 범죄수사, 다중범죄진압, 교통위반자에 대한 통고처분 등
봉사경찰	강제력이 아닌 서비스, 계몽, 지도 등을 통하여 경찰직무 수행, **비권력적 작용** 예 방범지도, 청소년 선도, 교통정보의 제공, 방범순찰, 수난구호 등

34. 다음 중 경찰분류기준에 대한 연결로 잘못된 것은?   03.2 경간부

> ㉠ 경찰권 발동의 시점 – 예방 · 진압경찰
> ㉡ 권한과 책임의 소재 – 국가 · 자치제 경찰
> ㉢ 공공의 안녕과 질서에 대한 위해의 정도에 따른 분류 – 행정 · 사법경찰
> ㉣ 경찰활동의 질과 내용에 따른 분류 – 질서 · 봉사경찰
> ㉤ 업무의 독자성 – 보안 · 협의의 행정경찰

① 없다.   ② ㉠㉡   ③ ㉢   ④ ㉣㉤

❧ 정답: ③
❈ 해설: ▶ 위해정도, 적용법규, 담당기관

평시경찰	평온한 상태, 일반법규, 보통경찰기관
비상경찰	전시, 계엄법, 군대

35. 다음 중 경찰의 종류에 대한 설명으로 타당하지 않은 것은?   08.2 경간부

① 공공의 안녕과 질서에 대한 위해의 정도와 적용법규, 담당기관에 따라 비상경찰과 평시경찰로 구분할 수 있다.
② 천재, 지변이나 전시, 사변 기타 국가비상사태에 있어서 계엄법에 의하여 군대가 병력으로 공공의 안녕, 질서를 유지할 때 이를 비상경찰이라고 한다.
③ 범죄수사, 다중범죄진압 교통위반자에 대한 통고처분 등은 봉사경찰에 해당한다.
④ 권한과 책임의 소재에 따라 국가경찰과 자치경찰로 구분할 수 있다.

정답: ③

※ **해설:** ▶ **경찰활동의 질과 내용**

질서경찰	강제력을 수단으로 사회질서 유지를 위한 법집행, 권력적 작용 예 범죄수사, 다중범죄진압, 교통위반자에 대한 통고처분 등
봉사경찰	강제력이 아닌 서비스, 계몽, 지도 등을 통하여 경찰직무 수행, 비권력적 작용 예 방범지도, 청소년 선도, 교통정보의 제공, 방범순찰, 수난구호 등

36. 다음 설명 중 틀린 것은?   07.3 순경

① 사회공공안녕과 질서를 유지하기 위하여 다른 행정작용을 수반하지 아니하고 오로지 경찰작용만으로 행
  정의 일부분을 구성하는 경찰작용을 협의의 행정경찰이라고 한다.
② 정보경찰의 활동은 실질적 의미의 경찰개념보다는 형식적 의미의 경찰 개념과 관련이 깊다.
③ 행정경찰과 사법경찰의 구분은 삼권분립사상이 투철했던 프랑스에서 확립된 것으로 죄와형벌법전(경죄처
  벌법전) 제18조에서 행정경찰은 공공질서유지, 범죄예방목적이다.
④ 영미법계의 경찰개념은 '경찰은 무엇인가?' 라는 문제보다는 '경찰활동은 무엇인가?' 와 관련이 깊다.

정답: ①

※ **해설:** 사회공공안녕과 질서를 유지하기 위하여 다른 행정작용을 수반하지 아니하고 오로지 경찰작
  용만으로 행정의 일부분을 구성하는 경찰작용을 **보안경찰**이라고 한다.

37. 다음은 경찰의 개념 및 분류에 관련한 기술이다. 잘못 설명한 것은?   07.5 순경

① 영·미의 경찰개념은 경찰이 주권자인 시민을 위해 수행하는 기능 또는 역할을 중심으로 형성되었다.
② 실질적 의미의 경찰개념을 작용을 중심으로 파악한 개념으로 건축허가와 같은 행정작용도 실질적 의미의
  경찰작용에 포함된다.
③ 경찰권의 발동시점을 기준으로 예방경찰과 진압경찰로 분류하는 경우, 경찰법 제3조와 경찰관직무집행법
  제2조의 범죄진압은 예방경찰과 진압경찰 중 진압경찰을 의미한다.
④ 경찰활동의 내용과 질을 기준으로 질서경찰과 봉사경찰로 분류하는데, 전자에는 교통위반자에 대한 처분
  등이 속한다.

정답: ③

※ **해설: 범죄진압은 예방·진압경찰 모두와 관련되어 있다.**

38. 다음 설명 중 옳은 것은?   07.9 순경

① 대륙법계 국가에서는 법치국가시대에 이르러 사법이 국가의 특별한 작용으로 인정되기 시작하였다.
② 실질적 의미의 경찰개념은 일반통치권에 근거하여 국민에게 명령·강제하는 권력적 작용을 말하는데 이
  는 학문상으로 정립된 개념이 아니라 실무상 확립된 개념이다.
③ 영미법계의 경찰개념으로 통치권적 개념을 전제로 하는데 '경찰은 무엇을 하는가 또는 경찰활동이란 무
  엇인가'라는 문제로 논의되었다.
④ 보안경찰은 다른 행정작용을 동반하지 아니하고 오직 경찰 작용만으로 하나의 독립행정 부분을 형성하고
  있는데 풍속경찰, 교통경찰이 이에 해당한다.

┇ 정답: ④

▓ 해설:

① 경찰국가시대에 이르러 국가활동이 점차로 분업화되고 전문화되어 감에 따라 **외교, 사법, 군사, 재정 등을 제외한** 나머지 국가작용, 즉 경찰은 사회공공의 안녕과 복지를 직접 다루는 **내무행정만을 의미**하게 되었다.

② 실질적 의미의 경찰개념은 **이론적, 학문적인 면에서 정립된 경찰개념**으로 독일 행정법학자들이 경찰법상 이른바 일반조항을 근거로 만들어 낸 도구개념이다.

③ **대륙법계의 경찰개념**으로 통치권적 개념을 전제로 하는데 '경찰은 무엇을 하는가 또는 경찰활동이란 무엇인가'라는 문제로 논의되었다.

39. 경찰개념에 대한 설명으로 틀린 것은?   06.10 순경

① 형식적 의미의 경찰은 실정법상 보통경찰기관에 분배되어 있는 임무를 달성하기 위해 행해지는 경찰활동이다.

② 대륙법계 경찰개념은 당위성을 전제로 권리·자유·행동을 제한하는 소극적 기능이다.

③ 경찰국가시대 경찰개념은 사회공공의 안녕과 복지를 직접 다루는 내무행정만을 의미하였다.

④ 사법경찰은 공공의 질서유지, 범죄예방을 그 임무로 한다.

┇ 정답: ④

▓ 해설: ▶ 직접적인 목적

(광의) 행정경찰	① **공공질서의 유지 및 범죄예방을 목적** ② 사회에 야기된 현재 및 장래의 사태에 대하여 발동하는 작용 ③ 각종 경찰법에 의하여 적용 ④ 경찰청장의 지휘 및 감독 ⑤ 실질적 의미의 경찰	
사법경찰	① **범죄의 수사 및 체포를 목적** ③ 형사소송법에 의한 권한 행사 ⑤ 형식적 의미의 경찰	② 과거의 사태에 대한 작용 ④ 검사의 지휘 및 감독

40. 경찰개념에 대한 설명 중 틀린 것은?   10.1 승진

> ㉠ 형식적 의미의 경찰이란 경찰관서에서 하는 일체의 경찰작용을 의미한다.
> ㉡ 실질적 의미의 경찰에는 영업경찰, 위생경찰, 서비스활동이 있다.
> ㉢ 권한과 책임의 소재를 기준으로 보안경찰과 협의의 행정경찰로 나뉜다.
> ㉣ 중세국가 시대에는 경찰과 행정이 분화되었다.
> ㉤ 영미에서는 '경찰활동이란 무엇인가?'라는 문제로 경찰개념에 논의되었다.

① 1개   ② 2개   ③ 3개   ④ 4개

┇ 정답: ③

▓ 해설:

㉡ 실질적 의미의 경찰에는 영업경찰, 위생경찰이며, **서비스활동은 형식적 의미의 경찰에 해당**한다.

㉢ 권한과 책임의 소재를 기준으로 **국가경찰과 자치경찰**로 나뉜다.

㉣ 중세국가 시대에는 **경찰과 행정이 미분화**되었다.

41. 다음 중 자치경찰제도와 대비하여 국가경찰제도의 장점이라고 보기에 가장 어려운 것은?   03.1 승진

① 조직의 통일적 운용과 경찰활동의 능률성을 기할 수 있다.

② 타 행정부문과의 긴밀한 협조·조정이 원활하다.

③ 각 지방의 특수성을 반영할 수 있는 경찰행정이 가능하다.

④ 전국적인 통계자료의 정확성을 기할 수 있다.

✎ 정답: ③

※ 해설: ▶ 국가경찰과 자치경찰의 장단점

구분	국가경찰	자치경찰
장점	㉠ 강력한 집행력 행사가 가능하고 비상시 유리 ㉡ 전국에 걸쳐 **통일적으로 조직운영·관리** ㉢ 경찰활동의 기동성과 능률성 발휘 ㉣ **전국적 통계자료의 정확성** ㉤ **타 행정부문과의 긴밀한 협조·조정이 원활** ㉥ 다른 지방자치경찰과의 협조가 원활 ㉦ 경찰기관 사이의 협조성 ㉧ 업무집행의 통일성	㉠ **지역실정에 맞는 경찰행정이 가능** ㉡ 지역주민에 대한 경찰의 책임감이 높음. ㉢ 자치단체별로 독립되어 있어 조직운영의 개혁이 용이 ㉣ 인권보장과 민주성이 보장되어 주민의 지지가 용이 ㉤ 주민의견 수렴이 용이하여 주민들의 지지를 받기 쉬움. ㉥ 재원과 책임의 분담 ㉦ 경찰과 시민과의 유대강화 ㉧ 주민협력 치안 활성화
단점	㉠ 경찰 본연의 업무 이외 타 행정 업무에 이용 ㉡ 지방 실정에 적합한 치안행정 수립 곤란 ㉢ 관료화되어 지역주민을 위한 봉사자 의식 희박 ㉣ 각 지방의 특수성과 창의성의 저해 ㉤ 조직이 비대화되고 관료화될 우려가 큼.	㉠ 집행력과 기동성이 약함. ㉡ 전국적·통일적·광의적 경찰활동 곤란 ㉢ 지방세력가의 경찰행정 개입으로 경찰 부패 초래 ㉣ 전국적 통계자료의 정확성의 곤란 ㉤ 다른 경찰기관 및 국가행정기관과의 협조, 응원체제가 곤란 ㉥ 기동화, 광역화범죄에 대처하기 어려움. ㉦ 전국적인 범죄예방과 대응능력의 분산

42. 다음 중 국가경찰제도에 비추어 자치제경찰제도의 단점인 것은?   03.7 순경

① 각 지방의 특수성, 창의성이 저해되기 쉽다.

② 다른 행정기관 및 국가행정기관과 협조가 곤란하다.

③ 정부의 특정정책의 수행에 이용되어 본연의 임무를 벗어날 우려가 있다.

④ 관료화되어 국민을 위한 봉사가 저해될 수 있다.

✎ 정답: ②

※ **해설: ▶ 자치경찰제도의 단점**

> ㉠ **집행력과 기동성이 약함.**
> ㉡ 전국적 · 통일적 · 광의적 경찰활동 곤란
> ㉢ 지방세력가의 경찰행정 개입으로 경찰부패 초래
> ㉣ 전국적 통계자료의 정확성의 곤란
> ㉤ **다른 경찰기관 및 국가행정기관과의 협조, 응원체제가 곤란**
> ㉥ 기동화, 광역화범죄에 대처하기 어려움.
> ㉦ 전국적인 범죄예방과 대응능력의 분산

43. 다음 중 자치경찰제도의 단점에 해당하는 것은?   99.1 승진
① 관료화되어 국민을 위한 봉사가 저해될 수 있다.
② 정부의 특정정책의 수행에 이용되어 본연의 업무에서 벗어날 우려가 있다.
③ 각 지방의 특수성 · 창의성이 저해되기 쉽다.
④ 다른 경찰기관이나 행정기관의 협조가 곤란하다.

정답: ④
※ **해설:** 다른 경찰기관이나 행정기관의 협조가 곤란한 경우에는 자치경찰제도의 단점에 해당된다.

44. 다음 중 국가경찰제도에 비추어 자치제경찰제도의 단점인 것은?   03.7 순경
① 각 지방의 특수성 · 창의성이 저해되기 쉽다.
② 다른 행정기관 및 국가행정기관과 협조가 곤란하다
③ 정부의 특정정책의 수행에 이용되어 본연의 업무에서 벗어날 우려가 있다.
④ 관료화되어 국민을 위한 봉사가 저해될 수 있다.

정답: ②
※ **해설:** 다른 경찰기관이나 행정기관의 협조가 곤란한 경우에는 자치경찰제도의 단점에 해당된다.

45. 다음 중 자치경찰제의 단점이 아닌 것은?   05.1 승진

> ㉠ 관료화 우려와 정치적 중립성 취약
> ㉡ 통일성 · 집행력 · 기동력이 미약
> ㉢ 지역의 특성에 맞는 경찰행정이 가능
> ㉣ 타 기관과의 업무협조가 곤란
> ㉤ 경찰본연의 임무가 벗어날 우려가 있음.

① ㉠㉡㉢   ② ㉡㉣㉤   ③ ㉠㉢㉤   ④ ㉡㉢㉤

정답: ③
※ **해설:** 자치경찰제도의 단점은 ㉡㉣㉥이다.

46. 다음 중 자치경찰제도의 장점으로 볼 수 없는 것은?　　　02.1.승진
① 경찰과 시민 간의 유대를 강화할 수 있다.
② 재원과 책임의 분담을 이룰 수 있다.
③ 업무의 통일성 및 협력을 제도적으로 확보할 수 있다.
④ 그 지역 주민의 협력이 활성화 되어 범죄 예방과 대응력을 높일 수 있다.

✂ 정답: ③
▧ 해설: ▶ 자치경찰제도의 장점

> ㉠ 지역실정에 맞는 경찰행정이 가능
> ㉡ 지역주민에 대한 경찰의 책임감이 높음.
> ㉢ 자치단체별로 독립되어 있어 조직운영의 개혁이 용이
> ㉣ 인권보장과 민주성이 보장되어 주민의 지지가 용이
> ㉤ 주민의견 수렴이 용이하여 주민들의 지지를 받기 쉬움.
> **㉥ 재원과 책임의 분담**
> **㉦ 경찰과 시민과의 유대강화**
> **㉧ 주민협력 치안 활성화**

47. 국가경찰제도의 장점은?　　　97.1 승진
① 경찰조직의 개혁이 용이함.　　　② 강력한 기능의 발휘함.
③ 인권과 민주성을 보장할 수 있음.　　　④ 지역특성에 맞는 경찰행정이 용이함.

✂ 정답: ②
▧ 해설: ▶ 국가경찰제도의 장점

> **㉠ 강력한 집행력 행사가 가능하고 비상시 유리**
> ㉡ 전국에 걸쳐 통일적으로 조직운영ㆍ관리
> ㉢ 경찰활동의 기동성과 능률성 발휘
> ㉣ 전국적 통계자료의 정확성
> ㉤ 타 행정부문과의 긴밀한 협조ㆍ조정이 원활
> ㉥ 다른 지방자치경찰과의 협조가 원활
> ㉦ 경찰기관 사이의 협조성
> ㉧ 업무집행의 통일성

48. 국가경찰제도와 비교할 때 지방자치경찰제도에 대한 설명으로 가장 옳은 것은?　　　10.3 순경
① 조직이 비대화되고 관료화될 우려가 크다는 단점이 있다.
② 각 지방의 특수성이 반영되지 않고 창의성이 저해될 수 있다는 단점이 있다.
③ 다른 지방자치경찰과의 협조가 원활하다는 장점이 있다.
④ 주민의견 수렴이 용이하여 주민들의 지지를 받기가 쉽다는 장점이 있다.

✂ 정답: ④
▧ 해설:
① 조직이 비대화되고 관료화될 우려가 큰 것은 **국가경찰의 단점**이다.
② 각 지방의 특수성이 반영되지 않고 창의성이 저해될 수 있는 것은 **국가경찰의 단점**이다.
③ 다른 지방자치경찰과의 협조가 원활하다는 것은 **국가경찰의 장점**이다.

제3절 경찰학의 임무

1. 경찰관직무집행법 제2조에 대한 직무범위가 아닌 것은?   06.10 순경

> ㉠ 국민의 생명·신체 및 재산 보호
> ㉡ 범죄예방·진압 및 수사
> ㉢ 경비·요인경호 및 대간첩작전 수행
> ㉣ 치안정보의 수집·작성 및 배포
> ㉤ 교통의 단속과 위해의 방지
> ㉥ 그 밖의 공공의 안녕과 질서유지

① 없음.   ② 1개   ③ 2개   ④ 3개

✔ 정답: ①

❄ 해설: ▶ 경찰의 임무

경찰조직법(조직근거·임무)	경찰작용법(발동근거·한계)
경찰법 제3조(1991)	경찰관직무집행법 제2조(1953)
① 국민의 생명·신체 및 재산 보호	① 국민의 생명·신체 및 재산 보호
② 범죄예방·진압 및 수사	② 범죄예방·진압 및 수사
③ 경비·요인경호 및 대간첩작전 수행	③ 경비·요인경호 및 대간첩작전 수행
④ 치안정보의 수집·작성 및 배포	④ 치안정보의 수집·작성 및 배포
⑤ 교통의 단속과 위해의 방지	⑤ 교통의 단속과 위해의 방지
⑥ 그 밖의 공공의 안녕과 질서유지	⑥ 기타 공공의 안녕과 질서유지

2. 경찰의 기본적 임무에 대한 설명으로 옳은 것은?   03.3 순경

> ㉠ 대적(對敵)개념에 입각한 국방임무는 경찰의 임무이다.
> ㉡ 공공질서의 개념은 절대적인 것이다.
> ㉢ 공공의 안녕과 관련하여 경찰은 인간의 존엄성, 명예, 생명, 건강, 자유의 개인법익뿐만 아니라 사유
>   재산적 가치 또는 무형의 권리도 보호하여야 한다.
> ㉣ 국민의 생명·신체 및 재산의 보호는 공공의 안녕을 포함하는 상위개념이다.
> ㉤ 경찰위반의 상태가 범죄의 구성요건을 충족시키는 경우에는 경찰의 수사대상이 된다.

① ㉠㉢   ② ㉡㉤   ③ ㉢㉤   ④ ㉢㉣

✔ 정답: ③

❄ 해설:
㉠ 대적(對敵)개념에 입각한 **국방임무는 경찰의 임무와는 관계가 없다.**
㉡ 공공질서의 개념은 절대적인 것이 아니며 **시대에 따라 변화하는 유동적 개념이다.**
㉣ 공공의 안녕이 국민의 생명·신체·재산의 보호를 포함하는 상위개념이다.

3. 다음 경찰의 임무에 대한 설명이다. 옳지 않은 것은?   09.1 승진

① 경찰의 임무는 행정조직법상의 경찰기관을 전제로 한 개념이다.

② 경찰법 제3조는 국가경찰은 국민의 생명 · 신체 및 재산을 보호하고, 공공의 안녕과 질서유지를 그 임무로 규정하고 있다.

③ 국민의 생명 · 신체 및 재산의 보호는 공공의 안녕을 포함하는 상위개념이다.

④ 경찰권 행사시에는 편의주의 원칙이 적용되나, 예외적인 상황 하에서는 오직 하나의 결정만이 합당한 재량권행사로 인정된다는 것이 재량권의 영으로의 수축이론이다.

▐ **정답:** ③

▓ **해설:** 공공의 안녕이 국민의 생명 · 신체 · 재산의 보호를 포함하는 상위개념이다.

4. 경찰의 임무에 대한 설명 중 틀린 것은?   07.12 순경

① 경찰의 개입은 가벌성에 이르렀을 때에만 가능하다.

② 경찰의 임무는 위험방지, 범죄수사 및 대국민 서비스 활동이다.

③ 경찰법 제3조에는 국민의 생명 · 신체 및 재산의 보호, 공공의 안녕과 질서유지를 임무로 규정하고 있다.

④ 경찰이 개입할 수 있는 위험의 개념은 사실에 기인한 주관적 추정이지만, 정당화될 수 있는 일종의 객관화를 요구한다.

▐ **정답:** ①

▓ **해설:** ▶ **법익의 불가침(제1의 요소)**

공법규범 위반	① **경찰개입(○)** ② 경찰의 활동은 형법적 가벌성의 범위 내에만 **국한되는 것이 아니며**, 가벌성의 범위 내에 이르지 아니하였을지라도 국민의 자유나 권리를 침해하지 않는 범위 내에서 수사나 정보, 보안, 외사의 기본적인 활동을 할 수 있다.
사법규범 위반	① **원칙: 경찰개입(✕)**, 사법질서의 침해는 민사법원에 의해 보호가 된다. ② **예외: 경찰개입(○)** – 보충성의 원칙에 의해 개입이 가능하다.

5. '사법적 보호가 적시에 이루어지지 않고, 경찰의 원조 없이는 법을 실현시키는 것이 무효화되거나 사실상 어려워질 경우'에만 경찰이 개입할 수 있다는 말과 관련이 깊은 것은?   05.3 순경

① 보충성의 원칙

② 비례성의 원칙

③ 필요성의 원칙

④ 적합성의 원칙

▐ **정답:** ①

▓ **해설:** ▶ **보충성의 원칙**

> 사법상의 문제에 대한 경찰권의 개입은 다른 조치가 효과를 발휘하지 못하거나 다른 조치를 기다릴 시간적 여유가 없는 경우에 최소한도에서 발동이 가능하다는 원칙이다.

6. 다음 중 보충성의 원칙에 대한 설명으로 가장 옳은 것은?　　　02.3 순경

① 경찰의 조치는 당해 목적달성을 위한 필요최소한의 것이어야 한다.

② 경찰조치는 경찰상의 장애제거에 적절한 것이어야 한다.

③ 경찰의 조치는 그에 의하여 달성되는 공익이 그로 인한 상대방의 자유·권리에 대한 침해보다 클 때에만 허용된다.

④ 경찰의 조치는 법적 보호가 적시에 이루어지지 않고, 경찰의 원조 없이는 법을 실현시키는 것이 무효화 되거나 사실상 어려워질 경우에 허용된다.

❖ **정답:** ④

※ **해설:** ▶ 보충성의 원칙

> 사법상의 문제에 대한 경찰권의 개입은 다른 조치가 효과를 발휘하지 못하거나 다른 조치를 기다릴 시간적 여유가 없는 경우에 최소한도에서 발동이 가능하다는 원칙이다.

7. 다음 중 공공의 안녕에 대한 설명으로 틀린 것은?　　　03.1 승신

① 경찰의 위험방지의 보호대상이다.

② 사유재산적 가치 또는 무형의 권리도 보호의 대상이다.

③ 경찰의 활동은 가벌성의 범위 내에 이르렀을 경우에만 가능하다.

④ 개인의 법익보호를 위하여 경찰개입청구권이 인정되기도 한다.

❖ **정답:** ③

※ **해설:** 경찰의 활동은 형법적 가벌성의 범위 내에만 **국한되는 것이 아니며**, 가벌성의 범위 내에 이르지 아니하였을지라도 국민의 자유나 권리를 침해하지 않는 범위 내에서 수사나 정보, 보안, 외사의 기본적인 활동을 할 수 있다.

8. 경찰이 보호해야 할 개인의 권리와 법익의 불가침성에 대한 설명 중 틀린 것은?　　　02.5 순경

① 경찰은 사유재산적 가치 또는 무형의 권리도 보호하여야 한다.

② 경찰은 국민의 사법적인 권리와 법익이 침해당했을 경우 종국적으로 개입한다.

③ 경찰은 사법적인 권리가 무효화될 우려가 있을 때에만 개입할 수 있다.

④ 개인적 법익의 침해가 동시에 형법 등 공법규정의 위반에 해당한다면 경찰은 직접적으로 개입해야 한다.

❖ **정답:** ②

※ **해설:** ▶ 개인의 권리 및 법익의 불가침

> ① 개인적 법익뿐만 아니라 **재산적 가치 또는 무형의 권리(지적재산권 보호)도** 보호할 의무가 있다.
> ② 개인적 법익에 대한 침해가 동시에 **형법이나 행정법 등의 공법규범을 위반한 경우는** 보충성의 원칙은 **적용이 되지 않는다.**

9. 다음은 공공질서와 관련한 설명이다. 옳지 않은 것은? 09.1 승진

> ㉠ 국민의 생명·신체·재산의 보호가 경찰의 책무도 도입된 것은 영미법계의 영향이고, 이를 최초로 규정한 것은 경찰관직무집행법이다.
> ㉡ 원만한 공동체 생활을 위한 불가결한 전제조건으로서 각 개인의 행동에 대한 성문규범의 총체이다.
> ㉢ 시대에 따라 변화하는 유동적 개념이다.
> ㉣ 오늘날 공공질서의 사용가능 분야는 점점 증가하고 있다.
> ㉤ 통치권의 집행을 위한 개입의 근거로서 사용될 수 있는 이 개념은 엄격한 합헌성의 요구를 받는다.

① ㉠㉡   ② ㉠㉢   ③ ㉡㉣   ④ ㉣㉤

✛ **정답:** ③

▓ **해설:** ▶ **공공질서(불문법규의 총체)**

의의	① 공공질서라 함은 **시대의 지배적 윤리와 가치관**에 따를 때, 인간의 원만한 공동체 생활을 위한 불가결적 전제조건을 말하며, 공공사회에서의 각 개개인이 행동에 대한 **불문규범의 총체**를 의미한다. ② **시대에 따라 변화하는 유동적인** 개념이지, 절대적·고정적인 개념이 아니다.
적용한계	① 오늘날 거의 모든 영역에 대해 법적 규범화가 이루어지고 있기 때문에 **공공질서 개념의 사용가능 분야는 점점 축소**되고 있다. ② 법치주의, 민주주의의 원칙에서 보아 법규범이 아닌 사회규범에 의하여 요구되는 것을 경찰권력에 의해 강요할 수 없으므로, 통치권의 집행을 위한 개입의 근거로서 사용될 수 있는 개념은 **엄격한 합헌성**을 요구받는다.
경찰의 개입 여부	공공질서 위반 시 경찰의 개입에 대해서는 경찰권의 재량적 결정에 맡겨지나, 기본적 인권의 헌법적 보호규정을 준수하는 범위 내에서 **경찰관청의 의무에 합당한 재량행사**에 따라야 한다.

10. 다음은 공공질서에 대한 설명이다. 틀린 것은? 03.11 순경

① 그것을 준수하는 것이 원만한 공동체생활을 위한 불가결적 전제조건으로서 각 개인의 행동에 대한 불문규범의 총체이다.
② 절대적인 것이 아니라 시대에 따라 변화하는 유동적 개념이다.
③ 오늘날에는 공공질서를 필요로 하는 분야가 점점 증가하고 있다.
④ 통치권의 집행을 위한 개입의 근거로서 사용될 수 있는 개념은 엄격한 합헌성의 요구를 받는다.

✛ **정답:** ③

▓ **해설:** 오늘날 거의 모든 영역에 대해 법적 규범화가 이루어지고 있기 때문에 **공공질서 개념의 사용가능 분야는 점점 축소**되고 있다.

11. 다음 중 위험에 대한 설명으로 틀린 것은? 01.11 순경

① 경찰상 위험이란 개인 및 공동의 법익에 대한 침해의 가능성이 충분히 존재한 상태를 말한다.
② 구체적 위험이란 개개인 경우에 손해발생의 가능성이 충분히 존재하는 경우를 말한다.
③ 비례의 원칙에 따라 추상적 위험 이전의 상태에서도 경찰개입이 가능하다.
④ 오상위험이란 위험의 외관도 그 혐의도 정당화되지 아니함에도 경찰이 위험의 존재를 잘못 추정한 것이다.

❖ **정답:** ③

※ **해설:** 위험의 존재는 **경찰개입의 최소요건으로 위험이전 단계에서 사전배려차원의 개입은 허용되지 않으며,** 구체적 또는 추상적 위험이 존재할 때 개입이 가능하다. 예외적으로 환경행정분야 인정에서는 인정한다.

12. 甲은 야간에 행인이 없는 지방국도에서 교통신호를 무시하고 통과하였는데, 마침 순찰 중이던 교통경찰관에게 적발되어 단속되었다. 이때 단속의 근거를 위험의 방지로 설명한다면 가장 잘못된 것은?

02.11 순경

① 위험이란 경찰상 보호법익에 대한 침해 가능성을 말한다.
② 차도에 차가 전혀 다니지 않는다 하더라도 경찰책임자가 된다.
③ 행인이 없었기 때문에 위험은 존재하지 않았고, 단속은 잘못되었다.
④ 공공의 안녕으로 보호법익은 도로교통법을 침해하였기 때문에 단속은 정당하다.

❖ **정답:** ③

※ **해설:** ▶ **위험혐의(위험의심)**

> 차가 다니지 않는 야간에 보행자가 뻘긴 불에 차도를 긴니는 경우 **구체적 위험은 존재하지 않더라도 경찰책임자가 되어 경찰의 단속대상이 된다.** 이유는 도로교통법 위반행위로서 법질서의 불가침성의 침해, 그리고 공공의 안녕의 보호법익인 도로교통을 침해하였기 때문이다. 따라서 경찰관직무집행법상 위험발생방지조치를 취하기 위해서는 구체적 위험이 존재하여야 한다.

13. 사회공공의 안녕과 질서를 유지하기 위하여 일반통치권에 근거하여 국민에게 명령강제하는 권한을 경찰권이라고 할 때, 이에 대한 설명으로 타당하지 않은 것은?

03.2 경간부

① 경찰작용은 국가와 국민 간의 일반통치 관계를 전제로 한다.
② 법원의 법정경찰권과 같이 부분사회의 내부질서를 목적으로 하는 경우에는 원칙적으로 일반 경찰권에 우선한다.
③ 경찰권의 상대방은 특별한 규정이 없는 한 통치권에 복종하는 모든 자가 된다.
④ 다른 행정기관이나 행정주체가 경찰의무에 위반하는 경우라도 경찰권은 절대 발동될 수 없다.

❖ **정답:** ④

※ **해설:** 다른 행정기관이나 행정주체가 경찰의무에 위반하는 경우라도 **경찰권은 기능을 침해하지 않는 범위 내에서 가능하다.**

14. 경찰의 궁극적 임무를 공공의 안녕과 질서에 대한 위험의 방지라고 정의할 때, 위험에 대한 설명 중 잘못된 것은?

02.11 순경, 01.11 순경

① 위험이란 가까운 장래에 공공의 안녕에 손해가 나타날 수 있는 가능성이 개개의 경우에 충분히 존재하는 상태를 말한다.
② 위험의 존재는 경찰개입의 최소요건이다.
③ 위험은 보호를 받게 되는 법익에 대해 필수적으로 존재해야 하는 것은 아니다.
④ 오상위험의 경우 경찰개입이 이루어졌더라도 손해배상 등의 문제는 발생하지 않는다.

▶ **정답:** ④

▒ **해설:** ▶ **오상위험(추정성 위험)**

> 외관적 위험, 위험혐의, 정당화되지 않은 상태(위법)에서 위험존재를 잘못 추정한 경우, 손해배상 문제(○), 손실보상(○)

15. 경찰의 임무를 공공안녕과 질서에 대한 위험방지 정의한 경우에, 위험이 아닌 것은? 06.10 순경
① 경찰은 경찰책임자에 의하여 야기되지 않은 위험도 방지해야 할 의무가 있다.
② 경찰개입은 구체적 위험 내지 추상적 위험의 전 단계에서도 반드시 필요하다.
③ 위험의 존재는 경찰개입 최소요건이다.
④ 위험은 보호를 받게 되는 법익에 대해 필수적으로 존재해야 하는 것은 아니다.

▶ **정답:** ②
▒ **해설:** 위험의 존재는 경찰개입의 최소요건으로 위험이전 단계에서 사전배려차원의 개입은 허용되지 않으며, **구체적 또는 추상적 위험이 존재할 때 개입이 가능하다.**

16. 경찰의 임무 및 수단에 대한 설명으로 맞는 것은? 10.3 순경
① 형사소송법은 경찰의 수사를 경찰의 직무로 규정하고 있으나, 경찰법은 이를 명문으로 규정하고 있지 않다.
② 경찰이 의무에 합당한 사려 깊은 판단을 할 때 실제로 위험의 가능성은 예측되나 불확실한 경우를 외관적 위험이라고 한다.
③ 경찰권을 행사할 지 여부는 원칙적으로 편의주의 원칙이 적용되나, 예외적인 상황에서는 재량권이 0으로 수축하는데, 이 경우에도 오직 하나의 결정만을 하여야 하는 것은 아니다.
④ 경찰임무 중 경비·요인경호 및 대간첩작전수행은 경찰관직무집행법에서 명시적 규정을 두고 있으나, 경찰법에는 명시적 규정이 없다.

▶ **정답:** ④
▒ **해설:**
① **형사소송법** 및 **경찰법 제3조와 경찰관직무집행법 제2조**는 각각 범죄수사를 경찰의 임무로 규정하고 있다.
② 경찰이 의무에 합당한 사려 깊은 판단을 할 때 실제로 위험의 가능성은 예측되나 불확실한 경우를 **위험혐의**라고 한다.
③ 경찰권을 행사할지 여부는 원칙적으로 편의주의 원칙이 적용되나, 예외적인 상황에서는 재량권이 0으로 수축하는데, **이 경우에도 오직 하나의 결정만을 하여야 한다.**

17. 다음 중 한국경찰의 범죄수사에 대한 설명으로 틀린 것은? 08.2 경간부
① 경찰법 제3조와 경찰관직무집행법 제2조에서 범죄수사를 경찰의 임무로 규정하고 있다.
② 경찰의 수사는 형사소송법에 의해 검사의 지휘를 받도록 되어 있으며, 경찰은 모든 사건의 수사종결 시 검찰에 송치하여야 한다.
③ 경찰은 직접 법원에 영장을 청구할 수 없음이 원칙이나, 긴급한 경우에는 예외적으로 청구할 수 있다.
④ 경찰의 수사권은 제한된 범위 내에서 행사가 가능하다.

▶ **정답:** ③
▒ **해설: 경찰이 영장을 청구할 수 있는 경우는 없다.**

제4절 | 경찰의 수단

1. 운전면허시험에 합격하여 운전면허증을 교부받았는데, 면허증 교부의 법적 성질은?

02.11 순경, 03.11 순경

① 확인   ② 통지   ③ 하명   ④ 공증

⁑ **정답:** ④

▓ **해설:** 운전면허시험의 합격, 불합격의 결정은 확인에 해당되고 운전면허증의 교부는 **공증에 해당**한다.

제5절 | 경찰권(경찰활동의 기초)

1. 다음 중 권력의 기초가 일반통치권이 아닌 경찰은?   97.1 승진

① 고등경찰   ② 법정경찰
③ 풍속경찰   ④ 행정경찰

정답: ②

해설: ▶ 협의의 경찰권 발동대상

원칙	법률에 특별한 규정이 없는 한 **통치권에 복종하는 모든 자는 자연인·법인, 내국인·외국인**을 불문하고 **경찰권의 대상**이 된다.
예외	국회의장 국회경호권한(국회법 제143조), 법원의 **법정경찰권(법원조직법 제58조)은 일반통치권**을 전제로 하지 않고, 내부질서를 목적으로 하는 경우에는 원칙적으로 일반경찰권에 우선한다. 즉, 협의의 경찰권 대상에 해당되지 않는다.

① 경찰책임자 아닌 자에 대한 발동 여부: **협의의 경찰권의 발동은 경찰책임자에게만 가능한 것이 원칙**이나, 예외적으로 **법령상 근거가 있고, 긴급한 필요가 있는 경우에는 경찰책임자가 아닌 자에게도 가능**하다.

② 공공행정의 주체가 경찰권의 대상이 될 수 있는지 여부: 다른 행정기관이나 행정주체가 경찰의무에 위반하는 경우, **경찰권은 기능을 침해하지 않은 범위 내에서 가능**하다(허용: 통설).

② 협의의 경찰권에 의해서는 불특정다수인을 대상으로 하는 **일반처분(입산금지, 통행금지)이 가능**하다.

---

2. 다음 중 틀린 것은?   10.2 경간부

> ㉠ 경찰권 행사로 국민이 받는 이익이 반사적 이익인 경우 경찰개입청구권이 인정된다.
> ㉡ 공공안녕과 질서유지에 관계없는 사적관계에 대해서는 경찰권 발동이 안 된다.
> ㉢ 협의의 경찰권발동은 긴급한 경우 예외적으로 법적 근거가 없어도 인정된다.
> ㉣ 허가는 특별한 규정이 없는 한 재량행위로 본다.
> ㉤ 재량에는 어떤 조치나 수단을 선택할 것인가의 결정이 포함된다.

① 4개   ② 3개   ③ 2개   ④ 1개

정답: ②

해설:

㉠ 경찰권의 행사로 인해 국민이 받는 이익이 **반사적 이익에 해당하는 경우에는 법적 보호의 대상이 될 수 없기 때문에 경찰개입청구권이 인정될 수가 없다.** 다만, 최근에는 반사적 이익이 보호이익으로 인정되는 경우가 늘어나는 추세이므로 **반사적 이익의 보호이익에는 경찰개입청구권이 가능**하다.

㉢ **협의의 경찰권의 발동은 경찰책임자에게만 가능한 것이 원칙**이나, 예외적으로 **법령상 근거가 있고, 긴급한 필요가 있는 경우에는 경찰책임자가 아닌 자에게도 가능**하다.

㉣ 허가는 명령적 행위로서 자연적 자유의 금지를 해제하는 의미를 갖기 때문에 허가의 요건을 갖춘 경우에 허가를 할 것인가의 여부는 **원칙적으로 기속행위 또는 기속재량행위**이다.

제6절　경찰의 관할(경찰권의 범위)

1. 경찰의 인적 관할에 대한 다음 설명 중 맞는 것은?　　　　　　02.5 순경
① 대통령은 재직 중 모든 범죄에 대해서 소추되지 않는다.
② 국회의원은 국회 외에서 행한 직무상 발언에 대해서는 책임을 지지 않는다.
③ SOFA협정 해당 군인은 모든 범죄의 1차적 재판권을 미국이 갖는다.
④ 외국의 원수와 외교관 그 가족 및 내국인 아닌 종자에게는 대한민국의 형법이 적용되지 않는다.

⁝ 정답: ④
§ 해설:
① 대통령은 **내란 또는 외환의 죄를 범한 경우를 제외**하고는 재직 중 형사상의 소추되지 않는다.
② 국회의원은 **국회에서 직무상 행한 발언과 표결에 관하여** 국회 외에서 책임을 지지 않는다.
③ 주한미군 당국은 한미행정 협정 대상자에 대해 오로지 **합중국의 재산이나 안전에 관한 범죄 또는 오로지 합중국 군대의 타 구성원이나 군속 또는 그들 가족의 신체나 재산에 대한 범죄, 공무집행 중의 작위 또는 부작위에 의한 범죄에 대해서만** 1차적 재판권을 가진다고 명시하고 있다.

2. 수사권은 내국인·외국인 상관없이 발동될 수 있으나, 일부 제한이 인정되고 있다. 다음 중 수사권의 제한이 인정되지 않는 것은?　　　　　　01.6 순경
① SOFA협정에 의한 공무집행중의 미군범죄　② 면책특권 있는 외교사절
③ 대통령　　　　　　　　　　　　　　　　　④ 한국주재 외국상사 직원

⁝ 정답: ④
§ 해설: ▶ 수사권 대상의 예외

> ① 외국원수 및 외교사절
> ② SOFA협정에 의거 공무집행중인 미군범죄(**1차 재판권 – 미군당국**)
> ③ 대통령: 대통령의 형사상 특권(헌법 제84조)
> ④ 국회의원: 의원의 불체포특권(헌법 제44조), 의원의 면책특권(헌법 제45조)
> ☞ 한국주재 외국상사 직원은 일반경찰권의 대상이다.

3. 다음 중 경찰의 지역관할에 대한 설명으로 옳지 않은 것은?　　　　　　01.5 순경
① 해양에서의 경찰사무는 해양경찰청 관할이다.
② 국회의장의 요청으로 경찰관이 파견된 경우는 회의장 건물 안에서도 경호할 수 있다.
③ 외교공관과 외교관의 개인주택은 국제법상 치외법권 지역이다.
④ 국회 안에 현행범인이 있을 때에는 이를 체포한 후 의장의 지시를 받아야 한다.

⁝ 정답: ②
§ 해설: 국회의장의 요청으로 경찰관이 파견된 경우는 **회의장 건물 밖에서만** 경호할 수 있다.

4. 경찰의 관할에 대한 설명으로 틀린 것은?   09.7 순경

① 원칙적으로 해양경찰청은 해양에서의 경찰사무에 대하여 관할권을 가진다.

② 국회의장의 요청에 의하여 파견된 경찰관은 회의장 건물 밖에서만 경호할 수 있다.

③ 외교공관이나 외교관의 개인주택은 치외법권 지역이므로 경찰의 상태책임 대상이 될 수 없다.

④ 중대한 죄를 범하고 도주하는 현행범인을 추적할 때에는 미군시설 및 구역 내에서 범인을 체포할 수 있다.

⁂ 정답: ③

❀ 해설: ▶ 지역관할

의의	광의의 경찰권이 발동될 수 있는 **지역적 범위**를 말한다.	
범위	일반통치권을 근거로 하므로 **대한민국의 영역 내의 모든 지역에 적용됨이 원칙**이다.	
지역관할의 예외	**해양경찰**	해양경찰은 해양에서의 경찰사무에 대하여 관할권을 가진다.
	철도경찰	① 철도시설 및 **열차 안에서** 발생하는 범죄와 역구내 및 **열차 안에서** 발생한 현행범인(철도경찰), 역구내 및 열차 안에서 발생한 현행범 중 살인 · 화재 · 변사 등 중요사건(**협조 의뢰 시 경찰청**) ② **열차사고는 경찰청에서 처리함을 원칙**으로 한다. ③ 특별한 경우에는 역구내에 경찰관을 배치할 수 있다.
	국회	국회의장의 국회 경호권은 **국회 안에서** 행사, 필요시 경찰파견 요청(경찰관은 회의장 **건물 밖에서만** 경호 가능)
	법원	파견된 경찰관은 **법정내외의** 질서유지를 위해 재판장 지휘를 받는다.
	치외법권	외교공관 · 외교관의 사택(외교사절의 승용차, 보트 등 교통수단 포함)은 치외법권 지역이므로 경찰은 직무수행을 위해 들어갈 수 없다. 예외: 화재나 전염병의 발생 등과 같이 **상태책임의 경우에는 외교사절의 동의가 없이도 공관에 들어갈 수 있다(국제적 관습).**
	미군영내 시설 및 구역 내부 경찰권	① **동의한 경우**, 중대한 죄를 범하고 도주하는 현행범인 추적하는 때 ② 한미행정협정 대상이 아닌 자: **한국 경찰요청**에 의해 미군당국이 체포하여 인도
	미군영내 사람이나 재산 · 미군재산에 관한 압수 · 수색 · 검증	**동의 필요**

5. 경찰권이 발동될 수 있는 지역적 범위는 대한민국의 영역 내에 모두 적용됨이 원칙이나, 다른 행정기관 · 관청 또는 국제법적 근거에 의거 일정한 한계가 있다. 다음 보기 중 옳게 설명한 것은?   08.2 경간부

> ㉠ 대한민국 당국은 미군 당국이 동의하지 않아도 압수 · 수색영장이 있으면 시설 또는 구역 내에서 사람이나 재산에 관하여 또는 시설 및 구역 내외를 불문하고 미국재산에 관하여 압수 · 수색 또는 검증을 할 수 있다.
> ㉡ 국회에 파견된 경찰관은 회의장 건물 내외에서 경호하고, 법원에 파견된 경찰관은 경찰서장의 지휘를 받아 법정 내외의 질서유지를 담당한다.
> ㉢ 외교공관과 외교관의 개인주택, 외교사절의 승용차, 보트, 비행기 등 교통수단은 국제법상 면제권이 인정되며, 다만 1961년 외교관계에 관한 비엔나 협약으로 화재나 전염병의 발생 등과 같이 공안을 유지하기 위하여 긴급을 요하는 경우에는 사절의 동의 없이도 공관에 들어갈 수 있다.

① 0개   ② 1개   ③ 2개   ④ 3개

⁝ 정답: ②
※ 해설:
㉠ 대한민국 당국은 **미군 당국이 동의가 있어야** 시설 또는 구역 내에서 사람이나 재산 또는 미국재산에 관하여 압수 · 수색 또는 검증을 할 수 있다.
㉡ 국회에 파견된 경찰관은 **회의장 건물 밖에서만 경호**하고, 법원에 파견된 경찰관은 **재판장 지휘를 받아 법정 내외의 질서유지를** 담당한다.

6. 주한미군에 대한 경찰사무에 관한 설명 중 틀린 것은?   03.4 순경
① 한미행정협정에 따라 군대의 특수성을 고려하여 미군시설 및 구역 내의 경찰권행사를 미군 당국에 맡기고 있다.
② 중대한 죄를 범하고 도주하는 현행범인을 추적할 경우에는 한국경찰도 미군시설 및 구역 내에서 범인을 체포할 수 있다.
③ 한미행정협정 대상이 아닌 자가 미군영내에 있을 경우 우리나라 경찰이 요청 시 미군당국은 그 자를 체포하여 인도하여야 한다.
④ 미군 당국의 동의가 없이도 미군 영내에 있는 사람이나 물건에 대하여 압수 · 수색 또는 검증을 할 수 있다.

⁝ 정답: ④
※ 해설: 미군 영내의 사람이나 물건에 대해 우리나라 경찰이 압수 · 수색하기 위해서는 **미군 당국의 동의가 있어야 가능하다.**

7. 다음 중 교통위반자에 대한 통고처분의 경찰활동과 성격이 다른 것은?   06.8 순경
① 운전면허취소
② 운전면허정지
③ 휴양콘도미니엄업의 허가
④ 교통정리

⁝ 정답: ④

※ 해설: ▶ 권력적 성질의 행정처분 활동(=규제행정)

사례	① **풍속 · 영업적 규제행정:** 노래방영업의 허가, 단란주점업의 허가, 유흥주점의 허가, **휴양 콘도미니엄업의 허가**, 총포소지허가 등 ② **교통관련 규제행정:** 교통범칙금납부통고서(통고처분)발부, **운전면허의 정지처분, 운전면허의 취소처분 등**
법적 성질	법률행위, 권력행위, 규제행위
구제 수단	① 취소소송 등 항고소송 가능 ② 국가배상법상 손해배상청구 가능

☞ 운전면허취소, 운전면허정지, 휴양콘도미니엄업의 허가는 행정처분의 일종이고, 교통정리는 사실행위이다.

8. 다음 중 경찰활동의 성질상 법률행위가 아니어서 취소소송 등 항고소송을 다툴 수 없는 것은?

04.4 순경

① 교통경찰 수신호
② 운전면허취소
③ 운전면허정지
④ 총포·도검허가

정답: ①

※ 해설: ▶ 비권력적 행정활동(=급부행정)

사례	① **금전의 급부:** 중요범죄 신고자 또는 검거자에 대한 보상금의 지급 등 ② **서비스의 제공:** 교통 · 지리정보 등의 제공, 인명구조 및 경호 등 각종의 보호 제공, 어린이 교통안전교육, 순찰활동, 청소년 선도활동 등 ③ **교통시설의 설치활동: 교통신호기**, 도로표지의 설치 등
법적 성질	비권력적 사실행위
구제 수단	① **취소소송 등 항고소송이 곤란** ② 국가배상법상 손해배상청구만 가능

제7절   경찰의 기본이념

1. 다음 중 경찰법 제1조에 나타난 경찰조직상의 이념은?   01.3 순경

① 민주성, 정치적 중립성   ② 민주성, 능률성

③ 능률성, 정치적 중립성   ④ 민주성, 효율성

✚ 정답: ④

※ **해설:** 경찰법 제1조에 나타난 경찰조직상의 이념으로는 **민주성과 효율성**이다.

2. 다음 중 경찰의 민주성 확보를 위한 방안이 아닌 것은?   02.11 101단

① 경찰책임의 완화   ② 절차에서의 참여보장

③ 권한의 적절한 분배   ④ 경찰정보의 공개

✚ 정답: ①

※ **해설: ▶ 경찰의 민주화를 위한 방안**

> ㉠ 국민의 경찰에 대한 민주적 통제(예: 경찰위원회)
> ㉡ **국민의 참여기회의 보장 및 경찰활동의 공개**(행정절차법, 공공기관의 정보공개에 관한 법률)
> ㉢ **경찰조직 내부의 적절한 권한 분배**   ㉣ 개개 경찰관의 민주주의 의식이 확립
> ㉤ 경찰간부의 민주적 리더십 요구   ㉥ 경찰활동의 투명
> ㉦ 경찰조직 내부의 민주화 필요   ㉧ 경찰책임의 강화

3. 국민의 권리 · 의무에 제한을 가하는 것과 관련하여 틀린 설명은?   06.10 해경

① 국가안전보장, 질서유지, 공공복리를 위해 필요한 경우에만 가능하다.

② 국민자유와 권리의 본질적 내용이라 하더라도 법률의 수권이 있으면 제한할 수 있다.

③ 국민의 권리 · 의무에 제한을 가하는 경우에는 국회에서 제정된 법률과 법률의 수권이 있어야 가능하다.

④ 자유와 권리의 본질적 내용은 침해할 수 없다.

✚ 정답: ②

※ **해설: ▶ 법치주의의 의의**

> ① **국가안전보장, 질서유지, 공공복리를 위해 필요한 경우에만 가능**하다.
> ② **국민자유와 권리의 본질적 내용은 법률의 수권이 있어도 제한할 수 없다.**
> ③ 국민의 권리 · 의무에 제한을 가하는 경우에는 **국회에서 제정된 법률과 법률의 수권이 있어야 한다.**
> ④ **자유와 권리의 본질적 내용은 침해할 수 없다.**
> ⑤ 주권자인 **국민 개개인에게 경찰활동에 참여할 기회가 제공**되어야 하며, 경찰의 활동이 공개되어야 한다.

4. 국민의 권리 · 의무에 제한을 가하는 것과 관련하여 틀린 설명은?   04.11 해경
① 국가안전보장, 질서유지, 공공복리를 위해 필요한 경우에만 가능하다.
② 국회에서 제정된 법률과 법률의 수권이 있어야만 가능하다.
③ 자유와 권리의 본질적 내용은 침해할 수 없다.
④ 자유와 권리의 본질적 내용이라 하더라도 법률의 수권이 있으면 제한할 수 있다.

❖ **정답:** ④
❈ **해설:** 국민자유와 권리의 본질적 내용은 법률의 수권이 있어도 **제한할 수 없다.**

5. 국민의 권리 · 의무에 제한을 가하는 것과 관련하여 틀린 설명은?   07.3 경간부
① 국가안전보장, 질서유지, 공공복리를 위해 필요한 경우에만 가능하다.
② 경찰관의 권리를 보장하기 위해 행정절차법과 공공기관의 정보공개에 관한 법률이 제정되었다.
③ 국민의 권리 · 의무에 제한을 가하는 경우에는 국회에서 제정된 법률과 법률의 수권이 있어야 가능하다.
④ 자유와 권리의 본질적 내용은 침해할 수 없다.

❖ **정답:** ②
❈ **해설:** 주권자인 **국민 개개인에게 경찰활동에 참여할 기회가 제공**되어야 하며, 경찰의 활동이 공개
되어야 한다(행정절차법 · 공공기관의 정보공개에 관한 법률).

6. 불필요한 부서의 폐지, 통합, 축소 등 조직의 슬림화나 인력재배치, 예산의 적재적소에의 사용 등을 통하여 생산성을 높이고, 기업 구성원의 구태의연한 관행과 형태를 척결해야 한다는 경찰이념은?
                    06.10 해경
① 능률성   ② 효과성
③ 경영주의   ④ 사회적 형평성

❖ **정답:** ③
❈ **해설:** **경영주의**에 대한 설명이다.

7. 다음 중 서비스의 대상범위에 따른 구분으로 맞는 것은?   02.1 승진
① 일반고객 · 특정고객   ② 내부고객 · 외부고객
③ 직접고객 · 간접고객   ④ 특정고객 · 집단고객

❖ **정답:** ①
❈ **해설:** ▶ **고객의 분류와 기준**

고객의 장소	외부고객	일반 시민들(범죄인 포함)
	내부고객	조직의 구성원
서비스 전달과정	직접고객	경찰서비스를 받는 사람 예 주차 · 음주운전의 단속대상자
	간접고객	서비스를 제공함으로 인해 편익이나 불편을 받는 사람 예 음주운전 단속을 하는 경찰서 관할지역의 주민
서비스의 대상범위	일반고객	불특정 다수가 서비스의 영향을 받는 경우의 고객
	특정고객	특정한 사건이나 범죄의 경우 대상이 한정되는 고객

8. 다음 중 해양경찰청소속 경비함정에 선박 주취운항자 단속에 투입요소가 아닌 것은?

05.3 해경

① 장비   ② 경력동원
③ 음주운전측정건수   ④ 시간

✄ **정답:** ③
▓ **해설:** ▶ 투입과 산출의 비율

투입요소	장비, 경력동원, 시간
산출요소	음주운전측정건수

제8절 ｜ 경찰의 윤리(경찰활동의 기준)

1. 경찰윤리학의 접근법에 대한 설명으로 틀린 것은?　　　　　　10.1. 승진
① 지금까지 경찰윤리교육은 거시적 접근법 위주로 이루어져 왔다.
② 경찰윤리 중 충성심을 강조하는 것은 미시적 접근법이다.
③ 거시적 접근법과 미시적 접근법은 상호 보완관계이다.
④ 부패의 원인을 예산부족 등에서 찾는 것은 거시적 접근법이다.

⌁ 정답: ①
※ 해설: ▶ 경찰윤리학의 접근법

미시적 접근법	거시적 접근법
① 개인행동에 대한 처방과 평가 ② 숲은 보지 못하고 나무만 본다. ③ 대상을 좁게 본다. ④ 경찰윤리 중 충성심·청렴도를 강조한다. ⑤ 지금까지 **경찰윤리교육은 미시적 접근법 위주**로 이루어져 있다.	① 사회제도구조에 대한 처방과 평가 ② 나무는 보지 못하고 숲만 본다. ③ 대상을 넓게 본다. ④ **부패의 원인을 예산부족** 등에서 찾는다.

2. 공직자의 사생활에 대한 철학자의 사상을 잘못 설명하고 있는 것은?　　　　　　10.1 승진
① 아리스토텔레스는 사적인 영역을 중시하지 않았지만, 통치자들의 가족과 재산의 완전공유는 반대하였다.
② 플라톤은 사생활이 공적 생활보다 열등한 것으로 보았다.
③ 존 스튜어트 밀은 사생활의 영역을 자기 관련적 행위(Self-regarding actions)와 연관시키고 있다.
④ 헤겔은 계몽사상의 영향으로 공적인 부분보다도 공직자의 사생활을 더 중시하였다.

⌁ 정답: ④
※ 해설: 헤겔은 계몽사상의 영향으로 **공직자의 사생활보다도 공적인 부분을 더 중시하였다.**

3. 다음 중 제5공화국 정부가 정의사회실현을 뒷받침하고 사회기강을 확립하기 위해 자질향상과 대민봉사확립을 위해 제정한 것은?　　　　　　05.2.27 경간부
① 경찰윤리헌장
② 새경찰신조
③ 경찰헌장
④ 서비스헌장

⌁ 정답: ②
※ 해설: 1980년 **새경찰신조**에 대한 설명이다.

4. 경찰헌장에 대한 설명 중 틀린 것은?   09.2 경간부

① 친절한 경찰 – 모든 사람의 인격을 존중하고 누구에게나 따뜻하게 봉사하는 경찰
② 근면한 경찰 – 건전한 상식 위에 전문지식을 갈고닦아 맡은 일에 성실히 수행하는 경찰
③ 공정한 경찰 – 정의의 이름으로 진실을 추구하며 어떠한 불의나 불법과도 타협하지 않는 경찰
④ 깨끗한 경찰 – 화합과 단결 속에 항상 규율을 지키며 검소하게 생활하는 경찰

❖ 정답: ③
❖ 해설: ▶ 경찰헌장의 5대 덕목

친절한 경찰	누구에게나 따뜻하게 봉사하는 경찰
의로운 경찰	어떠한 불의나 불법과도 타협하지 않는 경찰
공정한 경찰	양심에 따라 법을 집행하는 경찰
근면한 경찰	성실하게 업무를 수행하는 경찰
깨끗한 경찰	항상 규율을 지키며 검소하게 생활하는 경찰

5. 다음은 경찰헌장에 대한 설명이다. 옳지 않은 것은?   09.2 경간부

① 친절한 경찰 – 누구에게나 따뜻하게 봉사하는 경찰
② 공정한 경찰 – 양심에 따라 법을 집행하는 경찰
③ 근면한 경찰 – 성실하게 업무를 수행하는 경찰
④ 깨끗한 경찰 – 불의나 불법과도 타협하지 않는 경찰

❖ 정답: ④
❖ 해설: 의로운 경찰 – 어떠한 불의나 불법과도 타협하지 않는 경찰

6. 다음 중 경찰헌장의 내용으로 잘못된 것은?   05.10 순경

① 모든 사람의 인격을 존중하고 누구에게나 따뜻하게 봉사하는 친절한 경찰
② 정의의 이름으로 진실을 추구하며 어떠한 불의나 불법과도 타협하지 않는 의로운 경찰
③ 국민의 신뢰를 바탕으로 오직 양심에 따라 법을 집행하는 깨끗한 경찰
④ 건전한 상식 위에 전문지식을 갈고 닦아 맡은 일을 성실하게 수행하는 근면한 경찰

❖ 정답: ③
❖ 해설: 공정한 경찰 – 양심에 따라 법을 집행하는 경찰

7. 경찰청 출범에 맞추어 경찰청이 제정, 선포한 '경찰헌장'의 내용으로 틀린 것은?   10.3 순경

① 모든 사람의 인격을 존중하고 누구에게나 따뜻하게 봉사하는 친절한 경찰이다.
② 우리는 화합과 단결 속에 항상 규율을 지키며 검소하게 생활하는 깨끗한 경찰이다.
③ 건전한 상식 위에 전문지식을 갈고닦아 맡은 바 일을 성실하게 수행하는 근면한 경찰이다.
④ 정의의 이름으로 진실을 추구하며 어떠한 불의나 불법과도 타협하지 않는 공정한 경찰이다.

❖ 정답: ④
❖ 해설: 의로운 경찰 – 어떠한 불의나 불법과도 타협하지 않는 경찰

제9절　경찰직업의 문화

1. 다음 설명에 해당하는 전문직업화의 문제점으로 가장 타당한 것은?　　　　　10.1 승진

> 나무는 보고 숲은 보지 못하듯 전문가가 자신의 국지적 분야만 보고 전체적인 맥락을 보지 못하는 것

① 소외(alienation)
② 부권주의(父權主義)
③ 차별(discrimination)
④ 목표전환

정답: ①

해설: ▶ 경찰직업 전문화의 문제점

전문직업적 부권주의 (父權主義)	① 아버지가 자식의 문제를 모두 결정하듯이 전문가가 상대방의 입장을 고려하지 않고 일방적으로 결정하는 것을 말한다. ② **전문직업적 부권주의는 치안서비스의 질을 저해할 수 있다.** 【사례】 병원의 의사가 환자의 치료법에 대하여 환자의 입장을 고려하지 않고 자신의 의학지식만 고려하여 일방적으로 치료방법을 결정하는 것이다.
소외	**나무는 보고 숲을 보지 못하듯 전문가 자신의 국지적 분야만 보고 전체적인 맥락을 보지 못하는 것**이다.
차별	① 전문직이 되는 데 장기간의 교육과 비용이 들어 가난한 사람은 전문가가 되는 기회를 상실한다. ② 경찰이 전문직업화 되어 자신의 이익을 추구함에 따라 경제적, 교육적 약자에게 경찰에의 접근을 차단하는 현상이 발생한다.

제10절 경찰의 문화

1. 최근 경찰의 부패가 언론에 보도되면서 경찰에 대한 신뢰가 많이 저하되고 있다. 이에 따라 경찰의 윤리성 확보 방안이 사회적으로 이슈화되고 있다. 다음 중 경찰의 부패이론과 내부문화에 대한 설명으로 가장 적절하지 않은 것은?   11.2 순경
① 공짜커피, 작은 선물 등의 사소한 호의가 나중에는 큰 부패로 이어질 수 있다는 것은 '미끄러지기 쉬운 경사로' 이론이다.
② '구조원인 가설'은 신임들이 선임들에 의해 만들어진 조직적인 부패의 전통 내에서 사회화되어 부패의 길로 들어선다는 입장이다.
③ 냉소주의와 회의주의는 모두 불신을 바탕으로 한다는 공통점이 있지만 회의주의는 대상이 특정화되어 있다는 점에서 냉소주의와 차이가 있다.
④ '전체사회 가설'은 클라이니히(John Kleinig)가 시카고 시민이 경찰을 부패시켰다고 주장하면서 시민사회의 부패가 경찰부패의 주원인이라고 보는 이론이다.

∴ 정답: ④
▒ 해설: ▶ 냉소주의와 회의주의

	냉소주의	회의주의
대상	대상이 특정화되어 있지 않다(정치일반, 경찰제도 전반을 대상으로 함).	**대상이 특정화**되어 있다.
의심	아무런 근거 없이 신뢰하지 않다.	특정대상을 합리적으로 의심
개선의지	대상을 개선시키겠다는 의지가 없다.	대상을 개선시키겠다는 의지가 있다.
공통점	**양자 모두 불신을 바탕**으로 한다.	

☞ 전체사회 가설은 윌슨이 시카고 시민이 경찰을 부패시켰다고 주장하면서 시민사회의 부패가 경찰부패의 주원인이라고 보는 이론이다.

2. 다음 중 냉소주의 극복방안에 해당되지 않는 것은?   10.1 승진
① 의사결정 과정에의 참여
② 상사와 부하의 신뢰회복
③ 커뮤니케이션 과정의 개선
④ X이론

∴ 정답: ④
▒ 해설: ▶ 냉소주의 극복방안

> ① 의사결정 과정에의 참여
> ② 상사와 부하의 신뢰회복
> ③ 커뮤니케이션 과정의 개선
> ④ Y이론(조직목적에 적극 참여) ↔ X이론(조직목적에 무관심)

제11절 │ 경찰의 부패

1. 다음은 경찰의 부정부패현상과 그 원인에 대한 설명이다. 틀린 것은?   08.7 순경

① "미끄러지기 쉬운 경사로 이론"이란 공짜커피, 작은 선물 등의 작은 호의가 나중에는 엄청난 부패로 이어진다는 이론이다.

② "전체사회가설"은 시민사회의 부패를 경찰부패의 주원인으로 본다는 이론이다.

③ "구조원인 가설"은 부패의 원인을 개인적 결함보다는 조직의 체계적 원인으로 보고 있다.

④ "썩은 사과 가설"은 부패의 원인을 개인적 결함 보다는 조직적 체계적 원인으로 보고 있다.

❖ **정답:** ④

❊ **해설:** ▶ **경찰부패의 원인**

전체사회 가설	① 미국 시카고경찰의 부패원인을 분석하던 윌슨이 내린 결론이다. 즉 **미국의 윌슨은 '시카고 시민이 경찰을 부패시켰다.'고 주장**하였다. ② 사회 전체가 경찰의 부패를 묵인하거나 조장할 때 경찰관은 자연스럽게 부패행위를 하게 되며 처음 단계에는 불법적인 행위를 하지 않더라도 작은 호의와 같은 것에 길들여져 나중에는 명백한 부정부패로 빠져들게 된다는 설명이다. ③ **미끄러지기 쉬운 경사로 이론과 유사**하다.
구조원인 가설	① 니더호퍼, 로벅, 바커 등이 주장하였으며, 이는 **신참경찰관들이 그들의 고참 동료들에 의해 조직의 부패전통 내에서 사회화됨으로써 부패의 길로 들어선다는 입장**이다. ② 구조원인 가설은 **부패의 원인을 개인적 결함보다는 조직의 체계적 원인**으로 보고 있다.
썩은사과 가설	① 부패의 원인은 **자질이 없는 경찰관들이 모집단계에서 배제되지 못하고 조직 내에 유입됨으로써 경찰의 부패가 나타난다는 이론**이다. ② 썩은 사과 가설은 부패의 원인을 **조직의 체계적 원인보다는 개인적 결함**으로 보고 있다.

2. 다음 중 경찰의 부패의 원인에 대한 설명 중 틀린 것은?   08.1 승진

① 미국의 윌슨은 "시카고 시민이 경찰을 부패시켰다."고 주장하면서 외부의 언론매체에 대하여 공표하는 것은 whistle blowing(휘슬블로잉)에 해당한다.

② 경찰부패의 원인은 선배경찰의 부패형태로부터 신임경찰이 차츰 사회화되어 신임경찰도 기존경찰처럼 부패로 물들게 되는 것을 전체사회가설이다.

③ 경찰부패의 원인은 전체경찰 중 일부 부패할 가능성이 있는 경찰을 모집단계에서 배제하지 못하여 이들이 조직에 흡수되어 전체가 부패할 가능성이 있다는 것은 썩은사과가설이다.

④ 경찰관의 동료나 상사의 부정부패에 대하여 휘슬블로잉과 정반대의 태도는 침묵의 규범이다.

❖ **정답:** ②

❊ **해설:** 신참경찰관들이 그들의 고참 동료들에 의해 조직의 부패전통 내에서 사회화됨으로써 부패의 길로 들어선다는 것은 **구조원인가설**이다.

3. 경찰부패의 원인에 대한 설명 중 틀린 것은?　　　　　　　10.1 승진

① 전체사회가설은 부정부패할 가능성이 있는 경찰관 일부가 조직에 유입되어 전체가 부패된다는 이론이다.

② 윌슨은 '시카고 시민이 경찰을 부패시켰다.'고 주장하였는데, 이는 시민사회의 부패가 경찰부패의 주원인 이라고 보는 입장이다.

③ 내부고발(whistleblowing)은 동료나 상사의 부정에 대하여 감찰이나 외부의 언론매체를 통하여 공표하는 것을 말한다.

④ 클라이니히는 내부고발의 정당화요건을 제시하면서 내부문제를 외부에 공표하기 전 조직 내 다른 채널을 통하여 해결할 수 있으면 먼저 내부적 해결을 해야 한다고 본다.

❖ **정답:** ①

❋ **해설:** **썩은사과가설**은 부패의 원인을 자질이 없는 경찰관들이 모집단계에서 배제되지 못하고 조직 내에 유입됨으로써 경찰의 부패가 나타난다는 이론이다.

4. 경찰의 부정부패와 관련된 다음 설명 중 옳지 않은 것은?　　　　　　　09.1 승진

① 셔먼의 "미끄러지기 쉬운 경사로 이론"은 부패에 해당되지 않는 작은 호의가 습관화될 경우 미끄러운 경사로를 타고 내려오듯이 점점 더 큰 부패와 범죄로 빠진다는 가설이다.

② 윌슨은 시카고 경찰의 부패를 "경찰은 시카고 시민에 의해서 부패되었다."고 주장하는데, 이를 "구조원인 가설"이라고 한다.

③ 부정부패할 가능성이 있는 경찰관 일부가 조직에 유입되어 전체가 부패된다는 이론이 "썩은사과가설"이다.

④ 동료나 상사의 부정부패에 대하여 감찰이나 외부의 언론매체를 통하여 공표하는 내부고발 행위를 "휘슬 블로잉"이라고 한다.

❖ **정답:** ②

❋ **해설:** 윌슨이 시카고 경찰의 부패를 "경찰은 시카고 시민에 의해서 부패되었다."고 주장하는 것을 **"전체사회가설"**이라고 한다.

5. 경찰부패의 원인을 설명한 것으로 틀린 것은?　　　　　　　10.1 승진

① 윌슨은 '시카고 시민이 경찰을 부패시켰다.'고 주장하면서 시민사회의 부패가 경찰부패의 주원인이라고 본다. 이를 '전체사회가설'이라고 한다.

② 셔먼의 미끄러운 경사이론과 유사한 이론은 '전체사회가설'이다.

③ 신임경찰이 선배경찰의 부패행태로부터 차츰 사회화되어 부패로 물들게 된다는 이론은 '썩은사과 가설'이다.

④ 니더호프, 로벅, 바커 등이 제시한 이론은 '구조원인가설'이다.

❖ **정답:** ③

❋ **해설:** 신참경찰관들이 그들의 고참 동료들에 의해 조직의 부패전통 내에서 사회화됨으로써 부패의 길로 들어선다는 것은 **구조원인가설**이다.

6. 다음은 경찰의 일탈(사회계약설)과 관련된 설명이다. 틀린 것은?   09.3 순경

① 셔먼의 미끄러지기 쉬운 경사로 이론은 부패에 해당되지 않는 작은 호의가 습관화될 경우 미끄러운 경사로를 타고 내려오듯이 점점 더 큰 부패와 범죄로 빠진다는 가설이다.

② 전체사회가설은 시민사회의 부패를 경찰사회의 부패의 원인으로 본다.

③ 전체사회가설은 신임경찰관들이 그들의 고참 동료들에 의해 조직의부패전통내에서 사회화됨으로써 부패의 길로 들어선다는 입장이다.

④ 썩은사과가설은 부패의 원인을 조직의 체계적 원인보다는 개인적 결함으로 본다.

❖ **정답:** ③

▓ **해설:** 신참경찰관들이 그들의 고참 동료들에 의해 조직의 부패전통 내에서 사회화됨으로써 부패의 길로 들어선다는 것은 **구조원인가설**이다.

7. 타인의 비행에 대하여 일일이 참견하여 도덕적 충고를 하는 것은 무엇이라 하는가?   10.1 승진

① busybodiness(비지바디니스)   ② moral hazard(모럴 해저드)

③ whistleblowing(휘슬블로잉)   ④ public interest(퍼블릭 인터레스트)

❖ **정답:** ①

▓ **해설: ▶ 부패와 관련된 용어**

역부조리	시민이 경찰에게 뇌물을 공여하여 불법행위를 눈감아 달라고 요구하는 것을 말한다.
휘슬블로잉 (내부고발)	① **동료나 상사의 부정에 대하여 감찰이나 외부의 언론매체를 통하여 공표하는 내부고발행위**를 말한다. ② 내부고발을 함에 있어서는 조직에 대한 충성의 의무와 국민을 위한 공공의 이익 두 가지를 고려하여야 한다.
침묵의 규범	**동료나 상사의 부정부패에 대하여 눈감아 주는 것**을 말한다.
비지 비디니스	타인의 비행에 대하여 일일이 **참견하는 도덕적 충고**를 말한다.
경찰의 충성	① 경찰 **충성이란 국가와 사회 또는 인간, 집단 등에 대해 헌신하는 충직한 마음과 태도**이다. ② 경찰 충성이란 **자기신념, 소속조직, 특정개인에 대한 헌신**으로 나타나기도 한다. ③ 일선현장에서 직무를 집행할 때 **항상 미시적 충성(조직이나 개인에 대한 충성)보다 거시적 충성(국가나 국민에 대한 충성)을 우선**해야 한다. ④ 경찰의 충성이 **정통성을 확보하지 않은 권력에 대한 충성이 되어서는 곤란**하다.

8. 경찰의 충성에 대한 설명으로 가장 타당하지 않은 것은?   10.1 승진

① 충성이란 국가와 사회 또는 인간, 집단 등에 대해 헌신하는 충직한 마음과 태도이다.

② 경찰의 충성이 정통성을 확보하지 않은 권력에 대한 충성이 되어서는 곤란하다.

③ 일선현장에서 직무를 집행할 때 항상 거시적 충성보다 미시적 충성을 우선해야 한다.

④ 충성은 자기신념, 소속조직, 특정개인에 대한 헌신으로 나타나기도 한다.

❖ **정답:** ③

▓ **해설:** 일선현장에서 직무를 집행할 때 **항상 미시적 충성(조직이나 개인에 대한 충성)보다 거시적 충성(국가나 국민에 대한 충성)을 우선**해야 한다.

제12절　민주경찰의 사상적 토대

1. 다음 여러 가지 경찰 활동 중 로크의 사회계약설에 가장 부합하는 경찰활동을 한 경찰관은? 05.3 승진
① A순경은 과속하는 운전자를 단속하였다.
② B순경은 살인사건의 범인을 검거하였다.
③ C순경은 불우이웃에게 기부금을 제공하였다.
④ D순경은 노조에 대한 첩보를 입수하였다.

⁝ **정답:** ②
▒ **해설:** 사회계약설에 의할 때 경찰활동의 궁극적 목적은 '**시민의 생명과 안전보호**'이다

2. 다음 중 사회계약사상에 대한 다음 연결 중 틀린 것은? 05.1 승진
① 홉스 – 전면적 양도
② 로크 – 자연권 포기
③ 로크 – 혁명권 유보
④ 로크 – 일부양도

⁝ **정답:** ②
▒ **해설:** ▶ 사회계약론자들의 주장

구분	홉스	로크	루소
자연 상태	① **만인의 만인에 대한 투쟁상태** → 자기보존을 위해 폭력보다는 평화와 협력을 강조 ② 양육강식의 투쟁상태	① 처음에는 자유·평등·정의가 지배하는 사회 ② 인간관계가 확대됨에 따라 자연권의 유지가 불안하게 됨.	① 처음에는 자유·평등이 보장되는 평온한 상태 ② 점차 강자와 약자의 구별이 생기고 불평등관계가 성립
사회 계약	① 자연권의 **전면적 양도** ② 각 개인의 **자연권 포기**	① **자연권의 일부를 국가(군주)에 양도** ② 자연권의 보장	① **일반의지 → 국왕이 보유하는 것이 아니라 모든 시민의 의지가 통합된 개념** ② 사회계약을 통해 자연적 자유 대신 사회적 자유를 얻게 됨.
특징	① 국왕의 통치의지에 절대 복종 ② 절대군주정치 ③ 혁명은 절대불가	① **반항권(혁명권)의 유보** ② 제한군주정치 → 시민권의 확보 ③ 간접민주정치	① 국민주권의 발동으로 불평등 관계 시정 ② **일반의지**의 표현인 법을 통하여 인간의 자연권 및 정의실현 ③ **직접민주제를 주장**

3. 다음 중 사회계약론자들의 주장으로 틀린 것은?   04.11 승진

① 루소는 만인에 대한 만인의 투쟁을 주장하였다.
② 홉스는 절대군주제를 주장하였다.
③ 로크는 반항권의 유보를 주장하였다.
④ 루소는 직접민주제를 주장하고 일반의지를 강조하였다.

정답: ①
※ 해설: 홉스 – 만인에 대한 만인의 투쟁

4. 존 로크의 사상에 대한 설명으로 틀린 것은?   10.1 승진

① 개인은 자신의 육체적 노동을 투입한 경작물에 대하여 소유권을 갖는다.
② 자연상태의 개인은 자유와 재산을 더 잘 보전하기 위해 공동체를 구성하는 계약을 맺는다고 본다.
③ 존 로크의 사회계약설에 의하면 사회는 만인의 만인에 대한 투쟁상태이다.
④ 존 로크의 사회계약설에 의하면 자연상태에서도 자연법이 존재하여 개인의 행동에 제약이 따른다고 하였다.

정답: ③
※ 해설: 홉스 – 만인에 대한 만인의 투쟁

5. 사회계약론에 대한 내용 중 틀린 것은?   10.2 경간부

> ㉠ 홉스는 자연상태를 '만인에 대한 만인의 투쟁'으로 표현하며, 국왕에게 자연권의 일부 양도를 주장
> 하였다.
> ㉡ 로크는 자연상태에 합의된 척도가 있지만 자연법을 선고할 법원이 없어서 자연권의 일부를 포기하
> 고 그 임무를 맡긴다고 주장하였다.
> ㉢ 로크는 자연상태에서 자위권이 있어도 힘이 없는 자는 생명과 재산에 대한 안전이 결여되어 있다
> 고 하였다.
> ㉣ 루소는 모든 시민의 의지가 통합된 일반의지라 주장하며 국민주권론을 주장하였다.

① 1개   ② 2개   ③ 3개   ④ 4개

정답: ②
※ 해설:
㉠ 홉스는 자연상태를 '만인에 대한 만인의 투쟁'으로 표현하며, **국왕에게 자연권의 전면적 양도를 주장**하였다.
㉡ 로크는 **자연상태에 합의된 척도가 없고**, 자연법을 선고할 법원이 없어서 자연권의 일부를 포기하고 그
   임무를 맡긴다고 주장하였다.

**6. 다음 중 경찰관이 법집행을 하면서 대상자의 성, 나이, 전과의 유무 등에 의한 차별을 해서는 안 된다는
것은 사회계약설로부터 도출되는 경찰활동의 어느 기준에 해당하는가?**

03.2 경간부, 04.1 승진

① 공정한 접근의 보장   ② 공공의 신뢰확보
③ 생명과 재산의 보호   ④ 냉정하고 객관적인 자세

정답: ①

해설: ▶ **경찰서비스에 대한 공정한 접근의 보장**

> ① 공정한 접근이란 치안서비스는 일종의 사회적 공공재로서 누구나 차별 없이 공정하게 제공되어야 한다는 것이다.
> ② 경찰은 **사회 전체의 필요에 의해서 생겨난 기구로서 경찰 서비스에 대한 공정한 접근을 허용**해야 한다.
> ③ 경찰관이 법을 집행하면서 '성별, 나이, 전과의 유무, 인종 · **종교 · 사회적 신분**, 장애인, **부자 · 빈자**가 범죄신고를 한 경우, 평소의 경찰에 대한 협력 유무 등에 의한 **차별을 해서는 안 된다.**

---

7. 민주경찰이 지향해야 할 내용 중 직무수행 과정에서 권한을 자의적으로 행사하지 않고 수사상 권한 및 물리력을 최소한 사용하는 것은 어느 지향점인가?   05.10 순경

① 공정한 접근의 보장

② 냉정하고 객관적인 자세

③ 공공의 신뢰확보

④ 상호 간 협동

정답: ③

해설: ▶ **사회구성원들로부터 공공의 신뢰확보**

> ① 경찰은 시민을 대신해서 시민을 위해서 수사상의 권한을 사용하고 질서의 유지를 위하여 힘을 사용하거나 강제적인 수단을 사용할 권한을 가지고 있다.
> ② 경찰권은 시민으로부터 위임받은 것이므로 경찰관은 **시민들의 신뢰에 합당한 방식으로 권한을 행사**하여야 한다.
> ③ 시민은 경찰이 반드시 법집행을 할 것을 신뢰한다.
> ④ **시민은 경찰이 강제력 행사 시 필요한 만큼의 최소한도로 사용할 것을 신뢰**한다.
> ⑤ 경찰은 **자의적으로 권한을 행사해서는 안 되며, 최소한의 물리력을 행사하여 국민의 자유와 권리보호라는 공공의 신뢰**를 충족시켜야 한다.
> ⑥ **사적인 이익을 위하여 경찰관은 자신의 직위 및 권한을 이용해서는 안 된다.**

---

8. 코헨과 펠드버그의 주장 중 지향한 사안에 맞는 것은?   07.3 경간부

> 경찰권을 자의적으로 권한을 행사해서는 안 되며, 수사상 권한은 최소한으로 필요한의 범위 내에서 행사하여야 한다.

① 공공의 신뢰확보

② 공정한 접근의 보장

③ 냉정하고 객관적인 자세

④ 상호 간 협동

정답: ①

해설: **공공의 신뢰확보**에 대한 내용이다

9. 다음 중 사회계약설에서 도출되는 경찰활동의 기준 중 '공공의 신뢰확보'에 관한 설명으로 타당하지 않은 것은?   06.1 승진, 06.2 경간부
① 경찰권은 시민으로부터 위임받은 것이므로 경찰관은 시민들의 신뢰에 합당한 방식으로 권한을 행사하여야 한다.
② 시민A가 자기 집 TV를 도둑맞고 옆집에 사는 사람이 의심스럽다고 생각하였으나, 자신이 직접 물건을 찾지 않고 경찰에 신고하여 범인을 체포케 한 경우 이는 경찰이 공공의 신뢰확보라는 기준을 충족시킨 것이다.
③ 경찰은 자의적(恣意的)으로 권한을 행사해서는 안 되며, 최대한의 물리력을 행사하여 국민의 자유와 권리 보호라는 공공의 신뢰를 충족시켜야 한다.
④ 사적(私的)인 이익을 위하여 경찰관은 자신의 직위 및 권한을 이용해서는 안 된다.

❗ **정답:** ③
❈ **해설:** 경찰은 자의적(恣意的)으로 권한을 행사해서는 안 되며, **최소한의 물리력을 행사**하여 국민의 자유와 권리보호라는 공공의 신뢰를 충족시켜야 한다.

10. 코헨과 펠트버그의 공공의 신뢰확보에 관한 설명으로 맞는 것은?   03.2 경간부
① 성별과 전과, 나이 등에 의한 차별을 해서는 안 된다.
② 경찰은 행정부에 속하는 다른 기관들과 협력하여야 한다.
③ 경찰의 역할은 법집행이다.
④ 수사상 권한을 사용하여 신뢰에 합당한 방식으로 권한을 사용한다.

❗ **정답:** ④
❈ **해설: 공공의 신뢰확보** – 경찰권은 시민으로부터 위임받은 것이므로 경찰관은 시민들의 신뢰에 합당한 방식으로 권한을 행사하여야 한다.

11. 다음 중 코헨과 펠트버그가 주장한 경찰활동의 기준에 대한 설명으로 틀린 것은?   08.10 순경
① 공정한 접근 – 경찰은 경찰서비스 제공에 사회적 약자를 무시하거나 차별해서는 안 된다.
② 공공의 신뢰확보 – 경찰업무 수행 시 개인적 편견을 가지면 안 된다.
③ 협동 – 경찰활동에 있어서 경찰기관 상호 간에 협력해야 한다.
④ 생명과 재산의 안전 보호 – 개인의 생명과 재산의 보호가 사회 계약의 목적이고, 법은 하나의 수단이다.

❗ **정답:** ②
❈ **해설: ▶ 냉정하고 객관적인 자세로 업무수행**

> ① 경찰관은 **사회의 일부분인 아닌 사회 전체의 이익을 염두에 두어야 하며, 시민들에 대해 냉정하고 객관적인 방식들로 업무를 처리하도록 기대**된다(개인 편견 ×).
> ② 경찰관이 냉정을 잃게 되는 경우는 **과도한 개입과 무관심**이다.

12. 다음 중 사회계약설로부터 도출되는 5가지 경찰활동 기준에 대한 설명으로 타당하지 않은 것은?   04.10 순경
① 경찰은 사회 일부분이 아닌 사회전체의 이익을 염두에 두고 공공의 신뢰를 확보해야 한다.
② 사회계약에 의해 구성된 정부기구는 국민의 생명과 재산보호를 위해 상호 협력을 하여야 한다.
③ 甲은 노트북 컴퓨터를 도둑맞고 옆집에 사는 乙이 의심스러웠으나 직접 물건을 찾지 않고 경찰에 신고하여 범인을 체포하였다면 이는 공공의 신뢰확보와 관련된다.
④ 생명과 재산의 안전이 사회계약의 목적이고 법은 하나의 수단이다.

▎ 정답: ①
▒ 해설: **냉정하고 객관적인 자세로 업무수행 –** 경찰관은 사회의 일부분인 아닌 사회 전체의 이익을 염
　　　두에 두어야 하며, 시민들에 대해 냉정하고 객관적인 방식들로 업무를 처리하도록 기대된다
　　　(개인 편견 ×).

13. 사회계약설에 대한 설명 중 옳지 않은 것은?   09.2 경간부
① 甲은 노트북을 도둑맞고 옆 집사는 乙이 의심스러웠으나 직접 물건을 찾지 않고 경찰에 신고하여 범인을
　　체포하였다면 이는 공공의 신뢰 확보와 관련된다.
② 사회계약에 의해 구성된 정부기구는 국민의 생명과 재산보호를 위해 상호 협력을 하여야 한다.
③ 경찰은 사회 일부분이 아닌 사회 전체 이익을 염두에 두고 업무수행하는 것은 협동이다.
④ 사회계약에 의해 구성된 정부기구는 국민의 생명과 재산보호를 위해 상호 협력을 하여야 한다.

▎ 정답: ③
▒ 해설: **냉정하고 객관적인 자세 –** 경찰관은 사회의 일부분이 아닌 사회 전체의 이익을 염두에 두어
　　　야 하며, 시민들에 대해 냉정하고 객관적인 방식들로 업무를 처리하도록 기대된다.

14. 코헨과 펠트버그가 사회계약설을 통해 도출해 낸 경찰이 지향해야 할 기준으로 잘못 연결된 것은?
                                                              02.7 순경
① 공정한 접근의 보장 – 경찰은 사회전체의 필요에 의해 생겨난 기구로서 경찰서비스에 대한 동등한 필요
　　를 가진 사람들이 그것을 받을 동등한 기회를 가져야 한다.
② 생명과 재산의 안전보호 – 생명과 재산의 안전이 사회계약의 목적이고, 법은 하나의 수단이다.
③ 공공의 신뢰확보 – 경찰은 사회의 일부분이 아닌 사회 전체의 이익을 염두에 두고 업무를 수행하여야 한다.
④ 협동 – 사회계약설에 의해 구성된 정부기구는 상호 협력하여야 한다.

▎ 정답: ③
▒ 해설: **냉정하고 객관적 자세 –** 경찰은 사회의 일부분이 아닌 사회 전체의 이익을 염두에 두고 업
　　　무를 수행하여야 한다.

**15. 코헨(Cohen)과 펠드버그(Feldberg)가 제시한 경찰활동의 기준에 따라 분류할 때 가장 성격이 다른 것
은?**   10.3 순경
① 경찰관 甲은 우범지역인 A거리와 B거리의 순찰업무를 맡았으나 A거리에 가족이 산다는 이유로 A거리에
　　서 순찰 근무 시간의 대부분을 할애한 경우
② 경찰관 乙은 절도범을 추격하던 중 도주하는 범인의 등 뒤에서 권총을 쏘아 사망하게 한 경우
③ 경찰관 丙은 동료 경찰관의 음주운전사실을 발견하였으나 단속하지 않은 경우
④ 경찰관 丁은 순찰근무 중 달동네에 가려고 하지 않고 부자 동네만 순찰을 하는 경우

▎ 정답: ②
▒ 해설: ①③④는 **공정한 접근의 보장**이며, ②는 **공공의 신뢰확보**에 대한 설명이다.

16. 다음 중 코헨과 펠드버그의 경찰활동 기준이 잘못 연결된 것은?   05.1 승진. 05.2 경간부

① 절도범을 발견한 경찰관이 절도범이 덩치가 큰 것에 겁먹어 상점 주인이 지켜보는 것을 보고 짐짓 절도범을 쫓는 척하다가 일부러 놓친 경우 – 공공의 신뢰
② 법대로 법의 정신에만 입각하여 극단적으로 법대로 처리한 경우 – 생명·재산의 안전
③ 형사 甲이 좋은 사람과 나쁜 사람을 가려서 나쁜 사람만 적극적으로 혼내줄 때 – 공공의 신뢰
④ 단속한 경찰에게 수차례 공격하자 경찰이 통제력을 잃고 반격 시 – 객관적 자세

❖ 정답: ③
❀ 해설: ▶ 협동과 역할관계

> ① 역할한계와 팀워크는 **경찰에게 부여된 사회적 역할범위 내에서 활동을 해야 하며** 이러한 범위 내의 활동을 함에 있어서도 상호 협력을 통해 경찰목적을 달성해야 한다는 것이다.
> ② 경찰은 **행정부에 속하는 다른 기구, 입법부들과 협력**하여야 한다.

17. 코헨과 펠드버그가 제시한 사회계약설로부터 도출되는 경찰활동의 기준에 대한 설명으로 잘못된 것은?   07.12 순경

① 달동네 순찰근무 중 절도신고를 받고 현장에 늑장 출동하여 범죄에 관해 자세히 조사하지 않고 대략적인 사고 경위만 듣고 철수하려고 하자 신고인이 "부자동네에서 신고했어도 이렇게 할 겁니까?" 하고 항의하였다. – 공정한 접근의 보장
② 甲은 컴퓨터를 잃어버렸고 옆집에 사는 사람이 의심스럽다고 생각하였으나, 甲자신이 직접 물건을 찾지 않고 경찰서에 신고하여 범인을 체포하였다. – 공공의 신뢰 확보
③ 10대 폭주족들이 난폭운전을 하는 것을 발견한 김순경이 정지명령을 내렸으나, 이를 무시하고 달아나는 폭주족을 무리하게 추적하는 과정에서 전봇대를 들이받아 사망하였다. – 생명과 재산의 안전보호
④ 경찰관 甲은 음주운전자를 적발한 결과 차에 술 냄새가 가득했으나 같은 경찰관이라는 이유로 눈감아 주었다. – 냉정하고 객관적인 자세

❖ 정답: ④
❀ 해설: 경찰서비스에 대한 공정한 접근의 보장 – 동료경찰들에게 특혜를 주는 행위로 공정한 접근을 저해하는 불공정한 행위에 해당한다.

18. 다음의 예는 코헨(Howard Cohen)과 펠드버그(Michael Feldberg)가 제안한 '사회계약설적 접근을 통해 경찰활동이 지향해야 할 다섯 가지 기준' 중 무엇에 해당하는가?   11.8 순경

> 내가 TV를 잃어버렸고, 옆집에 사는 사람이 의심스럽다고 하자. 그렇지만 법적으로 나는 몽둥이를 들고 함부로 이웃 사람의 집에 들어가서 나의 물건을 찾아낼 수 없다. 그 대신 만약 내가 나의 물건을 되찾고 훔친 사람이 벌을 받기를 원한다면, 나는 형사사법제도를 이용하지 않으면 안 된다. 이를 위해서 우선 경찰을 부른다. 경찰은 수색영장을 얻는 등의 절차를 통해 합법적으로 이웃 사람의 집에 들어가 수색을 하고 범인을 체포할 것이다.

① 공공의 신뢰(public trust) 확보   ② 생명과 재산의 안전(safety and security) 보호
③ 공정한 접근(fair access)의 보장   ④ 냉정하고 객관적인 자세(objectivity)

❖ 정답: ①
❀ 해설: 경찰권은 시민으로부터 위임받은 것이므로 경찰관은 시민들의 신뢰에 합당한 방식으로 권한을 행사하여야 한다. 즉, 사회구성원들로부터 **공공의 신뢰확보**와 관련이 있는 내용이다.

19. 다음 중 코헨과 펠드버그의 민주사회국가에서 경찰이 지향해야 할 윤리 기준에 위배되는 것은 모두 몇 개인가?
08.1 승진

> ㉠ 교통경찰인 A경장은 난폭운전을 하는 B를 교통이 번잡한 거리에서 발견하여 정지명령을 내렸다. 그럼에도 불구하고 B는 A경장에게 욕을 하면서 달아났다. A경장은 B를 추격하였고 B는 최대한의 속력을 내면서 달아나다가 무고한 시민 C의 자동차를 들이받아 사상이 생긴 경우에는 시민의 생명과 재산의 안전에 위배 된다.
> ㉡ 달동네 도난신고가 들어왔는데 경찰관 A가 늦장부리며 출동하고, 질문도 별로 안 하고 사건을 처리한 것은 공정한 접근의 위배 된다.
> ㉢ 김허약 순경은 강도범을 추격 중 골목길에서 칼을 든 강도와 조우하였다. 김순경은 추격하는 척하다가 도망가도록 내버려 두었다. 이는 공공의 접근에 위배된다.
> ㉣ 김순경은 경찰에 들어오기 전 집에 도둑을 맞은 경험이 있는데 경찰이 되어 절도범을 검거하였는데, 과거 도둑맞은 경험이 생각나 피의자에게 욕설과 가혹행위를 하였다. 이는 객관성을 저해한 것이다.
> ㉤ 음주단속을 하던 A경찰서 직원이 B경찰서 김경위를 적발하고도 이를 동료경찰관이라는 이유로 눈감아 주었다. 이는 편들기에 해당한다.
> ㉥ 지구대 박순경은 절도범을 추격 중 달아나는 범인의 등 뒤에 권총을 쏘아 사망케 한 것에는 시민의 생명과 재산의 안전에 위배된다.
> ㉦ 교통경찰관 A경장은 근무 중 음주운전의 혐의가 있는 차를 정차시켜 음주 여부를 조사한바 차 안에 술 냄새가 진동하였지만 운전자가 경찰관 신분증을 보여 주면서 C경찰서의 B경위라고 하자 단속하지 않은 경우에는 냉정하고 객관적인 자세에 위배된다.

① 2개   ② 3개   ③ 4개   ④ 5개

⁝ 정답: ②

※ 해설: ㉢㉥ **공공의 신뢰에 위배**된다. ㉦ **공정한 접근의 보장에 위배**된다.

20. 다음 중 코헨과 펠트버그가 제시한 경찰활동 기준이 아닌 것은 몇 개인가?
08.2 경찰간부

> ㉠ 편들기 – A지역과 B지역에 대한 순찰근무를 부여받은 김순경이 B지역에 친척이 산다는 이유로 순찰시간의 대부분을 할애하는 경우
> ㉡ 공공의 신뢰확보 – 경찰서에서 근무하는 박형사는 절도범을 추격 중 달아나는 범인의 등 뒤에서 권총을 쏘아 사망케 한 경우
> ㉢ 해태와 무시 – 교통경찰이 음주단속하면서 같은 경찰관이라고 단속을 안 한 경우
> ㉣ 공공의 신뢰확보 – 절도범을 발견한 경찰관이 절도범의 덩치가 큰 것에 겁먹어 상점주인이 지켜보는 것을 보고 짐짓 절도범을 쫓는 척하다가 일부러 놓친 경우
> ㉤ 생명과 재산의 안전 보호 – 법대로 법의 정신에만 입각하여 극단적으로 법대로 처리한 경우
> ㉥ 냉정하고 객관적인 자세 – 단속한 경찰에게 수차례 공격하자 경찰이 통제력을 잃고 반격을 한 경우
> ㉦ 생명과 재산의 안전 보호 – 불법어업단속 중 경찰관 甲이 검문에 불응한 선박을 과도추적하다 선장이 방패에 부딪혀 사망한 경우
> ㉧ 개인적 편견과 선호 – 아버지로부터 가정폭력을 많이 경험한 조사관 김경장은 가정문제의 모든 잘못은 남편에게 있다고 생각하고 간통사건 처리 시 항상 여자 쪽에 감정이입하여 사건을 처리한 경우
> ㉨ 공공신뢰 확보 – 순찰 근무 중 달동네에 가려하지 않고 부자동네만 순찰
> ㉩ 생명과 재산의 안전 보호 – 경찰의 과잉단속으로 오히려 오토바이 난폭운전자 사망
> ㉪ 협동 – 경찰관이 공명심에 앞서 범인을 혼자서 검거하려다 놓친 경우

① 0개   ② 1개   ③ 2개   ④ 3개

⁝ 정답: ③

※ 해설: ㉢ 편들기   ㉨ 공정한 접근의 보장

21. 민주경찰의 윤리표준에 관한 설명 중 틀린 것은?   10.1 승진

① 박순경은 절도범을 검거하였는데, 경찰에 들어오기 전 집에 도둑맞은 경험이 생각나 피의자에게 욕설과 가혹행위를 하였다면, 이런 행위는 객관성을 저해하는 원인이다.

② 형사계 정형사는 탈주범이 자기 관내에 있다는 첩보를 입수하고도 이를 상부에 보고하지 않고 단독으로 검거하려다 실패하였다면, 이런 경우는 협동과 팀워크에 위배된다.

③ 음주단속을 하던 A경찰서 직원이 김경위를 적발하고도 동료경찰관이라는 이유로 눈감아 주었다면, 이런 태도는 공공의 신뢰를 저해하는 불공정한 행위 중 편들기에 해당한다.

④ 불법오토바이를 단속하던 최순경은 정지명령에 불응하는 오토바이를 향하여 과도하게 추격한 결과 운전 자가 전신주를 들이받고 사망하였다면, 이런 행위는 시민의 생명과 재산의 안전에 위배된다.

❖ **정답:** ③

❋ **해설:** 음주단속을 하던 A경찰서 직원이 김 경위를 적발하고도 동료경찰관이라는 이유로 눈감아 주 었다면, 이런 태도는 **공정한 접근의 저해에 해당**한다.

22. 다음 중 경찰윤리에 관한 설명으로 틀린 것은?   04.7 순경

① 존클라이니히에 의하면 경찰윤리교육의 목적은 도덕적 결의감과 도덕적 감수성의 배양, 도덕적 전문능력 함양이다.

② 국가공무원법에는 성실의무, 영리업무 및 겸직 금지의무, 청렴의 의무 등이 규정되어 있다.

③ 부패방지 및 국민권익위원회 설치 및 운영에 관한 법률상 국민권익위원회는 국무총리소속이다.

④ 코헨과 펠드버그의 경찰활동 기준은 공정한 접근, 공공의 신뢰, 냉정하고 객관적인 자세, 생명과 재산의 안전보호 및 협동이다.

❖ **정답:** ③

❋ **해설:** 부패방지 및 국민권익위원회 설치 및 운영에 관한 법률상 **국민권익위원회는 행정안전부 소속**이다.

23. 다음은 민주경찰의 윤리적 · 사상적 토대가 되는 경찰활동의 기준이다. 틀린 것은?   10.1 승진

> ㉠ 공공의 신뢰는 경찰이 직무수행과정에서 엄정한 법집행을 하면서도, 시민의 신뢰에 부합하도록 적법절차와 최소한의 물리력을 사용하는 것이다.
> ㉡ 경찰관이 사회의 일부분이 아닌 사회전체의 이익을 염두에 두어야 한다는 것은 공정한 접근에 해당한다.
> ㉢ 경찰관이 사회의 일부분이 아닌 사회 전체의 이익을 염두에 두어야 한다는 것은 공정한 접근에 해당한다.
> ㉣ 경찰부패의 원인을 설명하는 이론 중 선배경찰의 부패형태로부터 신임 경찰이 차츰 사회화되어 신임경찰도 기존 경찰처럼 부패로 물들게 된다는 이론은 구조원인 가설이다.
> ㉤ 인간관 중 Y이론에 의한 관리가 냉소주의를 극복하는 방안이 된다.

① 0개   ② 1개   ③ 2개   ④ 3개

❖ **정답:** ②(㉡)

❋ **해설: 냉정하고 객관적 자세** – 경찰관은 사회의 일부분인 아닌 사회 전체의 이익을 염두에 두어야 하며, 시민들에 대해 냉정하고 객관적인 방식들로 업무를 처리하도록 기대된다(개인 편견 ×).

24. 다음 중 현대 경찰에 요구되는 윤리와 가장 거리가 먼 것은?   01.3 경간부

① 책임   ② 자율
③ 맹종   ④ 창의

❖ 정답: ③
❊ 해설: ▶ 현대 경찰에 요구되는 윤리

자율	① 자율은 책임과 윤리가 바탕이 되지 않을 때 자칫 방종으로 오해되기 쉽다. 따라서 **자율은 고도의 윤리수준과 자율에 따른 책임을 전제로 하는 개념**이다. ② 자율은 그것을 가능케 하는 **권한의 분배를 전제**로 한다. ③ 경찰활동에는 **광범위한 재량이 인정되고 있는 것이 특징**이다. ④ 경찰업무는 **신속한 판단과 대응이 요구되어 일선부서 또는 근무자에게 권한의 이양이 필요**하다.
책임	경찰은 그 구성원 개인에게 자율에 바탕을 둔 임무수행을 요구하지만, 경찰관이 이에 자발적으로 따르지 않을 때, 이에 대한 책임을 묻게 된다.
창의 양심	창의라는 말은 여러 가지 사안에 대하여 종래의 틀에 구속되지 않고 새롭게 독창적으로 사고하는 힘이라고 할 수 있는바, 이러한 창의는 경찰에게 요구되는 정신이다. 우리나라의 경찰윤리헌장은 ‘오직 양심에 따라 법을 집행’하는 공정한 경찰을 천명하고 있다.

25. 경찰임무의 원활한 수행을 위하여 경찰관에게는 자율성이 보장되어야 한다. 다음 중 거리가 먼 것은?
01.3 경간부

① 경찰활동에는 광범한 재량이 인정되고 있는 것이 특징이다.
② 경찰업무는 신속한 판단과 대응이 요구되어 일선부서 또는 근무자에게 권한의 이양이 필요하다.
③ 자율은 책임과 고도의 윤리를 전제로 한다.
④ 재량이 적법하게 행사되기 위해서는 엄격한 재량준칙을 만들어 일선 근무자들이 획일적으로 직무를 수행하도록 해야 한다.

❖ 정답: ④
❊ 해설: ▶ 자율

① 자율은 책임과 윤리가 바탕이 되지 않을 때 자칫 방종으로 오해되기 쉽다. 따라서 **자율은 고도의 윤리수준과 자율에 따른 책임을 전제로 하는 개념**이다.
② 자율은 그것을 가능케 하는 **권한의 분배를 전제**로 한다.
③ 경찰활동에는 **광범위한 재량이 인정되고 있는 것이 특징**이다.
④ 경찰업무는 **신속한 판단과 대응이 요구되어 일선부서 또는 근무자에게 권한의 이양이 필요**하다.

제2장

한국경찰사

제1절   한국경찰의 시대적 구분

1. 다음 한국경찰의 시대별 내용으로 틀린 것은?   예상문제

① 전근대적 경찰시대에는 중국의 영향을 받았다.

② 근대적 경찰시대에는 일본의 영향을 받았으며, 경찰의 조직법적 · 작용법적 근거를 마련함으로써 근대적 경찰로 탄생하는 계기를 되었다.

③ 현대적 경찰시대에는 영국의 영향을 받았으며, 경찰사에 있어서 새로운 출발을 지향한 시기였다.

④ 1991년 이후에는 경찰청이 외청으로 독립되었으며, 민주경찰로의 발전계기가 되었다.

⁑ 정답: ③

░ **해설:** 현대적 경찰시대에는 **미국의 영향**을 받았으며, 경찰사에 있어서 새로운 출발을 지향한 시기였다.

제2절 전근대적 경찰(고조선~갑오경장 이전) 구분

1. 부족국가시대의 경찰제도에 대한 설명 중 틀린 것은?   02.1 승진
① 고구려에서는 절도범에 대하여 일책십이법에 따라 12배의 배상을 하게 하였다.
② 한사군시대에는 정장에게 활, 창, 방패, 검, 갑옷의 오병이 주어졌다.
③ 부여에는 책화제도가 있어서 읍락의 경계를 침범할 경우에 노예나 우마로서 배상케 하였다.
④ 고조선에는 팔조금법이라는 형벌법이 있었다.

▷ **정답:** ③
❀ **해설:** ▶ 동예

> ① 옥저(沃沮)와 동예(東濊)는 고구려와 예속적 관계 하에 있어서 왕이 없이 거수(渠帥)들이 읍락(邑落)
> 을 지배하였다.
> ② 동예는 각 읍락마다 경계가 설정되어 있어서 서로 경계를 침범하는 일이 있으면, **노예나 우마(곡물**
> **×)로써 배상하는 책화제도(責禍制度)가** 있있으며, 실인자는 사형에 처하고 도둑이 직있다고 진해진다.

2. 다음 중 고대의 경찰제도에 관한 설명으로 틀린 것은?   02.7 순경
① 고구려에서는 지방의 욕살이 경찰권을 행사하였다.
② 백제에는 다른 부족의 읍락의 경계를 침범할 경우에 노예나 우마로서 배상하는 책화제도가 있었다.
③ 통일신라는 지방장관에 총관을 두었고, 총관이 경찰기능도 함께 수행하였다.
④ 신라에서는 지방에 주를 두어 군주로 하여금 군사업무와 함께 경찰업무를 담당하게 하였다.

▷ **정답:** ②
❀ **해설: 동예의 책화제도**이다.

3. 부여, 고구려, 동예 등 부족국가 시대의 경찰기능에 대한 설명으로 틀린 것은?   02.1 승진
① 개인의 생명과 재산보호에도 관심을 가졌다.
② 간음과 부인의 투기에 대하여 강력히 처벌하였다.
③ 부여는 읍락의 경계를 보호하기 위하여 책화제도를 두었다.
④ 고구려는 절도범에 대하여 일책십이법에 따라 12배의 배상을 하도록 하였다.

▷ **정답:** ③
❀ **해설: 동예의 책화제도**이다.

4. 삼국시대의 경찰제도에 대한 설명으로 틀린 것은?   01.11 승진
① 고구려는 지방의 욕살이 경찰권을 행사하였다.
② 백제는 지방의 방령이 치안책임을 담당하였다.
③ 신라는 지방의 군주로 하여금 치안을 담당케 하였다.
④ 경찰기능이 행정 및 군사와 분화되었다.

⁑ **정답:** ④
❀ **해설:** ▶ **삼국시대 경찰기능의 특징**

> ① 국가모습을 갖추었기 때문에 **국가체제를 유지**하기 위해 경찰기능을 수행하였다.
> ② **왕권 확립**되고 **관등**이 정해지는 외에 통치를 위한 **율령이 반포**되는 등 **중앙집권적 국가체제**가 갖추어지는 시기이다.
> ③ **경찰기능의 분화는 이루어지지 아니하고**, 행정과 군사 및 경찰이 일체를 이루고 있었다고 생각된다.
> ④ 공무원에 해당하는 **관인(官人)들의 범죄가 새롭게 처벌의 대상(백제의 관인수재죄)**이 되었다.

5. 다음 중 관인수재죄를 처벌함으로써 공무원에 해당하는 관인들의 범죄를 새롭게 처벌대상이 되게 한 나라는?
03.1 승진, 07.1 승진

① 백제   ② 신라   ③ 고구려   ④ 발해

⁑ **정답:** ①
❀ **해설:** ▶ **백제의 형벌제도**

> ① 반역죄, 절도죄, 간음죄, **관인수재죄** 등에 대해 엄격한 형벌을 가하여 국가체제와 사회질서를 유지하였다.
> ② 관인수재죄를 처벌함으로써 **공무원에 해당하는 관인들의 범죄를 새롭게 처벌대상에 포함**시켰다.
> ③ 반군, 퇴군, 살인자는 참하고 **뇌물받은 관리와 도둑은 3배의 배상**을 물게 하며, 음란한 여인은 남편 집 노비로 삼았다.

6. 다음 백제의 경찰제도에 대한 설명으로 틀린 것은?
03.11 101단

① 지방의 달솔이 지방행정과 치안책임을 맡았다.
② 오늘날 공무원에 해당하는 관인들의 범죄가 새롭게 처벌의 대상이 되었다.
③ 6좌평 중 위사좌평과 조정좌평 및 병관좌평이 경찰기능과 관련이 있다.
④ 행정과 군사 및 경찰기능이 일체를 이루고 있었다.

⁑ **정답:** ①
❀ **해설:** ▶ **백제의 조직**

중앙	① 6좌평제는 내신(왕명출납), 내두(재무, 회계), 내법(의전, 제사), 위사(숙위, 군사), 조정(사법, 치안), 병관(지방군사)이 있었는데, 여기에서 **위사(숙위, 군사), 조정(사법, 치안), 병관(지방군사)에게 경찰기능을 수행**하게 하였다. ② 수도에는 **5부**를 두어 **달솔(達率)**로 하여금 다스리게 하였다.
지방	지방은 **5방제**를 취하여 **방령(方領)**을 두어 다스리게 하였다.

7. 한국 경찰사에 관한 설명 중 틀린 것은?
10.1 승진

① 동예에는 읍락의 경계를 침범할 경우에 노예나 우마로써 배상하는 제도인 책화제도(責禍制度)가 있다.
② 통일신라시대에는 지역사불고언죄(知逆事不告言罪)는 관리들의 직무와 관련된 범죄이고, 배공영사죄(背公營私罪)는 왕권을 보호하기 위한 범죄이다.
③ 고려시대에는 모반·대역죄, 살인죄, 절도죄 등 전통적 범죄 외에 사회발달에 따른 범죄인 공무원범죄, 문서훼손죄, 무고죄, 도주죄, 방화죄, 성범죄, 도박죄, 유기죄, 인신매매죄, 장물죄 등이 새롭게 처벌되었다.
④ 1894년에 설치된 경무청은 한성부 내의 경찰·감옥사무를 담당하여 수도경찰적 성격에 그쳤다.

❖ **정답:** ②
❆ **해설:** 통일신라시대의 지역사불고언죄(知逆事不告言罪)는 **왕권을 보호와 관련된 범죄**이고, 배공영
　　　　사죄(背公營私罪)는 **관리들의 직무보호와 관련된 범죄**이다.

8. 한국 경찰제도사에 대한 설명으로 틀린 것은?　　　　　　　　　　　　　　06.3 순경
① 고구려는 절도범에게 12배 배상하도록 하는 1책 12법이 있다.
② 백제는 달솔을 두어 지방행정, 치안책임을 모두 관장하였다.
③ 통일신라시대에는 지방을 9주 5소경으로 나누어 지방장관에는 총관을 두고, 소경에 사신을 두었다.
④ 고려시대 어사대는 내외의 비위를 규탄하고 풍속 교정을 담당하는 등 풍속경찰의 임무를 수행한 중앙 경
　　찰 기관이었다.

❖ **정답:** ②
❆ **해설:** 백제는 **방령을 두어 지방행정, 치안책임**을 모두 관장하였다. **달솔은 수도의 치안**을 담당하였다.

9. 다음 중 한국경찰에 대한 설명 중 옳지 않은 것은?　　　　　　　　　　　08.1 경간부
① 고구려는 절도범에 대하여 일책십이법에 따라 12배의 배상을 하도록 하였다.
② 백제는 지방의 달솔이 지방행정과 치안책임을 맡았다.
③ 통일신라는 지방을 9주5소경으로 나누고 지방장관에 총관을 두고 소경에는 사신을 두었다.
④ 고려시대 어사대는 내외규탄, 풍속규정을 담당하면서 풍속경찰업무를 수행하였다.

❖ **정답:** ②
❆ **해설:** 백제는 **방령을 두어 지방행정, 치안책임**을 모두 관장하였다. **달솔은 수도의 치안**을 담당하였다.

10. 지방행정과 치안책임을 병행하여 행사했던 기관과 관련이 없는 것은?　　　08.1 승진
① 고구려 – 욕살
② 백제 – 방령
③ 신라 – 군주
④ 통일신라시대 – 이방부

❖ **정답:** ④
❆ **해설:** ▶ **통일신라시대의 조직**

중앙	**이방부**	좌이방부, 우이방부로 나뉘어 **범죄의 수사와 집행을 담당**하였다.
	사정부	검찰, **풍속을 담당**하였다.
	병부	내외의 병마사를 담당하였다.
지방	**지방장관** **(총관/사신)**	① 지방은 9주(총관, 摠管) 5소경(사신, 仕臣)으로 두고, 주 밑에는 군(태수), 현(령), 촌, 향, 소, 부곡 등을 두었다. ② 주의 총관(摠管) → **경찰기능 담당**

11. 고려시대의 경찰제도에 대한 설명으로 잘못된 것은?   02.1 승진

① 어사대(御史臺)는 내외의 비위를 규탄하고, 풍속교정을 담당하는 등 풍속경찰의 임무를 수행하였다.
② 순군만호부는 왕권보호를 위해 정치경찰적 활동을 수행하기도 하였다.
③ 금오위(金吾衛)는 주로 법률과 소송을 다루었다.
④ 지방기관인 위아(尉衙)는 현재의 경찰서에 해당한다는 주장이 있다.

정답: ③
해설: ▶ 고려의 중앙조직

중추원(=추밀원)	**왕궁경비, 왕명출납**을 담당하였다.
어사대	시정의 득실을 논하고 관리의 잘못을 규탄(**백관규찰**)하고, **풍속경찰의 임무**를 수행하였다.
형부(刑部)	**법률과 소송**을 담당하였다.
병부(兵部)	**군사**를 담당하였다.
금오위(金吾衛)	서울 중앙군(=경군)으로 2군 6위가 있었는데 6위 중 **금오위가 수도의 수도 개경의 순찰, 포도금란(捕盜禁亂)의 업무, 비위예방경찰업무를 담당**하였다.

12. 다음 중 잘못된 것은?   07.2 경간부

① 동예 – 책화제도로 각 읍락마다 경계가 설정되어 있어서 서로 경계를 침범하는 일이 있으면 노예나 우마로써 배상하였다.
② 백제 – 관인수재죄로 뇌물받은 관리에게 3배의 배상을 물게 하여 엄격한 형벌을 가함으로써 국가체제와 사회질서를 유지하였다.
③ 고구려 – 일책십이법제도로 절도자는 12배의 배상을 하도록 하는 등 엄한 형벌규범으로 사회를 다스렸다.
④ 통일신라 – 순군만호부는 왕권보호 등의 정치경찰적 활동을 했다.

정답: ④
해설: ▶ 고려의 지방조직

안찰사, 병마사		① 5도 양계제로 정착되어 **도에는 안찰사, 계에는 병마사가 그 장으로 임명**되었고, 도 밑에는 군·현이, 계 밑에는 진이 각각 설치되었다. ② 지방의 경우에는 각 지방의 장이 행정, 사법, 군사, 경찰 등의 사무를 그 **관할구역 내에서 통합적으로 처리**하였다.
위아 (尉衙)		① 현위(縣尉)를 장으로 하는 위아는 지방기관에 설치되어 있었다. ② 위아 → 현재의 경찰서, 현위 → 경찰서장
특수기관	삼별초	최씨 무신정권하에서 최씨가문의 사병역할을 했던 삼별초는 **경찰, 전투 등의 공적인 업무도 수행**하였다.
	순군만호부	방도금란(防盜禁亂)의 임무 외에 왕권보호 등의 **정치경찰적 활동**도 하였다.
	금화원	오늘날 **소방경찰**이라 할 수 있다.

13. 고려시대의 경찰제도에 대한 설명으로 잘못된 것은?   03.1 승진, 02.3 순경

① 금오위는 수도의 경찰업무를 담당하였다.
② 道의 장인 안찰사는 경찰업무를 제외한 행정, 군사, 사법 등의 사무를 처리하였다.
③ 지방기관인 위아는 현재의 경찰서에 해당한다는 주장이 있다.
④ 순군만호부는 방도금란의 임무 외에 왕권보호 등 정치경찰적 활동을 수행하기도 하였다.

정답: ②
해설: 道의 장인 안찰사는 **경찰업무를 포함한** 행정, 군사, 사법 등의 사무를 처리하였다.

14. 고려시대의 경찰제도에 대한 설명으로 잘못된 것은?   05.2 경간부

① 어사대는 내외 규탄, 풍속교정을 담당하면서 풍속경찰업무를 수행하였다.

② 금오위는 수도의 경찰업무를 담당하였다.

③ 도의 장인 관찰사는 경찰업무를 포함하여 행정, 사법, 군사사무를 통합적으로 하였다.

④ 순군만호부는 방도금란의 임무 외에 왕권보호 등 순마소가 개편되었으며, 정치 활동을 수반하였고, 형부는 주로 법률과 소송을 다루었다.

❖ **정답:** ③

❈ **해설:** 道의 장인 **안찰사**는 경찰업무를 포함한 행정, 군사, 사법 등의 사무를 처리하였다.

15. 다음은 우리나라 역사상 경찰의 각 제도에 대한 설명이다. 잘못된 것은?   05.3 순경

① 한사군 시대에 리(理)에는 이괴(理魁)를 두어 풍속을 담당하게 했다.

② 통일신라시대에는 지방장관에게 군주를 두었고, 군주가 경찰기능도 함께 수행하였다.

③ 고려시대의 어사대는 풍속 경찰의 임무를 수행하였다.

④ 조선시대의 의금부는 왕족의 범죄 등 특별범죄를 관장하였다.

❖ **정답:** ②

❈ **해설: 통일신라시대에는 지방장관에게 총관**을 두었고, **신라는 지방장관으로 군주**가 경찰기능을 수행하였다.

16. 한국경찰 역사에 관한 설명으로 틀린 것은?   06.10 순경

① 한사군시대에는 문관과 무관으로 나누어져 있다.

② 통일신라시대에 왕권보호를 위한 범죄로는 모반죄, 모대역죄, 불휼국사죄가 있다.

③ 고려시대 경우에는 각 지방의 장이 행정, 사법, 군사, 경찰 등의 사무를 그 관할구역 내에서 통합적으로 처리하였다.

④ 조선시대 때에는 경찰권은 일원화되지 못하고 각 관청이 소관사무와 관련하여 직권에 의하여 위법자를 체포하여 구금하였다.

❖ **정답:** ②

❈ **해설: ▶ 통일신라시대의 율령**

통상적인 범죄유형	① 오역죄(五逆罪): 당시 불교에서 말하는 5가지 악행
	② 절도죄(竊盜罪)
왕권을 보호하기 위한 범죄	① 모반죄
	② 모대역죄
	③ 지역사불고언죄(→국가보안법상 불고지죄)
관리들의 직무와 관련된 범죄	① 불휼국사죄(不恤國事罪)(→형법상 직무유기죄)
	② 배공영사죄(背公營私罪)(→관물횡령 · 관물무역에 관한 죄)

17. 조선시대의 경찰에 대한 설명 중 틀린 것은?   03.1 승진

① 중앙의 의금부는 왕족의 범죄를 제외한 특별범죄를 관장하였다.

② 지방의 관찰사는 행정과 경찰기능도 함께 수행하였다.

③ 경찰권은 일원화되지 않았다.

④ 포도청은 성종2년에 도적의 횡포를 막고자 만든 포도장제에서 유래되었다.

❖ **정답: ①**

❊ **해설: ▶ 조선시대의 중앙조직**

병조(兵曹)	① **군사업무와 함께 경찰사무도** 담당하였다. ② 이후 **순찰사무는 분리되어 포도청에서 관장**하게 되었다.
형조(刑曹)	**법률, 형벌, 소송, 노예 등의 업무**를 관장하였다.
의금부 (義禁府) (고려: 순군만호부)	① 순군만호부(고려 말) → 순위사(태종 2년)→의용 순금사(태종: 3년)→의금부(태종: 14년) ② **중요한 특별범죄를 관장한 특별사법기관**으로서 왕족의 범죄, 국사범, 모역죄, 반역죄 등에 관한 사건 등을 업무를 수행하였다.
사헌부 (司憲府)	본래 시정을 논하고 백관을 감찰함이 본분이나 동시에 **풍속경찰을 주관**하고 민정을 살펴 국정에 반영케 하였다.
포도청 (捕盜廳)	① 우리나라 **최초의 독립된 전문적 경찰기관**(1471년) ② 전국적으로 도적의 횡포를 막기 위해 **성종 2년 포도장제에서 유래되었고, 포도청이란 명칭은 중종 35년에 처음 등장**하였다. ③ 포도청은 갑오경장 때 「경무청관제직장」이 제정되어 **한성부에 경무청이 설치되면서 폐지**되었다. ④ 포도청에는 양반집의 수색과 **여자도적의 체포를 위한 '다모(茶母)'라는 여자관비**가 있었으며, 오늘날 여경의 선구라고 한다.
직수아문 (直囚衙門)	경찰권은 **일원화되지 못하고(경찰권의 다원화)** 각 관청이 소관사무와 관련하여 직권에 의하여 위법자를 체포하여 구금하였는데 이것은 직수아문이라 한다.
수성금화사	**소방경찰기능을 관장**하였다.

18. 갑오경장 이전의 조선시대 경찰활동에 대해 틀린 설명은?   02.7 순경

① 반역죄 등 중요한 특별범죄를 다루는 특별사법기관으로 사헌부에 있다.

② 6조의 하나인 병조(兵曹)는 군사업무와 함께 경찰사무도 담당했다.

③ 암행어사(暗行御史)는 오늘날의 정보경찰의 임무를 수행하였다.

④ 포도청에서는 다모(茶母)라는 관비가 있어 여자도적을 잡는 데 일역을 담당했다.

❖ **정답: ①**

❊ **해설:** 조선시대는 **의금부에서 중요한 특별범죄를 관장한 특별사법기관**으로서 왕족의 범죄, 국사범, 모역죄, 반역죄 등에 관한 사건 등을 업무를 수행하였다.

19. 조선시대의 경찰에 대한 설명 중 틀린 것은?   03.1 승진
① 중앙의 의금부는 왕족의 범죄를 제외한 특별범죄를 관장하였다.
② 지방의 관찰사는 행정과 경찰기능도 함께 수행하였다.
③ 포도청은 성종 2년 도적의 횡포를 막고자 만든 포도장제에서 유래되었다.
④ 경찰권은 일원화되지 못하고, 각 관청이 소관사무와 관련하여 직권에 의하여 위법자를 체포·구금하도
   록 하였다.

┇ 정답: ①
▧ **해설:** 조선시대는 **의금부에서 중요한 특별범죄를 관장한 특별사법기관**으로서 왕족의 범죄, 국사범,
   모역죄, 반역죄 등에 관한 사건 등을 업무를 수행하였다.

20. 조선시대 경찰제도 중 맞는 것은?   03.4 순경
① 사헌부는 왕족의 범죄 및 국사범, 모욕죄, 반역죄를 관장하였다.
② 형부는 내외의 비위를 규탄하고 풍속을 교정 담당하였다.
③ 지방의 관찰사와 수령들이 지방행정과 함께 경찰기능을 수행하였다.
④ 조선시대 경찰권은 포도청으로 일원화되었다.

┇ 정답: ③
▧ **해설:**
① **의금부**는 왕족의 범죄 및 국사범, 모욕죄, 반역죄를 관장하였다.
② **사헌부**는 내외의 비위를 규탄하고 풍속을 교정 담당하였다.
④ 조선시대 경찰권은 **일원화되지 못하고(경찰권의 다원화)** 각 관청이 소관사무와 관련하여 직권에
   의하여 위법자를 체포하여 구금하였는데 이것은 직수아문이라 한다.

21. 다음 설명으로 틀린 것은?   07.9 순경
① 절도범에게 12배의 배상을 하도록 '일책십이법'이 시행된 국가는 부여와 고구려이다.
② 조선시대 경찰권은 포도청에 집중되어 있었으며 포도청 소속하의 관비로서 '다모'가 있었다.
③ 고구려는 지방의 욕살이 백제는 지방의 방령이, 신라는 지방의 군주가 경찰권을 행사하였다.
④ 통일신라시대에는 왕권을 보호하기 위하여 지역사불고언죄가 시행되었다.

┇ 정답: ②
▧ **해설:** 조선시대 경찰권은 **일원화되지 못하고(경찰권의 다원화)** 각 관청이 소관사무와 관련하여 직
   권에 의하여 위법자를 체포하여 구금하였는데 이것은 직수아문이라 한다.
   포도청에는 양반집의 수색과 **여자도적의 체포를 위한 '다모(茶母)'라는 여자관비**가 있었다.

22. 갑오경장 이전의 경찰제도로 틀린 것은 몇 개인가?   07.3 순경

㉠ 고구려 – 방령	㉡ 백제 – 달솔
㉢ 신라 – 군주	㉣ 통일신라 – 총관
㉤ 고려 – 의금부	㉥ 조선 – 순군만호부

① 1개   ② 2개   ③ 3개   ④ 4개

⁘ 정답: ③

※ 해설: ▶ 갑오경장 이전의 경찰제도

삼국시대	고구려	지방장관 **욕살**
	백제	㉠ 수도(5부): 달솔 ㉡ 지방(5방제): **방령**
	신라	지방의 **군주**
통일 신라시대	중앙	이방부(범죄의 수사와 집행), 병부, **사정부(감찰, 풍속 담당)**
	지방	**총관**
고려시대	중앙 경찰기관	㉠ 형부(사법경찰 업무) ㉡ 병부(군무 외에 기타 경찰 업무) ㉢ 중추원(왕명출납, 군사기무, 숙위 등 업무) ㉣ **어사대(풍속경찰의 임무)**
	군	금오위
	지방 경찰기관	안찰사, 병마사, 각 지방의 수령 – 행정·사법·군사·경찰 기능을 통합적으로 수행
	순군만호부	**방도금란의 임무 외에 왕권보호, 정치경찰적 기능수행**
	현의 위아	현재의 경찰서
조선시대 (갑오개혁 이전)	중앙	㉠ **의금부(중대범죄)** ㉡ **사헌부(풍속경찰)** ㉢ 포도청
	지방	관찰사와 각 지방의 수령 – 행정과 사법경찰 통괄

23. 다음 중 한국 경찰의 역사에 대한 설명으로 맞는 것은?   10.3 순경

> ㉠ 고조선의 팔조금법은 개인적 법익에 대해서 전혀 보호하고 있지 않다.
> ㉡ 고구려는 지방을 5부로 나누어 달솔이라는 지방장관을 두어 지방치안을 담당하게 하였다.
> ㉢ 고려는 금오위가 수도경찰로서 순찰 및 포도금란(捕盜禁亂)의 업무와 비위예방을 담당하였다.
> ㉣ 조선시대의 포도청은 성종 2년 포도장제에 기원하고 포도청이란 명칭은 중종 24년에 처음 등장하였다.

① 1개   ② 2개   ③ 3개   ④ 4개

⁘ 정답: ②(㉢㉣)

※ 해설:
㉠ 고조선의 팔조금법은 **개인적 법익에 대해서 보호하고 있다.**
㉡ 고구려는 지방을 5부로 나누어 **욕살이라는 지방장관을 두어** 지방치안을 담당하게 하였다.

24. 한국경찰의 역사에 관한 설명으로 옳은 것은?   07.12 여경기동대

> ㉠ 고조선의 8조금법에는 타인의 재물을 손괴한 자는 곡물로써 배상하게 하였다.
> ㉡ 백제에는 관인수재죄를 처벌함으로써 공무원에 해당하는 관인들의 범죄를 새롭게 처벌대상으로 삼았다.
> ㉢ 삼국시대에 지방행정 및 치안을 담당한 자는 고구려의 욕살, 신라의 군주, 백제의 방령이었다.
> ㉣ 고려시대의 금오위는 범죄의 수사와 집행을 담당하였다.
> ㉤ 조선시대의 형조는 본래 시정을 논집하고 백관을 감찰함이 본분이나 동시에 풍속경찰을 주관하고 민정
>   을 살펴 이를 구정에 반영케 하고 권력남용을 금지하는 등 행정경찰의 업무도 아울러 행사하였다.

① ㉠, ㉡   ② ㉡, ㉢   ③ ㉢, ㉣   ④ ㉣, ㉤

❖ **정답:** ②

❈ **해설:**

㉠ 타인의 물건을 훔친 자(절도죄)는 노비로 삼되, 자속(自贖)하려는 자는 돈 50만 전을 내야 했다. **사람을 상해한 자(상해죄)는 곡물로써 배상하게 했다.**

㉣ **형부가 법률과 소송을 다루면서 경찰기능을 수행하였고, 금오위는 수도의 경찰업무를 담당하였다.**

㉤ 은 조선시대의 **사헌부에 대한 설명이다. 형조는 법률, 형벌, 소송, 노예(奴隷)인 정(政)을 관장**하였으며, 특히 형조 고율사(考律司)는 율령의 해석·사무를 장(掌)하고 같은 형조 장금사(掌禁司)는 형옥(刑獄) 사무를 관장한 것으로 미루어 사법경찰 사무를 오로지 관장하였음을 알 수 있다.

---

25. 한국 경찰사에 관한 설명 중 틀린 것은 모두 몇 개인가?　　　　　　　　10.1 승진

> ㉠ 삼국시대에는 행정과 군사 및 경찰이 일체를 이루어 경찰기능의 분화는 이루어지지 않았다.
> ㉡ 통일신라시대에는 모반죄, 불휼국사죄(不恤國事罪), 배공영사죄(背公營舍罪)와 같은 왕권보호 범죄가 등장하였다.
> ㉢ 고려시대에는 도의 장인 관찰사가 경찰업무를 포함하여 행정, 사법, 군사 등의 사무를 통합적으로 처리하였다.
> ㉣ 1894년 한국 경찰 최초의 경찰작용법인 경무청관제직장이 제정되었다.
> ㉤ 백제는 수도에 5방을 두어 달솔로 하여금 다스리게 하였다.

① 1개　　　　　　② 2개　　　　　　③ 3개　　　　　　④ 4개

❖ **정답:** ④

❈ **해설:**

㉡ 통일신라시대에는 불휼국사죄(不恤國事罪), 배공영사죄(背公營舍罪)와 같은 **관리직무 범죄가 등장**하였다.

㉢ 고려시대에는 도의 장인 **안찰사가 경찰업무를 포함**하여 행정, 사법, 군사 등의 사무를 통합적으로 처리하였다.

㉣ 1894년 한국 경찰 최초의 경찰작용법인 **행정경찰장정이 제정**되었다.

㉤ 백제는 **수도에 5부를 두어 방령으로 하여금 다스리게 하였다.**

---

26. 한국 경찰의 역사에 관한 설명 중 옳은 것은?　　　　　　　　08.7 순경

> ㉠ 고조선 시대의 팔조금법에 의하면 남의 물건을 손괴한 자는 오십만 전을 내야 했다.
> ㉡ 통일신라시대는 처음으로 관인수재죄를 처벌함으로써 공무원에 해당하는 관인들의 범죄를 처벌대상으로 삼았다.
> ㉢ 고려시대의 금오위는 수도의 순찰 및 포도금란의 업무와 비위예방을 담당하였다.
> ㉣ 조선시대의 경찰권은 일원화되지 못하고 각 관청이 소관사무와 관련하여 직권에 의하여 위법자를 체포, 구금할 수 있었다.
> ㉤ 한국경찰 최초의 작용법인 행정경찰장정에는 영업·시장·회사 및 소방·위생, 결사·집회, 신문잡지·도서 등 광범위한 사무가 포함되었다.
> ㉥ 일제 강점 하에 3·1운동을 계기로 헌병 경찰제도에서 보통경찰제도로 전환되었으며, 경찰의 직무와 권한도 크게 축소시켰다.

① 2개　　　　　　② 3개　　　　　　③ 4개　　　　　　④ 5개

❖ **정답:** ②(㉡㉣㉤)

※ **해설:**

㉠ 고조선 시대의 팔조금법에 의하면 남의 **물건을 훔친 자는** 오십만 전을 내야 했다. 제3조목은 **남의 물건을 훔친 자는** 남자인 경우 그 집의 **奴(노)로,** 여자인 경우 **婢(비)로** 되나, 스스로 贖(속)하려 하는 자는 **오십만 전을** 내야 한다는 것이다(절도죄).

㉡ **백제는 처음으로 관인수재죄를 처벌**함으로써 공무원에 해당하는 관인들의 범죄를 처벌대상으로 삼았다.

㉂ 일제 강점 하에 3·1운동을 계기로 헌병경찰제도에서 보통경찰제도로 전환되었으며, **경찰의 직무와 권한에는 변화가 없었다.**

27. 한국 경찰역사에 관한 설명으로 틀린 것은 모두 몇 개인가?　　　　　　　08.3 순경

> ㉠ 한사군 시대에는 행정체제가 갖추어지지 못해 경찰기능도 정비되지 못했다.
> ㉡ 백제는 달솔이 지방의 치안책임을 담당하였다.
> ㉢ 통일신라시대에는 왕권보호를 위한 범죄로 모반죄, 모대역죄, 불휼국사죄가 있었다.
> ㉣ 고려시대 금오위는 수도의 순찰, 포도금란의 업무와 비위예방을 담당하였다.
> ㉤ 조선시대 포도청은 도적의 횡포를 막고자 중종 2년에 만든 포도장제에서 유래되었다.

① 2개　　　　　　② 3개　　　　　　③ 4개　　　　　　④ 5개

※ **정답:** ③

※ **해설:**

㉠ 한사군 시대에는 **군·현·경·정·리의 행정체제가 갖추었으며,** 위·유요·정장이 경찰기능을 수행하였다.

㉡ 백제는 **방령이 지방의 치안책임을 담당**하였으며, **달솔이 수도의 치안책임을 담당**하였다.

㉢ 통일신라시대의 불휼국사죄는 **관리의 직무에 관한 범죄**이다.

㉤ 조선시대 포도청은 도적의 횡포를 막고자 **성종 2년**에 만든 포도장제에서 유래되었으며, 포도청의 명칭은 **중종 치세기에 처음 등장**하였다.

28. 경찰역사의 변천에 대한 설명 중 옳지 않은 것은 몇 개인가?　　　　　　09.2 경간부

> ㉠ 삼한은 책화제도에 의해 개인의 법익을 보호하였다.
> ㉡ 삼국시대는 중앙집권적 국가체제가 갖추어졌다.
> ㉢ 포도청은 중종2년에 포도장제에서 유래되었다.
> ㉣ 고려시대로 들어서면서 죄목이 더욱 분화되어 성범죄, 도박죄, 유기죄, 인신매매죄, 장물죄 등이 새롭게 처벌되었다.
> ㉤ 경무청관제직장에 의하여 최초로 한성부 안에 경찰지서가 설치되었다.
> ㉥ 고려시대에 현위를 장으로 하는 위아(尉衙)라고 하는 지방기관이 설치되어 있었는데, 이를 현재의 경찰서에 해당한다는 주장이 있다.

① 1개　　　　　　② 2개　　　　　　③ 3개　　　　　　④ 4개

※ **정답:** ②

※ **해설:**

㉠ 동예 – 책화제도, 삼한 – 소도

㉢ 포도청은 **성종2년**에 포도장제에서 유래되었고, **중종 치세기에 처음 등장**하였다.

29. 갑오경장 이전 한국 경찰제도에 대한 설명 중 옳지 않은 것은?　　　　　　10.2 경간부

> ㉠ 고조선시대에 상해한 자는 곡물로 배상하여야 하고, 남의 물건을 훔친 자는 남자인 경우 그 집의 奴
> (노)로, 여자인 경우 婢(비)로 되나, 스스로 贖(속)하려 하는 자는 오십만 전을 내야 한다.
> ㉡ 한의 사군의 행정체계는 군·현·경·정·리의 체계를 갖추고, 卿(경)에는 교화를 주관하는 三老
> (삼로)와 里(리)에는 里魁(이괴)를 두어 풍속 등을 담당케 하였다.
> ㉢ 고려의 금오위는 범죄의 수사와 형의 집행을 담당하였다.
> ㉣ 관리의 직무에 대해 백제는 관인수재죄를, 신라는 불휼국사죄와 배공영사죄를 두어 처벌하였다.
> ㉤ 포도청은 성종2년에 포도장제에서 유래하였다.

① 1개   ② 2개   ③ 3개   ④ 4개

❖ 정답: ②
❃ 해설:
㉢ 고려의 **금오위는 수도의 경찰업무를 담당**하여, 수도 개경의 순찰 및 포도금란(捕盜禁亂)의 업무와 비위예
방을 담당하였다. **통일신라의 이방부는 범죄의 수사와 형의 집행을 담당**하였다.
㉣ 관리의 직무에 대해 **백제는 관인수재죄를, 통일신라는 불휼국사죄와 배공영사죄를 두어 처벌**하였다.

30. 우리나라의 경찰변천사 중 옳지 않은 것은?   00.2 경간부

> ㉠ 삼한시대의 책화제도는 재산보호를 위한 제도이다.
> ㉡ 고구려에는 1책 12법이 있었다.
> ㉢ 조선시대에 포도청이 만들어졌다.
> ㉣ 우리나라 근대적 경찰은 갑오경장 이후이다.
> ㉤ 조선시대에 중앙의 의금부는 왕족의 범죄 등 특별범죄를 관장하였다.
> ㉥ 조선시대에 지방의 관찰사는 행정과 경찰기능도 함께 수행하였다.
> ㉦ 조선시대에 포도청이 설치되면서 경찰권이 일원화되었다.

① 1개   ② 2개   ③ 3개   ④ 4개

❖ 정답: ②
❃ 해설:
㉠ **동예시대**의 책화제도는 재산보호를 위한 제도이다.
㉦ 조선시대에 포도청이 설치되면서 **경찰권이 다원화되었다.**

제3절   근대적 경찰(갑오경장~해방 이전)

1. 아래 문장에서 맞는 것은 몇 개인가?   07.10 기동대

> ㉠ 갑오경장 때 한성부 경무청이 설치되면서 포도청이 폐지되고 직수아문 권한도 불허하였다.
> ㉡ 고려시대 수도경찰의 업무는 중앙군인 2군 6위 중 금오위가 담당하였다.
> ㉢ 신라의 경우 관인수재죄를 처벌함으로써 공무원에 해당하는 관인들의 범죄가 새롭게 처벌의 대상
> 이 되었다.
> ㉣ 조선시대 의금부는 고려 순군만호부가 개칭된 것으로 왕명을 받들고 국사법이나 왕족 관련범죄 등
> 중요한 특별범죄를 담당하였다.
> ㉤ 통일신라시대의 지방장관인 방령은 중요한 통치 조직으로 경찰 기능을 수행하였다.

① 2개   ② 3개   ③ 4개   ④ 모두 다

✂ 정답: ①(㉡㉣)
❊ 해설:
㉠ 갑오경장 때 한성부 경무청이 설치되면서 포도청이 폐지되고 **직수아문 권한도 인정하였다.**
㉢ **백제의 경우** 관인수재죄를 처벌함으로써 공무원에 해당하는 관인들의 범죄가 새롭게 처벌의 대상이 되었다.
㉤ **통일신라시대의 지방관인 총관이, 백제는 방령이 중요한 통치 조직으로 경찰 기능을 수행**하였다.

2. 1894년 갑오경장 이후 한성부의 종전 좌·우포도청을 합하여 경무청을 창설하였다. 이에 대한 설명 중 가장 거리가 먼 것은?   03.6 순경
① 경무청관제직장에 의해 창설되었다.
② 초기에는 외무아문 소속이었다.
③ 경찰사무와 감옥사무를 담당하였다.
④ 일본의 경시청을 모방하였다.

✂ 정답: ②
❊ 해설: 1894년 6년 28일 김홍집 내각은 '각아문관제'에서 '법무아문관리 사법행정경찰'이라고 정하면서 처음으로 근대적 의미의 경찰이라는 용어를 사용하며, 경찰을 **'법무아문' 하에 창설**하였다. 1894년 7월 1일 경찰 소속을 다시 **'내무아문'으로 변경**시켰다.

3. 1894년 갑오경장 직후 추진되었던 경찰제의 내용으로 가장 적절한 것은?   09.7 순경
① 좌·우포도청을 통합한 경무청의 장으로 경무관을 두었다.
② 경무청은 최초에 내무아문 소속으로 결정되었으나, 곧 법무아문 소속으로 변경되었다.
③ 우리나라 최초의 경찰작용법이라 할 수 있는 경부관제가 제정되었다.
④ 경무청은 경찰사무, 감옥사무, 소방사무 등을 담당하였다.

✂ 정답: ④

※ 해설:
① 좌우포도청을 통합한 경무청의 장으로 **경무사**를 두었다.
② 경무청은 최초에 **법무아문 소속**으로 경정되었으나, 곧 **내무아문 소속**으로 **변경**되었다.
③ 우리나라 최초의 경찰작용법이라 할 수 있는 **행정경찰장정이 제정**되었다.

4. 1894년 갑오개혁 이후 한성부의 종전 좌·우 포도청을 합하여 경무청을 창설하였다. 이에 대한 설명 중 가장 거리가 먼 것은?　　　　　　　　　　03.1 승진
① 우리나라 최초의 경찰조직법이라고 할 수 있는 행정경찰장정에 의해 창설되었다.
② 초기에는 법무아문 소속으로 정했다가 내무아문 소속으로 변경, 그 후 경무청을 신설하였다.
③ 감옥사무를 포함하여 한성부 내의 일체의 경찰사무를 관장하였다.
④ 일본의 경시청을 모방하였다.

⁂ 정답: ①
※ 해설: 우리나라 최초의 경찰조직법이라고 할 수 있는 **경무청관제직장에 의해 창설**되었다.

5. 갑오개혁 당시 경무청관제직장에 의해 수도인 한성부에 좌·우 포도청을 합설하여 내무아문에 예속되어 창설된 것으로서 한성부 내의 일체의 경찰사무를 관장했던 부서는?　　　　01.2 경간부
① 경무청　　　　　② 경부　　　　　③ 경무부　　　　　④ 경시청

⁂ 정답: ①
※ 해설: 우리나라 최초의 경찰조직법이라고 할 수 있는 **경무청관제직장에 의해 경무청이 창설**되었다.

6. 다음 중 1900년대의 경부경찰체제에 대한 설명으로 잘못된 것은?　　　　04.10 순경
① 경부는 한성 및 각 개항시장의 경찰업무와 감옥사무를 통할하는 조직으로서 이로 하여금 국내 일체의 경찰사무를 관리하도록 하였다.
② 각 관찰부에는 총순을 두어 치안업무를 담당토록 하고 총순은 관찰사의 지휘를 받지 않도록 하였다. 즉 지방에는 총순을 두어 관찰사를 보좌하도록 하는 이원적인 체제로 운영하지 않았다.
③ 광무개혁으로 경찰은 내부에서 독립하여 경부로 신설되었으며, 이는 경찰이 내무직할에서 중앙관청인 경부로 독립했다는 점에서 큰 의미가 있다.
④ 경부경찰체제는 1905년 을사보호조약까지 지속되었다.

⁂ 정답: ④
※ 해설: ‘경부’ 신설 이래 여러 가지 문제로 인해 **약 1년여 만에 막을 내렸다.**

7. 다음 보기와 같이 구한말 일본에 의한 한국의 경찰권이 상실되어 가는 일련의 과정이 순서대로 올바르게 나열된 것은?　　　　04.11 순경, 07.3 경간부

㉠ 한국경찰에 관한 취극서(取極書)	㉡ 한국사법 및 감옥사무 위탁에 관한 각서
㉢ 한국경찰사무 위탁에 관한 각서	㉣ 재한국 외국인민에 대한 경찰에 관한 한일협정

① ㉠-㉡-㉢-㉣　　　　　　　　　　② ㉠-㉣-㉡-㉢
③ ㉠-㉢-㉣-㉡　　　　　　　　　　④ ㉠-㉡-㉣-㉢

정답: ②

해설: ▶ 한국의 경찰권의 상실과정

경찰사무에 관한 취극서 (1908. 10. 29.)	주한 일본인에 대한 **경찰사무의 지휘감독권을 일본관헌의 지휘감독을 받아 일본계 한국경찰관이 행사**토록 하였지만, 한국경찰의 주요 요직은 일본인들이 독차지한 상태였다.
재한국 외국인민에 대한 경찰에 관한 한일협정 (1909. 3. 15.)	주한 외국인에 대한 경찰사무 지휘감독권을 일본계 한국경찰이 행사토록 하였지만, **한국경찰은 외국인에 대한 경찰권을 행사하지 못한** 상태였다.
한국 사법 및 감옥사무 위탁에 관한 각서 (1909. 7. 12.)	**한국의 사법권과 감옥사무가 일본으로 넘어가게 되었다.**
한국 경찰사무 위탁에 관한 각서 (1910. 6. 24.)	경찰에 관한 법규였던 '내부관제', '지방관제'에서 경찰에 관한 규정이 삭제되고, 경시청 관제가 폐지되었으며, 이를 계기로 **한국의 경찰사무가 일본으로 넘어가게 되었으며, 새로이 헌병경찰제도가 시작**되었다.

8. 재한국 일본인에 대한 경찰사무의 지휘 · 감독권을 일본관헌의 지휘감독을 받도록 위양한 것은?

04.1 승진

① 경찰사무에 관한 취극서
② 재한국 외국인민에 대한 경찰에 관한 한일협정
③ 한국사법 및 감옥사무 위탁에 관한 각서
④ 한국 경찰사무 위탁에 관한 각서

정답: ①

해설: **경찰사무에 관한 취극서**이다.

제4절　일제 식민지의 경찰

1. 일제 식민지기간 중 헌병경찰에 대한 설명으로 틀린 것은?　　　　　　　05.2 경간부
① 헌병과 경찰이 통합된 이른바 헌병경찰시대이다.
② 주요임무는 첩보의 수집, 의병의 토벌 등이 있었다.
③ 민사소송의 조정, 집달리 업무, 국경세관업무, 일본어의 보급 등 광범위한 업무를 수행하였다.
④ 헌병경찰의 종언을 고한 결정적인 계기는 광주학생운동이다.

▸ 정답: ④
※ **해설:** 1919년 3월 1일의 **항일독립만세운동을** 계기로 헌병경찰제도에서 보통경찰제도로 전환되었지
　　　만, **경찰의 직무와 권한에는 변화가 없었다.**

2. 갑오개혁 이후 일본의 헌병이 조선에 주둔하면서 벌인 경찰활동에 대한 설명으로 가장 거리가 먼 것은?
　　　　　　　　　　　　　　　　　　　　　　　　05.2 경간부,　04.11 순경
① 최초 한성과 부산간의 군용전신선 보호명복으로 주눈하였다.
② 헌병은 시찰이나 정탐 등을 임무로 하고 있었다.
③ 군사경찰업무와 행정경찰업무를 수행하고, 사법경찰업무는 수행하지 않았다.
④ 사회단체의 단속, 항일인사의 체포, 일본관민의 보호 등 고등경찰업무도 수행했다.

▸ 정답: ③
※ **해설:** 1906년 통감부가 설치되면서 헌병은 **군사경찰 이외에 사법경찰과 행정경찰의 업무를 수행**하였다.

3. 3·1운동 이후 경찰에 대한 설명 중 옳지 않은 것은?　　　　　　05.7 순경, 02.1 승진
① 헌병경찰제도에서 보통경찰제도로 전환되었으나 경찰의 직무와 권한에는 변동이 없었다.
② 조선총독부 직속의 경무총감부에서 전국의 경찰사무를 담당하였다.
③ 3·1운동을 기회로 정치범처벌법을 제정하여 단속을 강화하였다.
④ 중일전쟁 이후 경제경찰과 외사경찰까지 그 업무 범위를 확대하였다.

▸ 정답: ②
※ **해설:** 1919년 8월 19일 종래의 총독부 직속의 **경무총감부는 폐지**되고, **경무국이 설치**하여 **전국의**
　　　경찰사무와 위생사무를 감독하도록 하였다.

4. 다음 중 일제식민지의 헌병경찰에 대한 설명이 아닌 것은?　　　　　　05.2 경간부
① 1919년 3월 1일까지 헌병과 경찰이 통합하여 헌병경찰이 주를 이루었다.
② 첩보수집과 의병토벌의 역할을 담당하였다.
③ 국경세관업무, 일본어 보급에도 힘썼다.
④ 뒷받침해 주는 법은 보안법, 치안유지법, 신문지법, 예비검속법 등이 있다.

▸ 정답: ④
※ **해설:** 일본식민지의 헌병경찰제도를 뒷받침해 주는 법은 **보안법, 집회단속에 관한 법률, 신문지법, 출판법**이다.

5. 일제강점기 시대의 경찰에 대한 설명으로 옳은 것은?   08.2 경간부

① 보안법과 정치범처벌법, 집회단속에 관한 법률, 신문지법, 출판법 등은 헌병경찰시대에 탄압의 수단으로 제정된 법이다.

② 도시나 개항시장은 헌병경찰이, 지방이나 의병출몰 지역은 보통경찰이 주로 배치되었다.

③ 3 · 1운동을 계기로 헌병경찰제에서 보통 경찰제도로 전환되면서 우리 국민에 대한 탄압은 완화되었다.

④ 일본의 헌병이 주둔하게 된 것은 한성과 부산 간의 군용전신선의 보호가 그 명목이었으며, 헌병은 군사경찰 이외에도 행정경찰, 사법경찰을 겸하고 있었다.

❖ **정답:** ④

❊ **해설:**

① 헌병경찰시대에 탄압의 수단으로 제정된 법은 **보안법, 집회단속에 관한 법률, 신문지법, 출판법**이다.

② **일반경찰관은 주로 개항장이나 도시에 배치**되었고, 헌병은 주로 **군사경찰상 필요한 지역 및 의병활동지역 등에 배치**되었다.

③ 1919년 3월 1일의 **항일독립만세운동을 계기로 헌병경찰제도에서 보통경찰제도로 전환**되었지만 **경찰의 직무와 권한에는 변화가 없었다.**

6. 3 · 1운동의 영향으로 경찰활동도 많은 변화를 맞게 되었다. 다음 중 가장 거리가 먼 것은?   02.1 승진

① 헌병경찰제도에서 보통경찰제도로 전환되었다.

② 경무총감부가 폐지되고, 통감부에 경무국을 두어 전국 경찰사무를 관장케 하였다.

③ 경찰의 사무 중 집달리사무, 민사쟁송조정사무 등이 제외되었다.

④ 정치범처벌법을 제정하여 단속을 강화하였다.

❖ **정답:** ③

❊ **해설:** 헌병경찰제도에서 보통경찰제도로 전환되어도 경찰의 직무와 권한은 변화가 없어, 치안유지 업무 이외에 **각종 조장행정에의 원조, 민사쟁송조정사무, 집달리사무 등도 계속하여 헌병경찰이 맡아 수행하였다.**

7. 일제 식민지기의 경찰에 대한 설명 중 틀린 것은?   01.1 승진

① 헌병경찰기를 지나 보통경찰기를 거치면서 경찰의 권한은 많이 약화되었다.

② 총독에게는 제령권(制令權)을, 경찰에는 명령권을 부여하여 전제주의적, 제국주의적 경찰권의 행사가 가능케 하였다.

③ 경찰을 한국 국민을 억압하고 탄압하는 수단으로 이용하였다.

④ 인간의 사상, 이념까지도 통제하는 사상 경찰적 역할도 하였다.

❖ **정답:** ①

❊ **해설:** 1919년 3월 1일의 **항일독립만세운동을 계기로 헌병경찰제도에서 보통경찰제도로 전환**되었지만 **경찰의 직무와 권한에는 변화가 없었다.**

8. 다음은 한국경찰의 역사에 관한 내용이다. 옳지 않은 것은 모두 몇 개인가?   09.10 순경

> ㉠ 고조선시대의 팔조금법은 인간생명 존중사상을 엿볼 수 있다.
> ㉡ 고구려는 신분관제로 14관등체계를 갖추고, 지방을 5부로 나누어 욕살이라는 지방장관을 두었다.
> ㉢ 조선시대 지방의 관찰사는 행정기능과 함께 경찰기능도 수행하였다.
> ㉣ 광무개혁에 따라 경찰은 중앙관청으로서 경부 경찰체제로 출범하였는데, 많은 문제점으로 인하여 1년여 만에 막을 내렸다.
> ㉤ 미군정하에서는 경찰사무와 조직에 있어 정비가 이루어져 경제경찰과 정보경찰이 폐지되는 등 비경찰화 작업이 진행되었다.
> ㉥ 1948년 정부조직법에 의해 내무부산하의 치안국으로 개편되면서 독자적 관청으로서 경찰업무를 시작하게 되었다.

① 1개   ② 2개   ③ 3개   ④ 4개

정답: ②

해설:

㉤ 미군정하에서 **정보업무를 담당할 정보과는 신설되었다.**

㉥ 1948년 8월 15일 대한민국정부가 수립되어 우리 경찰은 미군정하의 **'경무부'를 '치안국'으로 격하 조정**하여 그 지위를 보조기관화시켰다.

제5절 │ 미군정하의 경찰

1. 미군정시대의 경찰에 대한 설명 중 틀린 것은?   05.2 경간부

① 치안입법의 정비와 함께 조직법적 정비도 이루어졌다.

② 전체적인 제도와 인력에 대한 개혁은 이루어지지 않았다.

③ 경찰의 이념에 민주적인 요소가 도입되었다.

④ 일제시대보다 경찰의 역할이 확대되었다.

❖ **정답:** ④

❊ **해설:** 국민들 감시 통제하던 고등경찰이 폐지되고, 위생사무가 위생국 사무로 전환되었을 뿐만 아니라 **경제경찰업무도 경찰로부터 제외되는 등 경찰의 활동도 축소**되었다.

2. 다음 중 미군정시대 비경찰화 작용의 일환으로 경찰업무에서 제외된 분야가 아닌 것은?   06.2 경간부

① 위생사무   ② 경제경찰

③ 고등경찰   ④ 정보경찰

❖ **정답:** ④

❊ **해설:** ▶ **미군정시대의 비경찰화 작업**

> ① **위생사무의 이관**: 경무국 위생과를 폐지하고 위생국으로 위생과를 이관
> ② **경제경찰의 폐지**: 물가행정처의 주관으로 이관
> ③ **소방업무의 이관**: 경무부에서 관장하고 있던 **소방업무가 시·읍·면·동의 소방부로 이관**
> ③ **경찰사법권 폐지**: 즉결처분 및 훈계방면권을 사법부에 정식으로 이관
> ④ **고등경찰의 폐지**: 고등경찰이 폐지되는 대신에 **정보과가 신설되어 정보경찰 업무를 담당**
> ⑤ **검열·출판업무의 이관**: 1946년 4월에 활동사진의 제작·배급·상영의 감독 및 단속에 관한 경무부의 의무, 문서, 재산은 공보부로 이관. 1946년 5월에 신문 기타 정기간행물에 대한 허가권이 상무부에 주어지고, 1947년 3월에는 신문 기타 간행물에 대한 허가는 공보부에서 관장
> ⑥ **여자경찰제도의 신설**: 노유자나 부녀자를 보호하고, 14세 미만 남자 범죄자를 취급하기 위해 신설

3. 다음 미군정 시대에 설치된 것은?   03.3 순경, 06.8 순경

① 경무국 위생과가 설치되는 등의 위생사무를 강화하였다.

② 정보경찰을 담당할 정보과가 신설되었다.

③ 경제경찰과 고등경찰이 설치되었다.

④ 경찰의 고유영역의 확대로 인하여 출판경찰이 설치되었다.

❖ **정답:** ②

❊ **해설:** **정보과가 신설**되었다.

4. 다음 중 우리나라에서 최초로 여자경찰을 채용한 시기는?　　　　01.4 순경

① 갑오개혁　　　　　　　　　　　　② 미군정시대
③ 일제무단통치　　　　　　　　　　④ 자유당정권시대

❖ **정답:** ②
❄ **해설:** **미군정시대**이다.

5. 일제 식민지의 법률을 미군정시대에 폐지한 것이 아닌 것은?　　　　04.4 순경

① 국가보안법　　　　　　　　　　　② 치안유지법
③ 정치범처벌법　　　　　　　　　　④ 예비검속법

❖ **정답:** ①
❄ **해설:** 1945년 10월에 **치안유지법, 정치범처벌법, 예비검속법 등은 폐지**하였다.

6. 다음 중 미군정시기 마지막으로 철폐된 법은 무엇인가?　　　　01.1 순경

① 정치범처벌법　　　　　　　　　　② 보안법
③ 예비검속법　　　　　　　　　　　④ 치안유지법

❖ **정답:** ②
❄ **해설:** 1945년 10월에 **치안유지법, 정치범처벌법, 예비검속법 등은 폐지**되었으며, 1948년 4월에 **보
　　　　안법 등이 폐지**되었다.

7. 6명으로 구성된 "중앙경찰위원회"가 최초로 설치되어 경찰의 민주화를 위한 조치가 이루어졌던 시기는?
　　　　　　　　　　　　　　　　　　　　　　　　　　　　　02.2 경간부

① 헌병경찰기　　　　　　　　　　　② 미군정시대
③ 자유당정권　　　　　　　　　　　④ 갑오개혁

❖ **정답:** ②
❄ **해설:** **미군정시대에 설치**되었다.

8. 미군정시기에 식민경찰체제를 청산하는 과정에 대한 설명으로 옳지 못한 것은?　　　　06.1 승진

① 태평양미군총사령부포고 1호를 통하여 군정의 실시와 구관리의 현직유지가 이루어져 인력의 개혁이 시행
　　될 수 없었다.
② 위생경찰, 경제경찰 등의 사무가 비경찰화되었다.
③ 중앙경찰위원회 설치 등으로 경찰의 민주적 개혁에 성공하였다.
④ 국민의 경찰에 대한 부정적인 태도가 불식되지 못하였다.

❖ **정답:** ③

※ 해설: ▶ 민주화 조치

> ① 법령의 개폐　　　　　　　② 경찰의 대민가혹행위 시정노력
> ③ 경찰검의 폐지　　　　　　④ 표어의 제정
> ⑤ 부대로서의 경찰조직　　　⑥ 시·도지사로부터의 지방경찰분리
> ⑦ 경무부로의 승격과 경무총감부 및 관구경찰청의 설치
> ⑧ 중앙경찰위원회
> 　**-6인의 위원**으로 구성
> 　-경찰의 민주적 개혁에 성공하지 못하였다.

9. 갑오경장부터 독립 이후 1991년 이전의 경찰사에 대한 내용 중 옳지 않은 것은?　　09.1 승진

① 1894년 7월 14일 경무청관제직장과 행정경찰장정이 제정되어 최초로 경찰의 조직법적 근거와 작용법적 근거규정이 마련되었으나 경찰권은 전제주의적 수준에 머물렀고, 결국 철저히 일본경찰화되는 과정이었다.

② 1919년 3월 1일 항일독립만세운동을 계기로 헌병경찰제도에서 보통경찰제도로 전환되었고, 경찰은 치안유지업무 이외에 각종 조장행정에 원조, 민사 쟁송조정사무, 집달리사무 등도 계속하여 맡아 수행하였다.

③ 미군정기에는 6인의 위원으로 구성된 중앙경찰위원회가 설치되어 민주적 개혁이 이루어졌고, 경무부에서 내무부의 하나의 국인 치안국으로 전락되었다.

④ 일제 강점기 경찰의 대상영역이 특별고등경찰활동을 통해서 사상이나 이념까지 통제하는 사상 경찰적 영역에까지 확대되었다.

❖ 정답: ③

※ 해설: 미군정기에 구성된 중앙경찰위원회는 민주화 조치로 도입되었으나, **경찰제도와 인력에 대한 개혁이 이루어지지 못하였다.**

제6절 | 현대경찰(1948.8.15 정부수립 이후)

1. 1946년 이후 중앙행정기관이었던 경무부(警務部)가 1948년 정부조직법 상에서 내무부 산하 하나의 국(局)으로 전락하게 된 이유로 가장 적절한 것은?   05.1 승진

① 정부조직법 제정에 참여한 구성원이 대부분 일제시대의 관리로 구 총독부나 일본정부의 과거 행정조직을 모방하였기 때문이다.

② 당시 작은 정부를 표방하면서 정부조직을 8개부로 제한하기로 정당한 합의되었기 때문이다.

③ 미군정하에서 미국의 정부조직 및 경찰시스템을 도입하였기 때문이었다.

④ 경무부의 역할 중 위생, 경제 등의 분야가 타 부처로 이관되면서 내무부의 역할과 겹쳐지는 이유로 두 부처의 통합이 요구되었기 때문이었다.

▪ 정답: ①

▓ 해설: ▶ '경무부'를 '치안국'으로 격하시킨 이유

> ㉠ 일제하의 경찰에 대한 심리적 저항감 등으로 인해 경찰 약화론이 우세했고,
> ㉡ 해방 후 좌익계열의 경찰권 약화기도
> ㉢ 청산되지 않은 일본 관료 출신들이 정부조직법 제정에 참여하면서 구성원이 대부분 일제시대의 관리로 구 총독부나 일본정부의 과거 행정조직을 모방하였기 때문이다.

2. 경찰의 임무가 "국민의 생명, 신체, 재산의 보호"라는 영미법적 사고가 처음으로 반영된 경찰관련 법령은?   03.3 순경

① 경찰관직무집행법   ② 경찰공무원법

③ 경찰법   ④ 경찰대학설치법

▪ 정답: ①

▓ 해설: 경찰관직무집행법(1953)은 국민의 생명·신체·재산의 보호라는 **영·미법적 사고가 최초로 반영된 법령이다.**

3. 다음 중 제5공화국 정부가 정의사회실현을 뒷받침하고 사회기강을 확립하기 위해 자질향상과 대민봉사확립을 위해 제정한 것은?   05.2 경간부

① 경찰윤리헌장   ② 새경찰신조

③ 경찰헌장   ④ 서비스헌장

▪ 정답: ②

▓ 해설: 제5공화국 정부(전두환)가 정의사회실현을 뒷받침하고 사회기강을 확립하기 위해 자질향상과 대민봉사확립을 위해 **'새경찰신조'를 제정**하였다.

4. 1991년에 제정된 경찰법의 의의 중 틀린 것은?   09.4 순경

① 경찰을 선거부처로부터 완전히 독립시키는 계기가 되었다.
② 경찰의 기본조직 및 직무범위 기타 필요사항을 규정하였다.
③ 경찰청장의 관청으로서의 지위를 보장하고 있다.
④ 경찰에 대한 민주적 통제를 보장하고자 경찰위원회를 도입했다

▸ 정답: ①

▒ **해설:** 1991년 제정된 경찰법은 **선거부처인 내무부의 외청으로 존속**시킨다는 점에서 **완전한 의미의 경찰의 독립은 아니었지만 나름대로 경찰법의 제정이 갖는 의의**는 크다고 할 것이다.

5. 1991년에 제정된 경찰법에 대한 설명으로 대한 설명으로 거리가 먼 것은?   07.2 경간부

① 경찰위원회 제도를 도입함으로써 향후 경찰에 대한 민주적 통제시스템의 구축을 위한 발판을 마련하였다.
② 경찰청장과 각 지방경찰청장을 보조기관에서 독립관청으로 승격되는 것에 의의가 있다.
③ 선거부처에서 독립하여 완전한 정치적 중립을 할 수 있게 되었다.
④ 지방행정과 치안행정을 협의 조정하기 위하여 지방에는 시·도지사 밑에 치안행정협의회를 두었다.

▸ 정답: ③

▒ **해설:** 1991년 제정된 경찰법은 **선거부처인 내무부의 외청으로 존속**시킨다는 점에서 **완전한 의미의 경찰의 독립은 아니었지만 나름대로 경찰법의 제정이 갖는 의의**는 크다고 할 것이다.

6. 다음 중 한국의 경찰사를 통해 얻을 수 있는 교훈으로 가장 적절한 것은?   03.3 순경

① 1894년 갑오경장에 따른 일반경찰제도 도입은 자주적 의식의 발로였다.
② 미군정시대에는 경찰사무를 담당하였던 위생사무가 위생국으로 이관되었고, 경제경찰, 고등경찰, 정보경찰이 폐지되는 등 비경찰화 작업이 진행되었다.
③ 1953년 경찰관의 직무집행에 관한 근거법령으로 제정된 경찰관직무집행법은 국민의 생명, 신체, 재산의 보호라는 영미법적 사고가 반영되었다.
④ 1991년 경찰법제정은 경찰에 대한 정치적 중립의 요청과 내부적으로 제기되어온 열망에 따른 것이었으나 지방경찰청을 독립관청화 하지 못한 아쉬움이 있다.

▸ 정답: ③
▒ **해설:**
① 1894년 갑오경장에 따른 일반경찰제도 도입은 **일본의 장기적 전략의 일환이었다.**
② 미군정시대에는 **정보경찰은 신설**되었다.
④ 1991년 경찰법제정으로 **지방경찰청을 독립관청화하였다.**

7. 다음은 우리나라 경찰 역사에 대한 설명으로 옳은 것은 모두 몇 개인가?   11.2 순경

> ㉠ 일제강점 하에서 3·1운동을 계기로 헌병경찰제도에서 보통경찰제도로 전환되었으며 경찰은 치안유지 업무만을 관장하고 각종 조장행정에 원조, 민사소송의 조정사무·집달관 사무는 경찰임무에서 제외되었다.
> ㉡ 미군정 하에서 우리나라 경찰은 위생업무의 이관 등 비경찰화가 이루어지고 8인의 위원으로 구성된 중앙경찰위원회를 설치하였다.
> ㉢ 1969년 경찰법을 제정하면서 경정·경장 2계급을 신설하고 2급지 경찰서장을 경감에서 경정으로 격상했다.
> ㉣ 1948년 정부조직법에 의해 내무부 산하의 치안본부로 개편되면서 경찰은 독자적 관청으로서 경찰 업무를 시작하게 되었다.

① 없음.   ② 1개   ③ 2개   ④ 3개

정답: ①

해설:

㉠ 1919년 3월 1일의 항일독립만세운동을 계기로 헌병경찰제도에서 보통경찰제도로 전환되었지만 **경찰의 직무와 권한은 변화가 없어, 치안유지업무 이외에 각종 조장행정에의 원조, 민사쟁송조정사무, 집달리사무 등도 계속하여 헌병경찰이 맡아 수행**하였다.

㉡ 미군정 하에서 우리나라 경찰은 위생업무의 이관 등 비경찰화가 이루어지고 **6인의 위원으로 구성된 중앙경찰위원회를 설치**하였다.

㉢ 1969년 **경찰공무원법을 제정**하면서 경정·경장 2계급을 신설하고 2급지 경찰서장을 경감에서 경정으로 격상했다.

㉣ 1948년 8월 15일 대한민국정부가 수립되어 우리 경찰은 **미군정 하의 '경무부'를 '치안국'으로 개편되면서** 경찰은 독자적 관청으로서 경찰 업무를 시작하게 되었다.

8. 다음 경찰조직의 연혁을 시간순서별로 바르게 나열한 것은?　　　10.1 승진

> ㉠ 지방경찰국의 지방경찰청으로의 승격
> ㉡ 해양경찰청의 해양수산부(현 국토해양부)로의 이관
> ㉢ 경찰관 해외주재관 제도 신설
> ㉣ 경찰서에 '청문관제' 도입
> ㉤ 사이버테러대응센터 신설

① ㉠-㉡-㉢-㉣-㉤　　　　　　　② ㉢-㉠-㉡-㉤-㉣
③ ㉢-㉠-㉡-㉣-㉤　　　　　　　④ ㉠-㉡-㉢-㉤-㉣

정답: ③

해설: ▶ 우리나라 경찰의 연혁

미군정 시대	1945. 10. 21.	경찰 창설기념
	1946. 1.	경무국을 경무부로 승격
	1946. 5.	최초로 여자경찰관 채용
	1947. 11.	중앙경찰위원회 설치
치안국 시대	1948. 11.	내무부장관 산하에 치안국 설치
	1949. 10. 18.	경찰병원 설치
	1953. 12. 14.	**경찰관직무집행법 제정**
	1953. 12. 23.	해양경찰대 발족
	1954. 4.	경범죄처벌법 제정
	1955. 3. 25.	국립과학수사연구소 설치
	1966. 7. 1.	**경찰관 해외주재관 제도 신설**
	1966. 12.	경찰윤리헌장 선포
	1968. 9.	전투경찰대 발족(1·21 사태 계기)
	1969. 1. 7.	① 경정, 경장 2계급 신설 ② 2급지 서장을 경감에서 경정으로 격상, **경찰공무원법 제정(1969)**

치안본부 시대	1974. 12. 24.	내무부 치안국을 치안본부로 개편
	1975	소방업무가 민방위본부로 이관
	1979. 12. 28.	경찰대학설치법 제정 공포
경찰청 시대	1991. 8. 1.	① **치안본부의 경찰청으로 승격** ② **지방경찰국의 지방경찰청으로 승격, 경찰법 제정(1991)**
	1996. 8. 8.	**해양경찰청의 해양수산부로 이관**
	1999. 5. 24.	**경찰서에 '청문관제' 도입**
	1999. 12. 28.	면허시험장을 책임운영기관화하여 청장직속의 '운전면허시험관리단' 신설 → 2010 도로교통공단으로 이관
	2000. 9. 29.	**사이버테러대응센터 신설**
	2005. 7. 5.	경찰청 생활안전국에 여성청소년과 신설
	2005. 12. 30.	경찰병원을 추가로 책임운영기관화
	2006. 3. 30.	**경찰청 외사관리관을 '외사국'으로 확대 개편**
	2006. 7. 1.	**제주도 자치경찰 출범**
	2006. 10. 31.	제주지방경찰청장을 치안감급으로 격상
	2006. 10. 31.	경찰청 수사국 내에 '인권보호센터' 신설

9. 다음 경찰연혁조직 순서 중 옳게 연결한 것은?   10.2 경간부

> ㉠ 경찰관 해외주재관제도 신설
> ㉡ 경찰청 외사관리관을 외사국으로 확대
> ㉢ 제주자치경찰제도 시행
> ㉣ 사이버테러 대응센터 신설
> ㉤ 해양경찰청의 해양수산부(현 국토해양부)로의 이관
> ㉥ 경찰서 청문관제 도입

① ㉠-㉤-㉥-㉣-㉡-㉢   ② ㉠-㉤-㉥-㉢-㉡-㉣
③ ㉤-㉠-㉥-㉣-㉡-㉢   ④ ㉤-㉥-㉠-㉣-㉡-㉢

정답: ①

해설:
㉠ 경찰관 해외주재관제도 신설(1966. 7. 1.)
㉤ 해양경찰청의 해양수산부(현 국토해양부)로의 이관(1996. 8. 8.)
㉥ 경찰서청문관제 도입(1999. 5. 24.)
㉣ 사이버테러 대응센터 신설(2000. 9. 29.)
㉡ 경찰청외사관리관을 외사국으로 확대(2006. 3. 30.)
㉢ 제주자치경찰제도 시행(2006. 7. 1.)

10. 한국경찰조직의 연혁을 시간순서별로 바르게 나열한 것은?   09.2 경간부

> ㉠ 경찰청 외사관리관을 외사국으로 확대 개편
> ㉡ 해양경찰청의 해양수산부(현 국토해양부)로의 이관
> ㉢ 경찰서 청문관제 도입
> ㉣ 제주도 자치경찰 출범
> ㉤ 경찰관 해외주재관제도 신설
> ㉥ 사이버테러 대응센터 신설

① ㉤-㉥-㉢-㉣-㉡-㉠   ② ㉤-㉡-㉢-㉥-㉣-㉠
③ ㉤-㉡-㉢-㉥-㉠-㉣   ④ ㉤-㉢-㉡-㉥-㉠-㉣

정답: ③

해설:

㉠ 경찰청 외사관리관을 외사국으로 확대 개편(2006. 3. 30.)

㉡ 해양경찰청의 해양수산부(현 국토해양부)로의 이관(1996. 8. 8.)

㉢ 경찰서청문관제도입(1999. 5. 24.)

㉣ 제주도자치경찰 출범(2006. 7. 1.)

㉤ 경찰관해외주재관제도 신설(1966. 7. 1.)

㉥ 사이버테러대응센터 신설(2000. 9. 29.)

외국경찰사

제1절　경찰제도의 3가지 모델

1. 다음 국가 중 분권화된 경찰체제를 택하고 있지 않은 국가는?　　　02.1 승진
① 프랑스　　　　② 미국　　　　③ 벨기에　　　　④ 캐나다

❖ **정답:** ①
❄ **해설: 분권화된 국가 – 미국, 벨기엘, 캐나다,** 네덜란드, 스위스

2. 다음 국가 중 경찰체제의 성격이 다른 하나는?　　　04.1 승진
① 프랑스　　　　② 스웨덴　　　　③ 호주　　　　④ 덴마크

❖ **정답:** ③
❄ **해설: 중앙집권형 국가 – 프랑스,** 이탈리아, 핀란드, 이스라엘, 태국, 대만, **덴마크, 스웨덴,** 한국

3. 다음 국가 중 경찰체제의 성격이 다른 하나는?　　　04.4 순경, 04.7 101단, 04.10 순경
① 브라질　　　　② 호주　　　　③ 영국　　　　④ 벨기에

❖ **정답:** ④
❄ **해설: 통합형 국가 – 영국,** 일본, **호주,** 독일, **브라질**

4. 다음 국가 중 경찰체제의 성격이 다른 하나는?　　　04.7 순경
① 한국　　　　② 영국　　　　③ 이태리　　　　④ 프랑스

❖ **정답:** ②
❄ **해설: 중앙집권형 국가 – 프랑스, 이탈리아,** 핀란드, 이스라엘, 태국, 대만, 덴마크, 스웨덴, **한국**

5. 다음 중 각국의 경찰체제의 성격이 다른 하나는?　　　03.4 순경
① 독일　　　　② 미국　　　　③ 일본　　　　④ 영국

❖ **정답:** ②
❄ **해설: 통합형 국가 – 영국, 일본,** 호주, **독일,** 브라질

6. 다음 중 중앙정부와 지방정부가 경찰에 대한 통제권한을 공유하고 있는 경찰체제는?　　　04.1 승진
① 집권형　　　　② 통제한　　　　③ 분권형　　　　④ 통합형

❖ **정답:** ④
❄ **해설:** 중앙정부와 지방정부가 경찰에 대한 통제권한을 공유하고 있는 경찰체제는 **통합형**이다.

7. 다음 중 아래의 특징을 가진 경찰체제를 채택하고 있지 않은 나라는?　　　04.11 순경

> ㉠ 사회의 권리를 개인적인 시민의 권리보다 더 중요시한다.
> ㉡ 법집행의 성공과 실패에 대한 직접적인 책임을 중앙정부가 진다.
> ㉢ 전체주의 국가에만 특징적으로 나타나는 것도 아니고, 민주주의와 반드시 대립되는 것도 아니다.

① 벨기에　　　　② 덴마크　　　　③ 스웨덴　　　　④ 핀란드

┇ 정답: ①
※ 해설: 중앙집권형 국가 – 프랑스, 이탈리아, **핀란드**, 이스라엘, 태국, 대만, **덴마크, 스웨덴**, 한국

8. 다음 중 경찰의 제도모형에 대하여 바르게 기술한 것이 아닌 것은?　　　01.10 순경
① 국가적 전통에 따라 경찰의 역할이 다르게 강조된다.
② 경찰제도의 모형은 분권형, 집권형, 절충형 체제로 나누어 볼 수 있다.
③ 민주국가는 분권형 체제를, 비민주국가는 집권형 체제를 채택한다.
④ 절충형 체제는 경찰통제 대한 권한을 중앙정부와 지방정부가 공유하는 형태이다.

┇ 정답: ③
※ 해설: 집권형 또는 분권형이라는 제도 그 자체가 **민주주의와 직접적인 연관성을 갖는 것이 아니다.**

9. 다음 중 분권화된 경찰제도의 장점으로 가장 타당한 것은?　　　01.7 101단, 01.2 경간부
① 광역범죄에 효과적인 대처하고 있다.
② 시민의 자유와 권리를 확보하는 데 기여한다.
③ 다수의 경찰기관들이 업무의 중복 등 비효율이 문제를 적절히 극복하고 있다.
④ 중복적인 경찰기관의 활동으로 범죄통제에 크게 기여하고 있다.

┇ 정답: ②
※ 해설: ▶ 분권형 체제의 장단점

장점	시민의 **자유와 권리의 보장**에 기여함.
단점	① 국제범죄 및 광역범죄에 대처능력 미약함.
	② 관할분쟁, 통일적 기준의 미비로 인한 **비능률이 존재**

10. 다음 중 분권화 체제를 설명한 것으로 틀린 것은 무엇인가?　　　01.11 순경
① 분권형 국가는 미국 및 스위스가 있다.
② 광역적인 수사가 용이하다.
③ 비효율적인 지방경찰이 양산되기 쉽다.
④ 제도운영의 통일된 기준이 미비하여 많은 문제점이 야기될 수 있다.

┇ 정답: ②
※ 해설: 광역적인 수사가 곤란하다.

11. 미국의 분권화된 경찰제도의 특징으로 볼 수 없는 것은? 02.10 순경

① 경찰국가를 창설하려는 시도를 막고, 시민의 자유와 권리를 보호하는 데 기여한다.

② 국제범죄 등 광역범죄에 효과적인 대처를 하고 있다.

③ 다수의 경찰기관이 난립되어 업무의 중복 등의 문제 극복이 과제로 등장하고 있다.

④ 정부의 권한남용에 대한 두려움과 시민의 자유에 대한 보호정신에 기초를 둔다.

❖ **정답:** ②

▓ **해설: 국제범죄 및 광역범죄에 대처능력이 미약**하다.

12. 다음 중 집권형 경찰제도에 대한 설명과 거리가 먼 것은? 01.11 101단

① 집권형 국가에서는 경찰활동에 의한 피해를 국가가 배상하고 있다.

② 사회의 권리를 개인적인 시민의 권리보다 더 중요시한다.

③ 집권적인 경찰제도는 전체주의 국가에서만 특징적으로 나타나는 것은 아니다.

④ 대표적인 국가는 일본, 브라질, 독일 등이다.

❖ **정답:** ④

▓ **해설: 통합형 국가 – 영국, 일본, 호주, 독일, 브라질**

제2절　영국경찰사

1. 다음 중 영국 경찰사에서 분립되어 있던 경찰조직을 통합하고 수도경찰청을 설립하는 등 영국경찰의 기초를 확립한 사람은?　　　01.1 승진, 01.7 101단

① 프레드릭슨　　　　　　　　　② 피터 에반스
③ 로버트 필　　　　　　　　　　④ 에드워드 1세

정답: ③

해설: 1829년 내무부장관이었던 **Robert Peel경**은 산업혁명으로 인한 치안수요급증으로 경찰청장을 책임자로 하여 런던 수도경찰청이 설치하고, **계급·제도·정복착용 등 통일을 추진하여 영국경찰의 기초를 확립**하였다.

2. 1829년 영국에서 수도경찰청의 창설을 주도한 Rebort Peel경이 제시한 지휘지침에 속하지 않는 것은?　　　01.3 순경

① 경찰의 1자 복석은 범쇠신납이나.
② 경찰관은 그 권위를 드러내려고 부주의하게 간섭하는 일이 없어야 한다.
③ 경찰관은 완벽하게 자기 기분을 다스릴 줄 알아야 한다.
④ 임무와 권한에 관해 잘못된 관념을 형성하지 않도록 신임경찰관들에 대한 특별한 보살핌이 필요하다.

정답: ①

해설: 경찰의 제1목적은 '범죄진압'이 아니라 **'범죄예방'에 있음을 밝혔다.**

3. 현대경찰의 형성에 지대한 영향을 미친 영국의 로버트 필(R. Peel)경이 주장한 경찰활동의 원리(police principles)가 아닌 것은?　　　09.7 순경

① 경찰의 기본적 사명은 범죄와 무질서를 예방하는 것이다.
② 경찰은 공공의 협조를 확보하고 유지하여야만 한다.
③ 경찰은 경찰목적을 달성하는데 필요하면 적극적으로 물리력을 행사하여야 한다.
④ 경찰은 비당파적인 치안서비스를 제공하여야 한다.

정답: ③

해설: ▶ **필경의 원칙(Police Principles)**

> ① **경찰의 기본적인 임무는 범죄와 무질서의 예방**이다.
> ② 경찰의 업무달성 능력은 국민의 지지에 의하여 결정된다.
> ③ 경찰은 국민들의 준법정신 향상을 위하여 적극적으로 협력하여야 한다.
> ④ **경찰의 물리력 사용은 국민의 지지를 받기 위하여 최소한으로 사용**되어야 한다.
> ⑤ **경찰은 여론이 아니라 절대적으로 공정한 법 집행을 통하여 국민의 지지를 얻고자 노력**해야 한다.
> ⑥ 경찰도 전체 국민의 복지와 안전을 위하여 항상 노력하는 국민의 한 구성원임을 명심해야 한다.
> ⑦ 경찰은 기능수행에 필요한 정도의 권한만을 행사해야 한다.
> ⑧ 경찰의 능력은 가시적인 경찰력의 행사가 아닌, 실제적인 범죄와 무질서의 감소에 의해서만 평가받아야 한다.
> ☞ 경찰은 경찰목적을 달성하는 데 필요하다면 **적극적으로 물리력을 행사해서는 안 되며, 무력사용의 최대한 자제를 강조**하였다.

4. 영국 경찰제도개혁에 대한 설명 중 틀린 것은?　　　　　　　　06.3 순경

① 산업혁명으로 인한 치안수요 급증으로 로버트 필경에 의해 수도경찰청이 창설되었다.

② 1964년 경찰법에 의하여 수도경찰청과 런던시를 포함한 모든 경찰본부가 관리기구인 경찰위원회로 통합되었다.

③ 1992년 국립범죄정보국, 1997년 국가범죄수사국이 창설되었다.

④ 2000년 이후 수도경찰청도 자치경찰청이 되었다.

❖ **정답:** ②

❈ **해설:** 1964년 경찰법에 의하면 런던 수도경찰청과 런던시경찰청을 **제외한** 모든 경찰관리기구를 **경찰위원회로 통합되고**, 내무부장관에게 비능률적인 소규모의 경찰청을 **통합할 수 있는 권한을 부여**하였다.

5. 영국의 내무부장관이 경찰에 대하여 갖고 있는 권한이 아닌 것은?　　　　　　03.1 승진

① 특정사안에 대한 진상보고서 제출 요구

② 근무조건 · 행정 등에 관한 규칙제정권 보유

③ 경찰청 간 원조 지휘

④ 경찰위원회의 동의를 얻어 경찰청장이 임명

❖ **정답:** ④

❈ **해설:** ▶ 내무부장관의 권한

의의	자치제경찰을 전국적으로 지휘 · 감독 · 조정 · 통제함으로서, 전국적 경찰업무를 능률성과 통일성을 확보한다.
권한	① 경찰의 **근무조건, 행정 등에 관한 규칙제정권** ② 경찰청장에게 특정사안에 대한 **진상보고서 제출요구권** ③ 경찰위원회에 특정 경찰청장의 퇴직요구권 ④ 각 경찰청에 대한 50% 이하(이상 ×)의 예산지원권 ⑤ 공공의 안녕과 질서유지를 위해 필요한 경우 특정 경찰청장으로 하여금 **타 경찰청을 원조 · 지휘권** ⑥ 경찰청장의 연례보고서를 제출(보고)받음. ⑦ 지방경찰청장과 차장의 임명에 대한 승인권 ⑧ 예산의 감사권, 즉 치안목표 시달 및 감사결과를 통해 보조금 지급에 관여

6. 영국의 지방경찰위원회에 관한 설명으로 옳지 않은 것은?　　　　　　09.1 승진

① 보통 17인으로 구성되며, 독립법인체인 경찰관리기관이다.

② 위원의 임기는 3년이고, 연임할 수 없다.

③ 주민의 대표, 법원의 대표, 중앙정부의 대표로 구성된다.

④ 내무부장관은 지방경찰위원회 위원 5명을 실질적으로 선임함으로써 간접적으로 영향력을 행사하고 있다.

❖ **정답:** ②

※ 해설: ▶ 지방경찰위원회의 구성

① 지방경찰위원회는 **위원 17인으로 구성**된다.
　　치안법관 위원회에서 선임한 치안판사(3명), 지방의회에서 선임한 지방의회의원(9명), 특별한 선발위원회에서 선발하거나 내무장관(시장 ×)이 추천한 독립적 위원 5명으로 구성된다.
② **위원의 임기는 4년(3년 ×)이고 연임**할 수 있으며, 위원장은 위원 중에서 호선한다.
③ **주민의 대표, 법원의 대표, 중앙정부의 대표로 구성되며, 그 법적 성격은 독립법인체이다.**
④ **내무부장관은 경찰위원회 위원 5명의 선임권을 행사함으로써 지방경찰위원회에 대하여 간접적으로 영향력을 행사하고 있다.**
⑤ 2개 이상의 도 지방의회 관할 구역을 담당하는 경찰위원회도 있으며, 이는 지방의회의 질의에 대해 답변을 한다.
⑥ 광역경찰의 관리자는 광역경찰위원회(도경찰위원회 ×)가 되고, 도의회의원의 2/3, 치안법관 1/3로 구성된다.

7. 다음 중 영국 지방경찰위원회에 관한 설명으로 옳지 않은 것은?　　06.1 승진

> ㉠ 위원은 4년 임기로 연임 가능하다.
> ㉡ 17명의 위원 중 지방의회에서 선임한 지방의회 의원은 9명이 된다.
> ㉢ 위원장은 위원 중 호선한다.
> ㉣ 위원 중에는 시장이 추천한 위원이 5명이다.
> ㉤ 독립법인체이다.
> ㉥ 내무부장관으로부터 일체의 통제를 받지 않고 활동한다.
> ㉦ 2개 이상의 道지방의회 관할구역을 가지는 경우도 있다.
> ㉧ 지방의회의 질의에 대하여 답변한다.

① 1개　　　　　② 2개　　　　　③ 3개　　　　　④ 4개

⁚ 정답: ②
※ 해설:
㉣ 지방경찰위원회는 **위원 17인으로 구성**된다. 치안법관 위원회에서 선임한 치안판사(3명), 지방의회에서 선임한 지방의회의원(9명), 특별한 선발위원회에서 선발하거나 **내무장관이 추천한 독립적 위원 5명으로 구성**된다.
㉥ **내무부장관은 경찰위원회 위원 5명의 선임권을 행사**함으로써 지방경찰위원회에 대하여 **간접적으로 영향력을 행사**하고 있다.

8. 영국경찰에 대한 설명 중 옳지 않은 것은?　　09.1 승진
① 스코틀랜드와 북아일랜드는 각기 다른 경찰제도를 운영하고 있다.
② 1985년 이후부터 검찰은 거의 모든 범죄에 대한 기소를 담당하고 있다.
③ 자치제경찰을 전국적으로 지휘 · 감독 · 조정 · 통제하는 역할을 하는 기구는 내무부장관이다.
④ 지방경찰위원회 위원의 임기는 4년이고, 연임할 수 없다.

⁚ 정답: ④
※ 해설: 지방경찰위원회 위원의 **임기는 4년이고, 연임할 수 있다.**

9. 영국 경찰제도 중 경찰위원회의 권한이 아닌 것은?   02.1 승진
① 내무부장관 동의하에 경찰청장 임명
② 차량, 장비, 피복 등을 경찰에 제공
③ 경찰의 근무조건, 행정 등에 관한 규칙제정권
④ 해당지역 경찰의 적절하고 효율적인 경찰력의 확보

✂ **정답:** ③
❊ **해설:** ▶ **경찰위원회의 권한**

> ① **해당지역 경찰의 적절하고 효율적인 경찰력의 확보**
> ② **내무부장관 동의하에 경찰청장 · 차장의 임명권**
> ③ 지방경찰청의 예산, 재정의 총괄
> ④ 내무부장관 동의하에 건물, 토지 등의 제공
> ⑤ **차량, 장비, 피복 등을 경찰에 제공**
> ⑥ 경찰청장의 연례보고서를 제출받음.
> ☞ 경찰의 근무조건, 행정 등에 관한 규칙제정권은 내무부장관의 권한이다.

10. 영국경찰은 내무부장관, 경찰위원회, 경찰청장의 3원체제로 되어 있는데, 이러한 3원체제 중 삼자의 권한과 책무가 잘못된 것은?   02.5 순경
① 내무부장관은 능률성 향상을 위해 경찰위원회에 특정 경찰청장의 퇴직을 요구할 수 있다.
② 경찰위원회는 경찰의 근무조건 등의 규칙제정권을 보유한다.
③ 경찰위원회는 내무부장관의 동의하에 경찰청장을 임명한다.
④ 52개 각 경찰청장은 해당지역 경찰을 지휘 · 통제한다.
✂ **정답:** ②
❊ **해설:** 경찰의 근무조건, 행정 등에 관한 규칙제정권은 **내무부장관의 권한**이다

11. 영국경찰제도 중 3원체제의 역할이 잘못 연결된 것은?   04.3 순경
① 경찰청장 – 해당지역 경찰을 지휘 · 통제
② 경찰위원회 – 내무부장관 동의하에 경찰청장 임명
③ 경찰위원회 – 차량 · 장비 · 피복 등을 경찰에 제공
④ 내무부장관 – 해당 지역경찰의 적절하고 효율적인 경찰력 확보

✂ **정답:** ④
❊ **해설:** 해당 지역경찰의 적절하고 효율적인 경찰력확보는 **경찰위원회 권한**이다.

12. 영국경찰은 관리 및 운영면에서 내무부 장관, 경찰위원회, 경찰청장 간의 3원체제를 갖는데 각각의 권한과 책임에 대한 설명 중 바른 것은?   05.3 순경
① 경찰위원회는 차량, 장비, 피복 등을 경찰에 제공한다.
② 내무부장관은 경찰위원회의 동의를 얻어 경찰청장을 임명한다.
③ 경찰위원회는 각 경찰청 예산의 50% 이하를 지원한다.
④ 경찰청장은 경찰의 근무조건, 행정 등에 관한 규칙제정권을 보유한다.

정답: ①

해설:

② 경찰위원회는 **내무부장관의 동의를 얻어** 경찰청장을 임명한다.

③ **내무부장관은** 각 경찰청 예산의 50% 이하를 지원한다.

④ **내무부장관은** 경찰의 근무조건, 행정 등에 관한 규칙제정권을 보유한다.

13. 영국의 중대조직범죄청(SOCA)에 대한 설명으로 틀린 것은?   08.1 승진

① 대형조직범죄 소탕을 목적으로 2006년 설립

② 기존 중앙범죄정보국, 중앙범죄수사대와 함께 3대 국가수사관체제 확립

③ 영국판 FBI로 불리고 있음.

④ 중앙정부 예산으로 운영

정답: ②

해설: 2006년에 대형조직범죄 소탕을 목적으로 **기존 중앙범죄정보국(NCIS)과 중앙범죄수사대(NCS), 국가하이테크범죄국, 세관과 이민국의 일부를 통합하여 중대조직범죄청(SOCA)을 창설**하였으며, **영국판 FBI**로 불리고 있다.

14. 다음 설명 중 옳지 않은 것으로만 짝지어진 것은?   07.2 경간부

> ㉠ 수도경찰청장은 내무부장관의 추천으로 국왕이 임명한다.
>
> ㉡ 수도경찰청은 내무부의 직접적 지휘·통제·명령관계에 있다는 점에서 잉글랜드·웨일즈 지방에서 유일한 국가경찰이다.
>
> ㉢ 수도경찰청은 지방경찰을 모방하여 발전하는 등 자치 치안의 원칙을 유지하였다.
>
> ㉣ 영국은 전통적으로 자치경찰제도를 취하고 있다.

① ㉠ - ㉣   ② ㉡ - ㉢   ③ ㉢ - ㉣   ④ ㉠ - ㉡

정답: ②

해설:

㉡ 수도경찰청이 국가경찰이라고 불러왔던 것은 내무부의 지배를 받는다는 형식면에서 본 견해로 **실제 운용에서 우리와 같은 직접적 지휘·통제·명령관계가 있었던 것이 아니며, 일종의 관리기관으로서 존재하며 그 실질은 지방경찰의 위원회에 해당**한다.

㉢ **지방경찰이 수도경찰을 모방**하여 발전하였지만 자치치안의 원칙을 유지하고 있다.

15. 영국의 수도경찰청에 관한 설명으로 옳지 못한 것은 모두 몇 개인가?   08.2 경간부

> ㉠ 영국에서는 원칙적으로 파출소제도 없이 경찰서에서 경찰업무를 직접 처리한다.
>
> ㉡ 수도경찰청 하부조직으로는 외근·형사국과 특별업무국을 두고 각 국장은 경찰위원회가 내무부장관의 동의를 얻어서 임명한다.
>
> ㉢ 모든 경찰서는 치안수요와 관계없이 상시 경계체제를 갖추고 있다.
>
> ㉣ 수사경찰과 정복경찰은 제도상 별개의 것으로 명령계통이 다르고 인사교류도 없다.
>
> ㉤ 수도경찰청의 예산은 의회의 심의 없이 관청 내부에서 전적으로 결정한다.
>
> ㉥ 수도경찰청은 창설 때부터 오늘날에 이르기까지 내무장관이 직접 관리하는 특수한 형태를 취하고 있다.
>
> ㉦ 수도경찰청장은 전국의 고위 경찰 간부 중에서 내무부장관의 요청으로 국왕이 임명한다.

① 2개   ② 3개   ③ 4개   ④ 5개

▓ **정답**: ③

▓ **해설**:

ⓛ 수도경찰청 하부조직으로는 외근·형사국과 특별업무국을 두고 **각 국장은 경찰청장과 같이 내무부장관의 추천으로 국왕이 임명**한다.

ⓒ 區경찰서는 일반적으로 24시간 체제로 운영이 되지만, **치안수요가 없는 경찰서의 경우에는 야간에 폐쇄하고 인접경찰서가 업무처리를 하기도 한다.**

ⓗ 1998년 "런던자치부령 수립을 위한 법안"이 런던시민의 투표로 통과됨으로써 **2000년 7월부터 자치경찰화되었다.**

ⓢ 수도경찰청장은 **전국의 고위 경찰간부나 민간인 중에서** 내무부장관의 추천으로 국왕이 임명한다.

16. 영국의 지방경찰에 대한 설명 중 옳지 않은 것은?　　　　　　03.9 순경

① 원칙적으로 자치경찰 체제이다.

② 예산은 내무부로부터 보조금 50% 이하를 지원받는다.

③ 지방경찰의 관리기관은 경찰위원회이다.

④ 지방의회에 경찰청장이 직접 출석하여 치안관련 질의에 답변한다.

▓ **정답**: ④

▓ **해설**: 지방의회에 경찰청장이 직접 출석하여 **치안관련 질의에 답변하지 않는다.**

17. 영국의 경찰에 대한 설명 중 틀린 것은?　　　　　　　　10.1 승진

> ㉠ 잉글랜드와 웨일즈는 사법경찰이 기소 여부를 결정하기 위한 수사종결권을 가지고 있다.
> ㉡ 영국의 지방경찰위원회 위원의 임기는 3년이고, 연임할 수 있다.
> ㉢ 내무부장관은 경찰위원회 위인 7명을 선임함으로써 간접적으로 영향력을 행사하고 있다.
> ㉣ 지방경찰위원회는 지방경찰청장, 차장의 임명 승인권을 가진다.
> ㉤ 잉글랜드, 웨일즈 경찰은 소방, 위생, 영업 등에 관한 행정경찰의 업무도 수행한다.

① 1개　　　　② 2개　　　　③ 3개　　　　④ 4개

▓ **정답**: ③

▓ **해설**:

ⓒ 영국의 지방경찰위원회 위원의 **임기는 4년이고 연임할 수 있다.**

ⓒ 내무부장관은 **경찰위원회 위원 5명을 선임**함으로써 간접적으로 영향력을 행사하고 있다.

ⓔ **내무부장관은** 지방경찰청장, 차장의 임명승인권을 가진다.

18. 잉글랜드와 웨일즈의 특별경찰에 관한 설명 중 틀린 것은?　　　08.1 승진

① 항만경찰 – 부두, 운하, 다리, 철도와 공장이나 토지 및 인접 1마일 이내 지역관할, 민간항공경찰은 교통부장관이 임명

② 운하 및 하천경찰 – 운하와 하천, 이에 소속한 공장 또는 위 회사에 소속한 철도, 궤도, 방파제, 수문, 육영시설 및 인접 1/4마일 이내의 지역 관할

③ 공원경찰 – 공중위생법이 정한 공원과 유원지를 관할하고 지방자치단체가 소속직원을 공원관리 목적으로 경찰관 임명

④ 군대 및 원자력위원회경찰 – 군대 및 원자력위원회의 소유이나 특별구역 및 군대의 군사목적이나 그 목적 수행과 관련하여 사용하는 지역과 15마일 이내의 구역을 관할

정답: ①

해설: ▶ 특별경찰

공원경찰	① 공중위생법이 정한 공원과 유원지를 관할 ② 지방자치단체가 소속직원을 공원관리 목적으로 경찰관으로 임영
군대·원자력위원회경찰	① 군대 및 원자력위원회의 소유나 특별구역 및 군대의 군사목적이나 목적 수행과 관련하여 사용하는 지역과 **15마일 이내**의 구역을 관할 ② 육군최고회의, 해군본부, 공군최고회의 및 원자력위원회의 지명으로 임명
대학경찰	① 대학구내 및 인접 **4마일 이내** 관할 ② 대학법에 의해 **대학총장(부총장)이 임명**·면직
민간항공경찰	① 교통부장관 관할구역 내에서 민간항공과 관련하여 경찰임무를 수행 ② 교통부장관의 추천으로 **치안법관이 임명**
운하 및 하천경찰	① 운하와 하천 및 이에 소속한 공장 또는 위 회사에 소속한 철도, 궤도, 방파제, 수문, 육영시설 및 인접 **1/4마일 이내**의 지역을 관할 ② 하천경영자의 회사관리위원회 등의 신청으로 **치안법관이 임명**
철도경찰	① 운수위원회가 소유하거나 임차 중인 철도, 항만, 수로, 정류장, 방파제, 호텔, 공장 및 그 인접지역을 관할 ② 운수위원회의 요청으로 **치안법관이 임명**
라인킹경찰	① 라인강과 그 언안을 관할 ② 관리기관은 라인강개발위원회이나 실제로는 그 소속의 경찰위원회에 모든 권한을 위임
항만경찰	① 부두, 운하, 다리, 철도와 공장이나 토지 및 인접 **1마일 이내** 지역관할 ② 런던항만경찰은 런던항만관리청이 임명하고, 전국항만 경찰은 **치안법관이 임명**

19. 영국의 특별경찰 중 임명권자가 다른 것은?   06.10 순경

① 철도경찰   ② 운하 및 하천경찰
③ 군대 및 원자력위원회경찰   ④ 민간항공경찰

정답: ③

해설: ▶ 치안법관이 임명권자인 특별경찰

민간항공경찰,	운하 및 하천경찰,	철도경찰,	전국항망경찰

20. 영국경찰(잉글랜드와 웨일즈)에 대한 설명 중 틀린 것은?   10.2 경간부

① 경찰은 불기소처분에 대한 수사종결권을 가지고 있고, 법관에게 직접 영장을 청구할 수 있으며, 검사가 경찰서에 파견되어 수사와 입건에 대해 자문하기도 한다.
② 경찰은 소방, 위생, 영업 등에 관한 행정경찰의 업무도 수행하며, 경미범죄의 경우 경찰경고로 종결할 수 있다.
③ 1985년 범죄기소법 제정으로 국립검찰청이 창설한 후 검사가 기소를 전담하게 되었고, 사인소추는 인정되지 않고 있다.
④ 지방경찰위원회는 지방경찰청의 관리기관으로 예산·재정을 총괄하며 지방경찰활동계획 및 목표설정업무를 수행한다.

정답: ③

해설: 1985년 이전에는 검찰관이 중요사건에 대해서만 제한적으로 기소를 담당하였으나, 1985년 이후에는 종래 경찰이 행사하였던 **기소에 관한 권리의 일부를 제외하고는 원칙적으로 모두 검찰에서 수행**하고 있으며, **사인소추주의를 인정**하고 있다.

21. 다음 영국경찰의 역할과 제도를 설명한 것 중 틀린 것은 몇 개인가?   07.9 순경

> ㉠ 전통적으로 자치경찰제도를 취하며, 영국경찰관은 독립한 공무수행자로서 단독관청의 지위를 갖는다.
> ㉡ 소방 · 위생 · 영업 등에 관한 행정경찰의 업무도 수행한다.
> ㉢ 영국의 경찰협회는 경찰협회 운영규칙을 독자적으로 정하고 있으며 지방 조직도 둘 수 있다.
> ㉣ 스코틀랜드 경찰은 보안관이 전통적인 치안법관의 역할을 수행하고 있어, 치안법관제도는 비교적
>   발달되지 못하였다.
> ㉤ 북아일랜드 경찰은 내무부장관 직속의 강력한 국가경찰을 가지고 있다.

① 1개   ② 2개   ③ 3개   ④ 4개

정답: ①(㉢)

※ 해설: ▶ **경찰협회규칙(Police Federation)**

> ① 모든 경찰관들의 의사를 대표한다.
> ② 노동조합 그 자체는 아니므로 단체행동은 허용되지 않는다.
> ③ **경찰협회운영규칙은 내무부장관이 정하며,** 회원의 자격 · 기금 · 비용 등에 관한 사항을 규정한다.
> ④ 경찰관의 징계나 승진의 문제는 의사표시의 대상이 될 수가 없다.

22. 영국경찰에 대한 설명이다. 틀린 것은 모두 몇 개인가?   08.3 순경

> ㉠ 헨리필딩 법관은 절도체포대, 가마순찰대, 도보순찰대를 창설하였다.
> ㉡ 영국경찰조직은 수도경찰청→국가범죄수사국(NCS)→국립(중앙)범죄정보국(NCIS)→중대조직범죄청
>   (SOCA) 순으로 창설되었다.
> ㉢ 지방의회는 경찰의 지휘 · 운영에 관여할 수 있지만 지방경찰청장에 대하여 출석을 요구할 수 없다.
> ㉣ 런던시의회는 경찰청장의 임명, 경찰예산의 의결, 규칙 · 조례의 제정권을 가지고 있다.
> ㉤ 지방경찰위원회 위원의 임기는 4년이고, 연임할 수 있다.
> ㉥ 잉글랜드 웨일즈의 특별경찰 중 대학경찰은 대학구내 및 인적 4마일 이내를 관할하고, 대학총장의
>   추천으로 치안법관이 임명한다.

① 1개   ② 2개   ③ 3개   ④ 4개

정답: ③

※ 해설:

㉡ 영국경찰조직은 **수도경찰청(1829)→국가범죄정보국(1992)→국가범죄수사국(NCS)→중대조직범죄청(SOCA)**
   순으로 창설되었다.

㉢ 지방의회는 경찰의 지휘 · 운영에 **관여할 수 없고,** 지방경찰청장에 대하여 출석을 요구할 수 없다.

㉥ 잉글랜드 웨일즈의 특별경찰 중 **대학경찰은 대학총장이 임명 · 면직한다.**

23. 다음 중 영국경찰에 대한 설명으로 잘못된 것으로 연결된 것은?   02.11 101단

> ㉠ 영국은 전통적으로 자치경찰제도를 취하고 있다.
> ㉡ 수도경찰청을 창설한 사람은 "로버트 필"경이다.
> ㉢ 직접 법관에게 영장을 청구할 수 없다.
> ㉣ 불기소처분에 대한 독자적 수사종결권을 가지고 있다.
> ㉤ 불심검문권, 압수 · 수색권, 체포 · 구금권이 있다.
> ㉥ 범죄소추법 제정 이전까지는 기소업무는 검찰의 독자적 권한이었다.

① ㉠㉢   ② ㉡㉥   ③ ㉢㉥   ④ ㉣㉤

▸ **정답:** ③
▓ **해설:**
㉢ 경찰관이 **치안법관에게 체포영장을 신청**하고, **치안법원이 발부**한다.
㉥ 전통적으로 영국은 사인소추주의(피해자소추주의)를 채택하여 왔는데, **1829년 수도경찰청 창설 이후로는 경찰이 기소업무를 담당**해 왔다.

24. 다음 중 영국경찰에 대한 설명으로 가장 잘못된 것은?   02.11 순경
① 영국은 전통적으로 자치경찰제도를 취하고 있다.
② 로버트 필경이 수도경찰청을 창설하였다.
③ 직접 법관에게 영장을 청구할 수 없다.
④ 독자적 수사종결권을 가지고 있다.

▸ **정답:** ③
▓ **해설:** 경찰관이 **치안법관에게 체포영장을 신청**하고, **치안법원이 발부**한다.

25. 현재 잉글랜드와 웨일즈에서의 경찰과 검찰의 관계에 대한 설명으로 적절하지 않은 것은? 09.7 순경
① 원칙적으로 검찰의 경찰지휘권은 없고, 경찰과 검찰은 협조관계를 유지한다.
② 경찰은 법관에게 직접 체포영장을 청구할 수 있다.
③ 경찰이 기소결정한 사건의 경우, 검찰은 기소 여부를 결정할 때 경찰의 기소결정에 구속된다.
④ 범죄에 대한 공소유자는 검찰이 담당한다.

▸ **정답:** ③
▓ **해설:** 경찰이 기소결정한 사건의 경우, 검찰은 기소 여부를 결정할 때 **검찰은 경찰의 기소결정에 구속받지 않는다.**

26. 영국경찰에 대한 설명 중 틀린 것은?   10.1 승진
① 왕실경호 · 대테러 등 국가적 사무와 외국의 공조수사 등 국제적 사무는 내무부장관과 수도경찰청장이 논의하여 결정한다.
② 대형조직범죄 소탕을 목적으로 2006년 설립된 중대조직범죄청(SOCA)은 중앙정보의 예산으로 운영된다.
③ 5년 이상의 구금형에 해당하는 범죄 또는 그 미수죄는 약식체포(summary ar-rest)의 대상이 되어 영장 없이 체포할 수 있다.
④ 1879년 범죄사건의 기소에 관한 법률(the Prosecution of Offences Act) 이후 검찰에서 일부 중요하고 어려운 사건의 기소를 담당하였으나 대다수의 범죄사건은 경찰이 기소하였다.

▸ **정답:** ④
▓ **해설:** 1879년 「범죄사건의 기소에 관한 법률」 제정으로 **내무부에서** 검찰관이 일부 중요하고 어려운 사건의 기소를 담당하였으나 대다수의 범죄사건은 경찰이 기소를 하였다.

제3절　미국경찰사

1. 다음 중 미국경찰의 사상적 기초는?　　　　　　　　　　　01.11 순경
① 민주성과 능률성의 조화　　　　　　② 집권적 경찰체제의 효율성
③ 국민의 자유와 권리보장　　　　　　④ 분권성과 집권성의 균형적 조화

⁝ 정답: ③
※ 해설: 강력한 중앙정부에 의해 **시민의 자유와 권리**가 침해당할 것을 우려한 미국인들의 **"작은 정부"를 지향** 사상에 기인한다.

2. 미국 경찰제도에 관한 설명 중 틀린 것은?　　　　　　　　　04.11 순경
① 영국의 경찰제도가 각 지방 나름대로 도입되면서 시작되었다.
② 윌슨(O. W. Wilson)은 경찰 조직구조, 순찰운용, 통신의 효율성을 통한 경찰업무의 혁신과 전문직화를 추진하였다.
③ 최초의 주경찰로서 1835년 시카고경찰이 설립되었다.
④ 미국 도시경찰의 시초는 1637년 보스턴 시의 야경제도(Night Watch System)이다.

⁝ 정답: ③
※ 해설: 1835년에 **최초의 주경찰인 텍사스 레인저가 탄생**되었다.

3. 미국에서는 1830년대 들어 도시화, 산업화로 인해 인구가 증가되어 종래의 치안관, 보안관 등만으로는 범죄에 대처하기 곤란하게 되자 근대적 경찰로의 개혁이 시작되었다. 이와 가장 관계가 먼 것은?　　　　　　　　　　　　　　　　　　　　　　　　　　02.3 경간부
① 보스턴　　　　　　　　　　　　② 샌프란시스코
③ 필라델피아　　　　　　　　　　④ 뉴욕

⁝ 정답: ②
※ 해설: 1830년에는 도시화, 산업화 및 새로운 이민의 증가로 인한 인구의 증가로 범죄에 대처하기 위해 **보스턴 경찰을 필두로 뉴욕, 필라델피아 경찰 등이 성립**하게 되었다.

4. 미국 경찰에 대한 설명 중 잘못된 것은?　　　　　　　　　03.9 순경
① 영국은 미국의 경찰제도에 가장 큰 영향을 미친 나라이다.
② 보스턴 시 경찰국이 탄생하면서 최초의 제복경찰관이 등장한다.
③ 보스턴 시의 야경제도는 미국도시경찰의 시초라고 할 수 있다.
④ 뉴욕은 미국 최초로 주경찰을 보유하였다.

⁝ 정답: ④
※ 해설: 텍사스는 미국 최초로 주경찰을 보유하였다.

5. 다음 미국경찰에 대하여 잘못 서술한 것은?   03.3 순경
① 연방정부는 헌법상 명문으로 경찰권을 가지고 있지 아니하지만 헌법이 부여한 과세권 및 주간통상 규제
   권 등의 행사로 사실상 경찰권을 행사한다.
② 최초의 주경찰을 보유하게 된 곳은 펜실베이니아 주경찰이다.
③ 미국이 연방범죄수사국 이외에는 모두 특정한 법 영역만을 담당한다.
④ 미국의 도시경찰의 관리형태는 자치제정부이며 관리형태에 따라 다양하다.

❖ 정답: ②
▩ 해설: ▶ 주 경찰기관의 설립순서

> 텍사스 레인저(1835)(T) → 매사추세츠 주(1865, 주경찰청의 설립은 1920년)(M) → 펜실베이니아
> (P)(1905)

**6. 다음 중 미국경찰의 역사에 있어 1894년 뉴욕경찰위원회 의장이었던 루즈벨트가 경찰을 개혁하기 위해
시행하였던 조치가 아닌 것은?**   05.2 경간부
① 정치적 시녀화된 경찰을 공복제도화   ② 경찰역할의 확대
③ 공식적인 훈련 강화   ④ 경찰의 질의 개선

❖ 정답: ②
▩ 해설: ▶ 루즈벨트의 뉴욕경찰 개혁 조치(1894)

> ㉠ 정치적 시녀화된 경찰을 공복제도화
> ㉡ 경찰모집의 개선
> ㉢ 공식적인 경찰훈련강화
> ㉣ 범죄를 통제하는 **경찰역할의 축소**
> ㉤ 경찰의 질 개선

**7. 20세기 초 미국사회의 혁신운동과 함께 '경찰로부터의 정치의 분리와 정치로 부터의 경찰의 분리'를 기
본목표로 경찰의 전문직화가 주장되었다. 다음 중 윌슨(O. W. Wilson)이 주장한 경찰업무의 혁신과 관계가
먼 것은?**   01.6 순경, 02.11 순경, 02.1 승진
① 경찰채용 기준의 강화   ② 조직구조
③ 순찰운용   ④ 통신의 효율성

❖ 정답: ①
▩ 해설: ▶ 윌슨의 경찰개혁

> ㉠ 경찰조직구조의 혁신
> ㉡ 순찰운용의 효율성
> ㉢ 통신의 효율성 개선
> ㉣ 주기적인 담당구역의 변경
> ㉤ 시민의 신고에 대한 즉응체제 구축
> ☞ 경찰채용기준의 강화는 **준법 및 법집행에 대한 실태조사위원회 보고서의 주요 내용**

8. 다음 중 윌슨(Wilson)이 주장한 경찰업무의 혁신에 해당하지 않은 것은?　　01.6 순경, 02.11 순경

① 경찰의 조직구조　　　　　　　　② 순찰운용
③ 통신의 효율성　　　　　　　　　④ 경찰채용기준의 강화

❖ **정답:** ④

❃ **해설:** 경찰채용기준의 강화는 **준법 및 법집행에 대한 실태조사위원회 보고서의 주요 내용**이다.

9. 20세기 초 미국사회의 혁신운동과 함께 '경찰로부터의 정치의 분리와 정치로 부터의 경찰의 분리'를 기본목표로 경찰의 전문직화가 주장되었다. 다음 중 윌슨(O. W. Wilson)이 주장한 경찰업무의 혁신과 관계가 먼 것은?　　08.2 경간부

㉠ 조직구조의 혁신	㉡ 순찰운용의 효율성
㉢ 통신의 효율성	㉣ 경찰채용기준의 강화
㉤ 경찰관의 근무조건 개선	㉥ 교육의 강화

① 2개　　　　　② 3개　　　　　③ 4개　　　　　④ 5개

❖ **정답:** ②(㉣㉤㉥)

❃ **해설:** ▶ **준법 및 법집행에 대한 실태조사위원회 보고서의 주요 내용**

㉠ 정치적 간선배제	㉡ **경찰채용기준의 강화를 통한 경찰의 기술혁신**
㉢ **경찰관의 근무조건 개선**	㉣ **교육의 강화**

10. 1931년 준법 및 법집행에 대한 실태조사위원회에서 경찰업무혁신과 관련하여 제안한 보고서의 내용에 해당하지 않는 것은?　　03.11 순경

① 통신의 효율성 강화
② 경찰채용기준의 강화
③ 근무조건의 개선
④ 정치적 간섭배제

❖ **정답:** ①

❃ **해설:** 통신의 효율성 강화는 **윌슨의 주장**이다.

11. 1931년 미국의 "준법 및 법집행에 대한 실태조사위원회"의 보고서 내용과 관계가 먼 것은?　　03.7 101단

① 통신의 효율성
② 경찰 채용기준의 강화
③ 근무조건의 개선
④ 정치적 간섭의 배제

❖ **정답:** ①

❃ **해설:** 통신의 효율성은 **윌슨의 주장**이다.

12. 다음 미국경찰에 대하여 잘못 서술한 것은?   03.6 순경
① 연방정부는 헌법상 명문으로 경찰권을 가지고 있지 않으나, 헌법이 부여한 과세권 및 주간통상규제권 등의 행사로 사실상 경찰권을 행사한다.
② 최초의 주경찰을 보유하게 된 곳은 펜실베이니아 주경찰이다.
③ 미국의 연방범죄수사국 이외에는 모두 특정한 법 영역만을 담당한다.
④ 미국의 도시경찰의 관리형태는 자치제정부의 형태에 따라 다양하다.

정답: ②
해설: 1835년에 **최초의 주경찰인 텍사스 레인저가 탄생**되었다.

13. 미국의 연방경찰에 대한 설명으로 잘못된 것은?   03.4 순경. 03.6 순경
① 연방 법집행기관은 다수이지만 임무 중복 등의 현상이 없이 체계적인 조직을 갖추고 있다.
② 연방경찰기관의 권한은 국가적 범죄 및 주간의 범죄단속에 한정된다.
③ 연방범죄수사국 이외에는 모두 특정한 법 영역만을 담당한다.
④ 연방범죄수사국은 대부분이 연방정부의 각 기관에 속해 있다.

정답: ①
해설: 연방집행기관의 난립, **임무의 중복, 비능률, 비경제적이라는 비판**과 함께 조직개편 필요성이 제기되고 있다.

14. 1935년 미국에서 연방범죄수사국이 창설된 배경과 가장 관계가 먼 것은?   02.1 승진
① 도량형 표준화
② 화폐위조사범 증가
③ 우편사무의 증가
④ 절도사범의 증가

정답: ④
해설: 주(州) 간 교역의 증가에 따른 **화폐위조의 증가, 우편사무의 증가, 도량형 표준화에 기인**한 것이다. 절도사범의 증가와는 관련이 없다.

15. 다음 중 미국법무부에 소속된 법집행기관이 아닌 것은?   05.10 순경
① FBI   ② 연방보안관실
③ 특별업무국(시크릿서비스)   ④ DEA

정답: ③
해설: ▶ 법무부에 소속된 법집행기관

> 연방범죄수사국(FBI), 연방보안관(USMS), 연방검찰청, 형사국, 마약단속국(DEA), 알코올 · 담배 · 무기 · 폭발물국(ATFE), 이민국, 국제형사경찰기구(INTERPOL)
> ☞ **특별업무국은 국토안보부 소속**

16. 미국경찰의 기관 중 법무부소속으로 바르게 된 것은?   09.1 승진

① 연방범죄국수사국(FBI), 연방보안관실(USMS), 국토안보부(DHS)

② 연방보안관실(USMS), 연방범죄수사국(FBI), 국제형사경찰기구(INTERPOL)

③ 연방범죄수사국(FBI), 마약단속국(DEA), 시크릿서비스(Secret Service)

④ 연방보안관실(USMS), 알코올 · 담배 · 총기 · 폭발물국(ATFE), 국토안보부(DHS)

⯀ 정답: ②

❄ 해설: ▶ 법무부에 소속된 법집행기관

> 연방범죄수사국(FBI), 연방보안관(USMS), 연방검찰청, 형사국, 마약단속국(DEA), 알코올 · 담배 · 무기
> · 폭발물국(ATFE), 이민국, 국제형사경찰기구(INTERPOL)

17. 미국의 연방보안관에 대한 설명으로 타당하지 않은 것은?   09.2 경간부

① 건국 초기 연방정부의 유일한 일방적 법 집행권을 가진 조직이었으며, 형사사법 관계의 각종임무를 수행한 적도 있다.

② 연방보안관의 임기는 4년으로, 하원의 조언과 승인에 따라 대통령이 임명하는 독립된 관직이다.

③ 각 연방법원과 같은 관할이며, 연방범죄 피의자 호송 및 증인의 신변안전, 지역적 소요의 진압 등의 임무를 수행한다.

④ 연방부보안관은 연방보안관의 임무수행을 보조하며, 통상의 연방공무원 시험에 합격한 일반직 공무원이다.

⯀ 정답: ③

❄ 해설: ▶ 연방보안관(USMS)

설립	① 미국의 연방경찰 중 영국보통법의 전통을 이어 받은 제도로서 1789년 워싱턴 대통령이 처음 13명을 임명한 이래 계속되어 온 **미국 최초의 연방법집행기관**이다. ② 건국 초기 연방정부의 **유일한 일반적 법집행권을 가지는 조직**이었고, **형사사법관계의 각종 임무를 수행**한 적도 있었다.	
조직	**연방 보안관**	상원이 조언과 승인에 따라 **대통령이 임명하며, 임기는 4년**이다. **관할은 각 연방지방법원과 동일한 지역관할**을 가지고 있다.
	부 보안관	**통상 연방공무원 시험에 합격한 일반직 공무원으로 임명**하며, **연방보안관의 임무수행을 보조하는 역할**을 한다.
	연방 보안관실	**연방보안관은 독립된 관직**이지만, 법무부 내에 수석연방 보안관을 장으로 하는 연방보안관실을 두어서 각 연방보안관 사무소의 직무지도 · 조정 · 직원의 훈련 등을 담당하고 있다.
임무	① 관할법원의 법정관리와 법정경비 ③ 체포영장, 기타 영장, 소환장의 집행 ⑤ **연방범죄 피의자 호송**	② **증인의 신변안전보호** ④ **지역적 소요의 진압** ⑥ 기타 법무부장관의 특별지시 이행

18. 미국의 연방보안관에 대한 설명 중 옳지 않은 것은?　　　　　09.1 승진

① 1789년 워싱턴 대통령이 처음 13명을 임명한 이래 지금까지 지속되고 있으며, 건국초기 연방정부에 유일한 일반적 법집행권을 가졌던 조직이다.

② 임무는 관할법원의 법정관리와 법정경비, 연방범죄 피의자 호송, 지역적 소요의 진압, 조직범죄 대처 등이다.

③ 각 연방법원과 같은 관할이며, 임기는 4년이다.

④ 상원의 조언과 승인에 따라 대통령이 임명한다.

▐ 정답: ②

▓ 해설: 형사국 – **조직범죄, 지능범, 국가예산의 부정사용, 공안사범 등** 900여 종의 연방형사법령을 집행한다.

19. 미국의 경찰제도에 대한 설명 중 틀린 것은?　　　　　08.1 승진

① 미국경찰이 신대륙 초기 영국인들을 통해 식민지 치안유지를 위해 도입한 영국식 경찰제도는 치안관과 연방보안권이다.

② 서부개척 당시 역마차나 철도를 통한 금괴나 현금을 보호하기 위하여 경호경비 전담회사들이 생겨났다.

③ 19세기 미국경찰은 비전문적이었고 지나친 분권화와 정치적 영향을 효과적인 범죄대처를 못하고 있고, 또한 경찰내부의 부패도 심한 편이었다.

④ 국토안보부(DHS)는 9 · 11테러사태 이후 대테러기능을 통합하기 위하여 재무부소속으로 시크릿 서비스(Secret service, 대통령 경호담당)를 창설하였다.

▐ 정답: ④

▓ 해설: ▶ **국토안보부**(DHS)

설립배경	**2001. 9. 11. 테러사태 이후 테러기능을 통합 · 운영하기 위해서 설치된 연방경찰기관**이며, 국내외의 테러공격을 예방하고 국민을 보호하는 기관이다.
과학기술국	국가를 안전하게 지키기 위한 모든 과학적 · 기술적 발전을 이용할 수 있도록 지원한다.
국경교통 안전국	주요한 **국경의 검문과 교통업무**를 담당한다.
총무국	예산, 총무업무, 인사문제를 담당한다.
긴급구호국	국내의 **재해에 대한 구호훈련을 감독하고, 재해대응을 협력하는 업무**를 담당한다.
정보분석 및 기간시설 보호국	국내안전을 위협을 주는 정보를 분석하고, 국가의 기간시설의 위험을 평가한다.
해안경비대	영해 경비와 해양구난 등을 임무로 하는 군사조직이다.
특별업무국 [연방정보국 · 비밀 경호국(SS: Secret Service)]	① 1869년 창설된 **연방 최초의 법집행기관이자 수사기관**이다. 19C 미국의 치안유지는 주나 지방정부의 임무였으나, 연방정부발행 통화에 대한 위조행위가 빈번해지면서 이를 단속하고 연방정부의 재정 및 경제질서의 확립을 위하여 특별업무국을 창설한다. ② 원래 재무부 소속이었으나, **국토안보부로 소속이 변경**되었다.

20. 다음과 관련 있는 미국의 법집행기관은?   04.1 승진

> 독립전쟁 당시 영국이 퍼뜨린 위조통화를 단속하기 위하여 1865년 이 단체를 창설하였다. 1908년 이 단체의 수사요원 9명이 사법성 소속으로 바뀌면서 연방수사국(FBI)의 전신이 되기도 하였다. 현재 대통령 경호 업무 및 요인의 경호, 백악관 및 외국대사관의 경비, 통화위조 기타 재무법령의 집행 역할을 담당한다.

① 주방위병(NG)   ② 중앙정보국(CLA)   ③ 비밀경호국(SS)   ④ 마약단속국(DEA)

✢ 정답: ③
※ 해설: 비밀경호국(SS)에 대한 설명이다.

21. 미국의 국토안보부(DHS)산하 국경교통안전국에 속한 기관이 아닌 것은?   07.10 기동대

> ㉠ 연방비상 업무관리청   ㉡ 법무부의 이민귀화국
> ㉢ 재무부의 관세청   ㉣ 동력자원부의 원자력사고대응팀
> ㉤ 교통부의 교통안전국

① 1개   ② 2개   ③ 3개   ④ 4개

✢ 정답: ②(㉠㉣)
※ 해설: ▶ 국경교통안전국의 소속기관

> ㉠ **법무부의 이민귀화청**   ㉡ **재무부의 관세청**   ㉢ **교통부의 교통안전국**
> ☞ 긴급구호국 소속기관은 ⓐ 연방비상 업무관리청, ⓑ 동력자원부의 원자력 사고대응팀이 있다.

22. 미국의 주경찰에 대한 설명이다. 옳지 못한 것은?   02.10 순경
① 20세기 초부터 주경찰을 조직하기 시작하였다.
② 각 주별로 임무와 조직형태가 다르다.
③ 각 주별로 경찰의 관리형태가 다양하다.
④ 주에는 모든 경찰청이 설치되어 있다.

✢ 정답: ④
※ 해설: 하와이를 제외한 미국의 모든 주(州)는 주경찰의 가장 일반적인 3가지 형태(주경찰국, 고속도로순찰대, 주경찰청)를 가지고 있다.

23. 다음 중 미국경찰에 대한 설명으로 옳지 않은 것은?   04.10 순경
① 최초의 주경찰은 뉴욕경찰이다.
② 주지사 직속으로 경찰을 운용하는 주는 펜실베이니아이다.
③ 연방경찰기관은 국가적 범죄 및 주간범죄단속에 한정된다.
④ 연방범죄수사국은 연방의 일반경찰이라고 할 수 있다.

✢ 정답: ①
※ 해설: 지나친 지방분권화와 정치적 영향으로 인한 범죄대처가 곤란하게 되자, 이에 대응하기 위하여 주정부들은 주별로 경찰기관을 재조직하게 되었고, 1835년에 **최초의 주경찰인 텍사스 레인저가 탄생**되었다.

24. 미국의 주경찰에 대한 설명으로 틀린 것은?   04.4 순경
① 펜실베이니아 주 – 주지사직속으로 주 경찰국을 두고 있다.
② 조지아 주 – 주지사 밑에 경찰위원회를 두고 관리하고 있다.
③ 뉴욕 주 – 주지사 밑에 주경찰을 두고 있다.
④ 일리노이 주 – 주지사 밑에 주경찰을 두고 있다.

❖ 정답: ④
❖ 해설: ▶ 주경찰의 관리형태

경찰국	주지사 직속으로 경찰국을 두고 중간관리자 없이 **주지사가 직접 주경찰을 지휘 · 감독하는 형태**이다. 예 펜실베이니아
경찰위원회	주지사 아래에 **경찰(공안)위원회를 두어 경찰을 관리하는 형태**이며, **최초로 주 경찰조직을 창설한 도시는 텍사스**이다. 예 텍사스 주, 조지아 주, 뉴 멕시코 주, 뉴욕 주
법집행청	주지사 아래에 **법집행청을 두어 관리하는 형태**이다. 예 **일리노이 주, 플로리아다 주**

25. 다음 미국경찰제도에 대한 설명 중 틀린 것은?   01.4 순경
① 연방경찰은 국가적 범죄 및 주간범죄단속에 한정된다.
② 일리노이 주는 주지사 직속으로 주 경찰국을 두고 있다.
③ 최초의 도시경찰은 보스턴의 야경인제도이다.
④ 최초의 주경찰을 둔 곳은 텍사스 주이다.

❖ 정답: ②
❖ 해설: 일리노이 주는 주지사 아래에 **법집행청을 두어 관리하는 형태**이다.

26. 다음 미국의 경찰사 중 틀린 것은?   01.10 순경
① 연방경찰은 주간(州間)범죄와 연방범죄에 한정되어 있다.
② 최초의 주경찰국은 텍사스 주이다.
③ 주경찰의 관리형태로서 일리노이 주는 주지사의 직속이다.
④ 도시경찰의 시초는 보스턴 시 야경제도이다.

❖ 정답: ③
❖ 해설: 일리노이 주는 법집행청, 펜실베이니아 주는 주지사의 직속이다.

27. 미국의 도시경찰에 대한 설명 중 잘못된 것은?   04.7 순경
① 지방자치제 경찰의 주력이다.
② 24시간 상시 신고대응체제를 유지하고 있다.
③ 관리형태는 일률적으로 경찰위원회를 두고 있다.
④ 규모는 직원이 3만 명 이상인 곳에서부터 10명 이하인 곳까지 다양하다.

❖ 정답: ③
❖ 해설: 관리형태는 ㉠ **주지사가 직접 주경찰을 지휘 · 감독하는 형태**, ㉡ **경찰(공안)위원회를 두어 경찰을 관리하는 형태**, ㉢ **법집행청을 두어 관리하는 형태** 등 다양하다.

28. 다음 미국의 경찰제도에 대한 설명 중 잘못된 것은? 04.3 순경

① 영국은 미국의 경찰제도에 가장 큰 영향을 주었다.

② 보스턴 시 야경제도는 미국 도시경찰의 시초가 되었다.

③ 1931년 "준법 및 법집행에 대한 실태조사 위원회"의 보고서를 통하여 정치적 간섭배제, 경찰채용기준의 강화, 근무조건의 개선, 교육의 강화 등이 제안되어 경찰개혁이 급속도로 진행되었다.

④ 1838년 보스턴 시 경찰, 1844년에 필라델피아 경찰, 1848년에 뉴욕 시 경찰이 근대적 경찰로 개혁하는 등 미국의 대도시에 경찰개혁이 시작되었다.

▶ 정답: ④

※ 해설: 1838년에 보스턴 시 경찰, 1844년에 뉴욕 시 경찰, 1833년과 1848년에 필라델피아 경찰이 근대적 경찰로 개혁하는 등 미국의 대도시에 경찰개혁이 시작되었다. 그리고 보스턴 시 경찰과 필라델피아 경찰에는 주간경찰력이 구성되었고 뉴욕시 경찰에서는 주·야간 통합된 경찰체제가 구축되었다

29. 미국의 지방경찰에 대한 설명 중 잘못된 것은? 05.1 승진

① 민경찰과 치안관제도가 모두 유지되고 있다.

② 군보안관은 대부분 선거로 선출된다.

③ 지방경찰은 중요범죄의 수사에는 주경찰의 지휘를 받는다.

④ 선거로 선출되는 검사관의 주된 임무는 범죄혐의가 있는 변사체의 검시이다.

▶ 정답: ③

※ 해설: 미국경찰이 본질적으로 가지고 있는 분권화의 결과로 **주경찰과 지방경찰의 관계는 상하관계가 아닌 지원·협력·응원관계**이다.

30. 다음 중 미국 경찰 제도에 관한 설명으로 틀린 것은? 06.1 승진

> ㉠ 전국의 경찰을 통합, 지휘하는 일원적 지휘기관이 없다.
> ㉡ 주(州)경찰은 소속 市, 郡경찰을 지휘한다.
> ㉢ 미국연방정부는 헌법상 명문으로 경찰권을 가지고 있지 않다.
> ㉣ 지방경찰의 경찰권행사는 연방경찰에 비해 범위가 좁은 편이다.
> ㉤ 주경찰에는 도시경찰과 군경찰, 면경찰이 있다.
> ㉥ 미국 캘리포니아 경찰에서 Commissioner라는 명칭에 해당하는 우리나라 경찰의 계급(직책)은 주의 경찰청장이다.
> ㉦ 미국경찰의 외부 조직 구성단위를 큰 순서는 Precint(광역경찰서)-District(경찰서)-Sector(광역파출소)-Area(순찰구역)의 순이다.

① 1개   ② 2개   ③ 3개   ④ 4개

▶ 정답: ③

※ 해설:

㉡ 각 기관 상호 간에는 상하관계가 아닌 **지원, 협력, 응원관계이다.**

㉣ 미국의 주경찰은 실질적인 경찰권을 행사함으로써 연방경찰의 제한적인 활동에 비해 **경찰권의 행사범위가 훨씬 광범위하다.**

㉤ **지방경찰(도시경찰, 군경찰, 면경찰, 특별경찰)** 또는 지방경찰(군경찰, 면경찰, 특별경찰)
→ 행정단위의 따라 미국경찰을 분류할 때 지방(자치)경찰 속에 도시경찰을 포함하여 분류하기는 하나, 도시경찰의 발달로 인해 지방행정조직 중 도시경찰을 제외한 나머지를 지방경찰이라 말하기도 한다.

31. 미국의 경찰에 대한 설명 중 맞는 것은?   10.1 승진

① 맬로리 판결은 '불법수색과 불법압수로 수집한 증거는 피고인에게 불리하게 사용될 수 없다'는 내용의 1961년의 연방대법원 판결이다.

② 미국의 연방경찰은 실질적인 경찰권을 행사함으로써 주경찰의 제한적인 활동에 비해 경찰권의 행사 범위가 훨씬 광범위하다.

③ 주정부는 경찰권을 직접 행사하거나 사군·면 등의 지방자치단체에 위임하여 행사한다.

④ 연방보안관의 임무는 관할법원의 법정관리, 연방범죄 피의자 호송, 조직범죄대처, 증인의 신변안전 도모 등이다.

❄ 정답: ③

❄ 해설:

① **맵판결은** '불법수색과 불법압수로 수집한 증거는 피고인에게 불리하게 사용될 수 없다'는 내용의 1961년의 연방대법원 판결이다.

② **미국의 주경찰은** 실질적인 경찰권을 행사함으로써 연방경찰의 제한적인 활동에 비해 경찰권의 행사 범위가 훨씬 광범위하다.

④ 조직범죄 대처는 **형사국의 임무**이다.

32. 다음 중 미국도시 경찰의 해당사항이 아닌 것은?   06.3 순경

㉠ 시(市) 경찰 중에서 가장 규모가 큰 것은 뉴욕 시 경찰청이다.

㉡ 미국의 법집행 기관 중에서 그 규모가 가장 크고 중요하다.

㉢ 경찰서에 형사(수사)부서를 두어 지역주민을 보호하고 있다.

㉣ 국제경찰장회의가 창설된 목적은 경찰조직 운영에 있어 전국적 통일의 결여를 보완하기 위한 것이다.

㉤ 우리나라 파출소에 해당하는 말단부서가 있다.

㉥ 텍사스 주의 갈베스톤 시는 경찰위원의 경찰관리제도를 처음 채택하고 있다.

㉦ 미국의 경찰위원회(Board Police, Commission of Public Safety)제도는 정당정치의 산물로 각 계파의 의견을 반영하기 위한 목적으로 시작되었다.

① 2개   ② 3개   ③ 4개   ④ 5개

❄ 정답: ②

❄ 해설:

㉢ 미국의 도시경찰을 우리나라 경찰서 조직과 비교하여 볼 때 다른 점은 **대부분 형사부서가 경찰서 소속이 아니라 경찰국에서 집적 운용한다는 점이고, 경찰서장의 지휘를 받지 않으며, 인사 교류도 서로 되지 않는다는 점이다.**

㉤ 미국의 도시경찰은 우리나라의 파출소에 해당하는 **말단조직을 가지고 있지 않다.**

㉦ 미국의 경찰위원회는 **시 경찰로부터 정당정치를 배제하는 것을 목적**으로 하는 초당파 위원회였지만 일반적으로 그 본질에서 정당정치배제의 측면에서는 성과를 거두지 못하였다.

33. 미국경찰의 역사와 제도로 옳은 것은?   07.9 순경

① 연방범죄수사국의 임무에는 공무원의 신원조사, 범죄통계작성, 지방경찰수사 지휘가 있다.

② 지방정부에 비해 연방정부는 빠른 속도로 연방경찰을 정비하였다.

③ 도시경찰관리형태 중 1900년대 대도시를 중심으로 발달한 것으로 사회의 전문화, 다양화와 범죄의 증가 등에 대응하기에 용이하다고 평가되는 유형은 단일경찰관리자제도이다.

④ 미국경찰은 노동조합으로 인해 한국경찰에 비해 훨씬 신분보장이 잘 되고 있고, 전국적인 노동조합도 다수 존재한다.

❖ **정답:** ③

▓ **해설:**

① **연방범죄수사국(FBI)의 임무는** ㉠ 연방범죄 수사, ㉡ 국내 공안정보의 수집, ㉢ 특정공무원의 신원조사, ㉣ 범죄감식 및 범죄통계작성 업무이며, **지방경찰 수사지휘는 임무에 해당되지 않는다.**

② 주(州)경찰의 빠른 정비에 비해 **연방경찰의 성립은 아주 완만하였다.**

④ **한국경찰에 비해 신분보장이 미흡**하다.

제4절 | 독일경찰사

1. 독일경찰에 대한 설명으로 옳지 않은 것은?   09.1 승진

① 18세기 후반 경찰의 직무에서 "공공복리의 증진"이 제외되고 위험방지만을 고유사무로 보기 시작하였다.

② 독일경찰에는 정치적 중립성을 확보하기 위한 우리나라의 경찰위원회, 일본의 공안위원회 같은 제도는 없다.

③ 경찰권은 연방정부의 권한이다.

④ 연방범죄수사국은 연방관련 주요 사건만을 담당하고, 범죄관련 정보를 총괄하는 조직이며 주 수사경찰에 대한 실질적, 일반적 지휘권은 존재하지 않는다.

▟ 정답: ③

▓ 해설: 일반 경찰권은 **원칙적으로 주정부에 속해 있다.**

2. 독일에서 1949년에 제정된 독일기본법의 주요 내용과 관련이 먼 것은?   06.1 승진

① 일반 경찰행정권한은 주정부의 권한에 속한다.

② 각 주는 고유의 경찰법을 제정하였다.

③ 주의 경찰법은 경찰의 임무와 권한, 경찰의 구조의 편제, 재정에 관한 법규가 중심이었다.

④ 대부분의 주에서는 자치제 경찰제도가 확립되었다.

▟ 정답: ④

▓ 해설: ▶ 독일기본법

① 일반 경찰권은 **원칙적으로 주정부에 속해 있다.**
② **각 주는 고유의 경찰법을 제정**하게 되었다.
③ 각 주의 경찰법은 경찰의 의무·권한, 경찰의 구조·편제, 재정에 관한 것을 주로 규정하고 있는데, 이는 **자치제경찰제로의 전환을 의미하는 것은 아니다.**
④ 대부분의 주정부에서는 자체입법으로 **주단위의 국가경찰제도를 채택하고 있다.**

3. 독일 경찰의 조직에 관한 설명 중 잘못된 것은?   03.1 승진

① 경찰권은 원칙적으로 주정부에 속해 있다.

② 1949년 제정된 독일기본법에 의하면 대부분의 주에서는 자치제 경찰제도가 확립되었다.

③ 연방경찰과 주경찰은 상호 독자적인 지위를 유지하고 있다.

④ 전국적인 특수상황에 대비하기 위한 연방경찰이 있다.

▟ 정답: ②

▓ 해설: 대부분의 주정부에서는 자체입법으로 **주단위의 국가경찰제도를 채택하고 있다.**

4. 독일경찰에 대한 설명 중 틀린 것은?　　　　　　　　10.1 승진
① 연방범죄수사국(BKA)은 외국과의 수사협조업무를 수행하며 독일 인터폴 총국이 설치되어 있는 기관이다.
② 연방헌법보호국은 독일기본법을 근거로 설치되어 국가방첩임무와 반국가단체 및 문제인물에 대한 감시업
　무를 담당하는 정보기관이다.
③ 연방경찰의 임무에는 외국 대사관에 대한 안전업무 수행, 해안 국경지역의 보호 및 해양오염방지, 국가비
　상사태의 방지 업무 등이 있다.
④ 연방내무부장관은 연방 내의 치안정책에 관하여 책임을 지고 있으나 연방의회에 출석하여 치안정책에 대
　하여 설명할 의무는 없다.

❧ **정답:** ④
❋ **해설:** 연방내무부장관이 연방내의 치안정책에 관하여 책임을 지며, **연방의회에 출석하여 치안정책**
　　　　에 대하여 설명할 의무가 있다.

5. 독일의 연방경찰과 주경찰의 소속으로 바르게 짝지은 것은?　　　　　　　　06.1 승진
① 연방경찰은 연방정부의 법무부, 주경찰은 주정부의 내무부
② 연방경찰은 연방정부의 내무부, 주경찰은 주정부의 내무부
③ 연방경찰은 연방정부의 법무부, 주경찰은 주정부의 법무부
④ 연방경찰은 연방정부의 내무부, 주경찰은 주정부의 법무부

❧ **정답:** ②
❋ **해설: 연방경찰은 연방정부의 내무부, 주경찰은 주정부의 내무부**에 속한다.

6. 다음 독일의 경찰조직에 관한 설명 중 잘못된 것은?　　　　　　　　03.9 순경
① 경찰권은 원칙적으로 주정부에 속해 있다.
② 연방경찰과 주경찰과는 상명하복관계에 있다.
③ 전통적인 특수상황에 대비하기 위한 연방경찰이 있다.
④ 주를 국가로 하는 국가경찰을 원칙으로 한다.

❧ **정답:** ②
❋ **해설:** 연방제 국가인 독일에서는 **연방경찰은 주경찰은 상호 독자적 지위를 유지**하고 있으며, 양자
　　　　간의 관계는 **상명하복관계가 아니라 상호협력관계**이다.

7. 독일 경찰의 조직에 관한 설명 중 잘못된 것은?　　　　　　　　03.1 승진
① 경찰권은 원칙적으로 주정부에 속해 있다.
② 연방경찰은 국가경비와 특수한 업무만을 담당하고 있다.
③ 연방경찰과 주경찰과는 상명하복의 관계에 있다.
④ 연방경찰은 주경찰에 대하여 원칙적으로 재정부담의 의무를 갖지 않는다.

❧ **정답:** ③
❋ **해설:** 연방제 국가인 독일에서는 **연방경찰은 주경찰은 상호 독자적 지위를 유지**하고 있으며, 양자 간의 관
　　　　계는 **상명하복관계가 아니라 상호협력관계**이다.

8. 다음 독일의 경찰조직에 관한 설명 중 잘못된 것은?   03.7 101단
① 경찰권은 원칙적으로 주정부에 속해 있다.
② 연방경찰과 주경찰과는 상명하복관계에 있다.
③ 전통적은 특수상황에 대비하기 위한 연방경찰이 있다.
④ 주를 국가로 하는 국가경찰을 원칙으로 한다.

❖ **정답:** ②
❖ **해설:** 연방제 국가인 독일에서는 **연방경찰은 주경찰은 상호 독자적 지위를 유지**하고 있으며, 양자
간의 관계는 **상명하복관계가 아니라 상호협력관계**이다.

9. 독일의 연방경찰에 대한 설명이다. 가장 거리가 먼 것은?   02.3 순경. 02.5 순경
① 연방경찰은 국경경비와 특수한 업무만을 담당하고 있다.
② 연방경찰은 주경찰에 대하여 재정부담의 의무를 갖는다.
③ 연방범죄수사국이 설립되어 있다.
④ 연방경찰은 전국적 사항이니 국가적 긴급사태에 대처하기 위하여 설치되었다.

❖ **정답:** ②
❖ **해설:** 영국과는 달리 독일 **연방경찰은 주경찰에 대하여 재정부담의 의무를 갖지 않는다.**

10. 독일에서 다음과 같은 임무를 수행하는 기관은?   05.10 순경

> 극좌 · 극우의 합법 및 비합법 단체, 스파이등 기본법위반의 혐의가 있는 모든 행위에 대한 감시 업무
> 와 정보수집 및 분석한다.

① 연방정보지원처   ② 연방범죄수사국
③ 특별업무국   ④ 연방헌법보호국

❖ **정답:** ④
❖ **해설:** ▶ **연방헌법 보호청(BVS)=연방헌법 보호국(BFVS)의 임무**

설치	1950년 **독일기본법을 근거로 설치**되었다.
임무	① 국가방첩임무 ② 반국가단체 및 문제 인물에 대한 감시업무 ③ 극좌 · 극우의 합법 · 비합법단체 및 스파이 등 기본법 위반의 혐의가 있는 모든 행위에 대한 감시업무 ④ 정보수집 및 분석임무를 담당
권한	① 연방헌법보호국은 넓은 의미의 경찰기관이지만, 법률상 집행업무를 할 수 없고, 경찰권도 행사할 수 없다. ② 구속 · 압수 · 수색 · 소환 등의 권한이 없다. ③ 감시업무 및 정보수집을 위하여 의회의 감독 아래 우편개봉이나 전화감청을 할 수 있다. ④ 연방헌법보호국은 우리의 국가정보원과는 달리 반국가사범에 대한 수사권을 가지고 있지 않다.
지방조직과의 관계	지방조직으로 각 주에 주헌법보호국을 두고 있지만, **연방헌법보호국과 주헌법보호국은 조직상 상하관계가 아니다.**

11. 독일의 '연방헌법보호국(BFVS)'에 대한 설명 중 틀린 것은?   08.2 경간부

① 1950년 「독일기본법」을 근거로 설치했다.

② 극좌, 극우의 합법, 비합법단체, 스파이등 기본법 위반의 혐의가 있는 모든 행위에 대한감시업무와 정보수집·분석업무를 그 임무로 한다.

③ 구속, 압수, 수색은 할 수 없다. 신문을 위한 소환이나 강제수단도 행할 수 없다. 다만, 정보수집을 위하여 의회의 감독 아래 우편개봉이나 전화도청을 할 수 있다.

④ 각 주에 설치된 주 헌법보호국에 대한 지휘권을 행사한다.

✂ 정답: ④

▧ 해설: 지방조직으로 각 주에 주헌법보호국을 두고 있지만, **연방헌법보호국과 주헌법보호국은 조직상 상하관계가 아니다.**

12. 다음 중 연방범죄수사국(BKA)에 대한 설명으로 잘못된 것은?   09.2 경간부

> ㉠ 외국과의 수사협조업무를 수행하며 독일 인터폴 총국이 설치되어 있다.
> ㉡ 주 수사기관의 요청 또는 위임, 내무부 장관의 지시, 연방검사의 요청이 있을 경우에 제한적으로 업무를 수행한다.
> ㉢ 국가보호, 경호안전, 기술업무 등 3개과는 비스바덴, 그 외는 멕켄하임에 소재하고 있다.
> ㉣ 연방 내무부 산하 외청으로 경찰분야의 전산업무 및 수사경찰의 교육업무로 담당하고 있다.

① 1개   ② 2개   ③ 3개   ④ 4개

✂ 정답: ①(다)

▧ 해설: ▶ **연방범죄 수사국(BKA)**

설치	① 각 주에서 발생하는 전국적인 범죄에 대한 경찰수사의 원활한 협조와 조정을 위해 1951년 "**비스바덴**"에 **본부를 두고 창설**되었다. ② **국가보호, 경호안전, 기술업무 등 3개과는 "멕켄하임"에 있으며, 나머지는 모두 "비스바덴"에 소재**한다. ③ 연방내무부산하의 외청으로 내무부장관 지휘를 받는다.
임무	연방관련 주요 사건만을 담당할 뿐 전국경찰의 수사활동과는 큰 연관이 없다. ① 국제형사기구(인터폴)의 독일사무국 – 외국의 경찰 및 사법기관과의 **국제적인 수사공조업무를 관장** ② 관할 주 수사기관의 요청 또는 위임, 연방내무부장관의 지시, **연방검사의 요청이 있을 경우에 한해서 제한적으로 업무를 수행** ③ 국제적 범죄, 조직범죄, 무기밀매, 마약 및 폭발물 관련범죄, 위조 ④ **지폐, 자금세탁, 요인암살기도 등의 범죄에 대해서는 직접수사 권한을 가짐.** ⑤ 연방범죄수사국은 **주 경찰의 범죄수사를 지원하는 기관**이며, 수사경찰의 총본부가 아님.

13. BKA(연방범죄수사국)에 대한 설명 중 옳지 않은 것은?   09.1 승진

① 연방내무부장관의 지휘를 받으며, 경찰분야의 전산업무 및 수사경찰의 교육업무도 담당하고 있다.

② 독일의 연방범죄수사국이라고도 하며 인터폴 사무총국이 설치되어 있다.

③ 1951년 각 주에서 발생하는 전국적인 범죄에 대처하기 위해 연방내무부 산하에 설치되었고, 국가보호, 경호안전, 기술업무 등 3개과는 멕켄하임, 그 외는 비스바덴에 소재하고 있다.

④ 독일 수사경찰의 총본부로 전국 범죄수사를 실질적으로 지휘한다.

정답: ④

해설: 연방범죄수사국은 **주경찰의 범죄수사를 지원하는 기관**이며, 독일 수사경찰의 총본부가 아니다. 전국경찰의 수사 활동과 큰 관련성 없다.

14. 독일 경찰에 대한 설명으로 틀린 것은 몇 개인가?   10.2 경간부

> ㉠ 2000년 형소법 개정으로 경찰의 수사가 초동수사에만 한정되어 있던 범위를 벗어나 모든 영역에 걸쳐 수사권행사가 가능하게 되었다.
> ㉡ 검사작성 피의자신문조서의 증거능력은 인정되지 않는다.
> ㉢ 소추권은 원칙적으로 검사가 행사하며, 시인소추는 인정되지 않는다.
> ㉣ 연방경찰청은 연방대통령, 연방수상, 연방장관, 외국국빈, 외교사절보호 업무도 수행한다.
> ㉤ 연방경찰청, 연방범죄수사국, 연방헌법보호국은 모두 연방내무부 신하기관이다.
> ㉥ 경찰권분산으로 인한 효율성 저하로 연방의 경찰권과 지휘권을 강화하려는 시도가 계속되고 있다.

① 1개   ② 2개   ③ 3개   ④ 4개

정답: ①(㉢)

해설: **미국, 영국, 프랑스는 사인소추주의를 인정**하고 있으며, 독일은 검사의 기소독점주의가 원칙이며 **예외적으로 범죄피해자의 사인소추주의를 인정하고 있다.**

15. 독일 경찰에 대한 설명 중 틀린 것은?   10.1 승진

① 독일 연방범죄수사국은 범죄관련 정보를 총괄하는 조직이며, 주 수사경찰에 대한 실질적, 일반적 지휘권은 존재하지 않는다.
② 독일의 검찰조직은 연방법인 법원조직법에서 규율하고 있으며, 주 검찰청에 대한 지휘감독권은 연방검찰청에 있다.
③ 검사는 자체 수사인력과 수사장비가 전무하므로 경찰의 도움 없는 독자적 수사는 불가능하다.
④ 독일 연방헌법재판소의 1983년 '인구조사판결'은 국가에 의한 개인정보수집의 기본권 침해를 인정한 것에 의의가 있다.

정답: ②

해설: 연방검찰청은 지방검찰청을 지휘감독하지 않고, **지방검찰청은 주 법무부장관이 지휘감독**한다.

제5절 프랑스경찰사

1. 프랑스 경찰에 대한 설명 중 옳은 것은?   08.1 승진
① 행정경찰과 사법경찰의 구별이 모호해지는 경향을 보였다.
② 1789년 프랑스 혁명을 수립된 혁명정부는 혁명의 완수를 위해 지방경찰체제 경찰제도를 강화하였다.
③ 군인경찰은 군인으로서 군인만을 상대로 경찰업무를 수행한다.
④ 국가경찰과 자치제경찰은 각자의 경찰업무가 명확하지 않아 상호 충돌이 빈번히 발생한다.

정답: ②
※ **해설:**
① **행정경찰(제복경찰)과 사법경찰이 명백히 구분**되며, 상호 간 인사교류는 이루어지지 않는다.
③ **군인경찰은 전원이 사법경찰권을 가지고 있으며,** 일반국민을 대상으로 2만 미만의 경찰서 미설치 지역에
　서 도료교통업무 등 경찰업무를 담당한다.
④ **국가경찰과 자치제 경찰은 관할과 경찰업무가 명확히 구분**되어 있어 **분업 및 협동체계를 이루게 되어 상**
　호 충돌이 없다.

2. 다음 중 프랑스 국가경찰과 자치제경찰관계를 설명한 것으로 틀린 것은?   03.11 승진
① 각자 담당하는 관할이 명확히 구분되어 있다.
② 각자의 경찰업무가 명확하지 않아 상호 충돌이 빈번히 발생한다.
③ 국가경찰은 방범ㆍ수사ㆍ교통ㆍ질서유지 등 일반 경찰업무를 한다.
④ 자치제 경찰은 자치단체장의 규칙 등 극히 지역적 경찰업무를 한다.

정답: ②
※ **해설: ▶ 국가경찰과 자치제경찰과의 관계**

	국가경찰	자치제 경찰
업무	방범ㆍ수사ㆍ교통ㆍ질서유지 등 일반경찰업무	자치단체장의 규칙 등 지역적 경찰업무
관계	**국가경찰과 자치제 경찰은 관할과 경찰업무가 명확히 구분**되어 있어 **분업 및 협동체계를 이루게 되어 상호 충돌이 없다.**	

3. 근대 프랑스의 경찰제도에 대한 설명 중 옳지 않은 것은?   02.7 순경
① 1881년 경찰을 감독하기 위하여 내무부소속으로 경찰청이 창설되었다.
② 1934년 내무부 경찰청을 국립경찰청으로 변경하면서 중앙집권화를 강화하였다.
③ 인구 3만 명 이상의 도시는 모두 국가경찰화하였다.
④ 관할구역에 관계없이 활동하는 군경찰기동대를 창설하였다.

정답: ③
※ **해설: 인구 2만 명 이상**의 도시는 모두 국가경찰화하였다.

4. 다음 프랑스 경찰에 대한 설명 중 틀린 것은?   02.7 순경

① 국가경찰체제로서 내무부장관의 지휘 하에 전국적인 조직을 갖고 있다.

② 자치제경찰은 인구 3만 명 미만의 지역에서 제한적으로 실시되고 있다.

③ 군인경찰은 국립경찰이 배치되지 않은 코뮌에서 도지사의 지휘를 받아 지방경찰의 인원부족을 보충하는
   역할을 한다.

④ 관할구역에 관계없이 활동하는 군인경찰기동대를 창설하였다.

❈ **정답:** ②

❈ **해설:** 자치제경찰은 1884년경부터 읍·면의 장이 질서유지를 위하여 설치하였으며, 1996년에는 명
      령에 의하여 **인구 2만 미만의 지역에 자치경찰의 설립이 일부 꼬민만 제한적으로 허용**되었다.

5. 다음 중 행정경찰과 사법경찰을 엄격히 구분하고 있는 나라는?   01.6 순경

① 영국   ② 프랑스

③ 독일   ④ 일본

❈ **정답:** ②

❈ **해설:** 프랑스의 죄와형벌법전(경죄처벌법전)에서 **행정·사법경찰의 구별을 처음으로 법제화하였다.**

**6. 대부분의 국가는 경찰관의 노동조합 결성권을 인정하지 않고 있으나, 이를 명문으로 인정하고 있는 국가
는?**   02.1 승진

① 영국   ② 프랑스

③ 한국   ④ 일본

❈ **정답:** ②

❈ **해설:** 프랑스는 법으로 경찰관의 노동조합결성권을 명문으로 인정하고 있으며, **단결권과 단체교섭
      권만 인정하고, 동맹파업권은 금지**된다.

**7. 프랑스 경찰제도에서 군경찰은 전국적인 제2의 경찰력으로서 일반 경찰 사무도 담당하고 있다. 다음 중
관계없는 것은?**   06.2 경간부

① 군경찰은 국방부장관 소속이다.

② 군경찰은 국립경찰이 배치되지 않은 지역에서 도지사의 지휘를 받아 일반 경찰 업무를 수행한다.

③ 사법상의 명령에 의한 수사업무도 수행한다.

④ 국립경찰과의 직무부담은 인구 3만 명 이상의 지역은 국립경찰이, 3만 명 미만의 지역에서는 군경찰이
   담당한다.

❈ **정답:** ④

❈ **해설:** 국립경찰관과 군경찰의 직무분담은 일반적으로 **인구는 2만 명 이상의 지역에서는 국립경찰
      이, 2만 명 미만의 지역에서는 군경찰이 담당**한다.

8. 프랑스 군인경찰(Gendarmerie)과 국립경찰(Police Nationale)과의 차이점을 설명한 것으로 틀린 것은?

05.1 승진

> ㉠ 군인경찰은 전원이 사법경찰관리의 권한을 가진다.
> ㉡ 군인경찰은 국립경찰과 같이 노동조합을 결성할 수 있다.
> ㉢ 일정 인구 미만의 소도시, 농촌지역을 자치제경찰과 함께 담당한다.
> ㉣ 전쟁이나 내란의 경우에 군대로 출동한다.
> ㉤ 군인경찰은 모두 정복경찰이다.
> ㉥ 군인경찰은 평상시에는 국방부, 비상시에는 내무부에 소속된다.

① 1개　　　　② 2개　　　　③ 3개　　　　④ 4개

❖ **정답:** ③
❖ **해설:**
㉡ 군인경찰은 **신분상 국방부에 소속된 군인**으로서 국립경찰과 같이 **노동조합을 결성할 수 없다.**
㉤ 군인경찰은 **일부 관리부서를 제외하고 전원 정복경찰**이며, 전차 · 장갑차 등 중화기를 가지고 있다.
㉥ 군인경찰은 **내무부장관 밑에서 근무하지만 그 소속은 국방부**이다. 하지만 경찰업무를 집행할 때는 국가
　경찰의 모든 법령에 따른다.

9. 다음 중 프랑스 사법체계의 특징으로 볼 수 없는 것은?

10.2 경간부

> ㉠ 검사의 수사지휘권　　　　　　㉡ 검사의 기소독점주의
> ㉢ 사인소추권　　　　　　　　　　㉣ 예심판사 소추제도
> ㉤ 경찰의 초동수사권 인정

① 1개　　　　② 2개　　　　③ 3개　　　　④ 4개

❖ **정답:** ②(㉡㉣)
❖ **해설:** ▶ **사법경찰의 특징**

① 예심제	② 사인소추권
③ 검사의 소추권	④ 불심검문 시 경찰의 강제구금권 인정
⑤ **검사의 수사 지휘권**	⑥ **경찰의 초동수사권**

10. 프랑스 경찰에 대한 설명 중 맞는 것은?

10.1 승진

① 1789년 프랑스혁명으로 중세의 매관매직이 사라지고, 경찰권은 시장에서 경찰국장에게로 이관되었다.
② 군인경찰은 국립경찰이 배치되지 않은 읍 · 면에서 도지사의 지휘를 받으며 지방경찰의 인원부족을 보충
　하는 역할을 한다.
③ 군인경찰특공대(GIGN)는 중요범죄나 대규모 사고를 대비한 특별부대로 도군인경찰에 포함되는 조직이다.
④ 프랑스 사법경찰은 독자적 구속권이 있고, 24시간 보호유치를 할 수도 있다.

❖ **정답:** ②

※ 해설:
① 1789년 프랑스혁명으로 중세의 매관매직이 사라지고, **경찰권은 경찰국장에서 시장에게로 이관**되었다.
③ 군인경찰특공대는 **테러, 비행기납치, 인질사건 기타 고도의 기능을 수반**하는 경찰력의 개입이 필요한 경
   우에 출동하는 특수부대이다.
④ **사법경찰은 구속권은 없지만 24시간 보호유치**를 할 수 있으며, 1회 연장하고자 할 때에는 검사의 허가를
   받아야 한다.

11. 다음은 각국의 경찰제도에 대한 설명이다. 올바른 것은 모두 몇 개인가?   04.3 여경

> ㉠ 영국경찰은 법관에 대한 영장청구권, 불소기처분에 대한 독자적 수사종결권을 가지며 기소 업무도
>   경찰의 독자적 권한으로 인정하고 있다.
> ㉡ 미국의 펜실베이니아 주경찰국은 주지사의 직속이며 중간관리가 없이 직접 보고하고 지휘감독을
>   받는다.
> ㉢ 독일 대다수의 주에서는 주를 국가로 하는 국가경찰제를 유지하고 있다.
> ㉣ 대부분 국가는 경찰관의 노동조합 결성권을 인정하지 않으나, 프랑스에서는 1948년 법을 제정하여
>   노동조합결성권 및 동맹파업권을 인정하고 있다.

① 없음.   ② 1개   ③ 2개   ④ 3개

░ **정답:** ③
※ 해설:
 ㉠ 1985년 이전에는 검찰관이 중요사건에 대해서만 제한적으로 기소를 담당하였으나, 1985년 이후에는 종래
    경찰이 행사하였던 **기소에 관한 권리의 일부를 제외하고는 원칙적으로 모두 검찰에서 수행**하고 있다.
 ㉣ 프랑스는 법으로 경찰관의 노동조합결성권을 명문으로 인정하고 있으며, **단결권과 단체교섭권만 인정하
    고, 동맹파업권은 금지**된다.

12. 각국의 경찰제도에 대한 설명으로 틀린 것은?   03.7 101단
① 미국 – 지방에서 경찰권을 행사하는 분권적 체제이다.
② 프랑스 – 국가에서 경찰권을 행사하는 집권적 체제이다.
③ 영국 – 지방경찰 중심에서 국가적 기준을 가지고 있는 절충형 체제이다.
④ 독일 – 연방경찰이 경찰권을 갖고 있는 절충형 체제이다.

░ **정답:** ④
※ **해설:** 독일기본법(헌법)상 **경찰권은 州(란트)정부가 보유**하고 있다.

제6절　일본경찰사

1. 일본에서 명치유신(明治維新) 이후 설치된 동경 경시청에 대한 설명으로 바르지 못한 것은?　03.1 승진
① 1874년 내무성 관할로 창설되었다.
② 종래의 나졸은 순사로 명칭이 변경되었다.
③ 정치경찰 사무는 내무성대신이 직접 지휘하였다.
④ 정치경찰인 특별고등경찰과가 설치되었다.

┇ 정답: ③
※ **해설:** 동경경시청은 **내무성 대신의 지휘를 받는 것 외에 국사사무(정치경찰·고등경찰사무)만은 직접 태정
　　대신(총리대신)의 지휘를 받도록 되어 있어** 일본경찰의 정치경찰화의 단초를 제공하게 되었다.

2. 일본에서 명치유신 이후 제2차 세계대전까지의 경찰제도의 특징에 대한 설명이다. 옳지 않은 것은?
　　　　　　　　　　　　　　　　　　　　　　　　　　　　　　　　　01.11 순경

① 국내안정을 위하여 근대적 경찰제도를 정비하였다.
② 1874년 내무성 관할 하에 동경경시청이 창설되었다.
③ 헌병은 군사경찰활동 이외에 행정경찰업무만 겸하였다.
④ 일본 경찰의 사상적 토대는 정부를 국민들로부터 지키는 경찰국가의 철학이었다.

┇ 정답: ③
※ **해설:** 헌병조례에 의하여 설치된 헌병은 **군사경찰 이외의 행정경찰 및 사법경찰의 임무를 겸임**하였다.

3. 다음 중 일본경찰에 대한 설명으로 옳지 않은 것은?　　　　　　　　09.1 승진
① 미군정하에서는 수사권에 대한 검사의 독점을 철폐하고 경찰에게도 수사권을 부여하였다.
② 구경찰법은 전제적인 군국주의에서 민주국가로 전환하는 민주경찰제도의 확립하는 의의를 갖고 있다.
③ 신경찰법에서는 중앙과 지방에 공안위원회제도를 유지하고 도도부현경찰에 대해서 원칙적으로 자치적 성
　　격을 부여 하였다.
④ 신경찰법에서는 경찰책무를 전전(戰前)과 같은 범위로 한정하였다.

┇ 정답: ④
※ **해설:** **경찰업무 범위를 경찰 본래의 임무에 한정**하였지만, 전쟁전과 같이 정치경찰로 회귀하는 것은 아니다.

4. 일본의 경찰조직에 대한 설명 중 잘못된 것은?　　　　　　　　05.2 경간부
① 국가경찰인 경찰청과 관구경찰청, 도도부현경찰인 동경도 경시청과 도부현 경찰본부 등 2중체제로 구성
　　되어 있다.
② 경찰청은 내각총리대신의 소할이다.
③ 국가경찰기관에 소속된 경찰관은 국가공무원이고, 도도부현에 소속된 경찰관은 지방공무원이다.
④ 긴급사태 발생 시의 중앙통제를 인정하지 않고 있다.

❖ **정답:** ④
※ **해설:** 대규모 재해나 긴급사태 발생 시에는 내각총리대신과 경찰청장관에게 국가비상사태의 포고
　　　　등 중앙통제를 인정하고 있다.

5. 일본의 경찰조직에 대한 설명으로 적절하지 않은 것은?　　　　　　　　　09.7 순경
① 국가공안위원회는 관리기관이며, 상설기관이다.
② 5인으로 구성된 국가공안위원회는 경찰비리에 대한 감찰지시권을 가지고 있다.
③ 국가경찰과 지방경찰로 이루어진 2중체계이다.
④ 지사는 원칙적으로 지방경찰에 대한 지휘감독권을 가지고 있지 않다.

❖ **정답:** ①
※ **해설:** 국가공안위원회는 **경찰청을 관리하는 비상설기관**이며, 총리의 하부기관이지만 **총리의 지**
　　　　휘 · 감독을 받지 않는다.

6. 일본의 국가공안위원회에 대한 설명으로 옳지 않은 것은?　　　　　　　09.1 승진
① 경찰행정을 민주적으로 관리하려는 데 그 설치목적이 있다.
② 위원장은 표결권이 없고, 가부동수인 경우에만 표결권을 갖는다.
③ 위원장을 대신(장관)으로 하여 치안책임이 불명확한 한계가 있다.
④ 중앙에서 통일적으로 하는 것이 적당한 일반적 업무, 대규모 재해, 소요사태 및 경찰행정의 조정 및 감찰
　　활동을 한다.

❖ **정답:** ③
※ **해설:** **국무대신(자치성장관)이 위원장**을 맡고 있다. 이는 정부의 치안에 대한 책임을 명확하게 하
　　　　기 위해서이다. 그리고 위원장 유고시에는 호선에 의해 위원장을 대리할 자를 지정한다.

7. 다음 중 일본경찰의 국가공안위원회와 가장 관련이 먼 것은?　　　　　02.11 순경
① 경찰행정을 민주적으로 관리하기 위해 설치되었다.
② 자치성대신의 소할 하에 설치되어 있다.
③ 경찰운영의 관료화와 독선을 막는 기능이 있다.
④ 경찰의 정치적 중립을 도모하는 기능이 있다.

❖ **정답:** ②
※ **해설:** 일본의 국가공안위원회는 경찰청을 관리하는 비상설기관이며, **총리의 소할 하에 있을 뿐**, 총
　　　　리의 지휘 · 감독을 받지 않는다.

8. 일본의 국가공안위원회에 관한 내용 중 옳은 것은?　　　　　　　　　08.1 승진
① 내각총리대신을 위원장으로 5명의 위원으로 구성된다.
② 위원은 적어도 임명 전 5년간 경찰 또는 검찰의 직무를 행한 전문인으로 구성된다.
③ 경찰행정에 관하여 지식과 경험을 가진 위원을 선출한다.
④ 국가공안위원회는 그 임무수행을 위하여 특정한 사무에 관하여 대강과 방침을 정하고 그에 따라 운영되
　　도록 경찰을 지휘 · 감독할 수 있다.

❋ **정답:** ③

❊ **해설:**

① 구경찰법 하에서는 위원장을 위원 중에서 호선하였으나 현재는 **국무대신(자치성장관)이 위원장을 맡고 있다.**

② 위원은 임명 전 5년간 **경찰 또는 검찰의 직무를 행한 직업적 공무원 전력이 없는 자 중**에서 내각총리대신이 국회의 동의를 얻어 임명한다.

④ **경찰을 지휘·감독할 수 없고, 관리한다.**

9. 일본의 국가공안위원회에 대한 설명으로 옳은 것은?   08.3 순경

① 위원은 임명 전 5년간 경찰 또는 판사의 경력이 없는 자 중에서 내각총리대신이 국회의 동의를 한 때 임명한다.

② 위원장은 표결권이 있음을 물론 가부동수인 경우 결정권을 갖는다.

③ 국가공안위원회 업무수행에 필요한 감찰업무는 별도의 기관에서 수행한다.

④ 국가공안위원회의 사법경찰직원의 지정에 관한 권한과 징계파면권을 갖고 있다.

❋ **정답:** ④

❊ **해설:**

① 위원은 임명 전 5년간 **경찰 또는 검사의 경력이 없는 자 중에서** 내각총리대신이 국회의 동의를 한 때 임명한다.

② **위원장은 표결권이 없으며,** 가부동수인 경우 결정권을 갖는다.

③ **국가공안위원회가 업무수행에 필요한 감찰업무도 실시**한다.

10. 일본의 국가공안위원회에 관한 설명으로 옳지 않은 것은?   05.10 순경

① 위원장은 회의를 주재하며 의결권은 없다.

② 업무수행에 필요한 감찰업무를 수행한다.

③ 위원의 임기는 3년이다.

④ 사법경찰직원에 대한 징계·파면권을 가지고 있다.

❋ **정답:** ③

❊ **해설: 임기는 5년**이고, 1회에 한하여 재임이 가능하다.

11. 일본의 국가경찰에 대한 설명이다. 가장 관계가 없는 것은?   03.1 승진

① 경찰청은 국가공안위원회의 관리를 받는다.

② 경찰청과 관구경찰국이 있다.

③ 관구경찰국은 부현경찰과는 상호 독립적이어서 관구경찰국은 부현경찰에 대한 관리권이 없다.

④ 국가공안위원회는 내각총리대신의 소할이다.

❋ **정답:** ③

❊ **해설:** 관구경찰국장은 경찰국의 사무를 총괄하고 소속 직원을 지휘·감독하며 **소장사무의 범위 내에서 도도부현 경찰을 지휘·감독할 수 있다.**

12. 다음 일본 도도부현경찰에 대한 설명 중 옳지 않은 것은?　　　05.3 순경

① 도도부현 경찰에는 동경도 경시청과 도부현 경찰본부가 있으며, 경찰관리 기관으로 지사의 소할 하에 도도부현공안위원회를 설치 · 운영하고 있다.
② 경시청의 경시총감은 국가공안위원회가 도공안위원 하의 동의를 얻어 내각총리대신의 승인을 받아 임면한다.
③ 도부현 경찰 본부장은 국가공안위원회가 도부현공안위원회의 동의를 얻어 임면한다.
④ 도도부현지사는 공안위원회를 소할 하에 두고 경찰의 운영에 관해 위원회를 지휘·감독할 권한을 갖는다.

┇ 정답: ④
※ 해설: 도도부현지사는 공안위원회를 소할 하에 두고 있으나, **경찰의 운영에 관해 위원회를 지휘·감독할 권한을 갖지 않는다.**

13. 다음 일본경찰에 대하여 틀린 설명은?　　　03.3 순경

① 경찰청은 내각총리대신의 소할이다.
② 대규모 재해시 내각총리대신과 경찰청장관의 중앙통제를 인정하고 있다.
③ 도도부현경찰은 경찰서 설치권을 보유한다.
④ 도도부현지사는 공안위원회를 지휘 · 감독하지는 못한다.

┇ 정답: ③
※ 해설: ▶ 도도부현지사의 권한

> **① 경찰에 대한 지휘 · 감독권이 없다.**
> **② 경찰에 대한 조례안 · 예산안의 의회제출권**
> ③ 예산의 지출명령권(집행권)
> **④ 경찰서 설치권**
> ⑤ 도도부현 공안위원회 위원의 임면권

14. 일본의 도도부현 경찰에 대한 설명 중 옳지 않은 것은?　　　02.2 경간부

① 동경도 경시청과 도부현경찰본부가 있다.
② 지사 소할 하에 공안위원회를 두고 도도부현경찰을 관리하고 있다.
③ 경찰본부장은 경찰서의 설치권을 갖고 있다.
④ 경찰본부장은 국가공안위원회가 도부현공안위원회의 동의를 얻어 임명한다.

┇ 정답: ③
※ 해설: 도부현지사는 경찰서 설치권한을 갖는다.

15. 일본의 도도부현경찰과 지사의 관계를 설명한 것이다. 다음 중 가장 거리가 먼 것은?　　　04.1 승진

① 지사는 경찰의 운영에 관하여 지휘 · 감독할 수 없다.
② 지사는 경찰에 관한 예산안의 의회제출권이 있다.
③ 공안위원회의 위원은 지사가 지방의회의 동의를 얻어 임명한다.
④ 경찰서 설치권은 국가경찰인 경찰청이 가지고 있다.

┇ 정답: ④
※ 해설: 도부현지사는 경찰서 설치권한을 갖는다.

16. 도도부현 경찰에 대한 설명 중 옳은 것은?   10.2 경간부

> ㉠ 도도부현경찰에는 동경도 경시청과 도부현경찰본부가 있다.
> ㉡ 도도부현공안위원의 임기는 3년이고 재임할 수 없다.
> ㉢ 도도부현공안위원회 위원장은 위원 중 호선에 의해 선출되고 임기는 1년이고 재임할 수 있다.
> ㉣ 도도부현공안위원회는 도도부현경찰에 대한 징계 및 파면권을 가지고 있다.
> ㉤ 도도부현지사는 공안위원회를 관할하고 경찰운영에 지휘·감독할 수 있다.
> ㉥ 도부현경찰본부는 경찰서 설치권을 갖는다.
> ㉦ 도도부현공안위원은 지방공공단체 의회의원 또는 상근직원을 겸할 수 없다.

① 1개   ② 2개   ③ 3개   ④ 4개

❖ 정답: ③(㉠㉢㉦)

▒ 해설:

㉡ 도도부현공안위원의 공안위원의 **임기는 3년이며, 2회에 한하여 재임**할 수 있다.

㉣ 도도부현공안위원회는 **도도부현경찰에 대한 징계 및 파면에 관한 권고권**을 가지고 있다.

㉤ 도도부현지사는 공안위원회를 그 관할 하에 두고 있을 뿐 **경찰의 운영에 관하여 지휘·감독할 권한은 가지고 있지 않다.**

㉥ **도부현지사는** 경찰서 설치권한을 갖는다.

17. 일본의 경찰조직에 대한 설명 중 잘못된 것은?   03.9 순경

① 도도부현에 소속된 경찰관은 모두 국가공무원에 해당한다.
② 경찰청은 국가공안위원회의 관리를 받는다.
③ 국가공안위원회는 내각총리대신의 소할이다.
④ 대규모 재해 등 긴급사태 발생 시 중앙통제를 인정한다.

❖ 정답: ①

▒ 해설: 도도부현에 소속된 경찰은 지방공무원이지만, **경시정 이상 공무원은 국가 공무원에 해당**한다.

18. 일본의 경찰에 대한 설명 중 틀린 것은 모두 몇 개인가?   10.1 승진

> ㉠ 일본에서 경찰의 업무에 관한 기본법령은 경찰법과 경찰점검규범이다.
> ㉡ 지방경찰인 경시정 이하 경찰관의 봉급은 지방자치단체가 부담한다.
> ㉢ 북해도에는 북해도공안위원회와 별도로 2개의 방면본부를 두고 있다.
> ㉣ 경찰청장관은 내각총리대신이 국가공안위원회의 동의를 얻어 임명한다.

① 1개   ② 2개   ③ 3개   ④ 4개

❖ 정답: ④

▒ 해설:

㉠ 일본에서 경찰의 업무에 관한 기본법령은 **경찰법과 경찰관직무집행법**이다.

㉡ 도도부현경찰의 경비는 원칙적으로 도도부현에서 부담하고, 도도부현에서 근무하는 **경시이하의 직원은 지방공무원으로 임명**하도록 하였으며, **봉급은 지방자치단체가 부담**한다.

㉢ 북해도에는 **북해도공안위원회와 별도로 북해도 경찰본부**를 두고 있다.

㉣ 경찰청장관은 **국가공안위원회가 내각총리대신의 동의를 얻어 임명**한다.

19. 일본에서 검사가 자신이 수사로 하고 있던 사항에 대하여 경찰서 사법경찰직원에게 수사의 보조를 구하였다. 이런 권한을 무엇이라고 하는가?　　　　08.2 경간부

① 사법경찰직원에 대한 일반적 지시권
② 사법경찰직원에 대한 일반적 지휘권
③ 사법경찰직원에 대한 구체적 지시권
④ 사법경찰직원에 대한 구체적 지휘권

▪ 정답: ④

※ 해설: ▶ 검사의 지휘권

일반적 지시권	**검찰과 경찰의 상호 협력의 원칙 하에서 수사를 적정**하게 하고, 그 외에 일반적인 준칙을 정하여 지시하는 권한을 말한다.
일반적 지휘권	구체적 사건의 수사에 대하여 일반적 지시권과 구별되며, 개개의 사법경찰직원에 대해서 하는 것이 아니고 **수사의 협력을 구하는 사법경찰직원 일반에 대하여 행하여지는 지휘권**을 말한다. 만약, 정당한 이유 없이 이러한 지휘에 따르지 않을 경우 검사는 사법경찰직원에 대하여 징계를 청구할 수 있다.
구체적 지휘권	개개의 사건이나 개개의 사법경찰직원에 대하여 행하여지는 점에서 일반적 지시권 및 일반적 지휘권과 구별되며, **검사 자신이 범죄수사를 하고 있는 경우에 한하여 할 수 있고**, 특성 사법경찰직원에게 수사의 보조를 구하는 것이다.

20. 다음은 외국 경찰의 수사권에 관한 설명이다. 어느 나라 경찰에 관한 것인가?　　　　11.8. 순경

> 수사권의 주체를 1차적으로 수사권을 행사하는 일반사법경찰직원, 특수한 사항에 관해서만 1차적 수사권을 행사하는 특별사법경찰직원, 이들에 대해서 보충적 입장에서 모든 사항에 관해서 2차적 수사권을 행사하는 검찰관으로 구분할 수 있다. 경찰은 독자적 수사권을 가지며, 검사와는 상호 협력관계에 있다. 원칙적으로 경찰은 1차적 수사기관이며, 검찰은 2차적 수사권 및 소추권을 가진다. 경찰은 모든 사건에 대한 수사권을 행사하나, 검찰은 모든 범죄에 대한 수사는 가능하지만, 통상 정치ㆍ금융ㆍ경제ㆍ저명인사 사건에 대한 중요 사건에 대해서 직접 수사를 한다.

① 독일　　　　② 미국　　　　③ 영국　　　　④ 일본

▪ 정답: ④

※ 해설: 일본은 경찰에게 독자적인 수사권인 1차적 수사권을 부여하고, 검사는 2차적 수사권을 부여하는 2원적 수사구조를 가지고 있다

21. 외국경찰에 대한 설명 중 틀린 것은?　　　　09.3 순경

① 미국 경찰위원회의 위원은 경찰 또는 일반시민 중에서 선발하는 것이 보통이며, 임기는 4년이다.
② 독일의 주검찰은 연방검찰의 지휘를 받는다.
③ 프랑스는 사인소추주의를 채택하고 있다.
④ 일본경찰은 1차적 수시기관이다.

▪ 정답: ②

※ 해설: 독일의 검찰기관은 **중앙집권적 조직이 아니라 지방자치조직**이다. 따라서 **주검찰청에 대한 지휘ㆍ감독권은 연방검찰청이 아닌 주법무부**에 있다.

22. 다음 외국의 경찰사에 대한 설명 중 틀린 것은?   02.11 순경
① 독일의 주경찰과 연방경찰은 상호 독립관계이다.
② 미국의 연방경찰은 헌법상 명문으로 경찰권을 가지고 있지 않다.
③ 프랑스는 내무부장관의 지휘를 받는 국가경찰이다.
④ 일본 국가공안위원회는 자치성 소할이다.

⁝ 정답: ④

❊ **해설:** 경찰청은 **내각총리대신의 소할인 국가공안위원회에 설치**되고 그 관리 하에 경찰사무를 관장하며, **경찰청은 내각총리대신의 형식적인 감독**을 받고 있다.

23. 다음 외국의 경찰제도에 대한 설명 중 옳지 않은 것은?   03.4 순경
① 영국 – 경찰청장의 임명은 경찰위원회에서 내무부장관의 동의를 얻어 임명한다.
② 미국 – 전문직업경찰제도를 위해 윌슨은 조직구조의 혁신, 통신의 효율성 등 경찰 업무의 혁신을 주장했다.
③ 독일 – 각 주는 고유한 경찰법을 제정하여 자치경찰체제를 시행한다.
④ 일본 – 경부 이상은 사법경찰직원은 영장청구권을 가지고 있다.

⁝ 정답: ③

❊ **해설:** 각 주는 대개 경찰의 기본임무를 규정한 **독자적인 경찰법을 제정하여 독자적인 경찰조직을 운영**하고 있지만, 대다수의 주(州다)는 주를 국가로 하는 **국가경찰을 원칙**으로 하고 있다.

24. 각국 경찰제도에 관한 설명 중 옳지 않은 것은?   03.4 순경
① 영국 – 경찰청장의 임명은 경찰위원회에서 내무장관의 동의를 얻어 임명한다.
② 미국 – 경찰의 전문직화를 위해 윌슨은 조직구조, 통신의 효율성, 경찰업무의 혁신을 주장하였다.
③ 독일 – 대부분의 주정부는 고유의 경찰법을 제정하는 등 자치경찰제도를 채택하고 있다.
④ 일본 – 경부 이상의 경찰은 체포장 청구가 가능하다.

⁝ 정답: ③

❊ **해설:** 독일은 대부분의 주정부는 고유의 경찰법을 제정하는 등 **국가경찰제도를 채택**하고 있다.

25. 각국의 경찰제도에 대한 설명으로 틀린 것은?   03.7 101단
① 미국 – 지방에서 경찰권을 행사하는 분권적 체제이다.
② 프랑스 – 국가에서 경찰권을 행사하는 집권적 체제이다.
③ 영국 – 지방경찰 중심에서 국가적 기준을 가지고 있는 절충형 체제이다.
④ 독일 – 연방경찰이 경찰권을 갖고 있는 절충형 체제이다.

⁝ 정답: ④

❊ **해설:** 독일은 **주경찰이 경찰권을 갖고 있는 절충형 체제**이다.

26. 각국의 경찰제도에 대한 설명이다. 틀린 것은?　　　　02.3 순경
① 미국의 주경찰은 텍사스에서 최초로 설립되었다.
② 독일의 연방경찰은 주경찰에 대하여 감독권과 재정부담의 의무를 가진다.
③ 프랑스 자치제 경찰은 인구 2만 명 미만의 지역에서 극히 제한적으로 실시되고 있다.
④ 일본 경찰은 내각총리대신의 소할 하에 있다.

▸ 정답: ②
※ 해설: 영국과는 달리 독일 **연방경찰은 주경찰에 대하여 재정부담의 의무를 갖지 않는다.**

27. 다음 외국의 경찰제도에 대한 설명 중 맞는 것은?　　　　03.11 101단
① 영국경찰에게는 기소권이 있다.
② 독일경찰은 초동수사권을 가지고 있지 않다.
③ 일본경찰의 경우 순사부장 이상의 경찰관이 긴급체포장과 구속의 전 단계인 체포장을 법관에게 직접 청
　구할 수 있다.
④ 프랑스 경찰은 내무부 소속이다

▸ 정답: ④
※ 해설:
① 영국의 경우에 **기소권을 검찰**에게 있다.
② 독일경찰은 **경찰예비조사를 할 수 있을 뿐**이다.
③ 일본경찰의 경우 **긴급체포장과 구속의 전 단계인 체포장은 경부 이상 경찰관이**, 압수, 수색, 검증영장 청
　구는 순사부장 이상 경찰관이 법관에게 직접 청구를 한다.

28. 다음 중 각국의 검사와 사법경찰과의 관계로 틀린 것은?　　　　01.11 순경
① 영국은 경찰이 독자적 수사권을 보유하고 있다.
② 독일은 검사가 수사의 주재자이다.
③ 프랑스는 경찰이 수사의 주재자이다.
④ 일본은 검사와 경찰이 상호협력관계이다.

▸ 정답: ③
※ 해설: 프랑스는 **경찰이 수사의 보조자**이다.

29. 각국의 경찰제도에 대한 설명으로 틀린 것은?　　　　03.7 101단
① 프랑스경찰은 전반적인 국가경찰형태로 내무부장관 지휘 하에 전국적인 조직을 가진다.
② 독일경찰제도는 연방정부에서 일반경찰행정권을 가지는 것이 원칙이다.
③ 영국경찰은 중앙정부의 지방정부의 합동통제가 가해지는 절충형 제도모형을 갖고 있다.
④ 일본경찰청에는 장관을 두고 임명 시 내각총리대신의 동의를 얻어 국가공안 위원회에서 임명한다.

▸ 정답: ②
※ 해설: 독일경찰제도는 **주정부에서 일반 경찰행정권을 가지는 것이 원칙**이다.

30. 다음 각국의 경찰제도에 대한 설명으로서 옳은 것은 모두 몇 개인가?   04.4 순경

> ㉠ 영국경찰은 법관에 대한 영장청구권, 불기소처분에 대한 독자적 수사종결권을 가지며 기소 업무도
>   경찰의 독자적 권한으로 인정한다.
> ㉡ 미국의 펜실베이니아 주경찰국은 주지사의 직속이며 중간관리자 없이 직접 보고하고 지휘감독을 받는다.
> ㉢ 독일 대다수의 주에서는 주를 국가로 하는 국가경찰제를 유지하고 있다.
> ㉣ 대부분 국가는 경찰관의 노동조합 결성권을 인정하지 않으나, 프랑스에서는 1948년 법을 제정하여
>   노동조합 결성권 및 동맹파업을 인정하고 있다.
> ㉤ 일본에서는 경찰서의 설치권을 지사의 직무권한으로 인정하고 있다

① 없음.   ② 1개   ③ 2개   ④ 3개

⁙ 정답: ④
▓ 해설:
 ㉠ 1985년 이전에는 검찰관이 중요사건에 대해서만 제한적으로 기소를 담당하였으나, 1985년 이후에는 종래
   경찰이 행사하였던 **기소에 관한 권리의 일부를 제외하고는 원칙적으로 모두 검찰에서 수행**하고 있다.
 ㉣ 프랑스는 법으로 경찰관의 노동조합 결성권을 명문으로 인정하고 있으며, **단결권과 단체교섭권만 인정
   하고, 동맹파업권은 금지**된다.

31. 다음 각국 경찰제도에 관한 설명 중 맞는 것은 몇 개인가?   04.7 순경, 04.1 순경

> ㉠ 영국경찰은 1995년 범죄사건의 기소에 관한 법률제정으로 기소권을 독자적으로 행사하게 되었다.
> ㉡ 미국도시경찰의 시초는 보스턴 시의 야경제도이다.
> ㉢ 독일의 연방경찰은 전국적으로 긴급사태에 대응하기 위하여 란트경찰에 대하여 원칙적으로 지휘통
>   솔의 권한을 가진다.
> ㉣ 일본의 관구경찰국은 경찰청의 지방기관으로 전국에 6개가 있고 관구경찰국장이 소장사무의 범위
>   내에서 부현경찰을 관리한다.

① 1개   ② 2개   ③ 3개   ④ 4개

⁙ 정답: ①
▓ 해설:
 ㉠ 1985년 이전에는 검찰관이 중요사건에 대해서만 제한적으로 기소를 담당하였으나, 1985년 이후에는 종래
   경찰이 행사하였던 **기소에 관한 권리의 일부를 제외하고는 원칙적으로 모두 검찰에서 수행**하고 있다.
 ㉢ 독일의 연방경찰은 전국적으로 긴급사태에 대응하기 위하여 란트경찰에 대하여 **원칙적으로 지휘통솔의
   권한을 갖지 않고 있다.**
 ㉣ 일본의 관구경찰국은 경찰청의 지방기관으로 **전국에 7개가 있고** 관구경찰국장은 경찰국의 사무를 총괄하
   고 소속직원을 지휘·감독하며 소장사무의 범위 내에서 도도부현경찰을 지휘·감독할 수 있다.

32. 다음 각국 경찰기관에 대한 설명 중 바르지 못한 것은?   08.10 순경
① 독일의 검사와 사법경찰은 상명하복관계이고 사법경찰은 수사의 보조자의 위치에 있다.
② 일본의 경찰은 수사의 개시, 진행, 종결에 대한 권한을 가지나, 공소유지를 위한 검사지휘에 복종하여야 한다.
③ 행정경찰과 사법경찰을 구분하는 것은 프랑스에서 확립되었다.
④ 잉글랜드와 웨일즈 경찰은 소방, 위생, 영업 등에 관한 행정경찰의 업무도 수행한다.

⁙ 정답: ②
▓ 해설: 일본경찰은 수사의 개시, 진행의 권한을 가지고 있으나, **수사종결권은 검찰에게만 있다.**

33. 다음 각국의 경찰제도 중 옳지 않은 것은 몇 개인가?   05.7 순경

> ㉠ 일본의 경찰조직은 국가경찰인 경찰청과 관구경찰국, 도도부현경찰인 동경도경시청과 도부현경찰본
>   부 등 2중체제로 구성되어 있다.
> ㉡ 프랑스경찰은 국가경찰체제로서 내무부장관의 지휘 하에 전국적인 조직을 갖고 있다.
> ㉢ 영국경찰은 직접 법관에게 영장을 청구할 수 없다.
> ㉣ 미국경찰은 일반적으로 통합적인 법집행체계를 가지고 있다.
> ㉤ 독일은 검사가 수사의 주재자이나 자체적인 집행기관이 없어 소위 "팔 없는 머리"라 불린다.

① 1개   ② 2개   ③ 3개   ④ 4개

❈ **정답:** ②

❈ **해설:**

㉢ 영국경찰은 **직접 법관에게 영장을 청구할 수 있다.**

㉣ 미국경찰은 **일반적으로 분권적인 법집행체계를** 가지고 있다.

34. 다음 각국 경찰제도에 관한 설명 중 맞는 것은 몇 개인가?   04.4 순경, 06.10 순경

> ㉠ 영국경찰은 법관에 대한 영장청구권, 불기소처분에 대한 독자적 수사종결권을 가지며 기소업무도
>   경찰의 독자적 권한으로 인정하고 있다.
> ㉡ 미국의 펜실베이니아 주경찰국은 주지사의 직속이며 중간관리자 없이 직접 보고하고 지휘감독을 받는다.
> ㉢ 독일 대다수의 주에서는 주를 국가로 하는 국가경찰제를 유지하고 있다.
> ㉣ 대부분 국가는 경찰관의 노동조합 결성권을 인정하지 않으나, 프랑스에서는 1948년 법을 제정하여
>   노동조합 결성권 및 동맹파업을 인정하고 있다.
> ㉤ 일본에서는 경찰서의 설치권을 지사의 직무권한으로 인정하고 있다.

① 없다.   ② 1개   ③ 2개   ④ 3개

❈ **정답:** ④(㉡㉢㉤)

❈ **해설:**

㉠ 1985년 이전에는 검찰관이 중요사건에 대해서만 제한적으로 기소를 담당하였으나, 1985년 이후에는 종래
    경찰이 행사하였던 **기소에 관한 권리의 일부를 제외하고는 원칙적으로 모두 검찰에서 수행**하고 있다. 즉,
    기소업무는 국립기소청의 권한으로 인정하고 있다.

㉣ 프랑스는 법으로 경찰관의 노동조합결성권을 명문으로 인정하고 있으며, **단결권과 단체교섭권만 인정하
    고, 동맹파업권은 금지**된다.

35. 다음 중 경찰제도로 옳지 않은 것은?   08.7 순경

> ㉠ 영국 수도경찰청은 2000년 이후 자치제경찰로 전환 되어 모든 업무에 대해 경찰위원회의 관리를 받고 있다.
> ㉡ 미국 연방범죄수사국(FBI)은 연방범죄수사뿐만 아니라 범죄통계작성과 지방경찰직원의 교육훈련 등 도 업무로 하고 있다.
> ㉢ 독일 검찰은 공소권만 갖고 있고 수사권은 갖고 있지 않아 "팔 없는 머리"라고 부른다.
> ㉣ 일본경찰의 신경찰법에서는 민주화의 요청을 위하여 경찰운영의 단위를 도도부현으로 하고 경찰조직을 모두 도도후현경찰로 일원화하였다.
> ㉤ 중국경찰의 직무범위는 우리나라 경찰보다 좁다.

① 2개   ② 3개   ③ 4개   ④ 5개

❖ **정답:** ③

※ **해설:**

㉠ **왕실경호 · 대테러임무 등 '국가적 사무'와 외국과의 공조수사 등 '국제적 사무'는 내무부장관과 수도경찰청장이 직접 논의하여 결정**하고 있다.

㉢ 독일검찰은 수사권을 가지고 있지만, **자체적인 집행기관을 가지고 있지 않으며, 자체수사인력 및 수사장비가 전무하기 때문에 "팔 없는 머리"로 불린다.**

㉣ 일본경찰의 신경찰법에서는 **능률화의 요청을 위하여** 경찰운영의 단위를 도도부현으로 하고 경찰조직을 모두 도도부현경찰로 일원화하였다.

㉤ 수사와 범죄의 예방 등의 경찰업무뿐만 아니라 호적정리 · 소방 · 출입국관리 · 외국인거주관리 · 변경지대 경비 등 **경찰의 권한범위가 우리나라 경찰보다 광범위하다.**

제7절 중국경찰사

1. 중국경찰에 대한 설명으로 옳지 않은 것은?   09.1 승진
① 중국의 경찰조직은 소방경찰 및 출입국관리소 조직도 함께 보유하고 있다.
② 사법경찰과 행정경찰의 일원주의를 택하고 있다.
③ 지방의 공안청장이나 공안국장은 시공안청장과 시공안국장이 결정하여 반드시 국무원에 보고하여 등록하여야 한다.
④ 인민무장경찰대는 국가안전보위 임무를 담당하는 무장부대로 인민해방군 중앙경호국이라고도 하며 우리의 전투경찰대와 유사하다.

❖ 정답: ③
❈ 해설: 지방의 공안청장이나 공안국장은 **지방의 인민대표회의 상무위원회가 결정하여 국무원에 보고하여 등록**하여야 한다.

2. 다음은 중국경찰에 대한 설명이다. 틀린 것은?   09.2 경간부

> ㉠ 중앙집권과 지방분권의 결합체제이다.
> ㉡ 행정경찰과 사법경찰의 이원주의를 택하고 있다.
> ㉢ 경찰력에 민간인의 협력을 배제한다.
> ㉣ 국무원 공안부의 행정조직상 형태는 보조기관형이다.
> ㉤ 소방경찰 및 출입국관리소를 포함하여 산림 · 철도분야의 특별경찰을 가지고 있다.
> ㉥ 인민공안대학은 공안부 직속이다.

① 1개   ② 2개   ③ 3개   ④ 4개

❖ 정답: ②
❈ 해설:
㉡ **사법경찰과 행정경찰의 일원주의를 채택**하고 있으며, 사법경찰의 권한유형은 대륙법계에 속한다.
㉢ 지방의 부족한 치안수요를 충당하기 위해 자치단체에 준하는 민간조직의 도움을 받아 경찰력을 유지하고 있다.

3. 중국경찰에 대한 설명 중 틀린 것은?   10.1 승진
① 사법경찰과 행정경찰의 일원주의를 택하고 있다.
② 인민무장경찰대는 국가안전보위 임무를 담당하는 무장부대로 인민해방군 중앙경호국이라고도 하며, 우리의 전투경찰대와 유사하다.
③ 검찰의 수사범죄와 공안기관이 수사하는 범죄가 명확하게 구분되어 있지 않다.
④ 지방의 공안청장이나 공안국장은 지방의 인민대표대회 상무위원회가 결정하며 반드시 국무원에 보고하여 등록하여야 한다.

❖ 정답: ③
❈ 해설: 검찰의 수사범죄와 공안기관이 수사하는 범죄가 **명확하게 구분**되어 있다.

4. 중국의 전국인민대표대회에 대한 설명으로 틀린 것은?   05.10 순경
① 전국인민대표대회의 비상설기관으로 상무위원회가 있다.
② 상무위원회는 헌법, 법률을 직권으로 해석한다.
③ 전국인민대회는 입법과 집행을 함께 행하는 국가최고권력기관이다.
④ 인민법원이 전국인민대표대회 상무위원회에 종속한다.

정답: ①
해설: ▶ **중국 중앙조직의 권력기관**

전국인민 대표대회	① 실제로 법과 사실상의 집행을 행하는 **헌법상 규정된 최고국가권력기관**이다. 형식적으로 전국인민대표대회가 입법, 국가 주석 및 국무원은 행정, 인민법원 및 인민검찰원은 사법을 담당하고 있다. ② **비상설조직**이다.
전국인민 대표대회 상무 위원회	① 전인대 폐회기간 동안 전인대의 직권을 행사하는 **상설기구**이다. ② 전인대 상무위원회 위원은 **전인대 대표 중에서 선거로 선출**하며, **선출된 위원들은 겸직할 수 없다.** ③ 전인대 상무위원회 위원의 **임기는 5년**이며, **위원장과 부위원장은 연임**할 수 있지만, 초과하여 선임될 수는 없다.

5. 중국 형사소송법상의 용어에 대한 기술로 틀린 것은?   10.2 경간부
① 예심이란 정사 결과 범죄사실을 증명하는 증거가 있는 사건에 대해 수집한 증거에 문제점이 없는지를 살피는 것을 말한다.
② 관제란 우리나라의 보호관찰과 유사한 중국 형법상 형벌의 한 종류를 말한다.
③ 입안이란 수사의 단서들에 대하여 범죄사실의 유무와 형사책임을 부과할 것인지를 심사하는 절차를 말한다.
④ 정사란 인민법원이 사건을 심리하는 과정과 판결집행 과정 중에 소송의 절차문제와 부분적 실체문제에 대하여 취하는 결정을 말한다.

정답: ④
해설:
재정(裁定): 인민법원이 사건을 심리하는 과정과 판결집행 과정 중에 소송의 절차 문제와 부분적 실체문제에 대해 취하는 결정을 말한다.
정사(偵査): 수사를 의미하며, 공안기관이나 인민검찰원이 사건을 처리하는 중 법률에 따라 진행하는 전문적 조사업무 및 그와 관련이 있는 강제조치를 말한다.

6. 다음은 각국 경찰제도에 대한 설명이다. 틀린 것은 모두 몇 개인가?   09.4 순경

> ㉠ 중국은 문화혁명을 통해 공인조직의 독자성을 대폭 강화하고 오늘날과 유사한 체제를 구축하게 되었다.
> ㉡ 독일의 연방경찰인 연방범죄수사국(BKA)은 전국의 범죄수사를 실질적으로 지휘한다.
> ㉢ 프랑스 혁명정부는 경찰국장을 없애고 경찰업무를 중앙에 집중하는 국가경찰체제를 수립하였다.
> ㉣ 영국의 내무부장관은 경찰의 근무조건, 행정 등에 관한 규칙제정권을 보유하고 경찰청 건물, 구조, 토지, 차량, 장비, 제복 등을 제공한다.
> ㉤ 미국의 연방경찰은 법무부 신하에 연방범죄수사국(FBI), 마약단속국(DEA), 알코올 · 담배 · 무기 · 폭발물국(ATFE), 연방항공국(FAA) 등이 있다.
> ㉥ 일본은 경찰이 독자적 수사권을 가진 1차적 수사기관이고 경찰에 체포, 압수, 수색, 검증 영장청구권을 인정하고 있다.

① 3개   ② 4개   ③ 5개   ④ 6개

⁑ **정답:** ③

※ **해설:**

㉠ 중국은 **문화혁명을 통해 공안조직의 독자성을 상실**했다.

㉡ 연방범죄수사국(BKA)은 연방관련 주요 사건만을 담당할 뿐 **전국경찰의 수사활동과는 큰 연관이 없다.**

㉢ 혁명정부는 경찰대신(경찰국장)을 없애고 경찰업무를 **지방자치단체장에게 속하게 하는 지방경찰체제를 수립**하였다.

㉣ 영국의 내무부장관은 경찰의 근무조건, 행정 등에 관한 규칙제정권을 보유하지만, 지방경찰위원회에서 차량, 장비, 제복 등을 제공한다. 단, 경찰청 건물, 구조, 토지 등은 내무부장관 동의하에 지방경찰위원회에서 제공한다.

㉤ 연방항공국(FAA)은 **교통부 소속**이다.

7. 다음 중 경찰제도로 옳지 않은 것은?   08.7 순경

> ㉠ 영국 수도경찰청은 2000년 이후 자치제경찰로 전환되어 모든 업무에 대해 경찰위원회의 관리를 받고 있다.
>
> ㉡ 미국 연방범죄수사국(FBI)는 연방범죄수사뿐만 아니라 범죄통계작성과 지방경찰직원의 교육훈련 등도 업무로 하고 있다.
>
> ㉢ 독일 검찰은 공소권만 갖고 있고 수사권은 갖고 있지 않아 "팔 없는 머리"라 부른다.
>
> ㉣ 일본 경찰의 신경찰법에서는 민주화의 요청을 위하여 경찰운영의 단위를 도도부현으로 하고 경찰조직을 모두 도도부현경찰로 일원화하였다.
>
> ㉤ 중국 경찰의 직무범위는 우리나라 경찰보다 좁다.

① 2개   ② 3개   ③ 4개   ④ 5개

⁑ **정답:** ③

※ **해설:**

㉠ 2000년부터 자치제경찰로 변화하여 '**내무부장관**', '**경찰위원회(대런던의회)**', '**경찰청장**'의 3원체제를 갖추게 되었다.

㉢ 독일 검찰은 수사권을 가지고 있지만, **자체적인 집행기관을 가지고 있지 않으며, 자체수사인력 및 수사장비가 전무하기 때문에 "팔 없는 머리"로 불린다.**

㉣ 일본 경찰의 신경찰법에서는 **능률화 요청을 위하여** 경찰운영의 단위를 시·정·촌에서 도도부현으로 격상하고 경찰조직을 모두 도도부현경찰로 격상하고 일원화하였다.

㉤ 중국 경찰은 **수사와 범죄예방의 경찰업무뿐만 아니라 호적정리, 소방, 출입국관리, 외국인주거관리, 변경지대 경비 등의 업무**도 행하고 있어 **광의의 경찰에 해당**된다.

8. 다음 인터폴 중앙사무국 소속기관 중 옳은 것은?   08.7 순경

① 영국 – 중대조직범죄청(SOCA)

② 미국 – 국토안보부(DHS)

③ 프랑스 – 경찰청 국제협력국

④ 중국 – 공안부 변방관리국

⁑ **정답:** ①

※ 해설: ▶ 각국의 인터폴(Interpol) 중앙사무국 소속기관

국가	소속기관
한국	경찰청 외사국 외사수사과 인터폴팀
영국	중대·조직범죄청(SOCA)
미국	연방 법무부
독일	연방범죄수사국(BKA, 연방범죄수사청)
프랑스	내무부 형사국(사법경찰국) 공조수사과
일본	장관관방 국제부
중국	공안부 형사정사국

9. 각국의 국제형사경찰기구 국가중앙사무국의 운영부서가 잘못 짝지어진 것은?　　　07.10 순경
① 독일 – 연방범죄수사국(BKA)
② 미국 – 연방법무부
③ 중국 – 공안부 형사정사국
④ 프랑스 – 국제협력국(SCTIP)

▸ **정답:** ④
※ **해설:** 프랑스 – **내무부 형사국(사법경찰국)**

제4장

경찰법학

제1절 경찰법의 개요

1. 다음 설명 중 틀린 것은?   03.1. 승진
① 경찰행정의 궁극적인 목적은 국민 공통의 이익을 도모하기 위한 공공적 서비스이다.
② 국민주권의 원리 하에서 경찰행정은 국민의 뜻에 따라 행해져야 한다.
③ 일부 위정자의 독단으로 결정되는 경찰행정은 지양되어야 한다.
④ 경찰활동은 사전절차의 준수 등 절차법적인 의무가 없는 것이 특징이다.

정답: ④
해설: ▶ 경찰행정의 목적

> ㉠ 경찰행정의 목적은 **국가가 국민 공통의 이익을 도모하기 위해 행하는 공공적 서비스활동**이며,
> ㉡ 국민주권의 원리 하에서 경찰행정은 국민의 뜻에 따라 행해져야 하며,
> ㉢ 일부 위정자의 독단으로 결정되는 경찰행정은 지양되어야 한다.
> ☞ 오늘날 경찰행정 등 국민의 권리를 침해하는 행정분야에서는 **사전절차의 준수 등 절차적 권리가 강조**되고 있다.

2. 다음 중 실질적 의미의 행정에는 속하나 형식적 의미의 행정이 아닌 것은?   10.3 순경
① 대통령령의 제정   ② 국회사무총장의 직원 임명
③ 행정심판의 재결   ④ 지방공무원 임명

정답: ②
해설: ▶ 형식적 의미와 실질적 의미의 행정·입법·사법 비교

구분	형식적 의미의 입법	형식적 의미의 사법	형식적 의미의 행정
실질적 의미의 입법	법률제정	대법원규칙의 제정	㉠ 긴급명령의 제정 ㉡ 대통령령 및 부령의 제정 ㉢ 조례 및 규칙 제정
실질적 의미의 사법		재판작용	㉠ 행정심판의 재결 ㉡ 소청심사위원회의 재결정 ㉢ 통고처분
실질적 의미의 행정	국회사무총장의 직원임명	일반법관의 임명	㉠ 이발소 영업허가 ㉡ 운전면허처분 ㉢ 조세부과처분 ㉣ 군 당국의 징발처분 ㉤ 무허가건물에 대한 행정대집행

3. 경찰행정활동은 법에 구속된다는 의미에서의 법과 경찰활동의 관계에 관한 다음 설명 중 잘못된 것은?

03.1 승진

① 법률의 우위란 어떠한 경찰활동도 경찰활동을 제약하는 법률의 규정을 위반해서는 안 된다는 원칙으로서 제약규범이라고도 한다.

② 법률유보의 원칙이란 경찰권의 발동은 반드시 개별적인 법률의 근거를 요한다는 것으로, 경찰기관은 근거규범이 없으면 자기의 판단에 따라 독창적으로 행위할 수 없다.

③ 경찰기관의 활동은 조직규범으로서의 법률에 정해진 범위 내에서 행해져야 한다.

④ 경찰관이 조직법상의 직무범위 외의 행위를 하게 되면 그것은 직무행위로 볼 수 없으나, 그 효과는 국가에 귀속된다.

▪ 정답: ④

▓ 해설: ▶ 조직규범(합법성의 원칙)

> ① 모든 경찰기관의 활동은 법률(경찰법 제3조)에 정해진 권한의 범위 내에서 행해져야 한다.
> ② 경찰관이 조직법상의 직무범위 외의 행위를 하더라도 그것은 직무행위로 볼 수 없으며, 그 효과는 국가에 귀속되지 않는다.
> ③ 경찰관의 행위는 조직법에 근거가 있을 때 비로소 경찰기관의 행위가 되며, 경찰작용으로 인정되는 것이다.

4. 경찰기관의 활동은 "법률에 정해진 권한 범위 내에서 행하여져야 한다."는 것은 무엇을 말하는가?

07.3 경간부

① 조직규범
② 근거규범
③ 제약규범
④ 법률유보의 원칙

▪ 정답: ①

▓ 해설: 경찰기관의 활동은 조직규범으로서의 **법률에 정해진 범위 내에서 행해져야 한다.**

5. 경찰의 활동이 경찰법 제3조에서 정한 직무범위 외의 것이라면, 그것은 경찰의 직무행위로 볼 수 없고 그 효과도 국가에 귀속되지 않는다는 내용과 관계가 깊은 것은

04.4 순경, 05.3 순경

① 근거규범
② 제약규범
③ 법률의 우위
④ 조직규범

▪ 정답: ④

▓ 해설: 경찰관이 조직법상의 직무범위 외의 행위를 하더라도 그것은 직무행위로 볼 수 없으며, 그 **효과는 국가에 귀속되지 않는다.**

6. 경찰기관의 활동은 "법률에 일정한 행위를 일정한 요건에 수행하도록 수권하는 규정이 없으면 자기의 판단에 따라 독창적으로 행위를 할 수 없다."는 원칙과 관계 깊은 것은?   02.3 순경, 03.7 순경

① 조직규범   ② 제약규범
③ 법률유보   ④ 법률의 우위

정답: ③

※ 해설: ▶ 법률의 유보(법치주의의 적극적 기능)

> 행정권은 법률의 수권이 있는 때, 즉 **법률에 근거가 있는 때에만 발동될 수 있다는 원칙**을 말한다. 그러나 **모든 행정작용에 법률의 근거를 요구하는 것은 아니고, 비권력적 작용은 이를 요하지 않는다.** 따라서 행정활동 중에는 반드시 법적 근거를 요하는 행위도 있고, 행정청의 재량에 맡겨 둘 영역도 필요한데 그의 적용범위에 관하여는 논의가 있다.

7. 법과 경찰활동과의 관계에서 경찰행정작용은 다음 3가지 차원에서 법에 구속된다고 한다. 다음 빈칸에 적합한 순서로 짝지어진 것은?   02.10 순경

> (   ) 규범으로 경찰활동은 법률에 정해진 범위 내에서 행해져야 한다.
> (   ) 규범으로 경찰활동은 법률의 규정에 위반해서는 안 된다.
> (   ) 규범으로 경찰기관은 수권 규정 없이 자기 판단에 따라 독창적으로 행위를 할 수 없다.

① 제약 – 조직 – 근거
② 조직 – 제약 – 근거
③ 근거 – 조직 – 제약
④ 제약 – 근거 – 조직

정답: ②

※ 해설: ▶ 법과 경찰행정의 관계

조직규범 **(합법성의** **원칙)**	① 모든 경찰기관의 활동은 **법률(경찰법 제3조)에 정해진 권한의 범위 내**에서 행해져야 한다. ② 경찰관이 조직법상의 직무범위 외의 행위를 하더라도 그것은 직무행위로 볼 수 없으며, 그 효과는 국가에 귀속되지 않는다.
제약규범 **(=저촉규범)** **(법률우위** **의 원칙)**	① **법률은 행정에 우위에 있으므로, 경찰관청은 법률에 저촉하는 명령을 발할 수 없다는 원칙**이다. ② **어떠한 경찰활동도** 경찰활동을 제약하는 법률의 규정에 위반해서는 안 된다. ③ 법률우위의 원칙은 행정의 성질에 관계없이 경찰행정의 **모든 영역에서 적용**되며, 법치주의의 소극적 기능에 해당하게 된다.
근거규범 **(=수권규범)** **(법률유보** **의 원칙)**	① **일정한 경찰권 발동에는 개별적인 법률의 근거(수권)을 요한다는 원칙**이다. ② **경찰기관은 근거규범이 없을 경우 경찰기관은 자기의 판단에 따라 독창적으로 행위를 할 수 없다.** ③ 법률유보는 논의대상은 **조직법적 근거가 아니라 작용법(수권규범, 근거규범)적 근거이며, 일정한 영역에만 적용**된다.

8. 다음 중 일반적으로는 형식적 효력이 가장 상위인 법규범은?　　　01.1 승진
① 국제조약
② 대통령령
③ 조례
④ 규칙

정답: ①
※ **해설:** 일반적으로 법의 효력단계는 **헌법 – 법률 – 조약·국제법규 – 명령 – 조례 – 규칙**의 순이다.

9. 경찰행정의 법원에 대한 설명으로 틀린 것은?　　　02.5 해경
① 성문법이 차지하는 비중이 크다.
② 조리가 최후의 보충적 법원이라고 할 수 있다.
③ 지방자치단체의 조례로 벌금을 부과할 수 있다.
④ 지방자치경찰제도가 도입되면 조례 및 규칙 등 자치법규가 중요한 법원이 될 것이다.

정답: ③
※ **해설:** 조례로서는 조례위반행위에 대하여 **1천만 원 이하의 과태료**를 정할 수 있는 데 그친다. 따라서 **조례로서는 형벌을 부과할 수 없다.**

10. 경찰행정 법원 중 성문법원에 대한 기술로 틀린 것은?　　　01.7 순경, 03.7 순경
① 헌법에 의하여 체결·공포된 조약과 일반적으로 승인된 국제법규는 국내법과 같은 효력을 가진다.
② 행정기관이 법률을 집행하기 위하여 필요한 부수적·세목적 규정을 정하는 경우를 집행명령이라고 한다.
③ 지방자치단체인 의회가 제정한 조례로 형벌을 부과할 수 있다.
④ 현행 국가경찰체제에서 조례와 규칙은 경찰활동과 관련성이 적다.

정답: ③
※ **해설:** 조례로서는 조례위반행위에 대하여 **1천만 원 이하의 과태료**를 정할 수 있는 데 그친다. 따라서 **조례로서는 형벌을 부과할 수 없다.**

11. 다음 경찰법의 법원에 관할 설명 중 바른 것은?　　　04.3 순경
① 훈령에 의한 행정선례법의 변경은 법률의 변경에 의하지 않는 한 불가하다고 보아야 한다.
② 행정상의 법률관계는 모두 성문법규로 규율되므로 불문법은 경찰법의 법원이 될 수 없다.
③ 훈령은 법령의 구체적인 근거 없이 발할 수 없다.
④ 현행법상 법의 일반원칙이 성문화되어 있는 사례는 찾아볼 수 없다.

정답: ①
※ **해설:**
② 행정상의 법률관계는 모두 성문법규로 규율되므로 **불문법은 경찰법의 보충적 법원이 될 수 있다.**
③ 훈령은 법령의 **구체적인 근거 없이 발할 수 있다.**
④ 현행법상 법의 **일반원칙이 성문화되어 가는 추세에 있다.**

12. 다음 중 법과 경찰활동의 관계에 대한 설명으로 가장 적절하지 않은 것은?   11.2 순경
① 어떠한 경찰활동도 경찰활동을 제약하는 법률의 규정에 위반해서는 안 된다는 것을 법률우위의 원칙이라
  한다.
② 법률에 일정한 행위를 일정한 요건 하에 수행하도록 수권하는 근거규정이 없으면 경찰기관은 자기의 판
  단에 따라 독창적으로 행위를 할 수 없다는 것을 법률유보의 원칙이라 한다.
③ 경찰기관의 활동은 조직규범으로서의 법률에 정해진 범위 내에서 행해져야 한다.
④ 경찰행정의 성문법원으로는 헌법, 법률, 국제조약, 명령, 행정규칙, 조리가 있다.

☘ 정답: ④
※ 해설: 성문법원으로는 헌법, 법률, 명령, 국제조약, 자치법규가 있으며, **불문법원으로는 관습법, 판
  례법, 조리가 있다.**

13. "경찰법의 법원이 될 수 없다."는 것에 학설이 일치하는 것은?   99.1 승진
① 경찰관습법   ② 경찰처분
③ 조례   ④ 경찰관직무집행법 시행령

☘ 정답: ②
※ 해설: 경찰처분은 경찰법의 법원이 될 수 없다.

14. 다음 중 특별경찰행정의 법원(法源)이라 볼 수 없는 것은?   03.2 경간부
① 건축법   ② 공중위생법
③ 식품위생법   ④ 경찰법

☘ 정답: ④
※ 해설: ▶ 일반경찰행정법과 특별경찰행정법의 구별

	일반경찰행정법	특별경찰행정법
조직법	경찰법, 경찰공무원법, 전투경찰대설치법 등	식품위생법, 폐기물관리법, 건축법, 공중위생관리법, 의료법, 약사법, 전염병예방법 등
작용법	경찰관직무집행법, 경찰직무응원법, 행정절차법, 도로교통법, 국가배상법, 행정심판법, 행정소송법, 형사소송법 등	

15. 행정법의 법원(法源)에 관한 설명 중 가장 옳지 않은 것은?   10.3 순경
① 법률의 위헌결정은 법원을 기속하나, 국가기관 및 지방자치단체는 기속하지 못한다.
② 현행법상 조약이 국내법보다 우선적으로 적용된다고 명문으로 규정한 경우가 있다.
③ 행정절차법 제4조 제2항에서는 행정선례법의 존재를 인정하고 있다.
④ 법원조직법에는 상급법원의 재판에 있어서의 판단은 당해 사건에 관하여 하급심을 기속한다는 규정이 있다.

☘ 정답: ①
※ 해설: 법률의 위헌결정은 **법원, 국가기관 및 지방자치단체를 기속**한다.

16. 다음 중 성격이 다른 것은?   02.1 승진

① 훈령   ② 예규   ③ 일일명령   ④ 행정안전부령

❖ **정답:** ④

❋ **해설: 행정안전부령은 경찰법의 법원**이다.

17. 행정입법에 대한 설명으로 옳은 것은 몇 개인가?   10.2 경간부

> ㉠ 법규명령에 위반한 경우 무효임에 반해, 행정규칙에 위반한 자의 행위는 취소된다.
> ㉡ 법규명령은 일반통치권에 의해 발해지나, 행정규칙은 특별권력에 의하여 발해진다.
> ㉢ 법규명령은 공포를 요하나, 행정규칙은 공포를 요하지 않는다.
> ㉣ 법규명령은 법규성이 있으나, 행정규칙은 법규성이 없다.
> ㉤ 법규명령은 법률유보의 원칙과 법률우위의 원칙이 적용되나, 행정규칙은 법률우위의 원칙만 적용된다.
> ㉥ 행정규칙의 제정에는 원칙적으로 법률의 위임을 요하지 않는다.
> ㉦ 법규명령에는 위임명령과 집행명령이 있다.
> ㉧ 위임명령과 집행명령은 법률의 명시적 수권이 있을 것을 요한다.
> ㉨ 집행명령은 법률 또는 상위명령의 규정범위 안에서 그 집행에 관한 세부적 사항을 정하는 명령이다.

① 5개   ② 6개   ③ 7개   ④ 8개

❖ **정답:** ④(㉡㉢㉣㉤㉥㉦㉧㉨)

❋ **해설: ㉠ 법규명령에 위반한 경우 무효 또는 취소사유가 되며**, 행정규칙에 위반한 자의 행위는 위법이 아니며, 행위 자체의 효력의 효력에는 영향이 없어 유효하다.

18. 다음은 행정입법에 대한 설명이다. 가장 거리가 먼 것은?   06.1 승진

① 법규명령은 일반적으로 대외적 구속력을 갖기 때문에 법규명령에 반하는 행정권 행사는 위법하다.

② 위임명령은 법률이나 상위명령에서 구체적으로 범위를 정한 개별적인 위임이 있을 때에 가능하다.

③ 집행명령은 상위법령의 집행 시 필요한 절차나 형식을 정하는 데 그쳐야 하며 새로운 법규사항을 정하여서는 안 된다.

④ 행정규칙은 국민의 권리 의무와 밀접한 관련을 가지고 있기 때문에 그 발령에는 개개의 법률에 의한 구체적인 수권이 필요하다.

❖ **정답:** ④

❋ **해설:** 행정규칙의 제정에는 **원칙적으로 법률의 위임을 요하지 않는다.**

19. 행정규칙에 대한 설명이다. 가장 거리가 먼 것은?   05.2 경간부

① 행정규칙은 대외적 구속력을 갖고 있으므로 위반하면 반드시 위법이 된다.

② 재량준칙의 제정은 행정청에게 재량권이 인정되는 경우에만 가능하며 행정청이 기속권만을 갖는 경우에는 인정되지 않는다.

③ 법규명령은 공포를 요하나 행정규칙은 공포를 요하지 않는다.

④ 법규명령의 형식을 취하고 있지만 그 내용의 행정규칙의 실질을 가지는 경우 판례는 당해 규범을 행정규칙으로 보고 있다.

❖ **정답:** ①

❋ **해설:** 행정규칙은 상급기관이 하급기관의 활동을 규율하는 것이기 때문에 **대외적 구속력이나 법규성은 없고, 대내적 구속력만 있고** 이를 위반하면 반드시 위법이 되는 것은 아니다.

20. 행정입법에 관한 판례의 내용으로 옳지 않은 것은?(다툼이 있으면 판례에 의함)   10.3 순경

① 구 주택건설촉진법 시행령 제10조의3 제1항의 영업정지처분 기준은 대통령령 형식으로 규정되어 있으나
그 성질은 행정기관 내부의 사무처리 준칙을 규정한 것이므로 행정명령의 성질을 가지는 것으로 본다.

② 재산제세사무처리규정이 국세청장의 훈령형식으로 되어 있다 하더라도 이에 의한 거래지정은 소득세법 시행
령의 위임에 따라 그 규정의 내용을 보충하는 기능을 가지면서 그와 결합하여 대외적 효력을 발생하게 된다.

③ 구 청소년보호법 시행령 제40조의 위반행위의 종별에 따른 과징금처분기준의 법적 성격은 법규명령이다.

④ 비상장주식의 양도가 현저히 유리한 조건의 거래로서 부당지원행위에 해당하는지 여부에 관하여 판단함에
있어서 공정거래위원회의 부당한지원행위의심사지침은 공정거래위원회 내부의 사무처리준칙에 불과하다.

❖ **정답:** ①

❀ **해설:** 구 주택건설촉진법 시행령 제10조의3 제1항 영업정지처분 기준은 대통령령 형식으로 규정되어 있으나
그 성질은 행정기관 내부의 사무처리 준칙을 규정한 것이므로 **행정규칙의 성질**을 가지는 것으로 본다.

21. 경찰법에 있어 판례법이 성립하기가 가장 곤란한 사항은?   03.9 순경

① 총기사용의 한계   ② 무효와 취소의 규별

③ 소송제기 기한   ④ 재량권 행사의 한계

❖ **정답:** ③

❀ **해설:** ▶ 판례형성 여부

판례법 형성(○)		판례법 형성(×)	
① 무기사용의 한계	② 음란의 개념	① 무기의 사용요건	② 구속의 사유
③ 무효와 취소의 구별	④ 재량권행사의 한계	③ 구속의 기간	④ 소송제기 시한

22. 다음 중 경찰법에 있어서 판례법에 대한 설명으로 옳지 않은 것은?   04.1 승진

① 판례법은 성문법이 결여되어 있는 경우에 형성된다.

② 판례법은 실정법이 불확정개념을 사용하고 있는 경우에도 형성된다.

③ 소송의 제기시한 같은 것이 판례법으로 형성될 수 있는 것이다.

④ 판례법은 당해 사건에 대해서는 기속력이 인정된다.

❖ **정답:** ③

❀ **해설:** **소송의 제기시한, 무기의 사용요건, 구속의 사유, 구속의 기간** 등과 같이 실정법에 명문화되
어 있는 사항에 대하여는 **판례법이 형성될 수 없다.**

23. 다음 중 조리와 경찰행정 법원(法源)에 대한 설명으로 옳지 않은 것은?   03.2 경간부

① 조리는 최후의 보충적 법원이라고 할 수 있다.

② 현실적으로 경찰활동과 조리와는 무관하다.

③ 경찰관직무집행법에 명문화된 비례의 원칙은 재량권의 한계를 설정하여 주는 원리이다.

④ 죄형법정주의는 조리법으로 보기에는 어려운 점이 있다.

❖ **정답:** ②

❀ **해설:** 조리는 성문법이나, 관습법, 판례법이 없는 경우에 적용되는 **최후의 보충적 법원**이다.

24. 행정법상 법의 일반원칙에 대한 다음 설명 중 가장 거리가 먼 것은?   03.1 승진

① 평등원칙은 모든 공권력 행사를 통제하는 법원이며, 특히 재량권과 관계가 깊다.

② 행정의 자기구속의 원리는 평등원칙에서 파생되었으며, 행정규칙에 따른 종래의 관행이 위법한 경우에는 행정청은 자기구속을 당하지 않는다.

③ 운전면허 취소사유에 해당하는 음주운전을 적발한 경찰관의 소속 경찰서장이 사무적으로 위반자에게 운전면허정지 처분을 한 상태에서 위반자의 주소지 관할 지방경찰청장이 위반자에게 운전면허취소 처분을 한 것은 선행처분에 대한 당사자의 신뢰 및 법적 안정성을 저해하는 것으로 볼 수 없다.

④ 신뢰보호의 원칙이 적용되기 위해서는 행정권의 행사에 관하여 상대방인 국민에게 신뢰를 주는 선행조치가 있어야 하며, 선행조치에 대한 관계인의 신뢰가 보호가치 있는 것이어야 한다.

➤ **정답:** ③

▓ **해설:** 운전면허 취소사유에 해당하는 음주운전을 적발한 경찰관의 소속 경찰서장이 **사무착오로 위반자에게** 운전면허정지 처분을 한 상태에서 위반자의 주소지 관할 지방경찰청장이 위반자에게 운전면허취소처분을 한 것은 선행처분에 대한 당사자의 신뢰 및 법적 안정성을 저해하는 것으로서 허용될 수 없다(대판 99두10520).

25. 다음의 신뢰보호 원칙에 관한 판례 중 옳지 않은 것은?   10.3 순경

① 민원팀장에 불과한 공무원이 민원봉사차원에서 상담에 응하여 안내한 것을 신뢰한 경우 신뢰보호의 원칙이 적용되지 않는다.

② 처분의 하자가 당사자의 사실은폐나 기타 사위의 방법에 의한 신청행위에 기인한 것이라면 당사자는 그 처분에 의한 이익이 위법하게 취득되었음을 알아 그 취소가능성도 예상하고 있었다고 할 것이므로, 그 자신이 위 처분에 관한 신뢰이익을 원용할 수 없다.

③ 국회에서 일정한 법률안을 심의하거나 의결한 적이 있다고 하더라고, 법률로 확정되지 아니한 이상 국가가 이해관계자들에게 위 법률안에 관련된 사항을 약속하였다고 볼 수 없으며, 이러한 사정만으로 어떠한 신뢰를 부여하였다고 볼 수 도 없다.

④ 헌법재판소의 위헌 결정은 행정청이 개인이 대하여 신뢰의 대상이 되는 공적인 표명을 한 것이라고 할 수 있어 그 결정에 관련한 개인의 행위에 대하여는 신뢰보호의 원칙이 적용된다.

➤ **정답:** ④

▓ **해설:** 헌법재판소의 위헌 결정은 행정청이 개인에 대하여 신뢰의 대상이 되는 공적인 표명을 한 것이라고 할 수 없어 그 결정에 관련한 **개인의 행위에 대하여는 신뢰보호의 원칙이 적용되지 않는다.**

26. 상급관청이 하급관청에 발하는 훈령에 대한 설명으로 틀린 것은?   02.10 순경

① 일일명령은 훈령에 포함되지 않는다.

② 개별적·구체적인 명령도 포함된다.

③ 훈령을 위반한 공무원에 대해서는 징계책임을 물을 수 있다.

④ 예외적으로 대외적 효력을 가지는 경우도 있다.

❧ **정답:** ①
❧ **해설:** ▶ **훈령의 종류**

협의의 훈령	상급경찰관청이 하급경찰관청의 권한행사를 **상당히 장기간에 걸쳐 일반적으로 지휘하기 위해 발하는 명령**
지시	상급경찰관청이 하급경찰관청에 대하여 **개별적·구체적으로 발하는 명령**
예규	반복적 **경찰사무의 기준을 제시하기 위해 발하는 명령**
일일명령	당직·출장·휴가 등의 **일일업무에 관하여 발하는 명령**

27. 다음 훈령의 종류 중 상급경찰관청이 하급경찰관청의 업무처리의 기준을 정하는 명령을 무엇이라 하는가?
03.1 승진
① 협의의 훈령   ② 예규
③ 지시   ④ 직무명령

❧ **정답:** ②
❧ **해설:** 예규는 반복적 **경찰사무의 기준을 제시하기 위해 발하는 명령이다.**

28. 다음 중 훈령에 관한 설명으로 바르지 못한 것은 무엇인가?
01.6 순경
① 훈령은 하급관청의 구성원에 변동이 있더라도 소멸되지 않는다.
② 훈령의 종류에는 협의의 훈령·지시·예규·일일명령이 있다.
③ 훈령은 원칙적으로 대외적 효력을 갖는다.
④ 훈령을 위반한 공무원에 대하여는 징계책임을 물을 수 있다.

❧ **정답:** ③
❧ **해설:** 하급경찰관청을 **대내적 구속만을 가질 뿐, 일반 국민에 대한 대외적 구속력을 갖지 못한다.**

29. 다음 중 훈령권에 대한 설명으로 적절하지 않은 것은?
01.7 순경
① 훈령은 경찰조직 내부에서 하급경찰관청에 대하여 발하는 명령이다.
② 비록 일반적인 법조의 형식을 취하더라도 법규가 아니다.
③ 훈령은 일반국민을 구속할 수 없다.
④ 훈령위반은 위법이 된다.

❧ **정답:** ④
❧ **해설:** 훈령이 법규의 성질을 갖지 않으므로 하급경찰관청의 법적 행위가 훈령에 위반하여 행해진
　　　　경우 **위법이 아니며, 행위 자체의 효력에는 영향이 없다(유효).**

30. 경찰청의 훈령과 서울지방경찰청의 훈령이 서로 모순되어 경합할 경우 서울 종로경찰서의 바른 태도는?
05.1 승진
① 경찰청장의 훈령을 따른다.   ② 서울지방경찰청장의 훈령을 따른다.
③ 먼저 발령된 훈령을 따른다.   ④ 훈령을 발한 행정관청의 협의결과를 기다린다.

▸ 정답: ②
※ 해설: ▶ 훈령의 경합

> ① 주관 상급관청의 훈령에 따라야 한다.
> **② 주관 상급관청이 서로 상하관계에 있는 때에는 직근 상급관청의 훈령에 따라야 한다.**
> ③ 주관 상급관청이 불명확한 때에는 주관쟁의 방법으로 해결하여야 한다.

---

31. 훈령의 형식적 요건에 대해 바르게 설명한 항목의 개수로 가장 적절한 것은?　　　09.7 순경

> ㉠ 상위법규에 저촉되지 않을 것
> ㉡ 하급관청의 권한 내의 사항에 관한 것일 것
> ㉢ 정당한 권한을 가진 상급관청이 발한 것일 것
> ㉣ 하급관청의 직무상 독립성이 보장되어 있는 사항일 것
> ㉤ 적법성·타당성·공익적합성·실현가능성·명백성을 충족할 것

① 1개　　　　　　② 2개　　　　　　③ 3개　　　　　　④ 4개

▸ 정답: ②(㉡㉣)
※ 해설: ▶ 훈령의 요건

형식적 요건	① 훈령권 있는 상급관청이 발한 것일 것 ② **하급관청의 권한 내의 사항**에 관한 것일 것 ③ **직무상 독립된 범위에 속하는 사항**이 아닐 것
실질적 요건	① 훈령이 상위법규에 저촉되지 않을 것 ② 공익에 반하지 않을 것 ③ 실현 가능하고 명백할 것

---

32. 직무명령의 형식적 요건에 해당하지 않은 것은 모두 몇 개인가?　　　11.8 순경

> ㉠ 권한 있는 상관이 발한 것
> ㉡ 부하공무원의 직무범위 내의 사항일 것
> ㉢ 실현 가능성이 있을 것
> ㉣ 부하공무원의 직무상 독립이 보장된 것이 아닐 것
> ㉤ 그 내용이 법령과 공익에 적합할 것
> ㉥ 법정의 형식이나 절차가 있으면 이를 갖출 것

① 없음.　　　　② 1개　　　　③ 2개　　　　④ 3개

▸ 정답: ③(㉢㉤)
※ 해설: 직무명령 형식적 요건 및 실질적 요건

형식적 요건	① 권한이 있는 상관이 발할 것 ② 부하공무원의 직무상 독립된 범위에 속하는 사항이 아닐 것 ③ 직무명령을 발하는 데 있어 법정의 형식과 절차가 있으면 그를 구비할 것
실질적 요건	① 내용이 법령에 저촉되지 않아야 할 것 ② **공익에 적합할 것**

<table><tr><td>③ 실현 가능하고 명백할 것</td></tr></table>

33. 훈령과 직무명령의 성격으로 틀린 것은?   06.8 순경

① 훈령은 법규성이 있다.
② 직무명령은 법규성 없다.
③ 훈령은 상관이 바뀌면 당연히 효력을 상실하지 않는다.
④ 훈령은 직무명령적 성격을 가지지만 직무명령은 훈령적 성질을 갖지 않는다.

▪ 정답: ①
▩ **해설:** 훈령과 직무명령은 **법적 근거를 요하지 않다.**

34. 훈령과 직무명령의 비교에 대한 설명 중 바르지 못한 것은?   06.1 승진

① 직무명령은 훈령의 성격을 갖지 못한다.
② 하급경찰관청의 권한행사에 대한 명령이 훈령이다.
③ 직무명령의 효력은 경찰공무원의 변동여부에 영향을 받지 않는다.
④ 훈령은 원칙적으로 일반적 · 구체적 사항에 대해서도 발해질 수 있다.

▪ 정답: ③
▩ **해설:** 직무명령은 경찰공무원 개인을 구속하므로 **경찰공무원의 변경 · 교체에 의해 당연히 효력을 상실하게 된다.**

35. 훈령과 직무명령에 대한 설명 중 옳지 않은 것은 모두 몇 개인가?   05.7 순경

> ㉠ 상관이 발한 직무명령이 위법한 것일 때는 자기의견을 진술할 수 있으며 복종의무가 없다.
> ㉡ 훈령에 위반한 행위는 위법이 아니며 징계사유도 될 수 없다.
> ㉢ 직무명령은 훈령의 성격을 갖지 못한다.
> ㉣ 훈령과 직무명령은 법적 근거 없이도 발령이 가능하다.

① 1개   ② 2개   ③ 3개   ④ 4개

▪ 정답: ①(㉡)
▩ **해설:** 훈령에 위반한 행위는 **위법이 아니며 징계사유가 된다.**

제2절 경찰조직법

1. 다음 중 경찰조직법에 관한 설명으로 바르지 못한 것은?   02.3 순경
① 경찰조직에 관한 기본법은 경찰법이다.
② 정부조직법에서는 경찰의 조직과 그 직무에 관하여 규정하고 있다.
③ 경찰조직법은 경찰의 존립근거에 관한 근거를 부여하는 법이다.
④ 경찰법이 제정되기 이전에 우리 경찰의 근거법은 정부조직법이다.

❖ 정답: ②
❄ 해설: ▶ 기본법

> ① 정부조직법: **국가의 행정조직에 관한 기본법**
> ② 경찰법: **경찰조직에 관한 기본법**

2. 다음은 경찰조직법에 관한 설명이다. 잘못 기술된 것은?   02.3 순경
① 국가의 행정조직에 관한 기본법은 정부조직법이다.
② 정부조직법상에 경찰의 설치와 조직 및 직무범위에 대하여 규정하고 있다.
③ 경찰조직에 관한 기본법은 경찰법이다.
④ 경찰법은 경찰에 대한 국민의 통제와 참여를 위하여 경찰위원회를 두고 있다.

❖ 정답: ②
❄ 해설: 경찰법은 국가경찰의 민주적인 관리·운영과 효율적인 임무수행을 위하여 **국가경찰의 기본
        조직 및 직무 범위**와 그 밖에 필요한 사항을 규정함을 목적으로 한다. 정부조직법은 국가행
        정사무의 체계적이고 능률적인 수행을 위하여 국가행정기관의 설치·조직과 직무범위의 대
        강을 정함을 목적으로 한다. **중앙행정기관의 설치와 직무범위**는 법률로 정한다.

3. 행정주체에 대한 설명 중 틀린 것은?   05.2 경간부

> ㉠ 행정을 행할 권리와 의무를 가지며, 자기의 이름과 책임 하에 행정을 실시하는 법인이 행정 주체이
>   다.
> ㉡ 행정주체에는 국가와 지방자치단체, 그 밖에 영조물법인과 공공조합이 있다.
> ㉢ 현행 경찰법상 국가와 지방자치단체는 경찰행정주체이다.
> ㉣ 자치경찰제를 시행하게 되면 지방자치단체도 경찰행정의 주체가 된다.
> ㉤ 국가·지방자치단체가 주체이다.
> ㉥ 행정법과 관계하여 행정권행사의 법적 효과가 귀속되는 당사자를 말한다.

① 없다.   ② 1개   ③ 2개   ④ 모두

❖ 정답: ②(㉢)
❄ 해설: **국가는 경찰행정의 주체가 될 수 있으나 지방자치단체는 경찰행정의 주체가 아니다.**

4. 행정주체에 대한 다음 설명 중 틀린 것은?   05.1 승진

① 자기명의와 책임 하에 행정을 실시하는 법인을 말한다.

② 행정주체에는 국가와 지방자치단체가 있다.

③ 국가와 지방자치단체는 형식적 의미의 경찰행정 주체이기도 하다.

④ 영조물법인과 공공조합도 행정주체이다.

: 정답: ③

※ 해설: 현행 경찰법은 국가경찰제도를 채택하고 있으므로 **국가는 경찰행정 주체**이지만, 자치단체는 경찰행
정 주체가 아니다. 단, **제주특별자치도는 자치경찰을 인정하고 있어 경찰행정의 주체**가 된다.

5. 1991년 제정된 경찰법에 대한 설명 중 틀린 것은?   07.1 승진

① 경찰법은 민주적인 관리운영과 효율적인 임무수행을 기본 목적으로 설정하여 민주성과 효율성이라는 경
찰행정의 기본이념을 분명히 제시하였다.

② 지방경찰청은 경찰청 소속이다.

③ 국민통제 등 민주적 요소를 도입하면서 경찰위원회를 설치하였다.

④ 경찰청장이 관청으로 전환되는 계기가 되었다.

: 정답: ②

※ 해설: 특별시장, 광역시장, 도지사 소속하에 지방경찰청을 두고, 지방경찰청장 소속 하에 경찰서를 둔다.

6. 다음 경찰행정관청에 대한 설명 중 틀린 것은?   05.2 경간부

① 행정주체의 법률상의 의사를 결정하여 외부에 표시하는 권한을 가지는 기관을 말한다.

② 경찰청장, 지방경찰청장, (해양)경찰서장이 현행 경찰법상 경찰행정관청이다.

③ 상급의 경찰관청이 하급의 경찰관청을 지휘·감독하는 상명하복의 구조는 아니다.

④ 행정책임은 종국적으로 최상급의 경찰관청이 경찰청장에게 귀속한다.

: 정답: ③

※ 해설: 상급의 경찰관청이 하급의 경찰관청을 지휘·감독하는 **상명하복의 구조**이다.

7. 다음 경찰행정기관의 성격에 대한 연결 중 틀린 것은?   96.1 승진, 97.1 승진

① 경찰위원회 – 자문기관

② 산림청장 – 특별경찰기관

③ 경찰청차장 – 보조기관

④ 순경, 경장 – 일반경찰집행기관

: 정답: ①

※ 해설: ▶ 경찰행정기관

보통 경찰 기관	경찰 행정관청	보통경찰 행정관청	경찰청장	(최)상급경찰관청, 중앙보통경찰관청	행정안전부장관 소속
			지방경찰청장	중급경찰관청, 지방상급보통경찰관청	시 · 도지사 소속
			경찰서장	하급경찰관청, 지방하급보통경찰관청	지방경찰청장 소속
		특별경찰 행정관청	해양경찰청장, 지방해양경찰청장, 해양경찰서장	
	경찰 의결기관	경찰위원회, 징계위원회, 보안관찰심의위원회, 치안행정위원회, 자치경찰공무원인사위원회 등		
	경찰 자문기관	치안행정협의회, 경찰공무원인사위원회, 경찰청의 시민단체 · 경찰협력위원회		
	경찰보조기관	차장, 국장, 과장, 계장 등		
	경찰보좌기관	비서실, 홍보관리관, 외사관 등		
	경찰 집행기관	**보통경찰 집행기관**	경찰공무원 (순경 ~ 치안총감)	
		특별경찰 집행기관	소방공무원, 헌병, 전투경찰대, 해양경찰, 청원경찰	
특별 경찰 기관	협의의 행정 경찰기관	보건복시무(위생경찰), 산림청장(산림경찰), 국토해양부장관(건축경찰)		
	비상경찰기관	계엄사령관, 위수사령관		
	상설기관	수도방위사령관		

8. 경찰기관의 종류는 경찰행정관청, 경찰의결기관, 경찰자문기관, 경찰보조기관, 경찰집행기관 등이다. 각 기관과 관련하여 다음에서 적절하지 않은 것은 모두 몇 개인가?   11.8 순경

> ㉠ 경찰행정관청에는 경찰청장, 지방경찰청장, 경찰서장, 지구대장 등이 해당한다.
> ㉡ 경찰위원회, 치안행정협의회는 경찰자문기관이다.
> ㉢ 경찰집행기관은 치안총감, 치안정감, 치안감, 경무관, 총경, 경정, 경감, 경위, 경사, 경장, 순경 등에 해당한다.
> ㉣ 경찰청의 차장이나 과장은 보조기관이다.

① 1개   ② 2개   ③ 3개   ④ 4개

⁑ 정답: ②

※ 해설:
㉠ 경찰행정관청에는 **경찰청장, 지방경찰청장, 경찰서장**이 이에 해당한다.
㉡ **경찰위원회는 의결기관**이며, **치안행정협의회는 경찰자문기관**이다.

9. 다음 경찰관청에 대한 설명 중 틀린 것은?   96.1 승진
① 지방경찰청장은 지방상급 보통경찰관청이다.
② 경찰서장은 지방하급 보통경찰관청이다.
③ 경찰청장은 최상급 중앙보통경찰관청이다.
④ 경찰청장은 최상급 고등경찰관청이다.

⁑ 정답: ④

※ 해설: 경찰청장은 **최상급보통경찰관청**이다.

10. 우리나라 지방경찰조직에 관한 설명 중 타당한 것은?   08.10 순경
① 지방경찰청은 시·도지사 소속하에 둔다.
② 서울지방경찰청장은 치안정감, 제주지방경찰청장은 경무관이다.
③ 지방경찰청장은 시·도지사 지휘 감독을 받는다.
④ 지방경찰청장은 치안행정협의회 위원장이 된다.

❖ **정답:** ①
※ **해설:**
② 서울 및 경기지방경찰청장은 치안정감, **나머지 지방경찰청장은 치안감**이다.
③ 지방경찰청은 **경찰청장의 지휘감독**을 받는다.
④ **부지사, 부시장이 치안행정협의회 위원장**이 된다.

11. 다음 중 해양경찰에 대한 설명으로 옳지 않은 것은?   06.10 순경

> ㉠ 해양경찰서장은 해양경찰청장의 지휘감독을 받는다.
> ㉡ 정비창은 책임운영기관이다.
> ㉢ COSPAS-SARSAT(코스파스-살샛)은 해양범죄분석시스템이다.
> ㉣ 해양경찰청장은 경찰청장의 지휘감독을 받는다.
> ㉤ 해양경찰도 경찰공무원법의 적용을 받으며, 경찰관직무집행법에 의한 직무를 수행한다.

① 1개   ② 2개   ③ 3개   ④ 4개

❖ **정답:** ②
※ **해설:**
㉢ COSPAS-SARSAT(코스파스-살샛)은 **해양경비구난활동에 관한 시스템**이다.
㉣ 해양경찰청장은 **국토해양부장관의 지휘·감독**을 받아 소관사무를 관장하고, 소속공무원 및 소속 경찰기
　관의 장을 지휘·감독한다.

12. 다음 중 해양경찰에 관한 설명으로 옳지 않은 것은?   01.5 순경
① 관청으로 해양경찰청장과 해양경찰서장이 있다.
② 해양경찰서장은 해양경찰청장의 지휘감독을 받는다.
③ 해양경찰청장은 경찰청장의 지휘감독을 받는다.
④ 해양경찰도 경찰공무원법의 적용을 받으며, 경찰관직무집행법에 의한 직무를 수행한다.

❖ **정답:** ③
※ **해설:** 해양경찰청장은 **국토해양부장관의 지휘·감독**을 받아 소관사무를 관장하고, 소속공무원 및
　　　　소속 경찰기관의 장을 지휘·감독한다.

13. 경찰위원회에 대한 설명 중 틀린 것은?   08.1 승진
① 경찰위원회의 위원은 위원장 1인을 제외한 7인의 위원으로 하고, 상임위원은 정무직 차관급으로 한다.
② 위원 중 2인의 법관의 자격이 있어야 한다.
③ 위원은 행정안전부장관의 제청으로 국무총리를 거쳐 대통령이 임명한다.
④ 당적을 이탈한 날로부터 3년이 경과하지 않는 자는 위원이 될 수 없다.

❖ **정답:** ①

▓ **해설:** 경찰 위원회의 위원은 **위원장 1인을 포함한 7인의 위원**으로 하고, 상임위원은 정무직 차관급으로 한다.

14. 경찰위원회에 대한 다음 설명 중 맞는 것은?　　　　　　　　　　04.1 승진, 05.1 승진
① 위원회의 회의는 재적위원 과반수의 출석과 출석위원 과반수의 찬성으로 의결한다.
② 선거에 의해 취임하는 공직에서 퇴직한 다음해로부터 3년이 경과되지 아니한 자는 위원이 될 수 없다.
③ 위원은 경찰청장의 제청으로 국무총리를 거쳐 대통령이 임명한다.
④ 경찰위원회의 심의·의결된 내용이 부적당하다고 판단할 경우에는 경찰청장이 재의를 요구할 수 있다.

❖ **정답:** ①

▓ **해설:** ▶ **경찰위원회**

개념	**경찰법에 근거**하여 설치된 **행정안전부 소속**의 합의제 **심의·의결기관**으로 경찰청의 중요한 정책결정에 참여하면서 인권문제, 경찰발전을 위한 장기적 계획, **경찰의 민주적 운영과 정치적 중립을 목적**으로 한다.	
법적 근거	**경찰법**	
구성	**위원장**	① 위원장 1인을 포함한 7인 위원으로 구성, 위원장 및 5인의 위원은 비상임, **1인 위원은 상임(정무직 차관급)**으로 한다. ② 위원장은 **비상임위원 중에서 호선**하며, 위원장 유고시 상임위원, 연장자 순으로 직무대리를 한다. ③ 위원은 **비밀엄수와 정치운동금지 의무**가 있다.
	임명	① 위원은 **행정안전부장관 제청**으로 **국무총리를 거쳐 대통령이 임명**하며, 위원 중 2인은 법관의 자격이 있는 자이어야 한다. ② 행정안전부장관은 위원을 제청함에 있어서 **국가경찰의 정치적 중립이 보장**되도록 하여야 한다.
	결격 사유	① 당적을 **이탈한 날부터 3년**이 경과하지 아니한 자 ② 선거에 의하여 취임하는 공직에서 **퇴직한 날로부터 3년**이 경과되지 아니한 자 ③ 경찰·검찰·국가정보원 직원, 군인직에서 **퇴직한 날로부터 3년**이 경과되지 아니한 자 ④ 국가공무원법 제33조 국가공무원 결격사유에 해당하는 자
	임기	**위원의 임기는 3년으로 하며 연임할 수 없다.** 보궐위원의 임기는 전임자의 잔임기간으로 한다.
재의 요구권	① 행정안전부장관은 경찰위원회의 의결사항이 부적정하다고 판단될 때에는 **10일 이내 제의를 요구**할 수 있고, 이 경우 **위원회는 7일 이내 재의결**하여야 한다. ② **경찰위원회는 법문상 심의·의결기관**이나, 행정안전부장관에게 재의 요구권이 있어 행정관청의 의사를 구속하지 못하여 사실상 심의기관에 가깝다는 평가를 받고 있다.	
운영 및 규정	① 위원회의 사무는 경찰청 경무기획국에서 수행한다. ② 위원회의 회의는 **재적위원 과반수의 출석과 출석위원 과반수의 찬성으로 의결**한다.	

15. 경찰위원회에 관한 설명 중 가장 적절하지 않은 것은?   11.8 순경

① 경찰위원회는 경찰의 정치적 중립성을 보장하기 위하여 행정안전부에 설치한 독립적 심의·의결 기구이다.

② 위원회는 위원장 1인을 포함한 7인의 위원으로 구성되며 위원장 및 5인의 위원은 비상임 위원, 1인은 상임위원이다.

③ 위원장은 비상임 위원 중 호선으로 하며 유고 시 상임위원, 연장자 순으로 위원장의 직무를 대리한다.

④ 행정안전부장관은 경찰위원회의 의결사항이 부적당하다고 판단될 때에는 재의요구를 할 수 있는데, 재의요구는 7일 이내에 하여야 하고, 경찰위원회는 10일 이내에 재의결하여야 한다.

❖ **정답:** ④

❈ **해설:** 행정안전부장관은 경찰위원회의 의결사항이 부적정하다고 판단될 때에는 10일 이내 제의를 요구할 수 있고, 이 경우 위원회는 **7일 이내 재의결**하여야 한다.

16. 민주적 통제장치인 경찰위원회에 대한 설명으로 틀린 것은?   06.3 순경

① 행정안전부 소속이다.

② 심의·의결기관이다.

③ 위원의 임기는 3년이며 연임할 수 없다.

④ 경찰청장이 재의요구권을 갖고 있어서 경찰위원회의 기능 제약적인 요소가 된다.

❖ **정답:** ④

❈ **해설:** **행정안전부장관**은 경찰위원회의 의결사항이 부적정하다고 판단될 때에는 10일 이내 제의를 요구할 수 있고, 이 경우 위원회는 7일 이내 재의결하여야 한다.

17. 다음 중 경찰위원회의 심의·의결 사항으로 잘못된 것은?   02.7 승진

① 경찰인사 등에 관한 주요 정책 및 경찰업무발전에 관한 사항

② 인권보호와 관련된 경찰의 운영·개선에 관한 사항

③ 경찰임무 외에 다른 국가기관으로부터의 업무협조 요청에 관한 사항

④ 지방경찰청장 및 경찰청장이 중요하다고 인정하여 위원회에 부의한 사항

❖ **정답:** ④

❈ **해설:** ▶ **경찰위원회의 임무와 권한**

심의· 의결권	① 국가경찰의 인사·예산·장비·통신 등에 관한 주요정책 및 국가경찰업무 발전에 관한 사항 ② 인권보호와 관련되는 경찰의 운영·개선에 관한 사항 ③ 국가경찰임무 외의 다른 국가기관으로부터의 업무협조요청에 관한 사항 ④ 제주특별자치도의 자치경찰에 대한 국가경찰의 지원·협조 및 협약체결의 조정 등에 관한 주요 정책사항
동의권	**경찰청장 임명에 있어서 동의권을 행사**한다.

18. 경찰위원회에 대한 설명으로 틀린 것은?   09.7 순경
① 위원장 1인을 포함하여 7인의 위원으로 구성되며, 위원장 및 5인의 위원은 비상임이고 1인의 위원은 상임이다.
② 의결은 재적위원 과반수의 출석과 출석위원 과반수의 찬성으로 한다.
③ 행정안전부장관은 과반수의 출석과 출석위원 과반수의 찬성으로 한다.
④ 위원의 임기는 3년으로 하며, 중임할 수 없다.

정답: ④
※ **해설:** 위원의 **임기는 3년으로 하며, 연임할 수 없다.**

19. 경찰위원회에 대한 설명 중 옳은 것은?   09.1 승진
① 위원은 경찰청장의 제청으로 국무총리를 거쳐 대통령이 임명한다.
② 위원장의 임기는 3년으로 하며, 연임할 수 있다.
③ 위원장은 대통령이 지명한다.
④ 경찰 · 검찰 · 국가정보원 직원 또는 군인의 직에서 퇴직한 날로부터 3년이 경과되지 아니한 자는 위원이
   될 수 없다.

정답: ④
※ **해설:**
① 위원은 **행정안전부장관 제청**으로 국무총리를 거쳐 대통령이 임명한다.
② 위원장의 임기는 3년으로 하며, **연임할 수 없다.**
③ 위원장은 지명이 아니고, **비상임위원 중에서 호선한다.**

20. 다음 중 경찰위원회에 대한 설명으로 옳지 않은 것은?   09.1 승진
① 국가경찰의 인사 · 예산 · 장비 · 통신 등에 관한 주요 정책 및 경찰업무 발전에 관한 사항을 심의 · 의결한다.
② 위원회 회의는 재적위원 과반수의 출석과 출석위원 과반수의 찬성으로 의결한다.
③ 위원회는 위원장 1인을 포함한 7인으로 구성하고, 위원장은 임기 3년으로 연임할 수 없으며 대통령이 지명한다.
④ 경찰 · 검찰 · 국가정보원 또는 군인의 직에서 퇴직한 날로부터 3년이 경과되지 아니한 자는 위원이 될
   수 없다.

정답: ③
※ **해설:** ③ 위원장은 지명이 아니고, **비상임위원 중에서 호선한다.**

21. 다음 설명 중 옳지 못한 것은?   05.10 순경
① 경찰청의 정보국장은 경찰청장의 보조기관이다.
② 지방의 치안행정협의회는 자문기관의 수준에 불과하다.
③ 경찰위원회는 경찰법상 심의 · 의결기관이지만 실질적으로는 심의기관에 불과하다.
④ 경찰청장은 행정안전부 소속 외청으로서 보조기관에 불과하다.

정답: ④
※ **해설:** 경찰청장은 행정안전부 소속 외청으로서 **최상급 중앙보통경찰관청**이다.

22. 경찰조직에 관한 설명으로 틀린 것은?　　　　　　　　　03.4 순경

① 사법경찰관은 의사집행기관이 아니라 의사결정기관이다.
② 경찰위원회의 임기는 3년이고 연임할 수 없다.
③ 지방경찰청장은 경찰청장의 승인을 얻어 경찰서장 소속 하에 파출소를 두고 있다.
④ 치안행정협의회는 위원장 1인을 포함하여 위인 9인으로 구성되어 있다.

정답: ①
※ 해설: 사법경찰관은 의사결정기관이 아니라 **의사집행기관**이다.

23. 다음 중 맞는 설명은 모두 몇 개인가?　　　　　　　　　05.3 순경

> ㉠ 경찰위원회 위원의 임기는 3년이고, 연임할 수 있다.
> ㉡ 경찰청장의 임기는 2년이고, 중임 할 수 있다.
> ㉢ 경찰공무원 인사위원회 위원은 경찰청소속 총경이상 경찰공무원 중에서 대통령이 임명한다.
> ㉣ 경찰위원회 위원은 행정안전부 장관의 제청으로 국무총리를 거쳐 대통령이 임명한다.
> ㉤ 경찰위원회의 회의는 출석위원 과반수의 출석과 출석위원 과반수의 찬성으로 의결한다.

① 1개　　　　　② 2개　　　　　③ 3개　　　　　④ 모두 맞음.

정답: ①
※ 해설:
㉠ 경찰위원회 위원의 **임기는 3년이고, 연임할 수 없다.**
㉡ 경찰청장의 **임기는 2년이고, 중임할 수 없다.**
㉢ 경찰공무원 인사위원회 위원은 **경찰청소속 총경 이상 경찰공무원 중에서 경찰청장이 임명한다.**
㉤ **재적위원 과반수의 출석과 출석위원 과반수의 찬성으로 의결**한다.

24. 다음 중 경찰의결기관 및 경찰협의기관에 대하여 설명이 잘못된 것은?　　　　　　　　　01.4 순경

① 경찰청장은 상급 중앙보통경찰기관이다.
② 경찰위원회의 임기는 3년이며, 연임할 수 없다.
③ 경찰위원회의 위원은 행정안전부장관의 제청으로 국무총리를 거쳐 대통령이 임명한다.
④ 치안행정협의회는 시 · 도지사 직속에 있으며 시 · 도지사가 의장이 된다.

정답: ④
※ 해설: ▶ 치안행정협의회(경찰자문기관)의 구성

> ① **치안행정협의회는 위원장을 포함한 9인의 위원으로 구성**되며, **위원들의 임기는 2년**이다.
> 　㉠ 시 · 도 소속 공무원 중 시 · 도지사가 임명하는 자 3인
> 　㉡ 지방경찰청 소속 경찰공무원 중 지방경찰청장의 추천으로서 시 · 도지사가 임명하는 자 3인
> 　㉢ 지방행정과 치안행정에 관한 학식과 경험이 있는 자로서 지방경찰청장의 의견을 들어 시 · 도지사가 위촉하는 자 3인
> ② 위원장은 **각 시 · 도의 부시장 또는 부지사**가 된다.

25. 우리나라 치안행정협의회에 대한 설명으로 틀린 것은?   05.10 순경
① 민방위 및 재해대책 운영에 관한 사항을 협의한다.
② 조직과 운영에 관한 사항은 시 · 도 조례로 정한다.
③ 위원장은 부지사, 부시장이 된다.
④ 치안행정협의회는 위원장을 포함한 9인의 위원으로 구성된다.

정답: ②
※ **해설:** 조직과 운영에 필요한 사항은 **시·도의 조례가 아닌 치안행정협의회규정(대통령령)에 규정**하고 있다.

26. 경찰위원회와 치안행정협의회에 대한 다음 설명 중 틀린 것은?   04.3 순경
① 경찰위원회와 치안행정협의회 모두 경찰법에 근거를 둔다.
② 경찰위원회와 치안행정협의회 모두 행정안전부장관 소속이다.
③ 경찰위원회는 위원장 1인 포함 7인 위원, 치안행정협의회는 위원장 포함한 9인으로 구성한다.
④ 경찰위원회가 합의제 의결기구인 반면, 치안행정협의회는 단순 자문기관에 불과하다.

정답: ②
※ **해설: ▶ 경찰위원회와 치안행정협의회의 비교**

	경찰위원회	치안행정협의회
소속	행정안전부	시 · 도지사
성격	경찰의결기관	경찰자문기관
근거	경찰법	
구성	① 7인 (위원장 포함: 상임 1인, 비상임 6인) ② 위원 중 2인은 법관 자격	① 9인(위원장 포함) ② 시 · 도공무원 3인, 경찰공무원 3인, 일반인 3인
위원장	비상임 위원 중에서 호선	부시장 또는 부지사
위원 임명	① 행정안전부장관의 제청 ② 대통령의 임명	① 시 · 도지사의 임명 · 위촉 ② 공무원(임명), 일반인(위촉)
위원 임기	3년(연임불가)	위촉된 일반인만 2년
정기회의	매월	분기별
임무 및 권한	① 심의 · 의결권 ② 경찰청장 임명 동의권	지방행정과 치안행정의 업무협조 기타 필요한 사항을 협의 · 조정

27. 다음 경찰행정기관에 관한 설명 중 옳지 않은 것은?   10.2 경간부
① 경찰위원회의 구성은 5인 이상 9인 이하로 구성된다.
② 치안행정위원회는 시 · 도지사 소속이다.
③ 치안행정협의회의 의원 구성은 위원장을 포함한 9인으로 구성된다.
④ 치안행정협의회의 조자 · 운영 기타 필요한 사항은 대통령령으로 정한다.

정답: ①
※ **해설: 위원회는 위원장 1인을 포함 7인의 위원으로 구성된다.**

28. 치안행정협의회에 대한 설명 중 틀린 것은 모두 몇 개인가?   10.1 승진

> ㉠ 시 · 도지사 소속 하에 설치하며 위원장은 부시장 또는 부지사가 된다.
> ㉡ 대통령령에 설치근거를 두고 있으며, 조직 · 운영에 관한 사항은 경찰법으로 정한다.
> ㉢ 위원장을 포함한 7인으로 구성한다.
> ㉣ 지방행정과 치안행정의 업무협조 채널로 활용되고 있으나 단순 자문기관에 불과하다.
> ㉤ 위원은 시 · 도지사가 임명 또는 위촉한다.

① 2개   ② 3개   ③ 4개   ④ 5개

▐ 정답: ①
▓ 해설:
㉡ **경찰법에 설치근거를** 두고 있으며, **조직 · 운영에 관한 사항은 대통령령으로 정한다.**
㉢ **위원장을 포함한 9인으로 구성**한다.

29. 다음 중 설명 중 옳은 것은 모두 몇 개인가?   08.3 순경

> ㉠ 경찰위원회는 경찰법에, 치안행정협의회는 지방자치법에 각각 설치근거를 둔다.
> ㉡ 치안행정협의회의 위원장은 시장 또는 도지사이다.
> ㉢ 소청심사위원회의 결정은 재적위원 과반수 출석에, 출석위원 과반수의 합의에 의한다.
> ㉣ 소청심사위원회 위원의 임기는 3년이며, 연임할 수 없다.
> ㉤ 경찰위원회는 위원장 1인을 포함한 7인의 위원으로 구성하되, 위원장 1인은 상임으로 하고, 위원 6
>   인은 비상임으로 임명한다.

① 없다.   ② 1개   ③ 2개   ④ 3개

▐ 정답: ①
▓ 해설:
㉠ 경찰위원회는 **경찰법 제5조**에, 치안행정협의회는 **경찰법 제16조에 각각 설치근거를** 둔다.
㉡ 치안행정협의회의 위원장은 **부시장 또는 부지사이다.**
㉢ 소청심사위원회의 결정은 **재적위원 2/3 출석에, 출석위원 과반수의 합의에 의한다.**
㉣ 소청심사위원회 **상임위원의 임기는 3년이며, 1차 연임할 수 있으며,** 비상임위원은 임기는 1년이다.
㉤ 경찰위원회는 **위원장 1인 및 5인의 위원은 비상임으로,** 위원 1인은 상임으로 정무직 차관급이다.

30. 다음 경찰위원회와 소청심사위원회에 대한 설명 중 적절하지 않은 것은?   11.2 순경

> ㉠ 경찰위원회는 경찰법에 설치근거를 두고 있고, 소청심사위원회는 국가공무원법에 설치근거를 두고 있다.
> ㉡ 경찰 · 검찰 · 국가정보원 직원 또는 군인의 직에서 퇴직한 날부터 3년이 경과되지 아니한 자는 경찰
>   위원회의 위원이 될 수 없다.
> ㉢ 행정안전부에 설치된 소청심사위원회는 위원장 1명을 포함한 5명 이상 7명 이내의 상임위원으로 구
>   성하되, 위원장은 정무직으로 보하고, 필요하면 약간의 비상임위원을 둘 수 있다.
> ㉣ 소청심사위원회의 상임위원의 임기는 3년으로 하며, 한 번만 연임할 수 있으며, 다른 직무를 겸할 수 있다.

① 1개   ② 2개   ③ 3개   ④ 없음.

정답: ①

해설: ㉣ 소청심사위원회의 상임위원의 임기는 3년이며, 1차에 한해 연임 가능하며, 상임위원과 비상임위원 모두 신분보장이 되며, **겸직은 허용되지 않는다.**

---

31. 다음 대리에 관한 설명으로 틀린 것은?   02.2 경간부

① 권한행사는 피대리관청을 위한 것임을 표시하고 대리기관의 이름으로 행한다.

② 대리는 법정대리이므로 반드시 법적 근거를 요한다.

③ 임의대리는 피대리관청 업무의 전부를 대리할 수 없다.

④ 경찰청장 유고 시 차장이 직무를 대리하는 것은 협의의 법정대리이다.

정답: ②

해설: 대리는 일반적으로 임의대리를 의미하므로 반드시 법적 근거를 요하는 것은 아니다.

---

32. 행정관청의 권한의 대리에 관한 설명으로 맞는 것은?   03.4 순경

① 대리는 법정대리를 의미하고 반드시 법령의 근거가 있어야 한다.

② 대리관청은 피대리관청을 위한 것임을 표시하고 자신의 이름으로 대리한다.

③ 법령상 권한을 하급관청에 실질적으로 이전한다.

④ 임의대리는 원칙적으로 피대리관청의 권한의 전부를 대리한다.

정답: ②

해설:

① 대리는 임의대리(수권대리)와 법정대리로 나눌 수 있고 **법정대리는 법률의 근거를 요하나, 임의대리는 법률의 근거를 요하지 않는다.**

③ 대리는 **권한자체를 하급관청에 이전시키지는 않는다.**

④ 임의대리는 원칙적으로 **권한의 일부에 대해서만 허용**하고 권한의 전부에 대해서는 대리를 허용하지 않는다.

---

33. 경찰법 제12조 제2항에 의하여 경찰청장의 유고시 경찰청 차장이 그 직무를 대행하는 경우는 무엇에 해당하는가?   01.1 승진

① 협의의 법정대리   ② 수권대리

③ 전결   ④ 권한의 위임

정답: ①

해설: ▶ 협의의 법정대리

> 법정사실이 발생하면 법률상 당연히 대리권이 발생하는 경우를 말한다.
> ㉠ 대통령의 궐위 시 국무총리의 대리
> ㉡ 국무총리에게 사고가 있을 때 부총리에 의한 대리
> ㉢ **경찰청장이 사고가 있을 때 차장의 대행**
> ㉣ 장관에 사고가 있을 때 차관 기타 이에 준하는 자의 대리

34. 행정관청의 권한의 대리에 관한 설명으로 옳지 않은 것은?   03.4 순경
① 임의대리는 원칙적으로 피대리관청의 권한의 전부를 대리할 수 있다.
② 반드시 법령상의 근거를 요하는 것은 아니다.
③ 대리행위는 피대리관청의 행위로서의 효과를 발생한다.
④ 대리기관은 피대리관청을 위한 것임을 표시하고 자신의 명의로 대리한다.

❖ **정답:** ①
❈ **해설:** 임의대리는 원칙적으로 피대리관청의 **권한의 일부를 대리할 수 있다.**

35. 다음 중 권한의 위임과 대리에 대한 설명으로 잘못된 것은?   08.10 순경

> ㉠ 권한의 위임이란 경찰관청이 자기권한의 전부 또는 일부를 다른 경찰기관에게 이전하여 수임기관
>   이 그 권한을 행사한다.
> ㉡ 권한의 위임은 법적 근거를 요한다.
> ㉢ 권한의 대리는 권한의 전부 또는 일부에 대하여 할 수 있다.
> ㉣ 보통대리는 임의대리로 법적근거가 필요 없고 복대리도 가능하다.

① ㉠, ㉡   ② ㉡, ㉣   ③ ㉠, ㉣   ④ ㉡, ㉢

❖ **정답:** ③
❈ **해설:**
㉠ 권한의 위임이란 경찰관청이 **자기권한의 일부를** 다른 경찰기관에게 이전하여 수임기관이 그 권한을 행사
  한다.
㉣ 보통대리는 임의대리로 법적 근거가 필요 없고 **복대리도 원칙적으로 허용되지 않는다.**

36. 권한의 위임·대리에 대한 설명으로 틀린 것은?   09.4 순경
① 권한의 위임은 권한이 수임청으로 이전되나, 법정대리는 권한이 대리기관으로 이전되지 않는다.
② 권한의 위임은 법적 근거가 필요하나, 임의대리는 법적 근거가 불필요하다.
③ 권한의 위임은 일부위임만 가능하나, 법정대리는 전부 대리가 가능하다.
④ 권한의 위임은 수임관청으로 효과가 귀속되나, 임의대리는 대리관청으로 효과가 귀속된다.

❖ **정답:** ④
❈ **해설:** 권한의 위임은 수임관청으로 효과가 귀속되나, 임의대리는 **피대리관청으로 효과가 귀속**된다.

37. 다음 중 권한의 위임과 대리에 대한 설명으로 틀린 것은?   04.11 순경
① 수임기관은 보통 하급관청이고, 대리는 보통 보조기관에서 한다.
② 위임은 법적 근거가 필요하고, 임의대리는 법적 근거가 필요 없다.
③ 위임과 법정대리는 행정권한의 일부만 가능하다.
④ 위임은 권한이 이전되고, 대리는 권한을 대신 행사할 뿐이다.

❖ **정답:** ③
❈ **해설:** 권한위임과 임의대리는 행정권한의 일부만 가능하며, **법정대리는 행정권한의 전부가 가능**하다.

38. 대리와 내부위임(대결) 및 위임의 비교설명으로 바르지 못한 것은?　　08.1 경간부
① 위임은 위임기관의 권한이 수임기관의 권한으로 이전되나 내부위임은 권한의 이전이 없다는 점에서 다르다.
② 대리는 대리행위임을 외부에 표시하고 행하지만 내부위임은 권한의 이전이 없다는 점에서 다르다.
③ 대리는 주로 보조기관, 위임은 주로 하급기관이 상대방이 된다.
④ 위임과 내부위임은 반드시 법적근거가 필요하나 대리는 법적 근거 없이 가능한 경우도 있다.

▪ **정답: ④**
❖ **해설:** 위임과 법정대리는 반드시 법적 근거가 필요하나, **내부위임과 임의대리는 법적 근거가 필요 없다.**

39. 다음 경찰관청의 권한의 대리와 권한의 위임을 비교 설명한 것 중 틀린 것은?　　02.6 순경
① 권한의 위임은 하급행정관청, 권한의 대리는 보조기관이 주로 상대방이 된다.
② 대리에는 임의대리와 수권대리가 있다.
③ 권한의 위임은 권한자체가 수임청에 이전된다.
④ 권한의 법정대리는 법적 근거를 요한다.

▪ **정답: ②**
❖ **해설:** 대리에는 **임의대리(수권대리)와 법정대리**가 있다.

40. 다음은 경찰관청의 권한의 대리와 위임을 비교 설명한 것이다. 잘못된 것은?　　02.1 승진
① 권한의 대리는 보조기관이, 권한의 위임은 하급관청이 주로 상대방이 된다.
② 대리에는 임의대리와 법정대리가 있다.
③ 권한의 위임 시 권한 자체가 수임청에 이전된다.
④ 수권대리는 법적 근거가 필요하고, 임의대리는 법적 근거를 요하지 않는다.

▪ **정답: ④**
❖ **해설:** 수권대리가 임의대리이며, 법적 근거를 요하지 않는다.

41. 다음 경찰관청의 권한의 대리와 권한의 위임을 비교 설명한 것 중 가장 잘못된 것은?　　07.3 경간부
① 권한의 대리는 보조기관, 권한의 위임은 하급관청에 주로 상대방이 된다.
② 권한의 위임은 법적 근거를 요한다.
③ 권한의 위임은 권한 자체가 수임청에게 이전된다.
④ 권한의 대리는 법적 근거를 요하지 않는다.

▪ **정답: ④**
❖ **해설:** 권한의 임의대리는 법적 근거를 요하지 않고 **법정대리는 법적 근거가 필요하다.**

42. 경찰관청의 권한의 대리와 위임을 비교 설명한 것으로 잘못된 것은?　　04.11 순경
① 대리는 권한의 전부에 대하여도 행해질 수 있으나, 위임은 권한의 일부에 대하여만 가능하다.
② 대리는 법적 근거가 없이 행해질 수도 있으나, 위임은 반드시 법적 근거가 있어야 한다.
③ 대리는 권한 자체가 하급기관에 이전되지 않으나, 위임은 이전된다.
④ 대리는 대리기관이 피대리관청의 이름으로 권한을 행사하나, 위임은 수임관청의 이름으로 권한을 행사한다.

❖ **정답:** ④

※ **해설:** 대리는 **대리기관이 피대리관청을 위한 것임을 표시하고 대리기관의 이름으로 권한을 행사**하여 그 행위의 효과는 피대리관청의 행위로서 효력을 발생하게 하는 것이다.

43. 행정관청의 권한의 위임과 대리에 설명으로 옳지 않은 것은?　　　　　　06.10 순경

① 권한의 위임은 하급관청이, 권한의 대리는 보조기관이 주로 상대방이 된다.

② 대리관청은 피대리관청을 위한 것임을 표시하고 대리관청의 명의에 의해 행사된다.

③ 권한의 위임은 권한 자체가 수임관청에 이전된다.

④ 권한의 위임을 받더라도 수임관청은 자기명의로 권한을 행사할 수 없다.

❖ **정답:** ④

※ **해설:** 권한의 위임을 받더라도 **수임관청은 자기 명의로 권한을 행사한다.**

44. 경찰행정관청의 권한의 위임 및 대리에 대한 설명 중 틀린 것은?　　　　　02.11 순경

① 위임이란 자기에게 주어진 권한의 일부를 하급행정기관 등에게 위임하여 행사케 하는 것을 말한다.

② 위임의 경우 법령상의 근거는 필요하지 않다.

③ 권한의 전부 또는 주요 부분에 대하여는 위임이 허용되지 않는다.

④ 수임기관은 자기 명의와 책임으로 그 권한을 행사하게 된다.

❖ **정답:** ②

※ **해설:** **위임은 법령상의 근거는 필요**하다.

45. 행정관청이 그 보조기관에게 사무처리에 관한 결정을 맡기지만 외부에 대한 관계에서는 본래의 행정관청의 이름으로 표시하는 경우를 무엇이라고 하는가?　　　　　02.2 경간부

① 위임

② 내부위임(대결 또는 전결)

③ 대리

④ 위탁

❖ **정답:** ②

※ **해설:** ▶ **내부위임**

개념	상급관청이 자기의 권한을 하급관청에게 **외부에 표시함이 없이 내부적으로 사무처리에 관한 결재권만을 위임**하는 것을 말한다. 예 대구지방경찰청장이 일정한 권한을 중부경찰서장에게 내부적으로 위임하는 경우
차이점	수임청은 자신의 명의 가 아닌 본래의 **행정청(위임청)의 이름으로 권한을 행사**한다는 점이 권한의 위임과 구별되며, **법령상 근거를 요하지 않는다.**

46. 권한의 위임·대리에 대한 설명으로 틀린 것은?   09.4 순경

① 권한의 위임은 권한이 수임청으로 이전되나, 법정대리는 권한이 대리기관으로 이전되지 않는다.

② 권한의 위임은 법적 근거가 필요하나, 임의대리는 법적 근거가 불필요하다.

③ 권한의 위임은 일부위임만 가능하나, 법정대리는 전부 대리가 가능하다.

④ 권한의 위임은 수임관청으로 효과가 귀속되나, 임의대리는 대리관청으로 효과가 귀속된다.

▶ 정답: ④

▧ **해설:** 권한의 위임은 수임관청으로 효과가 귀속되나, **임의대리는 피대리관청으로 효과가 귀속**된다.

47. 행정관청의 권한의 위임·대리·대결에 대한 설명 중 잘못된 것은?   02.2 경간부

① 권한의 위임이란 상급관청이 하급관청에 권한의 전부 또는 주요 부분을 이전하여 수임관청의 권한으로
   행하도록 하는 것이다.

② 권한이 위임되면 위임한 행정청은 그 권한을 상실한다.

③ 수권대리의 경우 본래 행정청의 권한을 대리기관에 이동하지 않는다.

④ 대결의 경우 외부에 대한 관계에서는 본래의 행정청의 이름으로 표시하게 되며 법령상의 근거는 필요하
   지 않다.

▶ 정답: ①

▧ **해설:** 권한의 위임은 상급관청이 하급관청에 **권한의 전부 또는 주요 부분을 이전할 수 없다.**

48. 다음 설명 중 틀린 것은?   07.12 순경

> ㉠ 경찰기관은 보통경찰기관과 특별경찰기관으로 나누어지는데, 보통경찰기관은 협의의 행정경찰에 해
>   당한다.
> ㉡ 경찰위원회는 위원장 1인을 포함한 7인의 위원으로 구성하되, 위원장은 상임위원이고, 정무직으로 한다.
> ㉢ 경찰관청의 권한의 대리는 일부에 한정된다. 일반적으로 전부대리는 할 수 없다.
> ㉣ 직무명령은 경찰공무원의 변동이 있는 경우 당연히 효력을 상실한다.
> ㉤ 상하관계에 있는 상급경찰관청의 훈령이 상호 모순이 있을 때에는 직근 상급경찰관청의 훈령에 따
>   라야 한다.

① ㉠, ㉡, ㉢   ② ㉡, ㉢, ㉣   ③ ㉢, ㉣, ㉤   ④ ㉠, ㉣, ㉤

▶ 정답: ①

▧ **해설:**

㉠ **특별경찰기관은 보통경찰기관에 대립하는 개념으로 협의의 행정경찰작용**, 특별사법경찰작용 또는 비상경
   찰작용을 주관하는 경찰기관을 말한다.

㉡ 경찰위원회는 위원장 1인을 포함한 7인의 위원으로 구성하되, 위원장 및 5인의 위원은 비상임, 1인의 위
   원은 상임(정무직 차관급)으로 한다. **위원장은 비상임 위원 중에서 호선한다.**

㉢ 경찰관청의 권한의 대리란 **경찰관청의 권한의 전부(법정대리) 또는 일부(임의대리)를 타 행정기관(대리기
   관)이 피대리관청을 위한 것임을 표시하여 자기의 이름으로 행사**하고, 그 행위는 피대리관청의 행위로서
   의 효과를 발생하는 것을 말한다.

제3절 경찰공무원법

1. 경찰공무원이 적용받는 법과 그 분류에 대한 기술이다. 적절한 것은?   06.10 승진
① 국가공무원법과 경찰공무원법의 적용을 받는 특정직이며 경력직공무원이다.
② 국가공무원법과 경찰공무원법의 적용을 받는 특수경력직이며 별정직공무원이다.
③ 경찰공무원법의 적용만 받는 특정직공무원이다.
④ 국가공무원법의 적용만 받는 일반직공무원이다.

❖ **정답:** ①
❊ **해설:** 경찰공무원은 국가공무원법상 **경력직 공무원(신분보장) 중 특정직공무원에 해당**한다.

2. 경찰공무원 분류에 대한 기술이다. 적절하지 않은 것은?   96.1 승진 01.1 승진
① 경력직이며, 특정직 공무원이다.
② 특수경력직 공무원이다.
③ 직책의 난이도와 보수의 차이를 두기 위하여 계급이 있다.
④ 개인의 능력과 자격을 활용하기 위한 목적으로 경과와 특기가 있다.

❖ **정답:** ②
❊ **해설:** 특수경력직 공무원으로는 정무직공무원, 별정직공무원, 계약직공무원, 고용직공무원으로 구
　　　　 분된다. 그러나 경찰공무원은 **경력직공무원(신분보장) 중 특정직공무원에 해당**한다.

3. 경찰공무원에 대한 설명 중 틀린 것은?   02.5 순경
① 순경에서 치안총감에 이르는 계급을 가진 공무원이다.
② 작전전투경찰순경은 경찰공무원에 해당하지 않는다.
③ 경찰관서에 근무하는 일반직 또는 기능직 공무원은 경찰공무원이 아니다.
④ 국가공무원법의 적용을 받지 않는다.

❖ **정답:** ④
❊ **해설:** 실제로 경찰공무원법은 많은 경우에 국가공무원법을 준용하고 있다.

4. 경찰공무원의 경과의 구분에 대한 설명으로 맞는 것은?   96.1 승진
① 일반경과 · 보안경과 · 수사경과 · 특수경과
② 행정경과 · 전투경과 · 특수경과
③ 일반경과 · 전투경과
④ 행정경과 · 특수경과

❉ **정답:** ①
※ **해설:**

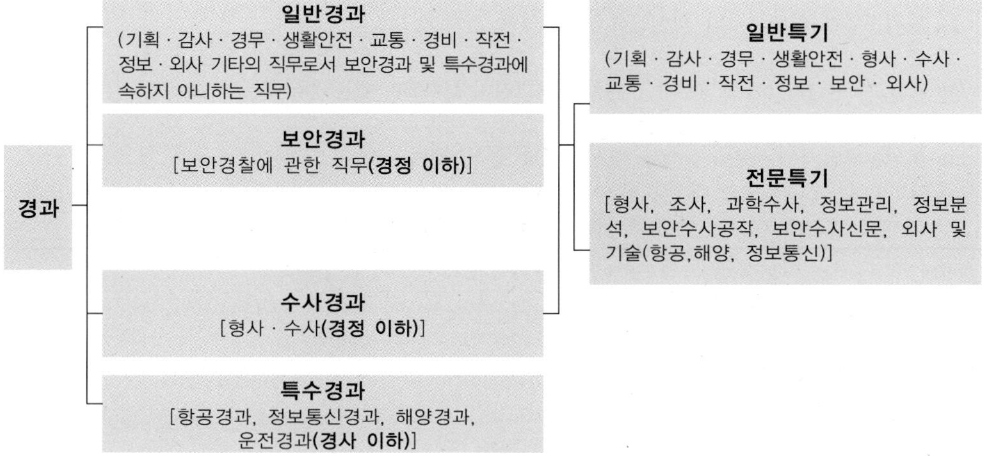

5. 다음 중 특수경과에 속하지 않는 것은?   99.1 승진
① 운전경과
② 보안경과
③ 정보통신경과
④ 항공경과

❉ **정답:** ②
※ **해설:** 특수경과에는 **항공경과, 정보통신과, 해양경과, 운전경과**가 있다.

6. 다음 중 경찰의 특기(特技)에 대한 설명이 바른 것은?   10.2 경간부, 06.1 승진
① 경찰관의 보직은 크게는 특기에 의해서 결정되나, 다시 그 보직은 경과에 의해서 제약받는다.
② 임용권자 또는 임용제청권자는 일정한 요건을 갖춘 순경 이상 경정 이하의 모든 경찰공무원에게 특기를 부여한다.
③ 특기는 일반특기와 경력특기로 구분한다.
④ 일반특기는 기획, 감사, 경무, 생활안전, 교통, 경비, 작전, 형사, 정보, 보안, 외사 등 12가지이다.

❉ **정답:** ④
※ **해설:**
① 경찰관의 보직은 크게는 **경과에 의해서 결정**되나, 다시 그 **보직은 특기에 의해서 제약받는다.**
② 임용권자 또는 임용제청권자는 일정한 요건을 갖춘 **경위 이상 경정 이하의 모든 경찰공무원에게 그 경과별 직무분야에 따른 특기를 부여한다.**
③ 특기는 **일반특기와 전문특기로 구분**한다.

7. 경찰공무원의 특기제도에 대한 설명으로 옳은 것은 몇 개인가?   10.2. 경간부

> ㉠ 특기는 경위 이상 경정 이하의 경찰관에게 주어진다.
> ㉡ 특기분류는 예비분류와 확정분류의 2단계로 거쳐 실시한다.
> ㉢ 전문특기를 부여하여 전문화할 수 있는 범위는 해당 일반특기분야의 정원의 3할 이내이다.
> ㉣ 경찰교육훈련기간에 해당분야 전문화 교육과정이 설치되어 있는 경우에는 그 교육을 받은 자에게
>   한하여 전문특기를 부여한다.
> ㉤ 특기분류심사에는 근무실적을 우선적으로 고려하여야 한다.
> ㉥ 경과부여는 신규채용할 때 반드시 부여하여야 하는 기속사항이나, 특기부여는 그 경과별 직무분야
>   에 따라 일반특기 또는 전문특기를 부여할 수 있는 재량사항이다.

① 5개   ② 4개   ③ 3개   ④ 2개

❖ **정답:** ①(㉠㉡㉢㉣㉥)

❖ **해설:** ▶ **특기분류 심사 시 고려사항**

ⓐ 본인의 희망	ⓑ 근무경험	ⓒ 적성(전공분야 및 자격증 등)
ⓓ 전문화 교육	ⓔ 소속상사의 의견	

8. 「경찰공무원법」 제7조 제2항에서 규정하고 있는 경찰공무원임용 결격사유가 아닌 것?   10.3 순경

> ㉠ 금치산자 또는 한정치산자
> ㉡ 파산선고를 받은 자로서 복권되지 아니한 자
> ㉢ 자격정지 이상의 형의 선고유예를 받고 그 선고유예기간 중에 있는 자
> ㉣ 징계에 의하여 파면 또는 해임의 처분을 받은 자

① ㉠, ㉡, ㉢   ② ㉢, ㉣   ③ ㉢   ④ 없음.

❖ **정답:** ④

❖ **해설:** ▶ **「경찰공무원법」상 임용자격 및 결격사유**

① 대한민국 국적을 가지지 아니한 자
② 국적법에 따른 복수국적자
③ 금치산자 또는 한정치산자
④ 파산선고를 받은 자로서 복권되지 아니한 자
⑤ 자격정지 이상의 형의 선고를 받은 자
⑥ 자격정지 이상의 형의 선고유예를 받고 그 선고유예 기간 중에 있는 자
⑦ 징계에 의하여 파면 또는 해임의 처분을 받은 자

9. 경찰공무원의 성립에 대한 설명으로 잘못된 것은?   03.7 101단

① 경찰공무원은 임용이라고 한다.
② 자격정지 이상의 형의 선고유예를 받고, 그 선고유예기간 중에 있는 자는 경찰공무원이 될 수 있다.
③ 임용의 거부를 처분으로 해석할 수 있다.
④ 경정과 순경의 신규채용은 공개경쟁시험의 성적에 의함이 원칙이다.

❖ **정답:** ②

❖ **해설:** 자격정지 이상의 형의 선고유예를 받고 그 선고유예 기간 중에 있는 자는 **경찰공무원이 될 수 없다.**

10. 경찰공무원 임용의 결격사유에 해당하지 않는 것은?   04.9 순경
① 대한민국의 국적을 가지지 아니한 자
② 파산선고를 받은 자로서 복권되지 아니한 자
③ 징계에 의하여 파면 또는 해임의 처분을 받은 자
④ 자격정지 이상의 형의 선고유예를 받은 자

정답: ④
※ 해설: 자격정지 이상의 형의 선고유예를 받고 그 선고유예 기간 중에 있는 자는 **경찰공무원이 될 수 없다.**

11. 경찰공무원의 신규임용에 있어 채용 후보자명부에 관한 설명으로 틀린 것은?   04.1 승진
① 경찰청장은 신규채용시험에 합격한 자를 성적 순위에 따라 채용후보자명부에 등재하여야 한다.
② 경찰공무원의 신규채용은 채용후보자 명부의 등재순위에 의하는 것이 원칙이다.
③ 채용후보자명부의 유효기간은 1년으로 하되, 경찰청장은 필요에 따라 1년의 범위 안에서 그 기간을 연장
   할 수 있다.
④ 채용후보자로서 받은 교육훈련성적이 수료점수에 미달된 때에는 채용후보자로서의 자격이 상실한다.

정답: ③
**※ 해설: 채용후보자명부의 유효기간은 2년의 범위 안에서 대통령령으로 정한다. 다만, 경찰청장 또는 해양경찰
   청장은 필요에 따라 1년의 범위 안에서 그 기간을 연장**할 수 있다. 최장 유효기간은 3년이 된다.

12. 다음 중 경찰공무원의 효력 발생기는?   06.2 순경
① 채용후보자 명부에 등록된 때
② 임용장에 기재된 일자에
③ 소속기관장 앞에서 선서할 때
④ 임용장이 교부된 때

정답: ②
※ 해설: ▶ 임용의 형식과 효력발생시기

임용의 형식	임용은 **임용장의 교부로써 행하여지는 것이 원칙**이다. 그러나 임용장의 교부는 임용의 유효요건(요식행위)이 아니라, 임용행위는 형식적으로 표시 · 증명하는 선언적 · 공증적 효력이 있을 뿐이다.
효력발생시기	경찰공무원은 원칙적으로 **임용장 또는 임용통지서에 기재된 일자(교부 시 ×)에 임용**된 것으로 본다. 다만, 사망으로 인한 면직은 사망한 다음 날에 면직된 것으로 본다.

13. 다음 중 경찰인사에 대한 설명으로 틀린 것은?   03.1 승진
① 총경 이상의 임용은 경찰청장의 추천에 의하여 행정안전부장관의 제청으로 국무총리를 거쳐 대통령이 행
   한다.
② 경정 이하의 임용은 경찰청장이 행한다.
③ 경정의 정직은 대통령이 행한다.
④ 경찰청장은 경찰공무원에 대한 임용권을 그 소속기관장에게 위임할 수 있다.

정답: ③

※ 해설: ▶ 임용권자

대통령	① **경찰청장**: 경찰위원회 동의 → 행정안전부장관의 제청 → 국무총리 → 인사청문회 → 대통령 임명(인사청문회 결과에 구속되지 않고, 독자적 인사권을 행할 수 있음) ② **해양경찰청장**: 국토해양부장관의 제청 → 국무총리 → 대통령이 임명 해양경찰청장은 국회인사청문 대상이 아니다. ③ **총경 이상의 임용**: 경찰청장 또는 해양경찰청장(추천) → 행정안전부장관 또는 국토해양부장관(제청) → 국무총리(경유) → 대통령(임용) ④ **경정에의 신규채용 · 승진임용 및 면직**: 경찰청장 또는 해양경찰청장(제청) → 국무총리(경유) → 대통령 ⑤ **경무관 이상의 경찰공무원이 강등한 경우**
경찰청장 해양경찰청장	① **경정 이하의 임용** ② **총경의 전보 · 휴직 · 직위해제 · 강등 · 정직 · 복직** ③ **총경이하 경찰공무원이 강등**된 경우 ④ **경정의 경찰공무원이 강등과 정직**된 경우 ⑤ 경찰청장은 경찰대학, 경찰교육원, 중앙경찰학교, 경찰수사연수원, 경찰병원, 및 지방경찰청의 장에게 그 소속경찰공무원 중 **경정의 전보, 파견, 휴직, 직위해제 및 복직에 관한 권한과 경감이하의 임용권을 위임**할 수 있다. ⑥ 경찰청장은 소속기관장에 대한 위임규정에도 불구하고 경찰공무원의 정원의 조정, 인사교류 또는 파견을 위하여 필요한 때에는 임용권을 행사할 수 있다.
지방경찰청장 경찰대학장 경찰교육원장 중앙경찰 학교장 경찰수사 연수원장	① 경찰청장의 권한을 위임받아 소속경찰관 중 **경정의 전보 · 파견 · 휴직 · 직위해제 및 복직에 관한 권한과 경감이하의 임용권 보유** ② **지방경찰청장은 소속 경감 이하의 경찰공무원**에 대한 당해 경찰서 안에서의 **전보권을 경찰서장에게 다시 위임**할 수 있다.
경찰서장	지방경찰청장의 권한을 위임받아 소속경찰관 중 **경감 이하의 승급 · 전보권 행사(임명권 없음)**

14. 다음 중 경찰인사제도에 대한 설명으로 틀린 것은?   06.3 순경
① 경정의 승진 임용권자는 대통령이다.
② 경찰서장은 지방경찰청장의 위임으로 경감 이하 당해 경찰서 내 전보권이 있다.
③ 지방경찰청장은 경찰청장의 위임으로 경정을 직위해제할 수 있다.
④ 총경 이상의 임용은 경찰청장 또는 해양경찰청장의 제청으로 국무총리를 거쳐 대통령이 있다.

✤ 정답: ④
※ 해설: 총경 이상의 임용은 경찰청장 또는 해양경찰청장(추천) → **행정안전부장관 또는 국토해양부장관(제청)** → 국무총리(경유) → 대통령(임용)

15. 경찰인사제도에 관한 다음 설명 중 틀린 것은?   03.1 승진
① 총경 이상의 임용은 대통령이 행한다.
② 총경의 전보는 경찰청장이 행한다.
③ 경정에의 신규채용 · 승진임용은 대통령이 행한다.
④ 경정의 면직은 경찰청장이 행한다.

정답: ④

해설: **경정 이하 공무원의 임용은 경찰청장**이 행한다. 다만, **경정에의 신규채용·승진임용 및 면직은 대통령**이 행한다.

16. 다음 설명 중 옳지 않은 것은 몇 개인가?   09.2 경간부

> ㉠ 신규채용된 자의 채용후보자명부의 유효기간은 2년이다.
>
> ㉡ 경정의 정직은 대통령이 행한다.
>
> ㉢ 경정 이하의 임용은 경찰청장이 행한다.
>
> ㉣ 경찰공무원은 원칙적으로 임용장 또는 임용통지서에 기재된 일자에 임용된 것으로 본다.
>
> ㉤ 경찰청장은 신규 채용된 자의 채용후보자명부터의 유효기간을 1년의 범위 안에서 연장할 수 있다.
>
> ㉥ 채용후보자로서 질병, 병역복무 기타 교육훈련을 계속할 수 없는 불가피한 사정으로 인한 퇴학처분은 자격상실 사유가 되지 않는다.

① 1개   ② 2개   ③ 3개   ④ 4개

정답: ①(㉡)

해설: 경정의 정직은 **경찰청장**이 행한다.

17. 경찰의 인사에 대한 설명 중 틀린 것은?   10.1 승진

① 경찰인사위원회는 5인 이상 7인 이하로 구성되고, 위원장은 경찰청 인사담당 국장이 되며, 위원은 경찰청 소속 총경이상의 경찰관 중에서 위원장이 임명한다.

② 총경의 휴직, 직위해제, 복직, 정직은 경찰청장이 결정한다.

③ 경정의 승진임용 및 면직은 경찰청장의 제청으로 국무총리를 거쳐 대통령이 행한다.

④ 경정의 정직은 경찰청장이 행한다.

정답: ①

해설: ▶ **국가경찰공무원인사위원회**

설치	경찰청과 해양경찰청에 설치한다.
위원	**위원장을 포함하여 5~7인으로 구성**한다.
위원장	① **위원장은 경찰청 인사담당국장(경무국장)**이며, 위원은 경찰청 소속 **총경 이상의 경찰관 중에서 경찰청장이 임명**한다. ② 위원장이 부득이한 사유로 직무를 수행할 수 없을 때에는 위원 중에서 최초 상위계급 또는 선임경찰관이 그의 직무를 대행한다. ③ 회의는 재적위원 과반수의 출석과 재적위원 과반수의 찬성으로 의결한다. ④ 위원장은 인사위원회를 대표하여, 인사위원회의 사무를 총괄한다.

18. 경찰의 조직에 대한 설명이다. 잘못된 것은 모두 몇 개인가?　　05.7 순경

> ㉠ 경찰위원회는 경찰청장의 임명에 동의권을 갖는다.
> ㉡ 치안행정협의회의 위원장은 시 · 도지사가 된다.
> ㉢ 국립과학수사연구소는 행정안전부 소속 책임운영기관이다.
> ㉣ 경찰서장은 경찰법 제정 이전에도 독자적 경찰관청이었다.
> ㉤ 경찰공무원인사위원회의 회의는 제적위원 2/3 이상의 찬성으로 의결한다.

① 1개　　　　② 2개　　　　③ 3개　　　　④ 4개

▐ 정답: ②

▓ 해설:
㉡ 치안행정협의회의 위원장은 **부시장 · 부지사가 된다.**
㉤ 경찰공무원인사위원회의 회의는 **재적위원 과반수의 찬성으로 의결**한다.

19. 경찰공무원에 대한 설명으로 바르지 못한 것은 모두 몇 개인가?　　09.2 경간부

> ㉠ 경정의 정직은 대통령이 행한다.
> ㉡ 경찰공무원인사위원회는 5인 이상 9인 이하로 구성되며, 경찰청 소속 총경 이상의 경찰관 중에서
>   경찰청장이 임명한다.
> ㉢ 경찰공무원의 신규 임용 시 작성하는 채용후보자명부의 최장 유효기간은 2년이다.
> ㉣ 경정 이하의 경찰공무원을 신규 채용하는 경우에는 1년의 기간을 시보로 임용하고, 그 기간이 만료
>   된 다음 날에 정규경찰공무원으로 임용한다.

① 0개　　　　② 1개　　　　③ 2개　　　　④ 3개

▐ 정답: ④

▓ 해설:
㉠ 경정은 정직은 **경찰청장이 행한다.**
㉡ 경찰공무원인사위원회는 **5인 이상 7인 이하로 구성**되며, 경찰청 소속 총경 이상의 경찰관 중에서 경찰청
　장이 임명한다.
㉢ 경찰공무원의 신규 임용 시 작성하는 채용후보자명부로 **최장 유효기간은 3년**이다.

20. 다음 시보임용에 대한 설명 중 옳지 않은 것은?　　05.2 순경
① 경찰대학 및 간부후보생의 출신 경위는 시보임용의 면제대상이다.
② 임용권자 및 임용제청권자는 시보임용 경찰공무원이 정규경찰공무원으로 임용함이 부정당하다고 인정되
　는 경우에는 직권으로 시보임용 경찰공무원을 면직시키거나 면직을 제청할 수 있다.
③ 시보임용은 필기시험의 보완이나 경찰조직의 목적 · 임용 · 내용 등에 관한 지식을 얻게 하기 위함이다.
④ 휴직 · 직위해제 · 징계에 의한 정직 또는 감봉처분을 받은 기간은 시보 임용기간에 산입하지 아니한다.

▐ 정답: ②
▓ 해설: 임용권자 또는 임용제청권자는 시보임용기간 중에 있는 경찰공무원이 근무성적(제2평정요소
　　　　　의 점수가 5할에 미치지 못한 경우) 또는 교육훈련 성적(만점에 6할 미만에 해당하는 경우)
　　　　　이 불량한 때에는 정규임용심사위원회의 **심사를 거쳐** 면직시킬 수 있다.

21. 시보임용에 대한 설명으로 틀린 것은?   02.1 승진, 03.1 승진

① 적용대상은 신규채용되는 경정 이하의 경찰공무원이다.

② 시보기간은 1년이며, 경찰공무원으로서의 신분은 보장되지 않는다.

③ 경찰대학 및 간부후보생 출신 경위는 시보임용의 면제대상이 된다.

④ 시보경찰공무원의 정규임원의결은 정규임용심사위원회 위원 과반수 출석과 출석위원 과반수의 찬성으로 결정된다.

❖ **정답:** ④

❀ **해설:** 정규임용심사위원회 **재적위원 2/3 이상의 출석과 출석위원 과반수의 찬성으로 의결**된다.

22. 다음 박스의 내용은 자질 있는 인적자원을 찾아내고 이 자원을 효율적으로 활용하여 생산성의 극대화를 추구하기 위한 인사관리제도의 한 예이다. 이 제도의 상세설명으로서 가장 적절하지 않은 것은?
     11.2 순경

> ㉠ 경찰관으로서의 적격성을 보유하고 있는지를 확인하기 위해, 그리고 경찰실무를 습득하기 위해 일정 기간 동안 시험보직을 명하게 하는 제도이다.
> ㉡ 이 제도의 기간 중에는 신분보장을 받지 않는다.
> ㉢ 경찰대학을 졸업한 자 또는 경찰간부 후보생으로서 소정의 교육을 마친 자를 경위로 임용하는 경우에는 이 제도의 예외 사유에 해당한다.

① 대상자는 원칙적으로 신규 채용하는 경정 이하의 경찰공무원으로서 기간은 1년이다.

② 휴직기간 · 직위해제기간 및 징계에 의한 정직, 감봉 또는 견책처분을 받은 기간은 이 제도의 기간에 산입하지 아니한다.

③ 퇴직한 경찰공무원으로서 퇴직시에 재직한 계급의 채용시험에 합격한 자를 재임용하는 경우에는 이 제도의 예외사유에 해당한다.

④ 교육훈련성적이 만점의 6할 미만일 경우 이 제도의 면직사유가 된다.

❖ **정답:** ②

❀ **해설:** 휴직기간 · 직위해제기간 및 징계에 의한 **정직 또는 감봉처분(견책처분 ×)을** 받은 기간은 시보임용기간에 산입하지 아니한다.

23. 다음 중 시보임용에 관한 설명으로 타당하지 않은 것은?   08.2 경간부

① 경찰대학을 졸업한 자 또는 경찰간부후보생으로서 소정의 교육을 마친 자를 경위로 임용하는 경우에는 시보임용을 거치지 않는다.

② 시보임용은 필기시험 평가의 보완과 경찰조직의 목적 임무, 내용 등에 관한 지식을 얻게 하기 위하여 필요하다.

③ 휴직기간, 직위해제기간 및 징계에 의한 정직 또는 감봉처분을 받은 기간은 시보임용기간에 산입하지 않는다.

④ 임용권자 등은 시보임용 경찰공무원을 정규 경찰공무원으로 임용함이 부적당하다고 인정되는 경우에는 직권으로 시보임용 경찰공무원을 면직시킬 수 있다.

❖ **정답:** ④

❀ **해설:** 임용권자 또는 임용제청권자는 시보임용기간 중에 있는 경찰공무원이 근무성적(제2평정요소의 점수가 5할에 미치지 못한 경우) 또는 교육훈련 성적(만점에 6할 미만에 해당하는 경우)이 불량한 때에는 정규임용심사위원회의 **심사를 거쳐** 면직시킬 수 있다.

24. 다음 중 시보임용에 대한 설명으로 틀린 것은?   03.1 승진

① 시보기간은 1년이며, 적용대상은 신규채용되는 경정 이하의 경찰공무원이다.

② 경찰대학 및 간부후보생출신 경위는 시보기간 면제대상이다.

③ 근무성적 제1평정요소의 점수가 6할에 미치지 못하면 정규임용심사위원회의 심사를 거쳐 면직시키거나 면직을 제청할 수 있다.

④ 정규임용은 시보기간이 만료된 다음 날 임용된다.

◦ 정답: ③

❀ **해설:** 임용권자 또는 임용제청권자는 시보임용기간 중에 있는 경찰공무원이 **근무성적(제2평정요소의 점수가 5할에 미치지 못한 경우)** 또는 **교육훈련 성적(만점에 6할 미만에 해당하는 경우)** 이 불량한 때에는 정규임용심사위원회의 심사를 거쳐 면직시킬 수 있다.

25. 다음 경찰의 대우공무원제도에 관한 설명 중 틀린 것을 모두 고르시오.   09.3 순경

> ⊙ 해당 계급에서 승진소요최저근무연수 이상 근무하고, 승진임용의 제한사유가 없으며, 근무실적이 우수한자들을 대상으로 대우공무원으로 선발할 수 있다.
> ⓛ 대우공무원은 해당 계급에서 5년 이상 근무한 사람을 대상으로 선발한다.
> ⓒ 대우공무원의 발령은 매 분기의 첫 달 1일 일괄적으로 발령한다.
> ⓔ 징계 또는 직위해제처분을 받은 경우 대우 공무원수당을 지급하지 아니한다.

① ⊙, ⓛ, ⓒ   ② ⓛ, ⓒ   ③ ⓒ, ⓔ   ④ ⓔ

◦ 정답: ④

❀ **해설:** 대우공무원이 징계 또는 직위해제 처분을 받거나 휴직하여도 대우공무원 수당은 계속 지급하지만, 규정에 따라 **정직기간 및 강등에 따라 직무에 종사하지 못하는 3개월의 기간 중 수당 액의 2/3을 감액, 감봉기간 중 수당액의 1/3을 감액하여 지급**한다.

26. 경찰서 관내에서 K파 소속 깡패조직들의 난동사건으로 인하여 사회적 물의를 일으켰다. 이 당시 이들에 대한 초동조치를 미흡하게 하였다는 것을 이유로 2000년 7월 1일 ○○경찰서장을 직위해제하였다. 이에 대한 설명으로 바르지 못한 것은?   05.2 경간부

① 직위해제된 자에게는 3개월 이내의 대기를 명한다.

② 경찰지휘관 등에게 징계책임을 묻는 대신에 활용하는 경우가 많다.

③ 직위해제된 자에게 징계책임을 병과할 수 없다.

④ 공무원 본인에게 직위를 계속 유지시킬 수 없는 사유가 있는 경우 제재적 성격을 갖는 보직해제이며 복직이 보장되지 않는다.

◦ 정답: ③

❀ **해설:** 지휘관 등에게 징계책임을 묻는 대신에 활용하는 경우가 많으나, **직위해제는 징계가 아니므로 직위해제와 징계처분이 동시에 병과할** 수 있다.

27. 다음 중 당연퇴직사유가 아닌 것은?   98.2 승진

> ㉠ 파산선고를 받은 자로서 복권되지 아니한 자
> ㉡ 대한민국 국적을 갖지 않은 자
> ㉢ 사직서를 제출한 자
> ㉣ 자격정지 이상의 형의 선고를 받은 자
> ㉤ 자격정지 이상의 형의 선고유예를 받고 그 선고유예기간 중에 있는 자
> ㉥ 사망, 임기만료, 정년

① 0개   ② 1개   ③ 2개   ④ 3개

정답: ③(㉢㉤)

해설: ▶ 당연퇴직사유

> 1. **대한민국 국적을 가지지 아니한 자**
> 2. 국적법에 따른 복수국적자
> 3. 금치산자 또는 한정치산자
> 4. **파산선고를 받은 자로서 복권되지 아니한 자**
> 5. **자격정지 이상의 형의 선고를 받은 자**
> 6. 징계에 의하여 파면 또는 해임의 처분을 받은 자
> ◉ 자격정지이상의 형의 선고유예를 받고 그 선고유예기간 중에 있는 자는 임용(신규채용) 결격사유에
>   는 해당하지만, 당연퇴직사유에는 포함되지 않는다.

28. 다음 중 의원면직에 대한 설명으로 틀린 것은?   01.10 순경

① 공무원 관계를 소멸시키는 행위이다.
② 사직의 의사표시가 있으면 바로 면직의 효과가 발생한다.
③ 사직의 의사표시는 진정한 의사에 의한 것이어야 한다.
④ 사직서 제출 후 수리 전에 무단결근한 경우 징계사유에 해당한다.

정답: ②

해설: ▶ 의원면직

> ① **공무원 관계를 소멸시키는 행위**이며, 경찰공무원 자신의 의사표시를 전제로 하여 **임용권자가 처분으
>   로 경찰공무원 관계를 소멸시키는 쌍방적 행정행위**이다.
> ② 사직의 의사표시만으로 부족하고, **서면에 의한 사직서를 제출하여 임용권자의 승인**을 받는다.
> ③ 사직의 의사표시는 **진정한 의사에 의한 것**이어야 한다.
> ④ 의원면직의 경우 면직효과의 발생시기는 사직의 의사표시가 있는 때가 아니라 **서면에 의한 사직서
>   를 임명권자가 승인(수리)한 때**이다.
> ⑤ 사직서 제출 후 수리 전에 무단결근한 경우 **징계사유에 해당**한다.

29. 경찰공무원 관계의 성립과 변경에 대한 설명으로 잘못된 것은?   06.2 경간부

① 임용의 효력발생시기는 임용장에 기재된 일자에 임용된 것으로 본다.
② 자격정지 이상의 형의 선고유예를 받고, 그 선고유예기간 중에 있는 자는 경찰공무원이 될 수 없다.
③ 임용의 거부를 처분으로 해석할 수 있다.
④ 사직의 의사표시가 있으면 바로 면직의 효과가 발생한다.

⁎ 정답: ④

⁑ 해설: 의원면직의 경우 면직효과의 발생시기는 사직의 의사표시가 있는 때가 아니라 **서면에 의한 사직서를 임명권자가 승인(수리)한 때**이다.

30. 다음 중 직권면직 요건에 해당하지 않는 것은?   08.2 경간부

① 직제와 정원의 개폐 또는 예산의 감소 등에 의하여 폐직 또는 과원이 되었을 때

② 휴직기간 만료 후에도 직무에 복귀치 않거나 직무를 감당할 수 없을 때

③ 직무수행능력 부족이나 근무성적이 극히 불량으로 대기명령자의 능력이나 근무성적 향상을 기대하기 어려울 때

④ 형사사건으로 기소된 자

⁎ 정답: ④

⁑ 해설: ▶ 직권면직 사유(경찰공무원법)

징계위 **동의 필요**	1. **직무수행능력 부족이나 근무성적이 극히 불량으로 대기 명령을 받은 자가 그 기간에 능력 또는 근무성적의 향상을 기대하기 어렵다고 인정된 때**
	2. 경찰공무원으로서 부적합할 정도로 직무수행능력 또는 성실성이 현저히 결여된 자로서 대통령령이 정하는 사유에 해당 된다고 인정될 때
	3. 직무수행에 있어서 위험을 일으킬 우려가 있을 정도의 성격 또는 도덕적 결함이 있는 자로서 대통령령이 정하는 사유에 해당된다고 인정될 때
징계위 **동의 불요**	4. **직제와 정원의 개폐 또는 예산의 감소 등에 따라 폐직(廢職) 또는 과원(過員)이 되었을 때**
	5. **휴직 기간이 끝나거나 휴직 사유가 소멸된 후에도 직무에 복귀하지 아니하거나 직무를 감당할 수 없을 때**(이 경우 직권면직일은 휴직기간의 만료일 또는 휴직사유의 소멸일로 함)
	6. 당해 경과에서 직무를 수행하는 데 필요한 자격증의 효력이 상실되거나 면허가 취소되어 담당 직무를 수행할 수 없게 된 때

31. 다음 중 직권면직의 요건과 가장 거리가 먼 것은?   01.1 승진, 03.7 101단

① 직제와 정원의 개폐 또는 예산의 감소 등에 의하여 폐직 또는 과원이 되었을 때

② 형사사건으로 기소된 자

③ 휴직기간의 만료 후에도 직무를 감당할 수 없을 때

④ 직위해제자가 그 기간 중 능력 또는 근무 성적의 향상을 기대하기 어렵다고 인정된 때

⁎ 정답: ②

⁑ 해설: 형사사건으로 기소된 자는 직위해제의 대상으로 직위해제된 자가 직권면직으로 연결될 수도 있으나 반드시 직권면직의 요건이라고 할 수는 없다.

32. 다음 경찰공무원법상 경찰공무원의 직권면직사유 가운데 직권면직처분을 위해 징계위원회의 동의가 필요한 사유끼리 묶인 것은?　　11.8 순경

> ㉠ 직제와 정원의 개폐 또는 예산의 감소 등에 따라 폐직 또는 과원이 되었을 때
> ㉡ 휴직기간이 끝나거나 휴직 사유가 소멸된 후에도 직무에 복귀하지 아니하거나 직무를 감당할 수 없을 때
> ㉢ 직위해제로 인한 대기 명령을 받은 자가 그 기간에 능력 또는 근무성적의 향상을 기대하기 어렵다고 인정된 때
> ㉣ 경찰공무원으로는 부적합할 정도로 직무 수행능력이나 성실성이 현저하게 결여된 사람으로서 대통령령으로 정하는 사유에 해당된다고 인정될 때
> ㉤ 직무를 수행하는 데에 위험을 일으킬 우려가 있을 정도의 성격적 또는 도덕적 결함이 있는 사람으로서 대통령령으로 정하는 사유에 해당된다고 인정될 때
> ㉥ 해당 경과에서 직무를 수행하는데 필요한 자격증의 효력이 상실되거나 면허가 취소되어 담당 직무를 수행할 수 없게 되었을 때

① ㉠㉡㉤　　　② ㉡㉢㉥　　　③ ㉢㉣㉤　　　④ ㉢㉣㉥

❊ **정답:** ③

❊ **해설:** ▶ **징계위 동의가 필요한 경우**

> ① 직무수행능력 부족이나 근무성적이 극히 불량으로 대기 명령을 받은 자가 그 기간에 능력 또는 근무성적의 향상을 기대하기 어렵다고 인정된 때
> ② 경찰공무원으로서 부적합할 정도로 직무수행능력 또는 성실성이 현저히 결여된 자로서 대통령령이 정하는 사유에 해당된다고 인정될 때
> ③ 직무수행에 있어서 위험을 일으킬 우려가 있을 정도의 성격 또는 도덕적 결함이 있는 자로서 대통령령이 정하는 사유에 해당된다고 인정될 때

33. 경찰공무원의 직권면직 사유가 아닌 것은?　　10.1 승진
① 직제와 정원의 개폐 또는 예산의 감소 등에 의하여 폐직 또는 과원이 되었을 때
② 직무를 수행하는 데 필요한 자격증의 효력이 상실되거나 면허가 취소되어 담당직무를 수행할 수 없게 된 때
③ 직무상의 의무에 위반하거나 직무를 태만히 한 때
④ 직무수행 능력이 현저히 결여된 자로서 판단력 부족으로 경찰업무를 감당할 수 없게 된 때

❊ **정답:** ③

❊ **해설:** ▶ **직위해제 사유**

> ① 임용권자는 아래에 해당하는 자에게는 **직위를 부여하지 아니할 수 있다**(임의규정).
> 　㉠ 직무수행 능력이 부족하거나 근무성적이 극히 나쁜 자
> 　㉡ 파면·해임·강등 또는 정직에 해당하는 징계 의결이 요구 중인 자
> 　㉢ 형사 사건으로 기소된 자(약식명령이 청구된 자는 제외)
> 　㉣ 고위공무원단에 속하는 일반직공무원으로서 연속하여 2년 이상 근무 성적평정에서 최하위 등급의 평정을 받거나 총 3년 이상 최하위 등급의 평정을 받은 때, 정당한 사유 없이 직위를 부여받지 못한 기간이 총 2년에 이른 때의 사유로 적격심사를 요구받은 자
> ② 공무원에 대하여 ㉠㉡㉢의 직위해제 사유가 경합하면 ㉡㉢의 직위해제 처분을 하여야 한다.

34. 다음은 경찰공무원의 권리를 설명한 것이다. 틀린 설명은?   06.1 승진

① 우리나라 경찰공무원은 헌법상의 단결권 · 단체교섭권 · 단체행동권의 제약을 받는 반면, 프랑스 경찰은 단결권 · 단체교섭권은 제약을 받지 않는 반면, 단체행동권은 제약을 받는다. 또한 우리나라 경찰과 달리 독일 경찰은 정당가입권이 보장된다.

② 치안총감을 제외한 모든 경찰공무원은 법정의 사유에 해당되지 않는 한 그 의사에 반하여 휴직 · 강임 · 면직을 당하지 않는다.

③ 재산상의 권리로서 연금청구권, 보수청구권, 보상청구권이 있다.

④ 판례에 의하면 보수청구권의 소멸시효는 3년이고, 보수에 관한 압류는 1/2까지로 제한된다.

▪ **정답:** ②

▓ **해설: 치안정감을 제외한** 모든 경찰공무원은 법정의 사유에 해당되지 않는 한 그 의사에 반하여 휴직 · 강임 · 면직을 당하지 않는다.

35. 다음은 경찰공무원의 권리를 설명한 것이다. 틀린 설명은?   03.1 승진

① 치안총감을 제외한 모든 경찰공무원은 법정의 사유에 해당하지 않은 한 그 의사에 반하여 휴직 또는 면직 당하지 않는다.

② 경찰공무원은 헌법상의 단결권, 단체교섭권, 단체행동권의 행사에 있어서 제약을 받는다.

③ 보수는 근무조건 법정주의의 일환으로서 급여법정주의가 규정되어 있다.

④ 보수청구권의 소멸시효는 3년이고, 보수에 대한 압류는 1/2까지로 제한된다.

▪ **정답:** ①

▓ **해설: 치안정감을 제외한** 모든 경찰공무원은 법정의 사유에 해당하지 않은 한 그 의사에 반하여 휴직 또는 면직 당하지 않는다.

36. 다음 중 경찰공무원의 재산상의 권리로 볼 수 없는 것은?   02.1 승진

① 보수청구권   ② 쟁송제기권   ③ 연금청구권   ④ 실비변상청구권

▪ **정답:** ②

▓ **해설: ▶ 경찰공무원의 권리**

기본적 인권	① 국가경찰공무원도 **양심 · 표현의 자유 등 기본적 인권의 주체** ② 국가경찰공무원은 근로자이기는 하나 **헌법상의 단결권, 단체교섭권, 단체행동권의 향유주체는 아니다.**		
신분상의 권리	일반공무원과 공통적인 권리 (국가공무원법)	신분보유권	시보기간(×), 치안총감(×), 치안정감(×)
		직위보유권	
		직무집행권	
		쟁송청구권	
	경찰공무원의 특수한 권리	제복착용권	권리이자 의무
		무기휴대 및 사용권	무기의 휴대(경공법), 무기사용권(경직법)
		장구사용권	수갑, 포승, 경찰봉 등

재산상의 권리	보수청구권	3년 시효, 1/2 압류
	연금청구권	단기 3년, 장기 5년의 시효
	실비변상수령권	5년의 시효
	보급품수령권	
	퇴직연금권	
	명예퇴직	

37. 경찰공무원의 의무로는 신분상의 의무와 직무상의 의무가 있다. 다음 중 직무상의 의무에 해당하는 것은 몇 개인가?   09.2 경간부

㉠ 법령준수의 의무	㉡ 복종의 의무
㉢ 친절·공정의 의무	㉣ 비밀엄수의 의무
㉤ 청렴의 의무	㉥ 정치운동의 금지

① 1개   ② 2개   ③ 3개   ④ 4개

┇ **정답**· ③(㉠㉡㉢)

※ **해설:** ▶ 경찰공무원의 의무

일반의무	국가공무원법	선서의무, 성실의무(가장 기본적인 의무임)	
신분상 의무	국가공무원법	**비밀엄수 의무, 청렴의무, 품위유지의무, 외국정부의 영예 등의 제한**, 정치운동 금지의무, **집단행동 금지의무**	
	공직자윤리법	재산의 등록의무	총경 이상, 시행령: 경사 이상
		재산공개의무	치안감 이상
		선물신고의무	미화 100달러, 한화 10만 원 이상
		퇴직공직자의 취업제한의무	퇴직 전 3년, 후 2년
	부패방지 및 국민원익위원회 설치 및 운영에 관한 법률	부패행위의 신고의무	
		공직자의 청렴의무	
직무상 의무	일반공무원과 공통적인 의무 (국가공무원법)	**법령준수 의무, 복종의무**, 직무전념의무(직장이탈 금지의무, **영리업무 금지의무**, 겸직 금지의무), **친절·공정의무**, 종교중립 의무	
	경찰공무원의 특수한 권리 (경찰공무원법)	**허위보고 및 통보 금지의무**, 지휘권남용 금지의무, 제복착용 의무	
	경찰공무원 복무규정	지정장소 이외에 직무수행 금지, 근무시간 중 음주금지, 민사분쟁에의 부당개입금지, 상관에 대한 신고, 보고 및 통보, 여행의 제한	

38. 경찰공무원의 신분상 의무가 아닌 것은?   04.7 순경

① 비밀엄수의무   ② 영리행위금지의무
③ 영예 등의 제한   ④ 집단행동의 금지

┇ **정답:** ②

※ **해설: 영리행위금지의무는 직무상 의무**이다.

39. 다음 중 경찰공무원의 신분상 의무가 아닌 것은?　　　06.3 순경

① 법령준수의 의무　　　　　　　　② 비밀엄수 의무
③ 청렴의무　　　　　　　　　　　　④ 품위유지 의무

❧ **정답:** ①
❧ **해설:** 법령준수의 의무는 직무상 의무이다.

40. 경찰공무원의 직무상 의무 중 국가공무원법상 의무가 아닌 것은?　　　08.3 순경

① 법령준수　　　　　　　　　　　　② 복종의무
③ 친절·공정의무　　　　　　　　　④ 허위보고금지의무

❧ **정답:** ④
❧ **해설:** ▶ 직무상 의무

일반공무원과 공통적인 의무 (국가공무원법)	**법령준수 의무, 복종의무,** 직무전념의무(직장이탈 금지의무, 영리업무 금지의무, 겸직 금지의무), **친절·공정의무,** 종교중립 의무
경찰공무원의 특수한 권리 (경찰공무원법)	**허위보고 및 통보 금지의무,** 지휘권남용 금지의무, 제복착용 의무
경찰공무원 복무규정	지정장소 이외에 직무수행 금지, 근무시간 중 음주금지, 민사분쟁에의 부당개입금지, 상관에 대한 신고, 보고 및 통보, 여행의 제한

41. 다음은 경찰공무원의 의무이다. 국가공무원법상의 의무와 경찰공무원법상의 의무의 개수가 바르게 연결된 것은?　　　10.1 승진

㉠ 복종의 의무	㉡ 비밀엄수의 의무	㉢ 청렴의 의무
㉣ 품위유지의무	㉤ 허위보고금지의무	㉥ 집단행위의 금지
㉦ 지휘권남용금지의무	㉧ 정치운동금지의무	㉨ 직장이탈금지

① 국가공무원법상 의무 7개, 경찰공무원법상 의무 2개
② 국가공무원법상 의무 6개, 경찰공무원법상 의무 3개
③ 국가공무원법상 의무 5개, 경찰공무원법상 의무 4개
④ 국가공무원법상 의무 4개, 경찰공무원법상 의무 5개

❧ **정답:** ①
❧ **해설:**
•**국가공무원법상 의무:** ㉠ 복종의 의무, ㉡ 비밀엄수의 의무, ㉢ 청렴의 의무, ㉣ 품위유지의무, ㉥ 집단행위의 금지, ㉧ 정치운동금지의무, ㉨ 직장이탈금지
•**경찰공무원법상의 의무:** ㉤ 허위보고금지의무, ㉦ 지휘권남용금지의무

42. 공무원의 복종의무에 대한 설명으로 옳지 않은 것은?　　　　01.1 승진, 06.10 순경
① 상사의 위법한 명령에 복종하였다면 복종한 공무원에게 책임이 있다.
② 직무명령에 형식적 요건의 하자가 있는 경우 그 복종에 따르는 책임은 수명공무원이 져야 한다.
③ 직무명령이 명백히 위법한 경우라도 공무원의 복종의무가 있다.
④ 수명공무원의 직무범위 내에 속하는 직무명령에 대하여 발생한다.

정답: ③
해설: ▶ 복종의 의무

> ① 경찰공무원이 직무를 수행함에 있어서 **소속 상관(당해 신분상의 상관이 아닌 직무상의 상관)의 직무상의 명령에 복종**하여야 하며, 직무상의 명령에는 직무집행에 직접 관계되는 것뿐만 아니라, 복장 등도 들어간다. 그러나 이러한 복종의무는 **직무와 관련 없는 공무원의 사생활**까지 미치는 것은 아니다.
> ② 직무명령에 대한 복종의무와 관련하여, **상대방 공무원은 직무명령이 위법함을 알고도 복종하였으며, 비록 상사의 명령이 있었다고 하더라도 이에 복종한 공무원에게도 책임이 있으며(판례)**, 단순히 법령이나 일반원리 · 이념에 위반될 가능성이 있음에 그치는 **부당한 상관의 지시에는 따를 의무가 있다.**
> ③ 직무명령은 특별한 규정이 있는 경우 외에는 **서면이나 구두의 어느 형식이나 무방하다.**
> ④ 직무명령은 형식적 요건의 하자가 있는 경우 그 복종에 따르는 책임은 수명공무원이 져야 하며, 수명공무원이 직무범위 내에 속하는 직무명령에 대하여 발생한다.
> ⑤ 공무원의 복종의무는 **직무의 성질상 독립이 보장된 공무원의 직무수행에는 인정되지 않는다.**

43. 경찰서에 근무하는 甲은 상사의 직무명령이 위법하다는 것을 알고서도 그 명령을 수행하였다. 가장 바른 설명은?　　　　02.3 순경
① 상사의 명령에 복종한 甲에게 책임이 있다.
② 상사의 직무명령에 복종한 甲에게는 책임이 없다.
③ 부하에게는 상사의 명령을 판단할 의무가 전혀 없다.
④ 부하는 상사의 명령이 설령 명백히 위법하더라도 복종할 의무가 있다.

정답: ①
해설: 직무명령에 대한 복종의무와 관련하여, **상대방 공무원은 직무명령이 위법함을 알고도 복종하였으며, 비록 상사의 명령이 있었다고 하더라도 이에 복종한 공무원에게도 책임이 있으며(판례),** 단순히 법령이나 일반원리 · 이념에 위반될 가능성이 있음에 그치는 **부당한 상관의 지시에는 따를 의무가 있다.**

44. 경찰공무원의 의무에 대한 설명으로 타당한 것은?　　　　10.2 경간부
① 모든 경찰공무원은 공무원 직장협의회에 가입할 수 없다.
② 경찰공무원은 외국정부로부터 선물을 수령한 경우 그 수령 가액에 상관없이 소속기관의 장에게 신고하여야 한다.
③ 경정계급 이상의 경찰공무원은 재산등록을 해야 한다.
④ 경찰공무원은 소속기관장의 허가를 받거나 그 명령에 의한 경우를 제외하고는 직무와 관계없는 장소에서 직무수행을 하여서는 아니 된다.

정답: ④
해설:

① 모든 경찰공무원은 **공무원 직장협의회에 가입할 수 있다.**

② 선물신고의무 – 공무원(지방의회의원 및 교육위원을 포함) 또는 공직유관단체의 임·직원이 외국 또는 그 직무와 관련하여 외국인(외국단체를 포함한다)으로부터 **미화로 100달러 이상이거나 국내시가로 10만 원 이상 선물을 받은 때에는 지체 없이 소속기관·단체의 장에게 신고**하고 당해 선물을 인도하여야 한다.

③ 공직자윤리법상 국가경찰공무원은 **총경 이상, 자치경찰공무원은 자치총경이상, 공직자윤리법 시행령상 국가경찰 공무원은 경사 이상 재산등록의무**가 있다.

45. 다음 중 경찰공무원의 복무규정에 관한 것과 관계가 깊은 것은?　　　　　05.2 경간부

① 허위보고금지의무

② 품위유지의무

③ 민사분쟁에의 부당개입금지의무

④ 영리나 겸직 금지의무

❖ 정답: ③

❀ 해설: ▶ **직무상의무(경찰공무원복무규정)**

지정장소 이외에 직무수행 금지	국가경찰공무원은 **상사의 허가**를 받거나 그 **명령에 의한 경우를** 제외하고는 직무와 관계없는 장소에서 직무수행을 하여서는 아니 된다.
근무시간 중 음주금지	국가경찰공무원은 근무시간 중에 **음주를 하여서는 아니 된다.** 다만, 특별한 사정이 있는 경우 예외로 한다.
민사분쟁에의 부당개입금지	국가경찰관은 직위·직권을 이용하여 **부당하게 타인의 민사분쟁에 개입해서는 아니 된다.**
여행의 제한	국가경찰공무원은 휴무일 또는 **근무시간 외에 공무 아닌 사유로 2시간 이상(즉시 ×) 직무에 복귀하기 어려운 지역으로 여행하는 경우 소속경찰기관의 장에게 신고**하여야 한다. 다만, 치안상 특별한 사정이 있어 경찰청장 또는 경찰기관의 장이 지정하는 기간 중에는 소속경찰기관의 장의 허가를 받아야 한다.
기타	① **보고 및 통보** ② **상관에 대한 신고**

46. 경찰공무원 복무규정에 관하여 잘못 설명한 것은?　　　　　98.2 승진, 01.3 순경

① 소속상관의 승낙 없이 직장을 이탈하지 못한다.

② 외국정부로부터 표창을 받을 때에는 경찰청장의 허가를 받아야 한다.

③ 정당에 가입할 수 없다.

④ 공무 이외의 영리를 목적으로 하는 업무에 종사하지 못한다.

❖ 정답: ②

❀ 해설: 외국정부로부터 표창을 받을 때에는 **대통령의 허가**를 받아야 한다.

47. 경찰공무원의 권리와 의무가 아닌 것은?   03.4 순경

① 신분상 권리로는 직무수행권, 쟁송제기권, 연금청구권, 무기 휴대권 및 사용권이 있다.
② 성실의무는 윤리적 성격이 강하나 국가공무원법에 명시된 법령의무이다.
③ 징계처분사유설명서의 교부는 경찰공무원의 실체상 권리가 침해된 경우에는 사전적 구제절차로서의 의의를 갖고 있다.
④ 상사의 직무명령이 위법임을 알고 수행할 경우 상사의 명령에 복종한 경찰관에게 책임이 있다.

⁑ 정답: ①
※ 해설: 연금청구권은 재산상 권리이다.

48. 경찰공무원의 권리, 의무, 책임에 대한 다음 설명 중 옳은 것은 몇 개인가?   10.2 경간부

> ㉠ 경찰공무원의 신분상 권리 중 일반공무원과 달리 인정되는 특수한 권리로는 직무집행권, 제복착용권, 허위보고금지 등이 있다.
> ㉡ 보수청구권의 소멸시효는2년(판례), 연금청구권을 단기급여 3년, 장기급여 5년이다.
> ㉢ 경찰공무원의 직무상 의무 중 법령준수의무, 복종의무, 친절공정의무는 국가공무원법에, 직장이탈금지 의부, 허위보고통보금지의무는 경찰공무원법에 규정되어 있다.
> ㉣ 금품 및 향응수수, 공금의 유용횡령으로 징계해임된 자의 퇴직수당은 재직기간 5년 미만인 경우는 1/8을 감액하고, 3년간 경찰공무원에 재임용될 수 없다.
> ㉤ 경무관 이상의 징계는 행정안전부장관 소속 하에 설치된 중앙징계위원회에서 관할한다.

① 없다.   ② 1개   ③ 2개   ④ 3개

⁑ 정답: ①
※ 해설:
㉠ 경찰공무원의 신분상 권리 중 일반공무원과 달리 인정되는 특수한 권리로는 **경찰장구사용권**, 제복착용권, 허위보고금지 등이 있다.
㉡ 보수청구권의 **소멸시효는 3년(판례)**, 연금청구권을 단기급여 3년, 장기급여 5년이다.
㉢ 경찰공무원의 직무상 의무 중 **법령준수의무, 복종의무, 직장이탈금지 의무, 친절공정의무는 국가공무원법**에, **제복착용의무, 허위보고통보금지의무, 지휘권남용금지의무는 경찰공무원법**에 규정되어 있다.
㉣ 금품 및 향응수수, 공금의 유용횡령으로 징계해임된 자의 퇴직수당은 **재직기간과 상관없이 1/4을 감액지급**하고, 향후 경찰공무원에 재임용될 수 없다.
㉤ 경무관 이상의 징계는 **국무총리 소속 하에 설치**된 중앙징계위원회에서 관할한다.

49. 경찰조직 구성원들의 잘못된 행동을 교정하고자 하는 의도와 함께 사전에 잘못된 행동을 예방하고자 하는 의도로서 징계라는 수단을 통해 경찰활동을 관리한다. 다음 경찰공무원의 징계유형으로서 강등에 대한 설명으로 가장 적절하지 않은   11.2 순경

① 강등 징계 시 3개월간 직무에 종사하지 못하며 그 기간 중 보수의 3분의 2를 감한다.
② 강등된 계급의 계급정년은 강등되기 전 계급 중 가장 높은 계급의 계급정년으로 한다.
③ 징계로 인하여 경감으로 강등된 경찰공무원의 계급정년을 산정할 때에는 강등되기 전 계급인 경정의 근무연수와 강등 이후의 계급인 경감의 근무연수를 합산한다.
④ 금품 또는 향응 수수로 강등 징계처분을 받은 경찰공무원은 그 처분의 집행이 끝난 날로부터 18개월이 지나지 아니한 경우 승진임용을 할 수 없다.

❖ 정답: ④

▓ 해설: 승진 및 호봉승급의 경우에 징계처분의 집행이 종료된 날로부터 강등 및 정직의 경우 18개월, 감봉 12개월, 견책 6개월간은 승진 및 승급시킬 수 없다. 단, **징계의 내용이 금품 및 향응 수수, 공금의 횡령 등일 경우에는 승진 및 승급제한기간에 별도로 3개월 가산**하여야 한다.

---

50. 다음 중 ( ) 안에 알맞은 것으로 연결된 것은?　　　　　　　06.10 순경

> 경찰관의 권리이자 의무인 것은 (　　) 이고, 경찰관의 무기휴대의 법적 근거는 (　　　)이고, 무기사용의 법적 근거는 (　　　)이다.

① 장구사용권 – 경찰 공무원법 – 경찰관직무집행법
② 장구사용권 – 경찰관 직무 집행법 – 경찰공무원법
③ 제복착용권 – 경찰관직무집행법 – 경찰공무원법
④ 제복착용권 – 경찰공무원법 – 경찰관직무집행법

❖ 정답: ④

▓ 해설: ▶ 무기사용 및 휴대의 법적 근거

> ① **무기의 사용**: 경찰관직무집행법 제10조의4　　② **무기의 휴대**: 경찰공무원 제20조

☞ 경찰관의 권리이자 의무 – 제복착용권

---

51. 다음 중 ( ) 안에 들어갈 말로 올바른 것은?　　　　　　　07.1 승진

> 공무원이 외국정부로부터 영예 또는 증여를 받을 경우에는 (　　　　)의 허가를 얻어야 하고, 국가공무원법상 공무원이 공무 이외에 다른 직무를 겸직하기 위해서는 (　　　　)의 허가를 얻어야 한다.

① 대통령, 국무총리　　　　　　　　② 행정안전부장관, 소속기관장
③ 행정안전부장관, 법무부장관　　　　④ 대통령, 소속기관장

❖ 정답: ④

▓ 해설: ▶ 외국정부의 영예 등의 제한 & 직장이탈금지의무

외국정부의 영예 등의 제한	공무원이 외국정부로부터 영예 또는 증여를 받을 경우에는 **대통령 허가(경찰청장 ×)**를 얻어야 하며, 외국정부로부터 훈장을 수여받거나 영예스러운 직함이나 재산을 무상으로 증여받으려면 **대통령 허가**를 얻어야 한다.
겸직 금지의무	공무원은 **소속기관의 장**의 허가 없이 다른 직무를 겸할 수 없다.

---

52. 다음은 공무원의 정치활동 금지에 관련된 설명이다. 틀린 것은?　　　01.1 승진

① 투표를 하거나 하지 않도록 권유하여서는 아니 된다.
② 서명운동을 주도하거나 권유하여서는 아니 된다.
③ 기부금을 모집 또는 모집하게 하여서는 아니 된다.
④ 타인으로 하여금 정당 기타 정치단체에 가입하도록 권유하여서는 것은 상관없다.

▸ 정답: ④

❈ 해설: ▶ 행위금지 내용

> ㉠ 투표를 하거나 하지 아니하도록 권유운동을 하는 것
> ㉡ 서명운동을 기도 · 주재하거나 권유하는 자
> ㉢ 문서 또는 도서를 공공시설 등에 게시하거나 게시하게 하는 것
> ㉣ 기부금을 모집 또는 모집하게 하거나 공공자금을 이용 또는 이용하게 하는 것
> ㉤ 타인으로 하여금 정당 기타 정치단체에 가입하게 하거나 또는 가입하지 아니하도록 권유운동을 하는 것

53. 경찰공무원의 지휘(권리 · 의무)와 관련하여 그 법적근거에 대한 설명으로 맞는 것은?   10.3 순경

> ㉠ 허위보고 금지, 지휘권남용 금지 의무는 경찰공무원법에서 규정하고 있다.
> ㉡ 무기휴대 권리는 경찰공무원법에서 규정하고, 무기사용 권리는 경찰관직무집행법에서 규정하고 있다.
> ㉢ 재산등록 및 재산공개 의무는 국가공무원법에서 규정하고 있다.
> ㉣ 종교에 따른 차별 없이 직무를 수행해야 할 의무는 국가공무원법에서 규정하고 있다.

① 1개   ② 2개   ③ 3개   ④ 4개

▸ 정답: ③(㉠㉡㉣)

❈ 해설: ㉢ 재산등록 및 재산공개 의무는 공직자윤리법에서 규정하고 있다.

54.「공직자윤리법 시행령」상 경찰 공무원 재산등록대상 계급자는?   01.3 순경
① 경사 이상   ② 총경 이상   ③ 경위 이상   ④ 경감 이상

▸ 정답: ①

❈ 해설: ▶ 재산등록 및 공개의무자

재산등록의무자	경찰공무원 중 **경사 이상**은 재산등록 의무가 있다.
재산공개 의무자	**치안감 이상**의 경찰공무원 및 특별시 · 광역시 · 도 · 특별자치도의 지방경찰청장

55. 다음은 순직 · 공상 경찰관의 손해전보 개선에 대한 구체적 설명이다. 가장 거리가 먼 것은?
06.2 경간부
① 112순찰 근무 중 운전경찰관이 과실로 사고를 야기하여 동승한 경찰관이 순직하거나 공상을 입은 경우에
도 국가배상청구가 가능하게 되었다.
② 순직공무원 보상법이 제정되어 경찰관이 범인을 체포하거나 교통단속 등 생명 또는 신체에 대한 고도의
위험이 예측되는 상황 시 사망한 경우 유족에 대한 보상을 강화하고 있다.
③ 이번 개정으로 지구대 소내 근무 중 계단에 있는 빗물에 미끄러진 경찰관이 부상을 입은 경우 등에도 영
조물 관리 하자와 관련하여 국가배상을 받을 가능성을 열어 놓고 있다.
④ 112순찰차량과 구청 소속 행정차량 또는 군인차량과 충돌하는 등의 관용차량 간 교통사고에는 국가배상
청구가 여전히 인정되지 않고 있다.

❖ **정답:** ④

❈ **해설:** '전투 · 훈련 등 직무집행' 이외에 '일반 직무집행' 중 발생한 관용자동차 교통사고 손해에 대해 **종합보험 보상이 가능**하게 되었다.

56. 다음은 공무원이 준수하여야 할 의무와 이에 대한 견해를 나열한 것이다. 올바른 견해들끼리 짝지어진 것은?
09.1 승진

> ㉠ 직장이탈금지의무, 청령의무, 비밀엄수의무 등은 경찰공무원복무규정에 직접 규정하는 것으로서 모든 경찰관이 반드시 준수하여야 한다.
>
> ㉡ 공직자의 종교편향행위를 둘러싸고 사회적으로 논란이 계속됨과 동시에 국민화합을 저해하는 측면이 있어 이를 국가공무원법상의 공정의무에 직접 규정하였다.
>
> ㉢ 경찰공무원은 대통령령인 경찰공무원 복무규정을 준수하는 것은 물론 경찰공무원복무규정에 정하지 않은 사항에 대해서 국가공무원복무규정을 준수하여야 한다.
>
> ㉣ 국가공무원법에서 규정하고 있는 의무를 위반한 행위에 대해서 별도로 경찰공무원법에서 가중처벌하는 경우도 있다.

① ㉠, ㉡   ② ㉢, ㉣   ③ ㉠, ㉢   ④ ㉡, ㉣

❖ **정답:** ②

❈ **해설:**

㉠ 직장이탈금지의무, 청령의무, 비밀엄수의무 등은 **국가공무원법에 직접 규정**하는 것으로서 모든 경찰관이 반드시 준수하여야 한다.

㉡ **국가공무원 복무규정**은 국가공무원법상 친절공정의무를 더욱 구체적으로 규정하기 위해 새로이 개정했으며, 그중 종교관련 문제를 적시하고 있는바, 공무원이 직무를 수행함에 있어서 종교 등에 따른 차별 없이 공정하게 업무를 처리하도록 하였다.

57. 경찰공무원 책임이라고 볼 수 없는 것은?
98.2 승진

① 형사상 책임   ② 징계책임
③ 친절 · 공정책임   ④ 변상책임

❖ **정답:** ③

❈ **해설:** ▶ **경찰공무원 책임의 유형**

광의	협의	행정상 책임	징계책임(의무위반), 변상책임(재산상손실)	
		형사상 책임	형법상 책임	직무범죄(직무유기죄, 직권남용죄 등) 준직무범죄(수뢰, 사전수뢰죄 등)
			경찰형벌상 책임	
		민사상 책임	손해배상책임	경찰공무원의 직무상 위법행위로 인한 손해배상 영조물의 설치 · 관리상의 하자로 인한 손해배상

58. 경찰공무원법상 인사권자 및 징계권자에 대한 설명으로 틀린 것은?　　　09.4 순경

① 총경 이상의 경찰공무원은 경찰청장의 추천에 의하여 행정안전부장관의 제청으로 국무총리를 거쳐 대통령이 임명한다.

② 총경의 전보·휴직, 직위해제·정직 및 복직은 경찰청장이 행한다.

③ 경정의 신규채용·승진임용 및 면직은 경찰청장의 추천에 의하여 국무총리를 거쳐 대통령이 행한다.

④ 경정의 정직은 경찰청장이 행한다.

⁙ 정답: ③

※ 해설: 경정의 신규채용·승진임용 및 면직은 **경찰청장의 제청에 의하여** 국무총리를 거쳐 **대통령이 행한다.**

59. 경찰공무원의 인사관리에 대한 설명으로 틀린 것은?　　　09.7 순경

① 경찰공무원 중앙징계위원회는 경무관 이상의 경찰공무원에 대한 징계를 의결한다.

② 전보는 계급의 변화 없이 직위만 바꾸는 것이다.

③ 경찰공무원인사위원회는 위원장을 포함한 위원 5인 이상 7인 이하로 구성된다.

④ 경찰서장은 지방경찰청장의 권한을 위임받아 소속경찰관 중 경감 이하의 전보를 행할 수 있다.

⁙ 정답: ①

※ 해설: ▶ 징계위원회

종류	설치	대상	구성
중앙징계위원회	국무총리 소속하에 설치	경무관 이상	위원장: 1인 부위원장 1인을 포함한 위원 9인
경찰공무원 중앙징계위원회	경찰청	총경, 경정	위원장 1인을 포함한 위원 5~7인 이하
경찰공무원 보통징계위원회	경찰청, 소속기관(지방경찰청, 경찰대학, 경찰교육원, 중앙경찰학교, 경찰병원 등)	경감 이하	위원장을 포함한 위원 3인 이상 7인 이하로 구성
	경찰서, 경찰기동대 및 해양경찰서 등 총경 이상을 장으로 하는 경찰기관	경위 이하	
	전투경찰대 등 경감 이상의 장으로 하는 경찰기관	경사 이하	

60. 다음은 경찰공무원의 징계에 관한 것이다. 옳은 것은 모두 몇 개인가?   11.8 순경

> ㉠ 징계벌과 형벌은 이중적 처벌이 되지 않아야 하기 때문에 병과할 수 없다.
> ㉡ 경찰공무원이 해임이 된 경우 5년 후에 다시 경찰공무원이 될 수 있다.
> ㉢ 중징계라 함은 파면, 해임, 강등을 말하고 정직은 중징계에 해당하지 아니한다.
> ㉣ 경찰공무원의 임용이란 신규채용 · 승진 · 전보 · 파견을 말하고, 휴직 · 직위해제 · 정직 · 강등 ·
>   복직 · 면직 · 해임 및 파면은 임용의 개념에 포함되지 아니한다.
> ㉤ 경무관 이상의 경찰공무원에 대한 징계의결은 국무총리 소속으로 설치된 징계위원회에서 한다.
> ㉥ 총경의 강등은 경찰청장이 한다.
> ㉦ 경정의 해임은 경찰청장이 한다.
> ㉧ 경찰공무원 중앙징계위원회는 총경 및 경정에 대한 징계사건을 심의 · 의결한다.

① 2개   ② 3개   ③ 4개   ④ 5개

❈ 정답: ②(㉤㉥㉧)

❈ 해설:

㉠ 징계벌과 형벌은 **병과할 수 있다.**

㉡ 경찰공무원이 해임이 된 경우 **향후 경찰공무원 임용 불가하다.**

㉢ 중징계에는 **파면, 해임, 강등, 정직이 있다.**

㉣ 경찰공무원의 임용이란 경찰공무원관계를 발생, 변경 및 소멸하게 하는 일체의 행위를 말하는 것으로 **신
규채용, 승진, 전보, 파견, 휴직, 직위해제, 정직, 강등, 복직, 면직, 해임 및 파면을 말한다.**

㉦ 경정의 해임은 **대통령이 한다.**

61. 경찰공무원 권익보장제도에 대해 바르게 설명한 항목의 개수로 가장 적절한 것은?   09.7 순경

> ㉠ 처분사유설명서 교부제도는 사전적 구제절차로서의 의미를 갖는다.
> ㉡ 경찰공무원 행정소송의 피고는 경찰청장(해양경찰청장)만이 될 수 있다.
> ㉢ 소청심사위원회는 위원장 1인을 포함 한 5인 이상 7인 이내의 비상임위원으로 구성한다.
> ㉣ 고충심사는 원칙적으로 직무와 관련된 모든 문제를 대상으로 한다.

① 없음.   ② 1개   ③ 2개   ④ 3개

❈ 정답: ③(㉠㉣)

❈ 해설:

㉡ 경찰공무원 행정소송의 피고는 **경찰청장(해양경찰청장)을** 피고로 한다. 다만, **경찰청장이 임용권을 위임
한 경우에는 그 위임을 받은 자를 피고로 한다**(경찰공무원법 제28조).

㉢ 소청심사위원회는 위원장 1인을 포함한 5인 이상 7인 이내의 **상임위원으로 구성한다.**

**62. 공무원이 징계처분 기타 그 의사에 반하는 불리한 처분을 받은 경우 행정심판을 제기할 수 있는데 이를
심사 · 결정하는 기관은?**   01.2 경간부

① 행정심판위원회   ② 징계위원회
③ 소청심사위원회   ④ 고충심사위원회

❈ 정답: ③

※ **해설:** 소청이란 징계처분 기타 그의 의사에 반하는 불이익처분을 받은 자가 관할 소청심사위원회에 심사를 청구하는 행정심판을 말하며, **심사 및 결정하는 기관은 소청심사위원회이다.**

63. 소청심사위원회에 대한 설명으로 틀린 것은?   04.7 순경

① 경찰공무원이 징계처분 등에 불리한 처분을 받았을 때 그 시정을 요구할 수 있는 기관이다.
② 소청심사위원회의 결정이 부당하다고 인정될 때에는 행정안전부장관은 제심을 청구할 수 없다.
③ 소청심사위원회의 결정은 본래 징계결정보다 더 중한 경정을 할 수 없다.
④ 소청인에게 의견진술기회가 보장되나 의견진술기회를 부여하지 않고 행한 결정이라도 무효는 아니다.

☆ 정답: ④

※ **해설:** 소청심사위원회가 소청 사건을 심사할 때에는 국회규칙, 대법원규칙, 헌법재판소규칙, 중앙선거관리위원회규칙 또는 대통령령으로 정하는 바에 따라 **소청인 대리인에게 진술기회를 주어야 한다. 진술 기회를 주지 아니한 결정은 무효**로 한다.

64. 경찰공무원의 고충처리에 관한 설명으로 틀린 것은?   00.1 승진

① 경찰관은 누구나 고충심사를 청구할 수 있다.
② 인사상 문제에 대해여는 고충심사가 제한된다.
③ 고충심사위원회는 공무원을 위한 Ombudsman적 성격을 갖는다.
④ 공무원에게 근로 3권이 제약되는 것에 대한 보완적 제도로 볼 수 있다.

☆ 정답: ②

※ **해설:** 인사상 문제에 대하여도 **고충심사를 청구할 수 있다.**

65. 경찰청장의 권한을 지방경찰청장에게 위임했을 경우 지방경찰청장의 위임사항에 관하여 행한 경찰처분에 불복이 있을 때 어느 기관을 피고로 하여 행정소송을 제기하여야 하는가?   03.1 승진

① 경찰청장   ② 지방경찰청장
③ 경찰청 법무담당관   ④ 지방경찰청 경무과장

☆ 정답: ②

※ **해설:** ▶ **행정소송**

소 제기	소청을 제기한 자가 소청심사위원회의 결정에 불복이 있는 때에는 **결정서 정본을 송달받은 날로부터 90일 이내**에, 또 위원회가 **60일이 지나도록 결정을 하지 않는 때에는 징계처분 사유설명서를 받은 날로부터 90일 이내**에 행정법원에 행정소송을 제기할 수 있다.
소송 대상	행정소송법의 원칙상 원처분주의가 적용되기 때문에 **원칙적으로 징계처분(최초의 처분)을 소송대상**으로 다루게 된다.
피고	행정소송의 피고는 **경찰청장 또는 해양경찰청장이 됨이 원칙**이나, 임용권을 위임한 경우에는 그 **위임을 받은 자(=수임기관)(위임청 ×)를 피고**로 한다.
필수적 전심절차	행정소송은 **소청심사위원회의 심사 · 결정을 거치지 아니하면 제기할 수 없다.**

66. 고충처리와 소청심사에 관한 다음 설명 중 잘못된 것은?   04.10 순경

① 소청심사의·대상은 징계처분 등 기타 본인의 의사에 반하는 불리한 처분이다.

② 고충처리는 그 결과가 기속행위이다.

③ 고충심사를 청구함에 있어서는 기간의 제약을 받지 않는다.

④ 소청심사는 불이익처분에 대한 사후구제를 위한 형식적 쟁송절차로서 준사법적 성격을 갖는다.

❖ **정답: ②**

❖ **해설: 고충처리위원회 고충처리는 법적 구속력을 갖지 않으나**(기속행위가 아님)**, 소청심사제도는
          법적 기속력을 갖는다.**

67. 다음 중 의결정족수가 옳지 않게 짝지어진 것은?   08.7 순경

① 경찰위원회 – 재적위원 과반수의 출석과 출석위원 과반수의 찬성

② 소청심사위원회 – 재적위원 2/3 이상의 출석과 출석위원 과반수의 찬성

③ 정규임용심사위원회 – 재적위원 2/3 이상의 출석과 출석위원 과반수의 찬성

④ 경찰공무원인사위원회 – 재적위원 과반수의 출석과 출석위원 과반수의 찬성

❖ **정답: ④**

❖ **해설: ▶ 각종 위원회 의결정족수 비교**

경찰위원회 **경찰징계위원회** **청소년보호위원회** **보안관찰처분심의위원회** **국민권익위원회** **언론중재위원회** **보안심사위원회**	재적의원 과반수 출석, 출석위원 과반수 찬성
소청심사위원회 **정규임용심사위원회**	재적위원 2/3 이상의 출석, 출석위원 과반수 찬성
경찰공무원인사위원회 **승진심사위원회**	재적위원과반수의 출석과 재적위원 과반수 찬성으로 의결

제4절 경찰작용법

1. 경찰작용법에 대한 설명 중 가장 타당하지 않은 것은?   01.10 순경, 06.2 순경

① 경찰행정의 내용을 규율하는 법규이다.

② 경찰행정상의 법률관계의 성립·변경·소멸에 관련된 모든 법규를 말한다.

③ 경찰의 임무, 경찰권 발동의 근거와 한계 등에 관한 규율을 내용으로 한다.

④ 경찰작용법은 체계적 통합성과 법적 명확성을 가지고 있다.

정답: ④

해설: 경찰관직무집행법이 과연 일반법으로서의 체계나 내용을 담고 있는지가 의문시 되고 있으며, 단행법도 개별목적의 개별입법에 의하여 존재하고 있어, **경찰작용법 전체가 체계적 통합성과 법적 명확성을 가지고 있지 못한 한계**를 지니고 있다.

2. 경찰권 발동의 근거에 대한 설명 중 가장 바르지 못한 것은?   01.5 순경

① 경찰권의 행사는 다른 어떤 행정작용분야보다 법치행정의 원리가 강하게 요구가 된다.

② 위험방지를 위하여 개인의 자유와 권리를 침해하는 구체적인 경찰상의 조치는 당연히 경찰의 직무에 속하여야 하며, 그 조치 권한을 정당화 할 수 있는 별도의 법적 근거가 있어야 한다.

③ 생활안전지도, 청소년 선도 등의 임의적 활동의 경우에도 구체적 수권조항이 필요하다.

④ 경찰조치를 위한 법적 근거의 형태로 논의되는 것이 일반적 수권조항과 개별적 수권조항의 문제이다.

정답: ③

해설: 명령·강제작용이 아닌 **비권력적·임의적 경찰활동은 구체적인 수권조항이 필요하지 않고, 일반조항만으로 가능**하다.

3. 일반적 수권조항과 관련하여 경찰권발동의 한계이론이 거론되어 있다. 이에 대한 설명 중 틀린 것은?
05.1 승진, 03.1 승진

① 경찰권은 공공의 복리와 질서유지를 위하여 필요한 경우에만 발동하여야 한다.

② 경찰권은 사회 공공의 안녕과 질서를 유지하기 위해서만 발동할 수 있다.

③ 경찰권의 행사는 원칙적으로 경찰책임자에 대해서만 발동될 수 있다.

④ 경찰권의 발동은 그 목적을 달성하기 위하여 필요한 최소한도의 범위 내에서만 행사되어져야 한다.

정답: ①

해설: 경찰권은 사회공공의 안녕과 질서의 유지에 관계없는 사적 관계에 발동되어서는 안 되며, **사회공공의 안녕과 질서에 영향을 미치는 경우에 한하여 그 범위 안에서만 발동될 수 있다는 원칙**이다.

4. 다음 중 경찰권 발동의 한계에 대한 설명으로 틀린 것은?   06.3 순경

① 소극목적의 원칙상 공공의 안녕과 질서유지를 위해서만 발동이 가능하고 복리증진을 목적으로 발동할 수 없다.
② 공공안녕과 질서유지와 관계없는 사적관계에 대해서만 안 된다.
③ 경찰책임의 원칙은 경찰권 발동의 정도를 명시하는 원칙이다.
④ 비례원칙 중 필요성 원칙에서 경찰권행사는 목적달성을 위해 필요한 한도 이상으로 행해져서는 안 된다.

❖ **정답:** ③
❊ **해설:** 경찰권 **발동의 대상에 관한 원칙**이다.

5. 다음 중 경철소극목적의 원칙과 관계있는 것은?   97.1 승진

① 사생활 불가침
② 경찰권발동의 정당성
③ 생활범위 내
④ 사회공공의 안녕과 질서

❖ **정답:** ④
❊ **해설:** ▶ **경찰소극목적의 원칙**

개념	경찰권은 **사회공공의 안녕과 질서의 유지**라는 소극적으로 질서유지를 위한 목적범위 내에서만 발동할 수 있지만, 복리증진이라는 적극목적이나 재정·군정과 같은 국가목적을 위하여 발동은 될 수 없다는 원칙이다.
위배되는 사례	① 경찰허가를 함에 있어 동업자간의 경쟁관계를 배려하는 것 ② 경찰이 사치품의 수입금지를 결정하는 것 ③ 경찰이 식품위생법을 집행함에 있어서 소비자보호를 배려하는 것

6. 민사상의 불법행위 또는 채무불이행이 경찰단속의 대상이 되지 않는 이유는 무엇인가?   96.1 승진

① 경찰책임의 원칙에 의거
② 경찰비례의 원칙에 의거
③ 경찰공공의 원칙에 의거
④ 경찰소극목적의 원칙에 의거

❖ **정답:** ③
❊ **해설:** ▶ **경찰공공의 원칙**

개념	경찰권은 **사회공공의 안녕과 질서의 유지에 관계없는 사적 관계에 발동되어서는 안 되며**, 사회공공의 안녕과 질서에 영향을 미치는 경우에 한하여 그 범위 안에서만 발동될 수 있다는 원칙이다.
사생활 불가침의 원칙	① 경찰은 사생활, 즉 **개개인의 생활활동에는 개입할 수 없다.** 　예 질병 예방 및 치료, 남녀교제, 개인의 가정불화 등 ② 예외적으로 사생활이라도 사회질서에 직접 영향을 줄 때에는 간섭할 수 있다. 　예 질병 예방 및 치료는 사생활일지라도 전염병의 경우에는 강제접종 및 강제격리를 실시, 남녀교제에 있어서 풍기문란일 경우에는 단속됨, 신체의 과도한 노출, 고성방가 등

사주소 불가침의 원칙	① 경찰은 주택, 공장, 사무소 등 **사적 활동의 본거가 되는 사주소 내에는 관여하지 못한다.** 　예 사주소 내에서 나체로 있는 행위, 사주소 내의 청소, 피아노 연주 등 ② **예외적으로 사주소라도 직접 공중과 접촉되거나 영향을 미칠 수 있는 때에는 간섭할 수 있다.** 　예 외부에서 보이는 사주소 내의 나체, 이웃에 영향을 주는 사주소 내의 화기 · 소음 등
민사관계 불간섭의 원칙	① 단순한 민사상의 관계는 원래 **특정한 관계인의 개인적 이해에 관계되는 데 그치고,** 또 그 형성이나 유지는 사법권의 작용에 속하여 불고불리의 원칙에 따라 사적 자치가 인정되는 것이므로 경찰권이 관여할 바가 아니다. 　예 소유권의 불행사를 명하거나, 방의 전세를 줄 것을 명하거나, 사인 간의 매매, 임대차, 채무 불이행, 불법행위에 관여하는 것 등 ② 예외적으로 민사상의 관계라고 하더라도 그 당사자 사이의 **개인적 이해에 관계됨에 그치지 아니하고, 동시에 사회공공의 안전과 질서에 영향을 미치는 경우에는 그 범위 내에서 경찰권발동의 대상**이 된다. 　예 암표매매, 총포 · 도검 · 화약류의 거래, 연 19세 미만의 자에 대한 술 · 담배의 판매 등

7. 경찰관이 이유 없이 개인적 주거에 침입하는 것은 어떤 원칙에 반하는가?　　　　97.1 승진

① 경찰비례의 원칙　　　　　　　　　② 경찰소극목직의 원칙
③ 경찰공공의 원칙　　　　　　　　　④ 민사관계불간섭 원칙

✿ 정답: ③
※ 해설: 경찰공공의 원칙(사생활 불가침의 원칙, **사주소 불가침의 원칙**, 민사관계 불간섭의 원칙)

8. 경찰권발동은 사회공공의 안녕과 질서를 유지하기 위해서만 발동할 수 있는 것을 의미하므로 사회공공의 안녕과 질서 유지와 직접 관계되지 아니하거나 사생활관계에서는 경찰권을 발동할 수 없다는 원칙은?

03.7 101단

① 경찰소극목적의 원칙　　　　　　　② 경찰공공의 원칙
③ 경찰편의주의의 원칙　　　　　　　④ 경찰책임의 원칙

✿ 정답: ②
※ 해설: 경찰공공의 원칙(**사생활 불가침의 원칙**, 사주소 불가침의 원칙, 민사관계 불간섭의 원칙)

9. 경찰작용은 국민의 자유와 권리를 제한하고 의무를 부과하는 등 전형적인 침해적 행정작용이므로 경찰권발동에는 한계가 있다. 특히, 경찰은 사회공공의 안녕과 질서유지에 관계가 없는 개인의 사생활 관계에 대해서 경찰권을 발동해서는 아니 된다. 개인행동의 영향이 단지 그 사람의 일신에 그치고 사회공공의 안녕 · 질서유지에 관계가 없는 것에 대해서는 경찰권을 발동하여 함부로 이에 관여하는 것은 허용되지 않는다. 따라서 민사상 법률관계의 형성 · 유지는 사법권의 작용영역으로서 원칙적으로 경찰권의 행사 대상이 아니다. 하지만 민사상 법률관계라 할지라도 예외적으로 경찰권의 개입이 허용되는 경우가 있다. 다음 사례 중 경찰권 개입이 가능한 경우로 가장 적절한 것은?

11.8 순경

① 경찰관이 범죄행위와 관련된 가해자와 피해자 간의 합의를 종용하는 경우
② 암표의 매매나 총포 · 도검류의 매매의 경우
③ 경찰관이 사인간의 가옥임대차에 관한 분쟁에 개입하는 경우
④ 경찰관이 민사상의 채권집행에 관여하는 경우

정답: ②

해설: 단순한 민사상의 관계는 원래 특정한 관계인의 개인적 이해에 관계되는 데 그치고, 또 그 형성이나 유지는 사법권의 작용에 속하여 불고불리의 원칙에 따라 사적 자치가 인정되는 것이므로 경찰권이 관여할 바가 아니다(예 소유권의 불행사를 명하거나, 방의 전세를 줄 것을 명하거나, 사인간의 매매, 임대차, 채무불이행, 불법행위에 관여하는 것 등). **예외적으로 민사상의 관계라고 하더라도 그 당사자 사이의 개인적 이해에 관계됨에 그치지 아니하고, 동시에 사회공공의 안전과 질서에 영향을 미치는 경우에는 그 범위 내에서 경찰권발동의 대상이 된다(예 암표매매, 총포·도검·화약류의 거래, 연19세미만의 자에 대한 술·담배의 판매 등).**

10. 다음은 경찰권 발동의 한계를 설명한 것이다. 잘못된 것은?   03.6 순경

① 경찰소극목적의 원칙 – 경찰권은 공공의 안녕과 질서의 유지라는 소극목적을 위해서만 발동될 수 있으며, 적극적으로 복리의 증진을 위해서는 발동될 수 없다.

② 경찰필요성의 원칙 – 경찰기관의 조치는 그의 목적 달성을 위해 필요한 한도 이상으로 행해져서는 안 된다는 원칙이다.

③ 경찰책임의 원칙 – 경찰권은 공공의 안녕과 질서에 대한 위험에 대하여 책임을 질 자에게만 발동될 수 있다는 원칙이다.

④ 경찰비례의 원칙 – 경찰권은 그 대상이 되는 모든 사람에게 차별 없이 평등하게 행사되어야 한다는 원칙이다.

정답: ④

해설: 경찰평등의 원칙 – 경찰권을 행사함에 있어서 모든 국민에 대하여 성별·종교·인종·사회적 신분 등을 이유로 하는 불합리한 조건에 의한 차별대우를 할 수 없다.

11. 사회공공의 안녕과 질서를 유지하기 위하여 일반통치권에 근거하여 국민에게 명령·강제하는 권한을 경찰권이라고 할 때 이에 대한 설명으로 타당하지 않은 것은?   05.7 순경

① 협의의 경찰권의 발동은 긴급한 필요가 있는 경우에는 예외적으로 법령상 근거가 없어도 경찰책임자가 아닌 자에게도 가능하다.

② 법원의 법정경찰권과 같이 부분사회의 내부질서를 목적으로 하는 경우에는 원칙적으로 법정경찰권이 일반경찰권보다 우선이다.

③ 경찰권의 상대방은 특별한 규정이 없는 한 통치권에 복종하는 모든 자가 된다.

④ 통설은 다른 행정기관이나 행정주체가 일반사인과 마찬가지로 사법적 활동을 하는 경우에는 경찰권의 발동이 허용된다고 본다.

정답: ①

해설: 법령상 근거가 있어야 경찰책임자가 아닌 자에게도 가능하다.

12. 경찰권의 조리상의 한계 중 경찰책임의 원칙에 대한 설명으로 틀린 것은?   10.1 승진

① 경찰권은 원칙적으로 경찰상의 장해에 책임 있는 자에게 발동한다.

② 경찰권 발동의 대상과 관계된다.

③ 경찰책임은 민·형사상의 책임과 같이 그의·과실을 요한다.

④ 행위책임, 상태책임, 복합적 책임으로 구분할 수 있다.

정답: ③

해설: 경찰책임은 민·형사상의 책임과 달리 **고의·과실을 요하지 않는다.**

13. 경찰책임의 원칙과 관련된 설명으로 틀린 것은?　　　　　　08.7 순경
① 경찰권발동의 대상에 관한 원칙이다.
② 고의, 과실, 형법상의 책임능력을 요하지 아니한다.
③ 경찰책임자가 아닌 경우에도 긴급한 필요가 있는 경우에는 법령상 근거가 없어도 경찰권을 발동할 수 있다.
④ 경찰책임자가 아닌 사람에게 손해가 발생한 경우에는 손실을 보상해야 한다.

▐ 정답: ③
▓ 해설: 경찰책임자가 아닌 경우에도 긴급한 필요가 있는 경우에는 경찰긴급권이라는 **자연법적 근거**
　　　　만으로는 발동될 수 없으며 반드시 법령에 근거하여야 하고 그 손실을 보상되어야 한다.

14. 경찰책임에 대한 설명 중 가장 적절하지 못한 것은?　　　　　　07.3 경간부
① 경찰책임자의 고의 · 과실이 존재해야 한다.
② 모든 자연인, 사법인, 권리능력 없는 사단도 경찰책임자가 될 수 있다.
③ 타인의 행위에 대하여도 책임이 발생할 수 있다.
④ 행위자의 행위능력, 형사책임 능력의 유무는 문제되지 않는다.

▐ 정답: ①
▓ 해설: 고의 · 과실의 존부와는 무관하게 경찰책임을 진다.

15. 다음 중 경찰책임의 원칙에 관하여 잘못 기술한 것은?　　　　02.7 순경, 03.3 순경
① 경찰책임은 행위자의 의사, 행위능력, 불법행위능력, 형사책임과는 관련이 없다.
② 경찰책임은 경찰책임자에게 형법상의 고의나 과실이 있는지 여부와도 무관하다.
③ 경찰위반이 되는지의 문제에 있어서 경찰책임자가 객관적으로 존재하는 위험상황을 실제로 인식하였는지
　 가 중요하다.
④ 경찰책임에 있어서는 공공의 안녕 혹은 질서에 대한 위험이나 장애를 신속하고 효과적으로 제거하는 것
　 이 중요하다.

▐ 정답: ③
▓ 해설: 경찰책임은 단지 사회공공의 안녕과 질서에 대한 객관적인 위험 상황이 존재한다는 것이 문제가 될
　　　　뿐이기 때문에 **행위자의 국적, 자연인 · 법인의 여부, 고의 · 과실 · 위법성의 유무, 위험에 대한 인식**
　　　　여부, 행위자의 행위능력 · 불법행위능력 · 형사책임능력, 정당한 권원의 유무 등은 문제되지 않는다.

16. 경찰책임의 원칙의 예외에 관한 설명으로 잘못된 것은?　　　　　　01.5 순경
① 긴급한 상황에 의한 것이므로 그로 인하여 제3자가 손실을 받은 경우에도 보상을 요하지 않는다.
② 경찰긴급권에 의한 조치는 형법상의 긴급피난과 동일한 법리에 의한 것이다.
③ 화재현장에 있는 자에 대한 소화작업 동원이 대표적인 사례이다.
④ 제1차적 경찰책임자에 대한 경찰권의 발동으로는 경찰상의 장애를 제거할 수 없을 때에만 보충적으로 허
　 용된다.

▐ 정답: ①
▓ 해설: 경찰권발동의 대상이 된 제3자가 입은 **손실에 대한 보상이 되어야 한다.**

17. 다음 중 경찰위반의 상태책임으로 설명이 틀린 것은?　　　　　05.2 경간부

① 물건의 소유권자와 사실상의 지배권자가 다를 경우 소유권자가 우선적으로 책임을 진다.

② 물건의 소유권자가 그에 대한 법적 또는 사실적 지배권을 상실했을 때 책임지지 않는다.

③ 자신의 물건으로부터 경찰상 위해가 발생하면 원인이 제3자로 인한 경우 소유권자가 원칙적으로 책임을 진다.

④ 상태책임은 물건과 함께 타인에게 이전이 되지만, 행위책임은 물건과 함께 타인에게 이전이 되지 않는다.

❖ 정답: ①

❀ **해설:** 물건의 소유권자와 사실상의 지배권자가 다를 경우 **사실상의 지배권자가 우선적으로 책임**을 진다.

18. 기속행위와 재량행위에 관한 설명으로 옳지 않은 것은?(다툼이 있으면 판례에 의함)　　　　　10.3 순경

① 대법원은 '일반적으로 기속행위나 기속적 재량행위에는 부관을 붙일 수 없고 가사 부관을 붙였다 하더라도 이는 취소의 것이다.'라고 판시하였다.

② 행정소송법 제27조는 '행정청의 재량에 속하는 처분이라도 재량권의 한계를 넘거나 그 남용이 있는 때에는 법원은 이를 취소할 수 있다.'라고 규정하고 있다.

③ 요건재량설에 대해서는 행정행위의 종국목적과 중간목적의 분류나 구체적 기준 자체가 불명확하다는 비판이 있다.

④ 총포 · 도검 · 화약류 등 단속법상의 총포 등 소지허가는 기속행위라고는 할 수 없다.

❖ 정답: ①

❀ **해설: ▶ 기속행위와 재량행위의 판례**

① 대법원은 일반적으로 기속행위나 기속적 재량행위에는 부관을 붙일 수 없고 부관을 붙였다 하더라도 이는 **무효 또는 취소라고 판시**하였다.

② 행정소송법 제27조는 행정청의 재량에 속하는 처분이라도 재량권의 한계를 넘거나 그 남용이 있는 때에는 법원은 이를 **취소할 수 있다고 규정**하고 있다.

③ 요건재량설에 대해서는 행정행위의 종국목적과 중간목적의 분류나 **구체적 기준자체가 불명확하다는 비판**이 있다.

④ 총포 · 도검 · 화약류 등 단속법상의 총포 등 **소지허가는 기속행위라고는 할 수 없다.**

19. 판례는 예외적인 상황에서 오직 하나의 조치만이 의무에 합당한 재량권행사로 인정된다고 하는 '재량권 0으로의 수축'을 인정하고 있다. 이와 가장 거리가 먼 것은?　　　　　03.11 순경, 01.2 경간부

① 기속행위화　　　　　　　　　② 국가배상청구가 가능

③ 경찰개입청구권　　　　　　　④ 수사법정주의 원칙

❖ 정답: ④

❀ **해설:** 재량권이 0으로 수축되면 당해 재량행위는 **기속행위화**되고, 경찰권발동의 의무가 발생하게 되며, 부작위에 대하여는 의무이행심판 및 부작위위법확인소송이 가능하며, 그로 인하여 손해가 발생한 경우에는 **손해배상소송을 제기**하여 구제받을 수 있다.

20. 다음 중 오늘날에 있어서 복지국가적 행정을 요구하고 있는 시대적 요망에 따라 개인이 경찰권발동을 요청할 수 있는 권리라고 할 수 있는 '경찰 개입청구권'을 인정하기에 이르렀다. 가장 관계가 깊은 하나는?

01.2 경간부, 02.11 순경

① 경영주의적 경찰철학
② 수인가능성의 원칙
③ 재량권의 0으로의 수축
④ 보충성의 원칙

✁ 정답: ③
▒ **해설:** **재량권의 0으로의 수축이론**과 관련이 있다.

21. 다음 사례와 가장 관계가 깊은 것은?   07.3 경간부

> (사례) 지구대 직원 甲은 주민 乙로부터 집에 간첩이 있으니 출동하여 달라는 요청을 받았으나, 신고의 신빙성을 의심하여 출동하지 않았다. 乙의 집에는 아버지 丙이 있었는데 乙이 신고하러 간 사이에 간첩으로부터 살해당하고 말았다. 그 후 乙은 국가를 상대로 丙의 사망에 대하여 행정소송을 제기하였고, 법원은 피해자에 손을 들어 줬다.

① 반사적 이익론   ② 불확정개념
③ 재량권 0으로의 수축   ④ 비례의 원칙

✁ 정답: ③
▒ **해설:** **재량권 0으로의 수축이론**과 관련이 있다.

22. 독일에서 "경찰개입청구권"을 인정한 계기가 되었던 판례는?   05.10 순경, 03.11 순경
① 띠톱판결   ② 크로이쯔베르크 판결
③ 지뢰사건 판결   ④ 눈썰매사건 판결

✁ 정답: ①
▒ **해설:** 경찰개입청구권이란 경찰행정청의 부작위로 인하여 **자신의 권익을 침해당한 자가 당해 경찰행정청에 대하여 경찰권의 발동을 청구할 수 있는 권리**를 말하며, 이 개념은 2차 대전 이후 독일의 연방행정법원이 이른바 **띠톱판결을 통해 최초로** 인정되었다.

23. 다음 중 경찰개입청구권을 인정한 판례와 관련이 없는 것은 몇 개인가?   05.10 순경

> ㉠ 크로쯔베르크 판결   ㉡ 띠톱판결
> ㉢ Miranda판결   ㉣ 김신조 무장공비침투사건판결
> ㉤ Escobedo판결

① 1개   ② 2개   ③ 3개   ④ 4개

✁ 정답: ③

※ **해설: ▶ 경찰개입청구권과 관련된 사례**

> ① **김신조 일당의 청와대 기습사건** – 경찰권의 발동 의무 및 당해 의무의 사익보호성을 전제로 국가의 손해배상책임을 인정
> ② 극동호사건 – 사익보호성을 전제로 국가의 손해배상책임을 인정
> ③ 눈썰매사건 – 행정청의 작위의무 즉, 권한불행사의 위법성을 인정
> ④ **띠톱사건** – 경찰(행정)개입청구권이 최초로 인정
> ⑤ 별장 점탈 사건판결
> ⑥ 혼잡 교차로 교통정리 미실시 사건판결
> ⑦ 지뢰사건 판결

24. 甲은 강남에서 대형 나이트클럽을 운영하고 있는데 강남일대 조직폭력배 막나가파가 甲의 나이트클럽의 운영권을 빼앗기 위해 丙을 상대로 각목 등으로 수회폭력을 행사하고 나이트클럽의 손님을 내쫓는 등 영업을 방해하였다. 이를 참다못한 甲이 경찰에 신고를 하여 불사파 두목 김샌다 등 7명이 폭력행위 등 처벌에 관한 법률 제4조 등으로 구속이 되어 재판진행 중인데 불구속된 조직원 김똘만 등이 전화로 甲에게 고소를 취소하지 않으면 가만두지 않겠다고 수차례 협박하였는데 甲은 경찰에 신변보호요청을 하였다. 다음 중 틀린 것은?(협박 등의 죄는 별론으로 함)   05.7 순경**

① 경찰개입청구권의 인정 여부에 대한 사례로서 개입의무의 발생, 관계규정의 사익보호성 등의 요건을 따져 봐야 한다.
② 위 사례의 경우 개입의무와 관련하여 직접적인 강행법규는 없으나 재량권의 영으로의 수축이론을 적용할 수 있다.
③ 경찰서장은 피해자의 주거지를 정기적으로 순찰하는 등 적절한 신변안전조치를 취해야 한다.
④ 만일 경찰이 신변보호조치에 응하지 않을 경우 의무이행심판과 취소소송 및 부작위위법확인소송 등을 할 수 있다.

⁝ **정답: ②**
※ **해설:** 위 사례의 경우에는 피해자는 **특정범죄신고자 등 보호법 제13조에 따라 신변안전조치를 신청할 수 있으며,** 신변보호요청을 받은 경찰은 재량 없이 개입의무를 지게 된다.

25. 경찰개입청구권에 대한 기술 중 틀린 것은?   01.1 승진

① 경찰재량이 0으로 수축되는 경우를 전제로 함이 보통이다.
② 그 경우 오직 한 가지 결정만이 타당한 결정이 된다.
③ 경찰권 행사로 국민이 받는 이익이 반사적 이익인 경우에도 인정된다.
④ 타 수단으로 목적을 수행할 수 있는 경우에는 경찰개입청구권이 인정되지 아니한다.

⁝ **정답: ③**
※ **해설:** 경찰개입청구권은 일반적으로 공권성립을 전제로 하는 것으로 **반사적 이익인 경우는 인정되지 않는다.**

26. 경찰개입청구권에 관한 기술로 틀린 것은?   04.7 순경

① 경찰재량이 0으로 수축되는 경우를 전제로 함이 보통이다.

② 그 경우 오직 한 가지 결정만이 타당한 결정이 된다.

③ 독일에서 이 권리를 인정한 판결의 효시는 띠톱판결이다.

④ 경찰권 행사로 국민이 받는 이익이 반사적 이익인 경우에는 인정될 수 있다.

정답: ④

※ **해설:** 경찰개입청구권은 일반적으로 공권성립을 전제로 하는 것으로 **반사적 이익인 경우는 인정되지 않는다.**

27. 경찰개입청구권에 관한 기술 중 틀린 것은?   04.7 순경

> ㉠ 경찰재량이 0으로 수축되는 경우를 전제로 함이 보통이다.
> ㉡ 그 경우 오직 한 가지 결정만이 타당한 결정이 된다.
> ㉢ 경찰권 행사로 국민이 반사적 이익을 받을 경우에도 인정된다.
> ㉣ 타 수단으로 목적을 달성할 수 있는 경우에는 경찰개입청구권이 인정되지 아니한다.
> ㉤ 재량권이 0으로 수축되어 경찰재량이 부인되면 기속행위화된다.
> ㉥ 부작위에 의하여 손해가 발생한 경우에는 손해배상소송을 제기할 수 있다.
> ㉦ 경찰권 행사로 국민이 받는 이익이 반사적 이익인 경우에도 인정된다.
> ㉧ 독일에서 이 권리를 인정한 판결의 효시는 띠톱판결이다.

① ㉠, ㉢   ② ㉤, ㉥   ③ ㉡, ㉣   ④ ㉢, ㉦

정답: ④

※ **해설:**
㉢ 경찰권 행사로 국민이 반사적 이익을 받을 경우에도 **인정되지 않는다.**
㉦ 경찰개입청구권은 경찰권 행사로 국민이 받는 이익이 반사적 이익인 경우에도 **인정되지 않는다.**

28. 다음 중 재량행위에 대한 통제로서 가장 거리가 먼 것은?   06.1 승진

① 재량권의 영으로의 수축에 따른 손해배상 인정

② 재량준칙의 제정과 행정의 자기구속의 법리 적용

③ 무하자재량행사청구권과 행정개입청구권의 인정

④ 법치행정을 위한 현대행정에 있어서 재량인정의 폐지

정답: ④

※ **해설:** ▶ **재량행위에 대한 통제**

> ① 재량권의 0으로의 수축에 따른 손해배상 인정
> ② 재량준칙의 제정과 행정의 자기구속의 법리 적용
> ③ 무하자재량행사청구권과 행정개입청구권의 인정
> ④ 법치행정을 위한 현대행정에 있어서 재량인정

29. A경찰서 동부지구대에 근무하는 김순경은 야간에 112순찰근무 중에 도로상에서 불법주차 차량을 발견하였다. 이때 재량의 문제가 발생한다면 다음 중 가장 거리가 먼 것은?   02.11 순경
① 재량은 결정재량과 선택재량으로 나눌 수 있다.
② 결정재량이란 행정청이 어떠한 처분을 할 것인가 아니할 것인가의 재량을 의미한다.
③ 선택재량이란 행정청이 허용된 다수의 가능 한 처분 중에서 어떠한 처분을 할 것인가의 재량을 의미한다.
④ 경찰관에게 재량권이 인정되므로 어떤 조치를 하여도 문제될 것이 없다.

❖ **정답:** ④

❀ **해설:** 경찰관의 재량권의 행사는 의무에 합당할 것, 즉 재량권의 목적과 한계를 벗어나지 않는 행위를 할 것이 요청된다. 따라서 **경찰관에게 재량권의 행사가 인정되어 있다고 하여 어떠한 조치를 하여도 된다는 완전한 자유재량이 인정되지는 않는다.**

30. 다음 재량권에 대한 설명이다. 가장 거리가 먼 것은?   06.1 승진
① 재량행위와 기속행위의 구별의 일차적 기준은 법률규정이며, 다만 법률규정의 문리적 표현뿐만 아니라 관련규정, 입법취지 등을 종합적으로 고려하여야 한다.
② 재량권의 행사가 개별적인 사안마다 행하여지는 경우에는 재량권 행사가 자의적으로 행해질 위험이 있어 재량준칙을 정하며 재량권을 행사하도록 하는 경우가 많다.
③ 무하자재량행사청구권은 공권의 확대경향과는 무관하다.
④ 비례원칙에 위반한 재량권의 행사는 재량의 남용에 해당한다.

❖ **정답:** ③

❀ **해설:** 무하자재량행사청구권은 종래에는 재량영역에서 공권의 성립이 어려운 것으로 보았다. 그러나 현대행정에서 **행정청의 재량영역이 확대되고 재량행위에 대해서도 개인의 권익을 보장할 필요성이 요구됨에 따라 재량영역에서도 개인적 공권의 성립을 인정**한 점에서 커다란 의의를 가진다.

31. 다음 중 명령적 행정행위가 아닌 것은?   96.2 경간부
① 건축허가   ② 운전면허
③ 조세의 부과   ④ 수도공급규정의 인가

❖ **정답:** ④
❀ **해설:** ▶ 허가 & 특허 & 인가

	허가(명령적 행위)	특허(형성적 행위)	인가(형성적 행위)
예	㉠ **건축허가** ㉡ 수출입허가 ㉢ 영업허가 ㉣ 총포·화약류제조허가 ㉤ 일시적 도로사용 허가 ㉥ 의사면허 ㉦ **운전면허** ㉧ 통금해제 ㉨ 택시미터 검사 ㉩ 차량검사합격 처분	㉠ 광업허가 ㉡ 귀화허가 ㉢ 도로·하천점용 허가 ㉣ 사설철도 허가 ㉤ 하천구역점용 허가 ㉥ 어업면허 ㉦ 자동차운수사업 면허 ㉧ 공유수면매립 면허 ㉨ 사업인정 ㉩ 공기업 특허 ㉪ 공물사용권 특허 ㉫ 공무원 임명	㉠ 토지거래 허가 ㉡ 사업양동 인가 ㉢ 하천사용권양도 인가 ㉣ 특허기업요금 인가 ㉤ 공법인설립 인가 ㉥ 사립대설립 인가 ㉦ **수도공급규정 인가** ㉧ 공기업양도 인가 ㉨ 공공조합의 정관 승인 ㉩ 토지구획정리조합 설립인가

32. 다음 설명 중 가장 거리가 먼 것은?   06.2 경간부
① 원칙상 하명에 위반하여 행해진 행위의 사법상의 효력은 부인되지 않는다.
② 허가가 있으며 당해 허가의 대상이 된 행위에 대한 금기가 해제될 뿐 타법에 의한 금지까지 해제되는 것은 아니다.
③ 허가는 법률에 특별한 규정이 없는 한 재량행위로 본다.
④ 통상 허가는 신청을 전제로 하나 신청을 전제로 하지 않는 허가도 있다.

정답: ③
※ **해설:** 허가는 법률에 특별한 규정이 없는 한 **기속행위로 본다.**

33. 다음 설명 중 가장 거리가 먼 것은?   06.10 순경
① 허가는 명령적 행위이고 특허는 형성적 행위이다.
② 인가의 대상이 되는 행위는 제3자의 행위이며 법률적 행위에 한한다.
③ 인가의 대상행위는 공법행위와 사법행위를 불문한다.
④ 인가는 법률행위는 물론 사실행위에 대해서도 가능하다.

정답: ④
※ **해설:** 인가는 **법률행위만을 대상으로** 한다. 하명이나 허가는 **법률행위만이 아니라 사실행위도 대상으로** 한다.

34. 부작위 의무를 명하는 경찰하명을 무엇이라 하는가?   97.1 승진, 96.1 승진
① 경찰허가   ② 경찰금지
③ 경찰강제   ④ 경찰벌

정답: ②
※ **해설:** ▶ 부작위하명

경찰금지	적극적으로 **행위를 하지 아니할 것을 명하는 하명**을 말한다.
절대적 금지	어떠한 경우에도 해제의 대상이 될 수 없는 금지를 말한다. 圖 **아편흡식 금지, 마약제조 및 판매금지, 불량식품의 판매금지, 19세 미만 청소년의 흡연 및 음주금지, 인신매매금지 등**
상대적 금지	일정한 경우에는 해제의 대상이 될 수 있는 금지를 말한다. 圖 **음식점·유흥업소 영업금지, 도로통행금지, 교통신호기 또는 경찰관에 의한 정지, 주차금지구역의 지정, 영업장소의 제한, 총포소지·거래금지, 건축금지, 공공시설에서의 흡연금지, 불법집회금지, 영업정지, 야간통행금지, 수렵금지 등**

35. 공공시설에서 공중의 건강을 위하여 흡연행위를 금지시키는 것과 관계 깊은 것은?
                                    96.2 경간부, 02.1 승진
① 수인하명   ② 작위하명
③ 급부하명   ④ 부작위 하명

정답: ④
※ **해설:** 부작위 하명 중 상대적 금지에 해당된다.

36. 미성년자 관람 불가 판정을 받은 영화를 상영하고 있는 극장에 경찰관이 내부확인을 위하여 출입할 때, 상대방이 받게 되는 하명은?   01.1 승진

① 작위하명   ② 부작위 하명
③ 급부하명   ④ 수인하명

정답: ④

해설: ▶ 수인하명

> 경찰권의 발동으로 인하여 자기의 신체·재산에 가하여지는 사실상의 침해를 수인(受忍)하고 항거하지 않을 의무를 과하는 경찰하명을 말한다.
> 예 ㉠ 영업장소에 출입하거나 장부를 검사할 때 영업주가 출입을 허용하고 검사에 응하는 것
> ㉡ 미성년자 관람불가판정 영화를 상영하는 극장에 임검 경찰관의 극장출입을 거부하지 못하는 경우
> ㉢ 대집행·즉시강제 시 공권력에 복종할 의무
> ㉣ 위험방지를 위한 출입 시에 관계인이 경찰의 출입에 응할 의무

37. 경찰관이 교차로에서 차량소통을 원활히 하기 위하여 신호에 관계없이 수신호하는 것이 법적 성질은?   01.7 101단

① 경찰허가   ② 경찰면제
③ 행정지도   ④ 경찰하명

정답: ④

해설: ▶ 경찰하명으로서 경찰처분 여부

경찰하명으로서 경찰처분(○)	사실행위로서 경찰처분(×)
① 경찰관의 수신호·신호 등의 교통신호 ② 범칙금납부통보서의 발부 ③ 운전면허의 정지·취소	① 불심검문을 위한 차량정지 등 단순한 교통경찰관의 지시 ② 교통정리

38. 지방경찰청장이 도로에서의 위험방지 등을 위하여 "주차금지구역"을 지정하는 행위의 법적 성질은 무엇인가?   03.7 101단

① 경찰강제   ② 즉시강제
③ 대물적 하명   ④ 대인적 하명

정답: ③

해설: ▶ 대물적 하명

> ① 상대방의 일신상의 사정에 의한 것이 아니고 특정의 물건이나 설비 등 물적사정에 중점을 두고 있는 하명을 말한다.
> ② 대물적 하명에 의한 경찰의무는 하명의 상대방뿐만 아니라 그 물건 등의 양수인·승계인에게도 미친다.
> 예 무등록차량의 사용금지, 정비불량차량의 사용금지, 주정차금지구역의 지정 등

39. 다음 중 경찰하명의 효과와 관련하여 적절하지 못한 설명은?   04.9 순경
① 경찰하명의 효과는 경찰의무를 발생시키는 것으로부터 나타난다.
② 경찰하명을 받은 수명자는 행정주체에 대하여 작위, 부작위·급부·수인의무를 진다.
③ 의무를 이행하지 않은 경우 강제집행 또는 경찰벌의 대상이 된다.
④ 경찰행정주체뿐만 아니라 이해관계에 있는 제3자는 의무이행을 강제할 수 있다.

❗ 정답: ④
❋ 해설: 경찰하명이 있는 경우에 상대방(수명자)은 행정주체에 대해서만 의무를 이행할 책임이 있고, 그 외
　　　　의 제3자에 대하여 법률상 의무를 부과하는 것은 아니고, **의무불이행에 대하여서는 경찰행정주체만**
　　　　이 그 이행을 강제하거나 처벌하는 데 그치며 제3자가 의무 이행을 강제할 수는 없다.

40. 경찰하명에 대한 설명 중 잘못된 것은 모두 몇 개인가?   05.1 승진

> ㉠ 하명에 따른 의무를 불이행하면 일정한 행정상의 제재나 강제집행을 받게 된다.
> ㉡ 하명에 위반한 행위는 법적 효력을 상실한다.
> ㉢ 공공시설에 공중의 건강을 위하여 흡연행위를 금지시키는 하명은 수인하명이다.
> ㉣ 위법한 하명으로 인하여 권리를 침해당한 자는 행정소송을 제기히기니 손해배상을 청구할 수 있다.

① 1개   ② 2개   ③ 3개   ④ 4개

❗ 정답: ②
❋ 해설:
㉡ 하명에 위반한 행위는 **법적 효력을 상실되지 않고 행정상 제재의 대상**이 된다.
㉢ 공공시설에 공중의 건강을 위하여 흡연행위를 금지시키는 하명은 **부작위하명**이다.

41. 경찰하명에 대한 설명 중 틀린 것은?   10.1. 승진
① 하명에 위반한 행위는 원칙적으로 그 법적 효력에는 아무런 영향을 받지 않는다.
② 경찰하명의 효과는 원칙적으로 그 수명자에게만 발생하는 것이나, 대물적 하명의 경우에는 그 대상인 물
　　건에 대한 법적 지위를 승계한 자에게도 그 효과가 미친다.
③ 공공시설에서 공중의 건강을 위하여 흡연행위를 금지시키는 것은 부작위하명에 해당한다.
④ 경찰위반의 경우 경찰상의 강제집행이 행해질 수 있고, 경찰의무를 불이행의 경우 경찰벌이 과하여진다.

❗ 정답: ④
❋ 해설: 작위·수인·급부의 경찰의무를 불이행한 경우에는 **행정상 강제집행**이 행하여지며, **부작위**
　　　　경찰의무를 위반한 경우에는 경찰벌(경찰형법, 경찰질서법)이 가해진다.

42. 경찰상 목적을 위해 일반적, 상대적 금지를 특정한 경우에 해제하여 적법하게 특정행위를 할 수 있도록
자연적 자유를 회복시켜 주는 경찰처분은?   02.3 순경
① 경찰허가   ② 경찰면제   ③ 경찰하명   ④ 경찰금지

❗ 정답: ①
❋ 해설: **경찰허가**라 함은 국가의 일반통치권에 의거하여 일반적·상대적 금지를 특정한 경우에 해제하
　　　　여 적법하게 특정행위를 할 수 있도록 자연적 자유를 회복시켜 주는 행정행위를 말한다.

43. 다음 중 경찰허가에 해당하는 것은?　　　　　　96.2 경간부
① 광업허가　　　② 영업허가　　　③ 공기업허가　　　④ 연초경작허가

❖ 정답: ②

※ 해설: ▶ **허가 & 특허 & 인가**

	허가(명령적 행위)	특허(형성적 행위)	인가(형성적 행위)
예	㉠ **건축허가** ㉡ 수출입허가 ㉢ **영업허가** ㉣ 총포 · 화약류제조허가 ㉤ 일시적 도로사용 허가 ㉥ 의사면허 ㉦ 운전면허 ㉧ 통금해제 ㉨ 택시미터 검사 ㉩ 차량검사합격 처분	㉠ 광업허가 ㉡ 귀화허가 ㉢ 도로 · 하천점용 허가 ㉣ 사설철도 허가 ㉤ 하천구역점용 허가 ㉥ 어업면허 ㉦ 자동차운수사업 면허 ㉧ 공유수면매립 면허 ㉨ 사업인정 ㉩ 공기업 특허 ㉪ 공물사용권 특허 ㉫ 공무원 임명	㉠ 토지거래 허가 ㉡ 사업양동 인가 ㉢ 하천사용권양도 인가 ㉣ 특허기업요금 인가 ㉤ 공법인설립 인가 ㉥ 사립대설립 인가 ㉦ 수도공급규정 인가 ㉧ 공기업양도 인가 ㉨ 공공조합의 정관 승인 ㉩ 토지구획정리조합 설립인가

44. 경찰허가에 대한 옳지 않은 것은?　　　　　　03.1 승진
① 경찰허가는 자유재량행위이다.
② 출원이 없어도 가능하다.
③ 허가의 효과는 금지되었던 자연적 자유의 회복이다.
④ 무허가행위는 유효하나 처벌대상이 된다.

❖ 정답: ①

※ 해설: ▶ **경찰허가의 성질**

① **경찰(일반적 · 상대적) 금지의 해제행위** ◉ 절대적 금지(×)
② **법률행위적 행정행위** ◉ 준법률행위적 행정행위(×)
③ **명령적 행정행위** ◉ 형성적 행정행위(×)
④ **기속행위 또는 기속재량행위** ◉ 자유재량행위(×)
⑤ **쌍방적 행정행위**

45. 다음 중 경찰허가에 대한 설명으로 틀린 것은?　　　　　　01.6 순경
① 상대방의 출원 없이도 가능하다.
② 허가의 효과는 상대적으로 금지되었던 자연적 자유의 회복이다.
③ 무허가행위 자체의 효력으로 당연 무효가 되지 아니하고 유효하다.
④ 경찰허가는 자유재량의 행위이다.

❖ 정답: ④

※ 해설: 허가는 명령적 행위로서 자연적 자유의 금지를 해제하는 의미를 갖기 때문에 허가의 요건을
갖춘 경우에 허가를 할 것인가의 여부는 **원칙적으로 기속행위 또는 기속재량행위**이다.

46. 다음 중 경찰 허가에 대한 설명으로 틀린 것은?　　　05.3 순경
① 경찰허가는 금지되었던 자연적 자유의 회복이다.
② 총포류 소지허가는 대물적 허가이다.
③ 무허가행위는 사법상 효력이 없다.
④ 경찰허가는 상대방의 출원 없이도 가능하다.

정답: ②
※ 해설: ▶ 경찰허가의 종류

심사 대상에 따른 분류	**대인적 허가**	개인적 사정이 심사대상이며, 특정인에 제한되어 **이전성이 없다.** 예 **야간통행금지해제, 이용사면허, 수렵면허, 마약취급면허, 자동차운전면허, 의사면허, 건축사 면허, 총포류 소지허가 등**
	대물적 허가	시설 · 물적 대상이 심사 대상이 되며, **이전성이 있다.** 예 **건축허가, 목욕탕 · 유기업 영업허가, 입산금지의 해제, 차량검사 합격 · 불합격 처분 등**
	혼합적 허가	인적 · 물적 대상이 심사 대상이며, **이전성이 제한**된다. 예 **총포소지허가**, 자동차운전학원의 허가, 풍속영업의 허가, **총포화약 제조 · 판매 허가 등**
형식에 따른 분류	**법규 허가**	경찰허가는 법규에서 직접 행하여질 수 없으므로 **법규허가는 성립될 수 없다.**
	처분 허가	경찰허가는 일반적 · 상대적 금지를 특별한 경우에 해제하는 행위이므로 언제나 구체적인 경찰처분의 형식으로 행하여진다. 예 **일반허가(통행금지해제 등), 개별허가(노래방 영업허가 등)**

47. 경찰허가에 관한 설명 중 틀린 것은?　　　04.9 순경
① 경찰허가에는 법규상 허가와 경찰처분에 의한 허가가 있다.
② 경찰허가의 성질은 금지해제행위요, 명령적 행위요, 기속재량행위요, 쌍방적 행정행위 및 불요식 행위가 원칙이다.
③ 야간통행 금지의 해제와 같이 경찰허가는 신청 없이도 직권으로 허가할 때도 있다.
④ 경찰허가는 타 법령상 제한까지 해제하는 것은 아니다.

정답: ①
※ 해설: 경찰허가는 법규에서 직접 행하여질 수 없으므로 **법규허가는 성립될 수 없다.**

48. 경찰허가 사항으로 틀린 것은?　　　03.4 순경
① 경찰허가는 법률행위적 행정행위이다.
② 부관을 붙이는 것은 허용되지 않는다.
③ 일반적으로 출원에 의함이 원칙이다.
④ 의무의 해제라는 점에서 면제와 공통점이 있다.

정답: ②
※ 해설: 경찰허가는 **부관을 붙이는 것은 허용**된다.

49. 다음 중 경찰허가에 대한 설명으로 옳지 않은 것은?   03.1 승진

① 상대방의 출원 없이도 가능하다.

② 허가의 효과는 금지되었던 자연적 자유의 회복이다.

③ 무허가 행위는 당연 무효가 된다.

④ 경찰허가는 원칙적으로 기속행위이다.

❖ **정답:** ③

❉ **해설:** 무허가행위는 강제집행이나 행정벌의 대상은 되지만 **행위 자체의 효력은 유효하다.**

50. 다음 경찰허가에 대하여 바르게 서술한 것은?   02.7 순경, 02.5 순경

① 경찰허가를 대상에 따라 구분하면 대인적 허가와 대물적 허가의 두 종류가 있다.

② 총포류 제조허가는 대물적 허가이다.

③ 경찰허가는 특정한 경우에 특정한 행위를 할 수 있도록 하는 것인데 이는 적법요건이다.

④ 경찰허가는 반드시 출원에 의한다.

❖ **정답:** ③

❉ **해설:**

① 경찰허가를 대상에 따라 구분하면 **대인적 허가, 대물적 허가, 혼합적 허가의 3종류**가 있다.

② 총포류 제조허가는 **혼합적 허가**이다.

④ 경찰허가는 **출원함을 원칙**으로 한다.

51. 다음 중 경찰허가에 대한 설명으로 틀린 것은?   05.3 순경

① 허가의 효과는 금지되었던 자연적 자유의 회복이다.

② 총포류 제조허가는 대물적 허가이다.

③ 무허가 행위는 사법상 효력에 영향이 없다.

④ 허가는 상대방의 출원 없이도 가능하다.

❖ **정답:** ②

❉ **해설:** 총포류 소지허가는 **혼합적 허가**이다.

52. 경찰허가에 대한 다음 기술 중 잘못된 것은?   02.1 승진

① 허가는 행위의 유효요건이지 적법요건이 아니다.

② 상대방의 출원 없이도 가능하다.

③ 허가의 효과는 금지되었던 자연적 자유의 회복이다.

④ 대물적 허가는 이전성이 있다.

❖ **정답:** ①

❉ **해설:** 허가는 행위의 적법요건이지, 유효요건이 아니므로 이를 위반하면 위법하나 무효가 되는 것은 아니다.

53. 경찰허가에 대한 다음 기술 중 잘못된 것은? 04.3 순경

① 법령에 의한 일반적, 상대적 금지를 특정한 경우에 해제하여 적법하게 일정한 행위를 할 수 있게 하는 행정행위이다.

② 경찰허가는 상대방의 출원에 의하여 행하여지는 것이 보통이지만 언제나 상대방의 출원이 있어야만 하는 것은 아니다.

③ 경찰허가는 특정행위를 사실상 적법하게 할 수 있도록 하는 행위의 적법요건이자 유효요건이다.

④ 대물적 허가의 효과는 이전성이 있다.

❖ **정답:** ③

❈ **해설:** 허가는 행위의 적법요건이지, 유효요건이 아니므로 이를 위반하면 위법하나 무효가 되는 것은 아니다.

54. 다음 중 경찰허가에 대한 설명으로 맞는 것은? 09.4 순경

> ㉠ 경찰허가에는 상대방의 출원에 의하여 행하여지는 것이 보통이지만 출원에 의하여 아니하는 경우도 있다.
> ㉡ 경찰허가는 특정행위를 사실상 적법하게 할 수 있도록 하는 적법요건이자 유효요건이다.
> ㉢ 상대적 금지만 허가의 대상이 되고, 절대적 금지는 허가의 대상이 될 수 없다.
> ㉣ 의사면허, 총포류제조 판매허가, 자동차학원의 허가, 마약취급면허 등은 대인적 허가에 속한다.
> ㉤ 판례에 의하면 허가 여부의 결정기준은 특별한 사정이 없는 한 원칙적으로 신청 당시의 법령에 의한다.
> ㉥ 기한부허가의 경우 그 기한이 도래하기 전에 상대방이 갱신을 신청할 경우에는 경찰상 장애발생의 새로운 사정이 없는 한 반드시 허가해야 한다.

① 2개   ② 3개   ③ 4개   ④ 5개

❖ **정답:** ①

❈ **해설:**

㉡ 경찰허가는 **적법요건이며, 유효요건이 아니다.**

㉣ 의사면허, 마약취급면허는 대인적 허가이며, **총포류제조 판매허가, 자동차운전학원의 허가는 혼합적 허가**에 속한다.

㉤ 판례에 의하면 허가 여부의 결정기준은 특별한 사정이 없는 한 **원칙적으로 허가처분 당시(허가 신청 시 ×)의 법령에 의한다.** 따라서 허가 신청 후 처분 전에 관계법령이 개정된 경우에는 개정된 법률에 따라 처분을 하여야 한다.

㉥ 기한부허가의 경우 그 기한이 도래하기 전에 상대방이 갱신을 신청할 경우에는 경찰상 장애발생의 새로운 사정이 없는 한 **반드시 허가해야 하는 것은 아니다**(판례).

55. 경찰허가에 대한 다음 기술 중 잘못된 것은 몇 개인가? 04.11 순경

> ㉠ 법령에 의한 일방적, 상대적 금지를 특정한 경우에 해제하여 적법하게 일정한 행위를 할 수 있게 하는 행정행위이다.
> ㉡ 허가는 언제나 상대방의 출원이 있어야만 하는 것은 아니다.
> ㉢ 허가는 언제나 상대방의 출원이 있어야만 한다.
> ㉣ 허가는 행위의 적법요건이지 유효요건은 아니다.
> ㉤ 허가는 행위의 적법요건이며 유효요건이다.
> ㉥ 대물적 허가의 효과는 이전성이 있다.
> ㉦ 무허가행위는 강제집행이나 행정벌의 대상은 되지만, 행위 자체의 효력은 유효하다.

① 1개   ② 2개   ③ 3개   ④ 4개

▷ 정답: ②

▧ 해설:

ⓒ 경찰허가는 공익상의 필요보다 당사자의 이익을 위한 것이 보통인 까닭에 **당사자의 신청(출원)을 필요로 하는 쌍방적 행정행위인 것이 원칙**이다. **예외적으로 야간통행의 허가(야간통행금지의 해제)와 같이 상대방이 신청이 없이도** 직권에 의해 불특정다수인에게 일반적 허가로 이루어지는 경우도 있다.

ⓜ 허가는 행위의 적법요건이지, 유효요건이 아니므로 이를 위반하면 위법하나 무효가 되는 것은 아니다.

56. 경찰하명과 경찰허가에 대한 설명 중 틀린 것은 모두 몇 개인가?   07.12 순경

> ㉠ 경찰하명은 경찰목적을 위하여 일정한 작위, 부작위, 급부, 수인을 명하는 행위로 준법률적 행위에 해당한다.
> ㉡ 청소년 관람불가 판정을 받은 영화를 상영하고 있는 극장에 경찰관이 내부 확인을 위하여 출입할 때, 상대방이 받게 되는 하명은 수인하명에 해당한다.
> ㉢ 경찰하명의 효과는 원칙적으로 그 수명자에게만 발생하는 것이나, 대물적 하명의 경우에는 그 대상인 물건에 대한 법적 지위를 승계한 자에게도 그 효과가 미친다.
> ㉣ 경찰허가는 특정 행위를 사실상 적법하게 할 수 있도록 하는 것은 적법요건이자 유효요건이다.
> ㉤ 경찰허가는 상대방의 출원에 의하여 행하여지는 것이 보통이지만 출원에 의하지 아니하는 경우도 있다.
> ㉥ 건축허가를 하면서 2월 이내에 공사에 착수하지 않으면 효력은 상실한다는 부관은 해제조건이다.
> ㉦ 의사면허, 운전면허와 같이 사람의 경력, 기능, 건강 기타 신청인의 개인적 사정을 심사하여 행하여지는 허가는 대인적 허가이다.

① 5개   ② 4개   ③ 3개   ④ 2개

▷ 정답: ④

▧ 해설:

㉠ 경찰하명은 의사표시를 구성요소로 하는 **법률적 행위**이다.

㉣ 경찰허가는 **행위의 적법요건이지, 유효요건이 아니므로 이를 위반하면 위법하나 무효가 되는 것은 아니다.**

57. 다음은 부관에 대한 설명이다. 가장 거리가 먼 것은?   06.2 경간부

① 부관은 행정행위의 일부이기 때문에 원칙적으로 독립하여 쟁송대상으로 할 수 없다.

② 부관이 무효인 경우에 주된 행정행위의 효력은 부관이 주된 행정행위의 중요요소인 때에는 부관만이 아니라 주된 행정행위까지도 무효가 된다.

③ 부관 종류로는 조건, 기간, 부담이 있다.

④ 부관을 붙일 수 있는 경우는 법률행위적 행정행위이어야 한다.

▷ 정답: ③

▧ 해설: ▶ 부관의 종류

부관에 속하는 것	① 조건 ② 기한 ③ 부담 ④ 수정부담 ⑤ 취소권의 유보 ⑥ 법률효과의 일부 배제		
부관에 속하지 않는 것	① 기간, 법정부관, 기일 ② 공용부담, 부담금 ③ 도달, 통지 ④ 법률효과의 전부배제, 해제권의 유보 등		

58. 화물차량의 A도로 통행허가신청에 대하여 B도로 통행을 허가한 경우에 사용된 부관은?　　01.1 승진
① 조건　　　　　　　　　　　　　　　② 부담
③ 수정부담　　　　　　　　　　　　④ 법률효과의 일부배제

정답: ③
해설: ▶ 수정부담

의의	① 행정행위에 부가하여 새로운 의무를 부과하는 것이 아니라, **상대방이 신청한 내용과 다르게 행정행위의 내용 자체를 수정·변경하는 형태의 부관**을 말한다. ② 상대방이 수정된 내용에 동의하여야 효력이 발생한다.
사례	① 미국에 대한 소고기 수업허가 신청: 행정청은 호주로부터의 소고기 수입허가 부여 ② **화물차량의 A도로 통행허가 신청에 B도로 통행을 허가한 경우** ③ A도로에 시위행진허가신청을 하였더니 허가청이 B도로로 허가한 경우

59. 경찰허가의 부관의 설명 중 틀린 것은?　　09.2 경간부
① 원칙적으로 재량행위에 대하여 부관을 붙일 수 있다.
② 하자가 중대하고 명백한 부관은 무효이고 그 외의 경우에는 취소할 수 있다.
③ 철회권이 유보되는 경우라도 철회권 행사는 그 자체만으로도 정당화되지 않고 그 외의 철회의 일반적 요건이 충족되어야 한다.
④ 화물차량의 A도로 통행허가 신청에 대하여 B도로 통행을 허가하였다면 이는 경찰허가의 부관 중 법률효과의 일부배제에 해당한다.

정답: ④
해설: 화물차량의 A도로 통행허가 신청에 대하여 B도로 통행을 허가하였다면 이는 경찰허가의 부관 중 **수정부담에 해당한다.**

60. 건축허가를 하면서 2월 이내에 공사에 착수하지 않는다면 효력을 상실한다는 부관을 붙였다. 이때의 부관은?　　06.2 순경, 06.10 순경
① 정지조건　　　　　　　　　　　　② 해제조건
③ 부담　　　　　　　　　　　　　　④ 수정부담

정답: ②
해설: ▶ 조건

의의	행정행위의 **효력의 발생 또는 소멸을 장래의 불확실한 사실에 의존하게 하는 의사표시**를 말한다. 물론 조건이 성취되면 당연히 행정행위의 효력이 발생하거나 소멸한다.
정지조건	행정행위의 효력의 발생을 **장래의 불확실한 사실**에 의존시키는 부관을 말한다. 예 도로확장을 조건으로 한 자동차운수사업면허, 시설완성을 조건으로 한 호텔경영허가, 재해시설 완비를 조건으로 하는 도로사용허가, 우천이 아닐 경우 옥외집회장소의 허가 등
해제조건	행정행위의 효력의 소멸을 **장래의 불확실한 사실**에 의존시키는 부관을 말한다. 예 2월 이내에 공사에 착수하지 않으면 효력을 상실한다는 건축허가, 명일 비가 오면 집회취소, 호우기 전에 제방 축조할 것을 조건으로 하는 허가 등

61.경찰허가의 부관에 대한 설명으로 옳지 않은 것은?　　　　　　　01.1 승진
① 경찰허가의 효과를 제한하기 위하여 주된 내용에 부가되는 규율을 말한다.
② 원칙적으로 재량행위에 대하여 부관을 붙일 수 있다.
③ 철회권이 유보된 경우라도 철회권의 행사는 그 자체만으로는 정당화되지 않고 그 외에 철회의 일반적 요건이 충족되어야 한다.
④ 경찰허가의 효과의 소멸을 장래의 불확실한 사실에 의존케 하는 것은 정지조건이다.

╋ **정답:** ④
※ **해설:** 경찰허가의 효과의 소멸을 장래의 불확실한 사실에 의존케 하는 것은 **해제조건**이다.

62. 다음 설명 중 가장 거리가 먼 것은?　　　　　　05.1 승진, 04.11 승진
① 기간은 사건의 발생이 확실하다는 점에서 사건의 발생 자체가 불확실한 조건과 구별된다.
② 부담은 다른 부관과 달리 그 자체가 행정행위이므로 부담만이 항고소송의 대상이 될 수 있다.
③ 부담은 사후부관의 형태로 부가할 수 있다.
④ 부담을 이행하지 않는 경우 행정청은 부담의 내용을 강제 집행할 수 없다.

╋ **정답:** ④
※ **해설:** ▶ 부담

의의	부담이란 행정행위의 효과를 받는 상대방에게 일정한 **작위·부작위·수인·급부의 의무를 과하는 행정행위의 부관**이다. ㉎ 도로점용허가 시 도로점용료의 납부명령, 수수료를 납부를 전제로 한 다방영업 허가, 영업을 허가하되 수수료를 납부하라고 명하는 경우, 종업원의 정기건강진단을 요건으로 하는 영업허가 등
성질	① 부담은 그 성질상 **독립된 행정행위로서 독립적인 처분성이 인정**된다. ② 부담은 그 자체가 하나의 행정행위, 즉 **하명으로서의 성격을 지니기 때문에 분리가 가능하여 독자적으로 행정강제나 행정쟁송의 대상**이 될 수 있다. ③ 부담은 다른 부관과 달리 그 자체가 행정행위이므로 **부담만이 취소소송 등 항고소송의 대상**이 될 수 있다. ④ 부담은 주된 행정행위와 독립된 행위로서 부담을 이행하지 않는 경우 **행정청은 부담의 내용을 강제집행**할 수 있다. ⑤ 부담은 **사후부관의 형태로 부가**할 수 있다.
조건과 구별	**정지조건** : **조건의 성취에 의해 효력이 발생하나 부담은 처음부터 효력이 완전히 발생**한다. **해제조건** : **조건의 성취에 의해 당연히 효력이 소멸**하나, 부담은 불이행이 있어도 부담부 행정행위가 당연히 효력을 상실하는 것은 아니며, 먼저 **경찰벌이나 강제집행의 사유가 되고** 그 후에 행정청의 철회의 의사표시가 있어야 효력이 소멸한다.

63. 다음 중 2부제 운행을 부관으로 하여 택시영업허가를 한 경우 이 행정행위는 어디에 해당하는가?
　　　　　　　　　　　　　　　　　　　　　　　　04.3 순경

① 법률효과의 일부배제　　　　　　② 부담부 행정행위
③ 조건부 행정행위　　　　　　　　④ 기한부 행정행위

╋ **정답:** ①

▧ **해설:** ▶ **법률효과의 일부제한(배제)**

> 법률이 행정행위에 부여하는 법률효과의 **일부를 배제**하는 것을 내용으로 하는 부관을 말한다.
> 예 • 야간에만 도로 사용을 허가하는 경우
>   • 버스노선을 지정하면서 자동차운수사업을 허가하는 경우
>   • **택시영업허가를 하면서 격일제 운행을 하도록 한 경우**

64. 경찰부관의 종류에 대한 설명으로 틀린 것은? 08.1 승진

① 기한은 경찰의 효력발생이나 소멸을 장래의 불확실한 사실에 의존케 하는 경찰 관청의 의사표시이다.
② 부담은 경찰허가의 효과를 받는 허가의 상대에게 일정한 작위, 부작위, 수인, 급부의 의무를 과하는 경찰 관청의 의사표시이다.
③ 철회권의 유보는 장래에 일정한 사유가 발생하는 경우에는 경찰허가를 철회하여 그 효력을 소멸시키는 권한을 유보해 놓은 부관이다.
④ 수정부담은 상대방이 신청한 것과는 다르게 경찰허가의 내용을 정하는 부관이다.

⊱ **정답:** ①

▧ **해설:** 기한은 경찰의 효력발생이나 소멸을 장래의 **확실한 사실에 의존케 하는 경찰 관청의 의사표시**이다.

65. 부관에 대해서 설명한 것 중 옳지 않은 것은? 09.2 경간부

① 숙박업영업허가를 하면서 윤락행위를 알선하면 허가를 철회하겠다는 것과 관련 있는 것은 철회권의 유보이다.
② 화물차량의 A도로 통행허가신청에 대하여 B도로 통행을 허가한 경우에 사용된 부관은 법률효과의 일부배제이다.
③ 부관의 내용은 비례원칙에 반할 수 없으며 사후부관의 인정 여부에 대해서는 판례가 제한적으로 인정하고 있다.
④ '경찰허가의 부관'이란 경찰허가의 효과를 제한 또는 보충하기 위하여 주된 행위에 부가된 종된 규율을 말한다.

⊱ **정답:** ②

▧ **해설:** 화물차량의 A도로 통행허가신청에 대하여 B도로 통행을 허가한 경우에 사용된 부관은 **수정부담**이다.

66. 행정행위의 부관에 관한 판례의 내용으로 옳지 않은 것은? 10.3 순경

① 도로점용허가에서 부관인 점용기간을 정함에 있어서 위법사유가 있다 하더라도 도로점용허가 전체가 위법하게 되지는 않는다.
② 재량행위에 있어서는 법령상의 근거가 없다고 하더라도 부관을 붙일 수 있으며, 그 부관의 내용은 행정처분의 본질적 효력을 해하지 아니하는 한도의 것이어야 한다.
③ 행정처분에 이미 부담이 부가되어 있는 상태에서 그 의무의 범위 또는 내용 등을 변경하는 부관의 사후변경은, 법률에 명문의 규정이 있거나 그 변경이 미리 유보되어 있는 경우 또는 상대방의 동의가 있는 경우에 한하여 허용되는 것이 원칙이다.
④ 기부채납 받은 행정재산에 대한 사용, 수익 허가에서 공유재산의 관리청이 정한 사용, 수익 허가의 기간은 그 허가의 효력을 제한하기 위한 행정행위의 부관으로서 이러한 사용, 수익 허가의 기간에 대해서는 독립하여 행정소송을 제기할 수 없다.

❖ 정답: ①

❈ 해설: "도로점용허가의 점용기간은 행정행위의 본질적 요소에 해당한다고 볼 것이어서 부관인 점용기간을 정함에 있어서 위법사유가 있다면 이로써 도로점용허가처분 전체가 위법하게 된다고 할 것이다[대판 1985. 7. 9, 84누604]." 사후에 부관을 붙이는 것은 당해 행위를 철회하고 새로운 부관부 행정행위를 하는 것과 같으므로 원칙적으로 인정되지 않지만, 법령에 그 근거가 있거나, 상대방의 동의가 있거나, 또는 부담이 유보되어 있는 경우에는 가능하다고 본다. 그 외에도 사정변경으로 인하여 당초에 부관을 부가한 목적을 달성할 수 없게 된 경우에도 그 목적달성에 필요한 범위에서는 **사후부관이 예외적으로 허용된다고 본다**(다수설, 판례).

---

67. 다음 설명 중 가장 거리가 먼 것은?   05.1 승진

① 행정행위는 상대방에게 통지되어 도달되어야 효력이 발생하며, 이때 도달이라 함은 상대방이 알 수 있는 상태에 두어진 것을 말한다.

② 행정행위의 상대방이 특정되어 있는 행정행위의 상대방의 대한 통지는 원칙상 송달의 방법에 의한다.

③ 상대방의 주소 및 거소가 불분명한 경우 공고의 방법에 의한다.

④ 우편에 의한 송달은 보통우편에 의한 경우 도달이 추정된다.

❖ 정답: ④

❈ 해설: 내용증명우편이나 등기우편과는 달리, **보통우편의 방법으로 발송되었다는 사실만으로는 그 우편물이 상당기간 내에 도달하였다고 추정할 수 없고,** 송달의 효력을 주장하는 측에서 증거에 의하여 도달사실을 입증하여야 한다[대판 2000다25002].

---

68. 절차에 대해 하자가 있는 행정행위가 아닌 것은?   96.2 경간부

① 범위를 명확히 하지 않은 토지수용처분

② 사전에 토지소유자와 협의를 거치지 않은 토지수용의 재결

③ 이해관계인의 참여 없이 행한 재산압류행위

④ 상대방의 동의 없이 행한 공무원의 임명

❖ 정답: ①

❈ 해설: ▶ 절차에 관한 하자

① 필요불가결한 절차를 위반하는 행위

② 필요한 **상대방의 동의나 신청이 없는 행위**

③ 필요한 공고 · 통지를 결한 행위. 단, 취소원인으로 보는 경우 존재(판례)

④ 필요한 **이해관계인의 참여 · 협의를 결한 행위**

⑤ 필요한 **창문을 결한 행위** 단, 무효 또는 취소원인(판례)

69. 행정행위에 대한 설명이다. 가장 거리가 먼 것은?   05.2 경간부
① 행정행위는 구체적인 법적효과를 가져오는 행위를 말하며 법적효과를 발생시키지 않는 내부적 행위는 행정행위가 아니다.
② 침해적 행정행위는 상대방의 권익을 제한하거나 의무를 부과하는 행정행위이므로 사전에 통지를 하고 상대방의 의견진술을 들어야 한다.
③ 무효인 행정행위는 처음부터 효력이 발생하지 않는다.
④ 행정행위의 하자가 중대 또는 명백한 경우에는 취소의 사유가 된다.

정답: ④
※ **해설:** 행정행위의 하자가 중대하고 명백한 경우에는 **무효의 사유가 된다.**

70. 경찰의 처분이 무효라는 이유로 행정소송을 제기할 경우에 경찰처분의 효력은 어떻게 되는가?
03.6 순경
① 집행이 정지된다.
② 구속력이 없다.
③ 공정력이 없디.
④ 원칙적으로 집행이 정지되지 않는다.

정답: ④
※ **해설: 집행부정지 원칙**이다.

71. 행정행위의 취소원인이 아닌 것은?   96.2 경간부
① 내용이 공익에 반하는 행위
② 권한 초과행위
③ 내용이 단순 위법인 행위
④ 내용이 불명확한 행위

정답: ④
※ **해설: ▶ 행정행위의 취소원인**

주체에 관한 하자	① 필요적 자문의 결여
	② **권한초과행위**
	③ 사기 · 강박 · 증뢰 등 부정행위에 기한 행위
	④ 착오의 결과 행해진 내용이 단순위법 · 부당한 경우
내용에 관한 하자	① **내용이 단순위법 · 부당인 경우**
	② **공서양속에 반하는 행위** 단, 민법의 경우는 무효사유
절차에 관한 하자	행정편의적 · 세부적 · 참고적 절차를 위반한 행위
형식에 관한 하자	경미한 형식의 하자

☞ 내용이 불명확한 행위는 **무효사유**이다.

72. 다음 중 취소할 수 있는 경찰하명이 아닌 것은?   04.5 순경

① 권한을 초과한 경우

② 내용이 불명확한 경우

③ 사기 강박에 의한 경우

④ 착오에 의한 경우

⁑ **정답:** ②

❈ **해설:** 내용이 불명확한 행위는 **무효사유**이다.

73. 행정행위의 철회 및 철회권 행사의 제한에 관한 판례의 내용으로 옳지 않은 것은?   10.3 순경

① 운전면허정지기간 중에 운전을 하여 운전면허취소사유에 해당되더라도 3년이나 지나서 면허를 취소한 것
은 위법하다.

② 택시운송사업자가 중대한 교통사고로 인하여 많은 사상자를 냈다면 사업면허가 취소될 것을 예상할 수
있었다 하더라도 1년 10개월이 지나 사업면허를 취소하였다면 위법하다.

③ 처분 후에 원래의 처분을 존속시킬 필요가 없게 된 사정변경이 생겼거나 중대한 공익상의 필요가 발생한
경우 별도의 법적 근거가 없어도 철회·변경할 수 있다.

④ 부담부 행정처분에 있어서 처분의 상대방이 부담을 이행하지 아니한 경우 처분행정청은 부담 불이행을
이유로 당해 처분을 철회할 수 있다.

⁑ **정답:** ②

❈ **해설:** ▶ **행정행위의 철회 및 철회권 행사의 제한**

> ① **수익적 행위의 철회는 철회를** 요하는 공익상 필요와 상대방의 신뢰보호 및 법적 안정성을 비교 형량
> 하여 결정하여야 한다.
> ② **부담적 행위의 철회는 자유롭다.**
> ③ 운전면허정지기간 중에 운전을 하여 **운전면허취소사유에 해당되더라도 3년이나 지나서 면허를 취소**
> **한 것은 위법**이다.
> ④ 처분 후에 원래의 처분을 존속시킬 필요가 없게 된 사정변경이 생겼거나 **중대한 공익상의 필요가 발**
> **생한 경우 별도의 법적 근거가 없어도 철회·변경할 수 있다.**
> 　예 택시운송사업자가 중대한 교통사고로 인하여 많은 사상자를 냈다면 **사업면허가 취소될 것을 예상할 수**
> **있었다 하더라도 1년 10개월이 지나 사업면허를 취소하였다면 위법이라 할 수 없다.**

74. 행정행위의 취소와 철회의 차이가 아닌 것은?   09.1 승진

① 취소권자와 철회권자의 범위

② 발생원인

③ 효력의 소급 여부

④ 제한사유 인정 여부

⁑ **정답:** ④

※ 해설: ▶ 취소와 철회의 차이점

	취소	철회
권한자	직권취소(처분청, 감독청), 쟁송취소(법원)	**원칙적으로 처분청만 가능** 감독청은 특별규정이 있으면 가능하다.
발생원인	㉠ **처분의 원시적 하자** ㉡ 성립상의 경미한 하자가 원인	**사후적으로 발생한 새로운 지정** (법령의 개폐, 의무위반 등)
방법	직권취소와 쟁송취소 가능	직권에 의한 철회에 한한다.
절차	엄격한 절차 적용	특별한 절차 규정이 없다.
효력의 소급 여부	소급효 원칙(직권취소는 상대방의 귀 책사유가 없는 한 소급효 부정)	소급효 부정(장래효)
배상문제	손해배상문제 발생	손실보상문제 발생
사례	**연령미달의 이유로 운전면허 취소**	**음주운전 이유로 면허취소**
공통점	㉠ **취소나 철회 모두 제한 사유가 인정**된다. ㉡ 독립한 행정행위로서 취소와 철회를 합쳐 '폐지'라고 한다. ㉢ 본래의 행정행위의 효력을 소멸시키는 **형성적 행위**라는 점이다.		

75. 경찰작용의 유형에 관한 설명 중 틀린 것은?　　　　　10.1 승진

① 경찰허가는 특정행위를 사실상 적법하게 할 수 있도록 하는 적법요건에 불과하다.

② 판례는 공무원의 직위해제처분과 면직처분 간에 하자의 승계를 부정하였다.

③ 경찰허가의 효과의 발생 또는 소멸을 장래의 확실한 사실에 의존시키는 부관은 기한이다.

④ 경찰면제란 법령에 의하여 과하여진 작위·부작위·급부·수인의무를 특정한 경우에 해제하여 주는 경
　 찰상의 행정행위이다.

정답: ④

※ 해설: 경찰면제의 대상은 작위, 수인, 급부의무, 허가의 대상은 부작위의무이다.

76. 다음 중 판례가 선행행위와 후행행위 간의 하자의 승계를 인정한 경우는?　　　　　10.3 순경

> ㉠ 토지등급의 설정 또는 수정처분과 과세처분
>
> ㉡ 안경사 시험의 합격무효처분과 안경사면허취소처분
>
> ㉢ 구 경찰공무원법상 직위해제 처분과 면직처분
>
> ㉣ 액화석유가스 판매사업 허가처분과 사업개시신고반려처분
>
> ㉤ 구 병역법상 보충역편입처분과 공익근무요원소집처분

① 1개　　　　　② 2개　　　　　③ 3개　　　　　④ 4개

정답: ②

❧ 해설: ▶ 하자승계(판례)

하자승계 긍정(판례)	예외	선행행위와 후행행위가 서로 **결합**하여 **하나**의 법적효과를 목적으로 하는 경우에는 무효원인이든 취소원인이든 하자의 승계를 인정한다.
	예문	① 조세체납처분(강제징수)절차에 있어서 독촉, 압류, 매각, 청산, 충당의 각 행위 사이 ② 대집행절차에 있어서 대집행계고통지, 대집행영장통지, 대집행 실시, 비용징수의 각 행위 사이 ③ 개별토지가격 결정과 양도소득세 부과처분 ④ 택지개발계획의 승인과 수용재결처분 ⑤ **액화석유가스 판매사업 허가와 액화석유가스 판매업개시신고 반려처분** ⑥ 귀속재산의 임대처분과 매각처분 ⑦ **안경사 시험합격 무효처분과 안경사 면허 취소처분**
하자승계 부정(판례)	원칙	선행행위와 후행행위가 서로 **독립**하여 **별개**의 법적효과를 목적으로 하는 경우에는 선행행위가 당연무효인 경우는 하자의 승계를 인정하지만, 취소원인인 하자는 승계되지 않는다고 본다.

	예문	① **과세처분과 체납처분**(압류, 매각, 청산 등) 사이
		② 공무원의 직위해제처분과 면직처분 사이
		   구 경찰공무원법상 직위해제 처분과 면직처분
		③ 표준지 공시지가처분과 과세처분 사이
		   개별토지가격 결정에 대한 재조사 청구에 따른 감액조정과 과세처분
		④ 사업인정과 토지수용재결처분 사이
		⑤ 수강거부처분과 수료처분 사이
		⑥ **토지등급의 설정 또는 수정처분과 과세처분**
		⑦ **구 병역법상 보충역 편입처분과 공익근무요원 소집처분**
		⑧ 계고처분과 대집행 비용 납부명령
		⑨ 대체적 작위의무 부과명령(건물철거명령 또는 원상회복명령 등)과 대집행절차(대집행계고처분 등) 사이
		⑩ 택지개발 계획승인과 수용재결

77. 하자의 승계에 대한 설명으로 타당하지 않은 것은?   08.1 승진

① 두 개 이상의 행정행위가 연속하여 행하여지는 경우 선행행위의 하자를 후행행위의 위법사유로서 주장할 수 있는가의 문제이다.

② 선행행위가 당연무효라면 언제나 다툴 수 있고 후행행위는 당연히 원인무효가 되어 그 취소 또는 무효를 주장할 수 있다.

③ 통설은 두 개 이상의 행정행위가 서로 독립하여 별개의 효과를 목적으로 하는 경우에 선행행위가 당연 무효가 아닌 한, 하자는 승계되지 않는다고 본다.

④ 판례는 과세처분과 체납처분 사이에 하자가 승계된다고 보았다.

❧ 정답: ④
❧ 해설: 과세처분과 체납처분 사이의 하자에 대한 **승계를 부정**한다.

78. 하자 있는 행정행위의 치유에 관한 설명으로 틀린 것은?(다툼이 있으면 판례에 의함)   10.3 순경
① 흠의 치유는 원칙적으로 허용될 수 없는 것이지만 행정행위의 무용한 반복을 피함으로써 행정경제를 도
   모하기 위해서 허용될 수 있으며 다른 국민의 권리나 이익을 침해하지 않는 범위 내에서 인정된다.
② 행정청이 청문서의 도달기간을 다소 어겼더라도 영업자가 이에 대하여 이의하지 아니한 채 스스로 청문
   일에 출석하여 그 의견을 진술하고 변명하는 등 방어의 기회를 충분히 가졌다면 청문서 도달기간을 준수
   하지 아니한 하자는 치유되었다고 봄이 상당하다.
③ 판례에 의하면, 하자의 치유는 사실심변론종결 시까지 가능하다는 입장이다.
④ 토지등급결정내용의 개별통지가 있다고 볼 수 없어 토지등급결정이 무효인 이상, 토지소유자가 그 결정
   이전이 나이 후에 토지등급결정내용을 알았다거나 또는 그 결정 이후 매년 정기등급수정의 결과가 토지
   소유자 등의 열람에 공하여졌다 하더라도 개별통지의 하자가 치유되는 것은 아니다.

✂ **정답:** ③
▩ **해설:** 판례는 하자의 치유시기는 사실심변론종결 시까지가 아니라 **행정쟁송제기 이전까지 가능하
   다는 입장**이다[대판 1988. 7. 26, 82누420].

79 다음 설명 중 가장 거리가 먼 것은?   03.2 경간부
① 부당한 행정행위는 행정심판이나 행정청의 직권에 의해 취소될 수 있을 뿐 법원에 의해 취소될 수는 없
   다.
② 철회는 감독청이나 처분청에서 행할 수 있다.
③ 무효인 행정행위가 전환될 행정행위의 성립, 효력요건을 갖추고 있어야 행정행위의 전환이 가능하다.
④ 무효인 행정행위의 치유는 인정될 수 없다.

✂ **정답:** ②
▩ **해설:** 철회는 **원칙적으로 처분청만 가능하다.** 단, 감독청은 특별규정이 있으면 가능하다.

**80. 경찰상 의무를 이행하지 아니한 경우 실력을 행사하여 의무가 이행된 것과 동일한 상태를 실현하는 경
찰작용은?**   96.1 승진
① 경찰상 강제집행   ② 경찰벌
③ 경찰상 즉시강제   ④ 경찰하명

✂ **정답:** ①
▩ **해설:** 경찰상의 강제집행은 **경찰하명에 따른 경찰의무의 불이행이 있는 경우에** 상대방의 신체 또
   는 재산이나 주거 등에 실력을 행사하여 경찰상 필요한 상태를 실현시키는 작용이다.

81. 다음 중 경찰상 강제집행의 수단이 아닌 것은?   96.1 승진
① 대집행   ② 보호조치
③ 직접강제   ④ 강제징수

✂ **정답:** ②
▩ **해설:** 경찰상의 강제집행에는 **대집행, 직접강제, 집행벌, 강제징수**가 있으나, 직접강제는 인권침해
   의 가능성이 높아 원칙적으로 허용되지 않는다.

82. 다음 설명 중 가장 거리가 먼 것은?　　　　　　　06.1 승진
① 행정상 강제집행에는 대집행, 강제징수, 직접강제, 집행벌이 있다.
② 대집행의 대상은 행정법상 대체적 작위의무에 한한다.
③ 대집행의 비용은 원칙상 의무자가 부담하여야 한다.
④ 사증 없이 입국한 외국인의 강제퇴거는 행정대집행의 대상이 될 수 있다.

❧ 정답: ②
❈ 해설: 대집행의 대상인 의무는 **경찰법상의 대체적 작위의무**에 한한다.

83. 경찰상의 강제집행에 대한 일반법은?　　　　　　　96.1 승진, 98.1 승진
① 행정대집행법　　　　　　　② 국세징수법
③ 경범죄처벌법　　　　　　　④ 경찰관직무집행법

❧ 정답: ①
❈ 해설: ▶ **실정법적 근거**

일반법	**행정대집행법**(대집행과 강제집행의 일반법), **국세징수법**(강제징수의 일반법)
개별법	건축법, 출입국관리법, 관세법 등

84. 행정의 실효성 확보수단의 하나인 대집행과 관련하여 다음 중 옳지 않은 것은?　　　　　　　10.3 순경
① 대집행의 법적 근거로는 행정대집행법 제2조, 건축법 제85조 등이 있다.
② 대집행 요건 충족의 입증책임은 처분행정청에 있다.
③ 한 장의 문서로 위법건축물에 대한 자진철거를 명함과 동시에 그에 필요한 상당한 기간 경과 후에도 자진철거를 하지 않을 때는 대집행할 뜻을 미리 계고한 경우 당해 계고처분은 부적법하다.
④ 대집행영장에 의한 통지는 비상시 또는 위험이 절박하여 그 절차를 취할 여유가 없는 경우 당해 수속을 거치지 아니하고 대집행을 할 수 있다.

❧ 정답: ③
❈ 해설: 한 장의 문서로 위법건축물에 대한 자진철거를 명함과 동시에 그에 필요한 상당한 기간 경과 후에도 자진철거를 하지 않을 때는 **대집행할 뜻을 미리 계고한 경우 당해 계고 처분은 적법**하다.

85. 행정강제에 관한 다음의 설명 중 옳은 것은?(다툼이 있으면 판례에 의함)　　　　　　　10.3 순경

> ㉠ 행정대집행은 대체적 작위의무의 불이행에 대한 강제집행수단이다.
> ㉡ 과태료의 부과처분은 항고소송의 대상이 되는 처분이다.
> ㉢ 대집행에 소요되는 비용을 납부기일까지 납부하지 않을 때에는 국세체납처분의 예에 의하여 강제징수할 수 있다
> ㉣ 행정상 강제징수 관련하여 선행행위인 조세 등 부과처분이 무효라 하더라도 후행행위인 체납 처분이 당연무효가 되는 것은 아니다
> ㉤ 행정벌은 형사벌과는 달리 죄형법정주의가 적용되지 아니한다.

① 1개　　　　　　② 2개　　　　　　③ 3개　　　　　　④ 4개

❧ 정답: ②(㉠㉢)

❧ **해설:**

ⓒ **과태료의 부과처분은 항고소송의 대상이 되는 행정처분이라고 볼 수 없다.**

[관련판례]: 구 건축법상 과태료처분이 행정소송의 대상이 되는 행정처분인지 여부

"구 건축법(1991. 5. 31. 법률 제4381호로 전문 개정되기 전의 것) 제56조의2 제1, 4, 5항 등에 의하면, 부과된 과태료처분에 대하여 불복이 있는 자는 그 처분이 있음을 안 날로부터 30일 이내에 당해 부과권자에게 이의를 제기할 수 있고, 이러한 이의가 제기된 때에는 부과권자는 지체 없이 관할법원에 그 사실을 통보하여야 하며, 그 통보를 받은 관할법원은 비송사건절차법에 의하여 과태료의 재판을 하도록 규정되어 있어서, 건축법에 의하여 부과된 과태료처분의 당부는 최종적으로 비송사건절차법에 의한 절차에 의하여만 판단되어야 한다고 보아야 하므로, 그 과태료처분은 행정소송의 대상이 되는 행정처분이라고 볼 수 없다."

ⓔ 조세부과처분의 위법성 정도가 "취소 정도"이면 후행 행위인 "체납처분"에 대하여 소를 제기하여 원고가 "조세부과처분이 위법하여 그 위법성이 체납처분에 승계되어 위법하다."라는 주장을 하더라도 대법원 판례의 입장은 "별개의 행정처분으로 보아" 하자승계를 인정하지 않는다.

그러나 **조세부과처분의 위법성 정도가 "무효"라면 하자승계의 논의와는 상관없이 체납처분은 무효가 된다는 것인 판례의 입장**이다.

ⓜ 행정벌 중 행정형벌에는 형사벌의 경우와 같이 **죄형법정주의가 적용된다.**

86. 경찰상 강제집행에 대한 설명으로 틀린 것은?   03.4 순경
① 경찰상 의무이행 확보수단이다.
② 강제집행의 일반법은 행정대집행법이 있다.
③ 일반권력작용이란 특징이 있다.
④ 대집행, 직접강제, 강제징수, 즉시강제 등이 있다.

❧ **정답: ④**
❧ **해설:** 경찰상의 강제집행에는 **대집행, 직접강제, 집행벌, 강제징수**가 있다.

87. 다음 중 경찰상 강제집행에 관한 설명으로 타당하지 않은 것은?   96.1 승진
① 경찰상 강제집행은 경찰하명에 따른 경찰의무의 불이행이 있는 경우를 전제로 한다.
② 경찰상 의무의 불이행을 전제로 한다는 점에서 경찰상 즉시강제와 동일하다.
③ 근거법으로는 대집행에 관한 일반법으로서 행정대집행법이 있다.
④ 자력강제인 면에서 민사상의 강제집행과 구별된다.

❧ **정답: ②**
❧ **해설:** 경찰상 의무의 불이행을 전제로 한다는 점에서 **경찰상 즉시강제와 다르다.**

88. 다음 중 경찰강제에 대한 설명으로 가장 바른 것은?   02.5 순경
① 경찰강제는 개별법에 의하여 인정되는 것으로서 경찰관직무집행법에 개별적으로 수권되어 있다.
② 강제집행의 수단에는 대집행, 집행벌, 즉시강제, 강제징수가 있으며 직접강제는 인권침해의 소지가 가장 높다.
③ 즉시강제의 경우는 그 성질상 명백히 목적 달성이 불가능하거나, 직접 실력을 가할 경우 그 의무를 명할 시간적 여유가 있어도 발동할 수 있다.
④ 즉시강제에 의해 침해당한 손해는 행정쟁송으로 다툴 수 있으나, 쟁송의 기간이 장기화되어 실익이 없는 것이 일반적이다.

❖ **정답:** ④

❖ **해설:**

① 경찰강제는 개별법에 의하여 인정되는 것으로서 **특별법에 개별적으로 수권되어 있다.**

② **경찰상의 강제집행에는 대집행, 직접강제, 집행벌, 강제징수**가 있으나, 직접강제는 인권침해의 가능성이 높아 원칙적으로 허용되지 않는다.

③ 즉시강제의 경우는 그 성질상 명백히 목적 달성이 불가능하거나, 직접 실력을 가할 경우 그 의무를 명할 **시간적 여유가 없어야 발동할 수 있다.**

89. 의무자가 작위, 부작위의무 등을 이행하지 않는 경우에 직접적으로 의무자의 신체 또는 재산에 실력을 가하여 경찰상 필요한 상태를 실현하는 작용은?   97.1 승진

① 대집행   ② 집행벌
③ 직접강제   ④ 강제징수

❖ **정답:** ③

❖ **해설:** **직접강제란** 경찰상의 **대체적 작위의무뿐만** 아니라 **비대체적 작위의무, 부작위의무, 수인의무 등 모든 의무불이행이 있는 경우에** 의무자의 신체 · 재산 등에 직접적으로 실력을 가함으로써 의무의 이행과 동일한 상태를 실현하는 작용을 말한다.

90. 다음 설명 중 가장 거리가 먼 것은?   05.3 순경

① 직접강제는 행정상 강제집행 수단 중에서 국민의 인권을 가장 크게 제약하기 때문에 최후의 수단으로 인정되고 있다.

② 통설은 선행하는 의무 불이행의 존재 여부를 기준으로 행정상 강제집행과 즉시강제를 구별한다.

③ 즉시강제의 조리상 한계로 급박성, 보충성, 비례성이 있다.

④ 행정상 즉시강제는 의무불이행을 전제로 한다.

❖ **정답:** ④

❖ **해설: 행정상 즉시강제는 의무불이행을 전제로 하지 않고** 대집행의 경우 의무불이행을 전제로 한다.

91. 경찰상 강제집행과 즉시강제와의 근본적인 차이점은?   97.1 승진, 98.1 승진, 01.3 순경

① 권력작용   ② 사실작용
③ 행정작용   ④ 의무불이행

❖ **정답:** ④

❖ **해설: ▶ 강제집행과 즉시강제의 비교**

	차이점	같은 점
강제집행	① 의무불이행을 전제 ② 하명과 강제가 별개 단계	① 권력적 실력행사 ② 사실행위 ③ 경찰목적의 실현을 확보하기 위한 수단
즉시강제	① 의무불이행을 전제하지 않는다. ② 하명과 강제가 결합	

92. 다음 설명 중 틀린 것은?   97.1 승진
① 경찰상 강제집행과 경찰상 즉시강제는 경찰목적의 실현을 확보함을 목적으로 한다.
② 법치국가에서는 경찰상 즉시강제를 원칙으로 하고 경찰상 강제집행을 예외로 한다.
③ 경찰상 강제집행과 경찰상 즉시강제, 즉 권력적인 실력행사이다.
④ 경찰상 강제집행과 경찰상 즉시강제는 사실행위이다.

❖ **정답:** ②
❖ **해설:** 법치행정의 **원칙상 행정강제는 강제집행을 원칙**으로 하고, 인권침해의 소지가 큰 **행정상 즉시강제는 예외적 수단**에 속한다.

93. 경찰상 즉시강제의 조리상 한계가 아닌 것은?   06.2 순경
① 경찰상 장해가 목전에 급박하여야 한다.
② 다른 수단으로는 경찰목적을 달성할 수 없어야 한다.
③ 소극적으로 사회공공의 안녕 · 질서의 유지를 위해 필요한 한도 내에 그쳐야 한다.
④ 미리 의무를 명할 시간적 여유가 없어야 한다.

❖ **정답:** ④
❖ **해설:** ▶ **조리상 한계**

필요성	경찰목적 달성을 위하여 즉시강제가 필요한 경우라야 한다.
급박성	**경찰상 장해가 목전에 급박하여야 한다.**
보충성	**다른 수단으로는 경찰목적을 달성할 수 없어야 한다.**
비례성	적합성, 필요성, 상당성의 원칙을 충족해야 한다.
소극성	**소극적으로 사회공공의 안녕 · 질서의 유지를 위해 필요한 한도 내에 그쳐야 한다.**

94. 행정상 즉시강제의 조리상의 한계라고 볼 수 없는 것은? 06.10 순경, 97.1 승진
① 경찰상의 장애가 목전에 급박하였을 것
② 타 수단으로는 목적 달성이 불가능할 것
③ 의무를 명할 시간적 여유가 없는 경우에 한할 것
④ 그 목적 달성에 필요한 최소한도에 그칠 것

❖ **정답:** ③
❖ **해설:**
① 경찰상의 장애가 목전에 급박하였을 것 – **급박성**
② 타 수단으로는 목적 달성이 불가능할 것 – **보충성**
④ 그 목적 달성에 필요한 최소한도에 그칠 것 – **소극성**

95. 경찰상 즉시강제의 발동과 관련된 설명 중 틀린 것은?   96.1 승진
① 의무를 명할 시간적 여유가 없을 때만 발동된다.
② 목전의 급박한 경찰위반 상태를 제거하기 위하여 발동된다.
③ 목적 달성에 필요한 최소한도에 그쳐야 한다.
④ 적법한 즉시강제에 대해서는 수인의무가 있다.

❊ 정답: ①

❊ 해설: 경찰상 즉시강제란 ㉠ **목전의 급박한 장해를 제거하기 위하여 미리 의무를 명할 시간적 여유가 없거나 또는 ㉡ 성질상 의무를 명함에 의하여서는 목적의 달성이 곤란할 때에는** 즉시 국민의 신체 또는 재산에 실력을 가하여서 행정상 필요한 상태를 실현하는 작용을 말한다.

---

96. 다음 중 위법한 즉시강제조치에 대한 구제수단으로 가장 적합하지 못한 것은?　　　01.1 승진

① 정당행위　　　　　　　　　　　　② 공무원에 대한 징계요구
③ 손해배상청구　　　　　　　　　　④ 손실보상청구

❊ 정답: ④

❊ 해설: ▶ 구제수단

위법한 즉시강제에 대한 구제	① 행정쟁송, ② 손해배상, ③ 정당방위, ④ 손해배상을 청구
적법한 즉시강제에 대한 구제	손실보상을 청구

---

97. 「행정조사기본법」상의 행정 조사에 대한 설명으로 옳지 않은 것은?　　　10.3 순경

① 행정조사는 법령 등 또는 행정조사운영계획으로 정하는 바에 따라 정기적으로 실시함을 원칙으로 한다.
② 조사대상자가 조사에 응할 것인지에 대한 응답을 하지 아니하는 경우에는 법령 등에 특별한 규정이 없는 한 그 조사를 거부한 것으로 본다.
③ 원칙적으로 행정조사를 실시하고자 하는 행정기관의 장은 출석요구서, 보고요구서·자료제출요구서 및 현장출입조사서를 조사개시 7일 전까지 조사대상자에게 서면으로 통지하여야 한다.
④ 행정기관은 유사하거나 동일한 사안에 대하여는 가급적 공동조사 등을 실시하지 않도록 노력해야 한다.

❊ 정답: ④

❊ 해설: 행정기관은 유사하거나 동일한 사안에 대하여는 **공동조사 등을 실시함으로써 행정조사가 중복되지 아니하도록 하여야 한다.**

---

98. 다음은 행정벌에 대한 설명이다. 가장 거리가 먼 것은?　　　06.1 승진, 05.2 경간부

① 행정질서벌도 특별한 규정이 없는 한 원칙적으로 위반자의 고의나 과실을 요하지 않는다.
② 행정벌도 원칙적으로 죄형법정주의가 적용된다.
③ 판례에 의하면 행정형벌과 행정질서벌의 동시 부과가 가능하다.
④ 행정벌에는 행정형벌과 행정질서벌이 있다.

❊ 정답: ①

❊ 해설: ▶ 행정벌

① 행정벌에는 행정형벌과 행정질서벌이 있으며, 판례에 의하면 **행정형벌과 행정질서벌(이행강제금의 부과)의 동시 부과가 가능**하다.
② 행정벌도 **원칙적으로 죄형법정주의가 적용**된다.
③ 과태료와 같은 행정질서벌은 행정질서유지를 위한 의무의 위반이라는 객관적 사실에 대하여 과하는 제재이므로 **반드시 현실적인 행위자가 아니라도 법령상 책임자로 규정된 자에게 부과되고 원칙적으로 위반자의 고의, 과실을 요한다.**

99. 다음 중 경찰질서벌에 대한 설명으로 틀린 것은?　　　　05.7 순경, 05.3 순경
① 과태료부과는 경찰벌의 일종이다.
② 경찰질서벌의 과벌절차의 예외로서 즉심이 있다.
③ 비송사건절차법에 의한다.
④ 형법총칙에 적용이 없다.

정답: ②

해설: ▶ 경찰벌(행정벌)의 종류

경찰형벌	① 경찰형벌이란 경찰법규 위반에 대한 제재로서 **형법 제41조에 규정된 형을 과하는 경찰벌**을 말하며, **원칙적으로 형법총칙의 규정이 적용**되며, 개별법에 특별한 규정이 있는 경우에는 그에 따른다. ② 경찰형벌은 **원칙적으로 형사소송법에 의한 절차**를 따르되, **예외적으로** 즉결심판절차 또는 통고처분절차에 의해서 과하여지는 경우도 있다.
경찰질서벌	① 경찰질서벌이란 경찰법상의 의무위반에 대해 제재로서 **형법상의 형명이 없는 벌, 즉 과태료를 과하는 경찰벌**을 말한다. ② 경찰질서벌은 형벌은 아니므로 **형법총칙이 적용되지 않는다.** ③ 질서위반행위의 성립과 과태료 처분에 관한 법률관계를 명확히 하여 국민 권익을 보호하도록 하고, 과태료의 부과·징수 절차를 일원화하기 위하여 **경찰질서벌 법정주의를 채택**하고 있다. ④ **경찰질서벌(과태료) 성립요건** 　㉠ 고의 또는 과실 　㉡ 위법성의 착오에 정당한 이유가 있는 경우 　㉢ 책임연령(14세 미만인 자) 　㉣ 심신장애인의 질서위반행위

100. 징계벌과 형사벌에 대한 설명으로 틀린 것은?　　　　03.4 순경
① 징계벌과 형사벌은 병과할 수 있다.
② 형사벌은 일반사회의 질서유지 목적을 두고 있다.
③ 징계벌은 퇴직 후 처벌이 불가능하다.
④ 징계벌은 일반통치권에 근거하여 내부의 질서유지 목적에 있다.

정답: ④

해설: 징계벌은 **특별통치권에 근거**하여 내부 질서유지 목적에 있다.

101. 징계벌과 형사벌에 관한 설명 중 옳지 않은 것은?　　　　09.2 경간부
① 징계벌과 형사벌은 병과할 수 없다.
② 형사벌은 일반사회의 질서유지를 목적으로 한다.
③ 징계벌은 퇴직 후 처벌할 수 없다.
④ 징계벌은 특별권력관계에 근거한다.

정답: ①

해설: ① 징계벌과 형사벌은 **병과할 수 있다.**

102. 다음 설명 중 가장 거리가 먼 것은?   06.2 경간부
① 행정형벌도 원칙상 형사벌과 같이 형사소송법에 따라 과해지나 통고처분이라는 예외적 과벌절차가 있다.
② 통고처분은 현행법상 조세범, 관세범, 교통사범 등에서 인정되고 있다.
③ 통고처분의 법적 성질은 사법행위가 아닌 행정행위이다.
④ 통고처분에 대해서는 행정심판이나 행정소송이 인정된다.

정답: ④
※ 해설: 통고처분은 상대방의 임의의 승복을 그 발효요건으로 하기 때문에 그 자체만으로도 통고이
행을 강제하거나 상대방에게 아무런 권리의무를 형성하지 않으므로 **행정심판이나 행정소송
의 대상으로서의 처분성을 부여할 수 없다.**

103. 다음 중 통고처분에 관한 설명으로 틀린 것은?   02.3 순경
① 통고처분은 정식재판에 대신한 절차의 신속을 위한 과벌절차이다.
② 경찰서장이 통고처분할 수 있는 근거법은 도로교통법뿐이다.
③ 통고처분 내용을 이행하면 다시 소추하지 못한다.
④ 통고처분의 법적 성격은 준사법적 행정행위이다.

정답: ②
※ 해설: 도로교통법과 경범죄처벌법이 있다.

104. 다음 중 통고처분에 대하여 잘못 기술한 것은 무엇인가?   02.3 순경
① 통고처분은 현행법상 조세범, 관세범, 교통사범 등에 적용된다.
② 경찰범의 처벌에 관한 전문성과 기술적 편의성 및 경찰범의 신속한 처리를 고려한다.
③ 통고처분을 거부하는 자에게는 현장에서 통고처분을 행한다.
④ 납부해야 하는 금전은 형법상 벌금이 아니고 행정 제재금에 해당한다.

정답: ③
※ 해설: 통고처분을 거부하는 자에게는 **즉심에 회부**한다.

**105. 경찰관 甲이 보행자 乙과 丙을 단속하였는데 乙은 주소와 신분이 불확실한 자이고, 丙은 범칙
금 납부통고서를 받기를 거부하였다. 경찰관 甲이 두 사람에게 취할 수 있는 조치는?**   02.1 승진
① 乙에게 통고처분, 丙에게 즉심회부
② 乙에게 즉심회부, 丙에게 즉심회부
③ 乙에게 과태료처분, 丙게 통고처분
④ 乙에게 과태료처분, 丙에게 즉심회부

정답: ②
※ 해설: 乙은 주거와 신분이 불확실한 자이며, 丙은 범칙금납부통고서를 받기를 거부한 자로서 통고
처분 적용제외자로서 모두 **즉결심판에 회부하면 된다.**

106. 교통지도단속 근무 중 통고처분 불이행자에 대해 경찰관이 취할 수 있는 조치로 타당하지 않는 것은?

02.1 승진

① 범칙금 납부 만료일로부터 60일까지 즉결심판 절차가 진행되지 못하면 운전면허 효력을 일시정지할 수 있다.
② 즉결심판이 진행되지 못하여 운전면허 효력정지 시 기간은 60일이다.
③ 통고처분 불이행자는 즉결심판에 회부한다.
④ 즉결심판 불출석자에 대하여는 다시 즉결심판에의 출석을 최고하여야 한다.

정답: ②

※ 해설: 범칙금 납부 만료일로부터 60일까지 즉결심판 절차가 진행되지 못하면 **운전면허 효력정지 시 기간은 40일**이다.

107. 다음 중 통고처분제도에 대하여 바르게 설명하지 못한 것은?　　　　02.3 순경
① 통고처분을 받기를 거부하는 사람은 즉결심판의 대상이다.
② 통고처분은 신원이나 주소가 불확실한 경우에도 할 수 있다.
③ 통고처분의 성격은 준사법적 행정행위이다.
④ 통고처분 시에 납부하는 금전은 행정제제금의 성격을 갖는다.

정답: ②
※ 해설: 신원이나 주소가 불확실한 경우에는 통고처분 적용제외자로서 **즉심에 회부**한다.

108. 주취소란으로 甲에 대하여 통고처분을 하였으나 甲의 행정에 인한 피해자가 진단서를 발급받아 상해죄로 고소한 경우, 이에 대한 처리로 가장 적절한 것은?　　　　05.1 승진
① 범칙금을 납부하기 전이라면 발부한 통고처분서를 회수하여 오손처리하고 상해죄로 입건·조사할 수 있다.
② 통고처분 발부행위는 범칙금 납부와 상관없이 이미 처벌한 것으로 볼 수 있으므로 상해죄로 번복할 수는 없다.
③ 통고처분은 행정질서벌적 성격을 가지므로, 형벌로 처벌되는 상해죄는 범칙금의 납부와 상관없이 입건·조사할 수 있다.
④ 피해자 있는 행위이므로 범칙금을 납부하였다고 하더라도 상해죄로 서류를 작성, 즉결심판에 회부해야 한다.

정답: ①
※ 해설: 통고처분은 불가변력 때문에 이를 취소 또는 철회할 수가 없는데, **통고처분을 하였다면 통고처분서를 받아서 사실상 폐기하고(오손처리) 상해죄로 형사입건할 수 있다.**

109. 다음 설명 중 가장 거리가 먼 것은?　　　　05.2 경간부
① 행정의 전통적인 상호적 확보수단을 보완하기 위해 새로운 수단들이 등장하였는데, 과징금, 가산세, 공급거부 등이 그 예이다.
② 행정법규위반에 대하여 벌금이나 범칙금 이외에 과징금을 부과하는 것은 이중처벌 금지의 원칙에 반한다.
③ 미성년자에 대한 성범죄자 공표는 명단공표의 한 예이다.
④ 공급의 거부라 함은 행정상의 의무를 위반하거나 불이행한 자에 대해 정상의 서비스 또는 재화의 공급행위를 거부하는 행위를 말한다.

정답: ②
※ 해설: 과징금은 범죄에 대한 국가의 형벌권의 실행으로서의 과벌이 아니므로 행정법규위반에 대하여 벌금이나 범칙금 이외에 과징금을 부과하는 것을 **이중처벌금지의 원칙에 반하지 않는다.**

110. 의사가 정당한 이유 없이 환자의 진료를 거부한 경우는?   96.2 경간부
① 환자는 진료의 이행을 구하는 행정소송을 제기할 수 있다.
② 환자는 손해배상청구권을 행사할 수 있다.
③ 의사는 행정상 즉시강제 내지 직접강제의 대상이 된다.
④ 의사는 행정벌을 받게 된다.

❖ **정답:** ④
❄ **해설:** 의료법에서 규정한 의무위반으로 **행정벌 기타 제재를 받게 되어 있다.**

111. 다음 「경찰관직무집행법」 제2조 제5항에서 규정하고 있는 '공공의 안녕과 질서유지'는 경찰권발동에 관한 일반조항이라 할 경우 바르지 못한 설명은?   01.6 순경
① 경찰권발동에 대한 개별적 수권조항이 없을 때 2차적 · 보충적으로 적용된다.
② 찬성론자들은 일반조항으로 인하여 경찰권발동이 남용될 것을 우려하나, 이는 조리상의 한계로 통제될 수 있다고 한다.
③ 일반조항을 확대 해석하거나 남용한 경우에는 사법심사의 대상이 된다.
④ 독일의 통설과 판례는 일반수권조항의 존재를 부정하고 있다.

❖ **정답:** ④
❄ **해설:** 독일의 통설과 판례는 **일반수권조항의 존재를 긍정하고 있다.**

112. 「경찰직무집행법」 제2조 제5호(기타 공공의 안녕과 질서유지)의 일반조항 인정 여부에 대한 긍정설의 입장을 설명한 것 중 틀린 것은?   09.4 순경
① 경찰직무집행법 제2조제5호는 경찰의 직무범위를 규정한 것으로 본질적으로 조직법적 성질을 갖는다.
② 경찰권 성질상 입법기관이 미리 경찰권의 발동사태를 상정해서 모든 요건을 법률에 규정하는 것은 불가능하기 때문에 일반 조항이 필요하다.
③ 일반조항은 개별수권 규정에 의한 조지로도 대응할 수 없는 경우에 한하여 보충적으로 적용된다.
④ 일반조항으로 인한 경찰권 발동의 남용가능성은 조리한계 등으로 충분히 통제될 수 있다.

❖ **정답:** ①
❄ **해설:** 경찰직무집행법 제2조제5호는 경찰의 직무범위를 규정한 것으로 **본질적으로 작용법적 성질을** 갖는다.

113. 「경찰관직무집행법」의 주요 개정과정에 관한 설명 중 틀린 것은?   10.1 승진
① 1차 개정 시(1981. 4. 13.) 유치장 설치 근거를 마련하였다.
② 2차 개정 시(1988. 12. 31.) 경찰관서 유치시한을 3시간으로 규정하고, 임시영치기간을 30일에서 10일로 단축하였다.
③ 3차 개정 시(1989. 6. 16.) 최루탄사용 조항을 추가하였다.
④ 4차 개정 시(1991. 3. 8.) 경찰장구 · 무기 등을 포괄한 장비 등의 규정을 신설하였다.

❖ **정답:** ④

※ 해설: ▶ 「경찰관직무집행법」의 주요 개정

1차개정 (81.4.13)	① 경찰장구사용, 사실조회 등을 명문으로 규정 ② 유치장 설치 근거마련
2차개정 (88.12.31)	① 임의동행 시 경찰관서 유치시한을 3시간으로 규정 ② 임시영치 기간을 30일에서 10일로 단축 ③ 경찰관의 직권남용시 6월 이하에서 1년 이하의 징역에 처함
3차개정 (89.6.16)	최루탄 사용 조항의 추가
4차개정 (91.3.8)	① 임의동행 시 경찰관서 유치시한을 6시간으로 완화 ② 경찰장구 사용대상에 현행범인 추가
5차개정 (96.8.8)	해양수산부를 신설, 해양수산부장관 소속하에 해양경찰청 신설
6차개정 (99.5.24)	경찰장구·무기 등을 포괄한 장비 등의 규정
7차개정 (04.12.23)	① 기존 여러 개의 파출소를 통합하여 하나의 지구대를 설치 ② 정무직 공무원으로 되어있던 경찰위원회 상임위원에 대한 법적 근거를 마련
8차개정 (06.2.21)	제주도를 폐지하고 제주특별자치도를 설치, 자치경찰제 도입

114. 「경찰관직무집행법」의 주요 개정과정에 대한 설명 중 틀린 것은?   10.1 승진
① 1차 개정 - 경찰장구사용, 사실조회 등을 명문으로 규정하고 유치장 설치의 근거를 마련하였다.
② 2차 개정 - 경찰관의 직권남용에 대한 벌칙을 1년 이하의 징역·금고로 강화하였다.
③ 5차 개정 - 최루탄사용 조항을 추가하였다.
④ 7차 개정 - 정무직 공무원으로 되어 있던 경찰위원회 상임위원에 대한 법적 근거를 마련하였다.

┇ 정답: ③
※ 해설: 3차 개정(89.6.16) - 최루탄사용 조항을 추가

115. 「경찰관직무집행법」의 주요 개정과정에 대한 설명 중 틀린 것은?   08.1 승진
① 1953. 12. 14. - 경찰작용법으로 경찰관직무집행법이 제정
② 1차 개정(1981. 4. 13.) - 경찰장구사용, 사실조회 등을 명문으로 규정하고, 유치장설치 근거 마련
③ 2차 개정(1988. 12. 31.) - 경찰관서 유치시한을 3시간으로 규정, 임시영치기간을 30일에서 10일로 단축
④ 4차 개정(1991. 3. 8.) - 최루탄사용 조항을 추가

┇ 정답: ④
※ 해설: 3차 개정(89. 6. 16.) - 최루탄사용 조항을 추가

116. 1988년 12월 31일자 「경찰관직무집행법」 개정내용이 아닌 것은?   06.10 순경
① 최루탄사용 조항을 추가
② 임시영치기간을 30일에서 10일로 단축
③ 임의동행의 요건과 절차가 강화되어 경찰관서 유치시한을 3시간으로 규정
④ 경찰관의 직권남용에 대한 벌칙을 6월 이하에서 1년 이하의 징역, 금고로 강화

┇ 정답: ①
※ 해설: 3차 개정(89. 6. 16.) - 최루탄사용 조항을 추가

117. 다음 중 기존 여러 개의 파출소를 통합하여 하나의 지구대를 설치한 것은 몇 차 개정인가? 06.10 순경
① 3차 개정(1989. 6. 16.)   ② 4차 개정(1991. 3. 8.)
③ 7차 개정(2004. 12. 23.)   ④ 8차 개정(2006. 2. 21.)

✂ **정답:** ③
※ **해설:** 7차 개정(2004. 12. 23.) – 기존 여러 개의 파출소를 통합하여 하나의 지구대를 설치

118. 다음 중 「경찰관직무집행법」에 관한 설명으로 틀린 것은?   02.1 승진
① 우리나라 경찰작용법이 제정된 것은 1894년 행정경찰장정이다.
② 경찰작용에 대한 일반법의 성격을 갖고 있다.
③ 경찰관의 직권남용에 대한 별도의 벌칙 규정이 있다.
④ 경찰관직무집행법에 규정된 즉시강제의 수단으로는 보호조치, 임시영치, 압수 등이 있다.

✂ **정답:** ④
※ **해설:** 보호조치는 대인적 즉시강제, 임시영치는 대물적 즉시강제이지만 **압수는 즉시강제가 아닌 영
장에 의한 강제처분을 요하는 경우로 즉시강제와는 구별된다.**

119. 「경찰관직무집행법」에 대한 설명으로 틀린 것은?   06.10 순경
① 경찰비례의 원칙이 명시적으로 규정되어 있다.
② 경찰상 즉시강제의 일반법이며, 불심검문의 법적근거이다.
③ 동법상 경찰관의 개념은 의무경찰 및 전투경찰은 물론이고 경비업법상 경비원도 포함된다.
④ 제2조에 명시된 '경찰관의 직무범위'에는 경비 · 요인경호는 물론 치안정보의 수집 · 작성 및 배포
도 포함되어 있다.

✂ **정답:** ③
※ **해설:** 경비업법상 **경비원은 포함되지 않는다.**

120. 「경찰관직무집행법」에 대한 설명으로 옳지 않은 것은 몇 개인가?   10.2 경간부

> ㉠ 경찰의 직무로 국민의 생명, 신체 및 재산보호를 명문으로 규정하고 있다.
> ㉡ 1988년 2차 개정에서 경찰관직무남용에 대한 벌칙을 6월 이하에서 1년 이상의 징역, 금고로 개정하였다.
> ㉢ 1991년 4차 개정에서 임의동행시 경찰관서에서 머무를 수 있는 시간을 3시간에서 6시간으로 개정하였다.
> ㉣ 경찰관직무집행법상 보호조치를 하였을 경우 24시간 이내에 가족들에게 그 사실을 통지하여야 한다.
> ㉤ 경찰관직무집행법상 위험발생방지를 위한 조치 중 경고의 대상자로 규정된 자는 그 장소에 집합한
>   자, 사물의 관리자, 기타 관계인이다.

① 1개   ② 2개   ③ 3개   ④ 4개

✂ **정답:** ②
※ **해설:**
㉣ 경찰관이 피구호자를 경찰관서에 일시 보호조치하거나 관계기관에 긴급구호를 요청한 경우에는 **지체 없
이 피구호자의 가족 · 친지 기타의 연고자에게 그 사실을 통지**하여야 한다.
㉤ 경찰관직무집행법상 위험발생방지를 위한 조치 중 **위험방지 조치(경고 ✕)의 대상자로 규정된 자는 그
장소에 집합한 자, 사물의 관리자, 기타 관계인이다.

121. 다음 중 「경찰관직무집행법」에 대한 설명으로 맞는 것은?   05.3 순경
① 경찰관직무집행법 제2조의 직무범위에는 경찰법 제3조에 명시된 국민의 생명·신체 및 재산 보호규정은 포함되어 있다.
② 경찰관직무집행법상 "출석요구사유"에는 형사처분을 위한 교통사고 조사상의 사실을 확인하기 위한 경우도 포함된다.
③ 경찰관직무집행법상 위험발생 방지조치의 대상에는 광견, 분마류 등의 출현은 제외된다.
④ 경찰관 직권남용에 대한 별도의 벌칙 규정이 없다.

❖ 정답: ①
❈ 해설:
② 경찰관직무집행법상 "출석요구사유"에는 **형사처분을 위한 교통사고 조사상의 사실을 확인하기 위한 경우도 제외**된다.
③ 경찰관직무집행법상 **위험발생 방지조치의 대상에는 광견, 분마류 등의 출현은 포함된다.**
④ 경찰관 직권남용의 경우에는 **1년 이하의 징역, 금고에 처한다.**

122. 다음 중 「경찰관직무집행법」에 대한 설명으로 옳지 않은 것은?   09.2 경간부
① 1차 개정 때 유치장 설치 근거가 마련되었고, 경찰장구 사용, 사실조회 등을 명문으로 규정하였다.
② 최루탄사용 조항이 추가된 것은 3차 개정 때이다.
③ 6차 개정 때 경찰장비의 사용 등 경찰장구의 정의 등을 신설하였다.
④ 정무직 공무원으로 되어 있던 경찰위원회 상임위원에 대한 법적 근거를 마련한 것은 2차 개정 때이다.

❖ 정답: ④
❈ 해설: 7차 개정(04. 12. 23.) - 정무직 공무원으로 되어 있던 경찰위원회 상임위원에 대한 법적 근거

123. 다음 중 「경찰관직무집행법」에 대한 설명으로 옳지 않은 것은?   09.1 승진
① 경찰공무원법상의 경찰공무원과 전투경찰대설치법상의 작전전투경찰순경 및 의무전투경찰순경의 직무수행에 적용된다.
② 경찰관의 직권남용에 대한 별도의 벌칙 규정이 없다.
③ 경찰관은 불심검문 시 그 장소에서 질문하는 것이 당해인에게 불리하거나 교통에 방해가 된다고 인정되는 때에는 질문하기 위하여 부근의 경찰관서에 동행을 요구할 수 있다. 이 경우 당해인은 경찰관의 동행 요구를 거절할 수 있다.
④ 경찰관직무집행법상의 기본원칙으로는 협의의 비례의 원칙, 상당성의 원칙, 필요성의 원칙, 보충성의 원칙 등이 있다.

❖ 정답: ②
❈ 해설: 경찰관 직권남용의 경우에는 **1년 이하의 징역, 금고에 처한다.**

124. 「경찰직무집행법」상 즉시강제 수단 중 성격이 다른 하나는?   09.4 순경
① 보호조치(제4조)   ② 범죄의 예방과 제지(제6조)
③ 위험방지를 위한 출입(제7조)   ④ 경찰장구의 사용(제10조의2)

❖ 정답: ③
❈ 해설: 모두 대인적 즉시강제수단이며, **위험방지를 위한 출입(제7조)은 대가택적 즉시강제수단**이다.

125. 다음 중 경찰작용에 대한 설명으로 맞는 것은 모두 몇 개인가?   10.3 순경

> ㉠ 경찰수사를 위한 임의동행은 상대방의 동의를 반드시 필요로 한다.
> ㉡ 경찰관직무집행법상 임의동행을 한 경우 변호인 조력권 고지의무에 대해서는 명문규정이 없다.
> ㉢ 경찰관직무집행법상 흉기조사에 대해서는 명문의 규정이 있으나, 흉기 이외의 일반소지품 검사에 대
>   하여는 명문의 규정이 없다.
> ㉣ 경찰 출석요구시 임의출석한 당사자에게 특정장소로 이동할 것을 요구하는 경우 반드시 상대방의 동
>   의를 구해야 한다.

① 1개   ② 2개   ③ 3개   ④ 4개

❖ **정답:** ③

❈ **해설:** ㉡ 경찰관직무집행법 제3조 제5항: 제2항의 규정에 의하여 동행을 한 경우 경찰관은 당해인
의 가족 또는 친지 등에게 동행한 경찰관의 신분, 동행장소, 동행 목적과 이유를 고지하거나
본인으로 하여금 즉시 연락할 수 있는 기회를 부여하여야 하며, **변호인의 조력을 받을 권리
가 있음을 고지하여야 한다.**

126. 경찰봉이나 수갑 등과 같은 경찰장구의 사용에 관한 법적 근거는 무엇인가?   08.10 순경
① 경찰법   ② 경찰장구사용법
③ 사법경찰관리집무규칙   ④ 경찰관직무집행법

❖ **정답:** ④
❈ **해설:** 경찰장구의 사용에 대한 법적근거는 **경찰관직무집행법**이다.

127. 다음 중 불심검문에 대한 설명으로 옳지 않은 것은?   02.5 순경
① 거동불순자라고 인정되는 때에 정지시켜 질문할 수 있는 것으로서, 대인적 즉시 강제 수단이다.
② 질문 시 진술거부권을 고지할 의무가 있다.
③ 흉기소지 유무를 조사하기 위하여 신체수색을 할 수 있다.
④ 임의동행시 상대방을 경찰관서에 6시간 이내에 머물게 할 수 있다.

❖ **정답:** ②
❈ **해설: 진술거부권은 불심검문 시에 고지할 필요는 없고** 피의자신문 시에 고지하면 된다.

128. 불심검문에 관한 설명 중 틀린 것은?   96.1 승진
① 피질문자의 의사에 반하여 답변을 강요할 수 없다.
② 불심검문 후 범죄혐의가 있는 자는 경찰관직무집행법에 의거 구속할 수 있다.
③ 경찰관서에서의 동행요구를 당해인은 거절할 수 있다.
④ 피질문자에게 흉기의 소지 여부를 조사할 수 있다.

❖ **정답:** ②
❈ **해설: 불심검문 후 범죄혐의가 있는 자는 형사소송법에 의거 구속**할 수 있다.

129. 「경찰관직무집행법」상 불심검문에 대한 설명으로 가장 적절하지 않은 것은?　　11.8 순경
① 어떠한 죄를 범하였거나 범하려 하고 있다고 의심할 만한 상당한 이유가 있는 자를 임의동행하는 경우, 경찰관은 당해인을 6시간을 초과하여 경찰관서에 머물게 할 수 없다.
② 일정 장소에서 질문을 하는 것이 당해인에게 불리하거나 교통의 방해가 된다고 인정되는 때에는 질문하기 위하여 부근의 경찰서·지구대·파출소 또는 출장소에 동행할 것을 요구해야 하고, 이 경우 당해인은 경찰관의 동행요구를 거절할 수 없다.
③ 경찰관은 죄를 범하였다고 의심할 만한 상당한 이유가 있는 자에게 질문을 할 때에 흉기의 소지 여부를 조사할 수 있다.
④ 경찰관은 수상한 거동 기타 주위의 사정을 합리적으로 판단하여 어떠한 죄를 범하였거나 범하려 하고 있다고 의심할 만한 상당한 이유가 있는 자를 정지시켜 질문할 수 있다.

┇ 정답: ②
※ 해설: 강제로 동행해서는 아니 되며, **당해인은 경찰관의 임의동행의 요구를 거절할 수 있다.** 물론 특별한 사정이 없더라도 거절이 가능하다.

130. 다음 중 불심검문시 경찰관의 준수사항으로 볼 수 없는 것은?　　06.2 경간부
① 경찰공무원증 제시 및 소속·성명을 밝힐 것　　　② 불심검문의 목적·이유 설명
③ 진술거부권 고지　　　　　　　　　　　　　　　　④ 임의동행 시 변호인의 조력을 받을 권리

┇ 정답: ③
※ 해설: 진술거부권은 불심검문 시에 고지할 필요는 없고, 피의자신문 시에 고지하면 된다.

131. 「경찰관직무집행법」상 불심검문의 대상자에 관한 설명으로 옳지 않은 것은?　　06.3 순경
① 어떤 죄를 범한 자라고 의심할 만한 상당한 이유 있는 전과자는 대상자이다.
② 어떤 죄를 범하려 하는 자라고 의심할 만한 상당한 이유 있는 자는 대상자이다.
③ 심야에 '사람 살려' 하며 소리치는 자는 대상자가 된다.
④ 어떤 죄를 범하였다고 의심할 만한 상당한 이유가 있는 심신상실자는 대상자가 아니다.

┇ 정답: ④
※ 해설: 형사책임을 물을 수 없는 **심신상실자도 불심검문의 대상이 된다.**

132. 다음 중 「경찰관직무집행법」상 설명으로 틀린 것은?　　06.3 순경
① 검문 대상자가 이미 행해진 범죄 사실을 안다고 의심할 만한 타당한 이유가 있는 자가 포함된다.
② 수상한 거동을 하거나 기타 사정을 합리적으로 판단하여 검문 대상자로 인정될 때 대상자를 정지시켜 질문하는 대인적 즉시강제 수단이다.
③ 대상자를 경찰관서로 임의동행할 경우 변호인의 조력을 받을 수 있는 권리를 고지해 줘야 한다.
④ 대상자는 그 의사에 반하여 답변을 강요받을 수 없지만, 진술거부권이 있음을 고지할 의무는 있다.

┇ 정답: ④
※ 해설: 대상자는 강제동행해서는 안 되므로 그 의사에 반하여 답변을 강요할 수는 없고, **진술거부권이 있음을 고지할 의무는 없다.**

133. 다음 불심검문에 대한 내용 중 틀린 것은?   02.5 순경

① 대인적 즉시강제의 수단으로서 인정되는 것이다.
② 경찰관직무집행법에 근거를 가지고 있으며, 임의동행 시 상대방을 경찰관서에 6시간 이내에 머물게 할 수 있다.
③ 불심검문 시 반드시 진술거부권을 고지하여야 한다.
④ 불심검문은 경찰상 조사의 근거로도 불린다.

❏ **정답:** ③
❈ **해설: 진술거부권은 불심검문 시에 고지할 필요는 없고,** 피의자신문 시에 고지하면 된다.

134. 다음 중 「경찰관직무집행법」에 대한 설명으로 틀린 것은?   05.3 순경

① 거동불심자에 대해 질문할 수 있다.   ② 진술거부권의 고지를 할 필요가 없다.
③ 자살기도자는 임의보호 대상자이다.   ④ 제한된 범위 내에 무기를 사용할 수 있다.

❏ **정답:** ③
❈ **해설:** 자살기도자는 **강제보호대상자**이다.

135. 다음 중 보호조치에 대해 맞는 설명은?   01.4 순경

① 대물적 즉시강제에 속한다.
② 보호조치 여부에 대한 판단은 기속적 판단이다.
③ 경찰관서에서의 보호조치는 12시간을 초과할 수 없다.
④ 경찰관은 구치소에 긴급구호를 요청할 수 있다.

❏ **정답:** ②
❈ **해설:**
① 보호조치는 **대인적 즉시강제**이다.
③ 경찰관서에서의 보호조치는 **24시간을 초과할 수 없다.**
④ 긴급구호를 요청할 수 있는 곳은 **보건의료기관 또는 공공구호기관**이다.

136. 「경찰관직무집행법」상 보호조치에 대한 설명으로 맞는 것은?   05.10 순경, 03.3 순경

① 정신착란자 또는 자살기도자에 대하여는 경찰관서 24시간 이내에 보호가 가능하다.
② 보호조치 대상자가 소지하고 있는 물건에 대한 임시영치 기간은 30일이다.
③ 보호조치한 경우 가족 등에게 통지할 필요가 없다.
④ 임시영치는 대인적 즉시강제의 일종이다.

❏ **정답:** ①
❈ **해설:**
② 보호조치 대상자가 소지하고 있는 물건에 대한 임시영치 기간은 10일이다.
③ 경찰관이 피구호자를 경찰관서에 일시 보호조치하거나 관계기관에 긴급구호를 요청한 경우에는 **지체 없이 피구호자의 가족·친지 기타의 연고자에게 그 사실을 통지**하여야 한다.
④ 임시영치는 대물적 즉시강제의 일종이다.

137. 「경찰관직무집행법」상의 보호조치에 대한 설명으로 맞는 것은?   02.1 승진
① 정신착란자 또는 자살기도자에 대하여는 경찰관서에 36시간 이내에 보호가 가능하다.
② 보호조치 대상자가 소지하고 있는 물건에 대한 임시영치 기간은 30일이다.
③ 보호조치한 경우 가족 등에게 12시간 이내에 통지하여야 한다.
④ 임시영치의 법적 성질은 대물적 즉시강제의 일종이다.

⁉ 정답: ④
※ 해설:
① 정신착란자 또는 자살기도자에 대하여는 경찰관서에 **24시간 이내에 보호**가 가능하다.
② 보호조치 대상자가 소지하고 있는 물건에 대한 **임시영치 기간은 10일**이다.
③ 보호조치한 경우 가족 등에게 **지체 없이 통지**하여야 한다.

138. 다음 보호조치 등에 대한 설명으로 틀린 것은?   03.3 순경
① 경찰에서 보호는 24시간을 초과할 수 없으며 임시영치의 경우 10일을 초과할 수 없다.
② 피구호자가 휴대하고 있는 무기 · 흉기 등 위험을 야기할 수 있는 것으로 인정되는 물건은 경찰관서에 임시 영치할 수 있디.
③ 긴급구호나 보호조치의 경우 24시간 이내에 가족들에게 연락해 주어야 한다.
④ 정신착란자로 자기 또는 타인의 생명에 위해를 미칠 우려가 있는 자는 보호조치 대상자이다.

⁉ 정답: ③
※ 해설: 긴급구호나 보호조치한 경우 **지체 없이** 가족들에게 연락해 주어야 한다.

139. 주취자에 대한 지역경찰관의 조치요령에 대한 설명으로 타당하지 않은 것은?   02.1 승진
① 타인의 생명 · 신체와 재산에 위해를 미칠 우려가 없는 주취자에 대해서는 보호조치의 필요가 없다.
② 주취자의 지구대 내의 소란이나 공무집행방해시에는 CCTV를 작동하여 채증한다.
③ 부상당한 주취자 발견 시 사진촬영을 하여 항의나 오해의 소지가 없도록 한다.
④ 형사사건으로 구속대상이 아닐 경우 보호자나 친구 등 지인을 찾아 우선 귀가 조치한 다음 출석하게 하여 조사토록 한다.

⁉ 정답: ①
※ 해설: 타인의 생명 · 신체와 재산에 위해를 미칠 우려가 없는 **주취자도 보호조치가 가능하다.**

140. 다음 중 「경찰관직무집행법」상 옳지 않은 것은?   08.2 경간부
① 불심검문 시 흉기소지의 유무를 조사하기 위해 신체를 수색할 수 있다.
② 정신착란자, 주취자, 미아는 강제보호조치 대상자이다.
③ 불심검문에 있어 질문 시 진술거부권 고지 의무가 없다.
④ 임의동행 시 상대방을 경찰관서에 6시간 이내에서 머물게 할 수 있다.

⁉ 정답: ②
※ 해설: 미아 · 병자 · 부상자는 임의보호조치 대상자이다.

141. 「경찰관직무집행법」상 위험발생방지조치의 대상이 아닌 것은?   05.1 승진, 99.1 승진, 98.1 승진
① 공작물 손괴
② 광견 · 분마류의 출현
③ 교통사고
④ 폭력사범의 발생

❖ **정답:** ④
❀ **해설:** ▶ 위험방지조치를 취할 수 있는 요건

경찰관은 인명 또는 신체에 위해를 미치거나 재산에 중대한 손해를 끼칠 우려가 있는 ㉠ **천재,** ㉡ **사변,** ㉢ **공작물의 손괴,** ㉣ **교통사고,** ㉤ **위험물의 폭발,** ㉥ **광견 · 분마류 등의 출현,** ㉦ **극단한 혼잡,** ㉧ **기타 위험한 사태**가 있어야 한다.

142. 경찰관직무집행법상 위험물의 폭발 시 "위험발생의 방지조치"로 가장 적절하지 않은 것은?
05.1 승진, 00.1 승진, 98.1 승진

① 경고   ② 보호조치
③ 억류 · 피난   ④ 위해방지조치

❖ **정답:** ②
❀ **해설:** 위험방지조치를 취할 수 있는 요건으로는 경찰관은 인명 또는 신체에 위해를 미치거나 재산에
중대한 손해를 끼칠 우려가 있는 ㉠ **천재,** ㉡ **사변,** ㉢ **공작물의 손괴,** ㉣ **교통사고,** ㉤ **위험**
물의 폭발, ㉥ **광견 · 분마류 등의 출현,** ㉦ **극단한 혼잡,** ㉧ **기타 위험한 사태**가 있어야 한다.

143. 다음 중 위험방지 조치를 할 수 있는 위험한 상태가 아닌 것은?   05.3 순경
① 폭력사범발생   ② 위험물 폭발
③ 교통사고   ④ 공작물손괴

❖ **정답:** ①
❀ **해설:** 위험방지조치를 취할 수 있는 요건으로는 경찰관은 인명 또는 신체에 위해를 미치거나 재산에
중대한 손해를 끼칠 우려가 있는 ㉠ **천재,** ㉡ **사변,** ㉢ **공작물의 손괴,** ㉣ **교통사고,** ㉤ **위험물**
의 폭발, ㉥ **광견 · 분마류 등의 출현,** ㉦ **극단한 혼잡,** ㉧ **기타 위험한 사태**가 있어야 한다.

144. 경찰관직무집행법상 위험방지를 위한 긴급출입의 경우 그 요건과 내용으로 타당하지 않은 것은?
98.1 승진

① 출입의 요건으로 보충성의 원리가 지배된다.
② 범죄수사를 위해서는 이용될 수 없다.
③ 위해가 절박해야 한다.
④ 대인적 즉시강제의 일종이다.

❖ **정답:** ④
❀ **해설:** **대가택적 즉시강제의 일종**이다.

145. 경찰관직무집행법상 경찰관이 인명 · 신체에 위해를 미치거나 재산에 중대한 손해를 끼칠 위험한 사태가 발생한 경우에 취하는 경찰상 즉시강제 조치를 "위험 발생의 방지조치"라고 한다. 다음 연결이 잘못된 것은?   08.1 승진

① 보호조치 – 사물의 관리자
② 경고조치 – 위험한 장소에 집합한 자, 사물의 관리자
③ 억류 및 피난조치 – 위해를 받을 우려가 있는 자
④ 위험방지의 조치 – 위험사태의 발생장소에 있는 자, 사물의 관리자, 기타 관계자

정답: ①

해설: ▶ 일반적 위험방지의 수단

경고조치	경찰관은 ㉠ 그 장소에 집합한 자, ㉡ 사물의 관리자, ㉢ 기타 관계인에게 필요한 경고를 발할 수 있다. ㈜ 경찰관은 통행인에게 붕괴위험이 있는 건물의 존재를 알려 건물 근처로 통행하지 말도록 주의를 주는 경우
억류 또는 피난의 조치	경찰관은 특히 긴급을 요할 때에는 **위해를 받을 우려가 있는 자**를 필요한 한도 내에서 억류하거나 피난시킬 수 있다. ㈜ **화재나 건물붕괴 현장에서 사람들을 대피시키는 경우**
위험방지의 조치	경찰관은 ㉠ 그 장소에 있는 자, ㉡ 사물의 관리자, ㉢ 기타 관계인에게 위해방지상 필요하다고 인정되는 조치를 하게 하거나 스스로 그 조치를 취할 수 있다. ㈜ 광견 등의 사살을 명하거나 경찰관이 직접 사살하는 경우
접근 또는 통행의 제한 · 금지	① 경찰관서의 장은 대간첩작전 수행 또는 소요사태 진압을 위하여 필요하다고 인정되는 상당한 이유가 있을 때에는 대간첩작전지역 또는 경찰관서 · 무기고 등 국가중요시설에 대한 접근 또는 통행을 제한하거나 금지할 수 있다. ② **접근 또는 통행의 제한 · 금지의 조치권자가 경찰관이 아니라 경찰관서장**이다.

146. 경찰봉이나 수갑 등 경찰장구사용 법적 근거는?   96.1 승진
① 경찰관직무집행법
② 경찰차량관리규칙
③ 경찰관장구사용법
④ 사법경찰관리집무규칙

정답: ①

해설: 경찰관직무집행법 제10조의2에 경찰봉이나 수갑 등 경찰장구사용에 관한 내용이 규정되어 있다.

147. 다음 중 경찰관직무집행법상의 경찰장구로 볼 수 없는 것은?   98.1 승진
① 수갑   ② 포승
③ 경찰봉   ④ 도검

정답: ④

해설: 도검은 **무기에 해당**한다.

148. 다음 「경찰관직무집행법」상 경찰장구의 설명 중 가장 적절하지 않은 것은?   11.2 순경

① 경찰장구라 함은 경찰관이 휴대하여 범인검거와 범죄진압 등 직무수행에 사용하는 수갑 · 포승 · 경찰봉 · 분사기 · 방패를 말한다.

② 현행범인인 경우와 사형 · 무기 또는 장기 3년 이상의 징역이나 금고에 해당하는 죄를 범한 범인의 체포 · 도주의 방지를 위하여 경찰장구를 사용할 수 있다.

③ 자기 또는 타인의 생명 · 신체에 대한 방호를 위하여 경찰장구를 사용할 수 있다.

④ 공무집행에 대한 항거의 억제를 위하여 경찰장구를 사용할 수 있다.

❖ **정답:** ①

❈ **해설:** ▶ **경찰장비의 종류**

경찰장구	수갑, 포승, 호송용 포승, 경찰봉, 호신용경봉, **전자충격기, 방패, 전자방패**	
분사기 및 최루탄	가스발사총	**1m 이내의 거리에서 상대방 얼굴을 향하여 발사**하여서는 아니 된다.
	근접분사기 가스분사기 가스발사총 최루탄(발사 장치 포함)	① 가스차, 집회시위용물포(살수차) 또는 특수진압차, 최루탄 발사대: **15도 이상**의 발사각을 유지 ② 최루탄 발사기: **30도 이상**의 발사각을 유지
무기	**권총, 소총, 기관총**, 산탄총, 유탄발사기, 박격포, 3인치포, 함포, 크레모아, 수류탄, 폭약류 및 **도검** 등	
기타 장비	가스차, 집회시위용물포(살수차), 특수진압차, **석궁, 다목적발사기**, 도주차량차단장비, 감식기구, 해안감시기구, 통신기기, 차량 · 선박 · 항공기 등	

149. 다음 중 「경찰장비의 사용기준에 관한 규정」에서 규정한 경찰장비에 대한 설명으로 잘못된 것은?

03.1 승진

① 경찰장구에는 전자충격기 · 다목적발사기 · 전자방패 등이 포함된다.

② 무기에는 권총 · 소총 · 기관총(기관단총포함)과 폭약류 및 도검 등이 있다.

③ 분사기 · 최루탄 등에는 가스분사기 · 가스발사총(고무탄 발사겸용 포함) 및 그 최루탄(그 발사장치 포함) 등이 있다.

④ 기타 장비로는 가스차 · 물포 · 특수진압차 등이 포함된다.

❖ **정답:** ①

❈ **해설: 다목적발사기**는 경찰장구에 해당되지 않는다.

150. 경찰장구 사용의 요건에 해당하지 않는 것은?   05.1 승진, 96.1 승진

① 공무집행에 대한 항거의 억제를 위해 필요한 경우

② 자기 또는 타인의 생명 · 신체에 대한 방호를 위한 경우

③ 모든 범인의 체포 · 도주방지를 위한 경우

④ 현행범의 체포 · 도주 방지를 위한 경우

❖ **정답:** ③

❀ **해설: ▶ 경찰장구의 사용요건**

> 경찰관은 ㉠ 현행범인인 경우, ㉡ 사형·무기 또는 장기 3년 이상의 징역이나 금고에 해당하는 죄를 범한 범인의 체포·도주의 방지, ㉢ 자기 또는 타인의 생명·신체에 대한 방호, ㉣ 공무집행에 대한 항거의 억제를 위하여 필요하다고 인정되는 상당한 이유가 있을 때에는 그 사태를 합리적으로 판단하여 필요한 한도 내에서 경찰장구를 사용할 수 있다

151. 다음 중 경찰의 무기사용에 관한 가장 적절하지 못한 설명은?　　　03.7 순경, 01.2 경간부

① 경찰관 무기 사용의 법적 근거는 경찰공무원법이다.
② 자기 또는 타인의 생명·신체에 대한 방호를 위한 때 무기를 사용할 수 있다.
③ 경찰관이 사용할 수 있는 장비를 규정하고 있는 것은 "경찰장비의 사용기준 등에 관한 규정"이다.
④ 경찰장비에는 권총, 소총 등 무기 외에 인질범의 체포 등을 위한 석궁도 포함되어 있다.

❖ **정답: ①**
❀ **해설: 경찰공무원법 제20조에서는 경찰관의 무기휴대를, 경찰관직무집행법 제10조의4에서는 경찰관의 무기사용을 규정하고 있다.**

152. 다음 중 최루탄 사용에 대한 설명으로 잘못된 것은?　　　01.1 승진

① 최루탄 사용의 효과를 높이기 위해 1미터 이내의 거리에서 상대방의 얼굴을 향하여 발사하도록 한다.
② 최루탄의 사용은 현장책임자의 판단으로 필요한 최소한의 범위 안에서 사용되어야 한다.
③ 불법집회·시위로 인하여 자기 또는 타인의 생명·신체와 재산 및 공공시설 안전에 대한 현저한 위해의 발생을 억제하기 위하여 부득이한 경우 최루탄을 사용할 수 있다.
④ 최루탄을 사용한 경우 사용일시·장소·대상·책임자·종류·수량 등을 기록해야 한다.

❖ **정답: ①**
❀ **해설: 1미터 이내의 거리에서 상대방의 얼굴을 향하여 발사하여서는 안 되고, 아래(다리)를 향하여 발사한다.**

153. 최루탄 사용의 요건이 아닌 것은?　　　97.1 승진

① 불심검문을 거부한 자의 경우
② 불법집회로 인한 위해발생의 억제를 위한 경우
③ 범인의 도주를 위한 경우
④ 범인 체포를 위한 경우

❖ **정답: ①**
❀ **해설: 불심검문을 거부한 자의 경우는 그 요건이 아니다.**

154. 다음 경찰의 무기 사용 중 틀린 것은 몇 개인가?   07.3 순경

㉠ 범인의 체포·도주의 방지, 자기 또는 타인의 생명·신체에 대한 방호, 공무집행에 대한 항거의 억제를 위하여 필요하다고 인정되는 상당한 이유가 있는 경우 무기를 사용할 수 있다.

㉡ 정당방위와 긴급피난에 해당하는 경우 무기 사용은 가능하나 사람에게 위해를 줄 수 없다.

㉢ 대간첩작전의 수행에 있어서 무장간첩이 경찰관의 투항명령을 받고도 불응하는 경우 무기를 사용하여 위해를 가할 수 있다.

㉣ 사형, 무기, 또는 장기 1년 이상의 징역이나 금고에 해당하는 죄를 범하거나 범하고 있다고 의심할 만한 충분한 이유가 있는 자가 경찰관의 직무집행에 대하여 항거하거나 도주하려고 할 때 이를 방지 또는 체포하기 위하여 무기를 사용하지 아니하고는 다른 수단이 없다고 인정되는 상당한 이유가 있을 때 위해를 가할 수 있다.

① 1개   ② 2개   ③ 3개   ④ 없음.

❊ **정답:** ②

❊ **해설:**

㉡ 정당방위와 긴급피난에 해당하는 경우 **무기 사용은 가능하고 사람에게 위해를 줄 수 있다.**

㉣ 사형, 무기, 또는 **장기 3년 이상의 징역이나 금고에 해당하는 죄**를 범하거나 범하고 있다고 의심할 만한 충분한 이유가 있는 자가 경찰관의 직무집행에 대하여 항거하거나 도주하려고 할 때 이를 방지 또는 체포하기 위하여 무기를 사용하지 아니하고는 다른 수단이 없다고 인정되는 상당한 이유가 있을 때 위해를 가할 수 있다.

155. 경찰의 무기 사용 중 틀린 것은 몇 개인가?   08.1 승진

㉠ 범인의 체포·도주의 방지, 자기 또는 타인의 생명·신체에 대한 방호, 공무집행에 대한 항거의 억제를 위하여 필요하다고 인정되는 상당한 이유가 있는 경우 무기를 사용할 수 있다.

㉡ 정당방위와 긴급피난에 해당하는 경우 무기 사용은 가능하나 사람에게 위해를 줄 수 없다.

㉢ 대간첩작전의 수행에 있어서 무장간첩이 경찰관의 투항명령을 받고도 불응하는 경우 무기를 사용하여 위해를 가할 수 있다.

㉣ 사형, 무기, 또는 장기 1년 이상의 징역이나 금고에 해당하는 죄를 범하거나 범하고 있다고 의심할 만한 충분한 이유가 있는 자가 경찰관의 직무집행에 대하여 항거하거나 도주하려고 할 때 이를 방지 또는 체포하기 위하여 무기를 사용하지 아니하고는 다른 수단이 없다고 인정되는 상당한 이유가 있을 때 위해를 가할 수 있다.

㉤ 무기 사용의 사용 한계에는 합리성, 필요성, 민주성, 상당성, 보충성이 있다.

㉥ 정당방위, 긴급피난, 자구행위에 해당하는 경우는 위해를 수반한 총기사용 대상이다.

㉦ 대간첩작전 시 무장간첩이 투항명령을 불응하는 경우의 무기 사용 시에는 인권보장의 원칙상 보충성의 원칙이 엄격이 적용된다.

① 3개   ② 4개   ③ 5개   ④ 6개

❊ **정답:** ③

※ 해설:

ⓛ 정당방위와 긴급피난에 해당하는 경우 **사람에게 위해를 수반한 무기사용이 가능**하다.

ⓛ 사형, 무기, 또는 **장기 3년 이상의 징역이나 금고에 해당하는 죄**를 범하거나 범하고 있다고 의심할 만한 충분한 이유가 있는 자가 경찰관의 직무집행에 대하여 항거하거나 도주하려고 할 때 이를 방지 또는 체포하기 위하여 무기를 사용하지 아니하고는 다른 수단이 없다고 인정되는 상당한 이유가 있을 때 위해를 가할 수 있다.

ⓜ 무기 사용의 사용 한계에는 **합리성, 필요성, 상당성, 보충성**이 있다.

ⓗ **자구행위**는 총기사용 대상에 속하지 않는다.

ⓢ 대간첩작전의 수행에 있어서 무장간첩이 경찰관의 투항명령을 받고도 불응하는 경우 **무기를 사용하여 위해를 가할 수 있다.**

156. 다음은 경찰관 무기사용과 관련된 사건이다. 이에 대한 설명으로 가장 적절하지 않은 것은?

11.8 순경

> ㉠ 경찰관 A는 동료 경찰관 B와 함께 순찰차를 타고 관내를 순찰하고 있었다. 이때 경찰서 상황실로부터 신고에 의하면 K라는 사람이 한 술집에서 술병으로 타인을 찌르고, 자신의 집인 꽃집으로 가서 아들을 칼로 위협하는 사건이 발생하였으니 이에 대응하라는 무선지령을 받고 지원 출동하였다.
>
> ㉡ 용의자의 꽃집에 도착하여, 동료 경찰관 B는 주위에 있는 막대기를 들고 앞장서고, A는 권총을 꺼내 안전장치를 풀고 B의 뒤에 서서 엄호하며 집 안으로 걸어 들어갔다. 이때 용의자 K가 세면장에서 나오면서 경찰관 A와 B에게 소리를 지르며 달려들었다. 일반부 씨름선수에서 우승할 정도의 건장한 체격을 가진 K는 쉽게 경찰관 A와 B를 넘어뜨리고 넘어진 경찰관 B의 몸 위에 올라타 몸싸움을 하였다.
>
> ㉢ 이를 본 경찰관 A는 넘어져 있는 상태에서 소지하고 있던 권총으로 공포탄 1발을 발사하였다. 그러나 K는 이에 굴복하지 않고 계속 경찰관 B의 몸 위에서 그의 목을 누르는 등의 물리력을 행사하여 일어나지 못하게 하였다.
>
> ㉣ 이에 경찰관 A는 K를 향하여 실탄 1발을 발사하였고, 그 실탄은 K의 우측 흉부 하단 늑간 부위를 관통하였다. K는 즉시 병원에 후송되어 입원치료를 받았으나 간파열 등으로 인한 패혈증으로 며칠 뒤에 사망하였다. 나중에 확인하여 보니 K는 경찰관과 격투를 할 당시 칼을 소지하지 않고 있었던 것으로 밝혀졌다.

① 경찰관은 범인이 무기·흉기 등 위험한 물건을 소지하고, 경찰관으로부터 3회 이상의 투기명령 또는 투항명령을 받고도 이에 불응하면서 계속 항거하여 이를 방지 또는 체포하기 위하여 무기를 사용하지 아니하고는 다른 수단이 없다고 인정되는 상당한 이유가 있을 경우에는 총기를 사용할 수 있다.

② 사망한 K의 유가족은 경찰관 A를 상대로 형법 제268조의 업무상 과실치사를 주장할 수 있다.

③ 경찰관 A는 자기 또는 동료경찰관 B의 현재의 부당한 침해를 방위하기 위한 행위로서 상당성이 있기 때문에 형법 제21조상의 정당방위를 주장할 수 있다.

④ 이 사건에서 경찰관 A의 정당방위가 인정된다면, 민사상에 있어서 국가의 국가배상책임 역시 면책된다고 할 수 있다.

⚟ 정답: ④

※ 해설: 민사상에 있어서 **국가의 국가배상책임 역시 면책된다고 할 수 없다.**

> **[판례]** 불법행위에 따른 형사책임은 사회의 법질서를 위반한 행위에 대한 책임을 묻는 것으로서 행위자에 대한 공적인 제재(형벌)를 그 내용으로 함에 비하여, 민사책임은 타인의 법익을 침해한 데 대하여 행위자의 개인적 책임을 묻는 것으로서 피해자에게 발생된 손해의 전보를 그 내용으로 하는 것이고, 따라서 손해배상제도는 손해의 공평·타당한 부담을 그 지도원리로 하는 것이므로, 형사상 범죄를 구성하지 아니하는 침해행위라고 하더라도 그것이 민사상 불법행위를 구성하는지 여부는 형사책임과 별개의 관점에서 검토되어야 할 것이다.
>
> 경찰관이 범인을 제압하는 과정에서 총기를 사용하여 범인을 사망에 이르게 한 사안에서, 경찰관이 총기사용에 이르게 된 동기나 목적, 경위 등을 고려하여 형사사건에서 무죄판결이 확정되었다 하더라도 당해 경찰관의 과실의 내용과 그로 인하여 발생한 결과의 중대함에 비추어 민사상 불법 행위책임을 인정한 사례이다[**대판 2008. 2. 1, 2006다6713**].

157. 경찰장비에 대한 설명으로 맞는 것은?   10.3 순경

① 현행범인인 경우와 사형·무기 또는 장기 3년 이상의 징역이나 금고에 해당하는 죄를 범한 범인의 체포·도주의 방지를 위하여 위해를 수반하여 무기의 사용이 허용된다.

② 정당방위, 긴급피난, 자구행위에 해당하는 경우 위해를 수반하여 무기를 사용할 수 있다.

③ 범인의 체포·도주 방지를 위하여 부득이한 경우 현장 책임자의 판단으로 필요한 최소한의 범위 안에서 분사기 또는 최루탄을 사용할 수 있다.

④ 경찰장구로는 수갑, 전자충격기 등이 있고, 무기로는 권총, 소총, 석궁 등이 있으며, 기타 장비로는 가스차, 살수차 등이 있다.

정답: ③

해설:

① 현행범인인 경우와 사형·무기 도는 장기 3년 이상의 징역이나 금고에 해당하는 죄를 범한 범인의 체포·도주의 방지를 위하여 **경찰장구를 사용할 수 있다.**

② 자구행위에 해당하는 경우 위해를 수반하여 **무기를 사용할 수 없다.**

④ 석궁은 **기타 장비에 해당된다.**

158. 경찰관직무집행법상 무기사용의 요건 중 위해를 수반할 수 있는 경우에 해당하지 않는 것은?
07.12 순경

① 대간첩수행 중 무장간첩이 경찰관의 투항명령을 받고도 이에 불응하는 경우

② 무기, 흉기 등 위험한 물건을 소지한 자가 경찰관으로부터 3회 이상의 투기·투항 명령을 받고도 불응하면서 계속 항거할 경우

③ 사형. 무기 또는 장기 3년 이상의 징역이나 금고에 해당하는 범인을 체포하는 경우 그 항거나 도주 방지를 위해 필요한 때

④ 자기 또는 타인의 생명·신체에 대한 방호를 위해 필요한 때

정답: ④

해설: 자기 또는 타인의 생명·신체에 대한 방호를 위해 필요한 때 **무기사용 시 위해를 수반할 수 없는 경우에 해당**한다.

159. 경찰관의 무기사용 요건 중 상대방에게 위해를 수반할 수 있는 경우에 해당하지 않는 것은?

03.6 순경

① 정당방위 또는 긴급피난에 해당하는 때
② 구속영장과 압수 · 수색영장을 집행 시 항거, 도주방지를 위해 필요한 때
③ 사형 · 무기 또는 장기 3년 이상의 징역이나 금고에 해당하는 범인을 체포하는 경우 그 항거
④ 무기, 흉기 등 위험한 물건을 소지한 범인이 도망할 때

▓ 정답: ④
▓ 해설: 무기, 흉기 등 위험한 물건을 소지한 범인이 도망할 때 **무기사용 시 위해를 수반할 수 없는 경우에 해당**한다.

160. 경찰관의 무기사용 요건 중 상대방에게 위해를 수반할 수 있는 경우에 해당하지 않는 것은?

03.1 승진

① 형법상 정당방위 또는 긴급피난에 해당하는 때
② 압수 · 수색영장 집행 시 경찰관의 직무집행에 항거할 때
③ 흉기 등을 소지한 범인이 경찰권으로부디 2회의 투기 · 투항 멍령을 받고도 불응하면시 계속 힝거힐 때
④ 대간첩작전 수행 중 무장간첩이 경찰관의 투항명령을 받고도 이에 불응할 때

▓ 정답: ③
▓ 해설: 2회의 투기 · 투항명령이 아니라 **3회 이상의 투기 · 투항명령을 받고도 불응할 때**이다.

161. 다음 중 위험방지를 위한 "긴급출입"에 대한 설명으로 틀린 것은?   03.7 101단

① 관리자의 동의를 전제로 하여 출입하여야 한다.
② 경찰상 대가택적 즉시강제이다.
③ 위험에 있어 긴급출입은 위험방지와 피해자구조차원의 목적 이외에 범죄수사 등을 목적으로는 할 수 없다.
④ 시간상 주간 및 야간의 제한을 받지 않는다.

▓ 정답: ①
▓ 해설: 관리자의 동의를 전제로 하지 않는다.

162. 즉시강제수단 중 대가택적 즉시강제인 위험방지를 위한 출입에 속하지 않는 것은?   99.1 승진

① 수색
② 임검
③ 몰수
④ 가택출입

▓ 정답: ③
▓ 해설: 몰수는 대가택 강제에 속하지 않는다.

163. 「경찰관직무집행법」상 "경찰상 공개된 장소에 대한 출입"에 대한 설명으로 타당하지 않은 것은?

01.1 승진

① 영업 또는 공개시간 내에 출입이 가능하다.
② 범죄의 단속을 위한 출입이 가능하다.
③ 관리자 또는 관계인은 정당한 이유 없이 거절하지 못한다.
④ 흥행장 · 여관 · 음식점 · 역은 공개된 장소의 예시이다.

❖ **정답:** ②
❀ **해설:** 범죄의 단속을 위한 **출입은 형사소송법에 따라 가능하다.**

164. 「경찰관직무집행법」상 출석요구를 할 수 있는 경우가 아닌 것은?　　　08.2 경간부

① 미아를 인수할 보호자의 여부를 확인하기 위한 경우
② 범죄피해내용을 확인하기 위한 경우
③ 유실물을 인수할 권리자의 여부 또는 사고로 인한 사상자를 확인하기 위한 경우
④ 행정처분을 위한 교통사고조사상의 사실을 확인하기 위한 경우

❖ **정답:** ②
❀ **해설:** ▶ 출석요구 여부

출석요구(○)	출석요구(×)
① 미아를 인수할 수 있는 보호자인가의 확인 ② 유실물을 인수할 권리가 있는 자인가의 확인 ③ 사고로 인한 사상자의 신원확인 ④ 행정처분을 위한 교통사고조사에 필요한 사실 확인	① 형사책임규명을 위한 사실조사를 위한 출석요구 ② **범죄피해내용의 확인을 위한 출석요구**

165. 다음 설명 중 틀린 것은?　　　07.12 순경

> ㉠ 경찰작용법은 통일적 · 명확한 체계를 가지고 있다.
> ㉡ 경찰소극목적의 원칙은 크로이쯔베르크판결에 의해 확립된 바 있다.
> ㉢ 경찰공공의 원칙에는 경찰은 공공질서에 직접적인 관련이 없는 개인의 사생활에는 간섭할 수 없다는 내용이 포함되어 있다.
> ㉣ 지방경찰청장이 도로에서의 위험방지 등을 위하여 주차금지구역을 지정하는 행위는 대인적 하명에 해당한다.
> ㉤ 대형교통사고 발생 시 경찰관은 경찰관직무집행법에 의해 압수 · 제지할 수 있다.
> ㉥ 미아, 병자, 부상자 등 응급구호가 인정되는 자는 당해인이 구호를 거절한 경우에는 구호조치를 취해야 한다.
> ㉦ 경찰관이 경찰관직무집행법에 규정된 직권을 남용하여 다른 사람에게 해를 끼친 때에는 동법에 의하여 1년 미만의 징역이나 금고에 처한다.

① ㉠, ㉡, ㉢, ㉣　　　　　　　　　② ㉠, ㉤, ㉥, ㉦
③ ㉠, ㉡, ㉣, ㉤, ㉦　　　　　　　④ ㉠, ㉣, ㉤, ㉥, ㉦

❖ **정답:** ④

※ 해설:

㉠ 경찰작용법은 사회공공의 안녕, 질서유지라는 경찰의 목적을 실현하는 법으로서, 여러 개의 경찰법규들에서 통일된 원리를 찾아내어 하나의 학문으로 연구하는 법이다. 그러므로 **경찰작용법은 하나의 실정법이 아니라 여러 개의 이론으로 이루어지는 학문적 개념으로서의 법이다.**

㉣ **대물적 하명에 해당**된다.

㉤ 대형교통사고가 발생하였을 경우 경찰관직무집행법에 의한 **경찰의 조치수단은 경고, 억류 또는 피난, 위험방지조치**이다.

㉥ 미아, 병자, 부상자 등으로서 적당한 보호자가 없으며 응급의 구호를 요한다고 인정되는 자는 당해인이 구호를 거절하는 경우에는 **구호조치를 취하지 않아도 된다.**

㉦ 경찰관직무집행법에 규정된 경찰관의 의무에 위반하거나 직권을 남용하여 다른 사람에게 해를 끼친 자는 **1년 이하의 징역이나 금고에 처한다.**

---

166. 다음은 「경찰법」과 「경찰관직무집행법」에 대한 설명이다. 옳은 것은?　　　　11.2 순경

> ㉠ 해양경찰은 경찰법은 물론 경찰공무원법의 적용대상이며 해양에서는 경찰관직무집행법에 의하여 직무를 수행한다.
> ㉡ 불심검문 시 경찰관의 질문에 대하여 당해 당사자는 그 의사에 반해 답변을 강요당하지 아니하며, 이 경우 경찰관의 진술거부권 고지 의무는 법률상 명시되어 있지 않다.
> ㉢ 불심검문 시 질문을 보다 능률적으로 하기 위하여 필요한 경우에 지구대에 동행할 것을 요구할 수 있다.
> ㉣ 미아·병자·부상자 등으로서 적당한 보호자가 없으며 응급의 구호를 요한다고 인정되는 경우 당해인이 이를 거절하는 경우에도 보호조치를 할 수 있다.
> ㉤ 경찰관직무집행법에서 위험발생의 방지를 위한 조치수단 중 긴급을 요할 때 '억류 또는 피난조치를 할 수 있는 대상자'로 규정된 자는 그 장소에 집합한 자, 사물의 관리자, 기타 관계인이 있다.

① 1개　　　　　② 2개　　　　　③ 3개　　　　　④ 4개

┇ 정답: ①

※ 해설:

㉠ 해양경찰은 조직법인 **경찰법의 적용대상은 아니나**, 경찰공무원법이 적용되고 경찰관직무집행법에 의한 직무를 수행할 수 있다.

㉢ 질문을 하는 것이 당해인에게 불리(이 장소에서 질문하는 것이 당해인의 명예심을 해하거나 수치심을 느끼게 하는 경우)하거나 교통의 방해가 된다고 인정되는 때에는 질문하기 위하여 **부근의 경찰서·지구대·파출소 또는 출장소에 동행할 것을 요구할 수 있다.**

㉣ 미아·병자·부상자 등으로서 적당한 보호자가 없으며 응급의 구호를 요한다고 인정되는 경우 **당해인이 이를 거절하는 경우에는 행할 수 없다.**

㉤ 그 장소에 집합한 자, 사물의 관리자, 기타 관계인 등은 **경고조치 대상**이다. 억류 또는 피난의 조치의 대상자는 위해를 받을 우려가 있는 자이다.

---

167. 다음 설명 중 가장 거리가 먼 것은?　　　　06.1 승진

① 적법절차의 원칙은 형사절차상의 영역에 한정되지 않고 입법행정 등 국가의 모든 공권력의 작용에도 적용된다.

② 행정절차제도는 영미법계의 자연적 정의 또는 적법절차의 법리의 특색으로 인정되고 있다.

③ 행정절차는 행정작용에 대한 사후적 구제수단이다.

④ 행정절차법은 주로 절차적 규정만을 두고 있고 예외적으로 실제법 규정도 있다.

정답: ③

해설: ▶ 행정구제

사전적 구제	행정절차	처분절차, 신고절차, 행정입법예고절차, 행정예고절차, 행정지도절차
	기타	옴부즈맨제도, 정당방위, 직권시정, 청원, 국민고충처리제도, 국민권익위원회
사후적 구제	손해전보	손실보상, 손해배상
	행정쟁송	행정심판, 행정소송

168. 우리나라 행정절차법에서 규정하고 있는 행정절차가 아닌 것은?   04.4 순경

① 행정처분절차

② 행정예고의 절차

③ 행정지도의 절차

④ 행정입법의 확정절차

정답: ④

해설: 행정절차법상 행정절차로는 ㉠ **처분,** ㉡ **신고,** ㉢ **행정상 입법예고,** ㉣ **행정예고,** ㉤ **행정지도의 절차**
에 관하여 다른 법률에 특별한 규정이 있는 경우를 제외하고는 행정절차법이 정하는 바에 의한다.

169. 다음 중 행정절차법에 규정이 없는 것은?   02.1 승진

① 행정입법절차

② 행정계획절차

③ 행정예고절차

④ 처분절차

정답: ②

해설: 행정절차법상 행정절차로는 ㉠ **처분,** ㉡ **신고,** ㉢ **행정상 입법예고,** ㉣ **행정예고,** ㉤ **행정지도의 절차**
에 관하여 다른 법률에 특별한 규정이 있는 경우를 제외하고는 행정절차법이 정하는 바에 의한다.

170. 「행정절차법」상 규정된 내용이 아닌 것은?   10.3 순경

① 청문주재자는 신청 또는 직권에 의하여 필요한 조사를 할 수 있으며, 당사자 등이 주장하지 아니한 사실
에 대하여도 조사할 수 있다.

② 행정청은 공청회와 병행하여서만 정보통신망을 이용한 공청회를 실시할 수 있다.

③ 청문주재자가 필요하다고 인정할 경우 청문을 공개할 수 있다.

④ 청문에 관하여 문서의 열람복사청구권 규정이 없다.

정답: ④

※ 해설: ▶ 문서의 열람 및 비밀유지

> ① 당사자 등은 청문의 통지가 있는 날부터 청문이 끝날 때까지 행정청에 대하여 당해 사안의 조사결과에 관한 문서 기타 당해 처분과 관련되는 문서의 열람 또는 복사를 요청할 수 있다. 이 경우 **행정청은 다른 법령에 의하여 공개가 제한되는 경우를 제외하고는 이를 거부할 수 없다.**
> ② 행정청은 **열람 또는 복사의 요청에 응하는 경우 그 일시 및 장소를 지정**할 수 있다.
> ③ 행정청은 **열람 또는 복사의 요청을 거부하는 경우에는 그 이유를 소명**하여야 한다.
> ④ **행정청은 복사에 따른 비용을 요청한 자에게 부담**시킬 수 있다.
> ⑤ 누구든지 청문을 통하여 알게 된 사생활 또는 경영상이나 거래상의 비밀을 정당한 이유 없이 누설하거나 다른 목적으로 사용하여서는 아니 된다.

171. 행정절차법에 대한 설명 중 옳은 것은?   10.2 경간부
① 행정절차에는 행정상 입법예고, 행정예고, 행정지도, 행정조사가 있다.
② 청문은 행정청의 소속직원이 선정되어 청문을 주재한다.
③ 게시판, 관보, 공고 등의 공고하는 방법으로 송달하였을 때 통상 공고일로부터 10일이 경과한 때 효력이 발생한다.
④ 공청회는 행정입법 예고 시 활용할 수 있으나, 그 성질상 행정처분 절차는 아니다

⁚ 정답: ②
※ 해설:
① 행정절차법상 행정절차로는 ㉠ **처분,** ㉡ **신고,** ㉢ **행정상 입법예고,** ㉣ **행정예고,** ㉤ **행정지도의 절차**에 관하여 다른 법률에 특별한 규정이 있는 경우를 제외하고는 행정절차법이 정하는 바에 의한다. **행정조사절차(×), 행정계획절차, 입법확정절차(×)**
③ 게시판, 관보, 공고 등의 공고하는 방법으로 송달하였을 때 통상 공고일로부터 **14일이 경과한 때** 효력이 발생한다.
④ 공청회는 행정입법 예고 시 활용할 수 있으나, **그 성질상 행정처분 절차이다.**

172. 행정절차법에 관한 내용 중 옳은 것은?   09.1 승진
① 행정청은 처분을 구하는 신청이 있는 때에는 다른 법령에 특별한 규정이 있는 경우에 한하여 접수를 보류하거나 거부할 수 있다.
② 행정청이 당사자에게 의무를 과하거나 권익을 제한하는 처분을 할 경우 다른 법률에 특별한 규정이 없으면 청문을 거쳐야 한다.
③ 의견제출을 위하여 당사자 등은 행정절차법에 의하여 당해 사안의 조사결과에 관한 문서 기타 당해 처분과 관련되는 문서의 열람 또는 복사를 요청할 수 있다.
④ 문서의 열람 또는 복사의 요청이 있는 경우 행정청은 공익을 이유로 이를 거부할 수 있다.

⁚ 정답: ①
※ 해설:
② 행정청이 처분을 함에 있어서 ㉠ **다른 법령 등에서 청문을 실시하도록 규정하고 있는 경우,** ㉡ **행정청이 필요하다고 인정하는 경우에는 청문을 실시**한다.
③ 행정절차법은 **의견제출에 대하여는 청문에 있어서와 같은 문서열람·복사청구권을 규정하고 있지 않다.**
④ 당사자 등은 청문의 통지가 있는 날부터 청문이 끝날 때까지 행정청에 대하여 당해 사안의 조사결과에 관한 문서 기타 당해 처분과 관련되는 문서의 열람 또는 복사를 요청할 수 있다. 이 경우 **행정청은 다른 법령에 의하여 공개가 제한되는 경우를 제외하고는 이를 거부할 수 없다.**

173. 행정상 확약에 대한 다음 설명 중 옳지 않은 것은?(다툼이 있으면 판례에 의함)　　10.3 순경
① 어업권면허에 선행하는 우선순위결정은 강학상 확약에 불과하고 행정처분은 아니므로, 우선순위결정에 공정력이나 불가쟁력과 같은 효력은 인정되지 아니한다.
② 정부 간 항공노선의 개설에 관한 잠정협정 및 비밀양해각서와 국토해양부 내부지침에 의한 항공노선에 대한 운수권 배분처분은 항고소송의 대상이 된다.
③ 확약이 있은 후에 사실적·법률적 상태가 변경이 있더라도 행정청이 이를 철회한다는 의사표시를 하지 않는 한 확약은 실효되지 않는다.
④ 법령이 본행정행위를 할 수 있는 권한을 부여한 경우에는 반대규정이 없는 한 확약의 권한도 함께 부여한 것으로 보아 별도의 근거를 요하지 않는 것으로 보는 견해가 있다.

❖ **정답:** ③
❀ **해설: 확약은 실효된다.** 행정청이 상대방에게 장차 어떤 처분을 하겠다고 확약 또는 공적인 의사표명을 하였다고 하더라도, 그 자체에서 상대방으로 하여금 언제까지 처분의 발령을 신청하도록 유효기간을 두었는데도 그 기간 내에 상대방의 신청이 없었다거나 확약 또는 공적인 의사표명이 있는 후에 사실적·법률적 상태가 변경되었다면, 확약 또는 공적인 의사표명은 행정청의 별다른 의사표시를 기다리지 않고 실효된다[대판 1996. 8. 20, 95누10877].

174. 다음은 행정지도에 관한 설명이다. 가장 거리가 먼 것은?　　05.1 승진
① 행정지도는 일정한 행정목적을 달성하기 위해 상대방인 국민에게 임의적인 협력을 요청하는 비권력적 사실행위를 말한다.
② 원칙적으로 항고소송의 대상이 된다.
③ 반드시 법률의 근거를 요하지는 않는다.
④ 위법한 행정지도로 국민이 손해를 입으면 국가배상책임이 인정될 수 있다.

❖ **정답:** ②
❀ **해설:** 권력적 사실행위는 처분성이 인정되어 항고소송의 대상이 된다. 비권력적 사실행위의 경우에는 원칙적으로 처분성이 인정되지 않아 항고소송의 대상이 되지 않는다. 행정지도는 일정한 행정목적의 실현을 위해 행정청이 국민에게 임의적인 협력을 요청하는 **비권력적 사실행위이므로 원칙적으로 처분성이 인정되지 않아 항고소송의 대상이 되지 않는다.**

175. 다음 중 판례에서 공법상 법률관계로 본 것은 모두 몇 개인가?　　10.3 순경

> ㉠ 전화가입 계약
> ㉡ 수도료 부과징수 및 그 납부관계
> ㉢ 국유잡종재산에 대한 대부료 납부고지
> ㉣ 도시재개발조합에 대하여 조합원자격확인을 구하는 관계
> ㉤ 환매권의 행사
> ㉥ 조세과오납반환청구

① 1개　　　　　　② 2개　　　　　　③ 3개　　　　　　④ 4개

❖ **정답:** ②(㉡㉣)

▓ **해설:**

㉠ 전화가입 계약 – 사법관계[대판 1982. 12. 28, 82누441]

㉡ 수도료 부과징수 및 그 납부관계 – **공법관계**[대판 1977. 2. 22, 76다2517]

㉢ 국유잡종재산에 대한 대부료 납부고지 – 사법관계[대판 2000. 2. 11, 99다 91975]

㉣ 도시재개발조합에 대하여 조합원자격확인을 구하는 관계 – **공법관계**[대판 1996. 2. 15, 94다31235]

㉤ 환매권의 행사 – 사법관계[대판 1992. 4. 24, 92다4673]

㉥ 조세과오납반환청구 – 사법관계[대판 1995. 4. 28, 94다55019]

176. 경찰공무원의 직무상 불법행위로 인한 손해배상책임의 요건이 되지 않는 것은?   02.11 101단

① 법령에 위반하여 행한 행위

② 직무를 집행함에 당하여 행한 행위

③ 타인에게 손해를 가한 행위

④ 행정행위의 위법임이 명백한 경우에는 재심사청구를 할 수 있다.

▌ 정답: ④

▓ **해설: ▶ 공무원의 직무상의 불법행위로 인한 손해배상**

> ㉠ **공무원이** ㉡ **그 직무를 집행함**에 당하여 ㉢ **고의 또는 과실로** ㉣ **법령에 위반**하여 ㉤ **타인에게 손해를 가하여야** 한다.

177. 다음은 국가배상법에 대한 설명이다. 가장 거리가 먼 것은?   06.1 순경

① 판례는 교통할아버지로 선정된 노인이 위탁받은 업무인 어린이 보호, 교통안내, 거리질서 확립 등의 업무 범위를 넘어 교차로 중앙에서 교통정리를 하다가 교통사고를 발생시킨 경우, 선정한 공행정주체는 동조의 배상책임을 부담한다고 본다.

② 판례는 국가배상책임을 민사상 손해배상책임의 일종으로 보고, 국가배상법을 민법의 특별법으로 보고 있다.

③ 공무원이 고의 도는 중대한 과실이 있는 때에는 국가 또는 지방자치단체는 그 공무원에게 구상할 수 있다.

④ 공무원의 직무에는 국가나 지방자치단체의 권력적 작용은 포함되지 않는다.

▌ 정답: ④

▓ **해설:** 공무원의 직무에는 **권력적 작용**만이 아니라 **비권력적 작용(관리작용)도 포함**되며, 단지 **행정주체가 사경제주체로서 하는 활동만 제외**된다(판례).

178. 다음 설명 중 가장 거리가 먼 것은?   03.2 경간부, 06.2 경간부

① 이중배상금지규정은 전투경찰순경에는 적용되나 공익근무요원은 적용되지 않는다.

② 공무원이 개인적인 용무를 위하여 무단으로 국가 또는 지방자치단체 소유의 공용차를 운전하다 타인을 사상한 경우 국가 또는 지방자치단체가 자동차 소요자로서 운행이익 또는 운행지배를 갖고 있더라도 자동차 손해배상보장법은 적용되지 않는다.

③ 국가배상청구권은 피해자나 그 법정대리인이 손해와 가해자를 안 날로부터 3년간 이를 행사하지 않거나 불법행위를 한 날로부터 10년이 경과하면 시효로 소멸한다.

④ 생명·신체의 침해로 인한 국가배상을 받을 권리는 이를 양도하거나 압류하지 못한다.

▌ 정답: ②

❈ **해설:** 국가 또는 지방자치단체가 자동차 소유자로서 운행**이익 또는 운행지배를** 갖고 있다면 **자동차 손해배상보장법이 적용**된다.

---

179. 다음 중 국가배상과 관련하여 판례가 공무원의 직무관련성을 인정한 경우는?   10.3. 순경

> ㉠ 경찰서 대용감방 내에세 수감자들 간에 폭력행위가 발생하였음에도 불구하고 경찰관이 이를 제지하지 아니한 경우
> ㉡ 공무원이 자기 소유 차량을 운전하여 출근하던 중 교통사고를 일으킨 경우
> ㉢ 미군부대 소속 선임하사관이 공무차 개인소유차를 운전하고 출장을 갔다가 퇴근하기 위하여 집을 운행하던 중 사고가 발생한 경우
> ㉣ 세무과에서 근무하던 구청공무원이 무허가건물철거 세입자들에 대한 시영아파트입주권 매매행위를 한 경우

① 1개   ② 2개   ③ 3개   ④ 4개

❖ **정답:** ②
❈ **해설:**
 ㉠ **직무집행관련성 인정**[대판 1993. 9. 28, 93다17546]
 ㉡ 직무집행관련성 부정[대판 1996. 5. 31, 94다15271]
 ㉢ **직무집행관련성 인정**[대판 1988. 3. 22, 87다1163]
 ㉣ 직무집행관련성 부정[대판 1993. 1. 15, 92다8514]

---

180. 국가배상법상 공무원의 직무상 불법행위로 인한 손해배상의 책임자는?   05.1 승진
① 국가   ② 국가 또는 공공단체
③ 국가 또는 지방자치단체   ④ 지방자치단체

❖ **정답:** ③
❈ **해설:** 국가배상법 제2조(배상책임)에는 **국가 또는 지방자치단체를 손해배상 책임자로 규정**하고 있다.

---

181. 다음은 국가배상법에 대한 설명이다. 가장 거리가 먼 것은?   06.10 순경, 05.1 승진
① 국가배상법 제2조상의 공무원은 국가공무원법 또는 지방공무원법상의 공무원뿐만 아니라 널리 공무를 위탁받아 실질적으로 공무에 종사하는 모든 자를 포함한다.
② 따라서 청원경찰도 직무상의 불법행위에 대하여 민법이 아닌 국가배상법이 적용된다.
③ 직무의 집행과 관련하여 행위의 외관을 객관적으로 관찰하여 공무원의 직무행위로 보여질 때에는 비록 그것이 실질적으로 직무집행행위이거나 아니거나 또는 행위자의 주관적 의사에 관계없이 그 행위를 공무원의 직무집행행위라고 본다.
④ 판례는 가해공무원의 과실의 경증을 떠나 그 공무원에게 손해배상책임을 부담하게 할 수 있다고 본다.

❖ **정답:** ④
❈ **해설: 가해공무원이 고의 또는 중과실이 있는 때에는** 국가 또는 지방자치단체는 **그 공무원에게 구상권을 행사**할 수 있고, 그 공무원은 국가 등에 대해 변상책임을 진다. 단, **가해 공무원에게 경과실에 대해서는 그 공무원에게 구상권을 행사할 수 없다.**

182. 다음 중 경찰공무원이 선택한 청구에 응하는 책임의 내용은?   03.11 순경

① 손실보상책임   ② 손해배상책임
③ 구상책임   ④ 변상책임

▪ **정답:** ②

▨ **해설:** 가해공무원에게 경과실이 있는 경우에는 피해자에 대한 공무원 개인의 책임이 부정되나, **고 의 또는 중과실이 있는 경우**에는 피해자에 대한 공무원 개인의 배상책임이 긍정되어 피해자 는 공무원이나 국가 등에 대하여 선택적 청구권을 가진다.

183. 다음은 국가배상에 대한 설명이다. 가장 거리가 먼 것은?   07.3 순경

① 영조물이란 도로 등 인공공물뿐만 아니라 하천 등 자연공물도 영조물에 포함된다.
② 또한 경찰차량 등 동산 및 동물도 영조물에 포함된다.
③ 영조물 하자로 인한 손해의 원인에 대하여 책임을 질 자가 따로 있을 때에는 국가 또는 지방자치단체는 그 자에 대하여 구상할 수 있다.
④ 영조물의 설치·관리상 하자 책임은 공무원의 과실을 그 요건으로 한다.

▪ **정답:** ④

▨ **해설:** 영조물의 설치·관리상의 하자란 **영조물이 통상적으로 갖추어야 할 안전성을 결여한 상태**를 말 하며, 영조물의 설치·관리의 하자 유무는 객관적으로 판단되어야 하므로 **하자발생에 있어서 관 리자의 고의·과실은 문제되지 않는다.**

184. 골목길에 세워 둔 경찰차가 브레이크 고장으로 굴러 타인에게 손해를 가하였다. 다음 중 타당한 것은?   04.4 순경

① 경찰공무원의 과실에 의한 국가의 배상책임이 있다.
② 영조물의 관리의 하자로 고의·과실을 불문하고 국가의 배상책임이 있다.
③ 국가는 전혀 배상책임이 없다.
④ 경찰공무원에게 과실이 있으면 배상책임이 있고 과실이 없으면 책임이 없다.

▪ **정답:** ②

▨ **해설:** 영조물의 설치·관리상의 하자란 **영조물이 통상적으로 갖추어야 할 안전성을 결여한 상태**를 말 하며, 영조물의 설치·관리의 하자 유무는 객관적으로 판단되어야 하므로 **하자발생에 있어서 관 리자의 고의·과실은 문제되지 않는다.**

185. 시위진압을 위하여 출동한 김경장은 기동대 버스를 주차할 곳이 없어 언덕 위에 사이드 브레이크를 사용해 안전하게 주차하였음에도 불구하고 버스가 뒤로 밀리면서 주민 甲의 주차된 승용차를 파손하고 행인 乙에게도 전치 3주의 부상을 입혔다. 가장 올바른 설명은?   06.1 승진

① 국가는 무과실책임으로서 배상책임이 있으며, 만일 김경장에게 고의 또는 중과실이 있다면 구상권을 행 사할 수 있다.
② 국가는 김경장의 고의 또는 중과실이 있는 경우에만 피해자에게 배상할 책임을 진다.
③ 운전자 김경장과 피해자들의 책임의 경중을 가려 배상하되 물적 피해에 대해서는 신중한 합의가 필요하다.
④ 국가는 김경장의 과실이 있는 경우에만 배상할 책임이 있다.

정답: ①

해설: 국가해공무원이 고의 또는 중과실이 있는 때에는 국가 또는 지방자치단체는 **그 공무원에게 구상권을 행사**할 수 있고, 그 공무원은 국가 등에 대해 변상책임을 진다.

186. 다음 중 국가배상법 제5조에 의한 영조물에 해당하지 않는 것은?(다툼이 있으면 판례에 의함)

10.3 순경

① 매향리 사격장
② 철도건널목 자동경보기
③ 노선인정 기타 공용지정을 갖추지 못하였으나 사실상 군민의 통행에 제공되고 있던 도로
④ 도로와 일체가 되어 그 효용을 다하게 되는 시설인 여의도 광장

정답: ③

해설:

① 매향리 사격장 – 영조물 인정[대판 2004. 3. 12, 2002다14242]
② 철도건널목 자동경보기 – 영조물 인정[대판 1998. 5. 22, 97다57528]
③ 노선인정 기타 공용지정을 갖추지 못하였으나 사실상 군민의 통행에 제공되고 있던 도로 – **영조물 부정**
    [대판 1981. 7. 7, 80다2478]
④ 도로와 일체가 되어 그 효용을 다하게 되는 시설인 여의도 광장 – 영조물 인정[대판 1995. 2. 24, 94다57671]

187. 다음은 행정상 손실보상에 대한 설명이다. 가장 거리가 먼 것은?   05.1 승진
① 행정상 손실보상이란 통상 적법한 공권력 행사에 의해 국민의 재산권에 대한 직접적 침해가 가해져 특정국
    민에게 특별한 손해가 발생한 경우 국가나 지자체 또는 공익사업주체가 그 손해를 보상하는 것을 말한다.
② 손실보상의 근거는 특별희생설이다.
③ 보상은 금전적으로 하는 것이 원칙이다.
④ 손실보상은 재산상의 보상뿐만 아니라 신체 · 생명의 침해에 대한 보상까지 확정하여 인정하고 있다.

정답: ④

해설: 행정상 손실보상이란 공공필요에 의한 적법한 공권력 행사로 인하여 발생한 **개인의 재산상의 특별한 희생에 대하여** 사유재산권의 보장과 공평부담의 견지에서 **행정주체가 행하는 금전적 보상**을 말한다.

188. 행정심판에 대한 다음 설명 중 옳지 않은 것은?   03.1 승진, 05.1 승진
① 경찰의 위법한 처분은 심판의 대상이 된다.
② 경찰의 부작위에 의한 권리침해는 심판의 대상에 포함되지 않는다.
③ 경찰의 부당한 처분은 행정소송의 대상은 되지 않으나 행정심판의 대상은 된다.
④ 행정상 법률관계에 분쟁이 있는 경우 당사자의 청구에 의하여 행정청에서 이를 심판하는 행정쟁송절차를
    총칭한다.

정답: ②

해설: **모든 처분 또는 부작위에 대하여 행정심판을 제기할 수 있는 개괄주의를 채택**하고 있으며,
    다만 대통령의 처분 또는 부작위에 대하여는 다른 법률에 특별한 규정이 있는 것을 제외하
    고는 행정심판을 제기할 수 없다.

189. 다음 설명 중 가장 거리가 먼 것은?   05.1 승진

① 행정심판법은 청구인의 편의와 심판의 촉진을 도모하기 위하여 심판청구의 변경을 인정하고 있다.
② 통상 행정심판 청구가 제기되면 처분의 효력이나 그 집행 또는 절차의 속행이 정지된다.
③ 집행정지가 공공복리에 중대한 영향을 미칠 우려가 있을 때에는 집행정지 결정은 허용되지 아니한다.
④ 집행정지는 행정심판위원회의 심리·의결을 거쳐 행정심판위원회가 결정한다.

▸ 정답: ②
░ 해설: ▶ 심판청구의 효과

집행부정지의 원칙	행정심판이 제기되어도, **원칙적으로 처분의 효력이나 집행 또는 절차의 속행에 영향을 주지 않는다.**
집행정지의 결정의 요건	① 행정심판위원회는 회복하기 어려운 손해발생의 우려 등 일정 요건 하에서 **직권 또는 당사자의 신청에 의하여 집행정지 결정**을 할 수 있다. ② 집행정지 요건이 인정된다 하더라도 **공공복리에 중대한 영향을 미칠 우려가 있을 때에는 허용되지 않는다.** ③ 당사자의 집행정지 신청은 심판청구와 동시에 또는 행정심판위원회의 재결이 있기 전까지 하여야 한다.

190. 행정심판의 청구를 심리·의결하기 위하여 국무총리행정심판위원회를 두는데, 동 위원회의 재결기관과 관련 다음 ( ) 안에 알맞은 것은?   04.1 승진

재결은 원칙적으로 심판청구일로부터 (   ) 이내에 해야 하지만, (   )간 연장이 가능하다.

① 30일, 30일   ② 60일, 30일
③ 30일, 60일   ④ 60일, 60일

▸ 정답: ②
░ 해설: ▶ 재결의 절차

재결 기간	① 재결은 피청구인 또는 위원회가 심판청구서를 받은 날부터 **60일 이내**에 하여야 한다. 다만, 부득이한 사정이 있는 경우에는 위원장이 직권으로 **30일을 연장**할 수 있다. ② 위원장은 재결 기간을 연장할 경우에는 재결 기간이 끝나기 **7일 전까지** 당사자에게 알려야 한다.
재결 방식	재결은 **서면**으로 한다.

191. 다음은 행정심판에 대한 설명이다. 가장 거리가 먼 것은?   05.3 순경

① 행정심판법은 행정심판의 종류로 취소심판, 무효등확인심판, 의무이행심판을 규정하고 있다.
② 재결청은 취소심판의 청구가 이유 있다고 인정할 때에는 재결로서 스스로 처분을 취소 또는 변경하거나 처분청에게 취소 또는 변경할 것을 명한다.
③ 행정심판의 청구는 처분청을 피청구인으로 하여 제기되어야 한다.
④ 행정소송을 제기하기 전에 반드시 행정심판을 거쳐야 한다.

▸ 정답: ④
░ 해설: 현행 행정소송법은 **행정심판을 원칙적으로 임의적인 절차**로 본다.

192. 행정소송에 대한 설명 중 옳지 않은 것은?   05.2 경간부
① 행정심판을 거치지 않고 취소소송을 제기할 수 있으며, 이 경우에는 행정처분이 있음을 안 날로부터 90일 이내, 처분이 있은 날로부터 180일 이내에 제기하여야 한다.
② 취소소송이 제기되어도 원칙적으로 당해 처분의 효력은 정지되지 않는다.
③ 행정소송법상 관련청구소송의 추가적 병합이 인정되며, 이 경우 사실심의 변론종결 시까지 하여야 한다.
④ 부작위위법확인소송에 있어서는 당해 부작위의 적법 상대방이 아닌 제3자는 원고적격이 부정된다.

정답: ①

해설: ▶ 취소소송 제기

제기 요건	① 행정청의 위법한 처분 등이 존재할 것 ② 처분 등 취소·변경을 구할 것 ③ 소의 이익이 있을 것 ④ 당사자적격이 있을 것 ⑤ 관할법원에 제기할 것 ⑥ 제소기간을 준수할 것 ⑦ 전심절차를 거칠 것(다른 법률에 특별한 규정이 있는 때) ⑧ 소장을 제출할 것
제소 기간	① 취소소송 및 부작위위법확인소송은 처분 등이 있음을 안 날부터 **90일 이내에 제기**하여야 하며, 처분 등이 있은 날부터 **1년을 경과하면 이를 제기하지 못한다.** 다만, 정당한 사유가 있는 때에는 그러하지 아니하다. ② **무효등확인소송의 경우에는 제소기간의 제한이 없다.**

193. 다음은 행정소송에 대한 설명이다. 가장 거리가 먼 것은?   04.1 승진
① 행정소송법은 행정소송을 항고소송, 당사자소송, 기관소송, 민중소송으로 구분하고 있다.
② 항고소송은 행정통제의 기능을 가지며 원상회복적인 권익구제제도이다.
③ 현행 행정소송법은 항고소송을 취소소송, 무효 등 확인소송, 부작위 위법확인소송으로 구분하고 있다.
④ 판례는 행정청의 부작위에 대하여 일정한 처분을 하도록 하는 의무이행소송도 현행 행정소송법상 허용된다고 본다.

정답: ④

해설: 행정심판법 제3조에 의하면 행정청의 위법 또는 부당한 거부처분이나 부작위에 대하여 의무이행 심판청구를 할 수 있으나, 행정소송법 제4조에서는 행정심판법상의 의무이행심판청구에 대응하여 부작위 위법화 확인소송만을 규정하고 있으므로 **행정청의 부작위에 대한 의무이행 소송은 현행법상 허용되지 않는다.**

"검사에게 압수물 환부를 이행하라는 청구는 행정청의 부작위에 대하여 일정한 처분을 하도록 하는 의무이행소송으로 현행 행정소송법상 허용되지 않는다."라고 판시하여 일관되게 의무이행소송을 부정하고 있다(대판 94누14018 판결).

194. 다음 중 행정심판과 행정소송의 공통점이 아닌 것은?   09.1 승진
① 원고적격   ② 집행부정지 원칙
③ 불고불리의 원칙   ④ 공개주의

정답: ④

※ 해설: ▶ 행정심판과 행정소송의 공통점

① **원고적격**(법률상 이익)   ② 청구(소)의 변경   ③ **집행부정지원칙**
④ 보충적 직권심리주의   ⑤ 구술심리   ⑥ 불이익변경금지
⑦ 사정재결(판결)   ⑧ **불고불리의 원칙**
☞ 행정심판(비공개), 행정소송(공개)

---

195. 다음 중 원고적격과 관련하여 옳지 않은 것은?(다툼이 있으면 판례에 의함)   10.3 순경

① 연탄공장 건축허가에 대한 구 도시계획법 상 주거지역에 거주하는 인근주민의 경우 원고적격이 인정된다.
② 동일한 사업구역 내의 동종의 사업용 화물자동차면허대수를 늘리는 보충인가처분에 대하여 기존업자는
   그 취소를 구할 법률상 이익이 없다.
③ 석탄가공업에 관하여 기존허가를 받은 자들의 영업상 이익은 반사적 이익에 불과하므로 신규허가처분에
   대하여 행정소송을 제기할 법률상 이익이 없다.
④ 환경영향평가 대상지역 밖의 주민이라 할지라도 공유수면매립면허처분 등으로 인하여 그 처분 전과 비교
   하여 수인한도를 넘는 환경피해를 받거나 받을 우려가 있는 경우에는 그 처분 등의 무효확인을 구할 원
   고적격을 인정받을 수 있다.

정답: ②

※ 해설:
① 원고적격이 인정[대판 1975. 5. 13, 73누96]   ② 법률상 이익이 인정[대판 1992. 7. 10, 91누9107]
③ 법률상 이익이 부정[대판 1980. 7. 22, 80누33]   ④ 원고적격이 인정[대판 2006. 3. 16, 2006두330]

---

196. 다음은 영업정치처분에 대한 판례의 내용이다. 가장 거리가 먼 것은?   06.1 승진

① 행정처분에 효력기간이 정하여져 있는 경우, 위 기간의 경과로 그 행정처분의 효력은 상실되므로 그 기
   간 경과 후에는 그 처분이 외형상 잔존함으로 인하여 어떠한 법률상 이익이 침해되었다고 볼 만한 별다
   른 사정이 없는 한 그 처분의 취소를 구할 법률상의 이익이 없다.
② 행정소송법 제23조에 의한 집행정지결정의 효력은 결정주문에서 정한 시기까지 존속하며 그 시기의 도
   래와 동시에 효력이 당연히 소멸된다.
③ 일정시간 동안 영업을 정지할 것을 명한 행정청의 영업정지처분에 대하여 법원이 집행정지결정을 하면서
   주문에서 당해 법원에 계속 중인 본안소송의 판결선고 시까지 처분의 효력을 정지한다고 선언하였을 경
   우에는 처분에서 정한 영업정지기간의 진행은 그 때까지 정지되는 것이며, 본안소송의 판결 선고에 의하
   여 본안 소송의 판결선고 시까지 처분의 효력을 정지한 집행정지결정의 효력은 소멸하고 이와 동시에 당
   초의 영업정지처분의 효력이 당연히 부활되어 처분에서 정하였던 정지기간(정지결정 당시 이미 일부 진
   행되었다면 나머지 기간)은 이때부터 다시 진행한다.
④ 영업정지처분을 받고도 법원의 집행정지 결정이 있기 전에 영업을 한 경우 그 후 법원에서 집행정지 결
   정일 내려지고 본안소송에서 그 처분이 위법함을 이유로 취소되었다면 그 영업정지기간 중에 영업하였음
   을 사유로 한 영업허가취소처분은 당연히 무효가 된다.

정답: ④

※ 해설: 영업정지처분을 받고도 법원의 집행정지 결정이 있기 전에 영업을 한 이상 그 후 법원에서
       집행정지 결정일 내려지고 본안소송에서 그 처분이 위법함을 이유로 취소되었다 하더라도
       **원래의 영업정지 처분이 당연히 무효의 하자를 가지고 있는 처분이 아닌 한 그 영업정지기
       간 중에 영업하였음을 사유로 한 영업허가취소처분은 당연히 무효가 아니다.**

197. 다음 중 처분사유의 추가·변경 관련하여 판례가 기본적 사실관계의 동일성을 인정한 것은 모두 몇 개인가?   10.3 순경

> ㉠ 발행주체가 불법단체라는 사유와 소정의 첨부서류가 제출되지 아니하였다는 주장
>
> ㉡ 허가기준에 맞지 않는다는 이유로 허가신청을 반려하였다가 소송계속 중 이격거리 기준위배를 반려
>   사유로 주장한 경우
>
> ㉢ 준농림지역에서의 행위제한이라는 사유와 나중에 거부처분의 근거로 추가한 자연경과 및 생태계의
>   교란, 국토 및 자연의 유지와 환경보전 등 중대한 공익상의 필요라는 사유
>
> ㉣ 담합을 주도하거나 담합하여 입찰을 방해하였다는 것과 특정인의 낙찰을 위하여 담합한 자라는 주장

① 1개   ② 2개   ③ 3개   ④ 4개

⁝ 정답: ④
※ 해설:
㉠ 기본적 사실관계의 동일성 인정(대판 1998. 4. 24, 96누13286)

㉡ 기본적 사실관계의 동일성 인정(대판 1989. 7. 25, 88누11926)

㉢ 기본적 사실관계의 동일성 인정(대판 2004. 11. 26, 2004두4482)

㉣ 기본적 사실관계의 동일성 인정(대판 2008. 2. 28, 2007두13791)

198. 행정소송의 한계에 관한 설명으로 옳지 않은 것은?(다툼이 있으면 판례에 의함)   10.3 순경
① 대법원 판례는 의무이행소송이나 적극적 형성판결을 구하는 행정소송을 인정하지 아니한다.
② 단순한 사실관계의 존부 등의 문제는 행정소송의 대상이 되지 아니한다.
③ 조례가 집행행위의 개입 없이 그 자체로서 직접 국민의 권리·의무나 법적 이익에 영향을 미치는 법률상
  효과를 발생하는 경우 소송의 대상이 된다.
④ 대법원은 처분이 행하여짐으로써 회복하기 어려운 권익침해를 막기 위해 예방적 부작위소송을 인정하고
  있다.

⁝ 정답: ④
※ 해설:
① 무명항고소송은 일체 인정하지 않는다(대판 1997. 9. 30, 97누3200).
② 구체적 사건성이 결여된 사건은 행정소송의 대상이 되지 않는다(대판 1990. 11. 13, 90누3553).
③ 처분적 조례는 예외적으로 처분성이 인정된다(대판 1996. 9. 20, 95누8003).
④ **예방적 부작위소송은 무명항고소송이므로 이를 인정하지 않는다**(대판 2006. 5. 25, 2003두11988).

경찰행정학

제1절 경찰관리의 이론적 배경

1. 다음 중 귤릭(Gulick)이 제시한 7가지 관리자의 기능에 해당되지 않는 것은?   01.1 승진

① 계획(Planning)   ② 인사(Staffing)

③ 협동(Cooperation)   ④ 보고(Reporting)

정답: ③

❋ **해설:** ▶ 귤릭(Gulick)의 최고관리자의 7대(POSDCorB) 기능

> ㉠ **P:** 기획(Plannign)   ㉡ **O:** 조직(Organizing)
> ㉢ **S:** 인사(Staffing)   ㉣ **D:** 지휘(Directing)
> ㉤ **Co:** 조정(Coordinating)   ㉥ **R:** 보고(Reporting)
> ㉦ **B:** 예산(Budgeting)

2. 경찰 고위관리자(최고관리층)의 역할로 보기 가장 어려운 것은?   06.10 순경

① 조직의 비전 제시

② 조정과 통합

③ 전문적인 지식과 기술

④ 환경에 대한 적응성 확보

정답: ③

❋ **해설:** ▶ 경찰 고위관리자(최고관리층)의 역할

> ㉠ 조직의 비전의 제시   ㉡ 환경에 대한 적응성 확보
> ㉢ 조정과 통합   ㉣ 직원의 지도 · 육성
> ㉤ 직원의 사기관리   ㉥ 직원의 생활지도

3. 다음 중 경찰 고위관리자의 역할로 가장 적절하지 못한 것은?   02.2 경간부

① 조직의 비전의 제시

② 조정과 통합

③ 권위주의

④ 환경에 대한 적응성 확보

정답: ③

❋ **해설:** 권위주의는 필요하지 않다.

4. 다음 중 경찰관리자에 대한 설명으로 적절하지 못한 것은?　　　　　04.1 승진

① 조직의 목적달성을 위해 인적·물적 자원을 잘 활용하고 조직을 발전시켜 나가는 사람이다.

② 경찰관리자는 조직구성원에 대해 리더십을 발휘하여야 한다.

③ 조직의 관행에 대하여는 가치 판단 없이 존중하는 자세를 가져야 한다.

④ 직원들의 사기와 자질향상을 위해 노력해야 한다.

❈ 정답: ③

❈ 해설: **조직의 관행에 대하여 가치 판단을 한 후** 존중하는 자세를 가져야 한다.

5. 다음 중 경찰관리자에 대한 설명으로 적절하지 못한 것은?　　　　　04.1 승진

① 경찰조직에서 계장, 과장, 반장 등의 관리자는 중간관리자로 일컫는다.

② 경찰관리자는 조직구성원에 대해 리더십을 발휘하여야 한다.

③ 총경급 이상의 고위관리자는 상하수평의 의사소통이 잘되도록 하여야 한다.

④ 직원들의 사기와 자질향상을 위해 노력해야 하다

❈ 정답: ③

❈ 해설: **중간관리자는** 상하수평의 의사소통이 잘되도록 하여야 한다.

6. 다음 중 중간관리자의 역할과 가장 거리가 먼 것은?　　　　　01.1 승진

① 지도감독

② 조정과 통합

③ 커뮤니케이션

④ 상사의 보좌

❈ 정답: ②

❈ 해설: ▶ **중간관리자의 역할**

① 상사의 보좌

② 의사전달(커뮤니케이션)

③ 업무의 지도·감독

제2절   경찰기획관리

1. 기획에 대한 다음 설명 중 옳지 않은 것은?   02.1 승진
① 기획은 계획을 세워 가는 과정이다.
② 기획활동과정을 거쳐서 나온 최종 산출물이 계획이다.
③ 기획은 활동목표와 수단이 문서로 체계화된 것이다.
④ 기획은 계획을 세워가는 절차와 과정을 의미한다.

⁑ 정답: ③
❊ 해설: ▶ 구분

기획	계획을 세워 가는 절차와 과정이며, 장기적 · 동적 · 절차적 개념이다.
계획	① 활동목표와 수단이 문서로 체계화된 것이며, 단기적 · 구체적 · 최종적 · 산출적 개념이다. ② 기획활동과정을 거쳐서 나온 최종 산출물이 계획이다.
정책 · 기획 · 계획의 관계	정책은 기획을 거친 다음 계획을 통해 구체화된다(정책 〉 기획 〉 계획).
정책 · 기획의 관계	① 정책: 일반성 · 추상성 · 기획방향의 결정 ② 기획: 특정성 · 구체성 · 참모적 기능

2. 다음 중 기획의 과정을 순서대로 나열한 것은?   02.1 승진, 03.1 승진, 04.10 순경

가. 대안의 탐색과 결과	나. 목표의 설정
다. 상황분석	라. 기획전제의 설정

① 라 – 나 – 다 – 가   ② 나 – 다 – 라 – 가
③ 나 – 가 – 다 – 라   ④ 나 – 라 – 가 – 다

⁑ 정답: ②
❊ 해설: ▶ 기획 과정

1단계	목표의 설정
2단계	상황의 분석(정보의 수집 · 분석)
3단계	기획전제의 설정(미래예측)
4단계	대안의 탐색과 비교 · 평가
5단계	최종대안의 선택

3. Raymond E. miles(마일즈)와 charles C. snow(스노우) 조직유형 4가지 전략적 형태로 구분한 것 중 어느 전략에 대한 설명인가?   07.10 순경

> ㉠ 환경의 압력에 대해 조직활동을 조정하기는 하지만 반응도 부적절하고 성과도 낮다.
> ㉡ 환경변화를 인지하면서도 현재의 전략－구조관계를 유지하려는 경향이 강하다.
> ㉢ 환경에 따라 일관성 있는 해결방안을 수립하지 못하여 수동형 또는 낙오형으로 불리기도 한다.

① 반응형 전략
② 방어형 전략
③ 탐색형 전략
④ 분석형 전략

✂ 정답: ①

※ 해설: ▶ Miles & Snow의 환경에 대한 대응전략유형

방어형 전략	경쟁자들이 자신의 영역으로 들어오지 못하도록 적극 경계하는 매우 안정적·소극적·폐쇄석 선략이다.
탐색형 전략	이 전략의 성공 여부는 환경변화 및 상황추세의 분석능력에 달려 있으며, 매우 공격적·변화지향적 전략이다.
분석형 전략	방어형과 탐색형의 장점을 모두 살려 안정과 변화를 동시에 추구하는 전략이다.
반응형 전략	① **방어형, 탐색형, 분석형 전략이 부적절할 때 나타나는 비일관적이고 불안정한 전략**이다. ② 환경에 대해 조직활동을 조정하지만 반응이 부적절하고 성과도 낮은 소극적이고 수동적인 낙오형이다. ③ 환경의 압력에 대해 조직활동을 조정하기는 하지만 반응도 부적절하고 성과도 낮다. ④ 환경변화를 인지하면서도 현재의 전략－구조관계를 유지하려는 경향이 강하다. ⑤ 환경에 따라 일관성 있는 해결방안을 수립하지 못하여 수동형 또는 낙오형으로 불리기도 한다.

4. 다음 중 시위 진압 시 과도 시위와 과잉진압으로 사상자가 발생한 경우에 경찰과 시민연대, 농민회가 연합하여 함께 대처했다면 이와 관련된 모형은?   06.8 순경

① 합리적 모형
② 점진모형
③ 최적모형
④ 쓰레기통모형

✂ 정답: ④

※ 해설: ▶ 정책결정 이론모형

합리모형	인간은 누구나 이성과 합리성에 따라 결정하고 행동한다고 보는 이론이다.
만족모형	사이몬(H. Simon)과 마치(J. G. March)의 의한 행태론적 의사결정론과 관계된 것으로서, 절대적 합리성의 기준보다 제한된 합리성의 기준에, 최적대안보다는 현실적으로 만족할 만한 만족대안의 선택에 이론적 근거를 둔 모형이다.
점증모형	린드블롬(C. E. Lindblom)과 윌다브스키(A. Wiildavsky) 등에 의해서 제시된 것으로서 합리모형으 비판 및 정책의 실현가능성에 초점을 둔 이론모형이다.
최적모형	도로어(Dror)가 제시한 모형으로서, 그는 만족모형이나 점증모형이 지니는 보수성을 비판하고, 제한된 자원, 불확실한 상황, 지식 및 정보의 결여 등이 항시 결정과정에서의 합리성을 제약하므로 직관·판단과 같은 초합리적 요인을 중요시해야 한다는 것이다
혼합관조모형	합리모형과 점증모형의 혼합으로 에치오니(A. Etzion)는 규범적·이상적인 합리모형과 현실적·실증적인 점증모형의 장점을 교호적으로 혼용하는 이른바 제3의 접근법이다.
쓰레기통모형	코헨(Cohen), 마치(March), 올센(Olsen) 등이 주장하였으며, **조직화된 무정부상태나 변동상황 속에서 조직이 어떠한 결정행태를 보여 주는가**를 설명하기 위한 모형이다.
공공선택모형	부캐넌(Buchanan)과 털록(G. Tullock)이 중심이 되어 연구한 것으로 정치·경제학적 관점을 사용하여 공공재의 공급을 정치학의 주요 대상으로 삼고 그의 공급을 위한 정책결정방법과 조직배열을 연구한 것이다
연합모형	사이어트(Cyert)와 마치(March)가 개인적 의사결정에 치중한 만족모형을 한층 더 발전시켜 그것을 조직에서의 의사결정에 적용시킴으로써 만족모형의 적용범위를 확대시킨 것으로 일명 회사모형이라고도 한다.
집단모형	정책결정이 집단 간의 균형관계나 상호 작용에 따라서 이루어진다는 이론이다.

제3절 경찰조직관리

1. 다음 중 「경찰법」 제1조 제1항의 경찰조직의 민주화 내용을 가장 잘 말한 것은?　　　01.3 순경
① 효율성 · 효과성　　　　　　　　　　② 효율성 · 능률성
③ 민주성 · 효율성　　　　　　　　　　④ 민주성 · 정치적 중립

정답: ③
해설: ▶ 경찰조직의 이념

> 경찰의 **민주적인 관리 · 운영(민주성)과 효율적인 임무수행(효율성)**을 위하여 경찰의 기본조직 및 직무
> 범위, 기타 필요한 사항을 규정함을 목적으로 한다(경찰법 제1조).

2. 경찰조직의 지도원리에 대한 설명 중 가장 거리가 먼 것은?　　　01.11 순경
① 송래는 능률성 또는 효율성에 치중하였고, 민주성은 소홀히 여겨져 왔다.
② 경찰은 사회안전과 질서유지라는 신속을 요하는 작용임을 그 특징으로 하기 때문에 경찰조직은 능률성과
　 기동성을 요구한다.
③ 경찰조직은 불편부당, 공평중립을 요하는 경찰의 본질상 당연히 정치적 중립성의 보장을 필요로 한다.
④ 경찰권 행사는 국민의 헌법상 기본권 침해의 우려가 많기 때문에 경찰조직은 반드시 합의제 행정관청으
　 로 조직되어야 한다.

정답: ④
해설: ▶ 경찰조직의 지도원리

> ① 경찰작용은 권력적 수단이므로 경찰조직은 **민주성의 확보가 강력히 요구**된다.
> ② 경찰은 사회안전과 질서유지라는 신속을 요하는 작용임을 그 특징으로 하기 때문에 **경찰조직은 능률
> 　 성과 기동성을 요구**한다.
> ③ 경찰조직은 불편부당, 공평중립을 요하는 경찰의 본질상 당연히 **정치적 중립성의 보장을 필요로 한다.**
> ④ 경찰권의 행사는 국민의 헌법상 기본권 침해의 우려가 많기 때문에 **합의제 행정관청으로 조직하게
> 　 되면 공정성을 확보할 수 있으나 신속성은 희생되므로 독임제 경찰관청으로** 하고 있다.
> 　　⦿ 경찰의 조직상 이념이 시대에 따라 달라질 수 있지만, 민주성과 능률성의 이념은 양자택일의 문제가 아
> 　　　 닌 양자조화가 요구되는 이념이다.

3. 다음의 보기 중 한국경찰이 안고 있는 조직상의 과제와 가장 거리가 먼 것을 고른다면?　　　02.3 순경

```
A. 국민에 의한 통제의 적정성
B. 집행기능과 정책입안기능의 혼재의 적합성
C. 외부기관에 의한 간섭의 극복
D. 경찰사무의 비경찰화 추진
```

① C　　　　　　② A, B　　　　　　③ D　　　　　　④ B, C

⁂ **정답:** ③

❋ **해설:** ▶ **한국경찰이 안고 있는 조직상의 과제**

① 행정안전부로부터의 독립	② 경찰위원회의 재정립
③ 수사권 독립	④ 경찰역할의 적정화
⑤ 자치제경찰제도의 도입	⑥ 경찰업무수행의 효율화

4. 막스 베버(M. weber)가 중요하게 여긴 관료제의 특성은?   01.4 순경, 01.10 순경
① 권력적 측면   ② 평등성
③ 계층제   ④ 사회적 관계

⁂ **정답:** ③

❋ **해설:** M. Weber의 관료제의 특성 중에서 가장 큰 특성은 구조의 **계층제적 측면**이다.

5. M. Weber는 합리적·합법적 지배가 제도화된 관료제 모형을 제시하였다. 이 관료제 모형에서 가장 중
시하는 측면은?   04.1 승진
① 권력적 측면   ② 병리적 측면
③ 계층적 측면   ④ 사회적 측면

⁂ **정답:** ③

❋ **해설:** M. Weber의 관료제의 특성 중에서 가장 큰 특성은 구조의 **계층제적 측면**이다.

6. M. Weber가 주장한 이상적인 관료제의 구조적 특징에 대한 설명 중 잘못된 것은?   02.1 승진
① 직무조직은 계층제적 구조로 되어 있다.
② 관료의 권한과 직무범위는 법규에 의하여 규정된다.
③ 직무의 수행은 서류에 의해서 이루어지며 기록은 장기간 보존된다.
④ 관료는 직무수행과정에서 애정이나 증오 등의 개인적 감정에 따라 임무를 수행한다.

⁂ **정답:** ④

❋ **해설:** 관료는 직무수행과정에서 애정이나 증오 등의 개인적 감정에 의하지 않고 **법규에 따라 임무**
를 수행한다.

7. 관료제의 구조적 특성에 대한 설명으로 잘못된 것은?   02.1 승진
① 관료의 권한과 직무범위는 법규에 의하여 규정된다.
② 직무조직은 수평적 구조로 되어 있다.
③ 모든 직무는 전문지식과 기술이 지닌 관료가 담당한다.
④ 직무수행은 서류에 의한다.

⁂ **정답:** ②

※ 해설: ▶ 관료제의 특징

법규의 지배	관료의 권한과 직무범위는 **법규에 의해 규정**
계층제적 조직구조	모든 직위는 **피라미드식의 계층 내에서 배치**, 상하계층은 명령복종체제
문서주의	직무의 수행은 문서에 의해 이루어지며 기록은 **장기간 보존**
비개인성	**개인적인 감정에 의하지 않고 법규에 따라 임무를 수행**(공사구분)
전문가에 의한 직무수행	모든 직무는 전문지식과 기술을 지닌 관료가 담당, **시험 또는 자격 등에 의해 공개적으로 채용**
관료의 전임화	관료는 직무수행의 대가로 급료를 정규적으로 받고, 승진 및 퇴직금 등의 직업적 보상을 받음.
고용관계의 자유계약성	관료제에서 구성원은 신분의 계급에 의한 관계가 아니라 계약관계

8. 관료제의 구조적 특성에 대한 설명으로 잘못된 것은?　　　02.7 순경

① 관료의 권한과 직무범위는 법규에 의하여 규정된다.

② 직무조직은 계층제적 구조로 되어 있다.

③ 관료는 직무수행과정에서 애정이나 증오 등의 개인적 감정에 따라 임무를 수행한다.

④ 모든 직무는 전문지식과 기술을 지닌 관료가 담당한다.

▌ 정답: ③

※ 해설: 관료는 직무수행과정에서 **법규에 따라 임무를 수행한다.**

9. 다음 중 경찰조직과 관련된 조직편성의 원리에 포함되지 않는 것은?　　　01.1 승진

㉠ 분업의 원리	㉡ 계층제
㉢ 조직발전(OD)의 원리, 분권화, 집권화	㉣ 조정과 통합의 원리
㉤ 단일화 및 획일화	㉥ 통솔범위의 원리

① ㉠㉢　　　　　　　　　　② ㉡㉢

③ ㉣㉤　　　　　　　　　　④ ㉢㉤

▌ 정답: ④

※ 해설: ▶ 경찰조직의 편성원리

㉠ **계층제의 원리**	㉡ **통솔범위의 원리**
㉢ **명령통일의 원리**	㉣ **전문화의 원리(분업의 원리, 기능의 원리)**
㉤ **조정과 통합의 원리**	

10. 다음 중 계층제의 장점이라고 볼 수 없는 것은 무엇인가?   01.3 경간부

① 조직의 통일성 및 일체감

② 조직의 안정성 확보

③ 신지식이나 기술도입의 용이성

④ 지휘계통의 확립과 업무수행의 통일성 확보

✿ 정답: ③

※ **해설: ▶계층제의 장점**

장점 **(순기능)**	① 명령 · 지시 · 권한의 위임이나 의사소통의 통로가 된다. ② 경찰행정목표를 설정하고 업무를 분담하는 통로가 된다. ③ 조직 내의 분쟁 · 갈등의 해결 · 조정과 내부통제의 확보 수단이다. ④ 지휘 · 감독을 통하여 경찰의 질서유지와 **조직의 일체감 · 통일성을 확보**할 수 있다. ⑤ 경찰행정의 능률성과 책임의 명확성을 보장하는 수단이다. ⑥ 경찰승진의 경로가 되어 사기를 앙양시킨다. ⑦ 권한과 책임의 배분을 통하여 업무의 신중을 기할 수 있다. ⑧ **조직의 안정성 확보**를 할 수 있다. ⑨ **지휘계통을 확립하고 대규모 경찰조직의 업무수행에 질서와 통일**을 기할 수 있다. ⑩ 권한과 책임을 계층에 따라 적정하게 배분함으로써 의사결정의 검토가 이루어진다. ⑪ 조직 내의 분쟁이나 갈등이 계층구조 속에서 용해되도록 한다. ⑫ 명령과 지시를 거의 여과 없이 수행하도록 하는 데 적합하다.
단점 **(역기능)**	① 계층제의 심화 시 조직의 경직화를 초래하고 동태적인 인간관계의 형성을 저해하기 쉽기 때문에 **새로운 지식 · 기술의 도입이 용이하지 못하다.** ② **계층이 많아질수록 업무처리과정이 지연되어 관리비용이 증가**하게 되고, 계층 간 갈등의 원인이 될 수가 있다. ③ 의사전달의 지연 · 왜곡 가능, 하의상달이 곤란하고 할거주의가 초래된다. ④ 계층제를 능률적인 업무수행보다 비합리적인 인간지배의 수단으로 인식하기 쉽다. ⑤ 최고책임자에의 높은 의존심과 상하간의 지나친 불균형은 근무의욕을 저하시킨다. ⑥ 자율성이 강한 경찰관은 계층제의 권위와 잦은 대립 · 갈등을 초래한다. ⑦ 지배와 통제의 비합리적인 인간지배의 수단으로 인식하기 쉽다. ⑧ 인간의 자아실현욕구나 성취욕구의 추구와 조화가 어렵다. ⑨ 환경의 변화에 신축적인 대응이 곤란하다.

11. 행정조직상 계층제의 장점에 대한 설명으로 옳지 않은 것은?   02.11 순경

① 명령이나 지시 및 권한위임의 통로가 되며, 조직의 일체성을 확보할 수 있다.

② 업무부담의 통로가 된다.

③ 계층이 많아지면 관리비용이 증가한다.

④ 조직 내의 분쟁이나 갈등의 조정과 내부통제의 확보수단이 된다.

✿ 정답: ③

※ **해설:** 계층이 많아지면 관리비용이 증가하는 것은 **계층제의 단점**이다.

12. 다음 중 계층제의 장단점에 대한 설명으로 옳지 않은 것은?　　　　　03.11 순경

① 계층제는 수직적인 상하의 명령복종관계를 특징으로 조직의 일체감과 통일성 유지에 기여한다.

② 권한과 책임의 배분을 통하여 업무처리의 신중을 가할 수 있다.

③ 계층제는 조직의 안전성으로 인해 새로운 지식·기술 등의 도입이 용이하다.

④ 계층이 많아질수록 업무처리과정이 지연되고 관리비용을 증가시키며 계층 간 갈등의 원인이 되기도 한다.

⦂ 정답: ③

※ **해설:** 계층제의 역기능으로는 조직의 경직성으로 인해 **신기술, 지식 등의 도입이 용이하지 못하다.**

13. 계층제의 순기능과 가장 관계가 먼 것은?　　　　　03.1 승진

① 조직의 통일성·일체감 유지

② 조직의 안전성

③ 신중한 업무처리

④ 새로운 지식·기술의 도입용이

⦂ 정답: ④

※ **해설:** 계층제는 조직의 경직성으로 인해 **신기술·지식 등의 도입이 용이하지 못하다.**

14. 현대행정사회에서는 행정목적 달성을 위한 다양한 조직유형이 등장하고 있다. 그러나 아직도 계층제를 대체할 만한 뚜렷한 모형은 정립되지 않았다고 볼 수 있다. 다음 중 계층제의 필요성과 관련이 가장 깊은 것은?　　　　　04.1 승진

① 신속한 결정

② 전문성 제고

③ 조직의 일체감과 통일성

④ 민주적 통제의 용이

⦂ 정답: ③

※ **해설:** 계층제는 수직적인 상하 명령복종관계를 특징으로 하므로 **조직의 일체감, 통일성을 유지**하는데 기여한다.

15. 통솔범위를 결정하는 영향을 미치는 요소와 가장 관계가 먼 것은?　　　　　02.1 승진

① 청사의 규모

② 부서의 역사

③ 지리적 분포

④ 업무의 성격

⦂ 정답: ①

※ **해설:** ▶ **통솔범위를 결정하는 영향을 미치는 요소**

> ① 조직운영이 잘 되면 통솔의 범위는 넓어진다.
> ② 업무의 종류가 단순할수록 통솔의 범위는 넓어지고 **업무의 종류가 복잡할수록 통솔의 범위는 좁아진다.**
> ③ **오래된 부서보다는 신생부서의 경우에 통솔범위가 좁아진다.** 즉, 오래된 부서일수록 업무숙련도가 높아지고 관리노하우가 쌓여 통솔범위가 넓어진다.
> ④ 유능한 부하만을 감독한다면 많은 부하를 거느릴 수 있다.
> ⑤ 부하의 능력, 의욕, 경험 등이 높아질수록 통솔범위는 넓어진다.
> ⑥ 관리자의 리더쉽 능력이 높으면 통솔범위도 넓어질 수 있다.
> ⑦ 경찰관 간의 의사전달이 잘 되면 통솔의 범위는 넓어진다.
> ⑧ 더 많은 감독자를 고용할 수 있는 기관의 재정능력이 좋으면 통솔의 범위는 넓어진다.
> ⑨ 위기보다 정상적인 작업조건에서는 통솔의 범위는 넓어진다.
> ⑩ **조직의 규모가 클수록 통솔의 범위는** 좁아지고 조직의 규모가 작을수록 통솔의 범위는 넓어진다.
> ⑪ 지리적으로 **분산된 부서가 근접한 부서보다 통솔범위가 좁아진다.**
> ⑫ 시간적인 면에서 기성조직의 책임자는 신설조직의 책임자보다 많은 수의 부하를 거느릴 수 있다.
> ⑬ 교통·통신의 발달은 통솔범위를 더욱 확대시킨다.
> ⑭ 참모·관리정보체제가 발달되어 있으면 통솔범위가 더 넓어진다.
> ⑮ **전문적인 업무의 경우에 통솔범위가 좁아진다.**
> ◉ **청사 또는 예산의 규모(×)**

16. 통솔범위를 결정하는 데 영향을 미치는 요소에 관한 설명 중 가장 관계가 먼 것은?　　03.1 승진
① 신설부서보다는 오래된 부서의 경우 통솔범위가 넓어진다.
② 지리적으로 분산된 부서보다는 근접한 부서의 경우 통솔범위가 넓어진다.
③ 청사의 규모가 큰 경우보다 작은 경우가 통솔범위가 넓어진다.
④ 복잡한 업무보다 단순한 업무의 경우 통솔범위가 넓어진다.

⁝ **정답:** ③
※ **해설:** 청사의 규모는 결정요인이 아니다.

17. 통솔범위에 대한 설명으로 타당하지 않은 것은?　　03.1 승진
① 부하의 능력·의욕·경험 등이 높아질수록 통솔범위는 넓어진다.
② 신생부서보다는 오래된 부서의 경우 통솔범위가 넓어진다.
③ 지리적 분산된 부서의 경우 통솔범위가 넓어진다.
④ 업무가 복잡하면 통솔범위가 좁아진다.

⁝ **정답:** ③
※ **해설:** 지리적 분산된 부서의 경우 통솔범위가 좁아진다.

18. 다음 중 경찰 조직 원리 중 통솔범위의 원리에 관한 설명으로 맞는 것은?   05.1 승진, 05.2 경간부

① 통솔범위의 원리란 지시나 보고를 주고받는 과정에서 지시는 한 사람만이 할 수 있고 보고도 한 사람에게만 하여야 한다는 원칙이다.

② 조직의 시간적 요인에서 신설조직 일수록 통솔범위가 확대되어 있다.

③ 계층의 수가 많을수록 통솔범위는 축소된다.

④ 교통·통신의 발달은 통솔범위를 더욱 축소시킨다.

꽃 정답: ③

※ **해설:** 통솔범위는 **계층의 수가 많아질수록 좁아지고, 적어질수록 넓어진다.**

19. 다음 중 통솔범위에 관한 설명으로 옳지 않은 것은?   03.1 승진

① 신생부서보다 오래된 부서가 통솔범위가 넓다.

② 부서의 규모가 크면 통솔범위가 넓어진다.

③ 관리자의 리더쉽 능력이 높으면 통솔범위가 넓어진다.

④ 부하의 능력, 의복이 높으면 통솔범위가 넓어진다.

꽃 정답: ②

※ **해설: 조직의 규모가 클수록 통솔의 범위는** 좁아지고, 조직의 규모가 작을수록 통솔의 범위는 넓어진다.

20. 甲은 시위진압 도중에 상관인 A와 B에게 명령을 받았다. 이는 경찰조직의 편성원리 중 무엇의 원리에 위배되는가?   09.3 순경

① 계층제의 원리   ② 통솔범위의 원리
③ 명령통일의 원리   ④ 분업과 조정의 원리

꽃 정답: ③

※ **해설:** 명령통일의 원리란 조직의 구성원 간에 지시나 보고를 주고받는 과정에서 **지시는 한 사람만이 할 수 있고, 보고도 한 사람에게만 하여야 한다는 원리**를 말한다.

21. 명령통일의 원리에 대한 설명 중 옳지 않은 것은?   09.1 승진

① 명령통일의 원리를 통하여 업무수행과정에서의 혼선을 줄일 수 있다.

② 명령통일의 원리를 너무 철저히 지니다보면 업무수행에 혼란을 야기할 수도 있다.

③ 경찰 업무수행 과정에서 관리자 유고 시에는 복귀 시까지 업무 결정을 보류하여야 한다.

④ 수사경찰이 내부관리자와 검사로부터 이중의 지시를 받는 현재의 형사소송법체계는 명령통일의 원리의 관점에서 바라볼 때 문제점으로 지적될 수 있다.

꽃 정답: ③

※ **해설:** 관리자의 사고나 여타의 이유로 인해 관리자가 적정한 지휘통솔을 할 수 없는 때에는 **관리기능을 대행하는 체제를 갖추고 있다.**

22. 다음 조직편성의 원리 중 조정이 원리에 역행하는 것은?　　　　03.2 경간부

① 전문화의 원리
② 계층제의 원리
③ 명령통일의 원리
④ 통솔범위의 원리

✔ 정답: ①

※ 해설: 조직의 전체 기능을 성질별로 나누어 가급적 한 사람에게 동일한 업무를 분담시키는 것을 말한다(**전문화의 원리에 상반되는 원리는 조정과 통합의 원리**이다).

23. 조직의 원리 중 조정의 원리가 필요한 이유로 가장 타당한 것은?　　　　03.9 순경

① 전문성 제고
② 세분화
③ 관리자의 지도력의 한계
④ 구성원의 행동통일

✔ 정답: ④

※ 해설: 조정의 원리가 필요한 이유는 **조직구성원의 행동통일**이다.

24. 조직 내부의 갈등은 업무의 효율성을 떨어뜨리는 요인이 된다. 다음 중 갈등의 해결방법이 될 수 없는 것은?　　　　02.1 승진

① 갈등의 원인을 근원적으로 찾아내어 문제를 해결해 준다.
② 갈등의 원인이 세분화된 업무처리에서 나온다면 업무를 더욱 세분화한다.
③ 한정된 인력이나 예산에서 갈등이 발생하면 관리자는 업무추진의 우선순위를 정해 주어야 한다.
④ 문제해결이 어려울 때는 갈등을 완화하는 방법도 있다.

✔ 정답: ②

※ 해설: 갈등의 원인이 세분화된 업무처리에 있다면 업무처리과정의 통합 또는 연결장치 등으로 **세분화된 업무에 대한 조정**에 힘써야 한다.

25. 조직 내의 갈등에 대한 다음의 설명 중 틀린 것은?　　　　03.1 승진

① 갈등의 원인으로 목표나 이해관계의 상충, 인적 자원에 대한 경쟁, 물적 자원에 대한 경쟁 등을 들 수 있다.
② 갈등은 조직 내에 문제가 있음을 알리는 중요한 정보이다.
③ 갈등의 단기적 해결 방법으로는 우선 갈등의 원인을 진단하고 갈등이 생기는 원인을 근원적으로 찾아내고 문제를 해결해 주는 것이 좋다.
④ 교섭과 협상은 갈등의 장기적 해결방안에 해당한다.

✔ 정답: ④

※ 해설: ▶ 갈등해결방안

단기적인 해결방안	① 갈등의 원인이 세분화된 업무처리에 있다면 업무처리과 정의 통합 또는 연결장치 등으로 **세분화된 업무에 대한 조정**에 힘써야 한다. ② 부서 간의 갈등이 일어나고 있을 때는 더 높은 상위목표를 서로 이해하고 양보하도록 하여야 한다. ③ 한정된 인력이나 예산을 가지고 갈등이 생기는 경우에는 가능하면 **예산과 인력을 확보하고 업무추진의 우선순위를 관리자가 정해 주어야 한다.** ④ 문제를 해결해 주는 것이 어려울 때는 갈등을 완화하거나 양자 간의 타협을 이끌어 내거나, 또는 관리자가 갈등을 초래할 수 있는 결정을 보류 또는 회피하거나 하는 방법을 쓸 수 있다. ⑤ 갈등을 해결하는 방법은 우선 갈등의 원인을 진단하고 갈등이 생기는 원인을 근원적으로 찾아내어 문제를 해결해 주는 것이 좋을 것이다. ⑥ 시간적으로 급박하거나 이해관계가 첨예할 경우 최후의 수단으로 상관의 판단과 명령에 의해 해결하는 방법을 택할 수 있다.
장기적인 해결방안	① 조직의 구조, 보상체계, 인사 등의 문제점을 제도개선을 통해 해결하는 것이 필요하다. ② 조직원의 형태를 협력적이고 합리적으로 변화시키는 노력도 필요하다.

26. 경찰조직의 편성원리에 대한 설명 중 틀린 것은 모두 몇 개인가?　　　10.1 승진

> ㉠ 신설조직보다 기성조직에서 상관이 많은 부하직원을 통솔할 수 있다.
> ㉡ 명령통일의 원리를 너무 철저히 지키다보면 업무수행에 혼란을 야기할 수 있다.
> ㉢ 최근 부각되는 구조조정의 문제와 관련성이 깊은 것은 조정의 원리이다.
> ㉣ 계층제의 원리는 구성원이나 단위기관의 활동을 전체적인 관점에서 통일하여 조직의 목표달성도를 높이려는 원리이다.
> ㉤ 명령통일의 원리로서 신속한 결단과 결단내용의 지시가 한 사람에게 통합되어야 한다.

① 1개　　　　② 2개　　　　③ 3개　　　　④ 4개

❖ 정답: ②

※ 해설:
㉢ 최근 부각되는 구조조종의 문제와 관련성이 깊은 것은 **통설범위의 원리**이다.
㉣ **조정의 원리**는 구성원이나 단위기관의 활동을 전체적인 관점에서 통일하여 조직의 목표달성도를 높이려는 원리이다.

27. 다음 중 연결이 옳지 않은 것은?　　　03.4 순경, 06.8 순경
① 계층제의 원리 – 직무를 책임과 난이도에 따라 등급화하고 상하계층 간에 명령복종관계를 적용하는 조직원리
② 통솔범위의 원리 – 1인의 상관 또는 감독자가 효과적으로 직접 감독할 수 있는 부하의 수에 관한 원리
③ 명령통일의 원리 – 조직의 공동목적을 달성하기 위하여 구성원의 행동통일을 기하도록 집단적 노력을 질서 있게 배열하는 과정의 원리
④ 조정의 원리 – 조직구성원 간의 행동양식을 조정하여 조직목적을 효율적으로 달성하기 위한 노력에 관한 원리

❖ 정답: ③

※ 해설: **조정의 원리에 관한 설명**이고, 명령통일의 원리는 지시는 한 사람만이 할 수 있고 보고도 한 사람에게만 하여야 한다는 원칙이다.

28. 조직편성의 원리에 관한 설명 중 옳지 않은 것은?   09.1 승진

① 계층제는 조직의 공동목적을 달성하기 위하여 구성원의 행동통일을 기하도록 집단적 노력을 질서 있게 배열하는 것이다.

② 조직의 구성원 간에 지시나 보고를 주고받는 과정에서 지시는 한 사람만이 할 수 있고, 보고도 한 사람에게만 하여야 한다는 원칙은 명령통일의 원리이다.

③ 통솔범위는 신설조직보다 기성조직, 교통이 발달될수록, 전문적 사무보다 단순반복 업무에서 더 넓다.

④ 명령통일의 원리를 너무 철저히 지키다 보면 실제 업무수행에 더 큰 지체와 혼란을 야기할 수 있다.

❖ **정답:** ①

❈ **해설:** 조직의 공동목적을 달성하기 위하여 구성원의 행동통일을 기하도록 집단적 노력을 질서 있게 배열하는 것은 **조정과 통합의 원리**이다.

29. 다음 경찰조직의 편성원리 중 틀린 것은?   03.4 순경

① 계층제는 직위와 보수에 차이를 두고 상하계층 간에 명령 · 복종관계를 적용하는 조직원리이다.

② 통솔범위원리는 1인의 상관 또는 감독자가 효과적으로 직접 감독할 수 있는 부하의 수의 원리이다.

③ 명령통일 원리는 지시나 보고를 주고받는 과정에서 지시는 한 사람만이 할 수 있고, 보고도 한 사람만에게만 하여야 한다.

④ 분업의 원리는 조직의 목적을 달성하기 위하여 조직의 각 단위와 구성원의 모든 노력과 행동을 질서정연하게 배열·조정하는 것이다.

❖ **정답:** ④

❈ **해설:** **조정의 원리**는 조직의 목적을 달성하기 위하여 조직의 각 단위와 구성원의 모든 노력과 행동을 질서정연하게 배열·조정하는 것이다.

30. 경찰조직 편성의 원리에 대한 설명 중 틀린 것은?   04.7 순경

① 조정의 원리란 경찰행정의 목표를 효율적으로 달성하기 위하여 조직의 각 단위와 구성원의 노력과 행동을 질서정연하게 배열하고 통일시키는 작용이다.

② 계층제란 환경에 신축적인 대응이 곤란하여 새로운 지식, 기술의 도입이 어렵다.

③ 명령통일의 원리란 '한 사람은 한 사람에게만 명령해야 한다.'라는 것을 말한다.

④ 경찰조직편성의 원리 중 최종적인 원리는 조정의 원리다.

❖ **정답:** ③

❈ **해설:** 명령통일의 원리란 조직의 구성원 간에 지시나 보고를 주고받는 과정에서 **지시는 한 사람만이 할 수 있고, 보고도 한 사람에게만 하여야 한다는 원리**를 말한다.

31. 다음 중 옳은 내용은 모두 몇 개인가?　　　　　　　08.1 승진

> ㉠ 경찰권 행사는 국민의 헌법상 기본권침해의 우려가 많기 때문에 반드시 합의제 행정관청으로 조직
> 　되어야 한다.
> ㉡ 국가경찰체제는 일반적으로 민주성의 요청에 의한 제도이다.
> ㉢ 직무를 책임과 난이도에 따라 등급화하고 상하계층간에 명령복종관계를 적용하는 조직원리는 계층
> 　제의 원리이다.
> ㉣ 1인의 상관 또는 감독자가 효과적으로 직접 감독할 수 있는 부하의 수에 관한 원리는 통솔범위의 원리이다.
> ㉤ 조정의 원리는 구성원이나 단위기관의 활동을 전체적인 관점에서 통일하여 조직의 목표달성도를 높
> 　이려는 원리이다.

① 1개　　　　　　② 2개　　　　　　③ 3개　　　　　　④ 5개

✿ 정답: ③

※ 해설:

㉠ 경찰행사의 효율성을 위하여 **독임제 행정관청을 조직**하고 있다.

㉡ **자치경찰체제는** 일반적으로 민주성의 요청에 의한 제도이다.

32. 에치오니(A. Etzioni)의 저항극복전략 설명으로 틀린 것은?　　　　　07.9 순경

① 에치오니는 개혁에 대한 저항극복 전략으로 공리적 전략, 강제적 전략, 규범적 전략으로 나누었다.
② 공리적 전략이란 경제적 보상을 이용하여 개혁에 동참시키고자 하는 전략이다.
③ 강제적 전략이란 혁신에 저항하는 행위에 대한 제재로 위협함으로써 혁신에 동참시키는 것이다.
④ 규범적 전략이란 개혁지도자의 카리스마 등을 통하여 혁신에 동참시키는 것으로 최후의 수단으로 사용하
　는 것이 바람직하다.

✿ 정답: ④

※ 해설: ▶ 에치오니(A. Etzioni)의 저항극복방안

공리적 전략 (=기술적전략)	공리적 전략은 **경제적 보상을 이용하는 것**이다.
규범적 전략 (=사회적 전략, 이상적 전략)	① 규범적 전략은 **직원들의 윤리규범으로 가치에 호소하는 전략**이다. ② 개혁지도자의 카리스마, 개혁의 논리와 당위성에 대한 여론 조성, 교육과 훈련을 통한 의식의 개혁 등을 이용해 잠재적 저항심리를 완화하거나 혁신에 동조하도록 하는 전략이다.
강제적 전략	① 강제적 전략은 **혁신에 저항하는 행위에 대해 제재로 위협함으로써 혁신에 동참시키는 전략**이다. ② 강제적 전략은 다른 전략에 비해서 혁신대상자들이나 집행자들의 자발적 동의를 유도하기 어렵다는 점에서 최후의 수단으로 한정적으로 사용하는 것이 바람직하다.

33. 다음 중 에치오니의 저항극복 전략 중 개혁지도자의 카리스마, 개혁의 논리와 당위성에 대한 여론, 교육과 훈련을 통한 의식의 개혁 등을 이용해 잠재적 저항심리를 완화하거나 혁신에 동조하도록 하는 전략은?　　　　　　　05.3 순경

① 관습적 전략　　　　　　　　　　② 규범적 전략
③ 혁신적 전략　　　　　　　　　　④ 공리적 전략

✿ 정답: ②

※ 해설: 규범적 전략에 대한 것이다.

34. 다음 MBO(목표관리)에 대한 설명으로 바르지 못한 것은? 03.3 순경

① 활동의 결과를 평가하고 환류하여 효율성을 향상시킨다.

② 활동의 결과에 대한 책임수락을 가능하게 한다.

③ 장기적으로 질적 목표를 추구한다.

④ 조직의 인간화를 통하여 조직발전에 기여한다.

▒ 정답: ③

▒ 해설: ▶ MBO(목표관리)의 특징

> ① MBO는 **단기적·가시적·미시적 관점의 목표를 중시**한다.
> ② MBO는 조직의 하부층과 상부층이 다같이 참여하여 하나의 목표성취를 위해 조직의 구성요소의 상호 의존적인 입장에서 팀워크를 이루면서 활동한다.
> ③ MBO는 조직 내 부서별 **단기목표의 달성을 양적으로 추구한다.**
> ④ MBO는 총체적 관리이지만, 구성요소 간의 상호 의존성을 전제로 한 통합적 관리를 말한다.
> ⑤ MBO는 상호 의존성을 전제로 한 자율적 통합성을 강조하기 때문에 예산·기획·인력·연구·평가 간의 체계적인 연결을 강조한다.

35. 다음 중 공공부문에 '목표에 대한 관리(MBO)'를 도입할 경우 장점에 해당하는 것은 몇 개인가? 10.2 경간부

> ㉠ 조직목표에 조직활동을 집중시킴으로써 효과성을 제고할 수 있다.
> ㉡ 조직목표와 개인목표를 통합할 수 있다.
> ㉢ 구성원 간의 합의 도출이 용이해진다.
> ㉣ 참여적 방법에 의해 조직구성원의 사기를 제고할 수 있다.
> ㉤ 목표성과 측정이 쉬워진다.
> ㉥ 복잡한 환경에서도 목표설정이 용이하다.

① 1개   ② 2개   ③ 3개   ④ 4개

▒ 정답: ③(㉠㉡㉣)

▒ 해설: ▶MBO의 장단점

MBO 장점	① **조직목표와 개인목표를 통합**할 수 있다. ② **조직목표에 조직활동을 집중시킴으로 인한 효과성을 제고**할 수 있다. ③ 갈등의 극소화를 이룰 수 있다. ④ **참여적 방법에 의한 조직성원의 사기를 제고**할 수 있다. ⑤ 조직의 동태화 등의 장점이 있다.
MBO 단점	① **목표성과의 측정이 어렵다.** ② **구성원 간의 합의도출이 어렵다.** ③ 단기적·양적 목표에 치중하게 된다. ④ 급격한 변화나 **복잡한 환경에서는 목표설정이 어렵다.**

36. MBO의 단점이 아닌 것은?   04.3 순경
① 급격한 변화나 복잡한 상황에서는 목표설정이 어렵다.
② 구성원 간의 합의도출이 어렵다.
③ 장기적 질적 목표에 치중한다.
④ 목표성과의 측정이 어렵다.

⁑ **정답:** ③
⁂ **해설:** **단기적 양적 목표에 치중한다.**

37. 목표에 의한 관리(MBO)에 대한 설명으로 옳지 않은 것은?   04.1 승진
① 구성원의 개인적 목표와 조직의 목표를 통합하려는 노력이다.
② 조직 내 모든 계층의 구성체가 함께 참여 하여 목표를 구현한다.
③ 공공부문에 도입할 경우 목표성과 측정이 용이하다.
④ 수행결과를 평가하고 환류시켜 조직의 효율성을 향상시킨다.

⁑ **정답:** ③
⁂ **해설:** 공공부문에 도입할 경우 **목표성과의 측정이 곤란하다.**

38. 경찰청의 설치 근거법은?   03.1 승진
① 헌법   ② 정부조직법
③ 경찰법   ④ 정부조직법 및 경찰법

⁑ **정답:** ④
⁂ **해설:** **정부조직법 및 경찰법**이다.

39. 현행 한국의 경찰조직에 대한 설명 중 틀린 것은?   05.1 승진
① 행정안전부 소속 책임운영기관으로 국립과학수사연구소를 두고 있다.
② 중앙의 경찰청을 중심으로 지방경찰청, 경찰서로 이어지는 상명하복의 계층제를 이루고 있다.
③ 시도지사 소속으로 지방행정과 치안행정의 업무협조를 위하여 치안행정협의회를 운영하고 있다.
④ 경찰청장 소속으로 치안정책 등에 자문하기 위하여 경찰위원회가 설치되어 있다.

⁑ **정답:** ④
⁂ **해설:** 경찰위원회는 **행정안전부 소속**으로 설치되어 있다.

40. 경찰청장에 대한 다음 설명 중 틀린 것은?   06.1 승진
① 경찰청장은 경찰위원회의 동의를 얻어 행정안전부장관의 제청으로 국무총리를 거쳐 대통령이 임명한다.
② 경찰청장은 경찰에 관한 사무를 통할하고 청무를 관장한다.
③ 경찰청장은 소속 공무원 및 각급 경찰기관의 장을 지휘·감독한다.
④ 경찰청장의 유고 시에는 차장이 직무를 대행하며, 이는 임의대리에 속한다.

⁑ **정답:** ④
⁂ **해설:** 경찰청장의 유고 시에는 차장이 직무를 대행하며, 이는 협의의 **법정대리에 속한다.**

41. 강원도 지방경찰청장에 대한 설명 중 맞는 것은?   97.1 승진

① 시 · 도지사의 보조기관이다.
② 경찰청장의 보조기관이다.
③ 행정안전부장관의 보조기관이다.
④ 보통경찰관청이다.

정답: ④

해설: ▶ **경찰행정기관**

보통 경찰 기관	경찰 행정관청	보통경찰 행정관청	경찰청장	(최)상급경찰관청, 중앙보통경찰관청	행정안전부장관 소속
			지방경찰청장	중급경찰관청, 지방상급보통경찰관청	시 · 도지사 소속
			경찰서장	하급경찰관청, 지방하급보통경찰관청	지방경찰청장 소속
		특별경찰 행정관청	해양경찰청장, 지방해양경찰청장, 해양경찰서장		
	경찰 의결기관	경찰위원회, 징계위원회, 보안관찰심의위원회, 치안행정위원회, 자치경찰공무원 인사위원회 등			
	경찰 자문기관	치안행정협의회, 경찰공무원인사위원회, 경찰청의 시민단체 · 경찰협력위원회			
	경찰보조기관	차장, 국장, 과장, 계장 등			
	경찰보좌기관	비서실, 홍보관리관, 외사관 등			
	경찰 집행기관	보통경찰 집행기관	경찰공무원(순경 ~ 치안총감)		
		특별경찰 집행기관	소방공무원, 헌병, 전투경찰대, 해양경찰, 청원경찰		
특별 경찰 기관	협의의 행정 경찰기관	보건복지부(위생경찰), 산림청장(산림경찰), 국토해양부장관(건축경찰)			
	비상경찰기관	계엄사령관, 위수사령관			
	상설기관	수도방위사령관			

42. 다음 설명 중 틀린 것은?   96.1 승진

① 지방경찰청장은 경찰청장의 보조기관이다.
② 지방경찰청장은 시 · 도지사의 소속 하에 둔다.
③ 지방경찰청장은 경찰청장의 지휘 · 감독을 받는다.
④ 지방경찰청장은 치안정감 · 치안감 또는 경무관으로 보한다.

정답: ①

해설: 지방경찰청장은 **경찰행정관청**이다.

43. 경찰서의 경비과장은 어디에 해당하는가?   99.1 승진
① 자문기관   ② 감독기관
③ 보조기관   ④ 집행기관

❖ 정답: ③
※ 해설: 경찰서장의 보조기관이다.

44. 경찰서 각 과의 하부조직과 분장사무는 어떻게 정하는가?   03.1 승진
① 경찰위원회의 의결에 따라 경찰청장이 정한다.
② 경찰청장이 정하는 기준에 따라 지방경찰청장이 정한다.
③ 지방경찰청장이 정하는 기준에 따라 경찰서장이 정한다.
④ 지방경찰청장을 거쳐 경찰서장의 승인을 얻어 경찰서장이 정한다.

❖ 정답: ②
※ 해설: 경찰서 각과의 하부조직과 분장사무는 **경찰청장의 승인**을 얻어 **지방경찰청장이 정한다.**

45. 치안센터의 설치권자는?   06.10 순경
① 경찰서장   ② 지방경찰청장
③ 경찰청장   ④ 행정안전부장관

❖ 정답: ②
※ 해설: 지구대의 설치 · 폐지는 경찰청장의 승인을 얻어 **지방경찰청장**이 한다.

46. 지구대의 설치에 관한 설명 중 맞는 것은?   06.10 순경
① 지구대는 필요한 경우 시 · 도지사와 협의하여 지방경찰청장이 설치한다.
② 지구대는 지방경찰청장이 설치한 후 경찰청장의 승인을 받는다.
③ 지구대는 경찰청장의 승인을 얻어 지방경찰청장이 설치한다.
④ 지구대는 지방경찰청장이 설치한 후 경찰청장에게 보고한다.

❖ 정답: ③
※ 해설: 지구대의 설치 · 폐지는 경찰청장의 승인을 얻어 **지방경찰청장**이 한다.

47. 다음 중 지구대에 대한 설명으로 잘못된 것은?   98.1 승진, 01.7 순경
① 지구대는 경찰서 소속으로 되어 있다.
② 지구대는 최하급 경찰관청이다.
③ 경찰서의 보조기관이다.
④ 지구대 외에 필요시 파출소를 운영할 수 있다.

❖ 정답: ②
※ 해설: 지구대는 **경찰서장의 보조기관**이다.

48. 경찰교육기관 중 경찰청장 소속으로 정보 등 대부분의 전문화 교육을 실시하는 기관은?

01.1 승진

① 경찰대학   ② 경찰교육원
③ 중앙경찰학교, 경찰수사연수원   ④ 경찰수사연수원

정답: ②

해설: 경찰교육원에서는 간부후보생과 초급간부(경사, 경위) 필수기본교육 및 일선 현장에서 직접
필요로 하는 대부분의 기능별 직무교육을 담당하고 있다.

49. 다음의 제도 중 매슬로우(Maslow)가 주장하는 존경욕구의 충족과 가장 거리가 먼 것은?

03.2 경간부, 02.1 승진

① 연금제도   ② 제안제도
③ 포상제도   ④ 권한의 위임

정답: ①

해설: ▶ 매슬로우의 욕구 유형

유형	내용	비고
자기실현의 욕구	㉠ 장래의 자기발전·자기완성의 욕구 및 성취감 충족 ㉡ 매슬로우는 극소수만이 이에 이를 수 있다고 주장	**공정하고 합리적인 승진,공무원단체 활용,** 공직에 대한 사회적 평가의 제고, 직무확장, 직무확충, 사명감 고취, 행정윤리
자기존중의 욕구	타인에게 인정·존중·신망을 받으려는 욕구	**참여확대, 권한의 위임, 제안제도, 포상제도,** 교육훈련, 근무성적평정, 승진, 배치전환
사회 (소속·애정) 욕구	㉠ 동료·상사·조직 전체에 대한 친근감, 귀속감 충족 ㉡ 매슬로우는 대부분 사람들은 이 단계 이상을 넘어서지 못한다고 주장	**인간관계의 개선, 고충처리 상담,** 의사소통의 촉진, 개인간 갈등 제거, 비공식조직, 인간화
안전의 욕구	공무원의 현재 및 장래의 신분이나 생활에 대한 불안의 해소	**신분보장, 연금제도,** 고용 및 신분의 안정성, 작업환경의 안정성
생리적 욕구	㉠ 의·식·주 및 건강 등에 관한 욕구 ㉡ 최하위에 있는 가장 기초적인 욕구로서 우선순위가 가장 높은 욕구	**적정보수제도, 휴양 및 휴가제도**

50. Maslow가 주장하는 존경욕구의 충족과 가장 거리가 먼 것은?　　　　　05.10 순경

① 인간관계의 개선   ② 참여확대
③ 포상제도   ④ 제안제도

정답: ①

해설: 사회(소속·애정)욕구 – 인간관계의 개선, 고충처리 상담, 의사소통의 촉진, 개인 간 갈등
제거, 비공식조직, 인간화

51. 다음의 제도 중 Maslow가 주장하는 욕구의 충족과 연결이 잘못된 것은?   02.7 순경
① 생리적 욕구 - 의식주 및 건강 등의 욕구
② 안전의 욕구 - 공무원의 현재 및 장래의 신분이나 생활에 대한 불안을 해소
③ 사회적 욕구 - 타인의 존중 · 신망을 받으려는 욕구
④ 자기실현의 욕구 - 장래의 자기발전, 자기완성의 욕구 및 성취감 충족

❖ 정답: ③
❈ **해설:** 타인에게 인정 · 존중 · 신망을 받으려는 욕구 - **자기존중의 욕구**

52. 다음 중 Maslow가 주장하는 인간욕구 5단계 중 인간관계의 개선과 고충처리 상담과 관계있는 것은?
          05.2 경간부

① 사회적 욕구   ② 존경욕구
③ 자기실현 욕구   ④ 안전 욕구

❖ 정답: ①
❈ **해설:** 사회적 욕구 - **인간관계의 개선, 고충처리 상담**, 의사소통의 촉진, 개인 간 갈등 제거, 비공식조직, 인간화

53. 매슬로우의 욕구 5가지 중 조직목표와 가장 조화되기 어려운 개인의 욕구는?   02.5 순경
① 생리적 욕구   ② 안전화 욕구
③ 사회적 욕구   ④ 자아실현의 욕구

❖ 정답: ④
❈ **해설:** 개인의 욕구와 조직의 욕구 상호간 조화문제에 있어서 개인의 욕구 중 **최상위의 욕구인 자아실현의 욕
구는 조직의 욕구와 조화함에 어려움이 뒤따른다.** 매슬로우는 극소수만이 이에 이를 수 있다고 하였다.

54. 다음 내용에 해당하는 매슬로우(Maslow)의 5단계 기본욕구는 무엇인가?   05.1 승진

> ㉠ ( )는 참여확대, 권한의 위임, 제안제도, 포상제도 등으로 충족된다.
> ㉡ ( )는 공정하고 합리적인 승인, 공무원 단체 활용 등으로 충족된다.

① ㉠ 사회적 욕구 ㉡ 존경욕구   ② ㉠ 생리적 욕구 ㉡ 안전욕구
③ ㉠ 자기실현 욕구 ㉡ 사회적 욕구   ④ ㉠ 존경욕구 ㉡ 자기실현 욕구

❖ 정답: ④
❈ **해설:** ㉠ 존경욕구 ㉡ 자기실현욕구

55. Maslow의 인간욕구 5단계에 대한 충족수단이 바르게 연결된 것은?   09.1 승진
① 생리적 욕구 - 적정보수제도, 신분보장
② 안전의 욕구 - 연금제도, 휴양제도
③ 사회적 욕구 - 인간관계의 개선, 고충처리상담
④ 존경의 욕구 - 참여확대, 공무원단체활동

❖ 정답: ③

▓ 해설:

① 생리적 욕구 – 적정보수제도, 휴양제도

② 안전의 욕구 – 신분보장, 연금제도

④ 존경의 욕구 – 참여확대, 권한의 위임, 제안제도, 포상제도

56. Maslow의 5단계 기본욕구에 대한 설명 중 틀린 것은?   10.1 승진

① 생리적 욕구는 의·식·주 및 건강 등에 관한 것으로 적정보수제도 또는 휴양제도를 통해 충족시켜 줄 수 있다.

② 안전욕구는 현재 및 장래의 신분이나 생활에 대한 불안 해소에 관한 것으로 신분보장 또는 연금제도를 통해 충족시켜 줄 수 있다.

③ 사회적 욕구는 동료·상사·조직 전체에 대한 친근감·귀속감 충족에 관한 것으로 참여확대 또는 포상제도를 통해 충족시켜 줄 수 있다.

④ 자기실현욕구는 장래에의 자기발전·자기완성의 욕구 및 성취감 충족에 관한 것으로 합리적인 승진 또는 공무원단체 활용을 통해 충족시켜 줄 수 있다.

⁘ 정답: ③

▓ 해설: 자기존중욕구 – **참여확대,** 권한의 위임, 제안제도, **포상제도,** 교육훈련, 근무성적평정, 승진, 배치전환

57. David McClelland가 주장한 인간의 욕구이론과 관계가 없는 것은?   03.1 승진

① 성취욕구

② 안전욕구

③ 권력욕구

④ 친교욕구

⁘ 정답: ②

▓ 해설: ▶ **맥클리랜드(D. C. McClelland)의 성취동기이론**

의의	맥클리랜드의 성취동기이론은 **목표관리의 목표설정과 깊은 관계**가 있다. 성취동기란 중요 목표에 대해서 능력을 발휘하고 어려운 문제의 해결을 위해서 도전하며, 목표를 가능한 잘 성취하려는 동기를 말하는 것으로 **자아실현 욕구에 초점**을 둔 동기라 할 수 있다.
종류	① 인간은 대체로 **성취욕구, 친교(친화)욕구, 권력욕구**를 가지고 있다. 단, 욕구서열은 개인별로 다르다. ② 맥클랜드의 성취동기이론에 의하면 매슬로우의 5단계 욕구를 3단계, 즉 성취욕구, 권력욕구, 친교욕구로 구분한다.

58. 동기부여이론 중 '내용이론'에 대한 설명으로 가장 옳은 것은?　　　10.1 승진

① Maslow의 욕구단계이론에 의하면 인간의 욕구는 "생리적 욕구 → 안전의 욕구 → 존경의 욕구 → 애정의 욕구 → 자아실현의 욕구"의 5단계로 이루어져 있다.

② Alderfer의 ERG이론에 의하면 Maslow의 5단계 욕구를 3단계, 즉 성취욕구, 권력욕구, 친교욕구로 구분한다.

③ Herzberg 2요인론에 의하면 근무조건, 조직의 정책과 간리, 보수 등의 환경적 요인은 동기부여요인(만족요인)이다.

④ Argyris의 성숙-미성숙이론에 의하면 조직과 개인의 목표는 상호 대립적인 것이 보통이다.

❖ 정답: ④

※ 해설:

① Maslow의 욕구단계이론에 의하면 인간의 욕구는 "**생리적 욕구 → 안전의 욕구 → 애정의 욕구 → 존경의 욕구 → 자아실현의 욕구**"의 5단계로 이루어져 있다.

② **데이비디 맥클리랜드의 성취동기이론**에 의하면 Maslow의 5단계 욕구를 3단계, 즉 성취욕구, 권력욕구, 친교욕구로 구분한다.

③ Herzberg(허즈버그)의 2요인론에 의하면 근무조건, 조직의 정책과 간리, 보수 등의 환경적 요인은 **동기부여요인(불만족요인)이다.**

제4절 · 경찰인사관리

1. 경찰인사관리에 대한 설명으로 가장 바르지 못한 것은?   06.1 승진

① 경찰인력을 효율적이며 공정하게 운용하는 동태적인 과정이다.

② 경찰의 인사관리는 채용 및 배치전환에 한한다.

③ 경찰관을 체계적이고 합리적인 기준에 따라 분류 · 모집 · 채용 · 관리 등을 해 나가는 활동이다.

④ 인력규모나 질에 대한 자기적인 계획을 세워야 합리적인 인사관리가 가능하다.

✜ 정답: ②

❊ **해설:** 경찰인사관리 업무는 **직원의 업적 및 조정**, 그리고 **생산성의 향상**뿐만 아니라 경찰관의 **모집, 선발, 교육훈련, 보수, 승진, 퇴직관리, 그리고 복지**를 다룬다.

2. 다음 중 경찰인사관리 목적이 아닌 것은?   02.1 승진

① 정실주의의 적절한 활용

② 효율적인 경찰인력의 운용

③ 환경변화에 대한 적응성 확보

④ 합리적이고 객관적인 기준을 중심으로 한 공정성 확보

✜ 정답: ①

❊ **해설: ▶ 경찰인사관리의 목적**

> ① 효율적인 인력운용
> ② 공정하고 합리적인 인사운영
> ③ 경찰조직과 경찰관 개개인의 욕구 조화(경찰조직 내의 갈등 지양)
> ④ 우수한 인재확보와 계속적인 능력발전
> ⑤ 환경변화에 대한 적응성 확보
>   ◉ **정실주의의 적절한 활용(×)**

3. 다음 중 실적주의에 관한 내용으로 옳지 않은 것은?   08.2 경간부

① 실적주의 인사제도는 공무원의 신분보장, 정치적 중립성을 구성요소로 하며 미국 자유 민주주의 발전과 정에서 도입되었다.

② 개인능력이나 실적이 아닌 당파성이 기준이 되어 정당에 봉사함으로서 행정책임의 확보가 곤란하다.

③ 실적주의는 국민 요구에 대응하지 않을 우려가 있다.

④ 인사관리의 경직성을 초래할 수 있다.

✜ 정답: ②

※ 해설: ▶ 실적주의 장단점

장점	① 공무원의 정치적 중립 ② 부패방지에 기여 ③ 신분보장으로 인한 **행정의 능률성 · 전문성 · 안정성 · 계속성 확보** ④ **공직기회의 균등 실현**
단점	① 인사행정의 소극화 · 형식화 · 집권화 초래 ② 정책의 효율적인 수립 · 집행곤란 ③ 관료의 보수화 · 특권화 ④ **정당이념의 행정에 대한 반영 곤란** ⑤ **공무원의 신분보장으로 인한 민주적 통제의 곤란** ⑥ **국민 요구에 대응하지 않을 우려가 있음.**

4. 경찰청은 2011년도 상반기 성과평가에서 과도한 실적주의로 인한 폐해를 없애고 성과평가제도의 문제점을 개선하기 위해 노력하였다. 이를 위해 각 경찰관서에 대한 국민만족도를 많이 반영하고, 지역 주민으로 구성된 치안정책평가단이 평가과정에 직접 참여하는 등 국민만족 치안활동에 대한 평가를 대폭 강화하는 방향으로 변화를 시도하였다. 이러한 경찰청의 노력을 감안하여 앞으로 기대할 수 있는 것으로 가장 적절하지 않은 것은?　　　　　　11.8 순경

① 재물손괴 등 사소한 사건이라도 지역주민의 피해신고에 적극적으로 대응한다.
② 교통단속실적을 평가에 반영하지 않아도 법규 준수율은 향상되고, 교통사고 사망자는 감소할 수 있다.
③ 인권침해나 적법절차 준수 미흡 등 그간 수사상 관행으로 치부되었던 수사 과오가 발생하면 평가에서 불이익을 받는다.
④ 범인검거실적은 주요 4대범죄(살인 · 강도 · 강간 · 절도)만 평가하기 때문에 수사의 효율성을 높이기 위해 그 외의 범죄에 대한 형사활동을 축소하여 주요 범죄에 대한 수사에 집중한다.

✂ **정답:** ④
※ **해설:** 경찰활동 평가과정에 지역 주민이 직접 참여하는 등 국민만족 치안활동에 대한 평가를 대폭 강화하는 방향으로 변화를 시도함으로써 **주요 4대범죄(살인 · 강도 · 강간 · 절도) 외의 범죄에 대한 형사활동이 확대되어** 주민에 대한 만족도 향상을 위해 집중한다.

5. 다음 경찰직업공무원제도에 대한 설명으로 틀린 것은?　　　　　　06.10 순경
① 유능한 인재를 경찰직에 흡수 · 확보함은 물론 이들이 경찰직에 근무함으로써 이를 일생의 명예로 생각하고 긍지를 느끼게 하는 공직관을 갖도록 하는 제도이다.
② 실적주의가 의미하는 실적과 자격에 의한 채용, 그리고 신분보장은 물론 더 나아가 젊은 나이에 공무원으로 들어와 평생을 근무하여 이로 인해 보람된 삶을 향유하도록 하는 제도로 의미한다.
③ 직위분류제가 직업공무원제의 전제조건은 아니라는 것이다.
④ 직업공무원제도는 일반적으로 직위분류제에 입각하면서 개방형을 채택하는 국가에서 확립되고 있다.

✂ **정답:** ④

※ 해설: ▶ 직업공무원제와 실적주의의 비교

	직업공무원제	실적주의
차이점	영국, 독일, 한국, 프랑스	미국
	계급제	직위분류제
	폐쇄형 충원	개방형 충원
	일반행정가 중시	전문행정가 중시
공통점	① 공개경쟁채용시험　　② 기회균등(실적주의가 다소 강함)	
	③ 정치적 중립성　　④ 신분보장(직업공무원제가 다소 강함)	

6. 경찰인사에 있어 희망보직에 대한 의사전달 경로를 만들기 위해 도입한 제도는?　　01.1 승진
① 부서장 추천제　　　　　　　　　　② 발탁인사
③ 향피제도　　　　　　　　　　　　　④ 인사자기내신제

❖ 정답: ④
※ 해설: ▶ 인사자기내신제(人事自己內申制)

경찰공무원이 다음 보직을 선택함에 있어서 개인의 근무환경과 생활여건 등을 고려하여 자기설계가 가능하도록 본인의 근무희망부서나 희망가능 등을 내신케 하여 보직인사에 반영하는 인사상 의사전달 경로를 개방한 제도이다.

7. 다음 중 계급제에 관한 설명으로 거리가 먼 것은?　　02.2 경간부, 03.1 승진
① 기관 간에 횡적인 협조가 용이하다.
② 인사배치에 신축성을 기할 수 있다.
③ 폐쇄형 충원방식을 채택하고 있다.
④ 직무중심의 분류이다.

❖ 정답: ④
※ 해설: 계급제는 직위에 보임하고 있는 공무원의 자격 · 신분을 중심으로 계급을 만드는 인사관리제도로서 **인간중심의 분류방법**이다.

8. 다음 설명에 해당하는 공직 분류 방식은?　　01.1 승진, 07.2 경간부

> ㉠ 1909년 미국의 시카고 시에서 처음 실시
> ㉡ 보수제도의 합리화
> ㉢ 행정조직의 전문화 · 분업화, 권한과 책임의 명확화
> ㉣ 직무중심의 분류방법

① 실적주의　　　　　　　　　　　　② 엽관주의
③ 계급제　　　　　　　　　　　　　④ 직위분류제

❖ 정답: ④
※ 해설: **직위분류제**에 대한 설명이다.

9. 다음 중 직위분류제에 관한 설명으로 타당하지 못한 것은?   01.1 승진

① 보수의 합리화   ② 신축적 인사관리
③ 행정조직의 전문화 · 분업화   ④ 권한 · 책임의 명확화

❊ 정답: ②

❊ 해설: ▶ 직위분류제의 장단점

장점	① 시험 · 채용 · 전직의 합리적 기준을 제공하여 **인사행정의 합리화**를 기할 수 있다. ② 동일직무에 대한 동일보수의 원칙을 확립함으로써 **보수제도의 합리적 기준을 제시**할 수 있다. ③ 전직이 제한되고 동일한 직무를 장기간 담당하게 되어 **행정조직의 전문화 · 분업화에 기여**할 수 있다. ④ **권한과 책임의 한계를 명확**히 할 수 있다.
단점	① **유능한 일반행정가의 확보가 곤란**하다. ② **인사배치에 신축성과 융통성이 없다.** ③ **신분보장이 미흡**하다. ④ 합리적인 직위의 분류가 어려워 실제 적용에 문제가 많다. ⑤ 직위분류제는 조직보다 직무를 중시하므로 자기 집단이익에 집착할 가능성이 낮아진다 ⑥ 직위분류제는 엄격한 기준에 의한 분류구조이므로 역동적이고 불확실한 상황에 불리하다.

10. 직위분류제의 장점이 아닌 것은 모두 몇 개인가?   08.2 경간부

㉠ '동일 직무에 대한 동일 보수의 원칙'을 확립함으로써 보수체계의 합리적 기준을 제시할 수 있다. ㉡ 유능한 일반 행정가의 확보가 용이하다. ㉢ 동일한 직무를 장기간 담당하게 되어 행정의 전문화에 기여할 수 있다. ㉣ 인사배치에 있어 융통성을 확보할 수 있다. ㉤ 권한과 책임의 한계를 명확히 할 수 있다. ㉥ 공무원의 신분 보장에 철저를 기할 수 있다.

① 1개   ② 2개   ③ 3개   ④ 4개

❊ 정답: ③(㉡㉣㉥)

❊ 해설:
㉡ 전문 행정가 확보는 용이하나 **일반 행정가 확보는 곤란**하다.
㉣ **비융통적**이다.
㉥ **신분 보장은 미흡**하다.

11. 공직에 분류함에 있어서 직위분류제에 대한 설명이 아닌 것은?   08.3 순경

① 신분보장이 미흡하여 행정의 안전성을 저해한다.
② 인사 배치가 신축적이고, 융통성이 적다.
③ 전문화에 따른 수평적 협조와 조정이 곤란하다.
④ 권한과 책임의 한계를 명확히 할 수 있다.

❊ 정답: ②

※ 해설: ▶ 계급제의 장단점

장점	① 계급제는 널리 일반적 교양·능력을 가진 사람을 채용하여 신분보장과 함께 장기간에 걸쳐 능력이 키워지므로 **공무원이 보다 종합적·융통적·신축적인 능력을 가질 수 있다.** ② 이해력이 넓어져 기관 간의 횡적인 협조가 용이하다. ③ 계급제는 탄력적인 인사관리를 통해 일반행정가 육성에 기여할 수 있다.
단점	① 행정의 전문화 곤란 ② 객관적인 근무평정의 곤란 ③ 동일업무에 대한 동일보수지급의 곤란 ④ 계급의 폐쇄화에 따른 상호 배타적인 긴장 조성 ⑤ 직무와 직무담당자의 능력의 괴리 초래 ⑥ 직무지향적 동기유발의 좌절 초래

12. 다음 중 계급제와 직위분류제를 비교한 것으로 적절하지 못한 것은?   02.3 순경

① 계급제는 사람을 중요시하며, 직위분류제는 직무를 중요시한다.

② 우리나라에서의 공직분류제도는 계급제를 원칙으로 하고, 직위분류제를 가미하고 있다.

③ 계급제는 충원방식이 폐쇄형이지만 직위분류제는 개방형에 해당한다.

④ 직위분류제는 인사배치가 매우 융통성을 가지고 있으나 계급제는 그러하지 못한다.

⁂ 정답: ④

※ 해설: ▶ 계급제와 직위분류제의 비교

	계급제	직위분류제
분류방법	사람중심(일반행정가 양성에 유리)	직무중심(전문행정가 양성에 유리)
분류기준	개인의 자격·능력·신분(사람차이)	직무의 곤란성·책임도(직무차이)
충원방식	폐쇄형	개방형
인사관리	**신축적·탄력적·융통성**	**비신축적·비융통적·경직적**
행정계획	장기적 사업계획 → 환경에 동태적 적용	단기적 사업계획 → 능률성 확보
조정·협조	기관 간 협조·조정이 용이	기관 간 협조·조정이 곤란
신분보장	강함	미약(민주적 통제가 용이)
권한·책임	불명확	명확
직업공무원제	확립용이	확립 곤란
공무원의 성격	일반행정가	전문행정가
보수체계	생활급(동일계급에 동일보수) → 보수의 적정화·현실화(생계비)	직무급(동일직무에 동일보수) → 보수제도의 합리적 기준을 제시
인사행정 합리성	낮음(정실개입 가능성 높음).	높음(정실 개입 가능성 낮음).
교육훈련	일반지식, 교육훈련수요나 내용파악이 곤란	전문지식, 교육훈련수요의 정확한 파악 가능
적용국가	영국·독일·프랑스·일본·한국 등	미국의 시카고 시에서 처음 시작

13. 계급제과 직위분류제의 비교로 틀린 것은? 08.7 순경

① 계급제는 1909년 미국 시카고에서 처음 실시되었다.
② 우리나라는 계급제를 원칙으로 하고 직위분류제를 가미하고 있다.
③ 계급제는 인사배치가 융통적, 직위분류제는 비융통적이다.
④ 계급제는 충원방식이 폐쇄형, 직위분류제는 개방형이다.

정답: ①
※ **해설: 직위분류제는** 1909년 미국 시카고에서 처음 실시되었다.

14. 다음 중 계급제와 직위분류제를 비교한 것으로 적절하지 못한 것은? 02.1 승진

① 계급제는 사람을, 직위분류제는 직무를 중요시한다.
② 계급제는 충원방식이 폐쇄형이나, 직위분류제는 개방형이다.
③ 계급제는 인사배치에 신축성을 기할 수 있다.
④ 직위분류제는 권한과 책임의 한계가 불명확하다.

정답: ④
※ **해설:** 직위분류제는 **권한과 책임의 한계가 명확하다는 장점**이 있다.

15. 경찰인사관리에 대한 설명 중 틀린 것은? 10.1 승진

① 계급제는 공무원이 보다 종합적 · 신축적인 능력을 가질 수 있고, 이해력이 넓어져 기관 간의 협조가 용이하다.
② 계급제는 보통 계급의 수가 많고 계급간의 차별이 심하며 외부로부터의 충원이 힘든 폐쇄형의 충원방식이 취하고 있다.
③ 직위분류제는 시험 · 채용 · 전직의 합리적 기준을 제공하여 인사행정의 합리화를 기할 수 있고, 동일직무에 대한 동일 보수의 원칙을 확립함으로써 보수제도의 합리적 기준을 제시할 수 있다.
④ 직위분류제는 인사배치의 비융통성, 신분보장 미흡 등의 단점이 있다.

정답: ②
※ **해설: ▶ 계급제의 특징**

① 계급제는 보통 계급의 수가 적고, 계급간의 차별이 심하며 외부로부터 충원이 힘든 **폐쇄형의 충원방식**을 취하고 있다.
② 중간계급에의 진입을 허용치 않는 계급제가 공직을 평생직장으로 이해하는 직업공무원제도의 정착에 보다 유리하다.
③ 계급제는 직류, 직렬, 직군 등의 수평적 분류가 없어 인적자원 활용의 수평적 융통성은 높으나, 계급의 수가 적고 계급이 사회출신 성분과 교육제도상 계층과 연관되어 있어 **계급 간 승진이나 이동이 용이하지 않아 수직적 융통성은 낮은 편**이다.
④ 계급제는 규모가 작고 단순한 조직에 적합하다.

16. 현대의 교육훈련에 대한 기술로서 가장 타당하지 않은 것은?   03.2 경간부

① 경찰목적 달성에 기여할 수 있도록 능력을 개발하는 기술이다.

② 직무수행에 필요한 지식과 기술을 향상시키는 것이다.

③ 직무수행에 적합한 태도와 가치관을 바람직한 방향으로 변화시키는 것을 포함한다.

④ 특정직무의 수행에 관련된 지식과 기술의 향상을 위한 활동을 넓은 의미의 교육훈련이라고 한다.

✦ **정답:** ④

❋ **해설:** 경찰조직의 목적달성에 민주적이고 능률적으로 기여할 수 있도록 **경찰관의 능력을 개발하고 직무수행에 필요한 지식과 기술을 연마**하며, 직무수행에 적합한 태도와 가치관의 발전적 변화를 추구하는 계획적이고 지속적인 활동이다.

17. 교육훈련의 목적으로 부적합한 것은?   01.10 순경

① 경찰지식과 가치의 학습   ② 효율성 향상

③ 새로운 관리기법의 도입   ④ 통제와 조정의 필요성 증가

✦ **정답:** ④

❋ **해설:** ▶ **교육훈련의 목적**

① **경찰관의 지식과 기술의 향상**	② **효율성 향상**	③ **새로운 관리기법의 도입**
④ 상황대응능력제고	⑤ 임무수행능력 향상	⑥ 승진대비와 발전성 유지
◉ 승진시험 대비나 승진욕구의 충족(×)		

18. 근무성적평정표의 제1평정 요소로서 잘못된 것은?   99.1 승진

① 경찰업무발전 기여도   ② 포상

③ 근무수행실적   ④ 첩보제출

✦ **정답:** ③

❋ **해설:** ▶ **평정요소**

제1평정요소 (객관적 평정요소) (총30점)	① **경찰업무발전기여도**: 15점 ② **포상**: 5점 ③ 직장훈련: 5점 ④ **첩보제출**: 3점 ⑤ 근태 : 2점
제2평정요소 (주관적 평정요소) (총20점)	① **근무실적**: 6.5점 ② 직무수행태도: 6.5점 ③ 직무수행능력: 7점

19. 우리나라 경찰공무원에게 적용되는 근무성적 평정방법은 어느 것인가?   96.1 승진

① 대안비교법   ② 도표식평정척도법

③ 직접비교법   ④ 산출기록법

✦ **정답:** ②

※ 해설: ▶ 한국의 근무성적 평정방법

도표식 평정 척도법	① 도표로 된 평정표를 사용하는 방법으로 **가장 많이 이용**한다. ② 장점은 평정표의 작성이 용이하고 평정이 쉽다. ③ 단점은 평정 요소의 합리적 선정이 어렵다. 평정 요소에 대한 등급을 정한 기준이 모호하다. 연쇄 효과가 나타나기 쉽다.
강제 배분법	① 근무 성적을 평정한 결과 피평정자들의 성적 분포가 과도히 집중되거나 관대화되는 것을 막기 위해 **성적분포의 비율(4등급: 수, 우, 양, 가)을 미리 정해 놓는 방법**이다. ② 장점은 피평정자가 많을 때 관대화 경향에 따르는 평정오차를 방지할 수 있다. ③ 단점은 역산식 평정을 할 가능성이 높다.
행태 기준 평정 척도법	① **도표식 평정척도법이 갖는 평정 요소 및 등급의 모호성과 해석상의 주관적 판단 개입, 그리고 중요 사건 평정법이 갖는 상호 비교의 곤란성을 보완하기 위하여 두 방법의 장점을 통합**시킨 것이다. ② 장점은 평정자에게서 오는 오류를 줄일 수 있고, 평정 대상자의 신뢰와 적극적인 관심 및 참여를 기대할 수 있다. ③ 단점은 개발에 많은 시간과 비용 그리고 노력이 필요하다.
체크 리스트 평정법	① 공무원을 평가하는 데 적절하다고 판단되는 **표준 행동목록을 미리 작성**해 두고, 이 목록에 **단순히 가부를 표시하게 하는 방법을 통하여 공무원을 평가하는 방법**이다. ② 장점은 평정하기가 비교적 쉽다. ③ 단점은 평정 요소에 관한 평정 항목을 만들기가 힘들 뿐 아니라 질문 항목이 많을 경우 평정자가 곤란을 겪게 된다.

20. 근무성적평정에 있어서 나타날 수 있는 오차에 관한 설명 중 틀린 것은?   04.1 승진
① 집중화 경향이란 피평정자에 대한 평정점이 가장 무난히 평균 점수대에 집중됨을 말한다.
② 관대화의 오차는 평정자와 인간관계로 친밀한 사람에게 후한 평정을 하는 것이다.
③ 연쇄효과는 피평정자에 대한 직전 분석요인에 대한 평정점이 다음 분석요인에 대한 평정점에 영향을 미치는 것을 말한다.
④ 상동오차란 바로 직전 피평정자의 평정점이 다음 피평정자에게도 영향을 미치는 것을 의미한다.

➡ 정답: ④
※ 해설: ▶ 근무성적 평정의 결과오류

연쇄효과	한 평정 요소에 대한 평정자의 판단이 연쇄적으로 다른 요소의 평정에도 영향을 주는 현상으로 쉽게 관찰할 수 없는 평정 요소가 선정된 경우나 각 평정 요소의 의미가 서로 구별되지 못하고 중복되어 있거나 모호할 때나 평정자가 부하를 잘 모르는 경우에 나타난다. ☞ **연쇄 효과를 줄이기 위한 방법** – 체크리스트 방법이나 강제 선택법을 사용
대비오차	**바로 직전 피평정자의 평정점이 다음 피평정자에게도 영향을 미치는 것**
엄격화 현상	열등 쪽에 치우치게 평가
집중화 오차	평정자가 모든 피평정자들에게 대부분 **중간 수준의 점수를 주는 심리적 경향**으로 피평정자를 잘 모를 때, 그리고 평정자가 책임 회피의 수단으로 모든 피평정자들에게 비슷한 점수를 줄 때 나타난다. ☞ **강제배분법을 적용**
시간적 오차	최근의 실적·사건이 평정에 영향을 주는 근접오류

관대화 오류	실제보다 너그럽게 후한 평정을 하는 것
규칙적 오차	지속적으로 과대 or 과소평정 ↔ 총계적 오차(불규칙)
총체적 오차	일관성이 없게 나타나는 오차(불규칙)
논리적 오차	평정요소 간에 존재하는 논리적 상관관계에 의한 오류
상동적 오차	유형화(정형화·집단화)의 착오로 선입견·고정관념에 의한 오차
선입견에 의한 오류	평정의 요소와 관계가 없는 성별·출신 학교·출신 지방·종교·연령 등에 대하여 평정자가 갖고 있는 편견이 평정에 영향을 미치는 것 ☞ **근속 연한의 오류도 이에 속함**

21. 다음 다면평가제에 대한 설명 중 틀린 것은? 03.9 순경

① 다수의 평가자가 여러 방향에서 평가하는 인사평정방식이다.
② 고위직보다 하위관리직 평가에 유용하다.
③ 전통적 평가방식과 달리 근무성적에 따른 뚜렷한 서열정립이 어렵다.
④ 집단평정법, 복수평정법이라고도 한다.

❧ **정답:** ②

❧ **해설:** 민간기업을 중심으로 확산되어 공기업, 공공기관에서도 지도력과 관리능력이 요구되는 **고위직에 적용되는 추세**이며, 특히 노무현 참여정부의 출범과 함께 고위직 임용 시 본격적으로 도입되고 있다.

22. 다면평가제에 대한 설명 중 옳은 것은? 04.3 순경

① 공기업·공공기관을 중심으로 확산되어 민간기업에서도 지도력과 관리능력이 요구되는 고위직에 적용이 확대되는 추세이다.
② 참여정부 출범이후 다면평가제 확대실시로 고위직은 물론 모든 관리직의 임용 시에도 본격적으로 적용되고 있다.
③ 다면평가제는 근무성적에 따른 뚜렷한 서열정립이 어렵다.
④ 다면평가방법은 빠르고 쉬운 평정방식이다.

❧ **정답:** ③

❧ **해설:** 다면평가제란 민간기업을 중심으로 확산되어 공기업·공공기관에서도 지도력과 관리능력이 요구되는 **고위직에 적용이 확대되는 추세**이다. **참여정부 출범 이후 다면평가제 확대실시로** 고위직 임명 시에도 본격적으로 적용되고 있다. **단일평가방법은 빠르고 쉬운 평정방식**이다.

23. 다면평가제를 공직에 도입할 경우 고려할 사항으로 가장 관계가 먼 것은? 04.11 순경

① 조직 내 불신이나 갈등을 유발할 수 있다.
② 평가기준을 문서화하거나 평가를 위한 교육실시가 바람직하다.
③ 투명한 실적 평가를 위하여 평가자의 공개가 필수적이다.
④ 평가조사의 진행을 외부업체에 위탁할 경우 객관성과 신뢰도 향상을 기대할 수 있다.

❧ **정답:** ③

※ 해설: ▶ 다면평가제를 공직에 도입할 경우 고려사항

① 평가기준을 **문서화하거나 평가를 위한 교육실시가 바람직**하다.
② 상급자의 보복과 눈치가 두려워 제대로 평가할 수 없다는 우려에 **익명성을 원칙**으로 한다.
③ 평가조사의 진행을 외부업체에 위탁할 경우 **객관성과 신뢰도 향상을 기대**할 수 있다.

24. 상사에 의한 평가 중심인 전통적 평가방식과 다면평가제를 비교 설명한 것 중 잘못된 것은?

06.10 순경

① 전통적 평가방식은 상급자에 의한 일방적 평가인 데 반해, 다면평가방식은 동료, 하급자의 평가가 포함된다.
② 전통적 평가방식은 피평가자의 근무성적을 비교하여 서열을 정하는 방식인 데 반해, 다면평가제는 근무성적에 따른 뚜렷한 서열 정립이 어렵다.
③ 전통적 평가방식은 실적 평가의 판단목적이 중심인 데 반해, 다면평가방식은 업무형태 변화와 능력향상을 위한 발전적 목적도 있다.
④ 전통적 평가방식이 정교하고 구체적 평가인 반면, 다면평가방식은 빠르고 쉬운 평정방식이다.

❖ 정답: ④
※ 해설: ▶ 전통적 평가방식과 다면평가제의 비교

	전통적 평가방식	다면평가방식
평가목적	실적평가의 판단 목적이 중심	업무 형태변화의 능력향상을 위한 발전적 목적
평가방식	상급자에 의한 일방적 평가	동료, 하급자의 평가가 포함
서열정립	피평가자의 근무성적을 비교하여 서열을 정하는 방식	근무성적에 따른 뚜렷한 서열 정립이 어렵다.
시간과 비용	빠르고 쉬운 평가방식	정교하고 구체적인 평정방식

제5절 | 경찰사기관리

1. 다음 경찰사기 진작의 효과에 대한 설명 중 틀린 것은?   예상문제
① 능률적인 직무의 수행 가능
② 규칙이나 직무명령 및 규범들을 자발적으로 준수
③ 경찰기관의 위기극복능력을 증대
④ 담당직무에 대한 관심이 높아지고 창의성을 저하

정답: ④
※ 해설: ▶ 사기진작의 효과

① 능률적인 직무의 수행 가능
② 보다 우수한 자질을 갖춘 인재가 경찰기관에 지원
③ 경찰조직과 그 관리자에게 충성
④ 규칙이나 직무명령 및 규범들을 자발적으로 준수
⑤ 경찰기관의 위기극복능력을 증대
⑥ 담당직무에 대한 관심이 높아지고 창의성을 발휘(☞ **저하 ✕**)

제6절　경찰예산관리

1. 경찰청에서 세입·세출예산의 집행·결산 등 경리 업무를 담당하는 부서는?　　　05.1 승진
① 경찰청장 직속 기획조정관　　　　　　② 경무국 기획재정과
③ 경무국 혁신기획과　　　　　　　　　　④ 기획정보심의관

❖ **정답:** ①
❈ **해설:** ▶ 예산 관련기관

정부	기획재정부	① 정부의 예산관련 사무의 관장기관 ② 정부의 세입·세출의 결산기관 ③ 예산, 결산 및 기금에 관한 사무관장
	감사원	정부의 회계관련 사무의 관장기관
경찰청	경무국 경무과	경찰청의 예산의 집행 및 회계관리
	경찰청 기획조정관	① 경찰청외 예산의 편성 및 조정과 결산에 관한 사항 ② 국유재산관리계획의 수립 및 집행 ③ 중기 재정계획 수립 및 재정사업 성과분석

2. 다음 중 예산과정을 맞게 설명한 것은?　　　01.1 승진
① 편성 → 심의 → 집행 → 결산　　　　　② 심의 → 편성 → 집행 → 결산
③ 편성 → 집행 → 심의 → 결산　　　　　④ 집행 → 심의 → 편성 → 결산

❖ **정답:** ①
❈ **해설:** ▶ 예산과정

① 예산의 편성 → ② 심의·의결 → ③ 예산의 집행 → ④ 결산 및 회계검사
일반적으로 예산편성과 집행은 행정부가, 예산과 결산의 심의는 국회가, 회계검사는 감사원이 맡고 있다.

3. 다음 중 경찰예산의 편성과정에 대해 (　) 안에 들어갈 말로 맞게 연결된 것은?　　　04.1 승진

(　　　　)까지 중기사업계획서를 기획재정부장관에게 제출
(　　　　)까지 경찰청장이 예산요구서를 작성하여 기획재정부장관에게 제출
(　　　　)까지 정부예산안을 국회에 제출
(　　　　)까지 국회는 정부 예산안을 심의·의결

① 2월 말, 3월 말, 회계연도 120일 전, 회계연계도 개시 90일 전
② 2월 말, 3월 말, 회계연도 90일 전, 회계연계도 개시 30일 전
③ 1월 말, 6월 말, 회계연도 90일 전, 회계연계도 개시 30일 전
④ 2월 말, 5월 말, 회계연도 120일 전, 회계연계도 개시 90일 전

❖ **정답:** ③

※ **해설:**
(**1월 31일**)까지 중기사업계획서를 기획재정부장관에게 제출
(**6월 30일**)까지 경찰청장이 예산요구서를 작성하여 기획재정부장관에게 제출
(**90일 전**)까지 정부예산안을 국회에 제출
(**30일 전**)까지 국회는 정부 예산안을 심의 · 의결

4. 다음 중 경찰예산의 편성과정에 대한 설명으로 틀린 것은?   03.1 승진
① 경찰청장은 매년 1월 31일까지 당해 회계연도부터 5회계연도 이상의 기간 동안의 신규사업 및 기획재정부장관이 정하는 주요 계속사업에 대한 중기사업계획서를 기획재정부장관에게 제출하여야 한다.
② 기획재정부장관은 매년 4월 30일까지 예산편성지침을 경찰청장에게 시달하여야 한다.
③ 예산편성지침을 받으면 경찰청장이 예산요구서를 작성하여 6월 30일까지 행정안전부장관에게 제출하여야 한다.
④ 정부는 회계연도 개시 90일 전까지 정부예산안을 국회에 제출하여야 한다.

정답: ③
※ **해설: 경찰청장은 예산안편성지침에 따라** 그 소관에 속하는 다음 연도의 세입세출 예산 · 계속비 · 명시이월비 및 국고채무부담행위요구서를 작성하여 매년 6월 30일까지 **기획재정부장관에게 제출**하여야 한다.

5. 경찰예산의 편성에 대한 설명 중 잘못된 것은?   03.2 경간부
① 경찰청은 매년 1월 31일까지 당해 회계연도부터 5회계연도 이상의 기간 동안의 신규사업 및 기획재정부장관이 정하는 주요 계속사업에 대한 중기사업계획서를 기획재정부장관에게 제출하여야 한다.
② 기획재정부장관에게 제출하는 중기사업 계획서와 실제예산요구는 일치한다.
③ 경찰청장은 다음 연도의 예산요구서를 매년 6월 30일까지 기획재정부장관에게 제출하여야 한다.
④ 정부안은 회계연도 개시 90일 전까지 국회에 제출된다.

정답: ②
※ **해설:** 매년 초에 기획재정부장관에게 제출되는 **중기사업계획서와 실제 예산요구 사이에는 괴리가 크다.**

6. 경찰예산의 편성에 대한 설명 중 잘못된 것은?   10.2 경간부

> ㉠ 경찰청장은 매년 1월 31일까지 당해 회계연도부터 5회계연도 이상의 기간 동안의 신규사업 및 국고채무부담행위요구서를 작성하여 6월 30일까지 행정안전부장관에게 제출하여야 한다.
> ㉡ 기획재정부장관은 국무회의의 심의를 거쳐 대통령의 승인을 얻은 다음 연도의 예산편성지침을 매월 4월 30일까지 경찰청장에게 통보하여야 한다.
> ㉢ 경찰청장은 예산편성지침에 따라 다음 연도의 세입세출 예산, 계속비, 명시이월비 및 국고부담행위요구서를 작성하여 6월 30일까지 행정안전부장관에게 제출하여야 한다.
> ㉣ 예산결산특별위원회의 종합심사는 종합정책질의 - 부처별 심의 - 계수조정소위원회의 계수조정 - 예결위 전체회의에서 소위 위원회의 조정안 승인의 순서로 행해진다.

① 1개   ② 2개   ③ 3개   ④ 4개

정답: ②

※ **해설:**

㉠ 각 중안관서의 장(경찰청장)은 매년 1월 31일까지 당해 회계연도부터 5회계연도 이상의 기간 동안의 신규사업 및 국고채무부담행위요구서를 작성하여 6월 30일까지 **기획재정부장관에게 제출**하여야 한다.

㉢ 각 중앙관서의 장(경찰청장)은 예산편성지침에 따라 다음 연도의 세입세출 예산, 계속비, 명시이월비 및 국고부담행위요구서를 작성하여 매년 6월 30일까지 **기획재정부장관에게 제출**하여야 한다.

7. 경찰의 예산편성과정과 관련된 설명 중 옳지 않은 것은?   09.1 승진

① 기획재정부장관은 국무회의의 심의를 거쳐 대통령의 승인을 얻은 다음 연도의 예산안편성지침을 매년 4월 30일까지 경찰청장에게 통보하여야 한다.

② 경찰청장은 다음 연도의 예산요구서를 작성하여 매년 6월 30일까지 기획재정부장관에게 제출하여야 한다.

③ 정부는 대통령의 승인을 얻은 예산안을 회계연도 개시 60일 전까지 국회에 제출하여야 한다.

④ 예산결산특별위원회의 종합심사가 끝나면 예산안은 회계개시 30일 전까지 본회의의 의결을 거침으로써 확정된다.

정답: ③

※ **해설:** 대통령의 승인을 얻은 예산안을 **회계연도 개시 90일 전까지 국회에 제출**하여야 한다.

8. 다음 중 경찰예산의 편성과 집행에 대한 설명으로 타당하지 않은 것은?   07.1 승진

① 경찰청장은 매년 1월 31일까지 당해 회계연도부터 5회계연도 이상의 기간 동안의 신규사업 및 기획재정부장관이 정한 주요 계속사업에 대한 중기사업계획서를 기획재정부장관에게 제출하여야 한다.

② 경찰청장은 다음 연도의 예산요구서를 매년 3월 31일까지 기획재정부장관에게 제출하여야 한다.

③ 정부는 회계연도 개시 90일 전까지 예산을 국회에 제출해야 한다.

④ 예산이 확정되었더라도 해당예산이 배정되지 않았다면 재출원인행위를 할 수 없다.

정답: ②

※ **해설: 경찰청장은 예산안편성지침에 따라** 그 소관에 속하는 다음 연도의 세입세출 예산·계속비·명시이월비 및 국고채무부담행위요구서를 작성하여 **매년 6월 30일까지 기획재정부장관에게 제출**하여야 한다.

9. 다음 중 예산심의의 절차를 바르게 설명한 것은?   01.1 승진

① 시정연설 – 예비심사 – 본회의의결 – 종합심사

② 제안설명 – 시정연설 – 예비심사 – 종합심사

③ 예비심사 – 제안설명 – 시정연설 – 본회의의결

④ 제안설명 – 예비심사 – 종합심사 – 본회의의결

정답: ④

※ **해설: ▶ 예산심의의 절차**

> ① 시정연설 → ② 예산안 제안설명 → ③ 예비심사 → ④ 종합심사 → ⑤ 본회의 심의·의결

10. 예산의 집행과 관련된 설명 중 틀린 것은?   03.1 승진

① 예산의 집행이란 국회에서 확정된 예산에 따라 재원을 조달하고 경비를 지출하는 재정활동이다.
② 예산의 배정은 기획재정부장관이 행한다.
③ 예산이 확정되면 해당 예산이 배정되지 않은 상태에서 지출원인행위를 할 수 있다.
④ 예산의 집행은 예산의 배정으로 시작된다.

❖ **정답:** ③
❊ **해설:** 예산이 확정되었더라도 **해당 예산이 배정되지 않은 상태에서 지출원인 행위를 할 수 없다.**

11. 정부조직 등에 관한 법령의 제정, 개정 또는 폐지로 인하여 직무와 권한에 변동이 있을 때 예산을 이에 따라 변경하여 사용할 수 있는 제도는?   03.1 승진

① 예산의 이용   ② 예산의 전용
③ 예산의 이체   ④ 예산의 이월

❖ **정답:** ③
❊ **해설:** 설문은 **예산의 이체**에 대한 것이다.

12. 다음 중 예산의 세 항목 간의 경비를 전용하기 위해서는 누구의 승인을 얻어야 하는가?
    02.1 승진, 03.1 승진

① 기획재정부장관   ② 대통령
③ 국무총리   ④ 감사원장

❖ **정답:** ①
❊ **해설:** ▶ 예산의 이용 · 전용 · 이체

예산한정성의 원칙의 예외	
예산의 이용	① 경찰청장은 예산이 정한 각 기관 간 또는 각장 · 관 · 항 간에 상호 이용(移用)할 수 없다. ② 다만, 예산집행상 필요에 따라 미리 예산으로써 국회의 의결을 얻은 때에는 **기획재정부장관의 승인을 얻어 이용**하거나 **기획재정부장관이 위임하는 범위 안에서 자체적으로 이용**할 수 있다.
예산의 전용	① 예산의 행정과목 간의 경비를 **기획재정부장관의 승인**을 얻어 상호 이용하는 것을 말한다. ② 경찰청장은 예산의 목적범위 안에서 재원의 효율적 활용을 위하여 **기획재정부장관의 승인을 얻어 각 세항 또는 목의 금액을 전용**할 수 있다.
예산의 이체	정부조직 등에 관한 법령의 제정, 개정 또는 폐지로 인하여 직무와 권한에 변동이 있을 때에는 그 **중앙관서의 장의 요구에 따라 그 예산을 상호 이용하거나 이체(移替)**할 수 있다.

13. 지출공무원을 두기 곤란한 관서의 경비를 그 관서의 장의 책임 하에 사용하도록 지급하는 공금은?
    96.1 승진

① 수용비   ② 판공비
③ 관서운영경비   ④ 계속비

❖ **정답:** ③

▩ **해설:** 관서운영경비란 관서를 운영하는 데 드는 경비로서 그 성질상 지출의 원칙적 절차규정에 따라 지출할 경우 업무수행에 지장을 가져올 우려가 있는 경비에 대하여, 사무비를 **출납공무원으로 하여금 지출관(관서의 장)으로 교부받아 지급**하게 함으로써 그 책임과 계산하에 사용하는 경비를 말한다.

14. 다음 중 관서운영경비를 지급할 수 있는 관서가 아닌 것은?　　　　　01.1 승진

① 지구대　　　　　　　　　　　　　　② 파출소
③ 경찰서　　　　　　　　　　　　　　④ 전투경찰중대

➡ **정답:** ③

▩ **해설:** 관서운영경비 지급관서는 ㉠ **지구대**, ㉡ **파출소**, ㉢ **치안센터**, ㉣ **전투경찰중대**, ㉤ **해외주재관서**이다.

15. 다음 중 지구대의 관서운영경비 취급공무원은 누구인가?　　　　　02.10 순경

① 지구대장　　　　　　　　　　　　　② 피출소장
③ 선임경장　　　　　　　　　　　　　④ 경리계장

➡ **정답:** ①

▩ **해설:** ▶ **관서운영경비의 취급자**

해당기관	관서운영경비취급공무원(처리공무원은 소속경찰관 중에서 일임함)
지구대	**지구대장**(관리반의 관리요원)
파출소	파출소장(지구대와 별도로 관리 집행)
전경중대	중대장(행정반장)

16. 다음 중 지구대의 관서운영경비 처리공무원은 누구인가?　　　　　02.1 승진

① 지구대장　　　　　　　　　　　　　② 파출소장
③ 지구대 관리반의 관리요원　　　　　④ 지구대장이 지정하는 요원

➡ **정답:** ③

▩ **해설:** 지구대의 관서운영경비 처리공무원은 **지구대장(관리반의 관리요원)**이다.

17. 다음 중 지구대의 관서운영경비에 대한 설명으로 틀린 것은?　　　　　02.10 순경

① 사용 후 정산을 할 필요가 없으며, 관서의 장의 책임과 계산 아래 사용한다.
② 특수한 경리를 필요로 하는 관서의 경비를 말한다.
③ 여비는 관서운영경비로 지급할 수 있는 비목에 속한다.
④ 지구대 관서운영경비의 취급공무원은 제1팀장이다.

➡ **정답:** ④

▩ **해설:** 지구대의 관서운영경비 처리공무원은 **지구대장(관리반의 관리요원)**이다.

18. 다음 중 지구대의 관서운영경비 사용에 대한 설명으로 맞는 것은?   05.1 승진, 05.2 경간부
① 공공요금은 다른 비목으로 전용할 수 없고, 전용받을 수는 있다.
② 관서운영경비는 일부 세정조정은 불가능하다.
③ 증빙서류 · 현금출납부 등은 회계연도 종료 후 3년간 보존하여야 한다.
④ 관서운영경비는 현금지급이 원칙이다.

❖ **정답:** ①
❈ **해설:**
② 관서운영비는 **예산과목별로 사용함을 원칙**으로 하되, 필요하다고 인정되는 때에는 다른 비목에 전용하여
   사용할 수 있다. 즉 일부세목조정(전용)이 가능하다.
③ 관서운영비 사용 증빙서류 · 현금출납부 · 물품관리부는 **회계연도 종료 후 5년간 보존**하여야 한다.
④ **관서운영경비출납공무원이 관서운영경비를 지급하려는 경우에는 정부구매카드를 사용**하여야 한다. 다만, 경
   비의 성질상 정부구매카드를 사용할 수 없는 경우에는 **현금지급, 계좌이체의 방법으로 지급**할 수 있다.

19. 관서운영경비에 대한 설명으로 잘못된 것은?   05.1 승진
① 봉급은 관서운영경비로 지급할 수 있는 비목이 아니고 경찰서 경리계에서 지급한다.
② 특수한 경비를 필요로 하는 관서의 경비를 말한다.
③ 관서운영경비를 지급할 수 있는 관서는 지구대, 파출소, 전투경찰중대 등이 있으나 경찰서 방범순찰대는
   해당되지 않는다.
④ 경비지급은 계좌이체가 원칙이고 사용 후 정산을 하여야 한다.

❖ **정답:** ④
❈ **해설:** 관서운영경비는 **정부구매카드가 원칙**이고 **사용 후 정산을 요하지 않는다.**

20. 다음 설명 중 틀린 것은?   04.11 순경
① 예산의 집행이란 국회에서 확정된 예산에 따라 재원을 조달하고 경비를 지출하는 재정활동이다.
② 국회를 통과하여 예산이 확정되었더라도 해당예산이 배정되지 않는 상태에서는 지출원인 행위를 할 수
   없다.
③ 우리나라 회계연도는 매년 1월 1일부터 시작하여 12월 31일까지이다.
④ 관서운영경비의 비목은 봉급, 관서운영비, 여비, 특수활동비, 업무추진비 등이 있다.

❖ **정답:** ④
❈ **해설:** ▶ 관서운영경비의 범위

관서운영비	수용비, 공공요금 및 제세, 피복비, 급량비, 특근매식비, 운영수당, 임차료, 연료비, 시설장비유지비, 차량선박비, 재료비(복리후생비, 시험연구비 중 연구개발비, 학교운영비, 위탁사업비는 제외)
특수활동비	기획재정부령이 정하는 금액(건당 500만 원) 이하의 경비. 단, 수사활동에 소요되는 경비는 예외
업무추진비	일반업무비, 특정업무비, 직급보조비, 정원 외 가산금
여비	국내여비

기타	㉠ 수당 중 초과근무수당(시간외, 야간)
	㉡ 비정규직 보수 중 기타직 보수(일반적인 봉급은 관서운영비로 지급이 불가)
	㉢ 외국에 있는 채권자가 외국에서 지급받고자 하는 경우에 지급하는 경비 (재외공관 및 외국에 설치된 국가기관에 지급하는 경비를 포함)
	㉣ 그 밖에 업무수행에 지장을 가져올 우려가 있는 경비로서 기획재정부령이 정하는 경비 ㉤ 수당 중 함정근무수당 및 특수지근무수당 등

21. 관서운영경비 중 일부전용이 불가능한 경비는?   01.1 승진

① 관서운영비   ② 공공요금
③ 여비   ④ 업무추진비

❖ **정답:** ②

❈ **해설:** 관서운영경비는 **관서운영비, 특수활동비, 업무추진비, 여비** 등이다.

22. 다음 경찰예산에 대한 설명 중 옳다고 볼 수 없는 것은?   05.2 경간부

① 경찰예산은 대부분 특별회계에 속한다.
② 경찰예산은 품목별 예산제도를 채택하고 있다.
③ 경찰의 각종 사업계획은 예산을 통하여 이루어진다.
④ 경찰예산이란 정부예산 중 경찰에 배분된 예산을 말한다.

❖ **정답:** ①

❈ **해설:** 경찰예산은 대부분이 **일반회계에 해당**한다.

23. 다음 설명에 해당하는 예산은?   01.1 승진

> 정부가 예산안을 편성 국회에 제출한 이후 성립·확정되기 전에 국제정세나 국내외 사회·경제적 여건
> 의 변동으로 예산안의 일부 내용을 변경하여 국회에 제출하는 것

① 본예산   ② 수정예산
③ 추가경정예산   ④ 준예산

❖ **정답:** ②

❈ **해설:** ▶ 예산성립 과정의 중심

본예산	정부가 **회계연도 90일 전까지 국회에 제출**하고 국회는 **회계연도 개시 30일 전까지 의결하여 예산을 확정**하는데, 이렇게 의결·확정된 예산을 말한다.
수정예산	정부가 예산안을 국회에 제출한 후 **확정(성립) 전** 국회에서 심의 중인 예산안을 부득이한 사정으로 그 **내용의 일부를 수정하여 제출하는 예산**을 말한다.
추가경정예산	**예산이 확정(성립) 후** 생긴 사유로 인하여 필요한 경비의 부족이 생길 때 **본예산에 추가 또는 변경을 가한 예산**을 말한다.

준예산	① 새로운 회계연도가 개시(매년 1월 1일)될 때까지 예산안이 성립되지 못할 경우 **정부가 국회에서 예산안이 의결·확정될 때까지 전년도 예산에 준하여 지출하는 예산**을 말한다.
	② 예산집행의 신축성을 부여하고 예산 불성립으로 인한 행정의 중단을 방지한다.
	③ 지출가능기간은 당해연도 예산이 국회에서 의결될 때까지이다.
	④ 국회의 사전동의가 필요하지 않다.
	
	【준예산제도가 적용되는 경비】
	
	㉠ 헌법이나 법률에 의하여 설치된 기관 또는 시설의 **유지비(설치비 ×)·운영비**
	   예 **급여, 청사시설관리비 등**
	㉡ 법률상 지출의 의무가 있는 경비
	   예 **공무원의 보수, 사무처리에 관한 기본경비, 행정상 손해배상액**
	㉢ 이미 예산으로 승인된 사업의 계속
	   예 **계속비 사업 등**

24. 우리 경찰의 예산제도는? 98.1 승진

① 성과주의 예산제도   ② 기획 예산제도
③ 품목별 예산제도   ④ 영기준 예산제도

❖ **정답:** ③
❈ **해설:** 우리 경찰의 예산제도는 **품목별 예산제도**이다.

25. 품목별 예산제도에 관한 설명으로 틀린 것은? 08.7 순경

① 품목별 예산은 지출의 대상과 성질에 따라 세출예산을 인건비, 운영경비, 시설비 등으로 구분하는 방법이다.
② 통제지향적이라 볼 수 있으며 예산담당 공무원들에게 필요한 핵심적 기술은 회계기술이다.
③ 기능의 중복을 피하기 용이하나, 운영하기 어려운 단점이 있다.
④ 품목과 비용을 따지는 미시적 관리로 정부전체 활동에 통합조정에 필요한 수단을 제공하지 못한다.

❖ **정답:** ③
❈ **해설:** ▶ **품목별 예산제도의 장단점**

장점	① **회계 집행내용 및 책임의 소재가 명확하다.** ② 예산의 집행과 집행에 대한 통제가 용이하다. ③ 인사행정에 유용한 정보·자료제공하고, 행정의 재량범위가 축소된다. ④ 경비주체 및 집행이 품목별로 표시되어 작성이 용이하다. ⑤ 행정의 재량범위가 축소되며, 재량범위를 출입으로써 부정과 예산의 남용을 방지한다.
단점	① 투입측면에만 초점을 두고 편성되므로 지출에 따른 성과측정이 곤란하다. ② 계획과 지출의 불일치, 기능의 중복을 피하기 곤란하다. ③ 의사결정을 위한 충분한 자료제시가 부족하다. ④ **품목과 비용을 따지는 미시적 관리로 정부전체의 활동의 통합조정에 필요한 수단을 제공하지 못한다.** ⑤ 품목별 예산은 사업대안의 우선순위를 제시하지 못한다. ⑥ 품목별 예산제도는 품목중심으로 예산집행의 유연성이 낮아 환경변화가 심할 때 능동적 대처가 불가능하다. ⑦ 지출대상 및 금액이 명확히 설정되어 있으므로 예산집행의 신축성이 저해된다.

26. 다음 경찰예산에 대하여 바르게 기술하지 못한 것은?　　　　　　03.3 순경

① 품목별 예산이란 정부지출의 대상이 되는 물품, 품목(인건비, 급여, 수당, 시설비) 등을 기준으로 한 예산
　제도다. 또한 우리나라 경찰의 예산제도이다.

② 성과주의 예산이란 행정기관의 모든 사업활동을 전년도 예산을 고려치 않고 사업의 우선순위를 결정하여
　이에 따라 예산을 편성하는 제도이다.

③ 계획예산제도는 장기적인 계획과 단기적인 예산을 프로그램 작성을 통하여 유기적으로 결합하여 자원배
　분에 관한 의사결정을 일관성 있게 합리화하려는 제도이다.

④ 성과주의 예산은 정부가 무슨 일을 얼마의 돈을 들여서 완성하였는가를 일반국민이 이해할 수 있다.

❖ **정답:** ②

❖ **해설:** ▶ 예산제도

품목별 예산	지출의 대상과 성질에 따라 세출예산을 인건비, 운영경비, 시설비 등으로 구분하는 방법으로 그 비용이 얼마인지에 따라 예산을 배정하는 제도
성과주의 예산제도	업무단위의 원가와 양을 계산(단위원가×업무량=예산액)해서 **사업별, 활동별로 분류해서 예산을 편성하는 것**
계획예산제도 (PPBS, 계획기능)	장기적인 계획과 단기적인 예산을 프로그램작성을 통하여 유기적으로 결합하여 **자원배분에 관한 의사결정을 일관성 있게 합리화하려는 제도**
영기준예산제도 (ZBBS, 감축기능)	예산을 편성·결정함에 있어서 전년도의 예산에 구애됨이 없이 조직체의 모든 사업과 활동에 대하여 영기준을 적용해서 각각의 효율성과 효과성 및 중요도 등을 체계적으로 분석하고 그에 따라 우선순위가 높은 사업과 활동을 선택하고 실행예산을 결정하는 예산제도

27. 다음 설명에 해당하는 예산은?　　　　　　04.3 순경, 07.2 경간부

> ㉠ 정부의 구입물품보다는 정부가 수행하는 업무에 중점
>
> ㉡ 정부예산을 기능·활동·사업계획에 기초
>
> ㉢ 예산과목을 사업계획 활동별로 세부사업별로 '단위원가×업무량=예산액'으로 표시하여 편성하는 예산

① 품목별 예산　　　　　　　　② 성과주의 예산
③ 계획예산(PPBS)　　　　　　④ 영점기준예산

❖ **정답:** ②

❖ **해설:** **성과주의 예산**에 대한 내용이다.

28. 예산제도와 관련한 다음의 내용 중 틀린 것은?　　　　　　03.1 승진

① 품목별 예산제도는 경비주체 및 집행이 품목별로 표시되어 작성이 용이하고 회계집행내용 및 책임의 소
　재가 명확해진다는 장점이 있다.

② 성과주의 예산제도는 자원배분의 합리화 및 예산집행의 신축성 확보가 어렵다.

③ 계획예산제도는 최소의 비용으로 최대의 정책효과를 거둘 수 있도록 사업에 재원을 배분하는 제도이다.

④ 영점기준 예산제도는 하의상달의 의사전달 구조로 예산결정과정이 실무계층의 참여를 증대시키는 장점이
　있다.

정답: ②

해설: ▶ 성과주의 예산제도의 장단점

장점	① **정부정책이나 계획수립이 용이**하며, 입법부의 예산심의가 간편하다. ② 예산편성에 있어서 **자원배분을 합리화할 수 있고, 예산의 집행에 있어서도 신축성을 부여**할 수 있다. ③ 예산집행 결과에 대한 평가를 통한 **해당 부서의 업무능률을 측정**하여 다음 연도 예산에 반영할 수 있다. ④ 국민의 입장에서 볼 때 예산을 통한 경찰활동을 이해하는 데 용이하다
단점	① 동질적이고 계량화할 수 있는 최종산출물을 찾기가 곤란하기 때문에 업무측정 단위 선정이 어렵고, 단위원가 계산에 어려움이 있다. ② 업무측정단위 선정의 어렵고, 단위원가 계산이 곤란하다. ③ 투자사업 등에 소요되는 예산에는 적용이 용이하나, 공무원의 봉급 등 인건비에 들어가는 **행정 기본경비에 대해서는 적용이 어려운 점이 있다.**

29. 다음 중 성과주의 예산제도를 적용하는 경우에 나타날 수 있는 장점이 아닌 것은?

01.1 승진, 04.1 승진

① 공무원봉급 등 행정 기본경비에 대한 적용이 용이하다.
② 자원배분의 합리화 및 예산집행의 신축성을 기할 수 있다.
③ 정부정책이나 계획수립을 용이하게 한다.
④ 해당 부서의 업무능력을 측정할 수 있다.

정답: ①

해설: 성과주의 예산제도는 투자사업 등에 소요되는 예산에는 적용이 용이하나, 공무원의 봉급 등 인건비에 들어가는 **행정 기본경비에 대해서는 적용이 어려운 점이 있다.**

30. 예산과 관련한 다음 설명 중 잘못된 것은?

04.1 승진

① 경찰예산의 대부분 일반회계에 속한다.
② 준예산은 형식적 내용을 중심으로 한 분류에 속한다.
③ 영점기준예산제도는 예산편성을 할 때 전년도 예산을 기준으로 하여 점증적으로 예산액을 책정하는 폐단을 시정하려는 데서 나온 예산제도이다.
④ 계획예산제도는 종래의 관리 중심의 예산기능을 지양하고 상대적으로 경시되어 왔던 예산편성에 있어서의 계획기능을 중시하는 예산제도이다.

정답: ②

해설: 준예산, 수정예산, 본예산, 추가경정예산은 예산성립 과정상 분류이다.

31. 다음 중 틀린 것은 몇 개인가?   07.9 순경

> ㉠ 예산이 국회를 통과하여 확정된 후에 생긴 사유로 인하여 이미 성립한 예산을 변경을 가할 필요가
> 있을 때 편성하는 예산을 수정예산이라 한다.
> ㉡ 국회는 회계연도 30일 전까지 예산안을 심의·의결하여야 하는바 이러한 절차들 중에 확정성립된 예
> 산을 본예산이라고 한다.
> ㉢ 성과주의 예산제도는 매년 사업의 우선순위를 새로이 결정하고 그에 따라 예산을 책정하는 제도이다.
> ㉣ 예산이 확정되면 해당예산이 배정되지 않더라도 지출원인행위를 할 수 있다.

① 1개   ② 2개   ③ 3개   ④ 4개

❀ **정답:** ④

❀ **해설:**

㉠ 예산이 국회를 통과하여 확정된 후에 생긴 사유로 인하여 이미 성립한 예산을 변경을 가할 필요가 있을
때 편성하는 예산을 **추가경정예산**이라 한다.

㉡ 본예산은 정부가 **회계연도 90일 前까지** 국회에 제출된 당초의 예산이다.

㉢ **영기준예산제도(Zero-Base Budgeting System)**란 예산을 편성·결정함에 있어서 전년도의 예산에 구
애됨이 없이 조직체의 모든 사업과 활동에 대하여 영기준(zero-base)을 적용해서 각각의 효우성과 효과
성 및 중요도 등을 체계적으로 분석하고 그에 따라 우선순위가 높은 사업과 활동을 선택하고 실행예산을
결정하는 예산제도를 말한다.

㉣ 국회를 통과하여 예산이 확정되었더라도 해당예산이 배정되지 않은 상태에서는 **지출원인행위를 할 수 없다.**

32. 예산제도에 대한 설명 중 틀린 것은 모두 몇 개인가?   10.1 승진

> ㉠ 품목별 예산제도는 회계책임이 명확하고, 계획과 지출이 일치한다는 장점이 있다.
> ㉡ 성과주의 예산제도는 기능의 중복을 피하기 곤란하고, 의사결정을 위한 충분한 자료제시가 부족하다
> 는 단점이 있다.
> ㉢ 일몰법은 매년 사업의 우선순위를 새로이 결정하고 그에 따라 예산을 책정한다.
> ㉣ 자본예산은 정부예산을 경상지출과 자본지출로 구분하여 경상지출은 경상수입으로 충당시켜 균형을
> 이루게 하고 자본지출은 적자재정과 공채발행으로 그 수입에 충당하게 함으로써 균형을 이루게 하
> 는 예산제도이다.

① 1개   ② 2개   ③ 3개   ④ 4개

❀ **정답:** ④

❀ **해설:**

㉠ 품목별 예산제도는 회계책임이 명확하고, **계획과 지출이 불일치한다는 단점**이 있다.

㉡ **품목별 예산제도**는 기능의 중복을 피하기 곤란하고, 의사결정을 위한 충분한 자료제시가 부족하다는 단
점이 있다.

㉢ **영기준 예산제도는** 매년 사업의 우선순위를 새로이 결정하고 그에 따라 예산을 책정한다.

㉣ 자본예산은 정부예산을 경상지출과 자본지출로 구분하여 경상지출은 경상수입으로 충당시켜 균형을 이루게 하
고 자본지출은 적자재정과 공채발행으로 그 수입에 충당하게 함으로써 **불균형을 이루게 하는 예산제도**이다.

33. 예산제도에 대한 설명 중 틀린 것은 모두 몇 개인가?   10.1 승진

> ㉠ 성과주의 예산제도는 인사행정에 유용한 자료를 제공하지만, 기능의 중복을 피하기 곤란하다.
> ㉡ 계획예산은 국민의 입장에서 경찰활동을 이해하기 용이하지만, 인건비 등 경직성 경비의 적용에 어려움이 있다.
> ㉢ 준예산은 회계연도 개시 전까지 예산의 불성립 시에 전년도 예산에 준하여 지출하는 예산제도로 예산확정 전이라도 공무원의 보수와 사무처리에 관한 기본경비 등에는 지출할 수 있다.
> ㉣ 국회를 통과하여 예산이 확정되었더라도 해당예산이 배정되지 않은 상태에서는 지출원인행위를 할 수 없다.
> ㉤ 관서운영 경비 중 건당 500만 원 이하의 경비만 관서운영경비로 집행하도록 규정한 예산과목은 운영비 · 특수활동비가 있으며 업무추진비는 이에 해당하지 않는다.

① 2개   ② 3개   ③ 4개   ④ 5개

✦ 정답: ②

❄ 해설:

㉠ **품목별 예산제도**는 인사행정에 유용한 자료를 제공하지만, 기능의 중복을 피하기 곤란하다.

㉡ **성과주의 예산제도**는 국민의 입장에서 경찰활동을 이해하기 용이하지만, 인건비 등 경직성 경비의 적용에 어려움이 있다.

㉤ 관서운영 경비 중 건당 500만 원 이하의 경비만 관서운영경비로 집행하도록 규정한 **예산과목은 운영비 · 특수활동비, 업무추진비가 있다.**

제7절   경찰장비관리

1. 경찰장비관리의 목표라고 보기 어려운 것은?   02.1 승진

① 효과성   ② 능률성

③ 민주성   ④ 경제성

❖ **정답:** ③

§ **해설:** ▶ **경찰의 장비관리 목표**

> 경찰장비관리의 목표는 ① **능률성**, ② **효과성**, ③ **경제성(민주성 ×)**에 있으므로, 절약과 능률을 근간으로 과학적인 관리기법을 적용하여 경찰업무수행의 원활한 지원과 사용에 낭비적 요소를 제거함으로써 국가예산과 물자를 절약하도록 노력하여야 한다.

2. 다음 중 경찰서의 재무관인 사람은?   04.7 순경

① 경찰서장   ② 청문감사관

③ 경무과장   ④ 경리계장

❖ **정답:** ③

§ **해설:** ▶ **물품관리관**

각 중앙관서의 장으로부터 물품관리에 관한 사무의 위임을 받은 자	
경찰청	장비과장
경찰병원, 경찰대학 경찰교육원	총무과장
각 지방경찰청장	**경무과장**
각 경찰서	지방경찰청 물품관리관의 업무를 위임받은 분임 물품관리관(**경무과장**)

3. 다음 중 경찰의 무기사용에 관한 적절하지 못한 설명은?   04.11 순경

① 자기 또는 타인의 생명·신체에 대한 방호를 위한 때 무기를 사용할 수 있다.

② 경찰관의 무기휴대의 법적 근거는 경찰관직무집행법이다.

③ 경찰관이 사용할 수 있는 장비를 규정하고 있는 것은 경찰장비관리규칙이다.

④ 경찰장비에는 권총, 소총 등 무기 외에 인질범의 체포 등을 위한 석궁도 포함되어 있다.

❖ **정답:** ②

§ **해설:** 경찰관의 **무기휴대의 법적 근거는 경찰공무원법**이며, 경찰관의 총기사용 **법적 근거는 경찰관직무집행법**이다.

4. 다음 중 무기를 휴대한 자 중에서 무기탄약을 회수 또는 보관할 수 있는 자에 해당하는 것은 몇 개인가?

07.10 순경

㉠ 평소에 불평이 심하고 염세비관한 자	㉡ 사의를 표명한 자
㉢ 변태성벽이 있는 자	㉣ 직무상의 비위 등으로 인하여 경계대상이 된 자
㉤ 형사사건으로 인하여 조사의 대상된 자	㉥ 기타 경찰서장이 부적합하다고 판단한 자

① 2개　　　　　② 3개　　　　　③ 4개　　　　　④ 5개

❖ **정답:** ②

❀ **해설:** ▶ **무기·탄약의 회수 및 보관**

무기·탄약을 즉시 회수하여야 하는 자 (강제회수 대상자)	① 형사사건으로 인하여 조사의 대상이 된 자 ② 사의를 표명한 자 ③ 직무상의 비위 등으로 인하여 징계대상이 된 자
무기·탄약을 회수 또는 보관할 수 있는 자 (임의회수 대상자)	① **평소에 불평이 심하고 염세비관하는 자** ② 주벽이 심한 자 ③ 변태성벽이 있는 자 ④ 가정환경이 불화한 자 ⑤ 기타 경찰관서의 장이 부적합하다고 판단한 자
무기·탄약을 무기고에 보관하여야 하는 경우 (보관대상)	① 술자리 또는 연회장소에 출입할 경우 ② 상사의 사무실을 출입할 경우 ③ 기타 정황을 판단하여 필요하다고 인정되는 경우

5. 다음 중 무기를 휴대한 경찰관 중에서 강제회수 대상자로서 즉시 회수조치해야 하는 사유가 아닌 것은?

04.4 순경

① 평소 불평이 심하고 염세비관한 자
② 직무상 비위로 인해 징계대상이 된 자
③ 형사사건으로 인하여 조사의 대상이 된 자
④ 사의를 표명한 자

❖ **정답:** ①

❀ **해설:** 평소 불평이 심하고 염세비관한 자는 **임의회수 대상자**에 해당된다.

6. 경찰장비관리규칙상 무기·탄약을 휴대한 자 중에서 "무기·탄약을 회수 또는 보관할 수 있는 자"에 해당하지 않는 것은?

07.1 승진, 09.1 승진

① 직무상의 비위 등으로 인하여 징계대상이 된 자
② 평소에 불평이 심하고 염세비관하는 자
③ 주벽이 심한 자
④ 변태성벽이 있는 자

❖ **정답:** ①

❀ **해설:** 직무상의 비위 등으로 인하여 징계대상이 된 자는 **즉시회수대상자**이다.

제8절   경찰보안관리

1. 보안업무의 4대원칙에 속하지 않는 것은?   09.1 승진, 03.11 순경

① 알 사람만 알아야 하는 원칙

② 부분화의 원칙

③ 보안과 능률의 조화의 원칙

④ 외국 및 국제기밀 존중의 원칙

❖ **정답:** ④

※ **해설:** ▶ **보안업무의 원칙**

알 사람만이 알아야 하는 원칙 **(한정의 원칙)**	보안의 대상이 되는 사실은 전파할 때 **전파가 꼭 필요한가 또는 피전파자가 반드시 전달받아야 하며 필요한 것인가** 검토하여야 한다.
부분화 또는 구분화의 원칙 **(적당의 원칙)**	알 사람만 알게 하고 **한 번에 다량의 비밀이나 정보가 유출되지 않도록 하는 원칙**을 말한다.
보안과 업무효율의 조화 **(보안과 능률의 원칙)**	**보안과 업무효율은 반비례관계가** 있으므로 **양자의 적절한 조화를** 유지하는 방법을 강구해야 한다는 원칙이다.
비확산의 원칙	

2. 보안관리에 대한 설명 중 틀린 것은?   10.1 승진

① 비밀의 구분은 국가정보원법 제4조에 명시되어 있다.

② 보안업무의 법적 근거로는 국가정부원법, 정보 및 보안업무기획조정규정, 보안업무규정이 있다.

③ 경찰청장, 경찰병원장, 경찰서장은 Ⅱ급 및 Ⅲ급 비밀 취급인가권자에 해당한다.

④ 경찰공무원은 비밀취급인가증을 별도로 발급받지 않는 특별인가의 대상이다.

❖ **정답:** ①

※ **해설:** ▶ **법적 근거**

① 국가정보원법   ② 정보 및 보안업무 기획조정 규정(대통령령)

③ **보안업무규정**(대통령령)   ④ 보안업무규정 시행규칙(대통령 훈령)

⑤ 보안업무규정 시행세부규칙(경찰청 훈령)

    ◉ **국가보안법(×)**

3. 보안을 요하는 대상에 대하여 잘못 설명한 것은?   98.1 승진

① 인원 · 문서 · 자재 등이 모두 대상이 될 수 있다.

② 내한 중인 외국인은 포함되지 않는다.

③ 지위고하를 불문한다.

④ 시설에는 개인의 산업시설도 포함된다.

❖ **정답:** ②

※ 해설: ▶ 보안의 대상

보안의 주체	국가	◉ 국가는 보안의 주체이지만, 보안의 대상은 아니다.
보안의 대상	인원	지위고하 불문, 내방 중인 **외국인도 포함**
	문서·자재	㉠ 내용의 중요성과 가치의 정도에 따라 각급으로 분류 ㉡ 실질설: 형식에 관계없이 국가기밀에 해당하는 문서는 보안대상
	시설	㉠ 중요산업시설로서 특별히 보호가 요청되는 시설(소유관계는 불문) ㉡ 보안책임자: 관리자(소유자 포함) - 보호구역 설치 가능
	지역	국가안전보장상 특별히 보호가 요청되는 지역

4. 다음 중 보안관리에 관한 설명으로 틀린 것은?   02.1 승진
① 보안의 대상에는 인원·문서·시설·국가가 포함된다.
② 경찰공무원은 임명과 동시에 3급 비밀취급권을 가진다.
③ 경비·경호부서 근무자는 보직발령과 동시에 2급 비밀취급권을 인가받은 것으로 한다.
④ 보직발령과 동시에 2급 비밀취급권을 인가받은 경우 비밀취급인가증은 별도로 발급할 필요가 없다.

⁎ 정답: ①
※ 해설: **국가는 보안의 주체이다.**

5. 다음 설명 중 비밀과 관련된 설명과 거리가 먼 것은?   03.6 순경
① 비밀은 1·2·3급으로 분류하고 대외비가 있다.
② 경찰공무원은 임용과 동시에 3급 비밀취급권을 가진다.
③ 비밀을 취급할 수 있는 자는 행정청으로부터 해당 등급의 비밀취급인가를 받은 자에 해당한다.
④ 1급 비밀은 누설되는 경우 국가안전에 막대한 지장을 초려할 우려가 있는 비밀이다.

⁎ 정답: ④
※ 해설: ▶ 비밀의 구분

Ⅰ급 비밀	누설되는 경우 ㉠ **대한민국과 외교관계가 단절**되고, ㉡ **전쟁을 유발**하며, ㉢ **국가의 방위계획·정보활동 및 국가방위상 필요불가결한 과학과 기술의 개발을 위태롭게 하는 등**의 우려가 있는 비밀
Ⅱ급 비밀	① 누설되는 경우 **국가안전보장에 막대한 지장을 초래**할 우려가 있는 비밀 ② **영수증을 반드시 발행하고 발급**
Ⅲ급 비밀	누설되는 경우 **국가안전보장에 손해를 끼칠 우려가 있는 비밀**
대외비	비밀은 아니지만 직무상 특히 보호를 요하는 사항으로서 보호기간을 명시하고 **비밀에 준하여 취급 및 관리**하는 것

6. 다음 중 영수증을 반드시 발행하는 비밀의 등급은?   96.1 승진
① Ⅰ급 비밀 이상   ② Ⅱ급 비밀 이상
③ Ⅲ급 비밀 이상   ④ 대외비

⁎ 정답: ②
※ 해설: 2급 비밀 이상은 누설되는 경우 국가안전보장에 막대한 지장을 초래할 우려가 있는 비밀이며, **영수증을 반드시 발행하고 발급**한다.

7. 다음 중 비밀에 대한 설명으로 잘못된 것은?   01.1 승진

① 경찰이 보유하는 문서, 정보자료 등이 외부로 유출되었을 때 국가안보나 사회안전 또는 개인의 비밀을 침해하는 경우에는 비밀로 구분한다.

② 비밀은 I · II · III급으로 분류하고, 대외비가 있다.

③ 비밀의 분류는 작성하거나 생산하는 자가 한다.

④ III급 비밀은 누설되는 경우 국가안전보장에 막대한 지장을 초래할 우려가 있는 비밀이다.

❖ 정답: ④

❀ **해설: 2급 비밀**은 누설되는 경우 국가안전에 막대한 지장을 초려할 우려가 있는 비밀이다.

8. 비밀 및 그 취급에 대한 다음 설명 중 잘못된 것은?   03.1 승진

① 비밀의 분류는 작성하거나 생산하는 자가 한다.

② 비밀은 1 · 2 · 3급으로 분류하고 있는데, 그중 3급 비밀은 누설되는 경우 국가안전보장에 손해를 끼칠 우려가 있는 비밀이다.

③ 경찰공무원은 임명과 동시에 3급 비밀 취급권을 가진다.

④ 보직발령과 동시에 2급 비밀 취급권을 인가받더라도 비밀취급인가증은 별도로 발급받아야 한다.

❖ 정답: ④

❀ **해설: 비밀취급인가증은 별도로 발급할 필요가 없다.**

9. 비밀의 분류에 대한 설명으로 옳지 않은 것은?   96.1 승진

① 예고문을 기재한다.

② 내용과 가치의 정도에 따라 분류한다.

③ 비밀은 효율적인 보호를 위하여 등급을 변경할 수 없다.

④ 외국정부로부터 접수한 비밀은 그 발행기간이 필요로 하는 정도로 보호할 수 있도록 분류한다.

❖ 정답: ③

❀ **해설: 비밀은 그 효율적인 보호를 위하여 등급의 변경 또는 파기 등의 재분류를 실시**한다.

10. 비밀분류의 원칙이 아닌 것은?   96.1 승진, 99.1 승진

① 과소 또는 과도분류 금지의 원칙

② 보안과 능률의 조화의 원칙

③ 독립적 분류의 원칙

④ 외국 또는 국제기구의 비밀존중의 원칙

❖ 정답: ②

❖ **해설: ▶ 문서비밀분류의 원칙**

과도 또는 과소분류금지의 원칙	① 비밀은 적절히 보호할 수 있는 **최저등급으로 분류**하여야 하며, **과도 또는 과소하게 분류하여서는 안 된다.** ② 암호자재는 2급 이상 분류된다.
독립분류의 원칙	① 비밀은 그 자체의 **내용과 가치의 정도에 따라 분류**하여야 하며 다른 비밀과 관련하여서는 안 된다. 즉, 문서와 분류되는 문서의 등급을 관련시켜 생각해서는 안 된다는 원칙을 말한다. ② **상급부서가 하급부서에게 획일적으로 보고문서에 대한 비밀등급을 지시한 경우 독립분류의 원칙에 위배**된다.
외국 또는 국제기구 비밀존중의 원칙	외국 또는 국제기구로부터 접수한 비밀은 그 **발행기관이 필요로 하는 정도 또는 그 이상으로 보호할 수 있도록 분류**하여야 한다.

11. 비밀분류원칙에 대한 설명으로 가장 옳지 않은 것은?   10.1 승진

① 비밀은 적절히 보호할 수 있는 최고 등급으로 분류하여야 하며 과도 또는 과소하게 분류하여서는 안 된다는 원칙은 과도 또는 과소분류 금지의 원칙이다.

② 상급부서가 하급부서에게 획일적으로 보고문서에 대한 비밀등급을 지시하였을 경우 독립분류의 원칙에 위배된다.

③ 외국비밀존중의 원칙은 외국정부 또는 국제기구로부터 접수한 비밀은 그 발행기관이 필요로 하는 정도로 보호할 수 있도록 분류하는 원칙이다.

④ 비밀분류의 원칙은 보안업무규정 제10조에 규정되어 있다.

❖ **정답:** ①

❖ **해설:** 비밀은 적절히 보호할 수 있는 최저 등급으로 분류하여야 하며 과도 또는 과소하게 분류하여서는 안 된다는 원칙은 **과도 또는 과소분류 금지의 원칙**이다.

12. 문서작성 시 연도별 일련번호로만 사용하는 것으로 올바르게 묶은 것은?   10.1 승진

① 법규문서, 지시

② 고시, 예규

③ 훈령, 공고

④ 일일명령 회보

❖ **정답:** ④

❖ **해설:**

문서작성 시 연도별 일련번호로만 사용하는 것	일일명령, 회보, 고시, 공고
문서작성 시 누년별 일련번호로만 사용하는 것	법규문서, 예규, 훈령

13. 다음 중 타당하지 않은 것은 모두 몇 개인가?   08.2 경간부

> ㉠ 경찰청장은 1급 비밀 취급인가권자이다.
>
> ㉡ 비밀의 분류는 보안업무규정 제14조에 명시되어 있는데, 1급 비밀, 2급 비밀, 3급 비밀로 분류된다.
>
> ㉢ 경찰공무원은 임명과 동시에 2급 비밀 취급권을 가진다.
>
> ㉣ 특수경과 경찰공무원은 임명과 동시에 2급 비밀 취급권을 가진다.
>
> ㉤ 경찰공무원은 비밀취급인가증을 별도로 발급받지 않는 특별인가의 대상이다.
>
> ㉥ 비밀의 분류는 작성하거나 생산하는 자가 한다.
>
> ㉦ 누설되는 경우 국가안전보장에 막대한 지장을 초래할 우려가 있는 비밀은 2급 비밀이다.

① 2개   ② 3개   ③ 4개   ④ 5개

❖ **정답:** ②

❖ **해설:**

㉠ 경찰청장은 1 · 2급 비밀 취급인가권자이다.

㉢ 경찰공무원(전투경찰순경 포함)은 **임명과 동시에 3급 비밀취급권**을 가진다.

㉣ 경찰공무원 중 특수경과(정보통신 · 항공 · 해양경과)와 일반경과 중 아래의 부서에 근무하는 자(전투경찰
  순경 포함)는 그 **보직발령과 동시에 2급 비밀취급권**을 가진다.

14. 중요시설 보호구역의 설치권자는 누구인가?   98.1 승진

① 중요시설의 장   ② 시 · 도지사

③ 경찰서장   ④ 경찰청장

❖ **정답:** ①

❖ **해설:** 중요시설 보호구역의 설치권자는 **중요시설의 장**이다.

**15. 경찰관서 내 비인가자의 출입을 금지하고 있는 보호구역으로 보안상 극히 중요한 구역에 해당하지 않는
곳은?**   06.2 경간부

① 암호취급소   ② 종합조회실(음어자재 있을 시)

③ 정보기록실   ④ 경찰교환실

❖ **정답:** ④

❖ **해설:** ▶ **보호구역 종류**

제한 지역	내용	비밀 또는 정부재산의 보호를 위하여 울타리 또는 경호원에 의하여 일반인의 출입의 감시가 요구되는 지역
	구역	경찰서 전지역
제한 구역	내용	비밀 또는 주요시설 및 자재에 대한 비인가자의 접근 방지하기 위하여 그 출입에 안내가 요구되는 구역
	구역	① **통합장비실(전자교환기) 및 교환실** ② 송신 및 중계소

		③ 경찰청 및 지방청 항공대
		④ 발간실
		⑤ 과학수사센터
		⑥ 종합조회실(음어자재 없을 시)
		⑦ 작전, 경호 및 정보업무, 보안업무 담당부서 전역
통제 구역	내용	비인가자의 출입이 일체 금지되는 보안상 극히 중요한 구역
	구역	① **정보, 보안기록실** ② 종합상황실(치안) ③ 무기고 및 탄약고 ④ **암호취급소** ⑤ 암호장비 및 정보보호장비 관리실 ⑥ 정보상황실 ⑦ **종합조회실(음어자재 있을 시)** ⑧ 비밀발간실

16. 다음 중 "비인가자의 출입이 금지되는 보안상 극히 중요한 지역에 해당하지 않는 보호구역"은 모두 몇 개인가?

06.10 순경

㉠ 암호취급소	㉡ 비밀발간실	㉢ 치안상황실
㉣ 과학수사센터	㉤ 경찰교환실	㉥ 무기고 및 탄약고
㉦ 정보보안기록실		

① 2개   ② 3개   ③ 4개   ④ 5개

⚡ **정답:** ①(㉣㉤)

❈ **해설:**

•**통제구역**: ㉠ 암호취급소, ㉡ 비밀발간실, ㉥ 무기고 및 탄약고, ㉦ 정보보안기록실

•**제한구역**: ㉣ 과학수사센터, ㉤ 경찰교환실

17. 다음 중 비인가자의 출입이 금지된 보안상 극히 중요한 구역인 통제구역에 해당하지 않는 것은?

07.1 승진

① 암호취급소

② 치안상황실

③ 작전 · 경호 및 정보업무담당부서 전역

④ 종합조회실(음어자재 있을 시)

⚡ **정답:** ③

❈ **해설:** 작전, 경호 및 정보업무, 보안업무 담당부서 전역은 **제한구역 내용**이다.

18. 다음 중 비밀 또는 주요 시설 및 자제에 대한 비인가자의 접근을 방지하기 위하여 출입에 안내가 요구되는 장소는?   08.10 순경

| ㉠ 전자교환기(통합장비)실 | ㉡ 발간실(경찰기관) | ㉢ 경찰청 및 지방경찰청 항공대 |
| ㉣ 무기창(무기고 및 탄약고) | ㉤ 과학수사센터 | |

① 1개   ② 2개   ③ 3개   ④ 4개

✂ 정답: ④
※ 해설: 무기창(무기고 및 탄약고)은 출입의 금지를 요하는 **통제구역**에 해당한다.

19. 다음 설명 중 비밀과 관련된 설명으로 옳은 것은?   04.11 순경
① 비밀 또는 주요 시설 및 자제에 대한 비인가자의 접근을 방지하기 위하여 출입에 안내가 요구되는 지역은 통제구역이다.
② 통제구역으로 암호취급소, 과학수사팀, 정보기록실, 탄약실이다.
③ 비밀은 보호할 수 있는 최저등급으로 분류하여야 한다.
④ 1급 비밀은 누설되는 경우 국가안전보장에 막대한 지장이 초래할 우려가 있는 비밀이다.

✂ 정답: ③
※ 해설:
① 비밀 또는 주요 시설 및 자제에 대한 비인가자의 접근을 방지하기 위하여 출입에 안내가 요구되는 지역은 **제한구역**이다.
② 과학수사팀은 **제한구역에 해당**된다.
④ 1급 비밀은 누설되는 경우 ㉠ **대한민국과 외교관계가 단절**되고, ㉡ **전쟁을 유발**하며, ㉢ **국가의 방위계획 · 정보활동 및 국가방위상 필요불가결한 과학과 기술의 개발**을 위태롭게 하는 등의 우려가 있는 비밀이다.

20. 다음 중 보호구역에 대한 설명으로 타당하지 않은 것은?   09.2 경간부
① 보호구역은 제한지역, 제한구역, 통제구역으로 분류할 수 있다.
② 울타리, 경호원에 의해 일반인의 출입이 감시되는 곳이 제한지역이다.
③ 비밀 또는 주요시설 및 자재에 대한 비인가자의 접근을 방지하기 위하여 출입의 안내가 요구되는 곳은 제한구역으로, 이에 속하는 곳으로는 교환실 및 기계실, 송신 및 중계소, 경호담당부서 전역 등이 있다.
④ 보안상 극히 중요한 구역으로서 비인가자의 출입이 금지되는 곳은 통제구역으로, 이에 속하는 곳으로는 정보보안 기록실, 암호장비 및 정보보호 장비 관리실, 종합상황실, 과학수사센터 등이 있다.

✂ 정답: ④
※ 해설: 과학수사센터는 **제한구역**이다.

21. 비인가자의 출입이 금지된 보안상 극히 중요한 지역인 통제구역이 아닌 것은?   10.1 승진
① 송신 및 중계소   ② 정보보안기록실
③ 정보상황실   ④ 비밀발간실

✂ 정답: ①
※ 해설: 송신 및 중계소는 **제한구역**이다.

22. 보안관리에 대한 설명 중 틀린 것은?   10.1 승진

① 보안업무의 원칙 중 한정의 원칙이란 한 번에 다량의 비밀이나 정보가 유출되지 않도록 하는 원칙을 말한다.

② 비밀의 분류 중 2급 비밀은 누설되는 경우 국가안전보장에 막대한 지장을 초래할 우려가 있는 비밀이다.

③ 비밀분류의 원칙 중 과도 또는 과소분류금지의 원칙이란 비밀은 적절히 보호할 수 있는 최저등급으로 분류하여야 하며 과도 또는 과소하게 분류하여서는 아니 된다는 원칙이다.

④ 보호구역 중 제한 구역은 비밀 또는 주요 시설 및 자재에 대한 비인가자의 접근을 방지하기 위하여 그 출입에 안내가 요구되는 구역을 말한다.

❖ 정답: ①

※ 해설: 부분화 또는 구분화의 원칙 – 알 사람만 알게 하고 **한 번에 다량의 비밀이나 정보가 유출되지 않도록 하는 원칙**을 말한다.

제9절 경찰홍보

1. 경찰공보 활동으로서 PR과 CR의 비교 설명이다. 맞지 않는 것은?   96.1 승진, 01.4 순경
① PR은 대중매스컴을 통한 간접수단적 성격이고, CR은 주민과 대화를 통한 직접수단적 성격을 가진다.
② PR은 불특정 다수를 대상으로 하고, CR은 특정 다수를 대상으로 한다.
③ PR은 대외적 공보활동으로서의 성격을 가지고, CR은 대내적 공보활동으로서의 성력을 가진다.
④ CR은 넓게는 PR의 개념에 포함된다고 볼 수 있다.

⋮ 정답: ③
※ 해설: ▶ 협의의 홍보(PR)과 지역공동체관계(CR)

	협의의 홍보(PR)	지역공동체관계(CR)
대상	일반국민(불특정 다수인)	지역사회주민(특정 다수인)
수단	대중매스컴을 통한 간접수단	주민과 대화를 통한 직접수단
공통점	국민이나 주민 등의 협력을 얻기 위한 **대외적 공보(홍보)활동**	

☞ CR은 넓게는 PR의 개념에 포함된다.

2. 유인물, 팸플릿 등 각종 매체를 통해 개인이나 단체의 좋은 점을 일방적으로 알리는 활동을 의미하는 것은?   04.7 순경
① 협의의 홍보   ② 지역공동체관계
③ 광의의 홍보   ④ 기업식 경찰홍보

⋮ 정답: ①
※ 해설: ▶ 경찰홍보의 유형

협의의 홍보 (PR: Public Relations)	유인물, 인쇄매체, 각종 매체 등을 통해 개인이나 단체의 좋은 점을 일방적으로 알리는 **활동**을 말한다.
지역공동체 관계 (CR: Community Relations)	지역사회 내에서 경찰과 주민이 직접적인 대화를 통하여 문제점을 해결하고 경찰업무를 설명하여 상호 이해와 협력을 얻는 동시에 경찰활동을 널리 알리는 종합적인 지역사회 홍보체계를 의미하며, CR의 수단으로서 가장 효과적인 것은 **지역경찰관의 활동**이다.
언론관계 (PR: Press Relations)	신문, TV, 라디오 등 뉴스 프로그램의 보도기능에 대응하는 활동으로 대개 사건·사고에 대한 기자들의 질의에 답하는 대응적이고 소극적인 홍보활동을 말한다.
대중매체 관계 (MR: Media Relations media Services)	종합적인 홍보활동으로 신문, 방송 및 영상물 등 각종 대중매체 제작자와 긴밀한 협조관계를 구축, 유지하여 대중매체의 필요를 충족시켜 주면서 경찰의 긍정적인 측면을 널리 알리는 적극적인 활동을 말한다.

기업
이미지식
경찰홍보
	① 소비자주권시대를 맞아 경찰업무의 서비스 개념, 즉 주민을 소비자로 보는 관점
	  에서 발달한 개념이다.
	② 조직이미지를 고양하여 높아진 주민 지지도를 바탕으로 예산획득, 형사사법 환경
	  하의 협력확보 등의 목적을 달성하는 종합적이고 계획적인 홍보활동이다.
	③ 캐릭터(포돌이)를 이용한 활동이 여기에 해당된다.

3. 지역사회 홍보활동(CR)의 매개체로서 가장 효과적인 것은? 96.1 승진

① 지역경찰관 활동   ② 라디오
③ 신문   ④ TV

❖ **정답:** ①
❊ **해설:** CR의 수단으로서 가장 효과적인 것은 **지역경찰관의 활동**이다.

4. 경찰청의 포돌이의 경우처럼 주민에게 친근한 상징물을 개발 · 전파하는 활동과 관계가 깊은 것은?
                     01.1 승진

① 지역공동체 관계   ② 협의의 홍보
③ 기업이미지식 경찰홍보 ④ 대중매체 관계

❖ **정답:** ③
❊ **해설: 기업이미지식 경찰홍보 – 캐릭터(포돌이)를 이용한 활동** 등이 있다.

5. 경찰과 대중매체의 관계를 '단란하고 행복스럽지는 않더라도, 오래 지속되는 결혼생활'에 비유한 사람은?
                     05.2 경간부

① Sir. Robbert Mark   ② R. Ericson
③ C. R. Jeffery   ④ S. P. Lab

❖ **정답:** ①
❊ **해설: ▶ 경찰과 대중매체와의 관계**

로버트 마크(R. Mark)	단란하고 행복스럽지는 않더라도, 오래 지속되는 결혼생활
에릭슨(R. Ericson)	경찰과 대중매체는 서로 연합하여 그 사회의 일탈에 대한 개념을 규정하며, 도덕성과 정의를 규정짓는 사회적 엘리트 집단을 구성한다고 주장
크랜돈(G. Crandon)	경찰과 대중매체는 상호 필요성 때문에 공생관계로 발전
제프리(C. R. Jeffery)	범죄통제의 모형을 3가지로 구분하여 제시

6. 경찰과 대중매체는 서로 연합하여 그 사회의 일탈에 대한 개념을 규정하며, 도덕성과 정의를 규정짓는 사회적 엘리트 집단을 구성한다고 주장한 사람은?
                05.3 순경, 08.3 순경

① Sir. Robbert Mark   ② R. Ericson
③ C. R. Jeffery   ④ S. P. Lab

❖ **정답:** ②

※ **해설:**
① Sir. Robbert Mark – 경찰과 대중매체의 관계를 단란하고 행복스럽지는 않더라도, 오래 지속되는 결혼생활에 비유하였다.
③ C. R. Jeffery – 범죄통제의 모형을 3가지로 구분하여 제시하였다.
④ S. P. Lab – 범죄예방을 실제의 범죄발생과 범죄에 대한 공중의 두려움을 줄이는 사전활동으로 규정하였다.

7. 적극적 홍보전략이 아닌 것은?   02.1 승진
① 대중매체의 이용   ② 비밀주의와 공개최소화 원칙
③ 언론접촉 장려   ④ 홍보와 타 기능의 연계

ϟ **정답:** ②
※ **해설: ▶ 경찰홍보전략**

소극적 홍보전략	① 홍보실과 기자실 ② **홍보와 타 기능의 분리** ③ 언론접촉 규제 ④ **비밀주의와 공개최소화 원칙**
적극적 홍보전략	① 대중매체의 이용 ② **공개주의와 비밀최소화 원칙** ③ 전 경찰의 홍보요원화 ④ 언론접촉 장려 ⑤ **홍보와 타 기능의 연계**를 통한 총체적 홍보전략

8. 경찰홍보와 관련한 설명 중 옳지 않은 것은?   09.1 승진
① 국민에게 경찰의 시책이나 경찰활동의 상황을 정확하게 전달하는 한편, 국민의 경찰에 대한 의견이나 요망을 파악하여 경찰활동에 반영하는 것이다.
② 기업이미지식 경찰홍보는 경찰청의 포돌이의 경우처럼 친근한 캐릭터를 개발·전파하여 조직 이미지를 제고하여 주민 지지도를 바탕으로 예산획득 등의 목적을 달성하려는 종합적이고 계획적인 홍보활동이다.
③ 적극적인 홍보전략으로 비밀주의와 공개최소화 원칙이 있다.
④ G. Crandon은 경찰과 대중매체는 서로를 필요로 하기 때문에 둘 사이에는 공생관계가 발달한다고 주장한다.

ϟ **정답:** ③
※ **해설:** 비밀주의와 공개최소화 원칙은 **소극적 홍보전략**이다.

9. 경찰관이 업무를 수행하는 과정에서 신문기자의 인터뷰 요청을 받았을 경우 주의할 사항으로 잘못된 것은?   01.2 경간부, 02.11 순경
① 모든 발언에 주의하여야 한다.
② 확실하고 명확하게 답변하여야 한다.
③ 사건의 이면사항 등 자신의 견해를 말한다.
④ 사실에 입각한 얘기만 해야 한다.

ϟ **정답:** ③

❈ **해설: ▶ 신문기자와의 인터뷰 10원칙**

① 모든 발언에 주의하라.
② 계속 이러질 질문을 예상하라.
③ 확실하고 명확하게 답변하라.
④ 사실에 입각한 얘기만 하라.
⑤ 필요하면 확인할 시간을 달라고 요청한다.
⑥ 말 다듬어 주기를 받아들여라.
⑦ 단호하게 말하되 실수에 대해서는 사과하라.
⑧ 자신 스스로의 말을 하라.
⑨ 혼자 고민하지 말라.
⑩ 'No Comment'라고 답하지 마라.

10. 대전 둔산경찰서 숲경감은 업무를 수행하는 과정에서 대전일보기자의 인터뷰 요청을 받았다. 이때 주의할 사항으로 잘못된 것은?   02.11 순경
① 기자와의 친밀감을 조성한다.
② 사실에 입각한 얘기만 해야 한다.
③ 피의자의 실명 등 가급적 자세히 설명하는 등 자신의 견해를 피력함으로써 기자들의 인터뷰를 돕는다.
④ 질문할 사항이 무엇인지 확인한다.

❖ **정답: ③**
❈ **해설:** 사건관련 인터뷰 시 **피의자의 실명 등이 공표되지 않도록 유의**해야 한다.

11. 경찰홍보에 대한 설명 중 틀린 것은?   10.1 승진
① 공공관계(PR)는 상대방의 지지를 얻기 위한 노력이나 활동이라는 점에서 선전과 유사하다.
② 보도관련 용어 중 off the record는 보도하지 않을 것을 조건으로 하는 자료나 정보제공을 말한다.
③ 정정보도청구를 받은 언론사의 대표는 14일 이내에 그 수용 여부에 대한 통지를 청구인에게 발송하여야 한다.
④ R. Ericson은 경찰과 대중매체는 서로 얽혀서 범죄와 정의, 사회질서의 현실을 해석하고 규정짓는 사회기구의 역할을 수행한다고 주장하였다.

❖ **정답: ③**
❈ **해설:** 정정보도청구를 받은 **언론사의 대표는 3일 이내**에 그 수용 여부에 대한 통지를 청구인에게 발송하여야 한다.

12. 다음 중 현행법상 추후보도청구권을 보장하고 있는 법률은?   02.1 승진
① 정기간행물의 등록 등에 관한 법률
② 방송법
③ 언론중재 및 피해구제 등에 관한 법률
④ 종합유선방송법

❖ **정답: ③**
❈ **해설: 언론중재 및 피해구제 등에 관한 법률**

13. S경찰서는 언론기관의 오보로 피해를 입었다. S경찰서가 반론보도청구권을 행사할 수 있는 기간은?

02.1 승진

① 보도가 있음을 안 날로부터 1월 이내, 보도가 있는 후 6월 이내
② 보도가 있음을 안 날로부터 3월 이내, 보도가 있는 후 6월 이내
③ 보도가 있음을 안 날로부터 6월 이내, 보도가 있는 후 1년 이내
④ 보도가 있음을 안 날로부터 1년 이내, 보도가 있는 후 2년 이내

❣ **정답:** ②

❈ **해설:** 반론보도 청구에 관하여는 따로 규정된 것을 제외하고는 정정보도 청구에 관한 규정을 준용
하므로 보도가 있음을 안 날로부터 **3월 이내**, 보도가 있는 후 **6월 이내 행사**하여야 한다.

제6장
경찰에 대한 통제
방안 및 향후과제

제1절　경찰에 대한 통제방안

1. 다음의 경찰에 대한 통제의 필요성에 대한 설명으로 가장 틀린 것은?　　02.5 순경, 03.6 순경
① 경찰의 능률성을 확보하기 위해서 필요하다.
② 경찰의 민주적 운영을 위해서 필요하다.
③ 경찰의 정치적 중립을 위해서 필요하다.
④ 경찰조직의 부패방지를 위해서 필요하다.

❖ **정답:** ①
※ **해설:** ▶ **경찰통제의 필요성**

> ① 경찰의 **민주적 운영**을 위해서 필요하다.
> ② 경찰의 **정치적 중립**을 **확보**하기 위하여 필요하다.
> ③ 경찰활동에 있어 **법치주의를 도모하기 위해 필요**하다.
> ④ **국민의 인권**을 **보호**하기 위하여 필요하다.
> ⑤ 경찰의 통제는 조**직 자체의 부패를 방지**하고 **건강을 유지**하기 위하여 필요하다.

2. 경찰통제의 요소 중 행정통제의 근본 또는 전체요소라고 볼 수 있는 것은?　　01.2 경간부, 02.3 순경
① 권한의 분산
② 공개
③ 참여
④ 책임

❖ **정답:** ②
※ **해설:** ▶ **경찰통제의 기본요소**

권한의 분산	권한이 중앙이나 일부에 집중되어 있을 때 남용의 위험이나 정치적 유혹 또는 이용의 대상이 되기 쉬우므로 **경찰의 중앙조직과 지방조직간의 권한의 분산, 상위계급자와 하위계급자간의 권한의 분산 등이 필요**하다.
참여	① **국민의 행정참여 기회**의 소홀 ② 행정절차법에 의한 절차적 권리의 인정 ③ 국민의 경찰행정에 대한 참여 도모
정보의 공개	① **경찰통제의 요소 중 행정통제의 근본 또는 전제요소**라고 볼 수 있다. ②「공공기관의 정보공개에 관한 법률」은 원칙적으로 행정기관의 정보의 공개를 의무화하고, 나아가 적극적으로 정보의 제공을 규정하고 있으며, 적용제외 대상에 포함되지 아니하는 한 경찰기관의 정보도 공개에 예외일 수 없다. ③ 정보의 공개가 없으면 참여가 불가하고 그 결과 통제가 불가하게 된다. 따라서 **정보공개는 경찰통제의 근본 또는 전제요소**이다. 그러므로 경찰기관의 정보는 과감하게(원칙적, 적극적) 공개하여야 한다.

책임	① 경찰에 대한 통제의 과정에서 잘못으로 드러난 문제에 대해서는 **분명히 책임(형사책임, 민사책임, 징계책임 등)을 추궁**해야 한다. ② 경찰공무원 개인의 징계책임은 지나치게 무거운 대신 관리자의 정책결정 책임이나 조직을 개혁하지 않은 책임 등은 경시되기 쉽고, 그 결과 조직은 구습을 반복하고 개혁이나 발전 없이 같은 정체의 과정 속에 빠지게 된다. ③ 통제는 자기통제가 바람직하나, 조직의 자기비호와 변화를 거부하는 속성상 외부통제가 필요하다. ④ 외부기관에 의한 업무의 상시적인 지휘는 조직의 자율성을 저해하는 등의 문제점이 있으므로 바람직하지 않다.
환류	경찰행정의 목표와 관련하여 그 수행 과정의 적정 여부를 확인하는 과정으로 이의 확인 결과에 따라 책임을 추구하고 나아가 환류를 통하여 순환을 발전적으로 유도하여야 한다.

3. 경찰에 대한 통제의 기본요소에 대한 설명으로 바르지 못한 것은?   02.1 승진
① 경찰권한의 집중이 필요하다.
② 경찰기관이 자료가 투명하게 공개되어야 한다.
③ 경찰행정에 국민의 참여를 보장하여야 한다.
④ 경찰행정의 결과에 따라 만약 잘못이 드러나면 책임을 추궁한다.

❖ **정답:** ①
❈ **해설:** 경찰권한의 **적절한 분산이 필요**하다.

4. 다음 중 경찰통제의 기본요소로 보기 어려운 것은?   04.3 순경
① 경찰 정보의 공개
② 경찰 권한의 집중
③ 경찰 공무원의 과오에 대한 책임
④ 경찰 행정의 국민의 참여 보장

❖ **정답:** ②
❈ **해설: 경찰권한의 적절한 분산이 필요**하다.

5. 경찰이 긴밀한 지역사회관계를 형성하기 위해서는 주민들의 불만을 적절히 대처하고 해소시키는 노력이 중요한데, 다음 중 경찰 주민들의 의견수렴을 위해 발족시킨 기구로 보기 어려운 것은?
01.10 순경, 04.1 승진

① 경찰위원회
② 치안행정협의회
③ 민원봉사실
④ 경찰서 행정발전위원회

❖ **정답:** ①

※ **해설:** ▶ 주민의 경찰에 대한 참여방안(경찰이 주민들의 의견수렴을 위해 발족시킨 기구)

치안행정 협의회	자치단체와의 원활한 업무협조를 위해 시·도지사 소속하에 두고 있는 협의기구로 9명의 위원 중 3명의 민간인이 포함되어 있다.
경찰서 치안행정 발전위원회	NGO관련인사 등 사회지도층 인사로 구성하여 참여와 감시를 통하여 경찰행정 발전을 도모키 위해 신설된 기구이다.
방범리콜제도	방범활동과 관련된 주민의 건의사항을 수렴하여 방범시책에 반영함으로써 주민의 치안참여를 확대하기 위한 제도이다.
민원봉사실	경찰 인·허가, 증명확인 및 고소·고발 등 경찰민원의 접수·처리와 상담을 위해 설치한 기구이다.
경찰위원회	경찰의 민주성과 중립성 및 공정성 확보 등을 목적으로 행정안전부에 설치된 심의·의결기구로 지역사회관계의 발전과 다소 거리가 있다. 즉, **간접적인 국민참여 방안에 속하지만, 주민참여 방안으로는 볼 수 없다.**

6. 다음 중 방범리콜에 대한 설명으로 틀린 것은?

01.4 순경

① 생활안전활동에 주민의 의견을 반영하기 위한 제도이다.
② 고객지향 행정의 최종목표는 고객이 감동하는 행정서비스의 제공에 있다.
③ 잘못된 행정서비스에 대한 불만 제기권을 부여하고 이를 시정하는 장치이다.
④ 경찰행정에 대한 주민의 참여제도라고 보기는 어려운 제도이다.

❖ **정답:** ④

※ **해설:** **방범리콜제도**란 방범활동과 관련된 주민의 건의사항을 수렴하여 방범시책에 반영함으로써 주민의 치안참여를 확대하기 위한 제도이다.

7. 영미법계 국가에서 경찰조직에 대한 민주적 통제를 확보하기 위하여 실행하는 제도가 아닌 것은?

02.11 순경

① 국가배상제도   ② 경찰책임자 선거
③ 자치경찰제도   ④ 경찰위원회

❖ **정답:** ①

※ **해설:** ▶ 민주적 통제와 사법적 통제

민주적 통제 (영미법계)	의의	① **절차적·사전통제 중심**이다. ② 경찰의 민주성 확보를 위한 제도적 장치를 마련하여 **시민이 직접 또는 그 대표기관을 통한 참여와 감시를 가능**케 하는 민주적 통제장치를 구축하고 있다. 예 **경찰위원회제도, 자치경찰제도, 경찰책임자의 선거제도 등** ③ 영미법계 국가에서는 **경찰조직의 민주성을 확보하기 위한 제도적 장치**마련에 관심을 가지고 있다.
	특색	적정절차의 원칙에 중점을 두어 시민이 직접 또는 그 대표기관을 통해 참여와 감시를 가능케 하는 시스템을 구축하고 있다.

사법적 통제 (대륙법계)	**의의**	① **실체적·사후통제 중심**이다. ② 경찰행정에 대한 사법심사 등을 통해 **법원이 행정부의 행위를 심사**함으로써 통제하는 사법적 통제장치를 구축하고 있다. 예 국가배상제도, 행정소송제도 ③ 대륙법계의 국가에서는 초기 행정소송 등의 열기주의에서 개괄주의로 전환함으로써 **행정에 대한 법원의 통제를 확대**하고 있으며, 이는 국민의 사법적 구제의 길을 넓힘으로써 행정에 대한 통제를 강화하는 효과를 가져왔다.
	특색	실체적 권리보장에 중점을 두어 법원이 행정부의 행위를 심사함으로써 행정부를 통제하는 시스템을 구축하고 있다.

8. 경찰의 통제에 대한 다음 설명 중 틀린 것은?   03.3 순경
① 영미법계 국가에서는 경찰조직의 민주성을 확보하기 위하여 경찰위원회, 자치경찰제도의 시행 등의 제도적 장치를 마련하고 있다.
② 대륙법계 국가에서는 행정소송의 열기주의에서 개괄주의로 전환함으로서 행정에 대한 법원의 통제를 축소하고 있다.
③ 경찰조직 내에서 이루어지는 자체 통제로서 청문감사관제도, 직무명령권, 훈령권 등이 있다.
④ 행정에 대한 사전통제를 규정하고 있는 기본법은 행정절차법이다.

❖ **정답:** ②
❈ **해설:** 대륙법계 국가에서는 행정소송의 열기주의에서 개괄주의로 전환함으로써 **행정에 대한 법원의 통제를 확대**하고 있다.

9. 경찰의 조직과 활동은 점검하고 감시함으로써 경찰조직과 경찰활동의 적정을 도모하기 위한 경찰통제의 설명 중 틀린 것은?   08.2 경간부
① 경찰조직 내에서 이루어지는 자체 통제로는 청문감사관, 직무명령권, 훈령권 등이 있다.
② 사전통제를 규정하고 있는 기본법은 행정절차법이다.
③ 대륙법계 국가에서는 열기주의에서 개괄주의로 전환함으로써 행전에 대한 법원의 통제를 축소하고 있다.
④ 경찰활동은 행정 편의주의에 입각하여 고도의 재량에 의하는 것이 일반적이나, 재량의 일탈이나 남용도 사법심사의 대상이 된다.

❖ **정답:** ③
❈ **해설:** 대륙법계 국가에서는 행정소송의 열기주의에서 개괄주의로 전환함으로써 **행정에 대한 법원의 통제를 확대**하고 있다.

10. 경찰의 통제방법과 관련한 외국의 태도에 대한 설명으로 옳지 않은 것은?   03.1 승진
① 영미법계 국가에서는 경찰조직의 민주성을 확보하기 위한 제도적 장치마련에 관심을 가지고 있다.
② 대륙법계 국가에서는 경찰행정에 대한 사법심사시스템을 구축하고 있다.
③ 영미법계 국가에서는 경찰책임자의 선거, 자치경찰제도의 시행 등을 통해 통제하고 있다.
④ 대륙법계 국가에서는 초기 행정소송 등의 개괄주의에서 열기주의로 전환함으로써 행정에 대한 법원의 통제를 축소하고 있다.

❖ **정답:** ④

❖ **해설:** 대륙법계 국가에서는 초기 행정소송 등의 열기주의에서 개괄주의로 전환함으로써 **행정에 대한 법원의 통제를 확대**하고 있다.

---

11. 다음 중 경찰행정의 책임을 확보하기 위한 사전통제에 해당되는 것은?　　03.4 순경

① 행정소송　　　　　　　　　　　　② 국회의 예산결산권

③ 국회의 예산심의권　　　　　　　　　④ 상급기관의 감사권

❖ **정답:** ③

❖ **해설:** ▶ **사전통제와 사후통제(시기에 따라 구분)**

의의	① 사전통제와 사후통제의 구분은 "경찰권 발동의 시점"을 기준으로 한다. ② 오늘날 행정청에 대해서는 권리나 이익이 침해받기 전에 절차적으로 참여하는 등 사전통제를 강화하고 있다.	
사전 통제	행정절차법	행정에 대한 사전통제를 규정하고 있는 기본법이다.
	정보공개 청구권	① 국민의 알권리를 보장하고 국정에 대한 국민의 참여와 국정운영의 투명성을 확보함을 목적으로 행정기관의 정보공개가 강력히 요청되고 있다. ② 정보의 공개는 행정통제의 근본이 되고 있다.
	입법기관인 국회	**입법권, 국회의 예산심의권**, 경찰청장의 인사청문회 등을 통하여 경찰관계법령의 제정이나 경찰예산의 편성과정에서 통제가 가능하다.
사후 통제	행정부에 의한 통제	① **행정부의 행정심판** ② 소청심사위원회의 소청심사 ③ 징계책임 ④ 상급기관의 하급기관에 대한 감사(감독)권
	사법부에 의한 통제	① 행정소송 ② 국가배상청구소송 ③ **사법부의 사법심사에 의한 통제**
	입법부에 의한 통제	① 국정감사 및 조사권 ② 경찰청장의 탄핵소추권 ③ **국회의 예산결산권**

---

12. 다음 중 사전적 통제에 속하는 것은?　　03.4 순경

① 행정소송

② 국회의 예산결산권

③ 국회의 예산심의권

④ 상급기관의 하급기관에 대한 감사권

❖ **정답:** ③

❖ **해설: 국회의 예산심의권**은 사전통제에 속한다.

13. 경찰 통제의 유형 중 그 성격이 다른 것은?   10.3 순경
① 국회의 예산 심의권   ② 행정심판을 통한 통제
③ 소청심사위원회의 소청심사   ④ 사법부의 사법심사에 의한 통제

▪ **정답:** ①
▩ **해설:** ▶ ①은 **사전통제**이나, ②③④는 **사후통제**이다.

14. 다음 중 행정에 대한 사후통제와 거리가 먼 것은?   01.11 순경
① 상급기관의 하급기관에 대한 감사권   ② 행정심판
③ 국회의 예산심의권   ④ 국회의 국정감사권

▪ **정답:** ③
▩ **해설: 국회의 예산심의권**은 사전통제에 속한다.

15. 다음 중 경찰외부통제와 관련하여 틀린 것은?   01.3 순경
① 대통령 – 경찰청장, 경찰위원회 위원 임명
② 감사원 – 예산안 심의 의결, 경찰근무감찰
③ 국민권익위원회 – 국민의 편의제공
④ 행정부 – 검사의 수사지휘

▪ **정답:** ②
▩ **해설:** ▶ 내부적 통제와 외부적 통제(경찰청을 기준으로 한 구분)

<table>
<tr><td colspan="2">내부적
통제
(자체
통제)</td><td>감사관제도, 훈령권, 직무명령권, 행정심판의 재결권</td></tr>
<tr><td rowspan="7">외부적
통제</td><td>입법통제
(국회에
의한 통제)</td><td>① 가장 강력한 경찰통제기관으로 볼 수 있다.
예 국회는 ㉠ 입법권, ㉡ 예산심의결산권, ㉢ 국정감사·조사권, ㉣ 경찰청장의 인사청문회 및 탄핵소추권</td></tr>
<tr><td>사법통제
(법원에
의한 통제)</td><td>사법통제는 사후통제에 그치지만, 가장 실효성이 큰 경찰통제의 수단이다.
예 행정소송, 위헌위법명령·규칙심사권 등</td></tr>
<tr><td rowspan="4">행정통제
(행정부에
의해 통제)</td><td>대통령</td></tr>
</table>

위 표의 행정통제 세부 내용:

	내용
대통령	**경찰청장의 임명권, 경찰위원회 위원의 임명권** 등과 행정수반으로서 주요 정책결정을 통하여 경찰을 통제할 수 있다.
행정안전부장관	행정안전부장관은 경찰청장과 경찰위원회 위원의 임영제청권을 가지므로 상급관청으로서의 권한행사를 통하여 경찰을 통제할 수 있다.
감사원	경찰기관의 세입·세출의 결산뿐만 아니라, 경찰기관 및 경찰공무원의 직무에 대한 감찰을 통하여 경찰을 통제할 수 있다.
소청심사위원회	행정안전부에 설치된 소청심사위원회는 경찰공무원의 징계 등 불이익 처분에 관한 심사를 하므로 외부통제에 해당한다.

		국민권익 위원회	국무총리 소속인 국민권익위원회는 고충민원의 처리와 이에 관련된 불합리한 행정제도를 개선하고 부패의 발생을 예방하여 부패행위를 효율적으로 규제하고 있다.
		시민고충 처리위원회	「부패방지 및 국민권익위원회의 설치와 운영에 관한 법률」에 근거하여 시민고충처리위원회를 설치하였다.
		경찰위원회	행정안전부 소속의 경찰위원회는 외부통제를 수행하지만, 형식적 수준에 머물러 있어 외부적 통제기능을 제대로 수행하고 있지 못하다.
		검찰·국가 정보원·국 방부	경찰은 정보·보안업무와 관련하여서는 국가정보원의 조정과 통제를 받고 있으며, 대간첩작전은 국방부의 통제를, 수사업무는 검찰에 의한 지휘를 받고 있다.
외부적 통제	국가인권위 원회에 의한 통제		국가인권위원회는 인권의 보호와 향상을 위한 업무를 수행하기 위하여 설치한 입법·사법·행정 등 3부 어디에도 소속되지 않은 독립적인 국가기구이다. 囿 방문조사권, 사전통보권
	NGO(비정부 기구)에 의한 통제		비정부기구 또는 비정부단체를 의미한다.
	민중에 의한 통제	의의	민중통제는 여론, 이익집단, 언론기관, 정당, NGO 등을 통한 직·간접적인 통제로서, 민주주의의 특징이라고 할 수 있다.
		방법	① 언론기관에 의한 통제 ② 정당에 의한 통제 ③ 선거권에 의한 통제

16. 경찰에 대한 통제 유형을 내부통제와 외부통제로 구분할 때, 외부적 통제방법?   07.3 순경

㉠ 청문감사관	㉡ 경찰위원회
㉢ 소청심사위원회	㉣ 국회의 입법권
㉤ 감사원	㉥ 행정소송
㉦ 훈령과 직무명령권	㉧ 언론기관

① 3개   ② 4개   ③ 5개   ④ 6개

❖ 정답: ④
❊ 해설:
•**내부적 통제**: ㉠ 청문감사관, ㉦ 훈령과 직무명령권
•**외부적 통제**: ㉡ 경찰위원회, ㉢ 소청심사위원회, ㉣ 국회의 입법권, ㉤ 감사원, ㉥ 행정소송, ㉧ 언론기관

17. 다음 중 경찰통제의 유형이 바르게 연결되지 않은 것은?   11.2 순경
① 사전적 통제 – 국회의 예산심의권, 행정절차법상 입법예고제
② 사후적 통제 – 사법부의 사법심사, 행정부의 행정심판
③ 내부통제 – 국민권익위원회에 의한 통제, 청문감사관 제도
④ 외부통제 – 경찰위원회, 국가인권위원회에 의한 통제

❖ 정답: ③
❊ 해설: 국민권익위원회에 의한 통제는 외부통제에 해당된다.

18. 경찰통제로서의 행정심판에 대한 설명 중 부적절한 것은?   01.11 순경

① 보통행정청의 처분 또는 부작위에 대하여는 당해 행정청의 직근상급행정기관이 행정심판위원회가 된다.

② 집회 및 시위에 관한 법률에 의한 집회의 금지 통고에 대하여는 직급상급경찰기관이 행정심판위원회가 된다.

③ 상급 경찰관청은 하급경찰관청의 행정의 위법문제에 대하여만 통제를 가할 수 있다.

④ 훈령권은 내부통제에 해당한다.

⁝ 정답: ③

※ 해설: 행정심판위원회는 행정의 **위법은 물론 부당한 문제에 대해서도 통제를 기할 수 있다.**

19. 경찰에 대한 민주적 통제장치인 경찰위원회에 대한 설명으로 가장 관계가 먼 것은?   03.7 순경

① 치안정책에 관한 합의제 심의·의결기관이다.

② 명실상부한 민주적 통제장치로 보기는 어렵다.

③ 행정안전부장관의 재의요구권은 경찰위원회의 기능을 제약하는 요소가 되고 있다.

④ 시·도지사 소속 하에 설치되어 있다.

⁝ 정답: ④

※ 해설: 행정안전부 소속하여 설치되어 있다.

20. 경찰에 대한 통제유형으로 다른 것은?   08.7 순경

① 직무명령, 경찰위원회 – 내부적 통제

② 국정원의 정보업무조정– 행정부의 통제

③ 국회의 국정감사원, 예산결산권 – 사후통제

④ 소청심사위원회, 행정소송 – 외부적 통제

⁝ 정답: ①

※ 해설: 직무명령은 내부적 통제이고, **경찰위원회는 외부적 통제**이다.

21. 경찰조직 내에서 이루어지는 내부통제와 경찰조직 외부에서 이루어지는 외부통제에 대한 설명으로 타당하지 않은 것은?   04.7 순경

① 민원인의 고충 등을 상담·해소해 주고 경찰내의 인권보호 상황을 확인·점검하는 임무를 수행하는 청문감사관제도는 외부통제에 해당한다.

② 국민여론, 국회의 예산심의권, 행정소송에 의한 통제 등은 외부통제이다.

③ 경찰위원회, 소청심사위원회에 관한 통제도 외부통제이다.

④ 훈령권, 직무명령권에 의한 통제는 내부통제에 해당한다.

⁝ 정답: ①

※ 해설: 청문감사관 제도는 내부통제에 해당한다.

22. 다음 경찰통제에 대한 설명 중 틀린 것을 모두 고르시오.   09.3 순경

> ㉠ 감사원의 직무감찰 및 행정안전부장관의 일정한 관여 등은 경찰통제의 유형 중 외부통제로 보아야 한다.
> ㉡ 사법심사에 의한 통제는 경찰통제의 유형 중 사후적 통제로 볼 수 있다.
> ㉢ 경찰통제의 확보는 '국민의 경찰'이라는 관점에서 볼 때, 경찰의 민주성 추구라는 이념과 배치되는
>   경향이 강하다.
> ㉣ 대륙법계의 경우 사후적 사법심사를 통한 통제가 상대적으로 활성화 되었고, 영미법계의 경우 시민
>   을 통한 통제를 하여 시민과 대립관계를 유지하였다.

① ㉠, ㉡   ② ㉡, ㉢   ③ ㉡, ㉣   ④ ㉢, ㉣

정답: ④

▓ 해설:

㉢ 경찰통제의 확보는 '국민의 경찰'이라는 관점에서 볼 때, **경찰의 민주적 운영을 위해 필요하다.**

㉣ 영미법계는 시민 또는 시민의 대표기관을 통한 참여와 감시를 통한 통제가 상대적으로 활성화되었다. 이
   는 **시민과 대립관계가 아닌 협력관계로 볼 수 있다.**

23. 경찰에 대한 통제와 관련하여 다음 설명 중 옳지 않은 것은?   09.1 승진

① 19세 이상의 국민은 경찰을 비롯한 공공기관의 사무처리가 법령위반 또는 부패행위로 인하여 공익을 현저
   히 해하는 경우 300명 이상의 국민의 연서로 감사원에 감사를 청구할 수 있다.
② 경찰위원회는 명실상부한 민주적 통제장치로서 기능을 하고 있다.
③ 감사원의 직무감찰, 행정안전부장관의 일정한 관여 등은 경찰통제의 유형 중 외부통제로 보아야 한다.
④ 국가인권위원회는 인권침해행위에 대한 조사와 구제 등의 업무를 수행하게 되는데, 특히 경찰서 유치장
   이나 사법경찰관리가 그 직무수행을 위하여 사람을 조사·유치 또는 수용하는 데 사용하는 시설에 대한
   방문조사권을 가지고 있다.

정답: ②

▓ 해설: 행정안전부 소속의 경찰위원회는 외부통제를 수행하지만, 형식적 수준에 머물러 있어 **외부
       적 통제기능을 제대로 수행하고 있지 못하다.**

24. 다음 중 경찰에 대한 통제유형의 연결이 잘못된 것은?   05.1 승진

① 직무명령권, 청문감사관제도 – 내부적 통제
② 국정원의 정보업무조정, 수사에 관한 검사의 지휘 – 행정부에 의한 통제
③ 국회의 국정감사권, 예산심의권 – 사후적 통제
④ 소청심사위원회, 행정소송 – 외부적 통제

정답: ③

▓ 해설: 예산심위권은 **사전적 통제**이다.

25. 다음 중 민중통제의 방법에 속하지 않는 것은?   09.3 순경

① 언론기관에 의한 통제   ② 정당에 의한 통제
③ 직업윤리에 의한 통제   ④ 선거권에 의한 통제

정답: ③

▓ 해설: 직업윤리에 의한 통제는 **내부통제**에 속한다.

26. 경찰통제의 유형 및 장치의 설명 중 옳은 것은?   07.12 순경

① 국회의 예산심의권은 사후적 통제이다.
② 행정소송, 손해배상청구는 사법적 통제이다.
③ 청문감사관, 훈령권, 직무명령은 외부적 통제이다.
④ 경찰위원회 소청심사위원회는 내부통제이다.

❖ 정답: ②

❈ 해설:

① 국회의 예산심의권은 **사전적 통제**이다.

③ 청문감사관, 훈령권, 직무명령은 **내부적 통제**이다.

④ 경찰위원회 소청심사위원회는 **외부통제**이다.

27. 다음 중 틀린 것으로만 연결된 것은?   06.1 승진

> ㉠ 행정책임은 행정통제를 통하여 보장되고, 행정통제는 그 자체가 목적이다.
> ㉡ 행정통제는 행정책임을 보장하기 위한 사전적 · 사후적 제어장치이다.
> ㉢ 국민의 일권리를 보징하고 국징에 대힌 국민의 침어와 국징운엉의 투멍성을 획보하기 위해 행정기관
>   의 정보공개가 강력히 요청된다.
> ㉣ 소청심사위원회는 행정안전부에 설치되어 있으므로 외부통제로 본다.
> ㉤ 청문감사관 제도는 외부통제로 본다.
> ㉥ 국회의 예산심의권은 행정에 대한 사후통제이다.
> ㉦ 방범리콜제는 주민의 참여와 밀접한 관계를 지니고 있다.

① ㉠㉡㉤㉥   ② ㉠㉤㉥
③ ㉡㉢㉣㉦   ④ ㉠㉡㉤㉥

❖ 정답: ②

❈ 해설:

㉠ **행정책임은 행정통제를 통하여 보장**되며, 행정통제는 **행정의 책임성을 확보하는 수단**이다.

㉤ 청문감사관 제도는 **내부통제**로 본다.

㉥ 국회의 예산심의권은 행정에 대한 **사전통제**이다.

28. 다음 중 비정부 간 국제기구(NGO)에 관한 설명으로 맞는 것은?   08.1 승진

① 국가 또는 정부가 회원국이다.
② 국제법에 의해 규율된다.
③ 국제회의에 옵저버(참관인) 자격으로 참가할 수 있다.
④ 일반적으로 국제법의 주체가 된다.

❖ 정답: ③

❈ 해설: 국제회의에 회원국으로 참가할 권리는 없지만 옵저버(참관인)로서 참가하여 의견을 발표할 수 있
으며, 실제로도 비정부 간 국제기구의 의견이 국제회의에서 차지하는 비중은 날로 커지고 있
다.
① **사적단체 또는 조직이 회원국**이 된다.   ② 주로 **사법에 의해 규율**된다.
④ 일반적으로 **국제법상의 주체**가 된다.

29. NGO의 요건이 아닌 것은?   02.10 순경
① 이윤추구를 하지 않아야 한다.
② 의사결정에 자율성이 있어야 한다.
③ 정보 내지 정책적 영향을 받지 않아야 한다.
④ 일회성으로 그치지 않고 지속성이 있어야 할 것을 요하지 않는다.

❖ 정답: ④
❖ 해설: ▶ NGO의 요건

> ① 일회성 캠페인에 그치지 않고 지속성을 가져야 한다(**지속성**).
> ② 의사결정의 자율성을 보장되어야 한다(**자율성**).
> ③ 이윤을 추구하지 않아야 한다(**비영리성**).
> ④ 정부 내지 정치적 영향으로부터 독립적으로 운영되어야 한다(**독립성**).

30. 경찰과 NGO와의 발전적 관계로 가장 부적절한 것은?   01.10 순경, 02.1 승진, 06.2 순경
① 상호 관심사항을 협의하여 치안정책에 반영함으로써 경찰행정의 공정성과 신뢰성을 확보할 수 있다.
② NGO와의 협력관계로 사회 각계계층의 경찰지원세력을 확보한다.
③ 법집행 사각지대를 메워 줄 수 있는 분야의 활동을 유도하여 경찰력을 보완할 수 있다.
④ NGO와의 협력을 강화하기 위해서는 경찰의 법집행과정에 개입할 수 있는 권한을 부여해야 한다.

❖ 정답: ④
❖ 해설: ▶ 경찰과 NGO와의 관계

> ① NGO와 상호 관심사항을 폭넓게 협의하여 치안정책에 반영함으로써 **경찰행정의 공정성·투명성 등을 담보**할 수 있다.
> ② 경찰행정에 NGO를 참여시켜 **각계각층의 경찰지원세력을 확보**할 수 있다.
> ③ 법집행 취약분야에서 활동하는 NGO의 동참을 유도함으로써 **법집행 사각지대를 보완**할 수도 있다.
> ④ 현재 각급 행정기관에서는 NGO와의 협력체제 구축을 위하여 다양한 시도가 진행되고 있다.

31. 경찰의 행정정보 중 공개하지 않아도 될 정보에 속하지 않는 것은?   01.11 순경
① 경찰서장의 판공비 내역
② 공개될 경우 국가의 중대한 이익을 해할 우려가 있다고 인정되는 정보
③ 주민등록번호 등에 의해 특정인을 식별할 수 있는 개인정보
④ 범죄의 예방과 관련된 정보로서 공개 시 직무수행에 심각한 장애를 가져올 수 있는 정보

❖ 정답: ①
❖ 해설: ▶ 공개대상 여부

공개대상(×)	경찰의 보안관찰 관련 통계자료
공개대상(○)	㉠ 국·공립학교에서의 성적평가에 관한 사항 ㉡ 조세의 부과, 징수 또는 환급에 관한 사항 ㉢ 학력, 기능 및 채용에 관한 사항에 관한 정보 ㉣ **경찰서장의 판공비 내역**

32. 다음 설명 중 가장 거리가 먼 것은?   06.1 승진
① 정보공개청구는 이해관계가 없는 경우에도 인정된다.
② 정보공개의 필요성과 개인정보보호의 필요성이 충돌한 경우 비교형량을 통해 공개 여부를 결정해야 한다.
③ 공공기관의 정보공개에 관한 법률은 공개를 원칙으로 하고 비공개는 예외에 해당하므로 비공개 대상정보
   는 제한적으로 해석해야 한다.
④ 정보공개는 청구한 날로부터 20일 이내에 공공기관이 공개여부를 결정하지 않은 때에는 정보의 공개 결
   정이 있는 것으로 본다.

정답: ④
해설: 정보공개를 **청구한 날부터 20일 이내에 공공기관이 공개 여부를 결정하지 아니한 때에는 비공개의
   결정이 있는 것으로** 본다.

33. 공공기관의 정보공개에 관한 법률에 대한 설명으로 옳지 않은 것은?   02.1 승진, 09.1 승진
① 외국인도 법령이 정하는 바에 의하여 정보공개청구가 가능하다.
② 공공기관은 청구인의 정보공개청구가 있을 때에는 원칙적으로 청구를 받은 날부터 10일 이내에 공개 여
   부를 결정하여야 한다.
③ 정보공개청구에 대하여 실시기관이 공개거부결정을 내린 경우, 청구인은 이 결정에 대하여 30일 이내에
   당해 공공기관에 이의신청을 할 수 있다.
④ 정보공개는 청구한 날로부터 20일 이내에 공공기관이 공개여부를 결정하지 않은 때에는 정보 공개결정
   이 있는 것으로 본다.

정답: ④
해설: 정보공개를 **청구한 날부터 20일 이내에 공공기관이 공개 여부를 결정하지 아니한 때에는 비공개의
   결정이 있는 것으로** 본다.

**34. 현행법상 정보공개를 청구 받은 공공기관은 원칙적으로 몇 일 이내에 그 공개 여부를 결정하여야 하는
가?**   02.1 승진
① 30일   ② 20일
③ 10일   ④ 7일

정답: ①
해설: 공공기관은 정보공개의 청구가 있는 때에는 **청구를 받은 날부터 10일 이내에** 공개 여부를
   결정하여야 한다.

35. 관련기관이 정보공개를 거부한 경우 이의신청을 할 수 있는 기간은?   04.1 승진
① 7일   ② 15일
③ 20일   ④ 30일

정답: ④
해설: 청구인이 정보공개와 관련한 공공기관의 비공개 또는 부분공개의 결정에 대하여 불복이 있
   는 때에는 공공기관으로부터 정보공개 여부의 결정통지를 받은 날 또는 비공개의 결정이 있
   는 것으로 보는 날부터 **30일 이내에 당해 공공기관에 문서로 이의신청을** 할 수 있다.

제2절　경찰의 향후과제

1. 행정개혁에 필요시되는 원인으로 보기 어려운 것은?　　　　02.1 승진
① 신행정 수요의 발생과 기관장의 변동
② 새로운 과학기술과 지식의 발전
③ 인구 및 고객구조의 변화
④ 사회적 안정

❖ **정답:** ④
❋ **해설:** ▶ **행정개혁의 필요성**

> ① 새로운 철학의 추구
> ② 행정의 능률화와 새로운 기술도입 및 지식발전의 필요성의 발생
> ③ 신행정수요의 발생과 기관장의 변동
> ④ 인구 및 고객구조의 변화

2. 행정개혁의 특징에 대한 설명 중 옳지 않은 것은?　　　　03.1 승진
① 행정개혁에는 저항을 수반하는 것이 보통이다.
② 개혁은 일시적이기보다 계속적인 과정이다.
③ 성공에 대한 확실성 속에서 새로운 방법을 적용해 나가는 과정이다.
④ 조직관리의 기술적 성격과 함께 정치 이념의 합리화 등 정치과정이라고 할 수 있다.

❖ **정답:** ③
❋ **해설:** ▶ **행정개혁의 특징**

미래지향성	행정개혁은 과거보다 미래를 지향한다.
가치지향성	행정개혁은 그 자체가 목적이 아니라 행정의 바람직한 상태를 달성하기 위한 수단이다.
행동지향성	행정개혁은 실제 행동에 옮긴다는 전제가 내포된다.
계속성 (지속성)	행정개혁은 **행정이 존재하는 한 일시적인 과정이 아니라 계속적인 과정이다.**
저항의 수반	행정개혁은 기존의 이해관계에 변화를 초래하므로 **기득권을 가진 세력에 의해 저항이 수반한다.**
인위적·계획적·기술적 노력	행정개혁은 자연발생적인 것이 아니라 인위적·계획적·기술적 노력이다.
포괄적 관련성	행정개혁은 형정의 어떤 요소를 바꾸더라도 그것이 행정 전체에 영향을 미치게 된다.
불확실성과 위험	행정개혁은 의식적·인위적 노력으로 성공여부에 대한 **불확실성의 상황에서 행하여지는 특징**이므로 이에 대하여 상황변화에 적극적으로 대처할 수 있어야 한다.
정치적 성격 (상호 의존성)	행정개혁은 정치적 상호 작용 과정의 산물일 수도 있다.

3. 행정개혁의 특징에 대한 설명 중 옳지 않은 것은?   03.2 경간부
① 행정개혁에는 저항을 수반하는 것이 보통이다.
② 개혁은 일시적이기보다 계속적인 과정이다.
③ 성공에 대한 확실성 속에서 새로운 방법을 적용해 나가는 과정이다.
④ 조직관리의 기술적 성격과 함께 정치이념의 합리화 등 정치과정이라고 할 수 있다.

▎ **정답:** ③
▓ **해설:** 행정개혁은 의식적·인위적 노력으로 성공 여부에 대한 **불확실성의 상황에서 행하여지는 특징**이므로 이에 대하여 상황변화에 적극적으로 대처할 수 있어야 한다.

4. 행정개혁에 대한 저항을 해소시킬 수 있는 수단으로 가장 적당하지 않은 것은?   01.1 승진
① 개혁안에 대한 수정기회의 차단
② 참여의 확대
③ 개혁의 공공성 강조
④ 개혁안에 대한 조직구성원의 지지확대

▎ **정답:** ①
▓ **해설:** ▶ 개혁의 저항을 극복할 수 있는 주요 방법(수단)

① 참여자의 수 확대	② 개혁안의 명확화와 공공성의 강조
③ 의사소통의 촉진	④ 개혁의 점진적 추진
⑤ 개혁방법과 개혁안에 대한 기술의 수정기회 부여	

5. 개혁에는 저항이 따른다. 다음 중 저항에 관한 설명으로 틀린 것은?   03.1 승진
① 저항은 개혁이나 혁신에 반대하는 적대적인 태도와 행동을 의미한다.
② 저항이 적을수록 훌륭한 개혁이라 할 수 있다.
③ 저항은 안정유지와 혁신의 상충되는 요구를 조정하는 순기능적인 역할을 하기도 한다.
④ 개혁으로 피해를 보는 사람들에게 금전적인 보상을 해주기로 하였다면 이러한 저항 극복방안을 공리적 전략이라 한다.

▎ **정답:** ②
▓ **해설:** 반드시 저항이 적을수록 훌륭한 개혁이라 할 수만은 없다.

6. 행정개혁과정에서 수반되는 저항의 원인이 아닌 것은?   08.10 순경
① 개혁내용의 불명확성
② 전면적인 개혁
③ 기득권의 이익침해
④ 참여자 수 확대

▎ **정답:** ④

※ 해설: ▶ 개혁과정에서 저항이 수반되는 주요 원인

개혁 상황에서 야기되는 원인	① 자원부족　　　　　　　　　　② 정치적 갈등 ③ 제도와 법적 해석상의 차이　④ 사회문화적 가치체계와의 갈등 ⑤ 개혁추진세력에 대한 불만　⑥ 관료제의 경직성과 보수성 ⑦ 비공식 인간관계와의 부조화　**⑧ 피개혁자의 능력부족** ⑨ 개혁과정의 폐쇄성으로 인한 **참여부족 및 무관심** ⑩ 개혁시기, 방법, 절차의 차이
심리적인 원인	**① 개혁내용의 불명확성**　　　**② 전면적 개혁** **③ 기득권의 침해에 대한 불안**　④ 미래의 불확실성 ⑤ 새로운 상황에 적응이 어렵거나 불편하다고 생각할 경우

☞ 개혁에 참여하는 참여자의 수를 확대하면 저항을 감소시킨다.

7. 행정개혁의 추진전략에 관한 다음 설명 중 틀린 것은?　　　　　　　　05.1 승진
① 명령적 · 하향적 전략은 지속화에 곤란하다는 단점이 있다.
② 점진적 · 부분적 전략은 완만하게 추진하는 전략으로 소극적 개혁에 속한다.
③ 참여적 · 상향적 전략은 신속한 변화에 어려움이 있다.
④ 개발도상국에서는 참여적 · 상향적 전략을 주로 사용한다.

‡ 정답: ④
※ 해설: ▶ 행정개혁의 추진전략

개혁의 폭과 속도에 따른 전략	급진적/전면 적 전략	근본적인 변화를 일시에 달성하려는 광범위하고 빠른 속도의 추진전략 으로 **개발도상국에서 주로 사용**
	점진적/부분 적 전략	개혁의 영향, 수용태세, 동원자원을 감안하여 완만하게 추진하는 전략으 로 주로 선진국에서 사용 ◉ 소극적 개혁, 저항의 감소
개혁의 추진방향에 따른 전략	명령적/하향적 전략	대내외의 참여 없이 상층부에서 일방적으로 추진하는 전략으로 개발도 상국에서 사용 ◉ 저항유발, 지속화 곤란
	참여적/상향적 전략	구성원의 아이디어를 수집하고 그들의 의견을 반영하여 추진하는 전략 으로 주로 선진국에서 사용 ◉ 저항최소화, **신속한 변화 곤란**

8. 행정개혁의 추진전략에 관한 설명으로 틀린 것은?　　　　　　　　01.11 순경
① 보통 개발도상국에서는 급진적인 전략이 많이 사용된다.
② 점진적인 추진은 저항을 감소시킬 수 있는 장점이 있다.
③ 상향적 전략은 신속한 변화가 가능하다.
④ 하향적 전략은 장기적 지속화에 어려움이 있다.

‡ 정답: ③
※ 해설: 상향적 전략은 신속한 **변화가 곤란하다.**

9. 다음 System(행정체제)에 관한 설명 중 틀린 것은?　　　　　　　03.2 경간부

① 상호 관계를 가진 일련의 요소들의 집합체를 의미한다.

② 환경과 투입·산출과정을 이룬다.

③ 체제의 기능에는 적응, 목표달성, 통합, 체제유지의 기능이 있다.

④ 행정체제는 경계와는 아무런 관계가 없다.

정답: ④

※ 해설: ▶ 행정체제(System)

의의	행정체제란 일반적으로 복수의 구성요소 또는 변수가 일정한 관계를 가지고 상호 의존성, 상호 작용성, 통일성 등을 추구하면서 환경과 끊임없이 영향을 서로 주고받고 실체 내지 전체를 의미한다.
특징	① 체제는 여러 하위체제로 구성되며 상호 의존관계가 있다. **② 체제는 경계라는 개념에 의해 다른 체제와 구별되며, 한 체제는 다른 체제의 환경이 된다.** ③ 체제는 체제와 환경 간, 하위체제 상호 간의 균형을 통해서만 안정적으로 존재할 수 있다.
기능	① 적응 기능　　　　　　　　② 목표달성 기능 ③ 통합 기능(경찰이 담당)　　　④ 체제유지 기능

10. 경찰개혁 과정에서 시행되고 있는 발탁인사제도와 관련된 기술로 가장 타당하지 않은 것은?　　　　　　　04.4 순경

① 미국 GE사의 Jack Welch식 인사기법이 대표적 사례이다.

② 종래 연공서열제의 조직침체의 단점을 보완할 수 있는 방식으로 볼 수 있다.

③ 발탁대상자의 나이는 상관없지만, 경력은 중요시된다.

④ 조직구성원 간에 갈등을 초래할 우려가 있으므로 신중히 적용되어야 한다.

정답: ③

※ 해설: ▶ 발탁인사제도

① 미국 GE사의 Jack Welch식 인사기법에서 유래되었다.
② 종래 연공서열제의 조직침체의 단점을 보완할 수 있는 방식으로 볼 수 있다.
③ 리더재능이 있다고 평가받은 인물은 나이와 경험에 중요하지 않다.
④ 조직구성원 간의 갈등을 초래할 우려가 있으므로 신중히 적용되어야 한다.

11. 1962년 T. S. Kuhn이 『과학혁명의 구조』라는 저서에서 제시한 개념은 19C 뉴턴의 만유인력 법칙과 같이 동시대에 모든 과학자들이 당연히 옳다고 여기는 공통된 믿음, 가치, 기술들의 총체를 무엇이라고 말하는가?　　　　　　　02.1 승진

① 파킨슨(Parkinson)의 법칙　　　② 패러다임(Paradigm)

③ 체제(System)　　　　　　　　④ 의사결정

정답: ②

⁂ **해설:**

• **패러다임(Paradigm)**

1962년 T. S Kuhn이『과학혁명의 구조』라는 저서에서 제시한 개념으로 모든 과학자들이 당연히 옳다고 여기는 공통된 믿음, 가치, 기술들의 총체를 말하는 것이다.

• **파킨슨(Parkinson)의 법칙**

모든 조직 구성원은 자기영향력을 강화하기 위하여 업무나 여건의 변화와 관계없이 부하를 많이 갖고 싶어 하는 경향을 말한다.

12. 다음 중 경찰개혁을 통해 변화된 패러다임으로 보기 어려운 것은?   03.7 순경
① 지역별 치안정책에서 획일적 치안정책으로 변화하고 있다.
② 교통은 단속 위주에서 지도 위주로 변화하고 있다.
③ 규제행정에서 서비스행정으로 변화하고 있다.
④ 불공정하고 불합리한 제도를 개혁하고 있다.

⁂ **정답:** ①
⁂ **해설:** ▶ **경찰제도 개혁을 통해 변화된 패러다임**

패러다임 의의	1962년 T. S Kuhn이『과학혁명의 구조』라는 저서에서 제시한 개념으로 모든 과학자들이 당연히 옳다고 여기는 공통된 믿음, 가치, 기술들의 총체를 말하는 것이다.
경찰의 주된 임무	법집행 → 서비스 제공
경찰운영	규제 위주 → 치안서비스 제공위주
정책결정	획일적 치안정책 수립 위주 → **지역별 치안정책 수립위주**
교통활동	위반자 적발 · 단속(자동차 중심) → 소통확보 · 사고예방(사람중심)
국민에 대한 인식	단속 · 규제 대상 → 보호 · 봉사 대상
치안활동 주체	경찰만의 몫 → 국민과 공동생산

13. 국민들이 평가한 각종 범죄 및 교통위험에 대한 불안수준 · 범죄 간의 상대적 중요도 등을 기초로 산출한 지표를 치안지수라고 하는데, 다음 중 치안지수의 활용에 대한 설명으로 가장 타당하지 않은 것은?
    02.1 승진, 03.11 순경
① 어떤 범죄가 국민을 불안하게 만드는지를 파악하여 치안정책의 중점사항을 선택할 수 있다.
② 지역별로 치안지수를 산출하여 지역특성에 맞는 치안정책을 수립할 수도 있다.
③ 범죄 발생원인을 체계적으로 분석함으로써 범죄를 효율적으로 예방할 수 있다.
④ 정기적으로 조사하여 국민들의 치안만족도의 변화를 파악할 수 있다.

⁂ **정답:** ③
⁂ **해설:** ▶ **치안지수의 활용방안**

① 정기적으로 조사하여 국민들의 치안만족도의 변화를 파악할 수 있다.
② 치안수사를 통하여 범죄 발생원인을 분석할 수 있는 것이 아니라, 범죄유형별로 국민들에게 불안을 주는 요소가 무엇인지를 파악할 수 있게 함으로써 효과적인 범죄예방 대책을 수립하여 국민들을 불안케 하는 범죄에 대해 중점적으로 대처함으로써 치안만족도를 향상시킬 수 있다.
③ 어떤 범죄가 국민을 불안하게 만드는지를 파악하여 치안정책의 중점사항을 선택할 수 있다.
④ 지역별로 치안지수를 산출하여 지역특성에 맞는 치안정책을 수립할 수도 있다.

각
론

제1장

생활안전 경찰활동

제1절 범죄학 이론

1. 범죄의 개념에 대한 설명이 옳지 않은 것은?   04.1 승진
① 법률적 개념에서 범죄는 법규를 위반하는 행위이다.
② 낙인이론적 개념에 있어 범죄는 특정한 계급이나 권력층에 의해 정의되어진 행위이다.
③ 범죄는 각 시대의 사회, 문화적 상황에도 불구하고 절대적인 개념이다.
④ 해악기준의 개념에 따르면 범죄는 해악이라는 가치적인 측면에 치중한 개념이라는 비판이 있다.

⁝ 정답: ③
※ 해설: ▶ **범죄의 개념에 대한 이론을 주장한 학자**

서덜랜드	① 화이트칼라 범죄에 대한 해악과 사회적 심각성에 대한 연구 ② 상위계층에 의한 경제범죄에 관심
허만 & 스벤딩거 부부	① 범죄는 인간의 기초적 인권을 침해하는 해악적 행위라고 규정 ② 인간의 생존욕구와 자존의 욕구를 침해하는 범죄행위에 대한 심각한 고려가 요구된다 고 주장
미칼로스키	① 범죄는 불법과 유사하나 일부는 법적으로 용인되기도 한다고 주장 ② 법적으로는 개념화되지 않은 사회적 해악한 행위도 포함시켜야 한다고 주장
사이키스	① 범죄는 사회규범에 대한 위반행위로서 **각 시대의 사회적·역사적, 문화적 환경에 따라** **다르다고 주장** ② 법이 금지한 행위

2. 다음 설문이 설명하는 범죄의 개념은 어느 것인가?   07.1 승진

> ㉠ 범죄에 대한 개념의 규정은 주로 사법기관에 의해 이루어진다.
> ㉡ '바다이야기'와 같은 성인용 게임의 폐해가 사회적 이슈로 문제가 되면서 게임업자에게만 적용되었
> 던 게임 관련 단속 법규를 게임이용자에게도 형법상 도박죄를 적용하여 처벌하겠다는 정책을 결정
> 하였다.
> ㉢ 시간과 국가별로 실체적 내용이 상이한 경우가 있다.
> ㉣ 청소년들의 건전한 육성과 유해한 환경으로부터의 보호필요성에 대한 사회적 합의에 기초하여 1997
> 년 '청소년보호법'을 제정하여 청소년들에 대한 담배나 주류의 판매행위를 범죄로 규정하였다.

① 해악기준의 개념
② 낙인이론적 개념
③ 법집행 과정상의 개념
④ 법제정 과정상의 개념

⁝ 정답: ③
※ 해설: 법집행 과정상의 개념에 해당된다.

3. 조제프 셀리(J. F. Sheley)가 주장한 범죄유발의 4요소에 해당하지 않는 것은?   10.3 순경, 10.1 승진

① 범죄의 가시성

② 범죄의 기술

③ 사회적 체제로부터의 자유

④ 범행의 기회

❖ **정답:** ①

▒ **해설:** ▶ Sheley의 범죄발생 4가지 조건

㉠ 범행의 동기	㉡ 범행의 기회
㉢ 범행의 기술	㉣ 사회적 제재로부터 자유

4. Sheley의 범죄발생 4가지 조건에 해당되지 않는 것은?   09.2 경간부

① 범죄의 동기

② 사회적 체제로부터의 자유

③ 대상의 가치

④ 범행의 기회

❖ **정답:** ③

▒ **해설:** ▶ 범행피해 리스크 수준을 결정하는 VIVA 모델

㉠ 대상의 가치(Value)	㉡ 이동의 용이성(Inertia)
㉢ 범행의 가시성(Visibility)	㉣ 장소의 접근성(Access)

5. 범죄의 개념에 대한 설명 중 틀린 것은?   10.1 승진

① J. F. Sheley가 주장한 범죄인의 입장에서 바라본 범죄를 일으키는 필요조건은 범행의 동기, 사회적 제재로부터의 자유, 범행의 기술, 보호자의 부재이다.

② 중화기술이론은 중화의 기술로서 행위에 대한 책임의 회피, 행위로 인한 피해발생의 부정, 피해자의 부정, 비난자에 대한 비난, 보다 높은 충성심에의 호소 등을 설정하였다.

③ G. M. Sykes는 범죄는 각 시대의 사회적, 문화적, 역사적 상황과 환경에 따라 다른 모습을 하게 되는 상대적 개념이라고 주장하였다.

④ 범행피해 리스크 수준을 결정하는 4가지 요소인 'VIVA 모델'은 가치(Value), 이동의 용이성(Inertia), 가시성(Visibility), 접근성(Access)으로 구성된다.

❖ **정답:** ①

▒ **해설:** ▶ Sheley의 범죄발생 4가지 조건

㉠ 범행의 동기	㉡ 범행의 기회
㉢ 범행의 기술	㉣ 사회적 제재로부터 자유

6. '일상활동 이론'상 범죄발생의 3요소인 범죄자, 범행대상, 보호자의 부재 중 특히 범죄자의 입상에서 범행을 결정하는 데 고려되는(범행피해 리스크 수준을 결정하는) 4가지 요소인 'VIVA모델'의 내용으로 틀린 것은?   예상문제

① 대상의 가치   ② 범행의 기술

③ 가시성   ④ 접근성

정답: ②

해설: ▶ 범행피해 리스크 수준을 결정하는 VIVA 모델

㉠ 대상의 가치(Value)	㉡ 이동의 용이성(Inertia)
㉢ 범행의 가시성(Visibility)	㉣ 장소의 접근성(Access)

7. 범죄학에서 고전주의와 실증주의에 관한 설명으로 옳지 않은 것은?   예상문제

① 고전주의가 범죄행위에 초점을 둔다면, 실증주의는 개별적 범죄인에 초점을 둔다.

② 고전주의가 계몽주의 사조의 영향을 받았다면, 실증주의는 자연과학 발전의 영향을 받았다.

③ 실증주의가 인간행동에 대해 결정론적으로 해석을 한다면, 고전주의는 자유의지를 강조한 편이다.

④ 고전주의는 행위자의 위험성을 형벌부과의 기초로 한다.

정답: ④

해설: ▶ 고전주의 범죄학과 실증주의 범죄학의 비교

	학자(이론)	내용	비고
고전주의 범죄학	베카리아	형벌은 범죄에 비례하여 부과	① **자유의사** ② **범죄행위**에 관점 ③ **일반예방효과**(처벌의 확실성)에 중점
	벤담	형벌을 통한 범죄통제	
실증주의 범죄학	생물학적 이론	생래적 범죄인설	① 자유의사가 아닌 **외적 요소**에 의함. ② **범죄자**에 관점 ③ **특별예방효과**(처벌의 엄격성)에 중점
	심리학적 이론	범죄원인은 정신이상, 모방학습에 기인함.	

8. 다음 범죄와 비행의 원인에 대한 접근 방법에서 사회학적으로 접근한 이론끼리 묶인 것은?   07.9 순경

㉠ 긴장이론	㉡ 사회학습이론	㉢ 통제이론
㉣ 낙인이론	㉤ 비행하위문화이론	㉥ 정신분석이론

① ㉠㉡㉢   ② ㉡㉣㉤   ③ ㉢㉤㉥   ④ ㉠㉣㉤

정답: ④

해설: ㉡ **사회학습이론**, ㉥ 정신분석이론은 **심리학적 이론**이다.

9. 다음은 3가지의 사회적 범죄원인론의 내용을 설명한 것이다. 이와 관련이 없는 것은?   예상문제

> ㉠ 사람들이 법률을 위반해도 무방하다는 관념을 학습한 정도가 법률을 위반하면 안 된다는 관념을
> 학습한 정도보다 클 때에 범죄를 저지르게 된다.
> ㉡ 중산층의 가치나 규범을 중심으로 형성된 사회의 중심문화와 빈곤계층 출신 소년들이 익숙한 생활
> 사이에는 긴장이나 갈등이 발생하여, 이러한 긴장관계를 해결하려는 시도에서 비행문화가 형성되
> 며 이로 인해 범죄가 발생한다.
> ㉢ 사람들은 누구든지 범죄나 비행으로 이끄는 힘과 이를 차단하는 힘을 받게 되는데, 만일 이끄는 힘
> 이 차단하는 힘보다 강하게 되면 그 사람은 범죄나 비행을 저지르게 되는 반면, 차단하는 힘이 강
> 하게 되면 비록 이끄는 힘이 있더라도 범죄나 비행을 자제하게 된다.

① 문화갈등이론   ② 봉쇄이론
③ 비행하위문화이론   ④ 차별적 접촉이론

정답: ①

해설:

㉠ 사람늘이 법률늘 위반해도 부방하다는 관념늘 학습한 정노가 법률늘 위반하면 안 된다는 관념늘 학습한
정도보다 클 때에 범죄를 저지르게 된다. – **차별적 접촉이론**

㉡ 중산층의 가치나 규범을 중심으로 형성된 사회의 중심문화와 빈곤계층 출신 소년들이 익숙한 생활 사이
에는 긴장이나 갈등이 발생하여, 이러한 긴장관계를 해결하려는 시도에서 비행문화가 형성되며 이로 인
해 범죄가 발생한다. – **비행하위문화이론**

㉢ 사람들은 누구든지 범죄나 비행으로 이끄는 힘과 이를 차단하는 힘을 받게 되는데, 만일 이끄는 힘이 차
단하는 힘보다 강하게 되면 그 사람은 범죄나 비행을 저지르게 되는 반면, 차단하는 힘이 강하게 되면
비록 이끄는 힘이 있더라도 범죄나 비행을 자제하게 된다. – **봉쇄이론**

10. 페리(Ferri)의 범죄 및 형벌이론과 관계없는 것은?   예상문제
① 범죄원인을 인류학적 요소, 물리적 요소, 사회적 요소로 분류하였다.
② 일정한 개인적, 사회적 환경 아래에서는 일정량의 범죄가 반드시 발생한다는 범죄포화의 법칙을 주장하
였다.
③ 생래적 범죄인에 대해서는 사형에 처할 것을 주장하였다.
④ 형벌을 통한 직접적인 대응보다는 범죄 충동을 없앨 대체 수단이 필요하다고 주장하였다.

정답: ③

해설: ▶ 페리(E. Ferri)

> ① 1917년 저서 『**범죄사회학**』을 통해 범죄인을 **생래적 범죄인, 격정범, 기회범, 정신병적 범죄인 4가지
> 유형**으로 나누고 범죄의 원인을 존재하는 사회에서는 이에 상응하는 일정한 양의 범죄가 반드시 발
> 생한다는 "**범죄포화의 법칙**"을 **주장**하였다.
> ② **범죄를 일으키는 원인으로 ㉠ 물리적 요인, ㉡ 인류학적 요인, ㉢ 사회적 요인**이 있는데, 어느 사회
> 에 나이 3가지 요인에 상응하는 일정량의 범죄가 발생한다.
> ③ 형벌을 통한 직접적인 대응보다는 범죄 충동을 없앨 대체 수단이 필요하다고 주장하였다.

11. 범죄원인론에 관한 설명 중 (   ) 안에 들어갈 이름으로 옳은 것은?   예상문제

> ㉠ (A)은(는) 범죄통계적 분석에 기초하여 운동형(투시형), 세장형, 비만형 등으로 구분하는 체형에 따른 범죄특성을 설명하였다.
> ㉡ (B)은(는) 정신병원에 수용된 환자들을 연구대상으로 하여 이들의 염색체를 조사한 결과 XY형은 다른 정상인들에 비하여 수요시설에 구금되는 정도가 높다고 하였다.
> ㉢ (C)은(는) 부모의 범죄성과 자식의 범죄성이 관련이 있다는 연구결과에 근거하여 범죄성은 유전에 의해 전수되는 것으로 보았다.
> ㉣ (D)은(는) 크레펠린(E. Kraepelin)의 정신병질자 분류유형보다 더 세분된 10가지 유형으로 정신병질적 성격유형을 구분하였다.

> ㄱ. 제이콥스(P. Jacobs)   ㄴ. 크레취머(E. Kretschmer)
> ㄷ. 셸던(W. H. Sheldon)   ㄹ. 고링(C. Goring)
> ㅁ. 슈나이더(K. Schneider)

	A	B	C	D			A	B	C	D
①	ㄱ	ㄷ	ㅁ	ㄹ		②	ㄴ	ㄱ	ㄹ	ㅁ
②	ㄴ	ㄱ	ㄹ	ㅁ		④	ㄴ	ㄷ	ㄹ	ㅁ

❖ 정답: ②

❊ 해설:

㉠ 크레취머(E. Kretschmer)는 범죄통계적 분석에 기초하여 운동형(투시형), 세장형, 비만형 등으로 구분하는 체형에 따른 범죄특성을 설명하였다.

㉡ 제이콥스(P. Jacobs)는 정신병원에 수용된 환자들을 연구대상으로 하여 이들의 염색체를 조사한 결과 XY형은 다른 정상인들에 비하여 수요시설에 구금되는 정도가 높다고 하였다.

㉢ 고링(C. Goring)은 부모의 범죄성과 자식의 범죄성이 관련이 있다는 연구결과에 근거하여 범죄성은 유전에 의해 전수되는 것으로 보았다.

㉣ 슈나이더(K. Schneider)는 크레펠린(E. Kraepelin)의 정신병질자 분류유형보다 더 세분된 10가지 유형으로 정신병질적 성격유형을 구분하였다.

12. 여성은 심리적 형성과정에서 남성에 대한 열등감, 시기심 등의 경향을 가지게 되고, 이를 극복하지 못하면 극단적인 경우 공격적인 성향을 갖게 되어 범죄의 원인이 된다고 주장한 학자는?   예상문제

① 롬브로소(C. Lombroso)   ② 페리(E. Ferri)
③ 프로이드(S. Freud)   ④ 뒤르켐(E. Durkheim)

❖ 정답: ③

❊ 해설: ▶ 프로이드(S. Freud)

> ① 프로이드는 여성은 심리적 형성과정에서 **남성에 대한 열등감, 시기심 등의 경향**을 가지게 되고, **이를 극복하지 못하면 극단적인 경우 공격적인 성향을 갖게 되어 범죄의 원인이 된다고 주장**하였다.
> ② 프로이드의 정신분석이론은 **원본능(id)의 힘이 자아(ego)나 초자아(superego)통제기능을 능가하게 되면 범죄가 발생한다는 이론**이다. 즉, 범죄는 원시적이고 폭력적이며, 비도덕적인 유아적 충동과 초자아의 통제사이의 불균형의 표출이라고 보았다.

13. 〈보기2〉는 〈보기1〉에 열거한 학자들이 제시한 견해들이다. 옳게 연결된 것은?   예상문제

〈보기1〉
1. 롬브로소(C. Lombroso)   2. 가로팔로(R. Garofalo)   3. 페리(E. Ferri)

〈보기2〉
a. 인간의 근본적 품성인 연민이나 정직성의 결여로 저질러지는 살인·절도와 같은 자연범은 생래적인 것이므로 사형이나 유형에 처해야 한다.
b. 생물학적 퇴행성 때문에 범죄를 저지를 수밖에 없는 생래적 범죄인은 교정의 효과를 거의 기대할 수 없으므로 영구 격리 또는 도태처분을 해야 한다.
c. 범죄를 일으키는 원인으로 물리적 요인, 인류학적 요인, 사회적 요인이 있는데, 어느 사회에나 이 세 가지 요인에 상응하는 일정량의 범죄가 발생한다.

① 1 - a   ② 1 - b
③ 2 - b   ④ 3 - a

▌ 정답: ②
▒ **해설:**
a. 인간의 근본적 품성인 연민이나 정직성의 결여로 저질러지는 살인·절도와 같은 자연범은 생래적인 것이므로 사형이나 유형에 처해야 한다. - **가로팔로(R. Garofalo)**
b. 생물학적 퇴행성 때문에 범죄를 저지를 수밖에 없는 생래적 범죄인은 교정의 효과를 거의 기대할 수 없으므로 영구 격리 또는 도태처분을 해야 한다. - **롬브로소(C. Lombroso)**
c. 범죄를 일으키는 원인으로 물리적 요인, 인류학적 요인, 사회적 요인이 있는데, 어느 사회에나 이 세 가지 요인에 상응하는 일정량의 범죄가 발생한다. - **페리(E. Ferri)**

14. 레크리스(W. Reckless)의 봉쇄이론(견제이론, containment)에 관한 설명으로 틀린 것은?   예상문제
① 범죄나 비행으로 이끄는 힘이 있더라도 차단하는 힘이 강하면 범죄나 비행이 통제된다.
② 나쁜 친구는 범죄나 비행으로 이끄는 유인요인이 될 수 있다.
③ 좌절감에 대한 내성은 범죄나 비행을 차단하는 내적 봉쇄요인에 해당한다.
④ 자기통제력은 범죄나 비행을 차단하는 외적 봉쇄요인에 해당한다.
⑤ 외적 봉쇄요인이 약하더라도 내적 봉쇄요인이 강하면 범죄나 비행이 통제될 수 있다.

▌ 정답: ④
▒ **해설:** ▶ **레크리스(W. Reckless)의 봉쇄이론(견제이론, containment)**

① 레크리스(W. Reckless)는 **범죄나 비행으로 이끄는 힘이 있더라도 차단하는 힘이 강하면 범죄나 비행이 통제된다고 주장**하였다.
② **나쁜 친구는** 범죄나 비행으로 이끄는 유인요인이 될 수 있으며, **좌절감에 대한 내성 및 자기통제력은** 범죄나 비행을 차단하는 **내적 봉쇄요인에 해당한다고 주장**하였다.
③ 외적 봉쇄요인이 약하더라도 **내적 봉쇄요인이 강하면 범죄나 비행이 통제될 수 있다고 주장**하였다.

15. 아노미이론(anomie theory)에 관한 설명으로 옳지 않은 것은?   예상문제

① 뒤르켐(Durkheim)은 처음으로 범죄원인론에 아노미 개념을 도입하여, 급속한 변화를 겪는 사회에서는 도덕적 규제의 감소와 사회연대감의 약화로 인하여 범죄가 증가한다고 주장하였다.

② 머튼(Merton)은 아노미의 발생원인을 문화적 목표와 제도화된 수단 간의 괴리에서 찾았다.

③ 머튼(Merton)은 아노미상태에서 개인의 적응방식을 동조형, 혁신형, 의례형, 도피형, 반역형으로 나누고, 그중 혁신형이 범죄와 가장 깊은 관련이 있다고 보았다.

④ 머튼(Merton)의 아노미이론은 최근 들어 증가하는 중산층이나 상류층의 범죄를 설명하는 데에도 무리 없이 적용될 수 있는 이론적 보편성을 가지고 있다.

❖ **정답:** ④

❄ **해설:** ▶ 아노미 이론

에밀 뒤르켐 (아노미 이론)	① 뒤르켐은 **아노미상황은 사회 구성원 개인의 욕구와 욕망에 대한 통제력을 가지고 유지할 수 없을 때 일어나는 것**으로 주로 경제공황, 전쟁, 기아와 같은 재난으로부터 일어나지만 갑작스러운 행운으로 인해 규범이나 규칙에 대한 관념을 혼란시키는 상황에서도 일어날 수 있다고 주장하였다. ② 아노미는 사회준칙이 붕괴되어 급격한 사회변화 · 전쟁 · 사태 · 소요 등의 기간동안에 제대로 작용하지 못하는 상태이다.
로버트 머튼 (긴장이론)	① 머튼은 사회문화적 목표는 모든 사회구성원이 공유하고 있으나 이 **목표를 성취하기 위한 수단은 계층에 따라 차등화 되어 목표성취가 어려운 계층에게는 분노와 좌절이라는 긴장이 유발되고 결국 비합법적인 수단이나 일탈행위에 호소**하게 된다는 것이다. ② 긴장이론은 **구조적으로 야기된 경제적 문제나 신분 · 지위의 문제를 범죄의 원인으로 보는 이론**이다. ③ **범죄는 정상적인 것이며 불가피한 사회적 행위라는 범죄에 대한 새로운 시각을 제시**하였다. ④ 머튼(Merton)은 아노미의 발생원인을 **문화적 목표와 제도화된 수단 간의 괴리**에서 찾았다. ⑤ 머튼(Merton)은 아노미상태에서 개인의 적응방식을 **동조형, 혁신형, 의례형, 도피형, 반역형**으로 나누고, 그중 혁신형이 범죄와 가장 깊은 관련이 있다고 보았다.

16. 셀린(T. Sellin)이 주장한 문화갈등이론(cultural conflict theory)에 관한 설명 중 틀린?   예상문제

① 개별집단의 문화적 행동규범과 사회 전체의 지배적 가치체계 사이에 발생하는 문화적 갈등관계가 범죄원인이 된다.

② 동일문화 안에서 사회변화에 의하여 문화갈등이 생기는 경우를 일차적 문화갈등이라고 한다.

③ 범죄학적으로 의미 있는 문화갈등은 합법적 행위규범과 비합법적 행위규범이 다른 경우이다.

④ 문화갈등이 있게 되면 법규범은 다양한 사회구성원들 사이의 합의된 가치를 반영하는 것이 불가능해진다.

❖ **정답:** ②

❄ **해설:** ▶ 셀린(Sellin)의 문화갈등이론

① 셀린(Sellin)은 저서 『문화갈등과 범죄』를 통해 **범죄는 문화적 갈등을 통한 심리적인 갈등에 의해 발생한다고 주장**하였다.

일차적 갈등	행위를 지배하는 서로 다른 문화가 공존하는 과정에서 한 문화가 다른 문화 속으로 유입되는 경우에 느끼는 갈등
이차적 갈등	범위가 큰 문화 속에서 그 보다 작은 하위문화가 일으키는 갈등

② 문화갈등이 있게 되면 법규범은 **다양한 사회구성원들 사이에 합의된 가치를 반영하는 것이 불가능**해진다.

③ 개별집단의 문화적 행동규범과 사회전체의 지배적 가치체계 사이에 발생하는 **문화적 갈등관계가 범죄원인**이 된다.

④ 문화갈등이 존재하는 지역의 사람들은 그 지역의 행위규범이 모호하고 서로 경쟁적이기 때문에 **사회통제가 약화되어 보다 용이하게 범죄나 일탈행위에 이끌리게 된다.**

⑤ 범죄학적으로 의미 있는 문화갈등은 **합법적 행위규범과 비합법적 행위규범이 다른 경우**이다.

---

17. 사이크스(G. Sykes)와 맛차(D. Matza)의 중화이론에서 '조그만 잘못을 저지른 비행청소년이 자신보다 단속하는 경찰관이 더 나쁜 사람'이라고 스스로를 합리화하는 중화기술은?   09.7 순경

① 비난자에 대한 비난   ② 피해자의 부인

③ 책임의 부인   ④ 충성심에의 호소

정답: ①

해설: ▶ 사이크스(G. Sykes)와 맛차(D. Matza)의 중화이론

비난자에 대한 비난	조그만 잘못을 저지른 비행청소년이 자신보다 단속하는 경찰관, 교사, 법관 등이 더 나쁜 사람이라고 스스로를 합리화시킨다. 예 **검사나 경찰들이 더 악랄하다고 주장**
책임의 회피	자신의 행위가 의도적인 것이 아니고 자신의 잘못도 아니라고 주장한다. 예 **갑작스럽게 오줌이 마려워 노상방뇨를 하는 것**
손해(피해) 발생 부정	자신의 행위로 인해 누구도 손해를 입지 않았다고 주장한다. 예 **안전벨트 착용하지 않는 것, 마약 복용하는 것, 매춘을 하는 것, 도박행위를 하는 것 등**
피해자의 부정	피해자는 응징을 당해야 마땅한 사람이라고 주장한다. 예 **돈을 빌려 주었는데 돈을 갚지 않자 폭력행사**
보다 높은 충성심에의 호소	자신의 행동이 옳지는 않으나 친구나 주변의 친한 사람을 위해 어쩔 수 없었다는 충성심에서 호소한다. 예 **친구한테 빌려 주는 돈이 도박자금인 줄 알았지만 친한 친구라 모른 척하는 것**

---

18. 甲은 차량을 절도하면서 사회 일반적인 규범에는 어긋나지만 친구들과의 의리 때문에 할 수밖에 없었다고 합리화하였다는 내용과 관련이 있는 것은?   예상문제

① 책임의 부정   ② 가해의 부정

③ 피해자의 부정   ④ 상위가치에 대한 호소

정답: ④

해설: 보다 높은 충성심에의 호소 – 자신의 행동이 옳지는 않으나 친구나 주변의 친한 사람을 위해 어쩔 수 없었다는 충성심에서 호소한다.

19. 상점주인 甲은 근처에 다른 가게가 없음을 이용하여 마을 사람들에게 폭리를 취했다. 甲의 행동을 괘씸하게 여긴 乙은 甲의 가게에서 물건을 훔치면서 자신의 행동이 정당하다고 생각하였다. 사이크스(G. Sykes)와 맛차(D. Matza)의 중화기술이론에 따르면 이러한 행동은 어느 유형에 속하는가?   예상문제
① 책임의 부정   ② 가해의 부정
③ 피해자의 부정   ④ 비난자에 대한 비난

┇ 정답: ③
※ 해설: 피해자의 부정 – 피해자는 응징을 당해야 마땅한 사람이라고 주장한다.

20. 사회해체론(social disorganization theory)에 관한 설명으로 옳지 않은 것은?   예상문제
① 생물학적·심리학적 범죄원인론에 비해 사회적 환경을 중요시한다.
② 비판범죄학의 갈등론적 관점을 취한다.
③ 지배적 사회관계가 와해되었지만 아직까지 새로운 관계가 형성되어 있지 않은 틈새지역은 범죄유발환경이 된다.
④ 열악한 환경에 따른 지역사회의 통제력 약화도 범죄유발요인이 된다.
⑤ 인구이동이 많은 지역에서 흔히 볼 수 있는 주민이동과 주민이질성은 사회해체의 원인이 된다.

┇ 정답: ②
※ 해설: ▶ 쇼와 맥케이의 사회해체론(social disorganization theory)

① 쇼와 맥케이는 소년비행률이 사회해체지역에서 높다는 사실을 확인 그 원인을 분석한 결과 **사회해체가 진행되는 지역에서 범죄율이 높다**는 사실을 확인하였다.
② 사회해체론은 소득이 낮고 임대입주자가 많은 **빈민지역사회는 구성원이 바뀌더라도 비행발생률이 변하지 않는다고 보았다.**
③ 생물학적·심리학적 범죄원인론에 비해 **사회적 환경을 중요시**하였다.
④ 지배적 사회관계가 와해되었지만 **아직까지 새로운 관계가 형성되어 있지 않은 틈새지역은 범죄유발환경**이 된다.
⑤ **열악한 환경에 따른 지역사회의 통제력 약화**도 범죄유발요인이 된다.
⑥ 인구이동이 많은 지역에서 흔히 볼 수 있는 **주민이동과 주민 이질성은 사회해체의 원인이** 된다.

21. 서덜랜드(E. Sutherland)의 차별적 접촉이론(differential association theory)에 관한 설명으로 옳지 않은 것은?   예상문제
① 범죄행위 학습의 중요한 부분들은 친밀한 관계를 맺고 있는 집단들에서 일어난다.
② 범죄행위는 일반적 욕구나 가치관의 표현이지만, 일반적 욕구나 가치관으로만 범죄행위를 설명할 수 없다.
③ 범죄행위를 학습할 때에 학습되는 내용은 범죄기술, 범죄행위에 유리한 동기, 충동, 합리화방법, 태도 등이다.
④ 범죄자와 비범죄자 간의 차이는 접촉유형의 차이가 아니라 학습과정의 차이이다.

┇ 정답: ④
※ 해설: ▶ 서덜랜드(E. Sutherland)의 차별적 접촉이론(differential association theory)

① 서덜랜드는 쇼와 맥케이의 사회해체라는 개념 대신 **사회조직의 분화라는 개념으로 대체하면서 분화된 사회조직 속에서 범죄행동이 정상적으로 학습된다고 보는 사회적 학습의 개념을 도출**하였다.
② 특정한 개인이 분화된 사회조직 속에서 **분화적(차별적)으로 범죄문화에 접촉, 참가, 동조함에 의해서 범죄행동이 학습되어 범죄가 발생**한다.
③ 범죄행위 학습의 중요한 부분들은 **친밀한 관계를 맺고 있는 집단들에서 일어나며**, 범죄행위는 일반적 욕구나 가치관의 표현이지만, **일반적 욕구나 가치관으로만 범죄행위를 설명할 수 없다.**
④ 범죄행위를 학습할 때에 학습되는 내용은 **범죄기술, 범죄행위에 우리한 동기, 충동, 합리화방법, 태도 등**이다.
⑤ 범죄의 원인을 **물리적 환경, 범행의 기회**로 본다.

22. 하위문화이론에 관한 설명으로 옳지 않은 것은?   예상문제

① 하위문화란 일반 사회구성원이 공유하는 문화와는 별도로 특정집단에서 강조되는 특수한 가치 또는 규범 체계를 의미한다.

② 밀러(W. Miller)는 하위계층 청소년들의 '관심의 초점(focal concerns)'이 중산층 문화의 그것과는 다르기 때문에 범죄에 빠져들기 쉽다고 보았다.

③ 코헨(A. Cohen)은 하위계층 청소년들 간에 형성된 하위문화가 중산층의 문화에 대해 대항적 성격을 띠고 있다고 본다.

④ 코헨(A. Cohen)은 '비행적 하위문화'를 범죄적 하위문화, 갈등적 하위문화, 도피적 하위문화라는 3가지 기본 형태로 분류하였다.

✂ 정답: ④
❈ 해설: ▶ 하위문화이론

코헨의 비행하위 문화이론	① 코헨은 **하류계층의 청소년 비행이 중류계층의 가치와 규범에 대한 저항**이라고 규정하였다. ② 범죄자집단이나 비행자집단 중에서 공유되고 있는 특정신념, 가치관에 근거한 사고나 행동양식이며 범죄나 비행행위가 불가결이 요소가 되고 있는 문화이다. ◉ **범죄적 하위문화와 갈등적 하위문화, 도피적 하위문화로 분류한 것은 차별적 기회구조이론이다.**
밀러의 하위계층 문화이론	① 밀러는 범죄행위를 **하류계층의 독특한 하위문화의 가치와 규범이 정상적으로 반응**하는 것이며, 오랜 기간 정착되어 온 하류계층의 생활전통이라고 규정하고 있다. ② 문화갈등이론에 근거하여 하위계층에는 하위계층의 특징적 가치, 행동양식 등 독자적인 문화규범이 존재하고 있음을 인정하고 이러한 하위계층의 독특한 문화규범에 따르는 것이 자동적으로 넓은 사회의 법규범에 위반하는 것이 된다고 주장하였다.

23. 다음은 사회학적 범죄이론 가운데 학습이론에 관한 설명들이다. 옳지 않은 내용들만으로 묶은 것은?

예상문제

> ㉠ 준법행위와 마찬가지로 범죄행위도 주위로부터 학습된다는 이론이다.
> ㉡ 타르드(J. G. Tarde)는 모방의 법칙을 주장하면서, 그 내용 중 하나로 모방은 가까운 사람들 사이에 강하게 일어난다는 삽입의 법칙을 주장하였다.
> ㉢ 서덜랜드(E. H. Sutherland)는 차별적 접촉이론(differential association theory)을 주장하면서, 그 내용 중 하나로 어떤 사람이 범죄자가 되는 것은 법률 위반을 긍정적으로 생각하는 정도가 부정적으로 생각하는 정도보다 크기 때문이라고 하였다.
> ㉣ 글래저(D. Glaser)의 차별적 동일시이론(differential identification theory)은 공간적으로 멀리 떨어져 있는 준거집단도 학습의 대상으로 고려했다는 점에서 차별적 접촉이론과 차이가 있다.
> ㉤ 버제스(R. Burgess)와 에이커스(R. Akers)의 사회적 학습이론(social learning theory)은 사회적 상호 작용만을 중시하고 개인의 욕구와 같은 비사회적 사정들을 배제시킨 이론이라는 점에 특징이 있다.

① ㉠, ㉡, ㉢   ② ㉠, ㉡, ㉣
③ ㉡, ㉢   ④ ㉡, ㉤

✂ 정답: ④
❈ 해설:

㉡ 설명내용은 **거리의 법칙**이다. 삽입의 법칙은 모방은 유행이 되고 유행은 관습이 된다는 것을 말한다는 것으로, 교육 빈곤 등이 범죄원인이 되고 범죄의 동기, 성질 등으로 진화하는 과정을 해명한 것이다.

㉤ 버제스와 에이커스는 다른 사람들과의 사회적 상호 작용과는 별개로 환경 그 자체가 범죄성을 강화시킬 수 있다는 인식을 바탕으로 **사회 외적 분위기를 추가**하고 있다.

24. 허쉬(T. Hirschi)의 사회통제이론(social control theory)에 관한 설명으로 옳지 않은 것은?   예상문제

① 범행을 야기하는 이유보다 특정한 사람들이 범죄를 저지르지 않는 이유에 초점을 둔다.

② 부모와의 애착관계가 긴밀할수록 범죄를 저지를 가능성이 낮다.

③ 공식적 사회와의 유대감이 클수록 범죄를 저지를 가능성이 높다.

④ 범죄를 저지를 잠재적 가능성은 누구에게나 있지만, 범죄의 통제가 가능한 것은 개인이 사회와 맺고 있는 유대관계 때문이다.

✂ 정답: ③

※ 해설: ▶ **허쉬(T. Hirschi)의 사회통제이론(social control theory)**

① 허쉬(T. Hirschi)는 저서 『비행원인』에서 **범죄는 범행하지 못하게 억제하는 요인이 약화되었기 때문이**라고 주장하였다.

【범죄통제를 강화시키는 요인】

애착	부모나, 학교, 동료와 같이 자신에게는 매우 중요한 사람들에 대한 결속
전념	관습적인 생활방식과 활동에 투자하는 시간과 정열
참여	전념의 결과로 관습적인 일들에 동참
신념	선생님, 경찰, 법률과 같은 공적인 권위의 정당성과 같은 관습적 도덕 가치를 믿는 것

② 위 4가지의 결속을 다지는 유대가 약화됨으로써 **사회의 통제를 적게 받게 되고 그만큼 일탈할 수 있는 가능성은 높아진다는 것**이다.

③ 범행을 야기하는 이유보다 **특정한 사람들이 범죄를 저지르지 않는 이유에 초점**을 둔다.

④ **부모와의 애착관계가 긴밀할수록** 범죄를 저지를 가능성이 낮다.

⑤ **공식적 사회와의 유대감이 클수록** 범죄를 저지를 가능성이 낮다.

⑥ **규범에 대한 믿음이 약할수록** 범죄를 저지를 가능성이 높다.

⑦ 범죄를 저지를 잠재적 가능성은 누구에게나 있지만, 범죄의 통제가 가능한 것은 개인이 사회와 맺고 있는 유대관계 때문이다.

25. 범죄원인에 대한 제학설의 설명으로 가장 옳지 않은 것은?   10.1 승진

① 급격한 사회변화로 인해 규범이 붕괴되고 작동하지 않는 상태를 아노미라 한다.

② 사회해체론에서 범죄원인의 특성은 인구밀집, 불안정한 주거환경, 빈곤, 실업, 제한된 경제적 기회, 적절한 역할모델의 부재 등을 들고 있다.

③ 중화기술이론은 Sutherland에 의해 주장된 이론으로 주로 청소년의 범죄에 있어 합법적, 전통적 관습 및 규범의식이나 가치관이 중화된다는 이론이다.

④ 낙인이론은 범죄자로 만드는 것이 행위 질적인 면이 아니라 사람들의 인식이라고 본다.

✂ 정답: ③

※ 해설: 사이크스(Sykes)는 중화기술이론을 통해 **청소년은 비행의 과정에서 합법적, 전통적 관습, 규범, 가치관 등을 중화시킨다고 주장**하였다.

26. 범죄원인에 관한 제학설 중 틀린 것은?   10.1. 승진

① 사이크스는 중화기술이론을 통해 청소년은 비행의 과정에서 합법적, 전통적 관습, 규범, 가치관 등을 중화시킨다고 주장하였다.

② 서덜랜드는 분화적접촉이론을 통해 사회적 요인이 범죄의 요소이며 범죄행위는 비정상적으로 학습된 행위라고 주장하였다.

③ 실증주의 범죄학에서는 범죄가 자유의지보다 외부적 요소에 의해 강요되는 것이라고 보았다.

④ 시카고 학파는 각 지역사회의 문화적 갈등을 통해 범죄나 비행이 발생한다고 보았다.

정답: ②

※ **해설:** 서덜랜드(E. H. Sutherland)는 분화적접촉이론을 통해 사회적 요인이 범죄의 요소이며 **범죄행위는 정상적으로 학습된 행위라고 주장**하였다.

27. 범죄원인론을 설명한 것이다. 타당하지 않은 것은?   07.10 기동대

① 긴장이론은 범죄를 부추기는 가치관으로의 사회화나 범죄에 대한 구조적 자기 통제의 상실을 범죄 원인으로 본다.

② 경제불황으로 실직한 甲은 사업자금을 알선하고자 살고 있던 집을 처분하고 빈민가로 이사를 하였는데 이들 乙이 점점 비행소년으로 변해 갔다. 이를 가장 잘 설명해 주는 범죄원인론은 사회해체론이다.

③ 파크(R. E. Park) 버제스의 생태학이론은 한 지역 사회가 지배, 침입, 승계되는 과정을 통해 다른 지역 사회를 지배하게 되는 과정을 설명한다.

④ 차별적 접촉이론, 차별적 기회이론은 최근 물리적 환경의 개선이나 범죄자의 무력화를 통한 범죄의 예방과 억제, 피해자학의 연구 등에서 나타나고 있다.

정답: ①

※ **해설: ▶ 문화전파이론**

> 범죄는 고유한 문화가 다음 세대에 전달되어 범죄 속으로 발생한다는 이론으로서 **범죄를 부추기는 가치관으로서의 사회화나 범죄에 대한 구조적·문화적인 유인에 대한 자기통제의 상실을 범죄원인으로** 본다.

28. 사회학적 범죄학에 대한 이론을 주장한 학자와 그 내용이 바르게 연결된 것은?   09.1. 승진

① Show & Macay – 사회적 요인이 범죄의 요소이며 범죄행위는 정상적으로 학습된 행위이다.

② 서덜랜드 – 청소년은 비행의 과정에서 합법적, 전통적 관습, 규범, 가치관 등을 중화시킨다.

③ 사이크스 – 도시의 특정지역에서 범죄가 일반화되는 이유로 산업화, 도시화로 인한 조직의 해체와 지역의 환경적 측면을 들었다.

④ 시카고학파 – 각 지역사회의 문화적 갈등을 통해 범죄나 비행이 발생한다.

정답: ④

※ **해설:**

① Show & Macay(사회해체론) – 도시의 특정지역에서 범죄가 일반화되는 이유 **산업화, 도시화로 인한 조직의 해체와 지역의 환경적 측면을 들었다.**

② 서덜랜드(분화적 접촉이론) – 사회적 요인이 범죄의 요소이며 **범죄행위는 정상적으로 학습된 행위**이다.

③ 사이크스(중화기술이론) – 청소년은 비행의 과정에서 **합법적, 전통적 관습, 규범, 가치관 등을 중화시킨다.**

29. 범죄와 비행이 발현되기 전까지는 복합적인 원인이 작용되기 마련이다. 다음 중 범죄와 비행의 원인을
사회학적 차원에서 접근하려는 이론과 거리가 먼 것은?   08.1 경간부
① 긴장이론(strain theories)
② 비행하위문화이론(theory of delinquent subculture)
③ 사회학습이론(social learning theory)
④ 통제이론(control theories)

정답: ③
※ **해설: 사회학적 이론** – 통제이론, 긴장이론, 낙인이론, 비행하위문화이론, 비행표류이론

30. 범죄원인론 중 설명이 틀린 것은?   07.3 순경
① 사회해체론 – 빈민지역은 소득이 낮고 임대 입주자가 많은 특징이 있는데 이러한 지역사회는 구성원이
   바뀌더라도 비행 발생률은 변하지 않는다.
② 문화적 전파이론 – 범죄를 부추기는 가치관으로 사회화나 범죄에 대한 구조적, 문화적인 유인에 대한 자
   기통제의 상실을 범죄의 원인으로 본다.
③ 아노미 이론 – 자본의 경제제도 하에서 계층의 분화와 투쟁의 산물로서 범죄가 발생한다고 본다.
④ 분화적 접촉이론 – 분화된 사회 조직 속에서 분화적으로 범죄 문화에 접촉, 참가, 동조함에 의해서 범죄
   행동이 학습되는 것으로 본다.

정답: ③
※ **해설: 마르크스주의 범죄학** – 자본주의 경제제도 하에서 계층의 분화와 투쟁의 산물로서 범죄가
   발생한다고 본다.

31. 낙인이론에 관한 설명으로 옳은 것은?   예상문제
① 범죄원인을 자본주의 체제의 구조적 모순에서 찾는다.
② 범죄행위에 대한 범죄통제기관의 반작용과 그 영향에 무관심하다는 비판이 있다.
③ 처벌이 범죄를 억제하기보다는 오히려 증가시킨다고 본다.
④ 다이버전(diversion)에 대하여는 사회적 통제망 확대를 통하여 낙인효과를 증대시킨다는 이유로 반대한다.

정답: ③
※ **해설: ▶ 낙인이론**

① 낙인이론이란 범죄와 일탈을 바라보는 시각이 범죄와 일탈을 가진 자의 시점에서 파악한 것이라고 전
   제하고, **제도·관습·규범·법규 등 사회를 유지하기 위한 기본적인 제도적 장치들이 오히려 범죄를
   유발한다는 이론**이다.
② 사회제도나 규범을 근거로 특정인을 일탈자로 인식하기 시작하면서 그 사람은 결국 범죄인이 되고 만
   다는 이론이다. 즉, **범죄의 원인은 사법 당국의 낙인 때문이라고 보는 이론**이다.
③ 범죄자로 만드는 것은 범죄를 행위의 질적인 면이 아니라 **사회인이 가지고 있는 그 행위에 대한 사람
   들의 인식이라고 보는 견해**이다.

32. 형사사법절차에서 전환(diversion)에 관한 설명 중 옳지 않은 것은?　　　예상문제

① 형사사법기관의 업무량이 증가한다는 단점이 있다.

② 경찰단계에서의 전환으로는 훈방, 통고처분 등이 있다.

③ 검찰단계에서의 전환으로는 기소유예, 불기소처분, 선도조건부 기소유예 등이 있다.

④ 재판단계에서의 전환으로는 선고유예, 집행유예 등이 있다.

⑤ 범죄자를 전과자로 낙인찍을 가능성이 줄어든다.

┇ 정답: ①

▓ 해설: ▶ 전환(Diversion)

> ① 가능한 한 범죄에 대한 공식적 반작용은 비공식적 반작용으로, 중한 공식적 반응은 경한 공식적 반작용으로 대처되어야 한다.
>
> ② **경찰단계에서의** 전환으로는 훈방, 통고처분 등이 있으며, **검찰단계에서의** 전환으로는 기소유예, 불기소처분, 선도 조건부기소 유예 등, **재판단계에서의** 전환으로는 선고유예, 집행유예 등이 있다.
>
> ③ **범죄자를 전과자로 낙인찍을 가능성이 줄어든다.**
>
> ④ **형사사법기관의 업무량이 감소한다는 장점**이 있다.

33. 다음 범죄통제방법 중 성격이 다른 것은?　　　02.3 경간부

① 응보와 복수　　　　　　　　② 형벌과 제재

③ 교정과 치료　　　　　　　　④ 범죄예방

┇ 정답: ④

▓ 해설: ▶ 범죄통제방법

구분	범죄통제방법	비고
근세이전	응보와 복수	사후적 대응방법
고전주의	형벌과 제제	
실증주의	교정과 치료	
20세기 이후	범죄예방	사전적 대응방법

34. 범죄통제방법에 대한 설명 중 잘못된 것은?　　　02.1 승진

① 근세 이전에는 응보와 복수에 의해서 통제하였다.

② 근세 이후 고전주의자들에 의해서는 형벌과 제재에 의해서 통제하였다.

③ 근세 이후 실증주의자들에 의해서는 범죄예방에 의해서 통제하였다.

④ 범죄예방은 사전적 대응방법에 해당된다.

┇ 정답: ③

▓ 해설: 20세기 이후 **사회주의 학자들이 강조**하였다.

35. 브란팅햄과 파우스트가 제시한 범죄예방 모형 중 1차, 2차, 3차 범죄예방모델이 순서대로 옳게 나열된 것은?   03.1 승진

① 민간경비활동 – 청소년 우범지역 단속 – 범죄자 검거
② 범죄자 교정치료 – 우범자 선도활동 – 범인검거
③ 금은방 비상벨 설치 – 범죄자 교도소 구금 – 우범지역 단속
④ 범인검거 – 우범자, 우범지역 단속 – 주민 신고

❖ **정답:** ①
❊ **해설:** ▶ 브란팅햄(P. Brantingham)과 파우스트(F. Faust)

	대상	일반 대중
1차적 예방	내용	일반대중을 대상으로 **물리적, 사회적 환경 중에서 범죄원인이 되는 조건들을 개선시키는 데 초점** 예 환경설계, 이웃감시, 민간경비, 방범교육, 금융기관에 CCTV설치, 금은방에 비상벨 설치 등
	전략	① 범죄의 기회를 제공하는 **물리적 환경조건을 찾아 개입하는 전략** ② 범죄발생 원인에 영향을 미치는 **경제 및 사회조건에 개입하는 전략**
2차적 예방	대상	**우범자, 우범집단, 우범지역**
	내용	잠재적 범죄자를 초기에 발견하고 기회를 차단하기 위하여 **비합법적 행위가 발생하기 전에 예방하는 데 우범자·우범지역에 초점** 예 잠재적 범죄인이 실제 범죄를 저지르지 않도록 우범지역을 단속하는 활동
	전략	**잠재적 범죄자를 초기에 발견하여 개입하는 전략**
3차적 예방	대상	**범죄자**
	내용	실제 범죄자를 대상으로 범죄자들이 더 이상 범죄를 저지르지 않도록 **체포, 구속, 기소, 교도소 구금, 치료, 사회복귀 등에 초점** 예 민간단체나 지역사회의 교정프로그램
	전략	**상습범 대책수립 및 재범억제를 저항하는 전략**

36. 브란팅햄(P. Brantingham)과 파우스트(F. Faust)의 3단계 범죄예방모델에서 '2차 예방(secondary prevention)'에 대한 설명으로 가장 적절한 것은?   09.7 순경

① 상습범 대책수립 및 재범억제를 지향하는 전략
② 범죄의 기회를 제공하는 물리적 환경조건을 찾아 개입하는 전략
③ 잠재적 범죄자를 초기에 발견하여 개입하는 전략
④ 범죄발생 원인에 영향을 미치는 경제 및 사회 조건에 개입하는 전략

❖ **정답:** ③
❊ **해설:** ①은 **3차 범죄예방이론**이며, ②와 ④는 **1차 범죄예방이론**이다.

37. 다음 중 범죄예방에 대한 설명으로 바르지 못한 것은?   01.11 순경, 03.11 순경

① 브란팅햄은 1차적 예방, 2차적 예방, 3차적 예방으로 나누어 설명한다.
② C. R. Jeffery는 자신의 범죄통제 모델에서 사회환경개선을 통한 범죄통제모델을 제시하였다.
③ 미국 범죄예방연구소(NCPI)에서는 범죄욕구나 기술에 대한 예방이라고 하였다.
④ Lap은 범죄예방을 실제의 범죄발생과 범죄에 대한 두려움을 감소시키는 사전활동이라고 하였다.

❖ **정답:** ③

❊ 해설:
• 제프리(C. R. Jeffery)

범죄억제 모델	형벌을 통한 범죄억제
사회복귀 모델	범죄자의 치료와 갱생으로 통한 사회복귀
범죄예방 모델	사회환경 개선을 통한 범죄예방

• 미국 범죄예방연구소

미국 범죄예방연구소 (NCPI)	범죄예방이란 **범죄적 기회를 감소시키는 사전활동**이며, 범죄에 관련된 환경적 기회를 제거하는 직접적 통제활동으로 규정하고 있다.
랩(S. P. Lab) 의 범죄예방	① 범죄예방이란 **실제의 범죄발생과 범죄에 대한 공중의 두려움을 줄이는 사전활동으로 규정**하고 있다. ② 범죄예방에 대한 **통계적 측면과 심리적 측면을 동시에 고려**하였다.
범죄예방 활동	① 범죄사건 이후에 대응하는 활동이 아니라 **범죄가 발생하기 전에 수행되는 행위**를 말한다. ② 범죄환경에 대한 직접적 통제뿐만 아니라 **간접적 활동도 포함**된다. ③ 공중에게 인지된 범죄에 대한 **두려움을 감소시키는 활동**이다. ④ 범죄예방에는 **민간에서 사설 경비시설을 설치 및 신고체제를 구축하는 것도 포함**된다.

38. 범죄예방의 개념에 대한 설명 중 타당하지 않은 것은?   02.1 승진
① 20C 이후의 범죄사회학자들은 범죄예방을 통하여 범죄문제를 해결하려고 했다.
② C. R. Jeffery의 범죄예방모델은 사람의 행동을 연구하는 다양한 학문에 기초한 모형이다.
③ 미국범죄예방연구소는 범죄욕구를 억제하는 활동만을 범죄예방으로 보았다.
④ Lab은 범죄예방은 실제상의 범죄를 줄이는 것뿐만 아니라 심리적 측면인 범죄에 대한 두려움의 제거활동까지 포함하는 것으로 보았다.

❖ 정답: ③
❊ 해설: 미국범죄예방연구소는 **범죄기회를 억제하는 활동만을 범죄예방**으로 보았다.

39. 다음 범죄예방에 대한 설명으로 옳은 것은?   08.3 순경
① 제프리는 범죄자의 치료와 갱생정책을 통하여 사회복귀모델을 제시하였다.
② 미국범죄예방연구소는 범죄예방이란 범죄의 욕구를 감소시키는 것을 범죄예방으로 보았다.
③ 브란팅햄과 파우스트는 금은방에 비상벨의 설치를 제2차적 범죄예방으로 보았다.
④ 랩은 실제 범죄발생 감소만을 범죄예방으로 한다.

❖ 정답: ①
❊ 해설:
② 미국범죄예방연구소는 범죄예방이란 **범죄의 기회를 감소시키는 것을 범죄예방**으로 보았다.
③ 브란팅햄과 파우스트는 금은방에 비상벨의 설치를 **제1차적 범죄예방**으로 보았다.
④ 랩은 실제의 범죄발생 감소뿐만 아니라 **공중의 두려움을 줄이는 것을 범죄예방**으로 한다.

40. 범죄예방개념을 설명한 것으로 틀린 것은?   04.3 순경

① Lab은 범죄예방이란 실제의 범죄발생과 범죄에 대한 공중의 두려움을 줄이는 사전활동으로 규정하였다.
② 제프리는 범죄환경의 개선을 통한 범죄예방모델을 제시했다.
③ 브랜팅햄과 파우스트는 1차, 2차, 3차 모델로 나누어 범죄예방을 설명했다.
④ 미국예방연구소는 범죄예방의 개념을 범죄에 관련된 환경적 기회를 제거하는 간접적 통제활동으로 규정하였다.

⫶ 정답: ④

✹ 해설: 미국예방연구소는 **범죄적 기회를 감소시키는 사전활동**이며, 범죄에 관련된 환경적 기회를
　　　　제거하는 직접적 통제활동으로 규정하고 있다.

41. 범죄원인론 및 예방이론에 대한 설명 중 틀린 것은 몇 개인가?   09.3 순경

> ㉠ 긴장이론 – 구조적으로 야기된 경제적 문제나 신분·지위의 문제를 범죄의 원인으로 보는 이론
> ㉡ 사회적 유대이론 – 사람은 일탈의 잠재적 가능성을 가지고 있어서 사회적 유대가 약화되면 일탈가능
> 　 성이 범죄로 발현된다고 보는 이론
> ㉢ 중화기술이론 – 청소년은 비행화의 과정에서 이미 내면화되어 있는 합법적 규범이나 가치관을 중화
> 　 시킴으로써 범죄에 이르게 된다고 보는 이론
> ㉣ 억제이론 – 범죄에 대한 책임을 사회의 책임이 아니라 개인의 책임으로 보는 이론

① 0개　　　　　　② 3개　　　　　　③ 4개　　　　　　④ 1개

⫶ 정답: ①
✹ 해설: 모두 맞는 설명이다.

42. 다음 중 범죄이론과 범죄예방대책이 바르게 연결되지 않은 것은?   05.1 승진

① 고전학파 범죄이론 – 강력하고 확실한 처벌
② 생물학적 범죄이론 – 범죄기회의 제거
③ 심리학적 범죄이론 – 범죄자의 치료와 갱생
④ 사회학적 범죄이론 – 사회발전을 통한 범죄의 근본적 원인 제거

⫶ 정답: ②
✹ 해설: ▶ 상황적 예방이론

① 범죄행위에 대한 위험과 어려움을 높여 **범죄기회의 제거와 범죄행위의 이익감소**시킴으로써 범죄를 예
　 방하는 이론이다
② 일상활동이론, 합리적 선택이론, 범죄패턴이론 등 상황이론들은 **개인을 합리적 존재로 가정하고 범죄
　 예방에 관심을 둔다는 점**에서 신고전이론이라 불린다.

43. 범죄원인론과 범죄예방론에 대한 설명으로 틀린 것은?   10.3 순경

① 실증주의 범죄학 – 페리는 범죄의 원인이 존재하는 사회에서는 이에 상응하는 일정한 양의 범죄가 반드
　 시 발생한다고 주장하였다.
② 치료 및 갱생이론 – 결정론적 인간관계 기초하여 범죄자에 대한 치료 내지 갱생으로 범죄를 예방하고자 한다.
③ 문화적 전파이론 – 범죄란 특정 개인이 범죄문화에 참가 동조함에 의해 정상적으로 학습된 행위로 본다.
④ 생태학적 이론 – 범죄발생을 용이하게 하는 환경적 요소를 개선하거나 제거함으로써 기회성 범죄를 줄
　 이려는 범죄예방론으로 대표적인 예로 환경설계를 통한 범죄예방기법(CPTED)이 있다.

❖ 정답: ③

❈ 해설: **분화(차별적)적 접촉이론** – 범죄란 특정 개인이 범죄문화에 참가 동조함에 의해 정상적으로 학습된 행위로 본다.

【생태학적 이론】

① 제인 제이콥스(1961)는 **물리적 환경의 변화를 통해 범죄예방을 할 수 있다는 환경설계를 통한 범죄예방(CPTED)을** 주장하였다.
② 범죄발생을 용이하게 하는 환경을 파악하여 주택 및 도시설계를 통하여 이를 개선함으로써 범죄발생을 줄이려는 이론이다.
　예 CCTV의 설치, 가로등 설치, 순찰 등

---

44. 범죄예방이론에 대한 설명으로 바르지 못한 것은?　　　　　　　　05.10 순경
① 고전학파범죄이론은 범죄에 대한 국가의 강력하고 확실한 처벌이 범죄예방에 효과적이라고 본다.
② 사회학적 이론에서는 사회발전을 통한 범죄의 근본적 원인의 제거가 범죄예방에 효과적이라고 한다.
③ 치료 및 갱생이론은 범죄에 대한 책임은 개선이 아닌 사회에게 있음을 강조한다.
④ 상황적 예방이론은 폭력과 같은 충동적 범죄에는 적용하는 데 한계가 있다는 비판이다.

❖ 정답: ④

❈ 해설: ▶ **고전학파 – 억제이론**

의의	① 범죄에 대한 **국가의 강력하고, 확실한 처벌**이 있어야 범죄억제를 시킬 수 있다는 이론이다. ② 억제의 형태에는 2가지가 있는데, 하나는 **엄격한 처벌을 통해 범죄자의 재범을 막고자 하는 특별억제**이고, 다른 하나는 **확실한 처벌을 통해 일반인의 범죄를 예방하고자 하는 일반억제**이다. ③ 억제이론에 따를 때 범죄를 예방하기 위해 형벌의 집행이 가져야 할 중요한 3가지 요소는 처**벌의 엄중성, 확실성, 신속성**이다.
비판	**폭력과 같은 충동적 범죄에는 적용에 한계**가 있다.

---

45. 다음 중 범죄예방이론에 대한 설명으로 타당하지 않은 것은?　　　　　　　03.1 승진
① '억제이론'은 범죄에 대한 책임은 전적으로 개인에게 있고 사회의 책임이 아니므로 강력하고 확실한 처벌을 통하여 범죄를 억제할 수 있다고 본다.
② '치료 및 갱생이론'은 결정론적 인간관계 기초하여 일반예방효과를 강조한다.
③ '사회발전을 통한 예방이론'은 범죄자의 사회적 환경이 범죄자의 내재적 성향보다 더 중요한 범죄원인으로 본다.
④ '합리적 선택이론'은 비결정론적 인간관에 근거하고 있다.

❖ 정답: ②

❈ 해설: ▶ **생물학·심리학적 이론 – 치료 및 갱생이론**

의의	범죄자의 **치료와 갱생·교정을 통한 범죄예방에 초점**을 둔 이론이다.
특징	① 범죄에 대한 책임은 **개인이 아닌 사회에게 있음을 강조**한다. ② 범죄자는 처벌보다는 **범죄자의 치료와 갱생활동을 통한 사회복귀**가 범죄예방에 도움이 된다. ③ **결정론적 인간관에 기초한 특별예방효과를 강조**한다.
비판	비용이 많이 들고, 범죄자를 대상으로 하므로 일반예방효과에 한계가 있다.

46. 범죄예방이론 중 '억제이론'에 대한 설명으로 타당하지 않은 것은?   04.1 승진
① 범죄를 저지를 것인가의 여부는 전적으로 개인 스스로의 책임이지, 사회의 책임이 아니다.
② 응보주의 입장에서 강력한 처벌을 통한 범죄예방을 강조한다.
③ 처벌의 엄격성을 통하여 일반예방효과가, 처벌의 확실성을 통하여 특별예방효과가 나타난다고 본다.
④ 폭력과 같은 충동적 범죄유형에는 적용의 한계가 있다.

⁝ 정답: ③
❈ **해설:** 억제의 형태에는 2가지가 있는데, 하나는 **엄격한 처벌을 통해 범죄자의 재범을 막고자 하는 특별억제**이고, 다른 하나는 **확실한 처벌을 통해 일반인의 범죄를 예방하고자 하는 일반억제**이다.

47. 범죄예방이론에 대한 설명으로 틀린 것은?   08.1 승진
① 사회학적 이론 – 범죄환경 제거를 위한 도시계획 – 생태학적 이론
② 고전학파 – 강력하고 확실한 처벌 – 억제이론
③ 심리학적 이론 – 치료와 갱생 – 치료 및 갱생이론
④ 상황적 예방이론 – 범죄기회제거 – 합리적 선택이론

⁝ 정답: ①
❈ **해설: 상황적 예방이론** – 범죄환경 제거를 위한 도시계획 – 생태학적 이론으로 설명하는 타당하다.

48. '억제이론(deterrence theory)'에 대한 설명 중 적절하지 않은 것은?   09.7 순경
① 자유의지를 가진 합리적 범죄자를 기본 가정으로 한다.
② 18세기 고전주의 범죄학의 직접적인 영향을 받았다.
③ 처벌의 엄중성, 확실성, 신속성이 범죄억제를 위한 중요한 요소가 된다.
④ 범죄자의 처벌을 통해 대중의 범죄를 예방하고자 하는 것을 특별억제(specific deterrence)라 한다.

⁝ 정답: ④
❈ **해설:** 억제이론은 비결정론적 인간관에 입각한 일반예방효과를 중점을 두고 있다

49. 억제이론에 따를 때 범죄를 예방하기 위해 형벌의 집행이 가져야 할 중요한 3가지 요소는?
                    예상문제

㉠ 평등성(equality)	㉡ 확실성(certainty)	㉢ 적정절차
㉣ 무력화(incapacity)	㉤ 신속성(swiftness)	㉥ 관용성(generosity)
㉦ 비례성(proportionality)	㉧ 엄중성(severity)	

① ㉠㉡㉥   ② ㉡㉢㉦
③ ㉡㉤㉧   ④ ㉢㉣㉧

⁝ 정답: ③
❈ **해설:** 억제이론에 따를 때 범죄를 예방하기 위해 형벌의 집행이 가져야 할 중요한 3가지 요소는 **처벌의 엄중성, 확실성, 신속성**이다.

50. 다음 중 범죄예방이론에 대한 설명으로 틀린 것은?   09.4 순경

① '치료 및 갱생이론'은 생물학적 심리학적 범죄이론에 근거를 두고 있다.
② '억제이론'은 응보주의 입장에서 강력한 처벌을 통한 범죄예방을 강조한다.
③ '합리적 선택이론'은 비결정론적 인간관에 근거하고 있다.
④ '일상활동이론'은 거시적 범죄분석을 토대로 범죄예방 모델을 도출하고자 한다.

❖ **정답:** ④

❈ **해설: ▶ 일상활동이론**

> ① 코헨(L. Cohen)과 펠슨(M. Felson)은 본래 지역 사회의 차등적 범죄율과 변화를 지역사회의 구조적 특성의 변화가 아닌 **개인들의 일상활동의 변화에서 찾고자 한 이론**이다.
> ② 일상활동이론은 **잠재적 범죄자는 시대를 불문하고 동일한 수준으로 존재한다는 가정**을 기본 전제로 한다.
> ③ 범죄발생요인을 **범죄욕구, 범죄능력, 범죄기회로 구분**하고, 범죄가 발생하는 상황적 요인, 특히 **범죄기회를 통제하여 범죄를 예방**하려고 한다.
> ④ **범죄기회가 주어지면 누구든지 범죄를 저지를 수 있다고 보아, 모든 개인을 잠재적 범죄자로 파악하고 있다**
> ⑤ **미시적 범죄분석을 토대로 범죄예방 모델을 도출**하고자 한다.

51. 다음 중 상황적 범죄 예방이론으로 옳지 못한 것은?   08.1 경간부

① 합리적 선택이론은 인간이 자유의지를 가지고 있다고 가정하고 합리적인 인간관을 전제로 하므로 비결정론적 인간관이라고 할 수 있다.
② 상황적 범죄예방이론은 합리적 선택이론, 일상활동이론, 생태학적 이론에 근거하여 범죄행위에 대한 위험과 어려움을 높여 범죄기회를 줄이고 범죄행위의 이익을 감소시켜 범죄를 예방하는 이론이다.
③ 일상활동이론은 거시적 범죄분석을 토대로 범죄예방 모델을 도출하고자 한다.
④ 생태학적 이론은 어두운 거리에 가로등을 설치하는 등 범죄취약 요인을 제거함으로써 범죄예방을 하고자 한다. CPTED는 그 대표적인 예로서 환경설계를 통한 범죄예방기법이다.

❖ **정답:** ③

❈ **해설:** 일상활동이론은 **미시적 범죄분석을 토대로** 범죄예방 모델을 도출하고자 한다.

52. 상황적 범죄예방론에 대한 설명 중 옳은 것은?   09.2 경간부

① 합리적 선택이론은 인간은 자유의지를 가지고 있다고 가정하고, 합리적인 인간관을 전제로 하므로 결정론적 인간관이라고 할 수 있다.
② 일상활동이론은 거시적 범죄분석을 토대로 범죄예방 모델을 도출하고자 한다.
③ 일상활동이론은 범죄자, 범죄에 적당한 대상, 감시의 부재라는 3가지 조건이 충족될 때 발생하는 것으로 본다.
④ 상황적 예방이론은 범죄가 다른 곳으로 전이되어 전체 범죄는 줄지 않고, 국가통제사회가 될 가능성이 있다는 비판을 받고 있지 않다.

❖ **정답:** ③

❈ **해설:**
① 합리적 선택이론은 고전학파 성격이 강하므로, **비결정론적 인간관**을 취한다.
② 일상활동이론은 **미시적 범죄분석을 토대로** 범죄예방 모델을 도출하고자 한다.
④ 상황적 예방이론은 범죄가 다른 곳으로 전이되어 전체 범죄는 줄지 않고, **국가 통제사회가 될 가능성이 있다는 비판을 받고 있다.**

【일상활동이론에서 범죄의 3가지 요소】

㉠ 동기가 부여된 잠재적 범죄자   ㉡ 보호자의 부재   ㉢ 적절한 대상

53. 기존의 범죄이론에서는 범죄발생의 원인에 대하여 범죄자의 동기적 측면을 주로 강조한다. 이에 반해 피해자를 둘러싸고 있는 범행의 조건을 강조하는 이론은?   예상문제
① 일상활동이론(routine activities theory)
② 낙인이론(labeling theory)
③ 표류이론(drift theory)
④ 학습이론(learning theory)

정답: ①
※ 해설: **일상활동이론**이다.

54. '일상활동이론'에 대한 설명으로 가장 옳지 않은 것은?   10.1 승진
① 범죄는 '범죄를 저지르고자 하는 동기가 부여된 범죄자, 적절한 범행대상, 장소의 접근성'이라는 3가지 조건이 충족될 때 발생한다고 본다.
② 범죄 기회가 주어지면 누구든지 범죄를 저지를 수 있다고 본다.
③ 범죄자적 속성을 범죄의 결정적 요소로 보지 않는다.
④ 시간과 공간적 변동에 따른 범죄발생 양상, 범죄 기회, 범죄 조건 등에 대한 구체적이고 미시적인 분석을 토대로 구체적인 상황에 맞는 범죄예방활동을 하고자 한다.

정답: ①
※ 해설: ▶ **일상활동이론에서 범죄의 3가지 요소**

㉠ 동기가 부여된 잠재적 범죄자   ㉡ 보호자의 부재   ㉢ 적절한 대상

55. 오스카 뉴먼에 의해 정의된 개념으로 주거에 대한 영역성의 강화를 통해 주민들이 살고 있는 지역이나 장소를 자신들의 영역이라 생각하고 감시를 게을리 하지 않으면 어떤 지역이든 범죄로부터 안전할 수 있다고 주장하는 이론은?   예상문제
① 집합효율성이론   ② 합리적 선택이론
③ 방어공간이론   ④ 일상생활이론

정답: ③
※ 해설: ▶ **방어공간이론**

① 오스카 뉴먼(1972)의 방어공간이론은 주민들이 그들이 살고 있는 지역이나 장소를 자신들의 영역이라 생각하고 감시를 게을리 하지 않으면 어떤 지역이나 장소든 범죄로부터 안전할 수 있다고 주장하였다.
② 방어적 공간요소를 ㉠ **영역성,** ㉡ **자연적 감시,** ㉢ **이미지,** ㉣ **입지조건**으로 제시하였다.

56. 〈보기1〉의 이론과 〈보기 2〉의 내용을 연결한 것 중 옳은 것은?   예상문제

〈보기 1〉	〈보기 2〉
㉠ 억제이론(deterrence theory) ㉡ 낙인이론(labeling theory) ㉢ 일상생활이론(routine activity theory) ㉣ 합리적 선택이론 　(rational choice theory) ㉤ 중화기술이론 　(techniques of neutralization)	a. 맞벌이 부부의 증가로 빈집이 늘어나면서 절도 범죄가 증가한다. b. 친구들에게서 '나쁜 놈'이라는 놀림을 받다가 결국에는 범죄인이 되었다. c. 기물파괴는 악의 없는 장난이고, 절도는 물건을 잠시 빌린 것이다. d. 자동차 운전자의 과속운전은 무인속도측정기가 설치된 지역에서 줄어든다. e. 수질오염방지시설을 정상적으로 가동하는 것보다 적발되더라도 벌금을 내는 것이 경제적으로 더 유리하다.

① ㉠-b   ② ㉡-a   ③ ㉢-c   ④ ㉣-e

❧ **정답:** ④
❈ **해설:** ① ㉠-d   ② ㉡-b   ③ ㉢-a

57. 환경설계 기본원리 내용 중 옳지 않은 것은?   09.2 경간부
① 자연적 감시 – 가시권 확보, 외부침입자 감시 기능 강화
② 영역성의 강화 – 경계선 구분을 통해 거주자의 소유의식과 책임의식 증대
③ 자연적 접근통제 – 주민들의 의사소통으로 유대감을 강화하기 위한 공공장소 설치
④ 유지관리 – 최초 환경설계의 취지가 유지되도록 지속적인 관리의 실천

❧ **정답:** ③
❈ **해설:** ▶ 환경설계 기본원리

자연적 감시	① **건축물이나 시설물의 설계 시 가시권을 최대한 확보**하여 외부침입에 대한 감시기능을 확대함으로써 범죄위험을 증가시키고, 기회를 감시시킬 수 있다는 원리이다 ② **가시권 확보를 통해 외부침입자에 대한 감시기능을 강화하는 원리**다. 　㉑ **조명 · 조경 · 가시권 확대를 위한 건물의 배치 등**
자연적 접근통제	일정한 지역에 접근하는 사람들을 정해진 공간으로 유도하거나 **외부인의 출입을 통제하도록 설계함으로써 접근에 대한 심리적 부담을 증대시켜 범죄를 예방**하려는 원리이다. 　㉑ **차단기, 방범창, 잠금장치, 통행로의 설치, 출입구의 최소화**
영역성의 강화	① **사적 공간에 대한 경계를 표시하여 주민들의 책임의식과 소유의식을 증대**함으로써 사적 공간에 대한 관리권과 권리를 강화시키고, 외부인들에게는 침입에 대한 불법사실을 인식시켜 범죄기회를 차단하는 원리이다. ② **경계선의 구분을 통해 거주자의 소유의식과 책임의식을 증대시키는** 원리이다. 　㉑ **울타리 · 펜스의 설치, 사적 · 공적 공간의 구분**

활동의 활성화	지역사회의 설계 시 **주민들의 의사소통과 유대감을 강화하기 위한 공공장소의 설치하고 이용하**도록 함으로써 "거리의 눈"을 활용한 자연적 감시와 접근통제의 기능을 확대하는 원리이다 예 놀이터 · 공원의 설치, 체육시설의 접근성과 이용의 증대, 벤치 · 정자의 위치 및 활용성에 대한 설계
유지관리	① 처음 설계된 대로 혹은 개선한 의도대로 기능을 지속으로 유지하도록 관리함으로써 범죄 예방을 위한 환경 설계의 장기적이고 지속적 효과를 유지하는 원리이다. ② 최초 환경설계의 취지가 유지되도록 지속적인 관리의 실천이다. 예 파손의 즉시보수, 청결유지, 조명, 조경의 관리

58. 환경설계를 통한 범죄예방의 기본 원리에 대한 내용으로 옳지 않은 것은?   10.1 승진

① 자연적 감시 – 가시권 확보를 통해 외부침입자에 대한 감시기능 강화

② 자연적 접근통제 – 경계선 구분을 통해 거주자의 소유의식과 책임의식 증대

③ 활동성의 활성화 – 주민들의 의사소통과 유대감을 강화하기 위한 공공장소 설치

④ 유지관리 – 최초 환경설계의 취지가 유지되도록 지속적인 관리의 실천

❧ **정답:** ②

❈ **해설:** **영역성의 강화 – 사적 공간에 대한 경계를 표시하여 주민들의 책임의식과 소유의식을 증대**
함으로써 사적공간에 대한 관리권과 권리를 강화시키고, 외부인들에게는 침입에 대한 불법
사실을 인식시켜 범죄기회를 차단하는 원리이다.

59. 환경설계를 통한 범죄예방의 기본원리에 대한 설명 중 틀린 것은?   10.1 승진

① 자연적 감시 – 건축물이나 시설물의 설계 시 가시권을 최대한 확보하여 외부침입자에 대한 감시 기능 강화

② 영역성의 강화 – 사적 공간에 대한 경계선의 구분을 통해 거주자의 소유의식과 책임의식 증대

③ 자연적 접근통제 – 공공장소 설치 · 이용함으로써 '거리의 눈'을 활용한 자연적 감시와 접근 통제의 기능 확대

④ 유지관리 – 최초 환경설계의 취지가 유지되도록 지속적인 관리의 실천

❧ **정답:** ③

❈ **해설:** **활동의 활성화 –** 지역사회의 설계 시 **주민들의 의사소통과 유대감을 강화하기 위한 공공장소의 설치하고**
이용하도록 함으로써 "거리의 눈"을 활용한 자연적 감시와 접근통제의 기능을 확대하는 원리이다.

60. 미국의 지역사회 범죄예방활동 중에서 비행을 저지른 소년이 주변의 낙인의 영향으로 심각한 범죄자로
발전하는 것을 방지하기 위해 형사법적 제재를 가하지 않고 지역사회의 보호 및 관찰로 대처하여 범죄를 예
방하려는 제도는 무엇인가?   07.3 순경

① Crime Stopper Program

② Diversion Program

③ Take A Bite Out of Crime

④ Head Start Program

❧ **정답:** ②

※ 해설: ▶ 미국학교의 범죄예방프로그램

Head Start Program	빈곤계층 아동들에게 적절한 사회화과정을 거치게 함으로써 **장차범죄를 저지를 수 있는 잠재성을 감소시키려는 교육 프로그램**을 말한다.	사회해체 이론
총체적 교육을 통한 긍정적 활동 (PATHE Program)	교사 학교경영자, 학생, 학부모 등이 함께 학교운영이나 교육에 참여하여 **비행소년에 대한 특별교육과 관리하는 프로그램**이다.	
전환제도 (Diversion Program)	비행을 저지른 청소년이 주변의 낙인으로 심각한 범죄자로 발전하는 것을 방지하기 위하여 **형사처벌이 아니라 지역사회의 보호 및 관찰로 대처하여 범죄를 예방하려는 제도**이다.	① **낙인이론** ② **브랜팅햄 2차 예방**
National Alliance of Businessmen's JOBS Program	미국 정부와 민간단체에서 전국적으로 전개하는 **직업 기회제공 프로그램**을 비행소년이나 비행에 빠질 가능성이 높은 청소년을 대상으로 **직업훈련, 재정지원, 교육, 취업알선을 하는 프로그램**을 말한다.	

61. 미국의 지역사회 범죄예방활동 중에서 빈곤층의 아동을 적절한 사회화 과정을 거치게 하여 범죄의 잠재성을 감소시키려는 학교의 범죄예방활동은?　　　　　03.1 승진, 05.1 승진
① Take A Bite Out of Crime Program
② Crime Stopper Program
③ Head Start Program
④ Safer City Program

정답: ③
※ 해설: **Head Start Program** – 빈곤계층 아동들에게 적절한 사회화 과정을 거치게 함으로써 장차 범죄를 저지를 수 있는 잠재성을 감소시키려는 교육 프로그램이다.

62. 다음 미국의 지역사회 범죄예방활동 프로그램을 설명한 것 중 틀린 것은?　　　　　09.4 순경
① Safer City Program – 미국정부와 민간단체에서 프로그램으로 비행소년이나 비행에 빠질 가능성이 높은 청소년을 대상으로 직업훈련, 재정지원, 교육, 취업알선을 하는 프로그램
② Diversion Program – 비행을 저지른 소년이 주변의 낙인의 영향으로 심각한 범죄자로 발전하는 것을 방지하기 위해 형사법적 제재를 가하지 않고 지역사회의 보호 및 관찰로 대처하여 범죄를 예방하려는 프로그램
③ Head Start Program – 미국의 빈곤계층 아동들이 적절한 사회화 과정을 거치게 함으로써 장차 범죄를 저지를 수 있는 잠재성을 감소시키려는 범죄예방 프로그램
④ Crime Stopper Program – 범죄에 관한 정보를 가지고 있는 주민이 신고할 수 있도록 동기부여를 하기 위해 현금보상을 실시하는 범죄정보 보상 프로그램

정답: ①
※ 해설: **Safe City Program(SCP)** – 지역사회 발전 프로그램을 통한 **사회환경개선으로 범죄원인을 제거하고자 하는 영국의 범죄예방 프로그램**을 말한다.

63. 다음 각국의 생활안전경찰유형과 범죄 원인론과의 관계 등에 관한 설명이다. 잘못 연결된 것은 몇 개인가?

08.1 승진

㉠ Diversion Program – 낙인이론	㉡ Safer City Program – 생태학적 이론
㉢ Head Start Program – 사회해체론	㉣ Crime Stopper Program – 중화기술이론
㉤ Diversion Program – 브랜팅햄의 2차적 예방	㉥ Crime Stopper Program – 일상생활이론

① 1개   ② 2개   ③ 3개   ④ 4개

✂ 정답: ①(㉣)
▧ 해설: Crime Stopper Program – 범죄기회를 감소시키는 일상생활이론, 범죄신고 보상금제도와 관련되어 있다.

64. 범죄피해자 또는 피해자학과 관련된 기술 중 옳지 않은 것은?   예상문제

① 범죄피해자구조법에 따라 범죄피해를 당한 사람이나 그 유족들이 구조금을 지급받기 위해서는 범죄발생지를 관할하는 지방경찰청의 '범죄피해구조심의회'에 신청하여야 한다.

② 범죄피해 발생원인으로는 범죄에의 노출, 범죄와의 접근성, 표적의 매력성, 보호능력 부재 등의 개념이 있다.

③ 현대의 피해자학 이론으로는 생활양식노출이론, 일상활동이론 등이 있다.

④ 멘델존(B. Mendelsohn), 헨티히(H. von Hentig) 등은 피해자의 유형을 구분하였다.

✂ 정답: ①
▧ 해설: ▶ 피해자학

> **※ 피해자 연구에 관한 학문**
> ① 형법 제30조: '타인의 범죄행위'로 인하여 생명, 신체에 대한 피해를 입은 국민은 법률이 정하는 바에 의하여 국가로부터 구조를 받을 수 있으며, 이와 관련하여 1988년 범죄피해자구조법을 제정·시행하고 있다.
> ② 범죄피해자구조법에 따라 범죄피해를 당한 사람이나 그 유족들이 구조금을 지급받기 위해서는 범죄발생지를 관할하는 **지방검찰청**의 '범죄피해구조심의회'에 신청하여야 한다.
> ③ 형사절차상 피해자 보호제도로는 피해자의 진술권보장, 배상명령제도, 증인의 보호, 원상회복 등을 들 수 있다.
>
> **※ 피해자학**
> ① 2차 대전 이후 멘델존(Mendelsohn)과 헨티히(Hentig)에 의하여 시작되었다.
> ② 현대의 피해자학 이론으로는 생활양식노출이론, 일상활동이론 등이 있다.
> ③ 범죄피해 발생원인으로는 범죄에의 노출, 범죄와의 접근성, 표적의 매력성, 보호능력 부재 등의 개념이 있다.

제2절　범죄예방활동

1. 경찰활동에 관한 패러다임의 변화에 대한 설명으로 타당하지 않은 것은?　　02.1. 승진
① 국민에 대한 명령강제에서 국민의 보호로 시각이 변경되었다.
② 법집행 경찰활동에서 지역사회 경찰활동으로 변화하고 있다.
③ 지역별 치안정책 수립에서 획일적 치안정책으로 변화하고 있다.
④ 권한의 집중과 통제에서 권한의 이양과 자율로 변화하고 있다.

❖ 정답: ③
❀ 해설: 획일적 치안정책 수립에서 지역별 치안정책으로 변화하고 있다.

2. 지역사회와 협력하여 방범활동을 하는 지역사회 경찰활동(community policing)과 관련이 먼 내용은?
　　02.1 승진

① 지역주민과의 유대관계를 긴밀하게 하여야 한다.
② 지역특성에 맞는 조직과 활동이 이루어져야 한다.
③ 대민접점의 경찰관에게 많은 재량이 부여되어야 한다.
④ 지구대의 권한을 최소화하여 상급부서로 집중시킨다.

❖ 정답: ④
❀ 해설: ▶ 지역사회 경찰활동

	지역사회 경찰활동
주체	범죄에 대한 책임은 경찰과 주민
역할	폭넓은 **지역 문제를 해결**
업무평가 방식	**범죄와 무질서의 부재**(사전통제)
예방 및 검거 중 우선순위	**사전적 범죄예방활동을 우선**
경찰업무의 우선순위	**범죄와 폭력퇴치**뿐만 아니라 **지역사회질서문란행위 등 시민불편에 우선**
경찰의 주된 업무	㉠ 주민의 문제 및 관심사항 ㉡ **시민의 문제와 걱정거리**
효과성	**지역주민과의 협력정도**, 대중의 협조
조직구조	분권화
경찰관의 관계	**타 기관과의 관계는 갈등보다는 원활한 협조**
주민참여형태	자발적·능동적 참여
의사소통	쌍용의 의사소통(하의상달구조)
경찰과 지역사회의 관계	주민참여 모형, 공동생산 모형
전술	**문제해결과 상황적 범죄예방이 주된 전**

3. 아래 보기에 가장 부합되지 않은 경찰활동은?   11.8 순경

> ㉠ 범인검거에서 범죄예방분야로의 역량을 강화하기 위해 사후적 검거활동에서 사전적 예방활동으로 전
> 환하고, 범죄예방을 위한 다양한 자원을 투입하였으며, 경찰평가의 기준으로 검거실적에서 범죄예방
> 노력과 범죄발생률로 전환하였다.
> ㉡ 지역사회와의 협력치안을 강화하기 위해 경찰력에만 의존한 치안정책에서 지역사회 협력치안으로 전
> 환하고, 지역사회 문제해결과 주민의 경찰행정 참여기회를 보장하였다.
> ㉢ 경찰 내부의 개혁으로는 권한의 집중에서 권한분산을 통한 경찰책임의 증대로 권한과 책임의 일치를
> 추구하고, 상의하달의 의사구조를 하의상달의 구조로 상호교류를 확대하였다.

① 심각한 범죄에 대한 신속하고 효과적인 대응보다는 지역사회와의 밀접한 상호 작용에 가치를 둔다.
② 경찰의 능률성은 체포율과 적발 건수보다는 범죄와 무질서의 부재에 있다.
③ 경찰의 효과성은 현장임장 시간보다는 대중의 협조에 무게를 둔다.
④ 경찰의 역할은 폭넓은 지역문제를 해결하는 것보다는 범죄를 해결하는 것이다.

▪ **정답:** ④
※ **해설:** 경찰의 역할은 범죄를 해결하는 것보다 **폭넓은 지역문제를 해결하는 것이다.**

4. 지역사회와 협력하여 방법활동을 하는 지역사회경찰활동(community policing)과 관련이 먼 내용은?
                          01.3 경간부

① 기획 역량강화를 위하여 인력을 상급부서 위주로 재배치한다.
② 지역주민과의 유대관계를 긴밀하게 하여야 한다.
③ 지역특성에 맞는 조직과 활동이 이루어져야 한다.
④ 대민접점의 경찰관에게 많은 재량이 부여되어야 한다.

▪ **정답:** ①
※ **해설:** 지역사회 경찰활동을 강화하기 위해선 **하급부서에 많은 인원이 배치되어야 한다.**

5. 전통적 경찰활동과 비교한 지역사회 경찰활동의 특징으로 적절하지 않은 것은?   09.7 순경

① 범죄 이외의 문제도 중요한 경찰업무로 취급한다.
② 체포율과 적발건수로 경찰의 능률을 측정한다.
③ 문제해결(problem solving)과 상황적 범죄예방(situational crime prevention)이 주된 전술이다.
④ 사전적 범죄예방활동을 우선시한다.

▪ **정답:** ②
※ **해설:** 지역사회 경찰활동은 **범죄이외의 문제도 중요한 경찰업무로 취급하고, 범죄와 무질서에 대해 평가하는 질적 자료를 특징**으로 한다.

6. '전통적 경찰활동'에 비하여 '지역사회 경찰활동(community policing)'에 대한 설명으로 옳지 않은 것은?
.09.1 승진
① 지역사회질서를 문란시키는 요인의 해결에 업무의 최우선 순위를 둔다.
② 주민의 경찰업무에의 협조도로 경찰업무의 효율성을 평가한다.
③ 범죄를 해결하는 데 중점을 두고, 범인 검거율로 경찰활동을 평가한다.
④ 범죄사건보다는 시민의 문제와 걱정거리를 주로 다룬다.

✂ 정답: ③
❄ 해설: ▶ 전통적인 경찰활동

	전통적인 경찰활동
주체	범죄에 대한 책임은 경찰
역할	범죄해결
업무평가 방식	체포율과 적발건수(검거건수), 범죄발생률 등(사후통제)
예방 및 검거 중 우선순위	사후적 범죄검거활동을 우선
경찰업무의 우선수위	범죄와 폭력퇴치에 우선
경찰의 주된 업무	범죄사건들
효과성	대응시간
조직구조	집권화
경찰관의 관계	우선사항에 대해서는 종종 갈등
주민참여형태	수동적인 참여
의사소통	경찰의 일방적 의사전달(상의하달구조)
경찰과 지역사회의 관계	공공관계(PR) 모형
전술	문제해결만이 주된 전술

7. 전통적 경찰활동에 비교하여 '지역사회 경찰활동(community policing)'에 대한 설명으로 가장 옳지 않은 것은?
10.1 승진
① 범죄와 무질서가 얼마나 적은가로 경찰활동을 평가한다.
② 범죄 신고에 대한 반응시간이 얼마나 짧은가로 경찰업무의 효율성을 평가한다.
③ 경찰활동의 대상을 범죄보다 시민의 문제와 걱정거리로 본다.
④ 타 기관과의 관계는 갈등보다는 원활한 협조로 본다.

✂ 정답: ②
❄ 해설: 전통적인 경찰활동의 내용이다.

8. 다음 중 민경협력 방법체제의 강화를 위한 방안에 포함되지 않는 것은?
03.2 경간부
① 자율방범단체의 조직 및 운영의 합리화　　② 민간방범활동의 중요성에 대한 홍보
③ 신임경찰관의 신규채용 증가　　　　　　④ 민간경비업에 대한 지도육성

✂ 정답: ③

※ **해설: ▶ 민경협력생활안전체제의 강화방안**

> ① 지역사회 경찰활동의 도입
> ② **민간방범활동의 중요성에 대한 홍보강화**
> ③ **자율방범단체의 조직 및 운영의 합리화**
>   ㉠ 참여자 구성의 적정화
>   ㉡ 재정의 확보
>   ㉢ 자율방범대원의 교육훈련
>   ㉣ 자율방범활동의 체계적 운영
>   ㉤ 다른 자원봉사단체와의 연계 강화
>   ㉥ 자원봉사자에 대한 지원강화
> ④ **민간경비업의 육성**

9. 무관용(Zero Tolerance) 경찰활동의 내용으로 적절하지 않은 것은?   09.7 순경
① 무관용 경찰활동은 1990년대 뉴욕에서 본격적으로 시행되었다.
② 윌슨(J. Wilson)과 켈링(G. Kelling)의 '깨어진 창 이론'에 기초하였다.
③ 경미한 비행자에 대한 무관용 개입은 낙인효과를 유발할 수 있다는 비판이 있다.
④ 직접적인 피해자가 없는 무질서 행위를 용인하는 전통적 경찰활동의 전략을 계승하였다.

정답: ④
※ **해설: ▶ 무관용 경찰활동**

> ① 무관용 원칙이란 **사소한 규칙위반에도 관용을 베풀지 않는 정책**을 말한다.
> ② 무관용 경찰활동은 1990년대 뉴욕에서 본격적으로 시행되었으며, **윌슨과 켈링의 깨진 유리창 이론에 근거**를 두고 있다.
> ③ 경미한 비행자에 대한 **무관용 개입은 낙인효과를 유발할 수 있다는 비판**이 있다.
> ④ 직접적인 피해자가 없는 무질서 행위를 용인하는 전통적 경찰활동의 전략을 비판하고, 지역 주민들의 적극적 이해와 참여를 유도함으로써 집합 효율성을 강화시킬 수 있는 삶의 질 경찰활동 또는 지역사회 경찰활동 계승하였다는 평가를 받고 있다.

제3절　생활안전활동

1. 생활안전경찰의 범죄방지활동의 최근 경향으로 가장 옳은 것은?　　　96.1 승진
① 범죄의 발생원인 그 자체를 억제하는 범죄예방활동에 주력한다.
② 범죄에 신속히 대처하기 위하여 경찰의 조직과 기구확대 개편에 노력한다.
③ 범죄가 지능화, 흉폭화되므로 범인검거 처벌에 힘쓴다.
④ 범죄의 발생통계, 원인분석을 규명하여 사건별 조치에 대비한다.

┇ 정답: ①
※ **해설:** 생활안전경찰의 범죄방지활동의 최근 경향으로는 **범죄원인을 억제하고 범죄발생을 예방하는 것**이다.

2. 다음 중 생활안전경찰의 특성과 거리가 먼 것은?　　　96.1 승진, 97.2 경간부, 99.1 승진

㉠ 대상의 복잡성	㉡ 대상의 유동성	㉢ 업무의 긴박성
㉣ 주민과의 접촉성	㉤ 작용의 난순성	㉥ 내상의 광범성
㉦ 타부문과의 관련성	㉧ 관련법령의 단순성	㉨ 임무의 전반성
㉩ 업무의 융통성		

① 2개　　　　② 3개　　　　③ 4개　　　　④ 5개

┇ 정답: ①(㉤㉧㉨)
※ **해설:** ▶ **생활안전경찰의 특성**

① **예방경찰**
② **업무의 전반성, 작용의 다양성, 대상의 복잡성·다양성:** 수사, 정보, 교통, 경비 등 한정된 분야를 제외한 경찰업무 전반이 생활안전경찰의 대상이므로 매우 복잡하고 광범위하다.
③ **대상의 유동성:** 사회정세와 국민의식 변화에 따른 대상분야가 일정하지 않고 유동적이다.
④ **업무의 긴박성·즉효성:** 범인검거 및 사고의 예방 등이 기본업무이므로 업무의 긴박성·즉효성의 특징을 가지고 있다.
⑤ **주민과의 접촉성:** 다른 경찰분야에 비해 주민과 가장 밀접하게 접촉하고 있다.
⑥ **관계법령의 다양성, 전문성**
⑦ **타 부분에 대한 지원성:** 생활안전은 타 분야 경찰의 업무에 대한 지원의 성격을 갖고 있다.

3. 다음 생활안전경찰의 특성을 설명한 것 중 가장 거리가 먼 것은?　　　01.11 순경
① 생활안전경찰활동은 대민서비스 분야로 다양하게 확대되어 가고 있다.
② 생활안전경찰은 전담경찰과 달리 공공의 안녕을 위한 경찰임무 전반에 모두 미치게 된다.
③ 생활안전경찰활동은 다른 기능과 관련 없이 수행되는 독립적인 분야이다.
④ 생활안전경찰에는 행정경찰, 사법경찰의 작용이 공존하여 양자는 불가분의 관계에 있다.

┇ 정답: ③
※ **해설:** 지역경찰의 임무가 초기적, 기초적 업무를 수행한다고 해서 **지역경찰활동 자체의 목적성이 경시되어 전담경찰에 봉사하는 것이라든가 전담경찰에 종속되어 보조역할만 한다고 보아서는 아니 된다.**

4. 다음 설명으로 적절하지 못한 것은?   03.9 순경

① 예방경찰과 진압경찰 중 생활안전경찰은 전자에 속한다.
② 실질적 의미의 경찰에서 건축경찰은 협의의 행정경찰이다.
③ 협의의 행정경찰과 보안경찰 중 생활안전경찰은 전자에 속한다.
④ 생활안전경찰은 다른 경찰분야에 비해 주민과 가장 밀접하게 접촉하고 있다.

⁎ **정답:** ③

❋ **해설:** 협의의 행정경찰과 보안경찰 중 **생활안전경찰은 후자**에 속한다.

5. 현행 「경찰청과 그 소속기관등직제」에 의할 때, 경찰청 생활안전국의 업무에 포함되지 않은 것은?
     05.10 순경

① 범죄예방에 관한 업무   ② 범죄분석에 관한 업무
③ 경비업에 관한 업무   ④ 즉결심판에 관한 업무

⁎ **정답:** ②

❋ **해설:** ▶ 「경찰청과 그 소속기관 등 직제」상 생활안전국의 업무(2011. 10. 10. 시행)

> 1. **범죄예방에 관한 연구** 및 계획의 수립
> 2. **경비업에 관한 연구** 및 지도
> 3. 삭제 〈1999.5.24〉
> 4. 112신고제도의 기획 및 운영
> 5. 지구대·파출소 외근업무의 기획
> 6. 풍속·성매매 사범에 관한 지도 및 단속
> 7. 총포·도검·화약류 등의 지도·단속
> 8. **즉결심판청구업무의 지도**
> 9. 각종 안전사고의 예방에 관한 사항
> 10. 소년비행방지에 관한 업무
> 11. 소년범죄의 수사지도
> 12. 여성·소년에 대한 범죄의 예방에 관한 업무
> 13. 가출인 및 실종아동 등(「실종아동 등의 보호 및 지원에 관한 법률」 제2조 제2호에 따른 실종아동 등을 말한다. 이하 같다)과 관련된 업무의 총괄
> 13의2. 가정폭력 및 아동학대의 예방 및 피해자 보호에 관한 업무
> 14. 성폭력·성매매의 예방 및 피해자 보호에 관한 업무
> 15. 실종아동 등 찾기에 관한 업무

6. 다음 중 경찰서 생활안전계 업무가 아닌 것은?   06.3 순경

㉠ 범죄예방에 관한 연구 및 기획	㉡ 즉결심판업무의 지도
㉢ 경비업 관련 업무	㉣ 청소년 유해환경단속의 지도
㉤ 112제도 발전계획 수립·운영 및 조정	
㉥ 미아·가출인의 보호와 수배 및 영상시스템 관리	
㉦ 지역경찰업무의 지도·감독	㉧ 풍속사범에 관한 지도 및 단속

① 2개   ② 3개   ③ 4개   ④ 5개

⁎ **정답:** ②

❋ 해설: ▶ 경찰서 생활안전과의 업무

생활안전계	① **지구대 및 파출소 지역경찰업무의 지도·감독** ② 민경협력방범 업무 ③ 112제도의 운영 및 관리 ④ 범죄 예방 대책 수립 및 시행 ⑤ **경비업에 대한 지도·감독 업무** ⑥ 기타 관내 서무와 다른 계의 주관에 속하지 아니하는 사항
생활질서계	① **즉결심판 청구 및 처리** ② 총포·도검·화약류 등의 지도 및 단속 ③ 기초질서, 행락질서 단속 ④ 유실물 처리업무 ⑤ **풍속사범에 관한 지도 및 단속** ⑥ 각종 안전사고의 예방에 관한 사항
여성·청소년계	① 청소년선도, 비행방지에 관한 업무 ② 소년범죄의 수사 및 비행소년의 업무 ③ **미아·실종아동 등 가출인 보호 및 수배** ④ **청소년 유해업소 단속**

7. 생활안전경찰의 업무와 관련된 법률의 연결이 잘못된 것은?   98.1 승진

① 소년업무분야 – 아동보호법
② 지역경찰분야 – 경찰관직무집행법
③ 풍속분야 – 사행행위 등 규제 및 처벌특례법
④ 총포화약분야 – 총포·도검·화약류 등 단속법

❖ 정답: ①

❋ 해설: ▶ 생활안전경찰의 근거법규

일반방범분야	경찰법, 경찰관직무집행법, 유실물법, 경범죄처벌법, 즉결심판에 관한 절차법 등
총포·화약분야	총포·도검·화약류 등 단속법
풍속분야	풍속영업의 규제에 관한 법률, 음악산업 진흥에 관한 법률, 영화 및 비디오물의 진흥에 관한 법률, 게임산업 진흥에 관한 법률, 성매매방지 및 피해자보호 등에 관한 법률, 식품위생법, 사행행위 등 규제 및 처벌특례법, 형법, 공중위생관련법, 공연법 등
소년업무분야	아동복지법, 소년법, 근로기준법, 직업안정법, 학교보건법, 마약류관리에 관한 법률, 학원의 설립·운영에 관한 법률, 청소년보호법, 청소년의 성보호에 관한 법률, 유해화학물질관리법 등

8. 다음 설명 중 연소자 출입과 관련하여 틀린 것은?   10. 2 경간부

① 식품위생법상 유흥접객원으로 할 수 없는 연령은 18세 미만이다.
② 경범죄처벌법상 통고처분할 수 없는 연령은 18세 미만이다.
③ 직업안정법상 청소년유해업소에 직업소개금지 연령은 18세 미만이다.
④ 소년법상 사형, 무기형을 15년 유기징역으로 완화하는 연령은 18세 미만이다.

❖ 정답: ①

※ 해설: ▶ 생활안전경찰 관련 법규에 따른 연령

법률	나이
청소년기본법	9세 이상 ~ 24세 이하
형법	14세 미만
근로기준법	15세 이상
소년원법	연소소년(16세 미만)
	연장소년(16~22세)
소년법, 경범죄처벌법, 직업안정법, 영화 및 비디오물의 진흥에 관한 법률, 음악산업 진흥에 관한 법률, 게임산업 진흥에 관한 법률, 영화진흥법, 공연법, 아동복지법, 총포 · 도검 · 화약류 등 단속법	**18세 미만**
소년법, **식품위생법,** 사행행위 등 규제 및 처벌에 관한 특례법, 청소년호법, 아동 · 청소년 성보호에 관한 법률	**만 19세 미만의 자**
민법, 소년경찰직무규칙, 총포 · 도검 · 화약류 등 단속법, 형의 집행 및 수용자의 처우에 관한 법률	20세 미만

제4절 | 지역경찰활동

1. 다음 중 지역경찰활동의 의의로서 틀린 것은?   96.1 승진
① 지구대를 활동거점으로 한다.
② 제반 경찰사고에 즉응
③ 경찰업무의 초기적 수행
④ 경찰업무의 전문적 처리

▷ 정답: ④
※ 해설: 지역경찰활동이란 일정한 담당구역을 가지는 **지구대를 활동거점**으로 하여 경찰관이 **제반 경찰사고에 즉응하는 활동**을 말하며, 기본이념으로는 **민주성과 능률성의 확보**에 있다.

2. J. Skolnick의 지역사회 경찰활동의 4가지 기본요소가 아닌 것은?   07.2 경간부
① 범죄예방에 대한 주민책임 중시
② 정책결정과정에서의 주민참여를 포함한 권한의 분산화
③ 반서비스 제공을 위한 순찰활동으로의 방향전환
④ 지역사회범죄예방활동

▷ 정답: ①
※ 해설: ▶ **J. Skolnick의 지역사회 경찰활동의 4가지 요소**

> ① **지역사회 범죄예방활동**
> ② 주민에 대한 일반서비스 제공을 위한 **순찰활동으로의 방향전환**
> ③ **주민에 대한 책임성 중시**
> ④ 정책결정과정에서의 **주민참여를 포함한 권한의 분산화**

3. 지역경찰의 본연의 임무에 대한 설명으로 타당하지 않은 것은?   04.1 승진
① 24시간 상시 경계체제의 유지
② 경찰업무 전반에 대한 초동조치
③ 집회개최 시 질서유지
④ 주민 일상생활의 안전과 평온확보

▷ 정답: ③
※ 해설: ▶ **지역경찰의 본연의 임무**

> ① 24기간 상시경비체제의 유지
> ② 경찰업무 전반에 대한 초동조치
> ③ 지역경찰업무의 독자성
> ☞ **집회개최 시 질서유지 → 전담경찰**

4. 甲순경은 파출소 순찰근무 중 살인사건이 발생하였다는 신고를 받았다. 다음 중 외근경찰의 성격에 비추어 바람직한 조치는?   02.1 승진

① 살인사건은 형사들의 전담업무이므로 강력범죄수사팀에 연락만 하면 된다.
② 현장을 보존하여 출입자를 통제하고 목격자 등을 확보해 놓는다.
③ 현장유류물에 대한 지문감식, 용의자 수사를 독자적으로 실시한다.
④ 변사자 부검 및 수사에 대한 검사 지휘를 받아 본서에 인계한다.

⁞ 정답: ②
※ 해설: 지역경찰은 각종 경찰사안에 대하여 초기적 · 1차적 업무를 담당하므로 현장을 보존하고 목격자가 있으면 **목격자 등을 확보해 놓는 등 초동조치를 취한다.**

5. 다음의 지역경찰관의 긴급배치에 관한 설명 중 틀린 것은?   07.2 경간부
① 강력사건 발생 시 현장으로 급행하며, 출동 도중에도 범인이라고 의심되는 자는 반드시 확인한다.
② 일시, 장소, 범인의 인상착의, 특징, 피해품, 도주수단과 방향 등 긴급조치에 필요한 사항 우선 보고한다.
③ 도박사건 신고 시 경찰의 출동이 노출되지 않게 주의하여 접근, 사복직원을 동행하거나 순찰차의 출동이 감지되지 않도록 주의한다.
④ 변사자의 처리에 있어 지역경찰관은 검시관의 지휘를 받아 사체처리를 할 필요는 없으며 범죄에 의한 사체가 아님이 명확하면 유족에게 바로 인도한다.

⁞ 정답: ④
※ 해설: 지역경찰관은 범죄에 의한 사체가 아님이 명확할 때에는 **경찰서장 지휘를 받아** 시체를 가족에게 인도한다.

6. 지역경찰활동에 대한 설명으로 옳지 않은 것은?   06.1 승진, 06.2 경간부
① 지역경찰관은 주민에 대한 적극적인 봉사 및 원활한 관계유지에 노력하여야 한다.
② 지역경찰활동에서는 범죄예방에 대한 주민책임을 중요시한다.
③ 지역경찰관은 항상 즉응체제를 유지하여 경찰업무 전반에 걸쳐 초동조치를 한다.
④ 지역경찰관리자는 관내상황을 정확히 파악하고 주민의 생활안전확보에 최선을 다하여야 한다.

⁞ 정답: ②
※ 해설: ②가 아니고 주민에 대한 책임성 중시이다. 종래에는 범죄신고에 신속히 대응하여 범인을 검거하는 일에만 중점을 두었지만 지역경찰활동은 어린이, 노인, 무주택자, 장애자와 같은 사회적 약자를 보호하고 생활을 지원하고자 하는 등 광범위하고 장기적인 관점에서 지역주민의 전반적인 생활의 질 향상을 위한 임무를 수행함으로써 경찰의 자율성, 책임성이 더욱 중요하게 된다.

7. 다음 중 범죄 발생률을 기준으로 생활안전경찰의 효과를 측정하는 평가기준은?   02.1 승진
① 경찰력의 수준   ② 신뢰성
③ 경찰활동 결과의 수준   ④ 안전도

⁞ 정답: ④

※ 해설: ▶ 평가기준

안전도 (가장 중요한 기준)	객관적 안정성 지표	① 범죄발생률 ② 범죄악질률 ③ 범죄에 대한 피해확률
	주관적 안정성 지표	시민들의 불안감 평균치
경찰력의 수준	방범활동 자체의 수준	① 인구당 경찰관의 수 ② 지역경찰관의 수
	순찰빈도	도보순찰 및 순찰차의 순찰횟수
경찰활동 결과의 수준		① 검거율 ② 피해회복률 ③ 범죄발생 통보율 ④ 경찰에 대한 시민협력도

8. 지역사회 범죄예방활동 중 장기효과에 해당하는 것이 아닌 것은? 04.1 승진
① 범죄의 감소와 강력범죄 감소
② 주거지역 생활환경 향상
③ 비공식적 사회통제 증대
④ 경찰과 지역사회 간 협력 및 상호 작용의 증가

📌 정답: ④
※ 해설: ▶ 지역사회경찰활동의 효과

단기효과	① 경찰과 지역사회 간의 협력 및 상호 작용의 증가 ② 주민의 책임의식과 주민에 의한 범죄통제 증가
장기효과	① 범죄의 감소　　　　　　　　② 주거지역 생활환경의 향상 ③ 통합과 비공식적 사회통제의 증대　　④ 범죄에 대한 두려움 감소

9. 다음 옳지 않은 것은? 08.2 경간부

> ㉠ 지역경찰의 목적은 각종 전담경찰에 종속되어 보조적인 역할만을 수행하는 것이다.
> ㉡ 각종 사건 사고 시 일정한 단계 이상의 업무는 지역경찰관보다는 전담경찰관이 처리하는 것이 사무처리의 신속성과 정확성 측면에서의 전담경찰의 효율적 운영을 기대할 수 있다.
> ㉢ 지구대 내에서 난동을 피우는 피의자들을 자주 보게 되는데, 욕설을 하며 난동을 피울 경우 경찰관이 어느 정도의 욕설로 대응하여도 무방하다.
> ㉣ 지역경찰활동의 특징으로는 업무의 특정성, 해당구역 책임제, 전형적인 근무방법, 주민과의 접속성 등이 있다.
> ㉤ 무기밀매 단속은 사회공공의 질서와 선량한 풍속인 공서양속을 위한 경찰활동에 포함되지 않는다.

① 2개　　　　　② 3개　　　　　③ 4개　　　　　④ 모두 틀림

📌 정답: ②
※ 해설:
㉠ **지역경찰은 전담경찰에 종속되어 보조적인 역할만을 수행하는 것은 아니다.**
㉢ 지구대 내에서 난동을 피우는 피의자들을 자주 보게 되는데, **욕설을 하며 난동을 피우더라도 경찰관이 이에 대응하여서는 아니 된다.**
㉣ 지역경찰 활동의 특징으로는 **업무의 전반성**, 해당구역 책임제, 전형적인 근무방법, 주민과의 접촉성 등이 있다.

10. 다음 중 지역경찰 활동으로서 경찰방문에 대한 설명이 아닌 것은?   04.10 순경
① 경찰방문은 일출 후부터 일몰시간 전에, 실시함을 원칙으로 하고 다만 주민으로부터 야간방문요청이 있거나
　 특별한 사유로 인해 경찰서장의 사전허가와 상대방의 동의를 얻을 때에는 야간에도 실시할 수 있다.
② 경찰방문은 외국인에 대하여도 할 수 있고 법적 근거는 경찰법이다.
③ 경찰방문은 강제하거나 그를 통해 명령강제하는 행위를 할 수 없다.
④ 관내의 각 가정 기업체 등을 방문하여 범죄예방 안전사고 방지 등의 지도계몽들을 하고 주민의 협력을
　 얻어 예방경찰상의 기초자료를 수집하는 활동이다.

▸ 정답: ②
❈ **해설:** 법적 근거는 경찰법이 아니라 경찰방문 및 방범진단규칙과 지역경찰조직 및 운영에 관한 규
　　　　칙에 근거를 두고 있다.

11. 다음 중 경찰방문의 목적으로 타당하지 않은 것은?   99.1 승진
① 범죄의 예방 및 각종 사고방지에 대한 지도 · 계몽 · 상담
② 범죄예방과 진압
③ 민원사항의 청취 및 해결
④ 예방경찰상의 기초자료 수집

▸ 정답: ②
❈ **해설: ▶ 경찰방문의 목적**

> ① 범죄예방, 청소년선도, 안전사고방지 등의 지도 · 상담 · 홍보
> ② 주민의 고충 · 요망사항 등 민원사항을 청취 및 해결
> ③ 주민의 협력을 얻어 예방경찰활동의 기초자료를 수집
> ☞ 범죄진압은 수사활동

12. 경찰방문시간에 대한 설명으로 옳지 않은 것은?   96.1 승진
① 경찰서장의 사전허가가 있을 때에는 야간에도 실시할 수 있다.
② 야간에는 어떤 경우에도 실시할 수 없다.
③ 경찰방문은 일출 후부터 일몰시간 전에 함을 원칙으로 한다.
④ 주민으로부터 야간방문 요청이 있을 때에는 야간에도 할 수 있다.

▸ 정답: ②
❈ **해설: ▶ 방문시간**

> 경찰방문은 **일출 후부터 일몰시간 전에 함을 원칙**으로 한다. 다만, **주민으로부터 야간방문 요청**이 있거나
> 특별한 사유로 인해 **경찰서장의 사전허가와 상대방의 동의를 얻은 때에는 야간에도 실시**할 수 있다.

13. 경찰방문에 대한 설명으로 가장 옳지 않은 것은?   10.1 승진
① 경찰방문은 비권력적 사실행위인 행정지도의 성격을 갖는다.
② 경찰방문은 기존 방범심방보다 인권보호를 강화한 것이다.
③ 경찰방문 제도는 소년소녀가장, 독거노인, 장애인 등 사회적 약자 보호활동을 포함한다.
④ 주한미군이 경찰관의 방문을 구두로 요청한 경우에는 경찰방문을 할 수 있다.

정답: ④

해설: ▶ 방문구역

① 경찰서장은 **지구대, 파출소별로 경찰방문구역**을 정하고 지역경찰관으로 하여금 그 구역 내의 **주택(아파트 포함)**과 건조물(기업체·학교·금융기관·병원·선박 등)에 거주하는 **내국인 및 외국인**에 대해 경찰방문을 행하게 할 수 있다.

② **외국대사관·공사관 및 영사관원과 그 관내 거주자, 주한미군·군속 등 치외법권자**에 대하여는 경찰관의 방문을 특별히 서면으로 요청한 경우에만 경찰방문을 할 수 있다.

14. 다음 중 경찰방문에 대한 설명으로 타당하지 않은 것은?　　　　　00.1 승진

① 경찰방문은 행정지도의 성격을 갖는다.

② 경찰방문 제도는 일제시대 경찰의 호구조사에서 비롯된 것이다.

③ 경찰방문은 비권력적 사실행위인 동시에 권력적 사실행위의 성격을 가진다.

④ 경찰방문은 방범진단 및 경찰방문규칙과 지역경찰조직 및 운영에 관한 규칙에 근거를 두고 있다.

정답: ③

해설: ▶ 경찰방문

비권력적 사실행위로서 **행정지도에 해당**하므로 별도의 법적근거 없이도 경찰방문을 할 수가 있다.

15. 다음 방범진단의 실시요령에 대한 설명 중 옳지 않은 것은?　　　　　98.1 승진, 04.1 승진

① 방범진단은 원칙적으로 내부적인 진단에서 시작하여 외부적 진단으로 진행해 간다.

② 빌딩회사 등의 경우 경비원제도 유무, 야간경비상황, 시설방범 등에 대하여 살펴본다.

③ 아파트의 경우 관리체제상황, 이웃집 상호 간 협력체제 상황 등을 검토한다.

④ 일반주택의 외부는 방범 등의 설치 여부, 담장 파손, 침입 가능성 등을 검토한다.

정답: ①

해설: ▶ 방범진단의 방법

외부적 진단으로부터 내부적 진단으로 이행하여 실시한 다음 다시 내부에서 외부로 중첩적 진단으로 진행한다.

16. 지역경찰관의 순찰의 목적으로 적당하지 않은 것은?　　　　　99.1 승진

① 범행욕구 그 자체를 감소시킴.

② 범죄성공의 확신 감소

③ 범죄예방활동의 대비책 발견, 범죄요인 제거

④ 범인의 신속한 체포, 인명에 대한 응급조치

정답: ①

해설: 경찰의 순찰활동이 **범행성공의 확신을 제거, 범죄예방활동의 대비책 발견, 범죄요인 제거, 범인의 신속한 체포, 인명에 대한 응급조치 등은 할 수 있으나, 범행욕구 그 자체를 감소시키**는 것이라고 보기는 힘들다.

17. 지역경찰활동 중 순찰에 대한 설명으로 타당하지 않은 것은?   03.2 경간부

① 순찰은 범죄를 억제하고 대민서비스를 제공하기 위한 핵심적 기능이다.

② 순찰은 범죄자에게 경찰이 도처에 있다는 생각을 갖게 한다.

③ 자율순찰은 지정된 순찰선이 없이 자율적 생활안전활동을 하게 한다.

④ 정선순찰은 인간에 대한 신뢰를 바탕으로 고안해 낸 방법이다.

정답: ④

❈ 해설: ▶ 자율순찰

의의	① 인간에 대한 신뢰와 자율성을 바탕으로 창의적으로 임무를 수행하도록 하는 제도이다. ② 지역경찰관에게 순찰시간과 순찰지역을 정해주고, 주어진 시간 내에 지역경찰관의 판단과 업무 필요에 따라 순찰하게 하는 방법이다.
장점	순찰근무자가 자율성을 최대한 발휘하여 방범활동을 하게 할 수 있다.
단점	근무경찰관의 사명감과 직업윤리가 확립되어 있지 않을 경우 자칫 근무의 공백을 초래할 수 있고, 이를 확인하고 감독할 방법이 없다.

18. 다음 중 순찰활동에 대한 설명으로 잘못된 것은?   03.9 순경

① 가식적 순찰활동은 주민들에게 심리적 안정감을 준다.

② 정선순찰은 감독이 어렵다.

③ 순찰방식의 선택은 경찰관의 윤리의식과 밀접한 관련이 있다.

④ 정선순찰은 책임회피식 순찰이 될 위험이 있다.

정답: ②

❈ 해설: ▶ 정선순찰

의의	① 인간에 대한 불신을 바탕으로 강제를 통하여 경찰관 개인의 직업윤리의식 수준과 상관없이 일정한 산출을 올리려는 제도이다. ② 가급적 관할 구역 내에 전무 미칠 수 있도록 사전에 정하여진 노선을 지정된 시간에 규칙적으로 순찰을 하면서 순찰함에 기록하도록 하는 순찰방법이다.
장점	순찰노선이 일정하고 경찰관 행동이 규칙적이므로 감독·연락이 용이하다.
단점	① 범죄행위자들이 이를 예측하고 출현할 수 있는 단점이 있다. ② 순찰 여부의 감독에는 효과가 있으나, 순찰근무자의 자율성을 저해하여 기계적이고, 형식적인 책임회피식의 순찰이 될 위험성과 낭비의 우려가 있다.

19. 정선순찰과 난선순찰의 장점을 살리고 단점이 보완되도록 절충한 순찰방식은?   96.1 승진

① 단선순찰   ② 역선순찰

③ 요점순찰   ④ 구역순찰

정답: ③

※ **해설:** ▶ **요점순찰**

① 순찰구역 내의 중요지점을 지정하여 순찰자는 반드시 그곳을(순찰함 설치) 통과하며, **지정된 요점과 요점 사이에는 난선순찰을 실시하는 방법**이다.
② **정선순찰과 난선순찰의 장점을 살리고 단점도 보완되도록 절충한 방식**이다.
③ 중요 요점에만 순찰함이 놓이게 되므로 **순찰함이 정선순찰에 비해 적게 소요**된다.

20. 다음은 순찰방법의 여러 유형이다. 설명이 틀린 것은?   08.1 승진
① 난선순찰 – 사전에 노출노선을 정해 놓지 않고 임의로 불규칙적으로 순행, 순찰함이 없게 된다.
② 요점순찰 – 요점마다 순찰함이 놓이게 되고 요점사이의 이동은 자율로 하게 되어 순찰함이 많이 필요하다.
③ 구역순찰 – 관할은 소구역으로 분할하여 순찰구역을 지정하며 소구역내에서는 요점순찰을 한다.
④ 정선순찰 – 사전 정해진 노선을 규칙적으로 순찰, 순찰함이 많이 설정된다.

정답: ②
※ **해설:** 요점순찰은 중요 요점에만 순찰함이 놓이게 되므로 **순찰함이 정선순찰에 비해 적게 소요된다.**

21. 다음 중 연결이 맞지 않는 것은?   05.2 경간부
① ALI – 신고자위치자동단속장치   ② AVNI – 차량번호자동판독기
③ AVL – 순찰차위치자동표시시스템   ④ SCR – 도난차량회수장치

정답: ①
※ **해설:** ▶ **112관련 장비**

AVL	순찰차위치 자동표시장치
AVNI	차량번호 자동판독 시스템
ANI	전화번호 자동표시장치
ALI	신고자 전화위치 자동판독장치
PDA	개인용 정보단말 조회기 차적이나 수배차량 조회 등만 가능할 뿐 주민등록 · 범죄경력 조회 등은 불가능
MDT	차량용 컴퓨터 단말기
SCR	도난차량 회수장치
CDA	컴퓨터처리자동화시스템

22. 다음 용어의 설명이 틀린 것은?   02.1 승진, 05.1 승진
① ALI – 신고자위치자동판독장치   ② ANI – 112순찰위치표시장치
③ AVNI – 차량번호자동판독기   ④ SCR – 도난차량회수장치

정답: ②
※ **해설:** ANI – 전화번호 자동표시장치

23. 신고자의 전화위치(장소)가 지령실에 자동표시되는 시스템은?　　　99.1 승진
① AVNI　　　　　　　　　　　　　② ANI
③ ALI　　　　　　　　　　　　　④ SCR

❖ 정답: ③
❋ 해설: ALI – 신고자 전화위치 자동판독장치

24. 112관련 장비 용어설명 중 틀린 것은?　　　07.1 승진
① ALI – 신고자위치 자동판독장치　　② MDT – 차량용 컴퓨터단말기
③ AVL – 순찰차위치 자동표시시스템　④ SCR – 도난차량 회수장치

❖ 정답: ③
❋ 해설: AVL – 순찰차위치 자동표시장치

25. C. D Hale은 순찰의 기능은 범죄예방과 범인검거, 법집행, 질서유지, 대민서비스 제공, 교통지도단속 등 5가지로 나누고 범죄예방활동을 포함하는 모든 경찰활동의 목적은 순찰을 통하여 달성된다고 하였다. 이 중 가시적 순찰의 중요성을 강조한 S. Walk와 공통으로 주장한 사항은?　　　05.10 순경
① 범인검거　　　　　　　　　　　② 법집행
③ 질서유지　　　　　　　　　　　④ 대민서비스 제공

❖ 정답: ④
❋ 해설: ▶할레(C. D. Hale)와 워크(S. Walker)의 순찰

할레 (C. D. Hale)	분류	① 범죄예방과 범인검거　② 질서유지 ③ **대민서비스 제공**　④ 법집행 ⑤ 교통지도단속
	주장	모든 경찰활동의 목적은 순찰을 통해 달성된다.
워크 (S. Walker)	분류	① 공공안전감 증진　② 범죄의 억제 ③ **대민서비스 제공**
	주장	순찰은 경찰활동의 핵심이며, 주민들에게 심리적 안전감을 주기 위해서라도 반드시 가시적인 순찰이 필요하다.

26. 순찰이란 경찰관이 개괄적인 경찰임무의 수행과 관내정황을 파악하기 위하여 일정한 지역을 순회시찰하는 근무를 말하며 지역경찰관의 가장 핵심적·기본적 활동이며 간접적인 봉사활동에 해당한다. 다음 중 C. D. Hale가 주장한 순찰의 기능은 몇 개인가?　　　08.1 승진

㉠ 범죄예방과 범인검거	㉡ 법집행	㉢ 질서유지
㉣ 대민서비스제공	㉤ 교통지도단속	㉥ 범죄의 억제
㉦ 공공안전감의 증진		

① 2개　　　　② 3개　　　　③ 4개　　　　④ 5개

정답: ④(㉠㉡㉢㉣㉤)

해설: C. D. Hale는 순찰의 기능을 범죄예방과 범인검거, 법집행, 질서유지, 대민서비스 제공, 교통지도단속 등을, S. Walker는 순찰은 경찰활동의 핵심이며 범죄의 억제, 공공안전감의 증진, 대민서비스제공의 기능을 하는 것이라고 주장하였다.

---

27. 공식적 범죄가 증가하였음에도 불구하고 도보순찰 결과 시민들은 오히려 안전하다고 생각한다는 연구결과를 나타낸 실험은?　　　　　　　　　　　　　　　05.2 경간부, 07.10 순경

① 뉴욕의 경찰의 작전25실험
② 캔사스의 예방순찰 실험
③ 뉴욕시의 도보순찰 실험
④ 플린트의 도보순찰 프로그램

정답: ④

해설: ▶ **플린트 도보순찰프로그램**

> ① 플린트 도보순찰프로그램은 실험지역이 다른 지역에 비해 범죄가 감소되었음이 발견되었고 시민들은 경찰관의 도보순찰로 안전히디고 느꼈디.
> ② 실험기간 중 범죄발생 건수가 증가했음에도 불구하고, 도보순찰과 시민들은 더 안전하다고 느꼈다.

---

28. 도보순찰을 증가하여도 범죄발생은 감소되지 않으나, 주민들은 자신들의 구역 내에서 범죄가 줄어들고 있다고 생각하는 것은 무슨 순찰의 효과인가?　　　　　　　04.1 승진, 06.10 순경

① 플린트 순찰시험
② 뉴욕 경찰25구역 순찰실험
③ 캔자스 시 도보순찰실험
④ 뉴왁스 시 도보순찰실험

정답 : ④

해설 : ▶ **뉴왁 시 도보순찰 실험**

> ① 뉴왁 시 **도보순찰 실험**은 도보순찰의 효과성이 떨어지는 점에 대해 경찰관들의 재배치를 통해 도보순찰실험을 실시하였다.
> ② **도보순찰을 증가하여도 범죄발생은 감소되지 않으나, 주민들은 자신들의 구역 내에서 범죄가 줄어들고 있다고 생각하였다.**
> ③ 도보순찰의 증가와 범죄의 감소에 상관관계가 없으나 시민들의 범죄에 대한 공포감은 감소되고, 경찰에 대한 신뢰는 증가한다는 연구결과를 도출하였다.

---

29. 차량순찰 수준을 증가해도 범죄는 감소하지 않았고, 일상적인 순찰을 생략해도 범죄는 증가하지 않았다는 실험은?　　　　　　　　　　　　　　　　　　07.2 경간부

① 뉴욕 경찰25구역 순찰실험
② 캔자스 시 도보순찰실험
③ 플린트 순찰시험
④ 뉴왁스 시 도보순찰실험

❖ 정답: ②

❖ 해설: ▶ 캔자스 시의 범죄예방 순찰실험

> ① 캔자스 시의 범죄예방 순찰실험은 캔자스 시내에 15개의 순찰구역을 5개씩 3개의 그룹으로 나누어 1구역은 사후 대응적으로, 2구역은 구역당 순찰차 한대의 평균적인 수준으로 표준 예방순찰을 하는 통제적 순찰로, 3구역은 사전예방적으로 실시하였다.
> ② 차량순찰 수준을 증가해도 범죄는 감소하지 않았고, 일상적인 순찰을 생략해도 범죄는 증가하지 않았다.
> ③ 순찰의 증감이 범죄율과 시민의 안전감에 영향을 미치지 못한다는 결과를 도출하여 **경찰의 순찰활동 전략을 재고하게 만든 연구**였다.

30. 다음 중 순찰예방실험 효과 및 순찰방법에 대한 설명으로 바르지 않은 설명은?   08.1 승진

> ㉠ 캔자스 시의 예방순찰 실험은 차량순찰수준을 증가하여도 범죄는 감소하지 않았고, 반면에 일상적인 순찰을 생략해도 범죄는 감소하지 않았고, 반면에 일상적인 순찰을 생략해도 범죄는 증가하지 않았다는 결과를 나타낸 실험이다.
> ㉡ 플린트 도보순찰 프로그램의 평가결과에 의하면 공식적인 범죄가 실험기간 동안에 증가하였음에도 불구하고 도보순찰의 결과 시민들은 오히려 더 안전하다고 느끼고 있음이 밝혀졌다.
> ㉢ 뉴왁 시의 도보순찰실험은 도보순찰을 증가하여도 범죄발생은 감소되지 않으나 주민들은 자신들의 구역 내에서 범죄가 줄고 있다고 생각하고 있었다는 것이다.
> ㉣ 순찰은 도보 및 기동순찰로 구분하고 2인 1조로 실시하는 것이 원칙이며, 기동순찰은 112순찰 차량에 의해 실시하는 것을 원칙으로 하되 필요시 오토바이 또는 자전거 등에 의해 실시한다.

① 0개   ② 1개   ③ 2개   ④ 3개

❖ 정답: ①

❖ 해설: 모두 옳은 지문이다.

31. 순찰의 증감이 범죄율과 시민의 안전감에 영향을 미치지 못한다는 결과를 도출하여 경찰의 순찰활동 전략을 제고하게 만든 연구는?   09.7 순경

① 플린트 도보순찰실험   ② 뉴왁 시 도보순찰실험
③ 캔사스 예방순찰실험   ④ 뉴욕경찰의 작전 25실험

❖ 정답: ③

❖ 해설: 순찰의 증감이 범죄율과 시민의 안전감에 영향을 미치지 못한다는 결과를 도출하여 경찰의 순찰활동 전략을 재고하게 만든 연구이론은 **캔자스 예방순찰실험 이론**이다.

32. 다음 설명 중 틀린 것은?   08.1 승진

① 도보순찰을 증가하여도 범죄발생은 감소하지 않으나, 주민들은 자신들의 구역 내에서 범죄가 줄고 있다고 생각한다는 연구결과를 밝힌 것은 플린트 도보순환 프로그램이다.
② 범죄통제이론 중 일상활동이론에서는 범죄를 저지르고자 하는 의욕적인 범죄자와 적절한 범행대상, 보호자의 부재라는 3가지 조건이 충족될 때 범죄가 발생한다고 본다.
③ 경범죄처벌법 위반자에 대해서는 집행유예를 선고할 수 없다.
④ 공기총 사격장, 석궁 사격장을 설치하고자 하는 자는 경찰서장의 허가를 받아야 한다.

❖ 정답: ①

❖ 해설: **뉴왁 시 도보순찰**에 대한 설명이다.

33. 다음 중 지역경찰운영지침에 관한 설명으로 옳지 않은 것은?   05.10 순경

① 경찰관서장은 지역경찰활동의 적정수행 및 고충해소를 위한 지도방문을 실시한다.

② 경찰관서장은 지역경찰의 직무수행능력 향상을 위해 필요한 교육을 실시한다.

③ 경찰관서장은 지역경찰의 근무방법을 표준화하여 능률적으로 수행한다.

④ 경찰관서장은 인원을 충원할 시에 지역경찰보다 다른 부서를 우선해서 충원한다.

정답: ④

해설: ▶ 정원관리

> ① 경찰서장은 지역경찰관서의 관할면적, 치안수요 등을 고려하여 지역경찰관서에 적정한 인원을 배치하여야 한다.
> ② 경찰서장은 **지역경찰의 정원을 다른 부서에 우선하여 충원**하여야 한다.
> ③ 지방경찰청장은 소속 지방경찰청의 **지역경찰 정원 충원 현황을 연 2회 이상 점검하고 현원이 정원에 미달할 경우, 지역경찰 정원충원대책을 수립·시행**하여야 한다.

34.「지역경찰조직 및 운영에 관한 규칙」에서 규정하는 전담경찰관의 인원부족, 대규모 치안수요 발생 시 종사하는 전용근무의 동원사유가 아닌 것은?   04.10 순경

① 다중범죄진압, 대간첩작전 기타 비상사태

② 경호경비 또는 각종 집회 및 행사의 경비

③ 지명수배자 체포를 위한 긴급배치

④ 화재, 폭발물, 풍수해 등 중요사고 발생

정답: ③

해설: ▶ 지역경찰의 동원

> ① 지방경찰청장 또는 경찰서장은 아래에 정한 사유에 해당하는 경우로서 특히 필요하다고 인정되는 때에 한하여 지역경찰의 기본근무에 지장을 초래하지 않는 범위 내에서 **지역경찰을 다른 근무에 동원**할 수 있다.
>   ㉠ 다중범죄 진압, 대간첩작전 기타의 비상사태
>   ㉡ 경호경비 또는 각종 집회 및 행사의 경비
>   ㉢ 중요범인의 체포를 위한 긴급배치
>   ㉣ 화재, 폭발물, 풍수설해 등 중요사고의 발생
>   ㉤ 기타 다수 경찰관의 동원을 필요로 하는 행사 또는 업무
> ② 지역경찰 동원은 **근무자 동원을 원칙**으로 하되, 불가피한 경우에 한하여 **휴무자를 동원**할 수 있다.
> ③ 지방경찰청장 또는 경찰서장은 휴무자를 동원한 때에는「경찰기관 상시근무공무원의 근무시간 등에 관한 규칙」**초과근무수당을 지급하거나 추가 휴무를 부여**하여야 한다.

35. 다음 중 지구대의 설치권자는?   05.10 순경

① 경찰청장   ② 지방경찰청장

③ 경찰서장   ④ 행정안전부장관

정답: ②

해설: 지방경찰청장은 인구, 면적, 행정구역, 교통·지리적 여건, 각종 사건사고 발생 등을 고려하여 **경찰서의 관할구역을 나누어 지역경찰관서를 설치**한다.

36. 다음 「지역경찰 조직 및 운영에 관한 규칙」에 대한 설명 중 틀린 것은?   05.10 순경
① 지구대는 지구대장, 순찰팀장, 관리요원 및 민원담당관으로 구성한다.
② 파출소장의 근무는 경찰서장이 월별 지정한다.
③ 파출소의 각종 행정 및 예산, 장비, 시설업무는 지구대와 별도로 집행·관리한다.
④ 파출소는 경찰서장의 설치 후 지방경찰청장에게 보고한다.

❖ **정답:** ④
❀ **해설: 지방경찰청장**은 인구, 면적, 행정구역, 교통·지리적 여건, 각종 사건사고 발생 등을 고려하
여 **경찰서의 관할구역을 나누어 지역경찰관서를 설치**한다.

37. 근무일지 및 근무수첩의 기록과 보관에 대한 내용으로 틀린 것은?   10.1 승진
① 순찰요원은 근무 중 주요 사항을 근무수첩에 기록하여 업무에 활용하여야 한다.
② 상황근무자는 근무 중 주요 사항을 근무일지(을지)에 기재하여야 한다.
③ 사용 종료한 근무수첩은 3년간 보관한다.
④ 월별 근무일지는 2년간 보관한다.

❖ **정답:** ④
❀ **해설: ▶ 근무일지의 기록·보관**

> ① 지역경찰관리자와 상황근무자는 근무 중 주요사항을 **근무일지(을지)에 기재**하여야 한다.
> ② 순찰근무자는 근무 중 주요 사항을 **근무수첩에 기록**하고 업무에 **활용**하여야 한다.
> ③ 근무일지와 사용 종료한 **근무수첩은 3년간 보관**한다.

제5절   생활질서사범 단속활동

1. S경찰서에서는 시내 윤락가를 집중 단속하려고 한다. 각종 윤락 사범과 관련된 불법행위를 수사할 때 적용할 수 있는 법률로 보기 어려운 것은?   03.11 순경

① 아동·청소년의 성보호에 관한 법률   ② 성매매알선 등 행위의 처벌에 관한 법률
③ 청소년보호법   ④ 풍속영업의 규제에 관한 법률

⊱ 정답: ①

※ 해설: ▶ 단속법규

① 성매매알선 등 행위의 처벌에 관한 법률	② 공중위생관리법
③ 풍속영업의 규제에 관한 법률	④ 아동복지법
⑤ 식품위생법	

2. 성매매행위의 주체는?   97.1 승진

① 남자 및 부녀자   ② 모든 부녀자
③ 음행의 상습 있는 부녀자   ④ 남자

⊱ 정답: ①

※ 해설: 불특정인을 상대(주체: 남녀)로 금품 기타 재산상 이익을 받거나 받을 것을 약속하고 성행위를 하는 것을 말한다.

3. 윤락행위에 대한 국가별 입법형태에 대한 다음의 설명 중 잘못된 것은?   04.4 순경

① 윤락행위에 대한 국가별 입법형태는 크게 금지주의, 규제주의, 폐지주의의 3가지 유형으로 대별된다.
② 태국과 뉴욕 주는 금지주의를 표방하고 있다.
③ 폐지주의는 윤락행위에 대해 국가에서 엄격히 금하여 허가되지 않는 형태로 대만, 호주 등에서 채택하고 있다.
④ 규제주의는 경찰 행정당국의 허가를 받고 등록대장과 의료감시 등의 통제수단을 활용하는 입법형태이다.

⊱ 정답: ③

※ 해설: ▶ 입법형태

금지주의	**모든 종류의 성매매행위를 금지**하며, **처벌규정**을 두고 있다. 예) 한국, 태국, **대만, 필리핀**, 미국의 **뉴욕** 등 대부분의 주
규제주의	**일정한 형태의 성매매를 법적으로 인정**하고 이에 대한 **세금징수, 의료감시체계를 가지며, 활동지역을 규제**한다. 예) 독일 호주, 네덜란드, 미국의 네바다 주 등
허용(폐지) 주의	**성매매행위 자체를 처벌하는 규정은 없으며**, 주로 **호객행위, 광고 등을 불법으로 간주**하고 있다. 예) 일본, **영국**, 프랑스, 이탈리아 등

4. 「풍속영업의 규제에 관한 법률」의 목적을 가장 바르게 표현한 것은?　　99.1 승진

① 풍속영업의 규제와 미풍양속의 보전

② 미풍양속의 보전과 청소년의 보호

③ 선량한 풍속을 해하는 행위의 규제

④ 청소년의 건전한 육성을 저해하는 행위의 규제

❖ **정답:** ②

❖ **해설:** 풍속영업(風俗營業)을 하는 장소에서 선량한 풍속을 해치거나 청소년의 건전한 성장을 저해하는 행위 등을 규제하여 **미풍양속을 보존하고 청소년을 유해한 환경으로부터 보호**함을 목적으로 한다.

5. 다음 중 「풍속영업의 규제에 관한 법률」상 풍속영업자 및 종사자의 준수사항이 아닌 것은?　　05.1 승진

① 미성년자에게 술 · 담배를 제공하는 행위 금지

② 윤락행위 · 음란행위를 하게 하거나 알선 또는 제공금지

③ 음란한 물건을 배포 · 판매 · 대여하는 행위

④ 도박 기타 사행행위를 하게 하는 행위 금지

❖ **정답:** ①

❖ **해설:** ▶ **풍속영업을 하는 자의 준수사항**

① 「성매매알선 등 행위의 처벌에 관한 법률」 제2조 제1항 제2호에 따른 **성매매알선 등 행위**

② **음란행위를 하게 하거나 이를 알선 또는 제공하는 행위**

③ **음란한 문서 · 도화(圖畵) · 영화 · 음반 · 비디오물, 그 밖의 음란한 물건**에 대한 다음 각 목의 행위

　㉠ 반포(頒布) · 판매 · 대여하거나 이를 하게 하는 행위

　㉡ 관람 · 열람하게 하는 행위

　㉢ 반포 · 판매 · 대여 · 관람 · 열람의 목적으로 진열하거나 보관하는 행위

④ **도박이나 그 밖의 사행(射倖)행위를 하게 하는 행위**

6. 식품위생법상 식품접객업 중 「풍속영업의 규제에 관한 법률」의 적용을 받는 업종은?　　00.1 승진

① 단란주점　　　　　　　　② 티켓다방

③ 일반음식점　　　　　　　④ 카페

❖ **정답:** ①

❖ **해설:** ▶ **풍속영업 범위**

영화 및 비디오물의 진흥에 관한 법률	비디오물감상실업(비디오방) → 비디오물 소극장업의 경우: 청소년출입시간대에 출입허용. 단, 카페, 다방, 대중목욕탕, 미용업, 당구장, 만화대여업, 소극장, 음반 및 비디오물의 제작업 · 판매업 · 대여업 등은 제외
음악산업진흥에 관한 법률	노래연습장(노래방) - 시장 등에게 등록하여야 한다.
게임산업진흥에 관한 법률	㉠ 게임제공업(PC방, 오락실 등) ㉡ 복합유통게임제공업. 단, 카지노, 상행기구를 갖춘 사행행위(사행기구 제조, 판매업, 사행행위업으로서 복표발행업, 현상업, 추첨업, 경품업 등 제외)

	※ 단속대상 ① 사행성 게임물이 유통, 이용 및 제공하거나 이를 목적으로 진열 · 보관 금지 ② 게임의 위조 · 변조 금지 ③ 경품의 지급 금지 ④ 환전업 금지 등
공중위생관리법	㉠ 숙박업(농어촌에 소재하는 민박 제외) ㉡ 이용업(미용업, 세탁업은 제외)
식품위생법	㉠ **단란주점**영업: 노래 + 맥주와 조리하지 않은 안주(과자료) 제공 + **유흥종사자(×)** ㉡ 유흥주점영업: 노래 + 맥주와 조리하지 않은 안주(과자료) 제공 + **유흥종사자(○)**. 단, 일반음식점인 카페, 다방은 제외
체육시설의 설치 · 이용에 관한 법률	㉠ 무도학원업 ㉡ 무도장업. 단, 골프장업, 스키장업, 자동차경주장업(등록체육시설업), 요트장업, 조정장업, 카누장업, 빙상장업, 승마장업, 종합체육시설업, 수영장업, 체육도장업, 골프연습장업, 체력단련장업, 당구장업, 썰매장업(신고체육시설업 등) 제외

7. 「풍속영업의 규제에 관한 법률」상 풍속영업의 범위에 포함되지 않는 법규는?　　　　03.6 순경

① 공중위생관리법

② 식품위생법, 체육시설의 설치에 이용에 관한 법률

③ 영화 및 비디오물의 진흥에 관한 법률

④ 공연법, 성매매알선 등 처벌법

◦ 정답: ④

※ 해설: ▶ 풍속영업의 범위

영화 및 비디오물의 진흥에 관한 법률, 음악산업진흥에 관한 법률, 게임산업진흥에 관한 법률, 공중위생관리법, 식품위생법, 체육시설의 설치 · 이용에 관한 법률이다.

8. 다음 중 「풍속영업의 규제에 관한 법률」상 풍속영업의 범위에 포함되지 않는 법규는?　　　　03.1 승진

① 공중위생관리법

② 식품위생법, 체육시설의 설치 · 이용에 관한 법률

③ 게임산업진흥에 관한 법률

④ 공연법

◦ 정답: ④

※ 해설: ▶ 풍속영업의 범위

영화 및 비디오물의 진흥에 관한 법률, 음악산업진흥에 관한 법률, 게임산업진흥에 관한 법률, 공중위생관리법, 식품위생법, 체육시설의 설치 · 이용에 관한 법률이다.

9. 영업을 개시하기 전에 지방경찰청장의 허가를 받아야 하는 업종에 속하는 것은?   97.2 경간부

① 노래연습장(노래방)   ② 만화대여점(만화방)

③ 빠찡코   ④ 무도학원(볼륨댄스)

❖ **정답:** ③

❈ **해설:** ▶ 업태별 인허가 사항

허가	유흥주점, 단란주점, 일반게임제공업
신고	일반음식점(레스토랑), 휴게음식점, 여인숙, 여관, 목욕장업, 이용업, 미용업, 세탁업
등록	청소년게임제공업, 복합유통게임제공업, 인터넷컴퓨터시설제공업, 노래연습장, 비디오감상실, 관광호텔, 휴양콘도미니엄

10. 다음 설명 중 틀린 것은?   08.2 경간부

① 가정폭력범죄의 처벌 등에 관한 특례법에 규정된 가정구성원에는 배우자(사실상 혼인관계에 있는 자를 포함한다) 또는 배우자 관계에 있었던 자를 포함한다.

② 아동·소년의 성보호에 관한 법률에 의하면 아동·청소년을 대상으로 강제추행죄는 반의사불벌죄이다.

③ 소년법상의 보호처분은 비행에 나타난 소년의 범죄적 위험성에 대처하기 위한 수단이자, 소년의 비행사실에 대하여 책임을 묻는 처벌에 해당되지 않는다.

④ 성매매알선 등 행위의 처벌에 관한 법률에 의하면 성매매피해자의 성매매는 반드시 그 형을 감면하여야 한다.

❖ **정답:** ④

❈ **해설:** 「성매매알선 등 행위의 처벌에 관한 법률」에 의하면 **성매매피해자의 성매매는 처벌하지 아니한다.**

11. 다음 설명 중 맞는 것은?   10.2 경간부, 09.4 순경

> ㉠ 「풍속영업의 규제에 관한 법률」에 규정된 풍속영업자의 범위에는 허가 또는 인가를 받지 아니하거나 등록 또는 신고를 하지 아니하고 풍속영업을 영위하는 자는 제외된다.
>
> ㉡ 노래연습장에서 유흥종사자를 두고 맥주와 조리하지 않은 안주(과자류)를 제공한 경우에는 단란주점업에 해당한다.
>
> ㉢ 사행행위영업의 대상범위가 2 이상의 특별시, 광역시 또는 도에 걸치는 경우에는 경찰청장의 허가를 받아야 한다.
>
> ㉣ 유흥주점, 비디오물감상실, 무도학원은 청소년출입·고용금지업소이다.
>
> ㉤ 노래방업주가 22세 남자대학생을 보도방을 통해 불러 여자 손님들과 동석시킨 후 노래를 부르게 한 경우에 처벌법규는 「음악산업진흥에 관한 법률」이다.
>
> ㉥ 도검 분사기수출입, 화약류 2급 저장소의 설치, 화약류 발파, 전자충격기, 석궁제조업의 허가권자는 지방경찰청장이다.

① 1개   ② 2개   ③ 3개   ④ 4개

❖ **정답:** ③

※ 해설:

㉠ 「풍속영업의 규제에 관한 법률」에 규정된 풍속영업자의 범위에는 허가 또는 인가를 받지 아니하거나 등록 또는 신고를 하지 아니하고 **풍속영업을 영위하는 자가 포함**된다.

㉡ 노래연습장에서 유흥종사자를 두고 맥주와 조리하지 않은 안주(과자류)를 제공한 경우에는 **유흥주점에 해당한다.**

㉺ 도검 분사기수출입, 화약류 2급 저장소의 설치, 전자충격기, 석궁제조업의 허가권자는 지방경찰청장이지만 **화약류발파 허가권자는 사용지 관할 경찰서장**이다.

12. 「사행행위 등 규제 및 처벌특례법」과 동법 시행령에 규정된 사행행위업이 아닌 것은?　　05.10 순경

① 카지노업　　　　　　　　　　② 추첨업
③ 복표발행업　　　　　　　　　④ 경품업

✚ 정답: ①
※ 해설: ▶ **사행행위업의 유형**

> ① **목표발행업**　② **현상업**　③ **회전판돌리기업**　④ **추첨업**　⑤ **경품업**
> ◉ **카지노업(×)** – 「관광진흥업법」의 적용

13. 「사행행위 등 규제 및 처벌 특례법」과 동법 시행령에 규정된 사행행위영업이 아닌 것은?　　10.1 승진

① 경마　　　　　　　　　　　② 복표발행업
③ 현상업　　　　　　　　　　④ 회전판돌리기업

✚ 정답: ①
※ 해설: ▶ **사행행위업의 유형**

> ① **복표발행업**　② **현상업**　③ **회전판돌리기업**　④ **추첨업**　⑤ **경품업**
> ◉ **카지노업(×)** – 「관광진흥업법」의 적용

14. 기초질서위반사범에 대한 다음 설명 중 옳지 않은 것은?　　00.1 승진

① 「경범죄처벌법」과 「도로교통법」에 기초질서 위반사범의 행위유형들이 규정되어 있다.
② 기초질서사범의 개념은 법률상의 용어나 학문적 용어가 아니라 실무상의 용어이다.
③ 1994년에는 경범죄처벌법에 20만 원 이하의 벌금형이 추가되었다.
④ 기초질서 위반사범에 대한 단속을 통해서 그 이후에 발생할 수도 있는 더 큰 범죄를 예방하는 데 그 의의가 있다.

✚ 정답: ③
※ 해설: 경찰상의 목적을 수행하기 위하여 비교적 경미한 경찰의무위반자에 대한 제재로서 경한 형벌인 **10만 원 이하의 벌금 · 구류 및 과료에 처할 것을 규정한 법률**이다.

15. 깨어진 유리창을 방치한 결과 시민들의 준법의식이 없어져 강력범죄가 증가한다는 '깨진 유리창 이론'이 있는데 이와 밀접한 경찰단속은? 02.7 순경, 04.1 승진, 01.10 순경, 00.1 승진

① 성매매행위 단속   ② 음란행위 단속
③ 기초질서 단속   ④ 총포 · 도검 등 단속

정답: ③

※ 해설: ▶ 깨진 유리창 이론(Broken-Window Theory) = 황폐이론(incivility Theory)

> 미국에서 지하철의 **깨진 유리창을 방치한 결과 시민들의 준법의식이 없어져 강력범죄가 증가한다**는 실험 결과에 착안해서 붙여진 이름으로 범죄학자인 윌슨과 켈링이 무질서와 강력한 범죄를 이론적으로 연결시킨 최초의 시도였다. 이는 공동체내의 사소한 무질서를 계속방치하다 보면 결국에는 **사회전체로 무질서가 확대되어 범죄화되기 때문에 조그만 불법 · 무질서라도 방치하지 말고 제때에 단속하고 조치를 취해야 한다는 이론으로 기초질서단속의 중요성을 말해 준다.**

16. 경찰의 기초질서 단속 중 「경범죄처벌법」상의 기초질서 위반행위가 아닌 것은? 02.11 순경, 04.1 승진

① 오물방치 및 방뇨   ② 광고물 무단부착
③ 금연장소 흡연   ④ 보행자 무단횡단

정답: ④

※ 해설: ▶ 기초질서 위반행위의 유형

경범죄처벌법	㉠ 오물방치	㉡ 무단방뇨	㉢ 광고물 무단부착
	㉣ 음주소란	㉤ 금연장소 흡연	㉥ 새치기
	㉦ 자연훼손	㉧ 덮개 없는 음식물 판매 등	
도로교통법	㉠ 무단횡단	㉡ 신호위반	㉢ 정차 · 주차금지 위반
	㉣ 노상시비	㉤ 차도보행 · 차도에서 차 잡는 행위 등	

17. 경범(輕帆)에 대한 설명으로 가장 타당하지 않은 것은? 04.1 승진

① 경범이라 함은 국민이 일상 생활주변에서 흔히 범하기 쉬운 공공질서 및 사회도덕률 위반행위를 말한다.
② 「경범죄처벌법」상 경범죄의 종류는 50개이며, 10만 원 이하의 벌금 · 구류 또는 과료의 형으로 벌한다.
③ 「경범죄처벌법」은 형사절차법이다.
④ 비교적 경미한 범죄행위의 단속을 통하여 더 큰 범죄를 사전에 예방하는 데 경범 단속의 목적이 있다.

정답: ③

※ 해설: 「경범죄처벌법」은 **광의의 형법, 형법의 보충법, 형사실체법, 일반법**이다.

18. 「경범죄처벌법」에 관한 기술 중 잘못된 것은? 06.3 순경

① 구류와 과료는 병과할 수 있다.
② 경범죄처벌법의 특성상 형을 면제할 수 있다.
③ 방조범의 형은 감경할 수 있다.
④ 주거 또는 신원이 불확실한 경우 통고처분할 수 없다.

정답: ③

※ 해설: 종범에 대한 감경 규정이 없다.

19. 다음 「경범죄처벌법」에 대한 설명으로 틀린 것은?   03.4 순경

① 10만 원 이하의 벌금, 구류, 과료에 처할 수 있다.
② 종범에 대한 감경 규정이 없다.
③ 「경범죄처벌법」은 미수범에 처벌한다.
④ 형사실체법이면서 절차법적 성격도 아울러 갖는다.

⁝ 정답: ③
※ 해설: 미수범 처벌규정이 없다.

20. 다음 중 「경범죄처벌법」에 관한 설명 중 타당하지 않은 것으로만 연결된 것은?
          96.1 승진, 02.1 승진, 03.1 승진, 03.3 순경

> ㉠ 「경범죄처벌법」은 미수범을 처벌한다.
> ㉡ 구류와 과료를 함께 과할 수 있다.
> ㉢ 종범의 형은 감경한다.
> ㉣ 경범죄에 대한 집행유예 선고는 불가능하다.
> ㉤ 형법의 보충법이 아니라 형법의 특별법이다
> ㉥ 동법을 위반한 범인에 대한 범인 은닉죄가 성립하지 않는다.
> ㉦ 형사범에 비하여 경범죄의 경우 주로 추상적 위험범의 성질을 가진다.
> ㉧ 사회 풍속상 위험을 초래할 우려가 있는 행위도 규제할 수 있으며, 자유보장적 · 법익보호적 · 사회보
>   전적 기능을 갖는다.

① ㉠㉢㉤㉥   ② ㉠㉡㉣㉦
③ ㉡㉢㉦㉧   ④ ㉢㉤㉥㉧

⁝ 정답: ①
※ 해설: ▶ 「경범죄처벌법」의 성격 및 특징

성격	① 「경범죄처벌법」은 **광의의 형법, 형법의 보충법, 형사실체법, 일반법**이다. ② 주로 추상적 위험범이다. 미수범 처벌규정이 없다. ③ 경범죄자를 벌함에 있어서는 그 사정과 형편을 헤아려서 그 형을 면제하거나 또는 구류와 과료를 함께 과할 수 있다. ④ 법정형이 10만 원 이하의 벌금, 구류 또는 과료에 처한다. ⑤ 법인에 대하여도 금전벌에 한하여 처벌할 수 있다.
특징	① 「경범죄처벌법」에는 **벌금 이하의 형으로만 규정**되어 있어 3년 이하의 징역 또는 금고의 형을 선고할 경우에 가능한 **집행유예는 불가능**하다. ② 벌금형의 선고시에는 **선고유예는 가능**하다. ③ **교사범, 종범의 형은 감경하지 아니한다**. 즉, 정범과 동일한 형으로 처벌한다. ④ **벌금형이 규정**되어 있으므로 본법의 죄를 범한 범인을 은닉 · 도피하게 한 경우에도 범인은닉죄가 성립한다. ⑤ **폭행 · 상해죄 · 강요죄 · 공갈죄 · 공무집행방해죄의 예비죄에 대한 처벌규정이 있다**(형법은 예외). ⑥ 과료를 납입하지 아니한 자는 **1일 이상 30일 미만의 기간을 정하여 노역장에 유치하여 작업에 복무**하게 한다. ⑦ 벌금 또는 과료를 선고할 때는 **납입하지 아니하는 경우의 유치기간을 정하여 동시에 선고**한다. ⑧ 법규위반에 해당하는 행위를 하지 않고 **단순한 주의의무 또는 감독의무를 위반한 자도 처벌**된다.

21.「경범죄처벌법」에 관한 기술 중 잘못된 것은?   03.3 순경, 03.4 해경
① 구류와 과료는 병과할 수 있다.
②「경범죄처벌법」의 특성상 형을 면제할 수 없다.
③ 방조범의 행위도 정범에 준하여 처벌한다.
④ 주거 또는 신원이 불확실한 경우 통고처분할 수 없다.

❖ **정답:** ②
❈ **해설:** 경범죄자를 벌함에 있어서는 그 사정과 형편을 헤아려서 그 **형을 면제하거나 또는 구류와 과료를 함께 과할 수 있다.**

22. 다음「경범죄처벌법」에 대한 설명으로 틀린 것은?   03.4 순경
① 넓은 의미의 형법이다.
② 종범에 대한 감경규정이 없다.
③ 미수범을 처벌한다.
④ 형사실체법이면서 절차법적 성격도 아울러 갖는다.

❖ **정답:** ③
❈ **해설: 미수범 처벌규정이 없다.**

23.「경범죄처벌법」에 대한 설명으로 틀린 것은?   10.1 승진
① 미수범에 대한 처벌규정은 없으며, 교사범·종범의 형은 감경하지 않는다.
② 경범죄에 대해서 집행유예는 불가능하나, 벌금형 선고 시 선고유예는 가능하다.
③ 범칙금은 통고처분서를 받은 날로부터 10일 이내에 납부하여야 한다.
④ 형법범에 비하여 경범죄의 경우 추상적 위험범이고, 형법의 특별법이라는 특징을 갖는다.

❖ **정답:** ④
❈ **해설:** 형법범에 비하여 **경범죄의 경우 추상적 위험범**이고, **형법의 일반법이라는 특징**을 갖는다.

24.「경범죄처벌법」에 대한 설명으로 옳은 것은 몇 개인가?   10.2 경간부

> ㉠ 과료를 납입하지 아니한 자는 1일 이상 30일 미만의 기간을 정하여 노역장에 유치하여 작업에 복무케 한다.
> ㉡ 벌금 또는 과료를 선고할 때에는 납입치 아니하는 경우의 유치기간을 정하여 동시에 선고한다.
> ㉢ 법인에 대해서도 금전벌에 한하여 처벌할 수 있다.
> ㉣ 법규위반에 해당하지 않고 단순한 주의의무 또는 감독의무를 위반한자도 처벌된다.
> ㉤ 경범죄처벌법에 규정한 죄에 대하여는 집행유예의 신고가 가능하다.
> ㉥ 경범죄처벌법은 미수범 처벌규정이 있으므로 미수범 처벌이 가능하다.
> ㉦ 본범의 죄를 범한 범인을 은닉·도피하게 한 경우에는 범인은닉죄가 성립되지 않는다.
> ◎ 종범에 관해서는 정범의 형보다 감경한다.

① 4개   ② 5개   ③ 6개   ④ 7개

❖ 정답: ①

※ 해설: ▶ 「경범죄처벌법」의 성격 및 특징

성격	① 「경범죄처벌법」은 **광의의 형법, 형법의 보충법, 형사실체법, 일반법**이다. ② 주로 추상적 위험범이다. 미수범 처벌규정이 없다. ③ 경범죄자를 벌함에 있어서는 그 사정과 형편을 헤아려서 그 형을 면제하거나 또는 구류와 과료를 함께 과할 수 있다. ④ 법정형이 10만 원 이하의 벌금, 구류 또는 과료에 처한다. ⑤ 법인에 대하여도 금전벌에 한하여 처벌할 수 있다.
특징	① 「경범죄처벌법」에는 **벌금 이하의 형으로만 규정**되어 있어 3년 이하의 징역 또는 금고의 형을 선고할 경우에 가능한 **집행유예는 불가능**하다. ② 벌금형의 선고 시에는 **선고유예는 가능**하다. ③ **교사범, 종범의 형은 감경하지 아니한다.** 즉, 정범과 동일한 형으로 처벌한다. ④ **벌금형이 규정되어 있으므로 본법의 죄를 범한 범인을 은닉·도피하게 한 경우에도 범인은닉죄가 성립**한다. ⑤ **폭행·상해죄·강요죄·공갈죄·공무집행방해죄의 예비죄에 대한 처벌규정**이 있다(형법은 예외). ⑥ 과료를 납입하지 아니한 자는 1일 이상 30일 미만의 기간을 정하여 **노역장에 유치하여 작업에 복무**하게 한다. ⑦ 벌금 또는 과료를 선고할 때는 **납입하지 아니하는 경우의 유치기간을 정하여 동시에 선고**한다. ⑧ 법규위반에 해당하는 행위를 하지 않고 **단순한 주의의무 또는 감독의무를 위반한 자도 처벌**된다.

25. 「경범죄처벌법」상 통고처분을 할 수 있는 것은?　　　　　　　10.1 승진
① 불안감 조성
② 무임승차 및 무전취식
③ 허위신고
④ 광고물 무단첩부 등

❖ 정답: ①

※ 해설: ▶ 「경범죄처벌법」의 유형

통고처분대상 (21종)	**새치기, 무단출입, 수로 유통방해, 인근소란, 야간통행제한위반, 뱀 등 진열행위, 불안감 조성, 공중통로 안전소홀, 금연장소에서의 흡연, 오물방치**(쓰레기투기, 죽은 짐승투기), **공무원 원조불응, 노상방뇨**(침 뱉는 행위, 대·소변 행위), 자연훼손, 미신요법, 음주소란, 무단소등, 굴뚝 등 관리소홀, 공작물 등 관리소홀, 위해 동물 관리소홀, 전당품장부 허위기재, 물건던지기 등 위험행위
즉결심판대상 (29개)	**허위신고, 과다노출, 장난전화, 단체가입 강청 자릿세 징수, 빈집 등에의 잠복, 흉기의 은닉휴대, 광고물 무단첩부, 무임승차 및 무전취식, 허위광고,** 물품강매, 청객행위, 업무방해, 위식방해, 암표매매, 구걸부당이득, 폭행 등 예비, 시체현장변경, 지문채취 불응, 관명사칭, 음료수 사용방해, 위험한 불씨사용, 총포 등 조작장난, 정신병자 감호소홀, 성명 등의 허위기재, 출판물의 부당게재, 동물 등에 의한 행패, 요부조자 등 신고불이행, 비밀 춤 교습 및 장소의 제공, 타인의 가축·기계 등의 무단조작

26. 다음 중 즉결심판에 회부해야 하는 것은?   98.1 승진
① 금연장소에서의 흡연자   ② 허위신고
③ 뱀 등 진열행위자   ④ 무단출입자

정답: ②
※ **해설:** 허위신고는 **즉결심판 대상**이다.

27. 「경범죄처벌법」상 통고처분의 대상이 아닌 것은?   04.5 순경
① 노상방뇨   ② 허위광고
③ 위험동물 관리소홀   ④ 오물방치

정답: ②
※ **해설:** 허위광고는 「**경범죄처벌법**」상 통고처분의 대상이 아니다.

28. 다음 「경범죄처벌법」에 관한 설명 중 틀린 것은?   04.5 해경
① 출판물의 부당게재 등 죄는 돈이나 물건을 받지 아니하면 성립하지 아니한다.
② 허위광고죄의 경우 돈이나 물건을 받지 아니하면 성립하지 아니한다.
③ 업무방해죄의 행위태양은 못된 장난 등이다.
④ 음료수사용방해죄에서의 사용방해행위는 수질을 변경하지 않는 범위 내에서의 일체의 유형력의 행사를 말한다.

정답: ②
※ **해설:** 허위광고죄의 경우 돈이나 물건을 받지 아니하여도 **범죄가 성립하는 일종의 위험범**이다.

29. 술에 취한 甲이 인도를 걷던 중 행인이 있음도 불구하고 성기를 꺼내 방뇨한 경우 甲의 행위는?   99.1 승진
① 과다노출죄
② 노상방뇨죄
③ 불안감 조성죄
④ 과다노출죄와 노상방뇨죄의 상상적 경합

정답: ④
※ **해설:**
• **노상방뇨:** 길이나 공원 그 밖의 여러 사람이 모이거나 다니는 곳에서 함부로 침을 뱉거나 대소변을 보거나 또는 그렇게 하도록 시키거나 개 등 짐승을 끌고 와 대변을 보게 하고 이를 수거하지 아니한 사람(통고처분)
• **과다노출:** 여러 사람의 눈에 뜨이는 곳에서 함부로 알몸을 지나치게 내놓거나 속까지 들여다보이는 옷을 입거나 또는 가려야 할 곳을 내어 놓아 다른 사람에게 부끄러운 느낌이나 불쾌감을 준 사람(즉심대상)

30. 다음 중 「경범죄처벌법」에 의한 처벌대상인 것은?   99.1 승진
① 덮개 없는 음식물 판매행위   ② 구걸행위
③ 장발 및 저속의상   ④ 단체가입 강청

■ 정답: ④
░ 해설: 단체가입강청 – 싫다고 하는데도 되풀이하여 단체가입을 억지로 청한 사람(즉심대상)

31. 「경범죄처벌법」에 관한 다음 설명 중 틀린 것은?   00.1 승진
① 단체가입강청죄에서의 강청이란 폭력적인 수단에 의한 요구를 말한다.
② 관악산을 등산하면서 함부로 바위에 이름을 새기는 행위는 자연훼손죄가 성립한다.
③ 함부로 다른 사람의 자동차를 조작하면 타인의 가축 · 기계 등 무단조작죄가 성립한다.
④ 다른 사람에게 구걸하여 올바르지 아니한 이익을 얻은 경우에는 구걸부당이득죄는 성립하지 않는다.

■ 정답: ①
░ 해설: 폭력 외에 애원 등 **비폭력적인 방법도 강청이다.**

32. 「경범죄처벌법」상 통고처분의 대상인 것은?   02.1 승진
① 폭행예비죄   ② 의식방해
③ 불안감 조성   ④ 구력부당이득

■ 정답: ③
░ 해설: 불안감 조성 – 정당한 이유 없이 길을 막거나 시비를 걸거나 주위에 모여들거나 뒤따르거나 또는 몹시 거칠게 겁을 주는 말 또는 행동으로 다른 사람을 불안하게 하거나 귀찮고 불쾌하게 한 사람 또는 여러 사람이 이용하거나 다니는 도로 · 공원 등 공공장소에서 고의로 험악한 문신을 노출시켜 타인에게 혐오감을 준 사람(통고처분)

33. 다음 중 「경범죄처벌법」상 처벌의 유형으로 옳은 것은?   03.4 순경, 03.3 순경
① 벌금, 금고   ② 구류, 과료
③ 벌금, 구류, 과료   ④ 벌금, 과료, 몰수

■ 정답: ③
░ 해설: 현행 「경범죄처벌법」상 처벌의 유형은 **10만 원 이하의 벌금, 구류, 과료**와 경범죄 처벌의 특례라고 할 수 있는 범칙금 부과가 있다.

34. 甲은 지하철 공사현장 책임자로서 위험을 알리는 안내판을 설치하는 등 안전조치를 해야 함에도 불구하고 필요한 조치를 하지 않았다. 이때 甲에게 적용되는 것은?   99.1 승진
① 공작물 등 관리소홀죄로 처벌된다.   ② 불안감 조성죄로 처벌된다.
③ 어떠한 처벌도 받지 않는다.   ④ 공중통로 안전관리소홀죄로 처벌된다.

■ 정답: ④
░ 해설: 공중통로 안전관리소홀 – 여러 사람이 다니는 곳에서의 위험한 사고의 발생을 막을 의무가 있는 사람이 등불을 켜 놓지 아니하거나 그 밖의 예방조치를 게을리 한 사람(통고처분)

35. 다음은 「총포·도검·화약류 등 단속법」상 모의총포이다. 금속 또는 금속 외의 소재로 만들어진 것으로서 금속 또는 금속 외의 물체를 발사하거나 소리. 불꽃을 내는 것 중 인명·신체상 위해를 가할 우려가 있는 것에 해당되지 않는 것은 몇 개인가?   08.1 승진

> ㉠ 발사되는 물체(이하 "탄환"이라 한다)의 크기가 직경 5.7밀리미터 이하인 것
> ㉡ 탄환의 무게가 0.5그램을 초과하는 것
> ㉢ 발사된 탄환의 운동에너지(파괴력)가 0.02kg-m를 초과하는 것
> ㉣ 탄환의 앞부분이 둥글게 처리되지 아니하여 예리한 것
> ㉤ 순간 폭발음이 100데시벨을 초과하거나 가연성 불꽃을 내는 것

① 1개   ② 2개   ③ 3개   ④ 4개

정답: ③(㉠㉡㉤)

해설: ▶ 모의총포의 기준

> 1. 금속 또는 금속 외의 소재로 만들어진 것으로서 모양이 총포와 아주 비슷하여 범죄에 악용될 소지가 현저한 것
> 2. 금속 또는 금속 외의 소재로 만들어진 것으로서 금속 또는 금속 외의 물체를 발사하거나 소리·불꽃을 내는 것 중 다음의 1에 해당하여 인명·신체상 위해를 가할 우려가 있는 것
>   가. 발사되는 물체(이하 "탄환"이라 한다)의 크기가 직경 5.7밀리미터 미만인 것
>   나. 탄환의 무게가 0.2그램을 초과하는 것
>   다. 발사된 탄환의 운동에너지(파괴력)가 0.02kg-m를 초과하는 것
>   라. 탄환의 앞부분이 둥글게 처리되지 아니하여 예리한 것
>   마. 순간 폭발음이 90데시벨을 초과하거나 가연성의 불꽃을 내는 것

36. 다음 중 「총포·도검·화약류 등 단속법」상 화약류관리보안책임자를 선임하여야 할 화약류 사용자는 화약 또는 폭약을 1월에 ( )kg 이상 사용하거나 ( )월 이상 사용하는 사람으로 한다. ( ) 안에 들어갈 말로 옳은 것은?   08.1 승진

① 50, 6   ② 25, 3   ③ 10, 1   ④ 100, 12

정답: ①

해설: 화약류 관리보안책임자를 선임하여야 할 화약류사용자는 화약 또는 폭약을 1월에 **50킬로그램 이상** 사용하거나 **6월 이상** 계속 사용하는 사람으로 한다.

37. 총기로 인한 공중의 위험을 방지하기 위해 경찰이 실시하고 있는 조치에 대한 설명 중 타당하지 않은 것은?   03.6 순경

① 민유총포 소유 시 경찰관청의 허가제도
② 5.5m 단탄 공기총 중요부품 지구대사무소 보관
③ 수렵기간 중 산탄엽총과 공기총 총기보관 해제
④ 화약류를 발파할 경우 보관지를 관할하는 경찰서장의 허가

정답: ④

해설: 화약류를 발파 또는 연소시키려는 사람은 **화약류의 사용지를 관할하는 경찰서장의 화약류의 사용허가**를 받아야 한다.

38. 다음 중 경찰서장의 소지허가를 받아야 하는 것은 몇 개인가?   08.3 순경

| ㉠ 어획총 | ㉡ 산업용총 | ㉢ 구난구명총 | ㉣ 전자충격기 |
| ㉤ 권총 | ㉥ 석궁 | ㉦ 엽총 | |

① 2개   ② 3개   ③ 4개   ④ 5개

╏ 정답: ④(㉡㉢㉣㉥㉦)
❋ 해설: ▶ 소지허가

(주소지) 경찰서장	㉠ 엽총 ㉤ 산업용총 ㉨ 석궁 ㉭ 총포의 부품	㉡ 가스발사총 ㉥ 도살총 ㉩ 화약류	㉢ 공기총 ㉦ 구난구명총 ㉪ 분사기	㉣ 마취총 ㉧ 전자충격기 ㉫ 도검
(주소지) 지방경찰청장	㉠ 권총 ㉤ 사격총	㉡ 소총	㉢ 기관총	㉣ 어획총

39. 「총포·도검·화약류단속법」 및 동법 시행령에 규정된 내용으로 옳은 것은?   08.7 순경
① 전자충격기는 총포에 속한다.
② 칼날의 길이가 5.5m 재크나이프는 도검이다.
③ 총포·도검·화약류 취급연령은 18세 이상이다.
④ 권총·엽총·산업용총 및 그 부품의 소지는 주소지 관할 경찰서장의 허가를 받아야 한다.

╏ 정답: ③
❋ 해설:
① **전자충격기는 총포개념에 해당되지 않고**, 동법 시행령 제6조의3에서 별도 규정하고 있다.
② 칼날의 길이가 **6cm 이상** 재크나이프는 도검이다.
④ **권총의 소지허가권자는 지방경찰청장**이며, 엽총·산업용총 및 그 부품의 소지는 주소지 관할 **경찰서장의**
   허가를 받아야 한다.

40. 다음 중 「총포·도검·화약류 등 단속법」상 주소지 지방경찰청장의 소지허가 사항은?   08.1 승진

엽총, 가스발사총, 공기총, 마취총, 산업용총, 구난구명총, 도검, 화약류, 분사기, 전자충격기, 석궁, 도살총, 총포의 부품, 권총, 소총, 기관총, 어획총

① 1개   ② 2개   ③ 3개   ④ 4개

╏ 정답: ④
❋ 해설: ▶ 소지허가

(주소지) 경찰서장	㉠ 엽총 ㉤ 산업용총 ㉨ 석궁 ㉭ 총포의 부품	㉡ 가스발사총 ㉥ 도살총 ㉩ 화약류	㉢ 공기총 ㉦ 구난구명총 ㉪ 분사기	㉣ 마취총 ㉧ 전자충격기 ㉫ 도검
(주소지) 지방경찰청장	㉠ 권총 ㉤ 사격총	㉡ 소총	㉢ 기관총	㉣ 어획총

41. 다음 중 지방경찰청장 허가사항이 아닌 것은?   07.1 승진

① 도검 · 분사기 제조업   ② 전자충격기 · 석궁 제조업

③ 공기총 · 산업용총 소지   ④ 총포 · 화약류 판매업

정답: ③

❈ **해설: ▶ 지방경찰청장 허가사항**

제조업 허가	㉠ 화약류(화공품) ㉡ 엽총 ㉢ 도검 ㉣ 분사기 ㉤ 전자충격기 ㉥ 석궁
판매업 허가	제조나 판매의 경우 제조소나 판매소마다 경찰청장 또는 지방경찰청장의 허가를 받아야 한다.
수출입 허가	㉠ 도검 ㉡ 분사기 ㉢ 공기총 및 화공품 등
소지 허가	㉠ 권총 ㉡ 소총 ㉢ 기관총 ㉣ 어획총 ㉤ 사격총
화약류 허가	㉠ 1급 ㉡ 2급 ㉢ 도화선 ㉣ 장난감용 꽃불류 저장소 ㉤ 수중 ㉥ 실탄 꽃불류

42. 총포 · 도검 · 화약류 등의 제조 · 판매업 허가에 대한 설명으로 틀린 것은?   10.1 승진

① 전자충격기 제조업 허가는 지방경찰청장의 권한이다.

② 권총제조업 허가는 경찰청장의 권한이다.

③ 분사기판매업 허가는 지방경찰청장의 권한이다.

④ 총포판매업 허가는 경찰청장의 권한이다.

정답: ④

❈ **해설: ▶ 제조 · 판매업 허가**

	내용	허가권자
제조업 허가	㉠ 총포(권총 · 소총 · 기관총) ㉡ 화약류(화약 · 폭약)	**경찰청장**
	㉠ 화약류(화공품) ㉡ 엽총 ㉢ 도검 ㉣ 분사기 ㉤ 전자충격기 ㉥ 석궁	**(소재지) 지방경찰청장**
판매업 허가	제조나 판매의 경우 제조소나 판매소마다 경찰청장 또는 지방경찰청의 허가를 받아야 한다.	**(소재지) 지방경찰청장**

43. 경찰서장 소지허가 대상인 것은 모두 몇 개인가?   09.2 경간부

㉠ 엽총   ㉡ 마취총   ㉢ 어획총 ㉣ 도살총   ㉤ 산업용총   ㉥ 구난구명총

① 2개   ② 3개   ③ 4개   ④ 5개

정답: ④

※ 해설: ▶ 경찰서장 소지허가

㉠ 엽총	㉡ 가스발사총	㉢ 공기총	㉣ 마취총	㉤ 산업용총	㉥ 도살총
㉦ 구난구명총	㉧ 전자충격기	㉨ 석궁	㉩ 화약류	㉪ 분사기	㉫ 도검
㉬ 총포의 부품					

---

44. 다음 총포 · 도검 · 화약류에 대한 설명 중 틀린 것은?　　　　　　10.2 경간부

> ㉠ 도검이라 함은 칼날 길이가 15cm 이상 되는 칼 · 검 · 창 · 치도 · 비수 등으로서 성질상 흉기로 쓰
> 　여질 수 있는 것과, 칼날 길이가 15cm 미만이라 할지라도, 흉기로 사용될 위험성이 뚜렷이 있는
> 　것 중에서 대통령령으로 정하는 것을 말한다.
> ㉡ 재크나이프의 경우 칼날 길이가 5cm 이상의 것을 말한다.
> ㉢ 칼날 길이가 5cm이고 45° 이상 자동으로 펴지는 것을 비출나이프라 한다.
> ㉣ 총포 · 도검 · 화약류 취급연령은 20세 이상이다.
> ㉤ 엽총, 가스총, 전자충격기, 석궁 등의 소지허가는 경찰서장 허가를 받아야 한다.

① 2개　　　　　　② 3개　　　　　　③ 4개　　　　　　④ 5개

정답: ②
※ 해설:
㉡ 잭나이프의 경우 **칼날 길이가 6cm 이상**의 것을 말한다.
㉢ 칼날 길이가 **5.5cm이고 45° 이상** 자동으로 펴지는 것을 비출나이프라 한다.
㉣ 총포, 도검, 화약류 **취급연령은 18세 이상**이다.

---

45. 다음 중 경찰서장의 허가사항인 것은?　　　　　　10.1 승진
① 장난감용 꽃불류장소 설치허가
② 도화선저장소 설치허가
③ 공기총, 도살총, 산업용총 소지허가
④ 2급, 3급, 간이저장소 설치허가

정답: ③
※ 해설: ▶ 경찰서장 허가

<table>
<tr><td rowspan="2"></td><td colspan="8">내용</td></tr>
<tr><td colspan="8"></td></tr>
<tr><td rowspan="4">소지
허가</td><td colspan="2">㉠ 엽총</td><td colspan="2">㉡ 가스발사총</td><td colspan="2">㉢ 공기총</td><td colspan="2">㉣ 마취총</td></tr>
<tr><td colspan="2">㉤ 산업용총</td><td colspan="2">㉥ 도살총</td><td colspan="2">㉦ 구난구명총</td><td colspan="2">㉧ 전자충격기</td></tr>
<tr><td colspan="2">㉨ 석궁</td><td colspan="2">㉩ 화약류</td><td colspan="2">㉪ 분사기</td><td colspan="2">㉫ 도검</td></tr>
<tr><td colspan="8">㉬ 총포의 부품</td></tr>
<tr><td rowspan="2">화약류
허가</td><td colspan="4">㉠ 사용(발파)</td><td colspan="4">㉡ 양수허가</td></tr>
<tr><td colspan="4">㉠ 3급</td><td colspan="4">㉡ 간이저장소</td></tr>
</table>

46. 범칙금을 통고받았지만 이에 거부하는 자가 거치게 되는 절차는?   03.11 101단
① 형사처벌
② 즉결심판
③ 금지통고
④ 간이공판절차

❖ 정답: ②

❀ 해설: 즉결심판은 **범증이 명백하고 죄질이 경미한 범죄, 즉 선고형이 20만 원 이하의 벌금 또는 구류나 과료에 처할 범죄사건에 대하여** 통상적인 형사소송절차에 의하지 아니하고 판사가 경찰서장의 청구에 의하여 즉결하는 심판절차를 말한다.

47. 다음 즉결심판 업무에 관한 설명 중 타당하지 않은 것은?   07.2 경간부
① 정식재판을 청구하고자 하는 피고인은 즉결심판의 선고·고지를 받은 날부터 7일 이내에 정식재판청구서를 경찰서장에게 제출하여야 한다.
② 즉결심판의 경우에는 자백의 보강법칙의 배제되어 피고인의 자백만으로도 유죄를 인정할 수 있다.
③ 경찰서장의 즉결심판청구는 검사의 기소독점주의의 예외이다.
④ 법정형 10만 원 이하의 벌금, 구류, 과료에 처할 범죄에 대하여 심판한다.

❖ 정답: ④

❀ 해설: 즉결심판은 선고형이 20만 원 이하의 벌금·구류·과료에 처하는 간이한 심판절차를 말한다. 「경범죄처벌법」은 법정형 10만 원 이하의 벌금, 구류, 과료에 처할 것을 규정한 법률을 말한다.

48. 다음 즉결심판에 대한 설명 중 옳은 것은?   02.5 순경
① 즉결심판 청구권자는 경찰서장, 해양경찰서장이며, 이는 기소독점주의의 예외이다.
② 즉결심판의 대상범죄는 법정형이 20만 원 이하의 벌금·구류·과료에 해당하는 범죄이다.
③ 즉결심판에 불복이 있는 경우 15일 이내에 정식재판을 청구할 수 있다.
④ 경찰서장의 즉결심판권은 검사의 소추권을 박탈한 사례라 할 것이다.

❖ 정답: ①
❀ 해설:
② 즉결심판의 대상범죄는 **선고형으로서 20만 원 이하의 벌금 또는 구류나 과료**에 처할 범죄사건에 대한 것이다.
③ 즉결심판에 불복이 있는 경우 즉결심판이 **선고 또는 고지된 날로부터 7일 이내**에 정식재판 청구서를 경찰서장에게 제출하여야 한다.
④ 청구권자는 검사가 아니라 관할(해양)경찰서장이므로 검사의 **기소독점주의에 대한 예외**에 해당하며, 경찰서장의 즉결심판청구권이 **검사의 공소제기권이나 판사의 영향권을 박탈한 것이라고는 볼 수 없다.**

49. 즉결심판에 대한 설명 중 틀린 것은 몇 개인가?　　　　　　　　07.9 순경

> ㉠ 법정형이 20만 원 이하의 벌금, 구류 또는 과료에 처한 사건을 그 대상으로 한다.
> ㉡ 정식재판은 즉결심판으로 하였던 관할법원에 선고일로부터 7일 이내에 정식재판청구서를 제출하면 된다.
> ㉢ 피고인의 임의성 법칙이 배제된다.
> ㉣ 자백의 임의성 법칙이 배제된다.
> ㉤ 경찰서장의 즉결심판청구는 검사의 기소독점주의의 예외이다.

① 2개　　　　　　② 3개　　　　　　③ 4개　　　　　　④ 5개

⁑ 정답: ③

※ 해설:

㉠ 선고형이 20만 원 이하의 벌금, 구류 또는 과료에 처한 사건을 그 대상으로 한다.

㉡ 경찰서장은 **선고 · 고지를 한 날부터 7일 이내에 정식재판을 청구**할 수 있다. 이 경우 경찰서장은 관할 지방검찰청 또는 지청의 검사의 승인을 얻어 정식재판청구서를 **판사에게 제출**하여야 한다.

㉢ **보강증거 없이 피고인의 경찰자백을 유일한 증거로 하여 유죄판결을 선고**할 수 있다

㉣ 자백의 **임의성 법칙이 적용**된다.

---

50. 즉결심판에 대한 설명으로 옳지 않은 것은?　　　　　　　　02.1 승진

① 경찰서장의 즉결심판청구는 검사의 기소독점주의의 예외이다.
② 피고인의 자백만으로 유죄를 인정할 수 없다.
③ 즉결심판에 불복하는 자는 정식재판을 청구할 수 있다.
④ 범증이 명백하고 죄질이 경미한 사건을 대상으로 한다.

⁑ 정답: ②

※ 해설: ▶ 자백의 보강법칙의 배제

> ① **다른 보강증거가 없더라도 피고인의 자백만으로도 유죄를 선고**할 수 있다. 즉, 형사소송법 제310조(불이익한 자백의 증거능력)의 규정은 적용하지 않는다.
> ② **보강증거 없이 피고인의 경찰자백을 유일한 증거로 하여 유죄판결을 선고**할 수 있다.

---

51. 즉결심판에 대한 설명 중 틀린 것은?　　　　　　　　10.1 승진

① 즉결심판의 유래는 미군정하의 치안판사제도에서 연유한다.
② 즉결심판청구서의 작성 시 해당란에 위반사실을 다 기재하지 못할 경우에는 별지를 사용한다.
③ 불출석을 하고자 할 때는 경찰서장에게 납부할 범칙금액의 1.5배액을 예납하여야 한다.
④ 향토예비군설치법 제6조 제1항에 의한 훈련을 정당한 사유 없이 받지 않은 자로 훈련불참시간이 8시간 이하인 경우 예납 기준액은 200,000원이다.

⁑ 정답: ④

※ **해설: ▶ 즉결심판절차에서의 불출석심판청구 등에 관한 규칙**

【불출석심판청구 가능 법률위반행위의 유형 및 벌금 등 예납기준표】

해당 법조문	위반행위	벌금등 예납기준
철도법 제82조	여객이 철도운송에 관한 법령에 위반하여 전염병환자를 승차시킨 때, 전염병환자가 그 병증을 숨기고 승차한 때	벌금 100,000원
철도법 제83조	탁송화물의 종류 또는 성질을 사칭하는 자	벌금 100,000원
철도법 제87조	철도승차여객이 (1) 열차가 운행 중 타거나 내린 때, (2) 열차운전 중 차량의 측면에 있는 출입문을 연 때, (3) 열차 중 여객승용에 쓰이지 아니하는 장소에 탄 때	벌금 50,000원
철도법 제87조의2	철도법 제16조 제1항 각 호의 1에 해당하는 행위를 한 자로서 소정의 운임을 지급하지 아니하는 자	과료 40,000원
철도법 제88조	철도직원의 제지에 따르지 아니하고 역 또는 철도지역 내의 금연장소 또는 흡연이 금지된 차 안에서 흡연을 한 자	과료 40,000원
철도법 제89조	철도직원의 허락을 받지 아니하고 차내, 역 기타 철도지역 내에서 여객 또는 공중에 대하여 기부를 청하거나 물품을 판매 또는 배부하거나 기타 연설, 권유 등의 행위를 한 자	벌금 50,000원
철도법 제90조	철도법 제8조의 규정에 의한 철도직원의 지시에 따르지 아니하는 자나 제17조 또는 제18조의 규정(화약류 기타 위험발생의 우려가 있는 물건은 제외한다)에 위반한 자	과료 40,000원
향토예비군설치법 제15조 제8항	**향토예비군설치법 제6조 제1항에 의한 훈련을 정당한 사유 없이 받지 않은 자(훈련불참시간이 8시간 이하인 경우)**	**벌금 100,000원**
″	″(훈련불참시간이 8시간 초과 16시간 이하인 경우)	벌금 150,000원
″	″(훈련불참시간이 16시간 초과 24시간 이하인 경우)	벌금 200,000원
향토예비군설치법 제15조 제11항	향토예비군설치법 제6조의3 제2항의 규정에 의한 신고를 정당한 이유 없이 이행하지 아니한 자(동종전과가 없고 신고 지연기간이 6개월 미만인 경우)	벌금 200,000원

【불출석심판청구의 방식】

① **불출석심판을 청구하고자 하는 자는 즉결심판을 청구할 관할 경찰서장(해양경찰서장을 포함)에게 경**범죄처벌법 시행령 제2조 또는 도로교통법 시행령 제73조에 규정된 **범칙금액에 그 100분의 50을 더한 금액을 예납하고 불출석심판청구서를 제출**하여야 한다.

② 예납하여야 할 금액에 **1,000 미만의 단수가 있는 때에는 그 단수는 이를 계산하지 아니한다. 예납하여야 할 금액이 200,000원을 초과하는 때에는 이를 200,000원으로 본다.**

③ 불출석심판청구인이 예납액을 예납한 때에는 이를 수령한 경찰공무원이 불출석심판청구서의 해당란에 그 취지를 기재하고 기명날인하여야 한다.

④ 경찰서장이 즉결심판을 청구함에는 제출받은 불출석심판청구서를 사건기록과 함께 법원에 제출하여야 한다.

52. 다음 즉결심판 업무에 관한 설명 중 타당하지 않은 것으로만 연결된 것은?   06.1 승진

> ㉠ 10만 원 이하의 벌금, 구류, 과료에 처할 범죄에 대하여 심판한다.
> ㉡ 즉결심판 청구권자는 경찰서장 또는 해양경찰서장이다.
> ㉢ 피고인의 자백만으로 유죄를 인정할 수 없다.
> ㉣ 즉결심판에 의한 형의 집행은 경찰서장이 하고 그 집행결과를 지체 없이 검사에게 보고하여야 한다.
> ㉤ 경찰서장의 즉결심판청구는 검사의 기소독점주의의 박탈이다.
> ㉥ 자백의 보강법칙은 배제되지 않지만, 자백의 임의성 법칙이 배제된다.
> ㉦ 정식재판청구기각 결정에 대해서는 즉시항고가 가능하므로 즉시항고 기간인 3일이 경과되어야 청구기각이 확정되고 이로 인하여 본형이 확정된다.
> ㉧ 즉결심판을 받은 A는 20만 원의 벌금을 내리는 법원의 선고에 불복하고 정식 재판을 청구하려고 한다. A는 즉결심판을 청구하였던 관할 경찰서에 신고일로부터 7일 이내에 정식재판청구서를 제출하면 된다.

① ㉠㉢㉤㉥   ② ㉠㉡㉣㉦   ③ ㉡㉢㉦㉧   ④ ㉢㉤㉥㉧

⁑ 정답: ①

※ 해설:

㉠ **20만 원 이하의 벌금, 구류, 과료**에 처할 범죄에 대하여 심판한다.

㉢ **다른 보강증거가 없더라도 피고인의 자백만으로도 유죄를 선고**할 수 있다. 즉, 형사소송법 제310조(불이익한 자백의 증거능력)의 규정은 적용하지 않는다.

㉤ 경찰서장의 즉결심판청구권이 **검사의 공소제기권이나 판사의 영향권을 박탈한 것이라고는 볼 수 없다.**

㉥ 자백의 보강법칙은 배제되지 않지만, **자백의 임의성 법칙이 인정**된다.

53. 즉결심판에 대한 설명으로 옳지 않은 것은?   03.1 승진

① 20만 원 이하의 벌금 · 구류 · 과료에 처할 범죄에 대하여 심판한다.
② 경찰서장의 즉결심판청구는 검사의 기소독점주의의 예외이다.
③ 피고인의 자백만으로도 유죄를 인정할 수 있다.
④ 법원에서 즉결심판에 대한 선고를 받은 후 불복한 경우에는 관할법원에 선고일로부터 7일 이내에 정식재판청구서를 제출하면 된다.

⁑ 정답: ④

※ 해설: 정식재판을 청구하고자 하는 **피고인은 즉결심판의 선고 · 고지를 받은 날부터 7일 이내**에 정식재판청구서를 **경찰서장에게 제출**하여야 한다. 정식재판청구서를 받은 경찰서장은 지체 없이 판사에게 이를 송부하여야 한다.

제6절   소년경찰업무

1. 소년경찰에 대한 설명 중 맞지 않는 것은?   96.1 승진
① 최근의 소년범죄는 연소화, 지능화되고 있다.
② 소년에게는 단순성, 영웅심 등의 특성이 있다.
③ 19세 미만의 미성년자를 대상으로 한다.
④ 우리나라 법령에서는 청소년이라는 통일된 용어를 사용하고 있다.

▐ 정답: ④
※ **해설:** 우리나라 법령에서는 **청소년이라는 통일된 용어를 사용하고 있지 않다.**

2. 소년비행 형태 중 틀린 것은?   97.1 승진, 96.1 승진, 06.2 순경
① 연소화   ② 고립화
③ 흉포화   ④ 지능화

▐ 정답: ②
※ **해설:** ▶ 소년범죄의 경향

연소화,	보편화,	**지능화,**	집단화,	**흉포화,**	재범화 등

3. 다음 중 소년경찰활동의 기본정신이 아닌 것은?   96.1 승진
① 비밀의 보장   ② 처우의 과학화
③ 소년의 특성 이해   ④ 처우의 집단화

▐ 정답: ④
※ **해설:** ▶ 소년경찰의 기본정신

① 건전하게 지도·육성·보호정신	② **소년의 특성 이해**
③ 처우의 개별화	④ **처우의 과학화**
⑤ **비밀의 보장**	⑥ 관계자의 존경과 신뢰의 획득

4. 다음 중 소년의 연령기준이 아닌 것은?   03.7 순경
① 아동·청소년의 성보호에 관한 법률 – 19세 미만
② 청소년보호법 – 19세 미만
③ 소년법 – 19세 미만
④ 아동복지법 – 19세 미만

▐ 정답: ④

※ 해설: ▶ 소년 · 청소년의 연령

법령	연령
소년법	**19세 미만**
청소년보호법	**연 19세 미만**
청소년기본법	9세 이상 ~ 24세 이하
청소년복지지원법	
아동 · 청소년의 성보호에 관한 법률	**만 19세 미만**
형의 집행 및 수용자의 처우에 관한 법률	20세 미만
민법	20세 미만
사행행위 등 규제 및 처벌특례법	19세 미만
① 공연법 ② **아동복지법** ③ 게임산업진흥에 관한 법률 ④ 음악산업진흥에 관한 법률 ⑤ 영화 및 비디오물의 진흥에 관한 법률	**18세 미만의 청소년**

5. 다음 중 각종 법률상 (청)소년의 연령기준이 잘못된 것은?   05.2 경간부

① 아동 · 청소년의 성보호에 관한 법률 – 19세 미만

② 청소년복지지원법 – 9세 이상 ~ 24세 이하

③ 소년법 – 20세 미만

④ 아동복지법 – 18세 미만

┇ 정답: ③

※ 해설: 소년법 – 19세 미만

6. 소년법상 비행소년이란?   97.1 승진, 01.2 경간부

① 촉법소년, 우범소년, 범죄소년

② 범죄소년, 촉법소년, 요보호소년

③ 요보호소년, 불량소년, 촉법소년

④ 불량소년, 우범소년, 촉법소년

┇ 정답: ①

※ 해설: ▶ 비행소년

범죄소년	14세 이상 19세 미만의 자로서 죄를 범한 자로 형사책임이 부과된다.
촉법소년	10세 이상 14세 미만의 자로서 형벌법령에 저촉되는 행위를 한 자로서 형사책임은 없다.
우범소년	아래 사유가 있고, 그의 성격 또는 환경에 비추어 장래 형벌법령에 저촉되는 행위를 할 우려가 있는 **10세 이상 19세 미만의 자**를 말한다.

7. 소년경찰의 활동에 대한 설명 중 바르지 않은 것은?   01.2 경간부, 02.3 순경

① 범죄소년은 형법에 저촉되는 행위를 한 14세 이상 19세 미만의 자로 검찰청에 송치할 대상이다.

② 소년범죄 발생 시 부득이한 경우를 제외하고는 체포, 구금을 제한하여야 한다.

③ 범죄소년이 살인, 강도를 저질렀을 경우에는 수사기관에서 처리하도록 인계한다.

④ 10세 이상 14세 미만의 모든 촉법소년사건은 형사책임이 없으므로 엄중히 훈방하여 부모에 인계하면 된다.

정답: ④

해설: ▶ 촉법소년

> ① 10세 이상 14세 미만의 자로서 형벌법령에 저촉되는 행위를 한 자로서 형사책임은 없다.
> ② 경찰서장은 촉법소년의 경우에 범죄소년에 준하는 관계서류를 작성하도록 되어 있으므로 소년보호사
> 건송치서, 진술조서, 소년 환경조사서 기타 참고자료를 첨부하여 **직접 관할 소년부에 송치**하여야 하
> 며, **경미한 사안의 경우 신병은 부모에게 인계하고 송치서와 참고자료만 소년부에 송치**한다.

8. 「소년업무처리규칙」상 우범소년에 대한 설명 중 틀린 것은?   10.1 승진

① 집단적으로 몰려다니며 주위 사람들에게 불안감을 조성하는 성벽이 있는 것

② 비행소년은 아니나 음주, 끽연, 싸움 등 자기 또는 타인의 덕성을 해하는 것

③ 정당한 이유 없이 가출하는 것

④ 술을 마시고 소란을 피우거나 유해환경에 접하는 성벽이 있는 것

정답: ②

해설: ▶ 우범소년

> 아래 사유가 있고, 그의 성격 또는 환경에 비추어 장래 형벌법령에 저촉되는 행위를 할 우려가 있는 **10세
> 이상 19세 미만의 자**를 말한다.
> ① 집단적으로 몰려다니며 주위 사람들에게 **불안감을 조성하는 성벽이 있는 것**
> ② **정당한 이유 없이 가출하는 것**
> ③ **술을 마시고 소란을 피우거나 유해환경에 접하는 성벽이 있는 것**
> ☞ 비행소년은 아니나 음주, 끽연, 싸움 등 자기 또는 타인의 덕성을 해하는 것은 **불량(행위)소년**이다.

9. 다음 설명 중 틀린 것은 모두 몇 개인가?   10.1 승진

> ㉠ 「소년업무처리규칙」상 촉법소년은 10세 이상 14세 미만의 자로서 형벌법령에 저촉되는 행위를 할
>   우려가 있는 자를 말한다.
> ㉡ 「소년업무처리규칙」상 불량행위소년이란 비행소년은 아니나 음주, 끽연, 싸움 등 자기 또는 타인의
>   덕성을 해하는 소년을 말한다.
> ㉢ 「소년법」상 범죄소년과 촉법소년은 검찰청에 송치하고 우범소년은 경찰서장이 직접 관할법원 소년
>   부에 송치한다.
> ㉣ 「소년법」상 소년의 연령은 19세 미만이다.

① 1개   ② 2개   ③ 3개   ④ 4개

정답: ②

해설:

㉠ 「소년업무처리규칙」상 촉법소년은 10세 이상 14세 미만의 자로서 **형벌법령에 저촉되는 행위를 한 자**를 말한다.

㉢ 「소년법」상 **범죄소년은 검찰청에 송치**하고 **촉법소년 및 우범소년은 경찰서장이 직접 관할법원 소년부에**
   송치한다.

10. 다음 소년의 형사절차상 특례에 관한 설명 중 틀린 것은 몇 개인가?   09.2 경간부

> ㉠ 보호처분 계속 중에 징역·금고 또는 구류선고를 받은 소년에 대해서는 먼저 그 형을 집행한다.
> ㉡ 징역 또는 금고선고를 받은 소년에 대하여 특별히 설치된 교도소 또는 일반교도소 내에 분리된 장소
>   에서 그 형을 집행한다.
> ㉢ 소년이 법정형으로 장기 2년 이상의 유기형에 해당하는 죄를 범한 때에는 그 형의 범위 안에서 장기
>   와 단기를 정하여 선고한다.
> ㉣ 죄를 범한 당시 18세 미만의 소년에 대하여 사형 또는 무기형으로 처할 경우에는 15년의 유기징역으
>   로 한다.

① 없다.   ② 1개   ③ 2개   ④ 3개

❊ **정답:** ①
❊ **해설: 모두 옳은 지문이다.**

11. 「소년법」상 소년형사절차의 특례에 대한 설명으로 틀린 것은 모두 몇 개인가?   10.1 승진

> ㉠ 죄를 범한 당시 19 미만의 소년에 대하여 사형 또는 무기형으로 처할 경우에는 15년의 유기형으로 한다.
> ㉡ 18세 미만의 소년에 대하여는 형법 제70조의 규정에 의한 노역상 유치가 금지된다.
> ㉢ 소년범에 대하여 부정기형을 선고할 경우 장기 10년, 단기 5년을 초과하지 못한다.
> ㉣ 보호처분 계속 중에 징역·금고 또는 구류선고를 받은 소년에 대해서는 보호처분 집행 후 그 형을
>   집행한다.

① 1개   ② 2개   ③ 3개   ④ 4개

❊ **정답:** ②
❊ **해설:**
㉠ 죄를 범할 당시 18세 미만인 소년에 대하여 **사형 또는 무기형으로 처할 경우에는 15년의 유기징역**으로 한다.
㉣ 보호처분이 계속 중일 때에 징역, 금고 또는 구류를 선고받은 소년에 대하여는 **먼저 그 형을 집행**한다.

12. 다음 설명 중 맞는 것은?   10.3 순경
① 「실종아동 등·가출인 업무처리 규칙」상 '장기실종아동 등'이라 함은 보호자로부터 이탈한 지 48시간이
   경과하도록 발견하지 못한 '찾는 실종아동 등'을 말한다.
② 「소년법」 및 「소년업무처리규칙」상 비행소년에는 범죄소년, 우범소년, 불량행위소년이 있다.
③ 「풍속영업의 규제에 관한 법률」상 풍속영업자에는 허가 또는 인가를 받지 아니하거나 등록 또는 신고를
   하지 아니하고 풍속영업을 영위하는 자를 포함한다.
④ 「성매매알선 등 행위의 처벌에 관한 법률」상 성매매 강요자와 성매매 피해자 간 선불금 명목의 채권계약
   은 취소할 수 있다.

❊ **정답:** ③
❊ **해설:**
① 「실종아동 등·가출인 업무처리규칙」상 '장기실종아동 등'이라 함은 보호자로부터 **신고를 접수한 지 48
   시간이 경과**하도록 발견하지 못한 '찾는 실종아동 등'을 말한다.
② 「소년법」 및 「소년업무처리규칙」상 비행소년에는 **범죄소년, 우범소년, 촉법소년**이 있다.
④ 「성매매알선 등 행위의 처벌에 관한 법률」상 성매매 강요자와 성매매피해자 간 선불금 명목의 **채권계약
   은 무효이다.**

제7절 | 민간협력 범죄예방활동

1. 범죄의 양적 증가에 따라 민간차원의 방범활동이 중요시 되고 있다. 다음 민간 방범업무 중 방범기능에서 담당하고 있지 않은 것은? 03.9 순경
① 청원경찰의 근무에 대한 감독　　② 자율방범대에 의한 방범업무
③ 민간경비업체에 의한 방범활동　　④ 시민단체 및 언론에 의한 방범활동

정답: ①
해설: ▶ 민간 방범업무

자율방범대에 의한 방범활동	지역주민들의 자발적인 조직으로 지역치안 유지에 기여
시민단체에 의한 방범활동	직접적으로 방범활동(해병전우회 등), 간접적인 방범활동을 하는 단체(라이온스클럽, YMCA 등)가 방범활동하는 형태
언론매체에 의한 방범활동	언론매체의 대중성, 홍보성을 이용하여 범죄예방의 한 수단으로 활용하는 형태
민간경비업체에 의한 방범활동	경비업법에 따라 민간경비업체가 등장, 경비수요자와의 계약에 따라 방범활동하는 형태

2. 치안서비스의 공동생산으로 볼 수 없는 것은? 01.1 승진
① 112순찰제도의 정착　　② 주민사고제체의 확립
③ 금융기관 방범시설의 확충　　④ 자율방범대 운용의 활성화

정답: ①
해설: 112순찰제도는 공동생산이 아니라 **경찰자체 생산에 해당한다.**

3. 범죄예방의 한 축으로 민간경비업의 발전을 도모할 필요성이 증가하고 있는데, 이와 가장 거리가 먼 것은? 04.1 승진
① 종사자들의 전문성과 윤리의식 제고를 위한 지도·감독·강화
② 상호 업무협조와 조직에 대한 이해 증진
③ 지역범죄특성 등 정보교류 강화
④ 민간경비업에 대한 보조금 지급

정답: ④
해설: ▶ 민간경비업의 발전을 도모할 필요성

① 범죄의 급증과 질적 변화	② 경찰방범역량의 한계	③ 치안서비스의 공동생산의 경향
④ 수익자부담원칙의 확산	⑤ 경제발전에 따르는 필요성	

4. 공경비(Public Service)를 민간경비(Private Service)와 대비할 때 공경비의 내용으로 틀린 것은?

10.1 승진

① 대가의 유무, 다과에 따라 차등 지급되는 경합적 서비스이다.

② 공공의 질서유지 및 범인체포와 같은 법집행적 측면을 강조한다.

③ 민간경비에 비하여 권한이 제한적이지 않다.

④ 업무의 주체면에서 정부기관에 의한 비영리활동이다.

⁂ 정답: ①

▒ 해설: ▶ 민간경비와 공경비의 관계

민간경비	목적	특정한 의뢰자에 대하여 그 대가만큼 범죄예방·억제 및 경제적 손실방지 (**예방적 측면을 중시**)
	주체	**영리기업**
	권한	경찰에 비해 **권한이 한정**되어 있거나 **각종 제약을 받는다.**
	서비스 내용	민간경비업의 서비스는 **민간재**이므로 대가의 유무나 다소에 따라 서비스이 내용이 달라지는 **경합적 서비스**
공경비	목적	일반대중을 대상으로 범인체포 및 범죄수사를 위한 법집행(**법집행적 측면을 중시**)
	주체	**정부기관**
	권한	법집행에 관한 **일반적인 권한**을 가진다.
	서비스 내용	경찰의 서비스는 **공공재**로서 모든 사람이 동등하게 소비할 수 있는 **비경합적 서비스**

5. 민간경비에 대한 설명 중 틀린 것은 모두 몇 개인가?

10.1 승진

> ㉠ 민간경비는 대가의 유무, 많고 적음에 따라 서비스 제공이 달라지는 비경합적 서비스이다.
>
> ㉡ 청원경찰은 경비구역 내에서 청원경찰법에 의하여 직무를 수행한다.
>
> ㉢ 청원경찰이 무기를 휴대하고자 하는 경우에는 청원주로부터 국가에 기부 체납된 무기에 한해 대여하여 휴대하게 할 수 있다.
>
> ㉣ 청원경찰법 제3조는 청원경찰의 직무 감독권자로 청원주와 경찰서장을 규정하고 있다.
>
> ㉤ 청원경찰에 대한 징계는 파면, 정직, 견책으로 한다.

① 2개   ② 3개   ③ 4개   ④ 5개

⁂ 정답: ②

▒ 해설:

㉠ 민간경비는 대가의 유무, 많고 적음에 따라 서비스 제공이 달라지는 **경합적 서비스**이다.

㉡ 청원경찰은 경비구역 내에서 **경찰관직무집행법**에 의하여 직무를 수행한다.

㉤ 청원경찰에 대한 징계의 종류는 **파면, 해임, 정직, 감봉 및 견책**으로 구분한다.

제8절 | 기타 경찰활동(관련법령)

1. 「성매매알선 등 행위의 처벌에 관한 법률」에 관한 설명 중 옳지 않은 것은? 08.2 경간부

① 위계 · 위력 그 밖의 이에 준하는 방법으로 성매매를 강요당한 자를 성매매 피해자라 한다.

② 성매매피해자의 성매매의 형은 감경 또는 면제할 수 있다.

③ 사법경찰관은 수사과정에서 피의자 또는 참고인이 성매매피해자에 해당한다고 볼 만한 상당한 이유가 있을 때에는 지체 없이 변호인 등에서 통지하여야 한다.

④ 수사에 지장을 초래할 우려가 있는 등 특별한 사유가 없는 한 신뢰관계에 있는 자를 동석하게 하여야 한다.

￫ 정답: ②

※ 해설: ▶ **성매매피해자에 대한 처벌특례와 보호**

> ① 성매매피해자의 성매매는 처벌하지 아니한다.
> ② 검사 또는 사법경찰관은 수사과정에서 피의자 또는 참고인이 성매매피해자에 해당한다고 볼 만한 상당한 이유가 있을 때에는 지체 없이 법정대리인, 친족 또는 변호인에게 통지하고, 신변보호, 수사의 비공개, 친족 또는 지원시설 · 성매매피해상담소에의 인계 등 그 보호에 필요한 조치를 하여야 한다. 다만, 피의자 또는 참고인의 사생활 보호 등 부득이한 사유가 있는 경우에는 통지하지 아니할 수 있다.
> ③ 법원 또는 수사기관이 이 법에 규정된 범죄를 신고(고소 · 고발을 포함)한 사람 또는 성매매피해자를 조사하거나 증인으로 신문(訊問)하는 경우에는 「특정범죄 신고자 등 보호법」 제7조부터 제13조까지의 규정을 준용한다. 이 경우 「특정범죄 신고자 등 보호법」 제9조와 제13조를 제외하고는 보복을 당할 우려가 있어야 한다는 요건이 필요하지 아니하다.
> ☞ 죄를 범한 사람이 수사기관에 신고하거나 자수한 경우에는 **형을 감경하거나 면제할 수 있다.**

2. 「성매매알선 등 행위의 처벌에 관한 법률」에 대한 설명 중 타당한 것은? 07.1 승진

① 성을 파는 행위를 한 자가 그를 고용한 자에게 진 대여금 채무는 무효이다.

② 성매매를 한 자는 3년 이하의 징역 또는 2천만 원 이하의 벌금에 처한다.

③ 「성매매알선 등 행위의 처벌에 관한 법률」에 의한 성매매는 특정인을 대상으로 하나, 「아동 · 청소년의 성보호에 관한 법률」에 의한 성매매는 불특정인을 대상으로 한다.

④ 「윤락행위등방지법」과 달리 유사성교행위는 처벌대상에서 제외하였다.

￫ 정답: ①

※ 해설: ▶ **불법원인으로 인한 채권무효**

> ① ㉠ 성매매알선 등 행위를 한 사람, ㉡ 성을 파는 행위를 할 사람을 고용 · 모집하거나 그 직업을 소개 · 알선한 사람, ㉢ 성매매 목적의 인신매매를 한 사람이 그 행위와 관련하여 **성을 파는 행위를 하였거나 할 자에게 가지는 채권은 그 계약의 형식이나 명목에 관계없이 이를 무효**로 한다. 그 채권을 양도하거나 그 채무를 인수한 경우에도 또한 같다.
> ② 검사 또는 사법경찰관은 불법원인과 관련된 것으로 의심되는 채무의 불이행을 이유로 고소 · 고발된 사건을 수사할 때에는 금품이나 그 밖의 재산상의 이익 제공이 성매매의 유인 · 강요 수단이나 성매매업소로부터의 이탈방지 수단으로 이용되었는지 여부를 확인하여 **수사에 참작하여야 한다.**
> ③ 검사 또는 사법경찰관은 성을 파는 행위를 한 사람이나 성매매피해자를 조사할 때에는 채권이 무효라는 사실과 지원시설 등을 이용할 수 있음을 **본인 또는 법정대리인 등에게 고지**하여야 한다.

3. 다음 중 「성매매알선 등 행위의 처벌에 관한 법률」의 내용에 대한 기술로 잘못된 것은?   04.11 순경
① 위계·위력 그 밖의 이에 준하는 방법으로 성매매를 강요당한 자 등을 성매매피해자라 한다.
② 성매매피해자의 성매매는 그 형을 감면할 수 있다.
③ 성매매 장소를 제공하는 행위와 성매매업소를 광고하는 행위는 처벌대상이다.
④ 사법경찰관이 수사과정에서 피의자가 성매매피해자에 해당한다고 볼 만한 상당한 이유가 있을 때에는 지체 없이 법정대리인 등에게 통지하여야 한다.

▎ 정답: ②
▓ **해설:** 성매매피해자의 성매매는 처벌하지 아니한다.

4. 「성매매알선 등 행위의 처벌에 관한 법률」의 내용에 대한 기술로 잘못된 것은?   04.1 승진
① 성매매피해자가 청소년인 경우에는 수사지장 초래 등 특별한 사유가 있더라도 신뢰관계에 있는 자를 동석하게 하여야 한다.
② 위계·위력 그 밖에 이에 준하는 방법으로 성매매를 강요당한 자 등을 성매매피해자라 한다.
③ 성매매피해자의 성매매는 처벌하지 아니한다.
④ 사법경찰권이 수사과정에서 피의자가 성매매피해자에게 해당한다고 볼 만한 상당한 이유가 있을 때에는 지체 없이 법정대리인 등에게 통지하여야 한다.

▎ 정답: ①
▓ **해설:** ▶ 신뢰관계에 있는 자의 동석

> ① **법원은 신고자 등을 증인으로 신문할 때에는** 직권으로 또는 본인·법정대리인이나 검사의 신청에 의하여 신뢰관계에 있는 사람을 **동석하게 할 수 있다.**
> ② **수사기관은 신고자 등을 조사할 때에는 직권으로** 직권 또는 본인·법정대리인의 신청에 의하여 신뢰관계에 있는 사람을 **동석하게 할 수 있다.**
> ③ 법원 또는 수사기관은 청소년, 사물을 변별하거나 의사를 결정할 능력이 없거나 미약한 사람 또는 대통령령으로 정하는 중대한 장애가 있는 사람에 대하여 신청을 받은 경우에는 재판 또는 수사에 지장을 줄 우려가 있는 등 특별한 사유가 없으면 신뢰관계에 있는 사람을 **동석하게 하여야 한다.**
> ④ 신문이나 조사에 동석하는 사람은 진술을 대리하거나 유도하는 등으로 행위로 수사나 재판에 부당한 영향을 끼쳐서는 아니 된다.

5. 「아동·청소년의 성보호에 관한 법률」 규제대상이 아닌 것은?   05.1 승진, 07.2 경간부
① 청소년의 성을 사는 행위
② 청소년이용 음란물 제작행위
③ 청소년에 대한 성폭력행위
④ 청소년이용 성접대 행위

▎ 정답: ④
▓ **해설:** ▶ 아동·청소년대상 성범죄의 처벌

아동·청소년에 대한 강간·강제추행	① 여자 아동·청소년에 대하여 「형법」 제297조(강간)의 죄를 범한 자 ② 아동·청소년에 대하여 폭행이나 협박으로 아래에 해당하는 행위를 한 자 1. 구강·항문 등 신체(성기는 제외)의 내부에 성기를 넣는 행위

	2. 성기·항문에 손가락 등 신체(성기는 제외)의 일부나 도구를 넣는 행위
	③ 아동·청소년에 대하여 「형법」 제298조(강제추행)의 죄를 범한 자
	④ 아동·청소년에 대하여 「형법」 제299조(준강간, 준강제추행)의 죄를 범한 자
	⑤ 위계(僞計) 또는 위력으로써 여자 아동·청소년을 간음하거나 아동·청소년을 추행한 자(위계·위력에 의한 간음·강제추행)
	⑥ ①부터 ⑤까지의 **미수범은 처벌**한다.
아동·청소년이용음란물의 제작·배포	① 아동·청소년이용음란물을 **제작·수입 또는 수출한 자**
	② 영리를 목적으로 아동·청소년이용음란물을 판매·대여·배포하거나 이를 목적으로 소지·운반하거나 공연히 전시 또는 상영한 자
	③ 아동·청소년이용음란물을 배포하거나 공연히 전시 또는 상영한 자
	④ 아동·청소년이용음란물을 소지한 자
	⑤ 아동·청소년이용음란물을 제작할 것이라는 정황을 알면서 아동·청소년을 아동·청소년이용음란물의 제작자에게 알선한 자
	⑥ **①의 미수범은 처벌**한다.
아동·청소년의 성을 사는 행위	① 아동·청소년의 성을 사는 행위를 한 자
	② **아동·청소년의 성을 사기 위하여 아동·청소년을 유인하거나 성을 팔도록 권유한 자**

6. 아동·청소년 성을 사는 자에 대한 신상공개조치를 규정하고 있는 법률은?　　01.2 경간부, 04.1 승진

① 게임산업진흥에 관한 법률

② 아동·청소년의 성보호에 관한 법률

③ 청소년보호법

④ 아동복지법

❖ **정답:** ②

❈ **해설: 아동·청소년의 성보호에 관한 법률에 규정**되어 있다.

7. 「아동·청소년의 성보호에 관한 법률」에 관한 내용으로 옳은 것은 모두 몇 개인가?　　11.2 순경

㉠ 아동·청소년은 20세 미만의 자를 말한다. 다만, 20세에 도달하는 해의 1월 1일을 맞이한 자는 제외한다.
㉡ 영리를 목적으로 청소년으로 하여금 손님과 함께 술을 마시거나 노래 또는 춤 등으로 손님의 유흥을 돋우는 접객행위를 하게 하는 행위도 아동·청소년의 성보호에 관한 법률에서의 단속대상이다.
㉢ 아동·청소년대상 성범죄의 공소시효는 해당 성범죄로 피해를 당한 아동·청소년이 성년에 달한 날부터 진행하고, 일부 범죄는 디엔에이(DNA)증거 등 그 죄를 증명할 수 있는 과학적인 증거가 있는 때에는 공소시효가 10년 연장된다.
㉣ 아동·청소년을 대상으로 한 「성폭력범죄의 처벌 등에 관한 특례법」 제10조 제1항(업무상 위력 등에 의한 추행), 제11조(공중 밀집 장소에서의 추행) 및 제12조(통신매체를 이용한 음란행위)의 죄는 고소가 있어야 공소를 제기할 수 있다.

① 없음.　　　② 1개　　　③ 2개　　　④ 3개

❖ **정답:** ②

※ **해설:**
㉠ 아동·청소년은 19세 미만의 자를 말한다. 다만, 19세에 도달하는 해의 1월 1일을 맞이한 자는 제외한다.
㉡ 영리를 목적으로 청소년으로 하여금 손님과 함께 술을 마시거나 노래 또는 춤 등으로 손님의 유흥을 돋
　 우는 접객행위를 하게 하는 행위는 청소년보호법에서의 단속대상이다.
㉣ 아동·청소년을 대상으로 한 「성폭력범죄의 처벌 등에 관한 특례법」 제10조 제1항(업무상 위력 등에 의
　 한 추행), 제11조(공중 밀집 장소에서의 추행) 및 제12조(통신매체를 이용한 음란행위)의 죄는 피해자의
　 명시한 의사에 반하여 공소를 제기할 수 없다.(반의사불벌죄)

8. 청소년 유해환경 규제에 있어서 가장 우선적으로 적용되는 법은?　　　　03.1 승진, 99.1 승진
① 청소년기본법　　　　　　　　　　　　② 소년법
③ 청소년보호법　　　　　　　　　　　　④ 소년원법

정답: ③
※ **해설:** ▶ **청소년보호법의 목적**

> 청소년에게 유해한 매체물과 약물 등이 청소년에게 유통되는 것과 청소년이 유해한 업소에 출입하는 것
> 등을 규제하고, 청소년을 청소년폭력·학대 등 청소년유해행위를 포함한 각종 유해한 환경으로부터 보호
> ·구제함으로써 청소년이 건전한 인격체로 성장할 수 있도록 함을 목적으로 한다.

**9. 지구대 직원 甲은 슈퍼마켓에서 청소년들에게 담배를 판매하고 있다는 범죄첩보에 따라 잠복근무 중에 16세의 甲,
17세의 乙, 18세의 丙, 19세의 丁가 담배를 구입하는 것을 확인할 수 있었다. 이 중 청소년보호법상 청소년에 해당하지
않아 합법적으로 담배를 구입할 수 있는 사람은?**　　　　01.3 순경
① 甲, 乙, 丙　　　　　　　　　　　　　② 乙, 丙, 丁
③ 丙, 丁　　　　　　　　　　　　　　　④ 丁

정답: ④
※ **해설:** 현행 「청소년보호법」상 청소년의 연령은 **만 19세 미만의 자**를 말한다. 따라서 19세인 丁만
　　　　 이 「청소년보호법」상 청소년에 해당하지 않아 합법적으로 담배를 구입할 수 있다.

**10. 지구대 순경 甲은 슈퍼가게 주인으로부터 18세의 청소년에게 담배를 판매할 경우에 대한 상담을 받았
다. 옳은 것은?**　　　　02.1 승진
① 가게 주인만 처벌받는다.
② 청소년만이 처벌을 받는다.
③ 가게주인과 청소년이 모두 처벌을 받는다.
④ 가게 주인과 청소년 모두 처벌을 받지 않는다.

정답: ①
※ **해설:** 「청소년보호법」이 적용되는 청소년은 19세 미만의 청소년이고, 동법 제50조 제3호에 의거하
　　　　 여 판매한 **가게 주인만 처벌받는다.**

11. 관내 순찰 중이던 순경 甲은 슈퍼마켓 주인이 18세 고등학생이 담배를 사려고 하는 경우 어떻게 해야 하느냐는 질문을 받았다. 답변으로 틀린 것은?　　　　　　　02.10 여경
① 판매할 경우 청소년보호법에 의해 2년 이하의 징역 또는 1천만 원 이하의 벌금으로 처벌된다.
② 담배를 구입한 18세 고등학생도 처벌대상이 된다.
③ 슈퍼마켓 주인만 처벌된다.
④ 학생의 주민등록증 확인결과 17세임을 알면서도 담배를 판매했다면 슈퍼마켓 주인만 처벌된다.

▮ **정답:** ②
▓ **해설:** 담배를 판매한 사람만 처벌대상이 된다.

12. 「청소년보호법」상 청소년의 출입과 고용이 모두 금지되는 업소가 아닌 것은?　　　　02.1 승진
① 유흥주점　　　　② 무도장　　　　③ 비디오물 감상물　　　　④ 비디오물 소극장

▮ **정답:** ④
▓ **해설:** ▶ **청소년출입 · 고용금지업소**

식품위생법	**유흥주점영업, 단란주점영업**
영화 및 비디오물의 진흥에 관한 법률	**비디오물감상실업**
음악산업진흥에 관한 법률	**노래연습장** (청소년실을 갖춘 노래연습장의 경우 청소년실은 출입 가능)
체육시설의 설치 · 이용에 관한 법률	**무도학원업, 무도장업**
사행행위 등 규제 및 처벌특례법	**사행행위영업**
전기통신설비를 갖추고 불특정한 사람 상호 간의 음성대화 또는 화상대화를 매개하는 것을 주된 목적으로 하는 영업	**전화방, 화상대화방** 다만, 「전기통신사업법」등 다른 법률의 규정에 의하여 통신을 매개하는 영업을 제외

13. 다음 중 청소년의 출입 여부를 확인하고 단속할 수 있는 업소는?　　　　03.1 승진
① 티켓다방　　　　　　　　② 만화대여업
③ 비디오물 대여업　　　　　④ 나이트클럽

▮ **정답:** ④
▓ **해설:** ▶ **청소년 고용금지업소**

식품위생법	**티켓다방, 소주방, 호프, 카페**
공중위생관리법	① **숙박업**{휴양콘도미니엄업, 숙박시설에 의한 숙박업(민박)은제외} ② **이용업**　③ **목욕장업**
영화 및 비디오물의 진흥에 관한 법률	**비디오물소극장업**
게임산업진흥에 관한 법률	**게임제공업, 복합유통게임제공업** 단, 카지노업, 사행기구를 갖추어 사행행위를 하는 경우
유해화학물질관리법	**유독물영업**(유독물제조업, 유독물판매업, 유독물보관 · 저장업, 유독물운반업 및 유독물사용업). 단, 유독물사용업, 유독물을 직접 사용하지 아니하는 장소에서 이루어지는 영업은 제외
회비 등을 받거나 유료로 만화를 대여하는 **만화대여업**	

14. 청소년보호위원회가 고시하는 초 · 중 · 고교의 방학기간 동안 청소년유해매체물을 방송할 수 없는 시간은?   04.1 승진

① 9:00 ~ 22:00   ② 10:00 ~ 22:00

③ 9:00 ~ 21:00   ④ 10:00 ~ 21:00

❖ **정답: ②**

※ **해설: ▶ 방송시간 제한**

> 청소년유해매체물은 방송하여서는 아니 될 방송시간(청소년시청보호시간대)은 **평일에는 오후 1시 ~ 오후 10시까지, 공휴일과 방학기간은 오전 10시 ~ 오후 10시까지**이다.

15. A가 운영하는 슈퍼마켓에서 17세가 된 고등학생인 B가 술을 사고 있다는 112신고가 접수되었다. 현장에 도착한 관할 파출소의 조치사항 중 맞는 것은?   02.10 남경

① A만을 「청소년보호법」 위반으로 처벌할 수 있다.

② B만을 「청소년보호법」 위반으로 처벌할 수 있다.

③ A, B 모두 「청소년보호법」 위반으로 처벌할 수 있다.

④ A, B 누구도 처벌할 수 없다.

❖ **정답: ①**

※ **해설: 청소년에게 술이나 담배를 판매하는 자**는 2년 이하의 징역 또는 1천만원 이하의 벌금형으로 처벌할 수 있으나, 구입하는 청소년은 처벌할 수 없다(청소년보호법 제51조 제8호).

16. 「청소년보호법」에 관한 다음 설명 중 옳지 않은 것은?   04.1 승진

① 청소년보호에 관한 국가와 지방자치단체의 책임뿐만 아니라 가정의 역할, 사회의 책임도 규정하고 있다.

② 청소년보호법은 청소년유해환경의 규제에 있어서 타 법률에 우선하여 적용한다.

③ 청소년보호를 위한 기본계획의 수립, 유해환경으로부터 청소년보호 등의 업무를 수행하기 위하여 대통령 소속 하에 청소년보호위원회를 둔다.

④ 한국간행물윤리위원회는 처음에는 청소년보호법에 의해 설치되었었다.

❖ **정답: ③**

※ **해설: ▶ 청소년보호위원회의 설치**

> **여성가족부장관 소속 하에 청소년보호위원회를 둔다.**
>
> ① 유해환경으로부터 청소년을 보호하기 위한 청소년유해매체물, 청소년유해약물, 청소년유해물건, 청소년유해업소 등의 심의 · 결정 등에 관한 사항
>
> ② **정기간행물 등을 발행하거나 수입한 자에 대한 과징금 부과의 심의 · 결정에 관한 사항**
>
> ③ 청소년보호를 위하여 여성가족부장관이 필요하다고 심의를 요청한 사항

17. 「실종아동 등의 보호 및 지원에 관한 법률」에 대한 설명 중 적절하지 않은 것은?   11.2 순경

① "아동 등"은 실종신고 당시 13세 미만 아동, 「장애인복지법」 제2조의 장애인 중 정신지체인·발달장애인·정신장애인을 말한다.

② "실종아동 등"이라 함은 약취·유인·유기·사고 또는 가출하거나 길을 잃는 등의 사유로 인하여 보호자로부터 이탈된 아동 등을 말한다.

③ "보호시설"이라 함은 「사회복지사업법」 제2조 제3호의 규정에 따른 사회복지시설 및 이에 준하는 시설로서 인가·신고 등을 하지 아니하고 아동 등을 보호하는 시설을 말한다.

④ 누구든지 정당한 사유 없이 실종아동 등을 국가경찰관서 또는 지방자치단체의 장에게 신고하지 아니하고 보호한 자는 5년 이하의 징역 또는 3천만 원 이하의 벌금에 처한다.

정답: ①

※ 해설: 아동 등이란 ㉠ 실종 당시 14세 미만인 아동, ㉡ 「장애인복지법」 제2조의 장애인 중 지적 장애인, 자폐성장애인 또는 정신장애인에 해당하는 사람을 말한다.

18. 「실종아동 등·가출인 업무처리규칙」상 용어의 정의에 대한 설명으로 틀린 것은?   10.1 승진

① '찾는 실종아동 등'이란 장기실종아동 등 중에서 보호자가 찾고 있는 자를 말한다.

② '장기실종아동 등'이란 보호자로부터 신고접수한 지 48시간이 경과하도록 발견하지 못한 찾는 실종아동 등을 말한다.

③ '가출청소년'이란 보호자가 찾고 있는 14세 이상 19세 미만의 자를 말한다.

④ '발생지'는 신고자 등이 최종 목격장소로 진술한 장소이며 최종 목격장소를 진술하지 못한 경우는 실종 전 최종 주거지를 말한다.

정답: ③

※ 해설: ▶ 가출인 연령별 구분

가출인	실종신고 당시 보호자로부터 이탈된 **14세 이상의 자**
가출청소년	보호자가 찾고 있는 **14세 이상에서 20세 미만의 자**
가출성인	보호자가 찾고 있는 **20세 이상의 자**

19. 「실종아동 등·가출인 업무처리규칙」에 대한 설명으로 틀린 것은?   08.7 순경

① 장기실종아동이란 보호자로부터 신고접수한 지 48시간이 경과하도록 발견하지 못한 찾는 실종아동이다.

② 경찰청 정보통신망상에 수배대상자에서 실종아동 등, 치매질환자, 행불자 중 행불자만 일반인에게 공개할 수 있다.

③ 치매질환자는 연령에 관계없이 실종아동 등에 준하여 처리한다.

④ 경찰서장은 장기실종아동 등에 대해 수배일로부터 1월까지는 7일에 1회, 1월이 경과한 후에는 분기별 1회 보호자에게 추적진행 사항을 통보 및 귀가 여부를 확인한다.

정답: ④

※ 해설: 경찰관서의 장은 관할 장기실종아동 등에 대하여 **정보통신망 수배일로부터 1월까지는 10일에 1회, 1월이 경과한 후부터는 분기별 1회 보호자에게 추적 진행사항 통보 및 귀가 여부를 확인**한다.

20. 다음은 「실종아동 등 · 가출인 업무처리규칙」에 관한 설명이다. 틀린 것은?   04.10 여경, 05.1 승진

① 실종아동 등 가출인 중 합동심의결과 범죄와 관련되어 수사에 착수한 대상자를 "행불자"로 규정한다.

② 신고접수 24시간 이내에 합동심의위원회를 개최하여야 한다.

③ 모든 실종아동 등 가출인 신고에 대하여 탐문·수색결과보고서를 작성하는 것은 아니다.

④ 합동심의위원회 위원장을 형사과장으로, 위원을 강력팀장, 여성청소년계장, 현장출동경찰관, 보호자로 구
  성한다.

❖ 정답: ③

❈ **해설:** 현장출동 경찰관은 **현장을 탐문 · 수색한 결과에 대해 탐문 · 수색결과보고서를 탐문 · 수색한**
     내용을 기재하여 공동으로 작성, 경찰서장에게 보고하여야 한다.

21. 다음 최근 경찰의 실종아동 등 실종자 초동조치 미흡이 사회문제로 대두됨에 따라 개정된 「실종아동 등
   · 가출인 업무처리규칙」에 관한 설명 중 틀린 것은?   05.2 경간부

① 실종아동 등 가출인등 합동심의 결과 범죄와 관련되어 수사에 착수한 대상자를 "행불자"로 규정한다.

② 모든 실종아동 등 가출인 신고에 대하여 탐문수색결과보고서를 작성하여야 한다.

③ 합동심의회 위원장을 형사과장으로, 위원을 생활안전계장, 여성청소년계장, 현장출동경찰관, 보호자로 구
  성한다.

④ 신고접수 후 24시간 이내에 합동심의위원회를 개최하여야 한다.

❖ 정답: ③

❈ **해설:** 위원회는 **위원장을 형사과장**(부재 시 또는 직제 미편성 시 수사과장 또는 경찰서장이 지정하는 이와
     상응하는 경찰관)으로, **위원은 강력팀장**(부재 시 또는 직제 미편성 시 경찰서장이 지정하는 이와 상
     응하는 경찰관), **여성청소년계장**(부재 시 또는 직제 미편성 시 경찰서장이 지정하는 이와 상응하는
     경찰관), **현장출동 경찰관, 보호자로 구성**하며, 위원장 판단 하에 참석자의 범위를 조정할 수 있다.

22. 실종아동 등 가출인 업무처리에 관한 내용 중 옳지 않은 것은?   09.1 승진

① 장기실종아동 등은 신고접수한 지 48시간이 경과하도록 발견하지 못해 찾는 실종아동 등을 말한다.

② 경찰관서의 장은 관할 장기실종아동 등에 대하여 정보통신망 수배일로부터 1월까지는 10일에 1회, 1월이
  경과한 후부터는 분기별 1회 보호자에게 추적 진행사항 통보 및 귀가 여부를 확인한다.

③ 실종아동 등 · 가출인 발생신고에 대해서는 발생기간에 관계없이 반드시 탐문 · 수색을 하여야 한다.

④ "실종사건수사계획"에 따르면 신고접수부터 수사전담팀에 의해 출동 및 탐문 · 수색, 수사가 진행되고 일
  반 미귀가자의 경우 여성청소년과 지구대 형사팀에서 탐문·수색 후 24시간 이내에 합동심의위원회를 구
  성하여 심의한다.

❖ 정답: ③

❈ **해설:** 찾는 실종아동 등 · 가출인 발생신고를 접수 · 통보받은 발생지 관할 경찰서장은 즉시 지역경
     찰관, 수사 · 형사부서 경찰관, 여성청소년부서 경찰관 등 관련부서 경찰관을 지정하여, 현장
     에 출동, 탐문 · 수색하도록 하여야 한다. 단, **신고자가 찾는 실종아동 등 또는 가출인이 발**
     생한 지 1월이 경과한 후에 신고한 경우 탐문 · 수색을 생략할 수 있다.

23. 다음 「실종아동 등 · 가출인 업무규칙」의 내용 중 수배업무 처리에 대한 설명으로 옳지 않은 것은?

10.1 승진

① 실종아동 등 가출인 신고를 접수한 경찰관은 신고자의 요청 시 접수증을 발급 할 수 있다.
② 실종아동 등 신고접수는 경찰청의 실종 아동찾기센터에서 한다.
③ 경찰서장은 장기실종아동 등에 대해 수배일로부터 1월까지는 10일에 1회, 1월이 경과한 후에는 매월 1회 보호자에게 추적 진행사항 통보 및 귀가 여부를 확인한다.
④ 가출인의 발생지 관할이 아닌 경찰관서에서 신고를 접수한 경우에는 정보통신망조회 · 수배조치 후 지체 없이 가출인의 발생지를 관할하는 경찰서장에게 이첩하여야 한다.

✔ **정답:** ③

▒ **해설:** 경찰관서의 장은 관할 장기 실종아동 등에 대하여 **정보통신망 수배일로부터 1월까지는 10일에 1회, 1월이 경과한 후부터는 분기별 1회 보호자에게 추적 진행사항 통보 및 귀가 여부를 확인**한다.

24. 실종아동 등의 발생 신고를 접수한 후의 초동조치로 옳지 않은 것은?   08.3 순경

① 실종아동 등 신고접수 즉시 지역경찰관, 실종수사전담팀, 여성청소년부서 경찰관 등은 현장에 출동, 탐문 · 수색하도록 한다.
② 실종아동 등 가출인 발생신고에 대해서는 발생기간에 관계없이 반드시 탐문·수색을 하여야 한다.
③ 찾는 실종아동 등 중 일반 미귀가자의 경우는 범죄와의 관련 여부를 판단하기 위해 합동 심의위원회를 구성 · 심의하여야 한다.
④ 합동심의위원회는 신고접수 후 24시간 이내에 구성하여 심의하여야 한다.

✔ **정답:** ②

▒ **해설:** 찾는 실종아동 등 · 가출인 발생신고를 접수통보받은 발생지 관할 경찰서장은 즉시 지역경찰관, 수사 · 형사부서 경찰관, 여성청소년부서 경찰관 등 관련부서 경찰관(이하 "현장출동 경찰관"이라 함)을 지정하여, 현장에 출동, 탐문 · 수색하도록 하여야 한다. 단, **신고자가 찾는 실종아동 등 또는 가출인이 발생한 지 1월이 경과한 후에 신고한 경우 탐문 · 수색을 생략**할 수 있다.

25. 다음 「가정폭력범죄의 처벌 등에 관한 특례법」상 가정구성원에 해당하지 않는 자는?   10.3 순경

① 배우자(사실상 혼인관계에 있는 자를 포함) 또는 배우자관계에 있었던 자
② 자기 또는 배우자와 직계존비속관계(사실상 양친자관계를 포함)에 있거나 있었던 자
③ 계부모와 자의 관계 또는 적모와 서자의 관계에 있거나 있었던 자
④ 동거하는 친족관계에 있거나 있었던 자

✔ **정답:** ④

▒ **해설:** ▶ **가정구성원**

① 배우자(사실상 혼인관계에 있는 사람을 **포함**) 또는 배우자였던 사람
② 자기 또는 배우자와 직계존비속관계(사실상의 양친자관계를 **포함**)에 있거나 있었던 사람
③ 계부모와 자녀의 관계 또는 적모(嫡母)와 서자(庶子)의 관계에 있거나 있었던 사람
④ 동거하는 친족(있는 자 ○, 있었던 자 ✕)

26. 다음 중 「가정폭력범죄의 처벌 등에 관한 특례법」 제2조에서 규정한 가정구성원의 정의가 아닌 것은?

04.3 순경

① 자기 또는 배우자와 직계존비속관계(사실상의 양친자관계 제외)에 있거나 있었던 자

② 배우자(사실상 혼인관계 있는 자 포함) 또는 배우자관계에 있었던 자

③ 계부모와 자의 관계 또는 적모와 서자의 관계에 있거나 있었던 자

④ 동거하는 친족관계에 있는 자

▶ 정답: ①
▒ 해설: 사실상의 양친자 관계도 포함된다.

27. 다음 「가정폭력범죄의 처벌 등에 관한 특례법」상의 '가정구성원'에 해당하지 않는 것은?

01.2 경간부, 06.1 승진

① 배우자(사실상 혼인관계 있는 자 제외) 또는 배우자관계였던 자

② 자기 또는 배우자와 직계존비속관계에 있거나 있었던 자

③ 계부모와 자의 관계 또는 적모와 서자의 관계에 있거나 있었던 자

④ 동거하는 친족관계에 있는 자

▶ 정답: ①
▒ 해설: 사실상 혼인관계 있는 자도 포함된다.

28. 다음 중 가정폭력범죄로 처벌할 수 없는 것은?   03.2 경간부
① 동거하는 삼촌한테 맞은 경우
② 자신의 자식에게 구걸행위를 시킨 경우
③ 자신의 부모를 유기한 경우
④ 장인을 폭행한 경우

▶ 정답: ②
▒ 해설: 아동구걸 행위는 가정폭력 범주에 속하지 않는다.

29. 다음 중 가정폭력범죄의 범주에 포함되지 않는 것은?   03.1 승진
① 의붓아버지가 의붓아들에게 폭력을 행사하는 경우
② 사실혼관계에 있는 동거녀가 동거남의 아들에게 폭력을 행사하는 경우
③ 동거하지 않는 삼촌이 조카에게 폭력을 행사하는 경우
④ 이혼한 남편이 전처에게 폭력을 행사하는 경우

▶ 정답: ③
▒ 해설: 동거하지 않는 삼촌이 조카를 폭행한 경우에는 가정폭력에 해당되지 않는다.

30. 다음 중 가정폭력사건에 대한 설명으로 타당한 것은?   07.1 승진

① 계부모와 자식의 관계에 있거나 있었던 자는 가정구성원에 해당하지 않는다.
② 재발우려가 있으면 경찰관은 피해자 동의와 관계없이 임시조치를 신청할 수 있다.
③ 동거하지 않는 형제도 가정구성원에 추가하였다.
④ 가정폭력이란 가정구성원간의 신체적, 정신적 피해만을 수반하는 행위이다.

✂ 정답: ②
※ 해설:
① 계부모와 자의 관계 또는 적모와 서자의 관계에 있거나 있었던 자도 **가정구성원에 해당**된다.
③ **동거하지 않는 형제는 가정구성원에 해당되지 않는다.**
④ 가정구성원 사이의 **신체적, 정신적 또는 재산상 피해를 수반하는 행위**이다.

31. 다음 중 「가정폭력범죄의 처벌 등에 관한 특례법」에 대한 내용으로 옳지 않은 것은?   10.3 순경

① 형법 제311조(모욕)의 죄는 "가정폭력범죄"에 해당된다.
② 피해자라 함은 가정폭력범죄로 인하여 직 · 간접적으로 피해를 입은 자를 말한다.
③ 가정보호사건이라 함은 가정폭력범죄로 인하여 이 법에 의한 보호처분의 대상이 되는 사건을 말한다.
④ 가정폭력행위자라 함은 가정폭력범죄를 범한 자 및 가정구성원인 공범을 말한다.

✂ 정답: ②
※ 해설: 피해자라 함은 가정폭력범죄로 인하여 **직접적으로 피해**를 입은 자를 말한다.

32. 가정폭력범죄에 대한 설명으로 틀린 것은?   10.1 승진

① 아동혹사, 유기, 감금 등이 포함된다.
② 가정폭력은 가족구성원 간의 신체적, 정신적 피해만을 수반하는 경우이다.
③ 누구든지 가정폭력범죄를 알았을 때는 신고할 수 있다.
④ 가족구성원은 사실상의 혼인관계에 있는 자도 포함된다.

✂ 정답: ②
※ 해설: 가정폭력은 가족구성원 간의 **신체적, 정신적 피해, 재산상 피해를 수반하는 경우**이다.

33. 다음 중 「가정폭력범죄의 처벌 등에 대한 특례법」에 대한 설명으로 틀린 것은?   07 기동대

① 명예훼손은 가정폭력범죄의 처벌 등에 관한 특례법상의 가정폭력범죄에 해당된다.
② 사실상 혼인관계에 있는 자는 가정구성원에 해당되지 않는다.
③ 피해자의 법정대리인이 폭력행위자인 경우 피해자의 친족이 고소할 수 있다.
④ 피해자에게 고소하러 법정대리인이나 친족이 없는 경우 이해관계인 신청이 있으면 검사는 10일 이내에
　　고소할 수 있는 자를 지정하여야 한다.

✂ 정답: ②
※ 해설: 사실상 혼인관계 있는 자도 포함된다.

34. 다음 「가정폭력범죄의 처벌 등에 관한 특례법」상의 가정폭력범죄에 해당되지 않는 것은?

06, 05, 03, 02 순경, 01.2 경간부, 99.1, 00.1, 01.1, 05.1 승진, 01 101단

① 약취 · 유인   ② 명예훼손

③ 주거 · 신체수색   ④ 강요

❖ **정답:** ①
❂ **해설:** 약취 · 유인, 강도, 절도, 사기, 횡령, 배임, 주거침입, 퇴거불응, 아동구걸 등은 가정폭력범
   죄에 속하지 않는다.

35. 다음 중 가정폭력범죄에 대한 설명으로 맞지 않는 것은?   04. 순경, 03.2 경간부
① 가정폭력은 가정구성원 간의 신체적 · 정신적 또는 재산상의 피해를 수반하는 활동이다.
② 가정구성원은 사실상의 관계에 있는 자도 포함된다.
③ 누구든지 가정폭력범죄를 알았을 때는 신고할 수 있다.
④ 명예훼손, 모욕, 절도 등이 포함된다.

❖ **정답:** ④
❂ **해설:** 절도는 가정폭력범죄에 속하지 않는다.

36. 가정폭력범죄에 대한 설명 중 틀린 것은?   08.1 승진
① 가족구성원으로 동거하는 친족관계에 있었던 자
② 가정폭력범죄유형은 상해, 폭행, 유기, 학대, 협박, 모욕, 주거 · 신체수색 등이 있음.
③ 진행 중인 가정폭력범죄의 신고 접수 시 즉시출동 및 폭력행위 제지
④ 임시조치로 피해자의 주거, 직장 등에서 100m 이내 접근금지

❖ **정답:** ①
❂ **해설:** 동거하는 친족관계에 있었던 자는 가정폭력 범주에 속하지 않는다.

37. 다음 중 「가정폭력범죄의 처벌 등에 관한 특례법」상 가정폭력범죄가 아닌 것은?   07 순경

㉠ 사자의 명예훼손	㉡ 약취유인	㉢ 재물손괴	㉣ 사기
㉤ 협박	㉥ 공갈	㉦ 강요	㉧ 절도
㉨ 주거 · 신체수색	㉩ 강도		

① 3개   ② 4개   ③ 5개   ④ 6개

❖ **정답:** ②(㉡㉣㉧㉩)
❂ **해설:** 약취 · 유인, 사기, 절도, 강도는 가정폭력범죄에 속하지 않는다.

38. 다음 중 「가정폭력범죄의 처벌 등에 관한 특례법」의 제정취지로 맞지 않는 것은?

02.3 101단, 01.1 승진, 01 순경

① 가정폭력범죄를 가정보호사건으로 처리할 수 있는 절차 마련
② 가정폭력범죄에 대한 경찰의 보호처분권한 등 폭력제지수단 강구
③ 피해자 보호를 위한 각종 절차적 권리 마련
④ 민사구제 절차 신설

∷ 정답: ②
▓ 해설: 경찰 보호처분권한의 확대, 가정폭력사범에 대한 엄벌주의 강화는 가정폭력특례법 제정취지
　　　에 속하지 않는다.

39. 다음 중 가정폭력범죄의 신고와 고소에 대한 설명으로 가장 거리가 먼 것은?　　　03 101단

① 누구든지 가정폭력범죄를 알았을 때는 수사기관에 신고할 수 있다.
② 피해자의 법정대리인이 가해자라면 피해자 친족이 고소할 수 있다.
③ 자기 또는 배우자의 직계존속에 대하여도 고소할 수 있다.
④ 검사는 접근금지 등 임시조치를 신청할 수 있다.

∷ 정답: ②
▓ 해설: 검사는 임시조치를 청구할 수 있다.

40. 진행 중인 가정폭력범죄에 대하여 신고를 받은 경찰관이 현장에 임하여 취해야 하는 응급조치로 거리가 먼 것은?

02.1 순경

① 폭력행위의 재발 시 격리 또는 접근금지 등의 임시조치를 취한다.
② 긴급치료가 필요한 피해자를 의료기관에 인도한다.
③ 피해자를 가정폭력관련상담소 또는 보호시설로 인도한다.
④ 가해자를 제지하고 현장수사를 개시한다.

∷ 정답: ①
▓ 해설: 사법경찰은 임시조치를 취할 수 없으며, 다만, **검사에게 신청할 수 있을 뿐**이다.

41. 진행 중인 가정폭력범죄에 대하여 맞는 것은?　　　01.1 승진, 01 순경

① 폭력행위의 재발 시 격리 또는 접근금지 등의 임시조치를 한다.
② 피해자의 동의가 있는 경우에 한하여 긴급조치가 필요할 때 피해자를 의료기관에 인도한다.
③ 자기 또는 배우자의 직계존속에 대하여도 고소할 수 있다.
④ 아동보호기관장 또는 의료기관장은 언제나 신고할 의무가 있다.

∷ 정답: ③
▓ 해설:
① 사법경찰은 임시조치에 대해서는 **검사에게 신청할 수 있을 뿐**이다.
② 피해자를 의료기관에 인도할 때는 **피해자의 동의가 필요 없다.**
④ 아동보호기관장 또는 의료기관장은 **직무를 수행하면서 가정폭력범죄를 알게 된 경우에는 정당한 사유가
　　없는 한 이를 즉시 수사기관에 신고**하여야 한다.

42. 진행 중인 가정폭력범죄에 대하여 신고를 받은 경찰관이 현장에 임하여 취해야 하는 응급조치가 아닌 것은?
02 순경, 00, 99.1 승진

① 폭행행위의 제지 및 범죄수사

② 피해자의 가정폭력관련 상담소 또는 보호시설 인도(동의가 있는 경우)

③ 긴급치료가 필요한 피해자의 의료기관 인도

④ 피해자의 주거·직장 등에서 100m 이내 접근금지

┇ 정답: ④

※ 해설: 접근금지는 응급조치가 아니라 **임시조치**에 **해당**된다.

43. 남편인 甲이 2011. 1. 15. 02:00경 집에서 부인인 乙을 주먹으로 때려 폭행하고 있다는 가정폭력신고를 받고 출동한 경찰관의 조치사항 중 가장 옳은 것은?
11.1 승진

① 폭력행위자의 제지가 있을 경우, 피해자의 고소장이 없다면 일단 고소장을 받고 집으로 들어가야 하며 강제로 방으로 들어가서는 안 된다.

② 피해자의 동의가 있으면 피해자를 가정폭력관련상담소 또는 보호시설에 인도한다.

③ 다른 임시조치를 위반하지 않더라도 가정폭력범죄가 재발될 우려가 있다고 인정되면 경찰관이 직접 '경찰관서 유치장 유치'의 임시조치를 한다.

④ 폭력행위의 재발시 경찰관이 직접 '접근금지'의 임시조치를 한다.

┇ 정답: ②

※ 해설:

① 피해자의 고소장이 없어도 방으로 들어가 폭력행위자의 폭력을 **제지**할 수 있다.

③ 사법경찰관은 격리, 접근금지를 위반하였을 때 유치를 신청할 수 있으며, **임시조치는 법원에서 결정**하게 된다.

④ **법원에서 접근금지 등 임시조치**를 한다.

44. 다음 중 가정폭력범죄의 초동조치요령으로 맞는 것은?
02 101단, 01.1 승진, 03.2 경간부

① 고소장을 작성하여 정식절차를 밟으라며 현장에서 철수하였다.

② 가정문제이므로 적극적으로 개입하지 않았다.

③ 피해자의 동의 없이 보호시설에 인도하였다.

④ 긴급치료를 위해 피해자의 동의 없이 의료기관에 인도하였다.

┇ 정답: ④

※ 해설:

② **가정문제이나 법률에 의해 적극적 개입이 필요**하고, 현장철수 시에는 상황을 잘 파악 위험요소는 제거하여야 한다.

③ **의료기관 인도 시 동의를 받지 않으나 보호시설은 동의를 받고 인도**하여야 한다.

45. 가정폭력범죄에 대한 법원의 임시조치 내용으로 가장 거리가 먼 것은?　　03.1 승진

① 가해자에게 집에서 퇴거할 것을 명하였다.
② 가해자에게 피해자의 시야에 나타나지 말 것을 명하였다.
③ 가해자에게 피해자의 직장 100m 이내 접근금지를 명하였다.
④ 가해자에게 피해자가 주로 생활하는 방실로부터의 퇴거를 명하였다.

✂ 정답: ②
※ 해설: 임시조치 내용은 **격리, 접근금지, 유치, 위탁**뿐이다.

46. 다음 중 「가정폭력범죄의 처벌 등에 관한 특례법」에 대한 것 중 틀린 것은?　　04 순경

① 피해자라 함은 가정폭력범죄로 인하여 직접적으로 피해를 입은 자를 말한다.
② 아동복지법에 따른 아동상담소에 근무하는 상담원과 그 장은 피해자 등과의 상담을 통해 가정폭력범죄를 알게 된 경우에는 즉시 신고를 하여야 한다.
③ ②의 신고의무를 위반한 경우에는 1년 이하의 징역이나 2년 이하의 자격정지 또는 1천만 원 이하의 벌금에 처한다.
④ 모욕죄, 공갈죄, 강요죄는 가정폭력범죄에 해당된다.

✂ 정답: ③
※ 해설: 「아동복지법」에 따른 아동상담소, 「가정폭력 방지 및 피해자보호 등에 관한 법률」에 따른 가정폭력관리상담소 및 보호시설, 「성폭력범죄의 처벌 등에 관한 특례법」에 따른 성폭력피해상담소 및 보호시설에 근무하는 상담원과 그 장 등은 직무를 수행하면서 가정폭력범죄를 알게 된 경우에는 정당한 사유가 없는 한 이를 즉시 수사기관에 신고하여야 한다. 그러나 **신고하지 않더라도 처벌할 수 있는 법적 근거가 없다.**

47. 다음 중 「가정폭력범죄의 처벌 등에 관한 특례법」상 가정폭력에 대한 설명 중 옳지 않은 것은?
11.2 순경

> ㉠ 가정폭력범죄에는 형법상 상해, 폭행, 유기, 아동혹사, 명예훼손, 약취·유인 등의 범죄가 포함된다.
> ㉡ 누구든지 가정폭력범죄를 알게 된 때에는 이를 수사기관에 신고할 수 있다.
> ㉢ 피해자는 형사소송법 제224조(고소의 제한)의 규정에 불구하고 행위자가 자기 또는 배우자의 직계존속인 경우에도 고소할 수 있다.
> ㉣ 가정구성원이라 함은 배우자(사실상 혼인관계에 있는 자를 포함) 또는 배우자관계에 있었던 자, 자기 또는 는 배우자와 직계존비속 관계(사실상의 양친자 관계를 포함)에 있거나 있었던 자, 계부모와 자의 관계 또는 적모와 서자의 관계에 있거나 있었던 자, 동거하는 친족관계에 있거나 있었던 자를 말한다.

① 1개　　　　② 2개　　　　③ 3개　　　　④ 4개

✂ 정답: ②
※ 해설:
㉠ 가정폭력범죄에는 **형법상 약취·유인은 포함되지 않는다.**
㉣ **동거하는 친족관계에 있는 자이며, 있었던 자는 포함되지 않는다.**

48. 가정폭력범죄 수사에 대한 설명 중 가장 옳은 것은?   11.1 승진

① 가정구성원 사이의 신체적 · 정신적 또는 재산상 피해를 수반하는 행위로, 가정구성원의 범위에 동거하는 친족 관계에 있었던 자도 포함된다.

②「가정폭력범죄의 처벌 등에 관한 특례법」상 가정폭력범죄에는 형법상 상해, 폭행, 학대, 강요, 재물손괴, 절도, 사기, 협박 등이 포함된다.

③ 진행 중인 가정폭력범죄에 대하여 신고를 받은 경찰관은 즉시 현장에 임장하여 폭력행위의 제지, 행위자 · 피해자 분리 및 범죄수사하고, 폭력행위 재발 시 격리 또는 접근금지 등의 임시조치를 한다.

④ 가정폭력을 수사함에 있어서는 범죄의 원인 및 동기, 행위자의 성격 · 행상 · 경력, 교육정도, 가정상황 기타 환경 등을 상세히 조사하여 환경조사서를 작성하여야 한다.

❖ **정답:** ④
❖ **해설:**
① 가정구성원의 범위에 동거하는 **친족 관계에 있었던 자도 포함되지 않는다.**
② **절도, 사기는 가정폭력범죄 유형에 속하지 않는다.**
③ 진행 중인 가정폭력범죄에 대하여 **신고를 받은 경찰관은 폭력행위 재발시 격리 또는 접근금지 등의 임시 조치를 신청할 수 있음을 통보**할 수 있다.

49. 다음 중 환경조사서에 기재되어야 할 사항이 아닌 것은?   04, 07 순경, 06.1 승진
① 범죄의 원인과 동기   ② 행위자의 성격
③ 교육정도   ④ 피해자와의 관계

❖ **정답:** ④
❖ **해설:** 피해자와의 관계는 **응급조치보고서에 기재하는 내용**이다.

50. 가정폭력범죄 수사 시 응급조치보고서에 기재되는 내용이 아닌 것은?   97.1, 99.1, 04.1 승진
① 행위자의 성명   ② 범죄사실 요지
③ 가정상황   ④ 행위자의 성격

❖ **정답:** ④
❖ **해설:** 행위자의 성격은 **환경조사서에 기재하는 내용**이다.

51. 가정폭력범 수사 시 응급조치보고서에 기재되는 내용이 아닌 것은?   10.1 승진
① 행위자의 성명   ② 행위자의 성격 · 행상 · 경력
③ 범죄사실의 요지   ④ 피해자와의 관계

❖ **정답:** ②
❖ **해설:** 행위자의 성격 · 행상 · 경력은 **환경조사서에 기재하는 내용**이다.

52. 다음 중 「유실물법」상 유실물의 적용을 받지 않는 물건은?   08.1 승진

① 유실물   ② 준유실물
③ 표류물   ④ 점유이탈물

: 정답: ③
▓ 해설: ▶ 유형별 적용법규

유실물법	① 유실물 ② 습득물 ③ 매장물 ④ 준유실물
수난구호법	① 표류물 ② 침몰물

53. 다음 중 틀린 것은?   05.2 경간부

① 유실물을 습득한 자가 습득물의 소유권을 취득하기 위해서는 습득일로부터 7일 이내에 경찰관서에 신고
   하여야 한다.
② 경찰서에서 습득물을 수리한 경우 제출받은 습득물의 반환을 받을 자의 성명이나 주거를 알 수 없을 때
   에는 제출받은 날로부터 14일 동안 경찰서 게시판에 공고하여야 한다.
③ 유실물을 습득하였을 때 7일 이내에 경찰서에 신고하여야 보상을 받을 수 있다.
④ 유실물 습득자의 보상금 청구기한은 물건을 반환한 후 6개월 내이다.

: 정답: ④
▓ 해설: 비용, 보상금의 청구기한은 보상금은 물건을 반환한 후 1개월이 지나면 이를 청구할 수 없다.

54. 다음 중 「유실물법」 상 습득물의 소유권취득과 관련하여 타당하지 않은 것은?   04.1 승진

① 습득일로부터 7일 이내에 경찰관서에 제출하지 아니한 자는 습득물의 소유권을 취득할 권리를 상실한다.
② 습득물을 공고하였음에도 1년 내에 소유자가 권리를 주장하지 아니하면 습득자가 그 물건의 소유권을 취
   득한다.
③ 1년간의 공고기간의 경과로 소유권을 취득한 습득자가 1년 이내에 물건을 경찰관서로부터 수취하지 아니
   하면 소유권을 상실한다.
④ 경찰서가 보관한 물건으로서 교부를 받은 자가 없을 때에는 그 소유권은 국고에 귀속한다.

: 정답: ③
▓ 해설: ▶ 불수취로 인한 소유권상실

> 물건의 소유권을 취득한 자가 그 **취득한 날로부터 6개월 이내에 물건을 경찰서 또는 자치 경찰단으로부**
> **터 수취하지 아니할 때에는 그 소유권을 상실**한다.

55. 습득물 처리에 대한 설명으로 틀린 것은?   10.1 승진

① 유실물을 습득한 자는 급속히 유실자 또는 소유자 기타 물건회복 청구권자에게 반환하여야 한다.
② 경찰서장은 습득물이 현금일 경우 경리 담당자로 하여금 금고에 보관하도록 하여야 한다.
③ 물건을 반환받을 자가 권리를 포기한 경우 습득자가 소유권을 취득한다.
④ 법률에 의하여 소유 또는 소지가 금지된 물건은 반환을 요하지 않는다.

: 정답: ②
▓ 해설: 경찰서장 또는 제주특별자치도지사는 제출받은 유실물을 경리사무담당책임자로 하여금 보관
   하게 하여야 한다. 습득한 현금 또는 물건을 매각한 대금은 금융기관에 예탁하여야 한다.

제2장

수사경찰 활동

제1절　수사의 기초이론

1. 다음 〈보기〉 중 수사에 해당하는 것은 몇 개인가?　　　　04 순경

㉠ 피고인신문	㉡ 임의제출물의 압수	㉢ 증인신문
㉣ 불심검문	㉤ 내사	㉥ 양형 또는 소송조건의 존부에 관한 조사

① 4개　　　　② 3개　　　　③ 2개　　　　④ 1개

정답: ③(㉡㉥)
해설: ▶ 수사개념

수사(○)	수사(×)
범죄진압	범죄예방(순찰, **불심검문** 등)
수사기관에 의해 실행	① 사인의 현행범 체포 ② 사설탐정의 조사행위 ③ 행정기관의 조사행위(인구, 세무조사 등) ④ 법원 강제처분(소환, 제출명령, 피고인구속)
범죄혐의	① **내사** ② 변사체검시
① 형사절차의 일환 ② 공소제기 및 유지를 위한 활동(피고인조사, 　참고인조사, **임의제출물 압수** 등)	검사가 소송당사자로서 **피고인 신문, 증인신문**
① 고소, 고발사건 ② 불기소처분에 의해 종결된 경우 ③ **양형 · 소송조건의 존부에 관한 조사**	① 민사사건 ② 순수한 공소제기 및 재판

2. 다음 중 경찰의 독자적 수사권 현실화를 긍정하는 견해가 지적하는 현재 수사체제의 문제점이 아닌 것은?
　　　　01 순경

① 국민의 편익저해
② 현실과 법규범의 괴리
③ 행정조직의 원리에 위배
④ 권한과 책임의 일치

정답: ④
해설: ▶ 독자적 수사권에 관한 논의

찬성론		반대론
① 국민의 편익저해	② 현실과 법규범의 괴리	① 공소권의 주체가 수사의 주체
③ 행정조직원리에의 위배	④ **권한과 책임의 불일치**	② 경찰은 수사의 합목적성만 강조
⑤ 경찰업무의 과중화	⑥ 수사요원의 사기저하	③ 법집행의 왜곡과 인권보장
⑦ 권력의 집중현상		④ 경찰에의 권력집중
		⑤ 검사의 지휘가 수사력을 강화

3. 다음 중 "범죄현장은 범죄흔적의 보고이다."라는 말과 관련이 깊은 것은?　　　00.1 승진
① 수사긴급착수의 원칙　　　　　　　　② 수사자료보존의 원칙
③ 임의수사의 원칙　　　　　　　　　　④ 현장보존의 원칙

❖ **정답:** ④
❈ **해설:** ▶범죄수사의 3대 원칙(3S원칙)

신속착수의 원칙(Speedy Initiation)	증거가 인멸되기 전에 수사종결
현장보존의 원칙(Scene Preservation)	범죄현장은 증거의 보고 – 철저한 보존 · 관찰
공중협력의 원칙(Support by the Public)	사회는 증거의 바다 – 목격자 등

4. 다음 중 범죄수사상의 준수원칙이 아닌 것은?　　　09.1 승진
① 형사소송법상의 실체적 진실발견주의와 개인의 기본권보장이 조화를 이루기 위해서 범인의 체포는 명백한 증거가 있는 후에 이루어져야 한다.
② 수사를 함에 있어서 형사소송법, 범죄수사규칙 등의 관계법령과 규칙을 준수하여 개인의 자유와 권리를 부당하게 침해하는 일이 없도록 주의하여야 한다.
③ 범죄수사는 형사사건에 한하여 행하여야 하며, 순수한 민사사건에 관하여 수사권이 발동되어서는 안 된다.
④ 여러 가지 추리 중에 과연 어떤 추리가 정당한 것인가를 가리기 위해서는 그들 추리 하나하나를 모든 각도에서 검토해야 한다.

❖ **정답:** ④
❈ **해설:** 수사실행의 원칙 중 4단계인 **검증적 수사의 원칙**에 대한 설명이다.

5. 수사의 여러 원칙에 대한 설명 중 가장 적절하지 않은 것은?　　　11 순경
① 수사실행 5대 원칙의 진행순서는 일반적으로 수사자료 완전수집의 원칙 → 수사자료 감식 · 검토의 원칙 → 적절한 추리의 원칙 → 검증적 수사의 원칙 → 사실판단 증명의 원칙 순이다.
② 수사실행 5대 원칙 중 사실판단 증명은 수사사항의 결정 → 수사방법의 결정 → 수사실행 순으로 검토한다.
③ 수사기관이 압수물을 환부함에 있어서는 제출인에게 환부함을 원칙으로 한다.
④ 강제수사법정주의, 자기부죄강요금지의 원칙, 영장주의의 원칙은 헌법상의 원칙이다.

❖ **정답:** ②
❈ **해설:** ▶ **수사실행의 5대 원칙**

수사자료 완전 수집의 원칙(제1단계)	수사의 제1법칙은 기초수사를 철저히 함으로써 **대소의 자료를 완전히 수집**하는 것이다.
수사자료 감식 · 검토의 원칙 (제2단계)	수사관의 상식적인 검토나 경험적인 판단에 그치지 말고 **과학적 지식 또는 시설**을 유용하게 이용해야 한다는 것이다.
적절한 추리의 원칙 (제3단계)	수집과 검토 후에 이것을 기초로 **사건에 대해 추측과 판단**을 할 필요가 있다. 추측의 대상은 범인과 범죄사실에 대하여 행해진다.

		여러 가지 추측 중에서 과연 어떤 추측이 정당한가를 가리기 위해서는 **추측 하나하나를 모든 각도에서 검토**해야 한다는 것이다.
검증적 수사의 원칙 (제4단계)	수사**사항**의 결정	① 무엇을 확인할 것인가? ② 추측이 정당하다고 하기 위해서 확인해야 할 사항
	수사**방법**의 결정	① 어떤 수단과 방법으로 실행할 것인가? ② 사건의 성질이나 양상에 따라 다를 수밖에 없으므로 알맞은 방법을 선택
	수사의 **실**행	① 수사방침이 수립되면 수사가 실행된다. ② 추측을 확인하는 작업인 동시에 또 다른 면으로 볼 때에는 새로운 자료수집이라고 할 수 있다. ③ 수사실행에 의한 자료수집은 수사순서를 반복하는 기초가 된다.
사실판단 증명의 원칙 (제5단계)		**수사관의 주관적인 판단에 그칠 것이 아니라 다른 누구에 대해서도 그 판단이 진실이라는 것을 객관적으로 증명**하지 않으면 안 된다.

6. 범죄수사의 제 원칙에 대한 설명으로 틀린 것은 모두 몇 개인가?   09 순경

> ㉠ 범죄수사의 3대 원칙은 신속착수의 원칙, 현장보존의 원칙, 공중협력의 원칙이다.
> ㉡ 수사의 방법은 강제수사를 원칙으로 하고, 예외적인 경우 임의수사를 한다.
> ㉢ 수사비공개의 원칙은 수사의 개시와 실행은 공개하지 아니한다는 원칙을 말하는데 이는 공판절차가 비공개주의를 채택하는 것과 일치한다.
> ㉣ 여러 가지 추측 중에서 과연 어떤 추측이 정당한 것인가를 가리기 위해서는 그들 추측 하나하나를 모든 각도에서 검토해야 한다는 원칙은 검증적 수사의 원칙을 말한다.

① 1개   ② 2개   ③ 3개   ④ 4개

⁂ 정답: ②(㉡㉢)
※ 해설:
㉡ 수사는 임의수사가 원칙이며, **예외적인 경우에 강제수사를 한다.**
㉢ 수사는 비공개를 원칙(증거인멸방지, 관계자의 비밀이나 인권보호 등)으로 하며, **공판절차에서 원칙적으로 공개주의**를 취하는 것과는 다르다.

제2절　수사의 과정

1. 다음 중 수사의 전개과정에 관한 설명이 옳은 것은?　　　　　　　　　04 순경

> ㉠ 수사기관이 사건을 인지하여 수사를 개시함을 입건이라 한다.
> ㉡ 실무상으로 입건이란 범죄인지보고서를 작성하는 단계이다.
> ㉢ 고소사건을 접수 시 범죄인지보고서를 작성하여야 한다.
> ㉣ 현행범으로 인지하여 수사에 착수 시 범죄인지보고서를 작성한다.

① 1개　　　　　② 2개　　　　　③ 3개　　　　　④ 4개

❖ **정답:** ②(㉡㉢)

❂ **해설:**

㉡ 실무상 입건이란 **범죄사건부에 사건번호를 입력하는 단계**를 말한다

㉢ 고소 · 고발 사건은 **범죄인지보고서를 작성하지 않는다.**

2. 다음 중 〈보기〉의 범죄수사의 순서가 맞는 것은?　　　　　　　　　96.1 승진

> ㉠ 수사의 착수　　　　㉡ 수사의 개시　　　　㉢ 수사의 단서
> ㉣ 현장의 관찰　　　　㉤ 수사방침의 수립

① ㉠ － ㉣ － ㉤ － ㉢ － ㉡　　　　　　② ㉠ － ㉢ － ㉣ － ㉡ － ㉤
③ ㉢ － ㉠ － ㉡ － ㉣ － ㉤　　　　　　④ ㉢ － ㉤ － ㉠ － ㉣ － ㉡

❖ **정답:** ③

❂ **해설:** ▶ **수사의 과정**

수사단서 → 내사 → 수사착수(인지) → 수사개시(입건) → (현장관찰 → 기초수사 → 수사방침수립) →
수사실행 → 사건송치 → (송치 후 수사) → 수사종결

3. 다음 내사에 대한 설명 중 가장 잘못된 것은?　　　　　　　　　05.1 승진
① 첩보내사는 해당 범죄첩보의 사본을 첨부, 수사부서의 장에게 서면 보고한 뒤 지휘를 받아 내사에 착수한다.
② 익명, 허무인 명의의 신고 등 그 내용상 수사단서로서의 가치가 없다고 인정될 때에는 내사하지 아니할 수 있다.
③ 토지 또는 사물관할이 없는 경우 내사착수 전에 관할 관서로 이첩하여야 한다.
④ 압수 · 수색 · 검증 등 대물적 강제수사가 필요한 경우 내사단계에서는 불가능하므로 입건 후 실시한다.

❖ **정답:** ④

※ 해설: ▶ 내사단계의 활동범위

① 기초적 주변수사
② 신원관련 조회, 주거지 이동상황, 부동산 보유상황, 출입국상황 등의 사실조회
③ 감시 · 미행 · 사진촬영 등
④ 관계인 등 참고인 조사, 전문가에 대한 감정의뢰
⑤ 피내사자에 대한 임의조사 형식의 참고인 조사(진술거부권, 변호인선임권 인정)
⑥ 출입국금지 요청
⑦ 내사와 관련이 있는 물건의 압수(수사절차론, 사법연수원 교재)
  단, **체포 · 구속 등의 대인적 강제처분은 형사입건을 하기 전에 내사단계에서는 허용되지 않는다.**

4. 다음 내용은 수사를 끝낸 후 송치할 사건이다. 빈칸에 들어갈 말이 나머지 셋과 다른 하나는?

04 순경, 02 101단

① 이 죄의 공소시효는 3년인바, 2004. 7. 16. 공소시효 완성되어 (   ).
② 절도죄를 범한 피의자에 대한 호적등본의 기재내용에 의하면 피해자 김길동을 피의자의 부로서 직계혈족
   의 친족관계에 있으므로 (   ).
③ 피의자 자백 외에 이를 보강할 만한 아무런 증거가 없으므로 (   ).
④ 춘천지방법원 속초지원 등기공무원 발행의 등기부등본 기재내용에 의하면 피의자인 법인이 2004. 7. 31.
   해산되었으므로 (   ).

▌ 정답: ③
※ 해설: ① 공소권 없음   ② 공소권 없음   ③ 혐의 없음   ④ 공소권 없음

제3절 | 관련법

1. 통신수사에 대한 설명 중 가장 옳은 것은?   11.1 승진

① 존속협박, 경매입찰방해, 미성년자간음, 공무집행방해, 폭력행위 등 처벌에 관한 법률위반(공동협박)은 모두 통신제한조치 대상범죄이다.

② 통신사실 확인자료 제공요청은 대상범죄에 제한이 없다.

③ 통신제한조치로 취득한 자료는 범죄로 인한 징계절차나 통신의 당사자가 제기하는 손해배상소송에서는 사용할 수 없다.

④ 사법경찰관은 통신제한조치를 집행한 사건에 관하여 검사로부터 공소를 제기하거나 제기하지 아니하는 처분(기소중지 결정을 포함)의 통보를 받거나 내사사건에 관하여 입건하지 아니하는 처분을 한 때에는 그날부터 30일 이내에 대상자에게 서면으로 통지하여야 한다.

❚ **정답:** ②

❈ **해설·**

① 존속협박, 미성년자 등에 대한 간음, 공무집행방해는 **대상범죄에 속하지 않는다.**

③ 통신제한조치로 취득한 자료는 범죄로 인한 징계절차나 통신의 당사자가 제기하는 **손해배상소송에서는 사용할 수 있다.**

④ **기소중지 결정을 제외**한다.

2.「통신비밀보호법」상 범죄수사를 위한 통신제한조치에 대한 설명으로 옳은 것은?   10 순경

> ㉠ 검사는 법원에 대하여 각 사건별로 통신제한조치를 허가하여 줄 것을 청구할 수 있다.
> ㉡ 통신제한조치 청구사건의 관할법원은 그 통신제한조치를 받을 통신당사자의 쌍방 또는 일방의 주소지 · 소재지, 범죄지 또는 통신당사자와 공범관계에 있는 자의 주소지 · 소재지를 관할하는 지방법원 또는 지원(보통군사법원을 포함한다)으로 한다.
> ㉢ 통신제한조치의 기간은 4월을 초과하지 못하고, 그 기간 중 통신제한조치의 목적이 달성되었을 경우에는 즉시 종료하여야 한다. 다만 소명자료를 첨부하여 4월의 범위 안에서 통신제한조치기간의 연장을 청구할 수 있다.
> ㉣ 존속협박죄(형법 제283조 제2항)는 통신제한조치 대상범죄이다.

① 1개   ② 2개   ③ 3개   ④ 4개

❚ **정답:** ①(㉡)

❈ **해설:**

㉠ 검사(검찰관을 포함)는 법원(군사법원을 포함)에 대하여 **각 피의자별 또는 각 피내사자별로** 통신제한조치를 허가하여 줄 것을 청구할 수 있다(통신비밀보호법 제6조 제1항).

㉢ 통신제한조치의 기간은 **2월을 초과하지 못하고**, 그 기간 중 통신제한조치의 목적이 달성되었을 경우에는 즉시 종료하여야 한다. 다만, 소명자료를 첨부하여 **2월의 범위 안에서 통신제한조치기간의 연장을 청구**할 수 있다(통신비밀보호법 제6조 제7항).

㉣ 존속협박죄(형법 제283조 제2항)는 **통신제한조치 대상범죄에 속하지 않는다**(통신비밀보호법 제5조 제1항).

3. 「범죄신고자 등 보호 및 보상에 관한 규칙」상 직권 또는 신청에 의한 범죄신고자에 대한 신변안전조치에
해당하는 것은?   10 순경

> ㉠ 일정기간 동안의 특정시설에서의 보호
> ㉡ 일정기간 동안의 신변경호
> ㉢ 참고인 또는 증인으로 출석·귀가 시 동행
> ㉣ 범죄신고자 등의 주거에 대한 주기적 순찰
> ㉤ 기타 신변안전에 필요하다고 인정되는 조치

① 2개   ② 3개   ③ 4개   ④ 5개

❖ 정답: ④
❈ 해설: 모두 신변안전조치에 해당하는 내용이다.

제4절 특별사범의 수사

1. 다음 컴퓨터 범죄 중 컴퓨터 부정조작사건의 유형이 아닌 것은?   08 순경
① 정당하게 처리, 산출된 산출물의 내용을 변경시키는 방법
② console을 부당하게 조작하여 프로그램의 지시나 처리될 기억 정보를 변경시키는 방법
③ 프로그램이나 자료를 권한 없이 획득·사용하는 방법
④ 변경된 자료나 허구의 자료 등을 컴퓨터에 입력시켜 잘못된 산출을 초래케 하는 방법

⁞ 정답: ③
※ **해설:** 프로그램이나 자료를 권한 없이 획득·사용하는 방법은 **컴퓨터스파이 행위**에 속한다.

2. 다음 지문 중 옳은 것은?   08 순경

기존의 프로그램을 변경하거나 기존의 프로그램과 전혀 다른 새로운 프로그램을 작성, 투입하는 방법

① 투입조작
② 산출물 조작
③ console 조작
④ 프로그램 조작

⁞ 정답: ④
※ **해설: ▶ 컴퓨터의 부정조작**

투입조작	**일부은닉·변경된 자료를 컴퓨터에 입력**하여 잘못된 산출을 초래케 하는 방법
프로그램 조작	**기존 프로그램을 변경**하거나 전혀 다른 새로운 프로그램을 작성·투입하는 방법
Console 조작	Console을 부당하게 조작해 프로그램을 처리될 **기억정보를 변경**시키는 방법
산출물 조작	정당하게 처리, **산출 내용을 변경**시키는 방법

3. FBI 컴퓨터범죄 수법분류 중 다음 설명에 해당하는 것은?   10 순경

프로그램 개발과정에서 프로그램 검증을 위해 프로그램을 수정할 수 있는 명령을 끼워 넣게 되는데 이것을 삭제하지 않고 범행에 이용하는 방법

① 트로이 목마
② 트랩 도아
③ 수퍼 재핑
④ 부정명령 은닉

⁞ 정답: ②

※ 해설: ▶ FBI 컴퓨터범죄 수법분류

트로이목마	프로그램 목적을 실행하면서 일부에서 부정한 결과가 나오도록 프로그램 속에 범죄자만 아는 명령문을 삽입시켜 사용하는 방법
트랩 도아	**프로그램 개발과정에서 프로그램 검증을 위해 프로그램을 수정할 수 있는 명령이 있는 것을 삭제하지 않고 범행에 이용하는 방법**
수퍼 재핑	컴퓨터가 작동 정지되어 복구나 제작동절차에 의하여 해결할 수 없을 때 사용하는 Master Key와 같은 프로그램을 이용하여 범행하는 것으로 주로 프로그래머나 오퍼레이터에 의하여 사용
부정명령은닉	프로그램에 어떤 조건을 삽입해 충족될 때마다 자동적으로 부정행위가 이루어지도록 하는 방법

4. 우리나라 경찰에서는 사이버범죄를 크게 사이버테러형 범죄와 일반적인 사이버범죄로 구분하고 있다. 다음 중 사이버테러형 범죄로 구성된 항목들로 짝지어진 것은?   예상문제

① 해킹, 사이버도박, 전자상거래사기, 인터넷다단계사기
② 해킹, 컴퓨터사기, 컴퓨터절도, 컴퓨터손괴
③ 해킹, 바이러스 유포, 메일폭탄, DoS 공격
④ 해킹, 사이버성폭력, 사이버청소년매매춘, 사이버스토킹

▪ 정답: ③
※ 해설: ▶ 사이버범죄의 유형

테러형 사이버 범죄	해킹	시스템의 관리자가 구축해 놓은 보안망을 어떤 목적에서건 무력화시켰을 경우 이에 따른 모든 행동을 해킹이라고 하지만 일반적으로 시스템 관리자의 권한을 불법적으로 획득하여 악용하는 경우를 말한다. ㉐ 시스템·프로그램·서비스의 버그를 이용한 공격, 스푸핑 공격, 패스워드 크랙 등
	Dos공격	대상 컴퓨터에 큰 부하를 발생시켜 서비스를 하지 못하게 공격하는 것을 말한다. ㉐ 버퍼 오버플로우 버그 이용 등
	바이러스 제작 및 유포	컴퓨터에서 실행되는 프로그램의 일종으로 자기복제 기능을 가지고 컴퓨터에 저장된 자료의 파괴나 나아가 시스템 자체에 악영향을 미치는 프로그램을 말한다. ㉐ 부트바이러스, 파일바이러스, 부트/파일 바이러스 등
	메일폭탄	메일시스템이 감당하기 어려울 정도의 자료를 단시간 내에 특별한 명령을 사용하여 메일을 보냄으로써 시스템에 과부하가 걸려 다운되도록 하는 것
일반적인 사이버 범죄	일반적 사이버범죄란 도박, 스토킹, 성폭력, 협박, 사기, 개인정보의 유혹, 인터넷포르노사이트 운영, 소프트웨어적 저작권 침해, 원조교제나 미성년자에게 음란물 사이트 열람 행위 등의 범죄를 사이버공간을 이용하여 저지르는 범죄	

5. 컴퓨터 바이러스의 발전단계를 1세대부터 순서대로 나열한 것은?   10 순경

㉠ 원시형 바이러스	㉡ 암호형 바이러스	㉢ 은폐형 바이러스
㉣ 갑옷형 바이러스	㉤ 매크로 바이러스	

① ㉠→㉡→㉢→㉣→㉤   ② ㉠→㉣→㉡→㉢→㉤
③ ㉠→㉣→㉢→㉡→㉤   ④ ㉠→㉡→㉣→㉢→㉤

❖ 정답: ①
❋ 해설: ▶ 컴퓨터바이러스 발전단계

1세대	원시형 바이러스 (primitive virus)	실력이 그다지 뛰어나지 않은 아마추어 프로그래머들이 만든 것 ㉖ 대표적인 바이러스는 돌 바이러스, 예루살렘 바이러스 등
2세대	암호화 바이러스 (encryption virus)	어느 정도 실력을 갖춘 프로그래머들이 만들었으며, 백신 프로그램이 진단할 수 없게 하기 위해서 바이러스 프로그램의 일부 또는 대부분을 암호화시켜 저장 ㉖ 대표적인 바이러스는 폭포바이러스, 느림보 바이러스 등
3세대	은폐형 바이러스 (Stealth virus)	자신을 은폐하고 사용자나 백신 프로그램에 거짓 정보를 제공하기 위해서 다양한 기법을 사용 ㉖ 대표적인 바이러스는 브레인 바이러스, 조쉬 바이러스, 512 바이러스, 4096 바이러스 등
4세대	갑옷형 바이러스 (armour virus)	최상급의 실력을 가진 전문 프로그래머가 개인 혹은 단체로 만들어 낸 것 대표적인 바이러스는 고래 바이러스 등
5세대	매크로 바이러스 (Macro Virus)	전 세계적으로 급속히 확산되고 있는 새로운 형태의 바이러스로 마이크로 소프트사의 오피스 프로그램에 있는 매크로 기능을 이용한 매크로 바이러스가 전 세계적으로 계속 발견

6. 신용카드의 기능 중 나머지 셋과 다른 것은?   05.1 승진
① 상품 및 용역 등을 신용으로 외상구매할 수 있는 기능
② 일정 한도의 자금을 현금서비스 등의 방법으로 차입할 수 있는 기능
③ 현금이나 수표를 대신할 수 있는 지불수단 기능
④ 소지자의 신용상태 정도를 파악할 수 있는 기능

❖ 정답: ④
❋ 해설: ▶ 신용카드의 기능

경제적 기능	소비자 신용기능	상품 및 용역 등을 신용으로 외상구매할 수 있는 기능
	지불수단 기능	현금이나 수표를 대신할 수 있는 지불수단 기능
	자금융통기능	일정 한도의 자금을 현금서비스 등의 방법으로 차입할 수 있는 기능
사회적 기능	**신분증명기능**	**소지자의 신분확인과 신용상태 정도를 파악할 수 있는 기능**
	소비생활의 변화기능	소비효용을 극대화시키는 동시에 소비자의 채무를 증대시키는 기능

7. 현재 「여신전문금융업법」에서 규정하고 있는 신용카드 가맹점의 준수사항 중 결제대행업체에게 적용되지 않는 규정은 몇 개인가?   08 순경

> ㉠ 물품의 판매 또는 용역의 제공이 없이 신용카드에 의한 거래를 한 것으로 가장하는 행위
> ㉡ 실제 매출금액을 초과하여 신용카드에 의한 거래를 하는 행위
> ㉢ 다른 신용카드가맹점의 명의로 신용카드에 의한 거래를 하는 행위
> ㉣ 신용카드가맹점의 명의를 타인에게 대여하는 행위
> ㉤ 신용카드에 의한 거래를 대행하는 행위

① 없음   ② 1개   ③ 2개   ④ 3개

❖ **정답:** ④(㉠㉣㉤)

❈ **해설:** ▶ **결제대행업체에 적용되지 않는 규정**

> ① 물품의 판매 또는 용역의 제공이 없이 신용카드에 의한 거래를 한 것으로 가장하는 행위
> ② 신용카드가맹점의 명의를 타인에게 대여하는 행위
> ③ 신용카드에 의한 거래를 대행하는 행위

8. 다음 「여신전문금융업법」상 가맹점의 준수사항 중에서 수납대행가맹점의 적용되지 않는 내용은?   예상문제

> ㉠ 물품의 판매 또는 용역의 제공 등이 없이 신용카드로 거래한 것처럼 꾸미는 행위
> ㉡ 신용카드로 실제 매출금액 이상의 거래를 하는 행위
> ㉢ 다른 신용카드가맹점의 명의(名義)를 사용하여 신용카드로 거래하는 행위
> ㉣ 신용카드가맹점의 명의를 타인에게 빌려 주는 행위
> ㉤ 신용카드에 의한 거래를 대행하는 행위

① 1개   ② 2개   ③ 3개   ④ 4개

❖ **정답:** ②(㉢㉤)

❈ **해설:** ▶ **수납대행가맹점에 적용되지 않는 규정**

> ① 다른 신용카드가맹점의 명의(名義)를 사용하여 신용카드로 거래하는 행위
> ② 신용카드에 의한 거래를 대행하는 행위

9. 「여신전문금융업법」상 미수범인 경우에도 처벌을 할 수 있는 자는?   10 순경
① 가맹점수수료를 신용카드회원이 부담하게 한 자
② 신용카드를 양도·양수한 자
③ 신용카드를 위조하거나 변조한 자
④ 신용카드가맹점의 명의를 타인에게 빌려 준 자

❖ **정답:** ③

※ 해설: ▶ 여신전문금융업법상 미수범 처벌하는 경우(제70조)

① 신용카드 등을 위조 또는 변조한 자
② 위조 또는 변조된 신용카드 등을 판매하거나 사용한 자

10. 상표법상 상표권에 대한 설명으로 틀린 것은?   10 순경

① "상표"라 함은 상품을 생산 · 가공 · 증명 또는 판매하는 것을 업으로 영위하는 자가 자기의 업무에 관련된 상품을 타인의 상품과 식별되도록 하기 위하여 사용하는 표장을 말한다.
② 상표권의 존속기간은 상표권 설정등록이 있는 날부터 10년으로 한다. 다만 상표권의 존속기간갱신등록출원에 의하여 10년간씩 갱신할 수 있다.
③ 타인의 등록상표와 동일한 상표 또는 유사한 상표를 그 지정상품과 동일 또는 유사한 상품에 사용하는 행위는 상표권 침해행위에 해당한다.
④ 상표법은 권리자의 재산권 보호를 목적으로 하므로 상표권 침해행위는 친고죄에 해당한다.

◈ 정답: ④
※ 해설: 상표법은 **비친고죄에 해당**한다.

11. 산업재산권의 보호기간에 대한 것으로 ㉠과 ㉡의 괄호 안에 들어갈 기간을 합산하면 얼마인가?
11 순경

㉠ 특허권의 존속기간은 제87조 제1항의 규정에 의한 특허권의 설정등록이 있는 날부터 특허출원일 후 (   )년이 되는 날까지로 한다(특허법 제88조 제1항).
㉡ 실용신안권의 존속기간은 제21조 제1항의 규정에 의한 실용신안권의 설정등록을 한 날부터 실용신안 등록출원일 후 (   )년이 되는 날까지로 한다(실용신안법 제22조 제1항).

① 20   ② 25   ③ 30   ④ 35

◈ 정답: ③
※ 해설: ▶ 산업재산권 보호법률

특허법(친고죄)	출원일부터 20년
실용신안법(일부친고죄)	출원일부터 10년
디자인보호법(친고죄)	설정등록일부터 15년
상표법(비친고죄)	설정등록일부터 10년, 갱신등록으로 연장 가능

12. 저작권법상 저작인격권에 속하는 것은?   10 순경

① 복제권   ② 공중송신권
③ 공표권   ④ 대여권

◈ 정답: ③

※ 해설: ▶ 저작권의 구분

1) 저작인격권

공표권	저작자는 그의 저작물을 공표하거나 공표하지 아니할 것을 결정할 권리를 가진다.
동일성유지권	저작자는 그의 저작물의 내용·형식 및 제호의 동일성을 유지할 권리를 가진다.
성명표시권	저작자는 저작물의 원본이나 그 복제물에 또는 저작물의 공표 매체에 그의 실명 또는 이명을 표시할 권리를 가진다.
저작인격권의 일신전속성	저작인격권은 저작자 일신에 전속한다. 저작자의 사망 후에 그의 저작물을 이용하는 자는 저작자가 생존하였더라면 그 저작인격권의 침해가 될 행위를 하여서는 아니 된다.
공동저작물의 저작인격권	공동저작물의 저작인격권은 저작자 전원의 합의에 의하지 아니하고는 이를 행사할 수 없다. 이 경우 각 저작자는 신의에 반하여 합의의 성립을 방해할 수 없다.

2) 저작재산권

복제권	저작자는 그의 저작물을 복제할 권리를 가진다.
공연권	저작자는 그의 저작물을 공연할 권리를 가진다.
공중송신권	저작자는 그의 저작물을 공중송신할 권리를 가진다.
전시권	저작자는 미술저작물 등의 원본이나 그 복제물을 전시할 권리를 가진다.
배포권	저작자는 저작물의 원본이나 그 복제물을 배포할 권리를 가진다.
대여권	저작자는 판매용 음반이나 판매용 프로그램을 영리를 목적으로 대여할 권리를 가진다.
2차적저작물작성권	저작자는 그의 저작물을 원저작물로 하는 2차적 저작물을 작성하여 이용할 권리를 가진다.

제5절   생활경제사범수사

1. 다음은 농산물유통과 관련한 범죄유형을 규제하는 법률과 묶어 놓은 것이다. 그 연결이 바르지 못한 것은?

04.1 승진

① 농산물 매점매석 행위 – 물가안정에 관한 법률
② 농산물 원산지 허위표시 판매행위 – 부정경쟁방지 및 영업비밀보호에 관한 법률
③ 담합으로 인한 비정상적 가격조절행위 – 독점규제 및 공정거래에 관한 법률
④ 무허가 농산물 중개행위 – 농수산물 유통 및 가격안정에 관한 법률

┇ 정답: ②
※ 해설: 농산물 원산지허위표시 판매행위 – **농수산물의 원산지 표시에 관한 법률**

2. 다음 중 피라미드형 판매 범죄의 특성에 대한 설명으로 가장 거리가 먼 것은?   03.1 승진
① 효능에 입증되지 않은 사치품 등을 고가로 판매
② 대부분 철저한 무점포 형태를 취함
③ 다단계판매조직 구성은 아는 사람이나 친인척들로 구성
④ 고소득을 빙자하면서 퇴직실업자, 가정주부 등을 상대로 범행

┇ 정답: ②
※ 해설: ▶ 다단계 판매와 불법피라미드 판매의 비교

	다단계 판매	피라미드 판매
합법성	합법적 판매방식	불법적 판매방식
상품	우수한 품질의 중저가 소비재	품질이 나쁜 고가의 내구재
상품구매	강제구매 없음.	강제구매 유도
가입비	없음.	각종 명목으로 금품징수
수입원	상품판매에 의해서만 수익	판매원 등록 시 수익발생
사업장	**철저한 무점포**	사업장·대리점 형태
조직붕괴 위험성	피해자 거의 없음.	피해자 다수 발생

제6절　환경사범수사

1. 환경범죄로 옳은 것은?　　　　07 순경
① 환경범죄는 인위적 활동성, 침해의 직접성, 침해의 상규성, 침해주체의 명확성 등을 그 특징으로 한다.
② 환경관련법상의 범죄행위는 환경오염물질의 배출행위인 각종 환경오염행위가 중심을 이룬다.
③ 환경정책기본법은 개별 환경법보다 우월한 효력을 가지고 있고, 직접 환경오염을 규정하는 법률이다.
④ 환경관련 법률은 기존의 복수법주의를 탈피하고 단일한 절충주의 입법방식을 채택하고 있다.

❖ **정답:** ②
❈ **해설:**
① 침해주체의 명확성이 아니고 **불명확성**이다.
③ 본법이 **다른 개별적인 환경관련법보다 우월한 효력이 있는 것은 아니며**, 단지 선언적 성격이 강한 법으로
　　서 직접 환경오염을 규제하는 것도 아니다.
④ 환경관련 법률은 기존의 절충주의의 입법방식을 탈피하고 **오염원별 복수법주의를 채택**하고 있다.

2. 우리나라의 현행 환경관련법으로 가장 기본이 되는 법률은?　　　　11.1 승진
① 환경정책기본법
② 자연환경보전법
③ 대기환경보전법
④ 수질 및 수생태계 보전에 관한 법률

❖ **정답:** ①
❈ **해설:** 우리나라의 현행 환경관련법으로 가장 기본이 되는 법률은 **환경정책기본법**이다.

3. 수질오염사범의 단속에 대한 설명으로 타당하지 않은 것은?　　　　01.1 승진
① 공장폐수, 축산폐수, 가두리 양식장 등이 단속대상이다.
② 주된 처벌법규는 수질 및 수생태계보전에 관한 법률이다.
③ 무허가 축산폐수처리는 가축분뇨의 관리 및 이용에 관한 법률을 적용한다.
④ 정상적으로 산출된 슬러지를 소각·매몰하지 않고 하천에 버리는 행위는 수질 및 수생태계보전에 관한 법
　　률의 적용대상이 아니다.

❖ **정답:** ④
❈ **해설: 축산폐수를 공공수역에 버리는 경우에는 수질 및 수생태계보전에 관한 법률을 적용**하고, 무
　　　　허가 축산폐수처리는 가축분뇨의 관리 및 이용에 관한 법률을 적용한다.

4. 다음 중 폐기물관리법의 적용을 받지 않는 것은?　　　　　05 순경

> ㉠ 원자력법에 의한 방사성 물질 및 이에 의하여 오염된 물질
>
> ㉡ 용기에 들어 있지 아니한 기체상태의 물질
>
> ㉢ 수질 및 수생태계 보전에 관한 법률에 의한 수질오염방지시설에 유입되거나 공공수역으로 배출되는 폐수
>
> ㉣ 하수도법에 따른 오수·분뇨 및 가축분뇨의 관리 및 이용에 관한 법률에 따른 가축분뇨
>
> ㉤ 하수도법에 의한 하수

① 2개　　　　　② 3개　　　　　③ 4개　　　　　④ 5개

❖ 정답: ④

▨ 해설: ▶ 폐기물관리법에 적용되지 않는 물질

> ㉠ 「원자력법」에 따른 방사성 물질과 이로 인하여 오염된 물질
>
> ㉡ 용기에 들어 있지 아니한 기체상태의 물질
>
> ㉢ 「수질 및 수생태계 보전에 관한 법률」에 따른 수질 오염 방지시설에 유입되거나 공공 수역(水域)으로 배출되는 폐수
>
> ㉣ 「가축분뇨의 관리 및 이용에 관한 법률」에 따른 가축분뇨
>
> ㉤ 「하수도법」에 따른 하수·분뇨
>
> ㉥ 「가축전염병예방법」 제22조 제2항, 제23조, 제33조 및 제44조가 적용되는 가축의 사체, 오염 물건, 수입 금지 물건 및 검역 불합격품
>
> ㉦ 「수산동물질병 관리법」 제17조 제2항, 제18조, 제25조 제1항 각 호 및 제34조 제1항이 적용되는 수산동물의 사체, 오염된 시설 또는 물건, 수입금지물건 및 검역 불합격품
>
> ㉧ 「군수품관리법」 제13조의2에 따라 폐기되는 탄약

5. 다음 중 대기오염물질에 대한 설명으로 틀린 것은?　　　　　예상문제

① 먼지란 대기 중에 떠다니거나 흩날려 내려오는 입자상 물질이다.

② 악취란 황화수소, 메르캅탄류, 아민류 기타 자극성 있는 기체상 물질이 사람의 후각을 자극하여 불결감과 혐오감을 주는 냄새이다.

③ 특정대기유해물질은 사람의 건강·재산이나 동식물의 생육에 직접 또는 간접으로 위해를 줄 우려가 있는 대기오염물질로 환경부령으로 정한다.

④ 검댕이란 연소 시 발생하는 유리탄소가 응결하여 입자의 지름이 1미크론 이하가 되는 입자상 물질이다.

❖ 정답: ④

▨ 해설: 검댕 – 연소할 때에 생기는 유리탄소가 응결하여 입자의 지름이 **1미크론 이상**이 되는 입자상 물질이다.

6. 환경사범과 관련된 법률상 용어의 정의로 옳은 것은?   08 순경

① 대기환경보전법상 특정대기 유해물질이란 사람의 건강과 재산이나 동·식물의 생육에 직접·간접적으로 위해를 끼칠 우려가 있는 대기오염물질로서 환경부령으로 정한 것을 말한다.

② 소음·진동규제법상 규제대상은 기차, 자동차, 선박, 비행기, 전동차 등이 해당된다.

③ 유해화학물질관리법상 유해성이란 유해한 화학물질에 노출되는 경우 사람의 건강이나 환경에 피해를 줄 수 있는 정도를 말한다.

④ 폐기물관리법상 폐기물처리시설이란 생산공정에서 발생하는 폐기물 양을 줄이고 사업장내 재활용을 통하여 폐기물 배출을 최소화하는 시설로서 대통령령으로 정하는 시설을 말한다.

❧ 정답: ①
❈ **해설:** ② **항공기, 선박은 제외** ③ 유해성 → **위해성** ④ 폐기물처리시설 → **폐기물감량화시설**

7. 다음 중 소음·진동규제법에 의한 용어의 설명으로 타당하지 않은 것은?   예상문제

① 소음이란 기계·가구·시설 기타 물체의 사용으로 인하여 발생하는 강한 소리이다.

② 진동이란 기계·가구·시설 기타 물체의 사용으로 인하여 발생하는 강한 흔들림이다.

③ 소음·진동배출시설이란 소음진동을 발생하는 공장의 기계·기구·시설 기타 물체로서 환경부령으로 정한 것이다.

④ 방음시설이란 소음·진동배출시설로부터 발생하는 소음을 제거하거나 감소시키는 시설이다.

❧ 정답: ④
❈ **해설:** 방음시설이란 **소음·진동배출시설이 아닌 물체로부터** 발생되는 소음을 제거하거나 감소시키는 시설로서 환경부령으로 정한 것이다(소음·진동규제법 제2조).

제7절 대형안전사고 수사

1. 다음 중 불법집회 · 시위사범에 대한 설명으로 옳은 것은?   07 기동대

> ㉠ 다중범죄의 피의자를 동시에 체포하는 경우에는 도주할 염려가 있으므로 가급적 집중관리 하여야 한다.
> ㉡ 호송요원은 최소한 연행자 숫자 이상을 확보해야 한다.
> ㉢ 검거한 전, 의경으로부터 검거보고서를 받고 현행범인 인수서를 작성하여 서류에 첨부하는 등 관련 서류 일체에 완벽을 기한다.
> ㉣ 사건 내용이 복잡하고 사건 관련자가 많기 때문에 많은 시간이 소요된다.
> ㉤ 주동자 및 핵심인물에 대해서는 시위 발생지에서 가장 원거리에 있는 경찰서에서 조용히 조사하도록 한다.
> ㉥ 시위사범 조사종료 후 신병처리에 관한 지침이 없는 경우 적용하고 있는 일반기준에 따르면 불법시위 적극가담자는 불구속(B급)으로 처리한다.

① 2개   ② 3개   ③ 4개   ④ 5개

⁑ 정답: ②(㉢㉣)

❀ 해설:

㉠ 다중범죄의 피의자를 동시에 체포하는 경우에는 도주할 염려가 있으므로 **분산함을 원칙**으로 한다.

㉣ **사건 내용이 단순**하고 사건 관련자가 많기 때문에 많은 시간이 소요된다.

㉤ 주동자 및 핵심인물에 대해서는 **시위 발생지 경찰관서**에서 조용히 조사하도록 한다.

2. 수사과정에 불만이 있다는 서신과 함께 폭발물이 우편물로 배달되었는데, 그 안에 유황산이 든 시험관, 액즙 주입기, 콘돔식의 물건이 들어 있었다. 이런 종류의 폭발물을 무엇이라 하는가?   08 순경

① 혼촉식 폭발물   ② 시한장치 부착 폭발물
③ 도화선 부착 폭발물   ④ 기타 폭발물

⁑ 정답: ①

❀ 해설: ▶ 기폭장치에 의한 폭발물 분류

	용기	기폭방법
도화선 부착 폭발물	종이파이프, 철파이프, 통조림통	종이노끈 도화선, 담배와 수제도화선 방식
시한장치 부착폭발물	소화기, 철파이프, 빈깡통, 접속용파이프	회중시계, 건전지 또는 전기뇌관 혼합방식
혼촉식 폭발물	철파이프, 빈 상자, 파이프	**짙은 유황산이 든 시험관, 액즙 주입기, 콘돔식의 물건을 사용한 방식**
기타 방법	유리병, 비닐파이프, 도시락, 소포꾸러미 같은 빈상자	성냥 알을 연결한 끈을 당기면 마찰판과 접촉하여 연소하는 방식, 화염병에 의하여 유폭하는 방식

3. 다음은 용이하게 제조할 수 있는 화학류의 성분에 대한 설명이다. 이 중에서 필수적으로 들어가야 하는 성분으로 틀리게 짝지은 것은?   05 순경

① 흑색화약유사품 － 초산칼륨, 목탄, 유황
② 초산유제폭약유사품 － 초산암모늄, 경유
③ 염소산염계폭약유사품 － 염소산칼륨, 목탄, 경유
④ 과염소산염소폭약(카알릿유사품) － 과염소산칼륨

정답: ③

해설: ▶ 화약류의 종류 및 특징

	원료	특징	비고
흑색화약 유사품	**초산칼륨, 목탄, 유황**	흑색 또는 회백색 분말	원료분말을 혼합하면 제조 가능하고, 착화 용이하다.
초산유제 폭약유사품	**초산암모늄, 경유**, 목탄	백색분말로 석유 냄새	원료분말을 혼합하면 제조 가능하고, 파괴력이 강하며 기폭이 곤란하여 고도의 지식이 필요하다.
염소산염계제 폭약유사품	**염소산칼륨, 유황**, 목탄	흑색, 회백색의 분말결정체	원료분말을 혼합하면 제조 가능하고 파괴력이 강하며 극히 민감하다. 원료입수가 용이하다.
카일릿 유사품	**과염소산칼륨**, 알미늄분, 유황	백색분말, 무취	아주 민첩하고 기폭이 용이하며 파괴력도 강하나 원료입수가 곤란하다.

4. 다음 화약류에 대한 설명 중 틀린 것은 몇 개인가?   05 순경

> ㉠ 화약류는 성능에 의하여 화약, 폭약, 화공품으로 분류한다.
> ㉡ 도화선, 도폭선, 뇌관, 공포, 연화는 화공품으로 분류한다.
> ㉢ 다이너마이트, TNT, 무연화약은 고성능 폭약으로 분류한다.
> ㉣ 다이너마이트는 병상 또는 분상형상을 보이며, 색깔은 황갈색 또는 황백색을 띤다.
> ㉤ 다이너마이트는 지통으로 포장하고 파라핀으로 도포하여 품명 등을 인쇄한다.

① 1개   ② 2개   ③ 3개   ④ 4개

정답: ②(㉠㉢)

해설: ▶ 폭발물의 분류

법규에 의한 분류	화약	흑색화약, 무연화약
	폭약	다이너마이트, TNT
	화공품	도화선, 도폭선, 뇌관, 공포, 연화
위력에 의한 분류	저성능 폭약	흑색화약, **무연화약**
	고성능 폭약	**다이너마이트, TNT**, COMP4, RDX, 아지드 화연(LEAD AZID)

5. 다음 중 폭파사건 발생시 임무분담에 관한 설명으로 틀린 것은?　　　05 순경

① 정보수사반 – 폭발물에 관한 전과자 정보수집, 피해관계의 장악

② 지연수사반 – 현장을 중심으로 한 지연·행방에 대한 탐문

③ 증거품반 – 수집증거품의 정리보관, 증거의 분석검토

④ 감수사반 – 사건 발생장소 및 부근거주자, 폭파대상 지역의 출입자, 친족, 고용인 등 물색

정답: ①

해설: ▶ 수사본부에서의 임무분담

	임무
총괄반	경찰청, 시도지방경찰청, 기타 관계 기관과의 연락 자료의 작성을 담당한다.
증거품반	**수집증거품의 정리보관, 증거의 분석검토, 피해관계를 파악·장악한다.**
감수사반	사건 발생장소 및 부근 거주자, 폭파대상 출입자, 친족, 고용인 등을 물색하여 연고감·지리감을 수사한다.
지연수사반	현장을 중심으로 한 지연(地緣)·행방에 대한 탐문을 탐문한다.
폭발물 수사반	유류품 및 해명된 기폭장치, 폭발물의 용기, 화약 등 폭발물에 대하여 제조지·구입자 조사 등의 수사를 담당한다.
정보수사반	폭발물에 관한 전과자, 동기를 보아 적격성을 지닌 개인의 정보를 수집한다.
특명수사반	중요 특이한 사건으로 극비에 속하는 것, 기타 필요에 따라 수사주무관이 지시하는 특명수사를 담당한다.

6. 다음은 폭발사고 수사요령에 대한 설명이다. 거리가 먼 것은?　　　00.1 승진

① LP가스에 의한 폭발사고 시 상부착화원을 중점 수사한다.

② 먼저 폭심점을 관찰하여 피해상황을 파악하고 범위를 넓혀 나간다.

③ 가스의 누출은 가스관 꼭지에서의 고무관 탈락에 의한 경우가 많다.

④ 담뱃불, 냉장고의 스위치 등은 착화원이다.

정답: ①

해설: ▶ LPG 폭발사고 수사요령

현장관찰 요령	먼저 폭심점을 상세히 관찰하고 피해상황을 파악한 다음 범위를 넓히면서 수사를 추진할 필요가 있다.
가스 누출장소	가스기구의 고장 또는 가스관 꼭지에서의 고무관 탈락에 의하여 누출되는 경우가 많다.
착화원인 규명	착화원으로는 담뱃불·냉장고의 스위치·가스기구의 압전식 점화기 등이 있는데 LP가스는 비중이 무거워서 방의 하부로 가라앉는 성질이 있으므로 **하부착화원을 중점적으로 수사**할 필요가 있다.

7. 다음 중 열차사고의 현장에서 채증해야 할 물건에 해당하지 않는 것은?　　　　04.1 승진

① 사고열차 전부
② 선로도
③ 현장의 선로
④ 탈선 후 진행한 흔적

❖ **정답:** ②

❈ **해설:** ▶ **열차사고의 채증하여야 할 물건**

현장 채증할 것	① 사고열차전부　　　　　② 현장의 선로 · 분기기 · 침목 등 ③ 탈선 후 진행한 흔적　　④ 전철기 등
현장 이외에서 증거화할 것	**선로도**, 신호기 위치도 및 검수기록, 신호기 연동도표, 계획운전선도, 운행계획표, 제동거리표 및 동곡선, **사고열차편성표 및 검사 · 검수기록**, 운전자의 신분관계서류 및 적성검사의 판정결과, 당일 운행표와 지시사항, 검차 등 각 담당업무일지, 관계법규, 사고열차 형식도와 그 해설, 제동조작, 철도청이 작성한 본건 사고기록에 관한 문서, 사고에 의하여 생긴 열차영향 및 열차손해조서 등

8. 다음 중 항공기사고의 회사책임자에 대한 수사 시 압수하여야 할 물건에 해당하지 않는 것은?
　　　　04.1 승진

① 운항규정
② 비행계획
③ 항공기의 등록원부
④ 정비규정

❖ **정답:** ②

❈ **해설:** ▶ **항공기 사고 시 압수하여야 할 물건**

항공국 관계자	비행계획, NOTAM의 사진
항공보안사무소	교신 녹음테이프, 동 재생문서, 관제일지, 관제무선업무 일지, 계기비행 운행표, 관제탑 기기 점검표, 테레타이프 전보, 통신관계 자료, 비행계획, 등화관계 조작, 자동기록지, 사고보고서, 운항표, NOTAM자료
공항사무소, 항무과	업무일지, 검사기록, 기타 관계기록
기상관계	기상원부, 지상관측 원부, 각종 자동기록지, 일기도, 활주로 시거리
회사책임자	**운항규정, 정비규정**, 사업계획, **항공기 등록원보**, 비행기력, 지상비치용 항공일지, 승객명부, 사고보고서 등
운항관리사	비행계획, 중량표
정비관계자	정비규정, 정비일정, 정비방식, 정비취급설명, 정비점검표, 정비검사기록, 항공경력서 등

제3장

경비경찰 활동

제1절　경비경찰의 개관

1. 경비경찰에 대한 설명으로 타당하지 않은 것은?　　　　　02.11 순경
① 공공의 안녕과 질서에 초점을 두는 경찰활동이다.
② 경비경찰의 대상에 자연적인 재해는 포함되지 않는다.
③ 일반통치권에 의한 질서유지 작용이다.
④ 정치적 의도에 의한 살해 등 테러행위는 경비경찰의 대상이 된다.

❖ **정답:** ②
❀ **해설:** 경비경찰이란 공공의 안녕·질서의 위험 또는 경찰위반의 상태가 발생되었거나 발생할 우려
　　　가 있는 경우 이를 **예방·경계·진압·검거하는 등의 조직적인 경찰활동**을 말한다. 여기에
　　　서 **위험 또는 경찰 위반의 상태는 사람에 의한 경우는 물론이고 동물이나 자연력에 의한 것**
　　　도 포함된다.

2. 「화염병사용 등의 처벌에 관한 법률」상 처벌되지 않는 것은?　　　　　10.1 승진
① 화염병 알선
② 화염병 운반
③ 화염병 소지
④ 화염병 제조

❖ **정답:** ①
❀ **해설:** ▶ **화염병 사용 등의 처벌에 관한 법률**

> "이 법은 국민의 생명·신체 및 재산을 보호하고 공공의 안녕과 질서를 유지하기 위하여 화염병을 **제조**
> **·보관·운반·소지**(3년 이하의 징역 또는 300만 원 이하의 벌금) **또는 사용한 사람**(5년 이하의 징역
> 또는 500만 원 이하의 벌금, 미수범 처벌)**을 처벌함을 목적**으로 한다(제1조)."고 규정하고 있다.

3. 경비경찰의 경비수단에 대한 설명으로 틀린 것은?　　　　　10.1 승진
① 일반적 경비수단의 원칙에는 균형의 원칙, 위치의 원칙, 적시의 원칙, 보충의 원칙이다.
② 균형의 원칙은 예비대와 주력부대를 적절하게 활용하여 최대한의 성과를 거양하는 것을 말한다.
③ 경비수단 중 경고는 간접적 실력행사이고, 제지와 체포는 직접적 실력행사이다.
④ 경고와 제지는 경찰관직무집행법에 근거를 두고 있다.

❖ **정답:** ①

※ **해설:** ▶ **경비수단의 원칙**

균형의 원칙	① 경비수단으로 실력을 행사할 때 **경력운영을 균형 있게 하여야 한다는 원칙**이다. ② 경비사태의 상황에 따라 **주력부대와 예비부대를 유효적절하게 활용**함으로써 한정된 경찰력을 가지고 최대의 성과를 올릴 수 있어야 한다.
안전의 원칙	경비사태 발생 시 경비하는 **경찰력이나 군중들이 사고 없이 안전하게 진압되어야 한다는 원칙**을 말한다.
시점 (적시)의 원칙	① 특정한 경비상황에 있어 **경찰력을 통한 실력행사를 할 경우 가정 적절한 시점을 이용하여야 한다는 원칙**이다. ② 상대방의 기세와 힘이 **가장 허약한 시점을 포착하여 집중적이고 강력한 실력행사를 감행하는 것**을 말한다.
위치의 원칙	① 경비사태에 실력행사를 할 경우 **유리한 지점과 위치를 확보하여야 한다는 원칙**이다. ② 경비사태로 **상대하는 군중보다 유리한 지점과 위치를 선점하는 것**이 작전수행이나 진압을 **용이**하게 한다.

4. 경비경찰의 작용 중 경비수단의 원칙이 아닌 것은?   01.11 순경, 02.2 경간부, 05.3 순경

① 균형의 원칙   ② 보중의 원칙
③ 위치의 원칙   ④ 시점의 원칙

정답: ②

※ **해설:** 경비수단의 원칙에는 **균형의 원칙, 안전의 원칙, 시점(적시)의 원칙, 위치의 원칙**이다.

5. 경비수단의 원칙 중 경비사태의 대상에 따라 주력부대와 예비부대를 적절히 활용하여 한정된 경찰력으로 최대의 성과를 올리는 것을 의미하는 것은?

① 균형의 원칙   ② 안전의 원칙
③ 적시의 원칙   ④ 위치의 원칙

정답: ①

※ **해설: 균형의 원칙에 대한 내용이다.**

6. 다음 경비수단의 내용 중에서 틀린 것은?   06.10 순경

㉠ 경고는 임의처분이므로 경찰비례의 원칙이 적용되지 않는다. ㉡ 경고는 경찰관직무집행법 제5조에 근거를 두고 있으며, 예방, 경계, 진압하기 위하여 발할 수 있는 조치이다. ㉢ 제지는 직접적 실력행사로서 행정상 강제집행에 해당한다. ㉣ 제지는 경비사태를 예방, 진압하기 위하여 세력분산, 통제, 파괴, 주동자 및 주모자 격리 등을 실시하는 행위이다 ㉤ 체포는 직접적 실력행사로서 형사소송법에 근거를 두고, 위법일 때 실력행사를 한다.

① 1개   ② 2개   ③ 3개   ④ 4개

정답: ②(㉠㉢)

※ 해설: ▶ 경비수단의 종류

간접적 실력 행사	경고	① 경고는 범죄실행의 의사를 자발적으로 포기하도록 하는 **간접적 실력행사**이다. ② 경고는 관계자에게 주의를 촉구하는 **사실상의 통지행위**이다. ③ 경고는 **임의처분이며 경찰비례의 원칙이 적용**된다. ④ **경찰관직무집행법 제5조(위험발생의 방지)에 근거를 두고 있으며, 경비사태를 예방** 　**· 경계 · 진압하기 위하여 발할 수 있는 조치**이다.
직접적 실력 행사	제지	① 경비사태를 예방 · 진압하기 위한 **강제처분으로 무기사용이 허용**된다. ② 강제해산 · 세력분산 · 통제 · 파괴 · 주동자 및 주모자의 격리 등을 실시하는 **직접적** 　**실력행사**이다. ③ **경찰관직무집행법 제6조(범죄의 예방과 제지)에 근거**하고 있으며, **즉시강제에 해당** 　**하는 강제처분**이다.
	체포	① 상대방의 신체를 구속하는 강제처분이며, **직접적 실력행사**이다. ② 형사소송법에 근거를 두고 있다. ③ 체포는 **명백한 위법일 때 실력을 행사하는 행위**이다.

7. 경비경찰은 공공의 안녕과 질서를 파괴하는 국가비상사태, 긴급한 주요 사태 등이 발생하거나 발생할 우려가 있는 경우 이러한 상황이나 범죄를 예방 · 경계 · 진압 · 검거하는 경찰활동이다. 다음 경비경찰의 수단에 관한 설명으로 가장 적절하지 않은 것은?   11.2 순경

① 경비수단의 원칙으로 위치의 원칙, 안전의 원칙, 적시의 원칙, 균형의 원칙이 있다.
② 경비수단은 간접적 실력행사인 경고와 직접적 실력행사인 제지 · 체포로 구분할 수 있다.
③ 간접적 실력행사인 경고가 반드시 직접적 실력행사인 제지 · 체포에 선행되어야 하는 것은 아니다.
④ 간접적 실력행사인 경고는 경찰관직무집행법 제5조(위험발생의 방지), 직접적 실력행사인 제지 · 체포는
　경찰관직무집행법 제6조(범죄의 예방과 제지)에 근거한다.

⁝ 정답: ④
※ 해설: 간접적 실력행사인 경고는 경찰관직무집행법 제5조(위험발생의 방지), **직접적 실력행사인 제**
　지는 경찰관직무집행법 제6조(범죄의 예방과 제지)에 근거한다.

8. 다음 중 경비수단의 종류에 대한 설명으로 타당한 것은?   02.1 승진

① 경고는 어떠한 행위를 촉구하는 사실상의 통지행위로 임의처분이다.
② 경고는 세력분산, 통제, 파괴, 주동자 및 주모자의 격리 등을 실시하는 간접적 실력행사이다.
③ 체포는 상대방의 신체를 구속하는 강제처분이며, 경찰관직무집행법에 근거를 두고 있다.
④ 경고와 제지는 간접적 실력행사이고, 체포는 직접적 실력행사이다.

⁝ 정답: ①
※ 해설:
② **제지**는 세력분산, 통제, 파괴, 주동자 및 주모자의 격리 등을 실시하는 직접적 실력행사이다.
③ **체포**는 상대방의 신체를 구속하는 강제처분이며 형사소송법에 근거를 두고 있다.
④ **체포와 제지**는 직접적 실력행사이고, 경고는 간접적 실력행사이다.

9. 경비수단의 종류에 대한 설명으로 맞는 것은? 10.3 순경

① 경고는 사실상 통지행위로 간접적 실력행사이므로 경찰비례의 원칙이 적용되지 않는다.

② 제지는 주동자 격리 등 직접적 실력행사로서 행정상 즉시강제에 해당한다.

③ 체포는 직접적 실력행사로서 경찰관직무집행법이 법적 근거가 된다.

④ 경비수단을 통해 실력을 행사할 경우 반드시 경고, 제지, 체포의 단계적 절차를 거쳐 행해져야 한다.

정답: ②

※ 해설:

① 경고는 사실상 통지행위로 간접적 실력행사이므로 **경찰비례의 원칙이 적용된다.**

③ 체포는 직접적 실력행사로서 **형사소송법이 법적 근거가 된다.**

④ 경비수단을 통해 실력을 행사할 경우 **정해진 순서는 없으며,** 주어진 경비상황에 따라 경찰에게 수단 선택에 대한 재량이 인정된다.

10. 다음 중 경비수단에 대한 설명으로 옳은 것은? 08.3 순경

① 경고와 제지는 간접적 실력행사이고, 체포는 직접적인 실력행사이다.

② 제지는 경비사태를 예방·진압하기 위하여 관계자를 제한·통제하는 강제처분행위로서 반드시 법률에 근거를 두어야 한다.

③ 체포는 경찰관직무집행법에 근거를 두고 있다.

④ 실력의 행사는 반드시 경고, 제지, 체포 순으로 한다.

정답: ②

※ 해설:

① 경고는 사실상 통지행위로 간접적 실력행사이고, **제지와 체포는 직접적 실력행사**이다.

③ 체포는 **형사소송법이 법적 근거**가 된다.

④ **정해진 순서는 없으며,** 주어진 경비상황에 따라 경찰에게 수단 선택에 대한 재량이 인정된다.

11. 다음은 경비수단의 종류에 대한 설명이다. 타당하지 않은 것은? 08.1 경간부

> ㉠ 경고는 임의처분으로 비례의 원칙은 적용되지 아니한다.
> ㉡ 실력으로 강제해산 시키는 것은 경비수단 중 제지에 해당한다.
> ㉢ 경고는 관계자에게 주의를 주는 것으로, 관계자라고 하는 것은 위해를 받을 우려가 있는 자, 위해를 방지한 조치를 강구할 입장에 있는 자, 범행을 행하려고 하고 있는 자 등이다.
> ㉣ 제지는 직접적 실력행사로 행정상 강제집행에 해당한다.
> ㉤ 제지행위는 경비사태를 예방, 진압하기 위하여 세력분산, 통제, 파괴, 주동자 및 주모자 격리 등을 실시하는 행위이다.
> ㉥ 체포는 직접적 실력행사로서 형사소송법에 근거를 두고 있으며, 명백한 위법일 때 실력 행사하는 행위이다.

① 2개   ② 3개   ③ 4개   ④ 5개

정답: ①

※ 해설:

㉠ 경고는 임의처분으로 **비례의 원칙은 적용된다.**

㉣ 제지는 직접적 실력행사로 **행정상 즉시강제에 해당한다.**

12. 경비경찰의 경비수단에 대한 설명으로 틀린 것은?   10.1 승진

① 경고는 관계자에게 주의를 촉구하는 통지행위이다.

② 제지 행위 시에는 무기를 사용할 수 없다.

③ 경고와 제지는 경찰관직무집행법에 근거를 두고 있다.

④ 체포는 형사소송법에 근거를 두고 있다.

정답: ②

※ **해설:** 제지 행위 시에는 **무기를 사용할 수 있다.**

13. 경비수단의 종류에 관한 설명 중 틀린 것은?   08.10 순경

① 경고는 간접적 실력행사이고, 제지 및 체포는 직접적 실력행사이다.

② 제지는 실력으로 강제해산하는 것으로 경찰관직무집행법 제6조를 근거로 하는 강제처분이다.

③ 경고는 세력분산, 통제, 파괴, 주모자 및 주동자를 격리시키는 임의처분이다.

④ 체포는 상대방의 신체를 구속하는 강제처분으로 형사소송법을 근거로 한다.

정답: ③

※ **해설:** 세력분산, 통제, 파괴, 주모자 및 주동자를 격리시키는 강제처분은 경고가 아니라 **제지**이다.

14. 경비수단에 관한 설명 중 틀린 것은?   10.1 승진

① 경비수단의 원칙 중 위치의 원칙이란 실력행사시 상대 군중보다 유리한 지점과 위치를 선점하는 것을 말한다.

② 경비수단은 경고, 제지, 체포로 구분할 수 있으며 실력행사에는 정해진 순서가 없다.

③ 제지는 세력분산, 주동자의 격리 등을 실시하는 직접적 실력행사로 경찰관직무집행법 제6조에 근거한 행정상 강제집행행위이다.

④ 경고는 임의처분이기는 하나, 경찰권의 행사는 필요성과 상당성을 조건으로 필요최소한도에 그쳐야 한다는 경찰비례의 원칙은 적용된다.

정답: ③

※ **해설:** 제지는 세력분산, 주동자의 격리 등을 실시하는 직접적 실력행사로 경찰관직무집행법 제6조에 근거한 **행정상 즉시강제**이다.

제2절　경비경찰의 활동

1. 경비경찰활동의 기본원칙이 아닌 것은?　　　　　　　03.3 순경
① 비례의 원칙
② 보충성의 원칙
③ 적시성의 원칙
④ 목표물 보존의 원칙

정답: ④
※ 해설: ▶ 경비경찰활동의 기본원칙

비례성의 원칙	경찰의 질서권 발동의 조건과 그 정도는 공공질서의 유지를 위하여 **개인의 자유와 권리를 제한할 경우에라도 필요 최소한도 내에서 행사되어야 한다는 원칙**이다.
보충성의 원칙	경비경찰의 법집행은 공공의 안녕과 질서의 유지를 목적으로 하는 공권력에 의한 활동이므로, **다른 사회일반적인 방법으로는 통제가 불가능할 때 최후의 수단으로서 개입해야 한다는 원칙**이다.
적시성의 원칙	경비경찰권은 **경비상황의 발생에 따른 개입의 조건을 고려하여 가장 적합한 시기에 발동되어야 한다는 원칙**이다.

2. 「경비업법」 제2조 제1호에서 규정하고 있는 경비업무에 해당되는 것은?　　　11.2 순경

㉠ 시설경비업무	㉡ 신변보호업무	㉢ 특수경비업무
㉣ 호송경비업무	㉤ 기계경비업무	

① 2개　　　　② 3개　　　　③ 4개　　　　④ 5개

정답: ④
※ 해설: ▶ 경비업무

시설 경비업무	경비를 필요로 하는 시설 및 장소에서의 도난·화재 그 밖의 혼잡 등으로 인한 위험발생을 방지하는 업무
호송 경비업무	운반 중에 있는 현금·유가증권·귀금속·상품 그 밖의 물건에 대하여 도난·화재 등 위험발생을 방지하는 업무
신변 보호업무	사람의 생명이나 신체에 대한 위해의 발생을 방지하고 그 신변을 보호하는 업무
기계 경비업무	경비대상시설에 설치한 기기에 의하여 감지·송신된 정보를 그 경비대상시설 외의 장소에 설치한 관제시설의 기기로 수신하여 도난·화재 등 위험발생을 방지하는 업무
특수 경비업무	공항(항공기를 포함) 등 대통령령이 정하는 국가중요시설의 경비 및 도난·화재 그 밖의 위험발생을 방지하는 업무

3. 경비조직운영의 원리에 대한 설명 중 틀린 것은?　　　　　　09.3 순경

① 부대의 관리와 임무의 수행을 위한 최종결정은 지휘관만이 할 수 있고, 부대의 성패는 지휘관에 의해 크게 좌우된다.

② 경비조직의 모든 단위나 체계는 당해 경비조직이 추구하는 목적을 위해 일관되게 적용하여야 한다.

③ 경비조직이 아무리 완벽하게 경비활동을 수행하더라도 각종 위해요소들을 직접 인지할 수 없고, 모든 사태에 세밀히 대처할 수 없기 때문에 국민들과의 협력을 필수요소로 하여야 한다.

④ 임무를 중복으로 부여하여 최악의 경우에 대비하여야 한다.

❖ **정답:** ④

❈ **해설:** ▶ **경비경찰의 조직운영의 원칙**

부대단위 활동의 원칙	① 경비경찰의 활동은 **부대단위로 운영**되어야 한다는 원칙이다. ② **부대의 관리와 임무수행을 위한 최종결정은 지휘관만이 할 수 있으며**, 부대의 성패도 지휘관에 이해 크게 좌우된다.
지휘관 단일성의 원칙	① 긴급성과 신속성을 요하는 경비업무의 효율적인 수행을 위하여 지휘관을 한 사람만 두어야 한다는 원칙이다. ② **지시는 한 사람에 의해서 행해져야 하고, 보고도 한 사람을 통해서 이루어져야 한다는 명령통일의 원칙에서 도출되는 원칙**이다.
체계통일성 의 원칙	① 조직의 상하 계급 간에 일정한 관계가 형성되어 책임과 임무의 분담이 명확히 이루어지고 **명령과 복종의 체계가 통일되어야 한다는 원칙**이다. ② 경비조직의 모든 단위나 체계는 **당해 경비조직이 추구하는 목적을 위해 일관되게 작용**하여야 한다.
치안협력성 의 원칙	① 업무 수행과정에서 국민과 협력을 이루어야 효과적인 목적달성이 가능하다는 원칙이다. ② 경비조직이 **모든 사태에 세밀히 대처할 수 없기 때문에 국민들과의 협력**을 필수요소로 하여야 한다.

4. 다음 설명하는 경비경찰의 원칙은?　　　　　　04.1 승진

> 지시는 한 사람에 의해서 행해져야 하고, 보고도 한 사람을 통해서 이루어져야 한다.

① 부대단위활동의 원칙　　　　　　② 체계통일성의 원칙

③ 지휘관단일성의 원칙　　　　　　④ 치안협력성의 원칙

❖ **정답:** ③

❈ **해설: 지휘관 단일성의 원칙**에 대한 설명이다.

5. 다음 중 경비경찰의 업무분장에 포함되지 않는 내용은?　　　　　　01.11 순경

① 청원경찰의 지도　　　　　　② 민방위업무 협조

③ 통합방위 작전계획의 수립 및 시행　　　　　　④ 경비업의 지도

❖ **정답:** ④

❈ **해설:**

① 경비업법에 의한 **경비업의 지도·관리 → 생활안전경찰의 소관**(경찰청 생활안전국)

② 청원경찰법상의 국가보안상 중요시설에 배치된 **청원경찰 → 경비경찰의 소관**(경찰청 경비국)

6. 다음 설명 중 옳은 것은?   07.12 순경, 08.1 승진

> ㉠ 경찰정보지원센터는 사고수습활동에 지장을 주지 않도록 경찰통제선 밖에 설치하고, 사고현장인근 공공기관, 교회 등 적절한 장소를 선정한다.
> ㉡ ㉠의 경우 사고현장 인근에 적절한 장소가 없는 경우 경찰버스 등을 활용한다.
> ㉢ FTX는 도상훈련이다.
> ㉣ 행사장에 배치되는 경력은 안전을 위해 충분히 배치하여야 한다.
> ㉤ 올림픽, 월드컵 등과 같은 행사에는 수익자부담의 원칙을 적용한다.
> ㉥ 경찰직무응원법은 재난경비 활동의 근거가 될 수 없다.
> ㉦ 대규모 공연, 대규모 경기, 대규모 항의 집회, 대규모 종교행사 중 성질이 다른 하나는 항의집회이고, 구별기준은 군중의 조직화이다.

① ㉠㉡㉢   ② ㉢㉣㉤   ③ ㉡㉥㉦   ④ ㉠㉡㉦

❖ **정답**: ④

❈ **해설**:
㉢ FTX는 **실제기동훈련**이다.
㉣ **적정한 인원만 배치**한다.
㉤ 올림픽, 월드컵 등과 같은 행사에는 **수익자부담의 원칙을 적용하기 곤란하다.**
㉥ 경찰직무응원법은 **재난경비 활동의 근거가 될 수 있다.**

7. 행사안전경비(혼잡경비)에 대한 설명 중 틀린 것은?   08.1 승진
① 행사장 주변에 우발사태를 대비하여 소방차, 앰뷸런스를 대기시킨다.
② 밀도의 희박화로 가능한 한 많은 사람이 모이는 것을 회피한다.
③ 행사안전경비 활동 시 용역경비원 활용권고와 예비대의 운용 여부를 주관자와 협의한다.
④ 프로 스포츠, 은행 등 영리를 목적으로 하는 경비 활동은 수익자부담원칙을 적용한다.

❖ **정답**: ③

❈ **해설**: 예비대는 경찰력으로 운용 여부를 **주관자와 협의할 필요가 없다.**

8. 해경 50주년 기념 음악회에 1만여 인파가 예상되어 미연에 예측불허의 사태를 방지하고자 하는 경비경찰의 활동은?
                                                            03.4 순경
① 치안경비
② 특수경비
③ 행사안전경비(혼잡경비)
④ 경호경비

❖ **정답**: ③

❈ **해설**: 행사안전경비(혼잡경비)란 **각종대회, 제례·종교행사, 기념행사 등을 위해 모인 미조직된 군중에 의하여 발생되는 자연적인 혼잡상태**를 사전에 예방하거나 경계하고, 위험한 사태가 발생한 경우에 신속히 조치하여 확대되는 것을 방지하는 경찰활동을 말한다.

9. 행사안전경비(혼잡경비)대책을 설명한 것으로 가장 적절하지 못한 것은?   04.11 순경
① 수익성 행사의 경우 경찰은 우발사태대비 개념으로 운용한다.
② 경찰지휘본부는 행사장 전체를 조망, 관리할 수 있는 장소에 설치한다.
③ 관중석에 배치되는 예비대는 통로주변에 배치 긴급투입이 가능하도록 하여야 한다.
④ 행사장에 배치되는 경력은 안전을 위해 충분히 배치하여야 한다.

정답: ④
❀ **해설: ▶ 적정한 부대배치**

> ① 경찰지휘본부는 행사장 전체를 조망·관리할 수 있는 장소에 설치하여야 하며, **주력부대와 예비대를**
> **적절하게 활용하여 적정한 경력을 배치**하여 한정된 경력으로 최대의 성과를 올리도록 해야 한다.
> ② 관중석에 배치되는 예비대는 통로주변에 배치, 긴급투입이 가능하도록 하여야 한다.
> ③ 행사안전경비(혼잡경비) 시 출연진과 관객의 통로를 구분하여야 하며, 기상변화 등 돌발사태를 대비하
> 여야 하고, 경기내용·행사 내용보다 관중을 주시하여야 한다.

10. 다음 행사안전경비(혼잡경비)의 경비대책 수립과 관련하여 잘못 설명한 것은?   03.11 순경
① 가급적 최대의 경찰력을 배치함으로써 완벽을 기한다.
② 행사 주최 측과 사전협의를 한다.
③ 관중석에 예비대를 배치할 경우 통로에 배치하여 긴급투입하게 한다.
④ 부대의 배치는 군중이 입장하기 직전에 사전배치하는 것이 원칙이다.

정답: ①
❀ **해설: 가급적 최소의 경찰력을 배치**함으로써 우발사태에 대비한다.

11. 행사안전경비(혼잡경비)대책 중 가장 잘못된 것은?   03.4 순경
① 관중석에 배치되는 예비대는 통로주변을 피하여 배치한다.
② 중요행사에는 3선위주의 경비를 한다.
③ 수익성 행사의 경우 주최 측 안전요원을 위주로 경찰은 우발사태대비로 운용한다.
④ 치안염려가 없는 행사는 경력을 지양한다.

정답: ①
❀ **해설: 관중석에 배치되는 예비대는 통로주변에 배치, 긴급투입이 가능**하도록 하여야 한다.

12. 군중정리의 원칙에 대한 설명 중 틀린 것은?   10.1 승진
① 밀도의 희박화 – 많은 사람이 모이면 충돌과 혼잡이 야기되므로 제한된 장소에 가급적 많은 사람이 모
이는 것을 회피하게 한다.
② 이동의 일정화 – 대규모 군중이 모이는 장소는 사전에 블록화하고, 일정 방향과 속도로 이동시켜 주위의
상황을 파악할 수 있는 여건을 조성한다.
③ 경쟁적 사태의 해소 – 남보다 먼저 가려는 심리상태를 억제하는 것으로 차분한 목소리로 안내방송을 하
는 것도 한 방법이다.
④ 지시의 철저 – 사태가 혼잡할 경우 계속적이고도 자세한 안내방송으로 지시를 철저히 해서 혼잡한 사태
를 정리하고 사고를 미연에 방지할 수 있다.

❖ 정답: ②

❖ 해설: ▶ 행사안전경비(혼잡경비)상 군중정리의 원칙

밀도의 희박화	제한된 면적에 많이 사람들이 모이게 되면 혼잡을 야기하게 되므로, **가급적 많은 사람이 모이는 것을 회피하게 하는 것이다.** 즉, **대규모 군중이 모이는 장소는 사전에 블럭화**한다.
이동의 일정화	군중은 현재의 자기 위치와 갈 곳을 모르면 불안감과 초조감을 갖게 되므로 **일정한 방향과 속도로 이동을 주어 주위상황을 파악할 수 있는 여건을 조성**함으로써 심리적 안정감을 갖도록 하는 것이다.
경쟁적 활동의 지양	질서를 지키면 손해를 볼 수 있다는 분위기를 느끼게 되면 **남보다 먼저 가려고 하는 심리상태**로 인하여 혼란상태가 발생하게 되므로 질서 있게 행동하면 모든 일이 잘 될 수 있다는 것을 납득시켜야 한다.
지시의 철저	계속적이고도 **자세한 안내방송을 함으로써 혼잡사태와 사고를 방지할 것이다.**

13. 재난경비 시 가장 중요하다고 생각되는 경비활동은?   97.1 승진

① 인명구조 활동
② 방화활동에 대한 협조
③ 재해활동에 대한 조사보고
④ 피해지역에 대한 공보활동

❖ 정답: ①

❖ 해설: ▶ 재난경비의 특징

① 재난경비 시 가장 중요한 경비활동은 **인명구조활동**이다.
② 긴급상황에 대한 시간적 변수가 고려되어야 하며, 신속한 대응을 위해 **선조치 후보고의 원칙이 준수**되어야 한다.
③ 단순한 재난진압으로써 경찰의 임무가 끝나는 것이 아니라 계속유지하고 사후활동까지 하여야 하므로 **경비실시의 장기화**된다.
④ **관계기관의 협조를 필요**로 한다.

14. 다음 재난경비에 관한 설명이다. 그 내용이 틀린 것은?   07.3 순경

ⓐ 경찰통제선은 주민을 보호하고 구호작업의 효율성을 높이기 위해 설치한다.
ⓑ 경찰통제선은 보통 제1통제선과 제2통제선으로 구분하여 운영되는데 제1통제선은 경찰, 제2통제선은 소방이 담당한다.
ⓒ 경찰통제선 출입구는 원칙적으로 출입구는 2개소를 설치한다.
ⓓ 현장지휘본부 설치 여부에 대한 판단은 지방경찰청장, 경찰서장이 피해 규모 범위 등 고려, 경찰청장은 지휘본부 설치 필요가 인정될 경우 소속지휘관에게 지시할 수 있다.

① ㉠㉡   ② ㉡㉢   ③ ㉢㉣   ④ ㉡㉢㉣

❖ 정답: ②

❈ **해설:** ▶ 경찰통제선의 설치 및 운영

① 설치범위는 구조 및 복구작업에 지장이 없도록 초기단계에는 넓게 설정하고 상황의 진전에 따라 축소 또는 확대하도록 한다.
② 보통 **제1통제선(통제관: 소방서장 · 소방본부장)은 소방, 제2통제선(통제관: 경찰서장 · 지방경찰청장)은 경찰**이 담당한다.
③ 구조활동에 직접 가담하는 인원 · 장비 외에는 통제구역 안으로의 출입을 통제하나, 출입이 필요한 자는 적당한 표시를 하여 출입을 허용한다.
④ 출입구는 통제구역 안으로 들어가는 **입구 1개를 원칙**으로 하되, **필요시 반대편에 1개를 추가**할 수 있으며, 출입이 필요하다고 인정되는 자는 적당한 표시를 하여 출입을 허용한다.

15. 재난현장에 설치하는 경찰통제선에 대한 설명으로 틀린 것은?　　　　　　　08 경간부
① 위험으로부터 주민을 보호하고 구조 등 작업에 장애를 주는 요소를 제거하여 차량, 장비의 효과적인 투입을 지원하기 위해 설치한다.
② 설치범위는 구조 및 복구작업에 지장이 없도록 초기단계에는 좁게 설정하고 상황의 진전에 따라 축소 또는 확대하도록 한다.
③ 출입구는 통제구역 안으로 들어가는 입구 1개를 원칙으로 하되 필요시 반대편에 1개를 추가할 수 있다.
④ 통제구역 안으로는 구조활동에 직접 참가하는 인원, 장비 이외에는 출입을 통제한다. 다만, 출입이 필요하다고 인정되는 자는 적당한 표시를 하여 출입을 허용한다.

❖ **정답:** ②
❈ **해설:** 설치범위는 구조 및 복구작업에 지장이 없도록 **초기단계에는 넓게 설정**하고 상황의 진전에 따라 축소 또는 확대하도록 한다.

16. 재난경비 시 현장조치사항으로 바르지 못한 것은?　　　　　　　99.1 승진
① 피난조치 및 구조활동　　　　　　　② 도범 등 범죄단속과 질서유지활동
③ 위험개소에 대한 예보와 경고조치　　　④ 채증활동

❖ **정답:** ④
❈ **해설:** ▶ 현장조치사항

㉠ **경고 및 초동조치**　　　　　　　㉡ **피난조치** 및 이재민구호
㉢ **절도범 등 범죄단속**　　　　　　㉣ 경찰관의 비상소집과 부대편성
㉤ 피해조사와 보고　　　　　　　　㉥ **구조활동**
㉦ 교통소통을 위한 현장조치 등
☞ 재난경비상황이 발생했을 경우에 경찰은 필요한 현장조치를 우선적으로 취한 다음에 채증활동이 이루어진다.

17. 현장지휘본부의 기능별 임무를 설명한 것 중 타당하지 않은 것은?　　　　　05.2 경간부
① 공보 – 관련정보 제공과 국민협조사항 홍보　　② 경비 – 비상통로 사전지정 및 관리
③ 수사 – 피해자의 신원확인　　　　　　　④ 정보 – 피해자 가족 등 동향파악

❖ **정답:** ②

※ 해설: ▶ 현장지휘본부의 임무

경찰CP	전체 경찰관의 활동을 총괄지휘 · 조정 · 감독
공보	관련정보 자료를 사실대로 제공, 교통통제 등 국민협조 사항 홍보, 경찰활동사항의 적극적 · 다각적 홍보
수사	피해자의 신원확인, 사고원인 및 범죄관련 여부 수사
정보	피해자 가족 등 동향파악, 사태관련 유용한 정보의 수집 · 보고
경비	경찰통제선 설치, 현장지휘본부의 설치 · 운영
교통	비상통로 사전지정 및 관리, 현장주변 교통통제
생활안전	유류품 접수 및 인계, 대피한 건물, 시상자 소지품의 약탈방지
통신	현장지휘를 위한 통신시설 설치

18. 기상특보의 발표기준이 틀린 것은?　　　　　　　08.1 승진

① 강풍주의보는 육상에서 풍속 14m/s 이상 또는 순간 풍속 20m/s 이상이 예상될 때
② 호우주의보는 12시간 강우량이 80mm 이상 예상될 때
③ 대설경보는 24시간 신적설량이 10mm 이상 예상될 때
④ 태풍주의보는 태풍의 영향으로 강풍, 호우 또는 해일현상 등이 주의보 기준에 도달할 것으로 예상될 때

⁑ 정답: ③

※ 해설: ▶ 기상특보 발표기준

종류	주의보	경보		
강풍	육상에서 풍속 14m/s 이상 또는 순간풍속 20m/s 이상이 예상될 때. 다만, 산지는 풍속 17m/s 이상 또는 순간풍속 25m/s 이상이 예상될 때	육상에서 풍속 21m/s 이상 또는 순간풍속 26m/s 이상이 예상될 때. 다만, 산지는 풍속 24m/s 이상 또는 순간풍속 30m/s 이상이 예상될 때		
풍랑	해상에서 풍속 14m/s 이상이 3시간 이상 지속되거나 유의파고가 3m 이상이 예상될 때	해상에서 풍속 21m/s 이상이 3시간 이상 지속되거나 유의파고가 5m 이상이 예상될 때		
호우	12시간 강우량이 80mm 이상 예상될 때	12시간 강우량이 150mm 이상 예상될 때		
대설	24시간 신적설이 5cm 이상 예상될 때	24시간 신적설이 20cm 이상 예상될 때. 다만, 산지는 24시간 신적설이 30cm 이상 예상될 때.		
지진 해일	한반도주변해역(21N~45N,110E~145E) 등에서 규모 7.0 이상의 해저지진이 발생하여 우리나라 해안가에 해일파고 0.5~1.0m 미만의 지진해일 내습이 예상될 때	한반도 주변해역(21N~45N, 110E145E) 등에서 규모 7.0 이상의 해저지진이 발생하여 우리나라 해안가에 해일파고 1.0m 이상의 지진해일 내습이 예상될 때		
태풍	태풍으로 인하여 강풍, 풍랑, 호우 현상 등이 주의보 기준에 도달할 것으로 예상될 때	태풍으로 인하여 풍속이 17m/s 이상 또는 강우량이 100mm 이상 예상될 때. 다만 예상되는 바람과 비의 정도에 따라 아래와 같이 세분한다.		
			3급	2급	1급
		바람 (m/s)	17~24	25~32	33 이상
		비 (mm)	100~249	250~399	400 이상

19. 「통합방위법」상 국가중요시설에 대한 설명으로 틀린 것은?   10.1 승진

① 국가중요시설은 국가정보원장 매년 지정·통보한다.

② 국가중요시설의 관리자는 통합방위사태에 대비하여 자체 방호계획을 수립하여야 한다.

③ 지방경찰청장 또는 지역군사령관은 통합방위사태에 대비하여 국가중요시설에 대한 방호지원계획을 수립·시행하여야 한다.

④ 국가중요시설의 평시 경비·보안활동에 대한 지도·감독은 관계행정기관의 장과 국가정보원장이 행한다.

❖ **정답:** ①

❋ **해설:** 국가중요시설은 국방부장관이 **관계행정기관 및 국가정보원장과 협의하여 매년 지정·통보**한다.

20. 경비경찰의 임무 중 중요시설 경비에 대한 설명으로 타당하지 않은 것은?   03.7 순경

① 중요시설 경비는 국가보안목표로 지정된 시설에 대한 보호이다.

② 중요시설에 대한 방호의 근거규정으로 통합방위법시행령이 있다.

③ 중요시설은 청원경찰과 경찰이 전담하며 군은 직접 관계가 없다.

④ 중요시설에는 가, 나, 다급으로 지정된 시설이 있다.

❖ **정답:** ③

❋ **해설:** ▶ **중요시설경비의 특징**

> ① 중요시설의 경비는 통상 **경비경찰, 청원경찰, 특수경비원, 군이 함께 수행**한다.
>
> ② 중요시설에 대한 방호와 관련하여 **경찰은 청원경찰, 특수경비원을 감독**하고, **군은 정기방호 진단 및 방호계획을 수립**하여, **청원경찰과 특수경비원이 실제 경비업무를 담당**하고 있다.

21. 중요시설을 분류하고자 한다. 그 내용이 아닌 것은?   04.7 순경

① 실질적 분류는 가, 나, 다급으로 나눌 수 있다.

② 이런 분류는 국가안전에 미치는 중요도에 따른 분류이다.

③ 따라서 행정기관이냐 산업시설이냐는 중요한 기준이 된다.

④ 국가중요시설에는 속하지 않으나 중앙부처장 또는 시·도지사가 필요하다고 인정한 시설은 기타 급으로 분류된다.

❖ **정답:** ③

❋ **해설:** ▶ **중요시설의 분류**

형식적 분류	사용목적상에 의한 분류	
	행정시설	청와대, 국회의사당, 대법원, 중앙부처기관, 한국은행, 지방관청 등
	산업시설	일반산업시설, 발전시설, 방송·통신서설 등

실질적 분류	시설이 **국가안전에 미치는 영향(중요도)**에 따른 분류	
	가급	적에 의하여 점령 또는 파괴되거나 기능마비 시 **광범위한 지역의 통합방위 작선 수행이 요구**되고 국민생활에 결정적인 영향을 미칠 수 있는 시설 예 **청와대, 국회의사당, 대법원, 정부중앙청사, 국방부, 국가정보원, 한국은행 본점 등**
	나급	적에 의하여 점령 또는 파괴되거나 기능마비 시 **일부지역의 통합방위 작전수행이 요구**되고 국민생활에 중대한 영향을 미칠 수 있는 시설 예 **경찰청, 대검찰청, 국책은행 및 시중은행본점 등**
	다급	적에 의하여 파괴되거나 기능마비 시 **제한된 지역에서 단기간 통합방위 작전수행이 요구**되고 국민생활에 상당한 영향을 미칠 수 있는 시설 예 **기타 중앙행정기관의 청 등**
	기타 급	중앙부처장 또는 시·도지사가 필요하다고 인정하여 지정한 행정 및 산업시설

22. 국가중요시설에 대한 설명 중 틀린 것은?   10.1 승진

① 국가중요시설이란 공공기간, 공항, 항만, 주요 산업시설 등 적에 의하여 점령 또는 파괴되거나 기능이 마비될 경우 국가안보 및 국민생활에 심대한 영향을 미치는 시설을 말한다.

② 국가중요시설은 국방부장관이 관계행정기관의 장 및 국가정보원장과 협의하여 지정한다.

③ 국가중요시설은 시설의 기능, 역할의 중요성과 가치의 정도에 따라서 가, 나, 다급으로 분류한다.

④ 적에 의하여 파괴되거나 기능마비 시 제한된 지역에서 단기간 통합방위작전 수행이 요구되고 국민생활에 상당한 영향을 미칠 수 있는 시설은 나급에 해당한다.

정답: ④

해설: 적에 의하여 파괴되거나 기능마비 시 제한된 지역에서 단기간 통합방위작전 수행이 요구되고 국민생활에 상당한 영향을 미칠 수 있는 시설은 **다급에 해당**한다.

23. 다음 중요시설의 실질적 분류 중 연결이 틀린 것은?   05.2 경간부

① 가급 – 청와대, 국회, 대법원, 정부, 국방부, 국가정보원, 한국은행본점

② 나급 – 경찰청, 대검찰청, 국책은행, 시중은행본점

③ 다급 – 중앙행정기관의 청, 국세청, 병무청

④ 기타 급 – 한국은행본점, 경찰청, 대검찰청, 외교통상부

정답: ④

해설: 기타 급 – 중앙부처장 또는 시·도지사가 필요하다고 인정하여 지정한 행정 및 산업시설

24. 적에 의하여 파괴되거나 기능마비 시 일부지역의 통합방위작전 수행이 요구되고 국민생활에 중대한 영향을 미칠 수 있는 국가중요시설은?   10.1 승진

① 가급   ② 나급   ③ 다급   ④ 라급

정답: ②

해설: 나급 – 적에 의하여 점령 또는 파괴되거나 기능마비 시 **일부지역의 통합방위 작전수행이 요구**되고 국민생활에 중대한 영향을 미칠 수 있는 시설 예 **경찰청, 대검찰청, 국책은행 및 시중은행본점 등**

25. 중요시설의 평상시 경비강화책으로 가장 타당하지 않은 것은?   05.1 승진

① 시설경비계획의 강화   ② 시설점검의 강화

③ 방호진단, 지도점검 실시   ④ 관할 경찰력의 지원

정답: ④

해설: ▶ 중요시설의 방호임무

시설장	① 경비인력 확보 ③ 방호시설물 설치 ⑤ 자체경비력의 점검 및 감독	② 출입자 통제 및 직원의 신상파악 ④ 지체계획의 수립 · 시행
경찰 기관의 장	① 방호계획의 종합 및 조정 ③ 방호위원회 운영	② 시설방호상태 지도감독 ④ 경비요원에 대한 교육훈련실시

26. 다음 중 중요시설 3지대 방호개념인 것은?   06.3 순경

> 시설 울타리를 연하는 선으로 시설내부 및 핵심시설의 적의 침투를 방지하여 결정적으로 중요시설을 방호하는 선으로 방호시설물을 집중적으로 설치하고 고정초소근무 및 순찰근무로서 출입자를 통제하고 무단침입자를 감시한다.

① 경계지대   ② 주방어지대

③ 통제지대   ④ 핵심방어지대

정답: ②

해설: ▶ 중요시설 3지대 방호

제1지대 (경계지대)	① 시설 울타리 전방 취약지점에서 시설에 접근하기 전에 저지할 수 있는 **예상 접근로상의 "목"지점 및 감제고지 등을 통제하는 지대** ② **불규칙적인 지역수색 · 매복활동으로 적 은거 및 탐지활동 시행, 장애물을 설치하여 방호 실시**
제2지대 (주방어지대)	① **시설 내부 및 핵심시설로 침투하는 적을 결정적으로 거부하기 위한 지대**로서 시설 및 울타리를 연결하고 외곽의 소총 유효사거리를 고려하여 설정하는 지대 ② **시설자체 경계요원, 주 · 야간 초소 및 순찰활동, CCTV 등 설치 · 운영**
제3지대 (핵심방어 지대)	① 시설의 주기능에 결정적인 영향을 미치는 주요 핵심시설로서 **주방어지대에 중심을 보강하고 침투한 적을 최종적으로 격멸하는 핵심 방어지대** ② 주 · 야간 경계요원에 대한 계속적인 감시 · 통제가 될 수 있도록 **경비인력 운용, 시설의 보강(지하화, 방호벽, 방탄막 등)을 최우선 설치**하여야 하며, 유사시는 결정적인 보호가 될 수 있도록 경비인력을 증가 배치

27. 국가중요시설 및 그 경비에 관한 설명으로 틀린 것은?   08.7 순경

① 국가시설의 관리책임자는 경찰서장이다.

② 국가중요시설이 국가안전에 미치는 영향에 따라 가, 나, 다급으로 나뉜다.

③ 3지대 개념의 방호는 경계지대, 주방어지대, 핵심방어지대이다.

④ 국가중요시설은 국방부장관이 관계행정기관의 장 및 국가정보원장과 협의하여 지정한다.

정답: ①

해설: 국가중요시설의 책임자는 원칙적으로 **중요시설의 장(관계기관의 장)**이다.

28. 다음 중 외국공관의 경비에 대한 설명으로 적절하지 못한 것은?   01.1 승진

① 경비의 목적은 공관의 안전을 도모함으로써 외교관계를 유지·발전시키기 위함이다.

② 외교관에 대하여는 상응한 경의와 예의를 갖춘다.

③ 시위대가 기습적으로 공관 내부에 들어간 경우 체포를 위해 공관 내로 들어갈 수 있다.

④ 테러가 예상되는 상황이 발생한 경우 상부의 지시에 따라 총기를 휴대하고 근무할 수 있다.

⦂ 정답: ③

※ 해설: ▶ 주한 외국기관에 대한 시설경비활동

목적	주한 외국공관 기타 외국기관에 대한 경비활동을 통하여 각종 위해로부터 **외교관의 신변 및 시설물에 안전을 도모함으로써 외교관계를 유지·발전**시키는 데 목적이 있다.
근무자세	① 외교관에 대한 장례 등 **예의표시는 의전상 필요시에만 실시하고 경비의 중요성을 감안하여 경계근무에 치중**한다. ② 출입자 및 면회요청자에게 대한 동태파악 및 불심자에 대한 검문을 철저히 하여 경비임무수행에 만전을 기한다. ③ 경비구역 주변에 대한 방범활동을 철저히 하여 화재 및 범죄예방에 노력한다.
근무시 유의사항	① 시위대가 기습적으로 공관 내부에 들어간 경우 **체포를 위한 공관 내로 들어갈 수 없다.** ② **공관지역은 불가침이므로 접수국의 관헌은 공관장의 동의 없이 공관지역에 들어가지 못한다.** ③ 테러가 예상되는 상황이 발생한 경우 **상부의 지시에 따라 총기를 휴대하고 근무할 수 있다.**

29. 다음은 청원경찰에 관한 설명이다. 잘못된 것으로 묶인 것은?   08.3 순경

> ㉠ 청원경찰은 그 경비구역 내에 한하여 불심검문, 범죄의 예방과 제지, 범죄수사와 같은 경찰관직무집행상의 직무를 수행할 수 있다.
> ㉡ 청원경찰의 임용권자는 청원주이며, 임용승인권자는 지방경찰청장이다.
> ㉢ 청원경찰에 대한 징계는 파면, 정직, 견책이 있다.
> ㉣ 청원경찰의 자격요건은 18세 이상 50세 미만의 자이다(단, 남자인 경우에는 군복무를 필하였거나 면제를 받아야 한다).

① ㉠, ㉢   ② ㉡, ㉢   ③ ㉠, ㉣   ④ ㉢, ㉣

⦂ 정답: ①

※ 해설:

㉠ 청원경찰은 경찰관직무집행법에 의한 직무를 수행하되 **수사활동은 할 수 없다.**

㉢ 청원경찰에 대한 징계의 종류는 **파면, 해임, 정직, 감봉, 견책**으로 하며, 감봉은 1월 이상 6월 이하로 하되, 봉급의 3분의 1을 감한다[청원경찰법 시행령 제17조(징계)].

30. 청원경찰법 및 동법 시행령에 관한 사항 중 옳지 않은 것은?　　　　　　　09.1 승진

① 지방경찰청장은 청원경찰이 직무수행을 위하여 필요하다고 인정할 때는 청원주의 신청에 의하여 관할서 장으로 하여금 무기를 휴대하게 할 수 있다.
② 청원경찰의 직무감독자는 청원주와 경찰서장이다.
③ 청원경찰에 대한 징계는 파면, 정직, 감봉이다.
④ 청원경찰은 경비구역 내에서 경찰관직무집행법에 의하여 직무를 수행한다.

❖ **정답:** ③

❊ **해설:** 청원경찰에 대한 징계는 **파면, 해임, 정직, 감봉, 견책**이다.

31. 청원경찰에 대한 설명으로 옳은 것은 모두 몇 개인가?　　　　　　　　　10.1 승진

> ㉠ 임용승인은 경찰의 권한이나, 임용은 청원주의 권한이다.
> ㉡ 청원주는 경찰에서 임용승인을 받은 자에게 대하여는 반드시 임용하여야 한다.
> ㉢ 청원경찰의 배치는 '배치신청→배치결정→임용승인신청→임용승인→임용' 순서로 배치한다.
> ㉣ 청원주가 임용승인에 의하여 청원경찰을 임용한 때에는 10일 이내에 지방 경찰청장에게 보고한다.
> ㉤ 관할경찰서장은 연1회 이상 청원경찰을 배치한 경비구역을 지도 및 감독한다.

① 1개　　　　　　② 2개　　　　　　③ 3개　　　　　　④ 4개

❖ **정답:** ③

❊ **해설:**
㉡ 청원주는 경찰에서 임용승인을 받은 자에게 대하여 **반드시 임용할 필요는 없다.**
㉤ 관할경찰서장은 **월 1회 이상** 청원경찰을 배치한 경비구역을 지도 및 감독한다.

32. 다중범죄의 특성과 가장 거리가 먼 것은?　　　　　　　　　　　　　　99.1 승진
① 부화뇌동성이 강하다.
② 충동성이 강하다.
③ 조직성이 없다.
④ 편협성이 강하다.

❖ **정답:** ③
❊ **해설:** ▶ **다중범죄의 특성**

확신적 행동성	다중범죄의 참여자는 **자신의 주장이 옳다는 확신**을 가지고 사회정의를 위하여 투쟁한다는 생각으로 **투신, 자살 등 전투적인 행동**을 하는 경우가 많다.
조직적 연계성	다중범죄는 **특정한 조직에 기반을 두고** 조직의 뜻대로 계획해서 뚜렷한 목적의식을 가지고 감행되는 경우가 대부분이다.
부화뇌동적 파급성	다중범죄의 발생은 **군중심리로 인하여 발생되는 경우가 많으므로** 일단 발생되면 부화뇌동으로 인하여 갑자기 확대될 수 있다.
비이성적 단순성	시위군중은 **이성적인 판단능력을 상실함으로써** 과격·단순·편협하여 타협이나 설득이 어려운 경우가 많다.

33. 다중범죄 진압활동 시 '진압의 3대 원칙'이 아닌 것은?   10.1 승진

① 주동자 격리   ② 주모자 체포
③ 신속한 해산   ④ 재집결 방지

▪ 정답: ①

▓ **해설:** ▶ **진압활동시의 3대 원칙**

① 신속한 해산	② 주모자 체포	③ 재집결 방지

34. 다중범죄의 진압이론과 관련하여 정책적 치료법이 아닌 것은?   08.2 경간부

① 전이법 – 다중범죄의 징후가 있어서 국민의 관심을 집중시킬 수 있는 큰 규모의 행사를 개최하여 원래의 이슈가 상대적으로 약회되었다.

② 경쟁행위법 – 서울지하철노조가 객관적으로 명분 없는 지하철 운행중단을 실시하자 언론에 일반 시민의 불만과 비난의 목소리가 크게 부각되었다. 이에 당황한 지하철 노조는 스스로 지하철 정상 운행에 복귀하였다.

③ 선수승화법 – A지역의 재건축과 관련하여 일부 세입자들이 이주비 보상 및 영구임대아파트 보장을 요구하며 시위를 벌이려고 한다는 첩보가 입수되어 A경찰서 정보과에서 구청장 및 재건축 조합장과의 면담을 주선하여 대회에 의한 타협을 보았다.

④ 방어법 – 불만집단의 고조된 주장을 시간을 끌어 이성적으로 생각할 기회를 부여하고 정서적으로 감정을 둔화시켜서 흥분을 가라앉게 하는 방법이다.

▪ 정답: ④

▓ **해설:** ▶ **다중범죄의 정책적 치료법**

선수승화법	① **사전해결** ② 특정한 불만집단에나 정보활동을 강화하여 **사전에 불만 및 분쟁요인으로 찾아내어 해소시켜 주는 방법** ㉠ 특정지역의 재개발과 관련하여 일부 세입자의 시위가 예상되어 경찰서 정보과에서 관계인 면담을 주선하여 대화에 의한 타협을 본 경우
전이법	① **다른 이슈의 제기** ② 다중범죄의 발생 징후나 이슈가 있을 때 **집단이나 국민들의 관심을 집중시킬 수 있는** 경이적인 사건을 폭로하거나 **규모가 큰 행사를 개최하여 원래의 이슈가 상대적으로 약화**되도록 하는 방법 ㉠ 다중범죄의 징후가 있을 때 국민들의 관심을 집중시킬 수 있는 대규모 행사를 개최하여 이전 이슈를 상대적으로 약화시킨 경우
지연정화법	① **시간의 지연** ② 불만집단의 **고조된 주장에 대해 시간을 끌어 이성적으로 생각할 기회를 부여**하고 정서적으로 감정을 둔화시켜서 흥분을 가라앉게 하는 방법
경쟁행위법	① **반대의견의 부각** ② 불만집단과 **반대되는 대중의견을 크게 부각시켜 불만집단이 위압되어 스스로 해산 및 분산**되도록 하는 방법 ㉠ 서울지하철노조의 명분 없는 파업에 대해 언론에 일반시민의 불만과 비난의 목소리가 커지자 이에 지하철노조가 굴복하여 파업을 철회하는 경우

35. 특정지역의 재개발과 관련하여 일부 세입자의 시위가 예상되어 경찰서 정보과에서 관계인 면담을 주선하여 대화에 의한 타협하였다. 이는 다중범죄정책적 치료법 중 무엇인가?   07.3 순경

① 전이법
② 선수승화법
③ 지연정화법
④ 경쟁행위법

❖ **정답:** ②
❋ **해설:** ▶ **선수승화법**

> ① **사전해결**
> ② 특정한 불만집단에나 정보활동을 강화하여 **사전에 불만 및 분쟁요인으로 찾아내어 해소**시켜 주는 방법
>   예 특정지역의 재개발과 관련하여 일부 세입자의 시위가 예상되어 경찰서 정보과에서 관계인 면담을 주선하여 대화에 의한 타협을 본 경우

36. 다중범죄의 진압이론 중 다음과 가장 관련이 있는 것은?   07.1 승진

> 서울지하철노조가 객관적으로 명분 없는 지하철 운행중단을 실시하자 언론에 일반시민의 불만과 비난의 목소리가 크게 부각되었다. 이에 당황한 지하철 노조는 스스로 지하철 정상운행에 복귀하였다.

① 전이법
② 선수승화법
③ 지연정화법
④ 경쟁행위법

❖ **정답:** ④
❋ **해설:** ▶ **경쟁행위법**

> ① **반대의견의 부각**
> ② 불만집단과 **반대되는 대중의견을 크게 부각시켜 불만집단이 위압되어 스스로 해산 및 분산**되도록 하는 방법
>   예 서울지하철노조의 명분 없는 파업에 대해 언론에 일반시민의 불만과 비난의 목소리가 커지자 이에 지하철 노조가 굴복하여 파업을 철회하는 경우

37. 서울 S대학에서 예정된 불법집회에 참가하기 위하여 각 대학별로 버스·기차를 이용하여 상경한다는 첩보에 따라 지방경찰청별로 버스터미널, 톨게이트, 기차역 등에 경력을 배치하여 상경을 저지하였다. 이는 진압의 기본원칙 중 어디에 해당하는가?   02.1 승진

① 봉쇄·방어
② 차단·배제
③ 세력분산
④ 원천봉쇄

❖ **정답:** ②

※ 해설: ▶ 진압의 기본원칙

차단 · 배제	군중이 목적지에 집결하기 전에 중간에서 차단하여 집합을 못하게 하는 방법으로, 중요 목지점에 경력을 배치하고 검문검색을 실시하여 가담자를 사전 색출 · 검거하거나 귀가조치하여 시위군중을 집합을 사전에 차단하는 방법을 말한다. 예 서울시청 앞 광장에서 예정된 불법집회에 참가하기 위하여 상경한다는 첩보에 따라 지방경찰청별로 기차역, 톨게이트, 버스터미널 등에 경력을 배치하여 상경을 저지한 경우
봉쇄 · 방어	군중들이 중요시설 등 보호대상물의 점거를 기도할 경우, 사전에 진압부대가 점령하거나 바리케이드 등으로 봉쇄하여 방어조치를 취하는 방법으로 군중의 의도를 사전에 봉쇄하여 충돌 없이 효과적으로 무산시키는 방법을 말한다.
주동자 격리	주모자를 사전에 검거하거나 군중과 격리시켜 군중의 집단적 결속력을 약화시켜 계속된 행동을 못하게 진압하는 방법을 말한다.
세력분산	시위대가 집단을 형성한 이후에 시위집단의 통제력을 차단시키며 수 개의 소집단으로 분할시켜 그 세력을 분산시키는 방법을 말한다.

38. 경비경찰에 관한 설명으로 가장 적절하지 않은 것은?(다툼이 있으면 판례에 의함)   11.2 순경
① 헌법 제37조 제2항, 경찰관직무집행법, 경찰법 모두 경비경찰권의 법적 근거로 볼 수 있다.
② 경비경찰권의 발동에 관한 가장 주된 법률은 경찰관직무집행법이다.
③ 대규모 시위대가 지하철로 이동하면서 하차하여 불법시위를 할 것이 명백한 경우 경찰이 지하철역에 요구하여 무정차 통과토록 조치하였다면 경찰관직무집행법 제6조(범죄의 예방과 제지)에 근거한 조치로 볼 수 있다.
④ 제주공항에서 시민단체 회원들이 제주도로부터 440여km 떨어진 서울에서 열릴 옥외집회에 참석하기 위해 비행기에 탑승하려 하였으나, 경찰은 위 집회가 금지통고를 받은 불법집회라는 이유를 들어 이들의 비행기 탑승 자체를 저지하였다. 이는 경찰관직무집행법 제6조(범죄의 예방과 제지)에 근거한 정당한 경찰권의 행사이다.

❖ 정답: ④
※ 해설: 경찰관직무집행법 제6조(범죄의 예방과 제지) 중 제지에 관한 부분은 범죄의 예방을 위한 경찰행정상 즉시강제, 즉 눈앞의 급박한 경찰상 장애를 제거하여야 할 필요가 있고, 의무를 명할 시간적 여유가 없거나 의무를 명하는 방법으로는 그 목적을 달성하기 어려운 상황에서 의무불이행을 전제로 하지 아니하고 경찰이 직접 실력을 행사하여 경찰상 필요한 상태를 실현하는 권력적 사실행위에 해당되는 것으로 **시간적 · 장소적 근접하지 않는 다른 지역에서 그 집회 · 시위에 참가하기 위하여 출발 또는 이동하는 행위를 함부로 제지하는 것은 경찰관직무집행법 제6조 제1항의 행정상 즉시강제인 경찰관의 제지의 범위를 명백히 넘어 허용될 수 없다**[대판 2007도9794].

39. 다중범죄 및 그 진압에 대한 설명으로 옳은 것은?   08.7 순경
① 다중범죄의 특징은 확신적 행동성, 부화뇌동적 파급성, 비이성적 단순성, 조직성결여 등이 있다.
② 전이법은 불만집단과 반대되는 대중의견을 크게 부각시켜 불만집단이 위압되어 스스로 해산 및 분산되도록 하는 방법이다.
③ 다중범죄진압의 3대 원칙은 신속한 해산, 주모자 체포, 재집결방지이다.
④ 군중이 목적지에 집결하기 이전에 중간에 차단하여 집합을 하지 못하게 하는 것은 봉쇄 · 방어이다.

❖ 정답: ③

❈ **해설:**
① 다중범죄의 특징은 **확신적 행동성, 부화뇌동적 파급성, 비이성적 단순성, 조직적 연계성**이 있다.
② **경쟁행위법**에 대한 내용이다.
④ 군중이 목적지에 집결하기 이전에 중간에 차단하여 집합을 하지 못하게 하는 것은 **차단·배제**이다.

40. 군중심리학 중 정상군중심리에 해당하지 않는 것은?   10.1 승진
① 호기심리   ② 동정심리
③ 도덕의 모순   ④ 안전심리

❖ **정답:** ③
❈ **해설:** ▶ 정상군중심리

의의	보통 사회 상황에서 만들어지는 **군중심리**로 정서의 평행상태를 **유지**하는 심리적 상태를 말하며, **정부와 국민 간의 신임·충성·단결**과 관련이 있다.
종류	① **호기심리** ② **동정심리** ③ **안전심리** ④ 수치심리 ⑤ 집체심리

41. 다음은 군중의 특성에 대한 설명이다. 어떤 특성을 말하는가?   08.1 승진

> 학생들이 시위를 하면서 저지하는 경찰에게 투석을 하는 경우 학생들은 어느 특정 경찰관을 상대로 투석행위를 하는 것은 아니며 경찰 또한 특정 학생을 상대로 진압행위를 하는 것은 아니다.

① 익명성   ② 비개인성
③ 피암시성   ④ 조직성

❖ **정답:** ②
❈ **해설:** 군중의 특성 중 **비개인성**에 대한 설명이다.

42. 다중범죄의 특성으로 부적절한 것은?   96.1 승진, 01.11 순경
① 군중의 심리는 다중의 힘을 과신, 편협적 판단으로 반대의사를 허용한다.
② 군중은 행동에 대한 예감이나 불안을 갖지 않고 단순하게 행동한다.
③ 군중은 맹목적으로 다중의 행동에 따르는 부화뇌동적 파급성을 갖는다.
④ 하나의 사건이 발생하면 또 다른 사건으로 확대 발전하는 성격이 있다.

❖ **정답:** ①
❈ **해설:** ▶ 군중심리의 일반적 특징

경신성과 피암시성	군중은 유언비어 등을 쉽게 믿고, 현실 상황을 합리적으로 판단하지 못하고 **암시에 따른 행위**를 하게 된다.
충동성과 변이성	군중은 **충동적으로 행동하고, 부단한 변화를 행동으로 반영**한다.
감정의 과장성과 단순성	개성이 소멸하여 **생각이 단순**해지고, **감정이 강화·과장**되어 나타난다.
편협성과 전횡성	다른 사람의 반대의견을 허용하지 않는 **편협성과 한 방향으로만 나아가려는 속성**을 지니고 있다.

43. 경호경비에 대한 설명 중 틀린 것은?　　　　　　　　08.1 승진

① 행차코스, 행사예정 장소 등은 원칙적으로 비공개되어야 하고 동일한 장소에 수차 행차하였던 곳은 가급적 변경하고, 대중에 노출된 도보행사차는 가급적 제한하는 것은 목표물 보존의 원칙이다.

② 매복은 3지대 중 제2지대에서 실시한다.

③ 경호안전활동으로 안전검측의 내용으로 폭발물 등 각종 위해물의 설치, 매설 등을 탐지하여 제거하고 고층건물을 이용한 저격 등의 위험을 예방하는 안전점검, 안전검사를 하여 안전유지를 한다.

④ 행사장 경호 중 2선은 경비구역으로 옥상건물을 감시하여 경찰이 담당한다.

☄ 정답: ②

※ 해설: ▶ 제1지대(경계지대)

> ① 시설 울타리 전방 취약지점에서 시설에 접근하기 전에 저지할 수 있는 **예상 접근로상의 "목"지점 및 감제고지 등을 통제하는 지대**
> ② 불규칙적인 지역수색·매복활동으로 적 은거 및 탐지활동 시행, 장애물을 설치하여 방호 실시

44. 대통령의 민정시찰 시의 연도경비의 유형은 무엇인가?　　　　　　　　04.4 순경

① 경호 1등급

② 경호 2등급

③ 경호 4등급

④ 경호 5등급

☄ 정답: ③

※ 해설: ▶ 경호수준에 의한 구분

1등급 경호	총력경호체제가 요구되는 **완전공식행사** 시 경호활동(3선 경호개념 적용)
2등급 경호	연례적이고 통상적인 **공식행사** 시의 경호활동(3선 경호개념 적용)
3등급 경호	선별적으로 경력이 운용되는 **비공식행사** 시 경호활동(2선 경호개념 적용)
4등급 경호	근접경호 위주의 **완전비공식행사** 시 경호활동(1선 경호개념 적용)
5등급 경호	근접경호와 순찰차 에스코트 위주의 경호활동

45. 다음 중 경호의 구분에 대한 설명으로 옳지 않은 것은?　　　　　　　　01.1 승진, 03.1 승진

① 외국귀빈 중 국왕은 A·B·C·D등급 경호대상이다.

② 국내요인 중 국회의장은 을호 경호대상이다.

③ 경호대상 중 외빈 A·B·C·D등급 경호대상자는 경찰책임 하에 경호를 실시하고, 이때에는 총기를 휴대한 근접경호 실시가 가능하다.

④ A·B·C·D등급 외빈경호 대상으로 결정된 국빈 행사시에는 경호 1등급 연도경호 대상이다.

☄ 정답: ③

※ **해설: ▶ 국외요인의 경호대상**

A·B·C·D등급	① **대통령, 국왕, 행정수반(수상 포함)** ② **행정수반이 아닌 총리, 부통령** ③ A·B·C·D등급은 경호처장이 정함.	대통령실 소속 경호처
E·F등급	① 부총리, 왕족, A·B·C·D등급의 배우자 단독 방한 ② 전직대통령, 전직총리, 국제기구·국제회의 중요인사 ③ 기타 장관급 이상으로 경찰청장이 경호가 필요하다고 인정한 사람 ④ E·F등급은 경찰청장이 정함.	경찰

46. 경찰단독으로 실시할 수 있는 경호는? 03.6 순경

① 이집트총리 ② 대통령
③ 영부인이 고아원에 방문했을 때 ④ 국무총리

❖ **정답: ④**

※ **해설: ▶ 경찰의 경호대상**

국내 요인	乙호	① **국회의장, 대법원장, 국무총리, 헌법재판소장** ② **대통령선거후보자** ③ **퇴임 후 10년이 경과**한 전직대통령	경찰
	丙호	甲호, 乙호 외에 경찰청장이 필요하다고 인정한 사람	
국외 요인	E·F등급	① 부총리, 왕족, A·B·C·D등급의 배우자 단독 방한 ② 전직대통령, 전직총리, 국제기구·국제회의 중요인사 ③ 기타 장관급 이상으로 경찰청장이 경호가 필요하다고 인정한 사람 ④ E·F등급은 경찰청장이 정함.	경찰

47. 대한민국 대통령후보자 A는 개표결과 당선이 확정되었다. 이 경우 A가족이 받게 될 경호는?

① 갑호 ② 을호 ③ 병호 ④ 경호대상에서 제외

❖ **정답: ①**

※ **해설: ▶ 국내요인**

甲호	① **대통령과 그 가족** ② **대통령으로 당선인과 그 가족** ③ 대통령권한대행과 그 배우자 ④ **퇴임 후 10년 이내** 전직대통령과 그 배우자 및 자녀	대통령실 소속 경호처
乙호	① **국회의장, 대법원장, 국무총리, 헌법재판소장** ② **대통령선거후보자** ③ **퇴임 후 10년이 경과**한 전직대통령	경찰
丙호	甲호, 乙호 외에 경찰청장이 필요하다고 인정한 사람	

48. 행사경호의 유형 중 사전통보나 절차 없이 이루어지는 행사 시 실시하는 경호로서 고도의 보안이 요구되는 경호는?   04.1 승진

① 완전공식경호

② 비공식경호

③ 공식경호

④ 완전비공식경호

정답: ④

해설: ▶ **경호활동의 구분**

완전공식	대규모 국가적인 행사로 **사전에 언론을 통해 완전히 공개**된 행사 시 실시하는 경호 예 **대통령 취임식, 월드컵축구경기, 아시아 유럽정상회의 ASSEM 등**
공식	**연례적·통상적으로 실시하는 공개**된 행사 시 경호 예 **국경일, 기공식 및 준공식, 기념일 등**
비공식	**보안유지가 요구되는 비공개 행사** 시 실시하는 경호 예 **현장방문행사 등**
완전 비공식	정부 또는 사부상 필요에 의해 **사전통보나 절차 없이 이루어지는 행사시 실시하는 경호** 예 **비공식방문(민정시찰·사저행차), 운동, 공연관람 등**

49. 경찰의 경호경비에 대한 설명 중 가장 바르게 설명한 것은?   02.1 승진

① 대통령, 국무총리, 외국원수 등에 대하여는 대통령실 소속 경호처 주관으로 실시한다.

② 경호행사 시 경찰관은 대통령 소속 경호처의 지시를 거부할 수 없다.

③ 경호행사 시 동원경력은 4시간 전에 배치한다.

④ 경호에서 '880행사'란 완전 비공식행사를 말한다.

정답: ④

해설:

① 국무총리는 **경찰단독으로 실시**한다.

② 경호 시에는 대통령 등의 경호에 관한 법률에 따라 **경찰과 대통령실 소속 경호처는 상호 협력**해야 한다.

③ 경호행사 시 **동원경력은 2시간 전에 배치**한다.

50. 다음 중 경찰의 경호경비에 대한 바른 설명은 무엇인가?   01.2 경간부

① 경호에는 행사장경호, 숙소경호, 연도경호 등이 있다.

② 경호행사 시 경력동원은 12시간 전에 배치한다.

③ 경호에서 880행사는 완전공식행사를 말한다.

④ 경호행사시 경찰관은 대통령실 소속 경호처의 지시를 거부할 수 없다.

정답: ①

해설:

② 경호행사 시 **경력동원은 2시간 전에 배치**한다.

③ 경호에서 **880행사는 완전비공식행사**를 말한다.

④ 경호 시에는 대통령 등의 경호에 관한 법률에 따라 **경찰과 대통령실 소속 경호처는 상호 협력**해야 한다.

51. 경찰의 경호경비에 대한 설명으로 틀린 것은?   08.1 승진

① 경호경비는 완벽하여야 하며 한번 실패하면 사후에 보완이 불가능한 특성이 있다.

② "암살기도자 또는 위해를 가할 가능성이 있는 불순분자로부터 피경호자를 격리해야 한다."는 것은 경호경비의 4대 원칙 중 "목표물 보존의 원칙"에 해당된다.

③ 행사장 안전검측을 할 때에는 외부, 내부, 공중지역, 연도를 구분하여 실시한다.

④ 행사장 경호는 경호활동지역을 제1선(안전구역), 제2선(경계구역), 제3선(경비구역)으로 구분하여 실시하되, 제1선의 경비는 경호실이 담당하고, 제2선과 제3선의 경비는 경찰이 담당한다.

❖ **정답:** ④

❈ **해설:** ▶ **직접경호지역**

제1선 (안전구역: 내부)	① **절대 안전 확보구역** ② **통상 수류탄 투척거리 또는 권총 유효사거리**로서 실내행사는 행사장 내부, **실외행사는 행사장 반경 50m 내외** ③ 경호에 대한 주관 및 책임은 **대통령실 소속 경호처** ※ **주요 활동:** 출입자 통제관리, MD설치 운용, 비표확인 및 출입자 감시
제2선 (경비구역: 내곽)	① **주경비지역(부분적 통제)** ② 실내행사는 **건물내부 또는 담장을 연하는 경계책 내곽**, 실외행사는 소총 유효사거리 내외 ③ 제1선을 제외한 행사장 중심으로 반경 **500m 내외의 취약개소** ④ 경호책임은 **경찰이 담당**하고, 군부대 내일 경우 군이 책임 ※ **주요 활동:** 돌발사태 대비 예비대 운영 및 구급차, 소방차 대기, 바리게이드 등 장애물 설치 등
3선 (경계구역: 외곽)	① **조기경보지역(보안 및 수색활동)** ② 실내행사는 **소총 유효사거리**, 실외행사는 **소구경곡사화기의 유효사거리를 고려한 거리** ③ 소구경곡사화기의 유효사거리를 고려한 **1~2km권 내 지역** ④ 경호책임은 통상 **경찰이 책임** ※ **주요 활동:** 감시조 운영, 도보등 원거리 기동순찰조 운영, 원거리 불심자 검문차단
경호 시 주의사항	① 행사장 경호업무는 제3선 개념에 의해 실시하는데, 제1선은 경호실에서 담당하고, 제2선과 3선은 경찰이 담당하며, 경찰은 경호실의 지시에 따라야 한다. ② 행사장 내 일반참석자와 안전요원의 비율은 최소한 50:1이 되도록 배치한다. ③ 행사장 경호 시 **일반경호경력은 2시간 전에 배치를 완료**해야 하고, MD조는 3시간 전에 배치를 완료해야 한다.

52. 다음 경호경비에 대한 설명 중 옳은 내용은?   10.2 경간부

① 국외요인 중 A · B · C · D · E · F등급에 해당하는 경우 경호처에서 주관하고, 乙호와 丙호에 해당하는 국내요인은 경찰이 담당한다.

② 국회의장, 대법원장, 국무총리, 헌법재판소장, 전직대통령(퇴임 후 10년 경과), 대통령선거후보자의 경우 경찰이 담당한다.

③ 대통령이 운동경기, 공연 등 관람하는 경우 비공식이다.

④ 행사장 경호의 경우 2선에서 MD설치운영, 출입자통제, 비표확인을 실시한다.

❖ **정답:** ②

❈ **해설:**

① E·F등급은 **경찰이 담당**한다.

③ 대통령이 운동경기, 공연 등 관람하는 경우 **완전비공식(880행사)**이다.

④ 행사장 경호의 경우 **1선(안전구역)**에서 MD설치운영, 출입자통제, 비표확인을 실시한다. 2선(경계구역)에서 바리케이드 설치 등을 실시한다.

53. 다음 설명하는 경호경비의 원칙은 무엇인가?   04.10 순경, 06.10 순경

> ㉠ 행차코스나 행차예정 장소 등은 원칙적으로 비공개로 하여야 한다.
> ㉡ 대중에게 노출된 도보행차는 가급적 제한되어야 한다.

① 목적물 보존의 원칙

② 자기담당구역 책임의 원칙

③ 하나의 통로로 통제된 지점을 통한 접근의 원칙

④ 자기희생의 원칙

❖ 정답: ①

❈ **해설: ▶ 경호경비의 4대 원칙**

자기희생의 원칙	경호원은 피경호자가 위기가 처해졌을 때는 **육탄방어의 정신으로 피경호자를 보호하여야 한다는 원칙**이다.
자기담당구역 책임의 원칙	경호원은 자기담당구역 내에서 일어나는 어떠한 사태에 대하여도 **다른 사람이 아닌 자기만이 책임을 지고 해결하여야 한다는 원칙**이다.
하나의 통제된 지점을 통한 접근의 원칙	피경호자에게 접근할 수 있는 통로는 경호상 통제된 **유일한 통로만이 필요하고 여러 개의 통로는 필요가 없는 원칙**이다.
목표(적)물 보존의 원칙	피경호자(목표물)를 암살기도나 위해를 가할 가능성이 있는 자들로부터 분리(격리)**시켜야 한다는 원칙**을 말하며, 다음의 사항을 고려하여야 한다. ① 행차코스·행사할 예정 장소 등은 **원칙적으로 비공개**되어야 한다. ② 동일한 장소에 수차 행차하였던 곳은 **가급적 변경**하여야 한다. ③ 대중에게 **노출된 도보행차는 가급적 제한**되어야 한다.

54. 경호경비의 4대원칙에 대한 설명이 바르지 못한 것은?   07.2 경간부

① 자기담당구역책임의 원칙 – 경호원은 자기 담당구역 내에서 일어나는 어떠한 사태에 대하여도 다른 사람 아닌 자기만이 책임을 지고 해결하여야 한다는 원칙

② 여러 개의 통제된 지점을 통한 접근의 원칙 – 피경호자에게 접근할 수 있는 통로는 경호상 통제된 여러 개의 통로이어야 한다는 원칙

③ 목적물보존의 원칙 – 암살기도자 또는 위해를 가할 가능성 있는 불순분자로부터 피경호자(목적물)를 떼어 놓는 원칙

④ 자기희생의 원칙 – 경호원은 어떠한 상황과 희생을 치루더라도 피경호자의 신변을 절대로 안전이 보호·유지되어야 한다는 원칙

❖ 정답: ②

❈ **해설: 하나의 통제된 지점을 통한 접근의 원칙** – 피경호자에게 접근할 수 있는 통로는 경호상 통제된 유일한 통로만이 필요하고 여러 개의 통로는 필요가 없는 원칙

55. 경호경비에 관한 설명 중 틀린 것은?   10.1 승진

① 행사장 경호에 있어 제3선 경계구역에서는 바리케이드 등 장애물을 설치하고 돌발사태를 대비하여 예비대를 운용한다.

② 경호의 4대 원칙 중 "목표물 보존의 원칙"이란 암살기도자 또는 위해를 가할 가능성이 있는 불순분자로부터 피경호자를 떼어 놓는 원칙을 말한다.

③ 행사장 경호에 있어 제1선은 안전구역으로서 MD를 설치운용하고 비표확인 및 출입자 감시가 이루어진다.

④ 경호의 4대 원칙 중 '하나의 통제된 지점을 통한 접근의 원칙'이란 피경호자와 접근할 수 있는 통로는 경호상 통제된 유일한 통로여야 한다는 것을 말한다.

❖ **정답:** ①

❈ **해설:** 행사장 경호에 있어 **제2선 경계구역**에서는 바리케이드 등 장애물을 설치하고 돌발사태를 대비하여 예비대를 운용한다.

56. 경호상 피경호자의 신변에 대한 위해요소를 사전에 제거하는 모든 활동은?   02.1 승진

① 안전대책

② 사전 보안활동

③ 검측활동

④ 행사 보안활동

❖ **정답:** ①

❈ **해설:** 경호안전대책이란 경호상 **피경호자의 신변에 대한 위해요소를 사전에 제거하는 모든 활동**을 말한다.

57. A경찰서 관내 모범중소기업체에 외국원수가 시찰을 하는 경호가 있을 예정이다. 다음 중 보안기능에서 작성해야 할 보고서는?   02.1 승진

① 경호경비계획서

② 경호안전대책서

③ 교통관리계획서

④ 안전유지대책서

❖ **정답:** ②

❈ **해설:** ▶ 기능별 임무

경비과	**경비계획서**를 작성, 행사개요 · 특징 · 취약성 · 대책 · 동원경력배치
보안과	**경호안전대책서**를 작성, 인적 · 물적 · 취약요소에 대한 분석과 대책을 제시
교통과	**교통관리계획서**를 작성
생활안전과	**안전유지대책서**를 작성, 안전감축과 안전유지
경무과	경찰관서의 **무기 · 탄약의 관리**에 관한 사항, 경호경찰관의 보급관련 사항

58. 지방청에서 A경찰서 관내 무역박람회에 D일 H시에 대통령이 참석할 예정이니 경호 준비를 철저히 하라는 지시가 하달되었다. A경찰서 경비과에서 유념하고 조치하여야 할 사항과 거리가 먼 것은? 03.1 승진

① 경호업무는 타 업무에 우선하여 최우선적으로 처리해야 한다.

② 경호안전대책서를 작성하는데, 여기에는 행사개요 · 특징 · 취약성 · 대책 · 동원경력배치 등이 포함된다.

③ 경호 경비는 3중 경호의 원리에 의하여 경찰은 2선 경비구역, 3선 경계구역의 경비를 담당한다.

④ 경호경비는 교통통제가 중요하므로 교통기능과 긴밀히 협조한다.

정답: ②

해설: 경호업무가 발령되면 보안과는 경호안전대책서를 작성하고 경비과는 경호경비계획서를 작성한다. **경호안전대책서**는 인적 취약요소, 지리적 취약요소, 물적 취약요소에 대한 분석과 대책이 포함되고 **경호경비계획서**는 행사개요, 특징, 취약성, 대책, 동원경력배치 등이 포함된다.

59. 다음 경비경찰과 관련된 설명으로 가장 적절하지 않은 것은? 11.8 순경

① 경호의 4대 원칙으로는 자기희생의 원칙, 자기담당구역 책임의 원칙, 다양하게 통제된 지점을 통한 접근의 원칙, 목표물 보존의 원칙을 들 수 있다.

② 진압의 기본원칙으로는 봉쇄 · 방어, 차단 · 배제, 세력분산, 주동자 격리의 원칙을 들 수 있다.

③ 행사장 안전경비에 있어 군중정리에는 밀도의 희박화, 이동의 일정화, 경쟁적 사태의 해소, 지시의 철저의 4가지 원칙이 적용되어야 한다.

④ 경비경찰의 조직운용원리로는 부대단위활동의 원칙, 지휘관 단일성의 원칙, 체계통일성의 원칙, 치안협력성의 원칙의 4가지를 들 수 있다.

정답: ①

해설: ▶ 경호경비의 4대 원칙

자기희생의 원칙	경호원은 피경호자가 위기가 처해졌을 때는 육탄방어의 정신으로 피경호자를 보호하여야 한다는 원칙이다.
자기담당구역 책임의 원칙	경호원은 자기담당구역 내에서 일어나는 어떠한 사태에 대하여도 다른 사람이 아닌 자기만이 책임을 지고 해결하여야 한다는 원칙이다
하나의 통제된 지점을 통한 접근의 원칙	피경호자에게 접근할 수 있는 통로는 경호상 통제된 유일한 통로만이 필요하고 여러 개의 통로는 필요가 없는 원칙이다
목표(적)물 보존의 원칙	피경호자(목표물)를 암살기도나 위해를 가할 가능성이 있는 자들로부터 분리(격리)시켜야 한다는 원칙을 말하며, 다음의 사항을 고려하여야 한다. ① 행차코스, 행사할 예정 장소 등은 원칙적으로 비공개되어야 한다. ② 동일한 장소에 수차 행차하였던 곳은 가급적 변경하여야 한다. ③ 대중에게 노출된 도보행차는 가급적 제한되어야 한다.

60. 다음 경비경찰활동에 대한 설명 중 타당하지 않은 것은?　　　03.11 순경

① 경비업 지도는 생활안전기능에서 담당한다.

② 경찰관 무기휴대의 근거는 경찰공무원법이다.

③ 경호안전대책서는 보안과에서 작성한다.

④ 개표소 내부의 소란행위의 경우 경찰서장이 직권으로 정복경찰관을 투입할 수 있다.

❖ **정답:** ④

❋ **해설:** 내부질서유지는 선거관리위원장의 책임 하에 질서를 유지하며, 사태발생 개표소 내부에는
　　　　선거관리위원장의 요청이 있는 경우에만 정복경찰관을 투입할 수 있다.

61. 다음 중 대통령선거 관련 경비대책으로 타당하지 않은 것은?　　　07.1 승진

① 대통령 선거후보자의 신변보호는 선거 공고일로부터 당선확정 시까지 실시한다.

② 대통령 선거후보자의 신변보호는 거리 유세, 숙소 등에 대하여 24시간 근접하여 실시한다.

③ 통상 선거공고일부터 선거일 전까지는 경계강화 기간이다.

④ 선거일부터 개표 종료일까지는 갑호비상이 일반적이다.

❖ **정답:** ①

❋ **해설:** ▶ **비상근무체제 및 후보자신변보호**

비상근무 체제		① **경계강화기간**: 통상 선거공고일부터 선거일 2일 전까지 ② **갑호비상**: 선거일 전부터 개표 종료시까지이다. 　단, 선거당시의 치안여건을 감안하여 비상구분 및 기간을 조정하여 시행한다.
후보자 신변보호	대통령후보자	① 대통령후보자의 신변보호기간은 **후보자등록 시부터 당선확정 시까지**이다. ② 거리유세, 숙소 등 **24시간 근접경호임무를 수행**한다. ③ **대통령선거 후보자는 乙호 경호대상이며, 대통령으로 당선된 자는 甲호 경호의 대상**이다. ④ 신변경호를 원하지 않는 후보자는 시·도 지방경찰청에서 경호 경험이 있는 자로 선발된 직원을 대기시켜 관내 유세기간 중 근접 배치한다.
	자치단체장 및 국회의원 후보자	각 선거구를 관할하는 경찰서에서는 **후보자가 원할 경우 전담경호요원을 배치**한다.

62. 개표소 경비에 대한 설명으로 틀린 것은?　　　10.1 승진

① 제1선(개표소 내부)에는 선거관리위원회 위원장의 요청 시 경찰을 투입하고, 개표소 내부의 질서가 회복
　되거나 선거관리위원장의 요구가 있을 때는 퇴거한다.

② 제2선(울타리 내곽)에서는 경찰 단독으로 출입자를 통제한다.

③ 제3선(울타리 외곽)에서는 검문조와 순찰조를 운용한다.

④ 개표소 내부에 대한 사전 안전검측 및 안전유지는 선거관리위원회와 협조하여 경찰에서 보안안전팀을 운
　영하여 실시한다.

❖ **정답:** ②

❈ **해설: ▶ 개표소 경비**

제1선 (개표소 내부)	① 내부질서유지는 선거관리위원장의 책임 하에 질서를 유지하며, 사태발생 시 **개표소 내부에는 선거관리위원장의 요청이 있는 경우에만 정복경찰관을 투입할 수 있다.** ② 개표소 내부의 안전검측 및 유지는 경찰과 선거관리위원회가 협조하여 합동으로 보안안전팀을 운영하여 실시한다. ③ 소란행위가 있을 시 선거관리위원장의 요청에 의하여 정복경찰력을 투입하여 질서를 유지한다.
제2선 (울타리 내곽)	**선거관리위원회와 합동으로 출입자를 통제**하며, 2선 출입문은 되도록 정문만 사용하고 기타 출입문은 시정해야 한다.
제3선 (울타리 외곽)	**외곽정문에 선거관리위원회 직원과 합동근무, 불순자에 대해 출입을 통제**하며, 검문조 · 순찰조를 운용하여 위해기도자 접근을 차단한다.

63. 통합방위 갑종사태의 선포권자는 누구인가?   08.1 승진

① 대통령   ② 국방부장관
③ 지방경찰청장   ④ 시 · 도지사

✂ **정답:** ①
❈ **해설: ▶ 통합방위사태의 유형**

갑종 사태	의의	**적의 대규모 병력침투 또는 도발로 인한 비상사태**로서 통합방위본부장 또는 지역군사령관의 지휘 · 통제 하에 통합방위작전을 수행하여야 할 사태
	건의사유	① **甲종사태 발생시** ② **2인 이상 시 · 도에 걸쳐 乙종 사태 발생시**
	건의권자	**국방부장관**
	선포권자	국무총리를 경유하여 **대통령(선포 즉시 국회에 통고)**
을종 사태	의의	**일부 또는 수개 지역에서 적의 침투 · 도발로 인하여 단기간 내에 치안회복이 어려워** 지역 군사령관의 지휘 · 통제 하에 통합방위작전을 수행하여야 할 사태
	건의사유	**2인 이상 시 · 도에 걸쳐 丙종 사태 발생 시**
	건의권자	**행정안전부장관 또는 국방부장관**
	선포권자	**국무총리를 경유하여 대통령(선포 즉시 국회에 통고)**
병종 사태	의의	적의 침투 · 도발위협이 예상되거나 **소규모(5명 이내)의 적이 침투한 때**에 지방경찰청장 · 지역군사령관 또는 함대사령관의 지휘 · 통제 하에 통합방위작전을 수행하여 단기간 내에 치안이 회복될 수 있는 사태
	건의사유	**乙 · 丙종 사태에 해당하는 사태 발생 시**
	건의권자	**지방경찰청장 또는 지역군사령관**
	선포권자	**시 · 도지사(선포 즉시 시 · 도 의회에 통고)**

64. 「통합방위법」상 다음은 무엇을 설명한 것인가?   10.1 승진

> 일부 또는 여러 지역에서 적이 침투 · 도발하여 단기간 내에 치안이 회복되어 어려워 지역군사령관의 지휘통제 하에 통합 방위작전을 수행하여야 할 사태를 말한다.

① 통합방위 갑종사태   ② 통합방위 을종사태
③ 통합방위 병종사태   ④ 전시 3종 사태

❖ 정답: ②
❈ 해설: 을종사태에 대한 설명이다.

65. 북괴의 무장공비 및 간첩의 침투나 도발이 예상되거나 5명 이내의 소규모가 침투하여 일부지역에서 도발 행위시 경찰이 독자적으로 작전 수행할 수 있는 근거는?   04.4 순경
① 국가대테러 활동지침
② 전투경찰대 설치법
③ 경찰기동대운영규칙
④ 대통령령 21827호(통합방위 시행령)

❖ 정답: ④
❈ 해설: 통합방위시행령(대통령령 제21827호) → **중요시설경비의 법적 근거, 병종사태 시 경찰작전수행의 근거규정**

66. 경찰서 경비과장으로 발령받은 A는 8월 중순부터 을지연습이 시행된다는 월간 예정표를 받았다. 경비과장이 을지연습을 감독하기 위하여 반드시 검토해야 할 문서는?   02.1 승진
① 화랑계획
② 충무계획
③ 독수리계획
④ 진도개계획

❖ 정답: ②
❈ 해설: 충무계획은 실제적으로 전쟁의 발생이 임박한 경우에 **실전에 대비하여 3단계로 대응하는 전체적인 방안을 체계적으로 수립**한 것이다.

67. 경찰비상 근무요령에 관한 설명 중 틀린 것은?   09.3 순경
① 甲호 비상 – 지휘관과 참모는 정착 근무를 원칙으로 한다.
② 乙호 비상 – 지휘관과 참모는 정위치 근무를 원칙으로 한다.
③ 丙호 비상 – 지휘관과 참모는 정위치 근무를 원칙으로 하며, 가용경력 50%까지 동원할 수 있다.
④ 경계강화 – 경찰작전부대는 상황발생 시 즉각 출동할 수 있도록 출동대기태세를 유지한다.

❖ 정답: ③

❅ 해설: ▶ 비상근무의 요령

갑호 비상	경력동원	비상근무 갑호가 발령된 때에는 연가를 중지하고 **가용경력 100%까지 동원**할 수 있다.
	근무요령	**지휘관(지구대장, 파출소장은 지휘관에 준함)과 참모는 정착 근무를 원칙**으로 한다.
을호 비상	경력동원	비상근무 을호가 발령된 때에는 연가를 중지하고 **가용경력 50%까지 동원**할 수 있다.
	근무요령	**지휘관과 참모는 정위치 근무를 원칙**으로 한다.
병호 비상	경력동원	비상근무 병호가 발령된 때에는 부득이한 경우를 제외하고는 연가를 억제하고 **가용경력 30%까지 동원**할 수 있다
	근무요령	**지휘관과 참모는 정위치 근무 또는 지휘선상 위치 근무를 원칙**으로 한다.
경계 강화	경력동원	㉠ 별도의 경력동원 없이 특정분야의 근무를 강화한다. ㉡ 전 경찰관은 **비상연락체계를 유지**하고 경찰작전부대는 상황발생 시 즉각 출동이 가능하도록 출동대기 태세를 유지한다.
	근무요령	**지휘관과 참모는 지휘선상 위치 근무를 원칙**으로 한다.

68. 다음 중 「치안상황실 운영규칙」 제16조 경찰청상황실의 상황발생 시 보고 · 통보 및 하달순서를 올바르게 나열한 것은?

10.2 경간부

㉠ 지휘계통에 보고	㉡ 직접 행동취할 기관 및 부대에 통보
㉢ 협조 및 지원을 요하는 기관 및 부대통보	㉣ 기타 필요한 기관 및 부대에 통보

① ㉠ → ㉡ → ㉢ → ㉣   ② ㉡ → ㉢ → ㉠ → ㉣
③ ㉢ → ㉡ → ㉠ → ㉣   ④ ㉣ → ㉠ → ㉢ → ㉡

❖ 정답: ②

❅ 해설: ▶ 보고 · 통보 및 하달순위

1단계	**직접 행동**을 취할 기관 및 부대보고
2단계	**협조 및 지원**을 요하는 기관 및 부대보고
3단계	**지휘계통**에 보고
4단계	**기타 필요**한 기관 및 부대

69. 일과시간 후 무장간첩이 출현하였다는 신고를 접수한 경찰서의 상황실장과 부실장이 취해야 할 조치와 관련, 가장 잘못 기술한 것은?

03.1 승진, 05.2 경간부

① 즉응태세의 순서는 선조치 후보고의 원칙에 의하여 이루어진다.
② 조치순서는 긴급배치 하령 − 112타격대 출동 − 경찰서장 보고 − 지방청보고 순이다.
③ 상황실장은 현장상황반장으로 112타격대를 인솔하여 출동한다.
④ 상황부실장은 상황실에서 접수반, 전파반, 통신반을 지휘하여 서장 · 지방청장 · 인접경찰서에 즉시 보고 및 통보하여야 한다.

❖ 정답: ②

※ **해설: ▶ 상황처리 상황(先조치 後보고의 원칙)**

조치순서는 **112타격대 출동 - 긴급배치하령 - 경찰서장 보고 - 지방청장 보고**의 순서이다.

70. 대테러 업무에 대한 설명 중 틀린 것은?   10.1 승진

① 한국의 대테러부대인 KNP868은 86 아시안게임과 88 올림픽을 대비하여 1983년에 창설된 서울지방경찰
   청 직할부대이다.
② 테러는 게릴라전과 비교할 때 비교적 대규모로 나타난다.
③ 해성(Sea), 항공(Air), 육상(Land)의 영문 머리글자를 따서 지어진 SEAL은 미해군의 특수부대이다.
④ 2001년 9월 11일 미국 테러사건과 가장 연관이 깊은 것으로 의심받는 단체는 알키하드(Al-Jihad), 알 카
   에다(al-Qaida)이다.

정답: ②

※ **해설: ▶ 테러와 전쟁, 게릴라전의 비교**

	테러	전쟁, 게릴라전
조직의 규모	비교적 소규모	크다
폭력행사의 대상	비전투원인 민간인을 주대상	작전 중인 군대나 경찰
동기	정치적 동기	경제적 재화

71. 시간의 경과에 따라 인질범이 인질에게 일체감을 느끼고 인질의 입장을 이해하여 호의를 베푸는 등 인질범이 인질에게 동화되는 현상을 의미하는 용어는?   05 승진, 07 경간부

① 리마증후군   ② 코펜하겐증후군
③ 암스테르담증후군   ④ 스톡홀름증후군

정답: ①

※ **해설: ▶ 스톡홀름증후군과 리마증후군**

리마증후군	**인질범이 인질에게 동화**되는 현상
스톡홀름증후군 (오귀인 효과)	**인질이 인질범에게 동화**되는 현상

72. 인질사건에 시간이 흐를수록 인질이 인질범에게 일체감을 느끼게 되고 인질범의 입장을 이해하는 등 인질이 인질범에게 동화되는 현상을 무엇이라 하는가?   05.10 순경

① 나이로비 증후군   ② 스톡홀름증후군
③ 리마증후군   ④ 코펜하겐증후군

정답: ②

※ **해설: 인질이 인질범에게 동화**되는 현상을 **스톡홀름증후군**이라고 한다.

73. 대테러 업무에 대한 설명 중 틀린 것은?

0.1 승진

① 테러리즘이란 일반적으로 정치적 또는 사회적 영향력을 증대하기 위하여 조직적이고 계획적으로 비합법적 폭력을 사용하거나 위협하여 상징적인 인물이나 불특정 다수인에게 심리적인 공포를 부여하는 행위를 말한다.

② 한국의 대테러부대인 KNP868은 대테러 예방 및 대응을 위해 1983년에 창설된 경찰 특수부대로 현재 서울지방경찰청 직할부대이다.

③ 리마증후군이란 인질사건 발생 시 시간이 흐를수록 인질이 인질범을 이해하는 일종의 감정이입이 이루어져 상호 간에 친근감이 생겨 경찰에 적대감을 갖게 되는 현상으로 심리학에서는 오귀인 효과라고 한다.

④ 하마스(Hamas)는 이슬람 전통과 혁명을 강조하면서 이스라엘을 추방한 후 팔레스타인 국가건설을 목표로 1987년 아마드 야신에 의해 설립된 정치 및 군사조직으로 현재 가자지구와 웨스트 뱅크 지역에서 활동하고 있다.

❖ **정답:** ③

※ **해설:** **스톡홀름증후군**이란 인질사건 발생 시 시간이 흐를수록 인질이 인질범을 이해하는 일종의 감정이입이 이루어져 상호 간에 친근감이 생겨 경찰에 적대감을 갖게 되는 현상으로 심리학에서는 오귀인 효과라고 한다.

제3절   외국의 경비경찰

1. 영국의 경비경찰에 대한 설명으로 잘못된 것은?   01.1 승진

① 다중범죄진압, 요인경호, 대테러업무 등을 한 부서에서 수행하고 있다.

② 다중범죄진압 시 기마경찰대가 사용되기도 한다.

③ 대규모 시위 · 소요사태에 대처하기 위하여 수도경찰청에 국가상황실을 설치 · 운영하고 있다.

④ SAS는 세계 최초로 창설된 대테러부대이다.

정답: ①

해설: ▶ 영국의 경비경찰

> ① 영국은 독자적 경비분야가 **독립되어 있지 않고** 경비의 각 기능을 개별적인 기관에서 수행하고 있는 실정이다.
>
> ② **다중범죄진압, 대테러 업무, 요인경호 등 핵심 업무를 일괄적으로 한 부서에서 집권적으로 수행하고 있지 않다.**
>
> ③ 수도경찰청의 공공질서과(일반경비업무, 왕실보호 담당), **기마경찰대(다중범죄진압 담당)**, 공공질서훈련센터(평소의 교육담당)에서 담당한다.
>
> ④ 1972년 **수도경찰청에 국가상황실을 설치**하였으며, 이는 대규모 시위 · 소요사태 시에 각 지방경찰청 기동대의 이동 · 배치 등을 지휘한다.
>
> ⑤ 영국은 1942년 **세계 최초로 테러진압 특공대인 SAS을 창설**하였다.

2. 다음 중 영국의 대테러 특수부대에 해당하는 것은?   04.1 승진

① DELTA FORCE

② GSG-9

③ SAS

④ GIPN

정답: ③

해설: 영국은 1942년 **세계 최초로 테러진압 특공대인 SAS를 창설**하였다.

3. 미국의 경비경찰에 대한 설명으로 옳지 않은 것은?   01.1 승진

① 독립적으로 경비업무를 담당하고 있는 총괄부서가 없다.

② 치안악화로 민간경비회사가 많이 생겼다.

③ 경비경찰 조직으로 지사 소속의 주군인 경찰이 있다.

④ 대통령의 경호는 미연방정보국이 담당한다.

정답: ④

※ 해설: ▶ 미국의 경비경찰

① 한국 경찰청 경비국과 같이 **독립된 경비업무를 담당하고 있는 총괄부서가 없는 점**이 특색이다.
② 최근 미국에서는 범죄가 증가하고 치안여건이 약화로 **민간경비회사가** 발전하게 되었다.
③ 미국 경찰조직은 주군인경찰이라는 제도가 있는데 이는 주경찰력의 하나로서 **현재 미국에는 국가 육상경비대와 국가 항공경비대의 2가지 주군인경찰 조직**이 있다.
④ **대통령의 경호(SS):** 국토안보부 연방정보국(비밀경호국 특별업무국)에서 담당하고 있다.
⑤ 대테러 업무는 전통적으로는 군에서 수행하고 있으며, **미육군의 대테러특수부대인 델타포스(Delta Forces), 레인저(Ranger), 미해군의 특수부대인 네이비 실[Navy SEAL: 해상(Sea), 항공(Air), 육상(Land)의 영문 머리글자]**이 있다.
⑥ 9·11테러 이후 대테러 전문기관으로 2002년 11월 **국토안보부(DHS: 국가안정청)을 설치하여 대테러 업무를 총괄**하도록 하고 있다.
⑦ 대테러 경찰조직으로서는 **주경찰 내에 조직된 경찰특수부대로서 SWAT를 두고** 있다.

4. 프랑스에서 우리나라의 전투경찰의 임무를 수행하는 경찰관으로 편성된 경비부대로 시위진압, 폭동진압 등의 임무를 수행하는 부서는 무엇인가?   02.2 경간부
① GIPN   ② 경찰기동대
③ 공화국경비대   ④ 국토감시국

✂ 정답: ②
※ 해설: ▶ 프랑스의 경비경찰

① **국가경찰기동대(CRS): 경비전담부서로서의 역할을 수행**하는데, 경찰관으로 편성된 부대로서 **시위진압·폭동진압 등의 임무를** 수행한다.
② **생활안전국(경비국):** 생활안전국(경비국)에는 1972년의 뮌헨올림픽 테러사건을 계기로 결성된 **경찰의 대테러 특수부대인 경찰특공대(G.I.P.N)**가 있다.
③ **군경찰:** 군인경찰특공대(G.I.G.N)는 1973년 **프랑스 주재 사우디대사관 점거사건이 직접적인 계기가 되어 창설**된 군경찰소속의 대테러특수부대이다.
④ 국립경찰청 산하의 **경호국(V.O)에서는 대통령 및 요인 경호를 담당**하고 있다.
⑤ 현역병 중 일부를 징집하여 경비업무를 수행하게 하는 **한국의 의무경찰제도와 비슷한 보조경찰제도**가 있다.

5. 세계 각국의 대테러 업무를 수행하는 조직과 그 해당국가의 연결이 바르지 못한 것은?   03.1 승진
① 미국 - DELTA FORCE   ② 영국 - SIS
③ 프랑스 - GIPN   ④ 독일 - GSG-9

✂ 정답: ②
※ 해설: ▶ 각국의 대테러조직

한국	경찰특공대(KNP868)
영국	특수공군부대(SAS: 1942)
미국	① 국가안전청(국토안보부)　② 육군: **델타포스(1980)**, 레인저 ③ 해군: 네이비 실　④ 경찰: 경찰특수부대(SWAT)
독일	① **GSG-9(1972)**　② 주경찰기동대(SEK)
프랑스	① **경찰특공대(G.I.P.N)**　② 군인경찰특공대(G.I.G.N: 1973)
이스라엘	사렛트 매트칼(Sayaret Matkal)
중국	① 인민무장경찰대　② 민병(民兵)

6. 다음 세계 각국의 대테러의 임무를 수행하는 조직으로 연결된 것 중 바르지 않은 것은?   02.1 승진
① 델타포스 – 이스라엘   ② GSG – 독일
③ SAS – 영국   ④ GIPN – 프랑스

정답: ①
❖ **해설:** 델타포스 – **미국의 대테러부대**이다.

7. 다음 중 각국의 대테러부대로서 바르게 연결된 것은?   02.1 승진
① DELTA FORCE-영국   ② GSG-9 – 독일
③ SAS – 미국   ④ GIPN – 일본

정답: ②
❖ **해설:** 각국의 대테러부대로서 영국에는 SAS가, 미국에는 SWAT, Delta Force, Ran ger, Seal 등,
독일에는 GSG-9, 프랑스에는 GIPN, GIGN이 있다.

8. 다음 보기 중 옳은 것은?   04.7 순경
① SAS는 세계최초로 창설된 대테러부대이다.
② 독일의 뮌헨올림픽을 계기로 창설된 대테러부대는 GIGN이다.
③ SAS는 델타포스와 함께 미국의 대테러부대이다.
④ 미국의 경우 대통령 경호를 연방정보국이 담당한다.

정답: ①
❖ **해설:**
② 독일의 뮌헨올림픽을 계기로 창설된 대테러부대는 **특수부대인 GSG-9**이다.
③ 미국의 대테러부대는 **미육군의 대테러특수부대인 텔타포스(Delta Forces), 레인저(Ranger), 미해군의
특수부대인 네이비 실(Navy SEAL)**이 있다.
④ 미국의 경우 국토안보부 창설의 의의는 9·11테러 사건을 계기로 대통령경호업무가 재무부소속의 Secret
Service에서 **국토안보부 내의 비밀경호대**로 이관되었다.

**9. 우리나라는 전·의경을 중심으로 경찰기동대를 편성하고 있다. 다음 각국의 기동대 편성에 대한 설명 중
가장 타당하지 않은 것은?**   02.1 승진
① 미국에는 주(主)군인경찰이라는 경비경찰제도가 있다.
② 일본·독일 등은 일반 군인을 경찰로 차출하여 기동대를 편성한다.
③ 일본에는 데모경비를 담당하는 기동대가 별도로 조직되어 있다.
④ 프랑스에는 경찰관으로 편성된 국가경찰기동대가 존재한다.

정답: ②
❖ **해설:** 일본, 독일, 프랑스 등 선진국에서는 경찰관으로 구성된 경찰기동대가 존재하고, **한국처럼
전·의경을 선발하여 기동대를 편성한 예는 거의 없다.**

10. 국가별 경비경찰의 기능으로 맞는 것은?   02.11 순경
① 미국의 대통령 경호업무는 미연방정보국이 한다.
② 독일의 시위진압업무는 주의 경찰기동대가 한다.
③ 일본의 황족에 대한 경위업무는 경찰청에서 담당한다.
④ 프랑스는 경호는 비밀경호국에서 전담한다.

▌ 정답: ②
※ 해설:
① 미국의 경우 국토안보부 창설의 의의는 9·11테러 사건을 계기로 대통령경호업무가 재무부소속의 Secret
   Service에서 **국토안보부 내의 비밀경호대**로 이관되었다.
③ 경호활동은 한국과 달리 경찰이 전담하고 **경호업무와 경위업무로 구분**되어 있다. **경호(警護)는 정부요인**
   이나 외국요인에 대한 신변보호활동으로서 경찰청에서 담당하며, **경위(警衛)는 일본천황이나 황족에 대**
   한 보호활동으로서 경찰청 직속의 황궁경찰본부가 전담하고 있다.
④ 프랑스는 경호는 **국가경찰기동대(CRS)**에서 경비전담부서로서의 역할을 수행한다.

11. 세계의 주요 테러조직으로 중동지역의 테러단체가 아닌 것은?   02.1 승진
① ETA(바스크 독립운동)   ② ANO(Abu Nidal)
③ 검은 9월단(Black September)   ④ 헤즈볼라(Hizbalah)

▌ 정답: ①
※ 해설: ▶ 중동지역의 주요 테러조직

ANO, PFLP, Hamas, Hizballah, 검은 9월단, 알카에다, 알 지하드

12. 세계의 주요 테러조직으로 중동지역의 테러단체가 아닌 것은?   05.1 승진
① 검은 9월단(Black September)   ② 헤즈볼라(Hizbalah)
③ 하마스(Hamas)   ④ 쿠르드 노동자당(PKK)

▌ 정답: ④
※ 해설: ▶ 중동지역의 주요 테러조직

ANO, PFLP, Hamas, Hizballah, 검은 9월단, 알카에다, 알 지하드

13. 세계의 주요 테러조직으로 중동지역의 테러단체가 아닌 것은?   04.1 승진
① 무장 플로레타리아 조직(NAP)   ② ANO(Abu Nidal)
③ 검은 9월단(Black September)   ④ 헤즈볼라(Hizbalah)

▌ 정답: ①
※ 해설: ▶ 중동지역의 주요 테러조직

ANO, PFLP, Hamas, Hizballah, 검은 9월단, 알카에다, 알 지하드

14. 1968년 창설된 필리핀 공산당의 군사조직으로 노동자 및 농민 혁명을 통해 집권정부를 전복한다는 정치적 목적으로 테러리즘을 활용하고 있는 조직은?　　　　　　03.1 승진

① NAP　　　　　　　　　　② NPA
③ JRA　　　　　　　　　　④ RAF

❖ 정답: ②
❀ 해설: ▶ NAP

> 무장 플로레타리아 조직(NAP)은 **나폴리를 주된 기반**으로 1974년에 부상한 단체로서, 대학생 전과자 및 극좌익 단체인 Lotta Comtinua(투쟁이 계속되다)로부터 이탈한 자들로 이탈리아에서 활동하는 조직이다.

15. 국제테러 조직과 그들의 활동 거점이 바르게 연결되지 않은 것은?　　　　　　10.1 승진

① 쿠르드 노동자당(PKK) – 스페인

② 하마스(Hamas) – 팔레스타인

③ 아부사야프 그룹(ASG) – 필리핀

④ 타밀엘람 해방 호랑이단(LITTE) – 스리랑카

❖ 정답: ①
❀ 해설: ▶ 쿠르드 노동자당(PKK)

> 압둘라 오질란이 쿠르드족 **독립국가 건설을 목표로 결성한 무장 게릴라 단체로서 터키와 유럽을 주 무대로 본격적인 테러활동을** 전개한 조직이다.

제4절 | 관련판례

1. 판례 내용과 일치하지 않는 것은?   07.10 순경

① 피고인도 속에 끼인 단체 또는 다중인 데모대원이 던진 돌에 의해 공무집행 중이던 경찰이 상해를 입은 경우 피고인이 던진 돌이냐 아니냐를 가리지 않고 특수공무집행방해치상이 성립되지 않는다.

② KBS현관 앞 계단과 도로는 천장이 없고 사방이 막히지 않은 곳으로 이곳 시위는 집시법 위반 제2조 제1호 옥외시위에 해당한다.

③ 데모하는 대학생들에 의하여 납치, 감금된 전경들을 구출하기 위하여 경찰이 압수수색영장 없이 대학교 도서관에 진입한 것이 적법한 공무집행에 해당한다.

④ 자진해산 요청 후 약 40분 후에 해산명령을 10분간에 걸쳐 3회 이상 발령 후 검거한 것은 적법하다.

❖ 정답: ①

▒ 해설: 피고인도 그 속에 끼인 단체 또는 다중인 데모대원이 던진 돌에 의해 공무집행 중이던 경찰이 상해를 입은 경우 피고인이 던진 돌이 동 피해자에게 맞고 안 맞고를 가리지 않고 **특수공무집행방해치상죄가 성립한다**[대법원 1979. 7. 24, 선고 79도451 판결].

2. 판례에 의할 때 경비경찰 활동으로 국가 배상책임이 부정되는 것은?   07.12 순경

① 검문소 근무 경찰관이 통행금지 또는 비상경계령이 내려 있지 않는데도 검문소운영요강을 시키지 아니하고 도로상에 방치해 둔 바리케이드에 오토바이 운행자가 충돌하여 사망한 경우

② 경찰관이 농민들의 시위를 진입하고 시위과정에 도로상 방치된 트랙터에 대하여 위험발생 방지조치를 취하지 않고 철수하여 야간에 운전자가 이를 피하려다가 트랙터에 부딪혀 상해를 입은 경우

③ 시위가 빈발한 대학에서 불법집회를 마치고 50m 정도에 진출 시위대가 던진 화염병이 A약국 창문 밖 에어컨 배수용 비닐 호수에 인화, 에어컨이 폭발하여 약국이 전소한 경우

④ 경비경찰이 다량의 최루탄 사용, 시위하는 군중을 양방향에서 포위, 이를 피하기 위해 비좁은 골목으로 군중이 한꺼번에 몰리면서 넘어져 압사한 경우.

❖ 정답: ③

▒ 해설:

① 부산지법 1992. 8. 25, 선고 91가합31268 제8민사부판결

② 대법원 1998. 8. 25, 선고 98다16890 판결

③ 대판 1997. 7. 25, 선고 94다2480

④ 서울고등법원 1995. 4. 25, 선고 제5민사부 판결; 1995. 11. 10, 95다23897 참조

3. 다음 중 판례의 내용과 일치하지 않는 것은?   08.1 승진

① 천장이 없거나 사방이 폐쇄되지 않는 건물 현관 앞 계단과 도로에서의 집회나 시위는 집시법상 옥외집회
   또는 시위에 해당되지 않는다.
② 피고인이 100명의 학생들과 함께 화염병, 쇠파이프 등을 들고 시위를 하면서 전경을 체포하려 한 경우
   집시법상 시위에 해당된다.
③ 대학생들에 의해 납치, 감금된 전경을 구출하기 위하여 경찰이 압수·수색영장 없이 대학교 도서관에 진
   입한 것은 적법한 공무집행에 해당된다.
④ 피고인 등 데모대원이 던진 돌에 저지하던 경찰관이 상해를 입었다면 피고인이 던진 돌이 동인에게 맞고
   안 맞고를 가리지 않고 치상에 대하여 책임이 있다.

❖ **정답: ①**
❈ **해설:**
① KBS 본관현관 앞 계단과 도로는 천정이 없거나 사방이 폐쇄되지 않은 장소로서 이곳에서의 집회나 시위
   는 바로 집회 및 시위에 관한 법률 제2조 제1호에 규정된 옥외집회 또는 시위에 해당한다[**대법원 1991.
   6. 28, 선고 91도944 판결**].
② 피고인이 100여 명의 학생들과 함께 화염병, 쇠파이프 등을 들고 구호를 외치면서 시위를 하고 전경을
   체포하려고 했다면 이는 집회 및 시위에 관한 법률 제5조 제1항 제2호 소정의 "집단적인 협박 등의 행위
   로 인하여 공공의 안녕질서에 직접적인 위협을 가한 것이 명백한 시위"에 해당한다[**대법원 1990. 7. 24,
   선고 90도470 판결**].
③ 대학생들인 피고인들이 전경 5명을 불법으로 납치, 감금하고 있으면서 경찰의 수회에 걸친 즉시 석방요
   구에도 불구하고 불가능한 조건을 내세워 이에 불응하고, 경찰이 납치된 전경을 구출하기 위하여 농성장
   소인 대학교 도서관 건물에 진입하기 직전 동 대학교 총장에게 이를 통고하고 이에 동 총장이 설득하였
   음에도 불구하고 이에 응하지 아니한 상황 아래에서는 현행의 불법 감금상태를 제거하고 범인을 체로할
   긴급한 필요가 있다고 보여지므로, 경찰이 압수·수색영장 없이 대학교 도서관에 진입한 것은 적법한 공무
   집행이라 할 것이다[**대법원 1990. 6. 22, 선고 90도767 판결**].
④ 피고인도 그 속에 끼인 단체 또는 다중인 데모대원이 던진 돌에 저지하던 경찰관이 상해를 입은 경우 피
   고인이 던진 돌이 동인에게 맞고 안 맞고를 가리지 않고 특수공무방해치상죄가 성립한다[**대법원 1979.
   7. 24, 선고 79도451 판결**].

제4장

교통경찰 활동

제1절   교통경찰의 일반

1. 교통경찰의 특징에 대한 설명으로 맞지 않는 것은?   96.1 승진, 99.1 승진, 01.1 승진

① 모든 계층의 사람이 교통경찰의 대상이다.
② 기술적 분야에 속하는 사항이 많다.
③ 사법적 분야에 속하는 사항이 많다.
④ 사회생활에 중대한 영향을 미친다.

⁑ 정답: ③
❈ **해설:** ▶ **교통경찰활동의 특징**

> ① **전국적인 관련성**이 강하다.
> ② **교통 정세의 변화가 급격**하다.
> ③ **행정직 분야에 속하는 사항**이 많다.
> ④ **모든 계층의 사람이 교통경찰의 대상**이 된다.
> ⑤ 교통경찰의 활동은 사회활동 등에 중대한 영향을 미친다.
> ⑥ 자동차 구조 등 **기술적 분야에 속하는 전문지식을 필요**로 한다.
> ⑦ 교통경찰활동의 적부(適否)는 단순히 그 교통경찰관만의 평가에 그치지 않고 **전(全)경찰활동 평가의 창구**가 된다.

2. 다음 중 도로교통의 3가지 요소로 올바르게 묶은 것은?   04.1 승진

① 교통안전교육, 교통안전공학, 교통지도단속
② 형태성, 이용성, 공개성
③ 인적 요소, 차량적 요소, 도로적 요소
④ 도로 기하구조적인 측면, 교통운영 및 규제적인 측면, 교통안전시설 및 도로 부대시설적인 측면

⁑ 정답: ④
❈ **해설:** ▶ **도로교통의 3요소**

> ① 교통운영 및 규제적인 측면
> ② 도로의 기하구조적인 측면
> ③ 교통안전시설 및 도로 부대시설적인 측면

3. 안전한 운전환경의 개발 및 유지 문제를 수용하여 최대의 안전과 미를 제공하도록 설계된 각 개별 시전들의 결합된 효과는 흔히 안전하지도 않으면서 아름답지도 않는 시설로 될 수 있는 현상을 무엇이라 하는가?   10.1 승진

① 오프셋(offset)   ② 도류화
③ 게슈탈트의 효과   ④ 유도차로화

⁑ 정답: ③

⁂ 해설: ▶ 게슈탈트의 효과

> 안전한 운전환경의 개발 및 유지 문제를 수용하여 최대의 안전과 미를 제공하도록 설계된 각 개별 시선
> 들의 결합된 효과는 흔히 안전하지도 않으면서 아름답지도 않는 시설로 될 수 있는 현상을 말한다.

4. 다음 중 판례에 의할 때 도로에 해당되었던 곳은?   00.1 승진
① 울산 현대조선소 구역 내 도로
② 개인차고
③ 경찰서 주차장
④ 공중이용에 제공되지 않은 주차장

⁑ 정답: ①
⁂ 해설: ▶ 도로해당 여부

도로에 해당하는 경우	도로에 해당하지 않는 경우
① 울산 현대조선소 구내 ② 누구나 출입이 허용되는 아파트단지 내의 도로 ③ 시청내의 광장 주차장 ④ 도정 공장 내 마당 ⑤ 크라운제과 직매장 마당 ⑥ 부두의 경우 도로의 연장 인정 ⑦ 농로, 임도, 광산로, 사도, 아파트 내의 큰길, 공지, 광장, 해변 그 밖의 도로에 연결되는 길 ⑧ 논둑길, 밭둑길도 도로가 될 수 있는 경우가 있음.	① 학교구내(교정), 역구내 ② 경비원이 차단기 등으로 일반인의 출입을 통제하는 아파트 단지 내의 도로 **③ 경찰서 주차장** **④ 개인차고** ⑤ 나이트클럽의 주차장 ⑥ 주점 옆 주차장 ⑦ 대형건물 부설 주차장 ⑧ 노상 주차장(주차장법 적용됨) ⑨ 광주 고속버스터미널 내 ⑩ 소년원 원내 **⑪ 공중이용에 제공되지 않은 주차장**

5. 다음 중 도로교통법상 도로가 아닌 것은?   01.6 순경
① 도로법에 의한 도로
② 일반교통에 사용되는 모든 도로
③ 일반교통에 사용되지 않은 대학구내 도로
④ 유료도로법에 의한 유료도로

⁑ 정답: ③
⁂ 해설: 도로교통법상 도로에는 도로법에 의한 도로, 유료도로법에 의한 유료도로, 일반교통에 사용되는 모든 도로를 의미한다. 도로로 사용되지 않는 **대학구내의 도로는 도로교통법상 도로라고 볼 수 없다.**

제2절　교통경찰의 활동

1. 다음 중 교통 외근요원의 일상근무이라 볼 수 없는 것은?　　　　02.1 승진
① 교통소통 촉진과 교통안전 확보
② 신호기 및 안전표지의 설치
③ 교통표지 등 교통안전시설물 관찰·보호
④ 수배차량 및 차량이용 범죄자 등 검거

❖ **정답:** ②
※ **해설:** 일반적으로 신호기 및 안전표지의 설치·관리는 **지방경찰청장과 경찰서장의 권한**이다.

2. 교통경찰의 업무에 포함되지 않는 것은?　　　　03.7 101단
① 지방도로 주변의 가로수 관리
② 도로교통시설의 관리
③ 도로교통사고의 처리
④ 자동차 운전면허의 관리

❖ **정답:** ①
※ **해설:** 교통시설이 아닌 도로나 도로 주변의 가로수, 도로의 방향을 안내하는 이정표지와 같은 일반
　　　적인 공물(公物)의 관리는 경찰이 아닌 **일반행정청에서 담당**하고 있다.

3. 교통정리의 원칙으로 볼 수 없는 것은?　　　　96.1 승진
① 교통군 단순화의 원칙
② 도로능률 증진의 원칙
③ 교통기회 평등의 원칙
④ 긴급우선권의 원칙

❖ **정답:** ④
※ **해설:** ▶ **교통정리의 4원칙**

교통군 단순화의 원칙	① 방향에 의한 단순화 ② 속도(속력)에 의한 단순화 ③ 교통물체의 종류에 의한 단순화
도로능률 증진의 원칙	교통량은 기하급수적으로 느는 데 비하여, 도로는 한정될 수밖에 없으므로 도로의 활용률을 극대화시켜야 한다는 원칙이다.
교통기회 평등의 원칙	차량과 보행자 어느 한쪽에 치우치지 않고 각종의 교통대상에 평등하게 교통기회를 부여해야 한다는 원칙이다.

우선 교통권의 원칙	**진행방향에 따른 우선권**	① **선진입차 우선:** 교통정리가 되지 않는 교차로에서는 진행하는 것이 방향을 전환하는 것보다 우선권이 있다. ② **우측 차 우선:** 모든 차가 동등하게 횡단할 대로의 교차로에서 교차할 때는 우측의 차가 좌측의 차에 우선하여 도로의 우선통행권이 있다. ③ **직진 및 우회전차 우선:** 모든 차의 운전자는 교차로에서 좌회전하려는 경우에 그 교차로에 진입하여 직진하거나 우회전하려는 다른 차가 있는 때에는 그 차의 진행을 방해하여서는 아니 된다.
	도로에 따른 우선권	간선도로(넓은 도로) 또는 주요 도로를 통행하는 교통물체에게 보조도로 또는 소도로를 통행하는 교통물체보다 우선권이 주어진다.
	교통의 종류에 따라 우선권	교통물체의 종류에 따라 교통의 능률성과 공공성에 비추어 우선권을 부여한다. ㉠ 궤도차의 우선권 ㉡ 완속도차에 대한 고속도차의 우선권 ㉢ 빈차에 대한 짐을 실은 차의 우선권 ㉣ 비탈진 좁은 도로에서 올라가는 자동차에 대한 내려가는 자동차의 우선권 ㉤ 소방차 · 구급차 등의 우선권 **【차마 서로 간 통행의 우선순위】** 긴급자동차 → 긴급자동차 외의 자동차 → 원동기장치자전거 → 자동차 및 원동기장치자전거 외의 차마

4. 우선통행권을 부여하는 원칙 중 해당되지 않는 것은?   01.1 승진, 02.1 승진, 04.1 승진
① 진행속도에 따라   ② 진행방향에 따라
③ 교통물체의 종류에 따라   ④ 도로에 따라

⚑ 정답: ①
❈ **해설:** ▶ 우선교통권의 원칙

> ㉠ 진행방향에 따른 우선권   ㉡ 도로에 따른 우선권   ㉢ 교통의 종류에 따라 우선권

5. 다음 중 교통순찰의 기능이 아닌 것은?   01.10 순경, 02.7 101단
① 교통상황의 주시
② 교통량의 상태보고
③ 법규위반 가능성이 있는 운전자를 감시하다가 단속
④ 위험성 있는 운전자의 경계

⚑ 정답: ③
❈ **해설:** ▶ 교통순찰의 기능

① **위반하려는 자의 경계 및 경고**	② **교통상황의 주시 및 보고**
③ **교통량의 상태 보고**	④ 운전자들의 위반행위를 먼저 예방
⑤ 교통이 혼잡한 장소의 주목	⑥ 주변 교통환경의 정리 · 보고
⑦ 대민처우의 증진	⑧ 교통순찰경찰관의 규범 준수

6. 교통순찰에 대한 설명 중 잘못된 것은?   96.1 승진

① 일정지역을 순회하면서 법규위반자에 대한 지도·단속 및 교통정체요인 등을 제거하는 교통경찰기동활동이다.
② 명백한 법규위반행위 등은 현장에서 통고처분조치를 취한다.
③ 고장차량의 방치 등으로 교통정체현상이 야기될 때에는 긴급보고한 후 적절한 조치를 취하도록 한다.
④ 서투른 출발, 지나친 저속운행 등도 단속대상이다.

❚ **정답:** ③

❋ **해설:** 긴급보고를 하여 적절한 조치를 취할 것이 아니고 고장차량을 발견하자마자 먼저 조치를 취해야 한다.

7. 교통혼잡이나 정지 시에 전방 관찰이 용이할 때 하는 순찰방법은?   98.1 승진

① 합동순찰   ② 역습순찰   ③ 정지관찰   ④ 고정순찰

❚ **정답:** ③

❋ **해설: ▶ 교통순찰의 방법**

고정순찰	일정한 구역을 일정한 시간에 순찰하는 방법을 말하며, 순찰의 공백시간대에 법규위반을 자행하는 단점이 있다.
역순찰	순찰한 노선이나 지역을 다시 되돌아가서 순찰하는 방법을 말하며, 반복시 고정순찰과 동일한 단점이 있다.
합동순찰	집중단속을 목적으로 방범 순찰대·기동대 등과 합동으로 순찰하는 방법을 말하며, 특히 불시에 실시하면 특별한 효과를 거둘 수 있다.
정지관찰 (휴식순찰)	교통상태의 조사, 위험지역에서의 단속을 목적으로 미리 예정된 지역에 정차해 있는 방법으로 **교통혼잡이 있을 때, 정지장소의 전망이 좋을 때 선택**한다. 단, 은폐나 정지관찰로 인해 위반행위를 유발시키면서 하는 함정단속을 해서는 안 된다.

8. 다음에 설명하는 신호기 종류는?   10.1 승진

> 주도로 쪽에 계속적으로 녹색신호 표시를 하다가 부도로 유입부에 설치된 검지기로부터 교통수요가 있다고 검지되면 부도로 측으로 녹색신호가 표시되어 부도로 교통을 처리한 후 다시 주도로 측에 녹색신호 표시를 할 때 사용되는 신호기

① 반감응신호기   ② 전감응신호기   ③ 정주기신호기   ④ 전자신호기

❚ **정답:** ①

❋ **해설: ▶ 교통감응신호기**

개념	교차로 유입부에 설치된 검지기로부터 통과하는 교통을 검지하여 교통수요의 순간적인 변동에 따라 적정한 신호표시를 해 주는 신호기이다.
반감응신호기	주로도 쪽에 계속적으로 녹색신호표시를 하다가 만약 부도로 유입부에 설치된 검지기로부터 교통수요가 있다고 검지되면 부도로 측으로 녹색신호가 표시되어 부도로교통을 처리한 후에 다시 주도로 측에 녹색신호기표시를 하는 신호기
전감응신호기	교통량의 변화에 따라 각 접근로의 신호가 수시로 변하는 것으로 접근교통량이 시간별, 주기별로 크게 변동될 경우에 사용되는 신호기

9. 교통안전표지에 대한 설명으로 틀린 것은?   10.1 승진

① 교통안전표지의 종류는 주의, 규제, 지시, 보조, 노면표지가 있다.

② 주의표지는 도로의 상태가 위험하거나 도로 또는 그 부근에 위험물이 있는 경우 필요한 안전조치를 할 수 있도록 이를 도로 사용자에게 알리는 것을 말한다.

③ 주·정차금지표시의 '노면표지' 색채는 '백색'이다.

④ 유턴금지표지는 차마의 유턴을 금지하는 도로의 구간 또는 필요한 지점에 설치한다.

⁛ 정답: ③

※ 해설: ▶ 교통안전표시

주의표지	① **도로상태가 위험하거나 도로 또는 그 부근에 위험물이 있는 경우**에 필요한 안전조치를 할 수 있도록 이를 도로사용자에게 알리는 표지 예 자전거표지, 터널표지, 야생동물보호표지, 터널표지 등 ② 신호기표지의 기호는 필요에 따라 횡으로 할 수 있고, 위 또는 좌로부터 적색·황색·녹색의 순으로 한다.
규제표지	① **도로교통의 안전을 위하여 각종 제한·금지 등의 규제를 하는 경우**에 이를 도로사용자에게 알리는 표지 예 횡단금지표지, 양보표지, 서행표지, (차간)안전거리 확보표지, 정차·주차금지표지, 차높이제한표지 등 ② 정차·주차금지표지 및 주차금지표지의 바탕은 청색, 진입금지표지 및 일시정지표지의 바탕은 적색, 문자와 기호는 백식으로 한다.
지시표지	① **도로의 통행방법·통행구분 등 도로교통의 안전을 위하여 필요한 지시를 하는 경우**에 도로사용자가 이에 따르도록 알리는 표지 예 일방통행표지, 자동차전용도로표지, 자전거전용도로표지 등 ② 일방통행표지의 기호부분은 청색바탕에 백색기호로, 문자부분은 백색바탕에 흑색문자로 한다.
보조표지	① **주의표지·규제표지 또는 지시표지의 주기능을 보충**하여 도로사용자에게 알리는 표지 예 견인지역표지, 어린이 보호구역표지 등 ② 구간시작 표지, 구간 내 표지 및 구간 끝 표지의 기호는 적색으로 하고, 어린이보호구역표지의 바탕은 황색으로 한다.
노면표시	① **도로교통의 안전을 위하여 각종 주의·규제·지시 등의 내용**을 노면에 기호·문자 또는 선으로 도로사용자에게 알리는 표지 ② 중앙선 표시, 노상장애물 중 **도로중앙장애물표시, 주차금지표시, 정차·주차금지 표시 및 안전지대표시는 황색**, 버스전용차로표시 및 다인승차량 전용차선표시는 청색, 어린이보호구역 또는 주거지역 안에 설치하는 속도제한 표시의 테두리선은 적색, 그 외의 표시는 백색으로 한다.

10. 다음 중 안전표지의 종류로 맞는 것은?   01.1 승진, 04.4 순경

① 주의, 규제, 안전, 보조, 노면   ② 주의, 규제, 경고, 보조, 노면

③ 주의, 규제, 지시, 보조. 노면   ④ 주의, 규제, 지시, 경고, 노면

⁛ 정답: ③

※ 해설: 교통안전표지의 종류는 **주의, 규제, 지시, 보조. 노면표지**이다.

11. 다음 중 고속도로 등에 있어서 특례에 해당하지 않는 것은?   07.1 승진

① 긴급자동차는 갓길을 통행할 수 있다.

② 자동차는 고속도로에서도 몇 가지 예외적인 경우에는 주차할 수 있다.

③ 긴급자동차 이외의 자동차는 긴급자동차가 고속도로에 들어가는 때에는 그 진입을 방해하여서는 안 된다.

④ 고속도로 관리자는 신호기 및 안전표지를 설치하고자 할 때에는 관할 경찰서장과 협의하여야 한다.

❖ 정답: ④

❖ 해설: ▶ 고속도로 등에 있어서의 특례

> ① 긴급자동차는 갓길을 통행할 수 있다.
> ② 긴급자동차 이외의 자동차는 긴급자동차가 고속도로에 들어가는 때에는 그 진입을 방해하여서는 안 된다.
> ③ 자동차는 고속도로에서도 몇 가지 예외적인 경우에는 주차할 수 있다.

12. 다음 중 지방경찰청장의 교통규제 내용인 것은?   01.2 경간부

① 도로에서의 앞지르기 금지장소의 지정

② 고속도로에서의 신호기 관리

③ 도로에서의 주 · 정차 금지지역의 지정

④ 개별도로의 최고속도 제한

❖ 정답: ②

❖ 해설: ▶ 지방경찰청장의 교통규제

> ① **자동차 등의 속도제한**(고속도로의 경우는 경찰청장)
> ② **정차 및 주차금지구역의 지정**   ③ **구간을 정하여 차마의 통행을 금지하거나 제한**
> ④ **자전거횡단도의 설치**
> ⑤ **안전기준을 초과한 승차인원 또는 적재중량 및 적재용량의 제한**
> ⑥ **차로 · 가변차로의 설치**   ⑦ **횡단 등의 금지**
> ⑧ **교차로 통행방법의 지정**   ⑨ **보행자전용차로의 설치**
> ⑩ **서행 및 일시정지 장소의 지정**   ⑪ **긴급자동차의 지정**
> ⑫ **무면허 운전 등의 금지**(지방경찰청장으로부터 운전면허를 받지 아니하거나 운전면허의 효력이 정지된 경우)
>   ☞ **고속도로에서의 신호기 관리는 경찰청장의 교통규제에 속한다.**

13. 다음 중 교통규제권자에 대한 설명으로 틀린 것은?   03.11 순경

① 고속도로에 그 관리자가 신호기 및 안전표지를 설치하고자 할 때에는 시장과 협의하여야 한다.

② 지방경찰청장은 도로에서의 위험방지 등을 위하여 필요한 경우에는 구간을 정하여 차마의 통행을 금지하거나 제한할 수 있다.

③ 도로의 점용허가와 관련하여 그 도로관리청이 시 · 도지사 또는 시장이나 군수인 경우에는 관할경찰서장의 의견을 듣도록 하고 있다.

④ 광역시급 이상 지역에서 신호기의 설치 및 관리는 지방경찰청장이 담당한다.

❖ 정답: ①

❈ 해설: ▶ 고속도로의 교통안전시설의 설치 및 관리

> ① **고속도로의 관리자는** 고속도로에서의 위험을 방지하고 교통의 안전과 원활한 소통을 확보하기 위하여 교통안전시설을 설치·관리하여야 한다. 이 경우 **고속도로의 관리자가 교통안전시설을 설치하고자 하는 때에는 경찰청장과 협의하여야** 한다.
> ② 경찰청장은 고속도로의 관리자에게 교통안전시설의 관리에 관하여 필요한 사항을 지시할 수 있다.

14. 관내에서 교통사고가 급증하자 경찰서장이 교통경찰관에게 사고요인행위를 집중 단속하고자 지시하였다. 다음 중 사고요인행위단속과 가장 관계가 없는 것은?   04.1 승진
① 음주단속
② 과속단속
③ 차선위반단속
④ 중앙선침범단속

❖ 정답: ③
❈ 해설: ▶ 사고요인행위인 중점단속대상

① 음주	② 과속	③ **신호위반**	④ 중앙선 침범

15. 현행 무인교통단속장비로서 단속할 수 없는 법규위반 행위는?   08.1 승진
① 버스전용차로위반
② 과속
③ 중앙선 침범
④ 진로변경위반

❖ 정답: ④
❈ 해설: ▶ 무인교통 단속장비로써 단속할 수 있는 법규위반 사항

① 속도위반	② 버스전용차로위반	③ 갓길위반	④ 신호위반
⑤ 중앙선침범	⑥ 주·정차위반	◉ 진로변경위반(×)	

16. 차량별 교통단속 요령 중 타당하지 않은 것은?   07.1 승진
① 한국 군용차량 운전자가 교통법규 위반 시에는 즉시 헌병대에 인계한다.
② 개인택시운전자의 운전면허가 취소되면 해당 지방자치단체에 그 사실을 통보하여야 한다.
③ 일반 외국인이 자가용 차량을 운전하다가 위반 시는 일반운전자와 동일하게 조치한다.
④ 외교관의 교통사고는 조사할 수 있으나 형사처벌은 불가능하다.

❖ 정답: ①

※ **해설:** ▶ **교통지도단속위반자 조치요령**

외국인	① **내국인과 동일하게 단속**한다. 단, 국제면허소지자는 곧바로 즉결심판에 회부한다. ② **외교특권자의 재판권은 면제되나, 면허행정처분에는 면책특권이 없다.** ③ 주한공관차량의 한국인운전자에 대하여는 관할권 면제가 이루어지지 않는다.
SOFA 대상	**원칙적으로 통고처분을** 하고, 부득이한 사유가 있을 경우에는 범칙금을 면제처리한다.
군용차량	**통고처분을 하지 않고, 적발보고서를 작성**하여 운전사 **소속부대에 서면통보**를 한다.
관용차량	일반인과 동일하게 단속한다.
개인택시 차량	개인택시운전자의 **운전면허가 취소되면 해당 지방자치단체에 그 사실을 통보**하여야 한다.

17. 교통행정처분을 담당하는 경찰관 甲이 취할 수 있는 교통법규 위반 차량에 대한 차량별 조치로 옳지 않은 것은?   08.1 경간부
① 국제면허 소지자가 범칙행위 시 통고처분하지 않고 즉결심판 회부한다.
② 내국인의 관용차량 운전 중 교통법규 위반 시 일반운전자와 동일하게 처벌한다.
③ 군인이 군용차량을 운전하는 중 범칙행위를 한 때에는 스티커를 발부하지 않고 위반사항과 운전자의 인적사항을 기재한 후 적발보고서를 작성한다.
④ 일반 외국인이 국내운전면허증을 가지고 범칙행위 시 국제운전면허 소지자에 준하여 처벌한다.

⁞ **정답:** ④
※ **해설:** 일반 외국인 국내운전면허증을 가지고 범칙행위 시 **일반운전자와 동일하게 처벌**한다.

18. 경찰관 甲은 도로상에서 주취운전 지도단속 근무 중이다. 술에 취한 상태에서 운전하여도 甲이 음주운전으로 단속하여 처벌할 수 없는 경우는?   04.1 승진
① 3톤 이하의 지게차   ② 군용차량
③ 49cc 원동기장치자전거   ④ 굴삭기

⁞ **정답:** ②
※ **해설: 군용차량은 도로교통법상의 자동차에 해당되지 않으므로 자동차 운전자를 행위주체로 하는 음주단속대상이 되지 않고,** 교통단속처리지침 제29조 제1항에 의해 교통법규위반자 적발통보 공문으로 서면통보하는 것이 타당하다.

19. 다음 중 주취(음주)운전자 단속요령으로 가장 부적절한 것은?   03.1 승진
① 음주측정 결과 혈중알코올농도 0.05% 이상인 경우 주취운전자 적발보고서를 작성하며, 미란다원칙을 고지하고 지체 없이 경찰서로 동행해 의법조치하여야 한다.
② 음주측정에 불응하는 운전자에 대하여는 음주측정 불응에 따른 불이익을 10분 간격으로 2회 이상 명확하고 고지한 후 측정거부로 주취운전자 고발보고서를 작성한다.
③ 측정거부로 주취운전자 적발보고서를 작성한 이후 마음이 변한 운전자의 요구가 있더라도 음주측정을 해 주어서는 안 된다.
④ 음주측정을 거부한 자는 도로교통법 위반(제107조의2 제2호)으로 경찰서로 동행해 의법조치하여야 한다.

❖ 정답: ②
❊ 해설: ▶ 적발보고서의 작성

① 음주측정 요구에 불응하는 운전자에 대하여는 **음주측정 불응에 따른 불이익을 10분 간격으로 3회 이상 명확히 고지한 후 측정거부로 주취운전자 적발보고서를 작성**한다.
② 측정거부로 주취운전자 적발보고서를 작성한 이후에는 당해 운전자가 음주측정을 요구하더라도 **다시 측정해 주어서는 아니 된다.**

---

20. 교통단속처리지침(주취운전단속)상 구강 내 알코올에 의한 괴대 측정을 방지하기 위해 음주 시로부터 얼마를 경과했는지 확인해야 하는가?   08.1 승진

① 10분   ② 20분
③ 30분   ④ 40분

❖ 정답: ②
❊ 해설: ▶ 음주운전단속 시 착안사항

① 현행범체포 시 **반드시 미란다원칙을 고지**한다.
② 음주감지기로만 확인하지 말고 눈동자, 냄새 등을 종합적으로 고찰한다.
③ 음주측정시에 사용하는 음주측정기용 불대(mouth piece)는 **1인 1회 사용함을 원칙**으로 한다.
④ 채혈 시 **반드시 본인 또는 가족 동의서 작성 후 의사가 채혈**해야 한다.
⑤ 음주 후 20분 이내에는 구강 내 잔류알코올에 의한 과대 측정의 우려가 있으므로 최종음주시간을 확인하여 **일정시간 경과 후에 음주측정을** 한다.

---

21. 다음 중 자동차를 강제처리할 수 있는 경우에 해당하지 않는 것은?   10.2 경간부

① 자동차 안전 기준에 적합하지 아니하거나 안전운행에 지장이 있다고 인정되는 경우
② 자동차를 일정한 장소에 고정시켜 운행 외의 용도로 사용하는 경우
③ 자동차를 도로에 계속하여 방치하는 경우
④ 정당한 사유 없이 자동차를 타인의 토지에 방치하는 경우

❖ 정답: ①
❊ 해설: ▶ 자동차의 강제처리 사유

자동차(자동차와 유사한 외관 형태를 갖춘 것을 포함)의 소유자 또는 점유자는 **아래에 해당하는 행위를 하여서는 아니 된다.**
㉠ **자동차를 일정한 장소에 고정시켜 운행 외의 용도로 사용하는 행위**
㉡ **자동차를 도로에 계속하여 방치하는 행위**
㉢ **정당한 사유 없이 자동차를 타인의 토지에 방치하는 행위**

제3절 | 도로교통법

1. 도로교통법상 '차'로 볼 수 없는 것은?   96.1 승진, 01.11 101단

① 신체장애자용 의자차, 전동차

② 자전거

③ 경운기

④ 자동차

정답: ①

해설: ▶ 도로교통법상 '차'

① 자동차	② 건설기계
③ 원동기장치자전거	④ 자전거

⑤ 사람 또는 가축의 힘이나 그 밖의 동력에 의하여 도로에서 운전되는 것.
다만, **철길이나 가설된 선을 이용하여 운전되는 것, 유모차와 행정안전부령이 정하는 보행보조용 의자차를 제외**한다.

2. 다음 중 도로교통법상 '차'가 아닌 것은?   08.1 승진

① 자동차

② 경운기

③ 케이블카

④ 원동기장치자동차

정답: ③

해설: 유모차, 전동차, 케이블카, 세발자전거, 신체장애자용 의자차는 차가 아니다.

3. 다음 도로교통법 제2조 용어로 개념 중 옳지 않은 것은?   04.3 순경

① 차 : 자동차, 자전거, 원동기장치자전거, 신체장애자용 휠체어

② 보도 : 연석선, 안전표지 그 밖의 이와 비슷한 공작물로써 그 경계를 표시하여 보행자의 통행에 사용하도록 된 도로의 부분을 말한다.

③ 횡단보도 : 보행자가 도로를 횡단할 수 있도록 안전표지로써 표시한 도로의 부분을 말한다.

④ 원동기장치자전거 : 자동차관리법 제3조의 규정에 의한 이륜자동차 중 배기량 125cc 이하의 이륜자동차와 50cc 미만의 원동기를 단 차를 말한다.

정답: ①

해설: 신체장애자용 의자차 및 유모차는 외형상 차의 형태를 갖추고 있으나 사람의 힘에 의해 운전되므로 도로교통법에 의거하여 차로 보지 아니하고 보행자로 본다.

4. 도로교통법 제2조에는 동법에서 사용되는 용어에 대한 정의를 하고 있다. 다음 중 정의가 틀린 것은?

05.3 순경

① 긴급자동차 : 소방자동차, 구급자동차, 그 밖의 대통령령이 정하는 차로서 그 본래의 긴급한 용도로 사용되고 있는 중인 자동차를 말한다.

② 정차 : 차가 5분을 초과하지 아니하고 정지하는 것으로서 주차 외의 정지상태를 말한다.

③ 원동기장차자전거 : 자동차관리법 제3조의 규정에 의한 이륜자동차 중 배기량 125cc 이하의 이륜자동차와 30cc 미만의 원동기를 단 차를 말한다.

④ 도로 : 도로법에 의한 도로, 유류도로법에 의한 유료도로 그 밖의 일반교통에 사용되는 모든 곳을 말한다.

▚ 정답: ③
▓ 해설: ▶ 원동기장치자전거

> ① 「자동차관리법」 제3조의 규정에 의한 이륜자동차 가운데 **배기량 125cc 이하의 이륜자동차**
> ② **배기량 50cc 미만**(전기를 동력으로 하는 경우에는 **정격출력 0.59킬로와트 미만**)의 원동기를 단 차

5. 다음 중 도로교통법 제2조에서 정의하고 있는 용어의 개념으로 틀린 것은?   04.10 순경, 05.2 경간부

> ㉠ 보도 – 보행자의 통행에서 사용하도록 된 도로의 부분
> ㉡ 횡단보도 – 보행자가 도로를 횡단할 수 있도록 안전표지로써 표시한 도로의 부분
> ㉢ 차 – 자동차, 자전거, 원동기장치자전거, 신체장애자용 의자차
> ㉣ 원동기장치자전거 – 자동차관리법 제3조의 규정에 의한 이륜자동차 중 배기량 125cc 이하의 이륜자동차와 50cc 미만의 원동기를 단 차
> ㉤ 긴급자동차 – 소방자동차, 구급자동차 그 밖의 국토해양부장관이 정하는 차로서 그 본래의 긴급한 용도로 사용되고 있는 중인 자동차를 말한다.
> ㉥ 정차 – 차가 10분을 초과하지 아니하고 정지하는 것으로서 주차 외의 정지상태를 말한다.
> ㉦ 원동기장치자전거 – 자동차관리법 제3조의 규정에 의한 이륜자동차 중 배기량 125cc 이하의 이륜자동차와 50cc 미만의 원동기를 단 차를 말한다.
> ㉧ 도로 – 도로법에 의한 도로, 유료도로법에 의한 유료도로, 농어촌도로 정비법에 따른 농어촌도로로 그 밖의 일반교통에 사용되는 모든 곳을 말한다.
> ㉨ 서행 – 차가 즉시 정지할 수 있는 느린 속도로 진행하는 것을 말한다.
> ㉩ 보도– 연석선, 안전표지 그 밖의 이와 비슷한 공작물로써 그 경계를 표시하여 보행자의 통행에 사용하도록 된 도로의 부분을 말한다.

① 1개   ② 2개   ③ 3개   ④ 4개

▚ 정답: ③
▓ 해설:
㉢ 차 – **신체장애자용 의자차 제외**
㉤ 긴급자동차 – 소방자동차, 구급자동차 그 밖의 **대통령령이 정하는 자동차**로서 그 본래의 긴급한 용도로 사용되고 있는 중인 자동차를 말한다.
㉥ 정차 – 차가 **5분을 초과하지 아니하고 정지하는 것**으로서 주차 외의 정지상태를 말한다.

6. 다음 중 도로교통법상 '자동차 등'이란?   01.1 승진
① 자동차와 원동기장치자전거를 말한다.   ② 자동차를 총괄하여서 말한다.
③ 자동차와 이륜자동차를 말한다.   ④ 자동차와 건설기계를 말한다.

❖ **정답:** ①
❖ **해설:** 도로교통법상 '자동차 등'이란 **자동차와 원동기장치자전거**를 말한다.

7. 도로교통법상 어린이란?   05.2 경간부
① 13세 미만   ② 14세 미만
③ 16세 미만   ④ 특별한 규정이 없고 자동차안전기준에 관한 규칙에 규정되어 있다.

❖ **정답:** ①
❖ **해설:** ▶ **도로교통법상 연령정리**

㉠ 유아 : 6세 미만	㉡ 어린이 : 13세 미만	㉢ 노인 : 65세 이상

8. 다음 교통경찰에 관한 내용 중 틀린 것은?   10.2 경간부

㉠ 안전표지에는 주의, 경고, 지시, 보조, 노면표지가 있다.
㉡ 터널표지는 안전표지 중 주의표지에 해당한다.
㉢ 도로교통법상 신호기의 설치 · 관리권자는 특별시장, 광역시장 또는 시장, 군수이다.
㉣ 횡단보도는 육교, 지하도 및 다른 횡단보도로부터 100m 이내에 설치하여서는 아니 된다.
㉤ 어린이 통학버스가 어린이 또는 유아를 태우고 있다는 표시를 하고 도로를 통행할 때 모든 차량은
    어린이 통학버스를 앞지르지 못한다.

① 1개   ② 2개   ③ 3개   ④ 4개

❖ **정답:** ②
❖ **해설:**
㉠ 안전표지에는 **주의, 규제, 지시, 보조, 노면표지**가 있다.
㉣ 횡단보도는 **육교 · 지하도 및 다른 횡단보도로부터 200미터 이내에는 설치하지 아니할 것**. 다만, 어린이
    보호구역이나 노인보호구역으로 지정된 구간인 경우 또는 보행자의 안전이나 통행을 위하여 특히 필요하
    다고 인정되는 경우에는 그러하지 아니하다.

9. 도로교통법상 운전의 정의에 대해 맞는 것은?   04.1 승진
① 도로에서 차마를 타 차마의 통행에 방해가 되지 않게 운전하는 것
② 재차를 도로 및 도로 외에서 그 본래의 사용방법에 따라 사용하는 것
③ 도로에서 재차를 그 본래의 사용방법에 따라 사용하는 것
④ 도로에서 재차를 기계 · 기술적 방법으로 운전하는 것

❖ **정답:** ③
❖ **해설:** **도로**(제44조, 제45조, 제54조 제1항, 제148조 및 제148조의2에 한하여 도로 외의 곳을 포함)
    에서 차마를 그 본래의 사용방법에 따라 사용하는 것(조종을 포함)

10. 다음 중 반드시 '일시정지'하여야 할 장소에 해당하지 않는 것은?　　　　05.1 승진

① 좌우를 확인할 수 없는 곳

② 교통이 빈번한 교차로

③ 적색등화가 점멸되고 있는 교차로

④ 비탈길의 고갯마루 부근을 통과한 때

❧ **정답:** ④

❀ **해설:** ▶ **일시정지장소**

> ① 교통정리가 행하여지고 있지 아니하고 좌우를 확인할 수 없거나 **교통이 빈번한 교차로**
> ② 지방경찰청장이 도로에서의 위험을 방지하고 교통의 안전과 원활한 소통을 확보하기 위하여 필요하다
> 　고 인정하여 **안전표지에 의하여 지정한 곳**

11. 다음 중 도로교통법에서 규정하고 있는 보행자에 대한 설명으로 옳지 않은 것은?　　　　05.2 경간부

① 자전거 타고 횡단보도 횡단하는 자는 보행자로 취급한다.

② 손수레를 끌고 가는 자는 보행자로 취급한다.

③ 유모차는 보행자로 취급한다.

④ 신체장애용 보행자로 취급한다.

❧ **정답:** ①

❀ **해설:** ▶ **보행자가 아닌 사람**

> ① 손수레, 원동기장치자전거, 자전거를 **타고** 횡단하는 자
> ② 횡단보도에 누워 있거나 엎드려 있는 자
> ③ 횡단보도 내에서 교통정리를 하고 있는 중인 자
> ④ 횡단보도 내에서 택시를 잡는 중인 자
> ⑤ 횡단보도 내에서 적재물 하역작업을 하는 중인 자
> ⑥ 보도에 서 있다가 횡단보도 내로 넘어진 자

12. 다음 중 도로교통법상에서 규정하고 있는 보행자에 대한 설명으로 옳지 않은 것은?　　　　05.1 승진

① 유모차는 보행자로 취급한다.

② 신체장애자용 의자차는 보행자로 취급한다.

③ 보행자는 보도와 차도가 구분된 경우에는 특별한 경우를 제외하고는 보도를 통행하여야 한다.

④ 자전거를 타고 횡단보도를 횡단하는 자는 보행자로 취급한다.

❧ **정답:** ④

❀ **해설:** 손수레, 원동기장치자전거, 자전거를 **타고** 횡단하는 자는 보행자에 해당되지 않는다.

13. 긴급자동차에 대한 설명 중 틀린 것은? 10.1 승진

① 긴급자동차는 소방자동차, 구급자동차, 그 밖의 대통령령이 정하는 자동차로서 그 본래의 긴급한 용도로 사용되고 있는 자동차를 말한다.

② 긴급자동차에 준하는 자동차에는 경찰용의 자동차, 국군 등 군부대의 질서 있는 이동유도용 자동차, 생명이 위급한 환자나 부상자를 운반 중인 자동차를 들 수 있다

③ 긴급자동차는 긴급하고 부득이한 때에는 도로의 중앙 좌측부분을 통행할 수 있고, 교차로에서 긴급자동차가 접근한 때에는 모든 차는 도로의 우측 가장자리로 일시정지해야 한다.

④ 긴급자동차가 긴급한 용도로 사용되는 중에 교통사고가 발생하면 다른 일반 승용차와 같이 위반 내용을 적용하여 책임을 진다.

▎ **정답:** ②

▒ **해설:** ▶ 긴급자동차의 유형

도로교통법	① 소방자동차 ② 구급자동차 ③ 혈액공급차량 ④ 그 밖에 대통령령이 정하는 자동차
도로교통법 시행령	① 경찰용 자동차 중 **범죄수사·교통단속** 그 밖에 긴급한 경찰업무수행에 사용되는 자동차 ② 국군 및 주한국제연합군용 자동차 중 **군 내부의 질서유지나 부대의 질서 있는 이동을 유도**하는 데 사용되는 자동차 ③ **수사기관의 자동차 중 범죄수사를 위하여 사용**되는 자동차 ④ **교도기관**(교도소·소년교도소·구치소 또는 보호감호소, 소년원 또는 소년분류심사원, 보호관찰소)의 자동차 중 **도주자의 체포 또는 피수용자·피관찰자의 호송·경비를 위하여 사용**되는 자동차 ⑤ 국내외 요인에 대한 **경호업무수행**에 공무로서 사용되는 자동차
지방경찰청장의 지정 (사용자의 신청)	① 전기사업·가스사업 그 밖의 공익사업기관에서 위험방지를 위한 응급작업에 사용되는 자동차 ② 민방위업무를 수행하는 기관에서 **긴급예방 또는 복구를 위한 출동에 사용되는 자동차** ③ 도로관리를 위하여 사용되는 자동차 중 도로상의 위험을 방지하기 위한 응급작업 및 운행이 제한되는 자동차를 단속하기 위하여 사용되는 자동차 ④ 전신·전화의 수리공사 등 응급작업에 사용되는 자동차와 우편물의 운송에 사용되는 자동차 중 긴급배달 우편물의 운송에 사용되는 자동차 및 전파감시업무에 사용되는 자동차
준긴급 자동차	① 경찰용의 긴급자동차에 의하여 유도되고 있는 자동차 ② 국군 및 주한국제연합군용의 긴급자동차에 의하여 유도되고 있는 국군 및 주한국제연합군의 자동차 ③ **생명이 위급한 환자나 부상자 또는 수혈을 위한 혈액을 운반 중인 자동차**

14. 긴급자동차에 대한 설명으로 틀린 것은? 02.10 순경

① 전신·전화의 수리 공사 등 응급작업에 사용되는 자동차는 대통령령에서 정한 긴급자동차이다.

② 경찰의 지시에 따라 서행하고 있는 자동차 앞에 끼어드는 행위를 할 수 있다.

③ 수사기관의 자동차 중 범죄수사에 사용되는 자동차는 대통령령에서 정하는 긴급자동차이다.

④ 중앙선을 침범하여 사고를 야기한 경우 일반자동차와 동일하게 취급한다.

▎ **정답:** ①

▒ **해설:** 전신·전화의 수리공사 등 응급작업에 사용되는 자동차와 우편물의 운송에 사용되는 자동차 중 긴급배달 우편물의 운송에 사용되는 자동차 및 전파감시업무에 사용되는 자동차는 **지방 경찰청장의 지정(사용자의 신청)**하는 긴급자동차에 속한다.

15. 다음 중 옳지 않은 것은?   05.7 순경

① 통행우선순위 위반은 교통사고특례법상 중요법규위반 10개 항에 해당하지 않는다.
② 인적피해 야기 후 도주자동차 운전자에 대해서는 특정범죄 가중처벌 등에 관한 법률이 적용된다.
③ 도로의 중앙선을 넘어서 앞지르기를 하다가 사고를 야기한 경우 긴급자동차라 할지라도 위반된다.
④ 경찰용자동차 중 범죄수사에 사용되는 차는 신청에 의하여 지방경찰청장이 긴급자동차로 지정한다.

정답: ④

※ **해설: 수사기관의 자동차 중 범죄수사를 위하여 사용되는 자동차**는 도로교통법 시행령(대통령령)
이 정하는 긴급자동차(법정긴급자동차)이다.

16. 사용자 신청 여부와 상관없이 법정긴급자동차에 해당하는 것은?   07.12 기동대

① 전기사업 · 가스사업, 그 밖의 공익사업기관에서 위험방지를 위한 응급작업에 사용되는 자동차
② 민방위 업무를 수행하는 기관에서 긴급예방 또는 복구를 위한 출동에 사용되는 자동차
③ 도로관리를 위하여 사용되는 자동차 중 도로상의 위험을 방지하기 위한 응급작업 및 운행이 제한되는 자
동차를 단속하기 위하여 사용되는 자동차
④ 국내외 요인에 대한 경호 업무수행에 공무로서 사용되는 자동차

정답: ④

※ **해설: 국내외 요인에 대한 경호업무수행에 공무로서 사용되는 자동차**는 도로교통법 시행령(대통령
령)으로 인정되는 법정긴급자동차에 해당한다.

17. 사용자에 신청 여부와 관계없이 법정 긴급자동차에 해당하는 것은?   06.10 순경

① 긴급배달 우편물의 운송용 자동차
② 도로상의 위험방지 응급작업용 자동차
③ 국군 등 군부대의 질서유지 및 질서 있는 이동을 유도하는 데 사용하는 자동차
④ 전파감시 업무에 사용되는 자동차

정답: ③

※ **해설: 국군 및 주한국제연합군용 자동차 중 군 내부의 질서유지나 부대의 질서 있는 이동을 유도하
는 데 사용되는 자동차**는 도로교통법 시행령(대통령령)에서 인정하는 법정긴급자동차이다.

18. 다음 중 주차금지 장소에 해당하는 것은?   07.10 기동대

㉠ 터널 안 및 다리 위
㉡ 소방용 기계, 기구가 설치된 곳으로부터 5m 이내
㉢ 도로공사를 하고 있는 경우에는 그 공사구역의 양쪽 가장자리부터 5m 이내의 곳
㉣ 화재경보기 3m 이내
㉤ 교차로, 횡단보도
㉥ 건널목 가장자리 또는 횡단보도 10m 이내

① 2개   ② 3개   ③ 4개   ④ 5개

정답: ③(㉠㉡㉢㉣)

❈ **해설:** ▶ 주차금지의 장소

> ① **터널 안 및 다리 위**
> ② **화재경보기로부터 3미터 이내인 곳**
> ③ 다음 각 목의 곳으로부터 5미터 이내인 곳
>   ㉠ **소방용 기계·기구가 설치된 곳**
>   ㉡ 소방용 방화(防火) 물통
>   ㉢ 소화전 또는 소화용 방화 물통의 흡수구나 흡수관을 넣는 구멍
>   ㉣ **도로공사를 하고 있는 경우에는 그 공사 구역의 양쪽 가장자리**
> ④ 지방경찰청장이 도로에서의 위험을 방지하고 교통의 안전과 원활한 소통을 확보하기 위하여 필요하
>   다고 인정하여 지정한 곳

19. 도로교통법상 '주차금지'장소에 해당하는 곳으로 틀린 것은?   10.1 승진
① 터널 안 및 다리 위
② 화재경보기로부터 3m 이내의 곳
③ 소방용 기계·기구가 설치된 곳으로부터 5m 이내의 곳
④ 도로공사를 하고 있는 경우에는 그 공사구역의 양쪽 가장자리로부터 10m 이내의 곳

❖ **정답:** ④
❈ **해설:** 도로공사를 하고 있는 경우에는 그 **공사구역의 양쪽 가장자리로부터 5m 이내의 곳**에는 주
       차금지 구역이다.

20. 다음 중 주·정차에 대한 설명으로 타당하지 않은 것은?   07.1 승진
① 횡단보로로부터 10m 이내의 곳에서는 주·정차를 할 수 없다.
② 터널 안 및 다리 위에서는 주차할 수 없다.
③ 화재경보기로부터 3m 이내의 곳은 주·정차 금지구역이다.
④ 차량의 고장으로 계속 정지하고 있는 것은 주차이다.

❖ **정답:** ③
❈ **해설:** ▶ 정차 및 주차의 금지

> 모든 차의 운전자는 아래에 해당하는 곳에서는 **차를 정차하거나 주차하여서는 아니 된다. 다만,** 도로교
> 통법에 따른 명령 또는 경찰공무원의 지시를 따르는 경우와 위험방지를 위하여 일시정지하는 경우에는
> **그러하지 아니하다.**
> ① 교차로·횡단보도·건널목이나 보도와 차도가 구분된 도로의 보도(「주차장법」에 따라 차도와 보도에 걸
>   쳐서 설치된 노상주차장은 제외)
> ② 교차로의 가장자리나 도로의 모퉁이로부터 5미터 이내인 곳
> ③ 안전지대가 설치된 도로에서는 그 안전지대의 사방으로부터 각각 10미터 이내인 곳
> ④ 버스여객자동차의 정류지(停留地)임을 표시하는 기둥이나 표지판 또는 선이 설치된 곳으로부터 10미터 이
>   내인 곳. 다만, 버스여객자동차의 운전자가 그 버스여객자동차의 운행시간 중에 운행노선에 따르는 정류
>   장에서 승객을 태우거나 내리기 위하여 차를 정차하거나 주차하는 경우에는 그러하지 아니하다.
> ⑤ 건널목의 가장자리 또는 횡단보도로부터 10미터 이내인 곳
> ⑥ 지방경찰청장이 도로에서의 위험을 방지하고 교통의 안전과 원활한 소통을 확보하기 위하여 필요하다
>   고 인정하여 지정한 곳
>   ☞ **화재경보기로부터 3미터 이내인 곳은 주차금지 장소이지 정차금지 장소는 아니다.**

21. 도로교통법상 주차 및 주·정차금지 장소에 대한 설명으로 틀린 것은?   10.1 승진

① 소화전으로부터 5m 이내는 주차를 할 수 없다.

② 터널 안 및 다리 위는 주차를 할 수 없다.

③ 교차로의 가장자리 또는 도로의 모퉁이로부터 5m 이내의 곳은 주·정차를 할 수 없다.

④ 화재경보기로부터 5m 이내는 주차를 할 수 없다.

⁂ 정답: ④

※ 해설: 화재경보기로부터 **3m 이내**는 주차를 할 수 없다.

22. 교통경찰활동에 대한 설명 중 틀린 것은?   10.1 승진, 03.11 순경

① 궤도에 의한 철도교통이나 항공교통은 해당 전문기관에서 취급하므로 교통경찰의 영역에서 제외된다.

② 도로의 표면이 포장되지 않아 횡단보도를 표시할 수 없는 때에는 횡단보도표지판을 설치한다. 이 경우 그 횡단보도표지판에 횡단보도의 너비를 표시하는 보조표지를 설치하여야 한다.

③ 어린이보호구역 안에서 지방경찰청장 또는 경찰서장이 취할 수 있는 조치사항으로 자동차의 통행을 금지하거나 제한하는 것, 자동차의 정차나 주차를 금지하는 것, 자동차의 운행속도를 매시 30km 이내로 제한하는 것 등이 있다.

④ 고속도로에서 버스전용차로를 통행하였을 때는 6인이 승차한 9인승 승합자동차는 단속할 수 있는 차량에 해당한다.

⁂ 정답: ④

※ 해설: ▶ 고속도로 버스전용차로 이용 가능 차량

① **13인승 이상은 승차인원 관계없이** 고속도로 버스전용차로로 운행 가능
② **9~12인승 이하 승용·승합자동차(6인 이상 탑승한 경우에 한함)**

제4절 | 운전면허

1. 운전면허의 효력발생시기는?   10.1 승진, 03.6 순경
① 지방경찰청장에게 발급받은 때　　　　② 운전자나 그 대리인이 교부받은 때
③ 면허증을 소지하고 운전을 개시한 때　　④ 운전면허 취득 시

정답: ②

※ **해설: 운전면허의 효력발생시기는** 운전면허의 효력은 운전면허시험에 합격한 후 **본인 또는 그 대리인이 운전면허증을 교부받은 때부터 발생**한다.

2. 운전면허와 운전할 수 있는 차종이 바르게 연결되지 않은 것은?   07.3 순경
① 1종 보통면허로 12톤 미만의 화물 자동차를 운전한 경우
② 1종 대형 면허로 아스팔트 살포기를 운전한 경우
③ 1종 보통면허로 승차정원 12인 이하의 긴급자동차를 운전한 경우(승용 및 승합자동차 제외)
④ 1종 대형면허로 건설기계(도로를 운행하는 3톤 미만 지게차)를 운전한 경우

정답: ③

※ **해설: ▶ 1종 운전면허**

대형 면허	① 승용자동차　② **15인승 이상** 승합자동차　③ **12톤 이상** 화물자동차 ④ 긴급자동차　⑤ 원동기장치자전거 ⑥ 특수자동차(단, 트레일러, 레카는 제외)		**19세 이상** 자동차 (이륜자동 차 제외) 운전경험 1년 이상
	⑦ 건설기계	㉠ 덤프트럭, 아스팔트살포기, 노상안정기 ㉡ **콘크리트믹서트럭**, 콘크리트펌프 ㉢ 천공기(트럭 적재식) ㉣ **도로를 운행하는 3톤 미만의 지게차**	
특수면허	① 트레일러		**19세 이상** 운전경험 1년 이상
	② 레카		
	③ 제2종 보통면허로 운전할 수 있는 차량		
보통면허	① 승용자동차		**18세 이상**
	② **승차정원 15인 이하** 승합자동차		
	③ **승차정원 12인 이하 긴급자동차**(승용 및 승합자동차에 한함)		
	④ **적재중량 12톤 미만** 화물자동차		
	⑤ 건설기계(도로를 운행하는 **3톤 미만**의 지게차에 한함)		
	⑥ 원동기장치자전거		
소형면허	① **3륜 승용자동차**		
	② **3륜 화물자동차**		
	③ 원동기장치자전거		

3. 현행 '도로교통법 시행규칙'상 제1종 보통운전면허로 운전할 수 있는 차의 종류로 옳지 않은 것은?

04.10 순경

① 승차정원이 12인 이하의 긴급자동차(승용 및 승합자동차에 한한다.)
② 승차정원이 15인 이하의 승합자동차
③ 적재중량 12톤 미만의 화물자동차
④ 건설기계(도로를 운행하는 3톤 이하의 지게차에 한한다.)

정답: ④
※ **해설:** 건설기계(도로를 운행하는 **3톤 미만의 지게차**에 한한다.)

4. 1종 보통면허로 운전할 수 있는 승합자동차의 승차정원의 기준은?   08.10 순경
① 일반승합자동차 – 15인 이하, 긴급승합자동차 – 12인 이하
② 일반승합자동차 – 12인 이하, 긴급승합자동차 – 15인 이하
③ 일반승합자동차 – 12인 이하, 긴급승합자동차 – 10인 이하
④ 일반승합자동차 – 10인 이하, 긴급승합자동차 – 12인 이하

정답: ①
※ **해설: 1종 보통면허로는 승용자동차, 승차정원 15인 이하 승합자동차, 승차정원 12인 이하 긴급자
동차**(승용 및 승합자동차에 한함)

5. 다음 중 도로교통에 관한 법령에 따른 1종 보통면허로 운전이 가능한 차량은?   11.2 순경

㉠ 도로를 운행하는 3톤의 지게차	㉡ 승차정원 15인승의 승합자동차
㉢ 적재중량 12톤의 화물자동차	㉣ 승차정원 12인승의 긴급자동차(승용 및 승합차에 한한다)

① 1개   ② 2개   ③ 3개   ④ 4개

정답: ②
※ **해설:**
㉠ 도로를 운행하는 3톤의 지게차 – **1종 대형면허**
㉢ 적재중량 12톤의 화물자동차 – **1종 대형면허**
　단, 도로를 운행하는 3톤 미만의 지게차와 적재중량 12톤 미만의 화물자동차는 1종 보통면허로 운전이
가능하다.

6. 다음 중 제1종 대형면허를 받을 수 있는 사항은?   02.1 승진, 04.1 승진
① 제2종 소형면허를 받은 후 3년이 경과된 자
② 듣지 못하는 자
③ 19세인 자가 원동기장치자전거의 운전경력이 1년 있을 때
④ 70세인 자가 운전경력이 1년 있을 때

정답: ④
※ **해설: 19세 이상** 자동차(이륜자동차 제외)운전경험 1년 이상인 자는 취득이 가능하다.

7. 운전면허의 취득가능 연령에 대한 연결로 잘못된 것은?   04.1 승진
① 대형면허 – 20세 이상
② 원동기장치자전거 – 16세 이상
③ 제1종 보통면허 – 18세 이상
④ 특수면허 – 19세 이상

정답: ①
해설: 제1종 대형면허 또는 제1종 특수면허를 받기 위해서는 **19세 이상** 자동차(이륜자동차 제외)운전경험 1년 이상인 자는 취득이 가능하다.

8. 운전면허에 관한 설명 중 틀린 것은?   10.1 승진
① 제1종 특수면허로 운전할 수 있는 차량은 레커, 트레일러, 적재중량 4톤 이하의 화물자동차이다.
② 제1종 보통면허로 승차정원 15인 이하의 승합자동차와 적재중량 12톤 미만의 화물자동차를 운전할 수 있다.
③ 제2종 보통면허로 승차정원 10인 이하의 승합자동차를 운전할 수 있다.
④ 제1종의 소형면허로 3륜 화물자동차, 3륜 승용자동차, 배기량 125cc 초과인 오토바이를 운전할 수 있다.

정답: ④
해설: 제1종의 소형면허로 **3륜 화물자동차, 3륜 승용자동차, 배기량 125cc 이하인 이륜자동차**를 운전할 수 있다.

9. 자동차의 형식이 변경 승인되거나 자동차의 구조 또는 장치가 변경된 경우의 운전면허 적용기준에 대한 설명이다. 잘못된 것은?   08.1 승진
① 차종의 형식이 변경된 경우 변경 후의 차종을 기준으로 한다.
② 자동차의 구조 또는 장치가 변경된 경우 변경 후의 승차정원 또는 적재중량을 기초로 한다.
③ 형식이 변경되어 승차정원 또는 적재중량이 감소한 경우 변경승인 전의 승차정원 또는 적재중량을 기준으로 한다.
④ 차종의 변경 없이 변경되어 또는 적재중량이 감소한 경우 변경승인 전의 승차정원 또는 적재중량을 기준으로 한다.

정답: ②
해설: ▶ 자동차의 형식 · 구조 또는 장치가 변경 · 승인된 경우

자동차의 형식이 변경된 경우	차종이 변경되거나 승차정원 또는 적재중량이 증가한 경우	**변경승인 후**의 차종이나 승차정원 또는 적재중량이 기준
	차종이 변경 없이 승차정원 또는 적재중량이 감소한 경우	**변경승인 전**의 승차정원 또는 적재중량이 기준
자동차의 구조 · 장치가 변경된 경우	**변경승인 전**의 승차정원 또는 적재중량 기준이 기준	

10. 자동차의 이전등록 신청기한 중 틀린 것은?

10.1 승진

① 매매 – 매수한 날로부터 15일 이내
② 증여 – 증여를 받은 날로부터 1월 이내
③ 상속 – 상속개시일로부터 3월 이내
④ 매매, 증여, 상속 이외의 사유로 인한 소유권 이전 – 사유가 발생한 날로부터 15일 이내

정답: ②

※ 해설: ▶ 자동차변경ㆍ이전등록 신청기한

자동차 변경ㆍ등 록신청	변경등록은 그 사유가 **발생한 날로부터 15일 이내**에 등록관청에 신청하여야 한다.	
자동차 이전등록 신청기한	**매매**	매수한 날로부터 **15일 이내**
	증여	증여를 받은 날로부터 **20일 이내**
	상속	상속개시일부터 **3개월 이내**
	기타	소유권 이전의 경우에는 사유가 발생한 날부터 **15일 이내**

11. 연습운전면허에 관한 설명으로 틀린 것은?

08.7 순경

> ㉠ 연습운전면허는 제1종 보통면허, 제2종 보통면허만 있다.
> ㉡ 연습운전면허를 받은 사람이 제1종 보통면허 또는 제2종 보통면허를 받은 경우에는 연습운전면허의
>   효력이 상실된다.
> ㉢ 연습운전면허의 취소권자는 지방경찰청장이다.
> ㉣ 운전면허시험장의 도로주행시험을 담당하는 경찰관 또는 기능검정원의 지시에 따라 운전하던 중 교
>   통사고를 일으킨 경우 연습운전면허를 취소한다.
> ㉤ 도로가 아닌 곳에서 교통사고를 일으킨 경우 연습운전면허를 취소한다.
> ㉥ 교통사고를 일으켰더라도 단순히 물적 피해만 일으킨 경우 연습운전면허를 취소할 수 없다.

① 1개   ② 2개   ③ 3개   ④ 4개

정답: ②(㉣㉤)

※ 해설: ▶ 연습운전면허 취소의 예외사유

① 도로교통공단의 도로주행시험을 담당하는 사람, 자동차운전학원의 강사, 전문학원의 강사 또는 기능검
　정원의 지시에 따라 운전하던 중 교통사고를 일으킨 경우
② 도로가 아닌 곳에서 교통사고를 일으킨 경우
③ 교통사고를 일으켰으나 물적 피해만 발생한 경우

12. 다음 중 2종 보통면허를 딸 수 있는 사람은?

01.2 경간부

① 정신미약자   ② 알코올중독자
③ 귀머거리   ④ 16세 미만의 자

정답: ③

※ 해설: 농자의 경우에는 **제2종 면허는 발급이 가능**하다.

13. 운전면허에 관한 설명으로 가장 적절하지 않은 것은?　　　　　　　11.8 순경

① 운전면허는 크게 제1종 운전면허와 제2종 운전면허로 구분된다.

② 1종 면허는 대형면허, 보통면허, 소형면허, 특수면허로 구분된다.

③ 1종 대형과 특수면허는 20세 이상으로 자동차(이륜자동차 제외)의 운전경험이 1년 이상인 사람만이 취득할 수 있고, 1종 보통과 소형면허는 18세 이상, 원동기장치자전거 면허는 16세 이상의 사람이 취득할 수 있다.

④ 연습운전면허는 장내 기능검정 합격자에 대해 교부되는 제1종 보통연습면허와 제2종 보통연습면허가 있고, 면허를 받은 날로부터 1년간의 효력을 가진다.

❖ **정답:** ③

❀ **해설:** 1종 대형과 특수면허는 **19세 이상으로** 자동차(이륜자동차 제외)의 운전경험이 1년 이상인 사람만이 취득할 수 있다.

14. 다음 운전면허 취소처분 후 운전면허 응시제한 내용 중 틀린 것은?　　　　　05.10 순경

① 5년 – 무면허, 음주운전, 과로운전 중 사람을 사상한 후 구호조치 및 신고 없이 도주한 경우

② 4년 – 5년 제한 이외의 사유로 사람을 사상한 후 구호조치 및 신고를 하지 않은 경우

③ 3년 – 음주운전으로 3회 이상 교통사고를 야기한 자

④ 2년 – 자동차 등을 이용하여 범죄행위하거나 타인의 자동차 등을 훔치거나 빼앗은 사람이 그 자동차로 무면허 운전한 경우

❖ **정답:** ④

❀ **해설:** ▶ **운전면허 발급기간 제한**

즉시 응시	① 적성검사를 받지 아니하여 운전면허가 취소된 경우 ② 제1종 운전면허를 받은 사람이 적성검사에 불합격되어 다시 제2종 운전면허를 받으려는 경우	
정기 기간	운전면허효력 정지처분을 받고 있는 경우	
6개월	원동기장치자전거 면허를 받으려는 경우	벌금 이상의 형(집행유예 포함)의 선고를 받은 자에 한함.
1년	① 무면허운전을 하거나 운전면허발급제한 기간 중 국제운전면허증으로 자동차를 운전한 경우(운전면허효력 정지 기간에 운전하여 취소된 경우에는 그 취소된 날을 말함) ② 공동위험행위의 금지(제46조)를 위반한 경우 ③ ①을 포함한 2~5년에 해당하는 사유로 운전면허가 취소된 경우	①②는 벌금 이상의 형(집행유예 포함)의 선고를 받은 자에 한함.
2년	① 무면허운전을 하거나 운전면허발급제한 기간 중 국제운전면허증으로 자동차를 운전하여 위반한 경우 3회 이상 위반하여 자동차 등을 운전한 경우 ② 음주운전 금지 또는 음주측정에 불응에 대해 3회 이상 위반 또는 공동위험행위의 금지를 2회 이상 위반하여 각각 운전면허가 취소되었을 때 ③ 적성검사를 받지 아니하거나 그 적성검사에 불합격된 때 ④ 다른 사람의 자동차등을 훔치거나 빼앗은 때, ⑤ 다른 사람이 부정하게 운전면허를 받도록 하기 위하여 운전면허시험에 응시한 때의 사유로 운전면허가 취소된 경우	①은 벌금 이상의 형(집행유예 포함)의 선고를 받은 자에 한함.

3년	① 음주 운전금지를 위반하여 **술에 취한 상태에서 운전을 하다가 3회 이상 교통사고를 일으킨 경우** ② **자동차 등을 이용하여 범죄행위를 하거나** 다른 사람의 자동차 등을 훔치거나 빼앗은 사람이 무면허운전의 금지를 위반하여 그 자동차 등을 운전한 경우	벌금 이상의 형(집행유예 포함)의 선고를 받은 자에 한함.
4년	**음주 운전금지, 과로한 때 등의 운전금지, 공동위험행위의 금지까지의 규정에 따른 사유가 아닌 다른 사유로 사람을 사상한 후 사고발생에 따른 필요한 조치 및 신고를 하지 아니한 경우**	
5년	① 무면허운전을 하거나 운전면허발급제한 기간 중 국제운전면허증으로 자동차를 운전하여 사람을 사상한 후 사고발생에 따른 필요한 조치 및 신고를 하지 아니한 경우 ② **음주운전금지, 과로한 때 등의 운전금지, 공동위험행위의 금지를 위반하여 사람을 사상한 후 사고발생에 따른 필요한 조치 및 신고를 하지 아니한 경우**	

15. 다음 중 운전면허 재발급 제한기간이 다른 것은?   09.3 순경

① 허위 또는 그 밖의 부정한 수단으로 운전면허를 받은 때
② 다른 사람의 자동차 등을 훔치거나 빼앗은 때
③ 운전면허시험에 대리 응시한 때
④ 자동차 등을 이용하여 범죄행위를 한 때

⁑ 정답: ④
❈ 해설: 자동차 등을 이용하여 범죄행위를 하거나 다른 사람의 자동차 등을 훔치거나 빼앗은 사람이 무면허운전의 금지를 위반하여 그 자동차 등을 운전한 경우에는 **3년**이며, **나머지는 2년에 해당**된다.

16. 도로교통법상 운전면허발급제한기간이 2년에 해당하는 것은 모두 몇 개인가?   05.7 순경

㉠ 무면허운전을 한 자가 원동기장치자전거 면허를 취득하고자 하는 경우 ㉡ 운전면허를 받은 사람이 자동차 등을 이용하여 범죄행위를 한 때 ㉢ 다른 사람의 자동차등을 훔치거나 빼앗은 사람이 무면허운전의 금지를 위반하여 그 자동차 등을 운전한 경우 ㉣ 3회 이상의 음주운전으로 운전면허가 취소된 자

① 1개   ② 2개   ③ 3개   ④ 4개

⁑ 정답: ①(㉣)
❈ 해설: ㉣은 발급제한기간이 2년이며, ㉠은 6개월, ㉡㉢은 3년이다.

17. 운전면허 행정처분 결과에 따른 면허발급 제한기간을 올바르게 나열한 것은?   05.1 승진

㉠ 운전면허를 받은 사람이 자동차 등을 이용하여 범죄행위를 한 때 ㉡ 과로운전 중에 사람을 사상한 후 구호조치 및 신고 없이 도주한 경우 ㉢ 음주 운전금지를 위반하여 술에 취한 상태에서 운전을 하다가 3회 이상 교통사고를 일으킨 경우 ㉣ 허위 또는 부정한 수단으로 운전면허를 받은 자

① 1년, 3년, 2년, 2년   ② 3년, 5년, 3년, 2년
③ 2년, 5년, 2년, 1년   ④ 3년, 3년, 2년, 2년

⁝ 정답: ②

※ 해설: ㉠(3년),   ㉡(5년),   ㉢(3년),   ㉣(2년)이다.

18. 운전면허에 대한 설명 중 틀린 것은?   10.1 승진

① 도로교통법상 운전면허의 효력은 운전면허 시험에 합격한 자가 운전면허증을 본인 또는 그 대리인이 교부받은 때부터 발생한다.

② 임시운전증명서의 유효기간은 20일 이내이며, 취소 또는 정지 대상자의 경우에는 40일 이내로 할 수 있다. 또한 1회에 한하여 20일간의 범위 내에서 기간연장이 가능하다.

③ 국제운전면허증을 발급받은 자라도 운전 시 이를 소지하지 않으면 무면허운전으로 처벌된다.

④ 다른 사람을 위하여 운전면허시험에 대리 응시한 때에는 운전면허 취소된 날부터 1년간 면허시험 볼 기간을 제한한다.

⁝ 정답: ④

※ 해설: 다른 사람을 위하여 운전면허시험에 대리 응시한 때에는 운전면허 취소된 날부터 **2년간 면허시험 볼 기간을 제한한다.**

19. 다음 중 운전면허 발급제한의 2년인 것은?   08.1 경간부

> ㉠ 무면허운전을 한 자가 원동기장치자전거 면허를 취득할 때
> ㉡ 적성검사 또는 면허 갱신 미필한 경우
> ㉢ 3회 이상의 음주운전으로 운전면허가 취소된 자
> ㉣ 운전면허를 받은 사람이 자동차 등을 이용하여 범죄를 행한 경우
> ㉤ 음주 운전금지를 위반하여 술에 취한 상태에서 운전을 하다가 3회 이상 교통사고를 일으킨 경우

① 1개   ② 2개   ③ 3개   ④ 4개

⁝ 정답: ①

※ 해설: ㉠ 6월 ㉡ 즉시응시 ㉢ **2년** ㉣ 3년 ㉤ 3년

20. 다음 중 운전면허시험 응시제한기간이 취소된 날로부터 2년 이내인 것은?   08.3 순경

> ㉠ 무면허로 자동차 등을 운전한 자
> ㉡ 음주운전 중에 사람을 사상한 후 구호조치 및 신고 없이 도주한 경우
> ㉢ 무면허 운전을 한 자가 원동기장치자전거 면허를 취득하고자 하는 경우
> ㉣ 음주운전을 하다가 3회 이상 교통사고를 야기한 자
> ㉤ 운전면허시험에 대리 응시한 자

① 1개   ② 2개   ③ 3개   ④ 4개

⁝ 정답: ③

※ 해설: ㉠ **2년** ㉡ 5년 ㉢ 6개월 ㉣ 3년 ㉤ **2년**

21. 운전면허 행정처분 결과에 따른 결격대상자와 결격기간의 연결이 틀린 것은?   10.1 승진

> ㉠ 과로운전 중 사람을 사상한 후 구호조치 없이 도주한 자 – 취소된 날부터 5년
> ㉡ 음주운전으로 3회 이상 교통사고를 야기한 자 – 취소된 날부터 3년
> ㉢ 허위 · 부정한 수단으로 운전면허를 받은 자 – 취소된 날부터 2년
> ㉣ 다른 사람을 위하여 운전면허시험에 대리 응시한 자 – 취소된 날부터 2년
> ㉤ 혈중알코올농도 0.36% 상태에서 운전하다가 사망사고를 일으킨 자 – 취소된 날부터 1년

① 없다.   ② 1개   ③ 2개   ④ 3개

❖ 정답: ①

❈ **해설: 모두 옳은 지문**이다.

22. 다음 중 틀린 설명은?   05.3 순경

> ㉠ 소방용기계기구가 설치된 곳으로부터 5m 이내의 곳은 주차금지장소이다.
> ㉡ 듣지 못하는 사람은 제1종 운전면허의 결격사유가 된다.
> ㉢ 범칙금 납부통지서 받기를 거부하는 자에 대해서 통고처분을 할 수 없다.
> ㉣ 주취운전을 하다가 3회 이상 교통사고를 일으킨 경우에는 운전면허가 취소된 날부터 2년간 운전면허를 받을 자격이 없다.
> ㉤ 철길건널목 통과방법위반은 교통사고처리특례법에서 정한 예외 단서 10개 항에 해당한다.

① 없다.   ② 1개
③ 2개   ④ 3개

❖ 정답: ②(㉣)

❈ **해설:** 주취운전을 하다가 3회 이상 교통사고를 일으킨 경우에는 운전면허가 취소된 날부터 **3년간 운전면허를 받을 자격이 없다.**

23. 운전자 甲은 혈중알코올농도 0.05%의 상태로 운전하다 단속되었다. 이때 경찰관이 운전자 甲에게 발부할 수 있는 임시운전증명서의 유효기간은 최대 얼마인가?   05.1 승진

① 20일   ② 40일
③ 50일   ④ 60일

❖ 정답: ④

❈ **해설:** ▶ **임시운전증명서의 유효기간**

> ① 임시운전증명서의 유효기간은 **20일 이내**로 한다.
> ② 운전면허의 취소 또는 정지처분 대상자의 경우에는 **40일 이내**로 할 수 있다.
>   다만, 경찰서장이 필요하다고 인정하는 경우에는 그 **유효기간을 1회에 한하여 20일의 범위에서 연장**할 수 있다.
> ◉ **최대유효기간은 60일**이다.

24. 국제운전면허증에 관한 설명 중 틀린 것은?   03.1 승진, 05.1 승진

① 국제운전면허증을 외국에서 발급받은 사람이 국내에서 운전할 수 있는 차종은 그 면허증에 기재된 것에 한한다.
② 외국에서 발행한 국제운전면허증은 발행한 날로부터 1년간 유효하다.
③ 국제운전면허증으로 국내에서 사업용자동차(대여용 제외)를 운전할 수 없다.
④ 도로교통에 관한 국제협약에 의거 가입국간에 통용된다.

❖ **정답:** ②
❋ **해설:** 외국에서 발행한 국제운전면허증은 **입국한 날로부터 1년간 유효**하다.

25. 국제운전면허증에 대한 설명으로 틀린 것은?   10.1 승진

① 우리나라에서 국내운전면허를 받은 사람(원동기장치자전거 면허 및 연습운전면허 제외)에 한하여 발부한다.
② 외국에서 발행한 국제운전면허증을 발행한 날부터 1년간 유효하다.
③ 국제운전면허를 외국에서 발급받은 자는 국내에서 사업용 차량(대여용 제외)을 운전할 수 없다.
④ 외국에서 국제운전면허증을 발급받은 자가운전 중에 고의 또는 과실로 교통사고를 일으킨 때에는 1년 범위 내에서 국제운전면허증에 의한 자동차 등의 운전을 금지시킬 수 있다.

❖ **정답:** ②
❋ **해설:** 외국에서 발행한 국제운전면허증을 **입국한 날로부터 1년간 유효**하다.

26. 국제운전면허증의 발급(교부)권자는?   01.1 승진

① 법무부장관
② 경찰청장
③ 지방경찰청장
④ 경찰서장

❖ **정답:** ③
❋ **해설:** 국내에서 운전면허를 받은 사람이 국외에서 운전을 하기 위하여 「도로교통에 관한 협약」에 의한 국제운전면허증을 교부받고자 하는 때에는 **지방경찰청장에게 신청**하여야 한다.

27. 국내운전면허증을 받은 사람이 국외에서 운전하기 위해 국제운전면허증을 교부·신청한 경우 국제운전 면허증의 유효기간의 기준은?   96.1 승진

① 교부일로부터 1년
② 출국일로부터 1년
③ 출국일로부터 6개월
④ 귀국 시까지

❖ **정답:** ①
❋ **해설:** 국제운전면허증의 유효기간은 **교부받은 날부터 1년**으로 한다.

28. 국제면허증을 발급받을 수 없는 자는?   97.1 승진

① 면허정지처분을 받은 사실이 있는 사람이 운전면허 소지 시
② 원동기장치자전거 면허소유자
③ 면허취소처분을 받을 사실이 있는 사람이 현재 면허증 소지 시
④ 사업용 자동차 운전면허를 받은 사람

⚑ 정답: ②

❄ 해설: 국내운전면허를 받은 사람(**원동기장치자전거면허 및 연습운전면허를 받은 사람은 제외**)이 국제운전면허증을 발급받으려는 경우에는 신청서를 도로교통공단에 제출하여야 한다(도로교통법 시행규칙 제98조).

29. 국제운전면허증의 교부에 대한 설명으로 옳지 않은 것은?   03.4 순경

① 국제운전면허증을 이를 교부받은 사람이 국내운전면허의 효력이 정지된 때에는 그 정지기간 중 효력이 정지된다.
② 이때 국내운전면허증이라 함은 제1종 및 제2종 보통면허 전체를 말하는 것으로서 원동기장치자전거 면허도 포함된다.
③ 국내운전면허증의 효력이 없어지면 국제운전면허증의 효력도 없어진다.
④ 국제운전면허증의 유효기간은 교부받은 날부터 1년이다.

⚑ 정답: ②
❄ 해설: 원동기장치자전거 면허는 제외된다.

30. 다음 중 운전면허에 대한 설명으로 틀린 것은?   09.4 순경

> ㉠ 3회 이상 음주운전으로 운전면허가 취소된 경우 운전면허발급 제한기간은 취소된 날로부터 3년이다.
> ㉡ 다른 사람의 자동차 등을 훔치거나 빼앗은 사람이 무면허로 그 자동차 등을 운전한 경우 운전면허 발급제한 기간은 위반한 날로부터 3년이다.
> ㉢ 운전면허를 받은 사람이 자동차 등을 이용하여 범죄행위를 하여 운전면허 발급제한기간은 취소된 경우 운전면허 발급제한기간은 취소된 날로부터 2년이다.
> ㉣ 국제운전면허를 외국에서 발급받은 사람은 여객자동차운수사업법 또는 화물자동차운수사업법에 의한 모든 사업용자동차를 운전할 수 없다.
> ㉤ 지방경찰청장은 연습운전면허를 교부받은 사람이 운전 중 고의 또는 과실로 교통사고를 일으키더라도 물적 피해만 발생한 경우에는 운전면허를 취소할 수 없다.
> ㉥ 제1종 대형면허를 취득한 자는 콘크리트믹서트럭을 운전할 수 없다.

① 3개   ② 4개   ③ 5개   ④ 6개

⚑ 정답: ②
❄ 해설:
㉠ 3회 이상 음주운전으로 운전면허가 취소된 경우 운전면허발급 제한기간은 **취소된 날로부터 2년**이다.
㉡ 다른 사람의 자동차 등을 훔치거나 빼앗은 사람이 무면허로 그 자동차 등을 운전한 경우 운전면허 발급제한기간은 **위반한 날로부터 2년**이다.
㉢ 운전면허를 받은 사람이 자동차 등을 이용하여 범죄행위를 하여 운전면허 발급제한기간은 취소된 경우 운전면허 발급제한기간은 **취소된 날로부터 3년**이다.
㉥ 제1종 대형면허를 취득한 자는 **콘크리트믹서트럭을 운전할 수 있다.**

31. 다음 중 벌점이 들어가지 않는 것은? 01.1 순경

① 물적 피해 교통사고를 야기한 후 도주한 경우

② 교통사고로 사람을 사상하고 구호조치 및 신고를 불이행한 경우

③ 단속경찰공무원 등에 대한 폭행으로 형사입건된 때(구속된 경우 제외)

④ 운전면허증 제시의무를 위반한 경우

⁑ 정답: ②

▒ 해설: ▶ 임의적 취소사유(1년 이내 범위에서 정지 가능)

1. 술에 취한 상태에서 자동차 등을 운전한 경우
2. 약물의 영향으로 인하여 정상적으로 운전하지 못할 우려가 있는 상태에서 자동차 등을 운전한 경우
3. 공동 위험행위를 한 경우
4. **교통사고로 사람을 사상한 후 필요한 조치 또는 신고를 하지 아니한 경우**
5. **운전 중 고의 또는 과실로 교통사고를 일으킨 경우**
6. 운전면허를 받은 사람이 자동차 등을 이용하여 살인 또는 강간 등 행정안전부령으로 정하는 범죄행위를 한 경우
7. 다른 사람이 부정하게 운전면허를 받도록 하기 위하여 운전면허시험에 대신 응시한 경우
8. 운전면허증을 다른 사람에게 빌려 주어 운전하게 하거나 다른 사람의 운전면허증을 빌려서 사용한 경우
9. 이 법이나 이 법에 따른 명령 또는 처분을 위반한 경우

☞ ① 15점 ② 90점 ④ 30점

32. 다음 중 운전면허를 반드시 취소하여야 하는 사유가 아닌 것은? 02.1 승진

① 적성검사에 불합격한 때

② 다른 사람의 자동차 등을 훔치거나 빼앗은 때

③ 운전 중 고의 또는 과실로 교통사고를 일으킨 경우

④ 다른 사람이 부정하게 운전면허를 받게 하기 위하여 대리시험에 응시한 때

⁑ 정답: ③

▒ 해설: ▶ 필수적 취소사유

1. 음주운전 또는 측정거부를 2회 이상 위반한 사람이 다시 운전면허 정지 사유에 해당된 경우
2. 술에 취한 상태에 있다고 인정할 만한 상당한 이유가 있음에도 불구하고 경찰공무원의 측정에 응하지 아니한 경우
3. 아래에 해당하는 사람 중에서 운전면허를 받을 수 없는 사람에 해당된 경우
　㉠ 교통상의 위험과 장해를 일으킬 수 있는 정신질환자 또는 간질환자(癎疾患者)로서 대통령령이 정하는 사람
　㉡ 듣지 못하는 사람(제1종 운전면허 중 대형면허·특수면허에 한한다), 앞을 보지 못하는 사람이나 그 밖에 대통령령이 정하는 신체장애인
　㉢ 양팔의 팔꿈치관절 이상을 잃은 사람이나 양팔을 전혀 쓸 수 없는 사람. 다만, 본인의 신체장애 정도에 적합하게 제작된 자동차를 이용하여 정상적인 운전을 할 수 있는 경우에는 그러하지 아니하다.
　㉣ 교통상의 위험과 장해를 일으킬 수 있는 마약·대마·향정신성의약품 또는 알코올중독자로서 대통령령이 정하는 사람
4. **운전면허를 받을 수 없는 사람이 운전면허를 받거나 거짓이나 그 밖의 부정한 수단으로 운전면허를 받은 경우** 또는 운전면허효력의 정지기간 중 운전면허증 또는 운전면허증을 갈음하는 증명서를 발급받은 사실이 드러난 경우

---

5. **적성검사를 받지 아니하거나 그 적성검사에 불합격한 경우**(정기 적성검사 기간이 지난 경우는 제외)

6. **다른 사람의 자동차 등을 훔치거나 빼앗은 경우**

7. 이 법에 따른 **교통단속 임무를 수행하는 경찰공무원등 및 시·군공무원을 폭행한 경우**

8. 「자동차관리법」에 따라 등록되지 아니하거나 임시운행허가를 받지 아니한 자동차(이륜자동차는 제외)를 운전한 경우

9. 제1종 보통면허 및 제2종 보통면허를 받기 전에 연습운전면허의 취소 사유가 있었던 경우

10. 다른 법률에 따라 관계 행정기관의 장이 운전면허의 취소처분 또는 정지처분을 요청한 경우

---

33. 교통의 관리 및 단속에 관한 설명 중 틀린 것은?   10.1 승진

① 교통안전표지의 종류로는 주의, 규제, 지시, 보조, 노면표지가 있다.

② 2년간 벌점, 누산점수가 201점 이상이 되면 면허가 취소된다.

③ 국제운전면허증을 외국에서 발급받은 사람은 발급받은 날로부터 1년의 기간에 한하여 국내에서 그 국제운전면허증으로 자동차 등을 운전할 수 있다.

④ 생명이 위급한 환자나 부상자를 운반 중인 자동차는 긴급자동차에 준하는 자동차로 인정된다.

▐ **정답:** ③

▓ **해설:** 국제운전면허증을 발급받은 사람은 제80조 제1항(운전면허)의 규정에 불구하고 **국내에 입국한 날부터 1년의 기간에 한하여 그 국제운전면허증으로 자동차 등을 운전**할 수 있다.

---

34. 다음 중 위반할 때 벌점이 다른 하나는?   06.10 순경

① 철길건널목 통과방법 위반   ② 운전면허증 제시의무 위반

③ 속도위반(40km/h 초과)   ④ 통행구분 위반(보도침범)

▐ **정답:** ④

▓ **해설:** ▶ 벌점 30점과 10점

30	㉠ 통행구분 위반(중앙선 침범에 한함) ㉡ **속도위반(40km/h 초과)** ㉢ **철길건널목 통과방법위반** ㉣ 고속도로·자동차전용도로 갓길통행 ㉤ 고속도로 버스전용차로·다인승전용차로 통행위반 ㉥ **운전면허증 등의 제시의무위반** 또는 운전자 신원확인을 위한 경찰공무원의 질문에 불응
10	㉠ **통행구분 위반**(보도침범, 보도 횡단방법 위반) ㉡ 지정차로 통행위반(진로변경 금지장소에서의 진로변경 포함) ㉢ 일반도로 전용차로 통행위반 ㉣ 안전거리 미확보(진로변경 방법위반 포함) ㉤ 앞지르기 방법위반 ㉥ 보행자 보호 불이행(정지선위반 포함) ㉦ 승객 또는 승하차자 추락방지조치위반 ㉧ 안전운전 의무 위반 ㉨ 노상 시비·다툼 등으로 차마의 통행 방해행위 ㉩ 어린이 통학버스 특별보호 위반

35. 도로교통법상 위반사항과 운전면허 벌점의 연결이 틀린 것은?   10.1 승진

① 안전운전의무 위반 – 벌점 10점
② 운전 중 휴대전화 사용 – 벌점 15점
③ 통행구분 위반(보도침범, 보도횡단방법 위반) – 벌점 15점
④ 운전자가 단속 경찰공무원 등에 대한 폭행으로 형사입건된 때 – 벌점 90점

정답: ③

해설: ▶ 벌점 15점

> ㉠ 신호 · 지시위반
> ㉡ 속도위반(20km/h 초과 40km/h 이하)
> ㉢의2. 속도위반(어린이보호구역 안에서 오전 8시부터 오후 8시까지 사이에 제한속도를 20km/h 이내에
>   서 초과한 경우에 한정한다)
> ㉣ 앞지르기 금지시기 · 장소위반
> **㉤ 운전 중 휴대용 전화 사용**
> ㉥ 운행기록계 미설치 자동차 운전금지 등의 위반
> ㉦ 어린이통학버스운전자의 의무위반
> ☞ **통행구분 위반(보도침범, 보도횡단방법 위반) – 벌점 10점**

36. 다음 운전면허 정지처분에 대한 설명으로 틀린 것은?   01.3 순경, 02.7 순경

① 처분벌점의 합계가 30점 이상이어야 한다.
② 정지처분을 하는데 있어서 그 기준은 1점을 1일로 한다.
③ 운전면허 정지처분의 집행은 관할경찰서장이 행한다.
④ 1년 누산점수가 121점 이상이 되면 운전면허가 취소된다.

정답: ①

해설: ▶ 벌점 등 초과로 인한 운전면허의 취소 · 정지

벌점 · 누산점수 초과로 인한 면허 취소	1회의 위반 · 사고로 인한 벌점 또는 연간 누산점수가 다음 표의 벌점 또는 누산점수에 도달한 때에는 그 운전면허를 취소한다.	
	기간	**벌점 또는 누산점수**
	1년간	**121점 이상**
	2년간	**201점 이상**
	3년간	271점 이상
벌점 · 처분벌점 초과로 인한 면허 정지	운전면허 정지처분은 1회의 위반 · 사고로 인한 벌점 또는 처분벌점이 40점 이상이 된 때부터 결정하여 집행하되, 원칙적으로 1점을 1일로 계산하여 집행한다.	

37. 우리나라에서 교통사고 사망자 통계기준상 사망자의 정의는 '교통사고가 주원인이 되어 ( ) 내 사망한 것을 말한다.' ( ) 안에 적합한 것은?   01.1 승진

① 72시간   ② 7일
③ 10일   ④ 30일

정답: ④

※ 해설: ▶ 사고결과에 따른 벌점기준

구분		벌점	내용
인적 피해 교통 사고	사망 1명마다	90	① 교통사고가 주원인이 되어 **사고발생 시로부터 30일 이내에 사망한 때** (교통사고처리지침) ② 사고발생 시부터 72시간 이내에 사망한 때
	중상 1명마다	15	3주 이상의 치료를 요하는 의사의 진단이 있는 사고
	경상 1명마다	5	3주 미만 5일 이상의 치료를 요하는 의사의 진단이 있는 사고
	부상신고 1명마다	2	5일 미만의 치료를 요하는 의사의 진단이 있는 사고

38. 자동차를 이용하여 일정한 범죄행위를 하면 운전면허를 취소시킬 수 있다. 해당범죄에 포함되지 않는 것은?   03.6 순경, 03.11 순경

① 소직범죄에 이용되있을 때

② 국가보안법을 위반한 범죄에 이용되었을 때

③ 강도, 강간, 방화에 이용되었을 때

④ 살인 및 시체유기에 이용되었을 때

정답: ①

※ 해설: ▶ **자동차 등을 이용하여 범죄행위를 한 때**

① **국가보안법을 위반한 범죄에 이용된 때**

② **형법을 위반한 다음 범죄에 이용된 때**

    ㉠ 살인, 사체유기, 방화

    ㉡ 강도, 강간, 강제추행

    ㉢ 약취 · 유인 · 감금 ◉ **절도(×)**

    ㉣ 상습절도(절취한 물건을 운반한 경우에 한함)

    ㉤ 교통방해(단체에 소속되거나 다수인에 포함되어 교통을 방해한 경우에 한함)

39. 다음 중 운전면허 취소의 개별사유에 해당하지 않는 것은?   03.1 승진

① 교통법규 위반을 단속하는 시 · 군 공무원을 폭행하여 구속된 때

② 대리로 운전면허 시험에 응시한 때

③ 타인의 차를 훔치거나 빼앗은 때

④ 자동차를 이용하여 강도 · 절도 · 방화 등 범죄행위를 한 때

정답: ④

※ 해설: 절도는 해당되지 않는다.

40. 자동차 등 이용 범죄행위 중 운전면허 취소처분사유에 해당하지 않는 것은?   03.1 승진

① 방화에 이용한 때

② 강간에 이용한 때

③ 절도에 이용한 때

④ 강제추행에 이용한 때

❖ **정답:** ③

※ **해설:** 절도는 해당되지 않는다.

41. 다음 중 바르지 않은 것은?   04.7 순경

① 도로에서 앞지르기 금지장소의 지정, 도로에서의 주정차·금지구역의 설정, 개별도로의 최고속도제한의 규제권자는 지방경찰청장이다.

② 울산 현대조선소 구역 내의 도로는 도로교통법이 적용된다.

③ 단속경찰관을 폭행하여 형사입건된 경우 운전면허가 취소된다.

④ 음주운전을 사상사고 야기 후 필요한 구호조치를 하지 않고 도주하면 운전면허 시험응시결격기간이 5년 이다.

❖ **정답:** ③

※ **해설:** 단속경찰관을 폭행한 경우 또는 술에 취한 상태에서 자동차를 운전하는 경우 **정지 또는 취소사유이다.**

제5절   교통사고처리

1. 다음 중 교통사고의 특성이라고 볼 수 없는 것은?   03.9 순경
① 고의성
② 현장보존의 곤란성
③ 우발성
④ 증거확보의 곤란성

❖ **정답: ①**
❧ **해설: ▶ 교통사고의 특성**

우발성	교통사고는 과실에 의한 것이 보통이기 때문에 언제 어디서든지 발생할 수 있으며, 그 예측이 곤란한 우발적인 사고이다.
현장보존의 곤란성	교통이 빈번한 장소에서 우발적으로 발생되므로 현장이 변경되기 쉽고 교통소통을 위하여 현장을 계속적으로 보존하기 곤란하다.
증거확보의 곤란성	자동차교통은 점차 고도화하고 있으며, 범인과 목격자, 참고인 등은 유동성이 있어서 인정증거확보가 곤란한데다 인적 증거의 경우 사후에 조작되는 경우가 자주 발생하게 된다.

2. 교통사고 조사의 목적에 해당하지 않는 것은?   05.1 승진
① 사고방지 대책을 위한 정확한 원인의 조사
② 사고확대의 방지와 교통소통의 회복
③ 부상자 구호 및 사체의 처리
④ 피해의 신속한 회복

❖ **정답: ④**
❧ **해설: ▶ 교통사고 조사의 목적**

① 사고방지 대책을 위한 정확한 원인의 조사
② 부상자 구호 및 사체의 처리
③ 사고확대의 방지와 교통소통의 회복
☞ **피해의 신속한 회복은 교통사고 조사의 목적이 아니라, 교통사고처리특례법의 목적이다.**

3. 교통사고란 차의 교통으로 인하여 사람을 사상하거나 물건을 손괴하는 것을 말하는데, 다음 중 올바르게 설명한 것은?   02.1 승진
① 교통사고는 기본적으로 고의범이다.
② 경운기 · 기차 · 전동차는 도로교통법상의 차의 개념에 해당한다.
③ 교통사고에 있어서는 교통의 직접적인 차의 운행에 한하며 차의 운행과 관련된 부수적인 행위는 포함되지 않는다.
④ 행정법규상의 문제는 별론으로 하더라도 차의 운행 중 충돌 · 접촉 등으로 인한 것이라고 해도 피해가 발생하지 않을 경우에는 교통사고에 해당되지 않는다.

✂ 정답: ④
❊ 해설: ▶ 교통사고의 구성요건

차에 의한 사고일 것	차는 자동차(덤프트럭), 건설기계, 원동기장치자전거, 자전거(성인용), 또는 사람 또는 가축의 힘이나 그 밖의 동력에 의하여 도로에서 운전되는 것을 말하며, 기차, 항공기, 선박, 케이블카, 유모차, 장애자용 의자차(휠체어), 궤도차·레일차(전동차), 소아용의 자전거(세발자전거) 등은 제외된다.
교통으로 인하여 발생한 사고일 것	① 교통사고에 있어서 교통이라 함은 차의 운전을 말하는데, 이는 사람의 왕래나 화물의 운반을 위한 운행을 뜻하는 것으로서 차를 본래의 사용방법에 따라 사용하는 것을 말하며 조종을 포함한다. 따라서 조수석에서 차 안의 기기를 만지다 핸드브레이크가 풀려서 시동이 걸리지 않은 채 10cm 밀려 내려가 사고 난 경우에는 운전에 해당하지 않는다. ② **직접적인 차의 운행뿐만 아니라 차의 운행과 밀접하게 관련된 부수적인 행위를 포함**하며, 차량 자체에 의하여 발생한 경우뿐만 아니라 차량에 적재된 화물 등 차량과 밀접하게 연결된 부위에 의하여 발생된 경우를 포함한다. ③ 도로교통법상의 사고는 도로에서의 사고에 한하지만, 교통사고처리특례법상의 사고는 도로에서의 사고에 한정되지 않고, 도로가 아닌 곳에서 발생한 사고도 포함된다.
피해의 결과가 발생할 것	① 타인의 유형적 피해만을 의미하며, 정신적 손해 등 무형적인 피해는 제외된다. ② **차의 운행 중 충돌, 접촉 등으로 인한 것이라 해도 피해가 없을 경우에는 교통사고에 해당되지 않으며, 다만 행정법규위반을 고려한 문제가 됨에 그친다.**
업무상 과실이 있을 것	① **교통사고는 기본적으로 과실범이고** 결과범이므로, 교통사고 조사 시에는 운전자의 과실을 명백히 가리고 발생 여부 및 정도를 조사하는 것이 반드시 필요하다. ② 고의에 의한 범행은 교통사고가 아니라 일반 형사사건이다.

4. 다음 중 교통사고 시 적용법규를 가장 바르게 설명한 것은?   02.5 순경

① 교통사고 처벌의 법적 근거에는 도로교통법 및 교통사고처리특례법, 특정경제범죄가중처벌법 등이 있다.
② 모든 교통사고 발생 시 도로교통법의 규정에 의하여 처리한다.
③ 교통사고 처벌의 법적 근거에는 형법 및 도로교통법 및 자동차관리법 등에 규정되어 있다.
④ 교통경찰의 활동근거는 경찰관직무집행법에도 있다.

✂ 정답: ④
❊ 해설:
① **특정경제범죄가중처벌법은 적용법규에 해당되지 않는다.**
② 교통사고 발생 시 형법, 도로교통법, **교통사고처리특례법, 특정범죄 가중처벌 등에 관한 법률** 등의 규정에 의하여 처리한다.
③ 교통사고 처벌의 법적 근거에는 **자동차관리법은 적용법규에 해당되지 않는다.**

5. 다음 중 법률적용이 잘못된 것은?   07.12 기동대

① 휴게소 주차장에 잠시 주차해 두었던 차의 브레이크가 풀리면서 행인에게 2주의 부상을 입혔다. – 교통사고처리특례법

② 공장 안에서 지게차를 운전하여 물건을 나르던 중 피해자를 들이받아 상해를 입혔다. – 교통사고처리특례법

③ 경비원이 있는 아파트 단지 내 지하주차장에서 후진 중 부주의로 지나가던 여자에게 부상을 입히고 도주하였다. – 특정범죄 가중처벌 등에 관한 법률

④ 인적 피해 없이 물적 피해만 있는 접촉사고를 야기하고 도주하였다. – 특정범죄 가중처벌 등에 관한특례법

❖ 정답: ④

❉ **해설: ▶ 교통사고처리 적용법령**

형법	교통사고는 **형법상의 업무상 과실치사상죄에 해당**된다.	
도로 교통법	① **인적 피해 없이 물적 피해만 있는 경우에 적용**된다. ② **물적 피해사고 야기 후 도주한 경우에 적용**된다.	
교통사고 처리 특례법	목적	① 업무상 과실(業務上過失) 또는 중대한 과실로 교통사고를 일으킨 운전자에 관한 형사처벌 등의 특례를 정함으로씨 교통사고로 인한 피해의 신속한 회복을 촉진하고 국민생활의 편익을 증진함을 목적으로 한다. ② 일반적으로 차의 교통으로 인한 사고인 경우에는 **형법상의 업무상 과실치사상 죄가 아닌 교통사고처리특례법으로 처리**한다.
	특례	합의 또는 종합보험 · 공제 가입 시 업무상 과실 또는 중과실로 물적 · 인적 피해를 야기할 경우 처벌을 면제하는 특례규정을 두고 있다.
	특례적용 예외	피해의 결과가 극심한 사고원인에 대한 처벌을 강화하기 위하여 다음 사항을 위반했을 경우에는 합의(보험가입) 불문하고 **반드시 공소제기를 하도록 하고 있다.** ㉠ 특례법상 중대과실 10개 항목에 위반한 치상사고에 해당한 때 ㉡ 치상사고 후 필요한 구호조치 · 신고하지 않고 도주나 유기한 후 도주한 때 ㉢ 업무상 과실치사죄에 해당한 때 ㉣ 중상해 ㉤ 도주 후 음주측정요구 불응
	적용범위	도로에서의 사고에 한정되지 않고, 도로가 아닌 곳에서 발생한 사고도 포함되므로, 공장 안에서 지게차를 운전하여 물건을 나르던 중 피해자를 들이받아 상해를 입게 한 경우에도 교통사고처리특례법으로 처리하여야 한다.
특정범죄 가중처벌 등에 관한 법률		① 자동차 · 원동기장치자전거의 교통으로 인하여 업무상과실 · 중과실 치사상(「형법」 제268조)의 죄를 범한 해당 차량의 운전자가 피해자를 구호(救護)하는 등 사고발생시 조치를 하지 아니하고 도주한 경우에는 아래에 따라 가중처벌한다. ㉠ 피해자를 사망에 이르게 하고 도주하거나, 도주 후에 피해자가 사망한 경우 ㉡ 피해자를 상해에 이르게 한 경우 ② 사고운전자가 피해자를 사고 장소로부터 옮겨 유기하고 도주한 경우에는 아래에 따라 가중처벌한다. ㉠ 피해자를 사망에 이르게 하고 도주하거나, 도주 후에 피해자가 사망한 경우 ㉡ 피해자를 상해에 이르게 한 경우

6. 인명사고를 야기하고 도주했을 때 '특정범죄 가중처벌 등에 관한 법률'상 도주차량으로 적용할 수 없는 것은?
03.1 승진, 05.1 승진

① 노상안정기   ② 오토바이
③ 전차   ④ 경운기

✔ **정답:** ④

❀ **해설: 자동차 · 원동기장치자전거의 교통으로 인하여** 업무상과실 · 중과실 치사상(「형법」 제268조)의 죄를 범한 해당 차량의 운전자가 피해자를 구호(救護)하는 등 사고발생 시 조치를 하지 아니하고 도주한 경우에는 가중처벌한다.

7. 경비원이 있는 아파트 단지 내 지하 주차장에서 후진 중 부주의로 지나던 여자에게 부상을 입히고 도주하였다. 다음 중 맞는 것은?
03.11 순경

① 지하 주차장은 교통사고가 아니므로 안전사고로 처리한다.
② 지하 주차장도 도로에 해당하므로 도로교통법을 적용한다.
③ 지하 주차장의 뺑소니 사고는 교통사고처리특례법을 적용한다.
④ 위의 경우 특정범죄가중처벌법률 제5조의3이 적용된다.

✔ **정답:** ④

❀ **해설: ▶ 특정범죄 가중처벌 등에 관한 법률 제5조의3(도주차량 운전자의 가중처벌)**

① 「도로교통법」 제2조에 규정된 자동차 · 원동기장치자전거의 교통으로 인하여 「형법」 제268조의 죄를 범한 해당 차량의 운전자가 피해자를 구호(救護)하는 등 「도로교통법」 제54조 제1항에 따른 조치를 하지 아니하고 도주한 경우에는 아래에 따라 가중처벌한다.
　㉠ 피해자를 사망에 이르게 하고 도주하거나, 도주 후에 피해자가 사망한 경우에는 무기 또는 5년 이상의 징역에 처한다.
　㉡ **피해자를 상해에 이르게 한 경우에는** 1년 이상의 유기징역 또는 500만 원 이상 3천만 원 이하의 벌금에 처한다.
② 사고운전자가 피해자를 사고 장소로부터 옮겨 유기하고 도주한 경우에는 아래에 따라 가중처벌한다.
　㉠ 피해자를 사망에 이르게 하고 도주하거나, 도주 후에 피해자가 사망한 경우에는 사형, 무기 또는 5년 이상의 징역에 처한다.
　㉡ 피해자를 상해에 이르게 한 경우에는 3년 이상의 유기징역에 처한다.

8. 다음 중 교통사고 처리요령으로 틀린 것은?
03.3 순경

① 도로가 아닌 곳에서 발생한 단순 물피사고는 교통사고의 범주에 포함되지 않는다.
② 교통사고의 경우에는 일반적으로 교통사고처리특례법이 적용된다.
③ 도로가 아닌 곳에서 인피사고를 야기하고 도주한 경우에는 교통사고처리특례법으로 처벌한다.
④ 도로에서 물피사고를 야기하고 도주한 경우에는 도로교통법으로 처리한다.

✔ **정답:** ③

❀ **해설:** 도로가 아닌 곳에서 인피사고를 야기하고 도주한 경우에는 **특정범죄 가중처벌 등에 관한 법률**로 처벌한다.

9. 다음 중 교통사고의 처리요령에 대하여 틀린 것은?　　　　　　　02.3 순경
① 치사사고의 경우에는 교통사고처리특례법을 적용한다.
② 중앙선침범으로 치상사고를 발생하게 하였으나, 종합보험에 가입하여 있고 피해자와 합의가 된 경우라면
　'공소권 없음' 의견으로 송치하여야 한다.
③ 인피사고의 경우 도주하면 특정범죄 가중처벌 등에 관한 법률의 적용을 받는다.
④ 단순 물피사고를 야기하고 도주한 경우 도로교통법을 적용한다.

❧ **정답:** ②
❈ **해설: 중앙선 침범은 특례 10개 조항에 해당**하므로 피해자와 합의가 되었더라도 교통사고처리특례
　　　　법 제3조 제1항을 적용하여 형사입건한다.

**10. 물적 피해사고로서 합의되거나 종합보험 또는 공제에 가입된 경우 교통사고처리대장에 등재하는 것으로
처리절차를 종결하고, 형사입건하지 않는 사고의 피해액 범위는?**　　　　　03.1 승진
① 8만 원 미만　　　　　　　　　　　　② 200만 원 미만
③ 200만 원 이하　　　　　　　　　　　④ 제한 없음.

❧ **정답:** ④
❈ **해설: 피해액과 관계없이 내사종결한다.** 2002. 1. 1.부터 피해액과 관계없이 처리하도록 면책범위가 확대되었다.

11. 다음 교통사고 처리요령 중 맞는 것은?　　　　　　　　　　02.1 승진
① 경비원이 있는 아파트 단지 내 지하주차장에서 후진 중 부주의로 지나던 여자에게 부상을 입히고 도주한
　경우 교통사고처리특례법을 적용한다.
② 중앙선침범으로 치상사고를 발생하게 하였으나 피해자와 합의가 되었다면 불기소의견으로 송치하여야 한
　다.
③ 물적 피해가 있는 도주사고의 경우 자수하더라도 벌점이 감경되지 않는다.
④ 인적 피해가 있는 도주사고의 경우 자수하더라도 반드시 면허가 취소된다.

❧ **정답:** ③
❈ **해설:**
① 인피가 있는 도주사고의 경우 교통사고처리특례법 적용하는 것이 아니라 **특정범죄 가중처벌 등에 관한
　법률 제5조의3을 적용**한다.
② 종합보험에 가입되어 있고 합의가 되었더라도 **중앙선 침범 등 10개항 사고, 구호조치 의무위반, 유기, 도
　주한 경우에 공소제기**하여야 한다.
④ 인적 피해가 있는 도주사고의 경우 자수하면 **면허정지처분**을 받는다.

12. 법에서 규정한 교통사고를 야기한 자의 신고의무에 대한 설명으로 틀린 것은?　　　02.1 승진
① 운전자 등은 모든 교통사고를 신고하여야만 신고조치를 불이행으로부터 자유로울 수 있다.
② 사고발생의 과실 또는 유책·위법의 유무에 관계없이 부과된 의무이다.
③ 교통사고를 일으킨 자의 신고의무는 교통사고를 일으킨 모든 경우에 항상 요구되는 것은 아니다.
④ 사고운전자와 그 밖의 승무원 등도 본죄의 주체가 될 수 있다.

❧ **정답:** ①

※ **해설:** 신고조치불이행으로 처벌되는 경우는 차량을 방치한 채 조치 없이 다투고 있는 경우, 사고 후 조치 없이 마음대로 하라며 가 버린 경우, 대형사고로 경찰관의 조직적인 조치가 필요함에도 신고하지 않는 경우이다.

13 도로교통법에서 규정한 교통사고를 야기한 자의 신고의무에 대한 설명으로 알맞은 것은?   04.11 승진
① 운전자 등은 모든 교통사고를 신고하여야만 신고조치 불이행으로부터 자유로울 수 있다.
② 도로에서 일어난 사고에 한하여 신고의무가 발생한다.
③ 교통사고를 일으킨 자의 신고의무는 교통사고를 일으킨 모든 경우에 항상 요구된다.
④ 사고운전자의 사고발생의 객관적인 사실 이외의 사고발생 경위까지(예컨대 사고 운전자의 과실) 신고하여야 한다.

정답: ②
※ **해설:**
① **신고조치불이행으로 처벌되는 경우는** 차량을 방치한 채 조치 없이 다투고 있는 경우, 사고 후 조치 없이 마음대로 하라며 가 버린 경우, 대형사고로 경찰관의 조직적인 조치가 필요함에도 신고하지 않는 경우이다.
③ 대법원은 "**교통사고를 야기한 자의 신고의무는 교통사고를 일으킨 모든 경우에 항상 요구되는 것이 아니라,** 사고의 규모나 당시의 구체적인 상황에 따라 피해자의 구호 및 교통질서의 회복을 위하여 당사자의 개인적인 조치를 넘어 경찰관의 조직적 조치가 필요한 상황에서만 있는 것이라고 해석하여야 할 것이다."라고 하였다.
④ 교통사고의 신고의무는 **사고발생 경위에 대한 진실을 진술할 의무까지는 포함하지 않는다.**

【사고 후 미신고 사고사례】

1. 교통사고의 신고 의무는 운전자의 사고발생에 있어서 고의 과실 혹은 유책 위법의 유무에 관계없이 부과된 의무라고 해석할 것이다(**대법원판결 80. 6. 23, 80도3320**).
2. 사고의 내용이 자동차의 전면 우측부분을 손괴한 정도의 경미한 것이라면 소정의 신고 의무가 없다(**대법원판결 86. 2. 11, 85도2504**).
3. 교통사고처리특례법에서도 도로이외의 장소에서 발생한 교통사고에 대해서도 적용을 받으나 신고 의무는 도로상에서 발생한 사고에 국한한다(**부산지방법원판결 87. 1. 27, 86노1756**).
4. 교통사고의 신고의무는 사고발생 경위에 대한 진실을 진술할 의무까지는 포함하지 않는다(**부산지방법원판결 86. 12. 22, 86고단6507**).
5. 교통사고 신고의무는 도로상에서 발생한 위해방지 제거 및 교통의 안전과 원활을 도모키 위해 경찰관에게 신속히 알리도록 한 것이다(**대법원판결 87. 7. 21, 87노1113**).
6. 도로교통법상의 신고불이행죄는 특가법상의 도주한 때에 흡수되고 다시 별죄를 구성하지 아니한다(**수원지방법원판결 88. 5. 27, 88고합214**).
7. 교통사고의 신고의무는 피해자의 구호 및 교통질서의 회복을 위해 조치를 필요한 상황에서만 적용되는 것이다(**헌법재판소결정 90. 8. 27, 89헌가118**).
8. 구호조치 불이행은 자동차 사용정지처분의 사유이나 신고의무 불이행은 이에 포함되지 않는 것으로 새기는 것이 옳다(**대법원판결 89. 12. 26, 89누4437**).
9. 주차장에서 후진하다가 주차차량을 충돌, 피해차량의 주인이 없어 관리인에게 가해자의 전화 연락처를 적어 놓고 갔다면 사고의 필요한 조치를 하였으므로 신고의무 불이행으로 처벌할 수 없다고 본다(**대법원판결 91. 2. 26, 90도2462**).
10. 경찰관서에서의 사고신고 의무는 경찰의 교통소통 등 현장의 조치를 필요로 하는 때에만 진다(**대법원판결 91. 6. 25, 91도1013**).
11. 교통사고 발생 시 경찰관서에 사고신고 의무는 절대적인 것은 아니다(**대법원판결 91. 10. 11, 91도1153**)
12. 야간에 버스운전 중 차도를 건너던 피해자를 치어 부상을 입히고 병원으로 후송 입원 조치한 경우 소정의 신고의무가 있다고 할 수 없다(**대법원판결 91. 11. 12, 91도2027**).

14 중앙선 침범사고로 볼 수 없는 것은? 10.1 승진

① 진입금지 표지판을 잘못되고 진입하여 발생한 사고

② 중앙분리대 공간 사이로 유턴하다가 반대차로의 차와 충돌한 사고

③ 황색실선에서 회전하다가 반대차로의 차와 충돌한 사고

④ 커브길에서 원심력으로 중앙선을 침범하여 반대차로의 차와 충돌한 사고

정답: ①

※ **해설: ▶ 중앙선 침범행위**

> ㉠ 중앙선침범이란 교통사고 발생지점이 중앙선을 넘어선 **모든 경우**를 가리키는 것이 아니고 **불가항력이나 부득이한 사유 없이** 중앙선을 침범하여 교통사고를 발생하게 한 경우이다.
>
> ㉡ **차체의 어느 일부라도 중앙선(도로에 황색실선 또는 황색점선 등의 안전표지로 표시한 선이나 중앙분리대·울타리 등으로 설치한 시설물)을 침범**하면 중앙선 침범이다.
>
> ㉢ 신호등이 설치되어 있지 아니한 횡단보도로 실제로 중앙선이 그어져 있지 아니 하더라도 횡단보도를 제외한 도로에는 황색실선의 중앙선이 곧바로 이어져 설치되어 있어 좌회전이 금지된 장소인 점을 미루어 횡단보도의 표시를 위하여 부득이 중앙선이 황색실선을 설치하지 못하였다고 하더라도 **중앙선의 연장으로 보아 중앙선침범 운행으로 처리하는 것이 합리적**이다.
>
> ㉣ **중앙선이 황색실선일 경우에는 중앙선침범, 황색점선일 경우에는** 운행 당시의 객관적인 여건이 장애물을 피해 가야 하는 등 월선의 필요성이 있는 경우에는 앞지르기금지로, 월선의 필요성이 없는 경우에는 중앙선침범으로 각 단속하면 된다.
>
> ② **중앙선을 침범한 물피사고의 경우에는** 교통사고처리특례법이 아닌 **도로교통법이 적용**된다.
>
> ③ 중앙선 침범의 경우 매 **중앙선침범행위마다 각 죄가 성립**하게 된다.

15 교통사고처리특례법은 업무과실로 교통사고 야기 시 합의 또는 종합보험 가입 시 처벌을 하지 않는 특례를 정한 법이다. 다음 중 합의 시에도 처벌을 받는 경우는? 03.1 승진

① 중앙선을 침범하여 도로 옆 전봇대를 충격한 경우

② 제한속도를 10km 초과하여 인적 피해를 야기한 경우

③ 혈중알코올농도 0.05%로 운전 중 인적 피해를 야기한 경우

④ 횡단보도에서 자고 있는 사람은 보지 못하고 충격한 경우

정답: ③

※ **해설: ▶ 교통사고처리특례법 적용 예외사유**

> 피해의 결과가 극심한 사고원인에 대한 처벌을 강화하기 위하여 다음 사항을 위반했을 경우에는 합의 (보험가입) 불문하고 반드시 공소제기를 하도록 하고 있다.
>
> ㉠ 특례법상 중대과실 10개 항목에 위반한 치상사고에 해당한 때
>
> ㉡ 치상사고 후 필요한 구호조치·신고하지 않고 도주나 유기한 후 도주한 때
>
> ㉢ 업무상과실치사죄에 해당한 때
>
> ㉣ 중상해
>
> ㉤ 도주 후 음주측정요구 불응

16 교통사고처리특례법상 상호 간의 합의가 있다면 공소제기를 할 수 없는 경우는?　　07.3 경간부

① 비보호 좌회전 구역에서 직진으로 오던 차량과 접촉사고로 피해자의 경미한 부상당한 경우

② 시내버스 기사가 문을 연 채로 주행 중 승객 2명 다친 경우

③ 중앙선 침범하여 사람을 다치게 한 경우

④ 난폭운전 중 2명에게 중상 입힌 경우

❖ 정답: ④

❈ 해설: ▶ 교통사고처리특례법상 합의가 있을 시 공소제기(×)

인적 피해사고	치상사고	합의(○) (보험가입)	형사입건(공소권 없음)
물적 피해사고	합의(○)(보험가입)		① 형사입건(공소권 없음) ② 피해액과 관계없이 내사종결

17 현재 기상상태는 비가 내려 가시거리가 약 90m 정도이다. 경찰관 A가 편도 2차선 일반국도에서 단속기준으로 삼아야 하는 것은?

① 80km/h 초과 운행 차량

② 64km/h 초과 운행 차량

③ 40km/h 초과 운행 차량

④ 48km/h 초과 운행 차량

❖ 정답: ③

❈ 해설: ▶ 제한속도

제한속도	과속은 제한속도를 20km 초과하는 것을 말한다.			
법정속도	구분	도로법	최저속도(km/h)	최고속도(km/h)
	일반도로	편도 1차로		매시 60km 이내
		편도 2차로 이상		매시 80km 이내
	자동차 전용도로		매시 30km	매시 90km 이내
	고속도로	편도 1차로	매시 40km	매시 80km 이내
		편도 2차로 이상	매시 50km (중부고속도로 + 10km)	매시 100km 단, 화물차(적재중량 1.5톤 초과), 특수자동차 · 위험물운반자 동차 및 건설기계의 최고속도는 매시 80km (중부고속도로 110km)
	비 · 안개 · 눈 등으로 인한 악천후 시에는 감속연행	① 비가 내려 노면이 젖어 있는 경우 ② 눈이 20mL 미만 쌓인 경우		최고속도의 20/100 줄인 속 도로 운행하여야 하는 경우
		① 폭우 · 폭설 · 안개 등으로 가시거리가 100m 이내인 경우 ② 노면이 얼어붙은 경우 ③ 눈이 20mL 이상 쌓인 경우		최고속도의 50/100 줄인 속 도로 운행하여야 하는 경우

18 경찰관이 무면허운전으로 적발할 수 없는 것은?   04.11 승진

① 운전면허 정기기간 중의 운전

② 운전면허시험 합격자가 면허증을 발급받기 전의 운전

③ 무등록 차량(원동기장치자전거, 이륜자동차 제외)운전

④ 국제운전면허증으로 사업용 시외버스를 운전

⊁ 정답: ③
❈ 해설: ▶ 무면허운전의 유형

① 운전면허를 받지 않고 운전하는 행위
② 면허의 취소처분을 받은 자가 운전하는 행위
③ 면허정지기간 중에 운전하는 행위 → **취소사유**
④ 유효기간이 지난 면허증으로 운전하는 행위(적성검사기간 만료일로부터 1년간 취소유예기간이 지난 면허증으로 운전)
⑤ 운전면허시험에 합격한 후에 면허증 교부 전에 운전하는 행위
⑥ 면허 외 운전(운전면허를 받은 사람이 그 운전면허로 운전할 수 있는 자동차 등의 종류 외의 자동차를 운전)
⑦ 외국인으로 국제운전면허 없이 운전
⑧ 외국인으로 입국 1년이 지난 국제운전면허증을 소지하고 운전
⓪ 국제운전면허증으로 사업용 시외버스를 운전
◉ **무등록 차량(원동기장치자전거, 이륜자동차 제외)운전 → 취소사유(○), 무면허운전(×)**

19 어린이보호구역에 대한 설명으로 틀린 것은?   10.1 승진

① 어린이보호구역 내에서 지방경찰청장 또는 경찰서장은 자동차의 통행을 금지하거나 제한할 수 있다.

② 어린이보호구역 내에서 지방경찰청장 또는 경찰서장은 자동차의 정차나 주차를 금지할 수 있다.

③ 어린이 보호구역으로 설정할 수 있는 구간은 초등학교 등의 주 출입문을 중심으로 반경 300m 이내의
   도로 중 일정구간이다.

④ 시장·군수 및 구청장은 보호구역으로 지정된 초등학교 등의 주 출입문과 직접 연결되어 있는 도로에는
   노상주차장을 설치할 수 있다.

⊁ 정답: ④
❈ 해설: ▶ 노상주차장의 설치 금지

① 특별시장·광역시장·특별자치도지사 또는 시장·군수·구청장은 보호구역으로 지정된 시설의 **주 출
   입문과 직접 연결되어 있는 도로에는 노상주차장을 설치해서는 아니 된다.**
② 특별시장·광역시장·특별자치도지사 또는 시장·군수·구청장은 보호구역에 **이미 노상주차장이 설
   치되어 있는 경우에는 특별한 사유가 없으면 이를 폐지하거나 어린이·노인 또는 장애인의 통행 및
   안전에 지장이 없는 곳으로 이전**하여야 한다.

**20. 어린이보호구역 안에서 지방경찰청장 또는 경찰서장은 어린이보호구역의 보호를 위해 취할 수 있는 조
치가 아닌 것은?**   10.1 승진, 05.1 승진

① 자동차의 통행을 금지하거나 제한하는 것

② 자동차의 정차나 주차를 금지하는 것

③ 운행속도를 매시 20km 이내로 제한하는 것

④ 이면도로(도시지역에 있어서 간선도로가 아닌 도로로서 일반의 교통에 사용되는 도로를 말함)를 일방통
   행로 지정·운영하는 것

╬ 정답: ③

※ 해설: ▶ **어린이보호구역에서의 필요한 조치**

> ① 자동차의 **통행을 금지하거나 제한**하는 것
> ② 자동차의 **정차나 주차를 금지**하는 것
> ③ 운행속도를 **시속 30킬로미터 이내로 제한**하는 것
> ④ 이면도로(도시지역에 있어서 간선도로가 아닌 도로로서 일반의 교통에 사용되는 도로를 말한다)를 **일방통행 로로 지정·운영**하는 것

21. 교통사고현장 도면작성 및 도면작성 시 유의사항으로 틀린 것은?　　　　10.1 승진
① 용지 좌측상단에 화살표 등으로 방위를 표기한다.
② 평면도뿐만 아니라 필요시에는 입체도를 작성하되, 반드시 방위를 기재한다.
③ 거리의 측정, 지점의 확정에 대해서는 명칭을 붙여 특정할 필요가 없다.
④ 교통사고 발생개요를 현장에서 파악한다.

╬ 정답: ③

※ 해설: ▶ **현장도면 작성**

> ① 교통조사관은 교통사고 현장도면을 작성할 때에는 사실 인정에 중요하다고 인정되는 부분은 정밀하게, 그렇지 않은 부분은 비교적 간단명료하게 작성한다.
> ② 「도로교통법 시행규칙」 별지 제21호 서식 2쪽 앞면 교통사고보고서(2) 서식을 이용하여 도면을 작성하는 때에는 **400분의 1의 축적으로 작성하는 것을 원칙으로** 하고, 상황에 따라 축적비율을 조정하되 **반드시 축적비율 및 방위를 표시하여야 한다.**
> ③ 조사에 필요한 경우에는 평면도뿐 아니라 입체도를 작성할 수 있다. 이 경우에도 **반드시 방위를 표시하여야 한다.**
> ④ **거리를 측정하거나 지점을 확정하는 경우에는 각각의 지점의 명칭을 붙여 특정지어야 한다.**
> ⑤ 각각의 지점을 표시하는 부호는 아래를 준용하는 등 통일을 기하여야 한다.
> 　㉠ 가해자의 진로상의 지점 1. 2. 3.
> 　㉡ 피해자의 진로상의 지점 가. 나. 다.
> 　㉢ 그 밖의 물건, 인물의 지점
> ⑥ 도로의 광협, 자동차의 대소, 거리의 장단 등을 표시하는 때에는 그 비율에 따라 축적을 표시하여야 한다.
> ⑦ 차량의 사고지점과 정차지점을 표시하는 때에는 **이동지점을 점선으로 표시하고, 정차지점은 실선으로 표시한다.**
> ⑧ 현장 도면에는 작성자가 계급, 성명을 기입하고 **날인하여야 하며, 현장도면과 조서 사이에는 간인하여야 한다.**

22. 판례상 신뢰의 원칙을 적용하여 운전자에게 과실이 있다고 판시된 경우는?　　　　03.1 승진
① 자동차전용도로에서 제한시속 이하로 운행하는 자동차의 운전자로서 특별한 사정이 없는 한 무단 횡단하는 보행자를 예상하여 감속 서행하지 않은 경우
② 보행자신호가 녹색신호에서 적색신호로 바뀔 무렵 전후에 통과하는 자동차의 운전자로서 좌우에서 이미 횡단보도에 진입한 보행자가 있는지 여부를 살펴보지 않은 경우
③ 심야 도로교통이 빈번한 육교 아래서의 자동차 운전자가 무단 횡단자가 없을 것으로 믿고 운전한 경우
④ 후방주시를 하여 후행차량을 발견하고 일시정지하거나 속도를 낮추어, 앞지르려는 후행차량을 선행하도록 하지 않은 경우

⁑ 정답: ②

※ 해설: ▶ **횡단보도상에서의 주의의무**

> 보행자 신호가 녹색신호에서 적색신호로 바뀔 무렵 전후에 횡단보도를 통과하는 자동차 운전자는 보행자가 교통신호를 철저히 준수할 것이라는 신뢰만으로 자동차를 운전할 것이 아니라, **좌우에서 이미 횡단보도에 진입한 보행자가 있는지 여부를 살펴보고, 또한 그의 동태를 살피면서 서행하는 등 그와 같은 상황에 있는 보행자의 안전을 위해 어느 때라도 정지할 수 있는 태세를 갖추고 자동차를 운전할 주의의무가 있다.**

23. 도로교통법에 있어서 신뢰의 원칙에 적용에 있어서 틀린 것은?   01.11 순경
① 육교 밑에서는 운전자의 주의의무가 없다.
② 횡단보도에서 보행자 신호가 녹색신호에서 적색신호로 깜박거릴 때 운전자의 주의의무가 없다.
③ 자동차 전용도로상에서는 보행자에 대해 운전자의 주의의무가 없다.
④ 고속도로에서 운전자 주의의무가 없다.

⁑ 정답: ②
※ 해설: 횡단보도에서 보행자 신호기 녹색신호에서 적색신호로 깜박거릴 때 운전자의 주의의무가 있다.

24. 도로교통에 참여하는 운전자는 도로교통법상 다른 운전자들도 스스로 도로교통법규를 준수하리라는 것을 신뢰할 수 있고 교통규칙에 위반되는 돌발사태까지 예상하여 주의할 필요가 없다는 원칙에 관하여 다음 내용 중 적절하지 않은 것은 모두 몇 개인가?   11.8 순경

> ㉠ 신뢰의 원칙이라고 하며 과실범과 관련이 있다.
> ㉡ 현대사회에서 도로교통의 사회적 중요성에 기인하여 과실범처벌을 완화하자는 원칙이다.
> ㉢ 이 원칙은 독일의 판례가 채택한 이래 스위스, 오스트리아, 일본, 우리나라의 판례에 영향을 주었다.
> ㉣ 고속도로에서 상대방 차량이 중앙선을 침범하지 않을 것이라는 것을 믿어도 된다는 원칙이다.
> ㉤ 다른 차량이 무모하게 앞지르지 않을 것을 믿어도 된다는 원칙이다.
> ㉥ 교차로에 들어서서 통행후순위 차량이 앞질러 진입하지 않을 것을 믿어도 된다는 원칙이다.
> ㉦ 도로교통에서 상대방의 규칙위반을 이미 인식한 경우에도 동 원칙이 적용된다.

① 1개   ② 2개   ③ 3개   ④ 4개

⁑ 정답: ①(㉦)
※ 해설: 도로교통에서 상대방의 **규칙위반을 이미 인식한 경우**에는 신뢰의 원칙이 적용되지 않는다.

25. 다음 중 교통관련 대법원 판례와 일치하는 것은?   02.10 순경
① 횡단보도 보행자가 신호기 녹색에서 예비 점멸 신호로 바뀌는 경우, 녹색에서 적색으로 바뀔 때와 달리 횡단보도에 통행인이 있는지 주의하여야 할 의무는 없다.
② 대도시 육교 아래서 자동차 앞을 무단횡단하려는 사람이 있을 것을 예상하여 운전해야 한다.
③ 아파트 단지의 도로 여부에 대해 경비원이 일반인의 출입을 통제하는 곳은 도로교통법상 도로가 아니다.
④ 일반도로로 운행할 경우, 반대방향차선에서 주행 중인 차량이 중앙선 침범도 예상할 수 있다.

⁑ 정답: ③

※ **해설:** ▶ 아파트 단지에서 음주운전 관련 판례

> 아파트 주출입구와 부출입구에 경비초소, 차단기 등이 없고 경비원이 차량 출입을 통제하지 않아 불특정 다수의 사람이나 차량이 자유롭게 통행할 수 있는 아파트단지 도로는 도로교통법상 도로라고 보았다. 이 사건 아파트 통행로는 외부인의 우회도로로 사용될 여지가 없고 차단시설이 없지만, 경비원이 외부차량 출입을 통제하는 점 등을 고려하면 불특정 다수의 사람이나 차량의 통행로로 사용되는 도로교통법상 도로라고 볼 수 없다.

26. 굴러가는 자동차 바퀴에 갑자기 정지될 정도로 강하게 브레이크가 조작되어 노면상에 굴러갈 수 없게 된 경우 타이어에 의해 나타나는 노면 흔적은?   08.3 승진

① 스크래치(Scratch)

② 스키드마크(Skid Mark)

③ 가속스카프(Acceleration Scuff)

④ 바람이 빠진 타이어 흔적

✔ **정답:** ②

※ **해설:** 스키드마크란 굴러가는 자동차 바퀴에 갑자기 정지될 정도로 강하게 브레이크가 조작되어 **노면상에 굴러갈 수 없게 된 경우 타이어에 의해 나타는 노면 흔적**을 말한다.

27. 다음 중 충돌지점을 가장 잘 나타내 주는 노면흔적은?   08.1 승진

① 칩(chip)과 찹(chop)

② 그루브(Groove)

③ 스크레이프(Scrape)

④ 스크래치(Scratch)

✔ **정답:** ①

※ **해설:** ▶ 노면상처

노면에 파인 자국	**칩 (Chip)**	**호미로 노면을 판 것 같이 짧고 깊게 페인 가우지 마크**로서 차량 충돌 시 충돌의 힘에 의해서 금속부분이 노면과 부딪칠 때 발생하므로 차량 간의 최대 접촉 시 만들어진다.
	찹 (Chop)	**도끼로 노면을 깎아 낸 것 같이 넓고 얕은 가우지 마크**로서 프레임이나 타이어림에 의해서 만들어진다. **찹은 최대접촉 시 발생할 가능성**이 높은데, 흔적이 발생하는 방향성은 깊고 날카로운 쪽에서 얕고 거친 쪽으로 만들어진다.
	그루브 (Groove)	**길고 좁은 홈자국으로 직선일 수도 있고 곡선일 수도 있다.** 그루브의 밑바닥을 조사해 보면 그것을 만들어 낸 것이 차량의 어느 부분인지를 알 수 있다.
노면에 긁힌 흔적		큰 압력 없이 미끄러진 금속물에 의해 **단단한 포장노면에 가볍게 불규칙적으로 좁게 나타나는 긁힌 자국**으로 차량의 전복위치 및 충돌 진행 방향을 알 수 있는 중요한 흔적을 말한다.

28. 다음 설명으로 틀린 것은?   10.1 승진

> ㉠ 도로교통법상 자동차 등에는 원동기장치자전거도 포함된다.
> ㉡ 도로교통법상 원동기장치자전거에는 배기량 125cc 초과 이륜자동차도 포함된다.
> ㉢ 도로교통법상 노상안정기, 아스팔트살포기, 트럭 적재식 천공기는 자동차에 해당한다.
> ㉣ 제동거리는 운전자가 위협을 느껴 브레이크를 밟아 브레이크가 실제로 가동되기 시작할 때까지의 주
>   행되는 거리를 말한다.

① 1개   ② 2개   ③ 3개   ④ 4개

정답: ②

※ 해설:

㉡ 도로교통법상 원동기장치자전거에는 배기량 **125cc 이하 이륜자동차**를 말한다,

㉣ 공주거리는 운전자가 위협을 느껴 **브레이크를 밟아 브레이크가 실제로 가동되기 시작할 때까지**의 주행되
  는 거리를 말한다.

제6절 | 범칙금 통고처분제도

1. 경찰관이 경미한 교통법규 위반자에 대하여 직접 범칙금을 납부할 것을 통고하는 제도는? 02.11 순경
① 즉결심판   ② 통고처분
③ 행정처분   ④ 즉시강제

❖ **정답:** ②
※ **해설:** 범칙금 통고처분제도란 경미한 교통법규 위반자에 대해서 일일이 즉심에 회부하는 복잡성을
피하고 범칙금 통고서를 발부하여 업무를 신속·간편하게 처리하여 법규위반 운전자가 **즉결
심판을 받은 것과 동일한 효과를 나타내도록 경찰관이 직접 위반현장에서 위반자에게 범칙
금을 납부할 것을 통고하여 주고 운전을 계속하게 하는 제도**를 말한다.

2. 다음 교통범칙금에 대한 설명 중 타당하지 않은 것은?   96.1 승진
① 범칙금의 납부기한은 통고서를 받은 날로부터 10일 이내이다.
② 범칙금액은 즉결심판에서 순회판사가 결정한다.
③ 범칙금이란 통고처분에 의하여 국고에 납부되는 금액이다.
④ 범칙금을 부득이한 사유로 납부하지 못한 자는 그 사유가 없어진 날로부터 5일 이내에 납부하여야 한다.

❖ **정답:** ②
※ **해설:** 범칙금액은 **도로교통법에 규정**되어 있다.

3. 도로교통법상 통고처분에 대한 설명 중 맞는 것은?

> ㉠ 범칙금 통고처분 제도란 경미한 법규위반자에 대하여 경찰관이 범칙금을 납부할 것을 통고하는 형
> 사처분으로 이행 시 확정판결과 같은 효력이 발생한다.
> ㉡ 도로교통법상 범칙자란 상습적 범칙행위자, 구류의 형에 해당하는 자, 18세 미만인 자를 제외한 범
> 칙행위자를 말한다.
> ㉢ 도로교통법상의 범칙자 중 성명 또는 주소가 확실하지 아니한 사람, 달아날 우려가 있는 사람, 범칙
> 금납부통고서를 받기 거부한 사람에 대해서는 통고처분 대상자의 예외에 해당한다.
> ㉣ 통고처분서를 받기 거부한 자에 대해서는 즉결심판을 청구할 수 있다.

① 1개   ② 2개   ③ 3개   ④ 4개

❖ **정답:** ①
※ **해설:**
㉠ 범칙금 통고처분 제도란 경미한 법규위반자에 대하여 경찰관이 범칙금을 납부할 것을 통고하는 **행정처분**
으로 이행시 확정판결과 같은 효력이 발생한다.
㉡ **경범죄처벌법상 범칙자**란 상습적 범칙행위자, 구류의 형에 해당하는 자, 18세 미만인 자를 제외한 범칙
행위자를 말한다.
㉣ 통고처분서를 받기 거부한 자에 대해서는 **즉결심판을 청구하여야 한다.**

4. 다음 중 통고처분에 대한 설명으로 옳지 않은 것은?   02.3 순경, 02.7 순경
① 경미한 교통법규 위반자에게 경찰관이 직접 범칙금을 납부할 것을 통고하는 제도이다.
② 행정권의 작용에 의해 재산적 제재를 가하는 조치이다.
③ 주소가 확실치 않지만 성명이 확실하다면 통고처분을 할 수 있다.
④ 범칙금 납부통고는 즉결심판을 받은 것과 동일한 효과를 부여한다.

❧ **정답:** ③
❧ **해설:** ▶ 통고처분을 할 수 없고 즉결심판 대상

> ㉠ 성명 또는 주소가 확실하지 아니한 사람   ㉡ 달아날 염려가 있는 사람
> ㉢ 범칙금납부통고서 받기를 거부한 사람

5. 다음 중 통고처분에 대한 설명이 아닌 것은?   06.3 순경
① 행정권의 작용에 의해 재산적 제재를 가하는 조치이다.
② 경미한 교통법규위반자에게 경찰관이 직접 범칙금을 납부할 것을 통고하는 제도이다.
③ 범칙금을 납부한 자에 대해서 동일사건으로 다시 소추하지 않는다.
④ 수소가 확실하지 않은 사람에게도 통고처분을 할 수 있다.

❧ **정답:** ④
❧ **해설:** ▶ 통고처분을 할 수 없고 즉결심판 대상

> ㉠ 성명 또는 주소가 확실하지 아니한 사람   ㉡ 달아날 염려가 있는 사람
> ㉢ 범칙금납부통고서 받기를 거부한 사람

6. 통고처분에 대한 설명으로 옳지 않은 것은?   10.2 경간부
① 범칙금의 1차 납부기간은 그 통고 처분서를 받은 날로부터 10일 이내이다.
② 천재지변이나 그 밖의 부득이한 일로 인해 기간 내에 범칙금을 납부할 수 없을 때에는 그 부득이한 일이
   없어진 날로부터 7일 이내에 납부하여야 한다.
③ 범칙금 1차 납부기간 내에 범칙금을 납부하지 않는 자는 납부기간이 끝나는 다음 날로부터 20일 이내에
   통고 받은 범칙금액에 20%를 더한 금액을 납부하여야 한다.
④ 범칙금을 납부한 자에 대해서는 동일한 사건으로 다시 소추하지 않는다.

❧ **정답:** ②
❧ **해설:** ▶ 범칙금의 납부

> ① 통고처분에 의하여 **범칙금납부통고서를 받은 사람은 10일 이내에 경찰청장이 지정하는** 국고은행, 지점,
>   대리점, 우체국 또는 제주특별자치도지사가 지정하는 금융기관이나 그 지점에 범칙금을 납부하여야 한다.
>   다만, **천재·지변이나 그 밖의 부득이한 사유로** 말미암아 그 기간 이내에 범칙금을 납부할 수 없는
>   때에는 **부득이한 사유가 없어지게 된 날부터 5일 이내에 납부**하여야 한다.
> ② 납부기간 이내에 범칙금을 납부하지 아니한 사람은 납부기간이 **만료되는 날의 다음 날부터 20일 이
>   내에 통고받은 범칙금에 100분의 20을 더한 금액을 납부**하여야 한다.
> ③ **범칙금을 납부한 사람은 범칙행위에 대하여 다시 벌받지 아니한다.**
> ④ **범칙금은 분할하여 납부할 수 없다**

7. 다음의 사례에 대한 설명 중 타당하지 않은 것은?   05.2 경간부

> 지구대에 근무하는 김순경은 신호를 위반하고 주행하는 승용차를 발견하고 정지시켜 범칙금납부통고서를 발부하였다.

① 김순경의 범칙금납부통고서 발부는 통고처분이다.
② 운전자는 20일 이내에 60,000원의 범칙금을 납부하여야 한다.
③ 운전자는 신호위반으로 벌점 15점의 행정처분을 받게 된다.
④ 납부기일 만료일로부터 60일 이내에 범칙금을 납부하지 않으면 즉결심판에 회부한다.

❖ 정답: ②
❈ 해설: 운전자는 **10일 이내에 60,000원의 범칙금을 납부**하여야 한다.

8. 다음 ( ) 안에 들어갈 말을 순서대로 옳게 나열한 것은?   10.1 승진

> ㉠ 우리나라 교통사고 사망자 통계기준상 사망자의 정의는 '교통사고가 주원인이 되어 ( ) 내에 사망한 것을 말한다.'
> ㉡ 운전자 甲은 혈중알코올농도 0.05%의 상태로 운전하다 단속되었다. 이때 운전자 甲에게 발부될 수 있는 임시운전증명서의 유효기간은 최대 ( )이다.
> ㉢ 범칙행위라 함은 도로교통법 제156조, 제157조 각 호의 죄에 해당하는 위반행위를 말하며, 운전자나 보행자 등이 도로교통법령을 위반하여 ( ) 이하의 벌금이나 구류, 과료에 처할 수 있는 구성요건에 해당하는 위법 · 유책한 행위이다.

① 30일, 60일, 20만 원   ② 72시간, 60일, 20만 원
③ 30일, 40일, 10만 원   ④ 72시간, 40일, 10만 원

❖ 정답: ①
❈ 해설: ㉠ 30일   ㉡ 60일   ㉢ 20만원

9. 승용자동차의 범칙행위로 인한 범칙금액이 가장 많은 것은?   10.1 승진
① 속도위반(20km/h 초과 40km/h 이하)
② 승객의 차내 소란행위 방치 운전
③ 교차로 통행방법 위반
④ 신호 · 지시위반

❖ 정답: ②
❈ 해설:
① 속도위반(20km/h 초과 40km/h 이하)은 **6만 원**이고, 속도위반(40km/h 초과)은 **9만 원**이다.
② 승객의 차내 소란행위 방치 운전은 **9만 원**이다.
③ 교차로 통행방법 위반은 **4만 원**이다.
④ 신호 · 지시위반은 **6만 원**이다.

제7절   과태료 처분

1. 도로에서 과속으로 무인속도측정기에 찍혔으나 운전자의 신원이 밝혀지지 않은 경우에 차주가 받은 처분은?
                      01.3 순경

① 금지통고처분   ② 과료

③ 과태료   ④ 벌금

❖ **정답:** ③

❉ **해설:** 사진·비디오 기타 영상매체에 의해 과속, 버스전용차로위반, 갓길위반, 신호위반 등의 교통법규 위반행위가 입증되지만, **위반운전자를 확인할 수 없어서 고지서를 발부하거나 통고처분을 할 수 없는 경우에 고용주 등에 대하여 20만 원 이하의 과태료에 처한다.** 물론, 위반운전자가 확인되면 해당운전자에게 범칙금 및 벌점이 부과된다.

2. A경찰서 교통과에 근무하는 숲경장이 무인교통단속장비로 단속된 법규위반차량을 해상한 후 과태료를 부과하였는데, 이 경우 운전자의 이의신청에 의한 과태료처분 제외대상에 해당하지 않는 것은? 05.1 승진

① 수해 등의 구난작업을 위한 경우

② 응급환자의 수송을 위한 앰뷸런스의 경우

③ 대상자가 이사하여 과태료납부고지서가 반송된 경우

④ 대상차량이 도난차량인 경우

❖ **정답:** ③

❉ **해설:** ▶ **과태료처분 제외대상**

> ㉠ **위규차량이 도난당한 경우**
> ㉡ 운전자가 당해 위반행위로 통고처분을 받은 경우
> ㉢ 의견진술로 위반행위를 한 운전자가 밝혀진 경우
> ㉣ 범죄의 예방, 진압 기타 긴급한 사건사고의 조사를 위한 경우
> ㉤ 도로공사 또는 교통지도단속을 위한 경우
> ㉥ **응급환자의 수송 또는 치료를 위한 경우**
> ㉦ **화재, 수해, 재해 등의 구난 작업을 위한 경우**
> ㉧ 장애인복지법의 규정에 의한 장애인의 승하차를 돕는 경우

제5장

정보경찰 활동

제1절 정보일반

1. 정보의 개념에 대한 설명으로 틀린 것은?   10.1 승진

> ㉠ '적과 적국에 관한 지식의 총체이다.'라고 정의한 학자는 클라우제비츠(Clausewits)이다.
> ㉡ 우리가 사용하는 정보라는 용어는 독일이 사용하던 군사용어를 번역한 것이다.
> ㉢ 모든 정보가 첩보는 아니지만, 모든 첩보는 정보라는 말은 성립한다.
> ㉣ 정보는 특정한 목적에 의해 평가되어 있지 않은 단순한 사실이나 기호를 의미한다.

① 없다.　　　　② 1개　　　　③ 2개　　　　④ 3개

❖ **정답:** ④

❈ **해설:**

㉡ 정보라는 용어는 군에서 사용하던 전문용어이며, 현재 한국에서 사용하고 있는 정보라는 용어는 **일본의 메이지 정부가 프랑스식 병제를 채택하여 구일본 육군을 창설하면서 프랑스군이 사용하던 군사용어를 번역하여 만든 것**이다.

㉢ 모든 첩보가 정보는 아니지만, **모든 정보는 첩보라는 말은 성립한다.**

㉣ **자료**는 특정한 목적에 의해 평가되어 있지 않은 단순한 사실이나 기호를 의미한다.

2. 정보의 특성에 대한 설명 중 틀린 것은?   10.1 승진

① 적실성 – 정보로서의 가치를 갖기 위해서는 사용권자의 의사결정에 반드시 필요한 내용을 제공해야 한다.
② 무한가치성 – 정보는 주제에 맞는 내용이면서 관련된 모든 사항이 포함되어야 한다.
③ 비이전성 – 정보는 타인에게 전달해도 본인에게 그대로 남아 있다.
④ 신용가치성 – 같은 정보라도 출처의 신뢰도가 높을수록 그 정보의 가치는 높다고 할 수 있다.

❖ **정답:** ②

❈ **해설:** ▶ 정보의 특성

비이전성	타인에게 전달해도 본인에게 정보로서의 가치가 그대로 남아 있다.
누적효과성	생산·축적되면 될수록 그 가치가 커진다.
신용가치성	① 같은 정보라도 신뢰도가 높을수록 정보가치가 증가한다. ② 정보출처(정보원)의 신용정도에 따라 가치가 달라진다.
무한가치성	필요한 사람이면 누구에게나 가치를 가진다.
적실성	사용권자의 의사결정에 반드시 필요한 내용을 제공할 때 **정보로서의 가치를 발휘하는 특성**이 있다.

3. 다음 중 정보의 가치에 대한 평가기준이 아닌 것은?   08.1 승진

① 적실성　　　　　　　　　　② 정확성
③ 필요성　　　　　　　　　　④ 형평성

정답: ④

해설: ▶ 정보의 가치에 대한 평가기준

① 완전성 ② **적실성** ③ 적시성 ④ **필요성** ⑤ **정확성** ⑥ 정보제공의 빈도 ⑦ 특수처리과정

4. 정보가치에 대한 평가요소 중 정보사용자의 사용목적에 얼마나 관련된 것인가를 묻는 것은?
01.11 순경, 03.1 승진

① 적실성   ② 완전성
③ 정확성   ④ 필요성

정답: ①

해설: ▶ 적실성

① 정보는 **정보사용자의 사용목적에 얼마나 관련된 것이냐 여부**이다.
② 사용권자의 의사결정에 반드시 필요한 내용을 제공할 때 정보로서의 가치를 발휘하는 특성이 있다. 상황을 파악, 진단하며 대안을 제시함에 있어서 도움이 될수록 적실성은 커지고, 그 가치도 높아진다.

> [사례] A경찰서 정보과에 근무하는 김경사는 9월 중 관내 중소기업체의 노사분규에 대한 정보보고서 작성을 지시받고는 재래시장의 생필품 가격동향, 구로백화점에 매출 추세, 지하철 노조 구로역 지부의 조합비 현황 등을 내용으로 하는 보고서를 작성·제출하였다.

5. 다음과 같은 경우 甲이 제출한 정보는 정보의 가치 평가요소 중 어떤 점이 결여되었다고 할 수 있는가?
02.1 승진, 05.1 승진

> A경찰서 정보과에 근무하는 甲경사는 5월 중 관내 중소기업체의 노사분규에 대한 정보보고서 작성을 지시 받고는 재래시장의 생필품 가격 동향, 구로백화점 매출추세, 지하철 노조 구로역 지부의 조합비 현황 등을 내용으로 하는 보고서를 작성·제출하였다.

① 적실성   ② 적시성
③ 필요성   ④ 완전성

정답: ①

해설: 적실성과 관련된 사례이다.

6. '정보는 적시에 이루어져야 한다.'고 할 때 '적시'는 무엇을 기준으로 해야 하는가? 06.7 순경
① 사용자의 사용시기
② 생산자의 처리시기
③ 첩부수집자의 보고시기
④ 첩보수집의 요구지시

정답: ①

❈ 해설: ▶ 적시성

> ① **사용자가 필요한 때에 사용될 수 있도록 제공되느냐 여부**이다.
> ② 정보는 정보사용자의 의사결정에 필요한 시기에 제공될 때 그 가치가 높아지며, 일반적으로 시간이 갈수록 가치가 줄어든다.
> ③ 정보의 적시성의 문제를 평가할 때 그 기준이 되는 시점은 사용자의 사용시점이다.
>
> > **[사례]** A경찰서 정보과에 근무하는 김경사는 9월 중 관내 중소기업체의 노사분규에 대한 정보보고서 작성을 지시받고는 해당 기업의 노조위원장 역할, 노조원들의 조직체계 및 성향, 사업주와 노조원들 간의 관계, 노조원들의 행동계획 및 기업의 대처방향, 상급 노동단체의 개입정도, 주변 관련기업체의 분규 동향 및 파급영향 등에 대해서 정보를 완전하게 수집하느라 보고기일을 놓쳐서 제출하였다.

7. 정보의 효용에 대한 설명 중 틀린 것은?   09.3 순경

① '정보는 국력이다.'라는 말은 정보의 소유효용과 관련성이 높다.
② 정보의 적시성과 가장 밀접하게 관련된 것은 시간효용이다.
③ 통제효용과 차단효용은 같다.
④ 형식효용은 보고서 1면주의고, 전략정보와 전술정보는 차이가 있다.

❖ 정답: ③
❈ 해설: ▶ 정보의 효용을 평가하는 기준

형식 효용	① 정보는 **정보사용자의 요구에 맞는 형식(형태)에 부합할 때** 형식효용이 높다는 평가를 받게 되며, **정보사용자의 수준에 따라 정보형태가 결정**된다. ② 전략정보와 전술정보는 **형식효용면에서 차이**가 있을 수 있다. ③ **전략정보**는 대통령 등 최고정책결정자가 보는 만큼 형식효용에 있어서도 중요한 요소만을 축약해 놓은 상태(**보고서 1면주의 원칙**)가 바람직하지만, **전술정보**는 낮은 수준의 정책결정자나 실무자에게 제공되므로 비교적 상세하고 구체적인 필요가 있다.
시간 효용	① 정보는 **정보사용자가 정보를 필요로 하는 시점에 제공될 때** 시간효용이 높다는 평가를 받으며, **시간효용은 적시성과 밀접히 관련되며 정책결정이 이루어지는 시점에 제공**되어야 한다. ② 정보의 사용자가 명시적인 정보요구가 없다 하더라도 정보 생산자가 이 정도는 정책결정자(사용자)가 알고 있어야 한다고 판단될 경우 사전적인 정보제공이 이루어진다.
접근 효용	① 정보는 정보사용자가 쉽게 접근할 수 있어야 하며, **정보의 비밀성(통제효용)을 유지해야 할 필요와 충돌**할 수 있다. ② 통제효용을 저해하지 않는 범위 내에서 정보자료들의 접근성을 높이는 방향으로 효율적으로 관리하여야 한다.
소유 효용	① 정보는 **상대적으로 많이 소유할수록 집적의 효과를 발휘**할 수 있다. ② '**정보는 국력이다.**'라는 표현은 정보의 소유효용을 잘 나타내고 있다.
통제 효용 (차단의 원칙)	① 정보는 정보를 필요로 하는 사람들에게 필요한 만큼 제공되도록 통제되어야 한다. ② 정보의 통제는 국익과 안보를 위해 필요한 경우 **정책판단과 정책결정의 비밀성을 유지하기 위한 것**이다. ③ **방첩활동과 가장 밀접하게 관련된 것은 통제효용**이다. ④ '**필요한 사람에게 필요한 만큼**', '**차단의 법칙**'은 횡적인 정보의 **통제효용**과 관련이 높다.

8. 정보의 효용에 대한 설명으로 가장 옳지 않은 것은?　　　　　　10.1 승진

① 접근 효용을 높이기 위해서는 정보의 사용 절차가 간소화되어야 한다.
② 접근 효용과 통제효용은 밀접한 관련성이 있다.
③ '필요한 사람에게 필요한 만큼', '차단의 법칙'이라는 말과 가장 관련성이 높은 정보의 효용은 소유효용이다.
④ 정보는 정보를 필요로 하는 사람들에게 필요한 만큼 제공될 수 있도록 통제할 수 있을 때 효용이 커진다.

❖ **정답:** ③

❋ **해설:** '필요한 사람에게 필요한 만큼', '차단의 법칙'이라는 말과 가장 관련성이 높은 정보의 효용은 **통제효용**이다.

9. 정보과에서 근무하는 甲형사는 담당구역에서 중요한 첩보를 입수하여 첩보보고서를 제출하였다. 만약 甲형사가 입수한 첩보를 필요성이 없는 상태에서 정보과 직원 전체에게 공개하였다면, 이것은 무슨 원칙에 위배되는가?　　　　　　01.1 승진

① 긴급의 원칙　　　　　　　　② 신뢰의 원칙
③ 차단의 원칙　　　　　　　　④ 정확의 원칙

❖ **정답:** ③

❋ **해설:** 정보는 정보를 필요로 하는 사람들에게 필요한 만큼 제공되도록 통제되어야 한다는 **차단의 원칙에 위배**된다.

10. 다음 중 정보생산자와 정보사용자의 관계에 있어 정보생산자의 장애요인으로 볼 수 없는 것은?　　　　　　08.1 승진

① 판단정보의 소외　　　　　　② 편향적 분석
③ 판단의 불명확성　　　　　　④ 다른 정보와의 경쟁

❖ **정답:** ①

❋ **해설:** ▶ 정보생산자(정보분석관)로부터의 장애요인

다른 정보와의 경쟁	신문·방송 및 인터넷 등을 통해 **수많은 정보들이 거의 실시간으로 전파**되고, 기업정보부서 등 **사설정보지 등에 의해서도 정보의 생산·배포**가 이루어지고 있다.
편향적 분석의 문제	① 정보분석관들의 편향적 분석은 교육배경, 정치적 신념, 가치관 등에 따라 의식적 또는 무의식중에 나타난다. ② **정보분석관의 객관적 분석의 결여와 더불어, 정보기관의 집단적 편견도 정보실패의 주요 원인**이다.
적합성의 문제	**정보가 필요한 사안이 정책결정에 어느 정도 관련되는가를 나타내는 것이 적합성**이다.
적시성의 문제	**정책결정자의 수요에 맞추어 제시간에 정보보고서를 제출**할 수 있어야지 완벽한 보고서를 만든다고 시간변수를 간과한다면 좋은 정보보고서를 만들 수 없다.
판단의 불명확성	① 정책결정자들은 정보판단이 명확한 답변을 주기를 기대한다. ② 정보기관의 흥정(back scratching and log rolling)을 통해 정보를 왜곡시키기도 하고, 각주(footnote)를 통해 정보판단보고서의 초점을 흐려 버릴 수도 있다.

11. 정보생산자와 정보사용자의 관계에 관한 설명 중 맞는 것은?   10.1 승진

① 판단의 불명확성은 정보사용자의 장애요인으로서 정보 속성상 정보는 애매하고 불명확한 사안을 다루고 있어 여러 가능성을 언급하는 경우가 많다.

② 정보와 정책에 대해 일정 수준의 분리 필요성을 강조한 전통주의의 대표적 학자 Mark M. Lowenthal은 '정책은 정보에 의존하여 존재하지만, 정보는 정책의 지지 없이도 존재할 수 있다.'고 주장한다.

③ 정책결정자들은 판단정보를 가장 높이 평가하며, 현용정보는 그보다 낮게 평가한다.

④ 행동주의의 대표적 학자인 Roger Hilsman은 '정보생산자는 정책과정에 대해 연구하고 이해해야 한다.'고 주장한다.

❖ **정답:** ④

❈ **해설:**

① 판단의 불명확성은 **정보생산자의 장애요인**으로서 정보속성상 정보는 애매하고 불명확한 사안을 다루고 있어 여러 가능성을 언급하는 경우가 많다.

② 정보와 정책에 대해 일정 수준의 분리 필요성을 강조한 전통주의의 대표적 학자 Mark M. Lowenthal은 **'정보는 정책에 의존하여 존재하지만, 정책은 정보의 지지 없이도 존재할 수 있다.'**고 주장한다.

③ 정책결정자들은 **현용정보를 가장 높이 평가**하며, **판단정보는 그보다 낮게 평가**한다.

12. 『전략정보』라는 저서를 통하여 '정보란 지식이며 조직이고 활동이다.'라고 정의한 사람은?   05.1 승진

① Sherman Kent　　　　　　　　② G. B. Davis
③ A. N. Wiener　　　　　　　　④ Clausewits

❖ **정답:** ①

❈ **해설:** **셔먼 켄트(Sherman Kent)는** 저서 『전략정보』에서 '정보란 지식이며 조직이고 활동이다.'라고 정의하고 있다.

13. 다음 정보의 성질에 따른 분류 중 그 설명이 잘못된 것은?   04.4 순경

① 국가정책과 안전보장에 막대한 영향을 주는 국가수준의 정보를 전략정보라고 한다.

② 판단정보는 전략정보의 기본적인 방침 하에서 이를 구체적으로 수행하기 위한 정보이다.

③ 방첩정보는 적 또는 집단의 정보공작력에 대항하기 위한 정보활동을 말한다.

④ 전시에 군사직전에 계획의 기초로 사용되는 정보는 전략정보이다.

❖ **정답:** ②

❈ **해설:** ▶ 성질(사용수준)에 따른 분류

전략정보 **(국가정보)**	① 전략정보는 **국가가 사용주체**이다. ② 전략정보는 **국가정책과 안전보장에 막대한 영향을 주는 상황**에 대하여 각 정보기관에서 **작성한 정보**를 모두 토대로 하여 **평상시에** 국가의 안전과 관련된 정책결정의 기초가 되며, **전시에는** 군사작전계획의 기초로 사용되는 정보를 말한다.
전술정보 **(부문정보)**	① 전술정보는 **각 부처가 사용주체**이다. ② 전술정보는 전략의 기본적인 방침 하에 이를 구체적으로 수행하기 위한 **세부적이고 부문적인 정보**를 말한다.

방첩정보 또는 대정보 (大情報)	① 방첩정보는 **국가안보를 위협하는 적대국가나 집단의 간첩 · 태업 · 전복 등 공작활동을 무력화하기 위한 정보**를 말한다. ② 방첩정보는 **소극적 · 방어적 의미의 정보**로서 적대적 제3국 또는 집단의 정보공작력에 대항하기 위한 정보활동을 통해 얻어진다. ③ **방첩보는 소극적 정보로서의 성격**을 갖는다면 **전략정보와 전술정보는 적극적 정보로서의 성격**을 갖는다.

☞ 판단정보는 **기능에 따른 분류에 해당**된다.

14. 다음 중 정보의 기능에 따른 분류에 대한 설명으로 괄호 안에 들어갈 말을 바르게 배열한 것은?
07.3 경간부

> (　　)가 과거에 관한 기초자료이고 (　　)가 현실의 동적인 사항에 관한 정보라면 (　　)는 특정문제를 체계적이며 실증적으로 연구하여 미래에 있을 어떤 상태를 추리, 평가한 정보를 일컫는다.

① 간접정보 – 직접정보 – 적극정보   ② 현용정보 – 기본정보 – 판단정보
③ 기본정보 – 현용정보 – 판단정보   ④ 기본정보 – 판단정보 – 전략정보

❖ 정답: ③
❊ 해설: ▶ 기능에 따른 분류

기본정보	① 모든 상태의 **정적인 상태**를 기술한 정보 ② 과거의 사례에 대한 기본적 · 서술적 또는 일반자료적인 유형의 정보, 즉 **과거에 관한 기초자료** 몐 2010년 인구통계, 2010년 개인택시 면허발급현황 등 ③ 매일의 변화의 의미를 해석하는 기초가 되며, 장래의 예측이 그것 없이는 무의미하게 될 기초가 되는 정보
현용정보	① 모든 상태의 현재의 **동적인 상태**를 현재의 시점에서 객관적으로 기술한 정보 ② 의사결정자에게 그때의 동향으로 알리기 위한 정보 몐 노사분규상황 등 ③ 일일중요정보보고서는 매일매일의 가변적인 정보상황을 기록한 현용정보의 일종
판단정보 (기획정보)	① **특정문제를 체계적 · 실증적으로 연구**하여 미래에 있을 어떤 상태를 추적 · 평가한 정보 ② **예측평가적 또는 보고적 유형의 정보로서 정보생산자의 능력과 재능을 가장 많이 필요한 정보** 몐 2010 치안전망과 과제 등 ③ 정보사용자는 발등에 떨어진 불인 현안문제해결에 급급하므로 **현용정보에 비해 판단정보를 다소 소홀히 하는 경향**이 있음.

15. 정보과 甲경사는 S대학교 총학생회의 최근 움직임과 향후 학생운동 예상방향 및 대책 등에 관한 보고서를 작성하였다. 정보의 기능별 분류에 의하면 어느 것에 속하는가?
08.1 승진

① 기본정보   ② 판단정보
③ 전략정보   ④ 현용정보

❖ 정답: ②
❊ 해설: **판단정보**는 확정된 사실에 관한 정보가 아니라 기본정보와 현용정보로 기초로 미래에 있을 어떤 상태에 대해서 추측판단한 정보로서 어떤 사실 또는 사상에 대한 장래를 예고하고 책임 있는 사용자에게 적당한 사전지식을 주는 것을 목적으로 하는 정보이며 기획정보라고도 한다.

16. 상황정보에 대한 설명으로 가장 옳지 않은 것은?   10.1 승진

① 현용정보의 일종으로 속보라고도 한다.

② 상황정보에는 상황속보와 정보판단서가 있다.

③ 정확한 보고를 위해 반드시 형식을 갖춘 보고서에 의한다.

④ 본질상 제1보, 제2보 등의 형식을 취하는 경우가 많다.

정답: ③

※ 해설: ▶ 상황정보

> ① 상황정보는 어떤 사상(事象)의 현 상태에 관한 정보를 보고하는 것으로 **특별한 사안에 대한 일시적인 상황과 진행과정을 신속하게 보고하는 정보**
> ② 상황정보에는 **상황속보와 정보판단서**가 있으며, **현용정보의 일종으로 속보**라고도 한다.
> ③ 보고는 **반드시 형식을 갖춘 보고서에 의할 필요가 없다.**
> ④ 본질상 **제1보, 제2보** 등의 형식을 취하는 경우가 많다.

17. 정보를 그 내용을 기준으로 나누어 볼 때 다음 설명 중 틀린 것은?   08.1 승진

① 상황정보는 어떤 사상(事象)의 현 상태에 관한 정보를 보고하는 것으로 특별한 사안에 대한 일시적인 상황이나 진행과정을 신속하게 보고하는 정보이다.

② 민심정보는 주요 정책이나 현안사항에 대한 국민여론을 지역별·계층별 등으로 다양하게 파악하여 정책조정이나 후속조치 등에 반영할 수 있도록 하는 정보이다.

③ 치안정보는 정부시책의 효과 및 현실적 타당성 등을 판단하고 시행과정에서 발생하는 문제점을 파악, 개선방안을 제시하는 정보이다.

④ 범죄정보는 각종 범죄관련 수사의 단서로 사용될 수 있는 정보이다.

정답: ③

※ 해설: ▶ 내용에 따른 분류

정책정보	정책정보는 **정부시책의 효과 및 현실적 타당성 등을 판단**하고 시행과정에서 발생하는 **문제점을 파악하여 개선방안을 제시**하는 정보
민심정보	민심정보는 주요 정책이나 현안사항에 대한 **국민여론을 지역별·계층별 등으로 다양하게 파악**하여 정책조정이나 후속조치 등에 반영할 수 있도록 하는 정보
상황정보	① 상황정보는 어떤 사상(事象)의 현 상태에 관한 정보를 보고하는 것으로 **특별한 사안에 대한 일시적인 상황과 진행과정을 신속하게 보고하는 정보** ② 상황정보에는 **상황속보와 정보판단서**가 있으며, **현용정보의 일종으로 속보**라고도 한다. ③ 보고는 **반드시 형식을 갖춘 보고서에 의할 필요가 없다.** ④ 본질상 **제1보, 제2보** 등의 형식을 취하는 경우가 많다.
범죄정보	범죄정보는 **각종 범죄관련 수사의 단서로 사용**될 수 있는 정보

18. 정보의 분류 중 틀린 것은?   08.1 승진

① 사용수준에 따라 적극정보와 보안정보가 있다.

② 내용에 따라 국내정보와 국외정보가 있다.

③ 사용주체에 따라 내부정보와 외부정보가 있다.

④ 경찰업무에 따라 보안, 범죄, 외사, 일반, 교통정보가 있다.

정답: ①

❈ **해설:** 사용수준에 따라 **전략정보(국가정보), 전술정보(부문정보), 방첩정보**로 나눈다.

19. 정보를 요소에 따라 구분할 때 정치정보에 속하지 않는 것은?   02.1 승진

① 정당, 의회기구의 활동   ② 노조의 임금협상 전략

③ 국민의 정치의식과 태도   ④ 압력단체의 활동

정답: ②

❈ **해설:** ▶ **정치정보**

> 한 국가의 정치력, 정치상의 취약점 등 개인, 집단이 정치권력이 획득·유지·행사 등에 관한 정보
>
> ① **정치기구(정당, 의회기구의 활동)**   ② 정치과정
>
> ③ **압력단체의 활동**   ④ 국가권력구조와 세력의 소재
>
> ⑤ **국민의 정치의식과 태도**   ⑥ 국가정책
>
> ⑦ 정치집단과 그의 정치적 실현, 지도력   ⑧ 선전
>
> ⑨ 경찰 및 정보조직, 국제적 결속관계, 대외정책 등이다.

☞ 노조의 임금협상 전략은 **사회정보에 해당**된다.

20. 다음 설명에 대한 경제블록의 형태는?   08.1 승진

> 회원국 상호간에는 상품의 자유이동이 보장될 뿐 아니라 역외의 비회원국에게는 각국이 공통의 수입관세를 부과하는 형태.

① 자유무역지대   ② 관세동맹   ③ 공동시장   ④ 경제동맹

정답: ②

❈ **해설:** ▶ **경제블록의 유형**

관세동맹	① 회원국 상호 간에는 **상품의 자유이동을 보장**된다. ② 역외의 비회원국에 대해서는 각국이 **공동의 수입관세를 부과**하는 형태의 통합이다.
경제동맹	① **공동시장을 더욱 발전시킨 형태**이다. ② 역내 상품 및 생산요소의 자유이동과 공동관세제의 운영과 함께 **각 회원국의 금융·재정 등의 경제정책 전반에 대하여 조정·통제**를 할 수 있는 통합형태이다.
완전한 경제동맹	① **회원국 상호 간에 초국가적 기구를 설치**하여 그 기구로 하여금 각 회원국의 모든 사회·경제정책을 조정·통합·관리하는 형태의 통합 유형이다. ② 각국은 사실상 **하나의 단일경제로 통합되는 것을 전제**로 한다.
공동시장	① **회원국 상호 간에는 재화뿐만 아니라 노동·자본과 같은 생산요소의 자유이동이 보장**된다. ② 역외 비가맹국에 대해서는 **각국이 공동의 관제제도를 채택**하고 있는 형태의 통합이다

자유무역 지대	① 회원국 상호 간에는 **상품이동에 대한 일체의 무역제한 조치를 철폐하여 역내에서는 자유무역을 보장**된다. ② 역외의 비회원국에 대해서는 각국이 독자적인 관세정책 및 무역제한조치를 취하는 형태의 경제통합을 의미한다.

21. 지역 내의 회원국 상호 간에 재화뿐만 아니라 노동·자본과 같은 생산요소의 자유이동이 보장되며 지역 외 비가맹국에 대해서는 각국이 공동의 관세제도를 채택하고 있는 경제블록의 형태는 무엇인가?

① 경제동맹   ② 공동시장
③ 완전한 경제동맹   ④ 관세동맹

❖ **정답:** ②
❋ **해설: 공동시장**에 관한 내용이다.

22. 다음 중 경제전의 수단으로 보기가 어려운 것은?   08.1 승진

① 해안봉쇄   ② 수출입통제
③ 자유무역 협정 체결   ④ 블랙리스트 관리

❖ **정답:** ③
❋ **해설:** 경제전이란 전쟁 발생 전 및 전시에 적의 경제력을 무력하게 하고 자국의 경제력을 유지하는 것을 의미하는데 일반적인 경제전의 수단으로는 **해안봉쇄, 수출입통제, 선박통제, 전시무역협정, 예방적 구매 또는 매점, 적국자산의 동결, 블랙리스트관리, 밀수예방, 무기대여** 등이 있다.

23. 경제전의 수단에 대한 설명으로 틀린 것은?   10.1 승진

① '예방적 구매'는 평시에 또는 전시 초기에 미리 중립국이 보유한 중요 자원과 군수품을 매점하여 적으로 하여금 구입할 수 없게 하는 수단이다.
② 선택통제의 방법으로는 봉쇄해역통과증의 발급, 선박면허증의 발급, 자유지역출입증의 발급 등이 있다.
③ '무기대여'는 전쟁 중에 우방에 대하여 무기나 장비를 대여해 줌으로써 우방으로 승리를 돕는 방법이다.
④ '적국자산의 동결'은 국내에 보유되어 있는 적국의 자산을 적국이 자기의 군사 및 경제 증가용도에 활용하지 못하게 동결하는 것이다.

❖ **정답:** ②
❋ **해설:** ▶ **선박통제**

의의	**해안봉쇄가 불충분한 경우에 보강책으로 취해진 방법**	
방법	**봉쇄해역통과증**	**지정상품**에 대하여서만 통과
	선박해역통과증	**일정항로만을 이용**하게 하는 방법
	선박면허증	**우방의 선박은 항구의 출입을 자유롭게** 할 수 있게 허용하고 비우방 선박은 통제하는 방법

24. 다음 중 국제부흥개발은행(IBRD)에 대한 설명으로 타당하지 않은 것은?   07.1 승진

① 일명 세계은행으로 불리며, 전후 국제금융기구로서 1944년 브레튼우즈회에서 채택된 국제부흥 개발은행 협정에 의거하여 설립되었다.

② IBRD회원국은 IMF회원국이어야 하므로 IMF회원국 자격이 상실되면 IBRD 가입자격도 상실된다.

③ 전쟁으로 인하여 파괴 또는 와해된 경제의 회복, 평시 수요로의 생산시설의 재전환, 후진국의 생산시설 및 자원의 개발, 기타 생산목적을 위한 자본 투자를 용이하게 함으로써 회원국의 부흥과 개발을 원조하는 것을 목적으로 한다.

④ IBRD의 보조기관으로서 국제개발공사(IDA), 자매기관으로서 국제금융공사(IFC)가 있다.

■ 정답: ④

※ 해설: ▶ 국제부흥개발(IBRD)

> ① 1944년 브레튼우즈회의에서 채택된 국제부흥개발은행 협정에 의거하여 설립되었으며, 일명 **세계은행**이라고 부른다.
> ② **IBRD의 보조기관**으로서 **국제금융공사(IFC), 자매기관**으로서 **국제개발공사(IDA)**가 있다.
> ③ **IBRD회원국은 IMF회원국**이어야 하므로 IMF회원국 자격이 상실되면 IBRD가입자격도 상실된다.
> ④ **전쟁으로 파괴된 경제회복 및 개발원조를 목적으로 설립**되었다.

25. 서킷브레이크에 대한 설명 중 틀린 것은?   09.2 경간부

① 주가급락으로 인한 투자자를 보호하기 위해 주식거래를 일시정지시켜 진정시키는 제도이다.

② 모터 등 전기장치에 과도하게 흘러 온도가 오르면 자동으로 회로를 끊어 화재나 손상을 방지하는 부품을 비유적으로 표현한 것이다.

③ 뉴욕증권거래소의 87년 10월 증시폭락 이후 최초 도입하여 우리나라 98년 12월 7일 국내주식가격 제한폭이 상하 15%로 확대되면서 도입되었다.

④ 선물가격이 전일 종가 대비 5% 이상 상승 또는 하락해 1분간 지속되면 주식시장 프로그램 매매호가의 효력이 5분간 정지시키는 제도이다

■ 정답: ④

※ 해설: ▶ 경제용어

서킷 브레이커	① 주가가 급락할 경우 **투자자를 보호가 위해 주식거래를 일시정지시켜 시장을 진정시키는 제도**이다. ② 종합주가지수가 **전일 대비 10% 이상 하락한 상태가 1분간 지속될 경우 모든 주식거래를 20분간 정지시켜 시장을 진정시키는 제도**이다. ③ 모터 등 전자장치에 전기가 과도하게 흘러 온도가 올라가면 자동으로 회로를 끊어 화재나 손상을 방지하는 부품을 비유적으로 사용하였다.
사이드 카	선물가격이 **전일 종가 대비 5% 이상 상승 또는 하락해 1분간 지속되면 주식시장 프로그램 매매호가의 효력이 5분간 정지시키는 제도**이다.
콜 금리	금융기관끼리 남거나 모자라는 자금을 주고받을 때 적용되는 금리를 말한다.
공매도	주식을 빌려 비싸게 판 뒤 나중에 주가가 떨어지면 싸게 사서 되갚아 차익을 얻은 투자기법이다.

26. 학생운동 원인에 대한 견해이다. 설명이 바르지 않은 것은?   10.1 승진

① Richard Flack은 청년들이 심리적 요인과 특수사회의 사회적 요인의 이원적 요인 간에 상호 작용의 결과로 학생운동이 발생한다고 한다.

② Philip Slater는 학생운동의 원인을 새로운 문화적 가치와 기존의 문화적 가치 사이의 갈등에서 찾는다.

③ Lewis S. Feuer은 학생소요를 학생들의 아버지와 구세대의 권위에 대한 맹목적이고 무의식적인 Oedipus적 적개심의 표현이라 본다.

④ 학생운동의 원인에 대한 사회부적응이론을 주장한 대표적 학자는 Daniel Bell 등이 있다.

❖ 정답: ①

※ 해설: ▶ 학생운동에 대한 이론적 접근

오이디푸스적 반항이론 (Lewis S. Feuer)	① 학생운동을 학생들의 아버지와 구세대의 권위에 대한 **맹목적이고 무의식적인 오이디푸스(Oedipus)적 적개심의 표현**이라고 지적한다. ② 대부분의 시위학생은 폭력수단을 통하여 **시해(弑害)와 살부(殺父), 그리고 자살 등의 복합적 욕구를 표현**한다. ③ 금세기 특유의 대학생 시위를 설명하는데 있어 다른 이론보다 적합하지 못하다. ④ 아버지와의 관계가 원만함에도 학생운동에 적극적으로 참가하는 학생들의 경우를 설명하는 데 모순점을 가지고 있다.
다니엘 벨의 사회적 부적응이론 (Daniel Bell)	**학생들이 역사의 변화와 사회의 구조적 변화를 거부**하는 데에서 학생운동이 발생한다는 이론이다.
리차드 플랙스 (Richard Flacks)	중산층 가정에서 강조한 평등 · 정의 · 관용 등의 가치와 정부의 권위주의 등 **각종 부조리가 맞물려 가치관의 혼란 속에서** 학생운동이 발생한다고 주장하였다.
필립 슬래터 (Philip Slater)	**새로운 문화적 가치와 기존의 문화적 가치 사이에서 갈등을 느낄 때 학생운동이 발생**한다고 이론을 주장하였다.
카드 맨하임 (Kart Mannheim)	**청년들의 심리적인 요인과 특수사회의 사회적인 요인의 이원적 요인 간의 상호 작용의 결과 학생운동이 발생**한다고 주장하였다.

27. 다음은 학생운동의 원인을 논리적으로 분석한 오이디푸스(Oedipus)적 반항이론에 대한 설명이다. 옳지 않은 것은?   08.1 승진

① 아버지와의 관계가 원만할 경우에도 학생운동에 적극적으로 참가하는 학생들의 경우를 설명하는 데 적합한 이론이다.

② 학생소요를 아버지와 구세대의 권위에 대한 맹목적으로 무의식적인 적개심으로 표현했다.

③ 시위학생은 폭력수단을 통하여 시해(弑害)와 살부(殺父) 그리고 자살(自殺) 등 복합적 요구를 표현한다.

④ 오이디푸스 이론은 금세기 특유의 대학생 시위를 설명하는 데 있어 다른 이론보다 적합지 못하다.

❖ 정답: ①

※ 해설: Lewis S. Feuer의 오이디푸스(Oedipus)적 반항이론의 큰 약점 2가지는 첫째, 모든 청소년들이 다 가지고 있기 때문에 금세기, 특히 1960년대 이후 집중적으로 발생한 대학생 시위를 설명해 주는 데 적합하지 못하다는 점과 **아버지의 관계가 원만함에도 학생운동에 적극적으로 참가하는 학생들의 경우를 설명하는 데 모순점을 가지고 있다.**

28. 다음은 무엇을 설명한 것인가?   08.1 승진

> 이웃이나 사회에 피해가 가더라도 자신에게 손해가 되지 않는 일에는 무관심한 현상으로 철저한 개인주의에 바탕을 둔 사고이다. 예를 들면 도로나 그 밖의 공공장소에 쓰레기를 버리는 것은 상관하지 않지만, 자신의 집 앞에 버리는 것은 용납하지 못하는 것을 의미한다.

① 임피현상(Imfy Syndrome)
② 님비현상(Nimby Syndrome)
③ 바나나현상(Banana Syndrome)
④ 노비즘(Nobyism)

❖ **정답:** ④

❈ **해설:** ▶ **사회적 현상의 종류**

노비즘 **(Nobyism)**	**이웃이나 사회에 피해가 가더라도 자신에게 손해가 되지 않는 일에는 무관심**한 현상으로 철저한 개인주의에 바탕을 둔 사고이다. 예 도로나 그 밖의 공공장소에 쓰레기를 버리는 것은 않지만, 자신의 집 앞에 버리는 것은 용납하지 못하는 것
아노미 **(Anomie)**	**무규범, 무질서의 상태**를 말한다.
님비현상 **(NIMBY** **syndrome)**	**유해시설 설치를 기피하는 현상**을 말한다. 예 범죄자, 마약중독자, ADIS환자, 산업폐기물 등 각종 사회병폐를 수용하거나 처리할 혐오시설의 설치를 반대하는 것
바나나 **현상** **(BANANA** **syndrome)**	**유해시설 설치 자체를 반대하는 현상**을 말한다. 예 각종 환경오염 시설들을 자기가 사는 지역권 내에는 절대 설치하지 못한다는 지역 이기주의의 한 현상, 즉 공공정신의 약화 현상
임피현상 **(IMFY** **syndrome)**	**좋은 시설은 자기네 마을에 지어달라는 현상**을 말한다. 예 세수원 확보나 지역발전에 영향을 미치는 행정구역 조정, 미세권 확보, 정수장관리, 청사유치 등을 위해 적극적으로 활동하는 것

29. 미국의 사회학자 스멜저(N. J Smelser)가 파악한 집합행동의 가치부과과정에서 '폭탄의 뇌관'과 가장 관계가 깊은 것은?   10.1 승진

① 구조적 유인성
② 일반화된 신념의 성장과 확대
③ 참가자의 동원
④ 촉발요인

❖ **정답:** ④

❈ **해설:** ▶ **스멜저의 부가가치 접근이론**

구조적 **유발성**	집합행동은 **어떤 사회 · 구조적 문화적 선행요건 전제**되지 않으면 발생하기 어렵다. 예 미국에서의 인종폭동과 같은 집행행동은 흑백 간의 인종적 차별이 전제되지 않았다면 발생하지 않았을 것
구조적 **긴장**	사회적 환경 속에서의 **상대적 박탈감, 인종차별, 빈곤 등으로 구성원은 긴장상태**에 들어가게 된다.

신념화된 가치체계	긴장의 원인을 찾아 문제를 해결하려고하는 공감대가 형성된다. 예 빈곤으로 인한 긴장을 경우 부유층을 공격하면 될 것이라는 등의 신념체계가 구성원들 사이에 형성된다는 것
촉발요인	① **앞의 신념화된 가치가 집합행동이 될 수 있도록 하는 요인**을 말한다. ② 미국의 사회학자 스멜저가 파악한 집합행동의 가치부과과정에서 **"폭탄의 뇌관"과 가장 관계가 깊다.** 예 1991년 미국 LA시 왓쯔 지역의 흑인폭동의 경우 음주운전을 한 흑인청년(로드니 킹) 4명을 백인 경찰이 체포하면서 시작되었다. 이웃 주민과 부모형제가 이를 항의하고 말리다가 폭동으로 번진 사건이다.
행동을 위한 참여자의 동원	사회적 조건이 모두 갖추어진다 해도 참여자가 없이는 폭동과 같은 집합행동이 이루어질 수 없으며, **사람들을 동원하기 위해서는 커뮤니케이션과 리더십이 필요**하다.
사회통제 기제로서 작용	**사회통제기제의 작용이 효율적일 경우 집합행동은 억제**되나 그렇지 못한 경우에는 집합적 행동을 더욱 촉진시킬 수 있다.

30. 스멜저(N. J Smelser)의 부가가치접근이론에 의할 때 다음은 무엇을 설명한 것인가?　　08.1 승진

1965년 미국 LA시 왓쯔 지역의 흑인폭동의 경우 음주운전을 한 흑인청년을 백인경찰이 체포하면서 폭행하는 것을 이웃주민과 부모형제가 항의하고 말리다가 폭동으로 번진 것이다.

① 구조적 긴장　　　　　　　　　　② 신념화된 가치체계
③ 촉발요인　　　　　　　　　　　　④ 구조적 유발성

✂ **정답:** ③
※ **해설:** 촉발요인과 관련된 사례이다.

31. 군중의 특성으로 가장 옳지 않은 것은?　　10.1 승진
① 익명성　　　　　　　　　　　　　② 비개인성
③ 조직성　　　　　　　　　　　　　④ 피암시성

✂ **정답:** ③
※ **해설:** ▶ 군중의 특성

익명성	군중 속에서 행동할 때 개인은 군중의 단순한 일원으로서 행동하며 **이름이 밝혀지거나 신분이 노출되지 않으므로 쉽게 과격행동을 하게 되며, 자신의 행동에 책임성을 느끼지 않게 된다.**
비개인성	군중 속에서의 개인이 집단행동을 할 때에는 **어느 특정 개인을 공격하거나 지지하는 것이 아니다.**
피암시성	군중 속에서 조직적인 사고를 가진 지도자가 존재하지 않으며 **단지 군중 속의 누군가의 암시에 쉽게 동조하여 즉흥적인 행동을 하게 된다는 것이다.**

32. 다음에는 설명하는 군중은 어디에 속하는가?   08.1 승진

㉠ 교통사고 현장 주변에 모인 군중   ㉡ 약장수를 구경하는 군중

① 우발적 군중   ② 인습적 군중   ③ 능동적 군중   ④ 수동적 군중

⁝ 정답: ①
▒ **해설:** ▶ **군중의 종류**

우연적 군중	사람들이 **일시적으로 특정한 개인이나 사건에 대한 관심** 때문에 모여든 군중 ⑲ 교통사고 주위에 모여서 사고현장을 지켜보는 군중, 길거리 약장수의 현란한 말솜씨를 구경하는 군중
인습적 군중	**특정한 목적을 위하여** 한 자리에 모인 군중 ⑲ 동일한 목적지로 가기 위해 탑승한 비행기의 승객이라든가, 음악회에 모인 청중, 운동경기시합을 구경하기 위하여 모인 군중
능동적 군중	어떤 쟁점을 이루는 **사건에 관심을 가지고 자발적**으로 집합한 사람들 ⑲ 운동경기장의 관중이 심판의 판정에 불만을 품고 패싸움을 벌이는 군중

33. 행동주의에 대한 설명으로 틀린 것은?   09.2 경간부

㉠ 대표적인 학자는 Roger Hilsman이다. ㉡ 정보생산자는 정보사용자에게 의미가 있는 사안들에 정보역량을 동원해야 한다. ㉢ 고위정책결정자들은 고위정보관에게 자문을 구할 수 있어야 한다. ㉣ 정보는 정책에 의존하여 존재하지만 정책은 정보의 지지 없이도 존재할 수 있는 것이다. ㉤ 정보와 정책 간에 환류체제가 필요하다.

① 1개   ② 2개   ③ 3개   ④ 4개

⁝ 정답: ②
▒ **해설:** ▶ **행동주의**

주장	Roger Hilsman
의의	**정보와 정책이 공생관계에 있기 때문에 상호 간에 밀접히 연결**되어야 한다는 입장이다.
특징	① 정보생산자는 **정책과정에 대해 연구하고 이해**해야 한다. ② 정보생산자는 **정보사용자에게 의미가 있는 사안들에 정보역량을 동원**해야 한다. ③ **정보와 정책 간에 환류체제가 필요**하다.

☞ ㉢㉣은 **전통주의 내용**이다.

34. 정책과 정보의 관계에 대한 설명 중 옳지 않은 것은?   09.1 승진
① 행동주의의 대표적 학자 – Roger Hilsman이다.
② 행동주의 – 정보생산자는 정책과정에 대해 연구하고 이해해야 한다.
③ 전통주의 – 정보생산자는 정보의 제공과 정보의 조작을 구분해야 한다.
④ CIA – 1982년 전통주의를 채택하게 된다.

⁝ 정답: ④
▒ **해설:** CIA가 창설되던 시기에는 전통주의들의 시각이 팽배했었기 때문에 **1947년에서 1955년까지 CIA는 전통주의적인 시각을 추구하였으나, 1982년 CIA는 행동주의를 채택**하게 되었다.

35. 정보와 정책에 대한 일정수준의 분리 필요성을 강조하는 입장에 대한 설명은?   10.1 승진

> ㉠ 대표적인 학자는 Mark M. Lowenthal이다.
> ㉡ 정보는 정책에 의존하여 존재하지만, 정책은 정보의 지지 없이도 존재할 수 있는 것이다.
> ㉢ 고위정책결정자들은 고위정보관에게 자문을 구할 수 있어야 한다.
> ㉣ 정보생산자는 정보사용자에게 의미가 있는 사안들에 정보역량을 동원해야 한다.
> ㉤ 정보생산자는 정보의 제공과 정보의 조작을 구분해야 한다.

① 2개   ② 3개   ③ 4개   ④ 5개

❖ **정답:** ③
❄ **해설:** 전통주의(㉠㉡㉢㉤), 행동주의(㉣)

36. 정보와 정책의 관계에 대한 설명 중 '전통주의'의 입장으로 가장 옳지 않은 것은?   10.1·승진
① 정보와 정책 간에 환류체제가 필요하다.
② 정보는 정보사용자의 자료나 분석의 요구에만 부응해야 한다.
③ 정보와 정책 간의 일정 수준의 분리 필요성을 강조한 입장이다.
④ 고위 정책결정자들은 고위 정보관에게 자문을 구할 수 있어야 한다.

❖ **정답:** ①
❄ **해설:** ▶ 전통주의

주장	Mark M. Lowenthal
의의	**정보와 정책에 대한 일정수준의 분리의 필요성을 강조**한 입장이다.
특징	① 전통주의를 따를 경우 **현용정보에 정보역량을 집중**하는 결과를 낳았다. ② **정보는 정책에 의존하여 존재**하지만, **정책은 정보의 지지 없이도 존재**할 수 있는 것이다. ③ 정보생산자는 **정보의 제공과 정보의 조작을 구분**해야 한다. ④ 고위정책결정자들은 **고위정보관에게 자문**을 구할 수 있어야 한다. ⑤ 정보가 정책결정에 조언을 주는 방향으로만 분리적으로 가능해야 한다.

제2절 정보경찰의 의의

1. 다음은 정보경찰에 대한 설명이다. 틀린 것은?   03.1 승진
① 정보경찰은 정치, 경제, 사회, 문화 등의 정보를 수집, 분석, 작성, 배포하는 활동을 한다.
② 경찰법 제3조에는 치안정보의 수집을 경찰의 임무를 명백히 규정하고 있다.
③ 일본의 경우에는 경찰법 제2조에 치안정보수집을 경찰의 책무범위에 구체적으로 명시하고 있지 않다.
④ 정보경찰활동은 사전적 수단으로는 효과적이나, 사후적 수단으로는 효과적이지 못하다.

⅄ 정답: ④
※ **해설:** 정보경찰의 활동이란 **진압 또는 검거를 위한 사후수단으로서의 정보활동이다.**

2. 다음 중 정보경찰이 가져야 할 마음가짐으로 바르지 못한 것은?   03.1 승진
① 뚜렷한 목적의식을 가지고 정부를 수집한다
② 명예나 돈에 대해서 초연하고 묵묵히 일하는 자세를 가져야 한다.
③ 여러 사람에게 자기의 견해 및 주의·주장을 분명히 전달할 수 있도록 노력해야 한다.
④ '정보는 발로 써야 한다.'는 말처럼 가능한 현장에 직접 나가 보고, 듣고, 느껴야 한다.

⅄ 정답: ③
※ **해설:** ▶ **정보요원의 마음가짐**

> ① 정보는 공익을 위한 것이므로 **객관적 자세**를 가져야 한다.
> ② 의사결정자에 도움이 될 수 있도록 **목적의식**을 가져야 한다.
> ③ 정보는 국가의 거울이라는 **사명감**을 가져야 한다.
> ④ 오관을 총동원하고 **정보마인드**를 가져야 한다.

3. 정보경찰활동의 특색에 대한 설명으로 타당하지 않은 것은?   02.11 순경
① 정보활동은 각종 경찰활동의 기초가 된다.
② 정보활동의 법적 성격은 사실행위에 속한다.
③ 정보활동은 강제수단에 의한 권력적 작용이다.
④ 정보활동의 대상은 경비, 범죄, 외사 등 광범위하다.

⅄ 정답: ③
※ **해설:** ▶ **정보경찰활동의 일반적 특색**

기초 활동성	보안정보, 외사정보, 범죄정보, 경비정보 등의 정보수집활동은 **각종 경찰활동의 기초가 되 는 활동**이다.
사실 행위성	① 정보수집활동의 법적 성질은 **사실행위**이다. ② 국민의 권리 또는 이익에 직접적·구체적으로 변동을 초래하는 행정처분과는 달리 **정 보경찰활동 그 자체는 취소소송 등 항고소송의 대상이 될 여지가 없다.**

비권력성	① 정보경찰활동은 임의수단에 의한 **비권력적 작용**이다. ② 정보활동은 **구체적 수권(개별적 법적근거)없이 직무에 관한 일반조항(경찰법, 경찰관직무집행법)만으로도 활동이 가능**하다.
광범위성	① 경찰정보활동은 모든 경찰활동을 위한 기초적인 활동이므로, 대상면에서나 **사태 또는 범죄의 전후 여부 등의 제한이 없이 그 범위가 광범위**하다. ② 치안정보에는 경비, 수사, 보안, 외사정보는 물론 교통에 관련된 정보 등 널리 경찰의 기본적 임무를 수행하는 데 필요한 정보가 모두 포함된다.

4. 정보과에 근무하는 甲형사가 정보활동을 하면서 활동의 한계기준으로 삼고 있는 내용 중 옳지 않은 것은?
08.3 순경

① 개인의 인격이 적극적으로 침해되는 활동을 해서는 안 된다.
② 정보활동에 대한 명확한 개별적 근거규정이 필요하다.
③ 법령에 근거가 있는 동향파악은 정당하다.
④ 정보활동을 수행할 때에는 현장상황 등을 고려하여 가장 상당하고 타당한 방법을 찾아야 한다.

❖ **정답:** ②
❈ **해설:** 경찰의 정보활동은 **비권력적인 사실행위이므로 개별적 수권조항 이 조직법적 임무 규범만으로도 활동이 가능**하다.

5. 경찰 정보활동은 임의수단이면서 사실행위에 속하지만 그 활동이 광범위하여 활동에 일정한 한계가 있다. 다음 중 정보활동의 한계를 결정하는 기준으로 보기 힘든 것은?
02.1 승진, 04.1 승진

① 필요성   ② 타당성
③ 긴급성   ④ 상당성

❖ **정답:** ③
❈ **해설:** ▶ **조리상 한계의 3요소**

필요성	정보활동이 **경찰활동의 목적달성을 위해 어느 정도 필요한가를 고려**하여 행하여야 한다.
상당성	정보활동의 **수단이 목적을 필요성과 관련하여 상당한 것인지를 고려**하여 행하여야 한다.
타당성	정보활동의 **수단이 사회적으로 보아 타당한가를 고려**하여 행하여야 한다.

6. 정보경찰과 관련한 것으로 틀린 것은?
07.9 순경

> ㉠ 정보가 정보사용자의 사용목적과 관련된 것이어야 한다는 것은 정보가치의 평가요소 중에서 '적실성'에 대한 기술이다.
> ㉡ 정보배포시기의 결정기준이 되는 원칙은 '적시성'에 대한 기술이다.
> ㉢ 동일한 정보는 사용자가 상이하더라도 동일한 가치를 발휘하는 특징이 있다.
> ㉣ 정보경찰의 제1차 목적은 국민의 신체, 재산보호이다.
> ㉤ 정보활동에 대한 명확한 개별적 근거규정이 필요하다.
> ㉥ 정보경찰의 임무 및 특성상 침해성 범죄를 주로 대상으로 하기 마련이다.

① 2개   ② 3개   ③ 4개   ④ 5개

⁑ 정답: ③
※ 해설:
ⓒ 동일한 정보는 **사용자가 상이하면 가치가 다르다.**
ⓔ 정보경찰의 제1차 목적은 **국가의 안전보장**이다.
ⓜ 정보활동은 임의수단이면서 사실행위이므로 적용법적인 **임무규정만으로도 활동이 가능하다.**
ⓗ 정보경찰은 범죄가 발생하기 전의 그 원인을 대상으로 하는 주로 **위태성 범죄를 대상으로 한다.**

7. 우리나라 정보공개에 대한 다음 설명 중 타당하지 않은 것은?   07.1 승진
① 정보공개를 청구한 날로부터 10일 이내에 공공기관이 공개 여부를 결정하지 아니한 때에는 비공개의 결정이 있는 것으로 본다.
② 공공기관은 정보공개의 청구를 받은 날로부터 10일 이내 공개 여부를 결정하여야 한다.
③ 정보공개심의회는 위원장 1인을 포함하여 5인 내지 7인으로 구성한다.
④ 공공기관은 이의신청을 받은 날로부터 7일 이내에 그 이의신청에 대하여 결정하고 그 결과를 청구인에게 문서로 통지하여야 한다.

⁑ 정답: ①
※ 해설: 정보공개를 **청구한 날부터 20일 이내**에 공공기관이 공개여부를 결정하지 아니한 때에는 **비공개의 결정이 있는 것**으로 본다.

8. 다음 중 경찰의 행정정보 중 공개하지 않아도 될 정보에 속하지 않는 것은?   01.4 순경
① 경찰서장의 판공비 내역
② 공개될 경우 국가의 중대한 이익을 해할 우려가 있다고 인정된 정보
③ 주민등록번호 등에 의해 특정인을 식별할 수 있는 개인정보
④ 범죄의 예방과 관련된 정보로서 공개 시 직무수행에 심각한 장애를 가져올 수 있는 정보

⁑ 정답: ①
※ 해설: ▶ 비공개대상 정보

① 공공기관이 보유·관리하는 정보는 공개대상이 된다. 다만, **아래에 해당하는 정보에 대하여는 이를 공개하지 아니할 수 있다.**
　㉠ 다른 법률 또는 법률이 위임한 명령(국회규칙·대법원규칙·헌법재판소규칙·중앙선거관리위원회규칙·대통령령 및 조례에 한함)에 의하여 비밀 또는 비공개 사항으로 규정된 정보
　㉡ **국가안전보장·국방·통일·외교관계 등에 관한 사항으로서 공개될 경우 국가의 중대한 이익을 현저히 해할 우려가 있다고 인정되는 정보**
　㉢ **공개될 경우 국민의 생명·신체 및 재산의 보호에 현저한 지장을 초래할 우려가 있다고 인정되는 정보**
　㉣ **진행 중인 재판에 관련된 정보와 범죄의 예방, 수사, 공소의 제기 및 유지, 형의 집행, 교정, 보안처분에 관한 사항**으로서 공개될 경우 그 직무수행을 현저히 곤란하게 하거나 형사 피고인의 공정한 재판을 받을 권리를 침해한다고 인정할 만한 상당한 이유가 있는 정보
　㉤ 감사·감독·검사·시험·규제·입찰계약·기술개발·인사관리·의사결정과정 또는 내부검토과정에 있는 사항 등으로서 공개될 경우 업무의 공정한 수행이나 연구·개발에 현저한 지장을 초래한다고 인정할 만한 상당한 이유가 있는 정보
　㉥ 당해 정보에 포함되어 있는 이름·주민등록번호 등 개인에 관한 사항으로서 공개될 경우 **개인의 사생활의 비밀 또는 자유를 침해할 우려가 있다고 인정되는 정보.**
　㉦ 법인·단체 또는 개인의 경영·영업상 비밀에 관한 사항으로서 공개될 경우 법인 등의 정당한 이익을 현저히 해할 우려가 있다고 인정되는 정보. 다만, 다음에 열거한 정보를 제외한다.
　　a. 사업활동에 의하여 발생하는 위해로부터 사람의 생명·신체 또는 건강을 보호하기 위하여 공개할 필요가 있는 정보
　　b. 위법·부당한 사업활동으로부터 국민의 재산 또는 생활을 보호하기 위하여 공개할 필요가 있는 정보
　◎ 공개될 경우 부동산 투기·매점매석 등으로 특정인에게 이익 또는 불이익을 줄 우려가 있다고 인정되는 정보

9. 프라이버시권에 관한 다음 설명 중 잘못된 것은?   08.1 승진

① 프라이버시라는 개념은 심리적 측면에서 자아영역의 불가침성이라는 의미를 포함하고 있지 않다.
② 정보경찰은 자의적인 첩보수집이나 부당하고 불필요한 정보활동으로 프라이버시를 침해하지 않도록 배려해야 한다.
③ 정보화 사회가 진행되면서 프라이버시 문제는 점차 증가되고 있다.
④ 알권리와 프라이버시권이 경합되는 경우에 어느 것이 우선할 것인가에 대해서 논란이 많다.

정답: ①

※ 해설: 프라이버시의 개념은 심리적 측면에서 **자아영역의 불가침성이라는 의미를 포함하고 있다.**

10. 프라이버시의 정의에 대한 학자들과 그들의 견해들이 가장 맞게 연결된 것은?   10.3 순경

㉠ Alan F. Westin	㉡ Samuel Warren and Louise Brandeis
㉢ Ruth Gavison	㉣ Edward Bluoustine

ⓐ 개인의 혼자 있을 권리
ⓑ 개인, 그룹 또는 조직이 자기에 관한 정보를 언제, 어떻게 또는 어느 정도 타인에게 전할까 하는 것을 스스로 결정할 수 있는 권리
ⓒ 인간의 인격권적 법익이므로 인격의 침해, 개인의 자주성, 존엄과 완전성을 보호하는 것
ⓓ 비밀(secrecy), 익명성(anonymit), 고독(solitude)을 가지며, 그것이 자신의 선택에 의해서 또는 타인의 행동에 의해서 상실할 수 있는 상태

① ㉠ - ⓐ ㉡ - ⓑ ㉢ - ⓒ ㉣ - ⓓ   ② ㉠ - ⓑ ㉡ - ⓐ ㉢ - ⓒ ㉣ - ⓓ
③ ㉠ - ⓑ ㉡ - ⓐ ㉢ - ⓓ ㉣ - ⓒ   ④ ㉠ - ⓐ ㉡ - ⓑ ㉢ - ⓓ ㉣ - ⓒ

정답: ③

※ 해설: ▶ 학자

사무엘 웨런과 루이스 브렌데이스 (Samuel Warren and Louise Brandeis)	프라이버시란 **개인의 혼자 있을 권리로 이해**하여 민주주의에서 가장 중요한 자유로서 헌법에 반영되어야 한다.
알랜 에프 웨스턴 (Alan F. Westin)	프라이버시는 **개인, 그룹 또는 조직**이 자기에 관한 정보를 언제, 어떻게 또는 어느 정도 타인에게 전할까 하는 것을 **스스로 결정할 수 있는 권리**이다.
에드워드 블라우스턴 (Edward Bloustine)	프라이버시는 **인간의 인격권의 법익**이므로 인격의 침해, **개인의 자주성, 존엄과 완전성을 보호**하는 것이다.
루쓰 가비슨 (Ruth Gavison)	프라이버시의 3가지 요소로서 **비밀, 익명성, 고독**을 갖으며, 그것이 자신의 선택에 의해서 또는 **타인의 행위에 의해서 상실할 수 있는 상태**를 말한다.

11. 프라이버시의 개념을 '개인, 그룹 또는 조직이 자기에 관한 정보를 언제, 어떻게 또는 어느 정도 타인에게 전할까 하는 것으로 스스로 결정할 수 있는 권리'라고 정의한 학자는?

① Samuel Warren and Louise Brandeis   ② Alan F. Westin
③ Edward Bloustin   ④ Ruth Gavison

정답: ②

※ 해설: **알랜 에프 웨스턴**(Alan F. Westin)은 프라이버시는 **개인, 그룹 또는 조직**이 자기에 관한 정보를 언제, 어떻게 또는 어느 정도 타인에게 전할까 하는 것을 **스스로 결정할 수 있는 권리**라고 하였다.

12. 프라이버시의 3가지 요소로서 비밀(secrecy), 익명성(anonymit), 고독(solitude)을 가지며, 그것이 자신의 선택에 의해서 또는 타인의 행동에 의해서 상실할 수 있는 상태를 말한다고 주장한 학자는?   07.10 순경

① Edward Bluoustine(에드워드 블라우스틴)

② Ruth Gavison(루쓰 가비슨)

③ Alan F. Westin(알랜 에프웨스턴)

④ Samuel Warren and Louise Brandeis(사무엘 웨런과 루이스 브렌데이스)

┇ 정답: ②

▩ **해설: 루쓰 가비슨**(Ruth Gavison)은 프라이버시의 3가지 요소로서 **비밀, 익명성, 고독**을 가지며, 그것이 자신의 선택에 의해서 또는 **타인의 행위에 의해서 상실할 수 있는 상태**를 말한다.

13. W. L. Prosser 프라이버시 침해유형 중 다음은 무엇을 말하는가?   10.2 경간부

> ㉠ 특정인에 대한 행위 또는 허구사실을 발표하고, 타인사건의 무단사용 및 무단전재 등을 자행하여 일반인의 눈에 해당인이 진실과 다르게 보이도록 하여 해당 개인에게 정신적인 고통을 주는 행위를 말한디.
> ㉡ 특정인의 사건을 현상수배자 리스트에 넣는 행위가 그 예이다.
> ㉢ 형법상 명예훼손죄와 관련이 있다.

① 사적인 일에의 침입   ② 사적인 사실의 공개
③ 사생활에 관한 판단의 오도   ④ 사적인 일의 영리적 이용

┇ 정답: ③

▩ **해설: ▶ W. L. Prosser 프라이버시 침해유형**

사적인 일에의 침입	① **개인의 일상적이고 정상적인 사생활을 침해하여 불안이나 불쾌감 등을 유발하는 행위**를 말한다. ② 개인정보취득 수단이 비정상적이고 불법적이면 목적에 관계없이 사생활 침해가 되며, **개인뿐만 아니라 공권력에 의해서도 일어날 수 있다.** 예 개인이나 공권력에 의한 **타인의 전화내용을 도청하거나 은행계좌의 불법추적 등**
사적인 사실의 공개	① **공개를 원하지 않는 사적인 사실을 일반에게 공개하는 행위**를 말한다. ② 특정 개인의 범죄경력 사실을 언론에 공개하여 현재의 정상적인 사생활을 침해이며, **주로 신문, 잡지, 방송 등의 대중매체의 의해서 이루어진다.** 예 **타인의 범죄경력 사실이나 기형적인 신체 상태를 공개하는 행위**
사생활에 관한 판단의 오도	① 사생활의 내용을 공개하거나 간섭하는 행위 이상으로 **내용의 본질을 왜곡시켜 대중의 판단을 그릇되게 하여 해당 개인의 신상에 침해를 주는 행위**를 말한다. ② 일반인의 눈에 해당인이 진실과 다르게 보이도록 하여 해당 개인에게 정신적인 고통을 주는 행위를 말하며, **형법상 명예훼손의 행위가 될 수도 있다.** 예 **특정인의 사건을 현상수배자 리스트에 넣는 행위**
사적인 일의 영리적 이용	① 특정 개인의 이익을 침해하여 경제상의 이익을 취하는 행위로서 **특정인의 성명, 사진, 경력을 영업적 이득의 확보를 위해 이용하는 행위**를 말한다. ② 프라이버시의 침해에 대하여 추구하는 보호법익은 **정신적 이익의 보호뿐만 아니라 경제적 이익의 보호까지도 포함**한다.

14. W. L. Prosser 프라이버시 침해유형과 그 예로 틀린 것은?　　　　08.7 순경

① 사적인 일의 침입 – 도청, 타인의 은행계좌의 불법추적

② 사적인 사실의 공개 – 타인의 범죄 경력사실, 기형적 신체상태 공개

③ 사생활의 관한 판단의 오도 – 특정인의 사진을 현상수배자 리스트에 넣은 행위

④ 사적인 일의 영리적 이용 – 내용의 본질을 왜곡시켜 대중의 판단을 그릇되게 하여 해당 개인의 신상에
　　침해를 주는 행위

▶ 정답: ④

※ 해설: 사생활의 관한 판단의 오도 – 내용의 본질을 왜곡시켜 대중의 판단을 그릇되게 하여 해당
　　개인의 신상에 침해를 주는 행위

15. 프라이버시의 개념에 대한 설명 중 틀린 것은?　　　　10.1 승진

① 정보기관이 법적 근거 없이 비밀리에 수집·관리하는 개인정보에 따른 손해는 그 정보가 공개되지 않더
　　라도 발생한다는 것이 판례의 태도이다.

② Edward Bluoustine(에드워드 블라우스틴)은 프라이버시란 인간인격권의 법익이므로 인격의 침해, 개인의
　　자주성, 존엄과 완전성을 보호하는 것이라고 하였다.

③ Ruth Gavison(루쓰 가비슨)은 프라이버시의 3가지 요소로 비밀, 익명성, 고독을 가지며, 그것이 자신의
　　선택에 의해서 또는 타인의 행위에 의해 상실할 수 있는 상태를 말한다고 정의하였다.

④ 특정인의 사진을 현상수배자 리스트에 넣는 행위 등은 W. L. Prosser의 프라이버시 침해유형 중 사적인
　　사실의 공개에 해당한다.

▶ 정답: ④

※ 해설: 특정인의 사진을 현상수배자 리스트에 넣는 행위 등은 W. L. Prosser의 프라이버시 침해유
　　형 중 **사생활에 대한 판단의 오도**에 해당한다.

16. 정보기관에 대한 통제 필요성에 관한 설명으로 부적절한 것은?　　　　08.1 승진

① 정보의 독점성, 은밀성으로 인해 민주적 통제가 필요하다.

② 지휘·감독체계의 집중성으로 인해 권력자의 정보기관에 대한 자의적 운용이 우려된다.

③ 정보기관 입장에서는 통제에 따른 정보활동 위축 등 부정적인 측면만이 있다.

④ 국민세금으로 운용되는 만큼 당연히 예산감시와 그에 따른 책임을 져야 한다.

▶ 정답: ③

※ 해설: ▶ 정보경찰에 대한 통제의 필요성

① 지휘·감독의 집중으로 인해 **권력자의 정보기관에 대한 자의적인 운용이 우려**된다.

② 정보의 **독점성 및 은밀성으로 인해 민주적 통제가 절실히 요구**된다.

③ 국민세금으로 운용되는 만큼 당연히 **예산감시와 그에 따른 책임**을 져야 한다.

　☞ 정보기관 입장에서도 정보기관에 대한 통제가 활동범위에 대한 일정한 기준이 될 수 있고, 책임소
　　재를 분명히 함으로써 조직 스스로를 보호할 수 있게 한다.

17. 정보기관에 대한 통제유형을 잘못 연결한 것은?   08.1 승진

① 대통령 – 인사권 및 조직개편 권한

② 언론 – 엑세스권

③ 의회 – 입법권행사 및 정보위원회 운영

④ 정보공개제도 – 공공기관의 정보공개에 관한 법률

❀ **정답:** ②

❀ **해설: ▶ 각종 통제의 유형**

대통령	인사권 및 조직개편 권한
의회	입법권행사 및 정보위원회 운영
정보공개제도	공공기관의 정보공개에 관한 법률

☞ **엑세스(Access)**는 반론권으로 정보기관 통제와는 관계없다.

제3절 | 정보의 순환

1. 다음 중 정보의 순환과정을 바르게 기술한 것은?   01.1 승진

① 정보의 요구 → 첩보의 수집 → 정보의 생산 → 정보의 배포
② 정보의 요구 → 정보의 수집 → 정보의 생산 → 정보의 배포
③ 첩보의 요구 → 첩보의 수집 → 정보의 생산 → 정보의 배포
④ 첩보의 요구 → 정보의 수집 → 정보의 생산 → 정보의 배포

❖ **정답:** ①
❊ **해설:** ▶ 정보의 순환과정

> ① 정보요구단계 → ② 첩보수집단계 → ③ 정보생산단계 → ④ 정보배포단계

2. 정보요구자는 첩보수집활동에 대한 지속적인 조정·감독을 해야 하는 그 이유로 타당한 것은?
08.1 승진

① 수집기관의 활동이 지시된 첩보사항의 요구방향에서 일탈하는 것을 방지
② 첩보의 출처를 개척하고 입수하는데 필요한 자료제공
③ 수집된 첩보의 기록 및 보관의 편의를 도모
④ 첩보에 대한 보안유지 및 사후평가가 용이

❖ **정답:** ①
❊ **해설:** 정보요구자가 아무리 수집계획서를 논리적으로 작성하고, 적절하게 지시하였다 해도 **수집기 관이 정보요구자가 요청한 첩보사항을 완전히 이해하여 효과적인 수집활동을 할 수 있다고 는 볼 수 없으므로 지속적으로 검토하고 지시해 줄 필요**가 있다.

3. 정보의 요구 방법 중 SRI에 대한 설명으로 틀린 것은?   07.3 순경

① 단편적, 지역적인 특수 사건을 단기에 해결하기 위하여 필요한 경우 요구되는 방법이다.
② 특별한 사전 수집계획서가 필요하다.
③ 일상적으로 경찰업무에서 활용되는 정보요구는 SRI에 의해 이루어진다.
④ 댐을 건설하는 문제와 관련하여 이에 반대하는 환경단체의 현장을 파악하여 보고하라는 정보요구가 이에 해당한다.

❖ **정답:** ②

※ **해설:** ▶ **특별요구정보(SRI)**

의의	SRI란 특정지역의 **특별한 돌발상황**에 대한 **단기적 해결**을 위하여 필요한 범위 내에서 **임시적이고 단편적인 첩보를 요구**하는 것을 말하며, 일상적 경찰업무에서 활용되는 정보요구는 주로 SRI에 의해 이루어지고 있다.
특징	① **특수 지역적 문제 해결에 필요한 정보요구이며, 특정 주제에 대하여 구체적 개별적으로 요구**한다. ② **수시적 돌발상황의 해결에 필요한 정보요구이며, 수시로 단편적 사항에 대하여 명령되는 것이 원칙**이다. ③ **사전 수집계획서는 불필요**하다. ④ 첩보수집지침은 **사안과 대상에 따라 상이하며 비교적 구체성 · 전문성이 요구**된다. ⑤ **서면과 구두 모두 가능**하지만 구두 요구가 많다. ⑥ 가장 적합하고 실용적인 요구이다. 　　예 댐을 건설하는 문제와 관련하여 서울지방경찰청은 종로 경찰서장에게 댐 건설에 반대하는 환경단체의 현황을 파악하여 보고하라고 하는 정보요구를 하달하였다.

4. 정보요구의 방법 중 일상적으로 경찰업무에서 활용되는 정보요구는 주로 무엇에 의해 이루어지는가?

03.1 승진

① EEI　　　　　　② SRI　　　　　　③ PNIO　　　　　　④ OIR

⁑ **정답:** ②

※ **해설:** 통상 첩보수집계획서라 하면 **EEI계획서를 의미**한다. 다만 일상적으로 경찰업무에서 활용되는 정보요구는 주로 SRI에 의해 이루어지고 있다.

5. 댐을 건설하는 문제와 관련하여 지방경찰청장으로부터 그 경찰서장에게 댐건설에 반대하는 환경 단체의 현황을 파악하여 보고하라고 하는 정보요구가 하달되었다면 이런 정보요구는?　　　01.6 순경

① SRI　　　　　　② EEI　　　　　　③ PNIO　　　　　　④ OIR

⁑ **정답:** ①

※ **해설:** SRI는 어떤 수시적 돌발상황의 해결에 필요한 한도 내에서 임시적 · 단편적이고 특수 지역적인 첩보요구이다.

6. EEI(첩보기본요소)에 대한 설명으로 틀린 것은?　　　10.1 승진

① 우선적으로 필요로 하는 가장 기본적인 사항으로 첩보수집계획서의 핵심이다.

② 전체적인 의미를 가진 일반적인 내용으로 계속적, 반복적으로 수집할 사항이다.

③ 사전에 반드시 첩부수집계획서를 작성한다.

④ 요구형식은 통상 구두로 하는 경우가 많다.

⁑ **정답:** ④

❈ 해설: ▶ 첩보기본요소(EEI)

의의	EEI는 일반적·포괄적 의미를 지니고 있으며, **계속적·반복적으로 수집하여야 할 필요가 있는 경우에 사전 계획서에 의하여 첩보의 수집이 명령되는 것**을 말한다.
특징	① **첩보의 기본요소**(첩보수집요구의 기본적 지침)이다. ② **첩보수집계획서의 핵심**이며, 국가지도자 또는 정책수립자 임무를 효과적으로 수행하기 위하여 **우선적으로 필요로 하는 정보요구사항**이다. ③ 전체적인 의미를 가진 일반적인 내용으로 **계속적·반복적으로 수립할 사항**이다. ④ **광범위한 지역에 걸쳐 수집**되어야 할 요구사항이다. ⑤ **사전에 반드시 첩보수집요구계획서를 작성**한다. ⑥ 요구형식은 **통상 서면**으로 하는 경우가 많다. ⑦ **대부분 통계표와 같이 공개적**인 것이다.

7. EEI에 관한 설명 중 타당하지 않은 것은?   07.1 승진

① 통상 첩보수집계획서는 EEI계획서라고도 할 수 있다.

② 계속적이고 반복적으로 수집할 필요가 있는 사항이다.

③ 특정지역의 특별한 돌발상황에 대한 단기적 해결을 위하여 필요한 범위 내에서 임시적이고, 단편적인 첩보를 요구하는 것이다.

④ 국가지도자 또는 정책수립자가 임무를 효과적으로 수행하기 위하여 우선적으로 필요로 하는 정보요구사항은 정보수집계획서의 핵심을 이루는 기준이다.

⬥ **정답:** ③

❈ **해설: 특별요구정보(SRI)**에 대한 설명이다.

8. 정보요구 방법 중 SRI에 대한 설명으로 틀린 것은?   09.2 경간부

① 돌발상황에 대한 단편적 해결을 위해 요구된다.

② 첩보수집지침은 대상에 따라 비교적 구체성과 전문성이 요구된다.

③ 대부분 통계표와 같이 공개적인 것이 많다.

④ 사전수집계획서는 필요하지 않고, 구두에 의한 경우가 많다.

⬥ **정답:** ③

❈ **해설: 첩보기본요소(EEI)**에 대한 설명이다.

9. 첩보기본요소(EEI)와 특별첩보요구(SRI)의 차이점을 기술한 것이다. 해당하지 않는 것은?

01.11 순경, 98.1 승진

① S.R.I는 사전에 첩보수집계획서가 필요하다.

② E.E.I는 일정기간 계속하여 수집한다.

③ S.R.I는 한시적, 단편적이다.

④ E.E.I는 첩보수집활동의 기본지침이 된다.

☙ 정답: ①

※ 해설: SRI(특별첩보요구)는 사전에 첩보수집계획서가 필요하지 않으며, 사전에 첩보수집계획서를
작성해야 하는 것은 EEI(첩보기본요소)이다.

10. 다음 설명에 해당하는 정보요구의 방법은?   05.3 순경

> 경찰청에서는 국민연금제도 실시에 대한 국민 여론이 악화되자 정책 수정을 위한 자료를 제공하고자
> 국민여론 및 연금 납부실적 등에 대한 정보를 각 지방경찰청 별로 수집 보고하도록 지시하였다.

① PNIO   ② SRI   ③ EEI   ④ OIR

☙ 정답: ④

※ 해설: ▶ 기타 정보요구(OIR)

> OIR란 급변하는 정세의 변화에 따라 불가피하게 **정책상 수정이 필요**하거나 또는 이를 위한 자료가 요구
> 될 때 PNIO에 우선하여 이를 충족시키기 위한 정보요구를 말한다.
>
> 예 **경찰청에서 국민연금제도 실시에 대한 국민여론이 악화되자 정책수정을 위한 자료를 제공하고자 국민여론 및 연
> 금납부실적 등에 대한 정보를 각 지방경찰청별로 수집·보고하도록 지시했다면 기타 정보요구에 해당된다.**

11. 다음은 정보의 요구방법 중 무엇에 해당하는가?   10.2 경간부

> ㉠ 댐을 건설하는 문제와 관련하여 A지방경찰청에서 B경찰서에 댐건설에 반대하는 환경단체의 현황을
>   파악하여 보고하라는 지시가 정보요구로 하달되었다.
> ㉡ 경찰서에서 국민연금제도 실시에나 국민 여론이 악화되자 정책수정을 위한 자료를 제공하고자 국민
>   여론 및 연금납부실적 등에 대한 정보를 각 지방경찰청별로 수집보고 하도록 지시하였다.

① ㉠ – SR ㉡ – PNIO   ② ㉠ – OIR ㉡ – SRI
③ ㉠ – SRI ㉡ – OIR   ④ ㉠ – PNIO ㉡ – OIR

☙ 정답: ③

※ 해설: ㉠ **특별요구정보(SRI)**, ㉡ **기타정보요구(OIR)**에 대한 설명이다.

12. 출처에 따른 정보분류에 대한 설명으로 가장 옳지 않은 것은?   10.1 승진
① 국가정보기관의 존재이유는 비밀출처 정보의 수집이라 할 수 있다.
② 부차적 출처에서 얻은 정보는 중간기관에 의하여 부분적으로 평가되거나 요약 또는 변형되어 전달되어
   속성이 있다.
③ 공개출처에서 얻은 모든 첩보는 비밀출처에서 얻은 첩보보다 가치가 떨어진다.
④ 정기출처란 정기적으로 정보를 얻을 수 있는 출처를 말하는데 정기간행물, 방송, 신문 등이 이에 해당된다.

☙ 정답: ③

❀ 해설: ▶ 비밀보호의 정도에 따른 분류

공개출처	① **특별한 보호조치가 요구되지 않은 출처**로서 일상적인 방법으로 첩보를 수집하는 출처 ② **공개출처에서 얻은 첩보**는 약 70%에 이르며 **비밀출처에서 얻은 첩보보다 가치가 떨어지는 것은 아니다.** ③ **장점**: 높은 객관성, 예산절감, 높은 신뢰도 ④ **단점**: 낮은 중요도 ⑤ **방법**: ㉠ 신문이나 잡지, 학술논문, 학술지, ㉡ 라디오 및 TV, 정부 간행물, 공식적인 보고서, ㉢ 여행자 등과의 접촉, 공식적인 외교경로 등
비밀출처	① 외부에 노출되면 출처로서의 기능을 상실하게 되는 것은 물론 출처의 입장이 난처해질 위험이 크기 때문에 **외부로부터 강력히 보호를 받아야 하는 출처** ② 국가정보기관의 존재 이유는 비밀출처정보의 수집이라고 살 수 있다. ③ **비밀출처는 보안성과 높은 기술성이 요구**된다. ⑩ **도청 · 면접 · 감시 등**

13. 공개출처의 장점이 아닌 것은?   97.1 승진
① 객관성이 높다.   ② 예산을 절감할 수 있다.
③ 신뢰도가 높다.   ④ 법적 문제가 제기된다.

❖ 정답: ④
❀ 해설: ▶ 공개출처의 장단점

공개출처의 장점	높은 객관성, 예산절감, 높은 신뢰도
공개출처의 단점	낮은 중요도

14. 첩보의 출처에 대한 설명으로 적절하지 못한 것은?   96.1 승진
① 공개출처에는 신문 · 라디오 · 간행물 등이 있다.
② 공개출처는 객관도 및 중요도가 매우 높다.
③ 비밀출처는 보안성과 높은 기술성이 요구된다.
④ 도청 · 면접 · 감시에 의한 출처는 비밀출처이다.

❖ 정답: ②
❀ 해설: 공개출처는 **객관도는 높으나, 중요도는 낮다.**

15. 정보과 甲경사는 평소 원만한 인간관계를 바탕으로 주위로부터 정보를 자발적으로 제공받고 있다. 정보를 출처에 따라 분류해 어디에 해당하는가?   07.1 승진
① 정기출처로 적극적인 경우
② 우연출처로 적극적인 경우
③ 정기출처로 소극적인 경우
④ 우연출처로 소극적인 경우

❖ 정답: ②

※ **해설**: ▶ 정보가 획득되는 시기에 따른 분류

정기출처	정기적으로 정보를 획득할 수 있는 출처	
우연출처	우연히 정보가 제공되는 출처	
	소극적인 경우	사람이 많이 모인 장소, 다방이나 공원, 시장 등지에서 **우연한 기회에 정보를 입수**하는 것
	적극적인 경우	평소 주위 사람들과 원만한 인간관계를 이루어 주변사람들로 하여금 발생된 **정보를 자발적으로 제공**해 올 수 있도록 하는 것

16. 다음 중 정보생산단계의 소순환과정이 순서대로 연결된 것은?   04.1 승진, 06.3 순경

> ㉠ 첩보의 출처 및 내용에 관하여 그 신뢰성과 사실성, 타당성을 판정하는 과정
> ㉡ 평가된 첩보를 기본요소별로 분류하는 기존 자료에 있는 것과 비교하여 유사한 것끼리 재분류하는 과정
> ㉢ 수집된 첩보 중에서 긴급성, 유효성 등을 기준으로 필요한 것을 걸러 내는 과정
> ㉣ 즉각 사용되지 않거나 이미 사용된 첩보를 기록하여 관리하는 과정
> ㉤ 부여된 주제에 대한 정보를 생산하기 위하여 동류의 것끼리 분류된 사실을 하나의 통일체로 결합하는 과정
> ㉥ 정보의 의미와 중요성을 결정하여 건전한 결론 도출을 가능하게 하는 과정

① ㉠ - ㉡ - ㉢ - ㉣ - ㉤ - ㉥   ② ㉢ - ㉣ - ㉡ - ㉠ - ㉥ - ㉤
③ ㉢ - ㉣ - ㉠ - ㉡ - ㉤ - ㉥   ④ ㉢ - ㉣ - ㉡ - ㉠ - ㉤ - ㉥

정답: ③

※ **해설**: ▶ **정보생산단계의 소순환과정의 각 개념**

첩보의 선택	수집된 첩보 중에서 긴급성 · 유용성 · 신뢰성 · 적합성 등을 기준으로 필요한 첩보와 불필요한 첩보를 분류하는 과정으로 제1차적인 평가과정이라 할 수 있다
첩보의 기록	수집된 첩보 중에 즉각 사용되지 않거나 이미 사용된 첩보를 기록하여 관리하는 과정을 말한다.
첩보의 평가	첩보의 출처 및 내용에 관하여 그 신뢰성과 사실성, 즉 타당성을 판정하는 생산과정이다
첩보의 분석	분석은 평가된 첩보를 기본요소별로 분류하고 기존자료에 관계있는 것과 비교하여 상호 관련성을 발견함으로써 이미 평가된 첩보를 재분류를 하는 과정이다
첩보의 종합	부여된 주제에 대한 정보를 생산하기 위하여 동류의 것끼리 분류된 사실을 하나의 통일체로 결합하는 과정이다
첩보의 해석	평가 · 분석 · 종합된 새 정보에 대하여 그 의미와 중요성을 결정하고 건전한 결론을 도출할 수 있게 하는 과정이다.

17. 정보생산단계의 소순환 과정을 바르게 나열한 것은?   05.10 순경
① 기록-선택-평가-분석-종합-해석   ② 기록-선택-평가-분석-해석-종합
③ 선택-기록-평가-분석-종합-해석   ④ 선택-기록-평가-분석-해석-종합

정답: ③

※ **해설**: 정보생산단계의 소순환 과정은 **선택-기록-평가-분석-종합-해석** 순이다.

18. 정보의 순환과정에 대한 설명 중 잘못된 것은?   10.2 경간부

> ㉠ 첩보수집계획서는 첩보의 수집단계에서 작성하되, 누가 언제까지 어떤 방법으로 수집보고 할 것인가
> 에 관한 내용이 포함되어야 한다.
> ㉡ 정보의 생산단계는 선택–평가–기록–분석–종합–해석의 소순환과정이다.
> ㉢ 치안정보에 대한 세부적인 내용은 대통령령과 경찰법에 규정되어 있다.
> ㉣ 치안정보수집이 경찰의 책무로 경찰법 제정 당시부터 명문으로 규정되어 있다.

① 1개   ② 2개   ③ 3개   ④ 4개

⁝ 정답: ②
❈ 해설:
㉡ 정보의 생산단계는 **선택–기록–평가–분석–종합–해석**의 소순환과정이다.
㉢ 치안정보에 대한 세부적인 내용은 **경찰청과 그 소속기관 직제(대통령령)에 규정**되어 있다.

19. 甲이 경찰서 정보과장으로서 직원들이 수집하여 온 첩보를 분류하여 보관하고자 할 때 준수하여야 하는 첩보의 분류원칙이 아닌 것은?   04.1 승진
① 통합의 원칙
② 다양성의 원칙
③ 상호 배제의 원칙
④ 병치의 원칙

⁝ 정답: ②
❈ 해설: ▶ 첩보의 분류원칙

병치의 원칙	유사한 것이나 관계되는 자료는 가깝게 위치할 수 있도록 **분류**하여야 한다는 것이다.
상호 배제의 원칙	**분류의 세분항목을 확실하게 하여 중복 없이 분류**하여야 한다.
일관성의 원칙	**동일한 분류기준에 따라 끝까지 동일하게 분류**하여야 한다.
점진의 원칙	**간단한 것에서 복잡한 것으로, 일반적인 것에서 특수한 것으로 분류**해 나가야 한다.
통합의 원칙	첩보를 분류하는 데 있어서 **다른 사항과의 관계를 고려하여 분류**하여야 한다.

20. 정보기록을 분류하는 원칙에 대한 설명으로 틀린 것은?   08.1 승진
① 점진의 원칙은 간단하고 일반적인 것으로부터 복잡하고 특수한 것으로 순차적으로 분류해 나가야 한다는
   것이다.
② 일관성의 원칙은 동일한 분류기준에 따라 끝까지 동일하게 분류하여야 한다는 것이다.
③ 상호 배제의 원칙은 분류의 세분항목을 중복시켜 상호 경계선상에 있는 자료들이 누락되는 일이 없도록
   해야 한다는 것이다.
④ 병치의 원칙은 유사한 것이나 관계되는 자료는 가깝게 위치할 수 있도록 분류하여야 한다는 것이다.

⁝ 정답: ③
❈ 해설: 상호 배제의 원칙은 분류의 **세분항목은 애매한 점이 없이 확실하고 중복이 없어야 한다**는 원칙이다.

21. 정보기록의 분류방법 중 어렵고 고도의 분류기술을 요하는 것은?   05.1 승진

① 접수되는 자료의 순차에 따라 또는 출처나 기관에 따라 일련번호를 배당하고 그 번호 순으로 배열하는 방법 - 번호별 분류

② 자료를 접수하는 일차 순으로 배열하는 방법으로 소규모 기관이나 자료를 단기간 보관하거나 일정한 기간이 경과하면 폐기하여야 하는 기관에서 효과적임. - 연대별 분류

③ 자료의 내용이 발생한 지역 또는 지명별로 배열하는 방법으로 특정 지역 문제를 연구하는 기관에 효과적임. - 지역별 분류

④ 보관할 자료의 내용을 대표하는 주제에 의해 배열하는 방법으로 자료의 양이 많고 내용을 위주로 하는 기관에서 편리함. - 주제별 분류

❖ **정답:** ④

❋ **해설:** ▶ 정보기록 분류방법

번호별 분류	접수되는 **자료의 순차에 따라** 또는 출처나 기관에 따라 일련번호를 배당하고 그 번호 순으로 배열하는 방법이다.
연대별 분류	자료를 **접수하는 일자 순으로 배열하는 방법**으로 소규모 기관, 자료를 단기간 보관하거나 일정한 기간이 경과하면 폐기하여야 하는 기관에서 효과적이다.
지역별 분류	**자료의 내용이 발생한 지역 또는 지명별로 배열하는 방법**으로 특정 지역 문제를 연구하는 기관에 효과적이다.
주제별 분류	**보관할 자료의 내용을 대표하는 주제에 의해 배열하는 방법**으로 자료의 양이 많고 내용을 위주로 하는 기관에 편리하나 어렵고 고도의 분류기술이 필요하다. 특히 경찰정보기록을 관리할 때는 **일반적으로 주제별 분류방법을 사용**하고 있다.

22. 생산된 정보를 배포하는 데는 일정한 원칙이 요구된다. 정보배포의 원칙에 관한 설명으로 바르지 않은 것은?   04.10 순경

① 필요성 - 정보는 사용자의 능력과 상황에 맞추어서 적당한 양을 조절하여 필요한 만큼 전달해야 한다.

② 적시성 - 정보는 정보사용자의 정보소요 시기에 배포되어야 한다.

③ 계속성 - 배포된 정보와 관련성을 가진 새로운 정보를 조직적이고 계속적으로 배포해야 한다.

④ 보안성 - 정보배포 시에는 보안을 갖추기 위한 장치가 필요하다.

❖ **정답:** ①

❋ **해설:** ▶ 정보배포의 원칙

필요성의 원칙	① **배포대상의 결정기준**이다. ② 정보는 먼저 누구에게 전달할 것인가를 정하여야 하며, 이 같은 배포선의 결정에 기준이 되는 것이 필요성의 원칙이다. ③ 필요성의 원칙은 **정보는 알아야 할 필요가 있는 대상자에게만 알려야 하고, 알 필요가 없는 대상에게는 알려서는 안 된다는 원칙**이다. ④ 배포기관은 누가 어떤 정보를 언제, 어떻게 사용할 것인가를 파악하고 있어야 한다.

적시성의 원칙	① **배포시기의 결정기준**이다. ② 정보는 **사용자가 필요로 하는 적당한 시기에 배포**되어야 한다. 즉 정확하고 완전한 정보라 할지라도 배포과정에서 지연되어 사용 시기를 놓치거나 너무 일찍 전달되면 정보의 가치는 상실된다. ③ 너무 빨리 전달하거나 너무 늦게 배포하는 것은 올바른 정보전달의 방법이 되지 않는다.
보안성의 원칙	① **배포수단을 결정하는 기준**은 적시성과 보안성이다. ② 비밀보호를 위해서는 **여러 가지 보안대책을 강구해 나가면서 동시에 비밀등급을 만들어 꼭 필요한 인가자에게만 배포함으로만 알고 있는 사람의 수를 줄이는 것**이다.
적당성의 원칙	① **배포량의 결정기준**이다. ② 정보의 배포는 **사용자의 능력과 상황에 맞추어 적당한 양을 조절하여 필요한 만큼만 전달**하여야 한다.
계속성의 원칙	**어떤 정보가 필요한 어떤 기관에 배포되었으면 그 정보와 관련성을 가진 새로운 정보가 작성되었을 때는 계속 배포**해 줄 필요가 있다.
완전성의 원칙	**보고의 형식적 요건 및 내용을 완전**하게 갖추어져야 하며, 관련 있는 사실을 체계 있게 작성하여야 한다.
간결성의 원칙	**내용을 요약하고 간결**하게 작성하여야 한다.
경제성의 원칙	작업과정에서도 **시간과 경비의 절약**을 가져올 수 있도록 이루어져야 한다.

23. 정보의 배포란 정보를 필요로 하는 개인이나 기관에게 적합한 형태와 내용을 갖추어서 적당한 시기에 제공하는 과정이다. 아무리 중요하고 정확한 정보를 생산했다 하더라도 그 정보가 필요한 사람에게 적절히 전달되지 않는다면 정보의 가치는 상실되고 만다. 다음은 정보 배포의 원칙에 대한 설명 중 옳지 않은 것은 모두 몇 개인가?
11.8 순경

> ㉠ 필요성 - 정확하고 완전한 정보라 할지라도 배포과정에서 지연되어 사용 시기를 놓치거나 너무 일찍 전달되면 정보의 가치는 상실된다.
> ㉡ 적시성 - 배포기관은 누가 어떤 정보를 언제, 어떻게 사용할 것인가를 파악하고 있어야 한다.
> ㉢ 적당성 - 정보는 사용자의 능력과 상황에 맞추어서 적당한 양을 조절하여 필요한 만큼만 적절한 전파수단을 통해 전달되어야 한다.
> ㉣ 보안성 - 완성된 정보연구 및 판단이 누설되면 정보로서의 가치를 상실할 수 있다.
> ㉤ 계속성 - 배포된 정보와 관련성을 가진 새로운 정보를 조직적이고 계속적으로 배포해야 한다.

① 1개   ② 2개   ③ 3개   ④ 4개

정답: ②

※ **해설:**

㉠ **적시성의 원칙** - 정확하고 완전한 정보라 할지라도 배포과정에서 지연되어 사용 시기를 놓치거나 너무 일찍 전달되면 정보의 가치는 상실된다.

㉡ **필요성의 원칙** - 배포기관은 누가 어떤 정보를 언제, 어떻게 사용할 것인가를 파악하고 있어야 한다.

24. 생산된 정보를 배포하는 데 일정한 원칙이 요구된다. 이에 해당하지 않는 것은?   10.1 승진

① 정보는 반드시 알아야 할 필요가 있는 대상에게만 알려야 한다.

② 배포된 정보와 관련성을 가진 새로운 정보를 조직적이고 계속적으로 배포해야 한다.

③ 정보의 배포 시에는 보안을 갖추기 위한 장치가 필요하지는 않다.

④ 정보는 사용자의 능력과 상황에 맞추어서 적당한 양을 조절하여 필요한 만큼 적절한 전파수단을 통해 전달되어야 한다.

❧ **정답:** ③

❈ **해설:** ① 필요성 ② 계속성 ③ 보안성 ④ 적당성

25. 정보의 순환과정에 대한 설명으로 틀린 것은?   10.1 승진

① 첩보수집단계에서는 '첩보기본요소 결정 – 첩보수집계획서 작성 – 명령하달 – 조정·감독(사후검토)' 등의 소순환 과정을 거친다.

② 정보생산자단계는 학문적 성격이 가장 많이 요구되는 단계로서, '선택-기록-평가-분석-종합-해석'의 소순환과정을 거친다.

③ 정보순환은 연속적으로 이루어지며 전 단계 동시에 진행될 수 있다.

④ 정보배포의 원칙 중 필요성이란 정보는 반드시 알 사람에게만 알려야 한다는 것이다.

❧ **정답:** ①

❈ **해설:** 정보요구단계에서는 '**첩보기본요소 결정 – 첩보수집계획서 작성 – 명령하달 – 조정·감독 (사후검토)**' 등의 소순환 과정을 거친다.

26. 정보의 순환과정에 관한 설명 중 옳은 것은?   09.1 승진

① 정보요구의 소순환과정은 첩보수집계획서의 작성 – 첩보의 기본요소 결정 – 명령 및 하달 – 사후검토의 순서로 이루어진다.

② 계획성 있는 정보수집을 위해 우선순위를 결정할 때 고려해야 할 기준으로 '참신성의 원칙'이란 이제까지 알려지지 않는 정보부터 수집하는 것을 말한다.

③ 정보의 생산단계에 있어서 소순환과정은 선택-기록-분석-평가-종합-해석의 순서로 이루어진다.

④ 정보배포의 원칙 중 '보안성'이란 알아야 할 필요가 있는 대상자에게는 알려야 하고, 알 필요가 없는 대상자에게는 알려서는 안 된다는 것이다.

❧ **정답:** ②

❈ **해설:**

① 정보요구의 소순환과정은 **첩보의 기본요소 결정 – 첩보수집계획서 작성 – 명령 및 하달 – 사후검토의 순서로** 이루어진다.

③ 정보의 생산단계에 있어서 소순환과정은 **선택-기록-평가-분석-종합-해석**의 순서로 이루어진다.

④ 정보배포의 원칙 중 '**필요성**'이란 알아야 할 필요가 있는 대상자에게는 알려야 하고, 알 필요가 없는 대상자에게는 알려서는 안 된다는 것이다

27. '정보사용자 또는 다수 인원에 대하여 개인이 정보내용을 요약하여 구두로 설명하는 것으로, 통상 강연식이나 문답식으로 진행되며 시간을 절약할 수 있어 현용정보의 배포수단으로 많이 이용된다.'는 정보의 배포수단 중에서 어디에 속하는 것은?   08.1 승진

① 특별보고서   ② 브리핑
③ 연구참고용 보고서   ④ 일일정보 보고서

정답: ②
▓ **해설:** ▶ 정보배포의 방법

브리핑	정보사용자 또는 다수 인원에 대하여 개인이 정보내용을 **요약하여 구두로 설명하는 것으로, 통상 강연식이나 문답식으로 진행**되며, 시간을 절약할 수 있어 현용정보의 배포수단으로 많이 이용된다.
메모	**정기간행물에 적절히 포함시킬 수 없는 긴급한 정보, 즉 현용정보를 전달하는 데 주로 사용**하는 정보의 배포수단이다.
특별보고서	축적된 정보가 **다수의 사람이나 기관에게 이해관계가 있거나 가치가 있을 때에 사용**하는 정보의 배포수단이다.
전신전화	**돌발적이고 긴급을 요하는 정보의 배포**를 위하여 이용되는 수단이다.
정기간행물	주간, 월간에 발생하거나 발생할 것으로 예상되는 상황을 **정기적인 문건의 형태로 배포하는 수단**이다.

28. 다음 중 옳은 것은?   08.1 승진

> ㉠ 정보의 일반적인 순환과정은 정보의 요구 → 첩보의 수집 → 정보의 생산 → 정보의 배포의 4단계이다.
> ㉡ 정보의 사용자가 필요한 정보를 시기적절하게 제공될 수 있도록 첩보활동을 집중적으로 지시하는 것은 정보의 요구단계이다.
> ㉢ 정보분석담당자의 전문적인 식견과 경험, 명석한 판단력, 추리력이 가장 중요한 요소가 되는 것은 정보의 생산단계이다.
> ㉣ 외사정보의 순환과정에서 전문성을 가장 많이 요구하는 과정은 첩보의 수집단계이다.

① 4개   ② 3개   ③ 2개   ④ 1개

정답: ①
▓ **해설:** 모두 옳은 지문이다.

29. 경찰정보에 대한 설명 중 틀린 것은?   10.1 승진
① 기능에 따라 기본 · 현용 · 판단정보로 나누고, 대상에 따라 적극 · 소극정보로 나눈다.
② 정보활동은 비권력적 사실행위로서 취소소송 등 항고소송의 대상이 될 여지는 없다.
③ 정보의 생산과정은 선택-기록-분석-평가-종합-해석 순으로 이루어진다.
④ 정보의 배포의 원칙 중 '필요성의 원칙'은 알아야 할 필요가 있는 대상자에게는 알려야 하고, 알 필요가 없는 대상에게는 알려서는 안 된다는 원칙이다.

정답: ③
▓ **해설:** 정보의 생산과정은 **선택-기록-평가-분석-종합-해석** 순으로 이루어진다.

제4절　정보경찰의 주요활동

1. 지휘관으로 하여금 경력동원 등 상황에 대한 조치를 요하는 보고서는?　　01.1 순경
① 견문보고서　　　　　　　　　　　　② 특별보고서
③ 정보판단서　　　　　　　　　　　　④ 상황보고서

정답: ③

해설: ▶ 정보보고서의 종류

견문 보고서	경찰관이 오관작용을 통해 근무, 일상생활 중 지득한 국가시책 또는 국내외 치안상 필요한 제 견문을 신속·정확하게 수집·제보하는 보고서이다.
정책 보고서	**정부의 정책 및 치안행정 시행과정에서 나타나는 제반 문제점과 개선책 또는 관련 여론 등을 수집·분석하는 보고서**를 말한다.
정보 판단서	타 견문과 자료를 종합·분석하여 작성한 보고서로서 **지휘관으로 하여금 경력동원 등 상황에 대한 조치를 요하는 보고서**이다.

2. 다음 중 정보보고의 개념에 대한 설명으로 틀린 것은?　　08.1 승진
① 일정사실을 상부기관 또는 상사에게 전달하는 활동을 의미한다.
② 주기에 따라 구두보고의 서면보고로 나눌 수 있다.
③ 서면에 의해 보고하는 경우 그 문서를 정보보고서라 한다.
④ 정보보고서에는 견문보고서, 특별보고서, 정보판단서 등이 있다.

정답: ②

해설: 보고는 **구두보고와 서면보고(형식에 의한 분류)**, 정기보고와 수시보고(주기에 의한 분류) 등으로 나누어 볼 수 있다.

3. 정보보고자가 갖추어야 하는 기본자세에 대한 설명 중 틀린 것은?　　08.1 승진
① 보안을 유지하는 능력이 필요하다.
② 임무에 대한 정확한 이해가 있어야 한다.
③ 자기의 주관을 정확하게 보고하는 능력이 필요하다.
④ 신속히 보고하는 능력이 필요하다.

정답: ③

해설: 정보보고자가 개인적 감정이나 주관적인 이해판단에 치우칠 때는 정확한 전달이 될 수 없으므로 **객관적으로 보고하는 능력이 필요**하다.

4. 정보과에 근무하는 甲형사는 정부의 중요시책이 발표된 시점에서 시민들의 여론·반응을 수집하여 보고서를 작성하려고 한다. 다음 중 가장 적절하지 못한 것은?   01.1 순경
① 각계를 대표할 수 있는 인물을 선정한다.
② 대화 시 녹취하고 사후에 정확히 보고서를 작성한다.
③ 보고서의 양에 구애받지 않고 반응을 생생하게 그대로 기록한다.
④ 접촉이 곤란한 경우 전화, 팩스를 통해 의견을 청취한다.

❖ 정답: ②
❀ 해설: ▶ 여론·반응·제언의 수집방법

> ① 각계를 대표할 수 있는 **관련인물을 선정**한다.
> ② 가능한 **외근요원이 직접 접촉**하며, **접촉이 불가능할 경우 전화 및 FAX를 통해 의견을 청취**한다.
> ③ **녹취는 금물**이며, 핵심 키워드(Key Word)를 기억했다가 **최단시간 내에 기록**해 둔다.
> ④ **반응과 함께 보완할 부분에 대한 제언도 반드시 포함**시킨다.
> ⑤ 보고서의 양에 구애받지 않고 **반응을 생생하게 그대로 기록**한다.

5. 정보경찰과 여론과의 관계로서 가장 적절하지 못한 것은?   03.9 순경
① 여론분석도 정보경찰의 중요한 업무이다.
② 여론의 방향이 반드시 옳은 것만은 아니다.
③ 사회 각 분야의 여론 동향은 정보 판단과 관련 깊다.
④ 여론 반응을 수집 시 대화하면서 녹취를 해야 한다.

❖ 정답: ④
❀ 해설: ▶ 여론과 정보경찰의 관계

> ① 여론분석도 **정보경찰의 중요한 업무**이다.
> ② 사회 각 분야에 대한 **여론동향은 정보판단과 관계가 깊다.**
> ③ **여론의 방향이 반드시 옳은 것만은 아니다.**
> ④ 여론이 **부정적이라도 여론분석은 필요**하다.
> ⑤ 여론반응을 수집할 때 **대화하면서 녹취해서는 안 된다.**

6. 수집된 첩보자료를 가치와 적격에 따라 분류할 때 타 기관과의 공조 및 조정을 위하여 필요하거나 타 사용자에 의하여 효율을 더욱 높일 수 있는 내용의 자료는?   04.10 순경
① 중요보고자료
② 조사자료
③ 통보자료
④ 판단서자료

❖ 정답: ③

▨ 해설: ▶ 정보자료의 종류

정책자료	정부의 정책 및 치안행정 시행과정에서 나타나는 제반 문제점과 개선책 또는 관련 여론 등을 수집·분석한 견문
판단·대책자료	집회·시위 등 치안상황과 관련하여 조치 및 판단을 하도록 제공하는 견문
중요정보자료	집회·시위 및 행사, 주요 사건 등 특별한 상황을 종합한 견문
기록자료	계속 보존의 가치가 있어서 존안철 등에 기록을 요하는 견문
보완자료	내용이 불확실하거나 출처의 신빙성이 약하여 재확인을 요하는 견문
통보자료	업무를 주관하는 부서에서 처리토록 하거나 시책자료로 사용할 수 있도록 하기 위하여 당해부서에 통보하여 주는 견문
참고자료	단순히 정보업무수행에 참고가 될 뿐 사용가치가 적은 견문
범죄자료	각종 범죄로부터 국민의 생명과 재산을 보호하고 범죄의 예방 및 검거와 관련하여 수사의 단서로 사용될 수 있는 모든 견문

7. 정보보고서를 작성할 때 판단을 나타내는 용어의 설명 중 틀린 것은?   09.2 경간부

① 판단됨 – 어떤 징후가 나타나거나 상황이 전개될 것이 거의 확실시 되는 근거가 있는 경우
② 예상됨 – 첩보 등을 분석한 결과 단기적으로 어떤 상황이 전개될 것이 비교적 확실한 경우
③ 전망됨 – 구체적인 근거는 없이 현재 나타난 동향의 원인·배경 등을 다소 막연히 추측할 때
④ 우려됨 – 구체적인 징후는 없으나 전혀 그 가능성을 배제하기 곤란하여 최소한의 대비가 필요한 때

┇ 정답: ③
▨ 해설: ▶ 정보보고서의 작성요령

판단됨	어떤 징후가 나타나거나 상황이 전개될 것이 **거의 확실시되는 근거**가 있는 경우
예상됨	첩보분석의 결과 **단기적으로** 어떤 상황이 전개될 것이 비교적 확실한 경우
전망됨	과거의 움직이나 현재동향, 미래의 계획 등으로 미루어 **장기적으로** 활동의 윤곽이 어떠하리라는 예측을 할 경우
우려됨	구체적인 징후는 없으나 전혀 그 가능성을 배제하기 곤란하여 **최소한**의 대비가 필요한 때
추정됨	구체적인 근거는 없이 현재 나타난 동향의 원인·배경 등을 다소 **막연히 추측**할 때

8. 청와대에서는 국경일을 맞아 사회 주요 인사를 청와대로 초청하는 행사를 개최할 계획이다. 다음 중 사회 주요 인사의 안전을 확보하기 위하여 행사에 참석하는 사람을 대상으로 대통령실 소속 경호처에서 경찰 보안 기능에 하명하는 것은?   01.7 순경

① 보안관찰 조사   ② 국내신원 조사   ③ 안전유지 조사   ④ 긴급신원 조사

┇ 정답: ④
▨ 해설: 대통령 등의 경호에 관한 법률 제4조에 규정한 피경호인에 대한 **경호 및 안전업무 수행목적**을 위해서만 행하여야 한다.

9. 정보채증의 의의가 아닌 것은?　　　　　　　　　99.1 승진

① 위법상황을 촬영, 녹화 또는 녹음하는 것이다.
② 사법처리를 위한 증거수집활동이다.
③ 정확한 상황파악을 위한 자료이다.
④ 채증은 수사활동과는 무관하다.

❖ **정답:** ④

❉ **해설:** 채증활동이란 각종 집회나 시위 및 치안 위해사태의 발생 시에 ㉠ **위법상황을 촬영·녹화 또는 녹음 등의 방법으로 채증함으로써** ㉡ **사후 정확한 진상파악과** ㉢ **위법자의 사법처리를 위한 증거자료를 확보**하기 위한 활동이다.

10. 현행 「집회 및 시위에 관한 법률」에 관한 설명으로 잘못된 것은?　　　　　　　　　04.1 승진

① 판례는 위력 또는 기세를 보인 장소가 공중이 자유로이 통행할 수 있는 장소가 아니라면 시위에 해당하지 않는다고 한다.
② 주요 도로에서 질서유지인을 두고 행진하는 경우에도 심각한 교통불편을 줄 우려가 있는 경우에는 도로 행진을 금지할 수 있다.
③ 질서유지인을 둔 경우에는 일출 전, 일몰 후의 옥외집회를 조건부로 허용할 수 있다.
④ 완장을 착용한 언론기관의 기자는 집회 또는 시위의 장소에 그 출입을 보장한다.

❖ **정답:** ①

❉ **해설:** 여러 사람이 공동의 목적을 가지고 도로, 광장, 공원 등 **일반인이 자유로이 통행할 수 있는 장소를 행진하거나 위력 또는 기세**를 보여, 불특정한 여러 사람의 의견에 영향을 주거나 제압을 가하는 행위를 말한다.

11. 한·칠레 자유무역협정(FTA) 비준을 정부가 발표하자 이에 반발한 농민단체는 서울역(남대문 관할)에서 집회를 갖고 명동성당(중부서 관할)까지 행진을 하려고 한다. 집회 주최 측은 집회신고서를 언제, 어디에 제출하여야 하는가?　　　　　　　　　03.7 순경, 04.3 순경

① 집회개최시간 720시간 전부터 48시간 전까지 남대문 경찰서
② 집회개최시간 720시간 전부터 48시간 전까지 서울지방경찰청
③ 집회개최시간 720시간 전부터 24시간 전까지 서울지방경찰청
④ 집회개최시간 720시간 전부터 24시간 전까지 남대문 경찰서

❖ **정답:** ②

❉ **해설:** 옥외집회나 시위를 주최하려는 자는 그에 관한 다음 각 호의 사항 모두를 적은 신고서를 옥외집회나 시위를 시작하기 **720시간 전부터 48시간 전에 관할 경찰서장에게 제출**하여야 한다.

12. 다음 중 「집회 및 시위에 관한 법률」 중 집회신고시의 보완에 관한 규정 시간으로 옳게 연결된 것은?

06.3 순경

> 관할경찰서장이 집회신고서 접수 후 기재사항이 미비한 경우 접수증을 교부한 때부터 (　　)시간 이내 주최자에게 (　　)시간을 기한으로 하여 보완하라고 통보를 했는데 받고도 안 하면 그 신고서를 접수한 때 (　　)시간 이내 집회시위 금지통보

① 12 - 12 - 24　　　② 24 - 12 - 48　　　③ 12 - 24 - 48　　　④ 24 - 24 - 48

▓ 정답: ③

▓ 해설: 관할경찰관서장은 신고서의 기재 사항에 미비한 점을 발견하면 **접수증을 교부한 때부터 12시간 이내에 주최자에게 24시간을 기한으로 그 기재 사항을 보완할 것을 통고**할 수 있으며, 신고서를 접수한 관할경찰관서장은 신고된 옥외집회 또는 시위가 **신고서를 접수한 때부터 48시간 이내에 집회 또는 시위를 금지할 것을 주최자에게 통고**할 수 있다.

13. 다음 「집회 및 시위에 관한 법률」에 대한 설명 중 그 기간이 잘못된 것은?

03.3 순경

① 보완통고는 24시간 내에 한다.
② 이의신청은 10일 내에 행한다.
③ 재결의 경우 접수 시로부터 24시간 내에 행한다.
④ 이의신청은 금지통고를 한 경찰관서의 직근상급관서의 장에게 한다.

▓ 정답: ①

▓ 해설: 관할경찰관서장은 신고서의 기재 사항에 미비한 점을 발견하면 **접수증을 교부한 때부터 12시간 이내에 주최자에게 24시간을 기한으로 그 기재 사항을 보완할 것을 통고**할 수 있다

14. 「집회 및 시위에 관한 법률」의 설명으로 옳지 않은 것은?

03.4 순경

① 집회·시위의 신고는 개최시간 720시간 전부터 48시간 전에 관할 경찰서장에게 신고서를 제출하여야 한다.
② 옥외집회는 천장이 없거나 사방이 폐쇄되지 않은 장소에서의 집회이다.
③ 신고서의 기재사항에 미비점이 있는 경우 관할 경찰서장의 접수증을 교부한 때로부터 24시간 이내에 보완통보를 하여야 한다.
④ 대법원장 공관으로부터 100m 이내에서 집회를 금지한다.

▓ 정답: ③

▓ 해설: 관할경찰관서장은 신고서의 기재 사항에 미비한 점을 발견하면 **접수증을 교부한 때부터 12시간 이내에 주최자에게 24시간을 기한으로 그 기재 사항을 보완할 것을 통고**할 수 있다.

15. 「집회 및 시위에 관한 법률」에 대한 다음 설명 중 타당하지 않은 것은?

07.1 승진

① 신고서의 보완통고는 접수증을 교부한 때로부터 12시간 이내에 24시간을 기한으로 서면으로 하여야 한다.
② 금지통고는 원칙적으로 신고서를 접수한 때로부터 48시간 이내에 주최자에게 한다.
③ 금지통고에 대한 이의신청은 금지통고를 수령한 후 72시간 이내에 하여야 한다.
④ 재결청은 이의신청서를 접수한 때부터 24시간 이내에 재결을 하여야 한다.

❖ **정답:** ③

❊ **해설:** 집회 또는 시위의 주최자는 **금지 통고를 받은 날부터 10일 이내**에 해당 경찰관서의 **바로 위의 상급경찰관서의 장에게 이의를 신청**할 수 있다.

---

16. 「집회 및 시위에 관할 법률」상 집회 또는 시위의 금지통고의 이의신청에 대한 재결의 효과를 설명한 것으로 타당하지 않은 것은?   03.1 승진, 05.1 승진

① 이의신청이 각하 또는 기각된 경우에는 금지통고는 유효하다.

② 이의신청이 각하 또는 기각된 경우에는 이를 불복하는 이의신청인은 행정소송을 제기할 수 있다.

③ 금지통고가 위법 또는 부당한 것으로 재결되거나 그 효력을 잃게 된 경우에는 이의신청인은 최초 신고한 대로 집회 또는 시위를 개최할 수 있다.

④ ③의 경우 금지통고 등으로 시기를 놓친 경우에는 일시를 새로이 정하여 집회 또는 시위의 12시간 전에 관할 경찰서장에게 신고함으로써 집회 또는 시위를 개최할 수 있다.

❖ **정답:** ④

❊ **해설:** 금지 통고 등으로 시기를 놓친 경우에는 일시를 새로 정하여 **집회 또는 시위를 시작하기 24시간 전에 관할경찰관서장에게 신고함으로써 집회 또는 시위를 개최**할 수 있다.

---

17. 집회 또는 시위의 금지통고를 받았을 때 주최자가 이의신청을 할 수 있는 관청과 기간이 바르게 된 것은?   08.1 승진

① 시·도지사 – 72시간 이내

② 관할 경찰관서장 – 5일 이내

③ 시·도지사 – 7일 이내

④ 바로 위 경찰관서의 장 – 10일 이내

❖ **정답:** ④

❊ **해설:** 금지통고를 받은 주최자는 **금지통고를 받은 날로부터 10일 이내**에 당해 경찰관서의 직근 상급 경찰관서의 장에게 이의신청을 할 수 있으며, 이의신청을 받은 경찰관서의 장은 접수일자를 기재한 접수증을 즉시 이의 신청인에게 교부하고 접수 시부터 24시간이내에 재결을 하여야 한다.

---

18. 다음 중 「집회 및 시위에 관한 법률」상 집회 또는 시위금지통고의 이의신청에 대한 재결의 효과를 설명한 것으로 타당하지 않은 것은?   08.2 경간부

① 금지통고가 위법 또는 부당한 것으로 재결되거나 그 효력을 잃게 된 경우에는 이의신청인은 최초 신고한 대로 집회 또는 시위를 개최할 수 있다.

② 이의신청이 각하 또는 기각된 경우에는 금지통고는 무효이다.

③ ①의 경우 금지통고 등으로 시기를 놓친 경우에는 일시를 새로이 정하여 집회 또는 시위의 24시간 전에 관할 경찰서장에게 신고함으로써 집회 또는 시위를 개최할 수 있다.

④ 이의신청이 각하 또는 기각된 경우에 이를 불복하는 이의신청인은 행정소송을 제기할 수 있다.

❖ **정답:** ②

※ **해설: ▶ 재결의 효과**

① 이의신청이 각하 또는 기각된 경우에는 금지통고는 유효
② 금지통고가 위법 또는 부당한 것으로 재결되는 경우 이의신청인은 최초에 신고한 대로 집회 또는 시위 개최 가능
③ 금지통고 등으로 인하여 시기를 놓친 경우 일시를 새로이 정하여 24시간 전에 관할경찰관서장에게 신고
　함으로써 집회 또는 시위 개최 가능

19. 외교기관 주변의 집회·시위는 절대적 금지에서 예외적 허용으로 관련 법률이 개정되었는데, 허용사유에 해당하지 않는 것은?　　　　　　　05.1 승진
① 당해 외교기관이나 외교사절의 숙소를 대상으로 하지 아니하는 경우
② 대규모 집회 또는 시위로 확산될 우려가 없는 경우
③ 외교기관의 업무가 없는 휴일에 개최되는 경우
④ 집회·시위의 장소가 당해 외교기관의 경계로부터 200m를 넘는 경우

⁝ 정답: ④

※ **해설: ▶ 절대적 금지에서 예외적 허용 사유**

외교기관 또는 외교사절 숙소의 기능이나 안녕을 침해할 우려가 없다고 인정되는 때에는 해당하지 아니한다.
㉠ 해당 외교기관 또는 외교사절의 숙소를 대상으로 하지 아니하는 경우
㉡ 대규모 집회 또는 시위로 확산될 우려가 없는 경우
㉢ 외교기관의 업무가 없는 휴일에 개최하는 경우

20. 다음 중 절대적으로 금지되는 집회·시위가 아닌 것은?　　　　　　　09.4 순경
① 헌법재판소의 결정에 의하여 해산된 정당의 목적을 달성하기 위한 집회·시위
② 집단적인 폭행, 협박, 손괴, 방화 등으로 공공의 안녕과 질서에 직접적인 위협을 가할 것이 명백한 집회·시위
③ 국회의사당, 각급법원, 헌법재판소로부터 100m 이내의 장소에서의 옥외집회
④ 국무총리공관으로부터 100m 이내의 장소에서의 행진

⁝ 정답: ④
※ **해설: 국무총리 공관은 절대적으로 금지되는 집회·시위장소이다.** 다만, 행진의 경우에는 해당하지 아니한다.

21. 「집회 및 시위에 관한 법률」상 절대적으로 금지되는 집회·시위는 모두 몇 개인가?　　　　　　　10.1 승진

㉠ 주한미군부대 인근(거리 50m) 공터에서의 집회
㉡ 서울지방법원 인근(거리 80m) 빌딩 내에서의 집회
㉢ 국무총리 사저
㉣ 일본대사관 정문 앞에서 개최되지만 그 기능을 침해하지 않는 휴일 집회

① 없다.　　　② 1개　　　③ 2개　　　④ 3개

⁝ 정답: ①
※ **해설: 절대적으로 금지되는 집회 및 시위는 없다.**

22. 현행법상 집회 및 시위의 절대적 금지장소가 아닌 곳은 몇 개인가?   96.1 승진, 02.1 승진

㉠ 국무총리 사저로부터 50m 이내의 장소(단, 행진 시는 제외)
㉡ 국회의장 공관으로부터 50m 이내에 있는 장소
㉢ 일본 대사의 숙소로부터 70m 이내에 있는 장소
㉣ 헌법재판소로부터 90m 이내에 있는 장소
㉤ 미국 대사관저로부터 100m 이내의 장소
㉥ 주한 미군으로부터 100m 이내의 장소

① 1개   ② 2개   ③ 3개   ④ 4개

❖ **정답:** ②(㉠㉥)

❊ **해설:** ▶ **절대적 금지사항**

사유상 금지	① 누구든지 아래에 해당하는 집회나 시위를 주최하여서는 아니 된다. ㉠ 헌법재판소의 결정에 따라 해산된 정당의 목적을 달성하기 위한 집회 또는 시위 ㉡ 집단적인 폭행, 협박, 손괴(損壞), 방화 등으로 공공의 안녕 질서에 직접적인 위협을 끼칠 것이 명백한 집회 또는 시위 ② 누구든지 금지된 집회 또는 시위를 할 것을 선전하거나 선동하여서는 아니 된다.
특수 장소상 금지	누구든지 아래에 해당하는 **청사 또는 저택의 경계 지점으로부터 100미터 이내의 장소에서는 옥외집회 또는 시위를 하여서는 아니 된다.** ① **국회의사당, 각급 법원, 헌법재판소** ② **대통령 관저(官邸), 국회의장 공관, 대법원장 공관, 헌법재판소장 공관** ③ **국무총리 공관.** 다만, 행진의 경우에는 해당하지 아니한다. ④ **국내 주재 외국의 외교기관이나 외교사절의 숙소.** 다만, 다음 아래에 해당하는 경우로서 외교기관 또는 외교사절 숙소의 기능이나 안녕을 침해할 우려가 없다고 인정되는 때에는 해당하지 아니한다. ㉠ **해당 외교기관 또는 외교사절의 숙소를 대상으로 하지 아니하는 경우** ㉡ **대규모 집회 또는 시위로 확산될 우려가 없는 경우** ㉢ **외교기관의 업무가 없는 휴일에 개최하는 경우**

23. 다음 중 집시법상 집회신고대상에 포함되는 것은?   04.1 승진, 07.3 순경

㉠ 집회 없는 행진
㉡ 지하철역사 대합실에서의 주간집회
㉢ 軍작전 관할구역 내에서의 옥외집회
㉣ 도로, 역 광장 등 공공장소에서의 유인물 배포
㉤ 대학교 학생회관 대강당에서의 집회
㉥ 자동차·건설기계를 동원한 도로행진 및 해상, 공중에서 선박, 항공기에 의한 집회

① 2개   ② 3개   ③ 4개   ④ 5개

❖ **정답:** ③(㉠㉡㉢㉣)

※ **해설: ▶ 집회 및 시위의 신고**

신고대상 속하는 것	① **군 작전 관할 구역 내에서의 옥외집회**(해당 군부대장에게 신고)
	② 대학구내 · 회사구내 · 종교시설 구내 등 소위 성역에서의 옥외집회
	③ **공공장소(도로 · 역 · 광장 등)에서의 가두서명 · 유인물 배포 등 집단행위**
	④ 옥내집회 후 행진하는 경우(또는 집회 없는 행진)
	⑤ **지하철 역사 내의 대합실에서의 주간집회**
신고대상 에 속하지 않는 것	① 대학구내 · 회사구내 · 종교시설 구내 등 소위 성역에서의 옥내집회
	② 학문 · 예술 · 체육 · 의식 · 친목 · 오락 · 관혼상제 · 국경행사에 관한 집회
	③ 공중이 자유롭게 통행할 수 없는 장소에서의 시위
	④ 차량시위(자동차 · 건설기계 · 농기계 등을 동원) · 해상시위 · 공중시위 등 → 동 법률 적용대상이 아니므로 신고를 철회토록 행정지도를 하고 있다.

24. 다음 중 옳은 것은?

> ㉠ 군인, 검사, 국가정보원 직원 또는 경찰관이 집회 및 시위를 방해할 때 가중처벌이 된다.
> ㉡ 주거지역에서 개최되는 주간집회의 경우에 확성기 등의 소음기준은 60dB 이하이다.
> ㉢ 경찰관은 집회 또는 시위의 주최자에게 통보하고 그 집회 또는 시위의 장소에 사복을 착용하고 출입할 수 있으며 긴급한 경우에는 정복을 착용하고 옥내집회장소에의 출입도 가능하다.
> ㉣ 집회 및 시위의 주최자는 질서유지에 관하여 자신을 보좌하게 하기 위하여 20세 이상의 자를 질서유지인으로 임명할 수 있다.
> ㉤ 옥내집회의 주최자는 확성기 설치 등 주변에서의 옥외참가를 유발하는 행위의 금지를 위반한 것으로 그 부분만을 처벌한다.
> ㉥ 집회시위의 해산 절차는 자진해산의 요청 → 종결선언의 요청 → 해산명령 → 직접해산 순이다.
> ㉦ 질서유지인은 참가자 등이 질서유지인임을 쉽게 알아 볼 수 있도록 완장 · 머리띠 · 모자 · 어깨띠 또는 상의 등을 착용하여야 한다.

① 3개　　　　　② 2개　　　　　③ 1개　　　　　④ 0개

❖ **정답:** ③(㉤)

※ **해설:**

㉠ 집회 및 시위를 방해한 자는 3년 이하의 징역 또는 300만 원 이하의 벌금에 처한다. 다만, **군인, 검사 또는 경찰관이 위반할 경우에는 5년 이하의 징역으로 가중처벌이 된다.**

㉡ 주거지역에서 개최되는 주간집회의 경우에 확성기 등의 **소음기준은 65dB 이하이다.**

㉢ 경찰관은 집회 또는 시위의 주최자에게 통보하고 그 집회 또는 시위의 장소에 **정복을 착용하고 출입할 수 있으며** 긴급한 경우에는 정복을 착용하고 옥내집회장소에의 출입도 가능하다.

㉣ 집회 및 시위의 주최자는 질서유지에 관하여 자신을 보좌하게 하기 위하여 **18세 이상의 자를 질서유지인으로 임명할 수 있다.**

㉥ 집회시위의 해산 절차는 **(주최자)종결선언의 요청 → (직접 참가자)자진해산의 요청 → (3회 이상)해산명령 → 직접해산** 순이다.

㉦ 질서유지인은 참가자 등이 질서유지인임을 쉽게 알아볼 수 있도록 **완장, 모자, 어깨띠, 상의 등을 착용하여야 한다.**

25.「집회 및 시위에 관한 법률」에 대한 설명으로 옳지 않은 것은?   06.10 순경
① 누구든지 폭행, 협박 기타의 방법으로 평화적인 집회, 시위를 방해할 수 없다. 단, 군인, 검사, 경찰관이 위반할 때는 가중처벌한다.
② 집회·시위 주최자는 평화적인 집회 및 시위 방해 염려가 있다고 인정할 때 관할경찰서에 보호요청을 할 수 있으며, 관할 경찰서장은 정당한 이유 없이 보호를 거절할 수 없다.
③ 경찰관은 질서유지를 위하여 집회 및 시위 장소에 제한 없이 출입할 수 있으나 옥내집회 출입장소는 직무집행에 있어서 긴급성이 요하는 경우에만 가능하다.
④ 집회 또는 시위의 주최자는 총포, 폭발물, 도검, 기타 타인의 생명 신체에 위해를 가할 수 있는 기구를 휴대, 사용하거나 신고한 목적, 일시장소, 방법 등 그 범위를 현저히 일탈하는 행위를 해서는 안 된다.

❖ **정답:** ③
❀ **해설:** 경찰관은 **집회 또는 시위의 주최자에게 알리고 그 집회 또는 시위의 장소에 정복(正服)을 입고 출입**할 수 있다. 다만, 옥내집회 장소에 출입하는 것은 직무 집행을 위하여 긴급한 경우에만 할 수 있다. 단, 집회 및 시위에 관한 법률상은 사복착용이 불가능하지만, 경찰법이나 경찰관직무집행법에 의해서는 **정보활동 및 범인검거활동 등을 위해 사복착용 출입이 가능하다.**

26.「집회 및 시위에 관한 법률」에 관한 설명 중 틀린 것은?   05.7 순경
① 집회 및 시위의 금지통고에 대한 이의신청 재결결과는 이의신청 접수 시부터 24시간 이내이다.
② 질서유지인을 둔 경우에는 일출 전 일몰 후 옥외집회를 조건부로 허용할 수 있다.
③ 옥외집회와 시위장소에 경찰관은 주최자에게 통보하고 정·사복을 착용하고 출입할 수 있다.
④ 관할 경찰서장은 접수증을 교부한 때로부터 12시간 이내에 주최자에게 24시간을 기한으로 그 기재사항을 보완할 것을 통고할 수 있다.

❖ **정답:** ③
❀ **해설:** 경찰관은 **집회 또는 시위의 주최자에게 알리고 그 집회 또는 시위의 장소에 정복(正服)을 입고 출입**할 수 있다. 다만, 옥내집회 장소에 출입하는 것은 직무 집행을 위하여 긴급한 경우에만 할 수 있다. 단, 집회 및 시위에 관한 법률상은 사복착용이 불가능하지만, 경찰법이나 경찰관직무집행법에 의해서는 **정보활동 및 범인검거활동 등을 위해 사복착용 출입이 가능하다.**

27. 집회 및 시위에 관한 설명으로 틀린 것은?   09.7 순경
① 옥외집회 및 시위는 720시간 전부터 48시간 전에 관할 경찰서장에게 신고서를 제출하여야 한다.
② 신고서의 기재사항에 미비한 점이 있는 경우 접수증을 교부한 때로부터 24시간 이내에 그 기재사항을 보완할 것을 통고하여야 한다.
③ 주최자의 자격에는 아무런 제한이 없으며, 단체인 경우에는 법인격의 유무를 불문한다.
④ 금지통고에 대한 이의신청은 금지통고를 한 경찰관서의 직근상급경찰관서의 장에게 금지통고를 받은 날로부터 10일 이내에 하여야 한다.

❖ **정답:** ②
❀ **해설:** 신고서의 기재 사항에 미비한 점을 발견하면 **접수증을 교부한 때부터 12시간 이내에 주최자에게 24시간을 기한으로 그 기재 사항을 보완할 것을 통고**할 수 있다.

28. 「**집회 및 시위에 관한 법률**」의 내용 중 옳지 않은 것은?   09.1 승진

① 국회의사당, 각급 법원, 대통령 관저, 국회의장 공관, 대법원장 공관, 국무총리 공관으로부터 100m 이내
　에서는 집회를 개최할 수 없다.

② 외교기관의 업무가 없는 휴일에 개최되는 경우로서 당해 외교기관의 기능이나 안녕을 침해할 우려가 없
　다고 인정되는 경우에도 집회·시위를 허용할 수 없다.

③ 주최자로부터 이의신청을 접수한 재결청은 접수 시로부터 24시간 이내에 재결하여야 한다.

④ 재결청이 48시간 이내에 재결서를 발송하지 아니하면 금지통고는 소급하여 그 효력을 잃게 되고, 주최자
　는 최초에 신고한 대로 집회·시위를 개최할 수 있다.

❖ **정답:** ④

❈ **해설:** 접수한 때부터 **24시간 이내**에 재결서를 발송하지 아니하면 관할경찰관서장의 금지 통고는
　　　소급하여 그 효력을 잃는다.

29. 「**집회 및 시위에 관한 법률**」에 대한 설명 중 틀린 것은?   08.10 순경

① 관할경찰서장은 집회 또는 시위의 시간과 장소가 중복되는 2개 이상의 신고가 있는 경우 그 목적으로 보아 서로
　상반된다고 인정되면 뒤에 접수된 집회 또는 시위에 대해 금지통고를 할 수 있다.

② 집회신고서를 접수한 관할경찰서장은 신고서의 기재사항에 미비한 점을 발견하면 접수증을 교부한 때부
　터 12시간 이내에 주최자에게 기재사항의 보완을 통고할 수 있다.

③ 누구든지 서울중앙지방법원 경계지점으로부터 50m인 빌딩 내에서의 집회를 하여서는 아니 된다.

④ 집회 또는 시위의 금지통고를 받았을 때 주최자가 이의신청을 할 수 있는 관청은 직근상급경찰관서의 장
　이고 기간은 10일 이내이다.

❖ **정답:** ③

❈ **해설:** 누구든지 국회의사당 등 청사 또는 자택의 경계지점으로부터 **100m 이내의 장소**에서는 옥외
　　　집회 또는 시위를 하여서는 아니 된다.

30. 다음 중 집회 또는 시위의 해산사유가 아닌 것은?   08.1 승진

> ㉠ 금지통고된 옥외집회 및 시위
> ㉡ 신고하지 않은 옥외집회 및 시위
> ㉢ 신고된 주요 도로에서의 집회 및 시위
> ㉣ 질서유지 조건을 위반한 집회
> ㉤ 헌법재판소장 공관 경계지점으로부터 100m 이내 장소에서의 집회·시위
> ㉥ 주최자가 종결을 선언한 집회 및 시위
> ㉦ 질서유지인을 표시한 완장·모자·어깨띠 또는 상의 등을 착용하지 않고 한 집회 및 시위

① 없다.　　　　② 1개　　　　③ 2개　　　　④ 3개

❖ **정답:** ②

❈ **해설:** ▶ 집회 또는 시위의 해산

① **관할경찰관서장은** 아래에 해당하는 집회 또는 시위에 대하여는 상당한 시간 이내에 **자진(自進) 해산**할 것을 요청하고 이에 따르지 아니하면 **해산(解散)**을 명할 수 있다.
  ㉠ 헌법재판소의 결정에 따라 해산된 정당의 목적을 달성하기 위한 집회 또는 시위
  ㉡ 집단적인 **폭행, 협박, 손괴(損壞), 방화 등으로 공공의 안녕질서에 직접적인 위협을 끼칠 것이 명백한 집회 또는 시위**
  ㉢ 누구든지 해가 뜨기 전이나 해가 진 후에는 옥외집회 또는 시위를 하여서는 아니 된다. 다만, 집회의 성격상 부득이하여 주최자가 질서유지인을 두고 미리 신고한 경우에는 관할경찰관서장은 질서유지를 위한 조건을 붙여 해가 뜨기 전이나 해가 진후에도 옥외집회를 허용할 수 있다(헌법 불합치, 2008헌가25, 2010. 6. 30.을 시한으로 입법자가 개정할 때까지 계속 적용).
  ㉣ **청사, 저택으로부터 100미터 이내 장소에서의 옥외집회 · 시위**
  ㉤ **주최자가 종결을 선언한 집회 · 시위**
  ㉥ **신고하지 않은 옥외집회 · 시위**
  ㉦ **금지통고된 옥외집회 · 시위**
  ㉧ **주요 도로의 교통소통을 위하여 금지된 집회 · 시위**
  ㉨ **주요 도로에서의 조건 붙은 집회 · 시위가 조건에 위반**하여 질서유지에 직접적인 위험을 명백히 초래한 경우
  ㉩ **총포 · 도검 기타 타인의 생명 · 신체에 위해를 가할 수 있는 기구를 휴대 · 사용하여 질서를 유지할 수 없을 때**
  ㉪ 신고한 목적 · 일시 · 장소 등을 현저히 일탈하게 되어 질서를 유지할 수 없을 때
② 집회 또는 시위가 해산 명령을 받았을 때에는 **모든 참가자는 지체 없이 해산**하여야 한다.
③ 자진 해산의 요청과 해산 명령의 고지(告知) 등에 필요한 사항은 대통령령으로 정한다.

31. 경찰서장은 다음과 같은 경우에 어떤 조치를 취하는 것이 가장 바람직한 것인가?(기준일은 7월 8일 현재)

09.1 승진

> 2005년 6월 25일 A단체는 '7월 10일 10시부터 18시까지 5천 명이 甲 미군부대 주변 초등학교에서 집회를 한 후 부대 울타리를 따라 행진하겠다.'는 내용의 집회신고서를 B경찰서에 제출하였다. 이에 부대 측은 7월 1일 시설보호요청서를 B경찰서에 접수시켰다. 또한 A단체가 행진을 하면서 甲미군부대 울타리를 손괴, 집단진압을 감행할 것이라는 첩보가 계속 나오고 있는 상황이다.

① 집회와 행진 모두를 금지통고를 할 수 있다.
② 행진에 대해 제한통고를 할 수 있다.
③ 미군부대 측의 시설보호요청이 있으므로 금지통고 또는 제한통고 중 어떠한 조치를 취해도 상관없다.
④ 집회신고서를 접수한 후 48시간이 경과하였으므로 금지통고 또는 제한통고 중 어떠한 조치도 취할 수 없다.

❈ **정답:** ④
❈ **해설:** 집회신고서 접수 후 48시간이 경과하여, **금지통고는 할 수 없으나, 제한통고는 시한규정이 없으므로 통상 집회개최 직전까지는 주최자에게 제한통고를 할 수 있는 것으로 본다.**

32. 「집회 및 시위에 관한 법률」에 대한 설명으로 타당하지 않은 것은?   09.2 경간부

> ㉠ 주관자라 함은 자기명의로 자기책임 아래 집회 또는 시위를 개회하는 사람 또는 단체를 말한다.
>
> ㉡ 도로, 역, 광장 등 공공의 장소에서 다수인이 공동목적을 가지고 행하는 가두행진, 유인물배포, 캠페인 등으로 시위에 해당하므로 신고의 대상이다.
>
> ㉢ 재결은 이의신청 접수 시로부터 24시간 이내에 하여야 한다. 24시간 이내에 재결서를 발송하지 않으면 소급하여 금지통고의 효력은 상실한다.
>
> ㉣ 집회·시위의 4단계는 종결선언의 요청 – 자진해산의 요청 – 해산명령 – 직접해산 순으로 행한다.

① 없다.   ② 1개   ③ 2개   ④ 3개

✔ 정답: ②

※ 해설: 주체자라 함은 자기명의로 자기책임 아래 집회 또는 시위를 개회하는 사람 또는 단체를 말한다.

33. 집회 및 시위에 대한 설명 중 틀린 것은?   10.1 승진

① 현행법상 학문·예술 등에 관한 집회는 신고대상이 아니므로 소음제한규정이 적용되지 않는다.

② 집회·시위 신고서의 기재사항에 미비점이 있는 경우에는 관할 경찰서장은 접수증을 교부한 때부터 12시간 이내에 보완할 사항을 명시하여 주최자에게 서면으로 송달하여야 한다.

③ 집회 또는 시위의 금지통고를 받은 주최자는 금지통고를 받은 날로부터 10일 이내에 당해 경찰관서의 직근 상급경찰관서의 장에게 이의를 신청할 수 있다.

④ 주최자는 신고한 집회·시위를 개최하지 아니할 경우 집회일시 전 관할 경찰관서장에게 그 사실을 통지하여야 한다.

✔ 정답: ①

※ 해설: 모든 집회·시위(신고대상이 아닌 경우도 포함)에 적용한다.

34. 「집회 및 시위에 관한 법률」의 내용 중 틀린 것은?   09.3 순경

① 참가예정단체 및 참가예정인원과 시위방법 등을 기재한 신고서를 옥외집회 또는 시위를 시작하기 720시간 전부터 48시간 전에 개최지 관할 경찰서장에게 제출해야 한다.

② 관할 경찰서장은 신고서의 기재사항에 미비한 점이 있다는 것을 안 경우에는 접수증을 교부한 때부터 10시간 이내에 주최자에게 기재사항을 보완할 것을 통고할 수 있다.

③ 집회·시위의 주최자는 금지통고를 받은 날로부터 10일 이내에 해당 경찰관서의 바로 위의 상급 경찰관서의 장에게 이의를 신청할 수 있다.

④ 재결청이 24시간 이내에 재결서를 발송하지 아니하면 주최자는 최초에 신고한 대로 집회·시위를 개최할 수 있다.

✔ 정답: ②

※ 해설: 관할 경찰서장은 신고서의 기재사항에 미비한 점이 있다는 것을 안 경우에는 접수증을 교부한 때부터 **12시간 이내**에 주최자에게 기재사항을 보완할 것을 통고할 수 있다.

35. 다음 중 「집회 및 시위에 관한 법률」에 관한 설명으로서 옳지 않은 것은?   11.2 순경

> ㉠ 옥외집회나 시위를 주최하려는 자는 신고서를 옥외집회나 시위를 시작하기 720시간 전부터 48시간 전에 관할 경찰관서장에게 제출하여야 한다.
>
> ㉡ 관할 경찰관서장은 신고서의 기재 사항에 미비한 점을 발견하면 접수증을 교부한 때부터 12시간 이내에 주최자에게 24시간을 기한으로 그 기재 사항을 보완할 것을 통고하여야 한다.
>
> ㉢ 이의신청을 받은 경찰관서의 장은 이의신청을 접수한 때부터 24시간 이내에 재결을 할 수 있다.
>
> ㉣ 이의신청인은 금지 통고가 위법하거나 부당한 것으로 재결되거나 그 효력을 잃게 된 경우 처음 신고한 대로 집회 또는 시위를 개최할 수 있다.
>
> ㉤ 다만, ㉣의 사안에서 금지통고 등으로 시기를 놓친 경우에는 일시를 새로 정하여 집회 또는 시위를 시작하기 12시간 전에 관할 경찰관서장에게 신고함으로써 집회 또는 시위를 개최할 수 있다.

① 1개   ② 2개   ③ 3개   ④ 4개

정답: ③

※ 해설:

㉡ 관할 경찰관서장은 신고서의 기재 사항에 미비한 점을 발견하면 접수증을 교부한 때부터 12시간 이내에 주최자에게 24시간을 기한으로 그 기재사항을 보완할 것을 **통고할 수 있다.**

㉢ 이의 신청을 받은 경찰관서의 장은 접수 일시를 적은 접수증을 이의 신청인에게 즉시 내주고 접수한 때부터 24시간 이내에 **재결을 하여야 한다.**

㉤ 다만, ㉣의 사안에서 금지통고 등으로 시기를 놓친 경우에는 일시를 새로 정하여 집회 또는 시위를 시작하기 **24시간 전에** 관할 경찰관서장에게 신고함으로써 집회 또는 시위를 개최할 수 있다.

36. 집회 및 시위의 금지와 관련한 다음 설명 중 옳은 것은 모두 몇 개인가?   11.8 순경

> ㉠ 헌법재판소의 결정에 따라 해산된 정당의 목적을 달성하기 위한 집회 또는 시위는 금지된다.
>
> ㉡ 집회 및 시위의 신고 장소가 학교의 주변지역으로서 집회 또는 시위로 학습권을 뚜렷이 침해할 우려가 있는 경우는 금지될 수 있다.
>
> ㉢ 집회 및 시위의 신고 장소가 군사시설의 주변지역으로서 집회 또는 시위로 시설이나 군작전의 수행에 심각한 피해가 발생할 우려가 있는 경우는 금지될 수 있다.
>
> ㉣ 집회 및 시위의 주최자가 질서유지인을 두고 도로를 행진하는 경우에는 심각한 교통 불편을 초래할 우려가 있지 않은 한 이를 금지할 수 없다.
>
> ㉤ 국무총리의 공관으로부터 100미터 이내의 장소에서는 행진을 할 수 없다.

① 2개   ② 3개   ③ 4개   ④ 5개

정답: ③(㉠㉡㉢㉣)

※ 해설: 국무총리의 공관으로부터 **100미터 이내의 장소에서는 행진을 할 수 있다.**

37. 「공직선거법」과 관련된 설명으로 맞는 것은?   10.3 순경

① 「공직선거법」 선거운동이란 당선되거나 되게 하거나 되지 못하게 하기 위한 행위로 정당의 후보자 추천에 관한 단순한 지지·반대의 의견개진 및 의사표시, 입후보와 선거운동을 위한 준비행위는 선거운동으로 보지 아니한다.

② 「공직선거법」에 규정된 죄의 공소시효는 당해 범죄행위가 종료한 때로부터 1년이 경과함으로써 완성되나 범인이 도피한 때에는 그 기간을 할 수 없다.

③ 대한민국 국민이 아닌 자와 미성년자, 국회의원 등 국가공무원법상 공무원은 선거운동을 할 수 없다.

④ 지방자치단체의 장의 선거의 예비후보자는 예비후보자의 등록이 끝난 때부터 개표종료 시까지 사형·무기 또는 장기 5년 이상의 징역이나 금고에 해당하는 죄를 범한 경우를 제외하고는 현행범이 아니면 체포 또는 구속되지 아니한다.

✦ **정답: ①**

※ **해설:**

② 「공직선거법」에 규정된 죄의 공소시효는 당해 **선거일 후 6월(선거일후에 행하여진 범죄는 그 행위가 있는 날로부터 6개월 이내)**을 경과함으로써 완성한다. 다만, 범인이 도피한 때나 범인이 공범 또는 범죄의 증명에 필요한 참고인을 도피시킨 때에는 그 기간은 3년으로 한다.

③ **대한민국 국민이 아닌 자의 배우자나, 국회의원은 선거운동을 할 수 없다.**

④ 지방자치단체의 장의 선거의 후보자는 후보자의 등록이 끝난 때부터 개표종료 시까지 **사형·무기 또는 장기 5년 이상의 징역이나 금고에 해당하는 죄를 범한 경우를 제외하고는 현행범인이 아니면 체포 또는 구속되지 아니하며, 병역소집의 유예**를 받는다.

38. 다음 선거에 관련된 사항 중 틀린 것은?   02.10 순경

① 대통령선거에서 선거기간은 23일이다.

② 선거일 현재 60일 이상 관할구역에 주민등록이 되어 있는 자는 대통령 선거권이 있다.

③ 선거범으로서 100만 원 이상의 벌금형 선고를 받고 그 형이 확정된 후 5년이 지나지 않은 사람은 선거권이 없다.

④ 대통령에 입후보하는 자는 선거일 현재 5년 이상 국내에 거주하여야 한다.

✦ **정답: ②**

※ **해설: 19세 이상**의 국민은 대통령 및 국회의원의 선거권이 있다.

39. 현행 「공직선거법」에서 선거기간과 선거운동기간이 옳게 연결된 것은?   06.1 승진

① 선거공고일부터 선거일까지, 후보자 등록개시일부터 선거일까지

② 후보자등록 개시일부터 선거일까지, 후보자등록 마감일의 다음 날부터 선거일까지

③ 후보자등록 마감일부터 선거일까지, 후보자등록 마감일의 다음 날부터 선거 전일까지

④ 후보자등록 마감일부터 다음 날부터 선거일까지, 선거기간개시일부터 선거일 전일까지

✦ **정답: ④**

※ **해설:** 선거기간은 **후보자등록마감일의 다음 날부터 선거일까지**를 말하며, 선거운동기간은 **선거기간개시일부터 선거일 전일까지**에 한하여 할 수 있다.

40. 현행범은 임기만료에 의한 선거인 경우 선거의 종류에 따라 선거기간과 선거일을 특정하여 규정하고 있다. 다음 중 타당하지 않은 것은?　　　　　07.1 승진

① 대통령선거: 21일, 임기만료일 전 60일 이후 첫 번째 수요일

② 국회의원선거: 14일, 임기만료일 전 50일 이후 첫 번째 수요일

③ 지방자치단체장선거: 14일, 임기만료일 전 30일 이후 첫 번째 수요일

④ 지방의회의원선거: 14일, 임기만료일전 30일 이후 첫 번째 수요일

⚑ 정답: ①

※ 해설: ▶ 선거일과 선거기간

대통령	임기만료	대통령선거는 그 임기만료일 전 **70일 이후 첫 번째 수요일**
	선거기간	**23일** ※ 선거기간이란 **후보자등록마감일의 다음 날부터 선거일까지**를 말한다.
국회의원	임기만료	국회의원선거는 그 임기만료일전 **50일 이후 첫 번째 수요일**
	선거기간	**14일** ※ 선거기간이라 함은 **후보자등록마감일 후 6일부터 선거일까지**를 말한다.
지방자치단체장 및 지방의회의원	임기만료	지방의회의원 및 지방자치단체의 장의 선거는 그 임기만료일 전 **30일 이후 첫 번째 수요일**
	선거기간	국회의원 선거기간(제33조)과 동일 ※ 선거기간이라 함은 **후보자등록마감일 후 6일부터 선거일까지**를 말한다.

41. 다음 중 선거에 해당하는 기탁금의 연결이 틀린 것은?　　　　　10.2 경간부

㉠ 대통령선거 – 5억 원	㉡ 국회의원 선거 – 1천5백만 원
㉢ 시 · 도의회의원 선거 – 500만 원	㉣ 시 · 도지사 선거 – 5천만 원
㉤ 자치구 시 · 군의 장 선거 – 1천만 원	㉥ 자치구 · 시 · 군의원 선거 – 300만 원

① 0개　　　　② 1개　　　　③ 2개　　　　④ 3개

⚑ 정답: ③

※ 해설: ▶ 기탁금

대통령선거	5억 원
국회의원선거	1천500만 원
시 · 도의회의원선거	300만 원
시 · 도지사선거	5천만 원
자치구 · 시 · 군의 장 선거	1천만 원
자치구 · 시 · 군의원선거	200만 원

42. 다음 기탁금 관련하여 틀린 것은?　　　　　10.2 경간부

① 대통령 – 5억 원　　　　　　② 국회의원 – 1천5백만 원

③ 시 · 도지사 – 5천만 원　　　　④ 시 · 도의회의원선거 – 200만 원

⚑ 정답: ④

※ 해설: 시 · 도의회의원선거 – 300만원

43. 다음 중 공직선거법상 '선거운동으로 보지 아니하는 행위'가 아닌 것은?   02.1 승진

① 선거운동을 위한 준비행위

② 정당의 후보자 추천에 관한 적극적 의견 개진

③ 일반 선거구민의 선거에 관한 단순한 의견표시

④ 입후보 예정자의 통상적인 정당활동

❖ **정답:** ②

❖ **해설:** ▶ **선거운동으로 보지 않는 경우**

> 법률의 규정에 의하여 금지 또는 제한되는 경우를 제외하고는 누구든지 자유롭게 선거운동을 할
> 수 있지만, 아래의 경우에는 선거운동으로 보지 않는다.
> ① **선거에 관한 단순한 의견개진 및 의사표시**
> ② **입후보와 선거운동을 위한 준비행위**
> ③ 정당의 후보자 추천에 관한 **단순한 지지·반대의 의견개진 및 의사표시**
> ④ **통상적인 정당활동**

44. A시청에 내무과장으로 근무하고 있는 甲은 A시의 시장으로 출마하라는 주위의 권유를 받았다. 甲이 시장
으로 출마하기 위해서는 언제까지 지방공무원을 그만두어야 하는가?   03.1 승진

① 선거공고일까지

② 후보자등록 신청개시일까지

③ 선거일 전 90일까지

④ 선거일 전 60일까지

❖ **정답:** ③

❖ **해설:** 공무원 등이 입후보자가 되려는 사람은 **선거일 전 90일까지 그 직을 그만두어야 한다.** 다만,
대통령선거와 국회의원선거에 있어서 국회의원이 그 직을 가지고 입후보하는 경우와 지방의
회의원선거와 지방자치단체의 장의 선거에 있어서 당해 지방자치단체의 의회의원이나 장이
그 직을 가지고 입후보하는 경우에는 그러하지 아니하다.

45. 공직선거법상 ( ) 안에 들어갈 시간 및 나이를 순서대로 옳게 나열한 것은?   10.1 승진

> ㉠ 야간연설은 오후 ( )부터 다음 날 오전 ( )까지는 금지된다.
> ㉡ 전화를 이용한 선거운동은 오후 ( )부터 다음 날 오전 ( )까지는 금지된다.
> ㉢ 국회의원의 피선거권이 있는 자는 ( ) 이상이어야 한다.

① 10시 - 7시 - 10시 - 6시 - 26세

② 11시 - 6시 - 11시 - 6시 - 25세

③ 11시 - 7시 - 10시 - 7시 - 26세

④ 10시 - 6시 - 10시 - 7시 - 25세

❖ **정답:** ②

❈ 해설:

야간연설 등의 제한(제102조)	① 연설·대담과 대담·토론회(방송시설을 이용하는 경우를 제외)는 **오후 11시부터 다음날 오전 6시까지는 개최할 수 없으며, 공개장소에서의 연설·대담은 오후 10시부터 다음 날 오전 7시까지는 이를 할 수 없다.** 다만, 공개장소에서의 연설·대담에 있어서 휴대용 확성장치만을 사용하는 경우에는 **오전 6시부터 오후 11시까지** 할 수 있다. ② 공개장소에서의 연설·대담을 하는 경우 **오후 9시부터 다음 날 오전 8시까지 녹음기와 녹화기(비디오 및 오디오 기기를 포함)를 사용**할 수 없다.
여론조사의 결과공표금지(제108조)	누구든지 야간(**오후 10시부터 다음 날 오전 7시까지를 말한다**)에는 전화를 이용하여 선거에 관한 여론조사를 실시할 수 없다.
서신·전보 등에 의한 선거운동의 금지(제109조)	전화 또는 문자메시지를 이용한 선거운동은 야간(**오후 11시부터 다음 날 오전 6시까지를 말한다**)에는 이를 할 수 없다.

46. 최근 개정된 「공직선거법」에 대한 설명 중 틀린 것은?   05.1 승진

> ㉠ 예비후보자는 선거사무장을 포함하여 5인 이내의 선거사무원을 둘 수 있다.
> ㉡ 누구든지 선거일 전 90일부터 선거일까지는 후보자와 관련 있는 저서의 출판기념회를 개최할 수 없다.
> ㉢ 예비후보자가 되고자 하는 자는 선거일전 180일부터 관할 선거구선거관리위원회에 예비후보자등록을 서면으로 신청하여야 한다.
> ㉣ 예비후보자는 홍보에 필요한 사항을 게재한 명함을 직접 주는 행위를 할 수 있다.
> ㉤ 현역의원은 선거기간 중에만 의정활동 보고가 금지된다.

① 1개   ② 2개   ③ 3개   ④ 4개

⁝ 정답: ③
❈ 해설:

㉠ 대통령 선거(**10인 이내**), 시·도지사 선거(**5인 이내**), 지역구국회의원 선거 및 자치구·시·군의 장 선거(**3인 이내**), 지역구지방의회의원 선거(**2인 이내**)이다.
㉢ 대통령(**240일**), 국회의원 및 시도지사(**120일**), 시·도의회의원 선거, 자치구·시의회의원 및 장의 선거(**90일**), 군의 지역구의회의원 및 장의 선거(**60일**)이다.
㉤ 현역의원은 **선거일전 90일부터 선거일까지** 의정활동 보고가 금지된다.

47. 다음 중 설명이 바른 것은?   08.2 경간부

> ㉠ 정치권에 대하여 어떤 모양으로 압력을 가하는 조직화된 특수이익의 집단은 압력단체(이익단체)이다.
> ㉡ 누구든지 선거일 전 90일부터 선거일까지는 후보자의 관련 있는 저서의 출판기념회를 개최할 수 없다.
> ㉢ 정당의 후보자 추천에 관한 적극적 의견 개진은 공직선거법상 '선거운동으로 보지 아니하는 행위'에 해당한다.
> ㉣ 대통령선거와 지방자치단체장의 피선거권이 있는 자의 연령은 대통령 40세 이상, 지방자치 단체장 25세 이상이다.
> ㉤ 대통령 및 국회의원 선거의 선거권이 있는 자의 연령은 19세 이상의 국민이다.
> ㉥ 19세 이상의 국민과 영주자격 취득일 후 5년이 경과한 10세 이상의 외국인으로부터 외국인 등록대장에 등재된 자는 지방자치단체의 의회의원 및 장의 선거권을 갖는다.
> ㉦ 현역의원은 선거기간 중에만 의정활동보고가 금지된다.

① 3개   ② 4개   ③ 5개   ④ 6개

❖ 정답: ②(㉠㉡㉣㉤)

❋ 해설:

㉢ 정당의 후보자 추천에 관한 **단순한 의견 개진**은 공직선거법상 '선거운동으로 보지 아니하는 행위'에 해당한다.

㉥ '출입국관리법' 제10조(체류자격)의 규정에 따른 영주의 체류자격 취득일 후 3년이 경과한 19세 이상의 외국인으로서 제37조 제1항의 선거인명부작성 기준일 현재 '출입국관리법' 제34조(외국인등록표 등의 작성 및 관리)의 규정에 따라 당해 지방자치단체의 외국인등록대장에 등재된 자는 그 구역에서 선거하는 지방자치단체의 의회의원 및 장의 선거권이 있다.

㉦ 현역의원은 의정활동보고는 **선거일 전 90일부터 선거일까지 금지되나 인터넷의 홈페이지를 이용할 경우 기간제한은 없다.**

---

48. 「공직선거법」과 관련된 설명으로 틀린 것은?   09.4 순경

> ㉠ 선거운동 기간은 후보자등록 마감일의 다음 날부터 선거일 전일까지이다.
> ㉡ 지역구 지방의회의원 선거의 예비후보자 등록 신청기간은 선거일전 60일부터이다.
> ㉢ 관할 선거관리위원회에 등록한 국회의원 선거의 예비후보자는 지하철 역구내에서 자신의 명함을 직접 배포할 수 있다.
> ㉣ 당선인이 공직선거법에 규정된 H지를 범함으로 인해 징역 또는 100만 원 이상의 벌금형의 선고를 받은 때에는 그 당선을 무효로 한다.
> ㉤ 선거에 관한 단순한 의사표시도 선거운동으로 본다.

① 1개   ② 2개   ③ 3개   ④ 4개

❖ 정답: ③

❋ 해설:

㉡ 지역구 지방의회의원 선거의 예비후보자 등록 신청기간은 **선거기간 개시일 전 90일부터**이다.

㉢ 관할 선거관리위원회에 등록한 국회의원 선거의 예비후보자는 지하철 역구내에서 **자신의 명함을 직접 배포할 수 없다.**

㉤ 선거에 관한 **단순한 의사표시도 선거운동으로 보지 않는다.**

---

49. 현행법상 선거구민 등에게 금전 등을 제공하는 기부행위는 일정기간부터 제한된다. 임기만료에 의한 선거에 있어서 기부행위가 제한되는 기간은?   02.1 승진

① 선거일 전 120일부터 선거일까지   ② 선거일 전 150일부터 선거일까지
③ 선거일 전 180일부터 선거일까지   ④ 선거일과 관계없이 항상 금지됨.

❖ 정답: ④

❋ 해설: ▶ **후보자 등의 기부행위제한**

① **국회의원 · 지방의회의원 · 지방자치단체의 장 · 정당의 대표자 · 후보자(후보자가 되고자 하는 자를 포함)와 그 배우자는 당해 선거구 안에 있는 자나 기관 · 단체 · 시설 또는 당해 선거구의 밖에 있더라도 그 선거구민과 연고가 있는 자나 기관 · 단체 · 시설에 기부행위(결혼식에서의 주례행위를 포함)를 할 수 없다.**
② **누구든지 제1항의 행위를 약속 · 지시 · 권유 · 알선 또는 요구할 수 없다.**

50. 선거관리위원회에 관한 다음 설명 중 옳지 않은 것은?   04.1 승진
① 위원장과 위원으로 구성되는 헌법상 필수적 합의제 독립기관이다.
② 중앙선거관리위원회의 위원장은 위원 중에서 호선하며, 위원장은 가부동수인 경우 결정권을 가진다.
③ 중앙선거관리위원회는 9인의 위원으로 구성하고, 대통령이 실질적 구성원을 가진다.
④ 중앙선거관리위원회는 법령의 범위 안에서 집행명령인 규칙을 제정할 수 있다.

❖ **정답:** ③
❖ **해설: ▶ 중앙선거관리위원회**

성격		① **독립된 합의제 헌법기관**이다. ② 대통령은 형식적인 구성권을 가지고 있을 뿐이다.
중앙 선거 관리 위원회	위원의 임명	중앙선거관리위원회는 **대통령이 임명하는 3인, 국회에서 선출하는 3인과 대법원장이 지명하는 3인의 위원으로 구성**한다. 이 경우 **위원은 국회의 인사청문을 거쳐 임명·선출 또는 지명**하여야 한다.
	위원장	① 각급선거관리위원회에 **위원장 1인**을 둔다. ② 각급선거관리위원회의 위원장은 당해 선거관리위원회위원 중에서 **호선한다.** ③ 위원장은 위원회를 대표하고 그 사무를 통할한다.
	상임 위원	① 중앙선거관리위원회와 시·도선거관리위원회에 위원장을 보좌하고 그 명을 받아 소속 사무처의 사무를 감독하게 하기 위하여 **각 1인의 상임위원**을 둔다. ② 중앙선거관리위원회의 **상임위원은 위원 중에서 호선**한다.
	위원의 임기	각급선거관리위원회위원의 임기는 6년으로 한다.
	의결 정족수	① 각급선거관리위원회는 위원과반수의 출석으로 개의하고 **출석위원 과반수의 찬성으로 의결**한다. ② 위원장은 표결권을 가지며 **가부동수인 때에는 결정권**을 가진다.

51. 노동조합과 사용자 또는 사용자단체 사이에 임금·근로시간·복지·해고 기타 대우 등 근로조건의 결정에 관한 주장의 불일치로 인하여 발생한 분쟁상태를 무엇이라고 하는가?   04.1 승진
① 노동쟁의
② 쟁의행위
③ 단체행동
④ 파업

❖ **정답:** ①
❖ **해설: ▶ 노동쟁의**

노동쟁의라 함은 **노동조합과 사용자 또는 사용자단체간에 임금·근로시간·복지·해고 기타 대우 등 근로조건의 결정에 관한 주장의 불일치로 인하여 발생한 분쟁상태**를 말한다. 이 경우 주장의 불일치라 함은 당사자 간에 합의를 위한 노력을 계속하여도 더 이상 자주적 교섭에 의한 합의의 여지가 없는 경우를 말한다.

52. 사용자의 부당노동행위로 근로자가 권리를 침해당한 경우 어디에 그 구제를 신청할 수 있는가?

03.1 승진

① 노동부장관　　　　　　　　　② 노사협의회
③ 노동위원회　　　　　　　　　④ 상급 사용자단체

┇ 정답: ③

▓ **해설:** ▶ **구제신청**

> ① 사용자의 부당노동행위로 인하여 그 권리를 침해당한 근로자 또는 노동조합은 **노동위원회에 그 구**
> **제를 신청**할 수 있다.
> ② 구제의 신청은 부당노동행위가 있은 날(계속하는 행위는 그 종료일)부터 **3월 이내**에 이를 행하여야 한다.

53. 현행법에 의할 때 노동조합에 대한 설명으로 타당하지 않은 것은?　　　　　07.1 승진
① 근로자는 자유로이 노동조합을 조직하거나 이에 가입할 수 있다.
② 노동조합이 당해 노동조합을 법인으로 하고자 할 경우에는 등기하여야 한다.
③ 2인 이상의 특별시·광역시·도에 걸치는 단위노동조합은 중앙노동위원회에 설립 신고를 하여야 한다.
④ 근로자가 아닌 자의 가입을 허용하는 경우는 노동조합으로 보지 않는다.

┇ 정답: ③

▓ **해설:** ▶ **노동조합설립의 신고**

연합단체인 노동조합	고용노동부장관
2 이상의 특별시·광역시·도·특별자치도에 걸치는 단위노동조합	
2 이상의 시·군·구에 걸치는 단위노동조합	특별시장·광역시장·도지사
그 외의 노동조합	특별자치도지사·시장·군수·구청장

54. 현행법이 규정하고 있는 노동조합의 해산사유가 아닌 것은?　　　　　05.1 승진
① 합병 또는 분할로 소멸한 경우
② 노사정협의회의 직권이 결정이 있는 때
③ 규약에서 정한 해산사유가 발생한 경우
④ 총회 또는 대의원회에서 해산결의가 있는 경우

┇ 정답: ②

▓ **해설:** ▶ **해산사유**

> ① 노동조합은 아래에 해당하는 경우에는 해산한다.
> 　㉠ **규약에서 정한 해산사유가 발생한 경우**
> 　㉡ **합병 또는 분할로 소멸한 경우**
> 　㉢ 총회 또는 대의원회의 해산결의가 있는 경우　◉ **노동위원회의 결의(×)**
> 　㉣ 노동조합의 임원이 없고 노동조합으로서의 활동을 1년 이상하지 아니한 것으로 인정되는 경우로
> 　　서 **행정관청이 노동위원회의 의결을 얻은 경우**
> ② ㉠ 규약에서 정한 해산사유가 발생한 경우, ㉡ 합병 또는 분할로 소멸한 경우, ㉢ 총회 또는 대의원
> 회의 해산결의가 있는 경우로 노동조합이 해산한 때에는 그 **대표자는 해산한 날부터 15일 이내에 행**
> **정관청에게 이를 신고**하여야 한다.

55. 노동쟁의가 발생한 경우 일반사업과 공익사업의 조정기간은?   02.1 승진, 03.1 승진

① 10일 – 15일   ② 15일 – 10일
③ 10일 – 10일   ④ 15일 – 15일

✂ 정답: ①

❋ 해설: 조정은 조정의 신청이 있는 날부터 **일반사업에 있어서는 10일, 공익사업에 있어서는 15일 이내**에 종료하여야 한다.

56. 다음은 노동쟁의조정방법 중 중재에 대한 설명이다. 틀린 것은?   08.1 승진

① 노동위원회는 관계 당선자의 쌍방이 함께 중재를 신청한 때에 중재를 행한다.
② 노동쟁의가 중재에 회부된 때에는 그날부터 15일간은 쟁의행위를 할 수 없다.
③ 관계당사자는 지방노동위원회의 중재재정이 위법이라고 인정하는 경우에는 15일 이내에 중앙노동위원회에 그 재심을 신청할 수 있다.
④ 노동위원회 중재재정은 중앙노동위원회에서 재심신청 또는 행정소송의 제기에 의하여 그 효력이 정지되지 아니한다.

✂ 정답: ③

❋ 해설: 관계당사자는 지방노동위원회 또는 특별노동위원회의 중재재정이 위법이거나 월권에 의한 것이라고 인정하는 경우 중재재정서의 **송달을 받은 날부터 10일 이내**에 중앙노동위원회에 그 재심을 신청할 수 있다. 그리고 중앙노동위원회의 중재재정이나 재심결정이 위법이거나 월권에 의한 것이라고 인정하는 경우에는 그 중재재정서 또는 재심결정서의 **송달을 받은 날부터 15일 이내**에 행정소송을 제기할 수 있다(노동조합 및 노동관계조정법 제69조).

57. 「노동조합 및 노동관계 조정법」에 관한 설명으로 맞는 것은?   08.7 순경

> ㉠ 정치운동을 목적으로 하는 경우에는 노동조합으로 보지 않는다.
> ㉡ 노동조합설립 신고의 관할권자는 지방노동청장이다.
> ㉢ 노동쟁위가 중재에 회부될 때 일반사업은 10일, 공익사업에 있어서는 15일간은 쟁위행위를 할 수 없다.
> ㉣ 노동위원회의 직권결정이 있으면 해산할 수 있다.
> ㉤ 노동조합에 임원이 없고 노동조합으로서의 활동을 1년 이상 하지 아니한 것으로 인정되는 경우로서 행정관청이 노동위원회의 의결을 얻은 경우에는 노동조합 해산사유이다.

① 4개   ② 3개   ③ 2개   ④ 1개

✂ 정답: ③(㉠㉤)

❋ 해설:

㉡ 노동조합을 설립하고자 하는 자는 신고서(명칭, 주된 사무소의 소재지, 조합원 수, 임원의 성명과 주소, 소속된 연합단체가 있는 경우에는 그 명칭, 연합단체인 노동조합에 있어서는 그 구성노동단체의 명칭, 조합원 수, 주된 사무소의 소재지 및 임원의 성명, 주소)에 규약을 첨부하여 연합단체인 노동조합과 2인 이상의 특별시·광역시·도·특별자치도에 걸치는 단위노동조합은 **고용노동부장관에게**, 2인 이상의 시·군·구(자치구를 말함)에 걸치는 단위노동조합은 **특별시장·광역시장·도지사에게**, 그 외의 노동조합은 **특별자치도지사·시장·군수·구청장(자치구구청장)에게 제출**하여야 한다.

㉢ 노동쟁위가 중재에 회부될 때 **일반사업이든, 공익사업이든 불문하고 그 날부터 15일간은 쟁의행위를 할 수 없다.**

㉣ 노동위원회의 직권결정이 있으면 **해산할 수 없다.**

58. 노사분규사업장에 대한 경찰력투입 기준에 대한 설명 중 틀린 것은?   09.1 승진
① 폭력 · 파괴 · 점거 · 출입 방해 등 방법상의 심각한 불법 쟁의행위에 대해서는 목적 · 절차상 합 · 불법을 따
   져 목적 · 절차 · 방법상 모두 불법파업인 경우에만 신속하게 경찰력을 투입한다.
② 목적 · 절차상 불법파업이더라도 소극적 업무거부 형태인 경우에는 경찰력 투입은 자제한다.
③ 불법파업이나 임금체불, 부당노동행위 등 그 원인이 사용자에게 있는 경우 사용자 측 불법행위와 노조
   측의 불법행위를 함께 조치한다.
④ 목적 · 절차 · 방법 모두 합법적인 파업의 경우 자율교섭을 통한 해결을 지원한다.

❖ 정답: ①
❈ 해설: 목적 · 절차가 합법이라도 방법상의 심각한 불법행위 시 **사전경고 후 불응 시 경찰력 투입**
        불법행위를 신속하게 제거한다.

59. 근로기준법에서 규정하고 있는 내용이 아닌 것은?   10.1 승진
① 1주간의 근로시간은 휴게시간을 제외하고 40시간을 초과할 수 없다.
② 사용자는 근로자를 해고하려면 적어도 30일 전에 예고를 하여야 한다.
③ 미성년자는 독자적으로 임금을 청구할 수 있다.
④ 사용자는 임신 중이거나 산후 18개월이 지나지 아니한 여성을 보건상 유해 · 위험한 사업에 사용하지 못
   한다.

❖ 정답: ④
❈ 해설: 사용자는 임신 중이거나 **산후 1년이 지나지 아니한 여성과 18세 미만자를 도덕상 또는 보건**
        상 유해 · 위험한 사업에 사용하지 못한다.

60. 압력단체의 관한 설명 중 틀린 것은?   10.1 승진
① 압력단체의 발생요인으로 대중민주주의의 발전, 이익의 다원화, 정부통제의 확대, 정당의 한계 등을 들
   수 있다.
② 압력단체는 이익의 내용에 따라 당파적 집단, 촉진적 집단, 잠재적 집단으로 분류할 수 있다.
③ 압력단체는 조직의 형태에 따라 연하조직, 단일조직, 민주조직, 협동조직으로 분류할 수 있다.
④ 압력단체는 노동, 상업, 농업 등 각 분야별 이익을 추구하는 기능별, 분야별 집단과 특정정책이나 이슈를
   목적으로 조직화된 원인, 촉진집단으로 나눌 수 있다.

❖ 정답: ②
❈ 해설: ▶ 압력단체의 종류

이익내용에 따른 분류	기능별 · 분야별 집단	노동 · 상업 · 공업 등 각 분야별 이익을 정치에 반영하려는 집단을 말한다. 예 **농업협동조합, 한국노총, 전국경제인연합회 등**
	원인 · 촉진집단	농산물 수입정책 반대, 국민연금폐지, 개발제한구역 폐지 등과 같이 특정정책 이나 이슈를 목적으로 조직화된 집단을 말한다.
조직형태에 따른 분류		① **연합조직** ② **단일조직** ③ **민주조직** ④ **협동조직**
회원의 자격에 따른 분류		① 공개적 조직 ② 제한적 조직

61. 압력단체를 조직의 형태에 따라 분류할 때 이에 해당하지 않는 것은?   08.1 승진

① 연합조직
② 단일조직
③ 민주조직
④ 제한적 조직

❖ **정답:** ④

❈ **해설:** 제한적 조직은 **회원의 자격에 따른 분류**이다.

62. 다음 중 압력단체의 특징이라 볼 수 없는 것은?   08.1 승진

① 정치에 압력을 가한다는 점에서 단순한 친목단체가 아니다.
② 항구적 조직을 갖고 있다는 점에서 정치적 압력을 가하는 시민대회와 다르다.
③ 선거를 통해 공직획득을 가진다.
④ 정부의 정책에 영향을 미치게 한다 할지라도 그 책임을 지지 않으므로 정부기관이 아니라는 특징이 있다.

❖ **정답:** ③

❈ **해설:** ▶ **압력단체의 특징**

> ① **정치에 압력을 가한다는 점**에서 단순한 친목단체가 아니다.
> ② **항구적 조직을 갖고 있다는 점**에서 정치적 압력을 가하는 시민대회와 다르다.
> ③ **정부의 정책에 영향을 미치게 한다 할지라도 그 책임을 지지 않으므로 정부기관이 아니라는 특징**이 있다.

63. 「정치자금법」상 대통령후보자 후원회의 연간 모금한도액으로 옳은 것은?   10.1 승진

① 선거비용 제한액의 100분의 5
② 선거비용 제한액의 100분의 10
③ 선거비용 제한액의 100분의 15
④ 선거비용 제한액의 100분의 20

❖ **정답:** ①

❈ **해설:** ▶ **정치자금법 제12조(후원회의 모금 · 기부한도)**

> ① 후원회가 연간 모금할 수 있는 한도액(이하 "연간 모금한도액"이라 하고, 전년도 이월금을 포함하지 아니한다)은 다음 각 호와 같다. 다만, 신용카드 · 예금계좌 · 전화 또는 인터넷전자결제시스템 등에 의한 모금으로 부득이하게 연간 모금한도액을 초과하게 된 때에는 그러하지 아니하되, 그 이후에는 후원금을 모금할 수 없다.
> ㉠ 대통령후보자등후원회 · 대통령선거경선후보자후원회는 각각 **선거비용제한액의 100분의 5에 해당하는 금액**(후원회지정권자가 동일인인 대통령후보자등후원회는 합하여 선거비용제한액의 100분의 5에 해당하는 금액)
> ㉡ 국회의원 · 국회의원후보자 등 및 당대표경선후보자의 후원회는 **각각 1억 5천만 원**(후원회지정권자가 동일인인 국회의원후보자등후원회는 합하여 1억 5천만 원)
> ㉢ 지방자치단체장후보자후원회는 **선거비용제한액의 100분의 50에 해당하는 금액**

64. 노동조합의 정치활동 금지규정과 관련하여 타당하지 않은 것은?   04.1 승진

① 노동조합의 정치활동은 원칙적으로 금지된다.
② 노동단체는 정치자금을 후원할 수 있다.
③ 정치적 목적의 쟁의행위는 정당하지 못하다.
④ 노동조합의 대표자가 개인자격으로 선거운동을 하는 것은 가능하다.

정답: ②

해설: 정치자금법 제31조(기부의 제한)

> ① 외국인, 국내·외의 법인 또는 단체는 정치자금을 기부할 수 없다.
> ② 누구든지 국내·외의 법인 또는 단체와 관련된 자금으로 정치자금을 기부할 수 없다.

65. 국회 상임위원회에 대한 설명으로 틀린 것은?   10.1 승진

① 상임위원회는 그 소관에 속하는 의안과 청원 등의 심사 기타 법률에서 정하는 직무를 행한다.
② 의원은 2이상 상임위원회의 위원이 되고, 국회의장도 상임위원이 될 수 있다.
③ 상임위원과 상임위원장의 임기는 2년이다.
④ 상임위원회의 위원정수는 국회규칙으로 정한다. 다만, 정보위원회의 위원정수는 12인으로 한다.

정답: ②

해설: ▶ 상임위원회(국회법)

위원회 종류	① 상임위원회 ② 특별위원회
상임위원회의 위원정수	상임위원회의 위원정수는 국회규칙으로 정한다. 다만, 정보위원회의 위원정수는 12인으로 한다.
상임위원회의 위원	**① 의원은 2 이상의 상임위원회의 위원이 될 수 있다.** ② 각 교섭단체의 대표의원은 국회운영위원회의 위원이 된다. **③ 국회의장은 상임위원이 될 수 없다.** ④ 국무총리·국무위원·국무총리실장·처의 장, 행정각부의 차관 기타 국가공무원의 직을 겸한 의원은 상임위원을 사임할 수 있다.
상임위원의 임기	**① 상임위원의 임기는 2년**으로 한다. 다만, 국회의원총선거 후 처음 선임된 위원의 임기는 그 선임된 날부터 개시하여 의원의 임기개시 후 2년이 되는 날까지로 한다. ② 보임 또는 개선된 상임위원의 임기는 전임자의 잔임 기간으로 한다.
상임위원의 직무 관련 영리행위 금지	상임위원은 소관 상임위원회의 직무와 관련한 영리행위를 하지 못한다.
상임위원장	① 상임위원회에 위원장 1인을 둔다. ② 상임위원장은 선임된 당해 상임위원 중에서 임시의장선거의 예에 준하여 국회의 회의에서 선거한다. ③ 선거는 국회의원총선거 후 최초 집회일부터 3일 이내에 실시하며, 처음 선출된 상임위원장의 임기가 만료되는 때에는 그 임기만료일까지 실시한다. ④ 상임위원장의 임기는 상임위원으로서의 임기와 같다. ⑤ 상임위원장은 본회의의 동의를 얻어 그 직을 사임할 수 있다. 다만, 폐회 중에는 의장의 허가를 받아 사임할 수 있다.

제5절   외국의 정보경찰

1. MI-5라는 명칭으로 유명하며 영국 내의 간첩·태업 및 정부전복 음모를 사전에 탐지하여 예방하는 것을 주된 임무로 하고 있는 정보기관은?   02.1 승진

① 정보통신본부(GCHQ)   ② 비밀정보부(SIS)
③ 국방정보참모부(DIS)   ④ 보안부(SS)

정답: ④

해설: 보안국(SS) – 특별정보국(MI-5)이라는 명칭으로 창설, 영국 내의 간첩·태업 및 정부전복 음모를 사전에 탐지하여 예방하는 것을 주된 임무로 하고 있다.

2. 다음 보기 중 영국의 정보기관은 몇 개인가?   04.1 승진

㉠ 국가안보국(NSA)	㉡ 국토감시국	㉢ 해외안전총국
㉣ DIS	㉤ GCHQ	

① 1개   ② 2개   ③ 3개   ④ 4개

정답: ②

해설: ▶ 영국의 정보기관

비밀정보부 (SSI)	① 특별정보국(MI-6)이라는 명칭으로 발족, 외무성으로 이관 ② 국외(해외)정보수집·분석과 공작활동 담당 ③ 최근에는 테러집단에 대한 정보활동과 산업정보수집활동을 강화
보안국 (SS)	① 특별정보국(MI-5)이라는 명칭으로 창설, 내무성으로 이관 ② 영국 내의 간첩·태업 및 정부전복음모를 사전에 탐지하여 예방
국방정보참모부 (DIS)	① 주로 군사정보의 수집·분석과 방첩활동 ② 미국의 국방정보국(DLA)에 해당되는 기능 수행
정보통신본부 (GCHQ)	① 육군, 해군, 공군의 도청 기구와 부서들의 활동을 지휘 ② 미국의 국가안보국(NSA)과 유사한 역할을 수행
런던 경찰청의 특별국	① 왕족, 각료 및 공적인 방문을 고위인사들에 대한 경호 ② 대사관 건물의 감시와 경호 ③ 여행자의 안전을 위한 항구 및 공항의 감시

3. 미국의 국가안보국(NSA)과 비슷한 역할을 수행하는 영국의 정보기관은?   04.1 승진

① 비밀정보부(SIS)   ② 보안부(SS)
③ 국방정보참모부(DIS)   ④ 정보통신본부(GCHQ)

정답: ④

해설: 영국의 정보통신본부(GCHQ)는 육군, 해군, 공군의 도청 기구와 부서들의 활동을 지휘하며, 미국의 국가안보국(NSA)과 유사한 역할을 수행한다.

4. 다음 중 미국의 정보경찰기관이 아닌 것은?   02.1 승진

① SIS(비밀정보국)   ② NSA(국가안보국)

③ CIA(중앙정보국)   ④ NRO(국가정찰국)

▷ 정답: ①

▓ 해설: ▶ 미국의 정보기관

중앙정보국 (CIA)	① 국가안전보장에 관련되는 **국외 정보활동**을 담당 ② **국가의 정책정보를 수집**하며, 수집된 정보를 분석하여 생산, 배포하고, 방첩활동과 **대통령이 승인한 특수공작 수행**
연방수사국 (FBI)	① 스파이, 반란, 정부전복 등의 범죄행위에 대한 수사뿐만 아니라 관련 첩보수집활동도 수행 ② **FBI는 국내수사, 방첩정보활동이 원칙이고, 해외방첩활동은 CIA와 협조하에 수행**
국토안보부 (DHS)	① 테러위협으로부터 국토를 수호하는 것을 주요 임무 ② 미국 내 법집행기관, 정보기관들의 첩보는 물론 기타 연방정부, 주 및 지방정부기관과 민간 분야의 첩보를 개척, 수집, 분석하고 테러 방지 등의 역할 담당
국가안보국 (NSA)	**통신과 신호들에 대한 첩보보안 및 각종 도청공작, 암호해독 및 암호보호 기술개발, 우주공간 및 미사일 감청 등 담당**
국가정찰국 (NRO)	① 우주정찰에 대한 미국의 정책을 검토하기 위해 설립 ② 미국의 정보공동체 전체의 위성정찰계획 등 관리

5. 다음 설명과 관계있는 미국의 정보기관은?   08.1 승진

> '내부인에게는 어떤 말도 하지 말라, 외부인에게는 그런 기관은 없다.'는 경구로 상실될 만큼 철저한 보안시스템을 갖추고 있다.

① 중앙정보국(CIA)   ② 국가안보국(NSA)

③ 국가정찰국(NRO)   ④ 연방수사국(FBI)

▷ 정답: ②

▓ 해설: 미국의 **국가안보국(NSA)**에 대한 설명이다.

6. 다음 중 미국의 정보기관에 대한 설명으로 타당하지 않은 것은?   03.1 승진, 05.1 승진

① 중앙정보국(CIA)의 모든 직무와 임무는 국가안전보장법, CIA법, 기타 대통령행정명령에 의거하여 수행된다.

② 국가안보국(NSA)은 행정적·업무적으로 국방정보국(DIA)의 관할을 받고 있는 하위기구이다.

③ 국가정찰국(NRO)은 우주정찰에 대한 미국의 정책을 검토하기 위하여 케네디 대통령에 의하여 설립되었다.

④ 연방수사국(FBI)은 발생한 범죄행위에 대한 수사뿐만 아니라 범죄예방을 위한 첩보수집활동도 수행하고 있다.

▷ 정답: ②

▓ 해설: 국가안보국(NSA)은 통신과 신호들에 대한 첩보보안 및 각종 도청공작, 암호해독 및 암호보호 기술개발, 우주공간 및 미사일 감청 등을 담당한다.

7. 2001년 '9·11테러 사건'을 계기로 테러위협으로부터 국토를 수호하는 것을 주요 임무로 부시 대통령에 의해 설립된 미국의 정보기관은? 08.1 승진

① 중앙정보국(CIA) ② 국토안보부(DHS)
③ 국가안보국(NSA) ④ 국가정찰국(NRO)

❖ **정답:** ②

❋ **해설: 국토안보부(DHS)는** 미국 내 법집행기관, 정보기관들의 첩보는 물론 기타 연방정부, 주 및 지방정부기관과 민간 분야의 첩보를 개척, 수집, 분석하고 테러 방지 등의 역할을 담당한다.

8. 일본 정보기관인 내각정보조사실에 대한 설명으로 타당하지 않은 것은? 03.1 승진

① 내각의 중요정책에 관한 정보를 수집·보고하는 역할을 수행하나 직접적으로 정책결정과정에는 참여하지 않고 있다.
② 일본 내 여타 정보기관보다 북한에 대하여 가장 활발한 정보활동을 전개하고 있다.
③ 외형상 각 성(省), 청(廳)의 직원이 파견 근무를 하고 있어 종합적인 정보체제를 유지하고 있는 듯하나 실제로는 그렇지 못하다.
④ 급변하는 국제정세 변화에 적절히 대처하지 못하고 있다는 비판을 받고 있다.

❖ **정답:** ②

❋ **해설: ▶ 일본의 정보기관**

내각정보 조사실	내각의 중요정책에 관한 정보수집, 보고 및 국내외 언론의 분석, 국내치안관련 정보취급
공안조사청	① 일본 내 단일 정보조직으로는 최대 규모 ② **국내외의 모든 파괴적 요소에 대한** 정보수집 및 조사업무 담당하며 특히 **일본 내에서 북한에 대하여 가장 활발한 정보활동**이다.

9. 보기의 외국의 정보기관 중 해외정보활동과 국내 방첩활동을 하는 기관을 잘못 짝지어진 것은? 08.1 승진

	국가	해외정보활동	국내방첩활동
①	미국	중앙정보국(CIA)	연방수사국(FBI)
②	독일	연방헌법보호청(BFV)	연방정보부(BND)
③	이스라엘	모사드(Mossad)	신베쓰(Shin−Beth)
④	프랑스	해외안보총국(DSGE)	국토감시국(DST)

❖ **정답:** ②

❋ **해설: ▶ 각국의 국내외 정보기관**

	국내정보기관	해외정보기관
미국	연방수사국(FBI)	중앙정보국(CIA)
영국	보안부(SS)	비밀정보부(SIS)
독일	연방헌법보호청(BFVS)	연방정보부(BND)
프랑스	국토감시국(DST), 정보국(DCRG)	해외안전총국(DGSE)
이스라엘	신베쓰(Shin−Beth)	모사드(Mossad)

10. 현재 이스라엘의 해외정보기관으로서 특히 아랍 국가들에 대한 각종 정보를 다루는 기관은? 변경

① 모사드(Mossad)

② 신베쓰(Shin Beth)

③ 하가나(Haganah)

④ 사이(Shia)

❋ 정답: ①

❋ **해설: 이스라엘 해외정보기관으로는 모사드(Mossad)가 있으며, 국내정보기관으로서 신베쓰(Shin
       Beth)가 있다.**

11. 각국 정보기관에 대한 설명으로 틀린 것은?   10.1 승진

① 국가정찰국(NRO) – 미국정보공동체 전체의 위성정찰 계획관리

② 비밀정보국(SIS) – 주로 해외정보 수집업무를 담당하는 독일의 정보기관

③ 국토감시국(DST) – 국내보안과 첩보활동을 담당하는 프랑스의 정보기관

④ 모사드(Mossad) – 이스라엘 해외정보기관

❋ 정답: ②

❋ **해설:** 비밀정보국(SIS) – 주로 해외정보 수집업무를 담당하는 **영국의 정보기관**

제6장

보안경찰 활동

제1절 보안경찰의 의의

1. 보안경찰의 특징을 설명한 것으로 타당하지 않은 것은?   02.5 순경
① 국가의 안전과 사회공공의 안녕 및 질서유지를 목적으로 한다.
② 경찰공무원임용령은 보안경과를 따로 규정하고 있지 않다.
③ 고도의 보안을 요하는 비공개활동을 특징으로 한다.
④ 보안경찰은 방첩공작 시 국가정보원장의 조정을 받는다.

⁑ 정답: ②
❄ 해설: ▶ **보안경찰의 특징**

> ① 보안경찰도 정보경찰과 마찬가지로 **국가안전과 사회공공의 안녕질서유지를 목적**으로 하지만, **국민의**
> **생명·신체·재산의 보호를 목적**으로 하는 보통경찰과 다르다.
> ② 보안경찰도 정보경찰과 마찬가지로 **국가적·사회적 침해행위를 그 대상**으로 하나 **주 대상은 대공에**
> 관한 사항이다.
> ③ 경찰공무원임용령은 **보안경과를 따로 규정**하고 있다.
> ④ 보안경찰활동은 직접 국가안전보장에 관련되는 범죄를 대상으로 하기 때문에 **고도의 보안을 요하는**
> **비공개활동**이다.
> ⑤ 국가안전보장을 위한 **가장 중핵적 역할은 국가정보원이 수행**하므로 **경찰의 보안(방첩)·정보·외**
> **사 기능을 정보 및 보안업무의 통합기능 수행을 위하여 필요한 범위 내에서 국가정보원의 조정을 받**
> 는다.
> ⑥ 국가정보원장은 각 정보수사기관의 업무와 행정기관의 정보 및 보안업무를 조정하는 권한을 보유하고 있다.

2. 보안경찰의 특징에 대한 설명으로 타당하지 않은 것은?   07.3 경간부
① 국민의 생명·신체·재산의 보호를 목적으로 하는 일반(보통)경찰과 같은 특색이다.
② 국가안전과 사회공공의 안녕질서유지를 목적으로 하는 점에서 정보경찰과 같은 특색이다.
③ 보안경찰은 직접 국가 안전보장에 관련되는 범죄를 대상으로 하기 때문에 고도의 보안을 요하는 비공개
   활동을 특징으로 한다.
④ 국가적·사회적 침해 범죄를 그 대상으로 하는 점에서 정보경찰과 같으나 주 대상은 대공에 관한 사항이다.

⁑ 정답: ①
❄ 해설: 보안경찰도 정보경찰과 마찬가지로 **국가안전과 사회공공의 안녕질서유지를 목적**으로 하지
만, **국민의 생명·신체·재산의 보호를 목적**으로 하는 보통경찰과 다르다.

3. 다음 중 보안경찰의 임무가 아닌 것은?   02.5 순경
① 공산권 국가에 대한 정보수집   ② 보안관찰업무
③ 불온유인물 수집과 분석   ④ 강력사범 검거

⁑ 정답: ④

※ **해설: ▶ 보안경찰의 임무**

① 보안경찰업무에 관한 기획 및 교육   ② **보안관찰에 관한 업무지도**
③ 북한이탈 주민관리 및 경호안전대책 업무   ④ 간첩 등 보안사범에 대한 수사의 지도·조정
⑤ **보안관련 정보의 수집 및 분석**   ⑥ **남북교류와 관련**되는 보안경찰업무
⑦ **간첩 등 중요방첩수사**에 관한 업무   ⑧ **중요좌익사범의 수사**에 관한 업무
  ☞ 강력사범 검거는 수사경찰의 임무에 속한다.

4. 보안경찰의 임무로 적합하지 않은 것은?   97.1 승진
① 공산권 국가에 대한 정보수집
② 보안관찰업무
③ 불온유인물 수집과 분석
④ 풍속사범 단속

정답: ④
※ **해실:** 풍속사범 난속은 **생활안선경찰의 임부**이다.

제2절 | 보안경찰의 활동

1. 다음 중 방첩활동의 기본원칙에 속하지 않는 것은?   02.11 순경
① 방첩기관과 보조기간 및 일반국민의 완전협조가 이루어져야 한다.
② 방첩활동은 치밀한 계획과 준비로서 활동하여야 한다.
③ 간첩 등의 용의자를 발견하면 즉시 검거하여야 한다.
④ 국민의 협력을 얻기 위하여 주민 신고망을 구성한다.

✛ **정답:** ③
▒ **해설:** ▶ 방첩활동의 기본원칙

완전협조의 원칙	전담기관인 **방첩기관과 보조기관 및 일반대중과 완전 완전협조가 이루어져야 방첩목표를** 달성할 수 있다는 원칙이다.
치밀의 원칙	적에 대한 **정확한 정보판단과 전술전략의 완전한 분석 등 치밀한 계획과 준비로서 방첩 활동을 수행하여야 한다는 원칙**이다.
계속접촉의 원칙	방첩기관이 간첩용의자를 발견하였다고 해서 즉시 검거해서는 안 되며, **조직망 전체가 완 전 파악될 때까지 계속해서 유형 · 무형의 접촉을 해야 한다는 원칙**이다. **【계속 접촉의 유지단계】** ① 계속탐지 → ② 정확한 판명 → ③ 동정을 미행주시 → ④ 행동을 역이용 → ⑤ 완전 일망타진(검거)

2. 방첩수단을 적극적 · 소극적 · 기만적 수단으로 분류할 경우, 다음 중 연결이 바르게 된 것은?   09.1 승진
① 적극적 수단 – 침투공작, 간첩신문, 양동간계시위
② 소극적 수단 – 인원 · 시설보안의 확립, 보안업무 규정화, 대상인물 감시
③ 소극적 수단 – 입법사항 건의, 양동간계시위, 정보 · 자재보안의 확립
④ 기만적 수단 – 양동간계시위, 허위정보 유포, 유언비어 유포

✛ **정답:** ④
▒ **해설:** ▶ 방첩의 수단

적극적 방첩 수단	개념	침투되어 있는 **적 및 적의 공작망을 분쇄하기 위하여** 취하는 공격적인 수단을 말한다.		
	수단	① **적 첩보공작분석**	② **대상인물 감시**	③ **침투공작 전개**
		④ 적 첩보수집	⑤ 역용공작	⑥ 간첩신문
소극적 방첩 수단	개념	적의 비밀공작으로부터 **우리 측을 보호하기 위해** 자체보안 기능을 발휘하는 방어 적 조치수단을 말한다.		
	수단	① **정보 · 자재보안**	② **인원보안**	③ **시설보안**
		④ **보안업무의 규정화**	⑤ **입법사항 건의**	
기만적 방첩 수단	개념	비밀이 적에게 노출되어 있는 상황 하에서 **우리가 기도한 바를 적이 오인하도록** 방해하는 조치이며, 고도의 기술과 계획이 요구되는 수단을 말한다.		
	수단	① **허위정보 유포**	② **유언비어 유포**	③ **양동간계시위**

3. 방법활동에 대한 설명 중 틀린 것은?   10.1 승진

① 방첩의 수단 중 적극적 수단으로는 허위정보 유포, 양동간계시위, 유언비어 유포 등을 들 수 있다.

② 계속접촉의 유지는 탐지, 판명, 주시, 이용, 타진의 단계로 이루어진다.

③ 방첩의 기본원칙으로 완전협조의 원칙, 치밀의 원칙, 계속접촉의 원칙을 들 수 있다.

④ 정보·자재보안, 인원·시설보안 등 소극적 방첩수단을 통일성 있게 통제할 수 있는 가장 효과적인 방법은 보안업무의 규정화이다.

정답: ①

※ 해설: 방첩의 수단 중 **기만적 수단**으로는 허위정보 유포, 양동간계시위, 유언비어 유포 등을 들 수 있다.

4. 방첩의 대한 설명으로 가장 옳지 않은 것은?   10.1 승진

① 소극적 방첩 수단에는 인원보안의 확립, 보안업무 규정화, 유언비어 유포 등이 있다.

② 인원·시설보안은 방첩활동의 대상이 아니다.

③ 방첩활동의 중심이 과거 군사적 분야에서 경제분야까지 확대되고 있는 경향이다.

④ 방첩의 기본원칙에는 완전협조의 원칙, 치밀의 원칙, 계속접촉의 원칙이 있다.

정답: ①

※ 해설: 기만적 방첩 수단에는 유언비어 유포 등이 있다.

5. 정보·자재보안, 인원·시설보안 등 소극적 방첩수단을 통일성 있게 통제할 수 있는 가장 효과적인 방법은?   08.1 승진

① 보안담당자에 대한 미행

② 비밀누설자 엄벌

③ 비밀자재의 이중 잠금장치

④ 보안업무의 규정화

정답: ④

※ 해설: 정보·자재보안, 인원보안, 시설보안, 보안업무의 규정화, 입법사항 건의 등은 업무의 절차나 방법을 통일성 있게 규정화하고 이를 지켜나가는 것보다 효과적인 방첩활동이 될 것이다.

6. 보안경찰에 대한 설명으로 옳은 것은?   07.9 순경

㉠ 방첩활동을 보안유지 또는 기밀유지라고도 한다.

㉡ 방첩의 기본원칙에는 완전협조의 원칙, 치밀의 원칙, 계속접촉의 원칙이 있다.

㉢ 방첩활동은 보안사범의 재범우려 등에 대비하여 지속적으로 관찰하기 위한 것이다.

㉣ 적극적방침 수단으로는 대상인물감시, 침투공작, 적의 첩보공작분석, 시설보안의 확립이 있다.

㉤ 경찰서 보안과장이 조선족을 가장한 우회침투 간첩을 색출하기 위하여 불법입국자가 발견되더라도 즉시 검거하지 말고 배후조직을 파악한 후 검거하라고 지시한 것은 방첩의 기본원칙 중 계속접촉의 원칙에 해당한다.

---

① 1개   ② 2개   ③ 3개   ④ 4개

❖ **정답:** ③

❊ **해설:**

ⓒ 보안관찰에 대한 설명이다.

ⓔ 시설보안의 확립은 **소극적 방첩수단**에 해당된다.

7. 다음 중 방첩의 대상이 아닌 것은?   96.1 승진, 97.1 승진

① 전략적인 태업행위

② 간첩행위

③ 일반적인 사회운동, 외교

④ 전복행위

❖ **정답:** ③

❊ **해설:** 방첩의 대상은 **간첩, 태업, 전복**이고 일반적인 사회운동, 외교는 방첩의 대상이 아니다.

8. 다음 간첩의 분류에 대한 설명 중 잘못된 것은?   03.1 승진

① 공행간첩의 특징은 대상국가에 입국할 때 합법적인 신분을 보장받는 데 있다.

② 일반간첩은 일반적 정보를 수집하거나 전복공작 등을 전개하는 간첩으로 우리나라에 잠입한 대다수의 간첩이다.

③ 대량형 간첩은 주로 평시에 파견되어 대상의 지목 없이 광범위한 분야에서 정보를 수집하는 간첩으로 지명형 간첩에 대한 개념이다.

④ 보급간첩은 공작활동에 필요한 금품·장비 등을 물적 지원의 임무를 갖고 남파되는 간첩이다.

❖ **정답:** ③

❊ **해설:** ▶ 간첩분류 중 임무에 의한 분류

활동 방법에 의한 분류	고정간첩	**일정한 공작기간이 없고,** 일정지역에서 장기적·고정적으로 간첩활동을 하도록 임무를 부여받고 활동하는 간첩을 말한다.
	배회간첩	지역의 고정 없이 **일정한 공작기간이 설정되어 있는** 점이 주된 특징으로서 전국을 배회하면서 임무를 수행하는 간첩을 말한다.
	공행간첩	공용으로 입국하여 **공법적 신분을 보유하면서 정보를 수집하는 간첩**을 말한다.
임무에 의한 분류	일반간첩	일반적으로 간첩이라 하면 이를 지칭하는 것으로 **정보수집·태업·전복공작을 등을 주로 하는 간첩**을 말한다.
	증원간첩	**간첩망의 보강을 위해** 파견되는 간첩 또는 간첩으로 이용할 양민의 납치·월북 등을 주된 임무로 하는 간첩을 말한다.
	보급간첩	간첩을 보내거나 또는 침투된 간첩들에게 필요로 하는 **공작금품·장비·증명서원본·화폐 등을 지원하거나 보급하는 특수목적을 위한 간첩**을 말한다.
	무장간첩	요인암살·파괴, 간첩의 호송·연락·안내를 위하여 특별히 무장한 간첩을 말한다.
활동 범위에 의한 분류	대량형 간첩	특수한 대상의 지목 없이 광범위한 분야에서 정보를 입수하여 주로 **전시에 많이 파견되는 간첩**을 말한다.
	지명형 간첩	특정한 목표와 임무를 부여받아 특수한 정보를 수집하는 간첩을 말하며, **평시에 많이 파견이 되며, 색출이 곤란**하다.

9. 간첩에 대한 설명 중 틀린 것은?　　　　　　　　10.1 승진

① 간첩은 대상국의 기밀을 수집하거나 태업, 전복활동을 하는 모든 조직적 구성분자를 말한다.

② 간첩을 임무에 따라 구분할 때 간첩을 침투시키거나 이미 침투한 간첩에게 필요한 활동자재를 보급·지원하는 간첩을 증원간첩이라고 한다.

③ 간첩을 활동방법에 따라 구분할 때 타국에 공용의 명목 하에 입국하여 합법적인 신분을 갖고 이를 기회로 상대국에 대한 각종 정보를 수집하는 것을 목적으로 하는 간첩을 공행간첩이라고 한다.

④ 간첩망의 형태 중 보안유지가 잘 되고 일망타진 가능성은 적지만, 활동범위가 좁고 공작원 검거 시 간첩 정체가 쉽게 노출되는 것은 삼각형이다.

⊹ 정답: ②

※ 해설: 보급간첩에 대한 설명이다.

10. 간첩망의 여러 형태에 대한 일반적인 설명으로 틀린 것은?　　　　　　　　10.1 승진

① 현대 첩보전에서 가장 많이 사용될 수 있는 간첩망 형태는 서클형이다.

② 북한 간첩이 남파되어 지하당 구축에 주로 사용하는 간첩망의 형태는 삼각형이다.

③ 합법적 신분을 이용하여 활동하며 대중적 조직과 동원이 용이한 형태는 서클형이다.

④ 간첩이 3명 이내의 행동공작원을 포섭하여 직접 지휘하고 포섭된 공작원 간 횡적연락을 차단시키는 형태는 피라미드형이다.

⊹ 정답: ④

※ 해설: ▶ 간첩망의 형태

삼각형	의의	**지하당 구축에 흔히 사용하는 형태로서 간첩이 3명 이내의 공작원을 포섭하여 지휘**하여 공작원 간 횡적 연락 차단시키는 활동조직을 말하며, **북한 간첩이 주로 사용하는 조직형태**이다.
	장점	공작원 간의 횡적 연락이 안 되므로 **비교적 보안유지가 잘 되나, 일망타진의 가능성은** 적다.
	단점	**활동범위가 좁고**, 공작원 검거 시 간첩 정체가 쉽게 노출된다.
서클형	의의	**첩보전에 많이 이용하는 형태로서 간첩이 합법적 신분을 이용**하여 적국의 이념이나 사상에 동조토록 유도하여 공작목표를 달성하기 위한 조직형태를 말한다.
	장점	**간첩활동이 자유롭고 대중적 조직 및 동원이 가능**하다.
	단점	간첩의 정체가 폭로되었을 때 **외교적 문제가 야기**될 수 있다.
단일형	의의	**대남간첩이 가장 많이 사용하고 있는 형태로서 간첩이 특정목적 수행을 위해 동조자 없이 단독으로 활동하는 점조직의 형태를 말한다.
	장점	**보안유지 및 신속한 활동이 가능**하다.
	단점	활동범위가 좁고 공작성과가 낮다.
피라미드형	의의	**간첩이 주공작원 2~3명을 두고, 주공작원은 그 밑에 각각 2~3명의 행동공작원을 두는 조직형태**를 말한다.
	장점	일시에 많은 공작을 입체적으로 수행할 수 있어 활동범위가 넓다.
	단점	행동의 노출이 쉬워 일망타진 가능성이 높으며, 조직구성에 많은 시간이 소요된다.
레포형	의의	**현재 사용되지 않는 형태로서 피라미드형 조직에 있어서 간첩과 주공작원 간, 행동공작원 상호 간에 연락원을 두고 종횡으로 연결**하는 조직형태를 말한다.

11. 간첩활동이 자유롭고 대중적 조직과 동원이 가능한 반면, 간첩의 정체가 폭로되었을 때 외교적 문제가 야기될 수 있는 간첩망 형태는?   10.1 승진

① 서클형
② 피라미드형
③ 레포형
④ 삼각형

❖ **정답:** ①
❈ **해설:** ▶ 서클형

의의	**첩보전에 많이 이용하는 형태**로서 간첩이 **합법적 신분을 이용**하여 적국의 이념이나 사상에 동조토록 유도하여 공작목표를 달성하기 위한 조직형태를 말한다.
장점	**간첩활동이 자유롭고 대중적 조직 및 동원이 가능**하다.
단점	간첩의 정체가 폭로되었을 때 **외교적 문제가 야기**될 수 있다.

12. 간첩망에 대해 올바르지 않은 것은?   06.10 순경

① 단일형은 단독활동으로 보안유지 및 신속한 활동이 가능한 반면, 활동범위가 좁고 공작성과가 비교적 낮은 형태이다.
② 레포형은 피라미드형 조직에 있어서 간첩과 주공작원 간, 행동공작원 상호 간에 연락원을 두고 종횡으로 연결하는 방식이다.
③ 피라미드형은 간첩이 주공작원 2~3명을 두고 그 밑에 각각 2~3명 행동공작원이 있는 형태이다.
④ 서클형은 간첩이 3명이 이내의 공작원을 포섭하여 지휘 · 포섭된 공작원간 횡적 연락 차단하는 형태이다.

❖ **정답:** ④
❈ **해설:** ▶ 삼각형

의의	**지하당 구축에 흔히 사용하는 형태로서 간첩이 3명 이내의 공작원을 포섭하여 지휘**하여 공작원간 횡적 연락 차단시키는 활동조직을 말하며, **북한 간첩이 주로 사용하는 조직형태**이다.
장점	공작원간의 횡적연락이 안되므로 **비교적 보안유지가 잘 되나, 일망타진의 가능성은 적다.**
단점	**활동범위가 좁고**, 공작원 검거 시 간첩 정체가 쉽게 노출된다.

13. 손자병법 중 간첩의 분류가 잘못된 것으로 연결되는 것은?   07.3 순경

> ㉠ 향간 – 적국관리를 이용
> ㉡ 내간 – 적국시민을 이용
> ㉢ 반간 – 적국간첩을 이용
> ㉣ 사간 – 고의로 허위사실을 조작하여 배반할 염려가 있는 아군의 간첩으로 하여금 그것을 사실로 알고 적에게 누설하는 법
> ㉤ 생간 – 적국 내에 잠입하여 정보활동 등을 하고 돌아와 보고하는 것

① ㉠, ㉡   ② ㉢, ㉣   ③ ㉠, ㉤   ④ 없음.

⁑ 정답: ①

※ 해설: ▶ 손자(孫子)가 간첩을 쓰는 방법

향간(鄕間)	적국의 시민을 사용하여 정보활동을 하는 것을 말한다.
내간(內間)	적의 관리를 매수하여 정보활동을 시키는 것을 말한다.
반간(反間)	적의 간첩을 역으로 이용하여 아군을 위해 활동하는 것을 말한다. [사례] 소련 KGB는 미국 CIA의 對KGB 비밀요원인 에임스를 매수하여 십여 년간 CIA의 각종 비밀활동에 관한 정보를 얻어 오다가 발각이 되었다.
사간(死間)	배반할 염려가 있는 아군의 간첩에게 고의로 조작된 사실을 주어 적에게 전언 또는 누설하게 하는 것을 말한다.
생간(生間)	적국 내에 잠입하여 정보활동을 하고 돌아와 보고하는 것을 말한다.

14. 다음은 손자(孫子)가 분류한 간첩의 종류 중 어디에 해당하는가?   08.1 승진

> 소련 KGB는 미국 CIA의 대(對) KGB 비밀요원인 에임스를 매수하여 십여 년간 CIA의 각종 비밀활동에 관한 정보를 얻어 오다가 발각이 되었다.

① 반간   ② 내간   ③ 향간   ④ 사간

⁑ 정답: ①

※ 해설: 적의 간첩을 역으로 이용하여 아군을 위해 활동하는 것은 **반간에 해당**한다.

15. 손자(孫子)가 간첩을 쓰는 방법에 따라 분류한 것으로, 다음 중 옳지 않은 것은?   09.1 승진
① 향간 – 적국의 시민을 사용하여 정보활동을 하는 것
② 반간 – 적의 간첩을 역으로 이용하여 아군을 위해 활동하는 것
③ 내간 – 배반할 염려가 있는 아군의 간첩에게 고의로 조작된 사실을 주어 적에게 전언(傳言) 또는 누설하게 하는 것
④ 생간 – 적국 내에 잠입하여 정보활동을 하고 돌아와 보고하는 간첩

⁑ 정답: ③

※ 해설: **사간**에 대한 설명이다.

16. 다음 중 대상국가의 방위력 또는 전쟁수행능력을 직·간접적으로 손상하기 위하여 행하여지는 일체의 행위는?   03.11 순경
① 방첩   ② 전복   ③ 태업   ④ 간첩

⁑ 정답: ③

※ 해설: 방첩분야에서의 태업이란 **대상국가의 방위력 또는 전쟁수행능력을 직·간접적으로 손상하기 위하여 행해지는 일체의 행위**를 말한다.

17. 다음 중 태업의 형태에 대한 설명으로 옳지 않은 것은?   08.1 승진

① 폭파태업 – 범행이 용이하며 사용자가 사전에 결함 발견이 곤란

② 방화태업 – 가장 파괴력이 강하고 우연한 사고로 위장이 용이

③ 선전태업 – 유언비어 유포, 반국가적 여론조성 등으로 사회불안, 국민의 사기전하 등 유도

④ 정치태업 – 정치적 갈등, 부당한 정치적 물의를 일으켜 국민의 일체감을 약화

❖ **정답: ①**

❀ **해설: ▶ 태업의 유형**

물리적 태업	**방화태업**	① 인화물로 목적물에 화재를 발생시키는 행위를 말한다. ② 가장 파괴력이 강하고 우연한 사고로 위장 용이하다.
	폭파태업	① 폭발물을 사용하여 목표물을 파괴시키는 행위를 말한다. ② 파괴가 전체적이고 즉각적이어야 할 때 주로 사용한다.
	기계태업	① 철물, 황산 등의 기계투입, 열차탈선 등으로 손실 초래, 주로 장기공작원에 의하여 행해지며 목표물에 접근해 있는 자가 실행한다. ② 범행이 용이하며 사용자가 사전에 결함 발견이 곤란하다.
심리적 태업	**선전태업**	유언비어 유포, 반국가적 여론조성 등으로 사회불안, 국민의 사기저하 등 유도하는 태업을 말한다.
	경제태업	화폐위조 및 남발, 악성 노동쟁의 등으로 경제질서 혼란 초래하기 위한 태업을 말한다.
	정치태업	정치적 갈등, 부당한 정치적 물의를 일으켜 국민의 일체감을 약화시키는 태업을 말한다.

18. 방첩활동의 대상이 되는 태업에 대한 설명으로 맞는 것은?   08.7 순경

① 태업이란 대상국가의 전재수행능력 · 방위력을 약화시키기 위하여 행하여지는 직접 · 간접의 모든 손상 · 파괴행위를 말한다.

② 방화태업은 심리적인 태업 중 가장 파괴력이 강하다.

③ 태업의 대상조건은 전술적 가치가 없고 일단 파괴되면 수리하기 어려운 것이어야 한다.

④ 태업은 심리적 태업과 경제적 태업으로 분류한다.

❖ **정답: ①**

❀ **해설:**

② 방화태업은 **물리적인 태업** 중 가장 파괴력이 강하다.

③ 태업의 대상조건은 **전술적 가치가 있고** 일단 파괴되면 수리하기 어려운 것이어야 한다.

④ 태업은 **물리적 태업과 심리적 태업**으로 분류한다.

19. 공작활동의 유형분류 중 성격상 같은 것끼리 연결하지 않은 것은?   05.3 순경

① 통합공작 – 합동공작

② 대북공작 – 대공산권공작

③ 연합공작 – 지원공작

④ 첩보수집공작 – 태업공작

❖ **정답: ③**

❈ 해설: ▶ 공작의 분류

공작운영 기구에 의한 분류	통합공작	**연락공작 및 연합공작**이라고도 하며, 공식적으로 둘 이상 국가의 정보기관이 상호간의 이익을 위하여 협동으로 비밀공작을 수행하는 것을 말하며, **연락공작, 연합공작**이라고도 한다.
	합동공작	우방국가 정보기관들이 **상호 간의 이익을 위하여 개별적인 공작을 사안별로 협력하여 진행시키는 형태**를 말한다.
공작목적에 의한 분류	첩보수집 공작	**정보분석 활동에 필요한 제반 첩보를 수집하는 활동**을 말한다.
	태업공작	어떤 물자·물건·시설·생산공정이나 자연자원을 **일시적 또는 항구적으로 사용하지 못하도록 적극적인 행동을 기도하는 공작**을 말한다.
	지원공작	제3국에서 **이국(我國)의 정책을 해당국 정부나 국민에게 이해시키고, 적국(敵國)의 정책을 폭로·규탄하여 국제사회에서 우리를 지지하도록 하는 활동**을 말한다.
	와해모략 공작	자신을 불명예스럽게 폭로 내지 행동하도록 상대방을 유혹하는 심리적 공작을 말한다.
	역용공작	검거된 간첩을 전향시키거나 자수한 간첩을 활용하여 적의 첩보를 수집하거나 나른 간첩을 검거하는 데 이용하는 공작을 말한다.
공작대상 지역에 의한 분류		대(對)북공작, 대(對)공산권공작, 대(對)우방국공작

20. A경찰서 보안과 甲경사는 조선족으로 입국한 여자가 수상하다는 신고를 받고 내사한 후 방첩공작을 진행하고자 한다. 甲경사가 공작승인을 얻기 위하여 작성해야 하는 것은?   02.1 승진
① 공작계획보고서
② 공작진행보고서
③ 공작평가보고서
④ 공작결과보고서

✂ 정답: ③

❈ 해설: ▶ 공작평가보고서

① 지방경찰청에서는 사안에 따라 A, B, C급으로 분류하여 공작을 승인하고 예산을 배정하여 준다.
② 방첩공작을 진행하기 위해서는 보안첩보를 입수한 후, 내사공작을 거쳐 방첩공작의 가치가 있다고 판단되면, 공작평가보고서를 작성하여 지방경찰청장의 공작승인요청을 한다.
③ 방첩활동을 위한 **보안정보의 수집은 보안경찰의 업무 중 가장 중요**한 부분이고, 보안정보의 수집에는 **공개출처뿐만 아니라 비공개출처도 적극 활용**하여야 한다.

21. 다음 중 공작의 4대 요소에 해당하지 않는 것은?   07.1 승진
① 연락   ② 주관자
③ 공작원   ④ 공작금

✂ 정답: ①

※ **해설: ▶ 공작의 4대 요소**

주관자 (공작관)	상부로부터 받는 지령을 계획하고 수행하는 집단으로서 공작의 책임자이며, 대표자는 공작관이다.
공작목표	공작상황에 따라 결정되며, 개괄적이고 광범위한 것부터 구체적이거나 특정된 것까지 있으나, 공작의 진행에 따라 구체화 · 세분화되는 것이 특징이다.

공작원		① 공작원이란 **공작관을 대행하여 비밀조직의 최선단계에서 철저한 가장과 통제 하에 공작목표에 대하여** 비밀을 탐지하거나 기타 부여받은 공작임무를 수행하는 사람이다. ② 공작망의 책임자인 **주공작원**과 주공작원의 지휘 · 조정을 받는 **행동공작원, 지원공작원**이 있다.
	주공작원	**공작관 밑에 위치하는 공작망의 책임자**이며, 공작관의 명령시달에 의하여 자기 공작망 산하 공작원에 대한 지휘조종의 책임을 담당한다.
	행동 공작원	공작목표에 대하여 실제로 첩보수집 기타 공작임무를 직접 수행하며, **통상 주공작원의 지휘조종을 받아 임무를 수행**한다.
	지원 공작원	비밀활동을 수행하는 공작원 · 조직체에 공작에 필요한 기술 · 물자 등을 지원하는 활동을 수행하며, **통상 주공작원의 지휘조종을 받아 임무를 수행**한다.

공작금	선정된 공작목적의 달성을 위한 제한을 극복하기 위해 많은 공작금이 필요하다.

---

22. 공작에 대한 설명으로 틀린 것은?   10.1 승진

① 공작의 4대 요소는 주관자, 공작목표, 공작원, 공작금이다.

② 공작원은 주공작원, 행동공작원, 지원공작원이 있다.

③ 주공작원은 공작관 바로 밑에 위치하는 공작망의 책임자이다.

④ 비밀공작의 순환과정은 '지령 → 모집 · 훈련 → 계획 → 브리핑 → 파견 · 귀환 → 디브리핑 → 보고서 작성 → 해고' 순서에 따라 반복해서 진행된다.

⁘ **정답:** ④

※ **해설:** 비밀공작의 순환과정은 '지령 → 계획 → 모집 · 훈련 → 브리핑 → 파견 · 귀환 → 디브리핑 → 보고서 작성 → 해고' 순서에 따라 반복해서 진행된다.

---

23. 다음은 정보기관이 어떠한 목적 하에 주어진 목표에 대하여 계획적으로 수행하는 비밀활동의 요소에 대한 설명이다. 이 중 잘못된 것은?   03.1 승진

① 비밀공작에는 주관자 · 목표 · 공작원 · 공작금의 4대 요소가 있다.

② 공작목표는 공작진행에 따라 구체화 · 세분화되는 것이 보통이다.

③ 주공작원은 공작의 책임자이다.

④ 공작활동을 효율적으로 수행하기 위해서는 막대한 자금이 필요한 경우가 많다.

⁘ **정답:** ③

※ **해설: 공작의 책임자는 주관자**이고, **주공작원은** 공작의 책임자가 아니라 **공작망의 책임자**이다.

24. 다음 중 비밀공작망의 순환과정이 바르게 연결된 것은?   07.1 승진

① 지령 → 계획 → 모집·훈련 → 브리핑 → 파견·귀환 → 디브리핑 → 보고서 작성 → 해고
② 계획 → 지령 → 모집·훈련 → 브리핑 → 디브리핑 → 파견·귀환 → 보고서 작성 → 해고
③ 계획 → 지령 → 모집·훈련 → 브리핑 → 파견·귀환 → 디브리핑 → 보고서 작성 → 해고
④ 지령 → 계획 → 모집·훈련 → 브리핑 → 디브리핑 → 파견·귀환 → 보고서 작성 → 해고

❖ **정답:** ①

❖ **해설:** 비밀공작의 순환과정은 '지령 → 계획 → 모집·훈련 → 브리핑 → 파견·귀환 → 디브리핑
 → 보고서 작성 → 해고' 순서에 따라 반복해서 진행된다.

25. 비밀공작망이란 공작임무를 효과적으로 수행하기 위하여 주공작원을 중심으로 공작원과 그의 세포로 구
성된 조직을 말한다. 다음 중 비밀공작망의 형태에 대한 설명 중 옳지 않은 것은?   08.1 승진

① 공작관으로부터 공작임무를 직접 위임받은 주공작원이 일선에서 공작원을 조종·통제하는 주공작원망은
 국외공작인 경우 주공작원과 일선 공작원과의 언어 장벽이 해소된다.
② 최일선에 활동하는 공작원이 직접공작관과 연결되어 공작관의 조정통제를 받는 직접망은 공작비가 절약된다.
③ 직접망과 주공작원망은 혼합하여 조직하는 형태인 혼합망은 공작관이 주공작원을 통제할 수 없고 첩보보
 고의 진부확인이 용이하다.
④ 직접망은 공작원에 대한 테스트가 용이하다.

❖ **정답:** ③

❖ **해설:** ▶ **비밀공작망의 조직형태**

직접망	의의	① 최일선에서 활동하는 **공작원이 직접 공작관과 연락되어 공작관의 조정 통제를 받는 망 형태**이다 ② **북한이 최근 이용하는 점조직 간첩망**이다.
	장점	① **공작비가 절약**된다. ② **공작원에 대한 직접적인 조정·통제가 용이**하다. ③ 공작관과 공작원이 직접 접촉하게 되어 **공작원에 대한 테스트가 용이**하다. ④ **양질의 첩보수집과 보안유지가 가능**하다.
	단점	① 공작원의 업무량이 많다. ② 많은 목표를 대상으로 할 수 없다. ③ 공작원이 체포되었을 때 **신분이 알려져 조직노출의 위험이 크다**.
주 공작원망	의의	공작관으로부터 **공작임무를 위임받은 주공작원이 공작망을 조정 통제하는 망 형태**이다.
	장점	① **많은 공작원을 간접적으로 조정할 수 있다**. ② **공작관이 노출될 염려가 적다** ③ 유용한 공작원의 활용으로 능률이 높다. ④ **국외공작인 경우 주공작원과 일선 공작관의 언어장벽이 해소**된다.
	단점	① 공작관이 **공작원을 직접 통제할 수 없다** ② **공작비가 많이 든다**. ③ 공작관이 **공작원에 대한 테스트나 가치평가가 어렵다**.
혼합망	의의	**직접망과 주공작원명을 혼합하여 조직하는 망 형태**이다.
	장점	① **공작관이 직접 주공작원을 통제할 수 있다**. ② **공작관이 공작·첩보보고 등의 진위를 확인**할 수 있다.
	단점	주공작원망의 단점과 유사하다.

26. 다음 비밀공작망 중 혼합망에 대한 설명으로 타당하지 않은 것은?　　07.1 승진

① 직접망과 주공작원망을 혼합하여 조직하는 형태이다.

② 공작관이 주공작원을 통제할 수 있다.

③ 첩보보고의 진부확인이 용이하다.

④ 단점은 직접망과 비슷하다.

정답: ④

※ 해설: ▶ **주공작원망의 단점과 유사**하다.

27. 정보활동에 관계되는 제 요소(기관, 인원, 시설, 물자, 활동 등)의 정체가 외부에 노출되지 않도록 꾸며지는 내적·외적 제 형태(가장)에 대한 설명으로 옳지 않은 것은?　　08.1 승진

① 중가장은 가장을 충분히 입증할 수 있는 증명문건 등의 구비상태가 완벽하지 못한 경우를 말한다.

② 조직가장은 비밀공작조직 자체를 정보활동 수행에 적합한 명칭이나 사업체처럼 가장하는 것이다.

③ 자연적 가장은 신분, 직업 등 기존의 사실을 그대로 활용하여 정체를 숨기는 방법이다.

④ 인공적 가장은 새로운 신분, 직업 등을 얻거나 조작하여 비밀공작활동을 정체를 숨기는 방법이다.

정답: ①

※ 해설: ▶ **가장의 종류**

자연적 가장	기존의 신분이나 직업 등 기존 사실대로 **가장**하는 것
인공적 가장	새로운 신분이나 직업·생활 등을 조작하여 허위의 **가장**을 하는 것
신분 가장	공작지역에 체류함이 가능하도록 **신분이나 상태를 보호하여 주는 가장**
행동 가장	정보활동 수행상 제반 **행동사항을 보호하여 주는 가장**
중가장	가장을 충분히 입증할 수 있는 증명문건 등을 완전히 구비하여 **일반적 수사에서 정체가 쉽게 폭로되지 않는 가장**
경가장	입증문구 등의 **구비상태가 완벽하지 못한 가장**
개인 가장	**개개인을 비밀활동에 적합**하게 가장하는 것
집단 가장	정보기관 종사자가 **집단적으로 행동할 때 취하는 가장**
조직적 가장	비밀공작조직 자체를 **정보활동 수행에 적합한 명칭이나 기업체처럼 가장**하는 것
기본적 가장	정보활동에 있어서 **제1차적이고 기본이 되는 가장**
부차적 가장	기본적 가장이 폭로되거나 사용할 수 없는 경우에 대비해 마련된 **2차적 가장**

28. 다음 중 연락선 조직에 대한 설명으로 타당하지 않은 것은?　　07.1 승진

① 연락선은 정상선, 예비선, 긴급선으로 구분할 수 있다.

② 정상선은 정상적인 공작상황하의 연락선으로 기본선, 보조선, 긴급선이 있다.

③ 예비선은 조직원의 교체 또는 조직의 확장, 부활, 변동 시에 대비한 것이다.

④ 비상선은 공작활동은 계속할 수 없을 만큼 위급한 상황 하의 연락선으로 경고선이라고도 한다.

정답: ①

▒ 해설: ▶ 연락선의 종류

정상선	정상적인 공작상황에서 **지령, 첩보, 문서 등 통신물을 전달하기 위하여 조직한 접촉수단**이며, **기본선, 보조선, 긴급선**이라고도 한다.
예비선	**조직원의 교체 또는 조직의 변동 등에 대비하여 최초접촉을 위한 선**이다.
비상선	**위급상황에서 공작의 중단이나 정지를 알리기 위해 조직된 선**으로 **경고선**이라고도 한다.

29. 甲은 관악산에 등산을 갔다가 바위 밑에서 비닐로 포장된 상자를 발견하였는데, 그곳에서 공작장비 · 공작금 · 무기 등이 있었다. 이런 것을 무엇이라고 하는가?   01.1 승진
① 연락선   ② 드보크
③ 비트   ④ 아지트

▒ 정답: ②

▒ 해설: ▶ 연락의 수단

연락선	변동하는 각종상황 하에서도 비밀조직내의 인원이나 기관 간에 상호 연락할 수 있도록 체계를 구성하는 것을 말한다.
아지트	아지트란 **비합법적인 운동이나 간첩행위 등의 근거지로 사용하는 집회소나 지도본부**이며, **공작원이 외부로부터 보호될 수 있는 고도의 차단성을 구비**하여야 한다.
비트	**땅을 파고 들어가 은신하는 비합법적인 활동의 잠복거점**이다.
A-3 방송	**북한이 남파간첩에게 지령을 하는 수단으로 사용하고 있는 방송**이다.
난수표	간첩이 지령이나 보고의 내용을 은닉 · 보호하기 위하여 아라비아 숫자로 상호 약정한 암호문건이다.
차단	조직원의 직접 접촉 없이 매개체를 이용하여 연락하는 수단을 말한다.
개인 화합	비밀조직내의 두 구성원 간에 접촉의 유지, 첩보보고, 지령, 공작자료를 전달 또는 연락하기 위하여 직접 상면하는 연락수단을 말한다.
드보크	① **사람을 통하지 않고 자연지물을 이용한 비밀함에 의하여 문건이나 물건 · 공작금 · 무기 등을 주고받는 연락수단**을 말한다. ② **드보크는 러시아어로 참나무를 뜻하는 "두푸"에서 변형된 말**로 시베리아 지방에서 큰 참나무 등을 표식으로 편지나 물건을 주고받았던 데서 유래되었다.

30. 다음 설명 중 타당하지 않은 것은?   07.1 승진
① 드보크는 비합법적인 운동이나 간첩행위 등의 근거지로 사용하는 집회소나 지도본부이다.
② 수수소(무인포스트)는 직접 접촉 없이 조직의 양자 간에 전달될 수 있도록 문서나 물품을 은닉 또는 비장하는 장소를 말한다.
③ 연락원이란 비밀문서나 물자 또는 관념을 한 곳에서 다른 곳으로 전달하는 지원 공작원이다.
④ 유인포스트는 수수자라고 하며, 무인포스트에 비해 보안에 불과하다.

▒ 정답: ①

▒ 해설: **아지트**에 대한 설명이다.

31. 다음 설명 중 틀린 것은?   02.1 승진

① 드보크는 러시아어로 참나무를 뜻하는 두푸에서 유래된 공작용어이다.

② 땅을 파고 들어가 은신하는 비합적인 활동의 잠복거점을 비트라고 한다.

③ 아지트는 선동지령본부의 약칭으로 노동쟁의를 지휘하는 지하본부를 말한다.

④ 주최 측의 일정한 사상 · 판단 · 감점 · 관심 등을 대중에게 일방적으로 표시하여 의식 · 무의식간에 그들의 태도에 일정한 경향과 방향을 부여하는 것을 선동이라고 한다.

⌗ 정답: ④

※ 해설: 선전이란 대중들에게 의식 · 무의식 간에 그들의 태도에 일정한 경향과 방향을 부여하는 것이다.

32 공작대상의 행동, 의도, 신분 및 접촉에 관한 상세한 첩보를 입수하기 위하여 인물, 시설, 차량, 기타 목표를 관찰하는 행동을 감시라고 하는데, 다음 중 차량감시에 관한 설명으로 가장 타당하지 않은 것은?
     01.1 승진

① 대상자의 운전상습성에 관한 사전첩보를 입수하여 활용해야 한다.

② 감시차량은 일반의 주목을 받지 않고 감시구역 내의 다른 차량과 조화되는 것을 선택해야 한다.

③ 차량 1대로 감시할 경우 대상차량과 감시차량 간에는 2대 이상의 다른 차량이 끼어들지 않도록 거리를 유지해야 한다.

④ 감시를 실행할 때는 대상차량을 놓치지 않기 위하여 교통법규를 무시하는 운전방법을 사용하여도 무방하다.

⌗ 정답: ④

※ 해설: 감시활동 과정에서 대상차량으로부터 감시당하지 않아야 하는데, **교통법규를 무시하는 등 일반적으로 주목을 끄는 운행방법을 사용해서는 안 된다.**

33. 간첩이 유흥접객업소 종사자와 동거 · 동숙하는 등 신분확인이 곤란한 점을 이용하여 합법적인 인물처럼 공개적으로 잠복하는 방법은?
     07.3 순경

① 비합법 기술잠복   ② 비합법 자연잠복

③ 반합법 엄호잠복   ④ 반합법 기술잠복

⌗ 정답: ④

※ 해설: ▶ 잠복전술

비합법 기술잠복	① 가장 기본적인 것으로 **침투지점부터 공작지역까지 침투 · 복귀 시, 공작지역에 체류하는 전 기간에 기본적으로 은거하는 잠복**을 말한다. ② 잠복장소를 비트라고 하며, **공작지역까지의 침투과정에서 만드는 임시 비트와 공작지에서 활동거점으로 만드는 영구비트가 있다.**
비합법 자연잠복	비트를 만들 시간적 여유가 없거나, 토질조건의 불량 등 비트 제작여건이 못되는 경우에 **자연지리적인 조건과 지형지물을 이용하여 잠복하는 유형**이다.
반합법 기술잠복	간첩이 유흥접객업소의 종사자와 동거 · 동숙하는 신분확인이 곤란한 점을 이용하여 합법적인 인물처럼 공개적으로 잠복하는 방법이다.
반합법 엄호잠복	침투간첩들이 포섭된 대상의 엄호를 받으며 그의 거주지나 영업소에 은거하여 합법적인 인물로 가장하여 잠복하는 방법이다.

34. 다음은 심리전의 종류 중 어느 것에 대한 설명인가?   09.2 경간부

> 우리측 후방지역의 사기를 양양시키거나 수복지역의 주민들의 협조를 얻어 질서를 유지하는 선전활동을 말한다.

① 공연성 심리전   ② 전략심리전
③ 공격적 심리전   ④ 타협심리전

❖ 정답: ④

❈ 해설: ▶ 심리전의 유형

목적에 의한 분류	**선무 심리전**	**타협심리전**이라고도 하며, 우리 측 **후방지역의 사기를 양양**시키거나 **수복지역의 주민들의 협조를 얻어 질서를 유지하는 선전활동**을 말한다.
	공격적 심리전	적측에 대해 특정의 목적을 달성하기 위해 **공격적으로 행하는 심리전**을 말한다.
	방어적 심리전	적측에 가해 오는 **공격을 와해·축소시키기 위해 방어적으로 행하는 심리전**을 말한다.
운용에 의한 분류	**전략 심리전**	광범위하고 **장기적인 목표 하에 대상국의 전 국민을 대상으로 실시하는 심리전**을 말한다. 예 자유진영국가들이 공산진영국가의 국민들을 대상으로 전개하는 대공산권방송 등
	전술 심리전	**단기적인 목표 하에 즉각적인 효과를 기대하고 실시하는 심리전**을 말한다. 예 간첩을 체포한 후 널리 공개하는 것
주체에 의한 분류	① 공연성 심리전 ② 비공연성 심리전	

35. 다음 중 심리전에 대한 설명으로 옳지 않은 것은?   09.1 승진
① 심리전은 목적에 따라 전략심리전과 전술심리전으로 분류한다.
② 심리전이란 비무력적인 수단에 의해 직접 상대국의 국민 또는 군대에 정신적 자극을 주어 사상의 혼란과 국론의 분열을 가져오게 하는 전술이다.
③ 전략심리전은 광범위하고 장기적인 목표 하에 대상국의 전 국민을 대상으로 실시하는 심리전으로, 자유진영국가들이 공산진영국가의 국민을 대상으로 전개하는 대공산권 방송이 그 예이다.
④ 전술심리전은 단기적인 목표 하에 즉각적인 효과를 기대하고 실시되는 것으로 간첩을 체포했을 때 널리 공개하는 것이 그 예이다.

❖ 정답: ①
❈ 해설: 심리전의 유형 중 운용에 의한 분류에는 **전략심리전, 전술심리전**으로 나눈다.

36. 주최 측의 일정한 사상, 판단, 감정, 관심 등을 대중에게 일방적으로 표시하여 의식, 무의식 간의 그들의 태도에 일정한 경향과 방향을 부여하는 것은?   02.1 승진
① 선동   ② 유언비어
③ 선전   ④ PR

❖ 정답: ③

※ 해설: ▶ 심리전의 수단

선전	특정 집단의 심리적 작용을 자극하여 **감정이나 견해 등을 자기 측에 유리한 방향으로 유도하기** 위하여 계획적으로 특정한 주장과 지식 등을 전파하는 심리전의 기술을 말한다.
선동	① 대중의 심리를 자극, 감정을 폭발시킴으로써 그들의 이성 · 판단력을 마비시켜 폭력을 유발케 하는 심리전의 한 기술이다. ② 대중의 주체의식과 개성을 상실시키는 특징이다.
유언 비어	국가불안이나 국론분열 등 공작목표에 따라 확실한 근거가 없고, **출처가 불분명한 풍설을 터**뜨리는 심리전의 한 방법이다.

37. 선전에 대한 설명으로 틀린 것은?   10.1 승진
① 선전의 유형은 백색선전, 회색선전, 흑색선전이 있다.
② 선전의 신뢰도가 가장 높은 것은 회색선전이다.
③ 출처를 밝히고 행하는 선전전은 백색선전이다.
④ 출처를 위장하고 행하는 선전전은 흑색선전이다.

✛ 정답: ②
※ 해설: ▶ 선전의 종류

출처의 공개 여부	**백색 선전**		**출처를 공개하고 행하는 선전**을 말한다.
		장점	① 국가 또는 공인된 기관이 공식적인 보도기관을 통하여 행하게 되므로 **주제 · 용어 등에 제한은 받지만 신뢰도가 높다.** ② 적의 의도를 가장 정확하게 판단하는 자료가 된다.
		단점	적극 내에서 실시가 불가능하다.
	흑색 선전		**출처를 위장하면서 암암리에 실시하는 선전**을 말한다. ㉐ 구 한민전의 "구국의 소리" 방송
		장점	① 적으로 하여금 그 내부에 모순이 있음을 드러내어 적 내부를 분열 · 혼란시켜 사기를 저하시킬 수 있다. ② 적국 내의 백색선전인 것처럼 위장하여 행하게 되므로 적국 내에서도 수행이 가능하며, 특정한 목표에 대해 즉각적이고 집중적인 선전을 할 수 있다.
		단점	**출처 노출을 피하기 위해 많은 주의가 요구**되며, **정상적인 통신망을 이용할 수 없다는 단점**이 있다.
	회색 선전		출처를 밝히지 않고 행하는 선전을 말한다.
		장점	**기술적으로 운용을 잘하면 적의 선전**이라는 선입관을 주지 않고 효과를 얻을 수 있다.
		단점	**적의 역선전에 취약하고, 출처의 은폐로 선전의 효과를 거두기 어렵다.**
형태	① 직접선전		② 간접선전
방법	① 매스컴에 의한 선전		② 대화에 의한 선전
목적	폭로 · 은폐선전		

◉ 선전에 있어 형태, 방법, 목적이 다 동일한 것은 아니다.

38. 선전의 종류에 대한 설명 중 틀린 것은?   10.1 승진

① 선전은 특정집단을 자극하여 감정이나 견해 등을 자기 측에 유리한 방향으로 유도하기 위한 계획된 심리전이 일종이다.

② 백색선전은 출처를 공개하고 행하는 선전으로, 주제의 선정과 용어 사용에 제한을 받지만 신뢰도가 높다.

③ 회색선전은 출처를 밝히지 않고 행하는 선전으로, 선전이라는 선입관을 주지 않고 효과를 얻을 수 있지만, 출처를 은폐하면서 선전의 효과를 거두기가 곤란하다는 단점이 있다.

④ 흑색선전은 출처를 위장하고 행하는 선전으로, 적국 내에서도 행할 수 있고 특정한 목표에 대해 즉각적이고 집중적인 선전을 할 수 있지만, 적이 역선전을 할 경우 대항이 어렵다.

▪ **정답:** ④

▓ **해설: 회색선전**은 적이 역선전을 할 경우 대항이 어렵다.

39. 선전의 종류 중 주체·출처를 위장에 해당하는 선전은?   08.10 순경

① 백색선전   ② 회색선전

③ 흑색신전   ④ 적색선전

▪ **정답:** ③

▓ **해설: 흑색선전**은 출처를 위장하면서 암암리에 실시하는 선전을 말한다.

40. 선전과 관련하여 옳은 것은?   10.2 경간부

① 국가 또는 공인된 기관이 공식적인 보도 기관을 통하여 행하게 되므로 주체·용어 등 제한을 받지만 신뢰도가 그리 높지 않는 것은 백색선전이다.

② 선전이라는 선입관을 주지 않고 효과를 얻을 수 있는 장점은 백색선전이다.

③ 선전에 있어 형태, 방법, 목적이 다 동일한 것은 아니다.

④ 출처 노출은 피하기 위하여 많은 주의가 요구되며 특정목표에 대해 부응할 수 있는 장점이 있는 선전은 회색선전이다.

▪ **정답:** ③

▓ **해설:**

① 국가 또는 공인된 기관이 공식적인 보도 기관을 통하여 행하게 되므로 주체·용어 등 제한을 받지만 **신뢰도가 높은 것은 백색선전**이다.

② 선전이라는 선입관을 주지 않고 효과를 얻을 수 있는 장점은 **회색선전**이다.

④ 출처 노출은 피하기 위하여 많은 주의가 요구되며 특정목표에 대해 부응할 수 있는 장점이 있는 선전은 **흑색선전**이다.

제3절　보안사범의 수사활동

1. 「국가보안법」에 대한 설명 중 옳은 것은?　　　　　　　　　　　09.3 순경

① 국가보안법 제10조(불고지죄)에 해당하면 5년 이하의 징역 또는 300만 원 이하의 벌금에 처하고, 다만 본범과 친족관계가 있는 때에는 그 형을 감경 또는 면제한다.

② 국가보안법상 찬양·고무죄는 수사기관의 최장 구속기간이 50일이다.

③ 간첩죄는 기밀로서 보호할 실질적 가치가 있어야 하며, 신문·라디오에 보도된 공지의 사실은 군사기밀로 볼 수 있다.

④ 검사는 모든 국가보안법 위반자에 대해 형법 제51조 양형조건을 참작하여 공소제기를 보류할 수 있다.

❖ **정답:** ④

❋ **해설:**

① 국가보안법 제10조(불고지죄)에 해당하면 5년 이하의 징역 또는 **200만 원 이하의 벌금에 처하고**, 다만 본범과 친족관계가 있는 때에는 그 형을 감경 또는 면제한다.

② 국가보안법 제7조(찬양·고무 등), 제10조(불고지)의 경우는 **위헌으로 연장이 불가능**하다.

③ 간첩죄와 관련 군사기밀은 기밀로서 보호할 실질적 가치가 있어야 하고, **신문·라디오에 보도된 공지의 사실은 군사기밀로 볼 수 없다.**

2. 「국가보안법」의 일반적인 특성에 대한 기술이다. 틀린 것은?　　　　　10.1 승진

> ㉠ 미수·예비·음모죄를 통해 범죄의 성립 범위가 확장되었다.
> ㉡ 잠복·회합 등 장소제공은 형법상 종범으로서 정범의 실행행위에 종속되나 국가보안법은 독립된 편의제공죄로 처벌한다.
> ㉢ 국가보안법상 선동·선전죄는 교사 또는 방조의 수단·방법에 불과하므로, 형법상 교사 및 방조의 예에 따라 처벌된다.
> ㉣ 형법의 누범가중은 형의 장기의 2배까지이나 국가보안법에서는 일정 범죄의 재범자는 법정 최고형을 사형으로 정하고 있다.
> ㉤ 출석불응 참고인에 대한 구인·유치 규정은 없다.
> ㉥ 불기소처분 시 압수물은 제출인이나 소유자에게 환부함이 원칙이나 검사가 폐기 또는 국고귀속을 명할 수 있도록 하였다.

① 1개　　　　　　② 2개　　　　　　③ 3개　　　　　　④ 4개

❖ **정답:** ②

❋ **해설:**

㉡ 형법상 범죄를 선동, 선전 및 권유하는 행위는 교사 또는 방조로서 정범의 실행행위에 종속되어 처벌되는 것이 원칙이나 **국가보안법은 그 행위의 중대성과 위험성을 고려**, 반국가단체 가입 권유(제3조 제2항), 목적수행을 위한 선전, 선동행위(제4조 제1항 제6호) 및 국가변란 선전, 선동행위(제7조)를 별도의 범죄로 규정하여 처벌한다.

㉤ 검사 또는 사법경찰관으로부터 참고인으로 소환을 받은 자가 **정당한 이유 없이 2회 이상소환에 불응할 때에는 지방법원판사의 구속영장을 받아 구인할 수 있다.**

3. 「국가보안법」상 불고지죄 대상이 되는 범죄가 아닌 것은?   10.1 승진

① 자진지원죄   ② 목적수행죄
③ 반국가단체의 구성죄   ④ 편의제공죄

정답: ④
❊ **해설:** ▶ 대상범죄

① 반국가단체구성죄	② 목적수행죄	③ 자진지원죄

4. 다음 중 「국가보안법」상 예비·음모를 처벌하는 범죄와 불고지죄의 대상이 되는 범죄로 공통된 것은?
                                    11.2 순경

㉠ 반국가단체구성죄(제3조)	㉡ 잠입·탈출죄(제6조)
㉢ 자진지원죄(제5조 제1항)	㉣ 회합·통신죄(제8조)

① ㉠ - ㉢   ② ㉡ - ㉣   ③ ㉢ - ㉣   ④ ㉠ - ㉡

정답: ①
❊ **해설:** ▶ 대상범죄

예비·음모·미수 처벌대상범죄	① **반국가단체구성** ② 목적수행 ③ **자진지원** ④ 잠입·탈출 ⑤ 이적단체구성 ⑥ 무기류 등의 편의제공 등 범죄
불고지죄 처벌대상범죄	① 반국가단체구성죄 ② 목적수행죄 ③ 자진지원죄

5. 다음 중 「국가보안법」의 특성이 아닌 것은?   08.1 경간부

① 범인에게 금품, 재산적 이익만 재판한 경우에도 정범에 종속되어 처벌하는 형법과 달리 별도 범죄규정으로 정범을 처벌한다.
② 범죄를 선동, 선전, 권유하는 경우 교사범 또는 방조범으로 처벌한다.
③ 예비, 음모의 미수는 원칙적으로 적용되지 않지만 불고지죄, 목적수행죄에는 일부 적용된다.
④ 불기소 처분 시에도 압수물 환부할 수 없고, 폐기, 국고에 귀속된다.

정답: ③
❊ **해설: 국가보안법은 반국가적 범죄에 예비·음모·미수죄가 원칙적으로 적용되고, 불고지죄, 특수직무유기죄, 무고·날조죄 등은 적용되지 않는다.**

6. 「국가보안법」에 대한 설명으로 틀린 것은?   07.3 경간부

① 반국가적 범죄를 범하여 금고 이상의 형을 선고받고 그 형의 집행을 종료하지 아니한 자 또는 그 집행을 종료하거나 집행을 받지 않기로 확정된 후 5년 이내 재범하면 최고형인 사형에 처한다.
② 자진지원죄는 예비·음모 처벌 안한다.
③ 공소보류 받는 자는 2년간 공소제기 없이 경과하면 그를 소추하지 못한다.
④ 사법경찰관은 최장 20일, 검사는 최장 30일 구속수사를 할 수 있다.

정답: ②
❊ **해설: 반국가단체구성, 목적수행, 자진지원, 잠입·탈출, 이적단체구성, 무기류 등의 편의제공 등의 범에 대하여 예비·음모·미수를 처벌한다.**

7. 다음 「국가보안법」에 대한 설명으로 틀린 것은?   03.3 순경

① 참고인이 정당한 이유 없이 2회 이상 출석요구에 불응하는 경우 구속영장을 발부받아 구인, 유치할 수 있다.
② 단기간에 사안을 정확히 파악하기 어렵기 때문에 사법경찰관에게 1회, 검사에게 2회까지 구속기간 연장을 할 수 있도록 하고 있다.
③ 내란죄 등 반국가적 범죄로 금고 이상의 형의 집행을 종료한 자가 10년 이내에 재범한 경우 법정최고형을 사형으로 규정하고 있다.
④ 불기소 처분 시에도 압수물을 환부하지 않고 폐기 또는 국고 귀속을 명할 수 있다.

▸ 정답: ③

▓ 해설: 국가보안법은 반국가적 범죄로서 금고 이상의 형을 선고받고 **5년이 경과하지 아니한 자**가 다시 특정한 국가보안법상의 일정한 범죄를 범하였을 때에는 최고형을 일률적으로 사형으로 규정하고 있다.

8. 다음 사례에서 국가보안법상 검사와 사법경찰관이 구속기간을 최대한 연장할 경우 그 구속기간은 언제까지인가?   07.1 승진, 04.11 승진

> 중부경찰서 보안과 甲경사가 국가보안법(불고지죄)위반혐의로 乙을 2011년 7월 1일 긴급체포하여 2011년 7월 2일 판사가 영장을 발부했을 경우

① 2011년 7월 10일   ② 2011년 8월 19일
③ 2011년 8월 20일   ④ 2011년 7월 30일

▸ 정답: ④

▓ 해설: 국가보안법 제19조에 의한 구속기간 연장에 의하여 최대 구속 가능일수는 50일로 위 사례의 경우 8월 19일이 될 것이나, 국가보안법 제7조(찬양·고무), 제9조(불고지)에 대해서는 헌법재판소의 위헌결정에 따라 구속기간의 연장이 불가능하다. 따라서 **구속기간은 연장할 수 없으므로 일반 형사사범과 동일하게 30일 동안만 구속이 가능하다.**

9. 「국가보안법」으로 구속된 자에 대한 수사기관에서의 최장 구속기간이 50일이 아닌 범죄는?   08.1 승진

㉠ 특수직무유기죄	㉡ 무고날조죄	㉢ 반국가단체의 구성죄
㉣ 목적수행죄	㉤ 자진지원죄	㉥ 금품수수죄
㉦ 잠입·탈출죄	◎ 찬양·고무죄	㉨ 회합·통신죄
㉪ 편의제공죄	㉠ 불고지죄	

① 1개   ② 2개   ③ 3개   ④ 4개

▸ 정답: ④(㉠㉡◎㉠)
▓ 해설: ▶ **구속기간**

국가보안법위반 사범					최대 구속기간
헌재 위헌판결	① 찬양·고무	② 불고지			최장 30일
연장규정 無	③ 특수직무유기	④ 무고날조죄			
① 반국가단체구성	② 목적수행	③ 편의제공	④ 금품수수	⑤ 자진지원	최장 50일
⑥ 잠입·탈출	⑦ 회합·통신				

10. 「국가보안법」에 대한 설명으로 옳은 것끼리 묶은 것은?　　　　10.2 경간부

> ㉠ 불고지죄는 본범과 친족관계에 있는 경우 필요적 감면 사유에 해당한다.
>
> ㉡ 공소보류결정을 받은 지 1년이 경과하면 공소를 제기할 수 없다.
>
> ㉢ 찬양고무죄와 불고지죄의 최장구속기간은 30일이다.
>
> ㉣ 내란죄 등 반국가범죄를 금고이상의 형 집행을 종료한 자가 7년 이내에 재범한 경우 법정 최고형을 사형으로 규정하고 있다.
>
> ㉤ 자수의 경우 범죄예방을 위한 정책적 차원에서 형법과 같이 임의적 감면사유로 규정하고 있다.

① ㉠, ㉣　　　　② ㉡, ㉢　　　　③ ㉢, ㉤　　　　④ ㉠, ㉢

❖ **정답:** ④

❊ **해설:**

㉡ 공소보류결정을 받은 지 **2년이 경과하면 공소를 제기할 수 없다.**

㉣ 내란죄 등 반국가범죄를 금고이상의 형 집행을 종료한 자가 **5년 이내에 재범한 경우** 법정 최고형을 사형으로 규정하고 있다.

㉤ 자수의 경우 형법과 달리 **필요적 감면사유로 규정하고 있다.**

11. 「국가보안법」에 대한 설명으로 적절하지 않은 것은?　　　　09.7 순경

① 국가보안법은 고의범만 처벌한다.

② 공소보류를 받은 자가 공소제기 없이 2년을 경과한 때에는 소추되지 아니한다.

③ 참고인으로 출석요구를 받은 자가 정당한 이유 없이 2회 이상 출석요구에 불응한 때에는 구인할 수 있다.

④ 수사를 계속함에 상당한 이유가 있다고 인정될 때에는 사법경찰관과 검사는 각 1차에 한하여 구속기간을 연장할 수 있다.

❖ **정답:** ④

❊ **해설:** 지방법원판사는 특수직무유기죄(제11조), 무고날조죄(제12조)는 제외하고 제3조 내지 제10조에 해당하는 범죄로서 수사를 계속함에 상당한 이유가 있다고 인정할 때에는 **사법경찰관의 구속기간은 1차, 검사의 구속기간은 2차에 한하여 각각 10일 이내로 구속기간의 연장을 허가할 수 있다.**

12. 「국가보안법」상 공소보류 제도에 대한 설명으로 틀린 것은?　　　　10.1 승진

① 공소보류 결정 시에는 형법 제51조 양형의 조건을 참작하여야 한다.

② 공소보류처분을 받은 자가 법무부장관이 정한 감시·보도에 관한 규칙에 위반한 때에는 공소보류를 취소할 수 있다.

③ 공소보류처분이 취소된 경우에는 형사소송법 제208조(재구속의 제한) 규정에 따라 동일한 범죄 사실로 재구속할 수 있다.

④ 공소보류를 받은 자가 공소제기 없이 2년을 경과한 때에는 소추할 수 없다.

❖ **정답:** ③

❊ **해설:** 공소보류가 취소된 경우에는 **재구속 제한규정에도 불구하고, 동일한 범죄사실로 재구속·소추를 할 수 있다.**

13. 다음은 국가보안법 제2조에 규정된 반국가단체의 정의이다. 빈칸에 들어갈 말을 순서대로 배열한 것은?

08.1 승진

> (　　)를 참칭하거나 (　　)를 변란할 것을 목적으로 하는 국내·외의 결사 또는 집단으로서 (　　)를 갖춘 단체를 말한다.

① 정부, 국가, 지휘통솔체제   ② 국가, 정부, 지휘통솔체제
③ 국토, 정부, 집단지도체제   ④ 정부, 사회, 집단지도체제

⁑ 정답: ①

※ 해설: 반국가단체란 **정부**를 참칭하거나 **국가**를 변란할 것을 목적으로 하는 국내외의 결사 또는 집단으로서 **지휘통솔체제**를 갖춘 단계를 말한다.

14. 「국가보안법」상 반국가단체의 성립요건에 대한 설명으로 옳지 않은 것은?   08.1 승진

① 형법상 내란죄의 국헌문란은 국가변란보다 넓은 개념이다.
② 결사 또는 집단의 형태로서, 집단은 계속적인 집합체이다.
③ 반국가단체의 장소적 성립범위는 국내·외를 막론한다.
④ 반드시 지휘통솔체제를 갖추어야 한다.

⁑ 정답: ②

※ 해설: ▶ 반국가단체의 성립요건

① 목적 : 정부를 참칭하거나 국가를 변란할 것을 목적으로 할 것

   ㉠ 정부를 참칭한다는 것은 함부로 단체를 조직하여 정부를 사칭하는 것으로 **정부와 동일한 명칭을 사용할 필요는 없고, 일반인이 정부로 오인할 정도면 충분**하다.
   ㉡ **국가변란이란 정부를 전복하여 새로운 정부를 조직하는 것**을 말하며, 정부전복이란 정부를 구성하고 있는 자연인의 사임이나 교체만으로는 부족하고 **정부조직이나 제도 그 자체를 파괴하는 것을** 의미한다.
   ㉢ **정부참칭과 국가변란의 목적은 반드시 직접적일 것을 요한다.**
   ㉣ **국헌문란의 규정은 국가변란보다는 넓은 개념**이라고 할 수 있다.

② 형태 : 결사 또는 집단일 것

   ㉠ 집단이란 결사와 같이 일정한 공동목적을 위해 조직된 특정 다수인의 집합체이다.
   ㉡ **결사가 계속적인 집합체**임에 반하여 **집단은 일시적인 집합체**를 말한다.
   ※ 결사의 요건
      ⓐ 일정한 공동목적의 수행을 위하여 조직된 것
      ⓑ 반드시 구성원이 2인 이상일 것
      ⓒ 계속성이 있을 것

③ 체제 : 지휘통솔체제를 갖출 것

   2인 이상의 특정 다수인 사이에 내부질서를 유지하고 그 단체를 주도하기 위하여 일정한 위계 및 분담 등의 체계를 갖출 것을 요한다.

④ 장소 : 국내외를 불문

15. 「국가보안법」상 소위 불고지죄의 대상이 되는 범죄에 해당하는 것으로만 묶어져 있는 것은?

08.1 승진

① 자진지원죄, 목적수행죄   ② 목적수행죄, 금품수수죄
③ 금품수수죄, 편의제공죄   ④ 반국가단체 구성죄, 편의제공죄

❖ **정답:** ①

❀ **해설:** 불고지죄 대상범죄는 **제3조(반국가단체 구성), 제4조(목적수행), 제5조 제1항(자진지원) · 제3항(자진지원 미수범) · 제4항(자진지원 예비 · 음모)**이다.

16. 「국가보안법」에 대한 설명 중 틀린 것은?

09.1 승진

> ㉠ 참고인이 정당한 이유 없이 2회 이상 출석요구에 불응하는 경우 구속영장을 발부받아 구인 · 유치할 수 있다.
> ㉡ 단기간에 사안을 정확히 파악하기 어렵기 때문에 사법경찰관에게 1회, 검사에게 2회까지 구속기간 연장을 할 수 있도록 하고 있다.
> ㉢ 내란죄 등 반국가적 범죄로 금고 이상의 형의집행을 종료한 자가 10년 이내에 재범한 경우 법정 최고형을 사형으로 규정하고 있다.
> ㉣ 불기소 처분 시에도 압수물을 환부하지 않고 폐기 또는 국고 귀속을 명할 수 있다.
> ㉤ 모든 범죄의 예비, 음모, 미수죄에 대하여 원칙적으로 처벌한다.
> ㉥ 특정인이 아닌 모든 국민에게 범죄에 대한 고지의무를 부과하고 이를 어길 경우 처벌한다.

① 1개   ② 2개   ③ 3개   ④ 4개

❖ **정답:** ②

❀ **해설:**

㉢ 내란죄 등 반국가적 범죄로 금고 이상의 형의집행을 종료한 자가 **5년 이내에 재범한 경우** 법정 최고형을 사형으로 규정하고 있다.

㉤ **예비 · 음모 · 미수 처벌대상은** 반국가단체구성, 목적수행, 자진지원, 잠입 · 탈출, 이적단체구성, 무기류 등의 편의제공 등이다.

17. 「국가보안법」상 반국가단체(제2조)에 관한 설명 중 틀린 것은?

10.3 순경

① 반국가단체라 함은 정부를 참칭하거나 국가를 변란할 것을 목적으로 하는 국내외의 결사 또는 집단으로서 지휘통솔체제를 갖춘 단체를 말한다.
② 정부를 참칭한다는 것은 함부로 단체를 조직하여 정부를 사칭하는 것으로 정부와 동일한 명칭을 사용할 필요는 없고 일반인이 정부로 오인할 정도면 충분하다.
③ 국가변란이란 정부를 전복하여 새로운 정부를 조직하는 것을 의미하며 정부 전복이란 정부를 구성하고 있는 자연인의 사임이나 교체만으로는 부족하고 정부조직이나 제도 그 자체를 파괴하는 것을 의미한다.
④ 형법상 내란죄에서의 국헌문란이란 헌법 또는 법률의 기능을 소멸시키거나 헌법에 의하여 설치된 국가기관을 전복 또는 그 권능행사를 불가능하게 하는 것으로 국가보안법상 국가변란이 국헌문란보다 더 넓은 개념이다.

❖ **정답:** ④

❀ **해설: 국헌문란의 규정은 국가변란보다는 넓은 개념**이라고 할 수 있다.

18. 다음 「국가보안법」상 본범과 친족관계가 있을 때 임의적 감면을 적용되는 것은?　　07.1 승진

① 단순편의제공죄, 특수직무유기죄
② 단순편의제공죄, 불고지죄
③ 불고지죄, 무고 · 날조죄
④ 불고지죄, 특수직무유기죄

정답: ①

▒ **해설:** ▶ 감면사유

	국가보안법 위반사범		
임의적 감면	① **단순편의제공죄**	② **특수직무유기죄**	
필요적 감면	① **불고지죄**	② **자수한 때**	③ **방해한 때**

19. 다음 중 「국가보안법」 제4조(목적수행죄)의 행위태양이 아닌 것은 모두 몇 개인가?　　11.2 순경

㉠ 존속 살해	㉡ 유가증권 위조	㉢ 소요
㉣ 금품수수	㉤ 잠입 · 탈출	

① 1개　　　　② 2개　　　　③ 3개　　　　④ 4 개

정답: ②(㉣㉤)

▒ **해설:** ▶ 행위태양

제1호	외환의 죄, **존속살해**, 강도살인, 강도치사 등의 범죄
제2호	간첩죄(형법 제98조에 규정된 행위), 간첩방조죄, 국가기밀탐지 · 수집 · 누설 등의 범죄
제3호	**소요**, 폭발물 사용, 방화, 살인 등의 범죄
제4호	중요시설파괴, 약취 · 유인, 항공기, 무기 등의 이동 · 취거 등의 범죄
제5호	**유가증권위조**, 상해, 국기기밀서류, 물품의 손괴 · 은닉 등의 범죄
제6호	선전 · 선동, 허위사실 날조 · 유포 등의 범죄

20. 「국가보안법」 중 본범과 친족관계가 있을 경우 감경 또는 면제할 수 있는 규정에 대한 설명이다. 틀린 것은?　　07.10 순경

① 특수직무유기 – 필요적 감경
② 무고 · 날조죄 – 감경 면제 규정 없다.
③ 불고지죄 – 필요적 감면
④ 재산상 이익과 장소의 제공 기타 방법으로 편의제공(제9조 제2항) – 임의적 감경

정답: ①

▒ **해설:** 특수직무유기 – **임의적 감면**

21. 다음은 「국가보안법」상 본범과 친족관계가 있을 때 적용되는 감경 및 면제에 대한 규정을 기술한 것이다. 연결이 잘못된 것은?　　　　　　　　　　08.1 승진
① 단순편의제공죄 - 임의적 감경 또는 면제　　② 불고지죄 - 필요적 감경 또는 면제
③ 특수직무유기죄 - 임의적 감경 또는 면제　　④ 무고·날조죄 - 필요적 감경 또는 면제

정답: ④
해설: 무고·날조죄 - 본법과 친족관계 시 적용되는 **감경·면제규정이 없다.**

22. 「국가보안법」과 관련된 설명으로서 틀린 것은?　　　　　　02.10 순경, 03.2 경간부
① 국가보안법상 무고죄는 형법상 무고죄와 달리 형사처분을 받게 할 목적을 요하지 않는다.
② 형사소송법과 국가보안법이 상충되는 경우에는 국가보안법이 우선한다.
③ 범죄를 선동, 선전, 권유하는 경우 교사 또는 방조로 처벌되는 것이 아니고 별도의 범죄로 규정하여 처벌하고 있다.
④ 일반적으로 죄는 보안관찰 대상범죄가 아니다.

정답: ①
해설: 타인으로 하여금 **형사처분을 받게 할 목적으로 국가보안법에 규정된 죄에 대하여 무고·위증하거나 증거를 날조·인멸·은닉하는 행위를 처벌하기 위한 규정**하였다.

23. 「국가보안법」 제8조(회합, 통신 등)에 대한 판례의 입장과 틀린 것은?　　　　10.1 승진
① '회합, 통신 기타의 방법으로 연락'이라고 함은 반국가단체의 구성원 또는 그 지령을 받은 자를 직접 상대방으로 하는 경우는 물론이고 제3자를 이용하여 통신 기타의 방법으로 연락하는 것을 말한다.
② 동규정이 국민의 거주이전의 자유, 신체의 자유, 통신의 자유, 행복추구권 및 인간의 본질적 가치를 침해하는지에 대해서 헌법재판소는 적극적 입장이다.
③ 동조항은 회합자 상호 간에 사전 공동의사가 있어야 하는 것도 아니고, 반드시 일정사항을 논의하거나 결정하여야 하는 것도 아니다.
④ 북한의 지령을 받은 자와 회합해도 동죄가 곧바로 성립되는 것은 아니다.

정답: ②
해설: 국민의 거주이전의 자유, 신체의 자유, 통신의 자유, 행복추구권 및 인간의 본질적 가치를 침해하는지에 대해서 **헌법재판소는 소극적 입장이다.**

24. 다음 (　) 안에 들어갈 내용으로 바르게 된 것은?　　　　　　　　　09.1 승진

> 보안관찰처분대상이 되는 자는 보안관찰처분대상자 신고와 교도소 등의 출소 후 출소사실 신고 및 변동사항이 있을 경우 (　)일 이내에 관할 경찰서에 신고하여야 하며, 보안관찰처분(피보안관찰)을 받은 자는 관찰처분을 받은 날로부터 (　)일 이내에 관할 경찰서에 신고서를 제출하여야 하며, 추후 매 (　)개월마다 정기신고와 국외여행 혹은 국내 (　)일 이상 여행하거나 신고사항의 변경이 있는 경우에는 수사 신고하여야 한다.

① 7, 10, 2, 10　　　　　　　　　　② 7, 7, 3, 10
③ 10, 7, 2, 7　　　　　　　　　　④ 7, 7, 2, 10

정답: ②

해설: ▶ 대상자의 신고 및 의무

대상자의 신고	대상자 신고	보안관찰처분 대상자는 **출소 2개월 전까지 교도소 등의 장을 경유**하여 **거주예정지 관할경찰서장에게 신고**해야 한다.
	출소사실 신고	**출소 후 7일 이내**에 그 거주예정지 **관할경찰서장에게 출소사실을 신고**해야 한다.
	변동사항 신고	출소한 후 신고사항에 변동이 있을 때에는 **변동이 있는 날로부터 7일 이내**에 그 변동된 사항을 관할경찰서장에게 신고하여야 한다.
신고의무	피보안 관찰자 신고	피보안관찰자는 보안관찰처분결정고지를 **받은 날부터 7일 이내**에 주거지를 관할하는 지구대 또는 파출소의 장을 거쳐 관할경찰서장에게 신고하여야 한다.
	정기신고	피보안관찰자는 보안관찰처분결정고지를 받은 날이 속한 달부터 **매 3월**이 되는 달의 말일까지 지구대 · 파출소장을 거쳐 관할경찰서장에게 신고하여야 한다.
	변동신고 (수신신고)	피보안관찰자는 국외여행 또는 국내에서 **10일 이상** 여행하거나 신고사항에 변경이 있는 경우에는 신고하여야 한다.
	이전신고 (사전신고)	피보안관찰자가 주거지를 이전하거나 국외여행 또는 **10일 이상** 주거를 이탈하여 여행하고자 할 때에는 미리 지구대 · 파출소장을 거쳐 관할경찰서장에게 신고하여야 한다.

25. 보안관찰처분 대상자는 출소 후 며칠 이내에 거주예정지 관할 경찰서장에게 신고하여야 하는가?

08.1 승진

① 14일 이내   ② 10일 이내
③ 7일 이내   ④ 5일 이내

정답: ③

해설: 보안관찰처분대상자는 **출소 후 7일 이내**에 거주예정지 관할경찰서장에게 출소사실을 신고하여야 하며, 신고서에는 2인 이상의 신원보증인이 서명 · 날인하여야 하고 신원보증인이 있을 때에는 그 사유를 명기하여야 한다.

26. 다음 중 ( ) 안에 들어갈 말이 바르게 연결된 것은?

07.1 승진

> 보안관찰처분대상자는 보안관찰 해당범죄 또는 이와 경합된 범죄로 (　　) 이상의 형의 선고를 받고 그 형기 합계가 (　　) 이상인 자로서 형의 전부 또는 일부의 집행을 받은 자를 말한다. 보안관찰처분의 기간은 (　　)으로 한다.

① 벌금 – 3년 – 2년   ② 벌금 – 2년 – 2년
③ 금고 – 3년 – 2년   ④ 금고 – 2년 – 2년

정답: ③

해설: 보안관찰 해당범죄 또는 이와 경합한 범죄로 **금고 이상**의 형의 선고를 받고 그 **형기 합계가 3년 이상인 자**로서 형의 전부 또는 일부의 집행을 받은 사실이 있는 자를 말한다. **보안관찰처분의 기간은 2년**으로 한다.

27. 「보안관찰법」상 보안관찰 해당범죄가 아닌 것은?   10.1 승진

㉠ 국가보안법상 목적수행죄	㉡ 형법상 내란목적살인죄
㉢ 국가보안법상 잠입탈출죄	㉣ 형법상 간첩죄
㉤ 국가보안법상 찬양고무죄	

① 0개   ② 1개   ③ 2개   ④ 3개

⁑ 정답: ②(㉤)
❈ 해설: ▶ 보안관찰 해당범죄

형법	해당 범죄	① **내란목적살인죄** ② 외환유치죄 ③ 모병이적죄 ④ 시설제공이적죄 ⑤ 시설제공이적죄 ⑥ 시설파괴이적죄 ⑦ 물건제공이적죄 ⑧ 간첩죄 ⑨ 여적죄
	제외 범죄	내란죄, 일반이적죄, 전시군수계약불이행죄
군형법	해당 범죄	① 반란죄 ② 반란목적의 군용물탈취 ③ 군대 및 군용시설제공죄 ④ 군용시설등파괴죄 ⑤ **간첩죄** ⑥ 일반이적죄 ⑦ 반란불보고죄
	제외 범죄	단순반란불보고죄
국가 보안법	해당 범죄	① **목적수행죄** ② 자진지원 · 금품수수죄 ③ **잠입 · 탈출죄** ④ 총포 · 탄약 · 무기 등 편의제공죄
	제외 범죄	① 반국가단체구성 · 가입 · 권유죄 ② **찬양 · 고무죄** ③ 회합 · 통신죄

28. 「형법」상의 범죄 중 보안관찰 범죄에 해당하는 것은?   09.2 경간부

㉠ 내란죄	㉡ 물건제공 이적죄
㉢ 내란목적살인죄	㉣ 간첩죄
㉤ 일반이적죄	㉥ 전시군수계약불이행죄

① 2개   ② 3개   ③ 4개   ④ 5개

⁑ 정답: ②(㉡㉢㉣)
❈ 해설: ▶ 「형법」상 보안관찰 대상범죄

해당 범죄	① **내란목적살인죄** ② 외환유치죄 ③ 모병이적죄 ④ 시설제공이적죄 ⑤ 시설제공이적죄 ⑥ 시설파괴이적죄 ⑦ **물건제공이적죄** ⑧ **간첩죄** ⑨ 여적죄
제외 범죄	내란죄, 일반이적죄, 전시군수계약불이행죄

29. 다음 형법상의 범죄 중 보안관찰 해당범죄인 것은?   02.1 승진

① 내란죄   ② 일반이적죄
③ 물건제공이적죄   ④ 전시군수계약불이행죄

⁑ 정답: ③
❈ 해설: 물건제공이적죄는 형법상 보안관찰 해당범죄이다.

30. 「국가보안법」위반 범죄 중 보안관찰 해당범죄인 것은?   08.1 승진
① 목적수행죄, 찬양 · 고무죄
② 자진지원죄, 잠입 · 탈출죄
③ 금품수수죄, 회합 · 통신죄
④ 편의제공죄, 반국가단체 구성 · 가입 · 권유죄

▪ 정답: ②
❀ **해설:** 국가보안법상 보안관찰 해당범죄는 **목적수행죄, 자진지원 · 금품수수죄, 잠입 · 탈출죄, 편의제공죄**가 있다.

31. 「형법」상 국가존립에 관한 범죄 중 보안관찰해당범죄가 아닌 것은?   08.1 승진
① 내란목적 살인죄, 일반이적죄
② 여적죄, 내란죄
③ 간첩죄, 내란목적 살인죄
④ 내란죄, 전시군수계약불이행죄

▪ 정답: ④
❀ **해설:** 내란죄(형법 제87조), 일반이적죄(형법 제99조), 전시군수계약불이행죄(형법 제103조)는 보
        안관찰해당범죄가 아니다.

32. 다음 중 잘못된 것은?   05.7 순경

> ㉠ 검사는 국가보안법 위반사범에 대하여 공소제기를 보류할 수 있다.
> ㉡ 공소보류 결정을 받은 자가 공소제기 없이 2년이 경과한 때에는 소추할 수 없다.
> ㉢ 보안관찰처분의 집행중지결정은 관할경찰서장이 한다.
> ㉣ 일반이적죄는 보안관찰 해당범죄이다.
> ㉤ 공소보류가 취소된 때에는 형사소송법 제208조의 규정에도 불구하고 동일한 범죄사실로 재차 구속
>   할 수 있다.

① 1개   ② 2개   ③ 3개   ④ 4개

▪ 정답: ①
❀ **해설:**
 ㉢ 보안관찰처분의 집행중지결정은 검사가 한다.
 ㉣ 일반이적죄는 보안관찰 해당범죄가 아니다.

33. 보안관찰처분의 집행중지에 대한 설명으로 타당하지 않은 것은?   09.2 경간부
① 피보안관찰자의 도주하거나 2월 이상 소재불명인 경우에 보안관찰처분 집행중지의 요건이 된다.
② 관할경찰서장의 신청에 의하여 검사는 집행중지 결정 후 지체 없이 법무부장관에게 보고한다.
③ 집행중지 결정일로부터 집행중지 결정이 취소될 때까지 보안관찰 처분기간의 진행이 정지된다.
④ 피보안관찰자가 도주 또는 소재불명되어 사실상 보안관찰을 할 수 없는데도 보안관찰 처분기간이
   진행되어 처분기간이 진행되어 처분기간이 도괴되는 모순점을 방지하기 위한 제도이다.

▪ 정답: ①
❀ **해설:** 피보안관찰자가 도주하거나 **1월 이상 소재불명인 경우**에 보안관찰처분 집행중지의 요건이 된다.

34. 보안관찰처분의 집행에 대한 설명으로 틀린 것은?   10.1 승진

① 집행은 결정서 등본을 첨부하여 검사가 서면으로 관할 경찰서장에게 지휘하여 실시한다.

② 피보안관찰자가 도주, 1월 이상 소재불명인 경우에 보안관찰처분 집행중지의 요건이 된다.

③ 집행중지는 검사가 법무부장관에게 신청한다.

④ 집행중지 결정일로부터 그 결정이 취소될 때까지 보안관찰처분 기간의 진행이 정지된다.

▪ **정답:** ③

※ **해설:** 집행중지는 관할 **경찰서장이 검사에게 신청**한다.

35. 다음 중 보안관찰처분에 대한 설명으로 타당하지 않은 것은?   07.1 승진

① 반국가사범에 대하여 재범의 위험성을 예방하고 건전한 사회복귀를 촉진하기 위한 것이다.

② 보안관찰은 대상자의 자유를 제한하는 대인적 보안처분의 일종이다.

③ 반국가사범에 대한 관찰, 지도, 경고 등의 조치를 내용으로 한다.

④ 국가보안법은 보안관찰처분의 법적 근거가 된다.

▪ **정답:** ④

※ **해설:** 보안관찰법에 **국가보안법위반 사범이 보안관찰대상이 됨이 명시**되어 있지, 국가보안법에는
보안관찰처분에 대한 내용은 없다.

36. 보안관찰에 대한 설명 중 틀린 것은?   10.1 승진

① 보안관찰처분에 관한 결정은 보안관찰심의위원회의 의결을 거쳐 법무부장관이 행한다.

② 보안관찰처분의 요건은 보안관찰해당 범죄 또는 이와 경합된 범죄로 벌금 이상의 형의 선고를 받고, 그
형기의 합계가 3년 이상인 자로서 형의 전부 또는 일부의 집행을 받은 사실이 있는 자이다.

③ 국가보안법상의 보안관찰 해당범죄로는 자진지원죄, 편의제공죄, 잠입탈출죄 등이 있다.

④ 보안관찰처분의 기간은 2년이며, 그 기간을 갱신할 수 있다.

▪ **정답:** ②

※ **해설:** 보안관찰처분의 요건은 보안관찰해당범죄 또는 이와 경합된 범죄로 **금고 이상의 형의 선고**
를 받고, 그 **형기의 합계가 3년 이상**인 자로서 형의 전부 또는 일부의 집행을 받은 사실이
있는 자이다.

37. 보안관찰처분에 대한 설명으로 옳지 않은 것은?   03.9 순경

① 내란죄는 보안관찰처분 대상이다.

② 보안관찰처분의 청구는 검사가 한다.

③ 보안관찰처분의 기간은 2년이며, 갱신가능하다.

④ 관할경찰서장은 매월 1회 이상 피보안관찰자의 동태를 파악하고 사회복귀 선도 및 재범방지를 위
한 조치를 행한다.

▪ **정답:** ①

※ **해설:** 내란죄는 **보안관찰 해당범죄에서 제외**된다.

38. 보안처분에 관한 설명으로 틀린 것은?　　　　　　　03.4 순경
① 보호관찰처분은 보안관찰 해당범죄 또는 경찰범죄를 범해야 한다.
② 보안관찰처분의 기간은 2년이고, 그 기간은 갱신할 수 있다.
③ 주거제한의 요소가 있다.
④ 내란죄는 보안관찰에 해당하는 범죄이다.

⦂ 정답: ④
▒ 해설: ▶ 내란죄는 **보안관찰 해당범죄에서 제외**된다.

39. 보안관찰처분의 면제결정에 대한 설명으로 틀린 것은?　　　　　　　10.1 승진
① 본인의 신청 또는 검사의 청구에 의하여 보안관찰처분심의위원회 심의 · 의결을 거쳐 법무부장관이 결정
　한다.
② 면제결정을 위한 검사의 직권청구가 불가능하다.
③ '준법정신이 확립되어 있을 것'은 면제결정의 요건 중 하나이다.
④ 보안관찰처분 대상자는 관할경찰서장에게 면제결정신청서를 제출하여야 한다.

⦂ 정답: ②
▒ 해설: ▶ **보안관찰처분의 면제결정**

① **본인의 신청 또는 검사의 청구**에 의하여 **보안관찰처분심의위원회의 심의 · 의결을 거쳐 법무부장관이 결정**한다.

【면제의 요건】

　㉠ 준법정신이 확립되어 있을 것
　㉡ 일정한 주거와 생업이 있을 것
　㉢ 대통령령이 정하는 2인 이상의 신원보증이 있을 것

② 법무부장관은 보안관찰처분대상자의 신청이 있을 때에는 부득이한 사유가 있는 경우를 제외하고는 **3월 이내**에 보안관찰처분 면제 여부를 결정하여야 한다.
③ 면제결정신청에 대한 기각결정을 받은 자가 그 결정에 이의가 있을 때에는 그 결정이 있는 날부터 **60일 이내**에 서울고등법원에 소를 제기할 수 있다.

40. 다음 중 보안관찰의 면제요건으로 보기 어려운 것은?　　　　　　　04.11 순경
① 준법정신이 확립되어 있을 것
② 일정한 주거와 생업이 있을 것
③ 2인 이상의 신원보증인의 보증이 있을 것
④ 사회봉사단체에 가입하여 활동할 것

⦂ 정답: ④
▒ 해설: ▶ **면제의 요건**

　㉠ 준법정신이 확립되어 있을 것
　㉡ 일정한 주거와 생업이 있을 것
　㉢ 대통령령이 정하는 2인 이상의 신원보증이 있을 것

41. 보안관찰심의위원회에 대한 설명으로 맞는 것은?   04.1 승진

① 위원 중 변호사 자격이 있는 자의 위촉에 대한 제한은 없다.

② 위원회는 법무부에 두고 법무부장관이 위원장이 된다.

③ 위촉된 위원의 임기는 2년으로 한다.

④ 재적위원 과반수의 출석으로 개의하고 출석위원 3분의 2의 찬성으로 의결한다.

❖ 정답: ③

❈ 해설: ▶ 보안관찰처분심의위원회

의의	보안관찰처분에 관한 사안을 심의·의결하기 위하여 법무부에 보안관찰처분심의위원회를 둔다.
근거	보안관찰법
소속	법무부
위원장	**법무부차관**
위원	학식과 덕망이 있는 자로 하되, 그 **과반수는 변호사의 자격이 있는 자**
구성	① 위원회는 위원장 1인과 6인의 위원으로 구성한다. ② 위원 중 공무원이 아닌 위원도 이 법 기타 다른 법률의 규정에 의한 벌칙의 적용에 있어서는 공무원으로 본다. ③ 위원장은 위원회의 회무를 통리하고 위원회를 대표하며, 위원회의 회의를 소집하고 그 의장이 된다. ④ 위원장이 사고가 있을 때에는 미리 그가 지정한 위원이 그 직무를 대행한다.
위원 임기	**위촉된 위원의 임기는 2년**으로 한다. 다만, 공무원인 위원은 그 직을 면한 때에는 위원의 자격을 상실한다.
의결 방법	위원회의 회의는 위원장을 포함한 **재적위원 과반수의 출석으로 개의하고 출석위원 과반수의 찬성으로 의결**한다.

42. 보안관찰처분을 받은 자의 신고의무에 대한 설명 중에서 틀린 것은?   03.6 순경

① 피보안관찰자신고   ② 정기신고

③ 출소사실신고   ④ 수시신고

❖ 정답: ③

❈ 해설: ▶ 보안관찰처분대상자의 신고의무

피보안관찰자 신고	피보안관찰자는 보안관찰처분결정고지를 받은 날부터 **7일 이내**에 주거지를 관할하는 지구대 또는 파출소의 장을 거쳐 관할경찰서장에게 신고하여야 한다.
정기신고	피보안관찰자는 보안관찰처분결정고지를 받은 날이 속한 달부터 **매 3월**이 되는 달의 말일까지 지구대·파출소장을 거쳐 관할경찰서장에게 신고하여야 한다.
변동신고 (수시신고)	피보안관찰자는 국외여행 또는 국내에서 **10일 이상** 여행하거나 신고사항에 변경이 있는 경우에는 신고하여야 한다.
이전신고 (사전신고)	피보안관찰자가 주거지를 이전하거나 국외여행 또는 **10일 이상** 주거를 이탈하여 여행하고자 할 때에는 미리 지구대·파출소장을 거쳐 관할경찰서장에게 신고하여야 한다.

43. 사법경찰관의 피보안관찰자에 대한 재범방지조치가 아닌 것은?   01.1 승진
① 피보안관찰자에 대하여 신고사항을 이행함에 따른 적절한 지시
② 공공의 안녕질서에 직접적인 위험을 가할 것이 명백한 집회, 시위 장소에서의 출입금지 또는 제한
③ 보안관찰 해당범죄를 범한 자와의 회합, 통신을 금지
④ 10일 이상 국내 친·인척집의 방문을 금지

정답: ④
※ 해설: ▶ **검사 및 사법경찰관의 재범방지조치**

> ㉠ 보안관찰해당범죄를 범한 자와의 회합·통신을 금지하는 것
> ㉡ 집단적인 폭행, 협박, 손괴, 방화 등으로 공공의 안녕질서에 직접적인 위협을 가할 것이 명백한 집회
>   또는 시위장소에의 출입을 금지하는 것
> ㉢ 피보안관찰자의 보호 또는 조사를 위하여 특정장소에의 출석을 요구하는 것

44. 보안관찰처분에 대한 설명으로 잘못된 것은?   05.10 순경
① 보안관찰처분의 기간은 2년이고 갱신할 수 있다.
② 보안관찰처분에는 취직 또는 취업의 알선 작업훈련 기회제공요소도 있다.
③ 내란죄는 보안관찰대상이 아니다.
④ 국내에 가족이 없거나 가족이 있어도 인수를 거절하여 국가적 보호가 요청되는 자에게는 가택보호처분을
   할 수도 있다.

정답: ④
※ 해설: 국내에 가족이 없거나 가족이 있어도 인수를 거절하여 국가적 보호가 요청되는 자에게는 **가**
        택보호처분을 할 수도 없다.

45. 보안관찰에 대한 설명으로 틀린 것은?   08.1 승진

> ㉠ 보안관찰 해당범죄 또는 이와 경합한 범죄로 금고 이상의 형의 선고를 받고 그 형기 합계가 3년 이
>   상인 자로서 형의 전부 또는 일부의 집행을 받은 사실이 있는 자가 여기에 해당한다.
> ㉡ 보안관찰처분의 기간은 3년이며, 법무부장관은 검사의 청구가 있고 보안관찰처분심의위원회의 의결
>   을 거쳐 그 기간을 갱신할 수 없다.
> ㉢ 피보호관찰자는 국외여행 또는 국내에서 10일 이상 여행하거나 신고사항에 변경이 있는 경우에는
>   수시신고하여야 한다.
> ㉣ 피보안관찰자가 도주한 때, 피보안관찰자가 3개월 이상 소재불명인 경우에는 관할경찰서장이 검사에
>   게 집행 중지를 신청한다.
> ㉤ 보안관찰처분을 가택보호 처분이라 볼 수는 없고, 또 가택보호처분을 할 수도 없다.
> ㉥ 소의 제기기간은 결정이 집행된 날로부터 60일 이내에 서울고등법원에 소를 제기하여야 한다.

① 1개   ② 2개   ③ 3개   ④ 4개

정답: ②
※ 해설:
㉡ **보안관찰처분의 기간은 2년**이며, 법무부 장관은 검사의 청구가 있고 보안관찰처분심의위원회의 의결을
    거쳐 그 기간을 갱신할 수 없다.
㉣ 피보안관찰자가 도주한 때, 피보안관찰자가 **1개월 이상 소재불명인 경우**에는 관할경찰서장이 검사에게
    집행 중지를 신청한다.

46. 다음 보안관찰처분에 대한 설명으로 맞는 것은?   02.3 경간부

① 보안관찰처분의 청구는 사법경찰관이 한다.

② 법무부장관의 보안관찰처분 결정에 이의가 있을 때에도 행정소송을 제기할 수 있다.

③ 보안관찰처분의 기간은 1년이다.

④ 보안관찰처분의 집행은 결정서등본을 첨부하여 검사가 서면으로 경찰청장에게 지휘하여 실시한다.

➊ 정답: ②

❀ 해설:

① 보안관찰처분의 청구는 **검사**가 한다.

③ 보안관찰처분의 기간은 **2년**이다.

④ 보안관철처분의 집행은 **검사가 관할경찰서장을 지휘하여 집행**한다.

47. 보안관찰에 대한 설명이다. 맞는 것은?   05.3 순경

① 보안관찰처분의 기간은 3년으로 하며, 법무부장관은 검사의 청구가 있는 때에는 보안관찰 처분심의위원회의 의견을 거쳐 그 기간을 갱신할 때에는 행정소송법상 소를 제기할 수 있다.

② 보안관찰법에 의한 법무부장관의 결정을 받은 자가 그 결정에 이의가 있을 때에는 행정소송법에 정하는 바에 따라 그 결정이 집행되는 날로부터 60일 이내에 서울고등법원에 소를 제기하여야 한다.

③ 보안관찰 처분대상자는 보안관찰해당 범죄 또는 이와 경합된 범죄로 금고 이상의 형의 선고를 받고, 그 형기합계가 2년 이상인 자로서 형의 전부 또는 일부의 집행을 받은 사실이 있는 자를 말한다.

④ 형법상의 범죄 중 모병이적죄는 보안관찰 해당범죄가 아니다.

➊ 정답: ②

❀ 해설:

① **보안관찰처분의 기간은 2년**으로 하며, 법무부장관은 검사의 청구가 있는 때에는 보안관찰 처분심의위원회의 의결을 거쳐 그 기간을 갱신할 수 있다.

③ 보안관찰 처분대상자는 보안관찰해당 범죄 또는 이와 경합된 범죄로 금고 이상의 형의 선고를 받고, 그 **형기합계가 3년 이상인 자**로서 형의 전부 또는 일부의 집행을 받은 사실이 있는 자를 말한다.

④ 형법상의 범죄 중 모병이적죄도 **보안관찰 해당범죄이다.**

48. 보안관찰법에 의한 법무부장관의 보안관찰처분을 받은 자가 그 결정에 이의를 제기하는 방법은?

                    03.1 승진

① 결정이 집행된 날로부터 30일 이내에 서울고등법원에 소를 제기할 수 있다.

② 결정이 집행된 날로부터 30일 이내에 서울지방법원에 소를 제기할 수 있다.

③ 결정이 집행된 날로부터 60일 이내에 서울고등법원에 소를 제기할 수 있다.

④ 결정이 집행된 날로부터 60일 이내에 서울지방법원에 소를 제기할 수 있다.

➊ 정답: ③

❀ 해설: 법무부장관의 결정을 받은 자가 그 결정에 이의가 있을 때에는 **그 결정이 집행된 날로부터 60일 이내에 서울고등법원에 소를 제기할 수 있다.**

49. 다음 중 보안관찰법의 내용으로 가장 적절하지 않은 것은?   11.8 순경

① 보안관찰법은 특정범죄를 범한 자에 대하여 재범의 위험성을 예방하고 건전한 사회복귀를 촉진하기 위하여 보안관찰처분을 함으로써 국가의 안전과 사회의 안녕을 유지하는 데 법 제정의 목적이 있다.

② 보안관찰처분대상자란 보안관찰 해당범죄 또는 이와 경합된 범죄로 금고 이상의 형의 선고를 받고 그 형기합계가 1년 이상인 자로서 형의 전부의 집행을 받은 사실이 있는 자를 말한다.

③ 보안관찰처분의 기간은 2년으로 한다. 또한 법무부장관은 검사의 청구가 있는 때에는 보안관찰처분심의위원회의 의결을 거쳐 그 기간을 갱신할 수 있다.

④ 보안관찰처분에 관한 사안을 심의·의결하기 위하여 법무부에 보안관찰처분심의위원회를 두고 있다.

❖ **정답:** ②

❈ **해설:** 보안관찰 해당범죄 또는 이와 경합한 범죄로 금고 이상의 형의 선고를 받고 그 **형기 합계가 3년 이상인 자**로서 형의 전부 또는 일부의 집행을 받은 사실이 있는 자를 말한다.

제4절　북한의 대남전략전술 및 남북교류협력 관련활동

1. 좌익폭력세력에 대한 설명 중 옳지 않은 것은?　　　　　　　10.2 경간부
① NL주사파는 미제를 축출한 후 현 정권을 타도해야 한다고 주장한다.
② NLPDR파는 '민족해방 민중민주주의 혁명론'을 말하며, 이것은 북한의 '민족해방인민민주주의의 혁명전략' 중 '인민'을 '민중'으로 바꾼 것에 불과하다.
③ 제도 PDR파와 제파 PDR파 모두 한국사회를 신식민지 국가 독점주의 사회로 평가한다.
④ 제파 PDR파는 제국주의와 독점자본을 동시에 타도해야 한다고 주장한다.

❖ **정답:** ④
❀ **해설:** ▶ **남한의 좌익운동권의 분파**

NL주사파 NLPDR	① **민족해방 민중민주주의 혁명론**(NLPDR: National Liberation People's Democracy Revolution)은 주한미군을 철수시키고 현 정권을 타도하여 인민정권을 수립을 이룩하고, 북한과 합작을 통하여 사적소유를 철폐하고 프롤레타리아 독재권력을 수립하는 본격적인 사회주의 혁명을 완수하자는 혁명론이다. ② **북한 및 김일성의 주체사상을 추종하는 세력**이다. ③ **先 미제축출, 後 현정권 타도**를 외치고 있다.
NDR파	① 1단계는 **민족민주혁명 완수 후** 2단계로서 **사회주의 혁명 완수**하는 혁명론이다. ② 현 정권 타도 후 미제국주의 축출하고 민주주의 민주공화국을 수립하여 북한과 연방제 통일을 주장하고 있다.
PDR파	**제독 PDR** **반제반독점 민중민주주의 혁명론**으로 제국주의와 독점자본을 동시에 타도하는 혁명론이다. **제파 PDR** **반제반파쇼 민중민주주의 혁명론**으로 현 정권 타도 후 제국주의를 축출하자는 혁명론이다.
ISR파	국제사회주의혁명론은 **남한에서 현 정권을 타도**하고 미제를 축출하여 사회주의 혁명을 이룩한 후 **북한노동자를 지원하여 북한 정권을 타도**하고 **남북통일 노동자권력을 건설**한다는 혁명론이다.
트로츠키파	기존 자본주의권은 물론 세계차원에서 국가 자본주의체제를 분쇄하여 영속적인 국제사회주의 혁명을 이룩하자는 혁명론이다.

2. 좌익폭력세력에 대한 설명 중 옳지 않은 것은?　　　　　　　09.1 승진
① NL주사파는 현 정권을 타도한 후에 미제를 축출해야 한다고 주장한다.
② NLPDR파는 '민족해방 민중민주주의 혁명론'을 말하며, 이것은 북한의 '민족해방인민민주주의의 혁명전략' 중 '인민'을 '민중'으로 바꾼 것에 불과하다.
③ PDR은 민중민주주의 혁명론을 말하며 이 계열의 단체는 전국학생연대, 대장정학생연합 등이 현재 활동 중이다.
④ 트로츠키파는 기존 사회주의권은 물론 세계차원에서 국가 자본주의 체제를 분쇄하는 영속적인 국제사회주의 혁명을 강조한다.

❖ **정답:** ①
❀ **해설:** NL주사파는 **先 미제축출, 後 현 정권 타도**를 외치고 있다.

3. 다음 중 PDR(민중민주주의 혁명론)파에 대한 설명으로 옳지 않은 것은?   09.1 승진
① 반제 반독점 민중민주주의 혁명파를 제독 PDR파, 반제 반파쇼 민중민주주의 혁명파를 제파 PDR파라 한다.
② 제도 PDR파와 제파 PDR파 모두 한국사회를 신식민지 국가독점자본주의 사회로 평가한다.
③ 제파 PDR파는 제국주의와 독점자본을 동시에 타도해야 한다고 주장한다.
④ 현재 활동 중인 PDR계열의 단체들은 전국학생연대, 대장정학생연합 등이 있다.

❖ **정답:** ③
❈ **해설: 제독 PDR은** 제국주의와 독점자본을 동시에 타도해야 한다고 주장한다.

4. 좌익폭력세력의 분파 중 NL주사파에 대한 설명으로 가장 옳지 않은 것은?   10.1 승진
① 북한의 대남혁명론인 민족해방 인민민주주의혁명에 입각하여 남한의 공산화 혁명을 성취하려는 세력이다.
② NL주사파의 민족해방 민중민주주의 혁명론에서는 반미자주화, 반파쇼민주화, 조국통일을 주장하고 있다.
③ NL주사파는 마르크스-레닌주의를 추종하는 세력이다.
④ 先 미제축출, 後 현 정권 타도를 외치고 있다.

❖ **정답:** ③
❈ **해설:** NL주사파는 **북한 및 김일성의 주체사상을 추종하는 세력**이다.

5. 공산주의 전략의 원칙이 아닌 것은?   10.1 승진
① 포기의 원칙   ② 다양성의 원칙
③ 임기응변의 원칙   ④ 관망의 원칙

❖ **정답:** ①
❈ **해설: ▶ 공산주의 전략의 원칙**

① 불포기의 원칙	② 배합의 원칙	③ **관망의 원칙**
④ **다양성의 원칙**	⑤ **임기응변의 원칙**	⑥ 일사후퇴와 양보의 원칙

6. 다음 중 북한의 대남기본전략에 해당하지 않는 것은?   08.1 승진
① 혁명기지전략   ② 남조선혁명전략
③ 평화공존전략   ④ 통일전선전략

❖ **정답:** ③
❈ **해설: ▶ 대남전략**

통일전선 전략	대남적화 혁명을 위한 연합동맹전략으로 힘이 부족하여 1 대 1로 타도할 수 없을 때 이용한다.
남조선혁명 전략	조선혁명은 남한의 혁명세력이 주체가 되어 수행해야 한다는 전략이다.
혁명기지 전략	북한지역을 혁명의 근거지로 구축한 다음에 그 역량을 바탕으로 남한까지 전 한반도에서 공산혁명을 완수한다는 전략이다.

7. 전략과 전술에 대한 설명으로 타당한 것은?   07.12 순경

① 전략은 역사적 단계에 따라 행동하는 정치노선의 단기적 수단이다.

② 전술은 기본목표이자 큰 행동지침이고, 전략은 전술에 종속된 구체적 방법이다.

③ 전략은 정세에 따라 수시로 변화하는 것이고, 전술은 정세에 따라 수시로 변화하는 것이 아니다.

④ 역사가 봉건사회라면 타파하는 것이 전략목표이고 봉건제도의 타파를 위해 어느 계급과 연합할 것인가가 전술지침이다.

❖ **정답:** ④

❈ **해설:** ▶ 전략과 전술의 비교

전략	전술
① 역사가 봉건사회라면 타파하는 것이 전략 목표이다.	① 봉건제도의 타파를 위해 어느 계급과 연합할 것인가를 전술지침이다.
② **전략은 역사적 · 정치적으로 장기적**이다.	② 전술은 **단기적**이다.
③ **전략은 기본목표**이자 큰 **행동지침(기본지침)**이다.	③ 전술은 전략에 종속된 **구체적 방법(세부지침)**이다.
④ 전략은 성세변화에 수시로 변화하지 않는다(**불변**).	④ 선술은 성세변화에 수시로 변화한다(**변화무쌍**).

8. 전략과 전술이 차이를 설명한 것이다. 틀린 것은?   08.1 승진

① 전략 – 기본지침, 전술 – 세부지침

② 전략 – 거시적, 전술 – 미시적

③ 전략 – 단기적, 전술 – 장기적

④ 전략 – 불변, 전술 – 변화무쌍

❖ **정답:** ③

❈ **해설:** **전략은 장기적**이고, **전술은 단기적**이다.

9. 북한사회는 출신성분과 당성에 의해 전체주민을 3개 계층으로 나누어 경직된 계층구조를 갖고 있다. 이 중 회색분자, 기회주의자로 불리는 계층은?   10.1 승진

① 핵심계층   ② 동요계층

③ 회색분자   ④ 기회주의자

❖ **정답:** ①

❈ **해설:** ▶ 계층구조

적대계층 (복잡계층)	유해노동직에 배치되고 진학 · 입당 등이 원칙적으로 봉쇄된 계층으로 북한 공산집단에 동조하지 않는 계층을 말한다.
동요계층 (기본계층)	동요계층은 기본계층, 회색분자, 기회주의자라고도 하며, 하급간부나 기술자로 배치되는 계층을 말한다.
핵심계층	정규의 당원을 비롯하여 김정일에게 충성을 다하는 계층을 말한다.

10. 보안경찰과 관련하여 북한주민의 계층 중 다른 것은?   07.9 순경

① 복잡계층   ② 기본계층
③ 회색분자   ④ 기회주의자

❖ **정답:** ①

❈ **해설:** 동요계층(기본계층)은 **기본계층, 회색분자, 기회주의자**라고도 하며, 하급간부나 기술자로 배
치되는 계층을 말한다.

11. 북한의 대남공작기구에 대한 설명으로 바르게 연결된 것은?   07.3 경간부

> ㉠ 남북대화, 해외교포공작
> ㉡ 공작원밀봉교육, 남한 내 지하당 조직공작
> ㉢ 해외간첩공작 및 테러공작 KAL기폭발
> ㉣ 침투공작원 호송 및 안내, 육급잠수정 속초침투
> ㉤ 무장공비양성, 잠수함침투 등 군사정찰담당

① ㉠ 통일전선부, ㉡ 225국, ㉢ 정찰총국 5국(대외정보국), ㉣ 정찰총국 1국(작전국), ㉤ 인민무력성 정찰국
② ㉠ 통일전선부, ㉡ 정찰총국 5국(대외정보국), ㉢ 225국, ㉣ 인민무력성 정찰국, ㉤ 정찰총국 1국(작전국)
③ ㉠ 정찰총국 5국(대외정보국), ㉡ 225국, ㉢ 정찰총국 1국(작전국), ㉣ 인민무력성 정찰국, ㉤ 통일전선부
④ ㉠ 225국, ㉡ 인민무력성 정찰국, ㉢ 통일전선부, ㉣ 정찰총국 5국(대외정보국), ㉤ 정찰총국 1국(작전국)

❖ **정답:** ①

❈ **해설:** ▶ 대남공작기구의 임무

노동당	**통일전선부**	㉠ **남북대화 주관** ㉡ 조총련 및 **해외교포 공작사업** ㉢ 대남심리전 및 통일전선공작 등을 전담
내각	**225국**	㉠ **공작원 밀봉교육** ㉡ 당계통의 간첩남파조종 및 공작사명부여 ㉢ **남한 내 지하당조직 공작**으로 혁명토대 구축 ㉣ 우회침투를 위한 해외공작 및 조총련을 전담
정찰 총국	**1국 (작전국)**	㉠ 남파공작원과 전투원들에 대한 기본교육훈련 ㉡ 대남테러공작 ㉢ **침투공작원 호송 · 안내 · 복귀** ㉣ 대남침투로 개척 등 , 육급잠수정 속초침투
	2국 (정찰국)	㉠ **무장공비 양성 · 남파** ㉡ 주요시설 파괴 ㉢ 요인암살 · 납치 등 게릴라 활동 ㉣ **대남군사정보수집 등**
	5국 (대외 정보국)	㉠ 대외 · 대남정보 수집 ㉡ **해외 간첩공작 및 테러공작을 전담**하고 있는 부서, KAL기폭발

12. 북한의 대남공작기구에 대한 설명으로 바르게 연결된 것은?   07.3 순경

> ㉠ 남북대화주관, 대남심리전 공작
> ㉡ 공작원밀봉교육, 남파, 남한 내 지하당 구축 및 해외공작
> ㉢ 공작원 기본교육훈련, 침투 공작원 호송
> ㉣ 무장공비양성, 남파, 요인암살·파괴, 대남군사정보 수집

① ㉠ 통일전선부), ㉡ 정찰총국 5국(대외정보국), ㉢ 225국, ㉣ 정찰총국 2국(정찰국)
② ㉠ 225국, ㉡ 통일전선부, ㉢ 인민무력성 정찰국, ㉣ 정찰총국 5국(대외정보국)
③ ㉠ 정찰총국 5국(대외정보국), ㉡ 225국, ㉢ 통일전선부, ㉣ 정찰총국 2국(정찰국)
④ ㉠ 통일전선부, ㉡ 225국, ㉢ 정찰총국 5국(대외정보국), ㉣ 정찰총국 2국(정찰국)

❖ **정답:** ④
❄ **해설:**
•통일전선부 – ㉠ 남북대화주관, 대남심리전 공작
•225국 – ㉡ 공작원밀봉교육, 남파, 남한 내 지하당 구축 및 해외공작
•정찰총국 5국(대외정보국) – ㉢ 공작원 기본교육훈련, 침투 공작원 호송
•정찰총국 2국(정찰국) ㉣ 무장공비양성, 남파, 요인암살 파괴, 대남군사정보 수집

13. 다음은 북한의 대남공작기구에 관한 것 중 어느 성명에 관한 것인가?   08.3 순경

> 공비양성·남파, 요인암살·파괴, 납치 등 게릴라 활동, 대남군사정보수집 등을 주임무로하며, 1983년
> 미얀마 아웅산 암살 폭파사건, 1996년 강릉무장공비사건 등을 자행하였다.

① 225부   ② 통일전선부   ③ 정찰총국 5국(구 35호실)   ④ 정찰총국 2국(정찰국)

❖ **정답:** ④
❄ **해설: 2국(정찰국)의 임무**이다.

14. 대남공작부서와 그 기능의 연결이 옳지 않은 것은?   08.3 승진

> ㉠ 225국(구 대외연락부)   ㉡ 통일전선부
> ㉢ 인민보안성(구 사회안전성)   ㉣ 정찰총국 1국(구 작전부)
> ㉤ 정찰총국 2국(구 정찰국)   ㉥ 정찰총국 3국(구 35호실)

> ⓐ 당계통의 간첩남파 조종 및 공작사명 부여, 남한 내 지하당조직 공작으로 혁명토대 구축, 우회침투
>   를 위한 해외공작 전개
> ⓑ 남북대화 주관, 대남심리전 등을 전담
> ⓒ 원칙적으로 북한 내 사회안전질서를 유지·강화하고 국가와 인민의 재산과 생명을 보호하는 것을
>   목적으로 하며, 한국의 경찰청과 비슷한 역할
> ⓓ 남파공작원과 전투원들에 대한 정규 기본훈련을 전담하고 있는 김정일 정치군사대학과 남파공작원
>   파견기지인 해상연락소를 청진, 원산, 남포, 해주 등에 보유하고 있는 대남공작부서
> ⓔ 448군 부대, 907군부대, 남포해상특수부대 등을 관장하며 특공부대의 후방투입과 유격활동을 자행하는 임무
> ⓕ 일명 조사부라고도 불리며, KAL858기 공중폭파를 자행

① ㉠ – ⓐ, ㉥ – ⓕ   ② ㉡ – ⓑ, ㉢ – ⓒ
③ ㉣ – ⓓ, ㉤ – ⓔ   ④ ㉠ – ⓑ, ㉢ – ⓒ

❖ **정답:** ④

❊ **해설:**

㉠ 225국(구 대외연락부) – ⓐ

㉡ 통일전선부 – ⓑ

㉢ 인민보안성(구 사회안전성) – ⓒ

㉣ 정찰총국 1국(구 작전부) – ⓓ

㉤ 정찰총국 2국(구 정찰국) – ⓔ

㉥ 정찰총국 3국(구 35호실) – ⓕ

15. 대남공작기구에 대한 설명 중 틀린 것은?   10.1 승진

① 대외정보국(5국, 구 35호실)은 해외간첩공작 및 테러공작을 전담하는 부서로 1987년 KAL 858기 공중폭
 파테러를 자행하였다.

② 작전국(1국, 구 작전부)은 공작원들에 대한 기본교육훈련, 침투공작원 호송·안내·복귀 및 대남 침투로
 개척 등을 주임무로 하고 있다.

③ 통일전선부는 공작원의 밀봉교육 및 남한 내 지하당 구축공작을 담당하고 있다.

④ 정찰국(2국)은 무장공비를 양성·남파하여 게릴라 활동 및 군사정보를 수집하며 1996년 강릉무장 공비사
 건을 자행하였다.

❖ **정답:** ③

❊ **해설:** **225국의 임무**에 해당한다.

16. 다음은 「남북교류협력에 관한 법률」과 「국가보안법」과의 관계에 대한 설명이다. 맞는 것은?
                    02.1 승진, 09.1 승진

① 통일부장관이 발급한 증명서를 소지하고 북한을 왕래하면 언제나 국가안보법 적용이 배제된다.

② 재외국민이 재외공관장에게 단순히 신고하지 않고 북한을 왕래하더라도 국가보안법의 적용을 받지 않는다.

③ 단순히 증명서를 발급받지 않고 남북을 왕래하거나 승인 없이 회합하면 국가보안법이 적용된다.

④ 남북교류협력에 관한 법률에 의해 남북을 왕래하면서 승인 없이 금품을 수수한 경우 언제나 국가보안법
 에 의해 처벌된다.

❖ **정답:** ②

❊ **해설:** ▶ **절차위반 시 조치**

① 처음부터 국가의 안전보장을 해칠 목적으로 또는 해가 될 것을 알면서 남북교류협력을 한 경우에는 「
 국가보안법」이 적용된다.

② 남북교류협력에 관한 법률에 의해 남북을 왕래하면서 승인 없이 금품을 수수한 경우 정당성이 인정되
 면 **「국가보안법」이 적용되지 않는다**(판례).

③ 무승인·법정절차 위반 시 **「남북교류협력에 관한 법률」이 적용**된다.

④ 단순히 증명서를 발급받지 않고 남북을 왕래하거나 신고 없이 회합하면 **「남북교류협력에 관한 법률」
 이 적용**된다.

⑤ 재외국민이 재외공관장에게 단순히 신고하지 않고 북한을 왕래하면 **「남북교류협력에 관한 법률」이 적
 용**된다.

17. 甲은 북한의 나진, 선봉지구가 외국기업에 개방된다는 소식을 듣고 그곳에 공장을 설립하기 위한 기초공사를 하기 위하여 방북하려고 한다. 甲은 다음 정부기관 중 어느 곳에 방북허가서를 제출하여야 하는가?

01.1 승진

① 외교통상부   ② 통일부
③ 경찰청   ④ 국가정보원

▪ 정답: ②
▓ 해설: 「남북교류협력에 관한 법률」상 방북허가는 **통일부에서 담당**한다.

18. 남북교류협력 절차에 관한 설명으로 가장 옳지 않은 것은?   03.1 승진

① 남북한 주민이 상대지역을 왕래하고자 할 때에는 통일부장관이 발급하는 방문증명서를 소지하여야 한다.
② 국제행사에 참가한 남한 주민이 북한주민과 접촉하고자 할 때에는 사전에 신고하여야 한다.
③ 남북한 간 교역을 행하기 위한 당사자가 될 수 있는 자격은 별도의 제한을 두고 있지 않다.
④ 남북교류 과정에서 발생하는 반국가적인 경우에 해당하지 않는 법정절차 위반은 국가보안법이 적용되지 않는다.

▪ 정답: ②
▓ 해설: ▶ 접촉 후 신고 가능한 경우

> ① 방문증명서를 발급받은 사람이 그 방문 목적의 범위에서 당연히 인정되는 접촉을 하는 경우
> ② 정부와 북한 당국 간에 합의한 바에 따라 남한을 방문하는 북한 주민과 접촉을 하는 경우
> ③ 남한에서 개최되는 국제행사에 참석하기 위하여 남한을 방문하는 북한 주민과 접촉을 하는 경우
> ④ 정부로부터 승인받고 참석한 국제행사의 목적 내에서 당연히 인정되는 접촉을 하는 경우
> ⑤ 외국에 소재하는 외국법인 등에 취업한 사람이 업무수행의 목적 내에서 접촉을 하는 경우

19. 「북한이탈주민의 보호 및 정착 지원에 관한 법률」과 관련된 설명으로 틀린 것은?   09.4 순경

① 북한이탈주민으로서 이법에 의한 보호를 받고자 하는 자는 재외공관 기타 행정기관의 장에게 보호를 직접 신청하여야 한다. 다만, 대통령령이 정하는 직접 신청하기 어려운 사유가 있는 경우에는 그러하지 아니한다.
② 국가정보원장이 북한이탈주민대책협의회의 심의를 거쳐 보호여부에 대한 결정을 한다.
③ 통일부장관은 보호대상자의 정착여건 및 생계유지능력 등을 고려하여 정착금 또는 그에 상응하는 가액의 물품을 지급할 수 있다.
④ 통일부장관은 보호대상자에게 대통령령이 정하는 바에 의하여 주거지원을 할 수 있다.

▪ 정답: ②
▓ 해설: **통일부장관은** 통보를 받으면 통보를 받은 날부터 **30일 이내에 협의회의 심의를 거쳐 보호 여부를 결정**한다. 다만, 국가안전보장에 현저한 영향을 줄 우려가 있는 사람에 대하여는 **국가정보원장이 그 보호 여부를 결정**하고, **그 결과를 지체 없이 통일부장관과 보호신청자에게 통보**하거나 알려야 한다.

제5절   외국의 보안경찰

1. 외국의 보안경찰에 대한 설명 중 틀린 것은?   예상문제

① 영국은 수도경찰 특수부서를 제외하고는 한국처럼 보안업무와 유사한 기능을 수행하는 경찰관은 없다.

② 미국은 연방수사국(FBI)의 정보부가 미국 방첩업무의 최고 책임기관이다.

③ 독일은 연방정보부(BND), 연방헌법보호청(BVS)과 주헌법보호청(LVS) 등이 보안경찰의 업무를 수행하고 있다.

④ 프랑스는 경찰청 경비국은 한국의 정보와 보안 및 외사방첩기능을 통합 수행하는 부서로서 한국의 경찰청 보안국의 업무를 담당하고 있다.

❖ **정답**: ④

❊ **해설:** ▶ 외국의 보안경찰

영국	① 수도경찰 특수부서를 제외하고는 **한국처럼 보안업무와 유사한 기능을 수행하는 경찰관은 없다.** ② 이 외의 국가안전보장기관으로 **내무부의 보안국(SS), 외무부의 비밀정보국(SIS)** 등이 있다.
미국	① 연방수사국(FBI)의 정보부가 **미국 방첩업무의 최고 책임기관**이다. ② 이 외의 국가안전보장기관으로 **중앙정보국(CIA), 국가정찰국(NRO), 국방정보국(DIA), 법무부의 연방수사국(FBI)** 등이 있다.
독일	① 독일경찰의 핵심인 **주경찰 내부에는 보안업무의 전담조직이 없다.** ② **연방정보부(BND), 연방헌법보호청(BVS)과 주헌법보호청(LVS)** 등이 보안경찰의 업무를 수행하고 있다.
프랑스	① 프랑스의 국가안전보장기관으로는 **국방부의 해외안전총국, 국립경찰청의 국토감시국, 외무부정보과 등**이 있다. ② 국립경찰청의 국토감시국(DST)은 **대간첩업무의 수행, 국제기관 및 외국공관의 동향파악 등 국가의 외적 안녕에 대한 침해행위를 적발·응징**하며, 국가주권에 대한 침해행위의 증거를 법원에 제공하는 업무를 수행하며, **영국의 MI-5와 미국의 FBI와 유사한 조직**이다.
일본	경찰청 경비국은 **한국의 정보와 보안 및 외사방첩기능을 통합 수행하는 부서로서 한국의 경찰청 보안국의 업무를 담당**하고 있다.

제7장

외사경찰 활동

제1절 외사경찰의 일반

1. 다음 중 외사경찰의 대상으로 가장 옳지 않은 것은?   02.1 승진
① 한국인이 일본에서 차별대우에 반발해 야쿠자를 살해한 경우
② 미국인이 한국은행 뉴욕지점에서 강도를 한 경우
③ 월남참전 고엽제 환자가 미대사관 앞에서 불법시위를 한 경우
④ 영국인이 한국 여행 중 재물을 절취한 경우

: 정답: ③
※ 해설: ▶ 외사경찰의 대상

> ① 주한 외국인 또는 외국기관·단체가 대한민국 내에서 저지른 범죄
>   예 **영국인이 한국 여행 중 재물을 절취한 경우**
> ② 외국인이 외국에서 대한민국 또는 대한민국 국민을 대상으로 저지른 범죄
>   예 **미국인이 한국은행 뉴욕지점에서 강도를 한 경우**
> ③ 내국인 또는 해외교포가 외국에서 저지른 범죄
>   예 **한국인이 일본에서 차별대우에 반발해 야쿠자를 살해한 경우**
> ④ 내국인이 외국인 또는 외국기관·단체 등과 연계하여 저지른 범죄
> ⑤ 내국인이 국내에서 외국·외국인을 대상으로 저지른 범죄
> ⑥ 간첩·불순분자 등의 제3국을 통한 우회침투를 방지·색출하고 무장·과격분자 또는 국제범죄단체
>   등에 의한 테러와 납치 등 국제성 범죄에 대처하는 것

2. 다음 외사경찰의 수사활동에 대한 설명으로 가장 옳지 않은 것은?   02.1 승진
① 수사에 있어서 국제범죄에 관한 특칙이 있다.
② 외교사절도 대상이 되므로 업무에 특별한 주의가 요구된다.
③ 외사범죄는 노출적이며 광범위한 특징이 있다.
④ 외사사범에 대한 국민의 피해의식이 희박하다.

: 정답: ③
※ 해설: ▶ 수단상의 특징

고도의 기술성	외사경찰은 외국인, 해외동포, 외교관 등 대상으로 하므로 **충분한 지식과 뛰어난 어학능력 등 고도의 기술성이 요구**된다.
국가법익의 보호	외사경찰은 개인의 이익보다는 **국가의 안전과 국익의 보호를 우선적 목적으로** 한다.
비공개성	업무의 특성상 외사경찰의 임무를 수행하기 위해서는 **철저한 신분과 업무내용의 비밀유지가 필요**하다.
비노출성	임무수행상의 특성상 **전혀 신분을 노출시키지 않아야 한다.**

3. 각국의 국내규제나 정책의 차이가 무역장애로 등장함에 따라 개방과 내국인 대우를 통한 경제조건의 평균화를 추진하는 것을 무엇이라고 하는가?　　　　　10.1 승진

① 노동라운드(Blue Round)

② 기술라운드(Technology)

③ 경쟁라운드(Competition)

④ 환경라운드(Green Round)

정답: ③

※ **해설: ▶ 뉴 라운드**

우루과이 라운드 (UR)	공산품은 물론 농산물, 지적재산권, 금융, 서비스, 교육 등 **모든 부문에 대해 시장을 개방하는 완전한 자유무역체제를 이루기 위한 다자간 협상**으로 무역장벽을 철폐시키기 위해 미국주도하에 이루어진 협상을 말한다.
그린라운드 (GR)	일명 환경 라운드로서 지구환경을 파괴할 수 있는 물질의 사용을 금지하자는 협약, 즉 **환경보존을 위한 다자간 국제협상**을 말한다.
기술 라운드 (TR)	각국의 연구개발 활동 등 **기술적인 요소가 공정무역 차원에서 장애가 되지 않아야 한다**는 것을 주요 내용으로 하고 있다.
윤리 라운드 (ER)	수주과정에서 외국 공무원에게 **뇌물을 주는 기업에 대해 현지국 정부가 처벌**할 수 있도록 하는 것을 포함, 조달시장의 개방과 엄격한 회계기준 정립 등의 내용을 담고 있다.
블루(노동) 라운드 (BR)	**취약한 임금이나 열악한 노동 조건을 개선**하라는 것으로 국제적 근로 기준을 준수하지 않는 나라에는 교역상의 제재를 가한다는 매우 강경한 대책까지 구상하고 있다.
경쟁정책 라운드 (CR)	각국의 국내규제나 정책의 차이가 무역장애로 등장함에 따라 개방과 내국인 대우를 통한 **경제조건의 평균화를 추진하는 것**이다.

제2절　외사경찰의 대상

1. 다음 중 출입국관리법상 용어 설명으로 타당하지 않은 것은?　　　　07.3 경간부

① '외국인'이라 함은 외국국적을 가진 자를 말한다.

② '난민'이라 함은 난민의 지위에 관한 협약 또는 난민의 지위에 관한 의정서에 의하여 난민협약의 적용을 받는 자이다.

③ '여권'이란 대한민국정부·외국정부 또는 권한 있는 국제기구에서 발급한 여권 또는 난민여행증명서 기타 여권에 갈음하는 증명서로 대한민국정부가 유효하다고 인정하는 것을 말한다.

④ '신원신분증명서'라 함은 대한민국 정부 또는 외국정부가 발급한 문자로서 선원임을 증명하는 것을 말한다.

❖ 정답: ①

❈ 해설: ▶ 용어

> ① **외국인**이란 대한민국의 국적을 가지지 아니한 사람
> ② **난민**이란 「난민의 지위에 관한 협약」 제1조나 「난민의 지위에 관한 의정서」 제1조에 따라 난민협약의 적용을 받는 사람
> ③ **여권**이란 대한민국정부·외국정부 또는 권한 있는 국제기구에서 발급한 여권 또는 난민여행증명서나 그 밖에 여권을 갈음하는 증명서로서 대한민국정부가 유효하다고 인정하는 것
> ④ **선원신분증명서**란 대한민국정부나 외국정부가 발급한 문서로서 선원임을 증명하는 것

2. 범죄를 범한 내국인에 대하여 수사목적상 출국금지 조치를 할 경우 그 절차에 관한 설명으로 틀린 것은?　　　　10.1 승진

① 출국이 대한민국의 이익을 현저하게 해할 우려가 있다고 인정되는 자의 출국금지 예정기간은 6개월을 초과할 수 없다.

② 범죄수사를 위하여 그 출국이 부적당하다고 인정되는 자는 1개월을 초과할 수 없다(단, 기소중지나 도주 등 특별한 사유가 있는 경우 6개월).

③ 출국금지 예정기간은 확정기한으로 표시하여야 한다.

④ 출국금지기간을 연장하고자 하는 때에는 기간만료 3일 전까지 출국금지기간 연장요청서를 법무부장관에게 제출하여야 한다.

❖ 정답: ②

❈ 해설: ▶ 출국의 금지

> 법무부장관은 범죄 수사를 위하여 출국이 적당하지 아니하다고 인정되는 사람에 대하여는 **1개월 이내의 기간을 정하여 출국을 금지**할 수 있다. 다만, 다음 아래에 해당하는 사람은 그 호에서 정한 기간으로 한다.
> ㉠ 소재를 알 수 없어 기소중지결정이 된 사람 또는 도주 등 특별한 사유가 있어 수사진행이 어려운 사람: **3개월 이내**
> ㉡ 기소중지결정이 된 경우로서 체포영장 또는 구속영장이 발부된 사람: **영장 유효기간 이내**

3. 영국인 브라운이 한국에 입국할 때에는 입국항의 C.I.Q과정을 거쳐야 한다. 이에 해당하지 않는 것은?

08.1 승진

① 통관절차
② 출입국심사
③ 검역조사
④ 신원조사

❖ 정답: ④
❀ 해설: ▶ C.I.Q과정

통관절차(Customs)	세관공무원의 세관검열
출입국심사(Immigrations)	출입국관리공무원의 출입국심사
검역조사(Quarantine)	검역관리공무원의 검역조사

4. 다음 중 사증 없이도 입국할 수 있는 외국인에 해당하지 않는 것으로 짝지어진 것은?   08.1 승진

> ㉠ 대한민국의 이익 등과 관련하여 외교통상부장관이 인정한 자
> ㉡ 60일을 초과하지 않는 기간에 관광·통과할 목적 입국자
> ㉢ 난민여행증명서를 발급받고 출국하여 그 유효기간이 만료되기 전에 입국하는 자
> ㉣ 재입국허가를 받은 자 또는 재입국허가가 면제된 자로서 그 허가 또는 면제받은 기간이 만료되기 전에 입국한 자
> ㉤ 대한민국과 사증면제협정으로 면제되는 자

① ㉠, ㉡   ② ㉠, ㉡, ㉢
③ ㉠, ㉡, ㉢, ㉣   ④ ㉠, ㉡, ㉢, ㉣, ㉤

❖ 정답: ①
❀ 해설: ▶ 사증 없이 입국할 수 있는 경우

① 재입국허가를 받은 사람 또는 재입국허가가 면제된 사람으로서 그 허가 또는 면제받은 기간이 끝나기 전에 입국하는 사람
② 대한민국과 사증면제협정을 체결한 국가의 국민으로서 그 협정에 따라 면제대상이 되는 사람
③ 국제친선, 관광 또는 대한민국의 이익 등을 위하여 입국하는 사람으로서 대통령령으로 정하는 바에 따라 따로 입국허가를 받은 사람
 ㉠ 외국정부 또는 국제기구의 업무를 수행하는 자로서 부득이한 사유로 사증을 가지지 아니하고 입국하고자 하는 자
 ㉡ 30일 이내의 기간 내에 대한민국을 관광할 목적으로 입국하는 자 15일 이내의 기간 내에 대한민국을 통과할 목적으로 입국 하는 자
 ㉢ 기타 법무부장관이 대한민국의 이익 등을 위하여 그 입국이 필요하다고 인정하는 자
④ 난민여행증명서를 발급받고 출국한 후 그 유효기간이 끝나기 전에 입국하는 사람

5. 다음 외국인 입국금지 사유에 해당하는 자는 몇 명인가?　　08.3 순경

> ㉠ 전염병환자 · 마약류중독자 기타 공중위생상 위해를 미칠 염려가 있다고 인정되는 자
> ㉡ 총포 · 도검 · 화약류 등 단속법에서 정하는 총포 · 도검 · 화약류 등을 위법하게 가지고 입국하려는 자
> ㉢ 법무부장관이 정한 외국인등록 또는 거소, 활동범위의 제한 기타 준수사항을 위반한 자
> ㉣ 상륙허가 없이 상륙하였거나 상륙허가 조건을 위반한 자
> ㉤ 대한민국의 이익이나 공공의 안전을 해하는 행동을 할 염려가 있다고 인정되는 자
> ㉥ 경제질서 또는 사회질서를 해하거나 선량한 풍속을 해하는 행동을 할 염려가 있다고 인정할 많나 상
> 　당한 이유가 있는 자
> ㉦ 국내체류비용을 부담할 능력이 없는 자

① 4명　　　　　② 5명　　　　　③ 6명　　　　　④ 7명

❖ **정답**: ②(㉢㉣)

❈ **해설**: ▶ **외국인 입국금지 사유**

> ① 법무부장관은 아래에 해당하는 외국인에 대하여는 입국을 금지할 수 있다.
> 　㉠ 감염병환자, 마약류중독자, 그 밖에 공중위생상 위해를 끼칠 염려가 있다고 인정되는 사람
> 　㉡ 「총포 · 도검 · 화약류 등 단속법」에서 정하는 총포 · 도검 · 화약류 등을 위법하게 가지고 입국하려는 사람
> 　㉢ 대한민국의 이익이나 공공의 안전을 해치는 행동을 할 염려가 있다고 인정할 만한 상당한 이유가 있는 사람
> 　㉣ 경제질서 또는 사회질서를 해치거나 선량한 풍속을 해치는 행동을 할 염려가 있다고 인정할 만한
> 　　상당한 이유가 있는 사람
> 　㉤ 사리 분별력이 없고 국내에서 체류활동을 보조할 사람이 없는 정신장애인, **국내체류비용을 부담할**
> 　　**능력이 없는 사람**, 그 밖에 구호(救護)가 필요한 사람
> 　㉥ 강제퇴거명령을 받고 출국한 후 5년이 지나지 아니한 사람
> 　㉦ 1910년 8월 29일부터 1945년 8월 15일까지 사이에 다음 아래에 해당하는 정부의 지시를 받거나 그 정부
> 　　와 연계하여 인종, 민족, 종교, 국적, 정치적 견해 등을 이유로 사람을 학살 · 학대하는 일에 관여한 사람
> 　　　ⓐ 일본 정부　ⓑ 일본 정부와 동맹 관계에 있던 정부　ⓒ 일본 정부의 우월한 힘이 미치던 정부
> 　㉧ ㉠부터 ㉦까지의 규정에 준하는 사람으로서 법무부장관이 그 입국이 적당하지 아니하다고 인정하는 사람
> ② 법무부장관은 입국하려는 외국인의 본국(本國)이 입국금지사유로 국민의 입국을 거부할 때에는 그와
> 　동일한 사유로 그 외국인의 입국을 거부할 수 있다.

☞ ㉢, ㉣은 **강제퇴거 사유**이다.

6. 출입국관리법상 외국인 입국거부 사유가 되는 것은?　　08.1 승진

① 총포 · 도검 · 화약류 등 단속법에서 정하는 총포 · 도검 · 화약류 등을 위법하게 가지고 입국하려는 경우
② 경제질서 또는 사회질서를 해하거나 선량한 풍속을 해하는 행동을 할 염려가 있다고 인정되는 경우
③ 전염병환자, 마약류중독자 기타 공중위생상 위해를 미칠 염려가 있다고 인정되는 경우
④ 입국하고자 하는 외국인의 본국이 출입국관리법 제11조 제1항 이외의 사유로 우리 국민의 입국을 거부한
　경우

❖ **정답**: ④

❈ **해설**: ①, ②, ③은 **입국금지 사유**이다.

7. 출입국관리에 대한 설명 중 가장 적절한 것은?　　　　　　　02.1 승진

① 주한미군의 여권 및 사증에 관한 권리는 출입국관리법의 적용대상이 아니다.

② 범죄의 수사를 위하여 출국이 부적당하다고 인정되는 자이더라도 출국을 금지할 수 없다.

③ 외교관인 경우에도 90일을 초과하여 체류하는 경우 외국인 등록을 하여야 한다.

④ 외국인이 입국하고자 할 때에는 유효한 여권 또는 선원신분증명서와 외무부장관이 발급한 사증을 가지고
　있어야 한다.

정답: ①

해설:

② 법무부장관은 범죄 수사를 위하여 출국이 적당하지 아니하다고 인정되는 사람에 대하여는 **1개월 이내의
　기간을 정하여 출국을 금지**할 수 있다.

③ 외교관 · 영사관 · 그 가족과 수행원 등은 외국인 등록제외 대상이다.

④ 외국인이 우리나라에 입국하고자 할 때에는 본국에서 발급한 유효한 여권 또는 이에 갈음할 수 있는 **여
　행증명서, 국제연합통행증과 대한민국 법무부장관이 발급한 사증(Visa)을 가지고 있어야 입국**할 수 있다.

8. 다음 90일을 초과하여 체류하는 외국인 중 외국인등록대상자는?　　　　04.4 순경

① 한미연합사령부 근무 미국군인

② 주한 브라질 대사 부인

③ 관광 목적으로 입국한 17세 해외 입양되었던 자(국적 없음)

④ IMF에 근무하는 직원

정답: ③

해설: ▶ **외국인 등록**

① 외국인이 입국한 날부터 90일을 초과하여 대한민국에 체류하려면 **입국한 날부터 90일 이내에 그의
　체류지를 관할하는 사무소장이나 출장소장에게 외국인등록**을 하여야 한다.

【등록제외 대상】

① 주한외국공관(대사관과 영사관을 포함)과 국제기구의 직원 및 그의 가족
② 대한민국정부와의 협정에 따라 외교관 또는 영사와 유사한 특권 및 면제를 누리는 사람과 그
　의 가족
　a. 주한 미국대사관에 부족된 무관
　b. 주한 미연합 군사고문단
③ **대한민국정부가 초청한 사람 등으로서 법무부령으로 정하는 사람**

② 외국인이 체류자격을 받는 사람으로서 **그 날부터 90일을 초과**하여 체류하게 되는 사람은 체류자격을
　받는 때에 외국인등록을 하여야 한다.

③ 체류자격 변경허가를 받는 사람으로서 **입국한 날부터 90일을 초과**하여 체류하게 되는 사람은 체류자
　격 변경허가를 받는 때에 외국인등록을 하여야 한다.

9. 다음 중 「출입국관리법」상 외국인 등록에 관한 설명으로 가장 적절하지 않은 것은?

① 외국인은 원칙적으로 입국한 날로부터 90일을 초과하여 대한민국에 체류하는 경우 외국인등록을 하여야 한다.

② 체류자격 변경허가를 받은 자로서 그 변경허가일로부터 90일을 초과하여 체류하게 되는 외국인은 외국인등록을 하여야 한다.

③ 한국 정부가 초청한 자 등으로서 법무부령으로 정하는 외국인은 외국인등록 제외대상이다.

④ 출입국관리법상 외국인등록 의무를 위반한 자로서 대한민국에 영주할 수 있는 체류자격이 없는 외국인은 강제퇴거의 대상이다.

❖ 정답: ②

❊ 해설: 체류자격 변경허가를 받는 사람으로서 입국한 날부터 90일을 초과하여 체류하게 되는 사람은 체류자격 변경허가를 받는 때에 외국인등록을 하여야 한다.

10. 다음 중 입국한 날로부터 90일을 초과하여 체류하게 되는 경우에 출입국관리법에 따라 외국인의 등록을 하여야 하는 자는 몇 명인가?   05.2 경간부

> ㉠ 관광목적으로 입국한 17세 해외입양아(한국국적 없음)
> ㉡ 주한 브라질 대사의 부인
> ㉢ 한미연합사령부에 근무하는 미국 군인
> ㉣ IMF(국제통화기금)에 근무하는 직원
> ㉤ 16세의 파키스탄인
> ㉥ 30세의 미국인으로 체류 40일째
> ㉦ 부친과 함께 거류하는 18세의 영국인
> ㉧ 체류 70일째의 일본인

① 1명   ② 2명   ③ 3명   ④ 4명

❖ 정답: ②(㉠㉦)

❊ 해설: ▶ 등록제외 대상

① 주한외국공관(대사관과 영사관을 포함)과 국제기구의 직원 및 그의 가족
② 대한민국정부와의 협정에 따라 외교관 또는 영사와 유사한 특권 및 면제를 누리는 사람과 그의 가족
    ㉠ 주한 미국대사관에 부속된 무관
    ㉡ 주한 미연합 군사고문단
③ 대한민국정부가 초청한 사람 등으로서 외교·산업·국방상 중요한 업무에 종사하는 자 및 그의 가족 기타 법무부장관이 특별히 외국인등록을 면제할 필요가 있다고 인정하는 자
④ 외국인이 17세 미만인 자
⑤ 외국인이 입국한 날로부터 90일을 초과하지 않은 체류자

11. 다음 중 외국인의 출국정지 사유가 아닌 것은?   08.10 순경

① 형사재판에 계속 중인 자

② 징역형 또는 금고형이 집행이 종료되지 아니한 자

③ 500만 원 이상의 벌금 또는 1천만 원 이상의 추징금을 납부하지 아니한 자

④ 5천만 원 이상으 국세·관세 또는 지방세를 정당한 사유 없이 그 납부기한까지 납부하지 아니한 자

❖ 정답: ③

※ 해설: ▶ 외국인 출국의 정지

> ㉠ 형사재판에 계속(係屬) 중인 자
> ㉡ 징역형이나 금고형의 집행이 끝나지 아니한 자
> ㉢ 1천만 원 이상의 벌금 또는 2천만 원 이상의 추징금을 납부하지 않는 자
> ㉣ 5천만 원 이상의 국세, 관세 또는 지방세를 정당한 사유 없이 그 납부기한까지 내지 아니한 자
> ㉤ 그 밖에 ㉠부터 ㉣까지의 규정에 준하는 사람으로서 대한민국의 이익이나 공공의 안전 또는 경제질
> 　 서를 해칠 우려가 있어 그 출국이 적당하지 아니하다고 법무부령으로 정하는 사람
> 　 a. 2억 원 이상의 국세포탈혐의로 세무조사를 받고 있는 자
> 　 b. 20억 원 이상의 허위 세금계산서 또는 계산서를 발행한 혐의로 세무조사를 받고 있는 자
> 　 c. 그 밖에 법무부 장관이 그 출국이 국가안보 또는 외교관계를 현저하게 해할 염려가 있다고 인정하는 자

12. 다음 중 외국인 출국정지 사유로 틀린 것은?　　　　　　　10.2 경간부

> ㉠ 유효한 여권(또는 선원수첩)과 사증 없이 입국한 자
> ㉡ 입국금지사유가 입국 후에 발견되거나 발생한 자
> ㉢ 상륙허가 없이 상륙하거나 상륙허가 조건을 위반한 자
> ㉣ 중지명령 등의 규정을 위반한 자
> ㉤ 형사재판 계속 중인 자
> ㉥ 징역형 또는 금고형의 집행이 종료되지 않는 자
> ㉦ 법무부령으로 정하는 금액 이상의 벌금 또는 추징금을 납부하지 아니한 자
> ㉧ 법무부령으로 정하는 금액이상의 국세, 관세 또는 지방세를 정당한 사유없이 그 납부기한까지 납부
> 　 하지 아니한 자

① 3개　　　　　　② 4개　　　　　　③ 5개　　　　　　④ 6개

※ 정답: ②

※ 해설: 외국인 출국정지의 대상자는 ㉤㉥㉦㉧이며, 강제퇴거의 대상자는 ㉠㉡㉢㉣이다.

13. 외국인의 강제퇴거 대상이다. 틀린 것은?　　　　　　　　10.1 승진

> ㉠ 대한민국 법률에 의하여 금고 이상의 형을 선고받은 자
> ㉡ 중지명령 등의 규정을 위반한 자
> ㉢ 체류자격 외에 활동을 하거나 체류기간이 경과한 자
> ㉣ 출국심사규정에 위반하여 출국하려고 한 자
> ㉤ 입국금지사유가 입국 후에 발견되거나 발생한 자
> ㉥ 유효한 여권 및 사증 없이 입국한 자

① 0개　　　　　　② 1개　　　　　　③ 2개　　　　　　④ 3개

※ 정답: ②

※ 해설: ▶ 외국인 강제퇴거의 대상자

① 유효한 여권과 법무부장관이 발급한 사증 없이 입국한 자
② 입국금지 해당사유가 입국 후에 발견되거나 발생한 자
③ 입·출국심사규정에 위반한 자
④ 상륙허가 없이 상륙하였거나 상륙허가 조건을 위반한 자
⑤ **체류자격 외의 활동을 하거나 체류기간연장허가를 받지 않은 자**
⑥ 외국인등록, 거소 또는 활동범위의 제한 기타 준수사항을 위반한 자
⑦ 대한민국 법률에 의하여 금고 이상의 형의 선고를 받고 석방된 자

14. 출입국관리법에 규정된 외국인의 강제퇴거 대상자에 해당되지 않는 것은?   10.1 승진

> ㉠ 유효한 여권 또는 사증 없이 입국한 자
>
> ㉡ 체류자격 외의 활동을 하거나 체류기간 연장허가를 받지 않는 자
>
> ㉢ 벌금 이상의 형을 선고받고 석방된 자
>
> ㉣ 조세 기타 공과금을 체납한 자

① 1개   ② 2개   ③ 3개   ④ 4개

⁂ 정답: ②(㉢㉣)
※ 해설: 외국인의 강제퇴거 대상자는 ㉠㉡이다.

15. 출입국관리법상 외국인에게 할 수 없는 것은?   06.2 순경
① 강제퇴거   ② 출국정지   ③ 출국명령   ④ 출국금지

⁂ 정답: ④
※ 해설: ▶ 내국인 또는 외국인에 대한 조치사항

내국인	출국금지		
외국인	㉠ 입국금지	㉡ 출국정지	㉢ 강제퇴거
	㉣ 보호조치 및 일시보호	㉤ 출국권고	㉥ 출국명령
내국인 또는 외국인	㉠ 통고처분	㉡ 고발조치	

16. 외국인 입·출국에 대한 설명이다. 틀린 것은?   09.2 경간부
① 2국가 간에 통상조약을 체결하고 이 조약에 근거하여 체약 당사국이 상호 입국을 허용하는 것이 일반적이다.
② 추방은 주권의 행사로 인정되지만 정당한 이유 없이 추방하는 것은 권리남용이며 비우호적 행위로 취급된다.
③ 강제퇴거명령을 받고 출국한 후 7년이 경과되지 아니한 자는 입국금지 사유에 해당한다.
④ 외국인이 입국한 날로부터 90일을 초과하여 체류하게 되는 경우에는 출입국관리소장에게 외국인의 등록을 하여야 하며 이를 위반한 때에는 강제퇴거의 대상자가 된다.

⁂ 정답: ③
※ 해설: 강제퇴거명령을 받고 **출국한 후 5년이 경과되지 아니한 자**는 입국이 금지된다.

17. 외국인의 입·출국에 대한 설명 중 틀린 것은?   09.2 경간부

① 대륙법계 학설은 외국인 입국 문제는 본질적으로 국내문제이므로 원칙적으로 금지할 수 있다고 한다.
② 추방은 주권행사로 인정되지만 정당한 사유 없이 추방하는 것은 권리남용이며 비우호적 행위로 취급된다.
③ 2국가 간에 통상조약을 체결하고 이 조약에 근거하여 체약당사국이 상호 입국을 허용하는 것이 일반적이다.
④ 통상조약이 체결되어 있지 않은 경우에는 체결되어 있는 국민과 같이 외국인의 입국을 허용하는 것이 일반적이다.

✂ 정답: ①
※ 해설: ▶ 입국의 성질

> ① 영미법계는 외국인 입국문제는 본질적으로 국내문제이므로 **원칙적으로 금지가 가능**하다.
> ② 대륙법계는 외국인 입국문제는 국가의 교통권이라는 기본적 권리를 인정하여 **원칙적으로 허용한다.**
> ③ **2개국가 간 통제체결 여부와 상관없이 상호 입국의 허용이 원칙**이다.

18. 외국인의 입·출국에 대한 설명 중 틀린 것은?   10.1 승진

① 영미법계의 학설은 외국인 입국문제는 국가의 교통권이라는 기본적 권리를 인정하여 원칙적으로 금지할 수 없다고 한다.
② 사증(VISA)은 입국과 체류가 적당하다고 인정하는 행위로서, 미수교국 국민은 외국인 입국허가서를 받아 입국할 수 있다.
③ 공중위생상 위해를 미칠 염려가 있는 자, 경제질서 또는 사회질서를 해하는 자, 강제퇴거명령을 받고 출국한 후 5년이 경과되지 아니한 자 등은 출입국관리법 제11조 제1항에 의하여 입국을 금지할 수 있다.
④ 외국인이 입국한 날로부터 90일을 초과하여 체류하게 되는 경우에는 출입국관리소장에게 외국인 등록을 하여야 하며 이를 위반한 때에는 강제퇴거의 대상자가 된다.

✂ 정답: ①
※ 해설: 대륙법계의 학설은 외국인 입국문제는 국가의 교통권이라는 기본적 권리를 인정하여 원칙적으로 금지할 수 없다고 한다.

19. 다음 중 출입국관리법에 규정된 상륙허가 기간이 옳은 것은?(단, 기간연장이 없는 것으로 한다.)
     08.10 순경

① 승무원 상륙허가 – 15일 이내
② 긴급상륙허가 – 15일 이내
③ 재난상륙허가 – 50일 이내
④ 난민임시상륙허가 – 180일 이내

✂ 정답: ①

※ **해설: ▶ 외국인의 상륙**

종류	내용	상륙기간	허가권자
승무원의 상륙 (제14조)	출입국관리공무원은 아래에 해당하는 외국인승무원에 대하여 선박 등의 장 또는 운수업자나 본인이 신청하면 **15일의 범위**에서 승무원의 상륙을 허가할 수 있다. ㉠ 승선 중인 선박 등이 대한민국의 출입국 항에 정박하고 있는 동안 휴양 등의 목적으로 상륙하려는 외국인승무원 ㉡ 대한민국의 출입국 항에 입항할 예정이거나 정박 중인 선박 등으로 옮겨 타려는 외국인승무원	15일	출입국 관리공무원
긴급상륙 (제15조)	출입국관리공무원은 선박 등에 타고 있는 외국인(승무원을 포함)이 질병이나 그 밖의 사고로 긴급히 상륙할 필요가 있다고 인정되면 그 선박 등의 장이나 운수업자의 신청을 받아 **30일의 범위**에서 긴급상륙을 허가할 수 있다.	30일	출입국 관리공무원
재난상륙 (제16조)	사무소장이나 출장소장은 조난을 당한 선박 등에 타고 있는 외국인(승무원을 포함)을 긴급히 구조할 필요가 있다고 인정하면 그 선박 등의 장, 운수업자, 「수난구호법」에 따른 구호업무 집행자 또는 그 외국인을 구조한 선박 등의 장의 신청에 의하여 **30일의 범위**에서 재난상륙허가를 할 수 있다.	30일	출입국 관리사무소장 또는 출장소장
난민 임시상륙 (제16조의2)	사무소장이나 출장소장은 선박 등에 타고 있는 외국인이 난민협약 제1조A(2)에 규정된 이유나 그 밖에 이에 준하는 이유로 그 생명·신체 또는 신체의 자유를 침해받을 공포가 있는 영역에서 도피하여 곧바로 대한민국에 비호(庇護)를 신청하는 경우 그 외국인을 상륙시킬 만한 상당한 이유가 있다고 인정되면 법무부장관의 승인을 받아 **90일의 범위**에서 난민 임시상륙허가를 할 수 있다. 이 경우 법무부장관은 외교통상부장관과 협의하여야 한다.	90일	출입국 관리사무소장 또는 출장소장

20. 출입국관리법에 규정된 상륙에 대한 설명으로 틀린 것은?　　　　　　10.1 승진

① 긴급상륙은 선박 등에 타고 있는 외국인이 질병 기타의 사고로 인하여 긴급히 상륙이 필요할 때 상륙을 허가하는 것이다.

② 긴급상륙의 허가기간은 기간연장이 없는 경우 15일 이내이다.

③ 승무원상륙은 외국인 승무원이 다른 선박에 옮겨 타거나 휴양 등의 목적으로 상륙하고자 할 때 상륙을 허가하는 것이다.

④ 승무원상륙의 허가기간은 기간연장이 없는 경우 15일 이내이다.

◆ **정답**: ②

※ **해설**: 긴급상륙의 허가기간은 기간연장이 없는 경우 **30일 이내**이다.

21. 출입국관리법에 규정된 상륙의 종류에 관한 설명 중 옳지 않은 것은?   09.1 승진

① 승무원상륙은 외국인승무원이 다른 선박에 옮겨 타거나 휴양 등의 목적으로 상륙하고자 할 때 상륙을 허가하는 것으로, 상륙허가기간은 15일이다.

② 긴급상륙은 선박 등에 타고 있는 외국인이 질병 기타의 사고로 인하여 긴급히 상륙이 필요할 때 상륙을 허가하는 것으로, 상륙허가기간은 30일이다.

③ 재난상륙은 조난한 선박 등에 타고 있는 외국인을 긴급히 구조할 필요가 있다고 인정할 때 상륙을 허가하는 것으로, 상륙허가기간은 30일이다.

④ 난민임시상륙은 선박 등에 타고 있던 외국인이 생명·신체 또는 신체의 자유를 침해받은 공포가 있는 영역으로부터 도피하여 곧바로 한국에 비호를 신청하는 경우 상륙을 허가하는 것으로, 상륙허가가 기간은 90일로 외교통상부장관의 승인이 필요하다.

❖ **정답**: ④

※ **해설**: 사무소장이나 출장소장은 선박 등에 타고 있는 외국인이 난민협약 제1조A(2)에 규정된 이유나 그 밖에 이에 준하는 이유로 그 생명·신체 또는 신체의 자유를 침해받을 공포가 있는 영역에서 도피하여 곧바로 대한민국에 비호(庇護)를 신청하는 경우 그 외국인을 상륙시킬 만한 상당한 이유가 있다고 인정되면 법무부장관의 승인을 받아 **90일의 범위**에서 난민 임시상륙허가를 할 수 있다. 이 경우 법무부장관은 외교통상부장관과 협의하여야 한다.

22. 출입국관리에 대한 설명 중 틀린 것은?   10.1 승진

① 긴급상륙은 선박 등에 타고 있는 외국인이 질병 기타의 사고로 인하여 긴급히 상륙이 필요할 때 15일의 범위 내에서 상륙을 허가하는 것을 말한다.

② 주한미군의 여권 및 사증에 관한 관리는 출입국관리법의 적용대상이 아니다.

③ 한국에 입국하여 무자격으로 외국어 전문학원의 강사로 일하고 있는 필리핀인은 E-2비자를 발급받아야 한다.

④ C.I.Q과정이란 출입국항에서 받게 되는 절차로 출입국에 필요한 통관절차, 출입국심사, 검역조사가 이에 해당한다.

❖ **정답**: ①

※ **해설**: 긴급상륙은 선박 등에 타고 있는 외국인(승무원을 포함)이 질병이나 그 밖의 사고로 긴급히 상륙할 필요가 있다고 인정되면 그 선박 등의 장이나 운수업자의 신청을 받아 **30일의 범위에서 긴급상륙을 허가할 수 있다.**

23. 출입국관리법에 규정된 상륙에 대한 설명으로 틀린 것은?   10.1 승진

① 상륙이란 외국인이 부득이한 사유로 사증 없이 출입국항에서 출입국관리소장의 허가를 받아 일시 상륙하는 것을 말한다.

② 승무원 상륙의 허가기간은 기간연장이 없을 시 15일 이내이다.

③ 긴급상륙은 조난한 선박 등에 타고 있는 외국인을 긴급히 구조할 필요가 있을 때 허가한다.

④ 난민임시상륙은 법무부장관이 외교통상부장관과 협의 후 승인한다.

❖ **정답**: ③

※ **해설**: **재난상륙**은 선박 등에 타고 있는 외국인(승무원을 포함)이 질병이나 그 밖의 사고로 긴급히 상륙할 필요가 있다고 인정되면 그 선박 등의 장이나 운수업자의 신청을 받아 30일의 범위에서 긴급상륙을 허가할 수 있다.

24. 출입국관리에 대한 설명 중 가장 적절한 것은?   02.1 승진
① 주한미군의 여권 및 사증에 관한 권리는 출입국관리법의 적용대상이 아니다.
② 범죄의 수사를 위하여 출국이 부적당하다고 인정되는 자이더라도 출국을 금지할 수 없다.
③ 외교관인 경우에도 90일을 초과하여 체류하는 경우 외국인 등록을 하여야 한다.
④ 외국인이 입국하고자 할 때에는 유효한 여권 또는 선원신분증명서와 외교통상부장관이 발급한 사증을 가
   지고 있어야 한다.

❖ **정답**: ①
❈ **해설**:
② 범죄의 수사를 위하여 출국이 부적당하다고 인정되는 자이더라도 **출국을 금지할 수 있다.**
③ 외교관 · 영사관 · 그 가족과 수행원 등은 **외국인등록을 예외로** 하고 있다.
④ 외국인이 입국하고자 할 때에는 유효한 여권 또는 여행증명서와 **법무부장관이 발급한 사증을 가지고 있
   어야 한다.**

25. 다음 중 여권과 같이 외국인의 신분을 확인할 수 있는 증명서로 볼 수 없는 것은?   07.1 승진
① 여행증명서
② 난민여행증명서
③ S. S. N(쏘살 넘버)
④ 선원신분증명서

❖ **정답**: ③④
❈ **해설**: S.S.N – 생활보장번호이며, 기존의 여권대용이던 '선원수첩' 용어가 폐지되고, '선원신분증
   명서'로 대체되었다(개정 2005년 3월 24일).

**26. 일본으로 출국한 甲이 출입국항에서 출입국관리공무원으로부터 출국심사를 받을 경우 여권 대신 제출할
수 있는 증명서가 아닌 것은?**   03.1 승진
① 인터폴신분증
② 외교관 신분증
③ 국제연합통행증
④ 여행증명서

❖ **정답**: ①
❈ **해설**: ▶ 여권을 대신할 수 있는 증명서

> ① 국제연합통행증(국제연합이 그 직원들에게 발급)
> ② 여행증명서(무국적자 등)
> ③ 군인신분증(SOFA)
> ④ 외교관 신분증 ◉ 선원신분증명서(여권 기능 ×, 신분확인기능 ○)

제3절　외사경찰의 주요활동

1. 외사경찰의 임무가 아닌 것은?　　　　　　　　　　　　　　　　　10.1 승진
① 외사정보 업무
② 외사보안 업무
③ 국제협력 업무
④ 출입국 심사업무

정답: ④
해설: ▶ 외사경찰의 주요업무

① 외사정보활동	② 외사수사활동	③ 외사보안활동	④ 국제협력활동

2. 외사사범의 종류 중 사회공익 침해사범이 아닌 것은?　　　　　　　99.1 승진
① 외국환관리법 위반사범
② 마약류관리에 관한 법률 위반사범
③ 직업안정법 위반사범
④ 관광진흥법 위반사범

정답: ①
해설: ▶ 사회적 법익 침해

외국인, 　해외교포 또는 외국과 관련되어 **마약류에 관리에 관한 법률**, 　**관광진흥법**, 　**직업안정법**

3. 외사사범의 내용상의 분류 중 국가안전 및 이익침해사범에 속하지 않는 것은?　　　96.1 승진
① 출입국관리법 위반
② 외국인의 토지취득 및 관리에 관한 법률 위반사범
③ 외국간행물 수집배포에 관한 법률 위반사범
④ 직업안정법 위반사범

정답: ④
해설: ▶ 국가적 법익침해

국가보안법, 형법, **출입국관리법**, 관세법, 외국환관리법, **외국인의 토지취득 및 관리에 관한 법률**, 외국간행물 수입배포에 관한 법률 등

4. 외사수사활동의 대상이 되고 있는 국제성 범죄 중 국제협약 등에서 규정하고 있는 '국제성 범죄'로 보기 어려운 것은?   02.1 승진

① 국제간첩   ② 무기밀매
③ 국제통화위조   ④ 한미행정협정위반사범

❧ 정답: ④
❧ 해설: ▶ 국제성 범죄

> ① 국제테러   ② 항공기 납치범죄   ③ 북한의 우회침투간첩
> ④ **국제간첩**사건과 같은 반국가적 범죄   ⑤ **국제통화위조**·국제상거래범죄·돈세탁
>   등 국제경제질서를 해치는 범죄
> ⑥ **마약·무기밀매**, 인신매매, 국제적 매춘조직 등 인간의 존엄성과 건강을 위협하는 국제적·조직적인 범죄
> ⑦ 금괴밀수, 국제수표위조   ☞ **외국인토지법 위반, 한미행정협정위반사범(×)**

5. 다음 외사사범의 유형 중 일반적으로 국제성 범죄의 분류에 속하지 않는 것은?   96.1 승진

① 국제상거래위반   ② 외국인토지법 위반범죄
③ 금괴밀수범   ④ 국제수표위조법

❧ 정답: ②
❧ 해설: **외국인토지법 위반범죄는 국제성 범죄에 속하지 않는다.**

6. 외사범죄에 대한 설명으로 틀린 것은?   10.1 승진

① 외국인으로 등록된 자에 의해 저질러진 범죄만을 의미하다.
② 외사범죄란 외국인, 외국인과 관련된 모든 사건을 말한다.
③ 외사범죄는 국제성범죄와 일반 외사사범을 포함한다.
④ 외사범죄에는 외교관, SOFA 대상자에 관련된 사건, 사고도 포함된다.

❧ 정답: ①
❧ 해설: **외국 또는 외국인과 인적·물적으로 관련된 범죄를 의미**하며, 외국인이 피해자이건 피의자
이건 불문하고, 외국인의 등록·미등록과는 관계없다.

7. 외사범죄의 특성이 아닌 것은?   10.1 승진

> ㉠ 직접적 또는 개인적인 피해가 없는 경우가 많아 국민의 피해의식이 희박하다.
> ㉡ 조직적·계획적이다.
> ㉢ 일반범죄에 비하여 잠재적이며 잘 노출되지 않는다.
> ㉣ 광역적이며 사실파악이 곤란한 경우가 많다.
> ㉤ 외교특권이 범죄에 이용되기도 한다.
> ㉥ 수사상 '국제범죄에 관한 특칙'이 적용된다.

① 0개   ② 1개   ③ 2개   ④ 3개

❧ 정답: ①

※ 해설: ▶ 외사범죄의 특성

① 외교특권 등이 범죄에 이용되기도 한다.
② 수사상 국제범죄에 관한 특칙이 적용된다.
③ 일반범죄에 비해 비공개 · 비노출성이 있다.
④ 조직적 · 계획적 · 광역적이기에 사실파악에 어려움이 있다.
⑤ 국민에게 직접 개인적 피해가 없으므로 국민의 피해의식이 희박하다.

8. 외국인범죄에 대한 설명 중 가장 적절하지 못한 것은?　　　　　　　　03.1 승진
① 속지주의 원칙에 따라 우리나라 형사소송절차에 따르는 것이 원칙이나, 국제법규조약에 따라 다르게 취급해야 하는 외국인도 있다.
② 담당 조사관이 외국어에 능통한 경우에는 통역을 통하여 조사하지 않고 직접 조사하여도 무방하다.
③ 출입국관리법위반과 일반형사사건이 병합된 경우 우선 일반형사사건에 대한 수사, 절차가 종료된 후 출입국관리사무소에 인계한다.
④ 체포, 구금하였을 경우 반드시 해당 영사기관에 통보를 하여야 한다.

⁝ 정답: ②
※ 해설: 외국인 피의자를 조사할 경우에는 비록 조사관이 해당 외국어에 능통하더라도 조서의 신용성과 외국인에게 공정한 조사를 받고 있다는 생각을 가질 수 있도록 **반드시 통역을 참여시켜 조사하여야 한다.**

9. 국제형사사법공조의 기본원칙이 아닌 것은?　　　　　　　　　　10.1 승진
① 상호주의　　　　　　　　　② 쌍방가벌성의 원칙
③ 특정성의 원칙　　　　　　　④ 유용성의 원칙

⁝ 정답: ④
※ 해설: ▶ 국제형사사법공조의 기본원칙

상호주의	형사사법공조에 있어서 외국이 동일 또는 유사사항에 관하여 사법공조에 응한다고 보증하는 경우 자국도 동일 또는 유사한 범위 내에서 당해 외국으로부터 공조요청에 응한다는 원칙이다.
쌍방가벌성의 원칙	형사사법공조에 있어 대상이 되는 범죄는 요청국과 피요청국에서 모두 처벌 가능한 범죄이어야 한다는 원칙이다.
특정성의 원칙	요청국이 공조에 의하여 취득한 증거를 공조요청의 대상이 된 범죄 이외의 범죄에 관한 수사나 재판에 사용하여서는 안 된다는 원칙이다. 즉, 공조요청한 범죄에 대해서만 공조를 한다.

10. 다음에 해당하는 국제 형사사법공조의 기본원칙은 무엇인가?　　　　　07.1 승진

형사사법공조에 있어 외국이 동일 또는 유사사항에 관하여 사법공조에 응한다고 보증하는 경우 자국도 동일 또는 유사한 범위 내에서 당해 외국으로부터의 공조요청에 응한다는 원칙이다.

① 상호주의　　　　　　　　　② 쌍벌가벌성의 원칙
③ 특정성의 원칙　　　　　　　④ 유용성의 원칙

⁝ 정답: ①
※ 해설: 상호주의에 대한 내용이다.

11. '중국에서 죄를 범하고 한국으로 도망 온 甲에 대해하여 한국법은 동죄를 처벌하지 않으므로 중국경찰의 소재수사에 관한 형사공조요청에 응할 수 없다.'와 관련한 국제형사사법공조의 기본원칙은 무엇인가?

02.1 승진

① 상호주의
② 특정성의 원칙
③ 군사범 불인도의 원칙
④ 쌍벌가벌성의 원칙

> **정답**: ④
> ※ **해설**: **쌍벌가벌성의 원칙**에 대한 내용이다

12. 다음 중 「국제형사사법공조법」에 규정된 임의적 공조거절 사유에 해당하지 않는 경우는?   09.1 승진
① 사회적 신분 등의 이유로 처벌받을 우려가 있는 경우
② 국내에서 재판을 받고 있는 경우
③ 공조범죄가 대한민국의 법률에 의하여 범죄를 구성하지 아니하는 경우
④ 공조법에 요청국이 보증하도록 규정되어 있는데도 불구하고 요청국의 보증이 없는 경우

> **정답**: ②
> ※ **해설**: ▶ **공조의 제한(임의적 공조거절 사유)**

> ① 대한민국의 주권, 국가안전보장, 안녕질서 또는 미풍양속을 해칠 우려가 있는 경우
> ② 인종, 국적, 성별, 종교, 사회적 신분 또는 특정 사회단체에 속한다는 사실이나 정치적 견해를 달리한다는 이유로 처벌되거나 형사상 불리한 처분을 받을 우려가 있다고 인정되는 경우
> ③ 공조범죄가 정치적 성격을 지닌 범죄이거나, 공조요청이 정치적 성격을 지닌 다른 범죄에 대한 수사 또는 재판을 할 목적으로 한 것이라고 인정되는 경우
> ④ 공조범죄가 대한민국의 법률에 의하여는 범죄를 구성하지 아니하거나 공소를 제기할 수 없는 범죄인 경우
> ⑤ 국제형사사법공조법에 요청국이 보증하도록 규정되어 있음에도 불구하고 요청국의 보증이 없는 경우

13. 다음 중 「국제형사사법」에 규정된 임의적 공조거절 사유에 해당하지 않는 경우는?   10.2 경간부
① 공조범죄가 정치적 성격을 지닌 다른 범죄에 대한 수사 또는 재판을 목적으로 행하여진 것이라고 인정된 경우
② 공조법에 요청국이 보증하도록 규정되어 있는데도 불구하고 요청국의 보증이 없는 경우
③ 공조범죄가 요청국의 법률에 의하여 범죄를 구성하지 아니하거나 공소를 제기할 수 없는 경우
④ 인종, 국적, 성별, 종교, 사회적 신분 등의 이유로 처벌받을 우려가 있는 경우

> **정답**: ③
> ※ **해설**: 공조범죄가 대한민국의 법률에 의하여 범죄를 구성하지 아니하거나 공소를 제기할 수 없는 경우에는 **임의적 공조거절 사유에 해당하지 않는다.**

14. 다음 중「국제형사사법공조법」에 규정된 임의적 공조거절 사유에 해당하지 않는 경우는?   05.1 승진
① 국제형사사법공조법에 요청국이 보증하도록 규정되어 있는데도 불구하고 요청국의 보증이 없는 경우
② 공조범죄가 대한민국의 법률에 의하여 범죄를 구성하지 아니한 경우
③ 국민의 재산상 손실을 초래할 우려가 있는 경우
④ 성별 등의 이유로 처벌받을 우려가 있는 경우

정답: ③
※ **해설:** 국민의 재산상 손실을 초래할 우려가 있는 경우에는 **임의적 공조거절 사유에 해당하지 않는다.**

15.「국제형사사법공조법」에 규정된 임의적 공조거절 사유에 해당하는 것은?   10.1 승진

> ㉠ 인종 · 국적 · 성별 · 종교 · 사회적 신분 등의 이유로 처벌받을 우려가 있는 경우
> ㉡ 공조범죄가 정치적 성격을 지닌 다른 범죄에 대한 수사 또는 재판을 할 목적으로 행하여진 것이라고
>   인정되는 경우
> ㉢ 공조범죄가 대한민국의 법률에 의하여 범죄를 구성하지 아니하거나 고소를 제기할 수 없는 범죄인 경우
> ㉣ 공조법에 요청국이 보증하도록 규정되어 있는데도 불구하고 요청국의 보증이 없는 경우
> ㉤ 국민이 재산상 손실을 초래할 우려가 있는 경우

① 1개   ② 2개   ③ 3개   ④ 4개

정답: ④
※ **해설:** ㉤을 제외하고 모두 **해당**한다.

16. 다음은 인터폴을 통한 공조절차이다. ( ) 안에 들어갈 말은?   06.3 순경

> 지구대 등 → 경찰서 외사계 → 지방청 외사계 → 경찰청 외사수사국 인터폴계 → (   ) → 상대국
> 경찰관서

① 한국 인터폴   ② 상대국 인터폴
③ 주한 상대국대사관   ④ 상대국 주재 한국대사관

정답: ②
※ **해설:** ▶ **인터폴을 통한공조절차**

> 지구대 → 경찰서 외사계 → 지방경찰청 보안부 외사과(계) → 경찰청 외사국 외사수사과 인터
> 폴계 → 상대국 인터폴 → 상대국경찰관서

17. 다음은「국제형사사법공조법」상 공조절차이다. ( ) 안에 들어갈 알맞은 말은?   07.1 승진

> 경찰서 → 검사 → 대검찰청 → (   ) → 외교통상부장관 → 상대국 주재 한국대사관 → 상대국
> 외무부장관 → 상대국 경찰기관

① 법무부 장관   ② 행정안전부장관
③ 서울고등법원장   ④ 대법원장

❖ 정답: ①

※ 해설: ▶ **외국에 대한 공조요청**

> 경찰서 → 검사 → 대검찰청 → **법무부장관** → **외교통상부장관** → 상대국 주재 한국대사관 → 상대국 외무부장관 → 상대국 경찰기관

18. 다음은 「국제형사사법공조법」상 공조절차이다. ( ) 안에 알맞은 것은?   10.1 승진

> 경찰서 → 검사 → 대검찰청 → 법무부장관 → (   ) → 상대국 주재 한국대사관 → 상대국 외무부장관 → 상대국 경찰기관

① 외교통상부장관
② 출입국관리소장
③ 행정안전부장관
④ 주한 상대국대사관

❖ 정답: ①

※ 해설: ▶ **외국에 대한 공조요청**

> 경찰서 → 검사 → 대검찰청 → **법무부장관** → **외교통상부장관** → 상대국 주재 한국대사관 → 상대국 외무부장관 → 상대국 경찰기관

19. 인터폴의 활동범위가 아닌 것은?   01.7 순경

① 국제수배서 및 간행물을 발간한다.
② 범죄의 예방과 진압에 관한 자료를 교환한다.
③ 각 나라를 돌아다니면서 수배자를 검거한다.
④ 회원국 간의 정보를 교환한다.

❖ 정답: ③

※ 해설: ▶ **인터폴의 활동범위**

> ① **국제범죄의 정보 및 자료교환**
> ② 국제범죄의 동일증명 및 전과조회
> ③ 국외도주범 소재수사
> ④ 국제범의 수사 및 체포
> ⑤ **국제수배서 및 간행물발간**
> ⑥ 국제범죄에 관한 사실 확인 및 조사
> ⑦ **범죄의 예방과 진압에 관한 자료교환**
> ⑧ 범죄예방과 일반협조
> ⑨ 기술향상을 위한 교육 또는 자료교환
> ⑩ 총회가 결정한 사안의 집행
> ⑪ 기타 인터폴 운영에 관한 사항
> ⑫ 사무총국 또는 타 국가 사무국이 요청하는 경찰업무에 대한 협조와 업무의 협조 요청

20. 다음 중 인터폴의 임무가 아닌 것은?   01.2 경간부, 01.7 순경
① 국제범죄의 정보 및 자료교환
② 수배된 피의자의 추적·체포
③ 국제범죄의 동일증명 및 전과조회
④ 국제범죄에 관한 사실확인 및 그 조사

┇ 정답: ②
※ 해설: 수배된 피의자의 추적, 체포, 국제범죄의 범죄인 체포 및 구속은 인터폴의 임무가 아니다.

21. 다음 중 인터폴에서 할 수 없는 것은?   03.11 순경
① 범죄의 예방과 진압에 관한 자료교환
② 국제범죄에 관한 사실확인 및 그에 대한 조사
③ 국제범죄의 범죄인 체포 및 구속
④ 국제범죄인에 대한 소재수사

┇ 정답: ③
※ 해설: 수배된 피의자의 추적, 체포, 국제범죄의 범죄인 체포 및 구속은 인터폴의 임무가 아니다.

22. 다음 인터폴의 임무에 대한 설명 중 틀린 것은?   02.2 경간부
① 모든 형사사건을 담당한다.
② 국제범죄의 예방·진압을 위해 상호 협력한다.
③ 회원국 간의 범죄정보와 자료를 교환한다.
④ 범인체포 및 인도에 상호 협력하는 국제 공조수사기구이다.

┇ 정답: ①
※ 해설: 국제형사경찰기구(INTERPOL)는 국제문제와 관련하여 회원국 상호 간에 필요한 자료와 정보를 교환하고 범인체포 및 인도에 상호 협력하는 국제적 경찰기구이며, **모든 형사사건을 담당하는 것은 아니다.**

23. 국제형사경찰기구(인터폴)에 대한 설명으로 틀린 것은?   10.1 승진
① 집행위원회는 각국의 대표들이 모두 참가하는 인터폴의 최고의결기관이다.
② 국제범죄의 예방·진압을 위해 상호 협력한다.
③ 종교, 인종관련 사건에 대한 관여는 엄격히 금지된다.
④ 인터폴 운용경비는 회원국에 재정분담금에 주로 의존한다.

┇ 정답: ①
※ 해설: **총회는** 각국의 대표들이 모두 참가하는 인터폴의 최고의결기관이다.

24. 국제형사경찰기구(INTERPOL)에 관한 설명으로 가장 적절하지 않은 것은?   11.8 순경

① 국제형사경찰기구는 회원국 상호 간 필요한 각종 정보와 자료를 교환하고, 또한 범인체포 및 인도에 있어서 상호 신속·원활한 협조관계를 유지하는 형사경찰의 정부 간 국제공조수사기구이다.

② 국제형사경찰기구는 자체 내에 국제수사관을 두어 각국의 법과 국경에 구애됨이 없이 자유로이 왕래하면서 범인을 추적·수사하는 국제수사기관으로서의 역할을 한다.

③ 국제형사경찰기구의 협력은 범죄예방을 위한 협력과 범죄수사를 위한 협력으로 이루어진다.

④ 국제형사경찰기구는 범죄의 예방과 진압을 위해 각 회원국 간의 현행법 범위 내에서 세계인권선언의 정신에 입각하여 회원국 간 가능한 다방면에 걸쳐 상호 협력을 증진시키는 것을 목적으로 한다.

❖ **정답**: ②

❃ **해설**: 인터폴 내에는 자체적인 국제수사관이 없고, **인터폴은 체포나 구속 등에 대한 권한도 없다.**

25. 인터폴 비회원국이 회원국으로 가입하기 위한 조건은?   08.1 승진

① 전체회원 2/3 이상의 찬성   ② 출석회원 2/3 이상의 찬성
③ 전체회원 1/2 이상의 찬성   ④ 출석회원 1/2 이상의 찬성

❖ **정답**: ②

❃ **해설**: ▶ 의결정족수

출석회원국의 과반수 찬성	통상적인 의결
출석회원(참석회원국)의 2/3 이상의 찬성	인터폴 신규가입, 총재선거, 총칙의 승인 및 개정
재적회원국의 2/3 이상의 찬성	인터폴 헌장의 개정

26. 인터폴에 대한 설명 중 틀린 것은?   09.2 경간부

① 본부는 프랑스 리용에 있다.
② 회원국 간 협력기구이지 국제수사기관이 아니다.
③ 회원국 간의 공조에는 범죄성격에 따른 차별이 있어서는 안 된다.
④ 사무총국의 수사지원국이 각종자료를 작성·배포하는 기능을 한다.

❖ **정답**: ④

❃ **해설**: **사무총국 제2국**이 연락 및 범죄정보의 배포 등 핵심적 기능을 수행한다.

27. 인터폴에 대한 설명 중 틀린 것은?   10.1 승진

① 인터폴 사무총국은 회원국정부가 자국 내에 국제경찰협력 상설 경찰부서를 지정하도록 하고 있는데, 이것을 국가중앙사무국(NCB)이라 한다.

② 국제수배서의 종류 중 오렌지수배서는 폭발물, 테러사용 도구에 관한 사실을 통보하기 위하여 발행하는 수배서이다.

③ 인터폴 회원국 간 협조의 기본원칙으로 모든 회원국은 재정부담의 정도에 구애됨이 없이 동등하게 협조와 지원을 받을 수 있는 보편성을 들 수 있다.

④ 인터폴 적색수배자 입국 시 관할 경찰서에서는 수배자 여부를 컴퓨터로 재확인한 후 수배자의 동향을 24시간 감시한다.

정답: ③

해설: ▶ 협력의 기본원칙

주권의 존중	회원국의 국내법에 따라 행하는 통상적 업무수행의 범위 내에서 협조한다.
일반형법의 집행	일반범죄와 관련된 범죄의 예방 및 진압에 국한된다.
보편성	모든 회원국은 타 회원국과 협력할 수 있으며, 그러한 협력은 지리·언어 등 요인에 의해 방해받아서는 안 된다.
평등성	**모든 회원국은 재정분담금의 규모와 관계없이 동일한 혜택과 지원을 받는다.**
타 기관과의 협력	각 회원국은 국가중앙사무국을 통해 일반범죄의 예방과 진압에 관여하고 있는 타 국가기관과도 협력할 수 있다.
협력방법의 융통성	협조방식은 규칙성·계속성이 있어야 하나 회원국의 국내실정을 충분히 고려하여 협조의 방식을 변경할 수 있다.

28. 인터폴 국제수배서에 대한 설명으로 옳지 않은 것은?   08.10 순경

① 범죄인인도 – 적색수배서
② 사망자의 신원을 확인할 수 없을 때 – 흑색수배서
③ 테러범 등에 대하여 경보하기 위해 – 황색수배서
④ 상습 국제범죄자의 동향파악 목적 – 녹색수배서

정답: ③

해설: ▶ 국제수배서의 종류

적색수배서	가장 중요한 수배서로서 일반형법을 위반하여 체포영장이 발부된 범죄인에 대하여 **범죄인 인도를 목적**으로 하는 경우에 발행하는 수배서이다
청색수배서	일반 형법을 위반하여 체포영장이 발부되어 **피수배자의 신원과 소재확인을 목적**으로 수배자의 도피처가 명확한 경우에 한하여 발행하는 수배서이다.
녹색수배서	상습적으로 범행하였거나 범행할 가능성이 있는 국제범죄자와 동향을 파악하여 **사전에 그 범행을 방지할 목적**으로 발행하는 수배서이다.
황색수배서	가출인의 소재확인 또는 기억상실자 등의 **신원확인을 할 목적**으로 발행하는 수배서이다.
흑색수배서	사망자의 신원을 확인할 수 없거나 또는 사망자가 가명을 사용하였을 경우 **정확한 신원을 파악할 목적**으로 발행하는 수배서이다.
장물수배서	**도난당하였거나 불법 취득한 것으로 보이는 물건에 대해 수배를 하는 것**을 말한다.
범죄수법수배서	각국에서 범인들이 사용한 **새로운 범죄수법 등을 회원국에 배포할 때 발행하는 수배서**이다.
오렌지수배서	2004년 **폭발물, 테러범 등에 대하여 경보**하기 위하여 발행하는 수배서이다.

29. 인터폴 국제수배서의 종류에 대한 설명으로 적절하지 않은 것은?   09.7 순경

① 적색수배서 – 체포영장이 발부된 범죄인에 대하여 범죄인 인도를 목적으로 하는 경우에 발행
② 청색수배서 – 폭발물과 테러범 등에 대하여 보안을 경고하기 위하여 발행
③ 녹색수배서 – 여러 국가에서 상습적으로 범행하였거나 또는 범행할 가능성이 있는 범죄자의 동향 파악을 목적으로 발행
④ 황색수배서 – 가출인 소재확인 및 기억상실자 등의 신원을 확인할 목적으로 발행

정답: ②

해설: 오렌지수배서 – 2004년 **폭발물, 테러범 등에 대하여 경보**하기 위하여 발행하는 수배서이다.

30. 인터폴 공조수사의 요청 시 범죄자의 신원 및 소재를 요청할 때 수배서는?   07.2 경간부

① 적색수배서   ② 녹색수배서
③ 청색수배서   ④ 흑색수배서

⁑ 정답: ③
❈ 해설: **청색수배서는** 일반 형법을 위반하여 체포영장이 발부되어 **피수배자의 신원과 소재확인을 목 적으로** 수배자의 도피처가 명확한 경우에 한하여 발행하는 수배서이다.

31. 다음 인터폴(I.C.P.O)의 업무 중 국제범죄자 동향 파악을 목적으로 하는 국제수배는?
03.1 승진, 5.3 순경

① 적색수배서   ② 청색수배서
③ 녹색수배서   ④ 흑색수배서

⁑ 정답: ③
❈ 해설: **녹색수배서는** 상습적으로 범행하였거나 범행할 가능성이 있는 국제범죄자와 동향을 파악하 여 **사전에 그 범행을 방지할 목적으로** 발행하는 수배서이다.

32. 2004년부터 폭발물, 테러범(위험인물) 등에 대하여 경보하기 위하여 발행되는 인터폴 국제수배서는?
05.1 승진

① Orange Notice   ② Red Notice
③ Green Notice   ④ Yellow Notice

⁑ 정답: ①
❈ 해설: **오렌지수배서는** 2004년 **폭발물, 테러범 등에 대하여 경보**하기 위하여 발행하는 수배서이다.

33. 인터폴 국제수배서에 대한 설명으로 옳게 연결된 것은?   07.3 순경

> ㉠ 일반형법을 위반하여 체포영장이 발부되고 범인 인도를 목적으로 하는 경우
> ㉡ 2004년부터 폭발물, 테러범(위험인) 등에 대하여 보안을 경고하기 위하여 발행
> ㉢ 주로 피수배자의 신원확인과 소재확인
> ㉣ 상습 국제범죄자의 동향파악 목적

① ㉠ Red Notice   ㉡ Orange Notice   ㉢ Green Notice   ㉣ Yellow Notice
② ㉠ Red Notice   ㉡ Red Notice   ㉢ Blue Notice   ㉣ Green Notice
③ ㉠ Orange Notice   ㉡ Green Notice   ㉢ Red Notice   ㉣ Blue Notice
④ ㉠ Orange Notice   ㉡ Red Notice   ㉢ Blue Notice   ㉣ Green Notice

⁑ 정답: ②
❈ 해설: ㉠ Red Notice ㉡ Red Notice ㉢ Blue Notice ㉣ Green Notice

34. 인터폴 적색수배자 입국 시 관할경찰서 조치요령으로 보기 어려운 것은? 08.1 승진

① 수배자 여부를 컴퓨터로 재확인한 후 수배자의 동향을 24시간 감시한다.

② 지원이 필요한 경우에는 관할 지방경찰청 외사과에 보고하여 필요한 인원을 지원받는다.

③ 수배자가 타관할로 이동한 경우 이동한 경찰서 외사요원에게 동향감시를 인계한 후 경찰청으로 즉보한다.

④ 인수받은 경찰서는 수배자 출국 시까지 동향감시하고 그 결과를 매주 경찰청에 즉보한다.

⁑ 정답: ④

※ 해설: ▶ 인터폴 적색수배자 입국 시 관할경찰서 조치요령

① 수배자 여부를 컴퓨터로 재확인한 후 수배자의 동향을 24시간 감시한다.

② 수배자가 타 관할로 이동한 경우 이동한 경찰서 외사요원에게 동향감시를 인계한 후 경찰청으로 즉보한다.

③ 인수받은 경찰서는 수배자 출국 시까지 동향감시하고 그 결과를 **매일 경찰청에 즉보한다.**

④ 지원이 필요한 경우에는 관할 지방경찰청 외사과에 보고하여 필요한 인원을 지원받는다.

35. 다음 중 인터폴 적색수배 요청기준에 해당하지 않는 것은? 09.2 경간부

① 살인, 강도, 강간 등 강력범죄 관련사범

② 다액(5억 이상) 경제사범

③ 폭력조직 중간보스이상 조직폭력 관련 사범

④ 기타 수사관서에서 특별히 적색수배를 요청하는 중요사범

⁑ 정답: ②

※ 해설: ▶ 인터폴 적색수배의 요청기준

① 살인 · 강도 · 강간 등 강력범죄 관련사범

② 50억 원 이상 다액 경제사범

③ 중간보스 이상 조직폭력사범

④ 기타 수사관서에서 특별히 적색수배를 요청하는 중요사범

36. 경찰청 인터폴계에 근무하는 경찰관 甲은 체포영장이 발부된 중요 도피사범 乙에 대하여 인터폴 사무총국에 적색수배를 요청하고자 한다. 인터폴 적색수배의 요청기준으로 보기 어려운 것은?

08.3 순경

① 살인, 강도, 강간 등 강력범죄 관련사범

② 다액(50억 원 이상) 경제사범

③ 기타 수사관서에서 특별히 적새수배를 요청하는 중요사범

④ 폭력조직원 등 조직폭력사범

⁑ 정답: ④

※ 해설: 인터폴 적색수배서 폭력조직원은 **중간 보스 이상 조직폭력사범을 적색수배의 요청기준**으로 한다.

37. 범죄인인도법에 의한 '인도범죄'의 대상으로 옳은 것은?   10.1 승진

① 사형, 무기, 단기 2년 이상의 징역 또는 금고에 해당하는 범죄

② 사형, 무기, 장기 2년 이상의 징역 또는 금고에 해당하는 범죄

③ 사형, 무기, 단기 1년 이상의 징역 또는 금고에 해당하는 범죄

④ 사형, 무기, 장기 1년 이상의 징역 또는 금고에 해당하는 범죄

❣ **정답**: ④

❈ **해설**: 대한민국과 청구국의 법률에 따라 인도범죄가 **사형, 무기징역, 무기금고, 장기(長期) 1년 이**
상의 징역 또는 금고에 해당하는 경우에만 범죄인을 인도할 수 있다.

38. 우리나라의 「범죄인 인도법」의 내용이 아닌 것은?   04.1 승진

① 대한민국과 청구국의 법률에 의하여 인도범죄가 사형, 무기, 장기 1년 이상의 징역 또는 금고에 해당하는
경우에 한하여 범죄인을 인도할 수 있다.

② 정치범이라도 국가원수, 정부수반 또는 그 가족의 생명, 신체를 침해하거나 위협하는 범죄에 대해서는 인
도거절사유에서 제외하고 있다.

③ 범죄인이 자국민일 경우 인도하지 않을 수 있다.

④ 범죄인 인도조약이 체결되어 있는 경우에만 인도한다.

❣ **정답**: ④

❈ **해설**: 범죄인인도를 의무로 하는 일반국제법은 존재하지 아니하며, 범죄인인도는 조약상의 의무 또
는 국제예양에 의하여 행하여지므로, **국가는 범죄인 청구에 응해야 할 국제법상 의무가 없다.**

39. 다음 중 범죄인도에 대한 설명으로 틀린 것은?   03.4 순경

① 범죄인도조약이 체결되지 않은 나라에 대해서도 상호주의에 의해 인도할 수 있다.

② 정치범은 인도해서는 아니 된다.

③ 범죄인이 자국민일 경우 인도하지 아니할 수 있다.

④ 장기 3년 이상의 징역·금고를 범한 경우에 한하여 인도한다.

❣ **정답**: ④

❈ **해설**: 대한민국과 청구국의 법률에 따라 인도범죄가 **사형, 무기징역, 무기금고, 장기(長期) 1년 이**
상의 징역 또는 금고에 해당하는 경우에만 범죄인을 인도할 수 있다.

40. 외사경찰과 관련한 설명 중 '살인범이라고 해서 인도해 주었는데, 실제로는 정치범으로 처벌하였다면'
범죄인도의 원칙 중 어떤 원칙에 위배하는가?   07.9 순경

① 정치범 불인도의 원칙

② 자국민 불인도의 원칙

③ 유효성의 원칙

④ 특정성의 원칙

❣ **정답**: ④

※ 해설: ▶ 범죄인인도에 관한 제한원칙

상호주의 (제4조)	인도조약이 체결되어 있지 아니한 경우에도 범죄인의 인도를 청구하는 국가가 같은 종류 또는 유사한 인도범죄에 대한 **대한민국의 범죄인인도청구에 응한다는 보증이 있는 경우 인도한다는 원칙**이다.
쌍방가벌성의 원칙	**청구국과 피청구국 쌍방 모두의 법률에 의하여 범죄를 구성하지 않는 경우에는 범죄인을 인도하지 않는다는 원칙**이다.
특정성의 원칙	인도된 범죄인이 인도가 **허용된 범죄외의 범죄로 처벌받지 않는다는 원칙**이다.
자국민 불인도의 원칙	① **자국민은 인도하지 않는다는 원칙**이다(한국은 임의적 거절사유). ② **대륙법계 국가에서는 채택**, 영미법계 국가에서는 채택하지 않고 있다. **즉, 보편적인 국제규칙이 아니다.**
정치범 불인도의 원칙 (제8조)	① **정치적 성격을 지닌 범죄는 인도하지 않는다는 원칙**이다. ② 인도범죄가 정치적 성격을 지닌 범죄이거나 그와 관련된 범죄인 경우에는 범죄인을 인도하여서는 아니 된다.
최소한 중요성의 원칙	① **어느 정도 중요성을 띤 범죄만 인도한다는 원칙**이다. ② 대한민국과 청구국의 법률에 따라 인도범죄가 사형, 무기징역, 무기금고, 장기(長期) 1년 이상의 징역 또는 금고에 해당하는 경우에만 범죄인을 인도할 수 있다.
군사범 불인도의 원칙	① **군사범죄자는 인도하지 않는다는 원칙**이다. ② **한국은 명문의 규정이 없다.**
유용성의 원칙	① **실제로 처벌하기 위해 필요한 범죄자만 인도한다는 원칙**이다. ② 한국은 명문의 규정이 없으며, 시효완성, 서면 등으로 처벌하지 못하는 범죄자는 인도 대상에서 제외된다.

41. 범죄인 인도와 관련된 제 원칙 중 우리나라의 「범죄인인도법」에 명문으로 규정되지 않는 원칙은?

08.7 순경

① 특정성의 원칙
② 자국민 불인도의 원칙
③ 정치범 불인도의 원칙
④ 군사범 불인도의 원칙

❖ 정답: ④
※ 해설: 군사범 불인도의 원칙의 경우, 우리나라의 경우에는 **범죄인 인도법에 명문의 규정이 없다.**

42. 우리나라의 「범죄인인도법」에 관한 설명으로 옳지 않은 것은?　　　　03.1 승진

① 상호주의를 채택하여 인도조약이 체결되어 있지 않을 경우에도 인도법이 적용된다.
② 자국민 불인도의 원칙을 채택하여 내국민의 인도를 절대적 거절사유로 정하고 있다.
③ 정치적 성격을 지닌 범죄의 경우 범죄인을 인도하여서는 안 된다.
④ 쌍방가벌성의 원칙을 명문으로 규정하고 있다.

❖ 정답: ②

※ 해설: ▶ 임의적 인도거절사유

① 범죄인이 대한민국 국민인 경우
② 인도범죄의 전부 또는 일부가 대한민국 영역에서 범한 것인 경우
③ 범죄인의 인도범죄 외의 범죄에 관하여 대한민국 법원에 재판이 계속 중인 경우 또는 죄인이 형을 선고받고 그 집행이 끝나지 아니하거나 면제되지 아니한 경우
④ 범죄인이 인도범죄에 관하여 제3국(청구국이 아닌 외국을 말함)에서 재판을 받고 처벌되었거나 처벌받지 아니하기로 확정된 경우
⑤ 인도범죄의 성격과 범죄인이 처한 환경 등에 비추어 범죄인을 인도하는 것이 비인도적(非人道的)이라고 인정되는 경우

---

43. 다음 중 「범죄인인도법」상 절대적 인도거절사유는?   07.3 경간부

> ㉠ 범죄인이 대한민국 국민인 경우
> ㉡ 인도범죄에 관하여 대한민국 법원에서 재판이 계속 중인 경우
> ㉢ 인도범죄에 관하여 청구국이 아닌 제3국에서 재판을 받고 처벌된 경우
> ㉣ 대한민국 법률에 의하여 공소시효가 완성된 경우
> ㉤ 인도범죄가 일부가 대한민국 영역 안에서 행하여진 경우

① 1개   ② 2개   ③ 3개   ④ 4개

➡ 정답: ②

※ 해설: ▶ 절대적 인도거절사유

① 대한민국 또는 청구국의 법률에 따라 인도범죄에 관한 공소시효 또는 형의 시효가 완성된 경우
② 인도범죄에 관하여 대한민국 법원에서 재판이 계속(係屬) 중이거나 재판이 확정된 경우
③ 범죄인이 인도범죄를 범하였다고 의심할 만한 상당한 이유가 없는 경우. 다만, 인도범죄에 관하여 청구국에서 유죄의 재판이 있는 경우는 제외한다.
④ 범죄인이 인종, 종교, 국적, 성별, 정치적 신념 또는 특정 사회단체에 속한 것 등을 이유로 처벌되거나 그 밖의 불리한 처분을 받을 염려가 있다고 인정되는 경우

---

44. 다음 중 「범죄인인도법」상 절대적 인도거절사유는 모두 몇 개인가?   08.1 승진

> ㉠ 인도범죄에 관하여 대한민국 법원에서 재판이 계속 중인 경우
> ㉡ 범죄인이 대한민국 국민인 경우
> ㉢ 인도범죄에 관하여 청구국이 아닌 제3국에서 재판을 받고 처벌된 경우
> ㉣ 인도범죄의 전부 또는 일부가 대한민국 영역 안에서 행하여진 경우
> ㉤ 대한민국 법률에 의하여 공소시효가 완성된 경우
> ㉥ 범죄인이 인도범죄를 행하였다고 의심할 만한 상당한 이유가 없는 경우
> ㉦ 대한민국 법률에 의하여 인도범죄에 관한 공소시효가 완성된 경우

① 1개   ② 2개   ③ 3개   ④ 4개

➡ 정답: ④

※ 해설: ㉠㉤㉥㉦은 **절대적 인도거절사유**이고, ㉡㉢㉣은 **상대적 인도거절사유**이다.

45. 외국에서 범죄를 범하고 한국으로 도망한 범죄자에 대해 해당국으로부터 범죄인 인도청구가 접수되었다. 이때 범죄인의 인도심사청구와 심사결정은 어디에서 관할하는가?   05.1 승진

① 각 지방검찰청 및 지방법원

② 서울지방검찰청 및 서울지방법원

③ 서울고등검찰청 및 서울고등법원

④ 대검찰청 및 대법원

⁝ 정답: ③

▒ 해설: ▶ **범죄인의 인도심사청구와 심사결정**

(서울고등 검찰청의) 인도심사 청구	① 검사는 법무부장관의 인도심사청구명령이 있을 때에는 지체 없이 법원에 인도심사를 청구하여야 한다. 다만, 범죄인의 소재(所在)를 알 수 없는 경우에는 그러하지 아니하다. ② 범죄인이 인도구속영장에 의하여 구속되었을 때에는 **구속된 날부터 3일 이내에 인도심사를 청구**하여야 한다. ③ 인도심사의 청구는 관계 자료를 첨부하여 서면으로 하여야 한다. ④ 검사는 인도심사를 청구하였을 때에는 그 청구서의 부본(副本)을 범죄인에게 송부하여야 한다.
(서울고등법원) 의 인도심사	① 법원은 인도심사의 청구를 받았을 때에는 지체 없이 인도심사를 시작하여야 한다. ② 법원은 범죄인이 인도구속영장에 의하여 구속 중인 경우에는 **구속된 날부터 2개월 이내에 인도심사에 관한 결정(決定)**을 하여야 한다. ③ 범죄인은 인도심사에 관하여 변호인의 도움을 받을 수 있다. ④ 법원은 인도심사에 관한 결정을 하기 전에 범죄인과 그의 변호인에게 의견을 진술할 기회를 주어야 한다. 다만, 인도심사청구 각하결정(却下決定) 또는 인도거절 결정을 하는 경우에는 그러하지 아니하다. ⑤ 법원은 인도심사를 하면서 필요하다고 인정할 때에는 증인을 신문(訊問)할 수 있고, 감정(鑑定)·통역 또는 번역을 명할 수 있다.

46. 범죄인인도 절차에 대한 설명 중 틀린 것은?(단, 외국의 인도청구에 한함)   10.1 승진

① 인도청구서의 경우 조약체결 국가는 외교경로를 통하여 청구하고, 조약미체결 국가는 상호보증서를 첨부하여 청구한다.

② 외교통상부장관은 범죄인인도조약의 존재여부, 상호보증 유무, 인도 대상범죄 여부 등을 확인하고 관계서류를 첨부하여 법무부장관에게 송부한다.

③ 법무부장관은 서울고등검찰청 검사장에게 서류를 송부하고 소속검사에게 서울고등법원에 범죄인 인도허가 여부에 관한 심사를 청구하도록 명령한다.

④ 서울고등법원 판사는 청구에 관계된 범죄가 인도거절사유 및 임의적 거절사유에 해당되는 경우 상당성 여부를 판단한다.

⁝ 정답: ④

▒ 해설: 청구에 관계된 범죄가 인도거절사유 및 임의적 거절사유에 해당되는 경우 **인도심사청구를 할 수 없다.**

제4절 │ 외국군대 및 군함

1. 외국군으로부터 타국에 파견된 자들 가운데 외교특권을 향유할 수 있는 자는? 08.1 승진
① 현역군인   ② 군속
③ 군속의 부양가족   ④ 무관

❖ **정답:** ④
❋ **해설:** 외국군대의 구성원은 군인 · 군속 · 그 부양가족을 포함하나, **무관은 외교특권 향유자**이므로
외국군대에서 제외된다.

2. 외국군대의 주둔과 점령의 비교 설명으로 틀린 것은? 08.1 승진
① 주둔의 법적 지위는 조약에 의하여 정해지며, 점령은 점령군의 법에 의해 발생한다.
② 주둔은 파견국과 접수국 간의 상태가 평시에, 점령은 점령군과 피점령국 간의 상태가 전시(戰時)에 주로
이루어진다.
③ 주둔의 근거는 파견국과 접수국의 합의에, 점령은 파견국의 일방적 행위에 의해 이루어진다.
④ 주둔은 우호관계에 기한 것으로 주둔지역의 영유권 귀속과는 무관하지만, 점령은 적대관계에 기한 것으
로 점령지역 영유권은 평화조약에 의해 귀속관계를 결정한다.

❖ **정답:** ①
❋ **해설:** ▶ **점령과 주둔의 비교**

	점령	주둔
근거	파견국의 일방적 행위	파견국과 접수국의 합의
상태	전시(戰時)	평시(評詩) – 장기주둔
법적 지위	**전시국제법에 의함.**	**조약에 의하여 정해짐.**
주둔지역 영유권	적대관계에 기한 것으로 점령지역 영유권은 평화조약에 의해 귀소관계를 결정함.	우호관계에 기한 것으로 주둔지역의 영유권 귀속과는 무관함.

3. 주한미군의 한국주둔의 근거는 무엇인가? 97.1 승진
① 승낙에 의한 주둔
② 승전국 지위에 의한 주둔
③ 조약에 의한 주둔
④ 지휘권에 기한 주둔

❖ **정답:** ③
❋ **해설:** 주한미군의 한국주둔의 근거는 **조약에 의하여 정해진다.**

4. 다음 중 국제법상 군함의 일반적 지위에 대한 설명으로 옳지 않은 것은?   08.1 승진
① 공해상에서 본국 이외의 어느 국가의 관할권으로부터도 면제된다.
② 타국의 영해 및 항만에 있는 경우에도 특권을 향유한다.
③ 타국 정박 시 연안국의 재판권으로부터 면제된다.
④ 무해통항권 중 군함의 경우 우리나라는 5일 전 사전통고를 요건으로 한다.

❖ 정답: ④
❖ 해설: ▶ 군함 자체의 지위

불가침권	① 군함은 불가침권을 가지므로 연안국 관헌은 함장의 **동의 없이 함 내로 들어갈 수는 없다.** ② **범인이 함내로 도피한 경우에는 함장의 동의를 얻어 들어 가거나 인도를 요청**하여야 하며, 함장이 인도를 거부하면 외교경로를 통해 범인의 인도를 요구하여야 한다.
비호권	① 원칙적으로 범죄자에 대한 비호권이 없다. ② **일반범죄인의 인도의무가 있으며, 인도불응 시 연안국은 군함에 대하여 자국의 영해에서 퇴거할 것을 요구**할 수 있다.
치외법권	① 군함 내의 모든 민사 또는 형사사건뿐만 아니라 **군함 자체에 관한 사건에 대해서 연안국의 재판관할권으로부터 면제**되며, **타국 정박 시 연안국의 재판권으로부터 면제**된다. ② 무해통항권은 모든 국가의 선박에 대해 인정이 되나, **군함의 경우에는 보통사전 통고제 또는 허가제를 취하고 있으며, 한국은 3일 선 사선통고를 요건으로 하고 있다.** ③ 공해상에서는 본국 이외의 어느 국가의 관할권으로부터도 면제된다. ④ 항해, 위생, 경찰 등 연안국의 행정규칙을 준수해야 하며, 이의 위반 시에는 퇴거요구가 가능하다.
군함의 무해 통항권	군함은 타국의 영해에서 **평시 무해통항권을 가지지 않는다.** 한국의 경우 외국의 군함 또는 비상업용 정부선박이 영해를 통항하고자 할 때에는 대통령령이 정하는 바에 따라 **관계당국에 사전통고(3일 전)하여야 한다.**

5. 다음은 경찰관의 외국군함대의 출입에 관한 설명이다. 잘못된 것은?   05.10 순경
① 당해 군함의 함장의 청구가 있는 경우 외에는 출입할 수 없다.
② 중대한 범죄를 범한 자가 도주하여 대한민국영역 안에 있는 외국군함으로 들어갔을 때에는 신속히 경찰청장에게 보고하여 지시를 받아야 한다.
③ 급속을 요할 경우 신분을 밝히고 출입할 수 있다.
④ 급속을 요할 때에는 당해 군함의 함장에 대하여 중대한 범죄를 범한 자의 임의의 인도를 요구할 수 있다.

❖ 정답: ③
❖ 해설: ▶ 경찰관의 외국군함 내에 출입

경찰관의 외국군함 내에 출입	① 외국군함은 항구의 정박 여부를 떠나 외국영토로 인정되며, 외국군함은 국제법상 특권·면제가 인정된다. ② **당해 군함의 함장의 승낙이나 청구가 있는 경우에는 출입할 수 있다.** ③ 범죄인의 체포 등 수사에 있어 급속을 요하는 경우에도 그 신병의 인도(**급속을 요할 경우 당해 함장에 대하여 임의의 인도를 요구**)나 수사상 협조를 요구할 수 있을 뿐이며, **중대한 범죄를 범한 자가 도주하여 대한민국 영역 안에 있는 외국군함으로 들어갔을 때는 신속히 경찰청장에게 보고하여 지시를 받아야 한다.**
외국선박 내의 범죄	경찰관은 대한민국의 영해에 있는 외국 선박 내에서 발생한 범죄로서 아래에 해당하는 경우에는 수사를 하여야 한다. ㉠ 대한민국 육상이나 항내의 안전을 해할 때 ㉡ 승무원 이외의 자나 대한민국의 국민에 관계가 있을 때 ㉢ 중대한 범죄가 행하여졌을 때

제5절   외교사절의 외교특권

1. 다음 중 형사처벌이 면제되지 않는 자는?   02.3 경간부
① 주한미군   ② 대사
③ 공사   ④ 대리공사

정답: ①
해설: 외교사절의 범죄행위는 접수국의 실체법에는 적용되나 재판권에서 면제되므로 소추할 수 없어 처벌되지 않을 뿐이다. 대사, 공사, 대리공사는 외교사절에 해당하므로 외교특권에 의해서 형사처벌이 면제되지만, **주한미군은 외교특권의 주체가 아니므로 형사처벌이 면제되지 아니한다.**

2. 외교사절에 대한 설명 중 틀린 것은?   10.1 승진
① 공관직원이란 외교직원과 행정·기능직원을 말하며 요리사, 사환, 하인 등 노무직원은 공관직원에 직무대상 중의 행위에 한하여 형사재판권이 면제된다.
② 요리사는 노무직원으로 직무대상 중의 행위에 한하여 형사재판권이 면제된다.
③ 외교관은 공관장과 외교직원으로서 비엔나 협약의 모든 특권을 향유한다.
④ 속기사, 타자수 등 행정·기능직원의 경우 민사, 행정재판권 면제는 직무 중의 행위에 한한다.

정답: ①
해설: ▶ **외교관(공관장+외교직원)**

공관장		대사 / 대사대리
공관직원	외교직원	① **외교관은 공관장과 외교직원으로서 비엔나협약의 모든 특권을 향유**한다. ② 공사, 참사관, 각급서기관, 각종 주재관(무관, 공보관) 등 외교관 신분이 부여된 자
	행정·기술직원	① 속기사, 타자수 등 행정·기능직원의 경우 **민사, 행정재판권 면제는 직무 중의 행위에 한한다.** ② 부기사, 개인비서, 속기사, 타자수, 기록보관사, 교정사 등
	업무직원	① **요리사는 노무직원으로 직무대상 중의 행위에 한하여 형사재판권이 면제**된다. ② 요리사, 운전사, 사환, 하인 등
개인사용인		사용(私用)노무종사자로서 공관직원의 가사에 종사

3. 국교가 수립되면 상호 간에 외교사절을 파견한다. 다음 중 외교사절의 파견에 관한 설명으로 적당하지 않은 것은?   04.1 승진
① 어느 계급의 외교사절을 파견하는 가는 당사국 간의 합의에 의하여 정한다.
② 외교사절의 파견은 아그레망 요청 → 임명 → 신임장 부여 → 파견의 순서로 한다.
③ 외교직원 중 무관은 외교통상부장관의 아그레망 요청이 필요하다.
④ 외교사절은 접수국민이나 제3국인으로 임명할 수 있으나, 이 경우 접수국의 동의를 받아야 한다.

정답: ③
해설: 외교사절단의 장(공관장)은 아그레망이 필요하고, 그 외 직원과 UN대사는 아그레망이 필요 없다.

4. 다른 나라가 파견한 외교관을 접수국이 특정 외교관의 전력, 또는 정상적인 외교 활동을 벗어난 행위를 문제 삼아 '비우호적 인물' 또는 '기피 인물'로 선언하는 것은?   08.1 승진

① 페르소나 난 그라타   ② 아그레망
③ 비토   ④ 엠바고

♣ 정답: ①

※ 해설: ▶ 페르소나 논 그라타(Persona non grate)

> 비우호적 인물에 대해 접수국은 외교사절과 직원에 대해서 언제든지 'Persona non grate' 선언을 할 수 있고, 이러한 통지를 받은 파견국은 당해 직원을 소환하든지 또는 해임하여야 한다.

5. 다음 중 외교특권에 대한 내용으로 틀린 것은?   04.3 순경

① 아그레망 부여와 동시에 외교사절에 대한 특권이 인정된다.
② 신체·관서·문서·통신에 대한 불가침권을 인정한다.
③ 헌법 제6조에 따라 국제관습법에 의거하여 일반적으로 승인된 법규로서 국내법과 동일한 효력을 갖는다.
④ 비엔나협약에는 외교관에 대한 신체의 불가침권이 명시적으로 규정되어 있다.

♣ 정답: ①

※ 해설: 외교사절의 특권·면제는 신임장을 휴대하고 입국한 즉시 부여된다.

6. 외교사절에 대하여 특권을 부여하는 시기는?   03.1 승진

① 신임장을 휴대하고 입국한 즉시   ② 아그레망이 접수된 즉시
③ 신임장 증정이 이루어진 즉시   ④ 아그레망이 부여된 즉시

♣ 정답: ①

※ 해설: 외교사절의 특권·면제는 신임장을 휴대하고 입국한 즉시 부여된다.

7. 국가는 외교교섭을 위하여 타국에 외교사절을 파견한다. 다음 중 외교관의 직무가 아닌 것은?

① 접수국에서 파견국을 대표한다.
② 접수국과 외교교섭을 하며, 이 교섭은 접수국의 외무당국을 경유한다.
③ 접수국에서 외교적 보호권을 행사한다.
④ 자국 국민 상호 간의 사법적 분쟁을 재판할 수 있다.

♣ 정답: ④

※ 해설: ▶ 직무의 내용

> ① 파견국을 대표하는 기능
> ② 접수국 정부와 교섭하는 기능
> ③ 파견국 정부에 보고하는 기능
> ④ 파견국과 국민의 이익을 보호하는 기능
> ⑤ 파견국과의 경제·문화·과학 등 협력관계를 증진시키는 기능

8. 원칙적으로 외교사절에 속하지 아니한 사람은?　　　　　　97.1 승진

① 영사　　　　　　　　　　　　　　② 대사

③ 특명 전권대사　　　　　　　　　　④ 공사

✱ 정답: ①

※ 해설: ▶ 외교사절

종류	상임외교사절, 임시외교사절(상무사절, 예의사절)
계급	대사, 공사, 대리공사
용어	"아그레망을 받았다"는 것은 파견에 동의한다는 의미

9. 영사관계에 관한 비엔나협약 제5조에 의한 영사의 직무로 볼 수 없는 것은?　　　03.1 승진

① 정치 · 군사 등 자국의 이익과 관련한 정보 수집

② 접수국의 통상 · 경제 · 문화 · 과학상의 관련발전 및 우호촉진

③ 여권 및 사증발급

④ 자국 선박 · 항공기 · 승무원의 감독

✱ 정답: ①

※ 해설: ▶ 영사의 직무

① 자국민 보호	② **우호관계 촉진**	③ 정보수집
④ **여권 및 사증발급**	⑤ 제반 공증·호적사무	⑥ 자국민의 분쟁조정
⑦ 서류송달·증인조사	⑧ **선박·항공기·승무원의 감독**	

10. 영사의 직무내용으로서 옳지 않은 것은?　　　　　　97.1 승진

① 선박 · 항공기의 감독 · 호적사무

② 접수국 정부와의 외교교섭

③ 여권 · 사증의 발급

④ 자국민의 보호

✱ 정답: ②

※ 해설: 접수국 정부와의 외교교섭은 **영사의 직무내용에 속하지 않는다.**

11. 조약의 유형 중 주로 기본적인 문서에 대한 개정이나 보충적인 성격을 띠는 조약에 주로 사용되나 최근에는 전문적인 성격의 다자조약에도 사용되는 것은?　　　10.1 승진

① 의정서　　　　　　　　　　　　　② 조약

③ 협약　　　　　　　　　　　　　　④ 협정

✱ 정답: ①

※ 해설: ▶ 조약의 유형

조약	가장 격식을 따지는 정식문서로서 주로 정치적·외교적 기본관계나 지위에 관한 포괄적인 합의를 기록하는 데 사용, 체결주체는 주로 국가이다.
헌장	국제기구를 구성하거나 특정제도를 규율하는 국제적인 합의에 사용된다.
협정	정치적인 요소가 포함되지 않은 전문적·기술적인 주체를 다룸으로써 조정하기 어렵지 아니한 사안에 대한 합의에 사용된다.
협약	양자조약의 경우 특정분야 또는 기술적인 사항에 관한 입법적 성격의 합의에 사용된다.
의정서	**주로 기본적인 문서에 대한 개정이나 보충적인 성격을 띠는 조약에 주로 사용되나 최근에는 전문적 성격의 다자조약에도 사용**된다.

12. 외교사절과 영사의 구별에 관한 설명으로 가장 옳지 않은 것은?　　　　　03.1 승진
① 외교사절은 파견·접수·직무·특권 등을 일반적으로 개별적 조약에 의한다.
② 영사는 국가를 대표해서 외교교섭을 할 권한이 없다.
③ 외교사절은 국제법상 외교교섭을 하는 국가의 대외적 대표기관이다.
④ 영사는 반드시 자국민을 필요는 없다.

정답: ①
※ 해설: ▶ 외교사절과 영사의 비교

	외교사절	영사
성질	정치적 기관(정치적 대표성)	비정치적·통상적 기관(기능적 성격)
국적	① 원칙: 자국민(파견국 국민) ② 예외: 접수국민이나 제3국인을 임명할 수 있음(접수국의 동의 필요).	자국민일 필요가 없음.
계급	대사, 공사, 대리공사	총영사, 영사, 부영사, 영사대리
규제법규	일반 국제법(국제관습·협약)	개별적 조약(영사조약 등)
아그레망	필요함.	필요 없음.
파견 시	신임장 부여	위임장 부여
임무개시	신임장 정본의 제출 시	접수국의 영사 인가장 부여 시
신체의 불가침	포괄적(일시적 구속 가능)	공무에 한해서(체포·구속·기소 가능)
공관의 불가침	포괄적(공·사저)	공관만 향유
문서의 불가침	포괄적(공·사문서)	공문서만 보호(개봉요구할 수 있음)
치외법권 (면제권)	포괄적으로 향유	공무상 행위만 해당(제한적)

13. 외교사절의 불가침권의 내용이 아닌 것은?　　　　　99.1 승진
① 신체와 명예의 불가침　　　　　　② 경찰관으로부터 면제
③ 관사의 불가침　　　　　　　　　　④ 문서의 불가침

정답: ②

▒ 해설: ▶ 외교사절의 불가침권

신체의 불가침	① 외교사절의 신체는 불가침이며 원칙적으로 **어떠한 형태의 체포 또는 구금도 당하지 아니한다.** ② 접수국은 외교사절에 대해 신체의 자유 및 존엄성에 대한 침해를 방지하기 위해 적절한 조치를 취하여야 한다. ③ **정당방위 또는 범죄예방·제지와 같은 긴급사태 시에는 일시적인 신체의 구속은 가능하다.**
관사 (공관)의 불가침	① **외교사절의 공관 및 개인주택은 불가침**이다. ② 접수국의 관헌은 외교사절의 요구나 동의가 없이는 직무수행을 위해 들어갈 수 없는 것이 원칙이다. **다만, 범죄인의 비호권은 인정되지 않는다.** ③ **예외적으로** 화재나 전염병의 발생과 같이 공안을 유지하기 위하여 긴급을 요하는 경우에는 사절의 동의 없이 공관에 들어갈 수 있는데, 이는 **국제적 관습으로 인정되고 있다.**
문서의 불가침	① **외교사절의 문서(공문서, 사문서 불문)와 서류는 언제, 어디서나 불가침**이며 수색·검열·압수되거나 그 제시가 요구되지 아니한다. ② 외교행낭(파우치)은 공문서만이 내용물에 포함될 수 있으며, **배달인(커리어) 및 행낭은 불가침권을 가지게 되며, 외교행낭(공문서 O, 사문서 ×)은 개봉·유치될 수가 없다.** **예외적으로** 외교사절의 문서가 간첩행위의 서증이 되는 경우 또는 외교사절의 동일한 국적의 간첩이 주재국에서 절취·복사한 문서로서 그것을 접수국이 입수한 경우에는 불가침권이 상실된다.

14. 외교행낭(파우치)에 대한 설명 중 맞는 것은?   99.1 승진
① 외교문서나 사적인 문서를 포함시키는 것이 원칙이다.
② 외교행낭은 개봉하거나 유치할 수 없다.
③ 외교행낭 배달인(커리어)은 인적 불가침권을 누릴 수 없다.
④ 제3국을 통과 시 제3국은 비밀과 안전에 대한 책임이 없다.

▐ 정답: ②
▒ 해설: ▶ 문서의 불가침

① **외교사절의 문서(공문서, 사문서 불문)와 서류는 언제, 어디서나 불가침**이며 수색·검열·압수되거나 그 제시가 요구되지 아니한다.
② 외교행낭(파우치)은 공문서만이 내용물에 포함될 수 있으며, **배달인(커리어) 및 행낭은 불가침권을 가지게 되며, 외교행낭(공문서 O, 사문서 ×)은 개봉·유치될 수가 없다.**
예외적으로 외교사절의 문서가 간첩행위의 서증이 되는 경우 또는 외교사절의 동일한 국적의 간첩이 주재국에서 절취·복사한 문서로서 그것을 접수국이 입수한 경우에는 불가침권이 상실된다.

15. 외교사절의 문서의 불가침에 대한 설명 중 틀린 것은?   03.3 순경, 04.1 승진
① 외교공관은 문서의 불가침이며, 수색·검열·압수되지 않는다.
② 외교가 단절된 경우에는 위와 같은 특권이 인정되지 않는다.
③ 관사의 문서가 간첩행위의 서증이 되는 경우는 불가침을 상실한다.
④ 대사관에서 대화의 도청이나 녹취를 위한 기술적 도구의 투입은 불허한다.

▐ 정답: ②
▒ 해설: 외교공관의 문서와 서류는 언제, 어디서나 불가침이며 수색·검열·압수되거나 그 제시가 요구되지 아니한다. 외교관의 개인서류, 통신문서 및 그의 개인재산도 또한 불가침이며 문서가 어느 장소에 있든지, 심지어 **외교단절의 경우에도 접수국은 문서의 불가침권을 존중하고 보호해야 한다.**

16. 다음 중 재판권, 과세권, 경찰권으로부터 면제되는 자가 아닌 것은?　　　03.2 경간부
① 외교사절　　　　　　　　　　　　② 국제연합관계자
③ 외교사절의 수행원　　　　　　　　④ 주한미군

❖ **정답:** ④
❊ **해설:** 외국의 외교, 영사 대표들과 이들의 일가족, 임무수행 중인 행정 및 기술관계자들은 국내의
　　　　재판권과 경찰권을 포함한 행정권으로부터 면책을 받고 있다.

17. 외교사절의 특권과 면제에 관한 설명으로 가장 옳지 않은 것은?　　　03.1 승진
① 외교사절의 공관과 관사는 불가침권을 가진다.
② 관사라 할지라도 원칙적으로 범죄인의 비호권을 인정되지 않는다.
③ 외교사절의 공문서뿐만 아니라 사문서도 불가침권이 있다.
④ 특권과 면제는 본인과 파견국 정부에 의해서만 포기될 수 있다.

❖ **정답:** ④
❊ **해설:** 외교특권은 개인의 권리가 아니고 파견국의 권리이므로 **파견국이 외교관이 면책특권을 포기**
　　　　할 수는 있지만, 외교관 개인은 포기할 수 없다.

18. 외교사절과 경찰권의 관계 중 적절하게 설명한 것은?　　　01.1 승진
① 외교사절은 접수국의 경찰권으로부터 면제되는 것이 통설이므로 일상적으로 적색교통신호위반을 해도 무
　방하다.
② 긴급방어나 긴급사태의 상황이 존재할 경우에는 외교관이나 영사업무종사자들에게 경찰강제가 허용된다.
③ 외교사절은 주재국의 법질서를 존중할 의무로부터 해방된다.
④ 화재나 전염병발생 등의 경우에는 대사관 동의가 있어야만 들어갈 수 있다.

❖ **정답:** ②
❊ **해설:** ▶ **경찰권 면제**

> ① **원칙적으로 경찰의 명령이나 규칙은 외교사절을 구속하지 않지만,** 외교사절도 주재국의 법질서를 존중할
> 　 의무로부터 해당되는 것은 아니므로 대사관 차량이라도 일상적 교통과 관련하여서는 교차로에서 적색신호
> 　 에 정차하여야 한다.
> ② 외교사절이 접수국의 경찰법규를 위반하더라도 강제처분이나 어떤 경찰벌도 과할 수 없다.
> ③ 긴급방어나 긴급사태의 상황이 존재할 경우에는 예외적으로 경찰강제가 허용된다.
> ④ **예외적으로** 긴급 시 일시적으로 신체의 자유를 구속할 수 있다.

19. 외교사절이 범죄를 저질렀을 경우의 조치로 틀린 것은?　　　01.6 순경, 02.1 승진
① 중대한 범죄로 인정될 경우 접수국에서 소추할 수 있다.
② 개인자격으로 행한 행위에 대해서도 체포되지 않는다.
③ 외교사절은 접수국의 행정권 · 과세권에 복종하지 않는다.
④ 사안이 중대할 경우 소환요구 및 추방조치를 취할 수 있다.

❖ **정답:** ①

❀ **해설:** 외교사절은 원칙적으로 접수국의 통치권에 복종하지 않으며, 접수국의 사법권 · 행정권 · 과
세권으로부터도 면제된다. 따라서 **외교관은 어떠한 경우에도 원칙적으로 체포 · 구금 · 소
추 · 처벌되지 않는다.**

20. 다음 중 외교사절 특권에 대한 설명으로 옳지 않은 것은?   08.1 승진

① 외교사절은 공관 · 문서 · 신체 등에 대한 불가침권을 향유한다.

② 원칙적으로 외교사절에 대한 민사소송을 제기할 수 없을 뿐 아니라 수리할 수도 없다. 따라서 강제집행
이나 손해배상청구도 일체 허용되지 않는다.

③ 원칙적으로 외교사절은 민 · 형사사건을 불문하고 법정에 출석하여 증언할 의무가 없음은 물론 관서 내에
서 증언할 의무도 없다. 다만 예외적으로 자발적으로 행하는 것은 가능하다.

④ 외교사절이 개인적으로 접수국에서 부동산을 소유하거나 영업에 종사하여도 세금을 부과할 수 없다.

❧ **정답:** ④

❀ **해설: ▶ 과세권 면제**

> ① **외교사절은 접수국의 과세권으로부터 면제**된다.
> ② **예외적으로** 간접세, 외교사절의 사유부동산에 대한 취득세 · 상속세 등에 대해서는 면제되지 않는다.

제6절 | 주한미군지위협정(SOFA)

1. 최근 미군범죄의 증가 등 사회상의 변화에 따라 SOFA 규정 중 불평등한 조항의 개정에 대한 논의가 활발히 진행되어, 지난 2001년 1월 협정이 개정된 바 있다. SOFA의 개정은 어떤 경우에 개시되는가?

02.1 승진

① 한국이 그 개정을 요구할 수 있다.
② 미합중국이 그 개정을 요구할 수 있다.
③ 한국과 미합중국 모두 개정을 요구할 수 있다.
④ 한국이나 미합중국 외 이해당사자라면 어느 나라라도 그 개정을 요구할 수 있다.

▸ 정답: ③
※ 해설: 한국과 미합중국 모두가 **어느 때든지 협정에 대한 개정을 요청할 수 있다.**

2. 다음 중 한미행정협정의 적용을 받는 자는?

03.1 승진

㉠ 주한 미8군 헌병	㉡ 주한미군사고문단
㉢ 경제적으로 독립한 주한미군의 21세의 아들	㉣ 주한미군 초청계약자
㉤ 미8군에 근무하는 한국인 근로자	㉥ 미8군에 근무하는 미국국적의 기술대표

① 2명　　　　② 3명　　　　③ 4명　　　　④ 5명

▸ 정답: ②(㉠㉣㉥)
※ 해설: ▶ 주민미군지위협정(SOFA)의 적용대상자

미합중국 군대의 구성원	대한민국의 영역 안에 있는 주한미군의 구성원(육군, 해군, 공군)으로서 현역군인을 말한다. ◉ 준외교특권을 누리는 **주한미군사고문단원과 주한미대사관에 근무하는 무관**은 제외된다.
군속	① 미국의 국적을 가진 민간인으로서 **대한민국에 주재하고 있는 미군에 고용되거나(가족 포함) 근무하는 자**를 말한다. ② 한국과 미국의 국적을 모두 가진 **이중국적자로서 주한미군에 고용되어 있는 자(가족 포함)**를 말한다. ③ 제3국인으로서 주한미군에 고용되어 근무하는 자(동반자 포함)를 말한다.
가족	① **주한미군의 구성원 또는 군속의 가족 중에서 배우자 및 21세 미만의 자녀**를 말한다. ② **부모 및 21세 이상의 자녀 또는 친척으로서 생계비의 반액 이상**을 주한미군 또는 군속에 의존하는 자를 말한다.
초청 계약자	특정한 조건하에 미국정부의 지정에 의한 계약이행만을 위하여 대한민국에 체류하는 자로서 ㉠ **미국의 법률에 따라 조직된 법인**, ㉡ **통상적으로 미국에 거주하는 그의 고용원**, ㉢ **법인, 고용원의 그 가족을 포함**한다.

3. 다음 중 SOFA(한·미행정협정)를 적용받는 자들은?   05.2 경간부

> ㉠ 주한 미8군 헌병
> ㉡ NATO에 근무 중 공무상 한국에 여행 중인 미군
> ㉢ 미대사관에 근무하는 무관
> ㉣ 주한 미대사관에 근무하는 미군 사병
> ㉤ 주한미군사고문단
> ㉥ 한국에 근무하는 미군과 결혼 후 시민권을 취득한 한국인

① ㉠, ㉢, ㉥   ② ㉠, ㉡, ㉤, ㉥
③ ㉠, ㉥   ④ ㉠, ㉡, ㉢, ㉣, ㉤, ㉥

❖ **정답:** ③(㉠㉥)
❀ **해설:** 주한 미군 사령부의 지휘·통제를 받은 모든 군인은 한미행정협정(SOFA)의 규정을 적용받
는다. 다만, 대사관에 근무하는 무관과 군인은 외교관계에 관한 비엔나협약, 미군사고문단은
외교조약에 의해 특권이 부여되므로 SOFA의 적용을 받지 않는다.

4. 다음 중 SOFA(한미행정협정) 대상자가 아닌 것은?   03.6 순경
① 한국에 주둔하는 미군
② 한국에 주둔하는 미군의 군속
③ 주한 미연합 군사고문단
④ 초청계약자

❖ **정답:** ③
❀ **해설:** 준외교특권을 누리는 **주한미군사고문단원과 주한미대사관에 근무하는 무관은 제외**된다.

5. 한·미 행정협정의 적용대상에 포함되지 않는 자는?   09.4 순경
① 주한미군의 배우자
② 미국의 국적을 가진 주한미군의 군속
③ 주한미군의 21세 미만 자녀
④ 주한 미대사관에 근무하는 무관

❖ **정답:** ④
❀ **해설:** 준외교특권을 누리는 **주한미군사고문단원과 주한미대사관에 근무하는 무관은 제외**된다.

6. 다음 중 SOFA(한미행정협정)의 적용대상자가 아닌 것은?   01.4 순경, 01.7 순경
① 주한 미육군의 현역   ② 미국의 국적을 가진 미군의 군속
③ 주한미군의 25세의 자녀   ④ 주한미군의 배우자

❖ **정답:** ③
❀ **해설:** 주한미군의 구성원 또는 군속의 가족 중에서 배우자 및 21세 미만의 자녀를 말한다. 부모 및 21세
이상의 자녀 또는 친척으로서 **생계비의 반액 이상**을 주한미군 또는 군속에 의존하는 자를 말한다.

7. 다음 중 SOFA(한미행정협정)의 적용 대상자가 아닌 것은?　　　　04.1 승진

① 미군사고문단원

② 주한 미군의 군속

③ 군속의 배우자

④ 초청 계약자

❖ **정답**: ①

▒ **해설:** 준외교특권을 누리는 **주한미군사고문단원과 주한미대사관에 근무하는 무관은 제외**된다.

8. 한미행정협정 대상자에 대한 설명으로 틀린 것은?　　　　03.1 승진

① 외국에서 관광목적으로 국내 여행 중인 미군은 대상자가 아니다.

② 한미 양국의 국적을 가진 군속은 대상자가 아니다.

③ 주한 미국대사관에 근무하는 무관은 대상자가 아니다.

④ 주한 미군군사고문단원은 대상자가 아니다.

❖ **정답**: ②

▒ **해설:** 한국과 미국의 국적을 모두 가진 **이중국적자로서 주한미군에 고용되어 있는 자(가족 포함)**를 말한다.

9. 다음 중 한미행정협정(SOFA) 적용대상자로 볼 수 없는 자는?　　　　07.1 승진

① 부모에게 경제적으로 독립한 주한미군의 21세 자녀

② 주한 미8군 병장의 처

③ 미국 국적의 미군의 군속

④ 주한 미공군 상사

❖ **정답**: ①

▒ **해설:** 주한미군의 구성원 또는 군속의 가족 중에서 배우자 및 21세 미만의 자녀를 말한다.

10. 다음 중 평화 시 주한미군의 군속 및 그 가족의 범죄에 대한 재판권은 누구에게 있는가?　　03.11 순경

① 미군당국

② 한국법원

③ 제3국

④ 미군당국 및 한국법원

❖ **정답**: ②

▒ **해설:** 평화 시에는 미군의 군속 및 가족에 대한 형사재판권은 대한민국 당국이 행사한다.

11. SOFA 규정상 주한미군 등의 형사재판 관할권에 대한 설명으로 옳지 않은 것은? 02.1 승진, 03.1 승진
① 공무집행 중의 작위 또는 부작위에 의한 범죄는 미군당국이 1차적 재판권을 가진다.
② 대한민국의 안전에 관한 범죄는 한국이 전속적 재판권을 가진다.
③ 한국이 계엄령을 선포한 경우, 재판권은 한국 측이 해제 시까지 행사한다.
④ 미군당국은 평화 시에 군속 및 그 가족에 대한 재판권을 가지지 않는다.

❖ 정답: ③
❀ 해설: ▶ 재판관할권

> ① 미군당국은 미군의 구성원, 군속 및 그들의 가족에 대하여 미국 법령이 부여한 모든 형사재판권 및
>   징계권을 대한민국 안에서 행사할 권리를 갖는다.
> ② **평화 시에는 미군의 군속 및 가족에 대한 형사재판권은 대한민국 당국이 행사**한다.
> ③ **한국이 계엄령을 선포할 경우에는 선포지역 내에서는** 형사재판권의 제규정의 효력이 즉시 정지되고,
>   해제될 때까지 **미군당국이 재판권을 행사**한다.

12. 한미행정협정 사건 중 우리나라가 계속 체포·구금할 수 있는 범죄는 살인과 (   )이다. 02.1 승진
① 죄질이 나쁜 강도
② 죄질이 나쁜 강간
③ 죄질이 나쁜 절도
④ 죄질이 나쁜 위조

❖ 정답: ②
❀ 해설: ▶ 대한민국당국이 체포한 경우

원칙	미군의 요청이 있으면 피의자를 미군 당국에 인도해야 한다고 규정하고 있으므로 한국은 재판절차가 종결된 후에 미군당국에 인도 요청을 하여 신병을 인도받는다.
예외	**살인 혹은 죄질이 나쁜 강간**을 저지른 미군 피의자인 경우에는 신병을 인도하지 않고 계속구금이 가능하다.

13. 다음 중 미국시설 및 구역 내의 경찰권에 관한 기술로 잘못된 것은?   04.10 순경
① 미군당국은 그 시설 및 구역 내에서 범죄를 행한 모든 자를 체포할 수 있다.
② 대한민국 당국이 체포하려는 자로서 미군·군속 또는 그 가족이 아닌 자가 이러한 시설 및 구역 내에서
   있을 때에 대한민국 당국이 요청하는 경우에는 미군당국은 그 자를 체포하여 즉시 대한민국당국에 인도
   하여야 한다.
③ 중대한 죄를 범하고 도주하는 현행범인을 추적하는 때에는 대한민국 당국은 미군시설 및 구역 내에서 미
   군당국의 동의 없이는 체포할 수 없다.
④ 미군당국도 시설 및 구역 주변에서 국적 여하를 불문하고 시설 및 구역의 안전에 대해 현행범을 체포 또
   는 유치할 수 있다.

❖ 정답: ③

▓ 해설: ▶ 시설 및 구역 내의 경찰권

시설 및 구역 내부 경찰권	① **미군시설 및 구역 내에서 발생한 모든 범죄자에 대해 미군당국이 체포**할 수 있다. ② 대한민국 당국이 체포하려는 자로서 한미행정협정 대상이 아닌 자가 이러한 시설 및 구역 내에 있을 때에는 **대한민국 당국이 요청하는 경우에 미군당국은 그 자를 체포하여 즉시 인도**하여야 한다. ③ ㉠ 미군당국이 동의한 경우, ㉡ 중대한 죄를 범하고 도주하는 현행범인을 추적하는 경우에는 미군시설 및 구역 내에서 대한민국 당국이 체포가 가능하다.
시설 및 구역주변 경찰권	미군당국의 시설 및 구역 주변에서 국적 여하를 불문하고 **시설 및 구역의 안전에 대해 현행범인을 체포·유치할 수 있다.**
압수·수색·검증	**대한민국 당국은 미군 당국이 동의가 없으면** 시설 또는 구역 내에서 사람이나 재산에 관하여 또는 시설 및 구역 내외를 불문하고 **미국재산에 관하여 압수·수색 또는 검증을 할 수 없다.** 단, 압수·수색·검증에 관한 대한민국 당국의 요청이 있는 때에는 미군 당국은 필요한 조치를 하여야 한다.

14. 주한 미공군의 사격훈련 중 훈련장 주변에 거주하는 甲의 농장에 폭탄이 떨어져 돼지 50마리가 죽었다. 이 겨우 甲이 할 수 있는 조치와 배상절차로 가장 적절하지 않은 것은?   03.1 승진

① 해당 지역 정부배상심의위원회에 손해배상을 청구할 수 있다.

② 피해가 전적으로 미군의 잘못으로 밝혀질 경우 미군이 75%, 한국정부가 25%를 배상한다.

③ 미군 측과 한국 측의 공동책임으로 밝혀질 경우에는 미군이 25%, 한국정부가 75%를 배상한다.

④ 미국 측의 이의를 제기하면 소송을 거쳐 최종 판단한다.

┇ 정답: ③

▓ 해설: ▶ 손해배상

피해 주민이 해당 지역 정부배상심의위원회에 신청하면 미군 또는 한미합동으로 피해조사를 한 후 결정한다.			
공무수행 중 발생한 손해	① 공무집행 중 입힌 손해에 대해서는 **대한민국이 1차 소송당사자로서 피해자에게 배상을 한 뒤에, 다시 미국에 대해 청구**하게 된다. → 미군당국의 간접적 보상 ② 미군의 이의제기 시 국가배상법에 따라 **대한민국 법원이 최종 결정** ③ 대한민국이 1차 보상 시 금액은 **원화로 지불**한다.		
	배상액의 부담	대상자의 전적인 과실인 경우 (전적으로 미군의 책임인 경우)	한국 25% 미국 75%
		대상자의 전적인 과실이 아닌 경우 (미군과 한국정부의 공동책임인 경우)	한국 50% 미국 50%
비 공무수행 중 발생한 손해	① SOFA 대상자의 공무 외에 발생한 손해에 대한 배상은 미군당국이 보상액을 최종 결정토록 되어 있다. → **미군당국의 직접적 보상** ② 피해자가 동의할 경우 **보상금 전액을 미군이 부담**한다.		미국 100%

15. SOFA대상자가 공무수행 중 대상자의 전적인 과실로 우리나라 국민에게 손해를 가한 경우 그 손해배상 분담비율은?   04.1 승진

① 미국 75%, 한국 25%
② 미국 50%, 한국 50%
③ 미국 25%, 한국 75%
④ 전적으로 미국

┇ 정답: ①
※ 해설: 대상자의 전적인 과실인 경우(전적으로 미군의 책임인 경우) – **미국 75%, 한국 25%**

16. SOFA 대상자의 공무집행 중 야기한 손해가 대상자의 전적인 과실이 아닌 경우 손해배상 배율은?   04.1 승진

① 미국정부 75%, 우리 정부 25%
② 미국정부 50%, 우리 정부 50%
③ 미국정부가 100% 부담
④ 우리 정부가 100% 부담

┇ 정답: ②
※ 해설: 대상자의 전적인 과실이 아닌 경우(미군과 한국정부의 공동책임인 경우) – **미국 50%, 한국 50%**

17. 甲은 오산 공군비행장에 근무하는 미공군조종사로 휴가를 받아 오산시내에서 술을 마시던 중 한국인과 시비가 되어 한국인에게 3주의 폭행을 가하였다. 이 경우 한국 경찰의 수사는?   03.7 순경
① SOFA에 의하여 한국경찰은 피의자신문을 할 수 없다.
② 근무수행 중이 아니므로 경찰은 수사를 진행할 수 있다.
③ 피의자를 체포하였을 경우 미군의 신병요구를 거절할 수 있다.
④ 미국 정부의 대표는 한국경찰의 수사과정에 입회할 수 있다.

┇ 정답: ②
※ 해설: 근무수행 중이 아니므로 경찰은 수사를 진행할 수 있다.

18. 한미행정협정(SOFA) 사건에 대한 수사요령 중 틀린 것은?   96.1 승진
① 미군당국(미헌병)의 신병인도 요청 시 인도하고 신병인수증을 수령한다.
② 사건발생 시 피의자를 가까운 경찰관서에 동행한 후 미군당국에 통보한다.
③ 피의자신문조서는 입회인 없더라도 증거채택이 가능하다.
④ 신병인도 전에 예비수사를 할 수 있다.

┇ 정답: ③
※ 해설: 대한민국 당국은 **정부대표의 입회를 흠결하거나 정부대표의 서명이 없이 작성된 신문조서는 그 효력을 상실**한다.

19. 휴가 중인 미국 甲병사가 한국인 여성을 강간한 사건을 조사하게 된 乙 경찰서의 조치내용으로 잘못된 것은?

① 피의자가 SOFA 대상자인가 여부를 확인한 후 소속 · 계급 · 성명 등 기초사실을 조사하고 미군당국에 통고한다.

② 검거 후 24시간 이내에 관할 지방검찰청에 한미행정협정사건 발생보고를 한다.

③ 미군당국이 신병인도를 요구하면 책임장교 서명과 신병인수증을 받은 후 甲을 미군당국에 인도하여야 한다.

④ 미국정부대표가 참석한 가운데 甲을 신문할 경우 피의자신문조서에는 甲의 서명만 필요하고 미국정부대표의 서명은 필요 없다.

❖ **정답**: ④

❈ **해설**: SOFA 대상 피의자를 조사할 경우 **반드시 미국정부대표를 참석시키고 정부대표의 서명이 있어야 증거능력을 인정받을 수 있다.**

20. 한미행정협정 대상자 수사에 대한 내용으로 틀린 것은?

① 강간 피의사의 범인 검거 후 48시간 이내에 관할 지방검찰정 검사에게 한미행정협정사건 발생보고를 한다.

② 중대한 범죄를 저지르고 도주하는 현행 범인이 미군시설 내에 들어간 경우 추적하여 체포할 수 있다.

③ 미군이 체포되었을 때 미정부대표는 음식, 침구 등을 제공할 수 있다.

④ 미군이 미군피의자의 신병인도를 요청하는 경우 살인 등 12개 범죄유형 외에는 즉시 신병인도를 하여야 한다.

❖ **정답**: ①

❈ **해설**: 피의자에 대한 예비조사 미국당국에 대한 통보가 끝난 후 예비조사 결과를 토대로 사건접수 후 24시간 이내에 관할 지방검찰청에 SOFA사건 발생보고를 한다.

제7절　외국의 외사경찰

1. 다음 외국의 외사경찰에 대한 설명 중 틀린 것은?　　　　　　예상문제

① 미국은 외사기능을 담당하는 특별한 경찰조직은 없다.

② 미국경찰의 정보 3과에서 외국경찰기관의 연락조정 등 한국의 외사경찰과 가장 유사한 기능을 수행한다.

③ 프랑스의 국제기술협력국은 외국경찰과의 협력활동, 위탁교육, 국제회의, 주재관의 파견 등 한국의 외사경찰과 가장 흡사한 기능을 수행한다.

④ 일본은 종래에는 보안국에서 외사경찰의 기능을 맡아왔으나, 1994년부터 장관관방 하에 국제부를 설치하여 외사기능을 종합적으로 수행하고 있다.

⁑ **정답:** ④

▧ **해설:** 일본은 종래에는 **경비국**에서 외사경찰의 기능을 맡아왔으나, 1994년부터 장관관방 하에 국제부를 설치하여 외사기능을 종합적으로 수행하고 있다.

황영구

계명대학교 대학원 경찰행정학과 석사 졸업
동 대학원 박사졸업(경찰학 박사)
영남이공대학 경찰경호행정과 전임교수
영남이공대학 공무원양성계열(경찰행정전공) 겸임교수
영남대·계명대·경남대·경주대·가야대·경일대학교,
계명문화대·대구산업정보대학 등 외래교수
대구/부산 JBS경찰학원 수사대표 교수
대구/부산/대전 국민경찰학원
부산 금자탑경찰학원
마산 육서당경찰학원

『通 경찰학개론 기본서』(2012)
『바이블 수사 요약집』(2011)
『바이블 수사 문제집』(2011)
『범죄수사론 Ⅰ』(2010)
『범죄수사론 Ⅱ』(2010)
『멘토 황영구 수사』(2010)
『수사 X파일 문제집』(2009)
『수사 X파일 요약집』(2009)
「범죄수사용 DNA 데이터베이스(DB) 구축의 장애요인에 관한 연구」(2010)
「DNA 신원확인정보의 이용 및 보호에 관한 법률에 대한 비판적 검토」(2010)
「범죄수사 효율성을 위한 유전자정보은행 설립방향에 관한 연구」(2008)
「범죄자 유전자정보은행의 운영방안에 관한 연구」(2008)
「경찰공무원(순경) 채용제도 개선방안에 관한 실증적 연구」(2008)
「DNA형 감정의 운영에 관한 지침의 개정에 관한 고찰」(2006)
「여자경찰공무원의 현황과 활성방안에 관한 연구」(2005)
「사이버경찰의 수사한계와 수사력 강화방안」(2004)
외 다수

모든 것이 通하는 황영구 박사의
通 경찰학개론 문제집

초판인쇄 | 2012년 1월 30일
초판발행 | 2012년 1월 30일

편 저 자 | 황영구
펴 낸 이 | 채종준
펴 낸 곳 | 한국학술정보㈜
주   소 | 경기도 파주시 문발동 파주출판문화정보산업단지 513-5
전   화 | 031) 908-3181(대표)
팩   스 | 031) 908-3189
홈페이지 | http://ebook.kstudy.com
E-mail | 출판사업부 publish@kstudy.com
등   록 | 제일산-115호(2000. 6. 19)

ISBN   978-89-268-3043-7 94350 (Paper Book)
            978-89-268-3044-4 98350 (e-Book)
            978-89-268-3039-0 94350 (Paper Book Set)
            978-89-268-3040-6 98350 (e-Book Set)